麗水年鑑

LISHUI YEARBOOK

2016

中共丽水市委、丽水市人民政府　主办
丽 水 市 地 方 志 编 纂 委 员 会　编

方志出版社
Publishing House of Local Records

图书在版编目(CIP)数据

丽水年鉴. 2016 / 丽水市地方志编纂委员会编. --
北京 : 方志出版社, 2016.9
ISBN 978-7-5144-2118-7

Ⅰ. ①丽… Ⅱ. ①丽… Ⅲ. ①丽水市—2015—年鉴
Ⅳ. ①Z525.53

中国版本图书馆 CIP 数据核字(2016)第 241674 号

丽水年鉴(2016)

编　　者：丽水市地方志编纂委员会
责任编辑：刘方圆

出 版 人：冀祥德
出 版 者：方志出版社
地址　北京市朝阳区潘家园东里 9 号(国家方志馆 4 层)
邮编　100021
网址　http://www.fzph.org
发　　行：方志出版社发行中心
电话(010)67110500
经　　销：各地新华书店
印　　刷：浙江遂昌印业有限责任公司

开　　本：889 × 1194　　1/16
印　　张：31
字　　数：904 千字
版　　次：2016 年 9 月第 1 版　　2016 年 9 月第 1 次印刷
印　　数：0001~1500 册

ISBN 978-7-5144-2118-7　　定价：200.00 元

丽水市地方志编纂委员会

《丽水年鉴》编辑部

编辑说明

一、《丽水年鉴》是由中共丽水市委、丽水市人民政府主办，丽水市地方志编纂委员会及其办公室负责编纂的综合性地方年鉴。从1996年起，每年编纂出版1部，2016年卷是第21部。

二、本年鉴以马克思列宁主义、毛泽东思想、邓小平理论、“三个代表”重要思想和科学发展观为指导，贯彻落实总书记习近平系列重要讲话精神，全面、系统地记载2015年丽水市政治、经济、文化、社会建设以及生态文明建设等发展与变化，充分发挥年鉴为现实社会服务、存史资政、宣传丽水的作用。

三、本年鉴分类编辑，框架结构由卷首、百科、卷尾三个部分组成。除特载、专辑、文件选编采用综合性文体外，其他类目均采用条目体。百科部分设类目、分目、条目三个层次。

四、本年鉴共设42个类目。依次是：特载、专辑、大事记、总述、中国共产党丽水市委员会、丽水市人民代表大会、丽水市人民政府、政协丽水市委员会、中共丽水市纪委（市监察局）、民主党派与工商联、工会 共青团 妇联、人事 劳动 社保、外事 侨务 台务、法治、武装、农村建设、林业、工业化信息化建设、经济合作交流、丽水生态产业集聚区（经济技术开发区）、交通、网络 电信 邮政、城建 城管 环保、小城市和中心镇建设、旅游、财政 税务、金融、国内贸易、对外及港澳台经济贸易、经济管理、教育、科学技术、文化、体育、报刊 广播 电视、卫生 红十字会、社会生活、县（市、区）、人物 名录、文选、附录、索引。

五、本年鉴记述时限从2015年1月1日至12月31日，跨年的事物延长至截止期。文中的“景宁县”指“景宁畲族自治县”。

六、本年鉴收入市和县（市、区）机构及负责人名录均系担任实职的副县（处）级（不含高配和内设机构）以上领导干部，新任者年月后加连接号、离任者年月前加连接号、连任者无年月和连接号；收入逝世人物均系担任实职的副市（地）级以上领导干部和原行政十四级以上享受副地（厅）级待遇的离休干部。

七、本年鉴由市直单位、各县（市、区）和驻丽水国家、省企事业单位提供初稿，经年鉴编辑部编辑后返回原单位复审确认，经方志出版社核稿，主编、副主编定稿，报丽水市人民政府批准后出版。图片由各撰稿单位提供。主要数据以市统计局公布的数据为准。

八、本年鉴编纂工作，得到市委、市政府、市直各部门和各县（市、区）领导的大力支持，广大撰稿人员为《丽水年鉴》的编纂出版付出了辛勤劳动，在此谨致谢意。由于编辑时间短和我们水平所限，书中难免存在疏漏和差错，恳请广大读者批评指正。

2015年4月8日—10日，浙江省省委书记、省人大常委会主任夏宝龙在丽水考察调研

（胡雪峰　提供）

2015年6月3日，浙江省省委副书记、省长李强在缙云调研

（赵　敏　提供）

2015年7月2日，丽水市召开创建全国文明城市动员大会　　（梅益蔚　提供）

9月17日，2015年丽水生态精品农博会在杭州和平国际会展中心举行

（林国文　提供）

2015年8月5日—7日，柬埔寨王国暹粒省与丽水市签署《建立友好交流关系意向书》

（黄亦丹　提供）

2015年5月27日—29日，省外侨办与丽水市共同举办“外国签证官看侨乡——走进丽水”活动

（黄亦丹　提供）

2015年10月15日，深入推进全省“机器换人”暨智能制造对接会在丽水召开
（市经信委 提供）

2015年5月12日—14日，全国农村电子商务现场会在遂昌县召开　　（市商务局 提供）

2015年8月20日，丽水市举行市管党员领导干部党章党规党纪专题集中轮训班 （王进伟 提供）

2015年11月13日，里东山体滑坡救灾现场研究救灾方案 （翟厚涛 提供）

2015年4月25日，中国工农红军挺进师入浙创建浙西南革命根据地和中共浙西南特委成立80周年暨刘英诞辰110周年纪念大会在丽水大剧院召开 （叶丽青 提供）

2015年9月16日，召开全市农村金融改革试点工作领导小组成员扩大会 （朱怡瑞 提供）

2015年9月18日，市委、市政府组织召开丽水"中国长寿之乡""中国气候养生之乡"媒体见面会 （麻敏敏　提供）

2015年10月20日，第八届浙江中西部科技论坛在丽水举行 （钟碧红　提供）

11月6日，2015丽水摄影节在丽水开幕　　（程巩胜　提供）

8月21日—24日，2015国际轮滑公开赛暨海峡两岸及港澳地区轮滑邀请赛在丽水举行

（李冠霖　提供）

目　录

中国共产党丽水市委员会

丽水市人民代表大会

丽水市人民政府

政协丽水市委员会

中共丽水市纪委(市监察局)

民主党派与工商联

工会　共青团　妇联

人事　劳动　社保

外事　侨务　台务

法　　治

武　　装

农村建设

林　　业

工业化信息化建设

经济合作交流

丽水生态产业集聚区（经济技术开发区）

交　通

网络　电信　邮政

城建　城管　环保

小城市和中心镇建设

旅　　游

财政　税务

金　　融

国内贸易

对外及港澳台经济贸易

经济管理

教　育

科学技术

文　化

体　育

报刊　广播　电视

卫生　红十字会

社会生活

县（市、区）

人物　名录

文　选

附　录

索　引

Catalog

Lishui Municipal People's Congress

Lishui Municipal People's Government

Lishui Municipal Committee of the CPPCC

Lishui Municipal Committee for Discipline (Lishui Bureau of Supervision)

Democratic Parties & Association of Industry and Commerce

Construction of Industrialization and Informatization

Economic Cooperation and Exchange

Lishui Ecological Industry Cluster Area (Economic Development Zone)

Transportation

Network, Telecommunication & Post

Urban Construction, Urban Administration & Environmental Protection

Construction of Small Cities and Key Towns (Villages)

Tourism

Finance and Taxation

Finance

Domestic Trade

Economic Cooperation and Trade with Foreign Countries, & Hong Kong, Macao and Taiwan

Economic Management

Education

Science and Technology

Culture

Sports

Newspaper, Broadcast & Television

Public Health & the Red Cross

Social Life

Counties（City and District）

Directory for Personages

Selected Documents

Appendix

Index

特　　载

在中共丽水市委三届十次全体(扩大)会议暨全市经济工作会议上的报告

（2016 年 1 月 8 日）

中共丽水市委书记　王永康

这次市委全会的主要任务是：深入学习贯彻党的十八大和十八届三中、四中、五中全会，中央经济工作会议精神和省委十三届八次全会、全省经济工作会议精神，以省委“八八战略”为总纲，坚持“绿水青山就是金山银山”战略指导思想，全面落实创新、协调、绿色、开放、共享五大发展理念，认真总结 2015 年市委常委会主要工作，深入谋划我市“十三五”规划，研究部署今年经济工作，审议通过《中共丽水市委关于制定丽水市国民经济和社会发展第十三个五年规划的建议》。

下面，我代表市委常委会，向全会报告工作。

一、关于 2015 年市委常委会的主要工作

过去的一年，市委常委会认真学习贯彻习近平总书记系列重要讲话精神特别是在浙江考察时重要讲话精神，全面贯彻中央和省委系列决策部署，坚定不移走“绿水青山就是金山银山”绿色生态发展之路，坚持稳中求进、改中求活、转中求好，美丽幸福新丽水建设迈出了新步伐，基本实现“十二五”规划的各项目标任务。

据初步测算，全年实现地区生产总值 1110 亿元，增长 6%左右；规模以上工业增加值 355 亿元，增长 1%；服务业增加值 510 亿元，增长 10.5%；固定资产投资 745 亿元，增长 12%；社会消费品零售总额 510 亿元，增长 7.5%；一般公共预算收入 94.5 亿元，增长 9%；旅游总收入 425 亿元，增长 25%；城镇和农村常住居民人均可支配收入分别为 32800 元和 15000 元，增长 8%和 10%；单位生产总值能耗、化学需氧量、二氧化硫、氮氧化物、氨氮等减排指标均可完成年度目标任务。三次产业占比为 8.4∶45.6∶46，首次实现从“二三一”到“三二一”的历史性转变。

（一）围绕“建设全省生态屏障”，全面加强生态文明建设。

市委常委会认为，生态环境是丽水的最大优势，必须坚持把生态环境保护作为“第一底线”，抓好“生态报表”，建好全省生态屏障，确保生态环境质量继续保持全国前列、全省第一。

持续开展“五水共治”。坚持标本

兼治、水岸同治，层层建立河长责任制、河长巡查制和河道警长制，市委书记、市长带头治理丽阳坑、好溪堰等中心城区的重点水系。全市开展万名干部下基层抓治水，铁腕整治企业污染，新建城镇污水管网133.2千米、污水处理厂2个、中小河流堤防83.5千米。我市治水经验获评中国基层治水十大经验之一。

全面启动"五气共治"。部署和推进汽车尾气、工业废气、城市浊气、燃煤烟气、农村废气治理工作，累计淘汰黄标车13154辆，排名全省第二；淘汰改造燃煤锅炉699台，排名全省第一。积极推进垃圾分类处理，完善土壤环境质量定期调查和例行监测制度，启动万亩彩色示范林建设。

加强生态文明制度建设。把国家生态文明先行示范区建设作为重要载体和突破口，加快探索自然资源产权、资产管理和监管体制等生态文明制度。全面贯彻实施新环保法，扩大排污权有偿使用和交易范围，完善排污总量控制制度，严格执行"三位一体"环境准入制度。全面实施居民阶梯水价，实行环境监管网格化管理，组织绿色生态发展主题"全员轮训"。

截至目前，9个县（市、区）均创成省级生态县。继云和、遂昌、庆元之后，缙云创成国家级生态县，景宁、松阳通过国家级生态县技术评估。全市饮用水水源地水质达标率100%，跨行政区域河流交接断面水质达标率100%，地表水环境功能区水质达标率98.96%；市区空气质量优良率90.1%，空气质量位居全国、全省前列。生态环境质量连续11年保持全省第一，生态环境质量公众满意度连续8年全省第一。

（二）围绕"在发展生态经济上先行先试的重大命题"，加快经济转型升级。

市委常委会认为，发展是解决丽水一切问题的"总钥匙"。面对复杂多变的经济环境，关键是要适应新常态，把握新机遇，坚持生态经济发展方向不动摇，抓好"发展报表"，打好转型升级组合拳，推动经济加快进入增长中高速、质量中高端轨道。

生态农业方面。以"三区"建设为主平台，以"361"工程为主抓手，坚持生态化发展、标准化生产、品牌化经营、电商化营销，生态精品农业加快发展。实现一产增加值93亿元，增长2%。开展农业"双创"三年行动计划，成功承办全国农村信息化进村入户试点工作推进会，举办2015丽水生态精品农博会，"丽水山耕"品牌影响力大幅提升。

生态工业方面。大力推进产业转型升级，共整治阀门、铸造等"低小散"企业1690家，组织实施"机器换人"示范项目70个，召开信息技术项目与资本对接会，绿谷信息产业园新增入园企业50家。加快个转企、小升规、规改股、股上市，全年新增10家"新三板"挂牌上市企业，富来森中竹科技有限公司成功在美国纳斯达克上市。加快实施创新驱动战略，丽水经济开发区成功升格为国家级经济技术开发区，全市新认定省级企业研究院5家，省级高新技术企业研发中心15家，新增省级名牌产品9个。启动创新券和科技金融工作，设立服务科技型中小企业的"天使基金"。

生态服务业方面。召开全市生态服务业发展大会，深入实施"815"服务业发展计划，预计全年完成服务业投资530亿元，增长15.5%。丽水现代商贸中心等4家省级现代服务业集聚示范区的产业集聚功能和辐射带动作用逐步显现，丽水无水港、丽水国际车城等项目进展顺利。

生态旅游业方面。完成全市旅游管理体制改革，出台旅游综合改革三年行动计划，成立市瓯江生态旅游景区管委会，组建市旅游投资公司。深入实施"1311"生态旅游发展行动计划，古堰画乡等景区的创AAAAA工作顺利推进。成功召开全市民宿经济推进会，提出民宿发展的"五心"标准、"十有"特色和今后5年发展目标，力争到2020年，全市民宿床位数达10万张。

（三）围绕"打造美丽城乡升级版"，描绘美好生活新蓝图。

市委常委会认为，打造美丽城乡升级版要以美丽环境为基础、美丽经济为核心、美丽人文为特色、美丽党建为保障、美好生活为目标，让丽水美丽城市更加宜居、宜业、宜游，美丽乡村成为农民美好生活的幸福家园和市民向往的生态大公园，不断深化"千村示范、万村整治"工程在丽水的实践。

中心城市功能不断完善。立足生态旅游名城的定位，完成新一轮城市总体规划编制。城市建设累计投资23.7亿元，新增城市道路11.8千米，新增城市园林绿地38公顷、停车位4847个、地下空间32.8万平方米。深入开展"三改一拆"工作，市区完成8个旧住宅区、2个城中村管网提升和雨污分流改造，全市共计拆除违法建筑面积1048.7万平方米和创建108个"无违建乡镇（街道）"。金丽温高铁建成通车运营，丽水机场前期加快推进，新增公共自行车1190辆，实现全市公交一卡通，新能源电动汽车分时租赁系统正式运营。"六城联创"已拿下四城，全面启动全国文明城市创建。

美丽县城特色更加凸显。在加快推进美丽县城建设第一批"六个一"示范项目的基础上，启动实施第二批"六个一"示范项目，全市累计完成投资45.2亿元。围绕"一县一主题、一县一特色"，画乡莲都、剑瓷龙泉、侨乡青田、童话云和、养生庆元、仙都缙云、五行遂昌、田园松阳、畲乡景宁建设成效明显，美丽县城的美誉度和影响力不断增强，成功承办全省美丽县城暨村庄规划设计现场会。

美丽城镇建设加快推进。深化39个特色小镇创建，莲都古堰画乡小镇、龙泉青瓷小镇、青田石雕小镇、景宁畲乡小镇已入选省首批特色小镇试点名单，绿谷智慧小镇等8个特色小镇通过第二批省级特色小镇初评。颁布美丽城镇建设标准，加快推进20个中心镇基础设施建设，强化功能集成，吸引人口集聚，推进集约集聚发展。

美丽乡村品位不断提升。围绕打造干净、整洁、有乡愁、有特色的美丽乡村，打好美丽乡村建设"34567"组合拳。重点推进公路沿线房屋"处州民居"风格外立面改造，开展"洁净乡村、花样农家"创建等工程，对庭院、村庄、道路、河道等实行点线面结合的综合整治。建成美丽乡村精品村37个、示范村220个、美丽乡村风景线26条，美化房屋1706.9万平方米。"六边三化三美"工作机制荣获"中国全面小康十大社会治理创新奖"。

美丽文化得到保护传承。加强古村落、古民居资源的保护利用，加大传统技艺、传统民俗的挖掘传承。目前，第一批省级历史文化村落已基本建设完成，第二批已完成形象进度的60%以上，第三批10个省级重点村落建设工作正在加快推进。松阳县被列为国家传统村落保护利用试验区。

美丽经济不断发展壮大。在抓好传统种植业、养殖业、外出务工等农民增收"老三宝"的同时，大力发展来料加工、农家乐及民宿、农村电子商务等农民增收"新三宝"产业。预计全年发放来料加工费17.5亿元，增长11.3%；农家乐及民宿共接待游客1700万人次，增长40%，实现营业总收入16.6亿元，增长41%；农村电子商务网店数9700家，增长15%，从业人员24500人，增长10%，销售总额60亿元，增长55%。

（四）围绕"增强群众幸福感、获得感"，加快推进各项民生事业。

市委常委会认为，增强群众的幸福感、获得感，是加快建设美丽幸福新丽水的应有之义。必须紧盯"民生报表"，千方百计推进各项民生事业发展，把社会公共服务抓得更精准，让丽水老百姓生活得更加安全、更加幸福。

打好消除贫困攻坚战。坚持"党委负总责、政府主抓、干部帮扶、基层主推、群众主体"的大扶贫格局，召开专题会议，出台管用政策，深化"一户一策一干部"帮扶制度。继续深入实施农民异地搬迁工程，大力实施"千万农民素质提升工程"，涌现出"烧饼师傅""松阳茶师""电商新农人"等一批富民品牌。加大精准扶贫、精准脱贫力度，提前一个月全面完成消除4600以下低收入农户的任务，不把贫困现象带入"十三五"。

加强就业和社会保障工作。出台促进创业就业、服务农民工的政策，开展就业援助月等公共就业服务活动，预计全年新增城镇就业1.65万人。完善医保政策体系，进一步扩大城镇职工基本医疗保险个人账户支付范围，预计全年养老保险参保人数净增14.48万人。机关事业养老保险制度改革全面启动，企业退休人员基本养老金实现"十一连调"。

改善教育和医疗卫生事业。大力推进义务教育标准化学校建设，与全省同步实现义务教育发展基本均衡市，实施普通高中课程改革，高考纯文理一本上线1676人，被北大清华录取5人。着眼于"保基本、广普惠、优质量"，大力发展普惠性幼儿园。深入推进"双下沉、两提升"工程，新增省（市）、县级托管式合作办医关系5家，与全省同步实现省级优质医疗资源县级全覆盖。扎实推进公共卫生服务项目管理，全市人均基本公共卫生服务经费标准达40元。

（五）围绕"发挥全面深化改革的牵引作用"，全力推进各项改革取得新突破。

市委常委会认为，全面深化改革是"四个全面"战略布局突破性和先导性的关键环节。必须把改革作为第一动力，突出战略导向、问题导向、需求导向，全力推进有利于稳增长、调结构、惠民生、保稳定、防风险的各项重大改革。

围绕强化统筹协调，做好改革顶层设计。完善市委全面深化改革领导小组会议机制，累计召开9次全面深化改革领导小组会议，审议通过25项改革政策，获批70项省级以上改革试点，其中国家级17项。健全重点改革政策备案审核、重点改革项目督查考核机制，鼓励广大干部既当改革促进派又当改革实干家，推动改革从"最先一公里"连通到"最后一公里"。

围绕增强发展动力，推进重大改革试点。抓好国家生态文明先行示范区建设，探索建立生态环境损害责任追究制度，开展自然资源资产责任审计试点，着手编制自然资源资产负债表；抓好国家主体功能区试点工作，庆元和景宁两县的改革试点方案正式获批；抓好省级生态旅游全域化综合改革试点，并在此基础上全面启动国家级试点申报。继续深化全国农村金融改革试点，涉农金融贷款余额达815亿元，增速连续5年居全省首位；继续深化全国扶贫改革试点，加快农业转移人口市民化步伐，累计实现农民异地搬迁34.1万人；继续深化全国低丘缓坡开发利用试点，拓展发展空间37平方千米，节约耕地3.3万亩；大力推进PPP投融资体制改革，在全省率先编制出台促进社会资本进入公共设施建设领域的实施意见，推进市本级13个PPP试点项目，成为全省政府和社会资本合作示范市。

围绕提高政府效能，推进重要领域改革。推进"四张清单一张网"改革，建立全省首个审批中介服务网上竞价系统，市级行政审批事项从1215项减少到403项，行政职权由8342项减少到3860项。推进事业单位统一登记管理改革，成为全省唯一的事业单位统一登记管理试点市。

（六）围绕"培育和践行社会主义核心价值观"，加快建设文化强市。

市委常委会认为，一个地方的发展和进步，离不开文化的力量和精神的引领。必须做强文化软实力，把意识形态工作牢牢扛在肩上、抓在手上，大力培育和践行社会主义核心价值观，形成共识、凝聚力量、助推发展。

大力弘扬社会主义核心价值观。围绕"中国梦想•美丽丽水""绿水青山就是金山银山""五水共治"等主题，精心组织宣传报道。举办人文大讲堂13次，人文小讲坛100余次，开展各类宣讲5400多次。深入总结宣传"里东大救援"中所展现的执政为民、情系人民的高度负责精神，身先士卒、舍我其谁的担当精神，攻无不克、战无不胜的战斗精神，军民心手相连、鱼水情深的团结精神，一方有难、八方支援的最美精神，凝聚起加快丽水发展的强大正能量。启动第四届全市"未成年人道德文化节"活动，开展"最美乡镇""百姓好家风""最美丽水好人"等评选活动，4人入选"中国好人榜"。精心组织抗战胜利70周年等系列纪念活动、"境外媒体看丽水"等系列采访活动。社会道德环境公众满意度连续三年居全省首位。

牢牢掌握意识形态工作的领导权和主动权。认真落实公共文化服务、机构队伍配备、宣传文化阵地设施建设、政策落实保障等"四张清单"及党管意识形态工作"一个责任制"，建立意识形态工作责任考核、逐级审批及责任追究等机制。抓好网上的"三改一拆"，让网上处处呈现"绿水青山"。

统筹抓好各项文化工作。制定创建国家公共文化示范项目实施计划，市博物馆新馆和市美术馆正式开馆，新建农村文化礼堂91家，公共文化服务水平全面提升。出台文化产业园区认定管理办法，9家园区被认定为市首批文化产业园区，文化产业发展取得进展。深化与中国摄影家协会的合作，成功举办丽水摄影文化节。设立丽水市国有文化资产管理委员会，成为全省率先完成市级国有文化资产管理体制改革的地级市。成功跻身中国文化城市二十强。

（七）围绕"不断提高社会治理水平"，深化平安丽水建设。

市委常委会认为，平安和谐是全面建成小康社会的重要标志。必须把推进社会治理体系和治理能力现代化建设，摆在更加突出的位置，围绕"平安报表"，千方百计把平安建设抓得更加扎实，让人民群众更有安全感。

全力推进平安创建。建立部门平安创建"责任清单"。全面推行"平安报表"管理法，通过实施"五个一"机制，开展三色预警、问题点评，推进平安工作落实。部署开展"三年平安计划"，连续10年被省委、省政府命名为"平安市"，连续5年获得"综治优秀市"称号。截至目前，没有发生影响平安考核"一票否决"的重特大事项，群众安全感满意度连续两年位列全省第一，正在向着"冲顶摘金"的目标迈进。

全力维护社会稳定。始终保持对各类违法犯罪的严打高压态势，扎实开展系列严打整治专项行动，依法打击严重刑事犯罪活动，侵财犯罪、"两抢"等案件总量明显下降，认真开展安全生产大排查大整治，全市未发生较大以上安全生产事故。积极探索"互联网+""金融+"食品安全监管体系，食品安全满意度连续6年位列全省第一。

完善依法信访机制。深入开展"百名市县领导督百案"活动，法治信访取得新进展，初信初访办结率实现新提升。依托涉稳重点人员信息化管控平台，强化专案经营力度。全市信访总量下降18.9%，信访秩序明显好转。

（八）围绕"全面落实依法治国方略"，全面深化法治丽水建设。

市委常委会认为，法治建设事关人民幸福安康，事关改革发展稳定，事关社会团结和谐。必须坚持党的领导、人民当家做主和依法治国有机统一，全面深化法治丽水建设。

贯彻依法治国方略，加快法治化进程。不断健全市委领导法治丽水建设的制度和工作机制，切实抓好法治丽水建设实施意见的贯彻落实。市人大设立法制委员会和内务司法委员会，获得地方立法权，建立立法工作体制机制。支持法治政府建设，深入推进政务公开，持续开展国家工作人员学法用法工作，在全社会深入开展法治宣传教育。注重党内规范性文件备案审查，积极建设基层普法载体，完善城乡基本公共法律服务体系。

坚持扩大人民民主，保证人大政协依法履职。切实强化对人大工作的领导，制定出台加强人大工作的意见，支持人大对"一府两院"工作开展监督。支持政协发挥协商民主重要渠道和专门协商机构作用，围绕改革发展重点问题和涉及群众切身利益的实际问题建言献策，切实提高协商民主制度化水平。

积极推进司法体制改革工作。建立支持法院、检察院依法独立行使职权的制度机制，为领导干部干预司法及内部人员过问案件划出“红线”。进一步推动涉法涉诉信访工作改革，建立律师参与化解和代理涉法涉诉信访案件制度。加强司法规范化建设，开展防止冤假错案33项制度落实情况专项执法检查。

加强统战和群团工作。召开市委统战工作会议暨全市民族工作会议、第三届丽水华侨大会。出台贯彻统一战线工作条例的实施办法和进一步加强民族工作的实施意见。新成立异地商会5家、基层知联会65家、香港丽水社团3家、海外侨务工作联络站15家。统筹推进各领域党外代表人士教育培养。研究制订加强和改进群团工作的意见，支持工青妇等群团组织围绕中心开展工作。坚持党管武装，出台关于推进军民融合深度发展的意见，加大对军队、武警和民兵预备役建设的支持力度。

（九）围绕“坚持伟大工程和伟大事业协同推进”，坚决把从严治党各项要求落到实处。

市委常委会认为，抓好党建是最大的政绩，党要管党、从严治党一刻也不能放松。必须做到思想上重视起来、责任上明晰起来、工作上担当起来，把“党建报表”的各项任务不折不扣地落实好。

从严抓好思想建设。在县处级以上领导干部中开展“三严三实”专题教育，在全市基层开展“学党章、守纪律、讲规矩”主题教育。市委常委带头上党课，市委理论学习中心组先后开展“四个全面”“法治建设”“生态文明建设”等专题学习21次，有力地促进了“三严三实”专题教育和党的群众路线教育实践活动成果的巩固和拓展。

从严带好干部队伍。按照“三好”“五型”干部队伍建设要求，强化重基层、重一线、重实绩的用人导向，明确干部人事工作“十要十不准”要求。选派209名优秀年轻干部、后备干部到“五水共治”、征迁政策处理等基层一线培养锻炼。再次向北大、清华、浙大招收15名选调生。

从严监督管理干部。积极开展干部实绩公示公议试点，建立“三级预警”机制，着力解决“为官不为、为官不正、为官乱为”等问题。对29名不适宜担任现职的领导干部进行调整，对2名拟提任考察对象因瞒报信息而不予任用。

从严夯实基层基础。出台全面加强基层党组织和基层政权建设的决定，建立县、乡、村（社区）三级党组织书记抓基层党建责任清单，推行县委书记“季季赛”、乡镇书记“月月赛”和村书记“经常赛”，强化“服务指数”“堡垒指数”“先锋指数”考评管理，落实“四项保障”。截至目前，围绕阶段性工作重点，先后组织18次乡镇书记交流会，163名乡镇书记现场“比拼”，284名村支书上台“打擂”。

从严筑牢反腐防线。认真履行党风廉政建设主体责任，带头学习《中国共产党廉洁自律准则》和《中国共产党纪律处分条例》，认真落实党政领导班子成员的“一岗双责”。全市760个单位党委（党组）向上级党委和纪委书面报告了履行主体责任和第一责任人职责情况。全力支持纪委履行监督责任，实现市、县两级派驻“全覆盖”，乡镇纪委履职机制改革全面推进，明确公职人员不准参加的二十类饭局，对97起违反中央八项规定精神和发生在群众身边的腐败问题典型案例进行公开曝光。全市纪检监察机关共立案1035件，处分993人，涉及县处级干部7人，乡科级干部84人。

从严做好巡视整改。聚焦省委巡视组反馈的4个方面13个具体问题，制定115项整改措施，逐一抓好整改落实。同时，举一反三，针对“落实党风廉政建设两个责任不够平衡”问题，制定《丽水市落实党风廉政建设党委主体责任和纪委监督责任十项制度》；针对“小金库”问题，制定“一把手”承诺制度，进一步巩固整改成果。

一年来，市委常委会在统揽全局、协调各方的同时，始终高度重视和加强自身建设。

市委常委会始终把学习贯彻习近平总书记系列重要讲话精神作为首要政治任务，每次中央召开重要会议、下发重要文件和习近平总书记发表重要讲话后，市委常委会都在第一时间学、原原本本学、联系实际学、带着感情学，先后组织15次传达学习会。建立市委常委会集体学法制度，先后10次组织集体学习，学习了《宪法》等10部法律法规。

市委常委会怀着对党的绝对忠诚、对党中央的高度信赖、对总书记的崇高爱戴，严守政治纪律、政治规矩，维护中央权威、维护总书记权威，在任何时候、任何情况下都与以习近平同志为总书记的党中央保持高度一致，做政治上的明白人。

市委常委会全体同志带头坚持民主集中制，严肃党的政治生活，严格按照规则议事、决策、办事。带头廉洁自律，树立良好家风，管好配偶、子女、亲友和身边工作人员。

市委常委会深刻认识到，学习贯彻习近平总书记系列重要讲话精神，归根到底是要把丽水的事办好。近年来的实践已经证明而且必将继续证明，得到全市上下高度认同的“绿水青山就是金山银山”战略指导思想，是学习总书记系列重要讲话精神的丽水实践，是落实中央“四个全面”战略布局及省委“八八战略”的丽水答卷，必须随着贯彻总书记系列重要讲话精神的不断深化而加以深化。我们要进一步坚定方向、保持定力，完善思路、狠抓落实，努力开创“绿水青山就是金山银山”的新境界。

同志们，以上报告的是市委常委会一年来的主要工作。这些成绩的取得，离不开省委、省政府的正确领导，离不开全市人民的共同奋斗，也离不开所有离退休老同志和各民主党派、工商联、无党派人士、社会各界、驻丽部队和武警官兵的大力支持。在此，我代表市委常委会，向在座的各位同志，向全市广大党员和干部群众，表示衷心的感谢和崇高的敬意！

在总结工作的同时，市委常委会也清醒地分析了存在的困难和问题。经济总量小、人均水平低的现状没有根本改变，创新能力不强，转型升级任务繁重，经济发展仍面临较大下行压力；社会公共服务供给与群众的需求之间还有较大差距，基础设施等方面的欠账较多；一些领导干部不适应新常态、新要求，缺少引领绿色生态发展的本领，缺失改革创新的勇气，缺乏攻坚克难的精神，等等。

市委常委会将深入研究这些问题，始终保持忧患意识和清醒头脑，采取更加有力的措施加以解决。希望同志们对市委常委会的工作提出意见和建议，帮助我们把工作做得更好。

二、关于“十三五”规划建议稿的起草说明

“十三五”时期，是推动丽水实现和全省同步高水平全面建成小康社会的关键时期，是奔小康长跑的最后冲刺阶段，也是最为关键的决胜阶段。制定一个顺应时代要求、符合丽水实际、凝聚各方力量的“十三五”规划建议，描绘好丽水未来五年的发展蓝图，对指导“十三五”规划纲要编制、引领“十三五”时期经济社会发展，事关长远，意义重大。

（一）建议稿起草过程。

市委对制定“十三五”规划建议高度重视，精心部署，周密安排。一是加强组织领导。建议稿起草工作是在市委常委会领导下进行的，由我主持，市有关部门具体承担。市委常委会两次对建议稿进行了讨论审议。二是深入调查研究。市委、市政府布置34个“十三五”发展重大课题，并进行深入调研，在此基础上形成“十三五”时期丽水经济社会发展基本思路稿，为起草建议稿打下了良好基础。三是广泛征求意见。起草组根据中央和省委精神，认真开展建议稿起草工作，并在广泛征求意见的基础上，对建议稿进行了反复多次的修改。期间，我主持召开了县（市、区）委书记及丽水经济技术开发区党工委书记座谈会；朱晨同志主持召开了县（市、区）长座谈会；市委常委会其他同志还先后主持召开了老同志座谈会，部分党代表座谈会，民主党派、工商联和无党派代表人士座谈会，广泛听取各方意见。

可以说，建议稿的形成过程，是总结过去、谋划未来的过程，是统一思想、凝聚共识的过程，是科学决策、民主决策的过程。从反馈情况看，各方面对建议稿给予了充分肯定。大家一致认为，建议稿既符合中央精神和省委对我市的要求，又符合丽水实际，具有很强的战略性、前瞻性、指导性和可操作性。

在征求意见过程中，各方面提出了许多很好的意见和建议，主要有以下几个方面。一是建议对“十三五”时期我市发展环境作出更加深入的分析，准确把握形势，坚定发展信心。二是建议始终抓好发展第一要务，深入贯彻省委和市委既有重大决策部署，不断充实转型升级系列组合拳内容。三是建议强化创新驱动、加大科技人才投入，在提高经济发展质量和效益上采取更加有效的政策措施。四是建议加大基础设施投入，突出人民群众普遍关心的就业、教育、医疗等民生工作，补齐民生事业发展短板。五是建议加强各级领导班子和干部队伍建设，持续优化政治生态，以“三严三实”的作风抓好各项任务落实。

对于这些建议，起草组全面汇总，逐条分析，做到了能吸收的尽量吸收。还有一些意见，下一步将吸收到“十三五”规划纲要或专项规划中。

（二）建议稿的总体考虑及基本框架。

建议稿的起草，充分考虑了“十三五”时期我市经济社会发展的现实基础、重大机遇、严峻挑战和发展需要。起草过程中，突出把握了以下几点：

一是坚持贯彻上级要求与立足丽水实际相统一。既深入贯彻落实中央、省委一系列重大决策部署，特别是党的十八届五中全会和省委十三届八次全会精神，又立足丽水所处的发展阶段，积极回应全市人民期待和关切，充分体现丽水特色，将中央精神、上级部署具体化、本地化。

二是坚持目标导向与问题导向相统一。既坚持咬定目标不放松，按照与全省同步高水平全面建成小康社会的要求，倒排时间节点，明确具体任务，又围绕存在问题、现实困难和潜在危机，明确解决问题的路径，实现新的作为。

三是坚持继承与创新相统一。传承发扬好已被实践证明行之有效的发展思路、战略战术和政策举措，同时根据新形势、新使命、新要求，加强

研究和创新，适时推出系列新思路、新举措。

四是坚持全面性和重点性相结合。建议稿是指导全市"十三五"发展的纲领性文件，必须着眼全局、系统谋划，完整阐明市委战略意图，为全市干部群众指明方向。同时突出重点领域和薄弱环节，集中力量办好既该干又能干成的大事，在增强薄弱环节中提升发展整体性。

五是坚持战略性和可操作性相结合。既强调战略战术的宏观性、指导性，又突出建议的可行性和实际操作性。建议稿所提出的战略目标，经过反复论证；提出的各项任务举措，符合丽水实际，具有可行的基础和条件。

考虑到建议稿通过后，还要根据建议稿制定"十三五"《规划纲要》，建议稿把重点放在明确丽水"十三五"时期发展大的方向和举措上，一些具体的工作部署和具体项目则由《规划纲要》去落实，以更好体现和发挥建议的宏观性、战略性、指导性，努力做到虚实结合。

在框架结构上，建议稿与中央、省委"十三五"规划建议框架基本一致，分三大板块、七个部分、26条。第一板块，由导语和第一部分构成，属于总论。主要是总结"十二五"发展成就，分析发展形势，明确"十三五"发展的指导思想、总体要求和发展目标。第二板块，由第二至第六部分构成，属于分论。主要是谋划五大发展理念在我市的实践，从"致力创新发展、提升区域经济实力""致力协调发展、确保整体均衡态势""致力绿色发展、加快建设美丽丽水""致力开放发展、合作共赢借力腾飞""致力共享发展、携手共创美好生活"等五个部分进行阐述和部署。第三板块，由第七部分和结束语构成。主要讲加强和改善党的领导，为实现"十三五"规划提供坚强保证。

（三）需要重点说明的几个问题。

建议稿对我市"十三五"发展作了全面部署，提出了一系列新的发展要求和重大举措。这里，我就其中几个重点问题介绍一下市委常委会的主要考虑。

第一，关于"十三五"发展总体要求。"十三五"时期是我国全面建成小康社会的决胜阶段，习近平总书记要求浙江"在提高全面建成小康社会水平上更进一步"，省委提出了要"高水平全面建成小康社会"的总目标。为此，建议稿提出"打造'两山'样板，争当'双区'示范，与全省同步高水平全面建成小康社会，加快建设美丽幸福新丽水"的要求。这是我们对中央提出的创新、协调、绿色、开放、共享五大发展理念的深入贯彻落实，是对总书记在浙江考察时的重要讲话精神的深入贯彻落实，也是对省委战略部署的深入贯彻落实，更是对全市人民作出的庄严承诺。

我们靠什么实现对全市人民的承诺？关键是要坚持"12345"发展思路。"1"就是"一条"道路，即坚定不移走"绿水青山就是金山银山"绿色生态发展之路；"2"就是守住"双底线"，实现"双区"示范；"3"就是"三生"空间，要科学、精准、超前谋划"生态、生产、生活"空间布局，通过绿色发展，让"生态变绿、生产变富、生活变美"，实现"绿、富、美"，建设美丽幸福新丽水；"4"就是"四美城乡"建设的升级版，按照"美丽丽水、美丽县城、美丽城镇、美丽乡村"的思路，构筑"1122"美丽城乡发展体系，建设美丽城乡升级版；"5"就是围绕"五大发展"，抓好"五大报表"，与全省同步高水平全面建成小康社会。

第二，关于"十三五"发展目标。建议稿提出"十三五"时期经济保持中高速增长，到2020年地区生产总值、人均生产总值、城乡居民收入均比2010年翻一番。完成"151"绿色发展行动计划，即生态环境状况指数（EI）继续保持全省第一、全国领先，五年累计完成固定资产投资5000亿元，人均生产总值突破1万美元。这是与全省同步高水平全面建成小康社会的基础性指标，是必须完成的硬任务。

根据"十二五"增长情况，我们初步安排"十三五"期间"四翻番"指标：地区生产总值，按2015年价，"十三五"期末将达到1600亿元左右，年均增长7.5%；人均生产总值，按2015年价，"十三五"期末将达到74000元左右，突破1万美元大关，年均增长7.2%；城镇居民人均可支配收入，"十三五"期末将达到47000元，年均增长7.5%；农村居民人均可支配收入，"十三五"期末将达23000元左右，年均增长9.0%。

市委常委会确定上述目标，经过了反复测算、审慎论证，主要基于两方面的考虑：一是考虑需求。我市虽然在"十二五"期间综合实力显著增强，取得了瞩目成绩，但发展相对落后的实际没有改变，在基础设施、产业发展、社会事业、民生领域等方面同发达地区相比还有一定差距，仍需要积极作为，确保"增长底速"，做到经济增长换挡不失速。二是考虑可能。经过多年积累，我市具备了一定的发展基础，生态环境不断改善，生态经济发展势头强劲，特色优势产业加快发展，新经济增长点加快培育形成，全市干部群众干事创业的热情空前高涨。这为我们跨越发展奠定了物质基础、提供了力量源泉。只要我们抓住机遇、积极作为，"十三五"确立的发展目标是能够实现的。

第三，关于生态环境保护。党的十八届五中全会提出了绿色发展的重要理念，强调坚持绿色发展、建设美丽中国，促进人与自然和谐共生；省委提出“不把违法建筑、不把污泥浊水、不把脏乱差的环境带入全面小康”。这对我们全力抓好生态环境保护工作提出了要求、指明了方向。为此，建议稿提出要全力打造全国生态环境保护和生态经济发展“双示范区”，建设美丽丽水，让丽水的天更蓝、水更清、山更绿、土更洁。

“十三五”期间，要坚定不移把生态环境保护作为政治任务、作为“第一底线”，创建好国家生态文明先行示范区，确保丽水生态环境质量继续保持全省第一，继续当好浙江的生态屏障。

治水，要以省委夏宝龙书记提出的“治水要再干五年”的决心，持续抓好“五水共治”，充分发挥各级河长的示范带头作用，力争2016年全面创成9个省级“清三河”达标县，确保城乡污水处理厂稳定达标排放、消除城内Ⅴ类水、主要江河Ⅰ~Ⅱ类水断面比例达到70%以上。治气，要“五气共治”，确保全市空气环境质量达到优良标准。治山，要确保森林覆盖率继续保持在80%以上。治土，要加快建立土壤环境质量监测网，重点对耕地和集中式饮用水水源地土壤环境开展监测。

第四，关于培育支撑未来发展的“195”生态产业体系。当今世界，新一轮科技革命和产业变革蓄势待发，工业化与信息化、制造业与服务业深度融合，新技术新产业新业态新模式加快兴起。站在产业创新的风口，能否顺势而为、抢抓机遇，尽快培育壮大生态经济，事关丽水未来发展大局。“十三五”时期，要把“195”生态产业体系培育作为重中之重，作为供给侧改革的突破口，进一步创新产业政策，优化产业平台，促进产业集群化、高端化、特色化、生态化发展，加快实现结构优化和动力转化。

“1”就是大力发展生态旅游产业。到“十三五”期末，要培育成为千亿级产业。“9”就是积极发展九大百亿产业。包括高端装备制造、健康、生物医药、生态精品农业、节能环保、信息、新材料、文化、绿色能源等九大产业。到“十三五”期末，每个产业都要超过100亿元，总产值达到3000亿元。“5”就是培育五个新增长点。包括民宿、机器人制造、电子商务、时尚革制品、资源精加工产业，到“十三五”期末，争取总产值达到1000亿元。通过“195”生态产业体系的培育，“十三五”期末要形成总产值达5000亿元规模的产业支撑体系。

第五，关于加强以交通为重点的基础设施建设。基础设施建设是既利当前又惠长远、既促转型又惠民生的战略支撑，是可以大有所为的重要领域。“十三五”时期要把基础设施建设摆上重要位置，统筹推进综合交通网、生态保护网、绿色能源网、智慧信息网、社会服务网五大基础网络建设，加快形成互联互通、运行高效、安全生态的基础设施网络。

基础设施建设的重点是交通。没有大交通就没有大发展，交通设施是要素空间流动的血脉，是支撑未来产业发展的基石，要早谋划、抓紧干。交通必须跟着产业走，与全市经济布局相统一。“十三五”期间，要推动丽水由目前的公路交通为主，逐步构建铁路、公路、水运、航空多种交通方式互补发展、无缝对接的立体综合交通网，加快形成符合产业布局、便捷安全高效的水陆空立体综合交通运输体系。

铁路重点抓好“两横两纵”，“两

丽水美丽乡村　　市委办　提供

横”是指东西走向的温武铁路、衢丽铁路，“两纵”是指南北走向的金丽温铁路、衢宁铁路；公路重点抓好“两横两纵三支”，“两横”是指丽龙庆高速和武松龙高速，“两纵”是指金丽温高速、龙丽温高速，“三支”是指台金高速、龙浦高速、遂江高速；航空重点抓好“112X”，第一个“1”是指丽水机场，第二个“1”是指在龙泉规划1个一类通用机场，“2”是指在景宁、遂昌规划2个二类通用机场，“X”是指，除了省规划之外我市有条件的地方也可以规划建设若干个小型通用机场或直升机起降点；水运重点抓好“一干三支两港”，“一干”是指瓯江航道，“三支”是指瓯江主要支流及小溪和松阴溪，“两港”是指丽水港和青田港。

第六，关于加快推进以美丽城乡建设为重点的区域协调发展。协调是持续健康发展的内在要求，要正确处理好县域之间、城乡之间、人与自然之间的发展关系，着力解决发展不平衡、不协调、不可持续等问题。近年来，我们大力推进以“美丽丽水、美丽县城、美丽城镇、美丽乡村”为重点的美丽城乡建设，取得了积极成效。“十三五”时期，要继续推进这项工作，着力构筑“1122”美丽城乡体系升级版。

第一个“1”就是1个中心城市组团，主要指中心城区。要深入推进“六城联创”等工作，不断提升中心城市的首位度以及城市形象、城市文化、城市精神，让丽水成为“来了不想走，走了还想来”的生态旅游名城。第二个“1”就是10个小城市组团，包括缙云、青田、龙泉、遂昌、松阳、云和、庆元、景宁8个中心县城组团和壶镇、温溪2个小城市组团。要抓好新“六个一”工程，尽快建成一个特色小镇、一批民宿村、一条绿道、一条历史街区、一个绿地公园、一批地下空间。第一个“2”就是20个中心镇。要全面落实扩权强镇政策，突出中心镇城乡节点和片区中心作用，加强与城市的功能衔接和组团发展。第二个“2”就是200个以上美丽乡村。尤其要抓好连线成片工作，每个精品村都是一颗珍珠，把这些散落的珍珠串成链、连成片，形成美丽乡村风景线，就能够更好地发挥美丽乡村的倍增效应，让“绿水青山”源源不断地带来“金山银山”。

三、全力做好2016年工作

今年是“十三五”开局之年，是丽水与全省同步高水平全面建成小康社会决胜阶段的第一年，做好今年工作至关重要。

今年工作的总体要求是：认真贯彻中央和省委决策部署，以“四个全面”战略布局为引领，以“八八战略”为总纲，坚持“绿水青山就是金山银山”战略指导思想，全面落实创新、协调、绿色、开放、共享五大发展理念，谱写生态、发展、民生、平安、党建“五大报表”新篇章，在打造“两山”样板、争当“双区”示范的道路上迈出新步伐，为“十三五”发展开好局、起好步。

今年经济社会发展的指标初步确定为：地区生产总值增长7%~7.5%；规模以上工业增加值增长6%；服务业增加值增长8%以上；固定资产投资增长10%以上；社会消费品零售总额增长8%；外贸出口保持适度增长；一般公共预算收入增长7%；旅游总收入增长25%；城镇和农村常住居民人均可支配收入分别增长7%以上和9%以上；城镇新增就业岗位1.4万人，城镇登记失业率控制在4%以内；单位生产总值能耗、化学需氧量、二氧化硫、氮氧化物、氨氮等节能减排指标均按国家和省定目标要求执行。

确定这一目标任务，是经过认真分析、充分论证的，一方面是根据省委省政府的要求，“十三五”开局之年要实现开门红，必须要有一定的发展底速；另一方面是考虑到保护绿水青山和推进结构性改革的需要，必须留有一定的回旋余地，为整治低小散、淘汰落后产能腾出空间。

做好今年工作，最重要的就是要主动适应新常态，牢固树立和落实五大发展理念，全力谱写“五大报表”发展新篇章。创新、协调、绿色、开放、共享五大发展理念是适应当代中国国情和时代特点的政治经济学，是马克思主义中国化的最新成果。生态、发展、民生、平安、党建五大报表是五大发展理念在丽水的具体化，是我市全面贯彻落实五大发展理念的主抓手，必须继续坚定不移地抓实抓好。

（一）加强生态环境保护，谱写生态报表新篇章。

始终把保护生态环境作为首要政治任务，作为发展的“第一底线”，确保生态环境质量全省第一、全国领先。

一要突出“护”。生态环境重在保护，要坚决落实《浙江省主体功能区规划》和《丽水市生态环境功能区规划》，严守资源消耗上限、环境质量底线、生态保护红线，不越“雷池”一步，真正把该保护的保护好，把该发展的发展好。松阳规划为省级生态经济地区，下一步计划调整到省级重点生态功能区里面。

二要突出“治”。持续推进治水、治气、治山、治土“四治”一起抓，打好“五水共治”“五气共治”倒逼组合拳，坚决消灭“脏乱差”“黑臭河”，确保丽水大地常绿、空气常新、碧水常流、土壤常净。进一步提升相关生态指标，力争全面创成9个省级“清三河”达标县，确保城乡污水处理厂稳定达标排放，消除城内Ⅴ类水，主要江河Ⅰ~Ⅱ类水断面比例达70%以上，空气优良率达90%以上。

三要突出“建”。以创建国家生态文明先行示范区为主抓手，加强生态文明市场类和政府类制度建设，包括资源与环境产权制度、交易制度、价格形成制度，生态环境约束制度、监管制度、问责制度等，生态环境和生态文明制度建设继续走在全省前列。1月4日新年第一个工作日，首个中央环保督察组进驻河北，约谈省委书记和省长。主要督查省级党委和政府贯彻落实党中央、国务院环境保护重大决策部署情况，解决和处理突出环境问题、改善环境质量情况，以及落实环境保护党政同责和一岗双责、严格责任追究等方面的情况。

（二）加快供给侧改革，谱写发展报表新篇章。

中央经济工作会议指出，加快供给侧结构性改革，是做好明年经济工作的主线。可以用“供给侧+结构性+改革”这样一个公式来理解供给侧结构性改革，其重点任务是去产能、去库存、去杠杆、降成本、补短板。

对丽水而言，加快供给侧改革，强化供给侧创新，关键要坚定不移、齐心协力地发展生态经济，加快培育新的经济增长点，把生态经济做大做强。

一要选准产业方向。围绕“195”生态产业体系，切实抓好各个产业的规划编制、完善与落实，以平台吸引产业，以项目做大产业。各县（市、区）、开发区要立足自身实际，以“195”生态产业体系为导向，结合供给侧结构性改革“去产能、去库存、去杠杆、降成本、补短板”的重点任务，选准产业发展方向，拓展新兴产业发展“蓝海”，努力实现集群化、差异化、特色化发展，形成百舸争流、百花齐放的良好局面。同时突出抓“低小散”企业整治提升，加快淘汰落后产能，推进个转企、小升规、规改股、股上市，积极处置“僵尸企业”，推进企业兼并重组、债务重组乃至破产清算，保障经济持续健康发展。

省里这次财政体制的调整，最大的改变是，原来激励奖补与财政收入税收增长率挂钩，而现在改为与第三产业税收增长率挂钩实行激励奖补。市本级第三产业税收增长率高于财政收入税收增长率，所以我们可以通过这个体制结算比原来体制多拿激励奖补6000多万。由此可见，大力发展第三产业是完全符合丽水发展的实际，是做大做强地方财政收入的绿色产业。

二要狠抓招商引资。千方百计加大招商引资和项目落地力度，引进大企业、大财团，加快形成百亿级、千亿级产业集群。各县（市、区）、开发区党政一把手要亲自抓，不仅要甘当“保姆”，而且要甘当“店小二”，打好“生态牌”“服务牌”“感情牌”，以乡情、亲情、友情为纽带，主动跟踪、以情引资，把侨商、浙商、丽商感召回来。12个专业招商局和驻北京、长三角、珠三角3个招商办事处，要紧盯央企、国企和大型民企、世界500强和中国500强企业，精准招商、上门招商、专业招商，加快引进一批龙头骨干企业、高成长性企业。

三要加强创新驱动。创新是引领发展的第一动力，必须把创新贯穿发展全过程，让创新在全社会蔚然成风。要以绿谷信息产业园、杭州丽水海创园、大学生创业园、机器人产业基地等“三园一基地”为重点，加快推进高科技人才集聚的平台建设，继续加大“千人计划”专家、“绿谷精英”、科研攻关团队和产学研结合的科技创新团队引进力度，努力集聚一批创新能力较强的企业和人才团队。要加快创新主体培育，力争新增国家重点扶持的高新技术企业、省级科技型中小企业、省级创新型试点企业和省级农业科技企业共100家以上；推进企业研发机构建设，力争全年新增省级及以上研发机构10家以上。

要优化政府服务职能，营造良好的创新氛围。重点要深化行政审批制度和资源要素市场化改革，积极探索“宽入严管”的企业登记管理制度，鼓励低成本创办科创型企业，鼓励浙商回归创办科创型企业，鼓励科技人员以自主科技成果入股创办企业。

（三）推进共享发展，谱写民生报表新篇章。

强化民生保障，实现共享发展，是我们一切工作的出发点和落脚点，也是全面建成小康社会的题中之义。

一要全力抓好基础民生事业。进一步加强和改善教育、就业、医疗、社会保障等基本公共服务，让群众有更好的教育、更稳定的工作、更可靠的社会保障、更便捷的医疗卫生服务，切实增强群众的获得感和幸福感。继续推进交通便民工程，加快构建水陆空立体交通网，进一步完善公共自行车、公共电动汽车、公交车等公共交通网络。要切实加强高铁沿线的环境整治、换乘交通引导和临时站场管理等工作，加快高铁站场、客运枢纽建设，为旅客提供舒心服务。

二要全力抓好增收致富工作。大力推进低收入群体加快增收，在消除年人均收入4600元以下贫困现象的基础上，加大“五个一批”工作力度，做到帮扶精准到村、到户、到人，确保低收入群体收入增幅高于城乡居民收入平均增幅。巩固“老三宝”、发展“新三宝”，特别是加快民宿经济发展，提升民宿2.0，普及民宿3.0，多抓民宿4.0，充分打开“绿水青山”转化为“金山银山”的通道，切实增强低收入群体自我发展、创收增收的能力。

三要全力抓好美丽城乡建设。以全国文明城市创建为抓手，坚持中心城市建设、管理、创建与城市经济发展协同推进，加快智慧城市建设和城市有机更新，塑造良好的城市形象、特色的城市文化、鲜明的城市个性。继续以“六个一”工程为载体，差异化、项目化、景区化推进美丽县城建设。以省级中心镇和特色小镇建设为平台，提升完善美丽城镇功能，特别要围绕“文化、旅游、产业”三大核心要素，全力抓好39个特色小镇的培育建设。以“六边三化三美”行动为重点，持续推进“美丽乡村”建设，从“一处美”迈向“一片美”，从“一时美”迈向“持久美”，从“外在美”迈向“内在美”，从“环境美”迈向“发展美”，从“形态美”迈向“制度美”。

（四）加强社会治理，谱写平安报表新篇章。

平安建设只有进行时，没有完成时。要有“时刻准备着”的应战状态，切实提高社会管控治理水平，抓好安全生产工作，坚决防止重特大安全事故发生。

一要紧盯平安金鼎不动摇。今年平安建设的目标就是要立足实现“平安市”建设“十一连冠”，圆满完成“三年平安计划”，确保在全省率先夺取“平安金鼎”。重点以开展“平安建设夺金鼎年活动”为抓手，以落实“一张报表、三项清单”为重点，探索建立平安考核“一票否决”事项预警管理办法，严守不发生“一票否决”事项这一底线，确保“平安市”考核合格。

二要维护社会稳定不动摇。进一步深化社会治安防控和大调解体系建设，及时排查化解各类矛盾纠纷，严厉打击各类违法犯罪活动。严格执行安全生产党政同责，抓好安全生产和食品药品监管等工作，确保不发生大的安全事故和群体性事件。继续做好不良资产化解处置，依法严厉打击恶意逃废债，严守不发生区域金融风险的底线。

三要抓好信访工作不动摇。围绕今年G20峰会、全国及省“两会”等重要节点，继续坚持“网格化管理、组团式服务”，加大信访案件的化解力度，看好自己的门、管好自己的人，确保“丽水不去人、家里不出事”，坚决不给中央和省委添乱。

（五）坚持从严治党，谱写党建报表新篇章。

干好今年的工作，为“十三五”起好步、开好局，最根本的还要靠党的领导，最重要的还要靠党的干部，最关键的还是要敢抓、敢管、敢担当。

一要始终把纪律规矩挺在前面。广大党员干部要坚决与以习近平同志为总书记的党中央保持高度一致，对党绝对忠诚，坚决维护中央和省委权威，不折不扣落实中央和省委各项决策部署，并将此作为最重要的政治纪律，将管党治党责任作为最根本的政治责任。

二要始终带好管好干部队伍。坚持正确用人导向，认真贯彻《干部任用条例》，注重聚焦一线和基层，把好干部选出来。坚持从严管理，注重“扯耳拉袖”，常态化开展干部约谈，建立能上能下机制，把好干部管出来。坚持以上率下，一级抓一级，把好干部带出来。

三要始终抓好党风廉政建设。各级党委要认真落实全面从严治党主体责任，把加强纪律建设摆在更加突出的位置，深入学习贯彻新的《准则》和《条例》，尊崇党章、敬畏党纪，敢抓敢管、敢于碰硬。各级纪检机关要认真履行监督责任，发挥各派驻纪检组作用，持之以恒抓好中央八项规定、省委“28条办法”、市委实施意见的落实，坚决防止“四风”问题反弹。

四要始终抓好意识形态工作。意识形态工作是一项极端重要的工作，要提高认识、主动作为，牢牢掌握意识形态工作的领导权、管理权和话语权，特别要管好网络这个“主战场”，加强“丽水网军”建设。习总书记多次强调，思想舆论领域有红色、黑色、灰色“三个地带”。红色地带是我们的主阵地，一定要守住；黑色地带主要是负面的东西，要敢于亮剑，大大压缩其地盘；灰色地带要大张旗鼓争取，使其转化为红色地带。

落后就要挨打，贫穷就要挨饿，失语就要挨骂。形象地讲，长期以来，我们党带领人民就是要不断地解决“挨打”“挨饿”“挨骂”这三大问题。经过几代人不懈奋斗，前两个问题基本得到解决，但“挨骂”问题还没有得到根本解决。主要原因是我们的意识形态和价值体系同西方是格格不入的。

五要始终抓好统战工作。牢牢把握大团结、大联合的主题，充分发挥统一战线的独特优势和作用，团结带领全市各党派、各团体、各民族、各阶层和社会各界人士的力量，围绕中心、服务大局，积极推动丽商、侨商回归，加强与港澳台及海外人士的交流合作，最大限度地凝聚人心、汇聚力量。

六要始终大兴干事文化。当前我们的发展任务非常重，要干的事情非常多。各级领导干部要以“虎口夺食”的干劲和气魄抓好工作，做到想干、愿干、敢干、会干、拼命干，要干就要干好，要干就要干第一，把这种干事文化坚持好、发扬好。

同志们，“十三五”的征程已经开启，今年的目标任务已经明确。让我们更加紧密地团结在以习近平同志为总书记的党中央周围，坚持“绿水青山就是金山银山”战略指导思想，奋发有为，扎实工作，为打造“两山”样板，争当“双区”示范，与全省同步高水平全面建成小康社会，加快建设美丽幸福新丽水做出新的更大贡献！

政府工作报告

——2016年3月12日在丽水市第三届人民代表大会第七次会议上

丽水市代市长 朱 晨

各位代表：

现在，我代表市人民政府向大会作政府工作报告，请予审议，并请市政协委员和其他列席人员提出意见。

一、2015年工作回顾和“十二五”发展成就

2015年是“十二五”收官之年，也是丽水经济社会发展很不平凡的一年。在省委、省政府和市委的坚强领导下，全市上下齐心协力、克难奋进，坚定不移地推进“绿水青山就是金山银山”战略指导思想落地生根，努力实现生态、经济、社会效益有机统一，较好地完成了市三届人大五次会议确定的目标任务。

一是生态为先抓示范。全力打造生态环境保护和生态经济发展“双示范区”，我市成为首批国家级生态保护与建设示范区，缙云创成国家级生态县，松阳、景宁通过国家级生态县技术评估，丽水开发区成为国家级循环化改造示范试点园区。组织编制环境功能区划，将95.8%的市域面积划入自然生态红线区、生态功能保障区、农产品环境保障区。组织开展绿色生态发展“全员轮训”。全面推进“五水共治”“五气共治”，我市治水经验入选中国基层治水十大经验之一，龙泉、庆元获得全省“五水共治”“大禹鼎”，4个县(市)创成省级“清三河”达标县，全市地表水环境功能区Ⅰ~Ⅲ类水质达标率达98.96%，饮用水水源地水质达标率、跨行政区域河流交接断面水质达标率均为100%；累计淘汰黄标车12917辆，淘汰改造燃煤锅炉726台，市区环境空气质量优良率达90.1%，6个县(市、区)环境空气质量达到国家二级标准。落实生态经济发展长效机制，设立生态经济产业基金，整治“低小散”企业(作坊)1690家，淘汰落后产能涉及企业224家，否决不符合生态环保要求投资近150亿元，与此同时经济运行总体平稳、结构不断优化。据初步测算，实现地区生产总值1102.34亿元，增长6.4%；一般公共预算收入94.51亿元，可比增长8.9%；服务业增加值占GDP比重达到46.1%。

二是产业为基抓提升。生态精品农业“361”工程深入实施，“丽水山耕”品牌影响力进一步提升，启动创建省级现代生态循环农业示范市和农产品质量安全示范市，农产品质量安全例行抽检综合合格率全省第一，遂昌成为国家现代农业示范区。生态工业加快转型，实施“机器换人”示范项目70个，绿谷信息产业园新增入园企业50家，开展首批20家市级“三名”企业培育试点；新设企业增幅居全省第二，新增“新三板”挂牌企业10家、规上工业企业98家，富来森中竹科技有限公司在美国纳斯达克挂牌上市；丽水智能装备及机器人、龙泉汽车空调零部件产业基地成为国家火炬特色产业基地，龙泉、缙云工业园区升格为省级经济开发区。生态服务业加快发展，服务业投资增长14.8%，尤其是生态旅游业带动作用进一步凸显，全年旅游总收入426.02亿元、

增长25.5%，九龙湿地创成国家湿地公园。优化电子商务发展政策，促进508家规模企业开展电子商务应用，建成2200多家村级电子商务服务站，实现网络零售额121.43亿元，增长76.0%，网络营销顺差20.49亿元。外贸出口增长19.2%，社会消费品零售总额增长9.0%。

三是项目为重抓推进。围绕扩大有效投资抓项目，引进大项目125个，其中5亿元以上大项目22个，实际利用内资293.33亿元、外资2.19亿美元，浙商回归到位资金147.87亿元，固定资产投资增长13.0%。通过“百日攻坚”等行动，重点建设项目完成年度投资计划的120.2%，金丽温高速铁路建成并投入运营，51省道龙泉段改建工程等一批重大项目建成，衢宁铁路丽水段全线开工。特色小镇成为扩大有效投资重要平台，全市谋划建设特色小镇39个，完成投资165亿元，其中8个特色小镇入选省级创建名单，4个列入省级培育名单。推进城市“六个一”示范项目建设，全市新增城市道路44.7千米、城市公园绿地86.99公顷，新开工地下空间70.96万平方米，完成中心城市和美丽县城建设投资74.39亿元。成功承办全省美丽县城暨村庄规划设计现场会。“六边三化三美”工作机制获“2015中国全面小康十大社会治理创新奖”，完成沿线房屋外立面改造366个村5.3万户1707万平方米，建成沿线产业景观带项目237个0.59万公顷。

四是改革为要抓突破。扎实推进国家生态文明先行示范区的“先行先试”，探索建立生态环境损害责任追究制度，开展自然资源资产责任审计试点，深入推进排污权有偿使用和交易试点。深化农村金融、扶贫、低丘缓坡开发利用等全国改革试点，新增“三权”抵押贷款19.6亿元，龙泉、青田、缙云成为全国“两权”抵押贷款试点县（市），全面消除家庭人均年收入低于4600元的贫困现象，全市低丘缓坡试点区块基本具备净地出让条件。围绕培育生态旅游第一战略支柱产业，推进旅游体制机制改革，我市成为省级旅游综合改革试验区，市、县两级均完成旅游委员会组建工作。围绕正确处理政府、市场与社会的关系，推进重要领域改革，建立全省首个审批中介服务网上竞价系统，探索企业“零地”投资项目政府不再审批和企业独立选址项目高效审批，我市成为全省政府和社会资本合作示范市、各类事业单位统一登记管理试点市。

五是民生为本抓保障。民生大事实事总体上顺利推进，全市民生类支出达210.96亿元，增长18.4%，占一般公共预算支出的75.5%。城乡居民人均可支配收入增速快于经济增速，分别增长8.1%、10.0%，达到32875元、15000元，农民收入增幅连续7年居全省第一。职工最低工资标准平均提高13%，企业退休人员基本养老金标准平均提高10%，城乡居民基础养老金最低标准提高20%，城乡最低生活保障标准分别提高10.2%、18.4%。实施全民参保登记。完善城乡医疗保障，大病保险最高报销限额提高到20万元，报销比例提高到55%。被征地农民基本生活保障制度与职工基本养老保险制度实现并轨。新竣工保障性安居工程住房3809套，完成农村困难群众危旧房改造3100户。高考纯文理第一批上线1676人，总上线率达到省平均水平，丽水五中建成并投入使用，松阳成为我市首个省级基本实现教育现代化县。优质医疗资源“双下沉、两提升”和分级诊疗工作扎实推进，启动人口健康信息化项目。成功创建国家卫生城市。“丽水乡村春晚”获得国家公共文化服务体系示范项目创建资格，我市成为“中国十佳运动休闲城市”，丽水博物馆和美术馆开馆。在连续夺得平安铜鼎、银鼎之后，深入实施“三年平安计划”，有望实现省级平安市创建“十一连冠”。

危难之中有真情，灾害面前见精神。我们对突如其来的“11·13”里东山体滑坡灾害大救援记忆犹新，在党中央、国务院亲切关怀，省委、省政府和市委坚强领导下，军地军民心手相连，社会各界大力援助，以最快时间顺利完成了灾害救援，灾后恢复重建正有序推进。“里东大救援”所展现的感人事迹和奉献精神，必将成为推动丽水加快发展的强大正能量！

各位代表，过去一年取得的成绩，既为“十二五”发展画好了句号，又使丽水经济社会的发展站在了一个新起点。

五年来，生态文明建设在绿色崛起、科学跨越中迈出坚实步伐。“秀山丽水、养生福地、长寿之乡”的区域形象公认度明显提高，生态环境状况指数连续12年保持全省第一、全国领先，生态文明总指数达107.34，居全省第一。我市成为首批国家生态文明先行示范区、第二批全国水生态文明城市建设试点市，创成首批省级生态市。云和、遂昌、庆元、缙云先后创成国家级生态县，国家级、省级生态乡镇比例分别达到53.2%、91.9%，市级生态村比例达到85.8%。综合实力在绿色生态发展中迈上新台阶，地区生产总值从664.76亿元增加到1102.34亿元，年均增长8.9%，人均生产总值达8290美元，各县（市、区）均摘掉欠发达帽子。

五年来，产业结构在加快转型、扩量提质中明显优化。三次产业结构从9.5∶49.2∶41.3调整到8.3∶45.6∶46.1。建成2.35万公顷粮食生产功能区、89个省级现代农业园区、4条省级农业全产业链，新增市级以上示范农民专业合作社151家、示范家庭农场870家。丽水开发区晋升为国家级经济技术开发区，全市新增国家重点扶持高新技术企业172家、省级科技型中小企业263家，新产品产值率由11.8%提高到33.1%，高新技术产业、战略性新兴产业增加值占规模以上工业增加值的比重分别达到25.6%、18.3%，主导或参与制订、修订国家标准48项、行业标准64项。服务业增加值从274.84亿元增加到507.93亿元，年均增长10.5%，新增9家AAAA级旅游景区和4个省级旅游度假区、4家省级现代服务业集聚区，旅游总收入相当于GDP的比重从18.1%提高到38.6%，文化及相关产业增加值占GDP比重从2.6%提高到接近5%，成为全国网商发展百强城市和零售网商密度最高的25个城市之一。

丽水迎来高铁时代　　戴昕律　提供

五年来，城乡面貌在统筹协调、“两美”建设中日新月异。常住人口城市化率从48.4%提高到56.4%，中心城区建成区面积从32.31平方千米扩大到34.90平方千米，“北居中闲南工”发展格局基本形成。成功创建国家园林城市、国家森林城市、国家卫生城市及省级历史文化名城，城市品位大幅提升。通过城乡环境整治，全面消除垃圾河、黑臭河，实现镇级污水处理设施全覆盖，新增污水管网679千米，完成农村生活污水治理1916个村、受益农户36.3万户，行政村自来水普及率100%，77个村进入中国传统村落保护名录，3个村被评为首批中国少数民族特色村寨，6个县(市、区)被评为全省美丽乡村创建先进县(市、区)。“三改一拆”扎实推进，累计拆除违法建筑面积2019.77万平方米，完成“三改”面积2385.96万平方米，完成市区老小区、城中村改造20个。累计完成固定资产投资2817.46亿元，其中重大基础设施投资1103.66亿元。城乡基础设施进一步完善，实现县县通高速、康庄公路村村通和全市公交一卡通，新能源电动汽车分时租赁系统投入运营，迈入“高铁时代”“4G时代”。

五年来，发展活力在改革引领、开放助推中持续增强。全市共争取省级以上改革试点115项，其中国家级38项，推动形成了市域“一盘棋”、县域有特色的经济社会发展格局。莲都成为国家乡村旅游创客示范基地，龙泉成为全国集体林业综合改革试验示范区，云和成为国家中小城市综合改革试点县，青田跻身全国县域经济竞争力和发展潜力“双百强”，遂昌成为全国农村电子商务强县创建先行县，松阳成为全国传统村落保护发展示范县、保护利用试验区，庆元、景宁列入国家主体功能区建设试点示范，景宁跻身全国民族自治县十强，缙云成为省级“腾笼换鸟”综合试点县、清洁能源示范县。农村发展活力全面释放，村经济合作社股份制改革全部完成，农村产权交易累计达1177宗，农村家庭信贷可及率、可得率分别达95.4%、72.4%，比全国分别高出44.2、29.3个百分点。市场主体活力竞相迸发，累计净增市场主体8.94万户，其中私营企业1.37万户，民间投资年均增长24.4%。开放型经济发展水平明显提高，实际利用内资、外资分别是“十一五”时期的3.69倍、3.56倍，外贸出口年均增长18.4%，完成境外投资项目55个，建成3个国家级出口产品质量安全示范区。

五年来，民生福祉在共建共享、全面发展中不断呈现新气象。城乡居民人均可支配收入年均分别增长10.3%、13.6%，城乡居民收入比从2.53:1缩小到2.19:1。新增就业10.4万人。城乡基本养老、基本医疗保险参保人数分别达158.19万、237.92万，居家养老服务照料中心覆盖70%的城乡社区，建设残疾人庇护中心62家。与全省同步实现义务教育发展基本均衡市目标，学前教育等级园覆盖率从43.1%提高到85.5%。创成全国文化先进县1个、省级文化先进县6个，建成农村文化礼堂317个，基层文化站室实现行政村(社区)全覆盖，跻身中国文化城市20强。公立医疗机构基本药物制度实施率达100%，实现县(市、区)与省级三甲医院合作办医全覆盖。创成省级体育强县5个，国民体质总体合格率达90.6%。深化平安丽水建设，夺得平安银鼎，安全生产事故起数、死亡人数连续12年下降。成功创建全国双拥模范城。民族地区加快发展，少数民族群众人均收入实现倍增。实现市民生活满意度、生态环境质量公众满意度、群众安全感满意率、食品安全群众满意率、卫生状况满意率、社会道德环境公众满意度排名全省第一。

与此同时，我们坚定不移推进政府自身建设，认真开展党的群众路线教育实践活动和"三严三实"专题教育，作风建设和反腐败工作进一步加强。切实推进依法行政，市级政府部门权力事项由8342项依法削减为3860项，非行政许可审批事项全面取消，完成规范性文件审核345件，受理行政复议194件，连续6年被评为全省法治政府建设优秀市。加强政府突发公共事件应急处置能力建设，取得"8·20"全流域特大洪灾、"11·13"里东山体滑坡灾害等重大事件应急抢险的胜利。

各位代表，"十二五"发展成绩来之不易。这是市委正确领导的结果，是全市人民凝心聚力、团结奋斗的结果。在此，我代表市人民政府，向全市人民以及广大建设者，向人大代表、政协委员，各民主党派、工商联、人民团体和社会各界人士，向驻丽部队、武警官兵和省部属驻丽各单位，向所有关心支持丽水发展的海内外朋友们，表示衷心的感谢！

我们也清醒看到，我市经济社会发展还存在不少问题。主要是：面对经济下行和转型升级双重压力，在经济增长从高速向中高速转换过程中，新旧动力转换不畅问题比较突出，产业升级艰难，生态经济发展不够充分，地区生产总值、工业增加值等部分经济指标未能实现2015年和"十二五"预期增速；城乡居民尤其是已脱贫的低收入农户持续增收基础还不稳固，民生实事的谋划与群众需求还有落差；防灾减灾、安全生产、企业风险化解等领域潜在的问题还有不少，维护社会和谐稳定面临新的挑战。在政府自身建设方面，政府职能转变、依法行政、行政效能与群众期望还有差距，一些工作人员懒政庸政怠政现象依然存在，消极腐败现象仍有发生。我们一定高度重视，用心用力解决好这些问题。

二、"十三五"时期的奋斗目标和主要任务

"十三五"是丽水拓展生态文明发展空间，与全省同步高水平全面建成小康社会决战决胜的五年。根据中共丽水市委《关于制定丽水市国民经济和社会发展第十三个五年规划的建议》，市政府编制了《丽水市国民经济和社会发展第十三个五年规划纲要(草案)》，提请大会审议。经本次大会批准后，市政府将认真组织实施。

"十三五"发展的指导思想是：高举中国特色社会主义伟大旗帜，以马克思列宁主义、毛泽东思想、邓小平理论、"三个代表"重要思想、科学发展观为指导，深入贯彻习近平总书记系列重要讲话精神，以"四个全面"战略布局为统领，以创新、协调、绿色、开放、共享五大发展理念为引领，以省委"八八战略"为总纲，坚持"绿水青山就是金山银山"战略指导思想，坚持生态环境保护与生态经济发展并重，完善生态文明体制机制和发展方式，协同推进新型工业化、城镇化、信息化、农业现代化和绿色化，着力实施"151"绿色发展行动计划，推进"绿色发展、生态富民、科学赶超"，打造"两山"样板，争当"双区"示范，加快建设美丽幸福新丽水，与全省同步高水平全面建成小康社会。

"十三五"发展的主要目标是，确保实现已经确定的"四翻番"目标，与全省同步高水平全面建成小康社会。全市生产总值年均增长7.5%左右，城乡居民人均可支配收入年均分别增长7.5%、10%。完成"151"绿色发展行动计划，即生态环境状况指数继续保持全省第一、全国领先，五年累计完成固定资产投资5000亿元，人均生产总值超过1万美元，并使社会保障覆盖率达到100%、全社会研发经费支出占生产总值比重达到2%左右，努力实现生态经济更加发达、生态环境更加优美、设施网络更加完善、人民生活更加美好、制度建设更加成熟。

实现上述目标，必须全面贯彻五大发展理念，落实好事关丽水长远发展的重大工程、重大项目、重大政策，集中力量抓好既该干又能干成的大事。

（一）贯彻创新发展理念，增强生态文明建设新动力

深化改革创新，释放改革红利。深入推进以生态文明先行示范区建设为龙头的国家级改革试点，积极争取改革扩面，重点争创全国旅游业改革创新先行区、农村电子商务建设先行示范区、深化集体林权制度改革综合试验示范区。推进县域经济综合改革，完善"亩产效益"和生态效益并重的资源要素市场化配置机制，强化节能节地节水、环境、技术、质量、安全等市场准入标准，力争2020年覆盖到所有新建项目和存量企业。着眼于激发金融、社会、国有资本活力，在基本完成农村产权制度改革的同时，继续深化农村金融改革，加快构建普惠型农村金融体系；大力发展科技金融和绿色金融，积极争取民营银行试点；

成立基础设施投资基金，鼓励社会资本以独资、PPP等形式进入基础设施、社会事业领域；加快国资公司转型发展，推进“水电入市”。着眼于激发市场主体活力，综合推进“四张清单一张网”、审批、商事制度改革，力争到2020年全面实行行政管理和公共服务“一站式”在线运行，完善负面清单，鼓励众创、众包、众扶、众筹机制创新。

全力培育“195”生态产业体系。“1”就是围绕到“十三五”期末把生态旅游产业培育为千亿级的第一战略支柱产业，全面推进国家全域旅游示范区、省级旅游综合改革试验区建设，加快旅游公司实体化、旅游景区资本化、旅游资产证券化改革，促进以国家AAAAA级景区和国家级旅游度假区创建为重点、高等级旅游产品为平台的景区转型提升，争创国家公园，努力成为浙皖闽赣国家东部生态文明旅游区的主角。“9”就是积极发展高端装备制造、节能环保、生物医药、新材料、信息经济、绿色能源、健康、文化、生态精品农业等九大产业。“5”就是把民宿、机器人制造、电子商务、时尚革制品、资源精加工产业培育为五大新增长点。要以市场化为导向、以“互联网+”为依托，以实施生态精品农业“912”工程、“生态制造2025”、生态服务业集聚区建设计划和发展总部经济等为载体，大力推进产业融合发展。“十三五”期间，力争建成5条综合产值超100亿元的农业全产业链，战略性新兴产业、装备制造业、高新技术产业增加值占规上工业的比重和园区集中度、企业集中度年均分别提高0.5个百分点。

加快打造创业创新平台。建设“一核一带多点”产业主平台，以丽水生态产业集聚区为核心，打造生态工业发展平台；以瓯江干流及主要支流为纽带，打造瓯江生态经济走廊；全力推进30个以上省、市级特色小镇建设。加快完善创新体系和创新平台，高水平打造绿谷信息产业园、物联网产业园、丽缙五金科技产业园、丽景民族工业园，建设一批创新苗圃和孵化基地，积极推进国家知识产权试点城市建设，到“十三五”期末建成省级创新型城市。推进地校战略合作、科技大市场建设，力争每个优势产业建成一个公共创新服务平台。依托“三园一地”等平台，加强高层次、高技能、紧缺急需和地方特色人才队伍建设，打造人才生态最优城市。到2020年，力争全市人才资源占人力资源比重达到26%。

（二）贯彻协调发展理念，推动市域统筹均衡优化发展

强化中心城市核心带动功能，加快推进新型城市化。围绕更好地顺应“高铁时代”，加快建设生态旅游名城。进一步完善中心城区“北居中闲南工”的功能布局，突出“中闲”区块，即环南明湖区块休闲养生度假旅游产业培育和设施配套，统筹推进城东区块及城西、水南、江滨开发建设，加快联城区块配套基础设施建设，打造山水生态城市新标杆。拓展城市发展空间，构建“中心城区+4个卫星城区”发展格局，促进形成“20分钟交通圈”；把云和、松阳纳入中心城市未来发展空间统一规划研究。以省部共建城乡建设转型综合示范区为抓手，加快推进户籍制度改革，促进农业人口转移，实现山区农民异地转移5万人，“十三五”末常住人口城市化率达到70%。以创建全国文明城市、打造“智慧城市”和实现国家卫生县城全覆盖等为抓手，不断提升城市品位。

以构建“四区四级两轴”城乡空间发展新格局和“四美”城乡建设为推动，扎实推进城乡一体化。以主体功能区规划为指导推进分区管制化、城镇组团化、功能一体化，把市域发展划分为城市核心区、城市拓展区、生态经济区、生态功能区四大分区，促进“美丽丽水、美丽县城、美丽小镇、美丽乡村”四级开发，形成1个中心城市组团、10个小城市组团、20个左右中心镇、200个以上美丽乡村的“1122”城乡体系。依托高速公路、高速铁路，串联东西、南北两个方向的城镇发展轴，加快区域一体化进程。推进“四美”城乡建设，加强历史文化街区、历史文化村落保护利用和“处州民居”“花样村庄”建设，促进美丽城乡和美丽经济联动发展。

推动民族地区加快发展。加大对景宁畲族自治县和其他民族乡（镇）、民族村的政策扶持力度，积极推动民族地区全面小康建设。通过支持景宁创建民族地区可持续发展改革试点、发展民族总部经济、建设全国畲族文化发展基地等举措，促进景宁发展走在全国民族自治县前列。

（三）贯彻绿色发展理念，打造“秀山丽水”生态典范

严格落实生态红线管控，完善生态绩效考核。贯彻落实“811”美丽浙江建设行动方案，全面实施环境功能区划，加强环境监管网格化管理，推进环保机构监测监察执法制度创新。实施绿色GDP核算和考核，到2017年，生态文明建设指标占党政绩效考核比重达45%以上。

强化生态治理和生态保护。统筹推进治水治气、治城治乡、治土治山，“三改一拆”“五水共治”等转型升级组合拳要贯穿整个“十三五”，决不把违法建筑、污泥浊水、脏乱差的环境带入全面小康，确保实现省级生态文明建设示范区全覆盖。到2020年，实现农村生活污水处理全覆盖，市区污水收集处理率达到95%、县级以上城市污水集中处理率达到90%，全市Ⅰ~Ⅲ类水质断面比例保持在98%以上，消除劣Ⅴ类地表水；全市环境空气质量均达到二级标准要求，环境空气质量指数（AQI）优良天数比率保持在90%以上；县县实现"清三河"达标、环境空气质量优良、基本无违建，有效控制农业"两区"土壤污染，基本消除重大地质灾害隐患；森林覆盖率保持在80%以上，实施美丽林相改造与建设21.33万公顷。

推进绿色低碳循环发展。深入实施节能降耗"双控工程"，推进园区生态化改造，大力发展生态产业和节能环保产业，工业危险废物实现无害化处理。全市公交车、出租车、营运专车、一般公务用车替换为新能源汽车或改造为清洁能源汽车。

（四）贯彻开放发展理念，以大开放促进大发展

以"五网"建设夯实开放基础。按照智慧互联的要求，统筹推进综合交通、生态保护、绿色能源、智慧信息、社会服务五大基础网络建设。围绕打造支撑美丽经济发展的交通走廊，大力推进新一轮交通大投入、大建设、大发展。以向"县县通铁路"迈进为目标，重点建设衢宁、衢丽、金台铁路，积极推动温武铁路前期研究，推进形成"两纵两横"铁路干线布局。完善"两横两纵三支"公路网，加强通景公路、县际通道建设，有序推进国省道、农村公路改造提升，力争武松龙、遂江上、庆寿等高等级公路纳入上级规划。加快"一干三支两港"港航建设，建成丽水至青田高等级航道。谋划"112X"航空网，力争建成丽水机场、迈入"航空时代"。切实抓好环境基础设施"12310"工程建设。推进大溪治理、丽水盆地易涝区防洪排涝、中小河流治理等水利工程建设，实现中心城区和主要区域全面达到20~50年一遇防洪标准。积极打造华东绿色能源基地，加快园区集中供热设施建设，实施管输天然气"县县通"工程。进一步完善以1000千伏为骨干、500千伏为支撑，各级电网协调、城乡供电可靠的智能电网。建设智慧政务、智慧旅游、智慧交通等智慧应用体系，实现县级以上公共区域场所及A级以上景区免费Wi-Fi全覆盖。推进一批教育、文化、卫生、体育、养生（养老）、便民服务项目建设，努力满足各类民生服务需求。

对接国家"一带一路"战略，提高外向型经济发展水平。积极推动贸关检税汇一体的大通关建设，建设跨境电子商务产业园。支持青田培育华侨总部经济、建设侨乡进口商品城，支持龙泉建设世界瓷都和历史经典文化小城。推进精准招商，力争"十三五"期间累计实际利用内资2000亿元、外资10亿美元。扩大与长三角、海西、珠三角经济区的交流合作，加强"中国长寿之乡""中国气候养生之乡"等品牌的推广宣传，促进区域协作和融合。

（五）贯彻共享发展理念，不断增强人民群众幸福感

促进城乡居民普遍持续增收。坚持就业优先战略，完善收入分配制度和劳动报酬增长机制，推进"无欠薪丽水"建设。全力促进农民增收，加强低收入群体增收帮扶。到2020年，新增城镇就业7万人，实现零就业家庭动态清零，确保城乡居民人均可支配收入比2010年翻一番。

以标准化推动公共服务均等化。高标准普及15年基础教育，到2020年，义务教育标准化学校比例达到90%以上，等级幼儿园、普惠性幼儿园比例分别达到90%、80%以上，力争与全省同步实现教育现代化。促进丽水学院向应用型大学发展，支持丽水职业技术学院打造全国知名的现代高职教育品牌，支持丽水广播电视大学向高水平现代化远程开放大学转型。大力实施全民参保计划，完善养老、扶残等服务体系，以及适度普惠型儿童福利保障体系、城乡住房保障体系。深化医疗、医保、医药"三医联动"改革，大力发展全民健身，建设"健康丽水"。加快发展中医药和畲医药事业。实施一对夫妇可生育两个孩子政策，统筹做好妇女儿童、老龄、残疾人等工作，加强流动人口服务管理。关注失独老人，关爱留守儿童。繁荣"瓯江文化"，实施基本公共文化服务标准化均等化五年行动计划，建成"城市15分钟、农村30分钟"文化活动圈。

不断提升现代化治理能力。深化平安丽水、法治丽水建设，全面推行平安报表管理法，实行社会风险隐患清单式管理，完善基层社会治理网络体系和矛盾纠纷大调解机制、阳光信访和法治信访机制，推进社会信用体系建设，健全防灾减灾、安全生产、食品安全、应急联动等社会公共安全体系，强化社会治安立体防控体系，努力打造人民群众最有安全感的城市。积极推进工青妇等群团工作及慈善、移民、档案等事业新发展，进一步抓好民族宗教、侨台外事工作。推进军民融合深度发展，做好国防建设、国防教育、国防动员、人民防空和双拥优抚安置工作。

三、2016年主要工作安排

2016年是"十三五"开局之年。我们所面对的发展形势，既有不确定性、不稳定性和经济下行压力，更有对新常态适应性、引领性不断增强的一面。我们所面临的发展环境，既富有挑战，更充满机遇，尤其是随着省委省政府支持丽水建设全域生态功能区，“绿水青山”转化为“金山银山”的空间将越来越广阔，红利将越来越显现。站在历史的新起点，我们必须坚定发展自信、保持战略定力，正视发展困难、勇于面对挑战。

综合分析各方面因素，建议今年全市经济社会发展的主要预期目标为：地区生产总值增长7%~7.5%；规模以上工业增加值增长6%左右；服务业增加值增长8%以上；固定资产投资增长10%以上；社会消费品零售总额增长10%左右；外贸出口保持适度增长；一般公共预算收入增长7%；旅游总收入增长25%；城镇居民人均可支配收入增长7%以上，农村居民人均可支配收入力争增长10%；城镇新增就业岗位1.4万个，城镇登记失业率控制在4%以内；治水治气、节能减排完成省下达目标任务。

开局决定全局，起跑决定后势。提出并努力实现以上预期目标，既是“十三五”发展开好局、起好步的内在要求，也是面对错综复杂的经济形势、严峻的经济下行压力的自我加压、自我挑战。我们必须认真贯彻中央和省委、市委决策部署，坚持“绿水青山就是金山银山”战略指导思想，以归零的心态、翻篇的姿态、奋发的状态和看齐的意识，变压力为动力，在推进“绿色发展、生态富民、科学赶超”，打造“两山”样板、争当“双区”示范的道路上迈出新步伐。必须以“严”“实”的要求，集中精力找短板、全力以赴补短板，坚决守护好全省生态屏障，加快壮大生态经济，加强供给侧结构性改革，厚植发展优势，增强发展动力，不断凸显生态底色、发展特色、民生本色、担当气色，加快与全省同步高水平全面建成小康社会步伐。

（一）努力实现创新制度供给的良好开局

深化生态文明制度创新，增强可复制可推广性。全力推进“生态+”行动，开展编制自然资源资产负债表省级试点，探索建立生态文明的“丽水标准”，组织开展“丽水生态文明日”系列活动，推进环境监管网格化管理全覆盖，认真实施生态环境损害责任追究办法，做好市容与环境卫生管理等方面生态立法的基础工作。继续推进各级各类改革试点，不断扩大改革效果。

加大重要领域和关键环节改革力度。针对经济转型升级，加快去产能、去库存、去杠杆、降成本、补短板相关改革，建立健全优胜劣汰机制，依法依规处置“僵尸企业”、严厉打击“逃废债”行为，继续关停落后产能，整治“低小散”企业；在市长热线、市长信箱开通服务企业专栏，开展“精准帮扶企业促发展”专项行动，建立政银企对接、企业发展情况分析常态化机制，及时解决影响企业发展的突出问题，继续为亿元以上企业、高成长型企业提供“一对一”服务措施，当好服务市场主体的“店小二”，构建“亲”“清”新型政商关系；制定实施企业减负三年行动计划，切实降低实体经济企业成本；强化资源要素市场化配置，大力支持企业主动对接多层次资本市场，加快生态经济产业基金市场化运作，增强产业发展动力。针对进一步激发农村发展活力，结合加快不动产统一登记，联动推进农村产权、金融改革；加快构建“三位一体”农民合作经济组织体系。针对投融资难，积极探索政府资产证券化、政府投资基金、政府投资公司等多元化投融资体制和资本运作机制，在财力允许前提下，大力推广PPP模式，加快市农发公司、旅投公司等国资营运机构市场化转型。

（二）努力实现生态经济发展的良好开局

着力推进生态经济化、经济生态化。坚持在发展中保护、在保护中发展，把握供给侧结构性改革机遇，紧扣人民群众对清新空气、干净饮水、安全食品、优美环境的紧缺需求，加强稀缺生态产品的有效供给，把生态环境优势充分转化为经济优势、竞争优势和发展优势。发起成立并依托“中国长寿之乡绿色产业联盟”“中国（长三角）高铁旅游联盟”，提升丽水生态经济影响力。加强以交通为重点的基础设施规划与统筹，促进生态经济发展。

着力打造生态产业升级版。坚持把生态农业作为富民增收的基础产业，组织实施生态精品农业“912”工程，新加入使用“丽水山耕”品牌农产品100个以上，以农业品牌化、电商化巩固扩大生态化、标准化，实现市级以上农业龙头企业质量安全可追溯体系全覆盖、网上农产品营销普及率达70%；把打造美丽田园与发展休闲、创意农业有机结合起来，启动10个省级现代农业综合区景区化提升项目，新建休闲养生观光农业区点20个；启动农业产业集聚区和农业特色强镇建设，推广“一亩山万元钱”林下经济发展模式。坚持把生态工业作为产业转型升级的突破口，统筹抓好新兴产业培育和传统产业改造提升，制定发布丽水“生态制造2025”实施方案，深化“四换三名”、企业技改“双百工程”，实施100个市级以上战略性新兴产业项目，工业技改投资增长12%以上；加快机器人产业集聚发展，力争引进国内机器人骨干企业；积极推进园区整合及循环化改造试点，促进企业兼并重组；完善涉工部门服务开发区发展长效机制，合力助推开发区打造生态工业主阵地。坚持把生态旅游业作为第一战略支柱产业和现代服务业的龙头来抓，以旅游“三化”改革为引擎，不断加大旅游投资、创新旅游产品供给，确保旅游投资增长15%以上；加快以“中闲”区域为核心的中心城市旅游产品开发，扎实推进古堰画乡、遂昌金矿、缙云仙都、青田石门洞等景区创AAAAA工作，积极谋划龙泉山、云和梯田、千峡湖AAAAA景区创建，力争古堰画乡景区列入国家AAAAA级景区培育名单；加快实施乡村旅游转型升级发展三年行动计划，打响“丽水山居”民宿品牌，新创建30个乡村特色民宿示范乡镇、村、点。加快发展生产性和生活性服务业，加快发展文化创意、历史经典产业，促进建筑业转型升级和房地产业健康发展。

着力强化创新驱动。加快打造创新平台，全力抓好特色小镇建设，争取完成投资180亿元，支持各类改革试点在特色小镇先行先试，按照每个特色小镇都要建成AAA级以上景区的要求，重点推进示范小镇建设；切实抓好丽水开发区机器人、新材料产业孵化器及生物医药产业加速器建设，每个县(市、区)年内至少建成一个使用面积不低于3000平方米的创业孵化基地，力争丽缙五金科技产业园创成省级高新技术产业园区。加快培育创新主体，力争新增国家重点扶持的高新技术企业、省级科技型中小企业和省级农业科技企业共110家以上，省级及以上研发机构10家以上。统筹抓好产业融合和产业创新，在工业化和信息化深度融合、制造业服务化，特别是农旅融合、文旅结合等方面下功夫，提升产业竞争力；联动推进“互联网+”“机器人+”“标准化+”行动计划，推进标准强市、质量强市、品牌强市。

(三)努力实现扩大有效投资的良好开局

保持有效投资力度，推进供给端和需求端协同发力。加快衢宁铁路、缙云抽水蓄能、千峡湖旅游度假区3个百亿级项目建设，力争开工建设丽水机场、金台铁路丽水段、松阳黄南水库、好溪水利枢纽等一批10亿级项目，积极推进丽水高铁新站房等项目建设，建成龙浦高速公路，谋划和推出更多PPP项目，确保固定资产投资增长10%以上。更加注重结构优化，确保重大基础设施、重大产业项目、高新技术产业、生态环保投资较快增长。发挥华侨优势，积极推进跨境电子商务出口、名优特产品出口。大力培育旅游、文化、信息、健康、养生养老等新的消费热点，积极推广“赶街”模式，促进网络市场健康发展，网络零售额增长35%左右。

深化“五资齐抓”，推进精准招商。强化招商引资“一号工程”主体责任，建立招商项目市、县两级领导干部全员、全程、全责任联系制度和招商项目落地“三色预警机制”，完善招商考核办法。力争全年实际利用内资295亿元、外资2亿美元，浙商回归到位资金145亿元，引进大项目100个；签约“山海协作”项目100个，到位资金140亿元。

(四)努力实现美丽城乡建设的良好开局

以精美规划引领城乡建设。强化“山水林田湖”生命共同体理念，推进“多规合一”改革及新一轮城乡规划体系建设，强化城市风貌控制，提升城市形态、园林景观、城市小品、城市建筑设计水平，加强沿线沿景村庄规划编制和实施。按照功能定位、历史传承和文化积淀有机统一的原则，防止规划设计“千城一面”“千村一面”。

以精致建设推动城乡发展。推动中心城区配套基础设施项目围绕高铁站、港口、机场等重要节点科学布局，开工建设高铁站周边道路、好溪路二期等城市道路，抓好高铁站周边区块环境改造，推进中山街等区块地下管网循环系统升级换代和天宁等区块城市有机更新。继续抓好市区老小区、城中村改造，深化城市“六个一”示范工程，推进“坡地村镇”建设用地试点，推进“海绵城市”建设。全市新增城市道路30千米、城镇污水管网90千米，新增绿道100千米、城市公园绿地30公顷，新开工地下空间40万平方米，新增停车位3000个。大力推进“五水共治”，努力夺取“大禹鼎”。协同推进“三改一拆”“六边三化三美”和城镇危旧住宅房屋治理改造，建成15个省级美丽宜居示范村，改造提升10条美丽乡村风景线。争创2个基本无违建县(市、区)，60%以上乡镇(街道)建成无违建乡镇(街道)。实施城镇低效用地再开发88公顷，盘活存量建设用地220公顷。

以精细管理提升城乡品质。全面推进全国文明城市创建工作。推进“智慧城市”建设，完善市、区共建机制，强化“数字城管”和综合行政执法，理顺高铁站区域综合管理体制。启动7个县(市)的国家卫生县城创建工作。深化户籍管理制度改革，全面实施居住证制度，促进有能力在城镇稳定就业和生活的农村人口进城落户。

(五)努力实现民生事业发展的良好开局

抓好就业增收和社会保障。加强创业培训和就业指导，促进高校毕业生就业创业，做好农民转移就业服务和城镇就业困难人员帮扶工作，提高就业服务的精准性。着力巩固消除

4600元以下低收入农户成果，在精准帮扶、防止返贫上下功夫，重点帮助低收入人群增强自我发展能力。完成第二轮特扶项目建设，抓好农民增收"老三宝"和"新三宝"，推进高山、远山和地质灾害隐患区农户异地转移，启动城区新安置区块建设。健全大社保体系，推进全国工伤预防试点城市创建，完善城乡最低生活保障和社会救助制度，落实重度和困难残疾人护理与生活补贴政策。

抓好各项社会事业发展。深化社会事业综合改革，抓好各类事业单位统一登记管理试点，鼓励和引导社会力量兴办社会事业。加强推进教育现代化、教师队伍建设的制度供给，加快学校项目建设，深化基础教育课程改革，全面实施学前教育第二轮三年行动计划和特殊教育三年提升计划，不断提高育人水平。深化公立医院综合改革，深入推进"双下沉、两提升"工作，加强乡、村卫生院(室)建设，稳步推进分级诊疗制度，完成市第二医院搬迁工程并投入使用。大力发展养老服务，全面实施养老服务补贴制度，推进农村敬老院改造转型和居家养老服务照料中心多模式运营，新增养老机构床位2000张，新建居家养老服务照料中心280个。推进"丽水乡村春晚"创建国家公共文化服务体系示范项目，打造100台特色乡村春晚。以中英联合纪念汤显祖、莎士比亚逝世400周年为契机，把汤显祖文化打造为国家对外交流重要品牌。市体育馆投入使用。办好亚洲轮滑锦标赛、中华龙舟赛、丽水马拉松等重要赛事，积极培育发展赛事经济。

抓好"平安丽水"建设。打好"三年平安计划"决胜战，全力夺取平安金鼎。全面开展"七五"普法。抓好防灾减灾和反恐防暴、信访维稳、安全生产、食品药品安全、公共安全等各项工作，加快构建立体化社会治安防控体系，推进食品安全溯源体系建设，加强互联网综合治理和"扫黄打非"工作。优化金融生态环境，维护区域金融稳定。全面加强地质灾害隐患排查治理，严格落实地质灾害防治责任。加强国防动员工作，支持驻丽部队建设，深化军民融合发展。全力做好G20峰会相关工作。

抓好民生实事。继续加大民生投入，确保民生支出占财政支出的2/3以上。在确保完成省里部署的民生实事的同时，今年我们按照民生实事"群众提、群众定"的理念和办法，确定了十个方面实事项目。市政府将健全工作机制，明确任务表、时间表、责任表，切实办好这些民生实事。具体包括：丰富城乡文体生活、强化食品安全治理、努力促进就业创业、持续改善交通出行、加强大气治理力度、推进教育惠民工程、全力建设美丽城乡、积极发展农民增收"新三宝"、进一步提升社会服务水平、加大水环境治理力度。

(六)努力实现政府自身建设的良好开局

着力建设实干政府。政府工作必须干字当头冲在前，苦干实干争上游，善作善成创实绩。要勇于担当，以逢山开路的闯劲、虎口夺食的拼劲、久久为功的韧劲，干一件成一件，努力干出一个好的开局。围绕一种声音落地、一个目标奋斗、一个态度落实、一张蓝图干到底，下苦功夫加强政风建设。抓工作要具体化、项目化、责任化，要挂出作战图、制定项目书、设定目标值、倒排时间表、落实责任制，决不允许决策不决断、说话不干活、人浮于事、推诿扯皮、"职责真空"、遇到矛盾绕着走。

着力建设法治政府。政府工作必须全面纳入法治轨道，要坚持依法行政，继续深化"四张清单一张网"改革，切实做到法定职责必须为、法无授权不可为，不断提高公信力。决策和用权决不能随意任性，必须讲法定程序、法律责任，提交讨论的事项必须经合法性审查。解决问题要增强法治意识、规则意识，带头维护社会公平正义。

着力建设廉洁政府。政府工作必须坚持清正清廉清明，对自身要求要严之又严。要深化"三严三实"专题教育和"四风"整治，坚决整治懒政庸政怠政，坚持有案必查、有责必问。要带头树立崇俭戒奢的文明新风，严控"三公"经费和会议费，全面完成公务用车改革。要把自觉接受人大监督、政协民主监督、司法监督、审计监督和社会监督、舆论监督作为廉洁自律新常态，兢兢业业，干净干事干成事。

各位代表，"十三五"发展蓝图十分宏伟，前景十分美好。让我们更加紧密地团结在以习近平同志为总书记的党中央周围，在省委、省政府和市委的坚强领导下，归零翻篇开新局，精准发力补短板，为加快推进"绿色发展、生态富民、科学赶超"，建设美丽幸福新丽水，与全省同步高水平全面建成小康社会而努力奋斗！

丽水市人民代表大会常务委员会工作报告

——2016年3月13日在丽水市第三届人民代表大会第七次会议上

丽水市人民代表大会常务委员会主任　虞红鸣

各位代表：

我受丽水市第三届人民代表大会常务委员会委托，向大会报告工作，请予审议。

一、过去一年的主要工作

2015年是全面深化改革、推进依法治国十分重要的一年。一年来，在中共丽水市委的领导下，市人大常委会紧紧围绕全市工作大局，强化担当、依法行权、尽心履职，较好地完成了市三届人大五次会议确定的各项任务。全年，共召开常委会会议11次，组织代表视察4次，听取各类工作报告35个，作出决议决定18个，提出审议及视察意见23个，为建设生态环境保护和生态经济发展"双示范区"、美丽幸福新丽水做出了积极贡献。

（一）推动职能完善，法治建设获得新突破

去年3月，十二届全国人大三次会议修改了立法法，依法赋予设区的市立法权，明确由省级人大常委会确定开始行使的时间。常委会以此为契机，积极筹备、完善职能、依法履职，有力推进了我市民主法治建设。

获批地方立法。2015年9月25日，省十二届人大常委会第二十三次会议依法确定，我市从即日起可以开始制定地方性法规，使我市人大及其常委会正式拥有了立法职能。为有效推进地方立法工作，市委成立了立法工作领导小组，加强对立法工作的领导。市三届人大六次会议依法设立法制委员会和内务司法委员会。常委会起草了《丽水市制定地方性法规条例(草案)》，建立了立法专家库，同时还编制了2016年立法计划，确定"丽水市城市市容和环境卫生管理条例"为一类项目。

依法作出决定。常委会全面落实依法治国基本方略和市委实施意见，作出《关于进一步推进"法治丽水"建设的决议》；听取和审议了市政府债务计划、债务限额、预算调整等报告，作出关于批准2015年度丽水市本级政府性债务收支计划的决议，要求市政府逐步降低债务率，防范债务风险；审查和批准了2015年度市本级财政预算调整方案，要求加快预算执行进度、提高支出绩效；批准了丽水市2014年度市本级财政决算草案。审议了《丽水市莲都区(市区)环境功能区划》，提出严格限制三类工业准入等意见，要求市政府修改完善后上报审批。

规范人事任免。根据全国人大常委会的决定，制定出台《丽水市人大常委会关于落实宪法宣誓制度的若干规定》，从今年1月1日实施以来，已组织8名被任命干部进行宪法宣誓，增强了被任命干部的宪法意识。坚持党管干部与依法行使人事任免权相统一，不断完善干部任免制度，一年来，常委会共依法任免国家机关工作人员103名。对市发改委、民政局、农业局、民宗局、卫计委、科技局、城市管理局的局长(主任)依法履职情况开展了工作评议和满意度测评，促进干部依法履职。

（二）创新方式方法，监督工作迈出新步伐

常委会认真贯彻"绿水青山就是

金山银山”绿色生态发展理念，立足丽水实际，健全监督机制，创新方式方法，努力提高监督工作的实效。

开展专项审议监督。听取和审议了市政府关于“四张清单一张网”建设情况的报告，提出加大宣传力度、规范清单内容、建立监督考核机制、加强网络互联互通建设等审议意见。听取和审议了市政府关于丽水生态产业集聚区管理体制情况的报告，要求进一步明确开发区职能定位、完善集聚区管理体制、全面落实监管职责。省、市、县三级联动，听取和审议了市政府关于全市大气污染防治情况的报告，指出了目标任务不够明确、服务保障能力较弱、监管执法不够到位、工作合力尚未形成的问题，市政府认真研究，并及时开展专题督查。听取和审议了市政府关于美丽乡村建设情况的报告，要求更加重视农民主体作用发挥、美丽经济发展、地方特色挖掘和内涵提升。听取和审议了市政府关于城区教育资源配置情况的报告，针对布局不够合理、总量不足、整体不优等问题，要求加强规划引领、优化资源配置、促进社会力量办学。听取和审议了市政府关于全市民族乡（镇）经济社会发展情况的报告，提出要增强经济内生动力、提升公共服务水平、夯实文化传承基础。主任会议专题听取了市政府关于“十二五”规划纲要实施情况的报告，要求对相关指标未完成的原因作出分析和说明。此外，还对全市林下经济发展、农家乐与民宿经济发展、基层医疗卫生服务体系建设、城区地下管网建设、住房公积金管理以及《出入境管理法》执行等情况开展了专题调研，分别就相关问题向市政府提出建议。

深化执法司法监督。采取市、县联动的方式对全市法院、检察院和公安、司法行政机关工作人员依法履职、公正司（执）法情况进行监督，听取和审议了各单位整改落实情况的报告，并进行了满意度测评，要求各单位切实解决群众与代表反映强烈的问题，加大对社会关注度高、危害性大案件的查办力度，努力提高司（执）法公信力。首次开展法官、检察官履职评议，及时向被评议法官、检察官及所在单位反馈履职评议意见和等次，有效促进了“两官”队伍建设。此外，还就市政府、两院落实市人大常委会贯彻实施《律师法》、法院执行工作审议意见的情况进行了监督。扎实做好规范性文件备案审查工作，全年共审查43件，其中市政府报备41件，县（市、区）人大常委会报备2件，向省人大常委会报送2件。认真做好人大信访工作，全年共受理群众来信104件，接待来访105批164人次；办理省人大交办的信访件7件。

强化跟踪落实监督。听取和审议了市政府办理落实五水共治审议意见情况的报告，提出加强工业污水源头治理、加快城区截污纳管步伐、抓紧污水处理厂改造提升、注重落实长效管理机制、增强常态化共治合力的意见，并进行了满意度测评。针对水阁污水处理厂存在未达标排放问题，首次以质询的方式开展监督，市政府高度重视，督促经济开发区及相关部门制订整改方案、落实整改任务，承诺至2017年底达到一级A的排放标准。听取了市长关于2015年上半年全市经济社会发展情况和下半年政府工作的报告，审议了关于丽水市2015年上半年国民经济和社会发展计划执行情况的报告，要求市政府采取切实有效措施，努力完成人代会确定的目标任务。听取和审议了市政府2015年上半年预算执行、政府工作部门及市开发区预算编制情况的报告，细化审查市旅游局、市经信委预算草案，对市农业局预算草案首次进行听证和表决。听取和审议了2014年决算及审计工作报告，对市科技局、市安监局、市开发区决算进行专项审查，要求对发现的问题限期整改、严肃追责。

（三）服务代表履职，主体作用得到新发挥

代表作用的发挥决定着人大工作的质量和水平。常委会把做好代表工作贯穿于人大工作的始终，努力推进代表履职，充分发挥代表的主体作用。

深化平台建设。实现代表联络站活动常态化、五级人大代表进站活动全覆盖，积极推动市、县领导干部代表带头参加代表联络站活动，切实解决了一批群众关切的实际问题。加强对代表联络站活动的指导，举办站长培训班，探索通过集体约见政府部门负责人、代表选民通过微信群互动等手段提升活动效果。完成人大代表网上联络站建设试点工作。坚持常委会组成人员联系走访基层代表和主任接待日活动，全年共走访接待代表387人次，有效拓宽了联系代表的渠道。一年来，全市173个代表联络站，共开展视察调研等活动933次，收集意见建议2749件，交办2356件，落实解决2009件。

加强代表活动。组织部分市人大代表视察美丽县城和美丽乡村建设、高铁建设、市区停车难治理、市本级食品安全检测资源整合等情况，推动有关问题的解决。组织开展各级人大代表监督已治理的河、转型升级十大组合拳落实情况、查找基层群众办事审批难事项等主题活动，推动相关工作的落实。扩大代表对常委会工作参与度，邀请37名基层代表列席市人大常委会会议，60余名代表参与常委会重点工作。莲都区里东村地质灾害发生后，常委会举一反三，立即组织各级代表开展地质灾害预防排查专项监督活动，得到省人大常委会和市委的肯定。

强化建议办理。坚持常委会领导和专职委员督办、市政府领导领办重点建议制度。强化代表建议承办单位一把手责任制，建立办理通报制度，开展办理评议和合议面商，提高建议办理质量。完善建议办理回头看机制，对正在办理或列入计划办理的 99 件建议进行跟踪督办，并向代表回复。市三届人大五次会议共收到代表建议 177 件，代表建议办理的面商率从 2014 年的 78.9%提高到 79.6%，解决率从 39%提高到 42.4%。

（四）推进能力提升，自身建设再上新台阶

常委会适应新形势的要求，自觉践行群众路线，切实加强人大及其常委会自身建设，不断推动人大工作创新发展。

转变工作作风。按照市委总体部署，认真组织开展“三严三实”专题教育和“学党章、守纪律、讲规矩”主题教育活动，扎实做好各阶段工作。认真贯彻党的十八届三中、四中、五中全会以及习近平总书记系列重要讲话精神，坚持用科学理论武装头脑、指导实践。认真抓好《中国共产党廉洁自律准则》和《中国共产党纪律处分条例》学习，切实履行党风廉政建设主体责任。贯彻落实省委人大工作会议精神，协助市委召开全市人大工作会议，出台了《中共丽水市委关于进一步加强人大工作和建设，充分发挥人大作用的意见》。

健全工作制度。修订《丽水市人大常委会审议意见办理办法》，促进常委会审议意见的有效落实。制定出台《政府重大投资项目监督暂行办法》，加强对政府重大投资项目的监督。制定出台《丽水市地方性法规草案起草工作指引》《法制委员会议事规则》和《法规草案征求意见工作规则》，为有效行使立法权奠定基础。

提升履职能力。认真组织学习中央和省委加强县乡人大工作和建设若干意见的精神，举办了代表工作、机关文秘、信息宣传培训班，不断提升自身素质。召开全市人大宣传信息工作会议，增设《丽水人大信息》普刊、特刊和专报，提升我市人大工作的透明度和影响力。自觉接受上级人大的指导，配合开展各项调研、检查活动，加强与县（市、区）人大常委会的联系，凝聚人大工作合力，推进全市人大工作。

各位代表，常委会取得的成绩，是市委正确领导的结果，是常委会组成人员和全体人大代表共同努力的结果，是“一府两院”支持配合的结果，是全市人民、社会各界大力支持的结果。在此，我谨代表市人大常委会表示衷心的感谢！

回顾过去的一年，常委会工作在实践中完善，在创新中突破，在发展中提升。但是，我们也清醒地看到，我们的工作离市委的要求、代表的希望、人民的期待还有一定的差距，主要是：主导立法的能力需要尽快形成，讨论决定重大事项的机制需要进一步健全，监督工作的实效需要进一步增强，服务代表的能力需要进一步提升，人大机关的作风需要进一步改进。对于存在的问题，常委会将虚心听取各位代表和各方面的意见，认真加以改进。

二、2016 年工作任务

各位代表，2016 年是全面实施“十三五”规划的开局之年，也是人大工作承上启下、创新发展之年。今年常委会工作的总体要求是：以党的十八届三中、四中、五中全会和省委十三届八次全会、市委三届十次全会精神为指导，牢固树立“绿水青山就是金山银山”战略指导思想，始终坚持党的领导、人民当家做主和依法治国有机统一，着眼全市工作大局，依法履行职责，以“归零”的心态，“翻篇”的姿态，“奋发”的状态，看齐的意识，找短板、补短板，敢于担当、创新有为，充分发挥人大在民主法治建设中的重要作用，为推进“绿色发展、生态富民、科学赶超”，打造“两山”样板、争当“双区”示范，加快建设美丽幸福新丽水提供有力保障。

做好新一年人大常委会工作，必须在思想上确立“四个更加自觉”：更加自觉坚持党的领导。这是做好人大工作的根本保证。始终坚持正确方向，增强政治定力，保持清醒头脑，坚决贯彻中央、省委和市委的决策部署，确保在思想上、政治上、行动上与中央、省委和市委保持高度一致。更加自觉服务发展大局。这是做好人大工作的重要原则。始终立足丽水发展实际，准确把握人大工作的切入点和着力点，主动融入大局、自觉服务大局，推动重大决策部署和重点工作的落实。更加自觉践行为民宗旨。这是做好人大工作的基本要求。始终把实现好、维护好、发展好最广大人民根本利益作为人大工作的出发点和落脚点，坚持为民履职、多接地气，使人大工作更好地体现人民意志、反映人民意愿。更加自觉推进工作创新。这是做好人大工作的动力所在。坚持与时俱进，注重理念更新，强化组织领导，改进监督手段，拓展活动载体，使人大工作焕发出新的生机和活力。

根据上述总体要求，今年常委会工作的主要任务是：

（一）坚持依法治市，推进法治丽水建设

以立法职能的获批行使为新起点，积极作为、依法履职，切实发挥人大在全面推进法治丽水建设中的重要作用。

推进科学立法、民主立法。着眼改革发展需要，充分发挥立法的引领、推动和保障作用。健全立法程序。制定出台《丽水市制定地方性法规条例》《年度立法计划编制及实施工作规则》《丽水市地方立法技术规范》。推进年度立法。认真组织实施《丽水市城市市容和环境卫生管理条例》的起草、调研、审议等工作，确保我市制定的第一部地方性实体法规有效、管用、可操作。编制立法规划。科学编制五年立法规划，建立今后五年立法调研项目库，明确立法重点领域。

推进依法行政、公正司法。针对“一府两院”工作中存在的问题开展监督，确保行政权、审判权、检察权得到正确行使。促进依法行政。听取和审议市政府关于丽水市2016年市本级重大投资项目计划、2015年市本级财政性基本建设预算执行及2016年预算编制情况的报告，督促政府健全投资决策机制。促进公正司法。跟踪监督司（执）法工作人员依法履职、公正司（执）法情况，开展被任命的市法院法官履职工作评议，促进司法公信力提升。促进法律实施。配合省人大大气污染防治“一法一条例”执法检查活动开展专题调研，推动相关法律法规在我市的实施。加大规范性文件备案审查力度，提高备案审查实效。

推进社会和谐、全民守法。通过作出决议、任免监督、人大信访等途径，营造法治氛围、促进社会和谐、推动全民守法。推进普法宣传教育。听取和审议“六五”普法实施和“七五”普法规划的报告，作出“七五”普法工作的决议。推进宪法宣誓实施。依法行使人事任免权，规范任前法律知识考试，制定宪法宣誓操作细则，精心组织被任命干部向宪法宣誓活动，增强干部的宪法意识。推进社会稳定和谐。做好群众来信来访工作，加强综合分析和交办督办，提高信访件办理的质量和成效，维护和保障群众的合法权益。

（二）坚持服务大局，推进绿色生态发展

适应经济社会发展新常态，立足全市改革发展大局，认真履行职责，推动市委绿色发展决策部署的贯彻落实。

推动决策部署实施。围绕绿色生态发展和经济转型升级，推动市委决策部署的实施。做好规划纲要初审。扎实开展“十三五”规划纲要调研和初审，引导代表深入讨论、积极建言，使规划纲要更加符合丽水的实际，符合群众的意愿。督促年度计划执行。听取和审议上半年经济社会发展执行情况和下半年政府工作的报告，加强对产业转型升级、企业减负等情况的关注，督促年度目标任务的落实。深化全口径预决算监督。听取和审议上半年预算执行、审计工作、部门预算编制情况等报告，细化审查市卫生计生委、财政地税局、司法局及开发区预算草案，对市卫生计生委部门预算进行听证和表决，审查市经信委、市农业局、市旅委及开发区2015年决算。

推动生态产业发展。立足生态经济发展和“1+9+5”新产业体系的形成，通过开展有针对性的监督，推动绿色生态产业扩量提质。关注生态旅游发展。听取市政府关于旅游发展情况的专项报告，开展民宿经济发展情况专题视察和全市历史文化保护情况专题调研，推动生态旅游业快速发展。关注生态工业培育。听取和审议丽水经济开发区合成革企业转型升级情况的报告，查找短板、提出建议，推动相关问题解决，促进生态工业发展。关注生态农业营销。听取和审议市政府关于农村电子商务发展情况的工作报告，就农产品网络营销、平台服务、政策扶持等问题开展调研，推动农村电商做大做强。

推动生态环境保护。着眼于生态保护示范区建设任务的落实，统筹运用立法、决定、执法检查等方式，推动生态环境治理改善。聚焦生态文明。作出关于设立“丽水生态文明日”的决定，并选择若干议题，就人大及其常委会作出的生态文明建设决定决议落实情况开展监督。聚焦五水共治。围绕治水、治气、治污等重点任务，对水阁污水处理厂问题的整改、开发区废气的治理开展跟踪监督。聚焦灾害防治。开展全市地质灾害防治情况专题调研，配合省人大开展《气象灾害防御条例》立法调研。

（三）坚持人民至上，推进民生福祉改善

坚持民生导向，加大监督力度，增强监督实效，推动人民群众普遍关切问题的解决。

促进公共服务体系完善。通过审议监督、视察调研等形式，促进公共服务体系的完善。推动教育卫生事业发展。对本届常委会关于教育资源配置、医卫体制改革、食品安全监管等审议意见落实情况开展“回头看”，适时开展跟踪监督。推动公共文化服务建设。组织公共文化服务情况专题视察，配合做好《浙江省公共文化服务保障条例》立法调研。推动养老服务体系建设。开展全市农村敬老院改造转型等情况的专题调研，配合做好省人大《浙江省社会养老服务促进条例》执行情况的检查。

促进城市管理优化提升。围绕“六城联创”，关注城市管理优化提升，推动人居环境改善和旅游名城打造。推进“三小一市场”整治提升。听取和审议市政府关于全市“三小一市场”食品安全监管情况的工作报告，就净化食品市场环境、健全监管长效机制、加强食品安全保障等工作开展监督。推进市容市貌管理。开展城市市容和环卫管理立法调研，就主体责任归属、城管执法标准等问题开展研讨论证。推进社区综合治理。着眼国家文明城市创建，对老小区改造、社区停车难等问题继续加以关注，进一步回应百姓诉求。

促进民生实事项目落实。积极关注全市十方面民生实事的进展，督促审计发现突出问题的整改，推动民生政策和民生实事落地。促进民侨事业发展。跟踪监督民族乡镇经济社会发展情况，开展我市涉侨服务政策落实情况调研，推动相关民族问题解决和民侨政策落地。巩固农民脱贫成果。开展全市农村扶贫工作情况专题调研，加强对精准扶贫措施落地、机制创新等情况的关注，推动农民增收和脱贫攻坚任务的落实。促进安置房的建设。组织人大代表就市区安置房建设分配、安置进度、拆迁补偿等情况开展视察，督促政府加强和改进安置工作。

（四）坚持主体地位，推进代表作用发挥

始终把发挥代表主体作用摆在突出位置，深化“两站一平台”建设，完善“两联系一发挥”制度，充分发挥代表主体作用。

加强换届选举的领导。按照《代表法》《选举法》和中共中央《关于加强和改进人大代表、政协委员有关工作的通知》要求，加强对市县乡人大代表换届选举工作的组织和指导。把好代表“资格关”。配合做好拟继续提名人大代表人选的提名推荐，认真做好人大代表资格审查工作。把好选举“组织关”。按照省人大制定的换届选举有关细则要求，精心制订方案，严格把握政策，及时请示答复，加强工作指导。把好过程“监督关”。扎实做好选举过程的监督和不稳定因素的预判，精心组织学习培训，确保选举严格依法有序进行。

拓展联系群众的渠道。认真落实常委会组成人员联系人大代表、代表联系人民群众的制度，深化代表联络站建设，增强联系群众实效。推进活动常态化。统一部署代表联络站主题监督活动，适时召开联络站建设现场会，完善领导干部代表编组进站接待群众制度，密切与群众的联系。推进工作制度化。健全代表联络站工作制度，加强代表履职管理，探索建立述职制度和履职激励机制，切实提高代表履职水平。推进服务信息化。推动有条件的乡镇（街道）设立网上代表联络站，加快代表联络站网上网下一体化进程，加强代表履职服务平台、人大微信公众号建设，提升与代表的互动水平。

提升建议办理的质量。把提升建议办理质量作为代表依法履职的重要环节。健全领办督办机制。继续实行主任会议成员领衔督办、政府负责人带头领办、专职委员跟踪督办重点建议，推进代表建议的办理。健全合议面商机制。坚持把合议和面商作为建议办理工作的必要环节，加大协商力度，规范面商程序，提高面商率。健全反馈通报机制。完善代表建议分类办理机制，探索建立建议质量和办理质量评估体系，完善建议办理通报和结果反馈机制，提升建议办理实效。

（五）坚持面向基层，推进人大工作创新

坚持抓基层、强基础，及时总结实践经验，创新人大工作机制，激发基层人大活力，推动人大工作与时俱进。

重视乡镇人大工作。加强制度建设，注重联系指导，积极回应乡镇人大关切。开展督查调研。坚持问题导向，配合市委开展乡镇（街道）人大工作和建设情况督查，及时发现问题、改进工作。协助出台文件。认真落实中央、省委加强县乡人大工作和建设的若干意见，协助起草市委《关于加强乡镇（街道）人大工作和建设的若干意见》。提升工作水平。组织乡镇人大干部开展学习交流，加强对乡镇人大工作经验的总结推广。

重视工作机制创新。积极探索履职行权的有效途径，不断完善人大工作的运行机制。健全工作制度。完善人大民主协商机制，健全人大主导立法工作体制和讨论决定重大事项制度，努力增强工作实效。完善工作机制。坚持重大事项向党委报告制度，完善与“一府两院”的沟通协调机制，健全机关内部协同配合和市县乡人大联动联系机制。改进工作方法。探索常委会公开履职、接受监督的形式，坚持向社会公开征集立法、监督等工作议题，健全邀请代表和群众旁听列席会议制度。

重视人大机关建设。始终把机关建设放在重要位置，不断提升人大工作科学化水平。深化作风建设。扎实开展“学党章党规、学系列讲话，做合格党员”学习教育活动，认真贯彻《中国共产党廉洁自律准则》和《中国共产党纪律处分条例》，巩固“三严三实”专题教育成果。注重制度建设。规范常委会机关办事及工作机构设置，修订有关制度规定，提高工作科学化水平。加强能力建设。健全集体学习制度，深化政治理论、法律法规和业务知识学习，推进人大工作创新，切实提高依法履职能力。

各位代表，新的形势对人大工作提出了新的要求。让我们高举中国特色社会主义伟大旗帜，更加紧密地团结在以习近平同志为总书记的党中央周围，在中共丽水市委的领导下，解放思想、锐意进取、扎实工作，为推进“绿色发展、生态富民、科学赶超”，加快建设美丽幸福新丽水而努力奋斗！

中国人民政治协商会议第三届丽水市委员会常务委员会工作报告

——2016年3月11日在政协第三届丽水市委员会第五次会议上

政协丽水市委员会主席　陈瑞商

各位委员：

我代表政协第三届丽水市委员会常务委员会，向大会报告工作，请予审议，并请会议列席人员提出意见。

一、2015年工作回顾

2015年，在中共丽水市委的坚强领导下，市政协常委会深入贯彻中共十八大和十八届三中、四中、五中全会精神，以"四个全面"为统领，以习近平总书记在庆祝人民政协成立65周年大会上的讲话精神为根本遵循，牢牢把握团结和民主两大主题，坚决维护核心、紧紧围绕中心、扎实凝聚人心，充分发挥政协作为社会主义协商民主重要渠道和专门协商机构的作用，为我市坚定不移走"绿水青山就是金山银山"绿色生态发展之路贡献了智慧和力量。

（一）服务第一要务，紧扣中心，调研议政，助力科学发展

坚持把促进发展作为履行职能的第一要务，自觉服务中心、服务大局，积极为发展凝心聚力、献计出力。

建言两山战略实施。围绕"绿水青山就是金山银山"战略指导思想落地生根，积极建言献策。在布局上，常委会认真组织召开"十三五"规划专题协商会，就融入"一带一路"、打造"195"新产业体系和统筹公共服务提升等重大问题，提出了13个方面意见建议。在实现路径上，先后开展"迎接高铁时代，加快旅游名城建设""生态精品农业现代化""华侨资金有效利用"等协商议政。在载体和要素支撑上，组织委员开展"畲族文化深度开发利用""丽水十佳系列评选""节水型城市建设"等调研视察，运用大会发言、提案和社情民意信息等多种形式提出建议。

共谋深化改革举措。引导委员聚焦改革、建言改革、服务改革。深入开展"国家生态文明先行示范区建设"调研，从研究体制机制入手，提出健全自然资源产权监管体系、加大生态补偿力度等建议。围绕"三位一体农村新型合作体系建设"开展专题协商，提出构建良性运行框架、做实做强专业合作社、深化配套制度改革等意见。举行"国家级扶贫改革实验区建设""平安丽水建设""中心镇建设"等情况通报会，让委员知情明政，更好地推进和参与改革。

助力重点工作攻坚。强化"一线"意识，落实"一线"工作要求。全力协助市委市政府做好"消除4600"扶贫攻坚，参与省政协组织的视察核查，推动政策落实。积极配合抓好"六边三化三美"工作，按市委要求成立检查组赴各县（市、区）和开发区进行检查督导，及时反馈发现的问题。认真做好重点工程联系工作，目前13个重点联系项目中，丽水机场、艾莱依集团总部项目有序推进，衢宁铁路丽水段已实现全线动工，丽水新博物馆等已投入使用。

（二）围绕决策部署，选准角度，跟进监督，助推工作落实

按照市委市政府的重大决策部署，坚持以问题为导向，加大民主监督力度，为党委政府工作的落实发挥了作用。

对重大问题开展专项监督。围绕法治丽水建设，开展“健全依法决策机制，促进法治政府建设”专项集体民主监督，从健全专家论证、落实风险评估、严格合法性审查等6个方面提出意见。组织“司法公开工作”视察，对法院审判流程、裁判文书、执行信息等提出建议。针对我市“四张清单一张网”改革措施落实情况，加强跟踪监督，提出修订完善权力清单、责任清单，加强中介机构管理和政务服务网建设等意见。

对热点问题开展持续监督。持续关注文明城市创建工作，开展“巩固创卫成果”“城市交通安全管理”民主监督活动，召开界别协商会，与相关部门进行互动交流。持续关注食品安全工作，建议加强农产品经营者入市登记、农产品入市检验检疫、不合格农产品退市等方面管理。持续关注教育事业发展，对“学前教育工作”开展专项民主评议，提出加快普惠性幼儿园建设、逐步解决教育公平等监督意见。

对难点问题开展联合监督。扎实开展“三级政协联动，万名委员同行，助推‘五水共治’长效机制建设”专项集体民主监督，建立多支小分队进行暗访，召开专题协商会，对事关长效机制建设的17类综合问题，面对面向相关部门提出监督意见，促进问题整改。组织界别委员联合视察“农村生活污水治理情况”，对资金保障、工程质量等提出建议。针对“农村公路改造提升”问题，结合“六边三化三美”工作开展民主监督，对农村公路，特别是通景公路建设存在的“畅不够、美不够、安不够、达不够”等问题提出监督意见。

（三）强化宗旨意识，聚焦热点，呼应需求，真情为民履职

坚持为民理念，畅通民意渠道，聚焦民生热点，呼应民众需求，努力发挥党委政府和人民群众沟通的桥梁纽带作用。

架起连心桥。加强政协领导联系委员工作，全年走访委员230多人次、约谈委员260多人次。深化委员联系界别群众工作，在农村和社区建立16个民情联系点，延伸工作触角。注重发挥港澳台侨委员和特邀委员的作用，通过举办座谈会、民祭轩辕黄帝大典、三胞茶话会等途径，扩大与港澳台同胞、海外侨胞的交往，传播中国好声音，讲述丽水好故事。关注民族事业发展，引导宗教与社会主义相适应，配合省政协开展“民族教育情况调研”和“全省宗教工作大调查”，积极促进民族团结、宗教和睦。发挥文史资料存史、资政、团结、育人的作用，出版《非遗印记》文史资料，开展“亲历撤地设市”“我与香港回归”“丽水新乡贤事迹”“委员治水故事”征集。重视做好政协之友社、诗书画社、企业家之友社和摄影之友社工作，支持开展相关活动。

当好代言人。积极反映基层和群众的心声，全年编发《社情反映》51期，向省政协报送《丽水政协信息》158期，举办《委员视点》24期，“整治和改造历史街区”“建设十里画廊荷花景观带”等一些建议引起关注。切实维护民利民惠，深入联系乡镇和村听取民声、了解民情，督促利民惠民政策到位。认真落实市委“1+2+10”责任清单，做好商会联系、企业帮扶、项目落地等相关工作，加强与工商界、新经济组织人士的交流研讨，帮助解决和反映一些实际困难。努力化解民忧民愁，针对社会关注的养老、就业等问题，组织委员开展“养老机构建设”“残疾人就业”“学校体育场馆开放”等调研视察，促进相关问题解决。

多做暖心事。全力协助“里东大救援行动”，广大委员自觉做好舆论引导，第一时间慷慨解囊，积极参与救灾。组织界别专家委员，分别到遂

市政协三届五次会议现场　　吴伟松　提供

市政协三届五次会议分组讨论　　吴伟松　提供

昌北界、云和崇头、松阳象溪、缙云新建等乡镇，举办送文化、科技、教育、卫生、法律下乡，开展文艺演出，赠送农资和科技书籍，为乡村教师培训辅导、农村患者诊疗治病，面对面服务群众。广大委员还积极参与送温暖、慰问百岁老人、“点亮微心愿·共筑中国梦”等公益活动。

（四）适应形势要求，提升能力，增添活力，加强自身建设

适应新形势、新任务要求，切实加强自身建设，着力提高政协工作活力、机关服务水平。

强化学习提升能力。举办全市政协主席读书会、4次常委学习会和2期委员培训班。深入学习中共十八届三中、四中、五中全会，习近平总书记系列重要讲话，省委、市委全会精神，始终做到与以习近平同志为总书记的中共中央保持高度一致，与市委合心合力合拍，切实提高政治把握能力。及时组织学习《中共中央关于加强社会主义协商民主建设的意见》，加强经验交流和理论研讨，深刻领会精神实质和丰富内涵，切实增强履职自觉和履职担当。市政协党组抓好“三严三实”专题教育，认真学习、严格遵守党章，坚决贯彻《中国共产党廉洁自律准则》和《中国共产党纪律处分条例》，引导广大委员自觉遵守《政协章程》，带头践行社会主义核心价值观，切实做到把纪律和规矩挺在前。

优化服务凝聚合力。发挥党派团体的骨干作用，积极为他们参政议政搭建平台，各民主党派、工商联和无党派人士在市政协的各类履职评选中，优秀委员占79%，优秀信息员占55%，优秀提案占71%，优秀大会发言占80%。发挥政协委员的主体作用，不断丰富委员活动载体，全年共组织小组活动69次，100多名委员应邀担任部门行风监督员和“电视问政”嘉宾。努力为县（市、区）政协开展工作创造条件，目前9个县（市、区）政协都已成立了委员工委。

立足创新激发活力。丰富协商形式，推进协商民主，提升协商质量和水平，全年举办专题协商、对口协商、界别协商、重点提案办理协商会81场。改进全会形式，将大会发言提前到开幕会上进行。加强提案工作，提高集体提案比例，全年共立案417件，其中集体提案89件，开展提案办理民主评议和“回头看”，提高了提案工作质量。完善委员管理，实行委员履职情况量化评价，注重履职成果运用，实行委员履职年度述职制度，评选先进委员小组6个、优秀委员34名，辞退不合格委员2名。

各位委员、同志们，过去一年政协常委会所取得的成绩，是市委正确领导，市人大常委会、市政府大力支持，各有关部门和县（市、区）党委、政府、政协以及社会各界热情帮助的结果，也是市政协各参加单位和广大委员团结协作、共同奋斗的结果。

一年来，市委高度重视政协工作，专门听取政协工作汇报，研究解决政协工作中存在的困难，并将政协工作列入市委综合考核内容。市委市政府领导以上率下，大力支持委员履职，深入贯彻落实《中共中央关于加强社会主义协商民主建设的意见》精神，亲自领办重点提案17件，参与政协各类协商会93人次，认真听取意见建议，为协商民主营造了优良的政治生态。

一年来，市政协共开展重点课题调研视察23个，组织重大专项民主监督活动5项，广大委员参与履职活动近6000人次，市委市政府领导对政协履职成果作出重要批示181条次，许多意见建议转化为推动工作的具体行动，在“双示范区”建设中写下了政协篇章、留下了委员印迹。

在此，我代表市政协常委会，向所有关心支持市政协工作的同志们、朋友们，表示衷心的感谢！

我们也清醒看到，政协工作还存在一些不足。比如，协商议政活动的实效性有待进一步提高，制度建设的刚性约束力还需进一步增强，服务委员工作还不够精细等，需要在今后的工作中切实加以改进。

二、2016年工作任务

2016年是“十三五”开局之年，市政协工作总体要求是：高举中国特色社会主义伟大旗帜，以马克思列宁主义、毛泽东思想、邓小平理论、“三个代表”重要思想、科学发展观为指导，深入贯彻习近平总书记系列重要讲话精神，坚持以“四个全面”战略布局为统领，以“五大发展理念”为引领，以省委“八八战略”为总纲，坚持“绿水青山就是金山银山”战略指导思想，在市委的领导下，落实“团结、担当、为民、创新、严实”五大工作要求，紧紧抓住为“十三五”时期发展献计出力这条主线，以“归零”的心态，“翻篇”的姿态，“奋发”的状态，看齐的意识，找短板、补短板，认真履行政治协商、民主监督、参政议政职能，为我市加快推进绿色发展、生态富民、科学赶超，与全省同步高水平全面建成小康社会，建设美丽幸福新丽水，做出积极贡献。

（一）坚持把团结作为政协工作的根本任务，切实做到凝心聚力善作为

实现与全省同步高水平全面建成小康社会，需要全社会的共同努力，这就要求发挥政协组织优势，为我市的改革发展稳定画好同心圆、凝聚正能量。一要以使命增团结。围绕“丽水应该有什么样的新定位，丽水在补短板上要有哪些新突破，丽水应该追求什么样的新作为，政协委员需要有什么样的新担当”四个重点，深入开展“归零翻篇开新局”大讨论，积极引导广大政协委员和各党派团体、各界人士，切实将思想和行动统一到市委决策部署上来，做到市委市政府中心工作推进到哪里，政协履职就跟进到哪里，同轴运转、同向共行，助力“打造‘两山’样板、争当‘双区’示范”。二要以协商增团结。认真贯彻落实省委《关于加强人民政协协商民主建设的实施意见》，扎实推进我市政协协商民主工作。加强协商民主理论研究，协同推进人民政协理论进党校、行政学院和各级党委（党组）理论学习中心组，为协商民主营造更好氛围。配合市委制订加强政协协商民主工作的相关实施意见，使政协作为社会主义协商民主的重要渠道和专门协商机构作用得到更好发挥。保障政协委员民主权利，努力为其履职创造更好条件，充分发挥各民主党派、工商联、人民团体在政治协商中的骨干作用。三要以亲和增团结。加强与港澳台同胞、海外侨胞的联络联谊，开展“侨台资企业发展状况”主席会议视察。重视发挥宗教界人士在维护社会和谐中的重要作用，配合省政协开展“助推竹柳新桥建设中国畲族风情园”调研，献计民族地区发展。做好市政协领导联系委员活动小组工作，每年走访所联系委员不少于1/2，倾听委员心声，增强政协大家庭的凝聚力。

（二）坚持把为“十三五”发展献计出力作为政协工作的履职主线，切实做到服务大局敢担当

认真贯彻落实习近平总书记“干在实处永无止境，走在前列要谋新篇”的重要指示，围绕不断凸显生态底色、发展特色、民生本色，积极建真言、出实招，彰显政协担当。一要在参与谋新篇中体现担当。就“十三五”规划的科学编制，组织好全会协商；紧盯规划落地，突出重点领域和重点工作开展民主监督活动，助推“十三五”开门红。就“我市生态文明先行示范区建设”“195”新产业体系中的政策支持和项目支撑等问题，组织在丽全国和省政协委员，运用政协渠道向上级机关提出建议。就“低收入农户精准帮扶工作”举行常委会专题协商。二要在助推工作落地中体现担当。举行“国家东部生态文明旅游区建设中丽水怎么干”界别协商会，建言区域旅游资源有效整合、区域旅游交通互联互通。组织“发展机器人产业，加快产业转型升级”常委会专题协商、“瓯江生态旅游景区创5A”视察活动。开展“农村电子商务先行示范区建设”调研，促进“互联网+”向生态精品农业、民宿经济等领域渗透，助推美丽经济发展。三要在发力干在实处中体现担当。要有奋发干事的激情，努力做到归零翻篇有新定位、服务大局有新作为、争先进位有新起色。切实做好市委布置的重大工程项目、低收入农户集中村帮扶等联系工作。广大委员在政协工作里要当主角，积极参政议政，为打开“绿水青山”转化为“金山银山”的通道多想好办法、多出金点子；在本职工作中要当标兵，敢于走进矛盾，敢于啃“硬骨头”，在丽水新一轮的建设中创造一流业绩；在舆论引导上要当战士，主动协助党委政府宣传政策、解疑释惑、协调关系，促进社会和谐稳定。

（三）坚持把履职为民作为政协工作的根本出发点和落脚点，切实做到服务民生重实效

坚持以人民为中心，积极促进民生改善。一要为民建真言。树立“开放政协”理念，对相关部门办理提案情况逐步实行向社会公开。加大政协工作宣传力度，实行政协全会微直播，与丽水日报联合办好《政协文史专栏》，出版《丽水撤地设市文史资料》。不断拓展和深化反映社情民意信息工作，在党政重大决策前及决策实施过程中，组织委员开展“接地气”的民意调查和研判，以“直通车”形式向党

委政府提供保真的民意信息，并逐步推行办理反馈机制。加强与群众交流“线上”“线下”互动，办好政协微信公众号，邀请社会公众代表参与政协协商会，不断扩大公民有序政治参与。二要为民谋福祉。围绕人民群众关注的“六大民生幸福工程”和“全市十方面民生实事”，积极开展民主监督。举行“分级诊疗制度建设”常委会专题协商、“小区物业管理情况”主席会议议政、“推进养老服务业发展”和“推进学前教育普惠优质发展”界别协商会。组织开展“推进我市国家级综合档案馆新馆建设”“地质灾害点防治和群众搬迁工作”调研视察。三要为民做好事。丰富“关注民生、服务群众”内容，深化送文化、科技、教育、卫生、法律“五下乡”工作，走进基层、走进群众，组织委员开展“1+1”结对低收入农户、爱心助学、慈善捐赠等公益活动，逐步建立常态化的服务机制，努力提高服务的针对性和实效性。

（四）坚持把创新作为政协工作的活力源泉，切实做到与时俱进添动力

注重体现政协特色，不断推进政协工作方式方法的创新。一是加强制度机制创新。完善委员履职管理服务，研究出台委员退出机制，对三届委员履职情况进行全面评价，作为换届时新委员提名的重要依据。制定《港澳台侨委员会特邀委员选聘工作条例》，规范特邀委员选聘。改进提案立案，探索提案会中审查、会后立案的办法，做好提案提质工作。二是推进履职平台创新。进一步拓宽大会发言征集渠道，优化遴选机制，着力提高大会发言质量。在重点提案办理协商的基础上，努力扩大其他提案办理的面商率。探索建立电视协商平台，在《委员视点》栏目中邀请部门领导对话。规范委员小组活动，每年不少于2次，做到主题鲜明、内容丰富。三是重视监督形式创新。认真贯彻落实市委《关于加强人民政协民主监督的实施意见》，努力提高监督实效。紧盯“五水共治”“六边三化三美”长效机制建设，每位主席会议成员联系一个县，建立专项督查组和委员监督小组进行跟踪问效。选择若干个部门开展提案办理情况民主评议，完善市领导领办督办重点提案制度，建立专委会参与促办重点提案机制。对提案进行分类，对内容相近的进行集中协商办理，对事关长远的进行连续跟踪办理。

（五）坚持把自身建设作为政协工作的永恒主题，切实做到固本强基抓严实

适应人民政协服务新常态的新任务，厚植优势，查补短板，不断提高政协工作能力水平。一要有严实的学风。着眼于经济发展的新形势、时代前沿的新知识、政协工作的新要求，抓好学习培训，努力克服本领恐慌。着眼于履职能力现代化建设，开展调研能力建设年活动，认真学习毛泽东《寻乌调查》《兴国调查》，组织干部到民情联系点蹲点，提高调查研究能力和群众工作能力。着眼于提高学习成效，改进主席读书会、理论学习会、委员培训班的形式，做到虚与实、内与外相结合，注重学有所获、学以致用，提升委员整体履职水平。二要有严实的文风。文风问题事关政协形象和履职成效，必须不断改进。无论是调研视察报告、社情民意信息、提案和发言材料，都要强化精品意识，力求简短精练、富有新意；强化平实意识，力求反映事物的本来面目、实事求是；强化操作意识，讲实在的话、讲管用的话，使每一份建议都能建睿智之言、献务实之策。三要有严实的作风。作风建设永远在路上，必须常抓不懈。要巩固拓展“三严三实”专题教育成果，扎实开展“学党章党规、学系列讲话，做合格党员”学习教育，强化政治意识、大局意识、核心意识、看齐意识，严守政治纪律和政治规矩。要加强党风廉政建设，完善规章制度，明确底线划出红线，制定《市政协机关廉政建设十项要求》《市政协机关外出调研考察需注意的十个问题》。要把作风建设体现在履职的全过程，促进政协工作规范有序、灵活高效、有质有量。要认真总结三届政协工作经验，切实做好换届各项准备工作，不断推进我市人民政协事业新发展。

各位委员、同志们，“上下同欲者胜，风雨同舟者赢”。让我们更加紧密地团结在以习近平同志为总书记的中共中央周围，在中共丽水市委的坚强领导下，以团结的意识、担当的品格、为民的情怀、创新的精神、严实的作风，认真履职，扎实工作，为我市加快推进绿色发展、生态富民、科学赶超，与全省同步高水平全面建成小康社会，建设美丽幸福新丽水而协力奋斗！

专　　辑

金丽温铁路扩能改造工程建设

一、金丽温铁路扩能改造工程情况

金丽温铁路扩能改造工程是铁路干线网中沪昆通道和东部沿海通道在浙江省内的重要连接线路，也是丽水境内唯一的高铁线路，建成后为丽水人民出行带来极大的便利，丽水到杭州的铁路乘坐时间将从之前5小时缩短至一个半小时，可实现上海、南京、南昌当天往返，北京、武汉、贵阳当天到达。

金丽温铁路扩能改造工程为全封闭、全立交的国家1级双线电气化铁路，项目正线里程全长188.8千米（金华南站到温州南站183.5千米），项目投资概算总额189.4亿元，由原铁道部和浙江省共同出资建设，项目业主为金丽温铁路有限责任公司。主要技术标准为：国铁1级，正线双线，设计时速200千米/小时，预留250千米/小时。丽水市处于全线的中段，线路穿过缙云县、莲都区、青田县和丽水经济开发区，辖区正线里程102.1千米，约占全线总长的54%。全市境内有特大桥、大桥22座，隧道27座，桥隧总长88.9千米，占正线长度的88.6%。站场设计为：重建丽水站、新建缙云站、改造青田站、迁建青田货场，在金丽温三市中里程最长、难度最大、任务最重。

为保障项目有序推进，市委、市政府高度重视，于2009年9月成立丽水市金丽温铁路扩能改造工程指挥部，由市人大常委会副主任吕文明兼任总指挥，全力推进征迁协调等各项工作。通过沿线各级党委、政府及指挥部的积极推进，至2014年底，全面完成红线内土地房屋征收工作，共累计完成红线内土地征收102.2公顷，房屋征收1.42万平方米，同时主动协调解决影响施工的问题，推进大小“三改”工作，实现铁路和谐建设、无障碍施工。2010年12月，金丽温铁路扩能改造工程开工。2015年3月，丽水段土建工程基本完工并开始铺轨。2015年9月，丽水段铺轨完成。2015年10月，金丽温高铁第一辆检测车“跑”过丽水。2015年12月26日，全线通车运营。

为保障金丽温高铁按期通车，市委、市政府主要领导多次到现场调研金丽温铁路扩能改造工程。2015年11月，市委、市政府启动“迎高铁促发展60日攻坚计划”，积极协调影响高铁开通的各类问题，大力推进高铁配套项目实施。同时，还赴上海铁路局对接工作，争取支持，为金丽温高铁顺利开通提供坚实保障。

二、丽水高铁新站房建设

丽水火车新站站址在既有火车站站房处，拆除既有老站房，原址新建丽水站。经市委市政府极力争取，2015年3月，铁路总公司正式批复丽水新站房初步设计，站房面积为2.8万平方米，概算投资2.89亿元。地方配套的高架平台及匝道项目，概算投资5466万元，与新站房项目同步招投标、同步建设、同步投入使用。2015年12月，这两个项目启动招投标，2016年1月，进场建设。建设工期为一年，预期2017年1月投入使用。丽水新站房外形寓意“秀山丽水”表现山峦起伏，水波荡漾，莲花盛开的意境，建成后将成为丽水的一个迎宾窗口。（陈　翀）

2015 丽水摄影节

一、活动概况

2015 年 11 月 6 日，2015 丽水摄影节在丽水开幕，11 月 10 日闭幕。本届摄影节以“作为生活的摄影”为主题，围绕新语境下的影像与社会关系问题全面展开，凸显“国际、学术、群众”三大特性。众多世界名家参与彰显国际性，共有来自 52 个国家和地区的 1934 人参展，推出 339 个展览，展出 6582 幅作品。20 余位来自世界各地的摄影理论家和摄影大师到访，包括世界著名摄影大师萨尔加多。此外，国际摄影展廊联盟 10 多个国家的机构组织国际主题作品参展。众多专家学者参与彰显学术性，邀请了鲍昆、毛卫东等国内七位名家组成学术委员会，参与摄影节各项学术任务支持和活动策划。专题开辟高校展览单元，有来自国内外的 31 所高校参展，是历届摄影节高校参展数量最多、规模最大的一届。还推出 12 场主题讲座、两场全国摄影教育论坛和一系列专题研讨会、专家见面会。众多群众来宾参与彰显群众性，共设立油泵厂、大修厂文创园等七大展区，除了传统的平面作品展示外，推出幻灯影展、空间装置、多媒体展示等多种展陈方式，共吸引了 12 万余人次参观，观展人数创下新高。展览期间还举办了“感受丽水” 摄影大赛、“快拍丽水 24 小时”等六大群众性摄影赛事活动。

二、做法和举措

2015 年丽水摄影节暨首届国际摄影研讨会是丽水市人民政府与中国摄影家协会共同合作举办新十年五届国际摄影研讨会的第一届，此次签约合作，是双方作为战略合作伙伴，携手共进、深化合作、共创辉煌的新起点。

加强领导。2015 丽水摄影节筹备以来，市委、市政府领导高度重视，市委书记王永康，市委副书记、代市长朱晨多次听取摄影节筹备情况汇报并作重要批示和部署。11 月 2 日，朱晨专题赴摄影节各场馆和接待酒店检查工作，召开专题会议，听取摄影节筹备工作汇报，并做工作研究部署。市委常委、宣传部部长陈建波多次赴北京与中国摄影家协会就摄影节合作事宜进行商议，多次召开专题会议听取组委会办公室筹备情况汇报，对本届摄影节各项工作方案提出指导性意见。

节俭办节。本届摄影节深入贯彻实践习近平总书记关于文艺工作的系列讲话精神，节俭办节，简化程序。接轨国际是本届摄影节的一个大原则，本届开幕式不仅充分体现丽水本土的文化元素，又以开放、互动的形式完成与国际机构签约、为相关艺术家颁发荣誉等议程。公共服务方面，统一实行政府采购，不铺张，不浪费。摄影节期间的邀请人员数量大幅度缩减，尽量按照国际惯例只负责地接，会议后勤接待全部采取自助餐，对邀请嘉宾行程安排尽量不提前、不延后、机票不改签，机场接送统筹安排大中型车辆一次性接送。本着经费可控、程序简化的原则，本届摄影节总体经费大幅度削减，但举办规模和举办效果却超过以往任何一届。

有序组织。为使摄影节各项工作实施到位，做到事事有人抓，事事能落实，8 月 27 日，市委、市政府办公室联合发文成立 2015 丽水摄影节暨首届国际摄影研讨会组委会。在市委领导的支持下，本届摄影节各职能组和组委会办公室统筹协调、各司其职、分工合作、职责到人，为摄影节的顺利举办提供有力的保障。

三、特点和成效

本届摄影节充分吸取前几届举办摄影文化节的成功经验，在创新提升上作进一步的尝试，在操作到位上做进一步的探索，取得了新成效，主要有以下几个特点：

1. 主题接地气，展览活动聚人气。本届摄影节主题引起摄影界与全社会的广泛关注和认同，丰富和精彩的摄影活动激发摄影家和广大群众的广泛参与。中国美院、浙江传媒学院、南京艺校等十几所高校专门把带领学生参加丽水摄影节作为教学实践。全国各地摄影家协会、摄影组织机构、采风团和旅游团纷纷汇聚丽水。摄影节期间，丽水大小宾馆爆满，七大展区人头攒动，各景区摄影采风人群络绎不绝。据不完全统计，参观摄影节展览和活动的群众人数已达十多万人，创下历届摄影节之最。

2. 专业水准明显提升。本届摄影节首次设立学术委员会，邀请国内 7 位名家组成学术委员会，参与摄影节各项学术任务支持和活动策划。共有 590 多个展览申请参加摄影节展览，经学术委员会评选，最终确定339个，淘汰率42.5%，申请数、参展数和淘汰率创下丽水摄影节历史纪录，显示丽水摄影节的影响力越来越大。

3.举办质量和规模再上新台阶。本届摄影节设置七大展场，也是历届摄影节展场最多的一届。其中美术馆的展览场地达到国内一流水平，油泵厂和大修厂经过重新改造，展览空间明显提升。更重要的是，本届摄影节的展览质量水平高，无论机构还是个体，名家还是新人，绝大部分展览都呈现出很高的艺术水准和策展水平。来自美国的王瑞评价本届摄影节：油泵厂展区、美术馆展区的展览，达到国际一流水平。

4.国际影响力不断广大。本届摄影节引进意大利奥尔维耶托摄影节、缅甸仰光摄影节、美国波特兰摄影节、韩国首尔月摄影节4家国际摄影节机构与丽水签订友好协议，引进国际知名策展人宋修庭策划的18位国际知名摄影师主题展览、薇薇安·迈尔原作展、希腊塞萨洛尼基摄影博物馆等国际专业机构、策展人、艺术家的49个展览落地本届摄影节，参展国家总数52个。世界级大师萨尔加多亲临丽水摄影节现场举办讲座和研讨会，吸引各大媒体热切关注。宋修庭策划的国际学术水准的展览《日常地图》得到业内赞誉。

5.传播方式不断创新，自媒体、新媒体得到充分运用。新华社、中央电视台、中国摄影报等37家传统媒体，新华网、凤凰网、新浪网、腾讯网、中新网、影像中国网、视觉中国网、蜂鸟网、佳友在线等近60家新闻门户网站和摄影专业媒体纷纷聚焦丽水摄影节，丽水摄影节成为媒体和网民最为关注的话题。摄影节官方微信公众号、“瓯江行”微信公众号、“指尖丽水”移动客户端等新媒体参与摄影节宣传，引发网络的关注，大批网友转发摄影节相关文章，很多朋友圈被丽水摄影节刷屏，自媒体、新媒体成为人们了解丽水摄影节的新渠道。

6.商业化氛围更加浓厚，与产业结合更为紧密。本届摄影节吸引了大批企业商家参展参会，其中索尼公司以展览和论坛为载体策划主题营销活动；努比亚公司以名家讲座、组织赛事、给萨尔加多赠送手机的形式宣传产品；中国摄影出版社在萨尔加多讲座现场发售画册；百诺公司和天下摄影网组织了展览和器材展销；快拍快拍网、玩摄影网等媒体机构联合主办方共同推出吸引眼球的展览和赛事。组委会办公室进一步扩大摄影节平台的开放性，应用市场化的手段，借助旅行社、公共交通提供市场化服务，油泵厂展区特别设置的丽水特色小吃、茶歇成为商家宣传营销的载体平台。摄影节期间，众多参展商家组委会办公室与旅行社联合，为来自世界各地的摄影爱好者设计定制三条摄影采风创作线路，将莲都古堰画乡、遂昌南尖岩、缙云仙都、松阳四都等经典摄影胜地都列入其中，进一步促进摄影与旅游产业的融合发展，有效地把摄影节活动转化为服务经济的推动力。

11月6日，为第五届中国国际数码摄影艺术展览获得者授奖　　程昌福　提供

7.摄影节后续影响力不断延续。由于本届摄影节展览水平高、反响好，市民百姓和摄影群体纷纷要求部分展览能够延长展期。为满足广大需求，市美术馆、摄影博物馆的展览继续持续一段时间，其余展场未撤除的展览也集中转移到油泵厂展区3号馆继续展出。摄影节过后，《欧洲摄影》杂志、意大利FIOF、APIP两家摄影协会、中国《数码摄影》杂志、现代摄影网等国内外媒体、摄影机构纷纷表示继续为本届摄影节作专题报道和媒体宣传，阿根廷国际双年展提出和丽水摄影节进行合作的意向。

8.推动了文明城市创建和城市形象宣传。面对四面八方的来客，丽水向中外客人展现出美好的城市形象，以良好的市容环境面貌和精神面貌迎接摄影节。全市各级部门上下齐抓，把城市文明创建工作推向新的高潮。摄影节的举办为城市品牌推广作了形象宣传，更多的人感受到绿水青山得天独厚的生态环境和自然资源，感受到摄影之乡的独特魅力。

本届摄影节的筹备和举办得到组委会各职能单位的全力支持，安全保卫、志愿者服务、后勤接待、文化活动、食品安全、医疗保障、电力保障、公交服务、环境整治等，各职能单位高度重视，积极参与，派遣精干人员出色地完成了各项工作任务。　（傅为新　王雪珂）

里东大救援

一、里东山体滑坡地质灾害隐患点治理情况

里东村山体滑坡地质灾害始发于2012年6月24日，坡脚部分房屋后墙出现裂缝，地面鼓起，但未在坡体上发现裂缝。8月10日，受“海葵”台风降雨影响，滑坡体失稳下滑，两侧及后缘出现裂缝，坡脚3幢民房倒塌，多幢民房受损。市国土局当即委托浙江省第七地质大队开展应急调查，根据调查报告，该滑坡隐患体积约42万立方米，为中型、中层顺坡向岩质滑坡，其中坡脚危险区涉及56户103人，需要实施避让搬迁，市国土局随即将该点列入地质灾害A类点进行管理。

根据《丽水市莲都区雅溪镇里东村滑坡隐患应急调查报告》的结论与建议，为抓紧开展工程治理工作，2012年8月10日，雅溪镇委托省第七地质大队进行前期的勘查、设计工作。2012年11月10日，勘查设计报告通过专家评审。2013年9月23日，再次组织向国土资源部申报补助资金项目材料，并经专家审查后，上报国土资源部申请补助。2013年12月24日，获国土资源部立项及资金补助800万元。另外市、区两级财政安排矿产两权出让金700万元用于治理工程配套资金。

2014年7月4日，项目在莲都区招投标中心重新公开招投标，按程序履行评审、公告无异议后确认由地质灾害治理甲级资质单位浙江华坤地质发展有限公司和浙江丽水恒业市政园林建设有限公司（联合体）中标，项目施工合同造价14666687元。

里东大救援现场　　　　莲都区史志办　提供

2014年9月16日，雅溪镇人民政府与地质灾害治理工程监理资质甲级单位江苏省地质矿产局第三地质大队签订监理合同。2014年8月11日，施工单位浙江华坤地质发展有限公司与雅溪镇人民政府签订施工合同。项目于2014年10月进场，受坡脚搬迁政策处理问题影响，项目未按期开工。

2015年3月21日，项目正式进场施工。截至2015年11月初，基本完成工程削坡处理，开挖土石方量约7万立方米，基本完成上部锚索格构施工工序，完成项目总投资约800万元，累计拨付雅溪镇资金715.9127万元，雅溪镇拨付施工单位538万元。

二、里东“11·13”山体滑坡灾害受灾情况

2015年11月13日22时50分左右，莲都区雅溪镇里东村（雅溪镇东北方向7.5千米）发生山体滑坡灾害，造成重大人员伤亡和财产损失。滑坡体长约220米、宽约100米、厚约15米，体积估算30余万方，堆积面积2万平方米。38人遇难、1人受伤、433人受灾，房屋、水利、农作物、道路、通信、电力设施等被冲毁，直接经济损失约2917万元。

三、抢险救援情况

从灾害发生的那一刻起，党中央、国务院和地方各级党委政府、部队官兵、社会各界的心就和灾区群众紧紧连在一起。

第一时间，中共中央政治局常委、国务院总理李克强作出重要批示，要

求抓紧全力搜救失联群众，救治受伤人员，尽最大努力减少伤亡；党中央、国务院领导张高丽、杨晶、郭声琨、王勇等也分别作出批示。

第一时间，省委书记、省人大常委会主任夏宝龙，省委副书记、省长李强给丽水市委书记王永康打电话，作出批示，并在凌晨视频连线丽水，要求不惜一切力量尽最大努力迅速全力搜救失联人员，尽最大限度减少人员伤亡，防止次生灾害发生，切实做好受灾群众的疏散和安置、安抚工作。11月14日，省长李强、副省长黄旭明、省军区司令员张明才、省武警总队司令员白海滨、第1集团军副军长王秀斌等赶赴现场，指导部署救灾工作，成立由副省长黄旭明担任现场总指挥的省一级联合救援指挥部。省领导王辉忠、葛慧君、刘力伟、袁家军等也分别多次给予指导和关心。

市委书记王永康，市委副书记、代市长朱晨第一时间作出批示，第一时间赶赴现场，并成立以王永康任总指挥长、朱晨任常务副指挥长的市级抢险救援指挥部，下设综合协调、抢险救灾、医疗救护、社会维稳、物资生活保障、交通保障、通讯电力保障、信息宣传、调查评估、善后安抚等10个专项工作组。丽水市委常委、莲都区委书记葛学斌，区委副书记、区长杨秀清第一时间赶赴现场，迅速启动地质灾害特别重大Ⅰ级响应，成立应急救援指挥部和现场救援指挥中心，下设17个专项工作组，全力抢险救灾。指挥部24小时坚守一线，实行每日会商、专家研判、善后安抚、现场值班等有效制度，并通过广泛宣传中央领导及省委、省政府领导对抢险救援工作的指示，凝聚起"灾难无情、人间有爱"的强大社会动员力量。

举全省之力，驰援丽水。在夏宝龙、李强等省领导的指示下，公安、武警、消防、通讯、电力、水利、卫生、交通、建设、民政、人武部、乡镇、村等单位，省红十字会，以及民安、蓝天、户外、公羊会等26个社会专业救援组织，迅速奔赴一线，全力投入到抢险搜救中。先后有24个省级部门单位的340多名领导、专家前来参加救援抢险。

举驻浙部队和武警部队之力，救助里东。灾害发生后，省军区第一时间协调部队参与救援，南京军区第1集团军、二炮部队某基地、武警浙江总队、武警交通部队、浙江消防总队、丽水军分区、杭州疗养院、118医院、102医院等部队风驰电掣，汇聚里东，1450名官兵，日夜坚守在救援一线，为救援工作提供了充足的力量和装备。部队先后有8名将军参与指挥救援。

举全市之力，坚决打赢抢险救援硬仗。灾害发生后，王永康、朱晨等市领导每天坐镇灾区一线指挥部，亲自研究，亲自部署，亲自指挥，先后召开军地联合指挥部协调会、抢险救援指挥部会21次。市、区两级全力为灾区提供物资生活保障，大米、油、矿泉水、方便面、饼干等供应充分，确保灾区群众有饭吃、有衣穿、有地方住。莲都区及时从各部门、乡镇（街道）抽调520余名干部，组建14个善后服务组，及时做好受灾群众及其亲属的接待、联络、安抚、安置工作。

从灾害发生当夜救出的第一人，到19日12时39分，39名失联人员全部搜救出来，取得了抢险救援的重要成果，夺取了中国类似地质灾害失联人员搜救的完胜，画上了"第一个句号"。

四、灾后安抚情况

灾害发生后当天，莲都区委、区政府成立了14个受灾群众善后服务组，具体负责善后处理、安置帮扶、灾情统计、政策解读、后续安置等相关工作，共转移325人，临时安置107人，确保受灾群众有衣穿、有饭吃、有地方住、有人帮，受灾群众情绪稳定。按照"责任明确、包干到底、服务到位"的原则，14个受灾群众善后服务组与12户受灾户建立起"一对一"结对帮扶。另外，由综合组承担综合协调职能，外地民工组专项负责外地民工安抚善后工作。

莲都区委、区政府及时研究出台善后安抚政策。11月21日，莲都区委召开区委书记专题会议、区委常委会、全区副科级以上领导干部参加的区委常委（扩大）会议，研究制定了《莲都区"11•13"里东村山体滑坡灾害遇难者善后处置意见》《莲都区"11•13"里东村山体滑坡灾害受灾群众过渡安置办法》等文件，并及时向社会公开。

莲都区委、区政府成立了市区殡仪工作协调组，及时开展家属DNA采集工作，核查失联人员及其家属的身份信息，专项抽调86人，驻守殡仪馆，陪护家属、辨认遗体、同悲共哀，为逝者守灵。600多名帮扶干部走访受灾户及其亲属437户（次）1147人（次），收集受灾群众及亲属诉求196个，及时解决120个，取得了遇难者家属的信任。通过耐心细致的工作，在事发后的两周内（11月27日前），38位遇难者遗体全部火化完毕。

根据"里东村山体滑坡灾害遇难者善后处置意见"，最终由民政部门按每位遇难者15万元发放救济金，由政府发动社会捐助等筹集的资金救助每位遇难者40万元，共计2090万元。

五、灾后重建情况

市委常委、莲都区委书记葛学斌先后10次主持召开区委书记专题会议听取灾后重建工作政策研究汇报并提出要求，区长杨秀清多次听取政策研究工作进展汇报。区委常委、常务副区长胡献如牵头负责灾后重建工作政策研究，政策研究组先后10余次深入灾区走访受灾群众，了解群众诉求，对受灾信息进行全面的摸底统计，做到户内人员、户口变迁、房屋结构、房屋面积等基础信息翔实准确，共核实确认房屋受损占地面积10701.54平方米，建设面积20969.15平方米；先后召开20多次讨论会，6次召开会议征求结对帮扶小组意见建议，不断修改完善相关政策。《莲都区"11•13"里东村山体滑坡灾后住房重建实施方案》等四个政策，经过区委书记专题会议、区长办公会、区政府常务会议、区委常委会、区委常委(扩大)会议反复讨论审议后再组织实施。12月31日上午，举行专题培训会，确保各结对帮扶小组对政策理解掌握到位。

2016年1月1日~4日，受灾信息在里东村委公示栏进行公示，接受群众的监督。1月5日下午，受灾户救助协议等文书签订工作正式开始，100户受灾户根据前期的结对安排，由19个小组分别负责做工作。各结对帮扶小组坚持"白+黑""5+2"精神，耐心工作，用情用心，甚至赶赴江苏、郑州、贵州、新昌等地做群众思想工作。经过不懈努力，2016年1月17日24时，完成全部102户受灾群众灾后救助协议等文书签订工作。经核对无误后，陆续将721万元救助资金发放到受灾群众手中，其中，发放房屋重建救助441万元，危险区房屋拆除补助32万元，临时生活救助91万元，第一年过渡房租救助21万元，按时签约增加的救助87万元，房屋进水浸泡救助49万元。

过渡安置方面：迅速启动位于里东村东弄坑口的过渡安置房项目的谋划实施，该过渡安置房项目箱体由浙江惠明集团牵头援建，可安置28户59人。从2015年11月25日开始施工以来，施工团队克服了连日下雨的不利条件以及电力、水利、污水管网、土建等力量多方施工的协调难题，全力推进过渡房项目建设。2016年1月17日，项目通过相关部门组成的联合验收，1月18日交付使用，首批23户群众入住。从春节前农历腊月二十四日开始，横向到边、纵向到底的"情暖里东"系列活动开始，区、镇、村三级共走访慰问受灾群众和困难群众211户。除夕，市委常委、区委书记葛学斌带着各级党委、政府的关心关怀，赶往里东看望村民，给他们送上新年的祝福。

长期安置方面：丽水市国土资源局于2015年12月28日就联城城郊农民新社区三期项目所需的2.87公顷土地上报省里进行农转用和土地征收审批，2016年1月底获省批复。同时，积极争取市委、市政府的重视支持，计划5年内完成全区所有地质灾害隐患点农户安置工作。

六、里东大救援精神

中共浙江省委十三届八次全会对"里东大救援"精神给予高度肯定和评价，认为里东大救援体现了各级党委、政府执政为民、情系人民的高度负责精神，体现了基层党组织和党员干部身先士卒、舍我其谁的担当精神，体现了部队官兵攻无不克、战无不胜的战斗精神，体现了浙江军民心手相连、鱼水情深的团结精神，体现了社会各界一方有难、八方支援的最美精神。

一是这次大救援，体现了各级党委政府执政为民、情系人民的高度负责精神。里东滑坡灾害发生后，党中央、国务院高度重视，总理李克强、副总理张高丽等中央领导第一时间作出重要批示，确定了正确的救援方向。

省委、省政府第一时间作出反映，省委书记夏宝龙第一次与市委书记王永康通电话，就明确提出要科学施救，举全省之力支持救援。凌晨，省委书记夏宝龙和省长李强赶到省委、省政府值班应急指挥中心，连线受灾现场，指挥抢险救援行动，并委派副省长黄旭明赶赴现场，统一指挥现场抢险救援。14日下午，省长李强也到现场指导。丽水市委书记王永康、代市长朱晨和市委常委、区委书记葛学斌，区委副书记、区长杨秀清都第一时间赶赴现场，迅速启动地质灾害特别重大Ⅰ级响应。

国土资源部、中国安全生产科学研究院和省地质、安监、水利、气象等23个省直部门迅速派出专家，火速驰援灾区，统筹开展救援工作。

着眼于"黄金72小时"，不惜一切力量、不放弃一丝希望、不放过每一个角落，争分夺秒地抢夺救援进度，努力让逝者有尊严地安息，令生者坚强并获得宽慰。整个救援过程中，没有发生次生灾害、没有出现一名救援人员伤亡，实现受灾群众有地方住、有东西吃、有病得到及时医治。在22日上午送别救援部队时，许多村民含着热泪高呼：共产党万岁！这些朴实的话语，真正喊出了老百姓的心声！

二是这次大救援，体现了基层党组织和党员干部身先士卒、舍我其谁的担当精神。天灾就是命令，大灾面前见素质、见作风。在里东大救援现场，党旗始终在高高飘扬，党组织的战斗堡垒作用更加凸显。

王永康、朱晨、葛学斌等市领导连续6个昼夜坚守在现场、奋战在最前线，直到被埋人员全部找到。灾情发生后，里东村党支部迅速成立了指挥部，组织村两委干部和党员冲到救灾一线；雅溪镇其他18个党支部收到消息后，立即组织了176名党员干部赶到现场；临近的金竹村党支部14日零时许召集16名党员组成救援队带着铁锹、畚斗连续开展救援。党员干部在关键时刻的考验中，在大家与小家的抉择中，喊响"看我的、跟我上"，用朴实的行动践行着对人民的忠诚。

17日，武警丽水支队在救援现场

举行一场火线入党仪式，3位战士成为光荣的中共预备党员。抢险救援关键时刻，“共产党员”不再是一个简单的词汇，而是风雨里最有温度的群体。

三是这次大救援，体现了部队官兵攻无不克、战无不胜的战斗精神。得知里东受灾后，南京军区司令员上将蔡英挺、副政委王平立即给省委书记夏宝龙打电话，表示要派出工兵等部队，支持救援工作。解放军、消防、武警等10支部队、7位将军（省委常委、省军区政委王新海，省军区司令员张明才，武警交通部队司令员傅凌，省军区副司令员姚淮宁，第1集团军副军长王秀斌，二炮52基地司令员李洪军，省武警总队司令员白海滨）、浙江消防总队长陈子浩等19位大校、1800多名官兵参战，发挥了排头兵和中流砥柱的作用。

广大官兵冒着二次塌方的危险，不怕苦、不怕累，以钢铁意志和血肉之躯与时间赛跑，“人员轮流上，机械不停歇”，全力以赴、昼夜作战，充分体现“特别能吃苦、特别能战斗、特别守纪律、特别讲奉献”的优良作风。武警交通部队司令员傅凌，身为正军级的将军，在救援期间始终与战士们同吃同住，睡在隧道内的简易帐篷中，直到撤离。他还亲自上山侦察地形、亲自找村民了解情况、亲自判定挖掘点位。

武警官兵现场救援

翟厚涛　提供

最早赶到现场的丽水市消防支队特勤中队中队长张小军，徒手作业，硬是用自己的双手挖出数位被埋者，双手都挖破了，也不停歇，直到第二天下午才被后续增援部队替换下来。

武警丽水支队官兵为了争取救援时间，就在现场附近的高速公路隧道里席地而睡。目睹这些感人场景，里东村村民们都说：“人民子弟兵又回来了！”“人民军队好！地方有难时，部队永远是靠山！”救援结束当天，省委、省政府就给每一支救援部队写感谢信，要向中央军委为参加救援的部队请功。

四是这次大救援，体现了浙江军民心手相连、鱼水情深的团结精神。军爱民，百姓安危记心头；民拥军，点滴之间见真情。武警交通部队准备撤离时，坚持要把伙食费交给当地政府，被再三谢绝后，将两万多元餐费捐赠给莲都区红十字会；二炮某部离开时，不仅细心地填好被重型装备压坏的道路，还把停放车辆的学校操场打扫得干干净净；省武警总队后勤部部长毛明横，在现场全程参与了38名遇难者的搜救，在灾后重建时听说村里一名高三女孩在灾难中不幸成为孤儿，主动与她结对助学；许多官兵还自发在现场捐出津补贴。

群众听说部队要撤离，争先恐后涌上高速公路，拎着自家的鸡鸭、蜜橘和莲子等土特产，放起了送别的鞭炮。群众难忍送别的泪水，握着战士们的手，依依不舍。送别时，死难者家属李建英拉着一位部队干部的手说：“战士们这么用心地搜救，真正把老百姓当成了亲人，我真想叫你一声哥哥。”让这位救险中不怕流血流汗的铮铮汉子，流下了眼泪。这样的动人事例和感人画面，比比皆是、数不胜数，已经通过各种媒体、通过网络，传遍四面八方，感动了无数的人。

五是这次大救援，体现了社会各界一方有难、八方支援的最美精神。在这次灾害面前，无数普通人用朴素的行动充分证明了我们浙江就是一个爱心涌动、团结温暖的大家庭。有的义务救援，先后有26支民间救援队伍等社会力量参与了救援，每天都有数千人，最多时近5000人。义乌民间救援协会自带挖掘机等设备，全副武装赶往里东，没有片刻休整就投入救援。一旦发现被埋群众，为避免造成二次伤害或破坏，队员们就纷纷徒手扒开乱石、刨开泥土进行搜寻。有的送水送饭，杭州魂之力科技有限公司创始人蒋玮霖，组织“豪斯先生移动餐车”员工25人赶到里东，连续6天6夜、24小时不间断工作，免费为救援部队和受灾群众供应热水和热食。有的参与心理疏导，来自全省各地的心理救助志愿者轮番在里东村现场陪护，为受灾群众排解心理压力。截至2016年9月30日，社会各界共向里东捐款3535.69万元。新闻媒体全方位、全天候报道救援进展，报道现场救援所展现出来的强大正能量，为救援顺利推进营造了良好的舆论氛围。

“执政为民、情系人民，身先士卒、舍我其谁，攻无不克、战无不胜，心手相连、鱼水情深，一方有难、八方支援”的里东大救援精神，与源远流长的浙江精神一脉相承又与时俱进，是浙江经济社会发展成就的重要体现，是高水平全面建成小康社会的宝贵财富，必将激励我们在实现“两富”“两美”浙江的道路上砥砺奋进、勇往直前。

（莲都区史志办）

大　事　记

2015年丽水市大事记

1月

6日　省督查考核组一行到丽水督查考核2014年度生态建设和“811”生态文明建设推进行动实施情况。

6—7日　省政府党组副书记王建满一行到丽水调研工作并征求《省政府工作报告》意见。

7日　省政协党组副书记、副主席陈加元到青田县三溪口电站调研。

8日　缙云新建镇笕川村党支部书记施颂勤获2014年度浙江新农村建设带头人“金牛奖”。

9日　丽水电子商务产业集聚园开园，这是浙江省首家将电商、物流聚在一起的专业化电子商务产业园。产业园总投资近3亿元，已引进电商及配套企业130余家。

10日　省政协副主席、省委督查组组长陈艳华到龙泉市检查指导党的群众路线教育实践活动整改落实工作。

14日　市委书记王永康专程拜访北京大学校领导，汇报北大选调生在丽水工作情况。北京大学党委副书记叶静漪会见王永康一行并出席汇报会。2013年8月，丽水市面向北京大学、清华大学选调博士硕士毕业生17名，其中北京大学选调生9名。

同日　丽水籍运动员柯洁获第二届百灵杯世界围棋公开赛五番棋冠军。

同日　丽水新农村电气化建设通过省考评组验收，批准丽水市为“新农村电气化市”。

同日　副省长郑继伟到丽水调研工作。

17日　新疆新和县党政代表团到丽水学习考察。

18日　市委举行常委扩大会议，传达学习十八届中央纪委五次全会精神，审议通过《丽水市城市总体规划(2013—2030)》《丽水市促进社会资本进入公共设施建设领域的实施意见(试行)》。

20日　水利部党组成员、总工程师汪洪到丽水调研水生态文明建设工作。

22日　遂昌县入选国家现代农业示范区创建名单。

23日　中华全国供销合作总社监事会主任诸葛彩华一行到云和、庆元县调研香菇市场建设等情况。

24日　云和县紧水滩镇获“2014中国十大最美乡镇”称号。

26日　市政府召开第37次常务会议。会议听取关于丽水市分解落实省政府2015年十方面实事任务有关情况的汇报等，审议《关于丽水市2014年国民经济和社会发展计划草案的报告》和《关于丽水市2014年全市和市本级预算执行情况及2015年全市和市本级预算草案的报告》等。

27日　市委三届八次全体(扩大)会议举行，审议通过《中共丽水市委关于全面落实深化“法治丽水”建设的实施意见》。

同日　青田侨乡进口商品城开业。

29—30日　文化部副部长、文物

青田侨乡进口商品城一期市场　　　　姚润青　提供

局局长励小捷一行到松阳、缙云调研传统古村落保护工作。

30日 由中国摄影家协会、松阳县政府联合主办的“古韵茶香 田园松阳”全国摄影展在松阳县启动。

31日 首届中国大众摄影节在丽水开幕，16个国家的300余名摄影家参加活动。中国摄影网进行全程网络直播。

1月 住建部授予松阳县“中国传统村落保护发展示范县”称号。

2月

2日 省政协副主席、省委督查组组长陈艳华专题听取市委教育实践活动整改落实进展情况汇报。

同日 全市首届“百台特色乡村春晚”联建工作会议暨丽水首届乡村春晚文化漫游在云和县开幕。开幕式上，市文广新局与市旅游局、市摄影家协会、市作家协会签订《“百台特色乡村春晚”联建培育协议》《“百名大师拍春晚”活动合作协议》《“百名作家写村晚”活动合作协议》《市县百名文化骨干与百名村长“结对指导”乡村春晚合作协议》，百名村委主任现场联名签订联办协议。

3日 副省长黄旭明到云和县调研农业农村工作。

4日 “文化丽水”微信公众平台(微信号：whls0578)上线运行。

同日 丽水市首部原创定格动画片——《木木部落》荣膺“2014动画片年度影响力作品”。

同日 省军区政委王新海一行到丽水慰问困难群众。

4—5日 副省长黄旭明率队到丽水检查考核2014年度党风廉政建设责任制落实情况。

5日 召开全市宣传思想工作会议，深入贯彻中共十八大和十八届三中、四中全会精神，深入贯彻习近平总书记系列重要讲话精神，学习贯彻全省宣传思想工作会议和市三届八次全会精神，部署2015年宣传思想文化工作任务。

同日 青田、缙云县通过全国义务教育发展基本均衡县验收。至此，丽水9个县(市、区)全部通过全国义务教育发展基本均衡县国家评估验收。

6日 省统计局和环保厅联合印发《2013年度浙江省生态文明建设评价结果报告》，丽水市生态文明总指数为107.34，排名全省第一位。

同日 “中国作家协会民族文学景宁创作基地”“浙江省作家协会景宁创作基地”在景宁挂牌成立，同时，启动首届全国“山哈杯”畲族文学创作大赛。

6—9日 市政协三届四次会议召开。

7—10日 市三届人大五次会议召开。

9日 市委副书记、市长黄志平在丽水分会场相继参加国务院第三次廉政工作会议、省政府第三次廉政工作会议，并召开视频会议，部署全市各级政府廉政工作建设。

同日 丽水市35人入选第五届浙江省工艺美术大师，其中，龙泉青瓷13人，青田石雕17人，龙泉宝剑3人，其他2人。

11日 市委召开常委扩大会议，交流学习省委书记夏宝龙在省人代会丽水代表团审议时重要讲话精神的体会，听取丽水市机器人及智能装备产业基地建设方案汇报。

22日 经国家林业局批准，云和梯田湿地公园成为国家湿地公园试点，这是继云南红河哈尼梯田国家湿地公园后全国第二例梯田类国家湿地公园，也是丽水市继九龙国家湿地公园之后的第二例国家湿地公园。

25日 副省长朱从玖到丽水调研“上下同欲抓落实、齐心助推开门红”活动。

26日 新修订《丽水市地名管理办法》正式施行。

同日 遂昌石练菊米有限公司、遂昌纳福尔油茶有限公司获评国家有机食品基地。至此，丽水市国家有机食品生产基地共有5个。

27日 松阳县“金枣柿”案例入选《2014中国新农人研究报告》，是浙江省唯一入选案例。

28日 在北京举行的全国精神文明建设工作表彰暨学雷锋志愿服务大会上，丽水市获“全国文明城市提名城市”称号；丽水市的莲都区大港头镇利山村和云和县紧水滩镇梓坊村被评为第四批全国文明村，国网丽水供电公司、丽水出入境检验检疫局、浙江省缙云中学、中国移动浙江丽水分公司等单位被评为第四批全国文明单位。至此，丽水市共创成全国文明村镇5个，省级文明村镇23个，创成全国文明单位8家、省级文明单位187家。

2月 中国登山协会授予松阳县民族中学“全国攀岩特色学校”称号。

2月 “松阳县上安茶农田间学校”授牌成立，是浙江省首所茶农田间学校。

3月

3日 省政协副主席、省综治委副主任陈艳华一行到丽水检查考核平安综治工作。市委副书记、政法委书记朱晨向考核组汇报丽水市平安综治工作。

5日 在全国“两会”上，市委书记王永康向中央政治局常委、全国人大常委会委员长张德江汇报丽水市农村电子商务发展情况，反映丽水农村电商加快发展的心声，建议国家有关部门将丽水列为全国"电子商务进农村"示范市。

同日 缙云县河阳村入选十大江南传统村落。

8日 龙泉溪头村获年度"中国人居环境范例奖"。

9—13日 2015"丽水·清韵杯"全国业余围棋公开赛在丽水举行。

11日 国家发改委宏观经济研究院副院长马晓河一行到遂昌调研农村一、二、三产业融合发展情况。

同日 丽水市公布首批"五养"技能大师名单，保健养生、膳食养生、茶艺养生、风情影像、休闲导游、特色工艺等六大类各10名。

12日 省政协调研组一行到丽水调研全民健身事业工作。

13日 缙云县公安局、庆元县司法局分别选送的《警魂不朽》和《廊桥救赎》获全国法制漫画动画微电影二等奖。

16日 全国文艺评论家协会秘书长会议在丽水召开。

16—17日 中国侨商会副会长、省侨商会会长廖春荣带领有关专家到丽水开展"访侨企送服务"活动。

17日 云和县被列入国家中小城市综合改革试点。

同日 市委召开全市领导干部会议，传达贯彻总书记习近平在省部级主要领导干部学习研讨班上的讲话精神，传达学习全国两会精神。

同日 古堰画乡获"女性最喜爱的浙江旅游目的地"称号，云和县获"游客最喜爱的浙江亲子旅游目的地（景区）"称号。

18日 市委、市政府以视频会议形式，召开"五水共治"暨全国水生态文明城市建设试点工作推进会。会议表彰2014年"五水共治"先进县（市、区）、先进单位和个人、"8·20"全流域洪灾抗洪救灾先进集体和个人。

同日 市公安局组织召开百城禁毒会战战果通报会。

同日 省民族宗教事务委员会、市政府、丽水学院三方签订合作共建民族学院协议。

19日 省政协副主席、省委督查组组长陈艳华专题听取丽水市委教育实践活动整改落实工作情况汇报。

20日 以"中国梦·美丽丽水"为主题的丽水市第一届摄影艺术展览在丽水摄影馆开幕，展出作品125幅。

23日 丽水市被全国爱国卫生运动委员会正式命名为国家卫生城市。

同日 古堰画乡特色小镇入选全省首批服务业特色小镇。

同日 人民日报副总编辑谢国明等一行到丽水调研采访。

同日 庆元县永青国有林场入选国家首批场外造林示范林场。

24日 浙江富来森中竹科技有限公司以Tantech Holdings Ltd.（炭博士控股公司）为主体在美国纳斯达克挂牌上市交易，公司股票交易代码为"TANH"。这是第一家在境外上市的丽水本土企业。

25日 遂昌县云峰街道长濂村、缙云县新建镇洋山村和云和县石塘镇小顺村获第六批"全国民主法治示范村"称号。

26日 市台胞台属联谊会第七次代表大会暨台联成立30周年庆祝会召开，选举产生七届理事会组成人员。

同日 省政协原主席、中国国际茶文化研究会会长周国富等到松阳调研茶产业发展情况。

同日 丽水市政府获浙江省法治政府建设（依法行政）先进单位。

28日 公安部党委委员、部长助理、国家禁毒办公室常务副主任刘跃进到丽水调研禁毒工作。

同日 第八届中国茶商大会·松阳银猴茶叶节在松阳县开幕。"松阳银猴"获国家"驰名商标"，松阳县入选"全国茶叶病虫专业化统防统治与绿色防控融合试点"单位。

同日 国家扶贫办电商扶贫调研组到遂昌县调研电商扶贫工作。

30—31日 副省长熊建平到丽水调研美丽城乡建设工作。

31日 丽水市被省委、省政府命名为"平安市"和"综治优秀市"，这是丽水市连续十年被省委、省政府命名为"平安市"，连续五年被命名为"综治优秀市"。

同日 松阳县石仓六村和横樟村入选中国优秀传统村落档案。

3月 丽水市印发《关于促进社会资本进入公共设施建设领域的实施意见（试行）》，启动社会资本进入基础设施、市政工程、社会事业等公共设施领域投资建设和运营试点工作。

4月

1日 韩国丽水市议会代表团一行11人到丽水友好交流访问。

3日 龙泉市西街入选首批中国历史文化街区。

5日 乙未（2015）年清明浙江缙云海峡两岸共祭轩辕黄帝典礼在仙都黄帝祠宇举行。

7日 智利塔尔卡市代表团一行到丽水友好交流访问。

同日 缙云、龙泉、遂昌、青田、松阳、景宁、庆元通过国家三类城市语言文字工作评估。至此，全市全面通过语言文字城市评估工作。

同日 龙泉宝剑生产工艺传承基地（浙江龙泉市宝剑厂有限公司）入选2015年度国家级特色文化产业重点项目。

8日 衢宁铁路龙泉段工程建设指挥部授牌仪式举行。

同日 浙江省首家"大学生邮局"在丽水学院开业。

同日　丽水建筑业信息平台上线运行，并在全市范围投入使用。

同日　省水利厅厅长陈川到丽水调研水利工作。

8—10 日　省委书记、省人大常委会主任夏宝龙到丽水调研。

9 日　省教育厅厅长刘希平到丽水调研教育工作。

10 日　市委召开常委扩大会议，传达贯彻省委书记夏宝龙到丽水调研的讲话精神。

11 日　全国首例“水、电、生物能源绿色循环经济综合体示范工程”落户庆元县。

12 日　丽水首期丽水青年大讲堂开讲，全市团干部、青年企业家等 280 余人到场听讲。

13—14 日　意大利参议员维琴佐•库默一行到丽水友好访问。

13—17 日　省人大常委会副主任毛光烈到丽水调研人大工作和民族宗教工作。

14 日　全市车改工作座谈会召开。会议通报丽水公务用车制度改革推进工作情况，并听取做好公务用车制度改革的意见和建议。

15 日　丽水侵华日军细菌战受害者史料研究会成立。

16 日　第二届国际水性生态合成革产业大会在丽水召开。

同日　浙江省首届生态运动会丽水站暨市直机关“1+1”修身养廉慢运动活动在市区防洪堤举行，2000 余名党员干部参加活动。

17 日　市生态农业协会成立。

同日　中央社会管理创新研究中心副主任李青到丽水调研智慧城市建设工作。

18 日　新疆新和考察组 51 人到景宁考察畲族文化。

21 日　2015 中国畲乡三月三暨惠明茶获巴拿马万国博览会金奖 100 周年纪念活动在景宁县举行。

22 日　省政协副主席陈艳华到丽水调研“五水共治”工作。

同日　景宁县举行惠明茶文化博物馆开工典礼暨招商引资项目签约仪式。

24 日　全国首个枫香无性系初级种子园落户庆元林场。

27 日　丽水市首部残疾人微电影《自强人生》首映式在市残疾人康复大楼举行。

27—30 日　第 10 届中国（义乌）文化产品交易会在义乌国际博览中心举行，丽水市 66 家企业组团参展，展品包括莲都油画、龙泉青瓷、龙泉宝剑、青田石雕木刻等。现场交易 150 万余元，参展企业与 80 余家客商达成合作意向，意向交易额 350 万余元。

28 日　丽水市表彰 2015 年度获全国、省市劳模称号的单位和个人，其中 5 名当选全国劳动模范和先进工作者赴北京参加全国劳模表彰大会。

29 日　阿里巴巴与龙泉市政府合作大会暨龙泉市第二届电商峰会在龙泉市举行。“特色中国•龙泉馆”开馆。

5 月

1 日　2015 亚洲轮滑联合会中央委员会议在河北省秦皇岛市北戴河举行。副市长戚永远在大会上作丽水市申办 2016 年第 17 届亚洲轮滑锦标赛的陈述报告，丽水市凭借轮滑群众基础、赛事设施及生态特色，获第 17 届亚洲轮滑锦标赛的举办权。

6—7 日　全国信息进村入户试点工作推进会在遂昌县召开。

7 日　龙泉市“晚清民国龙泉司法档案”入选《中国档案文献遗产名录》，成为省第九件国家级档案文献。

8 日　丽水市获批省级旅游综合改革试验区。

9 日　丽水市太极拳协会成立。

11 日　云和县、缙云县、庆元县、松阳县、龙泉市入选 2014 年中国“电商百佳县”。

同日　省委第三巡视组进驻丽水，开展 2 个月的巡视工作。巡视对象主要是市委和人大常委会、政府、政协委员会党组领导班子及其成员，重点是党政“一把手”。

11—13 日　省政协主席乔传秀一行到丽水调研城乡建设工作。

13 日　国务院侨办副主任庄荣文到丽水调研侨务工作。

同日　松阳县《浙江松阳基层社会治理综合标准化试点》入选全国第二批社会管理和公共服务综合标准化试点项目。

13—14 日　全国农村电子商务现场会在遂昌举行。

14—15 日　省委常委、省委组织部部长廖国勋到丽水调研基层党建工作。

15 日　省环保厅厅长徐震到丽水调研环保工作。

15 日—8 月 30 日　市美丽宜居示范村建设成果展在市规划展览馆举行。

19 日　第十二届长三角对台经贸合作研讨会在丽水召开。

20 日　市委召开常委扩大会，学习《中华人民共和国刑法》，传达省学习贯彻“四个全面”战略布局专题研讨班精神，学习中央政治局常委、中纪委书记王岐山在浙江调研时的讲话精神。

21 日　丽水市举行“创AAAAA景区”绿谷生态业务培训班，90 余名干部职工参加培训。

同日　市委召开全市“三严三实”专题党课暨专题教育部署会，市委书记王永康作专题党课报告。

25 日　举行丽水论坛——生态文明建设专题报告，宁波大学校长沈满洪应邀作专题讲座。市领导王永康、黄志平等参加讲座。

5月27日，“外国签证官看侨乡走进丽水”活动到畲乡景宁　　黄亦丹　提供

27—29日　德国、葡萄牙等20个国家的驻华使馆签证官到丽水考察。

28日　丽水市首家基金管理公司——丽水华侨基金管理有限公司开业暨“华侨宝”全球首发启动仪式在丽水华侨开元名都大酒店举行，中国侨联副主席朱奕龙出席活动并致辞。

29日　云和黄源风电场首台单机1500千瓦风机成功实现并网发电，标志丽水市第一座风力发电站正式建成投产。

同日　丽水市被授予“全国影视指定拍摄景地”。至此，丽水市影视风光景区成为全国第24家、全省第3家的“全国影视指定拍摄景地”。

5月　《丽水市低丘缓坡综合开发利用试点调整地块实施方案》获省国土厅批复。

6月

1—3日　省委副书记、省长李强到丽水调研。

1—3日　省委常委、宣传部部长葛慧君到丽水市调研基层宣传思想文化工作。

2日　“丽水十大城市文化标志性建筑”评选结果揭晓，处州府城墙、应星楼、黄帝祠宇、咏归桥、延庆寺塔、留槎阁、孔庙、鞍山书院、巾山和厦河双塔、华严塔等十座历史文化建筑当选。

5日　丽水市白云山生态林场被评为“全国十佳林场”。

6日　第九届云和梯田开犁节暨浙江省首届生态运动会梯田站在云和举行。

10日　中国—中东欧旅游市场与投资合作交流会在丽水举行。项目签约资金8.35亿元。

13—21日　丽水市政府访问团6人到瑞士、德国、瑞典考察访问。

15日　市委举行“丽水论坛”——水生态文明建设专题报告会。中国工程院院士、河海大学副校长王超作专题报告。

17日　中国—澳大利亚自由贸易协定正式签署。该协定明确澳大利亚对中国所有产品的关税最终均降为零，意味着丽水市出口澳大利亚的主要产品——食用菌、竹木制品、木制玩具、家具、摩托车等均能获较大额度的关税减免。

同日　浙江省政府与阿里巴巴联合举办2015“百城千校、百万英才”全国跨境电商人才峰会在阿里巴巴总部举行。会上，丽水学院与阿里巴巴签订跨境电商人才培训合作协议，丽水学院正式成为阿里巴巴跨境电商人才培训合作院校。

18日　意大利萨尔扎纳市政府代表团到丽水交流访问。

同日　省水利厅厅长陈川到丽水调研潜明水库建设情况。

19日　丽水经济开发区晋升国家级经济技术开发区授牌暨百亿新兴产业（项目）集中签约仪式在开发区举行。本次集中签约项目共5个批次36个项目，总投资约135.6亿元，涵盖跨境电子商务类，新材料、新能源类，生物医药类，机器人及智能装备类和基础配套类五大类项目。

同日　丽水市网络文化协会成立。

同日　设立13年之久的丽水水阁收费站，正式拆除，丽水市范围内所有普通公路全部取消收费。

25—26日　由浙江省委党史研究室和丽水市委联合举办的中国工农红军挺进师入浙创建浙西南革命根据地和中共浙西南特委成立80周年暨刘英诞辰110周年系列纪念活动在丽水举行。25日下午，纪念中国工农红军挺进师入浙创建浙西南革命根据地和中共浙西南特委成立80周年暨刘英诞辰110周年纪念大会在丽水大剧院举行。中纪委原副书记、红军挺进师政委刘英烈士之子刘锡荣，浙江省委常委、秘书长赵一德，中国少数民族福利基金会监事会会长、红军挺进师师长粟裕大将次子粟寒生等出席纪念大会。浙江省委党史研究室主任金延锋主持会议，丽水市委书记王永康、市长黄志平、市人大常委会主任虞红鸣、市委副书记朱晨等出席大会。纪念活动期间，金延锋受邀为“丽水论坛”作《浙江人民的抗日斗争》专题报告。丽水市四套班子有关领导、市直各单位负责人共200余人参加报告会。

26—27日 缙云县通过国家级生态县考核验收。

27日 香港丽水同乡会青年委员会在香港成立。

29日 2015丽水（上海）生态旅游推介会在上海长宁区举行，会上，市委书记王永康向上海市民推介丽水“高铁游”。这是丽水市连续第六年在上海举行旅游推介活动。

6月 缙云仙都黄帝祠宇和青田华侨历史博物馆被确认为“华侨国际文化交流基地”。

6月 “互联网+风口融合再发展”高峰论坛在杭州举行，论坛发布“2014浙江省年度电子商务百强”榜单。丽水市的丽水讯唯电子商务有限公司、浙江遂网电子商务有限公司上榜10强电商服务企业，浙江赶街电子商务有限公司上榜十大模式创新企业。

7月

1日 丽水市定点医疗机构全面停止使用医保卡（农保卡），全市进入社保卡时代。

同日 “美丽城乡幸福丽水”暨全市“六边三化三美”阶段成果图片展在市文化馆艺术展厅开展。

2日 市委、市政府召开创建全国文明城市动员大会，部署创建全国文明城市工作目标和任务。

3—5日 德国专家华侨投资考察团一行到丽水考察。

5—9日 台湾青年团33人到丽水交流访问。

7日 2015年度浙江省建设工程钱江杯评审结果公布，《丽水市综合交通运输中长期发展规划（2014—2030年）》获优秀勘察设计类一等奖。

7—8日 省委常委、省公安厅厅长刘力伟到遂昌县调研平安建设工作。

8月20日，市领导会见全市禁毒工作先进集体和先进个人代表　许立红　提供

8日 市委召开常委扩大会议，审议通过《关于进一步加强禁毒工作的实施意见》《关于促进丽水市电子商务发展的实施意见》。

10日 遂昌县王村口镇中国工农红军挺进师革命纪念群被列入国家国防教育示范基地。

13日 丽水市养老服务促进会在景宁县成立。

14日 “淘宝特色中国·松阳馆”开馆，这是丽水市运营的第三个县级馆。

15日 市委召开常委扩大会议，学习新的《中华人民共和国预算法》，传达贯彻习近平总书记在扶贫攻坚与“十三五”时期经济社会发展座谈会上的讲话精神，审议丽水市“百名市县领导督百案”活动方案。

同日 莲都区紫金街道社区协商民主联合会成立，这是丽水首个社区协商民主联合会。

18日 公益组织公羊会丽水分会入驻丽水市老年活动中心。公羊会向丽水市21位老人捐赠“平安云”智能定位器。

19日 龙泉市宝溪乡溪头村入选2015年国家级美丽宜居示范村试点。

20日 浙皖闽赣国家东部生态旅游试验区创建座谈会在丽水召开。

同日 副省长朱从玖到丽水调研食安金融联合信用工程试点工作。

23日 丽水市举行首次社会养老服务专题新闻发布会。市、省17家主流媒体参加发布会。

同日 浙江省第七地质大队在庆元县探获大型稀土矿床，预估资源量超10万吨，是浙江省首个具有工业意义的离子吸附型大型稀土矿床。

24日 丽水市莲都区莲锦休闲农家乐、龙泉市凤羽休闲山庄、青田县红萝山庄、遂昌县高坪桃源尖原生态蔬菜基地入选浙江省首批果蔬采摘旅游基地。

25日 55名来自台湾的青少年在丽水开展“台湾单车天使神州公益骑行·游丽水”活动。

26日 市委、市政府召开全市“无违建县”创建工作会议，会议对“三改一拆”“无违建县”创建作再动员、再部署、再推进。

27—28日 丽水市三届人大常委会第二十九次会议宣布林亮任丽水市人民政府副市长，免去葛学斌丽水市人民政府副市长职务。

30日 丽水市在绿谷信息产业园举行丽水籍大学生走进"绿谷智慧小镇"活动，举办首届大学生创业孵化园项目路演大赛。"瓯微 & 跨星创业孵化园"成立。

7月 《2015百人万岁：中国•丽水》百岁老人画册由浙江摄影出版社出版，并在全国各新华书店公开发行。

7月 《丽水市可再生能源发展规划（2014—2020）》发布实施。

8月

4日 省政协副主席陈艳华到丽水调研省重点项目绿谷信息产业园建设进展情况。

同日 市委召开常委扩大会议，举行常委学法活动，传达贯彻习近平总书记在会见全国优秀县委书记时的重要讲话以及在中央党的群团工作会议上的重要讲话精神，传达学习中纪委关于上半年纪检监察工作情况的通报和十起发生在群众身边"四风"和腐败问题典型案例的通报。

5日 副省长朱从玖一行到丽水调研农村产权抵押、食品安全信用体系建设和食品安全追溯体系建设工作。

同日 柬埔寨王国暹粒省省长钦文松一行到丽水访问，市长黄志平在市行政中心会见访问团一行，双方签订《建立友好交流城市意向书》。

6日 市委、市政府召开全国生态文明先行示范区创建暨国家级园区循环化改造试点工作推进会。

9日 省委书记夏宝龙，省委副书记、省长李强在全省防汛抗台视频会议上，专门对丽水抗击"苏迪罗"作出指示：始终保持防汛抗台高度警惕，确保人民群众生命财产安全。

11日 丽水市获批"国家火炬丽水智能装备与机器人特色产业基地"，成为全国第三家、省内首家国家级机器人与智能装备产业基地。

11—13日 省委副书记王辉忠到丽水调研。

12日 外交部咨询委员会调研组到丽水调研"一带一路"等工作。

13日 省政协副主席陈艳华带领省委督查组，对丽水市加强人民政协民主监督工作进行督查。

14日 "全省美丽城乡建设现场会"志愿者工作会议在丽水召开。

16日 "丽水美丽风暴"集中采访活动在丽水启动。12家中央和省级主流媒体聚焦丽水，深入了解丽水市美丽城乡建设的丰硕成果。

17日 "丽水市十大抗战遗址"评选结果：丽水城保卫战遗址群、方山岭战斗遗址、门阵国共合作抗日和谈旧址、浙江大学龙泉分校区遗址、浙江省国民政府驻地（黄绍竑公馆）旧址、周恩来视察浙江铁工厂并发表演讲纪念地、新四军驻浙江（丽水）办事处旧址、中共浙江省委机关旧址、西屏民众受难地和大路抗日纪念亭为"丽水市十大抗战遗址"。

18日 丽水古堰画乡被评为全国首批20家乡村旅游创客示范基地。

同日 副省长熊建平到丽水考察古堰画乡、在水一方写生基地。

19日 全省美丽县城暨村庄规划设计现场会在丽水召开。会上，副省长熊建平希望全省各地认真学习丽水经验，真正让美丽县城、村庄规划设计工作落地生根、结出硕果。

20日 丽水九龙国家湿地公园廊桥正式通行。廊桥位于莲都区碧湖镇红圩村村口，全长203米，桥面宽5米，总投资1960万元。

同日 丽水市出台《丽水市人民政府关于开展市级优质财源培育工作的实施意见》，综合推出财政、土地、金融、税费优惠政策以及优质服务举措的"4+1"组合拳，建立发改、财政、国税、金融等多部门联动帮扶的新格局。

21日 丽水市党员领导干部党章党规党纪专题集中轮训首期培训班开班，市委书记王永康出席并作专题讲座报告，市委常委、纪委书记方向主持开班仪式。本次集中轮训对象为全市县处级以上党员领导干部，分三批开展。

21—25日 2015丽水国际轮滑公开赛暨海峡两岸及港澳地区轮滑邀请赛在丽水举行。23个国家和地区的533名运动员参赛，丽水市85名运动员参加，获金牌1枚、银牌2枚和铜牌2枚。

25日 贵阳市党政代表团到丽水考察电子商务发展情况。

同日 国家民委党组副书记、副主任李昭带领调研组到景宁县调研民族工作。

27日 省委第三巡视组向丽水市反馈巡视情况，王永康主持会议并作表态发言。

28日 庆元举行2015年香菇始祖吴三公朝圣活动。

同日 丽水市与中国供销（海南）实业发展公司在市行政中心就开发建设丽水生态农林产品物流中心项目进行投资意向洽谈，双方签署《中国供销丽水农林特产博览城投资意向书》，市供销社与北京中合利成商务有限公司签订《中国社员网（丽水）合作框架协议》。

同日 第八届浙江中西部科技论坛暨主旨报告会在丽水市举行。

31日 丽水市2015年扩大有效投资"百日攻坚"活动动员大会召开。会上，举行"银项融资"签约仪式，12家银行与28个项目的业主达成融资协议，合计贷款总额60.8亿元。

9 月

6 日　2015 年第一批省重点建设项目增补名单公布，丽水市 6 个项目增补为省重点建设项目。至此，全市省重点建设项目共 114 个。

7 日　省林业厅厅长林云举到丽水调研市厅共建工作。

同日　副省长梁黎明到丽水督查外贸工作。

8 日　市委召开常委扩大会议，传达省纪委关于 10 起巡视中发现的典型问题查处情况通报精神，通报丽水市违反中央“八项规定”精神及“四风”方面问题的处理问题，审议通过《关于强化生态经济发展长效推进机制的实施意见》，听取“中国长寿之乡绿色产业发展联盟”建设和丽水市老年友好城市创建工作实施方案汇报。

10 日　全省统战系统廉政故事巡回宣讲活动在丽水举行。

16 日　缙云县壶镇镇入选 2015“浙江最具吸引力小城市”十佳榜。

17 日　“舌尖上的丽水”丽水食材推介会在杭州举行。此次是继2014年后丽水市在杭州举行的第二场好食材推介会。

同日　松阳县被列为国家文物局传统村落保护利用试验区。

18 日　丽水市人民政府和浙江省社会科学院在杭州联合举办丽水市深化农村综合改革研讨会，对农村综合改革的“丽水样本”进行梳理总结和理论探讨。国家林业局林改司司长刘拓，省委副秘书长、政研室主任李火林，省社科院院长迟全华应邀出席。

22 日　全国农村电子商务专题调研活动在遂昌举行，来自全国各地的近百名代表到遂昌调研学习农村电子商务的运行情况。

同日　丽水市邱利呈、邱飞荣、杨树长获评“第四届浙江省道德模范”称号。

22—24 日　省发改委主任谢力群到丽水调研“十三五”规划编制工作。

23 日　全省“禁毒先锋”先进事迹巡回报告团在丽水作报告。

同日　龙泉市、云和县、庆元县、缙云县成为第二批浙江省劳动模范休养基地。

24 日　中国（丽水）旅游电子商务大会在丽水召开，大会围绕“智慧服务·养生丽水”主题进行交流探讨。

28 日　市委召开巡视整改工作落实情况汇报会，对省委第三巡视组反馈意见的整改落实工作进行部署。

9 月　丽水市国土局与浙江大学公共管理学院签署共建土地资源管理专业校外实习教学基地协议并举行挂牌仪式。其间，首批浙大实习学生 60 余人在碧湖等地开展为期 4 天的“规划综合实习”课程实地考察。

9 月　“松阳香茶”经国家工商总局商标局评定，成功注册地理标志证明商标。

9 月　龙泉市住龙镇建胜村档案馆成立，实现丽水市村级档案馆零的突破。

9 月　丽水市举行纪念中国人民抗日战争暨世界反法西斯战争胜利 70 周年系列活动，分别举办影像图片展、“民族魂·中国梦”合唱音乐会、“铭记历史、珍爱和平”为主题书法大展和为 7 名抗战老战士发放纪念章等。

9 月 1 日，抗战老兵授勋章活动　　王华平　提供

10 月

8 日　丽水市莲都区文化馆开馆。

10 日　云和梯田农业系统入选第三批中国重要农业文化遗产名单。

11 日　第二届全国农业文化遗产学术研讨会在青田县举行。

13 日　市第八届乡村文化艺术节排舞大赛在市区纳爱斯广场举行。

同日　遂昌县高坪村入选“2015 年中国最美休闲乡村”。

14 日　市委召开领导干部会议。

省委组织部副部长姚志文宣布省委关于丽水市政府主要领导调整的决定。市委书记王永康主持会议并讲话。省委决定:黄志平任浙江省海洋与渔业局党组书记、提名任浙江省海洋与渔业局局长职务,提名朱晨为丽水市市长候选人。

14—15日 国家林业局总工程师封加平等一行调研丽水林业改革工作。

14—19日 2015中国龙舟公开赛(浙江·丽水站)在丽水举行。全国各地的16支代表队、420余名运动员参加比赛。

15日 丽水市博物馆开馆。该博物馆位于花园路滨水公园西侧大猷街30号,占地面积8149.55平方米,总建筑面积13801.52平方米,展厅面积达7000余平方米,有展厅8个,主要分为“自然生态”和“历史文化”两大部分。主要展示丽水市的自然生态和人文历史。

同日 全国油茶产业技术创新战略联盟油茶产业高质发展研讨及果实机械处理观摩会在青田县召开。

同日 全市道路运输行业“微笑礼让斑马线”创建活动启动仪式在市行政中心南广场举行,市委常委、宣传部长陈建波出席并讲话。来自市运管、交警、驾驶人培训机构和公交、出租车行业代表300余人参加启动仪式并签名承诺。

15—19日 第七届中国(浙江)非物质文化遗产博览会在杭州举行。龙泉青瓷烧制技艺、缙云剪纸、遂昌竹编画、景宁畲族彩带编织技艺、畲族草编、畲族纺织技艺等项目参加博览会。

16日 市档案局召开档案征集顾问座谈会,聘请丽水市首批12位档案征集顾问。

20日 第八届浙江中西部科技论坛开幕式暨主旨报告会在丽水学院举行。

同日 丽水论坛——“百名法学家百场报告会”丽水专场汇报会在市政府行政中心开讲。中南大学法学院副院长、博士生导师敖双红教授作题为《网络社会治理法治化问题》的报告。

同日 市首家日间照料中心开业。该中心室内面积700平方米,可收托50位老人,可提供休闲娱乐、健康养生、生活照顾、护理等服务。

同日 第46届“世界标准日”长三角研讨会在遂昌举行。

同日 松阳获“2015年度中国茶产业示范县”,景宁县获“2015年度全国十大生态产茶县”。

同日 丽水市妇联来料加工展洽服务中心与省妇联来料加工推广中心、浙江妇女创客园同步开业。市妇联来料加工展洽服务中心位于义乌国际商贸城二区48号门G3-81-82,面积100平方米,集中展示丽水市9个县(市、区)各类来料加工产品1000余种。

同日 国有林场改革试点工作国家验收组一行5人到云和县检查验收云和林场改革试点工作。

21—22日 省委常委、省纪委书记任泽民到丽水调研党风廉政建设党委主体责任和纪委监督责任的落实情况。市领导王永康、朱晨、虞红鸣、陈瑞商、方向等陪同调研。

22日 中国人民银行总行和世界银行国际金融公司专家组一行到景宁县调研农村支付结算等情况。

25日 在第三届世界浙商大会上,丽水市6名“丽商”接受省委、省政府表彰。

25—26日 丽水市党政代表团到福建宁德市学习考察。

26日 中国首个专业性木玩网上销售平台——“阿里巴巴·云和产业带”正式上线试运营。

同日 第八届浙江中西部科技论坛护理分论坛在丽水举办。

同日 浙江国镜药业有限公司异地迁建项目奠基仪式在龙泉市举行。该项目总投资达10亿元,是省重大产业项目。

26—28日 第三届丽水华侨大会在丽水召开,世界各地的255名侨界代表参加。

27日 市中级人民法院向市博物馆移交18件北宋龙泉窑青瓷、象

9月15日,丽水市启动道路运输行业“微笑礼让斑马线”活动　梅益蔚　提供

牙佛像等涉案文物。

同日 第十五届国际无我茶会在龙泉市举行。

27—29 日 副省长黄旭明一行到丽水调研农业农村、重点项目等工作。

28—29 日 副省长孙景淼到丽水调研综合交通建设工作。

30 日 凌晨，丽水市莲都区发生一起火灾，致 4 人死亡。经公安机关初步查证，该火灾系人为纵火。警方悬赏 5 万元向社会通缉嫌疑人。

31 日 松阳县三都乡杨家堂村、龙泉市上垟镇分别获“中国最美村镇榜样奖”和“中国最美村镇奖”。

同日 庆元县被评为全国优秀食用菌生产基地县。

10 月 市妇幼保健院获评首家“全国示范孕妇学校”。

10 月 市档案局申报的科技项目《RFID 技术运用于档案实体的可靠性研究》获国家档案局 2015 年度优秀科技成果三等奖。

11 月

1 日 丽水市获“2015 年度中国十大活力休闲城市”称号。

同日 庆元县获“浙江·庆元中国食用菌美食名城”称号。

2 日 市文广出版局和丽水学院合作联建的丽水市公共文化研究（人才培训）基地揭牌成立，标志着丽水首个集公共文化高端人才、理论研究人才培训合二为一的公共文化研究服务机构正式诞生。30 余名公共文化讲师被聘请为基地讲师。

3 日 省政协副主席、省侨联主席吴晶一行到丽水考察调研轩德皇菊基地。

5 日 丽水首款城市交通 APP“丽水公众出行”出炉。“丽水公众出行”为市民提供天气情况、出行规划、市区公交查询、自行车查询、公告通知等功能应用。

6—10 日 由中国摄影家协会、丽水市政府主办的“2015 丽水摄影节暨首届国际摄影研讨会”在丽水举行。来自美国、意大利、韩国等 50 多个国家和地区的知名摄影机构、策展人、摄影家、学者以及摄影爱好者等人参加。中国艺术摄影学会主席杨元惺，中国摄影家协会副主席李伟坤、索久林出席开幕式。

6 日 丽水市获“2015 中国十佳运动休闲城市”称号。

8 日 市委副书记、代市长朱晨在市行政中心会见韩国丽水市市长朱哲铉一行。

9—10 日 2015 丽水“人才·科技”峰会开幕。本次峰会主题是“才聚丽水、创新发展”，230 名前来洽谈对接的海内外高层次创业创新人才，高校、科研院所专家学者和企业家参加会议。

11 日 缙云县入选浙江省传统戏剧特色县。

13 日 22 时 50 分左右，丽水市莲都区雅溪镇里东村发生山体滑坡。塌方量 30 万余立方米，导致房屋被埋 27 户，房屋进水 21 户。灾害发生后，浙江省委、省政府高度重视，丽水市委、市政府和莲都区委、区政府全力以赴开展施救工作。省委书记夏宝龙、省长李强作出重要指示。22 日，副省长黄旭明到现场检查山体滑坡排险情况，并主持召开军地联合指挥部会议。里东山体滑坡造成 38 人遇难。

18 日—12 月 25 日 第二届中韩陶瓷文化艺术展在龙泉举行。

20 日 庆元县通过浙江检验检疫局组织的省级出口铅笔质量安全示范区现场考核验收，成为浙江省首个出口铅笔质量安全示范区。

24 日 龙泉市林业局获“2014—2015 年度闽浙赣毗连地区护林联防先进单位”称号，叶茂平获护林联防先进个人。

同日 丽水市被确定为国家知识产权试点城市。试点时限 2015 年 11 月—2018 年 11 月。

27 日 丽水市举办“高铁时代与丽水生态旅游名城建设”论坛，10 位专家学者围绕高铁时代下，丽水如何建设生态旅游名城进行探讨。

28 日 首届“互联网+美丽乡村”发展论坛在松阳举行。

11 月 市招投标在全省率先推行“评定分离”制度。

12 月

2 日 国家林业局党校第四十七期党员领导干部进修班 43 人到丽水考察调研林业改革工作。

同日 农业部、国家旅游局公布“2015 年全国休闲农业与乡村旅游示范县和示范点”名单，庆元县“莲湖休闲农业综合体”入选示范点。

2—3 日 省政协副主席陈小平到丽水调研畜禽养殖与屠宰销售工作情况。

3 日 省委宣讲团到丽水宣讲十八届五中全会精神。宣讲团成员、省委政研室副主任徐大可作题为《新发展理念引领“十三五”发展》辅导报告。市委书记王永康主持，市委理论学习中心组全体成员、市直属各单位党委（党组）成员、莲都区副科级以上干部参加报告会。

同日 全国股转系统丽水专场挂牌仪式在北京举行。丽水的嘉利股份、浩腾科技、华洋赛车、惠同股份 4 家企业集体挂牌“新三板”。

9 日 松阳大木山骑行茶园被评为国家 AAAA 级旅游景区。

同日 庆元县获 2015 中国绿色

竞争力最强县。

10日 市委、市政府务虚会邀请省发改委原副主任刘亭作《大趋势、主体形态和"生态+"》专题讲座。

11日 2015中国·丽水生态养生旅游季丽水市第三届金牌导游大赛闭幕,10名导游获"金牌导游",5名导游晋级丽水市首批"终身金牌导游"。

同日 俄罗斯驻上海总领事叶夫西科夫一行到丽水访问交流,市委副书记、代市长朱晨会见总领事一行。

14日 由省政协副主席陈艳华带队的省核查组到丽水,就消除农村家庭年人均纯收入低于4600元以下贫困现象工作进行核查督查。

16日 "丽水市第八届乡村文化艺术节闭幕式"暨"农村文化礼堂才艺擂台赛总决赛"在遂昌云峰街道湖边村文化礼堂举办。全市12支民间艺术团队参加比赛,《弦乐声声奏婺曲》《阳河练兵》《淤弓,精彩如虹》《老家》获"特金奖"。

17日 中国工程院副院长樊代明到松阳县检查指导工作,并与松阳县人民医院签约成立院士工作站。20日,樊代明院士工作站暨西京消化病医院——丽水整合医学中心签约授牌仪式在丽水市人民医院举行。

18日 丽水市举行首座电动汽车充电站落成暨新能源公交车投运仪式。首批12辆纯电动公交车正式投入运行,标志着丽水市新能源汽车产业发展迈上一个新台阶。

同日 "云和木玩"木制玩具成为浙江区域名牌产品。

19日 2015年丽水市冬季人才交流暨2016届高校毕业生就业洽谈会在市人力资源市场举行,97家企事业单位推出2000余个岗位,达成就业意向107人。

同日 全市首届地掷球比赛在缙云仙都景区举行,全市100余位选手参加比赛。

21日 省政府办公厅批复浙江龙泉工业园区整合设立浙江龙泉经济开发区,实行省级经济开发区的政策。

23日 北京大学教授周其仁到松阳调研美丽乡村工作。

24日 丽水市政府和阿里巴巴集团共同主办的第三届中国"淘宝村"高峰论坛在丽水举行。10余位经济专家学者嘉宾,全国35个淘宝镇、300余个淘宝村代表参加,论坛围绕"淘宝村"与农村电子商务发展进行探讨。

24—25日 国家质检总局在杭州组织召开全国出口工业产品质量安全示范区工作暨示范企业创建工作总结部署会,丽水云和出口木玩示范区在会上做典型经验交流。

25日 丽汽集团最美司机章双林被中华见义勇为基金会授予"全国见义勇为英雄司机"称号。

同日 庆元县淤上乡淤上村举行浙江图书馆淤上分馆开馆仪式,是浙江图书馆设立的首个村级分馆。

26日 金丽温高铁正式通车。金丽温高铁全长约188千米,设置9个车站,丽水境内设丽水、缙云和青田3个站。

30日 丽水市不动产登记服务中心揭牌仪式在市国土资源局举行。

31日 丽水九龙国家湿地公园通过验收,正式成为丽水市首个"国家湿地公园"。是继2012年获"国家森林城市"后,国家林业局授予丽水市的又一张"国字号"金名片。

丽水九龙国家湿地公园　　戴昕律　提供

12月 商务部发函认定遂昌县为农村电商强县创建先行县。

12月 松阳茗春茶叶示范基地被评为全国农村科普基地,是全市首个国家级茶叶科普示范基地。

2015年全市十方面大事完成情况

以五水共治为突破口强化生态环境治理 1.治污水。2015年,全市地表水I—III类水比例达到98.96%;全市1233个行政村生活污水治理项目开工建设,完成年度任务的103.8%;新增受益农户22.81万户,完成年度任务的129.1%；全市新建污水管网180.6千米，完成年度任务的180%。腊口污水处理厂项目，已对初步设计组织审查；青田县海口镇、莲都区雅溪镇污水处理设施工程已完成建设，全市实现镇级污水处理设施全覆盖。2. 防洪水。2015年，全市完成独流入海治理19.14千米，中小河流域治理90.54千米，除险加固山塘水库188座。3. 排涝水。2015年，全市新建排水管网182千米，雨污分流改造管网180.5千米，增加抽水设备2.3万立方米/小时。4. 保供水。2015年，全市新建供水管网148千米，改造供水管网121.5千米。5. 抓节水。2015年，全市完成新增（改善）农业灌溉面积0.77万公顷，新增高效节水面积0.33万公顷。6. 统筹抓好治气、治土、治山。2015年，淘汰黄标车12917辆，提前2个月超额完成淘汰任务。开展全市城区餐饮业基本情况排摸工作，并形成《城区餐饮油烟污染治理工作实施方案》，全市餐饮业油烟排放整治200余家。全面推进丽水开发区废气治理，开发区39家合成革和后段企业已完成废气密封收集，30家企业完成废气治理设施安装，喷漆废气治理工作也在相关行业全面推广；全面推进废气治理任务，DMF、VOCs等废气基本达标排放，空气质量基本达到二类功能区标准要求。全市推广病虫害统防统治2.68万公顷，减少农药使用量196.8吨；推广测土配方施肥面积17.16万公顷，减少不合理化肥使用量2504.25吨，农业“两区”内土壤清洁、尚清洁率达到90%以上。做好废弃矿井治理扫尾工作，全市2015年治理废弃矿井27座，累计治理347座，治理率达100%。

深入推进“三改一拆” 2015年，全市拆除违法建筑1048.66万平方米，完成年度任务的174.78%；改造“三改”1122.06万平方米，完成年度任务的187.01%（其中，城中村改造581.76万平方米，完成年度任务300万平方米的193.92%）。按照新的省、市验收标准，及时组织验收143个申报乡镇（街道），108个乡镇（街道）达到“基本无违建乡镇（街道）”创建标准；35个乡镇（街道）达到“无违建创建先进乡镇（街道）”创建标准。全市确定的3个省级联系重点“无违建乡镇”（遂昌县大柘镇、松阳县三都乡、云和县安溪乡）和云和县“基本无违建县”完成创建目标，并通过省级验收。

深化“六边三化三美” 全市强化“六个一”抓手，不断推进“一县一主题、一县一特色”差异化发展，提升美丽县城特色。完成或基本完成富岭出口四边三化整治项目、花园中学地下停车场及配套工程、古堰画乡江滨商业街、云和仙宫大道等91个第一批“六个一”示范项目建设，累计投资100亿余元。2015年，推出第二批“六个一”示范项目，建“一个特色小镇、一批民宿村、一条绿道、一条历史街区、一个绿地公园、一方地下空间”。全市全年建成15条美丽乡村风景线、220个美丽乡村示范村、52个美丽乡村精品村，“六边三化三美”工作机制获第十届中国全面小康论坛2015年度“十大社会治理创新奖”。2015年，全市投入资金11.78亿元，搬迁农民5886户18281人，其中，整村搬迁111个自然村2667户7692人，地质灾害避让搬迁1394户3445人。全市1327个行政村完成农村应急广播体系建设。制定出台《2015年深化农村文化礼堂配套服务的实施意见》，推行“文化订制”模式，组织全市社科专家以“人文小讲堂”的形式在全市农村文化礼堂开展宣讲活动，2015年，全市新增农村文化礼堂99个，完成率123.75%。推进“乡村春晚”品牌提质建设，2015年，丽水“乡村春晚”被列入第三批国家公共文化服务体系示范项目，召开全市学习贯彻落实中办、国办《关于加快构建现代公共文化服务体系的意见》精神暨丽水市创建国家公共文化示范项目动员大会，启动101个乡村春晚特色村提升建设。

抓好生态精品农业特色发展 2015年，新建成粮食生产功能区0.43万公顷；新建省级现代农业园区29个；新创建生态精品农业示范县3个、示范乡镇15个；新培育示范家庭农场218家、示范企业和示范合作社70家、大学生创业典型30个，生态精品农产品230个；完成高标准农田建设0.38万公顷。全市实施农业综合招商项目120个，引资额96.4亿元，到位资金13.3亿元。其中，73个续建项目到位资金8.3亿元；新引进项目47个，引资额25.8亿元，实际到位资金5亿元。新增农产品加工园区实际供地面积107.27公顷。出台《丽水市创建现代生态循环农业示范市和农产品质量安全示范市 加快推进生态精品现代农业发展三年行动计划》，农业标准化生产覆盖率达到61.2%；“壹生态”丽水农产品质量安全追溯管理信息平台使用主体达到187家，出台《市级以上龙头企业追溯点建设标准》，实现市级以上农业龙头企业全覆盖。农产品质量省级检测抽查合格率达99.6%。

抓好生态制造业创新发展 2015年，丽水开发区成功创建国家级循环化改造示范试点。2015年6月，举行国家级丽水经济技术开发区授牌暨百亿新兴产业项目集中签约仪式，开发区落户孵化机器人企业12家。对全市11个独立的省级以上开发区（省级产业集聚区）、21个乡镇功能区以及工业企业组织开展摸底调查，起草编制《全市各类开发区整合优化提升方案实施意见（初稿）》，下阶段，将进一步完善方案报省政府批准实施，预计将于2016年上半年完成。制定水阁区块排水管网修复改造实施管理方案，2015年，开发区新建排水管网10千米，排水管网清淤106.23千米，提标改造排水管网19.9千米，雨污分流改造19.9千米。战略性新兴产业项目库入库项目共计147个，总投资161.29亿元。全年完成战略性新兴产业增加值64.18亿元，增长2.3%；完成规上工业新产品产值561.04亿元，同比增长5.3%，新产品产值率33%。出台《关于印发2015年度丽水市“机器换人”分行业试点计划的通知》，重点开展10个行业试点示范；组织编制《关于印发2015年丽水市技术改造重点项目计划的通知》，共有187个项目列入市技术改造重点项目年度计划，项目总投资160.58亿元，累计完成投资68.82亿元。2015年，全市认定科技型中小企业83家，国家级高新技术企业29家，共111家；受经济下行影响，2015年全市实现高新技术产业增加值90.01亿元，同比增长4.2%，增速比年度目标（增长8%）低3.8个百分点。国家知识产权局已确定丽水市为国家知识产权试点城市，试点主题为“轻型知识产权支撑绿色崛起”，试点时限自2015年11月—2018年11月。新认定省级高新技术企业研发中心15家，省级企业研究院5家。2015年，全市单位GDP能耗降低率5.2%，“十二五”期间全市单位GDP能耗累计下降21.0%，超额完成省下达目标（下降16.9%）；全市能源消费总量422.56万吨标准煤，同比增长0.87%，增速远低于省下达任务的6.5%以内控制目标。全市通过淘汰关停、汰劣换新，共有37家企业腾出用能空间21237吨标准煤，超额完成年度腾出用能空间13500吨标煤的任务。

抓好生态旅游业全域化发展　《瓯江生态旅游景区总体规划》通过市规划委员会评审，《瓯江生态旅游景区5A创建提升策划及行动实施计划》正在编制完善；九龙国家湿地公园湿地休闲区旅游项目专项策划设计及详细规划正在编制；古堰画乡景区创AAAAA景观价值评价通过省级初评，并报国家局待评审。遂昌金矿国家矿山公园，创AAAAA提升规划和新游客接待中心修建项目详细规划已完成评审论证，资源景观价值评价台账编制基本完成；完成文山区块索桥、游步道、景点小品工程。遂昌金矿创建AAAAA景观资源相关材料已报送省旅游局提请进行AAAAA级旅游景区景观价值评价。缙云仙都景区，完成《仙都景区5A创建提升方案》，委托浙江省旅游科学研究院完成旅游景区景观价值评价台账编制等；完成环境卫生、景区绿化、基础设施、景中村整治等工程，累计投入5300万余元。青田石门洞景区，初步完成《石门洞总规2013—2030》修编、“太子仙境”项目策划方案等；推进高市民国风情村、石门渔村全村民居、开运灵谷影视村一期刘基官邸等项目建设。2015年，国家AAAAA级旅游景区创建完成投资3.44亿元，全市高等级旅游景区完成投资19.81亿元；成功创建松阳大木山茶园AAAA级旅游景区。全市创建13家农家乐综合体，培育27个乡村旅游民宿示范村，5个乡村旅游示范村完成景区化创建工作（4家被定为AAA级旅游景区、1家被定为AA级旅游景区）。2015年5月8日，省政府批复同意设立丽水旅游综合改革试验区。2015年，全市共接待旅游人数6301.69万人次，同比增长14.86%；实现旅游总收入426.02亿元，同比增长25.45%。

大力发展信息经济　2015年，完成建设丽水农村电子商务公共服务研究基地及丽水·淘宝商学院；全市建成1052个村级“赶街”网点，10个县级农村电子商务营运中心；新认定丽水市聚思贸易有限公司等农村电子商务示范企业10家，龙泉市电子商务创业集聚大楼等星级网商创业园8个，新建城乡社区“E邮柜”电子商务投递终端206个，全年实现网络零售额121.43亿元，同比增长76%。完成智慧政务试点政务云平台建设，截至2015年底，21家单位26个新建、迁移系统在政务云平台上部署运行。完成政务云运营监控指挥中心建设，完成工程装修主体部分和网络、设备等安装，预计2016年4月投入使用。建成丽水市政务数据交换平台并投入试运行。2015年，绿谷信息产业园南区块各项目累计完成投资额5.26亿元，自开工建设以来累计完成投资额11.47亿元，南区块各项目进展顺利，八栋单体全部结顶；北区征迁基本完成。

打造现代综合交通枢纽　2015年，龙浦高速完成投资7.93亿元，占年度投资计划的120%，已完成主体工程建设；溧阳至宁德高速公路（G4012）浙江景宁至泰顺段（景宁段），同意按行政区划立项，金丽温高速丽水北互通工程已经开工。全市完成公路、水路交通项目基础设施固定资产总投资40.97亿元，占年度力争完成省厅目标（34.6亿元）的118%，同比增长11.8%。全市建成高等级公路61.6千米。全市共完成农村公路提升等级工程454千米，完成率108%；

完成农村公路大中修510千米，完成率126%；实施安保工程623.3千米，完成率104%。建成港湾式停靠站259个，完成计划的129.5%。金丽温扩能改造工程按计划完成主体工程建设，并于2015年12月26日开通运行。金台铁路先行开工段（将军岭隧道）已于2016年1月4日开工建设。衢宁铁路项目丽水段（浙江先行段）已于2014年12月23日在松阳开工建设，沿线龙泉、庆元、遂昌、松阳四县（市）红线内征地工作全面完成年度任务，54个先行施工点动工建设，实际完成投资10.35亿元，完成年度总投资的108.3%。2015年10月26日，国家发改委和总参联合向国务院、中央军委上报《关于审批新建浙江丽水机场项目建议书的请示》（发改基础〔2015〕2449号），现正在审批中；进场道路全长2522.3米，双向四车道，总投资16716.41万元；土石方试验段设计位于龙石溪谷沟至机场跑道北端之间范围，分阶段实施，设计方案已通过专家论证；该两项工程已具备开工条件，待机场项目获批后即可开工。瓯江航道整治工程下游段项目已经开工，累计完成投资8070万元；经争取，补助标准比原来提高10%。青田港的温溪、港头港区已建成并投入使用，腊口港区正在规划建设。

抓好要素保障 认真落实《丽水市工业用地差别化管理实施意见》，出台《丽水市级深化以地控税以税节地工作实施方案》。根据国土资源部批复，丽水市低丘缓坡试点规模为3707公顷，期限为2011—2015年；截至2015年底，全市累计完成场地平整0.27万公顷，其余地块按照“台地产业、坡地村镇”模式供地开发，试点开发任务顺利完成，并通过省级验收，正在报请国土资源部复核。全市供应各类建设用地837.4公顷，较好保障了重大产业、公共基础设施、民生项目、五水共治等用地需求。全市完成垦造耕地0.23万公顷（其中水田581.67公顷）。全市全年完成标准厂房建设24.88万平方米，完成市年度目标任务的156%、省目标任务的248.8%。市本级共推进PPP试点项目13个，在全省率先编制印发《关于促进社会资本进入公共设施建设领域的实施意见（试行）》及操作细则，建立联审和推进机制；市本级13个试点项目，已有7个项目完成社会投资人采购，其中，丽阳溪水系综合整治、高速北互通、二中宿舍楼、括苍中学等地下空间开发利用、人口健康信息化5个项目已开工建设。出台《丽水市人民政府办公室关于推进农村互助担保组织建设的若干意见》，召开全市农村担保体系建设现场推进会，全年建成村级互助担保组织170家，较年初新增84家，共为农户提供贷款担保7.55亿元。全市实际利用内资293亿元，实际利用外资2.2亿美元，完成浙商回归到位资金147.87亿元；全市引进大项目125个，签订山海协作产业合作项目217个，到位资金134.86亿元。全力协调推进金丽温输气管道工程和市区天然气利用项目政策处理、报批等各项工作，金丽温输气管道工程丽水段24处隧道工程39千米全部贯通，累计完成投资14.87亿元，占总投资72.2%；南城区块天然气利用工程已完成项目核准、门站土地出让等前期工作，南北城中压连接线已逐点落实路由方案，并完成全线管线地质勘探；丽水经济技术开发区LNG应急气源站于2015年12月11日投入运行，向园区4家企业供应天然气，2015年供气量15.82万方。2015年，全市20个光伏发电项目完成备案，备案容量238.8兆瓦。项目开工6个，其中：浙能龙泉1.66兆瓦分布式屋顶光伏发电项目已并网发电；晶科电力缙云20兆瓦农光互补发电项目因地势原因，规模调整为16兆瓦，全部完成光伏组件安装。全市完成光伏组件安装14.86兆瓦，完成投资1.35亿元；累计并网容量4.87兆瓦，年度累计发电164.81万千瓦时。110千伏及以上电网建设投资2.39亿元，新开工110千伏及以上电网建设项目5个，建成投产项目8个，新增变电容量26.3万千伏安，新增线路82.4千米。其中：云和黄源风电送出工程提前半年建成投产；丽水、青田2个牵引站外部供电工程按计划投产，确保金温扩能改造工程按期通车。

全面推进农村产权制度改革 出台《丽水市农村产权交易管理暂行办法》《丽水市农村产权评估管理办法（试行）》，基本完成市县乡三级农村产权交易平台建设。2015年，全市新增农村产权交易数830宗，累计成交金额达2.44亿元；全市“三权”抵押贷款余额达到82.76亿元，新增19.59亿元，完成年度目标的130%。全市2727个村经济合作社股份制改革工作全面完成，量化资产总额16.26亿元，股东个数213.7万人，完成率100%。全面铺开土地确权登记工作，完成土地确权涉及承包面积5.63万公顷，实测面积7.67万公顷，完成率73.4%。全市完成农村宅基地确权登记调查18.8万宗、农村宅基地确权登记实际发证5.32万宗，符合登记条件农村宅基地发证率、农户住房申请发证率分别为93.13%、99.09%。完成蓝城、海亮及莲都区峰源乡、景宁县景南乡、龙泉市屏南镇、松阳县玉岩镇、遂昌县共7个单位“三位一体”农资经营服务的“农作物放心工程”试点；缙云县、遂昌县列入省构建“三位一体”农民合作经济组织体系首批推进县，制定市级推进县改革指导意见及缙云、遂昌两推进县改革实施方案，并上报省农村改革试验区工作联席会议审批。2015年，农户、社区居民（有融资需求）和农村经济组织信用建档分别达到98.8%、55%和95%。

2015年市区十方面实事完成情况

民生水务 2015年，联城区块开工建设联城路一期（武平路—联武路）、武东路（河堤路—联东路）、武平路等道路，其中武平路一期已完工；城东区块开工建设东港路、长虹路二期、好溪路二期等道路，完成市场2号路北延伸段、水东路二期、东港路二期等建设。市区新增给排水管网11.8千米。独流入海丽水市大溪治理补充工程，累计完成投资1.56亿元，占年度投资的120%。丽阳坑闸站、前山泵站、塔下闸及防洪墙主体工程基本完工，各闸站仿古建筑施工中；芦埠坑河道整治土方开挖完成3.6万立方米。丽阳街西段基本完成地下管道及土路基施工，道路南半幅完成沥青路面施工，道路北半幅水泥稳定层施工完成90%工程量；教工路，"附高"桥及"三岩寺"桥完成桥梁板吊装，学院人行天桥完成桩基础施工，雨、污水管道工程完成90%工程量。丽水盆地易涝区防洪排涝好溪堰水系整治一阶段工程实际完成工程投资7029万元，占年度投资的153%，该工程除九里湾、畜牧场段外，主河道水下工程全部完成，景观绿化完成；二阶段工程累计完成投资2.28亿元，占年度投资计划的224%；三阶段工程被列入2015年市政府PPP项目，该工程于2015年12月16日完成招标工作。

城市畅通 2015年，市区完成市场2号路北延伸段、水东路二期、水南路、武平路一期、长虹路东段、东港路二期等道路建设，丽阳街西段基本完成，新增城市道路11.8千米；打通长虹路东段330米断头路。市区完成新湖国际三号地块、花园路停车场等项目建设，新增停车位4878个，其中公共停车位344个，分别完成年度任务的162.6%和229.3%。市区新开工地下空间29万平方米，完成年度任务的193.3%。市区新增纯电动公交车55辆，莲都、松阳等地试点推行微公交运营，公交运营班次达到141万班次，完成全年班次增密任务的100%，已优化公交线路7条，市区公交分担率提升1个百分点。

小区改造 2015年，丽光小区、园丁新村、大洋河北区、金田小区等4个旧住宅区和灯塔村城中村均完成改造。新开工改造7个旧住宅区中，司心商城、囿山新村、白云经济适用房、粮油批发市场东等4个项目已完成；万丰小区、区政府东、灯塔西区等项目分别完成工程量74%、65%、38%；完成投资1.11亿元。新开工6个城中村改造项目中，城西村、海潮村、丽光村、城北村、九里村分别完成工程量99%、73%、79%、38%、30%，塔下村项目已于2015年12月31日动工建设。市区参与生活垃圾分类的单位、小区和学校均已完成分类设施的配备，居民小区生活垃圾分类收集覆盖率达到56%，各类机关事业单位和中小学校分类收集覆盖率达到100%，机械化清扫率达到80%。

教育保障 丽水五中建成并投入使用。丽水二中学生食堂完工，并于2015年10月投入使用；学生宿舍楼于2015年12月29日开工建设。丽水开发区秀山路小学，1至8号楼全部主体结顶，完成外墙粉刷和保温工程总量的85%；江南路中学，完成强夯工程和部分基础开挖工作，由于施工许可证及资金问题，项目尚未开展主体施工。白云小学总建筑面积35981平方米，投资估算1.1亿元；主体工程已于2015年10月顺利建成，完成投资7500万元，完成率125%。厦河幼儿园总建筑面积3187平方米，总投资3000万余元，2015年主体工程已建成，完成投资2000万元，完成率100%。2015年，市区新增校舍建筑面积55074平方米；市区中小学校100%建成加热保温饮水设施；市区完成23所公办寄宿制学校学生热水淋浴设施建设，市区公办寄宿制学校100%可供热水淋浴。

医疗服务 市第二人民医院主体迁建工程室内工程基本完成，室外工程完成45%工程量，搬迁工作延至2016年上半年完成；市中心医院老外科楼改造工程室内装饰部分已经全部完工；市人民医院东城院区于2015年12月30日举行开工奠基仪式。莲都区岩泉街道社区卫生服务中心项目于2015年12月10日公开招投标，并在2016年1月4日全省扩大有效投资集中开工重点项目活动当天开工建设。市本级新增培训红十字公益性初级救护员2600名。出台政策，将格列卫等15种高值药品纳入丽水市大病保险支付范围；大病保险最高报销限额提高到20万元，报销比例提高到55%。建成城乡居民医疗保险"一卡通"，实现省内定点医疗机构刷卡结算，截至2015年12月底，全市申领社保卡264.6万张。

文化惠民 2015年6月12日，市美术馆开馆，市美术馆现有建筑面积2800平方米，其中展厅2200平方米；10月15日，市博物馆完成陈展工程并开馆，同时引进圆明园国宝展，展出时间10天，参观人数10.5万人；10月29日，处州府城行春门城墙保护修复工程正式启动。深化文化惠民品牌活动，开展微平台看戏“双百活动”，全年开展大剧院百姓大舞台演出10场、丽水市婺剧进校园优秀剧目展演、十三个提线木偶剧团观音阁展演等。市区实现全年送戏140场、送书5930册、送电影下乡1680场。2015年，市区公共体育场地设施免费或低收费开放10处，公办学校体育场地设施免费或低收费开放18所。市体育馆项目完成投资4036万元，累计完成投资1.46亿元，主体工程基本完工；轮滑场二期项目完成主体工程施工；水上运动中心项目完成可行性研究报告编写及规划选址、土地预审审批。举办“清韵杯”全国业余围棋公开赛、全国体育传统项目学校田径联赛(南方赛区)、丽水国际轮滑公开赛暨海峡两岸及港澳地区轮滑邀请赛、首届中国大学生皮划艇名校赛、中国龙舟公开赛(浙江•丽水站)等五项大赛。2015年12月17日，丽水日报社迁建工程结顶，全年累计投资4510万元，占项目施工工程建设资金的63%，其中完成项目电梯招标投资228.7万元。

就业帮扶 2015年，市区城镇新增就业3312人，新增基本养老保险参保人数14115人。丽水市农村常住居民人均可支配收入15000元，同比增长10.0%，增幅超过全省1.0个百分点，扣除价格因素实际增长8.7%。截至11月底，全市全面完成消除农村家庭人均收入4600元以下贫困现象的工作任务。全市实现城乡居民最低生活保障标准同比增长8%以上，平均增幅14.27%。出台《丽水市临时救助实施办法》，共对市区3503名本地居民、外来务工人员进行临时救助，累计救助金额763.43万元。将事实无人抚养儿童和贫困家庭重残、重病儿童纳入儿童福利保障范围，市区享受困境儿童生活保障的事实无人抚养儿童和贫困家庭重残、重病儿童112人，其中，事实无人抚养儿童18人，贫困家庭重残、重病儿童94人。将就业年龄段无固定收入残疾人生活补贴月标准从100元提高到125元，全市有9685名残疾人(市区1851名)享受政策。社会保险服务中心因计划调整，暂缓建设。

助老扶残 2015年，市区新建城乡社区居民养老服务照料中心55个，新增养老机构床位295张，建设护理型床位110张。市怡福家园于9月30日开工建设，建设桩基全部完成，1号、2号楼结顶。市残疾人托养中心主体完工，并于8月进入装修阶段。启动市区智力残疾儿童康复救助项目，资助智力残疾儿童康复训练31人，完成年度目标的114.8%；完成市区残疾人无障碍辅具进家庭119户，完成年度目标的113.3%；市残疾人电子商务创业孵化中心通过举办残疾人电子商务培训等措施，新帮扶11名市区残疾人入驻中心创业，先后入驻中心42人。

食品安全 2015年，市区农贸市场质量追溯体系建成3家，建成率50%；市区快速检测室建成3家，建成率50%，并全部对公众免费开放。市区大型、特大型餐饮企业和学校食堂的“阳光厨房”建成36家，完成年度任务109.1%。10月27日，九里综合菜市场主体工程结顶。食品安全“智慧监管”平台一期项目已开发完成，进入测试运行阶段，预计2016年6月底前，将按计划全面完成“智慧监管”六平台的建设，并在全市范围内推广“智慧监管”信息化平台应用。全面完成学生饮食放心工程，各项指标均已超额完成；实行大宗食品统一配送或定点采购率达到99.4%，完成指标任务的110.4%；A、B等级食堂比例达70.1%，完成指标任务的116.8%；品牌超市进校园比例达77.6%，完成指标任务的155.2%；中小学生知识知晓率达88%，完成指标任务的103.5%；饮用水城镇管网接入率达99.5%，完成指标任务的104.7%。

便民服务 2015年，完成联城二期、古城公寓南区等项目建设，新开工建设保障性安居工程住房2074套，完成年度目标的296.3%；竣工1802套，完成年度目标180.2%；交付入住1505套，完成年度目标376.3%。深化“项目审批、便民办事、网上政务”三大服务平台建设，项目审批服务平台实现审批、中介、代办一条龙服务；便民服务大厅增设公交IC卡、供排水、视听费缴纳等便民服务窗口9个；基本完成网上审批系统开发建设；推行房产证、土地证、契证“三证联办”服务，变串联审批为并联审批，从以往办证“三次进件、三次交费、三次领证”变为“集中受理、统一办件、内部流转、统一发证”服务模式，办证时间由1周缩短为2个工作日，完成联办2493件。出台《丽水市按月提取住房公积金还贷管理办法》，2015年7月，全面实施按月提取住房公积金还贷政策，全年全市共有7839户办理“按月提取还贷”业务，累计提取住房公积金0.69亿元；其中：市区共有3239户办理“按月提取还贷”业务，累计提取住房公积金0.33亿元。 (赵 升)

总　述

自然气候

【地理位置】 丽水市位于浙江省西南浙闽两省结合部。市境介于北纬27°25′至28°57′和东经118°41′至120°26′之间。东南与温州市接壤，西南与福建省宁德市、南平市毗邻，西北与衢州市相接，北部与金华市交界，东北与台州市相连。中共丽水市委、市人民政府驻地莲都区。距省会杭州292千米，距上海512千米、温州126千米、金华122千米。

【地形地貌】 丽水市位于浙闽隆起区组成部分，山脉属武夷山系，主要有仙霞岭、洞宫山、括苍山，呈西南向东北走向，分别延伸西北部、西南部和东北部。海拔1000米以上山峰3573座，1500米以上山峰244座，其中，龙泉市凤阳山黄茅尖海拔1929米，庆元县百山祖海拔1856.7米，分别为江浙第一、第二高峰。地势由西南向东北倾斜，西南部以中山为主，间有低山、丘陵和山间谷地；东北部以低山为主，间有中山及河谷盆地。最低处为青田县温溪镇，海拔7米。

【江溪湖泊】 区域内有瓯江、钱塘江、飞云江、椒江、闽江、赛江，被称为"六江之源"。溪流与山脉走向平行。仙霞岭山脉是瓯江水系与钱塘江水系的分水岭，洞宫山山脉是瓯江水系与闽江、飞云江和赛江的分水岭，括苍山山脉是瓯江水系与椒江水系的分水岭。两岸地形陡峻，江、溪源短流急，河床割切较深，水位受雨水影响暴涨暴落，属山溪性河流。瓯江发源于庆元县、龙泉市交界的洞宫山锅帽尖西北麓，自西向东蜿蜒过境，干流长388千米，境内长316千米，流域面积12985.47平方千米，占全市总面积78%，是全市第一大江。位于瓯江上游的紧水滩电站水库，也称仙宫湖。位于瓯江中游的玕潭电站水库——南明湖，面积5.6平方千米，相当于杭州西湖水域面积。2008年4月29日，位于瓯江支流小溪中游河段的浙江省第二大水库——滩坑水库下闸蓄水，这是一项继新安江电站之后全省最大水电建设项目，拥有库区水面70多平方千米，水库总库容41.5亿立方米。2009年7月10日，滩坑水电站3台发电机组全部投产发电，总装机容量60万千瓦，年发电量10.35亿千瓦时，成为浙江省第二大常规水电站。2010年8月，滩坑水库更名为千峡湖，是全市第一、全省第二大湖泊。（市方志办）

【气候特征】 丽水市在气候区划中隶属中亚热带季风气候带，在区位上临近东海，受海洋影响较大，具有较明显的亚热带海洋性季风气候。地势上多中山丘陵地貌，具有较显著的山地立体气候特征。亚热带海洋性季风气候与丘陵山地立体气候的叠加造就丽水优越的气候环境，是中国气候养生之乡。丽水气候的总体特征为"四季分明、冬暖春早，降水丰沛，雨热同步，垂直气候、类型多样"。丽水市常年（1981~2010年，下同）年平均气温17.9℃，最低1月平均气温为6.7℃，最高的7月平均气温为28.4℃。极端最高气温为43.2℃，极端最低气温－10.7℃。年平均气温呈东高北低分布，东部和东南部平均气温17~18℃，北部和西北部平均气温16~17℃。极端最低气温东部和东南部-2~-3℃，北部和西北部-6~-7℃。极端最高气温东部和北部差异不大；常年的年平均降雨量1598.9毫米，大致自南向北减少，各地分布在1350~2200毫米之间。一年中有80%的降水出现在3—9月，其中6月最多为289.1毫米，12月最少仅44.3毫米；常年的年平均日照时数1635.1小时，7月最多为215.6小时，2月最少仅84.0小时。丽水盛行东北偏东风，年平均风速在0.8~2.2米/秒，在地区分布上，自东南向西北地区减小。丽水是气象灾害多发和频发区，气象灾害种类多，每年暴雨、台风、寒潮、大雪、低温、大风、冰雹、雷击、高温、干旱等各类气象灾

害都会发生，容易引发流域洪涝、小流域山洪、山体滑坡、泥石流、森林火灾等次生或衍生灾害。　(李叶萍)

【自然资源】　丽水市自然资源比较丰富，生态环境优越，被誉为“浙江绿谷”。生态环境质量全省第一、全国前列，生态环境质量公众满意度继续位居全省首位。2004年，全国生态环境质量评价研究报告显示，丽水市9个县(市、区)均为优秀，列全国前50位，被称为华东地区最大的“天然氧吧”“全国生态环境第一市”，其中4个县列前10位，庆元县列第一位，成为“中国生态环境第一县”。2014年7月22日，丽水市成为第一批国家生态文明先行示范区建设地区。2015年，景宁、缙云县分别通过国家级生态县创建技术评估和现场验收。

土地资源　根据2015年度土地变更调查，全市土地面积1727520.23公顷，其中耕地172508.42公顷，园地53800.01公顷，林地1352554.61公顷，草地15701.01公顷，城镇及工矿用地40920.25公顷，交通运输用地14805.50公顷，水域及水利设施用地41946.18公顷，其他土地35284.25公顷。

森林资源　丽水市素有“浙南林海”之称。2002年开始，实施生态公益林、千里绿色长廊、退耕还林建设。全市林业用地面积146.24万公顷，其中有林地134.19万公顷，活立木总蓄积量5899.78万立方米，毛竹立竹量31915.02万株。森林覆盖率80.79%，林木绿化率81.62%。森林资源的特点，以针叶树最多。经过长期的植树造林，已于1994年消灭宜林荒山，1999年实现绿化达标。全市自然保护区5处(其中国家级自然保护区3处，省级保护区2处)，自然保护小区52处。2010年12月23日，省关注森林组委会正式授予丽水“浙江省森林城市”称号。2012年7月9日，丽水市被全国绿化委员会、国家林业局正式命名为“国家森林城市”。2015年12月31日，国家林业局《关于2015年试点国家湿地公园验收情况的通知》(林湿发〔2015〕188号)批准同意：浙江丽水九龙国家湿地公园试点建设正式通过验收，成为丽水市首个国家湿地公园。

矿产资源　丽水市黑色金属、有色金属、贵金属、稀有金属及冶金辅助原料、化工原料、建材原料、非金属矿产、矿泉水、地热等矿产资源较为丰富。初步探明金(银)、铅锌、钼、稀土、叶蜡石、萤石、沸石、高岭土、珍珠岩、陶瓷黏土、花岗岩、建筑用凝灰岩等矿种57种，其中金属矿25种，非金属矿30种，汽水矿产2种。矿产地494处，其中：大型矿床13个，中型矿床39个，小型矿床125个，矿点317个，地热多处。已探明的资源储量和开采的矿产26种，潜在经济价值近千亿元，其中金(银)、钼、叶蜡石、高岭土、沸石等储量居全省首位，缙云县沸石矿为全国三大沸石矿之一。

水力资源　丽水水电资源十分丰富，全市可供开发常规水电资源327.8万千瓦，约占浙江省可开发量40%。2004年，景宁县被水利部授予“中国农村水电之乡”称号。2006年11月，丽水市被水利部命名“中国水电第一市”。至2007年底，小水电(5万千瓦以下)装机总容量122.59万千瓦，成为全省乃至全国首个实现超百万小水电装机的地级市。全市各县(市、区)均实现农村水电电气化。到2012年底，全市建成水电站797座，总装机251万千瓦，发电量71亿千瓦时(其中农村水电794座，总装机153万千瓦，发电量50亿千瓦时)。在建电站12座，装机13.3万千瓦。“丽水水电”成为丽水一张金名片。

生物资源　已知种子植物、苔藓植物、蕨类植物和大型真菌等4262种，其中种子植物175科，902属，2926种；大型真菌14目，51科，176属，716种；苔藓植物58科，132属，295种；蕨类植物41科，88属，325种。已知野生动物有2618种，其中脊椎动物有5纲，38目，110科，304属，505种；昆虫类20目，200科，2113种。国家重点保护珍稀动植物有：植物43种，其中，一级保护植物有百山祖冷杉、伯乐树、长喙毛茛泽泻、中华水韭、莼菜、宽距兰、红豆杉、南方红豆杉8种，二级保护植物有长柄双花木、福建柏、香果树、七子花、鹅掌楸、华东黄杉、白豆杉等35种，百山祖冷杉、九龙山榧、百山祖玉竹、景宁木兰为丽水市独有；动物61种，其中，一类保护动物有华南虎、云豹、豹、梅花鹿、黑麂、金雕、白鹳、黄腹角雉、白颈长尾雉、鼋、金斑喙凤蝶等11种，二类保护动物有50种。2005年6月，联合国粮农组织(FOA)批准，有1200多年历史的青田县稻田养鱼系统成为首批五个世界农业非物质文化遗产保护项目之一。

旅游资源　2014年，以“生态•休闲•养生”为主题，以瓯江流域和自然山水为主线，创建“秀山丽水、养生福地、长寿之乡”生态、绿色、养生、休闲旅游品牌。丽水市山清水秀，风光秀丽，是长三角地区的一块“净土”，全国农业旅游示范点松阳卯山、全国工业旅游示范点龙泉宝剑厂、省红色旅游经典示范区王村口镇、省首家国家矿山公园遂昌金矿、省五星级农家乐经营点松阳四都寨头摄影休闲园。丽水市相继被命名为“中国优秀旅游城市”“中国优秀生态旅游城市”。全市国家AAAA级旅游景区19家，分别是莲都东西岩风景区、丽水市古堰画乡景区、龙泉山景区、龙泉青瓷小镇•披云青瓷文化园景区、中国青田石雕文

化旅游区、青田石门洞、缙云仙都景区、缙云黄龙景区、遂昌南尖岩景区、遂昌金矿国家矿山公园、遂昌县神龙飞瀑景区、遂昌千佛山、中国畲乡之窗景区、景宁云中大漈、云和梯田景区和仙宫景区、庆元百山祖景区、松阳箬寮原始林景区、松阳大木山茶园；AAA级景区11家，AA级景区11家。其中，森林类旅游景区25个，森林类AAAA级旅游景区16个，占AAAA级旅游景区的88.9%；森林公园11个，其中国家级森林公园4个，省级森林公园7个；省级林业观光园区30个、市级林业观光园区63个，省五星级森林旅游区1个，四星级森林旅游区2个、三星级森林旅游区3个，市星级特色森林旅游基地14个，丽水市"林家铺子"旅游点36处；龙泉凤阳山、龙泉披云山、松阳箬寮、庆元百山祖、庆元千岗峡大杉木林、庆元马蹄岙天然阔叶林、遂昌神龙谷、景宁望东垟、景宁大漈古树群被评为浙江最美森林。风景区内不仅广布奇峰、异洞、幽谷、流泉，还有众多的摩崖题刻、古建筑群、宗教寺观等人文景观。瓯江流域人工湖泊众多，景观如同天成。仙宫湖，周围有"夏洞天""八仙洞""九潭十八湾"等景观；滩坑水库（千峡湖）拥有千峡环湖壮丽景象，给人无限遐想，是丽水又一个风景如画、休闲旅游场所。2009年9月，联合国教科文组织保护非物质文化遗产政府间委员会第四次会议上，龙泉青瓷传统烧制技艺被列入《人类非物质文化遗产代表作名录》，龙泉青瓷成为全球第一个且是唯一一个入选人类"非遗"陶瓷类项目，包括庆元在内的浙闽两省联合申报"中国木拱桥传统营造技艺"被列入《急需保护的非物质文化遗产名录》。2011年，新增国家级非物质文化遗产遂昌班春劝农、缙云张山寨七七会、缙云轩辕氏祭典、缙云迎罗汉，全市累计国家级非物质文化遗产15项，浙江省民族民间艺术保护名录67项，全市非遗旅游点、"美丽乡村"农家乐（非遗类）项目40余个。国家级文物保护单位有龙泉大窑青瓷古窑址、莲都通济堰、景宁时思寺、缙云仙都摩崖题记、庆元如龙桥、松阳延庆寺塔等。省级历史文化名城有龙泉市、松阳县，历史文化街区、村镇9处。省级历史文化保护区有丽水西溪、龙泉上田、青田阜山、缙云河阳、遂昌独山、遂昌王村口、松阳石仓、松阳界首、庆元大济9处；人文景观，古有明御史中丞兼太史令刘基读书处、松阳兄弟进士牌坊、龙泉剑池遗址、缙云独峰书院等，近有革命遗址遂昌县王村口红军挺进师旧址群、龙泉市水塔村中共浙西南特委驻地、莲都区厦河村中共浙江省委机关旧址、青田县东源镇周恩来题词纪念碑及畲族风情、龙泉登山、仙都攀岩、青田石雕等。丽水市逐渐形成以山水观光和畲乡文化、侨乡文化、剑瓷文化、黄帝文化、摄影文化为主要载体的特色文化旅游产品。通过第三次全国文物普查（2007年4月至2012年），丽水市有全国重点文保单位6处，省级72处，市县级343处，各级文物保护点914处，申报第七批国保16处。（市方志办）

历史沿革

【概况】 据龙泉市牛门岗、松阳县阴岗山、莲都区后甫及遂昌县好川遗址出土文物鉴定，新石器时代就有人类繁衍生息。

在现丽水市境内，东汉建安四年（公元199年）始建松阳县、东汉建安二十三年（公元218年）建置遂昌县两个最早县份。

隋开皇九年（公元589年）建处州，十二年（公元592年）改为括州，大业三年（公元607年）改为永嘉郡。唐武德四年（公元621年）复改为括州，天宝元年（公元742年）改为缙云郡，乾元元年（公元758年）复改为括州，大历十四年（公元779年）改为处州。元至元十三年（公元1276年）改为处州路，至正十九年（公元1359年）改为安南府，不久改为处州府。明景泰三年（公元1452年）起，处州府辖丽水、松阳、缙云、青田、遂昌、龙泉、庆元、宣平、云和、景宁10县。清宣统三年（公元1911年）11月，辛亥革命后成立处州军政分府。民国元年（公元1912年）撤销处州军政分府，由浙江省都督府直辖县，民国3年（公元1914年）属瓯海道管辖，民国16年（公元1927年）撤销瓯海道改省直辖县，民国21年（公元1932年）6月设第十一、十二县政督察区管辖，民国24年（公元1935年）6月改为丽水行政督察区，民国25年（公元1936年）4月改称第九行政督察区，民国37年（公元1948年）4月改为第六行政督察区，同年7月改为第七行政督察区，辖丽水、松阳、缙云、龙泉、庆元、宣平、景宁、云和8个县。

1949年4—5月，丽水全境解放。8月，设浙江省人民政府第七专区。10月，改为浙江省丽水专区。1952年1月，撤销丽水专区，各县分别划归温州、金华、衢州专区。1963年5月，恢复丽水专区，辖丽水、青田、缙云、遂昌、云和、龙泉6个县。1968年11月，改称丽水地区。1973年7月，恢复庆元县；1982年1月，恢复松阳县；1984年6月，设立景宁畲族自治县；1986年3月，撤销丽水县，建立丽水市；1990年12月，撤销龙泉县，建立龙泉市。2000年5月，撤销丽水地区，设立地级丽水市，同时撤销县级丽水市，设莲都区；同年7月18—19日，莲都区与丽水市先后挂牌。（市方志办）

行政区划

【区划地名】 2015年，丽水市下设莲都区，辖青田、缙云、遂昌、松阳、云和、庆元、景宁7个县及龙泉市(县级市)。景宁县是全国唯一的畲族自治县。9个县(市、区)均为“革命老根据地县”。全市有90个乡(畲族乡6个)、53个镇(畲族镇1个)、30个街道办事处。 (叶　珊)

人口与民族

【人口】 2015年，全市总户数1015742户，同比增加14237户，平均每户2.62人；总人口数2663758人，同比增加7234人，人口自然增长率5.74‰，比2014年减少0.51个千分点。总人口数中男性1372447人，女性1291311人，分别占人口51.52%和48.48%，性别比106.27(女=100)；0~17岁507937人，占总人口19.07%，比2014年减少2939人；18~34岁576874人，占总人口21.66%，比2014年减少4076人；35~59岁1102084人，占总人口41.37%；60岁及以上476863人，占总人口17.90%。全市出生32703人，其中男16905人，女15798人，性别比107.01(女=100)，出生率12.28‰，同比减少0.51个千分点；死亡人口17413人，其中男10519人，女6894人，死亡率6.54‰，同比减少0.12个千分点。全市迁入15570人，迁入率5.85‰，同比减少2.99个千分点；迁出13350人，迁出率5.01‰，同比减少1.83个千分点。全市城镇人口843735人，乡村人口1820023人，城镇人口占总人口的31.67%，乡村人口占总人口的68.33%。

【民族】 丽水市有汉族和47个少数民族。根据第6次全国人口普查显示，全市有汉族、畲族、苗族、土家族、布依族、侗族、蒙古族、回族、彝族、拉祜族、哈尼族、壮族、满族、水族、佤族、傣族、白族、朝鲜族、瑶族、黎族、藏族、布朗族、仡佬族、傈僳族、维吾

2015年丽水市行政区划

表1　　单位：个

县(市、区)名称	街道	镇	乡	社区	行政村	乡　镇　街　道　名　称
全　市	30	53	90	102	2725	—
莲都区	6	4	5	25	243	紫金街道、岩泉街道、万象街道、白云街道、南明山街道、联城街道、碧湖镇、大港头镇、老竹畲族镇、雅溪镇、太平乡、仙渡乡、黄村乡、丽新畲族乡、峰源乡
龙泉市	4	8	7	13	444	龙渊街道、西街街道、剑池街道、础石街道、八都镇、上垟镇、小梅镇、查田镇、屏南镇、安仁镇、锦溪镇、住龙镇、兰巨乡、宝溪乡、龙南乡、道太乡、岩樟乡、城北乡、竹垟畲族乡
青田县	3	9	20	14	414	鹤城街道、瓯南街道、油竹街道、山口镇、温溪镇、东源镇、船寮镇、北山镇、海口镇、腊口镇、高湖镇、仁庄镇、章村乡、舒桥乡、贵岙乡、石溪乡、小舟山乡、祯埠乡、祯旺乡、万山乡、黄垟乡、季宅乡、海溪乡、高市乡、巨浦乡、万阜乡、汤垟乡、方山乡、吴坑乡、仁宫乡、章旦乡、阜山乡
云和县	4	3	3	9	168	浮云街道、元和街道、白龙山街道、凤凰山街道、崇头镇、石塘镇、紧水滩镇、赤石乡、安溪畲族乡、雾溪畲族乡
庆元县	3	6	10	8	345	濛洲街道、松源街道、屏都街道、竹口镇、荷地镇、黄田镇、左溪镇、贤良镇、百山祖镇、安南乡、隆宫乡、五大堡乡、岭头乡、淤上乡、张村乡、江根乡、官塘乡、龙溪乡、举水乡
缙云县	3	7	8	6	253	五云街道、新碧街道、仙都街道、壶镇镇、新建镇、东渡镇、舒洪镇、东方镇、大洋镇、大源镇、前路乡、三溪乡、双溪口乡、溶江乡、胡源乡、石笕乡、方溪乡、七里乡
遂昌县	2	7	11	8	203	妙高街道、云峰街道、北界镇、王村口镇、大柘镇、石练镇、金竹镇、黄沙腰镇、新路湾镇、焦滩乡、应村乡、湖山乡、濂竹乡、高坪乡、蔡源乡、龙洋乡、柘岱口乡、西畈乡、垵口乡、三仁畲族乡
松阳县	3	5	11	13	401	西屏街道、水南街道、望松街道、古市镇、玉岩镇、大东坝镇、象溪镇、新兴镇、赤寿乡、四都乡、樟溪乡、三都乡、斋坛乡、板桥畲族乡、叶村乡、竹源乡、枫坪乡、裕溪乡、安民乡
景宁县	2	4	15	6	254	红星街道、鹤溪街道、英川镇、渤海镇、东坑镇、沙湾镇、九龙乡、景南乡、澄照乡、毛垟乡、秋炉乡、大地乡、梅岐乡、郑坑乡、大均乡、梧桐乡、大漈乡、标溪乡、家地乡、鸬鹚乡、雁溪乡

尔族、仫佬族、阿昌族、纳西族、达斡尔族、锡伯族、鄂温克族、高山族、塔塔尔族、哈萨克族、景颇族、柯尔克孜族、东乡族、毛南族、塔吉克族、俄罗斯族、德昂族、京族、怒族、土族、普米族、羌族、基诺族、门巴族。据2015年民族部门统计，全市少数民族人口10.32万人，占丽水市总人口3.87%。设有景宁畲族自治县和丽新、三仁、雾溪、安溪、竹垟、板桥6个畲族乡及老竹畲族镇。少数民族人口在10000以上的县（市、区）有莲都、龙泉、云和、遂昌、景宁，畲族人口占30%以上的行政村有212个。（陈雪勤）

国民经济和社会发展

【综合经济实力】 2015年，全市地区生产总值1103.29亿元，按可比价计算，比2014年增长6.4%。其中，第一产业增加值91.36亿元，第二产业增加值503.91亿元，第三产业增加值508.02亿元，分别比2014年增长2.4%、3.4%和10.5%。人均生产总值51676元（按年平均汇率6.2284折算为8297美元），比2014年增长6.0%。三次产业增加值结构由2014年的8.4∶48.1∶43.5调整为8.3∶45.7∶46.0。

2015年，全市实现农林牧渔业总产值140.27亿元，比2014年增长2.8%。菌、茶、果、蔬、药、畜牧、笋竹、油茶8大主导产业产值106.94亿元，现价增长3.5%。全年农林牧渔业增加值91.92亿元，可比增长2.4%，其中，农业增加值66.73亿元，增长2.2%；林业增加值15.63亿元，增长4.8%；牧业增加值7.38亿元，下降2.6%；渔业增加值1.61亿元，增长9.5%；农林牧渔服务业增加值0.56亿元，增长6.7%。全市新建粮食生产功能区0.43万公顷、现代农业综合区29个、生态精品林业基地2.83万公顷。新增农产品加工园区实际供地107.27公顷。新创建生态精品农业示范县1个、示范乡镇15个，示范家庭农场218家、生态精品农产品230个。创建“丽水山耕”区域公用品牌农产品120个，新增绿色、有机和无公害认证农产品136个，新增中国生态原产地保护产品2个。全年创建“美丽乡村”示范村20个，农村垃圾收集率100%。全年异地搬迁农民1.83万人。农家乐休闲旅游业发展较快，累计发展农家乐休闲旅游特色村（点）421个，从业人员3.37万人，营业总收入16.58亿元。全市完成农村困难家庭危房改造3100户，启动21个省级美丽宜居示范村试点建设。年底，金融系统涉农贷款余额817.67亿元，比2014年底增长8.7%，林权抵押贷款余额48.47亿元，增长5.4%。

游客在农家乐打年糕　　王艳杰　提供

2015年，全市规模以上工业实现增加值351.5亿元，按可比价计算，比2014年增长0.5%；实现规上工业总产值1704.36亿元，下降7.3%。产值超100亿元黑色金属冶炼及压延加工业、金属制品业、化学原料及化学制品制造业和通用设备制造业4个行业，实现产值781.43亿元，下降13.8%，占规模以上工业产值比重45.8%，同比回落3.5个百分点。汽车制造业下降3.1%，计算机、通信和其他电子设备制造业增长47.0%，医药制造业增长9.8%。全市规模以上工业企业1115家，比2014年减少46家，产值超1亿元企业322家，减少17家，实现产值1308.96亿元，下降9.2%，占规模以上工业产值比重76.8%，其中超10亿元企业21家，减少1家，亿元以上企业户均规模由2014年4.25亿元下降到4.07亿元。规模以上新产品产值增长9.0%，新产品产值率35.0%，比2014年提高5.3个百分点。规模以上工业实现销售产值1600.01亿元，下降7.9%，产销率93.9%，工业企业主营业务收入1655.86亿元，下降6.5%，实现利税总额187.3亿元，下降4.6%，其中利润总额130.93亿元，下降9.5%。

2015年，全市实现服务业增加值508.02亿元，按可比价计算，比2014年增长10.5%，增幅比2014年提高2.1个百分点，服务业占GDP比重46.0%，比2014年提高2.5个百分点。2015年，接待内地旅游者6270.35万人次，比2014年增长14.9%。入境旅游者31.34万人次，增长5.0%，其中：接待外国游客28.11万人次，增长4.8%；香港游客0.58万人次，增长6.0%；澳门地区游客0.48万人次，增长9.4%；台湾地区游客2.17万人次，增长7.0%。实现旅游总收入426.02亿元，增长25.5%，其中国内旅游收入375.42亿元，增长27.3%；旅游外汇收入8.20亿美元，增长12.9%。2015年创建松阳大木山茶园1家AAAA级景区。累计创建19家AAAA级景区。全年交通运输、仓储和邮政业增加值38.4亿元，增长2.9%。全市公路货物周转量71.37亿吨千米，增长0.6%；公路旅客周转量21.0亿人千米，下降5.4%。铁路客运量100万人，货运量119.8万吨。全年邮政行业业务收入7.44亿元，比2014年增长34.9%，其中快递业务收入5.02亿元，增长53.3%。邮政行业业务总量13.55亿元，增长53.9%，快递5734.3万件，增长61.0%。电信业务收入17.32亿元，下降4.6%。年底固定电话用户41.30万户，移动电话用户293.95万户；固定电话、移动电话普及率分别为19.3部/百人和137.4部/百人。全年新增互联网用户（含宽带用户）5.49万户，年底总量56.86万户，比2014年底增长10.7%。

【社会消费品市场】 2015年，全市社会消费品零售总额519.28亿元，比2014年增长9.0%。其中，城镇消费品零售额402.64亿元，乡村消费品零售额116.64亿元，分别增长7.9%和13.2%。分行业看，批发零售业零售额456.97亿元，增长8.6%；住宿餐饮业零售额62.31亿元，增长12.1%。全市限额以上社会消费品零售总额161.79亿元，增长2.7%。在限额以上批发零售业零售额中，服装、鞋帽、针纺织品类增长67.8%，中西药品类增长18.2%，家用电器和音像器材类下降10.5%，石油及制品类下降19.2%，汽车类下降3.1%，金银珠宝类下降1.4%。年底，全市商品交易市场105个，比2014年增加2个，全年商品交易市场成交额364.69亿元，增长12.2%。成交额超亿元的市场23个，全年成交额209.48亿元，其中，超十亿元的市场7个，全年成交额165.72亿元。

【固定资产投资751.52亿元】 2015年，全市固定资产投资751.52亿元，比2014年增长13.0%。非国有投资409.03亿元，增长1.1%，占固定资产投资的54.4%，其中民间投资404.07亿元，增长1.0%，占固定资产投资53.8%。在固定资产投资中，第一产业投资18.67亿元，比2014年增长6.3%；第二产业投资206.50亿元，增长9.3%，其中工业投资199.31亿元，增长7.9%；第三产业投资526.35亿元，增长14.8%。全年投资项目2387个，比2014年增加109个，其中，新开工项目1435个。浙北至福州特高压输变电项目、天然气输气管道建设项目、云和黄源风电场工程等一批重大建设项目陆续建成并投入运营。衢宁铁路项目落地动工，金丽温铁路扩能改造项目基本完工，丽水市跨入“高铁时代”。丽水市实验幼儿园、市中心医院综合病房大楼、市体育馆等一批重大建设项目陆续投产，全市公共事业和民生服务设施日趋完善，公共服务能力水平显著提高。全年房地产开发投资158.27亿元，比2014年增长0.4%。商品房销售面积182.42万平方米，增长34.7%。商品房销售额163.12亿元，增长27.8%。

【进出口总额33.64亿美元】 2015年，全市进出口总额33.64亿美元，比2014年增长15.7%。其中，出口31.44亿美元，增长19.2%；进口2.20亿美元，下降18.8%。欧洲和亚洲仍是丽水市产品出口的主要市场，出口额比重62.2%，对拉丁美洲和大洋洲市场出口较快增长，对非洲市场出口实现高速增长。全市新批准设立外商直接投资企业18个，与2014年持平；外商直接总投资3.88亿美元，比2014年增长5.5%；合同利用外资金额2.87亿美元，增长16.3%；实际利用外资金额2.19亿美元，增长22.7%。

【财政金融】 2015年，全市财政总收入151.60亿元，其中一般公共预算收入94.51亿元，分别比2014年可比增长7.6%和8.9%。一般公共预算支出279.33亿元，增长21.7%。年底，金融机构本外币各项存款余额1963.46亿元，比2014年底增长5.7%，其中人民币存款余额1838.16亿元，增长5.5%。金融机构本外币各项贷款余额1503.75亿元，比2014年底增长5.9%，其中人民币贷款余额1491.81亿元，增长6.2%。年底，本外币住户存款余额1108.86亿元，比2014年底增长11.0%。全年保险业实现保费收入38.48亿元，比2014年增长17.0%。其中，财产险业务保费收入16.13亿元，增长10.3%；人身险业务保费收入22.35亿元，增长22.4%。支付各类赔款及给付12.33亿元，增长11.4%，其中：人身险业务赔款4.18亿元，增长76.6%；财产险业务赔款8.15亿元，下降6.4%。

【文教科技体育事业】 2015年，全市拥有普通高校3所，普通高等教育本专科招生11737人，在校生37614人，毕业生13592人。各类中等职业教育学校18所，招生10827人，在校生29898人，毕业生10336人。普通高中学校22所，普通高中招生11251人，在校生33226人，毕业生11605人。初中学校76所，招生24008人，在校生73576人，毕业生25119人，初中毕业升高中段的比例为97.1%，比2014年提高0.58个百分点。普通小学216所，招生28313人，在校生169261人，毕业生24320人；小学毕业生升学比例100%，初中入学率、巩固率分别为99.99%和100%。特殊教育招生263人，在校生1237人。义务教育专任教师15367人，比2014年增长1.9%。中等职业教育专任教师1935人，生师比16:1；专任教师学历合格率96.6%，比2014年提高1.1个百分点。双师型教师占专任教师和专业课教师的比例分别为44.4%、76.0%，比2014年分别提高2.5和2.1个百分点。普通高等学校专任教师具有硕士以上学位教师比例为28.9%，比2014年提高2.5个百分点。全市有幼儿园577所，在园幼儿78977人。幼儿园专任教师4843人，比2014年减少214人；幼儿教师学历合格率为99.4%，比2014年提高0.3个百分点。

年底，艺术表演团体96个，文化馆10个、文化站173个，公共图书馆10个，博物馆10个。广播、电视综合覆盖率均达100%。有线广播电视用户数50.1万户，其中数字电视用户数49.22万户。全市公开发行的报纸6种，年发行量5491万份，平均每千人每天拥有56.6份报纸。全市有综合档案馆10个；馆藏各类档案1681个全宗，共计123.79万卷62.72万件；其中已开放全宗1114个，共计32万卷。全市运动健儿共取得国际比赛冠军5个、全国冠军23个、全省冠军89个。全市共创建1个省级体育强县（区），创建14个省级体育强镇（乡），1个青少年俱乐部，扶持建设600个省级体育小康村。全年销售体育彩票2.97亿元，比2014年增长10.8%。

年底，有医疗卫生机构344个（不含诊所、村卫生室），其中医院、卫生院239个，妇幼保健院（所、站）9个，疾病预防控制中心（防疫站）9个，卫生监督所（中心）10个。卫生技术人员17237人，其中执业医师和执业助理医师6815人，注册护士6577人，床位数11957张。全市完成76.44万人的免费健康体检，其中60岁以上老年人226130人，体检率68.4%。

2015年，新增国家重点支持高新技术企业29家，高新技术企业认定新政策出台后，累计获批高新技术企业210家。全年省级新产品95个。全年规模以上工业科技活动经费支出8.0亿元，比2014年增长2.6%。购置技术成果费用2269万元，下降12.7%。全年通过市级以上验收、结题科技项目129项，科技成果登记252项，获省级科学技术进步奖7项。知识产权保护工作得到加强，共获专利授权4348项，其中发明专利280项。

【生态环境建设】 2015年，县级以上集中式饮用水源地水质达标率为100%。跨行政区域河流交接断面水质达标率均为100%。全市地表水96个断面的水质监测，有95个断面年均值满足相应水功能要求。地表水断面Ⅰ—Ⅲ类水比例为98.96%。市区PM2.5浓度平均为38微克/立方米，空气优良率（AQI）为90.1%，空气质量优良的天数327天。城市声环境质量符合国家标准，各标准适用区平均值均低于相应标准。全市累计创建国家级生态县3个，省级生态县（市、区）9个，国家级生态乡镇92个，省级绿色学校107所，建成省级生态文明教育基地9个。全市建有各级自然保护区（含自然保护小区）56个，其中国家级自然保护区2个；自然保护区面积44.05千公顷，占土地总面积2.53%。建有市级以上森林公园11个、湿地公园2个。全市园林绿地面积4603.34公顷，其中公园绿地面积1171.43公顷，建成区绿化覆盖率38.7%，人均公园绿地面积12.31平方米。全年完成造林更新10003公顷，比2014年增长3%，其中荒山荒（沙）地造林3782公顷，有林地造林157公顷，迹地更新造林4432公顷。森林抚育改造6.4万公顷，增长1.5%。义务植树452万株，比2014年减少15.4%。育苗面积1413公顷，增长10%，其中新增140公顷。森林覆盖率为80.79%。

【居民生活保障】 2015年，根据城乡一体化住户调查，全年全体居民人均可支配收入24402元，比2014年名义增长8.8%，扣除价格因素实际增长7.5%。其中，全市城镇常住居民和农村常住居民人均可支配收入分别为32875元和15000元，分别名义增长8.1%和10.0%，扣除价格因素分别实际增长6.8%和8.7%。全体居民人均消费支出18399元，比2014年名义增长8.7%，扣除价格因素实际增长7.4%。其中，城镇常住居民和农村常住居民人均生活消费支出分别为23556元和12677元，分别名义增长7.7%和10.4%，扣除价格因素分别实际增长6.4%和9.1%。年底，城镇常住居民人均住房建筑面积42.5平方米，比2014年底增加2.7平方米；农村居民人均住房建筑面积55.0平方米，比2014年底增加0.6平方米。年底，每百户城镇居民家用汽车拥有量32.6辆，比2014年底增加0.9辆。

年底，全市参加城镇基本养老保险人数为67.04万人（包括企业和机关事业的在岗及离退休人员），比2014年底增加11.94万人；参加失业保险的人数为22.04万人，增加0.87万人；参加城镇职工基本医疗保险的人数为38.27万人，增加1.31万人。工伤保险参保人数56.79万人，增加14.16万人，生育保险参保职工23.9万人，增加1.78万人。城乡居民社会养老保险91.18万人，减少9.44万人。城乡居民医疗保险参保人数199.65万人。被征地农民基本生活保障累计参保人数3.74万人，基金累计结余29.20亿元。

年底在册低保对象75168人，其中城镇7059人，农村68109人。平均保障标准为城镇562.9元/月•人、农村390.1元/月•人，全年支出低保金1.87亿元，比2014年增长12.7%。农村五保集中供养率90.6%，城镇“三无”集中供养率95.6%。全年销售福利彩票4.87亿元，比2014年增长9.9%。全年新开工保障性安居工程住房5415套，其中新开工公共租赁住房2456套。竣工保障性安居工程住房3809套。全年新增城镇就业1.55万人，帮助7188名下岗失业人员实现再就业。年底城镇登记失业率为2.93%，与2014年持平。　　（宋李英）

体制改革

【概况】 2015年，全市获批经济体制改革试点中国家级8项，省级13项。6月16日，市委办印发《市委全面深化改革领导小组2015年工作要点》，梳理提出经济体制改革项目6大项26小项，其中6项改革内容纳入2015年浙江省经济体制改革要点。8月19日，市委深改组印发《专项小组2015年工作计划》，明确经济体制重点突破改革12项、继续深化改革16项、先行先试改革7项和超前谋划改革3项。确定市经济体制改革专项小组成员单位改革联络员，9月2日，召开全市经济体制改革工作推进会，听取重点改革任务推进情况，成立联络员队伍，部署改革任务。

【“三大改革”试点】 全国低丘缓坡开发利用试点，在全国率先探索“台地产业、坡地村镇”的低丘缓坡开发利用新模式，累计拓展发展空间37平方千米，节约耕地2200公顷。截至年底，全市累计投入资金139亿元，完成土地征收0.35万公顷、用地报批0.35万公顷、场地平整0.34万公顷，带动有效投资1000亿余元，助推产业转型升级和区域协调发展。全国农村金融改革试点，实现新型农村金融组织县域全覆盖，在全国率先实现农村基本金融服务不出村。截至年底，全市涉农贷款余额817.66亿元，占全部贷款余额54.37%；农村家庭信贷可及率和可得率分别为95.4%和72.4%，比全国分别高出44.2与29.3个百分点；全市“三权”（林权、土地流转经营权、农民住房财产权）抵押贷款余额82.76亿元，比年初增加19.59亿元；建立完善“1+X”（“1”即市委市政府出台实施意见，“X”即各成员单位根据分工制定政策文件）农村产权制度改革政策体系，争取到全国“两权”抵押贷款试点资格，农村金融服务站功能进一步拓展。全国扶贫改革试验区，建立起搬迁扶贫、产业扶贫、社会扶贫三大体制机制，扶贫改革提出的41项改革任务，20余项取得突破，全市累计异地搬迁农民32.64万人。

【国家生态文明先行示范区】 8月6日，召开国家生态文明先行示范区创建暨国家级园区循环化改造试点推进会，部署示范区建设。制定出台系统的工作制度，包括实施意见、任务分解落实方案、项目指南、《2015年度工作计划》等文件，明确任务书、时间表、责任人。开展绿色生态发展主题“全员轮训”，将生态文明内容纳入干部培训机构教育计划。实行差异化的领导干部评价考核体系，生态文明建设占党政绩效考核的比重大幅增加。探索自然资源产权、资产管理和监管体制，开展生态环境损害责任终身追究制研究和自然资源资产责任审计试点。先行在莲都区、云和县、遂昌县的乡镇领导干部经济责任审计项目中开展自然资源资产责任审计试点。探索建立水资源、旅游资源等自然资源的产权制度，以期逐步建立相应的资产管理和监管体制。全年梳理的生态环境、生态设施、生态集聚、生态产业、生态民生、“五水共治”等60个重点支持项目投入资金122.59亿元，完成年度投资计划的118.07%。

【完善生态产业发展体制机制】 2015年，以“十三五”规划编制为契机，科学布局生态、生产、生活三大空间，推动产业、环保、土地、城镇、交通等规划的“多规融合”。11月30日，缙云县获批省经济社会发展总体规划编制“多规合一”试点县。全面实施主体功能区战略，推进庆元、景宁国家主体功能区建设试点，庆元、景宁、云和全省重点生态功能区小城市试点。申请庆元、景宁、遂昌、龙泉、云和等6个县（市）纳入国家重点生态功能区。1月22日，遂昌县获批国家现代农业示范区；3月5日，龙泉市获批国家集体林业综合改革试验示范区；3月17日，云和县获批国家中小城市综合改革试点；3月10日，景宁县、庆元县获批国家主体功能区建设试点；5月8日，丽水市获批省生态旅游全域化综合改革试点。在生态产业强市上加快“绿色发展”，在全省率先出台《生态工业发展负面清单》，制定《生态工业绩效评价考核奖励办法》和《工业企业绩效综合评价和要素差别化管理的实施意见》，全年全市入库战略性新兴产业建设项目146项，年度计划投资32亿元，签约引进工业机器人项目20余个，一批风电、太阳能光伏发电、生物质发电项目投资超过100亿元，5月，全市首个风力发电项目——云和县黄源风电场首台机组成功并网发电。明确生态精品现代农业发展战略，推进标准化生产、品牌化经营、电商化营销。

【全市域旅游综合改革试验区】 2015年，丽水市作为全省唯一一个全市域旅游综合改革试验区，从行政区划、地域特点提出全市生态旅游全域化的全新格局，建立健全生态旅游业、养生（养老）业与其他服务业融合发展机制。截至12月底，全市完成旅游项目投入72.81亿元。拓展生态旅游业发展布局，提出要发展城市旅游，力争创建城市中的AAAAA景区、AAAAA景区中的城市；发展乡村旅游，做强做特丽水特色乡村生态游；发展景区旅游，形成以景区、度假区为支撑的旅游产品新体系。重点推进丽水瓯江生态景区遂昌金矿国家矿山公园、青田石门洞以及缙云仙都景区等4家景区AAAAA创建工作。谋划39个体现丽水生态优势，产业、文化、旅游功能叠加的特色小镇，其中古堰画乡风情小镇、中国青瓷小镇、侨乡石雕风情小镇和中国畲乡小镇成功入选首批省级特色小镇。

【循环经济试点示范创建】 6月5日，丽水经济开发区获批为国家级循环化改造示范试点园区，成为全国25个循环化改造示范试点园区之一，预计可申请中央财政补助的项目53个，补助资金3亿元。成功争取松阳工业园区和云和工业园区列入省级循环化改造示范试点园区。深入推进遂昌的省级循环经济示范县创建工作，探索建立循环经济考核评价体系。全市34个项目被列入省循环经济"991"行动计划重点项目2015年度实施计划，10个项目被列入省循环经济"991行动计划"2015年度重点支持项目。推进生态功能划分，完成《关于丽水各县（市、区）功能定位及布局、形态优化的对策研究》。

【资源要素市场化配置】 2015年，推进排污许可证"一证式"（以"排污许可证"为核心，以排污许可证管理、排污许可证交易（租赁）、刷卡排污、污染源自动监控、基本账户、诚信守法记载等六大环保管理平台为载体的"一证式"管理模式）管理试点。推进城市供水价格改革，全市全面实施居民阶梯水价，实行非居民超计划用水累进加价制度和差别水价政策。

【创新华侨资金利用机制】 1月14日，召开专题协调会研究筹建丽水华侨股权投资基金事宜。5月28日，丽水华侨基金管理有限公司成立，并与交银国际共同设立"华侨宝"，向合格投资者进行发售。

【"双创"体制机制】 5月4日，市发改委组织召开推进全市"大众创业、万众创新" 改革政策专题研讨会。5月，市市场监管局出台27条扶持优惠举措；8月，市政府印发《关于推动大众创业万众创新促进全市经济平稳发展的若干意见》，提出32条意见举措；9月30日，市人劳社保局、市财政局联合印发进一步做好市本级失业保险支持企业稳定岗位工作的政策意见；12月，市政府印发支持大众创业促进就业的实施意见。着力打造以绿谷信息产业园为代表的众创空间和以农村电商为载体的电商创业就业网络，其中遂昌走街模式、瓯微互联网创业孵化园、鸿汇创咖草根创业平台等样板效应显著，蕴藏在"大众创业、万众创新"之中的财富不断释放，至10月底，全市市场主体167652户，同比增幅12.91%。

【健全"四换三名"体制机制】 2015年，出台传统产业振兴方案，实施百个以上战略性新兴产业投资项目、77个"机器换人"示范项目，开展城镇低效用地再开发试点，复制推广农村电商"遂昌赶街模式""名企名品名家"培育颇有成效。制订市本级工业机器人购置奖励资金申报方法，全市淘汰落后产能、盘活存量用地完成全年任务。年底，全市440家规上企业开展电子商务应用，累计完成1200余个村级电子商务服务点，跨境电子商务在摸索中起步。兑现省级第一批"三名"试点企业艾莱依集团项目政策。

【政府自身改革】 2015年，行政审批制度改革，在省"四张清单"（政府权力清单、企业投资负面清单、政府责任清单、省级部门专项资金管理清单）的基础上，完成"七张清单"建设。创新审批流程，推行项目联审联批机制，建立全省首个审批中介服务网上竞价系统。市政府发布《政府核准的投资项目目录（丽水市2015年本）》，除跨县（市、区）行政区域、省里明确及特定依据需由设区市核准的项目外，一律实行市县同权。丽水开发区开展承诺式"零审批"试点，建立"零审批"项目备案、联合办理等一系列制度并试行。深化开发区体制改革，水阁、富岭街道合并设立南明山街道，开发区下沉机构与街道内设机构合署，实行扁平化管理。编制完成《丽水市各类开发区整合优化提升实施方案》。推进社会信用体系建设，出台相关意见办法，在行政管理事项中开展查询信用记录和应用信用报告。

【创新投融资体制机制】 年初，丽水在全省率先印发实施《丽水市关于促进社会资本进入公共设施建设领域的实施意见（试行）》，编制公布《丽水市2015—2017年PPP项目库》，共梳理全市PPP项目100个，总投资373亿元，上报并列入2015年国家PPP项目库项目7个，省PPP项目库项目7个。市本级13个试点项目中，确定社会投资人项目7个，其中2个项目开工建设。以国资营运机构的规模化、专业化、市场化为导向，加快推进市级国资营运机构整合转型。

【社会事业综合改革】　2015年，形成“1+N+9”政策体系，建立全市统一的社会事业项目库，共收录2014—2020年全市在建、拟建的1000万元以上民办社会事业项目108个，总投资420.5亿元。年底，新开工建设民办项目20个，总投资22.14亿元，完成投资额5.07亿元。省级试点《青田山区县加快社会事业发展试点方案及三年行动计划(2015—2017年)》获省政府批复，青田县建立侨资管理服务中心，创新公益事业发展项目委托贷款，谋划43个适合民间投资的社会事业项目，总投资额75亿元，开工项目22个。

【破除城乡二元体制】　2015年，中心城区先后成功创建国家园林城市、国家森林城市、国家卫生城市、省级历史文化名城等。完善小城市和中心镇发展机制，深化强镇扩权改革，云和县被列入国家中小城市综合改革试点，推进4个省级小城市和21个省市级中心镇培育。开展“五水共治”“三改一拆”“六边三化三美”等行动，初步形成城乡环境统筹治理机制。农村产权制度改革全面铺开，基本实现农村宅基地确权、土地承包经营权登记全覆盖，基本建成覆盖“市—县—乡”三级的农村产权交易平台体系，基本完成村经济合作社股份制改革。云和县户籍改革省级试点取得突破性进展。

【县域经济体制综合改革】　2015年，按照省政府《关于全面开展县域经济体制综合改革的指导意见》，全市各县(市、区)从自身实际出发，编制上报方案。方案基本涵盖“5+X”内容，“5”即《关于全面开展县域经济体制综合改革的指导意见》确定的资源要素差别化配置、产业结构调整、扩大民间资本进入社会事业领域、企业投资项目高效审批等5个方面的改革任务；“X”即富有地方特色和典型示范意义的改革试点探索。年底，全市各县(市、区)县域经济体制综合改革实施方案由省经济体制改革工作领导小组批复实施。

【“三位一体”农民合作经济组织体系试点】　2015年，围绕全面深化供销社综合改革，谋划“三位一体”农民合作经济组织体系建设改革试点工作。4月，以“化肥农药减量、生态农业增效”为主题的丽水市农作物放心工程启动，在农资流通经营服务领域与农业、农科院、农发公司、邮政、温州银行等合作，探索生产合作、供销合作、信用合作“三位一体”服务功能平台

2015年度国家级改革试点获批情况

表2

序号	试点名称	批准文号	授予或批准部门	授予或批准时间
1	丽水经济技术开发区园区循环化改造示范试点	发改办环资〔2015〕1468号	国家发改委	6月5日
2	丽水市生态保护与建设示范区	发改农经〔2015〕822号	国家发改委	4月23日
3	政府向经营性服务组织购买农业公益性服务机制创新试点	农业部农办经〔2015〕22号	农业部	9月29日
4	国家主体功能区建设试点（景宁县、庆元县）	发改规划〔2015〕449号	国家发改委	3月10日
5	国家现代农业示范区(遂昌县)	农计发〔2015〕1号	农业部	1月22日
6	集体林业综合改革试验示范区(龙泉市)	林改发〔2015〕17号	国家林业局	3月
7	国家中小城市综合改革试点(云和县)	发改办经体〔2015〕609号	国家发改委	3月17日
8	农田水利设施产权制度改革和创新运行管护机制国家试点县(云和县)	水利厅公示	水利部	1月

2015年度省级重大改革试点获批情况

表3

序号	试点名称	授予或批准部门	授予或批准时间
1	构建“三位一体”农民合作经济组织体系第一批推进县(缙云县、云和县)	浙江省农村改革试验区工作联席会议	9月25日
2	省级旅游综合改革试验区	省政府	5月8日
3	生猪保险与无害化处理联动试点(莲都区)	省发改委	10月16日
4	浙江省农村土地承包经营权确权登记颁证整县推进试点	浙农确权办	8月7日
5	省清洁能源示范县改革试点(缙云县)	省财政厅	4月
6	经济社会发展总体规划编制试点(缙云县)	省发改委	11月30日
7	森林休闲养生建设试点县(遂昌县)	省林业厅	1月13日
8	丽水市公路财产综合保险(莲都区、遂昌县)	省交通运输厅	7月3日
9	省级山区县加快社会事业发展改革试点县(青田县)	省政府	11月5日
10	省工业企业“零土地”技改审批方式改革示范县(青田县)	省经信委	7月15日
11	浙江省生态循环农业示范县(遂昌县)	省农业厅	11月23日
12	省级园区循环化改造示范试点(云和县)	省发改委	10月
13	松阳工业园区省级循环化改造示范试点	省发改委	10月

建设试点。对接遂昌“赶街”“嘉言民生”等社会服务组织，研究谋划乡镇基层“三位一体”合作经济组织模式和服务平台建设。市县联动，落实全省深化供销社改革构建“三位一体”农合联组织推进试点工作。

【公务用车制度改革】 2015年，根据中央和省部署，全市行政机关近三年公务用车使用情况统计测算完成。开展车改涉及的政策问题研究，形成初步意见建议。研究提出市级机关公务用车集中保障相关方案（讨论稿），包括车队组建、运行机制等。

【财税制度改革】 2015年，创新财政支持经济发展方式，研究组建政府产业基金，促进全市产业转型升级，助推生态经济发展。设立丽水生态经济产业基金，成立基金管理委员会，设立丽水市金融投资控股有限责任公司、丽水生态经济产业基金有限公司。制定出台《浙江丽水生态经济产业基金管理办法》。推进生态经济产业基金子基金设立准备工作。探索公款竞争性存放工作，制定出台《丽水市本级财政资金竞争性存放管理暂行办法》《丽水市本级行政事业单位公款竞争性存放管理暂行办法》和《丽水市本级财政资金竞争性存放招投标实施规程》等制度，成立公款存放管理检查领导小组。结合地方扶持政策清理及专项资金整合工作，安排1000万元作为风险补偿金，与建设银行丽水分行合作搭建丽水市小微企业“助保贷”平台，年底，授信发放贷款2644万元，惠及企业28户。 （叶 芳）

个体私营(民营)经济

【概况】 2015年，丽水市新设企业总数5404户，同比增加4.8%，增幅排名全省第4；新设个体户总数28028户，同比增加11.3%，增幅排名全省第6。全市各类市场主体总量175882户，同比增加11.69%。其中：在册企业29665户，同比增加13.3%；在册个体工商户138886户，同比增加11.7%；在册农民专业合作社7262户，同比增加6.3%；在册企业集团65个，同比增加3.17%；在册常驻代表机构4个，与2014年同期持平。全市有行业协会52个。2015年，丽水市新增有效注册商标4496件，累计26421件；新增驰名商标1件(STAL)，累计13件；新增地理标志证明商标2件(松阳香茶)，累计24件；新增集体商标1件(龙泉市空调汽车配件行业协会)，累计8件；新增浙江省著名商标19件，累计172件；新增丽水市著名商标44件，累计283件；新增驰名商标1件，累计13件。

【个体劳动者协会、私营(民营)企业协会】 2015年，全市个协会员108016户，比2014年增长17.9%，从业人员168528人，比2014年增长13.6%。其中女性44667人，占41%；少数民族2766人，占2.6%。文化程度研究生127人，本科1242人，大专13329人，高中专50094人，初中以下43224人，高中以上人数占会员数60%。私营企业会员18926户，比2014年增长9.9%，其中女性2963人，占15.7%；少数民族411人，占2.2%；文化程度研究生259人，本科以上1840人，大专以上4865人，高中专6654人，初中以下5308人，高中专以上人数占会员数72%。私营企业会员中有工会组织3620个、党组织693个、团组织252个；全市个私会员中有当选为省、地、县人大代表202人，当选为省、地、县政协委员300人，当选为省、地、县劳动模范49人。全年个私会员向社会各项公益事业捐款415.7万元。

【品牌培育及服务指导】 1月23日，市府办下发《关于深入实施商标品牌战略的意见》(丽政办发〔2015〕4号)，明确到2020年的商标工作目标、任务要求，推动制造业、农业、服务业三大产业商标战略的实施，以品牌促动产业的发展，抓好主要目标任务的落实。7月，市市场监管局举办“演绎品牌故事，展示企业风采”商标品牌大型宣传活动，全市数十家企业参赛，缙云烧饼协会的“缙云烧饼”等15个节目分获一、二、三等奖和优胜奖，编制《丽水市2014年度商标品牌发展报告》及《演绎品牌故事 展示企业风采活动宣传册》，反映丽水市商标发展保护全貌，展示丽水企业在企业品牌、商标等方面取得的成果，扩大宣传本土商标品牌形象。推动商标权利质押贷款，向市政府提交《关于推行商标质押贷款工作服务实体经济发展的报告》，建议市政府设立商标专用权质押贷款风险补偿金，建立商标专用权质押贷款联席会议制度，解决在商标专用权质押贷款开展过程中碰到的问题，推动商标权利质押贷款行动开展。全市商标权与其他方式组合担保贷款4670万元，质押商标26件，其中先行先试工作试点的莲都区商标权组合担保贷款一笔，质押商标24件，组合担保贷款3220万元，其他县(市)商标权组合担保贷款2笔，质押商标2件，组合担保贷款1450万元。

【开展商品交易市场党建工作标准化建设】 2015年，根据浙工商党委〔2013〕23号《关于推进全省商品交易市场党建工作标准化建设的指导意见(试行)》的文件要求，依据“两个全覆盖”和“两个50%”目标，市协会布置全市协会开展商品交易市场党建工作标准化建设。全市9家市场开展党建工作标准化建设，建立18个全市非公党建工作联系点单位，推进丽水市商品市场党建工作规范化、常态化、制度化，提升市场非公有制党组织建设的整体水平。　　（邓　媛）

群众性精神文明创建活动

【“最美丽水”系列评选活动】　2015年，市委办、市府办下发《关于开展2015年度“最美系列”评选表彰活动的通知》（丽委办发〔2015〕34号），市文明办会同市旅委、团市委、市老龄办、市法院、市总工会实施“最美导游”“最美微笑志愿者”“最美百岁好人”“最美法官（法警）”“最美农民工”5类“最美人物”评选活动，评选产生“最美人物”每类10人共50人。发动群众推荐和评选第四届浙江省道德模范和第五届全国道德模范，丽水市邱利呈、杨树长、邱飞荣获第四届浙江省道德模范称号，邱飞荣被评为第五届全国道德模范提名奖。

【开展“双万”活动】　2015年，市委宣传部、市文明办、市教育局等单位联合下发《关于举办“学‘丽水好人’万人接力传爱心”系列活动的通知》，开展“万张红榜送好人”“万名好人进校园”等大型公益活动。开展红榜送“百岁好人”活动，评选十佳“最美百岁好人”。开展红榜送“最美行业好人”活动，开展“最美导游”“最美微笑志愿者”“最美农民工”等20类最美人物评选表彰活动，制作红榜展板在市区各行各业进行巡回展示。全市制作道德红榜3450余张。建立道德模范和身边好人经常性联系制度，实行年报制度、重大事项报告制度和跟踪服务制度，及时掌握他们的思想、工作、生活等相关情况以及职业变化、居住地、存殁等基本情况，完善好人档案库，形成好人动态管理机制。开展“万名好人进校园”活动，邀请全国道德模范提名奖叶霄雯和邱飞荣、省级道德模范杨树长、入选中国好人榜的项忠义等各级道德模范和身边好人120余人，走进校园开展巡讲，共组织事迹报告会等500余场，10万余名师生聆听好人事迹。整理全市评选产生的最美人物、美德少年等130余名先进人物的典型事迹和照片，在全市各中小学校时政宣传栏分批进行集中展示，制作展板150余块。结合“做一个有道德的人”主题实践活动，通过班会交流、国旗下讲话等多种形式，在校园内广泛组织学习身边好人的典型事迹，开展“弘扬雷锋精神　争当美德少年”“崇德向善”“寻找身边的好人好事”和“相约中国梦　携手共成长”“文明家风　亲子共建”等活动，让未成年人在参与中自觉践行社会主义核心价值观。连续四年分孝敬少年、爱心少年、诚信少年、环保少年、勤俭少年5个类别开展市级“美德少年”评选活动，在网络、微信等媒体进行推广，对困难的美德少年，组织文明单位开展结对帮扶，景宁“最美姐弟”事迹获市委书记王永康的批示表扬，市级美德少年项海燕获“关爱好人”基金。

【道德模范和“丽水好人”待遇得到保障】　2015年，贯彻《丽水市道德模范待遇保障若干规定（暂行）》和《丽水市“关爱好人”基金管理办法（试行）》，以助学、助困、助医等形式，为道德模范和“丽水好人”提供待遇保障，在第一时间给表现突出的“丽水好人”送上关爱基金，并在春节等重要节日，对本区域内市级以上道德模范进行慰问，发放“关爱好人”基金等慰问金15万余元，为道德模范提供医疗报销费1万余元，在全社会营造“好人有好报”的鲜明导向。

【学雷锋志愿服务活动】　2015年，以深化落实“五大行动”（“绿色行动”“微笑行动”“惠民行动”“阳光行动”“平安行动”）为目标，推进“爱心丽水”志愿服务系列品牌项目建设。以青春治水助力“五水共治”为统揽，开展随手拍、随手记、随手清、随手比、随手画、随手评、随手捐、随手学的“八个随手”活动。开展以“比干劲、比宣传、比效果、比口碑、比规范”为主要内容的志愿服务行动段长擂台赛。启动“美丽丽水，绿动青春”青年林和小鱼治水志愿服务活动。开展“六边三化三美”、全省美丽城乡建设现场会、“无车日”、“无烟头城市创建”和“爱心丽水”志愿服务广场进社区等系列志愿服务1000余场次。针对空巢老人、残疾人、农民工子女、贫困学子分别推出新春送温暖志愿服务活动、阳光助残行动、关爱农民工子女志愿服务活动和希望工程爱心助学，关爱行动结对学校107个，结对农民工子女17967人，结对的青年志愿者组织数135个，结对志愿者总数4540人，阳光行动结对残疾人青少年2687人，助残青年志愿者组织141个，结对志愿者人数2552人。3月5日，在大水门社区开展“3·5学雷锋，关爱进社区”志愿服务活动，230余名志愿者在“爱心丽水”志愿服务广场现场提供免费体检、义务理发、家电维修、理疗推拿等30余个服务项目，市领导与志愿者一起走进社区，为空巢老人、低保户、残疾人、留守儿童等特殊家庭开展亲情服务、生活照料等针对性志愿服务“一助一”活动。各县（市、区）和市直各单位团委开展形式多样的学雷锋志愿服务活动，全市开展各类志愿服务活动31600余人次。

【“我推荐、我评议身边好人”活动】
2015年，广泛发动全社会推荐、评议

身边好人，大力宣传好人事迹。截至第三季度，“丽水好人”栏目共推出助人为乐、见义勇为、诚实守信、敬业奉献、孝老爱亲5个类别“丽水好人”42人。在市级推荐的基础上，筛选人物事迹突出、情节感人的先进典型上报“浙江好人榜”。2015年，丽水市32人(例)入选“浙江好人榜”，其中张日坤、梁庆华、吕仕珊3人入选“中国好人榜”。在浙江省第九届精神文明建设理论研讨会暨“家训家风与社会主义核心价值观”论坛论文征集活动中，共征集论文76篇，其中10篇入围，4篇获优秀论文奖，市文明办获优秀组织奖。

【开展“寻找里东大救援最美故事”活动】 11月13日夜，丽水市里东村发生山体滑坡，其间发生很多感人至深的故事，除部队官兵、各级干部群众外，先后有26支民间救援队伍等社会力量参与救援，每天有数千人，最多时4000余人。为记录这些最美人物的感人故事、最美瞬间，市文明办会同市网信办、《丽水日报》、丽水广电总台面向全社会开展“寻找里东大救援最美故事”活动，共评出文字类、音视频类、图片类共计一等奖15个、二等奖30个、三等奖90个。省委书记夏宝龙在省委全会上高度评价里东大救援中“一方有难、八方支援”的最美精神，市委书记王永康看望丽水蓝天志愿救援队队员。在大救援中受伤的外来务工人员杨鹏、蓝天志愿救援队队长蓝波等人受到丽水市“关爱好人”基金的资助。

【节俭养德全民节约行动全面铺开】 2015年，市宣传部印发《丽水市节俭养德全民节约行动实施方案》，组织召开动员部署会。在《丽水日报》、丽水市广电总台开设“节俭养德 全民节约”专题专栏，广泛开展群众身边的“节俭人物”“节俭故事”和典型单位事迹报道和节俭养德全民节约工作宣传，发送节能手机短信328000余条、节能宣传手册34000余份、节能宣传海报18500余份。以党政机关、学校、企事业单位食堂和星级以上宾馆、饭店、酒店为重点，开展“文明餐桌”行动，全市共制作发放“文明用餐”提示牌38000余块。开展“节约型”机关、“节约型”农村、“节约型”企业、“节约型”社区、“节约型”校园建设，全市淘汰落后产能涉及企业163家，完成年度任务，培养干部群众崇尚节俭、反对浪费的意识。

【“道德讲堂”建设】 2015年，丽水市坚持试点先行，以市级道德讲堂总堂和市级以上文明单位(社区、村镇)道德讲堂为建设重点，以社会公德、职业道德、家庭美德、个人品德为主要宣讲内容，以唱歌曲、学模范、诵经典、学知识、做反省、发善心、送吉祥为基本流程，逐步探索完善以广大群众自我教育为主要模式的公民思想道德教育网络。市“道德讲堂”总堂举办活动12期，取得良好的社会反响。

【“文明旅游”活动】 2015年，贯彻省文明办《关于印发〈“文明旅游 浙人最美”主题宣传实践活动工作方案〉的通知》，制定下发《丽水市进一步加强文明旅游工作实施方案》(丽文明委〔2015〕2号)，成立丽水市文明旅游联席会议，召开2次文明旅游联席(扩大)会议，定期分析问题、研究对策，形成旅游、外事、教育、商务、公安和交通运输等部门相互支持、共同推进文明旅游的工作格局。开展“最美导游”评选、“文明旅游、礼貌乘车”主题实践活动和文明旅游志愿劝导活动。在火车站、汽车站、公园、广场、高速出口等处，设置文明旅游大型户外公益宣传广告，在户外电子屏、楼宇视频、出租车和公交车视频融入文明旅游公益广告宣传内容，在春节、国庆等主要假期、重要时间节点，组织志愿者在景区对游客进行文明旅游宣传、劝导、提醒等，对不文明行为进行劝导制止，引导人们养成文明健康的旅游习惯。

【市级文明单位评选和复评工作】 2015年，市文明委印发《关于开展丽水市文明单位、文明示范窗口评选和复评的通知》，各地各单位以《丽水市文明单位创建管理办法》《丽水市文明单位测评体系》为依据，遵照《丽水市文明单位评选和复评程序》，组织对27个新申报单位和218个市级文明单位组织开展评选和复评，重点对服务中心大局、引领社会风尚、承担社会责任等方面的内容进行考评。组织对8家新申报、44个文明示范窗口开展评选和复评，重点对宣传氛围、微笑服务、环境秩序等方面开展评选和复评。共新命名市文明单位19个，继续保留市文明单位421个，给予警告处分的市文明单位5个，撤销市文明单位荣誉称号的12个，自然取消荣誉称号的市文明单位5个，新命名市文明示范窗口9个，继续保留市文明示范窗口41个，自然取消市文明示范窗口3个。

【开展全国文明城市创建工作】 7月2日，召开丽水市全国文明城市创建工作动员大会，成立创建工作领导小组，组建市创建办，市委、市政府下发《关于丽水市创建全国文明城市工作的实施意见》，全面启动全国文明城市创建工作。市创建办印发系列工作制度，落实联系会议、信息报送、档案管理、督查交办等工作机制。市属各媒体围绕全国文明城市创建，开设“全民共创全国文明城市”“同心共筑中国梦”“我们的节日”“最美丽水好人”等专题，全方位报道丽水市社会各界参与创建工作的动态和热情。广泛开展社会宣传，印发公益广告张贴画3万张，利用公交站台、自行车亭、大型LED显示屏、建筑围挡、文化墙、公用电话亭和户外广告位等平台进行宣传，并通过手机短信和微博、微信公众号开展创建宣传，在市区营造全民参与的创建工作氛围。开展系列主题实践活动，深入实施《丽水市文明交通行动计划(2013—2015)》，开展“微笑礼让斑马线”活动，团市委发动青年和红领巾志愿者开展文明劝导、荧光夜巡等志愿服务活动，累计开展187场2964人次；9月15日，在青田县举办浙江好人榜9月榜单发布暨全市第八届社区邻居节启动仪式，开展浙江好人及丽水市道德模范进基层巡讲活动；开展“我们的节日——中秋”主题活动、“文明健康、团圆和谐”民俗文化活动，举办“我们的节日——月圆中秋”文艺晚会，开展“走进经典、畅谈梦想”中华经典诵读、“互助友爱、共度佳节”志愿服务、“喜迎中秋、共建共享”文明创建、“遵德守礼、文明出行”旅游宣传等活动。

丽水市第四届未成年人道德文化节　　叶笑菲　提供

【举办第四届全市未成年人道德文化节】 5月初，在遂昌县实验小学举办全市第四届未成年人道德文化节启动仪式。继续以“传承中华文化、争做美德少年”为主题，通过开展学雷锋活动、经典诵读、校园文化展示、“美德少年”评选等活动载体，弘扬中华美德，树立文明新风。

【“六星文明户”创评工作】 2015年，在全市各乡镇选择不同类型村庄进行深化试点的基础上，8月18日，市文明委召开全市农村精神文明建设暨“六星文明户”创建工作现场推进会，全面推进“六星文明户”创建工作。市委办、市府办下发《关于在全市农村广泛开展“六星文明户”创建工作的实施方案》，将“六星文明户”创建工作列入各级党委、政府的年度综合考核，建立市、县、乡、村四级联动评选机制。实施“信贷惠德”行动，为“六星文明户”提供免抵押贷款、利率优惠、创业、就医等激励回馈措施，激发广大农户参与创评的热情。全市有171个乡镇(街道)、958个村、236213户参与创评活动，农户参与创评率90%以上。出台《丽水市农村“六星文明户”创建工作动态管理办法》，加强对“六星文明户”的长效管理，确保创建工作质量。

【开展“最美乡镇”“生态文明村”创建活动】 6月10日，市文明办印发《丽水市“最美乡镇”评选办法》，全面启动创建工作。对各创建乡镇不定期开展督查，并通过暗访、专家评审、网络投票等环节，评选出丽水市“最美乡镇”3个。落实省委、省政府对丽水市生态文明建设的新要求，结合“美丽丽水”建设和丽水市生态文明村建设实际，突出以“五水共治”为主要内容的生态环境创建，协同推进生态经济和生态文化创建。把加强农村文化礼堂建设、丰富礼堂活动作为生态文明村创建的重要内容，开展社会主义核心价值观、文明礼仪、文明创建等宣传教育活动，在各地申报的基础上，共命名市级生态文明村100个。

【深入实施“春泥计划”】 2015年，按照省委、省政府关于农村“春泥计划”实施工作的总体要求，以《浙江省“春泥计划”实施村等级评定标准》为指导，以文化礼堂建设村、未成年人集中村、特色文化村为重点，深入实施“春泥计划”。发动各级党政机关、企事业单位、文明单位、热心公益事业的组织，开展“春泥书库”和“春泥报刊”捐送活动，向“春泥计划”重点村和文化礼堂建设村捐建“春泥书库”50个，捐送“春泥报刊”299套，实现文化礼堂村“春泥报刊”和“春泥书库”全覆盖。根据《丽水市“春泥计划”实施工作督查评估表》测评内容，对全市“春泥计划”实施工作开展情况进行专项督查评估、考核评分。以县为单位对县、乡、村三级总辅导员进行培训。各地组织回乡大学生参与“春泥计划”，依托“春泥书库”开展“春泥故事会”等活动。

【全面启动自建乡村学校少年宫项目】 2015年，根据中央文明委《关于充分发挥乡村学校少年宫作用　促进农村未成年人思想道德建设的意见》《中央专项彩票公益金支持乡村学校少年宫项目管理办法》精神，丽水申报成功并启动新建8所乡村学校少年宫。全市启动自建乡村学校少年宫项目，市委、市政府下发《关于推进乡村学校少年宫建设全覆盖工作 促进农村未成年人思想道德建设的实施方案》，龙泉市实现乡镇中心学校少年宫全覆盖。（吴 丽）

建设“平安丽水”

【概况】 2015年，丽水市坚持“一手抓经济报表、一手抓平安报表”，深入开展“百日维稳攻坚大会战”，实施“夺金鼎”三年平安计划，深化平安报表管理法，建立平安创建“责任清单”，抓好平安建设各项措施落实，平安创建势头良好。2015年，实现平安市“十一连冠”、综治优秀市“六连冠”和9个县（市、区）平安建设“满堂红”目标，取得“平安市”考核总分全省第一的成绩。所辖9个县（市、区）中有5个县（市）平安考核总分排名进入全省前十名（景宁县、遂昌县、青田县、龙泉市、庆元县分别位列全省第三、第四、第六、第九、第十位）。2015年，丽水市平安建设人民群众安全感97.70%，高于全省1.36个百分点，再次位居全省第一。平安建设群众知晓率85.8%，参与率51.7%，群众对党委政府抓平安建设工作满意度92.6%，上述三项指标分别高于全省1.5、3.4、2个百分点，分别位居全省第3、2、4位。

【创新“平安报表”管理法】 2015年，丽水市持续创新完善平安报表管理法的工作内涵、配套机制和管理办法，市委办下发《关于创新完善平安报表管理法进一步提升平安创建水平的通知》。省委政法委简报《浙江政法》刊登《丽水市创新“平安报表”管理法有力推进平安建设常态化》的做法并向全省推广。10月8日，《浙江日报》头版刊登《丽水市推行平安报表管理，红、黄、绿三色预警保平安》文章，介绍丽水市平安报表管理法，全国20多家媒体进行转载。

【开展平安建设督查】 2015年，针对平安建设工作中的突出问题，市委、市政府先后召开全市平安考核约谈会、全市防范进京非访约谈会等专题会议，督促责任单位抓好问题整改。市平安办先后组织全市平安建设暗访活动和半年督查，围绕反恐工作落实情况等重点内容，抽查422家单位，主动查找和解决问题。继续将平安报表工作纳入市委、市政府综合工作考核，以考核倒逼平安建设各项工作落实。

【创建平安建设责任清单】 2015年，丽水市根据2015年省平安考核评审条件和市“三年平安计划”，市两办下发《丽水市实施“三年平安计划”2015年度工作方案》，制定下发《丽水市2015年度平安乡镇（街道）考核评审条件（基本条款）》和《2015年度丽水市综治目标管理责任制和部门平安建设（综治、维稳）工作责任制考核实施办法》，明确各地各部门平安创建“责任清单”，市委、市政府与相关部门签订“平安建设责任状”，落实创建责任。

【完善稳评工作机制】 2015年，丽水市健全完善重大决策社会稳定风险评估机制，把稳评工作作为决策的“前置程序”和“刚性门槛”，共完成各类评估事项352件，所评项目均未引发重大涉稳案事件。推进第三方稳评工作，召开第三方稳评工作座谈会，培育第三方稳评机构9家。坚持矛盾纠纷每月排查分析报告制度，有效防止因决策不当引发矛盾，因应对不力积累矛盾、激化矛盾。

【全省重大矛盾纠纷排查化解工作现场推进会】 11月，全省重大矛盾纠纷排查化解工作现场推进会在丽水召开，省委政法委副书记、省综治委副主任、省综治办主任刘树枝主持会议并讲话。会上，丽水市专题介绍大调解工作经验，播放丽水市大调解工作专题片。会议充分肯定、总结推广丽水市在大调解机制建设和重大矛盾纠纷排查化解工作成效和经验。

【预防和化解社会矛盾】 2015年，市政法委出台《丽水市深化大调解体系建设的意见》，加大矛盾纠纷排查调处力度，进一步完善各类调解相互衔接配合机制，建立健全矛盾源头化解、就地化解的长效机制，防止各类矛盾碰头叠加、蔓延升级，全市排查各类矛盾纠纷28884件，调处29025件（含存量），调处成功28617件，调处率和调处成功率分别为95.65%和98.59%。莲都区行政调解工作被列为

平安考核约谈会　　洪大伟　提供

全省构建多元矛盾纠纷解决建设工作试点，其工作经验在全省矛盾纠纷多元化解机制建设试点工作推进会上得到推广。

【建设立体化社会治安防控体系】 2015年，丽水市抓住影响群众安全感的突出问题，坚持什么问题突出就重点解决什么问题，哪里问题复杂就集中整治哪里，人民群众安全感明显增强。出台《关于加强社会治安防控体系建设的实施意见》，围绕“更快地破大案、更多地破小案、更准地办好案、更好地控发案”，坚持专项打击与重点整治相结合，健全对黑恶势力、涉枪涉爆、盗抢骗、黄赌毒等违法犯罪活动的常态化打击整治机制，始终保持对各类违法犯罪的严打高压态势，实现命案、五类恶性案件连续四年全破，“两抢”案件连续四年下降。抓好社会治安重点地区排查整治，省级挂牌社会治安重点地区——莲都区紫金街道华敦街完成整治，市级挂牌社会治安重点地区10个，全部完成整治。

【加强两网融合工作】 2015年，丽水市深入推进浙江省平安建设信息系统与“网格化管理、组团式服务”两网融合，全市重新划分网格4767个（原来网格6655个），配备专（兼）职网格员10768人。推进县乡两级社会治理综合指挥平台建设，落实“以奖代补”政策，开通PC终端和平安通4603个（其中平安通2979部），“平安通”客户端占比已达网格总数的62.5%。对网格员采集上报的信息，逐级在网上及时进行分析梳理、流转交办、督办反馈。全市新开通乡镇基层所站账号713个、县级部门账号102个，初步建成事件处理网上网下联动工作体系，县级指挥平台共流转交办事件2081件，基本形成全市社会治理“一张网”工作格局。

【加强考核问责】 2015年，针对平安建设工作中存在的问题，市委先后对6个县（市、区）和20个市级部门的主要领导及分管领导进行约谈。缙云县委启动“平安县”考核问责程序，对3个单位进行通报批评，做出党纪、政纪处分8人。（洪大伟）

2015年市和县（市、区）机构及负责人名录

【中国共产党丽水市委员会】
书　记：王永康
副书记：黄志平（至2015年9月）
　　朱　晨
常　委：陈建波　毛子荣
　　胡　侠　廖思红（女）
　　朱继坤　卫中强　姜　华
　　林健东（至2015年4月）
　　方　向
　　葛学斌（2015年4月始）
秘书长：徐岳明
副秘书长：郑利剑
　　胡振文（至2015年8月）
　　邢志行（至2015年4月）
　　李炀德（2015年3月始）
　　徐国强（至2015年8月）
　　王顺发　李汉勤　张少荣
　　李忠伟（2015年10月始）
　　翁志鸿

【丽水市人民代表大会常务委员会】
主　任：虞红鸣
副主任：金建新
　　蓝资霞（女）（至2015年2月）
　　刘国安
　　吕文明（至2015年9月）
　　武　昌　徐岳明
　　杜光旻（2015年2月始）
　　陈志雄（2015年2月始）
秘书长：朱山华
副秘书长：汤汪湃（至2015年1月）
　　张金禄（2015年1月始）
　　方世伦
　　沈明温（至2015年1月）
　　汤家友（2015年1月始）
　　卢朝升（至2015年3月）
　　吴一平（2015年5月始）

人大常委会办公室
主　任：汤汪湃（至2015年1月）
　　张金禄（2015年1月始）
副主任：姚朝阳
党组书记：朱山华
党组副书记：张金禄

人大常委会研究室
主　任：卢朝升（至2015年3月）
　　吴一平（2015年5月始）
副主任：郑永清

人大常委会代表与选举任免工委
主　任：郑　栋
副主任：蔡培新

人大常委会法制工委
主　任：郭卫平
副主任：陈仰勇（2015年3月始）

人大常委会内务司法工作委员会
主　任：胡振文（2015年9月始）

人大常委会财经工委
主　任：谢志伟（2015年1月始）
副主任：陈吉英（女）

人大常委会农业与农村工委
主　任：许　浩
副主任：陈逸龄

人大常委会城乡建设与环境资源工委
主　任：崔建宏（至2015年1月）
　　沈明温（2015年1月始）
副主任：刘良文

人大常委会教科文卫工委
主　任：王绍森
副主任：张　明（女）

人大常委会民族华侨工委（外事办）
主　任：赵碧华

【丽水市人民政府】

市　长：黄志平（至2015年10月）
代市长：朱　晨（2015年10月始）
副市长：朱　晨（2015年10月始）
　毛子荣　陈　重
　葛学斌（至2015年7月）
　林　亮（2015年7月始）
　任淑女（女）　徐子福
　戚永远
　陈景飞（2015年1月始）
秘书长：邹培书
副秘书长：周劲松　吴益由
　夏海国（至2015年2月）
　计勇强（至2015年2月）
　李炀德（至2015年2月）
　刘志伟（至2015年9月）
　芦忠于（至2015年2月）
　姚志强（至2015年2月）
　钟建安
　叶水源（至2015年2月）
　王　军（至2015年2月）
　谭利章（至2015年2月）
　林建星（至2015年2月）
　罗江军（至2015年8月）
　蔡建熙　廖永平　王　炜
　吴松平
　吴卫成（至2015年7月）
　李伟立（2015年9月始）

【中国人民政治协商会议丽水市委员会】

主　席：陈瑞商
副主席：叶朝丐（至2015年9月）
　李江波（至2015年9月）
　齐育华　吴炳全　韦铁民
　庄志清　何赤峰
　沈根花（女）　金爱武
秘书长：虞大才
副秘书长：王亚民
　蓝献华（2015年1月始）
　马乾满（2015年1月始）
　蒋正鸿（2015年8月始）
　叶加荣（至2015年1月）
　胡　兵（女）　吴积雷
　蓝叶培　何　灵（女）
　卢汝兰（女）　张向东
　肖　荣

政协办公室

主　任：王亚民
副主任：杨　薇（女）　杨伟业
党组书记：虞大才
党组副书记：王亚民

政协研究室

主　任：汤家友（至2015年1月）
　叶加荣（2015年1月始）

政协提案委员会

主　任：周伟东
副主任：陈祖军　胡　兵（女）
　吴积雷　蓝叶培　何　灵（女）
　卢汝兰（女）　张向东

政协经济委员会

主　任：熊水旺（至2015年1月）
　李　林（2015年1月始）
副主任：陈肇平　张建伟
　麻卫平　楼培忠

政协农业农村和人口资源环境委员会

主　任：陈建忠
副主任：陈银龙
　骆雨文（至2015年1月）
　胡丽红（女）
　厉裕勤（2015年3月始）
　徐荣华（2015年1月始）

政协科教文卫体委员会

主　任：蓝献华（至2015年1月）
　潘瑞卿（2015年1月始）
副主任：梁　军（女）
　陈建光（至2015年1月）
　詹百松（2015年1月始）
　刘崇民
　蓝宁虹（女）（2015年1月始）

政协社会法制和民族宗教委员会

主　任：张泽永
副主任：计勇强　张亮明　张　健

政协港澳台侨委员会

主　任：李建荣（至2015年1月）
　毛小明（2015年1月至9月）
　阙忠东（2015年9月始）
副主任：蓝　华（女）（至2015年1月）
　沈丽珺（女）（2015年1月始）
　潘志强　项芳云（女）

政协文史资料委员会

主　任：周加祥（至2015年1月）
　丁岳清（2015年1月始）
副主任：丁子洋　阙忠东　杨贤高

政协委员工作委员会

主　任：金崇华
副主任：陈立新　周正春　留丽萍（女）

【中国共产党丽水市纪律检查委员会】

书　记：方　向
副书记：王　炎
　郑力平（至2015年12月）
　柳向阳（2015年12月始）
常　委：柳向阳（至2015年12月）
　雷春梅（女）　李官金
　赵　平　刘云华　朱小刚

派驻纪检组（2015年）

派驻市委办纪检组组长：
吴郁郁（2015年11月始）
副组长：程鹰飞（2015年10月始）
派驻市人大机关纪检组组长：
叶晓勇（2015年11月始）
副组长：陈丽伟（2015年10月始）
派驻市府办纪检组组长：
雷春梅（女）（2015年11月始）
副组长：华志和（2015年10月始）
派驻市政协机关纪检组组长：
叶　勤（2015年11月始）
副组长：孙文喜（2015年10月始）
派驻市委组织部纪检组副组长：
叶龙标（2015年11月始）
派驻市委统战部纪检组组长：
雷金松（2015年11月始）
派驻市政法委纪检组组长：
陈洪敏（2015年11月始）
派驻市中级人民法院纪检组组长：
吴敬诗（2015年11月始）

派驻市人民检察院纪检组组长：
舒维云(2015年10月始)
派驻市发改委纪检组组长：
梁丽勇(2015年10月始)
派驻市经信委纪检组组长：
林建勇(2015年10月始)
派驻市教育局纪检组组长：
严金华(女)(2015年11月始)
派驻市科技局纪检组组长：
刘先林(2015年10月始)
派驻市民政局纪检组组长：
叶挺辉(2015年10月始)
派驻市财政地税局纪律检查组组长：
李　萌(女)(2015年10月始)
派驻市人力社保局纪检组组长：
李　锋(2015年10月始)
派驻市住建局(规划局)纪检组组长：
胡　坚(2015年10月始)
派驻市交通运输局纪检组组长：
罗高阅(2015年11月始)
派驻市水利局纪检组组长：
梁建成(2015年10月始)
派驻市农业局纪检组组长：
胡丽红(女)(2015年10月始)
派驻市文广出版局纪检组组长：
周　杰(2015年10月始)
派驻市卫生计生委纪检组组长：
陆咸玲(女)(2015年10月始)
派驻市审计局纪检组组长：
傅绍林(2015年10月始)
派驻市环保局纪检组组长：
周建生(2015年10月始)
派驻市林业局纪检组组长：
林建春(女)(2015年10月始)
派驻市旅游委纪检组组长：
刘君龙(2015年11月始)
派驻市安监局纪检组组长：
张树芳(2015年10月始)
派驻市市场监管局纪检组组长：
杜军民(2015年11月始)
派驻市质监局纪检组组长：
徐东平(2015年10月始)
派驻市国资委纪检组组长：
陈银龙(2015年10月始)
派驻丽缙园管委会纪检组组长：
陈新贤(2015年10月始)
派驻丽水生态产业集聚区(丽水开发区)管委会纪检组组长：
楼新英(女)(2015年10月始)

【丽水市中级人民法院】
院　长：徐亚农
副院长：周　庆　吴敬诗　李栽标
　　　　罗　明(2015年3月始)
党组书记：徐亚农
党组副书记：周　庆
纪检组长：毛毅平(至2015年7月)
政治部主任：吴林雄(2015年2月始)

【丽水市人民检察院】
检察长：陈海鹰
副检察长：徐荷生　赵　平
　　　　　潘碧武(女)(至2015年3月)
　　　　　周科庆
　　　　　陈华平(2015年3月始)
党组书记：陈海鹰
党组副书记：徐荷生
政治部主任：陈华平(至2015年2月)
　　　　　　叶绍飞(2015年2月始)

【中国人民解放军浙江省丽水军分区】
党委第一书记：王永康
党委书记：范金华
党委副书记：姜　华
司令员：姜　华
政治委员：范金华
参谋长：宣国民
政治部主任：张宝藏
后勤部部长：褚国华(至2015年3月)
　　　　　　蔡立峰(2015年3月始)

【市委工作部门】
办公室、政策研究室
办公室主任：郑利剑
办公室副主任：郑家彪
　　　　　　　吴新伟(2015年2月始)
政研室主任：李汉勤
政研室副主任：朱玉康　蔡　昉
机要局(密码管理局)
局　长：朱峻峰
组织部
部　长：胡　侠
常务副部长：丁绍雄(至2015年8月)
　　　　　　郑力平(2015年8月始)
副部长：李官金
　　　　朱国镇(至2015年7月)
　　　　吴善印　陈立新　南林玲(女)
　　　　徐丽勇(2015年8月始)
两新工委
书　记：李官金(至2015年7月)
　　　　陈立新(2015年10月始)
副书记：孙乐明　蓝益平　周仓俊
宣传部
部　长：陈建波
常务副部长：任韩高
副部长：叶晓华　胡伟华
　　　　李建荣(2015年2月始)
社会主义精神文明办公室
主　任：叶晓华
统一战线工作部
部　长：廖思红(女)
常务副部长：周正春
副部长：张亮明　孙乐明
政法委员会
书　记：朱　晨
副书记：毛子荣　卫中强　王顺发
　　　　李忠伟(至2015年10月)
　　　　叶金荣(2015年2月始)
政治部主任：翁卫芬(女)
社会管理综合治理委员会办公室
专职副主任：叶绍飞(至2015年2月)
　　　　　　叶建平(2015年2月始)
维护稳定工作领导小组办公室
专职副主任：蒋金明
台　办
主　任：沈丽珺(女)

副主任：胡　坚（至2015年2月）
单　炜（2015年2月始）

编委办公室

主　任：朱国镇（至2015年7月）
李官金（2015年7月始）
副主任：饶　胜　李建龙

农办（扶贫办）

主　任：邢志行（至2015年4月）
李炀德（2015年4月始）
副主任：陈银龙（至2015年10月）
江少伟　郑锡伟
党组书记：邢志行（至2015年4月）
李炀德（2015年4月始）

直属机关工作委员会

书　记：胡振文（至2015年8月）
副书记：陈官雷　施东胜
罗高阅（至2015年11月）
纪工委书记：罗高阅（至2015年11月）

市委防范和处理邪教问题领导小组办公室（市政府防范和处理邪教问题办公室）

主　任：陈正巧
副主任：罗根海　叶沛华

市委、市政府信访局

局　长：张少荣
副局长：褚志坚　张晓红（女）
李新林　王　峰
洪中勇（至2015年11月）
党组书记：张少荣
纪检组长：陈新贤（至2015年10月）

老干部局

局　长：南林玲（女）
副局长：黄永伟
刘婷婷（女）（至2015年11月）
雷月伟（2015年11月始）

党史研究室（地方志办公室）

主　任：雷华英（女）（2015年2月始）
副主任：雷华英（女）（至2015年2月）
胡和平　汪羽中

档案局（档案馆）

局（馆）长：陈鸿斌
副局（馆）长：郑丽华（女）　吴利明
党组书记：陈鸿斌

党　校

校　长：胡　侠
常务副校长：阙忠东（至2015年7月）
陆亚东（2015年7月始）
副校长：胡　飞
叶国勇（2015年11月始）
陈建伟
党委书记：阙忠东（至2015年7月）
陆亚东（2015年7月始）
纪委书记：叶国勇（至2015年11月）

行政学院

院　长：毛子荣
常务副院长：阙忠东（至2015年7月）
陆亚东（2015年7月始）
副院长：胡　飞　章　旭　陈建伟

丽水日报社

社　长：邢长勇（至2015年8月）
李志伟（2015年8月始）
副社长：李志伟（至2015年8月）
李建荣（至2015年2月）
潘晓泉（2015年2月始）
聂陈杰（2015年8月始）
总编辑：李志伟（至2015年8月）
聂陈杰（2015年8月始）
副总编辑：潘晓泉（2015年2月始）
施龙有　胡建金
党委书记：邢长勇（至2015年8月）
李志伟（2015年8月始）
党委副书记：李志伟（至2015年8月）
聂陈杰（2015年8月始）
李建荣（至2015年2月）
潘晓泉（2015年2月始）
纪委书记：孙文喜（至2015年10月）

【市人民政府工作部门】

办公室（法制办公室）

办公室主任：周劲松
办公室副主任：王　炜（至2015年2月）
吴松平（至2015年2月）
王国锋（2015年2月始）
法制办主任：吴益由
法制办副主任：陈江风
党组书记：邹培书（2015年3月始）
党组副书记：周劲松（2015年3月始）
纪检组长：华志和（2015年3月至10月）

发展和改革委员会

主　任：邝平正
副主任：洪勇华（至2015年9月）
李营琦　毛时藓　黄力量
留雪伟（至2015年12月）
邱学明　罗运乾
王　军（2015年2月始）
党组书记：邝平正
纪检组长：梁丽勇（至2015年10月）

经济和信息化委员会

主　任：沈世山（至2015年9月）
翁伟荣（2015年11月始）
副主任：杨　雷（至2015年12月）
潘隆生（至2015年11月）
楼培忠
周再荣（2015年3月始）
龚启贤
吴雄飞（2015年9月始）
党组书记：沈世山（至2015年8月）
翁伟荣（2015年11月始）
副书记：杨　雷（至2015年11月）
纪检组长：林建勇（至2015年10月）

市政府经济合作交流办公室（市招商局）

主　任（局长）：蔡建熙
副主任（副局长）：麻卫平　吴小华
施锦华
（至2015年12月）
杨金跃
党组书记：蔡建熙

教育局

局　长：叶伯军（至2015年9月）
何卫宁（2015年9月始）
副局长：詹百松　吴　燕（女）
叶信昌
党委书记：叶伯军（至2015年8月）
何卫宁（2015年8月始）
党委副书记：詹百松
纪检组长：叶　勤（至2015年11月）

科学技术局
局　长:刘崇民
副局长:林建星　程浙军　蓝跃慧
党组书记:刘崇民
纪检组长:刘先林(至2015年10月)
民族宗教事务局
局　长:张亮明
副局长:陈和平　金伟庆
公安局
局　长:卫中强
常务副局长:封宗祥
副局长:金　珍(女)　诸葛俭
陈正巧　梅中仁　陈志斌
陈洪敏(至2015年12月)
党委书记:卫中强
党委副书记:封宗祥
纪委书记:叶伟华(至2015年7月)
徐为民(2015年11月始)
政治部主任:马正德
监察局
局　长:郑力平
副局长:朱小刚　张建伟
民政局
局　长:熊佩飞
副局长:王提操(2015年2月始)
徐明福　陈冬生　朱雪飞
蓝小明(2015年3月始)
党组书记:熊佩飞
党组副书记:王提操(2015年2月始)
纪检组长:叶挺辉
(2015年2月至10月)
司法局
局　长:张云高
副局长:王迎庆(至2015年12月)
林伟明(至2015年6月)
章作飞　邓伦透
党组书记:张云高
党组副书记:王迎庆(至2015年11月)
政治部主任:蓝　雄
财政局
局　长:陈志雄(至2015年3月)
刘志伟(2015年5月始)
副局长:刘小平　魏叶华(女)
陈肇平
地方税务局
局　长:陈志雄(至2015年4月)
刘志伟(2015年4月始)
副局长:叶如华　杨文清
财政局、地方税务局党组、纪检组
党组书记:陈志雄(至2015年4月)
刘志伟(2015年4月始)
党组副书记:甄荣泗(至2015年2月)
纪检组长:甄荣泗(至2015年2月)
李　萌(女)
(2015年2月至10月)
人力资源和社会保障局
局　长:吴善印
副局长:张　健　章　旭　陈晓恒
吴守成
党组书记:吴善印
党组副书记:张　健
纪检组长:李　锋(至2015年11月)
住房和城乡建设局
局　长:吴小平
副局长:陈洪波(至2015年3月)
蒋金松　叶荣林　樊甫敏
林开武
周兆金(2015年2月始)
舒杨胤(2015年3月始)
城乡规划局
局　长:吴小平
副局长:王　平(至2015年12月)
蔡俊华
张卫东(至2015年7月)
李官奎(至2015年6月)
丁勇方(2015年7月始)
住房和城乡建设局(城乡规划局)
党组、纪检组
党组书记:吴小平
党组副书记:王　平(至2015年11月)
蒋金松(2015年2月始)
纪检组长:胡　坚(2015年2月至10月)
交通运输局
局　长:叶沙平(至2015年9月)
叶旭勇(2015年9月始)
副局长:叶锦伟　高向东　刘旭东
沈利文(至2015年2月)
季宋平　何连忠　叶郑献
蒋仲胜(2015年2月始)
刘　军(2015年2月始)
党组书记:叶沙平(至2015年8月)
叶旭勇(2015年8月始)
党组副书记:叶锦伟
纪检组长:潘仲珏(至2015年11月)
水利局
局　长:饶鸿来
副局长:卓观园　张映辉　王礼军
何跃军
党组书记:饶鸿来
纪检组长:梁建成(至2015年11月)
农业局
局　长:姜　波
副局长:何　敏　张国平
吴建锋(至2015年2月)
沈利文(2015年2月始)
王永伟(2015年12月始)
党组书记:姜　波
党组副书记:何　敏
商务局
局　长:陈积康
副局长:聂陈杰(至2015年9月)
宋小军(至2015年2月)
周冠军(2015年11月始)
徐　瑛
王井泉(2015年2月始)
党组书记:陈积康(至2015年11月)
孙俐珑(2015年11月始)
党组副书记:聂陈杰(至2015年8月)
纪检组长:周冠军(至2015年10月)
文化广电新闻出版局
局　长:周一红(女)
副局长:李根林　张福和　许卫东
吴立华(2015年2月始)
党组书记:周一红(女)
党组副书记:李根林
纪检组长:周　杰(至2015年10月)

卫生和计划生育委员会
主　任：邱务土
副主任：黄　刚（至 2015 年 6 月）
蔡承俊（至 2015 年 12 月）
汤利远（2015 年 11 月始）
梁　军（女）　赖信强
王　巍
王　峰（2015 年 12 月始）
党组书记：邱务土
党组副书记：黄　刚（至 2015 年 6 月）
纪检组长：汤利远（至 2015 年 10 月）
审计局
局　长：潘建青
副局长：陈锡星　傅代兴　阎家骥
颜登亮（2015 年 3 月始）
党组书记：潘建青
党组副书记：陈锡星
纪检组长：傅绍林（至 2015 年 11 月）
环境保护局
局　长：刘海明
副局长：雷金松（至 2015 年 12 月）
王提操（至 2015 年 2 月）
胡晓红（女）
叶旭明（2015 年 7 月始）
虞伟鋐（2015 年 12 月始）
何小仁（2015 年 12 月始）
党组书记：刘海明
党组副书记：雷金松（至 2015 年 11 月）
纪检组长：周建生（至 2015 年 11 月）
统计局
局　长：周智飞
副局长：练永嘉　管伟春（女）
市统计局党组
书　记：周智飞
林业局
局　长：项旭平
副局长：林　远（至 2015 年 9 月）
麻飞鹤（2015 年 8 月始）
叶菽茂　朱国桥　赵仁友
党组书记：项旭平
党组副书记：林　远（至 2015 年 8 月）
麻飞鹤（2015 年 9 月始）
纪检组长：林建春（女）（至 2015 年 11 月）
旅游局（至 2015 年 7 月）
局　长：孙俐珑（至 2015 年 7 月）
副局长：徐青清（至 2015 年 7 月）
周大勇（至 2015 年 7 月）
徐兼明（女）（至 2015 年 7 月）
周益敏（至 2015 年 7 月）
何丽萍（女）（至 2015 年 7 月）
党组书记：孙俐珑（至 2015 年 7 月）
党组副书记：徐青清（至 2015 年 7 月）
旅委（2015 年 7 月始）
主　任：孙俐珑（2015 年 7 月始）
副主任：徐青清（2015 年 7 月始）
周大勇（2015 年 7 月始）
徐兼明（女）
（2015 年 7 月至 12 月）
周益敏（2015 年 7 月始）
何丽萍（女）（2015 年 7 月始）
胡慧红（女）（2015 年 12 月始）
党组书记：孙俐珑（2015 年 7 月至 11 月）
王　平（2015 年 11 月始）
党组副书记：徐青清（2015 年 7 月始）
纪检组长：刘君龙（2015 年 7 月至 11 月）
外事与侨务办公室
主　任：潘志强（至 2015 年 7 月）
邢长勇（2015 年 7 月始）
副主任：吴一平（至 2015 年 4 月）
金晓伟　潘建亮
刘光利（2015 年 9 月始）
党组书记：潘志强（至 2015 年 7 月）
邢长勇（2015 年 7 月始）
城市管理局（城市管理行政执法局）
局　长：吴洵麒
副局长：叶金荣（至 2015 年 2 月）
叶旭明（至 2015 年 7 月）
蔡通友
郑丽君（女）（2015 年 7 月始）
吴建锋（2015 年 2 月始）
何鲜飞（2015 年 7 月始）
党组书记：吴洵麒
党组副书记：吴洵麒
叶金荣（至 2015 年 2 月）
纪检组长：杜军民（至 2015 年 11 月）
安全生产监督管理局
局　长：郭海光（至 2015 年 7 月）
罗江军（2015 年 7 月始）
副局长：徐荣祖　陈伟达
党组书记：郭海光（至 2015 年 7 月）
罗江军（2015 年 7 月始）
党组副书记：徐荣祖
纪检组长：张树芳（至 2015 年 10 月）
市场监督管理局
局　长：夏海国
副局长：邱文锋　周仓俊
蒋仲胜（至 2015 年 2 月）
李泉清　吕璞琪（女）
周纪荣
宋小军（2015 年 2 月始）
党组书记：夏海国
纪检组长：熊勇军（至 2015 年 11 月）
杜军民（2015 年 11 月始）
人民防空办公室
主　任：汪　帆
副主任：詹石梁（至 2015 年 11 月）
郭海光（2015 年 11 月始）
魏安龙　张　奇　张　秦（女）
党组书记：汪　帆
民防局
局　长：汪　帆
副局长：詹石梁（至 2015 年 11 月）
郭海光（2015 年 11 月始）
魏安龙　张　秦（女）
质量技术监督局
局　长：卢彩柳
副局长：胡芳泉　潜晓辉　何乐君
党委书记：王志鹏
纪委书记：徐东平（至 2015 年 10 月）
国有资产监督管理委员会
主　任：刘炳亮
副主任：魏以永　陈红龙　高天河
党组书记：刘炳亮
行政审批中心（至 2015 年 7 月）
主　任：计勇强（至 2015 年 7 月）
副主任：沈元东（至 2015 年 7 月）

蓝先芬(女)(至2015年7月)
陈茂荣(2015年2月至7月)
党组书记:洪锦木(至2015年7月)
行政审批管理服务办公室
(2015年7月始)
主　任:计勇强(2015年7月始)
副主任:沈元东(2015年7月始)
蓝先芬(女)(2015年7月始)
陈茂荣(2015年7月始)
党组书记:洪锦木(2015年7月至10月)
生态产业集聚区(经济开发区)
管理委员会
主　任:陈景飞(至2015年9月)
丁绍雄(2015年9年始)
常务副主任:洪勇华(2015年9年始)
副主任:施锦华(至2015年12月)
麻飞鹤(至2015年9月)
吴小华　蓝金水　何成贵
胡其岳
雷金松(至2015年12月)
陈伟达
叶瑞平(2015年4月始)
杨金跃(2015年12月始)
党工委书记:陈景飞(至2015年8月)
丁绍雄(2015年8月始)
党工委副书记:芦忠于(至2015年2月)
李邦生(2015年4月始)
罗孝林(2015年6月始)
纪工委书记:楼新英(女)
(至2015年10月)
浙江丽缙五金科技产业园区管理委员会
主　任:芦忠于(至2015年2月)
李邦生(2015年4月始)
副主任:丁勇方(至2015年7月)
郑兰富　陶军友
杨金跃(至2015年12月)
朱剑成(2015年12月始)
李维强(2015年7月始)
党工委书记:朱继坤
党工委副书记:芦忠于(至2015年2月)
李邦生(2015年4月始)
纪工委书记:施继强(至2015年10月)

市级机关事务管理局
(至2015年4月)
局　长:叶水源(至2015年5月)
副局长:赵　跃(至2015年5月)
舒杨胤(至2015年3月)
胡建仁(2015年3月至5月)
党组书记:叶水源(至2015年4月)
市机关事务管理局(2015年4月始)
局　长:叶水源(2015年5月始)
副局长:赵　跃(2015年5月始)
胡建仁(2015年5月始)
党组书记:叶水源(2015年4月始)
市委市政府接待办公室
主　任:王　栋(2015年9月始)
副主任(主持工作):王　栋
(至2015年9月)
副主任:陆咸玲(女)
(至2015年11月)
市政府驻北京办事处
主　任:谭利章
副主任:洪中勇(至2015年12月)
黄彩琴(女)　李新林
市政府驻上海办事处
主　任:周海忠(至2015年7月)
瞿懋平(2015年7月始)
副主任:赵友敏(至2015年9月)
市政府驻杭州办事处
主　任:褚志坚
市政府驻福州办事处
主　任:瞿懋平(至2015年7月)
赵友敏(2015年9月始)
体育局
局　长:蒋正鸿(至2015年8月)
徐兼明(女)(2015年12月始)
副局长:胡雪强　周中华
胡建仁(至2015年3月)
何鲜飞(至2015年7月)
陈洪波(2015年3月始)
潘智慧(2015年9月始)
党组书记:蒋正鸿(至2015年7月)
洪锦木(2015年10月始)
郭海光(2015年7月至8月)

移民办公室
主　任:颜小云
副主任:李必和(至2015年6月)
包焕盛(2015年9月始)
吴盛华
党组书记:孙福仁
纪检组长:吴盛华(至2015年10月)
供销社
主　任:应勇军
副主任:吴荣明
党委书记:应勇军

【市级民主党派】
中国国民党革命委员会丽水市委员会
主　委:戚永远
副主委:胡　兵(女)　刘新青
中国民主同盟丽水市委员会
主　委:刘国安
副主委:谢林森　汤家友　吴积雷
中国民主建国会丽水市委员会
主　委:齐育华
副主委:计勇强　蓝叶培　封兵林
中国民主促进会丽水市委员会
主　委:庄志清
副主委:卢彩柳(女)　何　灵(女)
邱旭平
中国农工民主党丽水市委员会
主　委:李江波(至2015年9月)
副主委:丁岳清　卢汝兰(女)
郭巧燕(女)
九三学社丽水市委员会
主　委:韦铁民
副主委:雷后兴　张向东　张颖洁(女)

【部分群众团体】
总工会
主　席:吕文明
副主席:陈子民　叶云妹(女)
王金焱　邝时忠
党组书记:陈子民
中国共产主义青年团丽水市委员会
书　记:王正飞

副书记：王井泉（至2015年2月）
张　妍（女）（至2015年11月）
徐菊珍（女）（2015年11月始）
孔金锋（2015年11月始）
郭云强（2015年11月始）
党组书记：王正飞

妇女联合会

主　席：蓝　华
副主席：留丽萍（女）（至2015年3月）
赵丽群（女）
刘婷婷（女）（2015年12月始）
党组书记：蓝　华（女）

科学技术协会

主　席：陆亚东（至2015年7月）
潘志强（2015年7月始）
副主席：管　跃（至2015年11月）
叶荣华
洪中勇（2015年11月始）
丁丽惠　范寿仁　梁　军（女）
龚启贤　蓝跃慧
党组书记：陆亚东（至2015年7月）
潘志强（2015年7月始）

文学艺术界联合会

主　席：程定飞
副主席：麻益兵　庄育平
林　莉（女）　陈乐燕（女）
潘力峰
党组书记：程定飞

社会科学界联合会

主　席：叶晓华
副主席：杨贤高　陈志雄　李俊杰
刘克勤　李汉勤　阙忠东

残疾人联合会

理事长：齐育华
副理事长：廖宝云（女）　谢丽福　陈建光
党组书记：廖宝云（女）

工商业联合会（总商会）

主　席（会长）：张　敏
副主席（副会长）：孙乐明　肖　荣
党组书记：孙乐明

关心下一代工作委员会

名誉主任：胡　侠
主　任：陈士达
副主任：徐松林　刘国安　叶朝丐
陈翠仙（女）　潘瑞卿
徐岳明　任韩高　叶晓华
徐永杰　刘炳亮　张为社
陈　豪　倪延丽（女）
王志鹏　陈志雄
周一红（女）　黄尚厚

归国华侨联合会

主　席：项芳云（女）
副主席：傅旭蓉（女）　王益勇　陈海华
方湛鑫　叶毅青（女）
孙雄标　何晓娟（女）
夏剑锋　邹素莲（女）
邵　烨　项建福　留志然

计划生育协会

会　长：刘国安
副会长：卢彩柳（女）
蔡承俊（至2015年11月）
黄　刚
王　峰（2015年11月始）

红十字会

会　长：戚永远
副会长：蔡承俊（2015年11月始）
胡美芳（女）　邱务土
王志鹏（至2015年5月）
叶伯军（2015年5月始）
熊佩飞　王　炜
党组书记：蔡承俊（2015年11月始）
党组副书记：雷月伟（至2015年11月）

体育总会

主　席：戚永远
常务副主席：蒋正鸿（至2015年8月）
徐兼明（女）
（2015年8月始）
专职副主席：周中华
副主席：王　炜　叶　勤　范寿仁
胡雪强　胡建仁　何鲜飞
张温如（女）　于坚强
马正德　陈建敏　王白浪
朱振三　郑金林　郑秀贵
汪心广

【中央、省和丽水市双重管理部门】

中国人民银行丽水市中心支行

行　长：孔祖根
副行长：陈明亮　汤春玉　应国虎
党委书记：孔祖根
纪委书记：刘宣祥

中国银行业监督管理委员会
丽水监管分局

局　长：周明强
副局长：刘寒暄　周青冥
党委书记：周明强
纪委书记：龚柯丹

中国工商银行股份有限公司丽水分行

行　长：徐晓伟
副行长：赵志德　许　寅
党委书记：徐晓伟
纪委书记：戴春景

中国农业银行股份有限公司丽水分行

行　长：屠煜林（至2015年4月）
鲍敏冲（2015年5月始）
副行长：饶新光　金仁樟　周兆祥
鲍敏冲（至2015年5月）
黄有富
党委书记：屠煜林（至2015年4月）
鲍敏冲（2015年5月始）
党委副书记：鲍敏冲（至2015年5月）
金仁樟（2015年5月始）
饶新光（2015年5月始）
纪委书记：周兆祥（至2015年5月）
黄有富（2015年5月始）

中国银行股份有限公司丽水市分行

行　长：张　旭
副行长：雷献军（至2015年5月）
江丰伟　王　晔
黄良勤（2015年10月始）
谢　骏（2015年11月始）
党委书记：张　旭
纪委书记：黄良勤

中国建设银行股份有限公司丽水分行

行　长：徐小康（至2015年12月）
姜莉菁（2015年12月始）
副行长：陈　江　罗叔秋

王洪民(至 2015 年 10 月)
赵建革
王旭东(至 2015 年 10 月)
党委书记:徐小康(至 2015 年 12 月)
姜莉菁(2015 年 12 月始)
纪委书记:罗叔秋

中国农业发展银行丽水市分行

行　长:郑忠义
副行长:胡华星
叶　超(至 2015 年 12 月)
刘文元
党委书记:郑忠义
纪委书记:叶　超(至 2015 年 12 月)

中国人民财产保险股份有限公司丽水市分公司

总经理:詹志伟
副总经理:程海峰　王小平
成伟达(至 2015 年 1 月)
党委书记:詹志伟
纪委书记:程海峰

中国人寿保险股份有限公司丽水分公司

总经理:刘　茸
副总经理:刘宪伟　黄罕翔　陈智渊
梁淑巧(2015 年 8 月始)
党委书记:刘　茸

省经济和信息化委员会派驻丽水市无线电管理局

局　长:郭杭明

邮政局

局　长:毛建森
副局长:许碎平　吕月锋
党委书记:毛建森
纪委书记:许碎平

邮政管理局

局　长:何连忠
副局长:朱伟强
党组书记:何连忠
纪检组长:朱伟强

中国电信股份有限公司丽水分公司

总经理:顾　健
副总经理:徐　冠　黄金阳　刘　欣
党委书记:顾　健
纪委书记:徐　冠

中国联合网络通信有限公司丽水市分公司

总经理:上官鹰
副总经理:顾新达(至 2015 年 3 月)
王　俊　包晓玲
刘延安(2015 年 3 月始)
党委书记:上官鹰
纪委书记:王　俊(至 2015 年 9 月)
刘延安(2015 年 9 月始)

中国移动通信集团浙江有限公司丽水分公司

总经理:邵朝良
副总经理:周利民(至 2015 年 9 月)
陆晔楠
党委书记:邵朝良
纪委书记:周利民(至 2015 年 9 月)
陆晔楠(2015 年 9 月始)

丽水电业局

局　长:王峰渊(至 2015 年 8 月)
戴　彦(2015 年 8 月始)
副局长:吴善磊　徐奕强　岳　平
毛丽荣
党委书记:吴善磊
党委副书记:王峰渊(至 2015 年 8 月)
纪委书记:张　帆

气象局

局　长:郑建飞
副局长:柳岳清　杨羡敏
党组书记:郑建飞
纪检组长:吴建锡

烟草专卖局(省烟草公司丽水市公司)

局　长:沈伏恒
副局长:阙俊华
经　理:沈伏恒
副经理:杨军峰
党组书记:沈伏恒
纪检组长:吴叶森

丽水出入境检验检疫局

局　长:王明坤(至 2015 年 6 月)
朱风华(2015 年 6 月始)
副局长:张国良(至 2015 年 6 月)
王一晨(至 2015 年 5 月)
许关海
方　云(2015 年 7 月始)
周　洪(2015 年 5 月始)
陈　临(2015 年 12 月始)
党组书记:王明坤(至 2015 年 6 月)
朱风华(2015 年 6 月始)
纪检组长:王　敏(至 2015 年 6 月)

国家税务局

局　长:李纪灵
副局长:叶绍忠
尹苏平(至 2015 年 1 月)
柳一林　郑文峰
党组书记:李纪灵
纪检组长:江建强

国土资源局

局　长:杨秀清(至 2015 年 3 月)
邢志行(2015 年 3 月始)
副局长:李　锋　周乐均　潘惠健
徐　晖
党委书记:杨秀清(至 2015 年 3 月)
邢志行(2015 年 3 月始)
纪委书记:杨维雄

丽水海关

关　长:刘　勇
副关长:林　栩
陈健松(至 2015 年 8 月)
党组书记:刘　勇

浙江省之江监狱

政治委员:施春龙
监狱长:吴旭峰
副监狱长:江军伟
党委书记:施春龙
党委副书记:吴旭峰

【部分事业企业单位】

市政府土地和房屋征收工作办公室

主　任:刘志伟(至 2015 年 4 月)
洪起平(2015 年 9 月始)
副主任:李伟立(至 2015 年 9 月)
李　锋　杨晓春
叶建光

市政府土地和房屋征收研究指导中心
主　任:刘志伟(至 2015 年 4 月)
洪起平(2015 年 9 月始)
副主任:李伟立(至 2015 年 9 月)
李　锋　杨晓春　叶建光
市政府土地和和房屋征收研究指导中心党组
党组书记:刘志伟(至 2015 年 4 月)
洪起平(2015 年 8 月始)
市政府金融工作办公室
主　任:潘碧武(2015 年 2 月始)
副主任:李建军
杨必松(2015 年 3 月始)
朱剑成(至 2015 年 12 月)
金雄鸥(2015 年 12 月始)
党组书记:姚志强(2015 年 2 月始)
丽水市瓯江生态旅游景区管委会(筹)
主　任:周海忠
副主任:赵仁友
徐兼明(女)(至 2015 年 12 月)
樊甫敏
何跃军(2015 年 2 月始)
徐建林
党组书记:周海忠
广播电视总台
台　长:赵正发
副台长:徐国跃　应一飞
雷　蕾(女)(2015 年 2 月始)
党委书记:赵正发
党委副书记:徐国跃(2015 年 2 月始)
纪委书记:刘君龙(至 2015 年 11 月)
农业科学研究院
院　长:金爱武
副院长:程文亮　徐象华　王立新
徐菊珍(女)(至 2015 年 12 月)
党委书记:包焕盛(至 2015 年 8 月)
林　远(2015 年 8 月始)
千峡湖开发建设管理委员会
主　任:姚志强(至 2015 年 2 月)
周海忠(2015 年 2 月始)
副主任:金雄鸥(至 2015 年 12 月)
舒志勇　雷李木
党组书记:姚志强(至 2015 年 2 月)
周海忠(2015 年 2 月始)
浙江凤阳山—百山祖国家级自然保护区管理局
局　长:项旭平
住房公积金管理中心
主　任:黄金明
党组书记:黄金明
城市管理监督指挥中心
主　任:罗江军(至 2015 年 3 月)
郑丽君(女)(2015 年 4 月始)
党支部书记:罗江军(至 2015 年 3 月)
郑丽君(女)(2015年4月始)
丽水市信息中心
主　任:吴志林
重大项目前期工作办公室
主　任:胡少军(2015 年 2 月始)
老龄工作委员会
主　任:任淑女(女)
副主任:徐国强 (至 2015 年 3 月)
汪　帆(至 2015 年 3 月)
杜光旻(至 2015 年 3 月)
廖永平(2015 年 3 月始)
熊佩飞(2015 年 3 月始)
丁绍雄(2015 年 3 月始)
吴善印
南林玲(女)(2015 年 3 月始)
办公室主任:朱雪飞
社会保险事业管理局
局　长:周建雄
党支部书记:周建雄
公路管理局
局　长:叶郑献
党委书记:黄建新
港航管理局
局　长:刘　军(2015 年 2 月始)
道路运输管理局
局　长:沈利文(至 2015 年 2 月)
蒋仲胜(2015 年 2 月始)
党总支书记:江诗仁
畜牧兽医局
局　长:林宇清
疾病预防控制中心
主　任:梅少林
党总支书记:梅少林
林业科学研究院
院　长 :何小勇
党支部书记:何小勇
招标投标中心
主　任:沈元东
中心医院
院　长:韦铁民
副院长:邵初晓　施建英(女)　郑荣宗
涂韶松　曾春来　黄亦良
党委书记:邵初晓
党委副书记:施建英(女)
纪委书记:吕耀军
人民医院
院　长:徐向东(至 2015 年 6 月)
黄　刚(2015 年 6 月始)
副院长:卢向红(女)
(至 2015 年 11 月)
吕伟超　雷后兴　韩　蔚(女)
方炳木　江银华
党委书记:徐向东(至 2015 年 6 月)
黄　刚(2015 年 6 月始)
党委副书记:卢向红(女)
(至 2015 年 10 月)
纪委书记:邱伟平(至 2015 年 6 月)
陈一军(2015 年 6 月始)
中医院
院　长:刘忠达
副院长:邹新花(女)　王巧明
倪京丽(女)　陈礼平
党委书记:刘忠达
党委副书记:邹新花(女)
第二人民医院
院　长:吴绍长
党总支书记:吴绍长
丽水市妇幼保健院
院　长:刘发平(至 2015 年 2 月)
陈国微(2015 年 2 月始)
党总支书记:刘发平(至 2015 年 2 月)
陈国微(2015 年 2 月始)

丽水学院
党委书记：肖建中（至 2015 年 7 月）
　　　　周湘浙（2015 年 7 月始）
党委副书记：周湘浙（至 2015 年 7 月）
　　　　徐德钦（至 2015 年 7 月）
　　　　胡雄光（至 2015 年 11 月）
　　　　肖　刚（2015 年 7 月始）
　　　　邵国平（2015 年 7 月始）
　　　　郭献进（2015 年 7 月始）
纪委书记：叶丽萍（女）（至 2015 年 7 月）
　　　　徐国强（2015 年 7 月始）
院　长：周湘浙（至 2015 年 7 月）
　　　　肖　刚（2015 年 7 月始）
副院长：李江波（至 2015 年 7 月）
　　　　谢林森（至 2015 年 7 月）
　　　　吕立汉（至 2015 年 7 月）
　　　　徐德钦（2015 年 7 月始）
　　　　李俊杰
　　　　蒋黎红（2015 年 7 月始）
　　　　叶沙平（2015 年 7 月始）
丽水职业技术学院
党委书记：梁忆南
党委副书记：梁伟样　杨云峰
纪委书记：潘洪锋
院　长：梁伟样
副院长：杨云峰　李升阳　刘克勤
　　　　佘德松
丽水广播电视大学
校　长：刘建荣
副校长：陈寺海　李易飞
　　　　洪耀辉（2015 年 11 月始）
　　　　陈继理
　　　　邱伟平（2015 年 6 月始）
党委书记：刘建荣
纪委书记：洪耀辉（至 2015 年 10 月）
丽水中等专业学校（丽水艺术学校）
校　长：王万良
副校长：舒福才　杨　英（女）　池积善
党委书记：王万良
党委副书记：舒福才
丽水中学
校　长：戴一仁
党总支书记：戴一仁
丽水第二高级中学
校　长：陈仕恩
党总支书记：陈仕恩
丽水职业高级中学
校　长：叶光炳
丽水学院附属高级中学
校　长：丁闽方
党总支书记：丁闽方
城市建设投资有限责任公司
董事长：郑春明
总经理：郑春明
副总经理：叶旭彪
　　　　彭　华（2015 年 2 月始）
水利发展有限公司
董事长：郑永烈（2015 年 9 月始）
总经理：郑永烈（2015 年 9 月始）
党支部书记：郑永烈（2015 年 8 月始）
南城建设有限公司
董事长：叶瑞平（至 2015 年 4 月）
　　　　张尚军（2015 年 4 月始）
总经理：叶瑞平（至 2015 年 4 月）
　　　　张尚军（2015 年 4 月始）
交通建设开发公司
董事长：李维强（至 2015 年 7 月）
　　　　吴伟东（2015 年 9 月始）
总经理：李维强（至 2015 年 7 月）
　　　　吴伟东（2015 年 9 月始）
机场开发建设有限责任公司
总经理：饶连祥
农业投资发展有限公司
总经理：徐炳东
副总经理：黄伟君
　　　　刘志龙（2015 年 2 月始）
　　　　黄立飞（2015 年 3 月始）
党支部副书记：黄伟君
丽水市教育教学研究院
院　长：柳小平
党支部书记：柳小平
旅游投资发展有限公司
董事长：钟小松
总经理：钟小松

【莲都区】
中国共产党莲都区委员会
书　记：林健东（至 2015 年 4 月）
　　　　葛学斌（2015 年 4 月始）
副书记：王小荣（至 2015 年 2 月）
　　　　杨秀清（2015 年 2 月始）
　　　　陈元龙
　　　　周海忠（2015 年 4 月始）
常　委：洪起平（至 2015 年 8 月）
　　　　张继芳　朱超模　宋珍花（女）
　　　　李见阳（至 2015 年 4 月）
　　　　李一波（女）（至 2015 年 4 月）
　　　　王永伟（至 2015 年 5 月）
　　　　叶建利
　　　　吕林勇（至 2015 年 4 月）
　　　　胡献如（2015 年 4 月始）
　　　　赵加慧（女）（2015 年 4 月始）
　　　　叶祖平（2015 年 4 月始）
　　　　潘新雄（2015 年 5 月始）
　　　　楼章能（2015 年 6 月始）
　　　　雷勇军（2015 年 10 月始）
莲都区人民代表大会常务委员会
主　任：雷　萍（女）
副主任：吴新民　陈　萍（女）　江爱军
　　　　兰仁生　蓝丽华
　　　　陈鲁军（2015 年 4 月始）
莲都区人民政府
区　长：王小荣（至 2015 年 2 月）
　　　　杨秀清（2015 年 4 月始）
代区长：杨秀清（2015 年 2 月至 4 月）
副区长：杨秀清（2015 年 2 月至 4 月）
　　　　李一波（女）（至 2015 年 5 月）
　　　　胡献如（2015 年 5 月始）
　　　　雷勇军（至 2015 年 11 月）
　　　　赵加慧（女）　俞丽威
　　　　郭巧燕（女）
　　　　张　妍（女）（2015 年 11 月始）
　　　　叶建光　李　玮
　　　　蔡通友（2015 年 5 月始）
　　　　徐旭卿（2015 年 8 月始）
中国人民政治协商会议莲都区委员会
主　席：谷江南

副主席：虞为粮（女） 谢林森
叶晓东（2015年4月始）
卢 进 任文红（女）

中国共产党莲都区纪律检查委员会

书 记：洪起平（至2015年8月）
宋珍花（女）（2015年10月始）

莲都区人民法院

院 长：舒维云（至2015年2月）
李美顺（2015年4月始）

莲都区人民检察院

检察长：王小刚

【龙泉市】

中国共产党龙泉市委员会

书 记：王小荣（2015年1月始）
副书记：季柏林 蒋世懿
常 委：叶新亚（至2015年11月）
周光洪
叶晓勇（至2015年11月）
叶学明
钟海燕（女）（至2015年11月）
何小仁（至2015年5月）
金 伟 张卫英（女） 刘赤波
廖卫民（2015年5月始）
王晓宇（2015年7月始）
熊勇军（2015年11月始）
徐达伟（2015年11月始）

龙泉市人民代表大会常务委员会

主 任：钟 鸣
副主任：陶中亮
黄丽萍（女）（至2015年12月）
苏一中 陈吉明 罗永文

龙泉市人民政府

市 长：季柏林
副市长：包新华（至2015年1月）
叶学明 刘赤波
王正飞（至2015年1月）
胡慧红（女）（至2015年12月）
王晓宇（2015年7月始）
张长山（2015年12月始）
何登新
王 岚（女）（至2015年7月）
黄国勇
刘婷婷（女）（2015年5月始）
朱 野（2015年7月始）
杨洪斌（2015年11月始）
徐达伟（2015年1月至12月）

中国人民政治协商会议龙泉市委员会

主 席：邵戍汛
副主席：包建平（女）（至2015年3月）
包新华 叶先长
徐建新（至2015年3月）
曹新民（2015年3月始）
罗诗兰（女） 雷丽亚（女）

中国共产党龙泉市纪律检查委员会

书 记：钟海燕（女）（至2015年11月）

龙泉市人民法院

院 长：罗 沛

龙泉市人民检察院

检察长：葛朝华（女）

【青田县】

中国共产党青田县委员会

书 记：徐光文
副书记：戴邦和
李邦生（至2015年4月）
李一波（女）（2015年4月始）
常 委：翁伟荣（至2015年11月）
邹春平
吴郁郁（至2015年11月）
吴飞飞（女） 尚勇庆
胡启强（至2015年5月）
胡真舫（女）（至2015年7月）
邹浙清 颜华荣
盛奎华（2015年5月始）
方向明（2015年7月始）
钟海燕（女）（2015年11月始）

青田县人民代表大会常务委员会

主 任：刘志伟（至2015年12月）
副主任：李飞林 姚建峰 叶选君（女）
宣长友（至2015年11月）
徐新平 高金华

青田县人民政府

县 长：戴邦和
副县长：翁伟荣（至2015年12月）
胡真舫（女）（至2015年7月）
方向明（2015年7月始）
叶群力 陈 铭 陈海民
朱秀雄 张如一（女） 周地亮
张向东（2015年5月始）

中国人民政治协商会议青田县委员会

主 席：季力华
副主席：钟秋毫 徐永丽（女） 吕大德
倪福标
陈苏民（至2015年11月）
张晓军

中国共产党青田县纪律检查委员会

书 记：吴郁郁（至2015年11月）
钟海燕（女）（2015年11月始）

青田县人民法院

院 长：罗 明（至2015年3月）
代院长：柳启东（2015年3月始）

青田县人民检察院

检察长：阙建平

【云和县】

中国共产党云和县委员会

书 记：张建明
副书记：叶旭勇（至2015年8月）
叶伯军（2015年8月始）
王新荣
常 委：李继仁
张 峰（至2015年11月）
叶砝仙
郑绍周（至2015年3月）
姜承松（至2015年7月）
陈 骏 饶钦英（女）
陈飞球（至2015年5月）
周仕雅 彭招平
周 龙（2015年3月始）
吴新立（2015年5月始）
李钧敏（2015年7月始）
施锦华（2015年11月始）

云和县人民代表大会常务委员会

主 任：马国华
副主任：蓝斌雄 黄文伟 柳春华

王雨杰　李石平　罗培元

云和县人民政府

县　长:叶旭勇(至2015年8月)

代县长:叶伯军(2015年8月始)

副县长:叶伯军(2015年8月始)

张　峰(至2015年11月)

姜承松(至2015年8月)

陈　骏　周仕雅

蓝先芬(女)(至2015年1月)

李钧敏(2015年8月始)

施锦华(2015年11月始)

叶晓伟

何洪港(至2015年1月)

范寿仁(2015年1月始)

林　莉(女)(2015年1月始)

周　坚

叶时扬(2015年1月始)

蓝叶培(2015年5月始)

中国人民政治协商会议云和县委员会

主　席:雷一坤

副主席:胡惠民(至2015年12月)

童少锋　彭平生

彭招平(至2015年1月)

林李平

中国共产党云和县纪律检查委员会

书　记:郑绍周(至2015年3月)

周　龙(2015年3月始)

云和县人民法院

院　长:钱海亮

云和县人民检察院

检察长:蔡建彧

【庆元县】

中国共产党庆元县委员会

书　记:杜光旻

副书记:叶　青

徐为民(至2015年11月)

杨　雷(2015年11月始)

常　委:胡献如(至2015年4月)

吴青松(至2015年11月)

吴积云

魏丽伟(至2015年7月)

诸葛春杰

吴灌红(女)　吕晓东　徐　平

李见阳(2015年4月始)

季　力(2015年8月始)

李　舜(2015年11月始)

庆元县人民代表大会常务委员会

主　任:刘秋霞(女)(至2015年9月)

副主任:韦晓云(女)

陈明章(至2015年2月)

吴泽民

刘义平(2015年3月始)

王林生　吴建华

庆元县人民政府

县　长:叶　青

副县长:胡献如(至2015年4月)

李见阳(2015年4月始)

吴青松　阎昌远　叶伟玲

范庆伟　潘娅红(女)　俞明理

杨伟业(2015年4月始)

祝美群(2015年8月始)

中国人民政治协商会议庆元县委员会

主　席:叶丽娅(女)

副主席:任献民　林昌富　吴先武

夏家天(2015年3月始)

吴碧兰(女)

刘义平(至2015年3月)

中国共产党庆元县纪律检查委员会

书　记:吕晓东

庆元县人民法院

院　长:陈有南(至2015年3月)

林春阳(2015年3月始)

庆元县人民检察院

检察长:张晓峰

【缙云县】

中国共产党缙云县委员会

书　记:朱继坤

副书记:吴筱琳(女)

芦忠于(至2015年2月)

李邦生(2015年4月始)

周和平(2015年3月始)

常　委:吕唐镇　陈湘钟

周和平(至2015年3月)

朱荣华　陈科强　邹向阳

潜春红　杨起恳　罗　杰

郑绍周(2015年3月始)

郭　京(2015年7月始)

缙云县人民代表大会常务委员会

主　任:赵导亮(至2015年3月)

周保龙(2015年3月始)

副主任:应建民　李潘良　胡伟忠

陈庆源

周静知(女)(至2015年6月)

卢兆田

缙云县人民政府

县　长:吴筱琳(女)

副县长:罗　杰　邹向阳　张颖洁(女)

赵建铭　楼锦游　张　栋

朱金元

叶毅妮(女)(至2015年8月)

王　巍(2015年5月始)

郭　京(2015年8月始)

中国人民政治协商会议缙云县委员会

主　席:周保龙(至2015年3月)

刘旭标(2015年3月始)

副主席:王大明　叶理强　胡锦伟

钭旭彬(女)　刘洁阳

陈贵长(至2015年6月)

中国共产党缙云县纪律检查委员会

书　记:周和平(至2015年3月)

郑绍周(2015年3月始)

缙云县人民法院

院　长:李美顺(至2015年3月)

徐蓓姿(2015年3月始)

缙云县人民检察院

检察长:吴林雄(至2015年3月)

谢云生(2015年3月始)

【遂昌县】

中国共产党遂昌县委员会

书　记:杜兴林

副书记:何卫宁(至2015年9月)

沈世山(2015年9月始)

上官国明

常　委：华治武　周立民
杜云峰（至 2015 年 7 月）
李和达　付勇斐　陈志远
马招法　朱红伟　胡　刚
魏丽伟（2015 年 7 月始）

遂昌县人民代表大会常务委员会
主　任：毛建华（至 2015 年 10 月）
副主任：包建崇　向争鸣　丛鲁浙
梅伟建　廖为义
蓝献民（2015 年 3 月始）

遂昌县人民政府
县　长：何卫宁（至 2015 年 9 月）
代县长：沈世山（2015 年 9 月始）
副县长：沈世山（2015 年 9 月始）
罗运乾（至 2015 年 1 月）
胡　刚（2015 年 1 月始）
马招法　鲁子钗（女）
蓝献民（至 2015 年 1 月）
朱芝贵　赵文明
叶照辉（至 2015 年 10 月）
刘庆华（至 2015 年 7 月）
周瑞琛（2015 年 1 月始）
郑永利（2015 年 7 月始）
张春根（2015 年 12 月始）
徐菊珍（女）（2015年6月至12月）

中国人民政治协商会议遂昌县委员会
主　席：尹建中
副主席：王凤琴（女）　包志华　马翔华
林成高　谢旭峰

中国共产党遂昌县纪律检查委员会
书　记：付勇斐

遂昌县人民法院
院　长：叶晓生（至 2015 年 3 月）
陈有南（2015 年 3 月始）

遂昌县人民检察院
检察长：谢云生（至 2015 年 3 月）
叶珍华（2015 年 3 月始）

【松阳县】

中国共产党松阳县委员会
书　记：钟昌明（至 2015 年 12 月）
副书记：王　峻　陈　豪
常　委：王立武　毛建南　陈建斌
郑传统
张　健（至 2015 年 7 月）
周显荣
虞伟鉉（至 2015 年 11 月）
饶庆勤　留　洁（女）
潘力平　项　洁（女）
潘仲珏（2015 年 11 月始）

松阳县人民代表大会常务委员会
主　任：周星龙
副主任：张宏雁　吴　毅　孔建民
杨水文　汤根木

松阳县人民政府
县　长：王　峻
副县长：叶郑献（至 2015 年 1 月）
张　健（至 2015 年 7 月）
王立武（2015 年 1 月始）
项　洁　毛胜法
蓝宁虹（女）（至 2015 年 1 月）
胡卫亮　黄德慧　雷　超
谢雅贞（女）（2015 年 1 月始）
朱国强（2015 年 4 月始）
庞亚君（女）（2015 年 7 月始）

中国人民政治协商会议松阳县委员会
主　席：翁樟明
副主席：叶祖武　詹志文　周永龙
单国亮　叶向东

中国共产党松阳县纪律检查委员会
书　记：虞伟鉉（至 2015 年 11 月）
潘仲珏（2015 年 11 月始）

松阳县人民法院
院　长：章志林

松阳县人民检察院
检察长：吴剑锋

【景宁畲族自治县】

中国共产党景宁畲族自治县委员会
书　记：林　康
副书记：蓝伶俐（女）　程巧琴（女）
常　委：潘晓泉（至 2015 年 2 月）
潘　伟　陈晓敏　叶利东
诸葛洋（至 2015 年 7 月）
朱丽军　赵贤平
蒋璟璟（女）
季建标（2015 年 2 月始）
蓝跃军（2015 年 2 月始）
金　伟（2015 年 7 月始）

景宁畲族自治县人民代表大会常务委员会
主　任：蓝良兴（至 2015 年 8 月）
副主任：陈林生（至 2015 年 12 月）
吴道法（至 2015 年 10 月）
罗德伟　夏培玲（女）
吴昌亮　杨唐珠（女）

景宁畲族自治县人民政府
县　长：蓝伶俐（女）
副县长：叶金堂（至 2015 年 1 月）
诸葛洋（至 2015 年 8 月）
潘　伟（2015 年 1 月始）
郑建强
季建标（至 2015 年 3 月）
金　伟（2015 年 8 月始）
雷应江　王　益　童巧隽（女）
王宏波（至 2015 年 6 月）
余晓军（2015 年 3 月始）
吴积雷（2015 年 6 月始）
黄米东（2015 年 8 月始）

中国人民政治协商会议景宁畲族自治县委员会
主　席：严轶华
副主席：叶金堂（2015 年 3 月始）
尤建平　尚建基　沈秀慧（女）

中国共产党景宁畲族自治县纪律检查委员会
书　记：朱丽军

景宁畲族自治县人民法院
院　长：柳启东（至 2015 年 3 月）
陈雪平（女）（2015 年 3 月始）

景宁畲族自治县人民检察院
检察长：夏逸敏

（梅培操）

中国共产党丽水市委员会

市委重要会议

【市委全体会议】 1月27日，市委三届八次全体（扩大）会议举行。市委常委会主持会议。市委书记王永康代表市委常委会做工作报告，并作会议总结讲话。会议坚持以省委“八八战略”为总纲，坚定不移走“绿水青山就是金山银山”绿色生态发展之路，认真总结2014年市委常委会主要工作，科学谋划全面深化“法治丽水”建设的思路和举措，审议通过《中共丽水市委关于全面深化“法治丽水”建设的实施意见》，并对2015年的工作作出具体部署。

8月12日，市委三届九次全体（扩大）会议举行。市委常委会主持会议。市委书记王永康代表市委常委会作工作报告，并作总结讲话。会议深入学习贯彻总书记习近平在浙江考察时的重要讲话精神，全面贯彻省委十三届七次全会精神，坚定不移走“绿水青山就是金山银山”绿色生态发展之路，牢牢守住生态和发展“双底线”，加快建设生态保护和生态经济发展“双示范区”，科学谋划加强基层党组织和基层政权建设的思路和举措，审议通过《中共丽水市委关于全面加强基层党组织和基层政权建设的决定》。

【市委常委（扩大）会议】 1月18日，会议传达学习十八届中央纪委五次全会精神，审议通过《丽水市城市总体规划（2013—2030）》《丽水市促进社会资本进入公共设施建设领域的实施意见（试行）》等。

2月11日，会议交流学习省委书记夏宝龙在省人代会丽水代表团审议重要讲话精神的体会，听取丽水市机器人及智能装备产业基地建设方案汇报，强调要切实强化保护绿水青山的重要政治任务和政治责任，坚定不移地走“绿水青山就是金山银山”绿色生态发展之路，努力摘帽“欠发达”，打造“绿富美”，加快培育战略新兴产业，建设生态环境保护与生态经济发展的“双示范区”。

3月19日，会议听取浙江大学光华法学院博士郑磊所作的宪法专题讲座，传达中纪委关于8起党风廉政建设责任追究典型案件的通报，听取全国精神文明建设工作暨学雷锋志愿服务大会精神汇报及市领导联系重点建设项目和重大前期项目责任分工汇报。

4月10日，会议传达贯彻省委书记夏宝龙在丽水调研重要讲话精神，强调要深刻领会省委书记夏宝龙的重要讲话精神，以守纪律、讲规矩的要求，强化政治责任，狠抓工作落实，坚定“绿水青山就是金山银山”的绿色生态发展理念，切实抓好生态环境保护、生态经济发展、美丽城乡建设、群众增收致富和职业教育等工作。

4月15日，会议开展市委常委学法讲课，邀请浙江大学光华法学院教授钱水苗作《中华人民共和国环境保护法》解读专题讲座。会议要求以市委常委会带头“学法”为示范，引领带动全市上下强化法治理念、法治思维，切实推动“绿水青山就是金山银山”战略指导思想的落实，保护好绿水青山，推进绿色生态发展。

5月20日，会议学习《中华人民共和国刑法》，传达省委学习贯彻“四个全面”战略布局专题研讨班精神，传达学习中央政治局常委、中纪委书记王岐山在浙江调研时的重要讲话精神等。

6月5日，会议传达总书记习近平在浙江调研时的重要讲话精神，强调要把贯彻落实总书记的讲话精神作为首要政治任务，认真落实好习总书记提出的八方面重点任务，全力打造“绿水青山就是金山银山”实践的丽水样板。同时，会议还传达了省长李强在丽水调研时的讲话精神。

7月8日，会议审议通过《关于进一步加强禁毒工作的实施意见》《关于促进丽水市电子商务发展的实施意见》，传达全省中小学育人工作会议精神，听取生态经济产业基金组建方案、中国·丽水摄影节暨国际摄影研讨会方案汇报。

7月15日，会议邀请浙江省委党校法学教研部教授、法学博士，法治政府研究所所长王晓杰作新《中华人民共和国预算法》专题讲座。同时，会议传达贯彻习总书记习近平在扶贫攻坚与“十三五”时期经济社会发展座谈会上的讲话精神，审议我市“百名市县领导督百案”活动方案。

8月4日，会议举行常委学法活动，学习新修订的《中华人民共和国行政诉讼法》。会议传达贯彻总书记习近平在会见全国优秀县委书记时及在中央党的群团工作会议上的重要讲话精神，传达学习中纪委关于上半年纪检监察工作情况的通报和十起发生在群众身边“四风”和腐败问题典型案例的通报。

8月21日，会议传达贯彻全省安全生产工作紧急会议精神和全省深化“四张清单一张网”改革，推进政府职能转变工作部署要求，强调坚决贯彻中央和全省安全生产工作紧急会议精神，认真排查安全隐患，全面加强安全生产管理，确保人民生命财产安全。加快落实浙江省对于“四张清单一张网”改革的要求，深入推进政府职能转变，深化改革创新，全力推动丽水经济保增长、稳提升。

9月8日，会议学习《中华人民共和国土地管理法》，传达省纪委关于10起巡视中发现的典型问题查处情况通报精神，通报丽水市违反中央八项规定精神及“四风”方面问题的处理情况，审议通过《关于强化生态经济发展长效推进机制的实施意见》，听取“中国长寿之乡绿色产业发展联盟”建设和丽水市老年友好城市创建工作实施方案汇报。

9月16日，会议听取丽水市第十三个五年规划基本思路汇报，强调要坚持“绿水青山就是金山银山”战略指导思想，守住生态环境保护与生态经济发展“双底线”，加快打造全国生态文明先行示范的“丽水样板”。

10月23日，会议传达学习习近平总书记在中央政治局集体学习时的讲话等重要讲话精神，传达省委常委扩大会议精神，分析前三季度我市经济运行情况。同时，传达了中央关于部分省市县党委书记违纪违法案件及其教训警示的通报、中纪委关于六起违反“八项规定”精神问题的通报、省“八项规定”检查组反馈的问题及省纪委领导在丽调研讲话精神，听取省委统战工作会议精神及贯彻意见汇报，审议通过丽水市省级旅游综合改革试验区实施方案、三年行动计划及瓯江旅游景区创建国家AAAAA的实施方案。

11月23日，会议通报“11·13”里东村山体滑坡灾害抢险救援有关情况，研究部署灾后重建等工作。会议召开前，全体与会人员向“11·13”里东村山体滑坡灾害遇难者默哀。

11月27日，会议举行常委学法活动，邀请浙江星韵律师事务所主任、法学博士吴清旺作题为《物权法与公私财产保护》的讲座。会议还审议《关于促进外贸稳定增长培育外贸竞争新优势的意见》和《市人大常委会关于政府重大投资项目监督暂行办法(草案)》。

12月17日，会议举行常委学法活动，邀请省建设厅原总规划师周日良作《中华人民共和国城乡规划法》讲座。会议传达中央、省委关于意识形态工作重要文件、会议精神，传达中央、全省扶贫工作会议和全省美丽乡村暨农村精神文明建设现场会精神，并听取丽水市贯彻意见汇报。

【全市领导干部会议】 3月17日，会议传达贯彻总书记习近平在省部级主要领导干部学习研讨班上的讲话精神，传达学习全国两会精神。市委书记王永康主持并讲话。会议强调，要认真贯彻落实中央提出的全面建成小康社会、全面深化改革、全面依法治国、全面从严治党这“四个全面”的战略布局要求，坚持“绿水青山就是金山银山”战略指导思想，在新常态下推进丽水绿色生态发展。

11月4日，会议传达贯彻中共十八届五中全会精神。市委书记王永康主持并讲话。会议强调，要把学习贯彻五中全会精神作为当前和今后一个时期的一项重大政治任务，认真学习、深刻领会、全面把握全会精神，自觉把思想和行动统一到党中央作出的重大决策部署上来，坚持走“绿水青山就是金山银山”绿色生态发展之路，全力打造生态保护和生态经济发展全国“双示范区”，力争与全省同步基本建成高水平小康社会。

【市直领导干部会议】 6月15日，会议传达学习省委十三届七次全体(扩大)会议精神，强调以总书记习近平在浙江考察时重要讲话精神和省委全会精神为指引，以更高的追求、更足的动力、更好的精气神，坚定走“绿水青山就是金山银山”绿色生态发展之路，协调推进“四个全面”战略布局以及“八八战略”在丽水的生动实践。

11月27日，会议传达贯彻省委十三届八次全体(扩大)会议精神，强调要深入贯彻中共十八届五中全会、省委十三届八次全会精神，宣传弘扬“里东大救援”精神，坚定不移走“绿水青山就是金山银山”绿色生态发展之路，认真谋划丽水市“十三五”发展规划，努力建设全国生态环境保护和生态经济发展“双示范区”。

【县(市、区)工作汇报会】 4月29日，市委、市政府在遂昌召开县(市、区)

工作汇报会，分析点评一季度经济运行情况，研究部署生态经济、生态保护、平安建设、基层党建、美丽乡村成片连线推进、“六边三化三美”、农家乐及民宿经济等重点工作。强调要积极适应中国经济发展新常态，坚持生态保护和经济发展底线，切实抓好生态、发展、民生、平安、党建“五张报表”，加快推进丽水绿色生态发展。

7月29日，市委、市政府在龙泉市召开县(市、区)工作汇报会，分析上半年经济运行情况，部署下半年重点工作。强调要坚定不移地走“绿水青山就是金山银山”绿色生态发展之路，增强信心，敢于担当，齐心协力，保持定力促发展，真抓实干保增长；要坚持“双底线”，打造“双示范”，确保实现年初确定的发展指标，谱写生态环境保护与生态经济发展新篇章。

10月29日，市委、市政府召开县(市、区)工作汇报会，分析三季度经济运行情况，部署2015年及“十二五”收官重点工作。强调要保持“绿水青山就是金山银山”绿色生态发展的战略定力，不计较个别经济指标的一时上下，坚决守住生态底线和发展底线，善于在不利中发现积极因素，在压力中寻找发力突破口，以“拼命干事”的精神状态，切实抓好各项工作落实，加快推进区域经济转型升级。

【市委市政府务虚会】 12月8—10日，市委市政府召开务虚会，总结丽水市“十二五”以来工作，研讨和谋划市“十三五”规划及2016年工作思路。会议强调，要深入学习贯彻中共十八届五中全会和省委十三届八次全会精神，坚定不移走“绿水青山就是金山银山”绿色生态发展之路，建设全国生态环境保护和生态经济发展“双示范区”，加快建设美丽幸福新丽水，力争与全省同步高水平建成全面小康社会。

市委重要活动

【省委巡视工作】 根据省委统一部署，省委第三巡视组进驻丽水市开展巡视工作。5月11日下午，省委第三巡视组巡视丽水市工作动员会召开，省委第三巡视组组长徐定安作动员讲话，省委巡视工作领导小组办公室副主任邱志明就配合做好巡视工作提出要求。市委书记王永康主持会议并作表态讲话。省委第三巡视组副组长朱贤文、胡浙金、周松林及巡视组全体成员；黄志平、虞红鸣、陈瑞商、朱晨及全市副市以上领导、各县(市、区)党政主要领导和市有关部门负责人等出席会议。

5月11日—7月3日，省委第三巡视组对丽水市本级进行巡视。省委巡视组认真贯彻落实中央巡视工作方针和省委要求，围绕党风廉政建设和反腐败工作这个中心，坚持“四个着力”，把发现问题、形成震慑作为主要任务，广泛开展个别谈话，受理群众来信来访，调阅有关资料，深入了解情况，顺利完成巡视任务。省委巡视工作领导小组听取巡视情况汇报，并向省委“五人小组”报告有关情况。

经省委同意，省委第三巡视组向丽水市反馈巡视情况。8月27日下午，省委第三巡视组组长徐定安向市委书记王永康反馈巡视情况，省委巡视工作领导小组办公室副主任邱志明传达省委书记夏宝龙关于巡视工作讲话精神。徐定安代表巡视组向丽水市领导班子进行反馈，邱志明对落实巡视反馈意见的整改工作提出要求，王永康主持会议并作表态发言。

【“三严三实”专题教育活动】 5月21日，市委召开全市“三严三实”专题党课暨专题教育部署会。市委书记王永康作专题党课报告，黄志平、虞红鸣、朱晨等市四套班子领导及法检“两长”在主会场出席，胡侠主持会议并做工作部署。各县(市、区)四套班子成员、法检“两长”等在各分会场参加会议。会议强调，要认真贯彻落实中央和省委全面从严治党的要求，以“四个全面”战略布局为引领，推动全市各级领导干部带头学习和践行“严以修身、严以用权、严以律己，谋事要实、创业要实、做人要实”，并将“三严三实”专题教育融入领导干部经常性学习教育之中，努力打造一支对党忠诚、个人干净、敢于担当的干部队伍。

7月10日，市委理论学习中心组举行“三严三实”专题教育第一次学习研讨会。市委书记王永康主持研讨会并做主题发言。市领导黄志平、虞红鸣、陈瑞商、朱晨等出席研讨会，胡侠、朱继坤、方向作重点发言，金建新、吕文明、叶朝丐、李江波、齐育华作交流发言。研讨会专门邀请浙江第七地质大队队长王卫青作先进集体事迹报告。会议强调，全市各级党员干部要自觉践行“三严三实”，严守党的政治纪律和政治规矩，自觉维护中央权威、切实维护团结、认真遵循组织程序、坚决服从组织决定、严格管好自己和身边人，严字当头、严以律己，以对党绝对忠诚的政治品质促政风、带民风，齐心协力建设美丽幸福新丽水。会议还传达学习中央、省委关于“三严三实”专题教育的统一部署，研究丽水市专题教育工作安排。

9月9日，市委理论中心组举行“三严三实”专题教育第二次学习研讨会，围绕“如何按照‘三严三实’要求律己用权，严守党的政治纪律和政治规矩，自觉做政治上的明白人”主题，深入学习贯彻总书记习近平系列重要讲话精神，将自己摆进去，对照先进典型汲取精神力量，查找不足和差距，并从反面案例中深刻反思、汲取教训、引以为戒。市委书记王永康主持会议并作总结发言。市委副书记、市长黄志平，市人大常委会主任虞红鸣作中心发言。市领导陈建波、卫中强作重点发言，戚永远、陈景飞、吴炳全、韦铁民、庄志清作交流发言，其他市领导作书面交流发言。省委组织部干部二处副处长孙桂中出席学习研讨会，并代表省委组织部作点评。会议还邀请莲都区岩泉街道党工委书记王峰、遂昌县云峰街道长濂村党支部书记郑宗长、松阳县西屏街道城西社区主任吴莉梅作先进事迹报告。

11 月 12 日，市委理论学习中心组举行“三严三实”专题教育第三次专题学习研讨会，传达学习省委专题教育学习会精神。市委书记王永康主持研讨会并作总结发言。市领导虞红鸣出席研讨会，陈瑞商作中心发言，毛子荣、姜华、葛学斌作重点发言，其他市领导作交流发言和书面交流发言。会议强调，全市各级党组织和广大党员干部要认真学习新修订的《中国共产党廉洁自律准则》和《中国共产党纪律处分条例》，按照“三严三实”要求，将自己摆进去，对照先进典型汲取精神力量，查找不足和差距，并从反面案例中查摆问题、汲取教训，全面推进从严治党，为建设美丽幸福新丽水提供坚强保障。会议还传达了中纪委关于党风廉政建设责任追究典型案件通报精神，并观看了廉政教育警示片。

【创建浙西南革命根据地纪念活动】 6 月 25 日，中国工农红军挺进师入浙创建浙西南革命根据地和中共浙西南特委成立 80 周年暨刘英诞辰 110 周年纪念大会在丽水举行，共同回顾红军挺进师在浙西南的光辉战斗历程，缅怀革命先辈们的丰功伟绩，弘扬和传承革命先辈英勇顽强、百折不挠的革命精神，凝聚更多智慧更大力量建设美丽幸福新丽水。中纪委原副书记、红军挺进师政委刘英烈士之子刘锡荣，省委常委、秘书长赵一德，中国少数民族福利基金会监事会会长、红军挺进师师长粟裕大将次子粟寒生出席纪念大会。省委党史研究室主任金延锋主持，市领导王永康、黄志平、虞红鸣、朱晨出席。

同日，纪念中国工农红军挺进师入浙创建浙西南革命根据地和中共浙西南特委成立 80 周年暨刘英诞辰 110 周年学术研讨会举行。中纪委原副书记、红军挺进师政委刘英烈士之子刘锡荣，中国少数民族福利基金会监事会会长、红军挺进师师长粟裕大将次子粟寒生，粟裕大将原秘书、解放军国防大学师级离休干部鞠开，红军挺进师参谋长王永瑞外甥女王红兵，浙西南特委书记宗孟平烈士孙女宗肖颖，处属特委书记傅振军之子傅伟民等出席会议。市委副书记朱晨致辞。

【中国人民抗日战争暨世界反法西斯战争胜利 70 周年纪念活动】 9 月 1 日，丽水市纪念中国人民抗日战争暨世界反法西斯战争胜利 70 周年影像图片展在丽水摄影博物馆开展。市委书记王永康在开展仪式上致辞。市委副书记、市长黄志平主持开展仪式。虞红鸣、陈瑞商、朱晨等市四套班子领导出席。同日，“民族魂·中国梦”丽水市纪念中国人民抗日战争暨世界反法西斯战争胜利 70 周年合唱音乐会在丽水大剧院举行。市委书记王永康，市委副书记、市长黄志平，陈瑞商、朱晨等市四套领导班子和军分区领导观看音乐会。

9 月 2 日，市委书记王永康，市委副书记、市长黄志平，市委副书记朱晨等市领导走访慰问抗战老战士、老同志，向他们致以崇高敬意和亲切的问候，感谢他们为抗战胜利所做的贡献。同日，丽水市举行中国人民抗日战争胜利 70 周年纪念章发放仪式。市委书记王永康向陈家毛、于成贵、牛金生、吕心义、靳先顺、张朝萍、崔斐等 7 名抗战老战士、老同志代表发放纪念章并致辞。陈建波主持发放仪式。胡侠、廖思红、姜华、徐岳明、林亮出席发放仪式。

9 月 6 日，市委召开全市纪念中国人民抗日战争暨世界反法西斯战争胜利 70 周年座谈会。市委副书记朱晨出席并讲话，市委常委、宣传部长陈建波主持会议，市领导陈志雄、戚永远、沈根花参加座谈。

【市党政代表团到宁德学习考察】 10 月 25 日—26 日，由市委书记王永康带队的市党政代表团，赴福建省宁德市学习考察。宁德市委书记廖小军、市长隋军会见丽水市党政代表团。在考察中，市党政代表团先后考察宁德市规划展示馆、新能源科技有限公司、中华畲族宫、军民融合展示馆、青拓集团有限公司，学习宁德的城市规划建设、高新技术产业发展、畲族文化传承、军民融合及重点项目投资生产等方面的经验和成果。10 月 26 日上午，廖小军、隋军等宁德市领导与丽水市党政代表团进行交流座谈，双方还签署两地区域经济社会合作交流协议和旅游区域合作框架协议。（胡雪峰）

“五水共治”工作

【概况】 2015 年，全市贯彻落实省委、省政府“五水共治”和“两美浙江”的决策部署，按照“干好一三五、提前治五水”的总体目标，推进“五水共治”工作，全市水生态环境质量指标稳中有升，生态文明总指数排名全省第一位，生态环境质量公众满意度继续稳居全省首位。丽水市"五水共治"工作获省考核优秀，"五水共治"群众满意率92.14%，连续两年居全省第一位，特色创新工作获省领导批示77件，居全省第一位，龙泉市、庆元县获省治水大禹鼎，遂昌、松阳、莲都被评为市先进县(区)。

丽水市"五水共治"领导小组办公室调整内设机构，下设6个组：综合协调组，具体负责综合协调、工作推进、信息宣传、考核督查等工作；专项一组，办公地点设在市环保局，负责牵头落实治污水相关工作，牵头负责"河长制"工作。专项二组，办公地点设在市水利局，负责牵头落实防洪水、保供水等相关工作；专项三组，办公地点设在市建设局，负责牵头落实排涝水、抓节水等相关工作；宣传报道组，办公地点设在市委宣传部，负责统筹安排全市"五水共治"相关工作的宣传报道；督查考核组，办公地点设在市政府办公室，负责全市"五水共治"相关工作的督查和考核。在各市级有关部门和县(市、区)抽调干部共23人，到综合协调组挂职锻炼。

【工程治水】 2015年，全市计划安排"五水共治"重点建设项目204个，总投资239亿元，年度计划投资61亿元。年度累计完成投资72.01亿元，投资完成率154.9%。其中，治污水方面年度计划投资29.44亿元，完成35.18亿元。在全省率先完成三河治理的基础上，2015年完成59.4千米黑臭河的整治提升任务。龙泉市、松阳县、遂昌县成功创建"清三河"达标县，庆元县通过省复查。新建城镇污水管网180.6千米，新增污水处理能力5万吨/日；新开工农村生活污水治理项目村庄数1233个，新增受益农户22.8万户；农村生活垃圾处理率100%。完成六大重污染行业整治75家，并通过验收。完成淘汰落后产能涉及企业224家，完成整治"低小散"企业1690家。关停整治年存栏50头以上畜禽养殖场219家，禁养区限养区畜禽养殖治理基本到位；防洪水方面年度计划投资16.29亿元，完成19.48亿元，完成中小河流堤防建设99.3千米，水库除险加固工程完工6座，完成好溪水利枢纽工程——潜明水库一期投资2亿元；完成好溪堰水系整治工程河道拓浚1千米；排涝水方面年度计划投资4.95亿元，完成5.66亿元，新开城市河道1条，排水管网清淤1172千米，雨污分流改造管网173.9千米，增加应急抽水设备排水量1.5万立方米/小时，新建雨水管网175.1千米，提标改造管网168.7千米，改造易涝积水点21个；保供水方面年度计划投资7.38亿元，完成8.26亿元，新增和改善灌溉面积0.71万公顷，建设供水管网130.3千米，改造供水管网112.8千米，城镇供水水质年度检查全部合格，完成农村饮水安全提升2.53万人，县级以上集中式饮用水源地水质达标率100%；抓节水方面年度计划投资2.65亿元，完成3.43亿元，建设屋顶集雨等雨水收集系统585处，改造节水器具1.4万套，完成一户一表改造1.1户，全市各县(市、区)全面实施居民用水阶梯价格制度，完成39家重点企业水平衡测试，新增高效节水灌溉面积0.3万公顷，实施治水技改项目87个。

【管理治水】 2015年，市委、市政府就推进和部署"五水共治"工作，先后召开33次相关会议进行研究部署。市委常委会议3次，市政府专题会议12次，丽水市"五水共治"工作领导小组会议3次，市治水办工作例会6次，召开市"五水共治"暨全国水生态文明城市建设试点工作推进会、生态文明建设专题报告会、水生态文明建设专题报告会、全市乡镇党委书记工作交流会等。全市出动各类执法人员59220人次，排查排污单位19740家，责令停产、限产企业家数313家，责令限期改正或限期治理企业1237家，关停取缔企业3182家，行政处罚案件573件，行政处罚1001.16万元，移交公安案件22件，行政拘留10人，刑事拘留15人。依托《电视问政》、问政直通车、处州晚报读者监督团、老白监督团、"不文明大家拍"等载体，加大对"五水共治"工作舆论监督力度，《电视问政》12期节目中共有播出涉水问题短片20余个，分别聚焦工业治污、开发区治污、农村治污、保供水等方面存在的问题。实现市、县、乡、村四级河长全覆盖，全市有市级河长12人、县级河长165人、乡级河长988人、村级河长3594人，四级河长累计带队巡查河道10万余次，发现和协调解决问题600余件。首次实行"红黄牌"

丽水市内河龙石溪清淤前后对比

胡雪峰　提供

警告制度，建立“五水共治”问题库，并实行“挂号、销号”制度。首次执行“一事双责”的责任追究法，即：县（市、区）完不成任务，市直相关职能部门连带承担相应的责任。首次采取考核结果公示制度，提高考核的公平性和权威性，对市各考核责任单位对县（市、区）的考核评分结果进行公示，接受监督。

【社会治水】 2015年，引入社会力量参与治水，在全省首创推出微信“治水联盟”，“治水联盟”关注人10万余人；在全省率先启动治水“红黑榜”活动，组建市民巡访团、巡河小分队，设立“生态丽水”微信平台专门受理群众投诉和建议等。全市“民间义务监督员”队伍扩充至152人，受理微友问水148次，共发布“红黑榜”33期。开展“万名干部下基层”参与治水工作，全市2725个行政村和518家重点企业全部派驻治水工作指导员，每个村安排部门领导干部1人、机关年轻干部1人和驻村干部1人；开展“我家门前有条河”征文比赛、“五水共治”主题绘画比赛、人人学唱《大禹纪念歌》等主题宣传活动。《丽水日报》《处州晚报》开设《坚决打好“五水共治”攻坚战》《五水共治，建设美丽幸福新丽水》等专题栏目，市广电总台各频道、频率开设《五水共治在行动》《五水共治看内河》《治水这些事》等专栏，集中报道丽水市“五水共治”工作开展以来各水域存在问题、治理举措、进展成效。市级媒体共计刊发报道1370余篇。加强与省级以上媒体的日常对接，开展主流媒体采访报道活动，中央级媒体发稿16篇，省级媒体发稿77篇。

【科技治水】 2015年，开展“市区公共用水与工业用水定额管理与控制研究”和“水体蓝藻控制与治理关键技术研究”，确定“丽水市黄村水库饮用水源地蓝藻预防、预警和科学治理”五水共治技术研究专题项目，扶持经费30万元。联系省内高校院所专家相关专家开展科技对接活动。邀请省科技厅副厅长曹新安、浙江大学副院长徐向阳、浙江大学副教授赵伟荣、省环科院高级工程师张钢等专家开展科技支撑“五水共治”座谈会。开发区在全省率先开展厌氧氨氧化处理合成革总氮试点。水阁污水处理厂、旭利合成革对接韩国治理技术，新旭合成革联系深圳治理公司的化学去除方法进行试验。探索生产线密封和“机器换人”改造，在生产线自动涂台、浆料自动配色、革基布燃料助剂自动配送等方面展开试点研究；开展“无溶剂”试点，新旭、闽锋两家企业正在试点“高物性生态无溶剂”技术。

【水质继续保持全省领先】 2015年，跨行政区域交界断面水质达标率100%，全市饮水用水源地水质达标率100%，96个断面中达到I–III类水质的有95个，占比98.96%，其中Ⅰ类断面13个，比2014年同期增加1个，Ⅱ类断面67个，比2014年同期增加7个，Ⅰ、Ⅱ类优质水质83.3%，占比上升14.6个百分点，III类断面15个，比2013年减少8个，占比下降8.3个百分点。许多对生态要求极高的生物在丽水市立足生根。遂昌县迎来世界濒危物种黄嘴白鹭；国宝中华秋沙鸭连续7年到松阳过冬；瓯江青田段再现国家野生二级保护动物花鳗鲡等。总结2014年“8•20”抗洪经验，投资2.3亿元，完成丽水城区出险段应急闭合工程；成功应对超强台风“灿鸿”的袭击；打通丽水主城区和丽水经济开发区间的水源互通，增强供水能力，具备2.5万吨/天的互通供水规模。全市主动挤出“黑色”工业产值130亿余元。莲都区古堰画乡以“五水共治”为依托，成功创建国家AAAA级旅游景区，并成为中国长三角旅游高铁联盟的首个景区成员。上海华服集团计划投资5亿元，将青田县祯旺源打造成浙西南地区档次较高的养生养老基地、长三角地区具有较高知名度的度假胜地和国家AAAA级旅游景区。四川科伦药业股份被龙泉山的优质水源吸引，落户龙泉，带来10亿余元投资。 （梅丽森）

“六边三化三美”工作

【概况】 2015年，丽水市深入贯彻落实“绿水青山就是金山银山”发展战略，坚持“以问题为导向”，建立“一月一点评、一季一督查、半年一评估、一年一考评”推动机制。全年投入资金41.6亿元，建成美丽乡村风景线10条、美丽高速公路风景线10段，巩固提升美丽乡村风景线6条，沿线建成美丽乡村精品村52个、美丽乡村示范村220个、花样村庄102个，全市“六边三化三美”工程群众满意度达86.6%。建立县（市、区）领导“5+2”蹲点联系美丽乡村机制，蹲点联系沿线村庄337个村；建立县、乡、村三级路段长制，全市设置路段长4071人，形成网格化管理布局。制定“处州民居”控新治旧管理办法，全市所有行政村全部制定“村规民约”。在12月20日召开的“2015第十届中国全面小康论坛”上，丽水市“六边三化三美”工作获“全国十大社会治理创新奖”。

【开展“六边”洁净专项行动】 2015年，开展“六边”洁净专项行动，在“六边”区域添置垃圾收集、清运设施，增加保洁力量，健全管理机制。全年“六边”区域清理垃圾35.4万吨，添置垃圾箱9.99万只、垃圾清运车3202辆，建设提升垃圾中转站391座，培训配置较为固定的农村保洁员7446人，157个行政村实行垃圾简易分类收集处理，行政村垃圾集中收集率100%；推进“六边”区域“厕所革命”，消除露天粪坑9680处，新完成农户改厕4.6万户，改造提升村庄公厕2153座，整治提升景区厕所154座，关停（搬迁）、拆除“六边”区域养猪场670户30.56万平方米，“六边”区域洁净水平明显提升。

【路域环境百日专项整治活动】 2015年，开展干线公路“两路两侧”“四边三化”暨路域环境百日专项整治活动，全年组织拆除“两路两侧”“六边”区域乱搭乱建14.79万处663万平方米，清理乱堆乱放12.13万处56.78万立方米，拆除“六边”违法广告牌4.74万块24.23万平方米，清理“牛皮癣”117.96万处，清理整治非公共路标识标牌1.29万块，“六边”区域环境更加有序。

【“六边”绿化工程】 2015年，开展“六边”林相改造、沿路沿江绿化、田园点缀绿化、环村绿化、花样村庄培育等工程推进六边绿化。全年“六边”区域实施林相改造项目3.61万个3276.76千米，建设培育环村绿化带4645.29千米，实施矿山复绿38.31公顷、景区绿化334.24公顷、沿线田园点缀绿化0.29万公顷，建设花样农家1.85万户；绿化整治沿线坟墓2.8万穴、搬迁坟墓5029座，新启动生态墓园建设项目433个。

【高速公路和美丽乡村风景线沿线美化建设】 2015年，开展高速公路和美丽乡村风景线沿线景观化建设推动沿线美化，全年启动沿线房屋外立面改造337个村，完成农户房屋外立面改造5.27万户1706.88万平方米，建设各类文化墙679处12.02万平方米，启动建设文化礼堂243个、村庄主题公园106个、村庄文化展馆269个、景观小品（雕塑）308个、碧水绕村项目59个，启动沿线产业景观带建设项目227个0.53万公顷，沿线美化水平全面提高，推进美丽丽水建设。 （王艳杰）

市委办公室工作

【信息工作】 2015年，市委办信息处编发《工作交流》23期，《信息专报》12期，《业务通讯》12期，《每日要情》230期，上报省委办公厅信息5140余条，被省委办公厅信息处录用正面经验信息156条，《工作情况交流》13篇，经过省委办公厅转报被中央办公厅录用23条。围绕市委中心工作和工作中心开展信息报送，报送基层贯彻落实市委重大决策和重要会议精神的信息，为市委领导掌握全市面上工作服务。向上级信息部门报送反映丽水市重要工作和特色经验的信息，进一步宣传丽水。加强与县（市、区）、市直部门信息工作人员联系，开展信息工作研讨会、座谈会等活动，建立紧密合作的信息工作团队。按照“抓培训，促提高”的要求，对市直部门、县（市、区）信息工作人员采取以会代训、顶岗轮训、专题培训等形式，提高信息工作人员的能力和水平。 （林中立）

【督查工作】 2015年，市委督查室（考核办）以美丽城乡建设、“六边三化”、“五水共治”、“三改一拆”、经济转型升级等工作为重点，开展督查考核工作，促进上级党委与市委重大决策和重要工作的贯彻落实。全年对重大督查事项立项77个；以市委办《内部明电》形式下发督查通知16个；下发《重要事项交办单》61期；完成督查专报及反馈130余个；办理市委领导批示3700余件；对593件建议提案进行集中交办；向省委办公厅上报督查材料12个。

起草《2015年市委市政府重点工作责任分工》，每月汇总完成市委、市政府主要工作完成情况。组织全市落实中央八项规定情况专项督查，全市美丽城乡建设情况综合督查，扩大有效投资和重点建设项目联合督查，为侨服务工作专项督查，农家乐综合体和民宿经济专项督查等11次专项督查。每月对美丽县城建设情况、丽水城市建设“六个一”进展情况、“5+2”领导联系美丽乡村建设情况、河长制工作情况进行督查，每周对示范村、精品村、农家乐综合体和特色小镇建设等情况进行跟踪督查。每周一报、每旬一报、每月一报、每季一报有30余个，有力促进市委中心工作的落实、落地。

开展美丽乡村建设综合督查，牵头拟定督查方案，组织开展市委常委、市人大和市政协领导两次集中督查、集中宣传报道；每月组织市委办、市人大办、市府办、市政协办开展一次集中督查，在全市掀起美丽城乡建设的热潮。持续做好丽阳坑治水工作，牵头制定网格化监督治水方案，每周督查，发现问题，交办问题，每周编印治水简报，每月制作治水PPT，向市委主要领导汇报。经过一年多治理，丽阳坑水质逐步好转，基本实现“水清、有鱼、无异味”的目标。

针对全市重点项目建设和有效投资完成情况，组织市府办、市重点办、市“五水共治”办等单位开展联合督查，现场督查，发现问题，集中交办，并每月对项目进展情况进行通报。

牵头开办《每周聚焦》栏目，并就选题范围、审稿程序、撤稿程序进行规范，明确《每周聚焦》领导小组成员单位的责任。市委督查室针对《每周聚焦》曝光问题，建立了一事一报、定期汇总、重点抽查制度。

将督查工作纳入市委、市政府对各部门的年度综合考核，把日常督查结果作为年度考核的重要依据，以加强日常督查的方式促进重大工作的有效落实，实现对工作落实的全过程控制。制定《关于2015年度综合考核工作的实施意见》《关于2015年度综合考核和市直部门专项考核结果运用的实施意见》等考核文件，特别是县(市、区)综合考核办法以生态、发展、平安、民生、党建五张报表为主体，其中生态文明建设指标以及相关工作占党政绩效考核的比重达54%以上。（胡　炼）

【调研工作】 2015年，市委办调研处围绕市委、市政府中心工作，起草重要文稿、文件。主要完成市委三届九次报告、市委三届十次全会报告和《中共丽水市委关于制定丽水市国民经济和社会发展第十三个五年规划的建议》起草工作。起草县(市、区)工作汇报会、市委市政府务虚会等重要讲话文稿60余篇。深入开展政策研究，制定《中共丽水市委常委会2016年工作要点》。开展重点课题调研，其中市领导重点调研课题18个、各县(市、区)委书记、县(市、区)长调研课题18个、市直单位调研课题47个。组织开展“接地气转作风、摸实情促发展”调研活动，并召开全办专题学习会进行研讨交流。组织开展全市党政系统优秀调研成果评比，编印《决策与调研》7期等。完成省委政研室部署的各项工作任务，做好每季度省委政研室经济形势分析会的汇报工作，做好《政策瞭望》的发行工作。完成《紧盯绿色生态“发展报表”不动摇着力构建新产业发展体系》《以“八八战略”为总纲坚定不移走好绿色生态发展之路》《保护绿水青山永无止境，造就金山银山走在前列》等文章。（马莹华）

【保密工作】 2015年，市保密局深入落实上级保密行政管理部门关于推进保密三大管理(定密管理、涉密人员管理和网络保密管理)的工作部署，开展定密责任人确定和定密事项一览表编制工作。指导重点单位开展涉密网建设，并组织涉密网建设单位参加“三员”培训，强化对各建设单位涉密网方案设计、系统测评、系统审批等工作环节的监督管理。以新颁布的《中华人民共和国保守国家秘密法》实施5周年为契机，组织开展保密宣传教育，并将10月定为保密宣传月，发动市直单位和各县(市、区)开展形式多样的保密主题宣传月活动。在市委机关刊物《今日丽水》刊发保密宣传文章12篇。开展涉密载体印制企业资质审查，经省国家保密局批复，丽水日报印刷厂成为丽水市首家取得涉密载体印制资质单位(涉密文件类乙级)。开展军工企业保密检查和回访工作，组织军工企业保密办主任和保密员参加军工保密资格单位管理培训。9月，联合市档案局对全市9个县(市、区)的18个乡镇(街道)开展档案信息安全保密联合执法检查，促进乡镇一级档案信息安全保密工作的提升。开展高考、司法考试和公务员考试等国家考试保密检查，重点加强对试卷运送、试卷存放、试卷保管、试卷保密室等重点环节和重点部位的检查，严防失泄密事件发生。做好涉密载体的回收销毁工作，全年回收销毁保密废纸110余吨，销毁硬盘156个，优盘15个，光盘120多张。（吴　东）

【编辑室工作】 2015年，资料编辑室围绕市委中心工作，主动服务大局，按时编发《今日丽水》12期，先后开设美丽乡村建设、农村电子商务、党风廉政建设、人才论坛、基层党建、文化创意产业、小而美民宿等专题，做到党刊主题宣传与市委中心工作同频共振、合力合拍，确保舆论引导正确有力；创新思维，开拓多元化宣传途径，利用H5页面制作平台、微信推送等方式，制作融媒体页面和链接《党员领导干部学用党章要做到“三个在先”(图解版)》《丽水经济怎么干：坚持“三个要”实施“六个抓”》《丽水经济观察：登陆“新三板”，“抢滩”资本市场》《市委三届九次全会决定解读》等60余个(条)，累计点击阅读量超过10万人次，及时传递市委重大决策、市委主要领导活动和权威声音；密切配合完成办公室领导交办的多项图片和文字资料汇编，完成《美丽幸福新丽水——“五张报表”看丽水》《绿水青山就是金山银山 2000—2015丽水撤地设市十五周年》大型画册的编撰，做好市委重要会议、活动的文字、图片资料收集存档，以及历任领导有关资料的汇编工作。（胡雪峰）

组织工作

【调研宣传工作】 2015年，全市各级组织系统形成调研文章42篇，其中市委组织部《发挥“空心村”党组织政治功能的实现途径和对策研究——基于丽水的实践探索》获中组部党建研究所重点课题二等奖和全省组织系统2015年度最佳调研成果，《年轻干部成长规律及培育机制浅析》获全省组织系统2015年度推荐调研成果，青田县委组织部《巩固与加强农村基层党组织建设的实践与思考》获全省委组织系统2015年度优秀调研成果。各县(市、区)和部机关各处室申报特色工作57项,其中市本级“推行‘空心村’党建十二法”“建立领导干部个人重要事项‘20条清单’”“选派新生代企业家到市直部门挂职锻炼”入选2015年度浙江省组织系统特色工作。全市信息被上级部门录用64篇,其中《浙江丽水构建三级“警示框”深入整治为官不为》被新华社内参录用,《大兴“干事文化”激励干部奋发有为》《丽水选派新生代企业家到政府部门挂职》等8篇信息被中组部录用,《丽水开展“全员轮训”助推绿色发展》被省委办公厅录用,《丽水市建立北大清华选调毕业生基层“蹲苗”五项工作制度》《丽水市出台领导干部个人重要事项报告“20条清单”》等54篇信息被省组部录用。做好全市组织工作宣传、“绿谷先锋”政务微博、政务微信维护以及《丽水党建交流》杂志编印工作,全年省级以上报刊杂志和网络媒体刊发丽水市组织工作宣传报道500余篇,“绿谷先锋”政务微博、政务微信分别推送各类信息500余条。 (赖祝鑫)

【干部工作制度建设】 2015年,出台《进一步强化正确用人导向的意见》《干部人事工作“十要十不准”》《县(市、区)党政领导班子定期沟通制度》《丽水市推进领导干部能上能下实施办法(试行)》等文件,规范领导干部的选人用人行为,推进科学决策、民主决策、依法决策,解决为官不正、为官不为、为官乱为等问题。制定《干部选拔任用工作操作规程》,明确基本流程、注意事项和相关规定,规范选人用人程序。

【开展市管干部人事档案专项审核工作】 1月,根据中组部、省委组织部工作部署,丽水市启动干部档案专项审核工作,重点审核干部档案“三龄两历一身份”信息,特别是档案涂改造假和审核把关不严等问题。抽调精干力量集中审核,邀请省委组织部档案业务专家开展培训指导,对干部档案进行一次严格细致的“体检”。6月底,全部完成市管干部档案的初审、复审工作,审核干部档案1010卷。截至12月底,收集补充材料3092份,组织认定92人。丽水市干部档案专项审核工作在省委组织部的档案督查情况通报中受到点名表扬。

【完成选调生村干部考录工作】 2015年,根据省委组织部统一部署,丽水市面向全国招考选调生村干部19人(乡镇公务员编制,录用后先在农村工作3年)。共398人报考,985、211重点高校40人。其中,北大、清华各1人,浙大7人;博士1人,硕士47人。录用的19人中,985、211重点高校5人(浙大3人、西南大学1人、北京交通大学1人),研究生5人。

【开展干部实绩公示公议试点工作】 2015年,借鉴德清县的经验和做法,在丽水生态产业集聚区(丽水经济技术开发区)、市旅游委员会、市建设局、市商务局、市环保局、市经合办(招商局)、云和县等单位(地区),开展领导班子和领导干部年度实绩公示公议试点工作,通过确定实绩项目,定期进行公示,开展专项测评,提升年度实绩考核的质量和水平。 (梅培操)

【建立干部署名推荐制度】 2015年,市委制定《署名推荐领导干部人选办法》,对推荐的对象、范围、时间、形式、程序、责任、纪律要求等进行明确。落实干部选拔任用全程纪实工作,加强考察文书档案的存档管理。

【全面清理领导干部在社团兼职取酬】 2015年,针对个别领导干部在社团兼职并领取报酬的情况进行专项清理,市委领导对有关兼职的领导干部进行约谈,再次重申中央、省里关于领导干部兼职的政策,强调纪律要求。全市在社团兼职并领取报酬的17位省市管领导干部均已清退交通费、通讯费补贴等。

【加大年度考核结果综合运用力度】 2015年,落实《年度综合考核和市直部门专项考核结果运用的实施意见》等文件,运用年度考核结果加强领导班子建设。加强综合研判,对收集到的各类测评(评议)和民主推荐结果分别进行汇总和分析。对考核测评结果,书面反馈单位主要负责人,由各单位主要负责人逐一反馈给其他班子成员。视情开展谈话提醒,对存在问题比较突出的领导班子和领导干部进行提醒谈话。加强回访跟踪,对在年度考核中有问题反映的领导班子和领导干部,通过回访等措施予以跟踪督促。

【加强对超职数配备干部的消化整改】 2015年,把超职数配备干部整改纳入干部调配工作计划,对省组部审核确认的市直单位54个超职数配备领导干部有计划进行消化,对事业单位设置的非领导职务整改到位。使严格按职数配备干部成为干部选拔任用工作的新常态。

【开展干部选拔任用动议调研工作】 2015年,通过总结丽水市实践经验,深入市直单位对领导班子及干部队伍情况进行调研。重点了解领导班子运行情况、后备干部情况、干部思想工作和精神状态、干部的合理诉求、人岗相适度和群众基础、班子和队伍存在的问题等，为下步综合研判、搞好动议打下基础，进一步认识干部任用启动程序在干部工作中的地位和作用，不断深化对启动程序的条件、主体、权限、机制等内容的理解，提高启动程序的实施水平和责任意识。（孙苏平）

【年度考核新机制】 对2015年度考核工作进行部署，落实好《领导班子和领导干部年度实绩公示公议试点工作方案》，采取领导班子和领导干部重点工作任务年初公示、季度督查、年底测评的方式，完善领导班子和领导干部考核评价体系。

【开展领导班子回访】 2015年，结合年度考核工作，听取县（市、区）核心层对本地领导班子和领导干部的分析评价，以问题为导向，梳理存在的问题和意见建议呈送市委领导审阅。继续开展县（市、区）领导班子回访，共回访谈话99人，听取意见建设37条次。

【做好市“两会”和县（市、区）“两会”指导工作】 2015年，指导各县（市、区）按照要求做好两会相关工作，掌握选举动态和选举信息，所有选举对象都高票当选，实现组织意图。

【完成巡视整改任务】 2015年，根据省委巡视组要求，对换届以来的选人用人情况进行自查自纠，重点对考察文书档案整理、任期制情况、“三超两乱”、领导干部在企业、社团违规兼职、领酬等问题核查纠正。组成调查组对省委组织部〔2015〕56、57号两个立项督办件进行核查，并督促整改到位。

【干部调配工作】 全年拟制干部日常调配方案9个批次涉及91人次，其中提任11人，转任重要岗位3人，平级调动34人，免职21人，社团兼职22人。（练如库）

【人才工作】 2015年，全市人才工作围绕全面实施创新驱动发展战略，落实全市中长期人才发展规划，以产业紧缺人才为重点，以重大人才工程为抓手，着力完善工作体制机制，推进各类人才队伍建设。落实“党管人才”要求，建立和完善人才工作重大事项通报制度、人才工作督查反馈制度和人才工作联络员制度等，出台《丽水市加强社会工作专业人才队伍建设实施办法（试行）》等政策。完善人才工作目标责任制和“双招双引”考核机制，继续将重点人才指标作为基础考核任务纳入招商引资工作考核。组团参加杭州国际人才交流会、宁波人才科技周等大型引才活动，现场对接人才300余次。组织5家重点企业到欧美开展海外引才，在北京、武汉、西安、成都等地举办人才专场招聘会，引进各类急需紧缺人才和高层次人才1367人。自主申报入选浙江省“千人计划”人才2人，遴选“绿谷精英”人才16人。完成北大清华选调硕士毕业生考察和岗位安排，再次开展面向北大清华浙大定向选调优秀毕业生工作。推进丽水海创园、绿谷信息产业园、大学生创业园和机器人产业基地等“三园一地”建设。加强柔性引才工作，新增国家级博士后科研工作站2家、省级院士工作站1家、省级博士后工作试点9家、市级院士工作站6家，国家级建站单位实现“零”的突破。举办第四届人才科技峰会，开展高层次人才创业创新成果展等系列活动。推进“百名博士入百家企业人才引领计划”，主动对接人才，服务企业转型升级。加快本土人才培养，入选浙江省高级工艺美术师19人、认定首批工艺美术大师示范工作室8家，新建市级“技能大师工作室”10家，评定丽水市“传统工艺学科带头人”15人，新增151第三层次培养人员12人。开展丽水市“首席专家”、“138”人才培养工程、“五养”技能大师等重点人才评选工作。举办“丽水三宝”人才培训班、丽水非物质文化遗产人才研修班、企业高级人才等各类人才培训班17个。优化人才发展综合环境，加大人才专项资金投入力度，市本级财政投入5184万元。落实领导联系人才制度，市级党政领导联系四类以上优秀人才42人和重大人才项目21个。组织高层次人才健康体检和疗休养活动，解决高层次人才子女入学问题，市区配租人才公寓76套。加强对丽水市高级人才联合会和博士联谊会的指导，组建人才服务专员队伍，发放高层次人才服务卡，开展“智慧绿谷”论坛、高级人才讲坛等活动。加强人才宣传，在市级主流媒体开设“人才强市”专栏，改版“丽水人才网”、发行《丽水人才》杂志，开通“丽水人才”微信公众平台等。（叶献梯）

【党章党规党纪专题集中轮训】 8月，丽水市分三期对市管领导干部开展党章党规党纪专题集中轮训。市委主要领导亲自动员并作专题辅导报告。为妥善处理工学矛盾，确保全覆盖、无遗漏，轮训分三期分批进行。同时，县（市、区）党委组织开展乡科级领导干部的党章党规党纪专题集中轮训工作。轮训期间执行相关纪律和规定，尤其是严格执行中央“八项规定”精神和学员管理的各项要求，严肃请销假制度。市正风肃纪工作小组对晚间自学情况进行明察暗访。参训的党员领导干部均能严格遵守各项纪律规定，自觉参加各项学习活动。

【开展绿色生态发展暨“清单”制度建设“全员轮训”】 3月，丽水市在市直单位和全市规上企业开展绿色生态发展暨“清单”制度建设“全员轮训”工作。先后轮训市县乡三级干部49100余人、企业负责人8300余人。各单位出台服务绿色发展制度190余个，形成以培训促工作的好局面。省委办公厅《浙江信息(每日汇报)》专门刊发《丽水市开展“全员轮训”助推绿色生态发展》的信息，《浙江日报》、新华网、中国机构编制网也先后作报道。

【干部教育培训】 2015年，丽水市立足实际，坚持围绕提升干部教育培训工作质量，拓宽渠道、整合资源，以改革创新精神深化“四个办学”模式，着力提高干部教育培训工作的针对性、实效性和统筹性。全年市本级举办各类主体班次32期，培训干部3334人次。用活市内外办学资源，最大限度邀请优秀师资。主体班次坚持市委党校、国内名校、现场实践教学的“三段式”办学模式，把班办活办好。依托全国市长学院专业优势，举办美丽城乡建设专题研讨班，联合金华、衢州举办“三地优秀年轻乡镇长培训班”。邀请国内高校专家、中央和省直部门专家、市县领导、优秀乡镇书记、本地乡土人才、优秀模范代表到党校主体班次授课，便于学员向一流的专家、一线的操作者、政策的制定者学习和交流探讨。通过摸底调查、召开咨询座谈会和征求意见等形式，掌握领导干部的实际需要，制订教学计划，完善教学安排；在专题研讨班中推行市领导领办制，有效破解专题研讨班教学计划重点不突出、教学方向与工作实际相脱节、研讨成果难落实等难题，增强教育培训的针对性和实效性。按照“整体规划、分步实施，资源共享、节约经费，分类管理、体现特色”的思路，发挥浙江领导干部网络学院丽水分院的平台作用。每月对学员的课件点击、学习情况进行分析，每季度对学分较少学员进行短信提醒；拓展学院功能，在网络学院已有课程资源的基础上，将本地一些优质课程、领导讲话上传到网络学院，供各级领导干部学习。贯彻中组部《干部教育培训工作条例》《关于在干部教育培训中进一步加强学风建设的若干意见》，从严抓好领导干部教育培训管理。把干部教育培训情况纳入每季度党建报表和年度党建考核内容，及时掌握各地干部教育培训开展情况，确保各地全面完成参训率要求。联合市委宣传部、市普法办等多个单位，开展领导干部综合知识测试，将测试成绩折算为年度学分，记入领导干部学习培训档案，作为年度考核的重要内容。

【干部挂职锻炼】 2015年，坚持把服务市委中心工作和培养干部紧密结合起来，加大干部挂职锻炼力度，做到从严选派、从紧管理、从优服务。选派干部挂职锻炼，全年选派209名干部开展挂职锻炼。其中，选派22名领导干部到国家部委(中央国企)、上海长宁区、省直单位和山海协作产业园互派地区挂职学习；选派167名市管后备干部、优秀年轻干部到市审批代办中心、市生态精品办、市治水办、市招商局和市区重点项目政策处理攻坚大会战等“三重工作”挂职锻炼；继续开展双向互派挂职工作，选派11名市直单位干部到县(市、区)乡镇(街道)挂职锻炼，9名县(市、区)干部到市直部门挂职锻炼。

【援藏援疆援青工作】 2015年，围绕上级部署和智力援疆有关工作要求，坚持把援藏援疆援青工作作为一项重要政治任务来抓，重点做好援疆援藏专技人才到期轮换、智力援疆、“三援”干部子女入学入托三项工作。丽水市选派16名第八批第二期援疆、1名第七批第二期援藏专技人才到新疆新和县和西藏那曲地区，开展对口援助工作。协调相关部门，采取集中授课、现场教学、座谈交流等形式，举办新和县中青年干部培训班，培训干部44人次，做好10名新和县干部到丽水挂职锻炼工作，2名阿克苏地区科技英才到丽水进修学习，为他们提供周到细致的后勤保障。主动征求“三援”干部人才在子女就学方面的需求，协调市教育局等相关部门，帮助解决入学入托问题，使“三援”干部人才安心对口支援工作，解除他们的后顾之忧。 (吴益平)

【开展选人用人检查和问题整改】 4—5月，市委组织部会同市编委办组织3个选人用人专项检查组到9个县(市、区)和37家市直单位开展检查，对检查发现的问题，专题向县(市、区)委书记参加的反馈会作反馈，要求限期整改，对整改情况建立督查和通报制度，要求“一月一报”，确保整改不落空。5月22日—6月11日，根据省委选人用人专项检查组的有关要求，配合做好选人用人专项检查，检查期间向检查组报送8批次61个材料。8月27日，省委巡视组和选人用人专项检查组向丽水市反馈检查情况，指出丽水市在选人用人方面存在的突出问题和整改意见，为确保整改工作落到实处，抓好制定整改方案、举办全市干部选任工作培训班、制定完善制度、开展“带病提拔”检查、开展专项督办件查核、开展专项清理等工作。会同其他处室制定整改方案并上报省委组织部，督促9个县(市、区)委及27个市县相关单位围绕整改工作召开选人用人专题民主生活会。举办县(市、区)委组织部分管副部长、干部处室人员及市直单位分管领导、业务处室干部参加的干部选任工作培训班，加强对全市组织人事干部的业务培训和指导。根据中组部和省组部文件,制定出台《关于对领导干部进行提醒、函询和诫勉的办法》《关于进一步完善领导干部个人重要事项报告清单的通知》《关于进一步规范领导干部配偶、子女及其配偶工作调动的补充通知》等政策性文件,加强对领导干部及其近亲属、身边工作人员的工作变动、提任及职务岗位变动等的事前监管。会同有关单位对9名“带病提拔”的党政领导干部(其中,县处级3名、乡科级6名)选拔任用过程进行集中倒查。经审查,9名倒查对象的选任过程均不存在《党政领导干部选拔任用工作责任追究办法(试行)》所规定的责任追究情形。市委组织部会同市编委办、市人力社保局对“个别领导干部身边工作人员提拔调整过快”“个别单位从主要领导曾任职地调动人员过多”“领导干部亲属子女在重要部门工作较多”等问题进行查核,并在全市范围内开展专项清理,严格防范市管干部违规安排近亲属工作及违反任职回避制度等行为。

【干部监督管理工作】 2015年,围绕干部监督工作存在的薄弱环节和突出问题,抓好工作落实,不断推动干部监督工作向纵深发展。指导督促做好超职数配备领导干部整改消化工作。严格执行预审制,共审批9个县(市、区)55个批次的干部调整报告。截至年底,全市消化正处领导干部6人,副处级领导干部45人,消化整改率89.5%;消化县(市、区)乡科级领导干部479人,消化整改率92.3%。抓好四项监督制度贯彻落实。完成9个县(市、区)和120个市直单位“一报告两评议”,实现全覆盖。严格落实干部选拔任用工作有关事项报告制度,从严审批领导干部身边工作人员、近亲属的提拔调任,暂缓5名任职不满3年的乡镇党政正职的岗位调整。完成3名省管干部的离任检查,对12个单位开展离任交接工作。实行有关事项重点查核制度,在随机抽查104名领导干部个人有关事项报告同时,建立重要部门、重要岗位人员重点核实制度,市委用三年时间对10个市直重要部门的市管领导干部、14个具有审批权限的市直部门主要负责人,以及9个县(市、区)委副书记、政府常务副职、纪委书记、组织部长和公检法“一把手”报告的个人有关事项全部查核。加大对苗头性问题的整治力度,对信访反映有问题的领导干部11人进行书面函询,对经济责任审计中发现问题的领导干部12人进行预警谈话,拟提任对象2人因瞒报个人有关事项被暂缓使用,对漏报、瞒报房产等情况较严重的领导干部7人进行诫勉。畅通“12380”举报网站和举报电话、短信举报、来信来访等渠道,受理信访举报83件次,均及时进行查核或转办,通过信访转办、直接调查、函询预警等方式对信访反映的问题及时调查核实。 (严伟锋)

【开展“三严三实”专题教育】 2015年,在全市县处级以上领导干部中开展“三严三实”专题教育,市委书记带头上党课,指出10个方面39类不严不实地方病,党课课件被选送中组部。9个县(市、区)委书记和90家市直单位党委(党组)书记开展上党课。市委召开3次专题学习研讨,带头学原著读原文,交流学习体会。新增包括《习近平同志对丽水工作的重要指示摘要汇编》在内的6本书,并附加“严用权不懈怠——不要在最好的位置上睡觉、严修身不忘本——不要在最好的位置上发牢骚、严律己不妄为——不要在最好的位置上任性”三个学习交流重点,集中解读党史党章,邀请好支书3人典型发言,每位市级领导干部至少口头发言一次。市委分三期对市管干部1000余人进行党章党规党纪集中轮训。对照不严不实表现,梳理剖析14个反面案例,全市领导干部查摆问题总数11654条次。所有县处级以上党员领导干部以总书记习近平为榜样,全部以普通党员身份参加所在党支部组织生活会。

【开展“学党章、守纪律、讲规矩”主题教育】 2015年,在全市所有基层党组织和党员中开展“学党章、守纪律、讲规矩”主题教育,8800余个党支部围绕党章、守纪律讲规矩的正反典型案例等内容开展学习讨论,16.7万名党员开展“两个重温”,并对照“八要八不要”进行“党性体检、民主评议”。全面推行遂昌县云峰街道长濂村党员“体检室”“警醒室”做法,建立乡镇教育整转支部78个,1300余名党员组织关系迁入整转支部接受警示教育,在美丽城乡建设和“六边三化三美”“五水共治”“三改一拆”及抗击台风“灿鸿”“苏迪罗”等急难险重任务中战斗力凝聚力进一步显现,特别是“11·13”里东村山体滑坡救灾中,基层党组织和党员干部成为抗灾自救的生力军、主心骨。

【加强基层党建工作责任制落实】 2015年,建立县、乡、村(社区)三级党组织书记抓基层党建责任清单,分别明确“十项责任”“十个好”“十个一”党建任务。实行季度“基层党建报表”,开展基层党建年度考核,开展县乡村三级党组织书记述职评议,督促县乡书记领办完成党建重点项目597

个。全面推行县委书记“季赛”、乡镇书记“月赛”和村书记“定期赛”，市级层面举办乡镇书记擂台赛18次，共有乡镇书记163人交流发言，县级层面村党支部书记284人上台打擂，倒逼各级书记抓好工作落实。

【加强基层服务型党组织建设】 8月12日，中国共产党丽水市第三届委员会第九次全体会议通过《中共丽水市委关于全面加强基层党组织和基层政权建设的决定》。开展“三大指数”考评管理，深化推进“五好”服务型乡镇（街道）创建，全市162个乡镇（街道）评为“五好”服务型乡镇（街道），庆元县、缙云县被评为2014年度浙江省推进“五好”服务型乡镇（街道）建设先进县，提升“服务指数”；开展基层党组织的评星定级，确定三星及以上党组织7309个，其中五星党组织772个。确定一星及无星党组织429个，建立市县级农村党建示范点471个，排摸确定188个软弱落后村党组织，通过一村一策全部完成整顿转化，加强“堡垒指数”；全面推开“先锋指数”考评，从严评定先锋党员20451人、警示党员747人、处置不合格党员207人。从严落实“三会一课”，严肃党内组织生活，7299个党组织建立并落实“党员固定活动日”制度，每月开展活动一次以上的支部数达94%，让党员定期参加活动成为硬规矩。从严把好发展党员入口关，按照指标足额发展党员3400人，开展发展党员集中专项检查，整改问题152个。深化完善“住村联心”、“民情地图”、认领“微心愿”等联系服务群众工作机制，编写《“三个一块”融入群众法照进秀山丽水》100个经典案例，推动基层党员干部与群众一块过、一块苦、一块干，做到“走村不漏户、户户见干部”。全年乡镇干部走访农户61.8万户，占96%，机关在职党员征集群众微心愿6768个，认领完成6385个。围绕“空心村”党建难题，形成《以“五变五不变”加强“空心村”党建》调研报告，出台《丽水市加强“空心村”党建工作若干意见》，提炼“空心村”党建十二法，推动“空心村”夯实力量、巩固阵地、精准服务，被中组部《党建研究内参》采用。全面完成城市社区党组织集中统一换届，完成村（社区）党组织书记普遍轮训，推选宣传第二批百姓喜爱好支书100人和优秀乡镇党委书记10人，选派机关干部到村担任第一书记790人，新选聘大学生村干部89人到村任职，加强基层工作力量。

【夯实基层基础“四项保障”】 2015年，市级财政安排1000万元资金用于基层党建工作，县级财政列入预算资金2.3亿元，确保村级组织运转经费按照人口1000人以上10万元、1000人以下5万元落实最低保障，村均7.3万元；村主职干部人均基本报酬2.24万元，超出全市农村劳动力平均收入水平；社区党组织服务群众专项经费统一提高到每年不少于10万元；新建、扩建和修建完成450个村级活动场所，实现100%达标。 （林梅远）

【党代表联络工作】 1月29—30日，召开中共缙云县第十三届代表大会第四次会议，加强缙云县县级党代会常任制试点工作指导；2月上旬，深化乡镇党代会年会制，全市143个乡镇全部召开年会，其间代表共提交提案485件、建议372件，确定承诺实事1399项，深化完善代表现场询问、代表大会发言、代表票决党内重要事项、上一级党代会代表述职等年会内容；全面试行街道党员代表会议制度，规范落实会上通报党工委（纪工委）工作、开展委员述职、票决党内重大事项和通报测评结果、党员代表专项询问和普通党员列席“五项规定动作”，全市30个街道实现全覆盖。3月，全市集中开展代表资格及身份信息的梳理工作，摸清市县两级党代表现状情况，加强代表联络服务。在青田县试点开展党代表履职考评，依托党员先锋指数管理从示范履职、为民办事、自身建设等方面增设指标，通过考评强化党代表的代表意识和带头作用。部署开展党代表提案、提议、调研视察、列席党内重要会议和学习培训“五项制度”回头看工作，市县两级梳理代表活动清单，并依托党代表工作室建设，进一步抓好制度落实。市县乡三级组织代表开展集中学习培训548次9282人；在景宁县试点开展党代表提议办理工作；市本级全年先后10次邀请市党代表77人列席市委全委会、市纪委全会、市组织部长会、县委书记抓基层党建设述职会等重要会议；共推荐11批党代表26人担任丽水“电视问政”节目的问政嘉宾，展示党代表风采，发挥党代表作用。 （李　巍）

【两新党建工作】 2015年，市本级举办重点乡镇（街道）和园区两新党务工作者培训班、新生代青年企业家培训班各1期，县（市、区）举办乡镇（街道）和园区两新党务干部培训班共21期，培训680人次，党务工作者的业务能力得到提升。围绕“五水共治”“三改一拆”“六边三化三美”等中心工作开展，促进两新组织履行社会责任，增强服务奉献意识。全市两新组织组织区域性“点亮微心愿”76场次，实现微心愿1466个。围绕“和合”文化，促进两新组织健康发展。推广景宁县两新党建“六小”工作法，深化“和合共同体”创建。各级两新工委委员结对指导76家两新党组织，全市85家“双管”企业带头示范，累计落实治水帮扶资金360万余元。各地开展“和谐劳动关系大巡视”，有党组织的企业建立民主恳谈会制度；181家非公企业建立“三联三会”制度，实现双管企业、党员人数较多的企业全覆盖。制定下发非公企业党组织、乡镇（街道）和园区两新工委年度党建任务清单，对非公企业党组织、乡镇（街道）和园区两新工委提出具体目标要求。持续动态关注两新组织覆盖工作，尤其是新领域新业态的覆盖，巩固组建成果。（周律如）

【党员干部现代远程教育工作】 2015年，以抓示范、整合和提升为重点，新建（更新）站点1216个（广场影院212个、普通站点177个、同步实施设备更新和模式升级186个，探索结合“赶街”等农村电子商务服务站建设延伸站点641个）。推行根据学用达标情况发放站点建设经费补助做法，全年下发补助资金34.18万元。结合“先锋慕课”平台推广应用，探索形成组班学用、站点学用、个体学用模式。推行站点分片维保机制，加强站点维护管理，站点设备月均使用率在80%以上。开展远教站点“两查两提高”活动，实地走访站点486个，解决站点管理及软、硬件方面问题1588个。培训站点管理员3275人次。实施“丽水先锋网”二期改版，完成“组织活动动态图”“活动记录”网络版和手机版开发，实现基层党支部活动开展、组织学习、设备使用等数据分类展示、查询和分析。推广“网上组织生活五步法”，1325个基层党组织进行试用。制作推出“三严三实”专题教育、“学党章、守纪律、讲规矩”主题教育、马克思主义宗教观、“三个一块”经典案例选编、绿色生态发展暨清单制度建设、法律服务进万家、身边的好书记等10个专题网页，充实各类教学资源917部9915分钟。联通省、市平台学习账号数据库，统一分配组织和个人账号150574个，新充实账号14554个。第一批16家党建网站全部接入“党网联盟”。组织观看《筑梦中国》等专题电视片，开展远教“春节六送”活动。发送“丽水党建快讯”399万余条次。继续实行节目线索登记报告制度，市县两级共被上级党建电视录用节目295条次，位居全省第二。围绕中心策划《身边的好书记系列》《“六边三化三美”在行动》等系列报道，先后制播《丽水先锋行》节目26期，市场份额在10%左右。各地制播党建电视节目75期，在“丽水先锋网”更新上传党建电视节目198部2083分钟。青田县党建广播栏目《侨乡党建》正式上线，松阳县在ITV平台远教入户平台推出党建广播点播功能。市县两级全年开发教学课件48部72集710分钟。其中，省级教学资源课件11部30集302分钟，市级课件37部42集408分钟。创新方式继续开发《农村电子商务》先锋慕课（15集）；通过整合资源、部门联动、分县制作微电影《创·青春》系列（4集）。选送《农产品电子商务培训》课件参加全国党员教育电视片观摩交流活动获二等奖。（吴维维）

宣传工作

【概况】 2015年，丽水市宣传思想文化战线坚持围绕中心、服务大局这一基本职责，领导带头、重心下移，整体推进、突出重点，完善机制、抓好落实，各项工作导向正确、基调鲜明、主线突出，主动仗更有效、主旋律更响亮、正能量更强劲，呈现出持续加强改进、不断向好向上的良好态势。

抓思想理论建设，总书记习近平系列重要讲话精神的学习宣传更加深入。制定市委“三严三实”专题学习研讨方案，开展系列学习研讨活动，深化“三严三实”专题教育活动。结合“中国梦想·美丽丽水”宣传，市县两级宣传部门组织300余名基层宣讲骨干，深入基层开展中共十八届四中、五中全会精神等系列大宣传大宣讲活动。各地各单位运用“微型党课”“小讲堂”“小讲座”等载体，深入到机关、社区、企业、农村基层开展宣讲6000余次，推进中国特色社会主义理论进村入户、入心入脑。开展以“绿水青山就是金山银山”为主题的丽水市第四届微型党课大赛，选取身边平常、真实、微小的事例，阐述丽水“绿水青山就是金山银山”战略指导思想。

抓政治责任担当，大宣传工作格局逐步形成。围绕“基层工作加强年”各项工作任务的部署与落实，加强意识形态工作领导权、话语权。在市委党校举办三期270人参加的宣传干部培训班，在井冈山举办50余人参加的“四个一批”人才培训班。推进信息调研工作，开展2015年度全市宣传思想文化创新奖评选工作，全市宣传系统形成有关调研成果22个。2015年，先后召开市文明委全会、全市宣传思想工作会议、全市宣传文化系统重点工作座谈会、全市宣传文化系统读书会、全市“丽水网军”建设工作座谈会，进一步巩固宣传文化阵地。

【中共十八届五中全会精神宣传宣讲工作】 2015年，把中共十八届五中全会精神宣传宣讲工作作为重大政治任务来抓，通过召开专题会议等形式，研究部署全市中共十八届五中全会精神宣传宣讲工作。在《丽水日报》、丽水电视台、丽水电台等市级媒体推出“贯彻五中全会精神”“回顾十二五展望十三五”等专题专栏，集中力量宣传丽水市各地各部门学习宣传贯彻中共十八届五中全会精神情况。统筹丽水网、丽水信息港等网络媒体开展中共十八届五中全会精神网上宣传，转载新华社、人民网“解读五中全会精神”系列文章。组织记者深入基层开展“盘点十二五、展望十三五”集中行动，讲好“十二五”期间丽水经济社会发展取得的巨大成就，“十三五”期间丽水经济社会发展的美好未来，回顾“十二五”，展望“十三五”。以理论宣讲团、市民宣讲团、政工师宣讲团为基础，组建“党的十八届五中全会精神”宣讲团，分层分类开展形势政策宣讲600余场，推动五中全会精神进基层，邀请省委宣讲团成员、省委政研室副主任徐大可到丽水市作中共十八届五中全会专题报告。依托社区文化舞台、农村文化礼堂、城乡阅报栏、宣传橱窗、电子显示屏等阵地，运用文艺表演、文学作品、公益广告等形式，广泛开展面向不同群众的宣传教育。用群众喜闻乐见、通俗易懂的方式方法，广泛深入开展内容丰富、形式多样的文化文艺宣传活动。在全市农村开展系列文化文艺专题宣传活动，组织“党的十八届五中全会精神文艺宣传下基层”活动。充分发挥微党课、微讲堂、微论坛、微舞台等“微系列”宣传新载体的作用，推动中共十八届五中全会精神进企业、进农村、进社区、进机关、进校园。

【抗战胜利70周年系列宣传文化活动】 通过举办系列宣传文化活动，进一步深化丽水抗战纪念活动，推动全市人民铭记历史、缅怀先烈、珍爱和平、开创未来。举办系列文化宣传突出“弘扬抗战精神”主题，5—9月组织举办“民族魂·中国梦——纪念抗战胜利70周年”合唱大赛活动暨第三届丽水市合唱节，市直各系统与各县（市、区）共计21支队伍参加。组织举办纪念抗战胜利70周年书法、摄影、美术作品巡回展，共展出作品720余件，观众达3万余人次。通过组建“老兵宣讲团”“青年宣讲团”等多种形式，深入基层讲述丽水本地抗战故事。举办系列新闻宣传突出“寻访抗战历史”主题，突出丽水为浙江抗战的大后方的重要史实，启动“重返浙江抗战旧地”大型联合采访报道。在市级媒体开设“重返浙江抗战旧地”、“丽水记忆·责任和使命——纪念抗日战争胜利70周年系列公益活动”等专栏，在全市范围内探寻抗战遗址。在丽水电视台黄金时间播放反映丽水抗日战争历史的《烽火浙西南》专题电视片。

【加强意识形态工作主体责任】 2015年，市委常委会经常听取意识形态工作汇报，及时分析研判意识形态领域形势，切实履行把握正确方向、部署指导工作、加强督促检查、抓好队伍建设等重要责任。把落实意识形态管理责任纳入市里对县（市、区）领导班子的年度综合考核。市委主要领导承担第一责任人的责任，做到“五个带头”：带头抓意识形态工作；带头阅看本地主要媒体内容；带头把住市级新闻媒体的导向；带头批评错误观点和错误倾向；带头做好重大舆情处置。宣传部门履行主管职责，按照“谁主管、谁负责”和属地管理的原则，落实市委、市政府出台的《关于进一步加强节庆、论坛、研讨会管理办法》，加强对新闻媒体、互联网站、社科研究机构、思想文化类学会协会等各类宣传文化阵地的有效管理，把意识形态工作要求体现到对新闻单位领导班子成员的考核评价之中，切实做到“五个到位”，即阵地管理要到位、检查督促要到位、分析研判要到位、舆情应对要到位、教育引导要到位。加强对小报小刊、讲座论坛、民办社科机构等的管理，以及对非法出版物、假报刊、假记者的治理。落实省委宣传部“一个责任体系四张清单”的工作要求，在全市推行“五张报表”予以全面落实，加强对市、县、乡三级的宣传思想文化工作的考核管理。制定下发市委《关于进一步加强和改进基层宣传思想文化工作的实施意见》，把加强和改进基层宣传思想文化工作条件纳入文化强市目标责任制考核，解决基层宣传文化队伍的人员配备、基本待遇、工作条件等实际问题。县级宣传部机关新设（升格）社科联、外宣办、网宣办等26个机构，新增48个公务员或事业编制，市财政设立每年300万元的农村文化建设专项资金和1000万元的文化产业发展专项资金，并建立每两年开展一次全员免费轮训的干部培训机制。抓好“基层工作加强年”工作，配合省里开展“百名部长基层宣传思想文化工作大调研”活动，摸清底数、查找问题、落实对策。结合市委“万千百”行动（万名干部抓治水，千名干部进千企促转型、千名干部进千村促脱贫，百名领导包百案、百名领导联项目、百名领导联人才），推出市委宣传部联系服务群众“1+5”行动，即每位部委领导联系一个治水村、一个农村文化礼堂、一个文化企业、一个文化创新团队、一位“四个一批”人才、一个文化项目，深入一线解难题、办实事。丽水市“三个五”强化意识形态工作的做法得到省委常委、宣传部长葛慧君的充分肯定，并批示：“丽水市委重视意识形态工作的做法很好，印发各地。”

【全国文明城市创建工作】 2015年，召开丽水市全国文明城市创建工作

9 月，创文明城市督查组现场检查工作　　王华平　提供

动员大会，成立创建工作领导小组，市委、市政府主要领导担任组长，下设 8 个专项组。市委、市政府主要领导牵头部署创建工作，多次带头深入城区检查创建工作。健全常态督导机制，出台《丽水市创建全国文明城市工作实施意见》，下发《2015 年度丽水市创建全国文明城市工作督查考核工作办法》，对重点区域、热点难点问题和工作薄弱环节进行重点督查，下发交办单 167 份、抄告单 123 份。健全常态考评机制，开展季度考（点）评，在新闻媒体公布城市文明指数测评结果和创建工作季度考核排名。建成“新丽水文明网”——中国文明网联盟丽水站。完成城市文化公园改造试点工作。深入实施“文明交通行动计划”，开展“微笑礼让斑马线”活动，累计投入志愿者进行文明劝导 2.32 万人次。市级媒体开设“全民共创全国文明城市”专题，刊播有关报道 2000 余条、图片 300 余幅。广泛开展公益广告宣传，丽水日报社刊播公益广告 55 个整版、300 余篇，市广电总台播出公益广告 6.6 万条、时长 3.3万分钟，此外还在户外广告牌、公交和自行车站点广告牌、电子显示屏、文化墙、车体广告、移动电视等平台，广泛宣传创建内容。市委宣传部带头开展以“六巡一报”为主题的巡城活动，累计开展巡查 20 余批 200 人次。组织志愿者深入街道社区开展以“捡烟头”活动等为内容的文明创建传递行动，累计组织 200 余场 5000 余人次。

【里东灾害舆论引导工作】 把做好里东灾害舆论引导作为第一责任、第一任务，通过连续奋战、不懈努力，里东灾害舆论态势总体平稳，舆论引导工作得到省委常委、宣传部长葛慧君和市委、市政府的充分肯定，丽水里东大救援群体获浙江骄傲 2015 年度特别奖。灾害发生后，第一时间启动应急预案，建立舆论引导工作指挥体系和 5 个工作小组，有针对、有重点开展舆论引导工作。迅速设立新闻中心，建立权威信息网络发布平台，连续召开 4 场新闻发布会，发布“权威信息”。组织市级新闻媒体全方位、立体式宣传报道各级党委、政府、部队以及领导高度重视、一线指挥，各方救援力量连续奋战、科学施救、捐款捐物等感人事迹。市级新闻媒体深入一线采访，推出原创报道 753 篇。做好省级以上新闻媒体 22 家 94 名记者到丽水采访服务工作，新华社、中央电视台等媒体推出原创报道 334 篇，其中中央电视台和《浙江日报》连续 3 天、浙江新闻客户端连续 7 天直播现场救援情况，《浙江日报》推出 10 个专版、配发评论员文章 4 篇。统筹管理政府发布和市级媒体官方微博、微信账号，微博、微信、手机报等新兴媒体发布原创稿件 1000 余条，阅读量 1000 万余人次。组织撰写原创微信文章 17 篇、制作 H5 微信页面 8 个和 MV《最美的手》，在人民网、腾讯视频等网站以及 30 余个微博推送，阅读量 120 万人次。

【摄影强市建设工作】 2015 丽水摄影节暨首届国际摄影研讨会以“作为生活的摄影”为主题，围绕新语境下的影像与社会关系问题展开，凸显“国际、学术、群众”三大特性。共有来自 52 个国家和地区的 1934 人参展，推出 339 个展览，展出 6582 幅作品。20 余位来自世界各地的摄影理论家和摄影大师到访，国际摄影展廊联盟 10 余个国家的机构组织国际主题作品参展。邀请国内 7 位名家组成学术委员会，参与摄影节各项学术任务支持和活动策划。专题开辟高校展览单元，来自国内外的 31 所高校参展。推出 12 场主题讲座、两场全国摄影教育论坛和一系列专题研讨会、专家见面会。共设立油泵厂、大修厂文创园等七大展区，推出幻灯影展、空间装置、多媒体展示等展陈方式，吸引 12 万余人次参观。展览期间，举办“感受丽水摄影”“快拍丽水 24 小时”等六大群众性摄影赛事活动。3 月 20 日，丽水市第一届摄影艺术展览在丽水摄影博物馆开幕，本届展览以“中国梦·美丽丽水”为主题，倡导“贴近生活、贴近群众、贴近实际”的创作，坚持思想性和艺术性的统一，以摄影艺术的独特魅力集中表现丽水的山水之美、民风之美、发展之美。展览分艺术类、记录类和邀请展三部分，共展出获奖、入选、邀请作品125幅，同时授予两家团体会员“优秀组织工作奖”称号。

【党委中心组理论学习建章立制】 2015年，为进一步贯彻落实市委出台的《关于进一步加强和改进党委（党组）中心组学习的实施意见》，推动全市党委（党组）中心组学习常态化、制度化。在内容上，把《习近平谈治国理政》《习近平总书记系列重要讲话读本》等书籍作为各级党委中心组和领导干部的必读书目。市、县（市、区）理论学习中心组开展“四个全面”“法治建设”“生态文明建设”等专题学习80余次，市直各单位党组（党委）跟进学习，各级党组织运用干部夜学、专题报告、网络教育等形式推动党员学习。开展“绿水青山就是金山银山”“丽水拥抱高铁时代”等专题学习讨论，展望发展预期，提振发展信心。在机制上，会同市委组织部、市直机关党工委落实党委（党组）中心组理论学习通报机制，坚持领导干部考学述学评学制度，推动各级党组织落实市委出台的《关于进一步加强和改进党委（党组）中心组学习的实施意见》，推动讲话精神学习的常态化、制度化。宣传部门充分发挥指导协调、服务引导、督促检查职能，通过制订学习计划，举办丽水论坛，组织学习交流，编发《干部夜学参阅》等措施，推动全市学习型党组织建设深入开展。

【农村文化礼堂建设】 2015年，围绕“文化礼堂、精神家园”定位，推进农村文化礼堂建设，全年新建农村文化礼堂99家，全市建成农村文化礼堂317家。在文化礼堂建设中，重点打好“聚起来”“合起来”“活起来”三张牌，把农村文化礼堂建设成为农村宣传思想文化工作的新阵地、新窗口、新名片。力促礼堂人气“聚起来”，以农民演、农民看、农民乐为核心，聚集文化礼堂人气。2014—2015年春节期间，全市1014台“乡村春晚”在农村文化礼堂上演，吸引90万余人观看春晚，数万名外地游客到丽水农村过大年。在文化礼堂建筑风格、展示内容、活动样式上注重传承农耕文化、乡贤文化和礼仪文化。开展“美丽非遗进礼堂精神家园更芬芳”等非遗大展演活动30余场。邀请吴露生、潘力峰等专家学者以及朱柏青等抗战老兵进礼堂讲解社会主义核心价值观、红色抗战故事，引导村民向善从善，开展礼堂宣讲480余次。力促礼堂资源“合起来”，通过改建和扩建等举措，整合农村现有会堂、礼堂、祠堂、老年活动场所等设施，建成农村文化礼堂220余家，占全市农村文化礼堂80%。整合全市文化文艺人才队伍，创新开展“文化订制”服务，为每个县配备一名“文化订制员”，为基层提供相应的文化产品和服务。整合文化、体育、教育等部门力量，广泛开展培训、送戏、送讲座、送展览、送策划、送图书等文化活动。2015年，全市农村文化礼堂送戏600多场，送书5万余册，送电影1000余场，送讲座和展览50余场。统筹安排礼堂、讲堂、文化活动室、农家书屋、广播室、“春泥计划”活动室、群众体育活动设施等场地，广泛开展农村民主议事、村民业余学习、文化体育、婚丧嫁娶等各类活动。力促礼堂机制“活起来”，建立“星级评定”制度，对文化礼堂实行动态管理，星级评定一年一次，每年复评，采用升（降）级管理方式。2015年，全市评出星级文化礼堂18个。通过筑牢乡镇（街道）宣传委员、宣传干事及文广中心站人员这类“核心层”；抓实各行业理论、写作、文艺等爱好者这类“中坚层”；拓展“土专家”“土才子”“土艺术家”这类“外围层”，全面加强礼堂人才工作。2015年，市县两级开展各类文化礼堂培训24次。创新组建“10+X模式”宣讲团，召集各行业的业务精英、农村的致富能手等“土教授”，在开展各类文化礼堂活动期间，利用10分钟时间开展形势政策、“最美系列”宣讲。

【“绿水青山就是金山银山”主题宣传】 2015年，组织《丽水日报》、电视新闻综合频道等市级媒体统一开设《绿水青山就是金山银山》栏目，推出《在绿水青山间缔造“绿富美”》《“养一方山水”“富一方百姓”》等报道1600余篇，丽水市生态文明建设成果得到进一步展示。推出“生态与发展”系列报道，对各县（市、区）委主要领导进行访谈。新闻监督得到进一步规范和改进，围绕“六边三化三美”、治水治气等主题，《电视问政》曝光106个问题，《每周聚焦》曝光40个问题，所涉问题都有落实整改和后续反馈。丽水网及各县（市、区）新闻网站在首页显著位置开设“绿水青山就是金山银山”专题，转载相关报道4930余篇，点击量超过300万人次。紧扣“微”传播特点，组织“美丽县城”“美丽乡村”“美丽民宿”“丽水蓝”等十大系列微信宣传，共刊发原创微信文章80余篇，阅读量100万余人次。

【“美丽丽水”对外宣传工作】 2015年，围绕“绿水青山就是金山银山”在丽水的实践这一主题，先后邀请新华社浙江分社、中央人民广播电台浙江站等中央、省级媒体到丽水市采访，推动系列主题外宣工作取得预期效果。在提升“丽水好空气”“丽水蓝”等外宣品牌上下功夫，开展一系列主题外宣活动，“美丽丽水”品牌影响力不断提升。精心策划2015丽水摄影文化节、丽水生态精品农博会、乡村春晚、华侨大会等对外宣传网宣工作，通过图片、视频、文字新闻等各种形式，讲述丽水好故事、传播丽水好声音、传递丽水正能量。广泛开展“我为丽水代言”城市形象网络推广活动，在全市各行各业筛选百岁老人、道德模范、农村电商代表、丽水三宝传承人、华侨领军人物等为丽水代言。2015年，中央、省级主流媒体报道和境外媒体刊（播）发涉丽正面报道1300余篇（条），其中《人民日报》53篇、新华社44篇、中央电视台新闻报道82条、中央人民广播电台30余篇、中新社55篇、《浙江日报》561篇、浙江卫视新闻报道189条。

【“最美丽水”微系列宣传活动】 2015年，围绕“秀山丽水、养生福地、长寿之乡”、“绿水青山就是金山银山”、美丽城乡建设现场会等中心工作，开展“最美丽水”微系列宣传，传播丽水好声音和正能量。主动设置议题，紧扣“微”传播特点，主动设置网民喜爱的微信主题，精心策划“习大大点赞丽水好空气好环境”“丽水简历”“美丽县城”“美丽乡村”“美丽高速”“丽水视觉志”等10余个微系列，展示丽水市美丽城乡、“六边三化三美”的工作成果，展现一个宜业宜居宜游的美丽幸福新丽水。“瓯江行”微信公众号发布原创微信180余篇，得到网民广泛传播，累计阅读220万人次。4月，借助网络名人影响力，开展网络名人丽水行暨“绿水青山就是金山银山”网络主题采访活动，30余名来自全国各地的网络名人和网络媒体记者，通过微博、微信和网络媒体等多载体宣传“最美丽水”。人民网、新华网、浙江在线等网络媒体共刊发报道11篇，“梦遗唐朝”等网络大V发布微博21条，新浪微博上“绿水青山就是金山银山”话题中有关丽水的话题数4800余条。联动开展宣传，市县两级新闻网站联动开展宣传，共同推出“美丽城乡幸福丽水”“比一比，赛一赛美丽乡村”等专题，发布报道230余篇，点击量38万余人次，各县（市、区）通过属地内的官方微信，推送本地美丽县城、美丽乡村建设成果，共同展示全市高逗沿线美丽乡村的发展变化。成立网络文化协会，发挥新媒体和网络活跃人士的作用，共同宣传最美丽水。

【网上正面宣传工作】 2015年，组织全市新闻网站围绕市委市政府中心工作，深入开展重大决策部署的网上主题宣传。丽水网及各县（市、区）新闻网站在首页显著位置开设“绿水青山就是金山银山”专题，转载相关报道4930余篇。紧扣“微”传播特点，组织“美丽县城”“美丽乡村”“美丽民宿”“丽水蓝”等十大系列微信宣传，共刊发原创微信文章80余篇，阅读量100万余人次。抢占移动互联网新阵地，充分运用“瓯江行”微信公众号传播推广丽水好声音，发布微信文章1210条，其中原创微信223条，阅读量570万人次。成立丽水市网络文化协会，吸纳会员单位25家会员105人，共同签署《丽水市网络文化传播自律公约》。开展“最美瞬间”微拍大赛，征集作品586幅，在“瓯江行”公众号推送优秀作品71篇，相关文章阅读量超过20万人次。《浙江丽水坚持“两手抓”全力营造清朗网络空间》在《国家网信动态》刊物做经验交流。

【媒体融合发展】 2015年，丽水日报社推出移动新闻客户端——“指尖丽水”，集新闻、生活服务类应用为一体，涵盖新闻资讯、网络问政、商业活动、生活服务等多方面的功能，进一步增强本地化资讯和服务。丽水日报社三大平台，日报、晚报、丽水网开设微信公众号，晚报的微信矩阵“6+1”下设6个子微信（丽水慢生活、丽水帮帮团、发现丽水、悦读丽水、诗画丽水、微观丽水），现有4万余人关注，当天和每周总阅读量均在全市前茅，成为全市成长最快、人数最多、影响力最大的微信公众平台之一。《丽水日报》推出《热点互动》栏目，探索网上热点报上议；丽水网“问政直通车”的影响力不断扩大。丽水网研发推出丽水网手机版，让网友们可以通过手机随时随地访问丽水网，接收最新消息。市广电总台在构建灵活的用人机制、培养全媒人才方面进行积极探索。新闻综合频道先后注册、开通《丽水新闻》《新闻夜视》《电视问政》等微博、微信公众账号。新闻综合频道推出“不文明旅游行为随手拍”“看丽水新闻赢鱼跃好礼”等活动，吸引受众关注，微信订阅人数大幅增加，粉丝数量3万余人，新闻节目收视率出现小幅攀升，传统媒体与新媒体网络在活动期间互动性进一步增强。

【公共文化服务】 2015年，成立丽水市国家公共文化服务体系示范项目创建领导小组，制定《丽水市创建国家公共文化服务体系示范项目实施计划》，完善国家公共文化服务体系示范项目创建机制。组织宣传文化部门开展学习总书记习近平在文艺工作座谈会上的讲话精神系列活动，扶持市文艺精品创作项目16个，其中舞台音乐剧《畲娘》代表浙江省进京参加全国少数民族会演。全面启动

"1+9+X"模式公共文化服务机制研究，推行"文化订制"标准化服务模式和个性化服务标准。广泛开展基层群众文化活动，全年送戏1500多场、送书16万余册、送电影2.6万场、文化走亲150余场、送讲座和展览200余场。"乡村春晚"获第三批国家公共文化服务体系示范项目创建资格，2015春节期间全市587台"乡村春晚"上演，吸引90万余人观看春晚，数万名外地游客到丽水农村过大年。

【文化体制改革工作】 2015年，根据市委全面深化改革领导小组的统一部署，对丽水市文化体制改革专项小组成员进行调整充实。落实省委宣传部和市委、市政府关于开展"十三五"规划研究的系列部署，开展文化改革发展"十三五"规划专题研究和文化产业发展"十三五"规划研究。按照管人管事管资产管导向的"四管"相结合原则，研究制定《关于成立丽水市国有文化资产管理委员会工作方案》，设立丽水市国有文化资产管理委员会，成为全省率先完成市级国有文化资产管理体制改革的地级市，该做法得到省委宣传部的充分肯定。媒体融合步伐明显加快，丽水日报社推出移动新闻客户端——"指尖丽水"，增强本地化资讯和服务。《丽水日报》推出《热点互动》栏目，探索网上热点报上议。市广电总台在构建灵活的用人机制、培养全媒人才方面进行探索，在"丽水在线"斥资150万余元架构媒体融合平台，为即将启动的"无限丽水"APP移动媒体终端提供全媒体内容发布后台支撑。

【文化产业成为经济社会发展新动力】 2015年，在全市经济增速下行压力大的形势下，规模以上文化制造业、规模以上文化服务业、限额以上文化批零业"三大行业"均实现较快增长，全市文化产业增加值有望突破50亿元。社会投资文化产业园区热情高涨，丽水大修厂文化创意产业园、丽水装饰设计创意产业园等民间投资文化产业园区建成开园。出台《丽水市文化产业园区认定管理办法（试行）》，9家园区被认定为丽水市首批文化产业园区。下发《2015丽水市文化产业重点建设项目计划》，确定重点建设项目22个，2015年完成投资21.54亿元。继续实施名品推广工程，在上海、杭州、宁波、温州等地发展第二批丽水文化名品连锁经营店，组织文化企业参加深圳文博会、义乌文交会。对《丽水市文化产业发展专项资金使用管理办法》进行修改，首次对县里采取转移支付，并与考核结果挂钩。大力发展创意产业，加大对创意产业的政策扶持力度，市本级及莲都区涉企扶持项目中创意类项目占比高达84.6%。

【文化产业园区建设】 2015年，园区建设成效明显，云和木制玩具产业基地等4家园区被列入浙江省"122工程"中的重点文化产业园区，数量位居全省地市第二位。社会投资文化产业园区热情高涨，丽水摄影文化产业园、丽水装饰设计创意产业园等民间投资文化产业园区建成开园，丽汽集团投资建设的大修厂文化创意产业园开园，实现政府主导到社会竞相投资开发的重要转变。在推进工作过程中，通过加强管理、开展认定、加大扶持等方式，实现产业园区的快速发展。制定文化产业园区认定管理办法，研究出台《丽水市文化产业园区认定管理办法（试行）》，明确市级文化产业园区认定条件、认定程序和扶持政策，对后续考核管理作相应规定。开展市级文化产业园区认定工作，启动丽水市首批文化产业园区认定申报工作，丽水摄影文化产业园、龙泉青瓷文化创意产业园等9家园区被认定为市首批文化产业园区。加大文化产业园区扶持力度，通过政策倾斜、财政扶持等手段，引导莲都、龙泉、青田、云和、庆元等县（市、区）围绕巴比松油画、剑瓷、石雕、木玩、铅笔等传统优势产业来打造文化产业园区。至2015年底，云和、龙泉、青田等园区入园文化企业数量分别达到237家、356家、225家，产值分别达到36.8亿元、28.04亿元、25亿元，其中云和园区木制玩具的产值占到全县产值的91.89%。

【"最美丽水好人"品牌建设】 2015年，开展"最美导游""最美微笑志愿者""最美百岁好人""最美法官（法警）""最美农民工"等五类"最美人物"评选活动，评选产生每类10人共50人的"最美人物"。广泛发动群众推荐和评选第四届浙江省道德模范和第五届全国道德模范，丽水市邱飞荣、邱利呈、杨树长等获第四届浙江省道德模范称号，邱飞荣被评选为第五届全国道德模范提名奖。开展"双万"活动，开展"万张红榜送好人""万名好人进校园"等大型公益活动，共制作道德红榜3450余张，组织报告会500余场。结合"做一个有道德的人"主题实践活动，连续四年分孝敬少年、爱心少年、诚信少年、环保少年、勤俭少年五个类别评选市级"美德少年"。落实《丽水市道德模范待遇保障办法》，发放"关爱好人"慰问金15万元，在全社会形成"好人有好报"的鲜明导向。"我推荐、我评议身边好人"活动不断深化，推出助人为乐、见义勇为、诚实守信、敬业奉献、孝老爱亲5个类别"丽水好人"42位，其中32人（例）入选"浙江好人榜"，张日坤、梁庆华、吕仕珊、蓝香梅等4人入选“中国好人榜”。

【“六星文明户”创评工作】 2015年，出台《关于在全市农村广泛开展“六星文明户”创建工作的实施方案》《丽水市农村“六星文明户”创建工作动态管理办法》等文件，建立市、县、乡、村四级联动评选机制，全市171个乡镇(街道)、958个行政村(居委会)、23.6万户群众参与创评。广泛开展“最美乡镇”创建活动，评选出3个市级“最美乡镇”。生态文明村创建继续深化，评审、表彰一批市级生态文明村。“以文明作担保、以诚信作抵押”的农村“信贷惠德”工程逐步深入人心，累计为1013个农村文明户发放免抵押贷款7710万元。举办全市第八届社区邻居节启动仪式，全市各地创新载体，开展邻居宴、社区文艺展演、邻里学礼仪等社区邻居节活动。举办“我们的节日——月圆中秋”文艺晚会，在全市部署开展中华经典诵读、志愿服务、文明创建、旅游宣传等活动。

【“好家风建设”活动】 2015年，以寻找“好家风”建设活动为载体，教育和引导广大群众立家规、传家训、树家风、圆家梦，推动社会主义核心价值观落细落小落实。注重把握价值导向，突出“立家规、传家训、树家风、圆家梦”主题，晒家庭幸福生活，讲家庭和谐故事，传家风家规家训，秀家庭未来梦想等。坚持以践行社会主义核心价值观为根本标准，打造美丽家庭创建升级版。重点抓好未成年人这个特殊群体和广大乡村这个特殊区域，通过开展形式多样的主题教育实践活动，推动好家训家风建设深入开展。注重丰富形式载体，结合美丽城乡创建、六星级文明户评选、乡风评议等活动，市、县、乡镇(街道)、村(社区)四级联动，广泛开展寻找最美家规家训活动，引导群众自觉主动订立家规家训，汇编优秀家规家训、制作传家宝等。利用重要传统节日和纪念日，依托农村文化礼堂、道德讲堂、学校等阵地，展示民间家训，举办家庭文化节、最美家风故事大赛。《丽水日报》《处州晚报》开设“好家风”等专栏，推出一批先进事迹，深入挖掘好家风好家庭的感人故事。结合丽水人文大讲堂进基层等活动，邀请公众人物、文化名人、乡贤能人，组建“好家风”宣讲团，深入机关、学校、社区等开展家训家风好故事巡回宣讲。组织文艺骨干创编反映“好家风”先进事迹文艺作品，送到农村文化礼堂、社区文化大舞台。

【中小学德育工作】 2015年，以学习贯彻全省中小学德育工作会议精神为抓手，整合各地各部门资源，加快推进全市各中小学校德育工作，初步形成各部门齐抓共管、各界共同参与的良好局面。以文化礼堂建设村、未成年人集中村、特色文化村为重点，深入实施“春泥计划”。发动各级党政机关、企事业单位、文明单位、热心公益事业的组织，捐建“春泥书库”50个，捐送“春泥报刊”299套，实现文化礼堂村“春泥报刊”和“春泥书库”全覆盖。举办全市第四届未成年人道德文化节启动仪式，通过开展学雷锋活动、经典诵读、校园文化展示、“美德少年”评选等活动载体，弘扬中华美德，树立文明新风。开展自建乡村学校少年宫试点工作，新建8所中央彩票公益金支持的乡村学校少年宫。建成市未成年人心理健康辅导中心。开展“扫黄打非”行动，不断优化学校周边秩序和学生学习环境。

【社会科学研究工作】 2015年，从理论宣传工作思想性、群众性出发，组织社科普及周活动，举办人文大讲堂13次，人文小讲堂100余次，推动社会主义理论传播的大众化。加强丽水本地社会科学研究，编辑出版以各县(市、区)风土人情为主要内容的第三辑社科知识普及丛书10册、以“瓯江人文历史研究”为主要内容的第五辑瓯江文化丛书6册，开展以“处州农耕文化”为主要内容的第六辑、以“处州十大文化名人”为主要内容的第七辑瓯江文化丛书编撰工作。完善社会科学研究立项和成果评选机制，突出丽水本土研究和对策应用研究，收到成果申报300余项，评定出100余项市级社科研究课题。深化与省社科院合作机制，开展一年一度的重点课题合作研究，出版《农村综合改革的丽水样本》专著，完成“丽水农村综合改革研究”课题，该项工作得到副省长黄旭明的充分肯定。

【市“两会”氛围宣传工作】 为做好2015市“两会”宣传报道工作，制定下发《市三届人大五次会议和市政协三届四次会议宣传报道方案》，抽调市级媒体骨干记者成立市“两会”宣传报道组，按照“贴近实际、贴近生活、贴近群众”要求，重点把握会前、会中、会后三个环节，组织市级媒体精心策划、创新形式开展2015市“两会”宣传报道工作。《丽水日报》推出市“两会”报道110余篇，专题报道版面13个，图片29幅；《处州晚报》推出特别报道专刊，刊发专版30个，文字报道66篇，图片报道74张；市广电总台播发“两会”稿件168篇。策划制作展出“绿水青山就是金山银山——2014美丽丽水幸福回眸”图片展，推出展板35块，图片128张。

【“做丽水好网民”万人签名活动】 2015年，开展“做丽水好网民”万人签名活动，发动网民自觉参与清朗网络空间行动，形成“人人争当丽水好网民”的社会风气。该活动得到国家网信办、省委宣传部的肯定，并在《国家网信动态》《浙江宣传》等刊物作经验交流。通过“线上+线下”的形式组织开展，线上活动重参与，精心设计易参与、能互动的活动形式，组织开展“做丽水好网民”万人签名寄语活动和精品寄语评选活动，让争做“四有”中国好网民的理念深入人心。线下活动抓重点，组织开展现场签名、进网吧、座谈会等线下活动，重点开展“做丽水好网民”宣传进网吧活动，通过张贴宣传资料、现场讲解等方式将文明上网落到实处。通过“组织+推广”的形式组织开展，市委常委、宣传部长带头在“做丽水好网民”万人签名寄语活动上实名签名，组织全市网信系统干部全部上网签名寄语。市本级丽水网、丽水在线、丽水信息港，9个县（市、区）新闻网站、政府网站、商业网站开设专栏专题，发动网民参与，共3万余名网民参与签名，收到寄语近1000条。制作手机APP版、微信版“做丽水好网民”网上万人签名，通过“两微一端”全面推送，相关文章阅读量累计5万余人次。通过“网站+网民”的形式组织开展，启动万人签名现场活动，全市新闻网站、主要商业网站、互联网企业、新媒体、活跃网民代表共同签署《丽水市网络文化传播自律公约》，呼吁加强行业自律。评选20条精品寄语，予以颁奖表彰；挑选部分寄语印制鼠标垫。由市网络文化协会和商业网站牵头开展“丽水好网民”座谈会，呼吁网民共同做“有高度的安全意识、有文明的网络素养、有守法的行为习惯、有必备的防护技能”的“中国好网民”。

【2014抗洪救灾图片展】 2015年，高度重视抗洪救灾图片展工作，通过召开碰头会、专题会等多种形式，完善和落实2014抗洪救灾图片展各项工作任务。下发《关于征集抗灾救灾图片的通知》，从各地各单位征集到图片1798张。围绕“弘扬抗洪精神，践行群众路线”主题，经过图片挑选、设计排版、文字编辑等，制作完成由“洪魔肆虐”“大爱无疆”“共建家园”三大板块构成的，题为“众志成城战洪灾——2014丽水抗洪救灾图片展”。图片展共计采用图片426张，展板102块，布展于市文化馆艺术展厅，与全市“五水共治”大会同步向市民推出，全方位、多角度展示“8•20”洪灾发生后，全市党政军民万众一心，众志成城抗洪救灾的感人瞬间，彰显丽水人民不怕困难、顽强拼搏的精神风貌，取得良好的宣传效果。

【“丽水美丽风暴”集中采访活动】 8月19日，省政府在丽水市召开全省美丽县城暨村庄规划设计现场会。8月16—19日，市委宣传部组织开展以“美丽环境带来美丽经济造就美好生活”为主题的“丽水美丽风暴”集中采访活动，来自新华社、中新社、《中国旅游报》、《中国经济导报》等12家国家、省级主流媒体齐聚丽水，共同记录丽水美丽城乡建设的丰硕成果。与建设局、发改委、规划局等部门做好工作对接与落实，确保采访活动取得成效；市县联动，召开“丽水美丽风暴”集中采访活动筹备会，并要求各县（市、区）做好采访活动的各项配合工作；网媒联动，发动各地新闻网站在首页显著位置及时推送《丽水追梦“绿富美”》等报道250余篇；微信公众号“瓯江行”发布《王永康：把城市扮靓扮美让群众放心舒心》等15篇微信文章，2篇原创微信文章。确定花园路、欧陆风情一条街、高速富岭出口、莲都区、云和县和景宁县为此次活动的采访点；市委、市政府主要领导与媒体记者见面交流；准备《接待手册》《新闻素材》《通报会材料》等60余份和30个U盘，方便媒体记者了解采访活动的行程安排和相关资料信息。截至8月底，新华社、中新社、中国发展网等国家、省级主流媒体先后刊播26篇新闻稿件。人民网、凤凰网、新浪、腾讯、搜狐等40余家网站进行转载报道，“今日头条”“凤凰新闻”等客户端及微信公众号进行推送，以全媒体融合的报道方式扩大丽水美丽城乡宣传广度、热度和知名度。新华社向全国发布新闻通稿《秀山丽水逐梦“绿富美”——浙江丽水的生态富民路》；“浙江新闻”移动客户端进行现场直播，刊发《王永康：努力打造美丽城乡建设的丽水样板》等8篇原创报道。

【“行进丽水•精彩故事”主题宣传报道活动】 2015年，为推动丽水市新闻媒体讲述丽水好故事、传播丽水好声音，制定下发《“丽水脚步•精彩故事”主题宣传报道活动方案》，在全市新闻战线开展“丽水脚步•精彩故事”主题宣传报道活动。该宣传报道活动旨在不断激励干部群众牢固树立“秀山丽水自图强”的意识，增强全市广大干部群众生态自信、文化自信、发展自信。活动围绕丽水近年来改革发展成就，以“丽水脚步•精彩故事”为主题，生动讲述丽水经济社会发展取得的成就，展示丽水社会进步的主流，展示丽水人蓬勃向上的风貌。《丽水日报》、电视新闻综合频道、广播新闻综合频率于1月19日统一开设《丽水脚步精彩故事》专栏，《处州晚报》推出《精彩故事点赞丽水》专栏，公共频道开设《奔跑丽水精彩故事》专栏，休闲文化频道开设《走基层讲好丽水故事》栏目，各媒体发挥自身特点，从人物、生态、社会发展等多方面讲述丽水发展的好故事，截至3月31日推出相关报道114篇。

【“中秋国庆双节”文化活动】 2015年，国庆、中秋双节期间，推出一系列主题鲜明、贴近群众的文化活动，让广大群众在享受文化盛宴中欢度佳节。文艺演出好戏连台，举办地方戏曲系列演出，在市区观音阁为市民带来精彩戏曲演出，分别由丽水荣华越剧团表演《梁祝》等越剧、丽水市婺剧促进会演出队表演《龙虎斗》《天门发令》等剧目。举办精品婺剧大戏演出，邀请浙江省婺剧团到丽水大剧院演出，为市民连送两场婺剧精品大戏《穆桂英—大破天门阵》《白蛇传》，主演为27届中国戏剧梅花奖得主杨霞云。群文活动形式多样，举办全市乡村文化艺术节暨农村文化礼堂才艺擂台赛，分设非遗展演、村歌、村舞和乡村春晚优秀节目四个类别。举办全市排舞大赛，由9个县（市、区）和丽水开发区组队参加，比赛评委由农民评审团和专家评审组成，最终评出金奖2名，代表丽水市参加2015年浙江省排舞大赛。举办“乡村剧场”系列演出。来自北京、上海的3支新锐独立表演群体为丽水群众带来现代舞《跳下去》《折影》《井2》的实验剧目，松阳高腔剧团带来两出传统剧目《白兔记之“马房招亲”》和《四姐自叹》。文化展览内容丰富，举办浙江画院“走过丽水”采风作品展，展出由浙江画院创作的以展示丽水风土人情为主题的作品300余幅。举办乡村春晚优秀作品摄影图片展，在缙云、青田、庆元三片区举办乡村春晚优秀作品摄影图片展，共展出作品60余幅。举办缙云县根雕木雕作品展，展出200余件优秀的根雕木雕作品。

【元旦春节期间群众文化活动】 2014年底，市委宣传部下发《关于认真开展2015年元旦春节期间群众文化活动的通知》。按照欢乐喜庆、文明和谐、广泛参与、社会文化社会办的原则，在全市上下开展系列春节文化活动。各地各单位利用报纸、电视、广播、网络等新闻宣传媒体，宣传节庆文化活动，吸引群众广泛参与，扩大活动的社会影响，营造欢乐、祥和、安定的节日氛围和团结奋斗、和谐发展的社会环境。着眼城乡一体化统筹部署，开展“春之篇——联欢丽水”主题文化活动，市、县城区一级共举办大型综合类新春文化活动370余场，发动指导全市587个行政村自办乡村春晚，农民500余人导演、乡村“民星”20余万人、村民观众90余万人在乡村草根舞台上实现自己的村晚梦——文化梦。所有建成的村文化礼堂都有一场农民自办的乡村春晚。（梅益蔚）

“乡村春晚”现场　　孙潇娜　提供

统战工作

【概况】 2015年，丽水市统战系统学习贯彻中央、省委、市委关于统一战线的决策部署，借中央、省委统战工作会议召开和《中国共产党统一战线工作条例（试行）》之机，全面落实统一战线重大决策部署，统战工作取得进展。先后4次在省委召开或全省统战系统召开的会议上作有关工作交流，并获浙江省申报全国统战工作实践创新成果入围奖2项，全省统战理论政策研究创新成果6项，其中一等奖1项，市民宗局、市侨联被评为全省系统综合工作先进，市工商联获全省系统单项先进。统一战线组织社团建设不断加强，成立西安、成都、兰州丽水商会。成立基层知联会65家，基本实现基层知联会全覆盖。成立香港丽水同乡会青年委员会和龙泉、缙云县级同乡会，召开市台联会第七次代表大会、海外侨团建设座谈会。丽水市各级各类统一战线组织、社团958家。加强党外代表人士队伍建设，健全完善教育培训、日常管理、选拔使用、联系联谊等平台和机制，特别是围绕换届节点，为党外干部搭台设阶。举办各领域党外代表人士培训班10余期。加强统一战线廉政建设，创建2家全省统战系统廉政教育基地。开展“三严三实”专题教育和“学党章、守纪律、讲规矩”主题教育，加强统战干部能力、作风建设。建立健全差异化考核机制，研究出台统战工作创新奖评选办法，不断提升基层统战工作水平。

【社会主义协商民主建设】 2015年，落实重大事项协商制度、征求意见制度、对口联系制度，开展制度化、规范化、常态化协商，召开市委党风廉政建设和反腐败工作情况通报会等，拓宽党外人士参政议政、民主监督、民主协商平台。研究完善特约人员工作，加强特约人员队伍建设。推进基层协商民主发展，8个典型案例入选省《基层协商民主案例》。建立“党外人士专家顾问团”，为协商民主建设提供人才支撑。统一战线成员全年提交人大建议、政协提案200余件次，反映社情民意500余条次，建议得到市委市政府领导的重视和批示、相关部门采纳实施。

【推进民族地区经济社会发展】 2015年，全市少数民族农村居民人均可支配收入13655元，比2014年增长12%；全市212个民族村中有95个民族村集体经济收入在10万元以上，有45个民族村开展“魅力畲寨”建设。研究编制少数民族事业发展“十三五”规划。深入实施少数民族发展“造血”工程，共落实各级少数民族发展专项资金、新一轮少数民族低收入群众增收帮扶行动计划、“五水共治、五教同行”结对帮扶等资金8600万余元。开展“十佳风情畲寨”评选，助推民族特色生态旅游产业发展。组织民贸企业进入“畲族风情馆”，分别参加“森博会”和“农博会”，宣传展示民族地区的特色农林产品。实施少数民族发展资金“阳光工程”，确保帮扶资金规范使用、发挥效益。举办民族村干部群众系列培训班，提高少数民族群众增收致富能力。大力弘扬传承畲族优秀传统文化，指导畲族群众开展“三月三”活动。

【依法管理民族宗教事务水平】 2015年，贯彻全国城市民族工作会议精神，推进“四微”服务体系建设，加强等外来少数民族群众服务管理，推进社区、学校和企业民族工作。开展民族团结进步宣传月系列活动，举办少数民族书画作品展，编印《丽水市民族工作30件大事》和《丽水市民族团结进步成就画册》，指导各地做好民族团结进步创建活动。巩固“三改一拆”工作成果，防止出现新的涉及宗教违法建筑。全面开展“同心同行·共建和谐”活动，出台党政领导干部与宗教界代表人士联系制度，引导宗教与社会主义社会相适应。分教举办培训班，组织宗教界人士开展红色之旅培训学习，引导宗教界人士牢固树立国家意识、法律意识和公民意识。依法加强宗教事务管理，开展宗教教职人员认定备案、宗教团体负责人年度考评工作。

【非公经济“两个健康”发展】 2015年，开展以“守法诚信”为主要内容的理想信念教育实践活动，增强非公有制经济人士遵纪守法、依法经营的意识。加强新生代企业家联合会建设，通过专题培训、挂职锻炼、公益活动等，提升新生代企业家的法治观念和综合素质。深化非公企业转型发展服务机制，帮助解决企业经营中的困难和矛盾纠纷。加强丽商服务中心建设，优化创业创新环境，探索推进承接政府职能转移。协调异地商会、海外侨团与有关部门召开招商、旅游推介等活动，深入开展“十万浙商进百区”“侨商回家、走进丽水”系列活动，浙商回归全年到位资金147亿元，完成年度目标任务的127%。

“弘扬核心价值观·同心共筑菇乡梦”宣讲活动走进宗教场所　　钟卫锋　提供

【党外知识分子工作】 2015年，深化“1+1”市县知联会联动共创活动，打造出暑期“小候鸟”公益学习班、云和“石浦花海”等一批共创品牌项目。举办“侨智聚绿谷·创新引未来”等活动，加强联系沟通，推进留学人员统战工作。联合市司法局研究出台律师行业统战工作意见，组建同心律师服务团，探索开展律师群体统战工作。加强市网络界人士联合会制度化、规范化建设，加强与宣传、经信、公安等部门联动配合，共同推进网络界人士统战工作，引导网络界人士增强守法护法意识、引领网络正气。组建网联会电商讲师团，服务电子商务发展。

【召开市委统战工作会议暨全市民族工作会议】 12月4日，丽水市召开市委统战工作暨全市民族工作会议，深入贯彻落实中央、省委统战工作和中央、全省民族工作会议精神，回顾总结中共十八大以来丽水市统战工作，安排部署当前和今后一个时期丽水市统战工作。市委书记王永康出席会议并讲话。市委常委，市人大常委会主任、市政协主席；各县（市、区）委书记、分管负责人、统战部部长，政府分管民族工作负责人等共170多人参加会议。

【统一战线组织和成员为里东灾区捐资献力】 2015年，莲都区里东村“11·13”山体滑坡事故发生后，丽水市统一战线广大组织、社团、成员通过各种形式表达关注、关心和问候，各民主党派、各地商会和海外侨团、宗教界人士等自发开展募捐活动，据统计，全市统一战线共为里东捐款捐物合计420万余元。

【举办“一带一路”战略与华侨经济文化发展国际学术研讨会】 11月9日，“一带一路”战略与华侨经济文化发展国际学术研讨会在青田县召开，联合国前副秘书长、联合国可持续发展大会秘书长沙祖康，中国侨联副主席乔卫分别作题为《中国外交与“一带一路”战略》《华侨华人可与中国、住在国在“一带一路”建设中实现三方共赢》的主旨演讲。

【选派新生代企业家到政府部门挂职锻炼】 2015年，联合市委组织部选派首批18名新生代企业家到政府部门开展为期3个月的挂职锻炼，帮助引导新生代企业家致富思源、富而思进，树立正确的理想信念，践行社会主义核心价值观。加强新生代企业家联合会建设，通过组建控烟志愿者巡查队，参与文明城市创建活动，组织参加专题学习培训等，提升新生代企业家的综合素质。

【少数民族文化教育等社会事业】 2015年，市委统战部促成市政府、省民宗委和丽水学院共建丽水学院民族学院，支持中国畲族博物馆提升工程，做好参加第五届全国少数民族文艺会演音乐剧《畲娘》的创作排练工作。完成“走进畲乡”畲族文化专题网页的制作，并与国家民委网站成功链接。组队参加第十届全国少数民族传统体育运动会，丽水市运动员获14枚奖牌，占全省奖牌总数70%。

【民间信仰事务管理】 2015年，协助市政府制定出台《丽水市民间信仰事务管理的实施意见》，指导各地有序开展民间信仰活动场所编号管理工作。在龙泉召开全市民间信仰场所编号管理现场会。年底，完成304处民间信仰活动场所审核、登记和编号工作。鼓励和支持民间信仰民俗文化活动，指导庆元县举办“2015香菇始祖吴三公朝圣活动”。 （钟卫锋）

机关党建工作

【党员学习教育】 2015年，开展总书记习近平系列重要讲话精神学习教育。重点抓好“三会一课”和党员学习“三三”制落实，将党员学习常态化的落实情况纳入基层党组织书记履责述职内容。依托各级党校和高校，全年组织市直处长（主任）、党务（纪检）干部、新党员和入党积极分子各类专题培训班7个批次，培训837人。市直1406名科级党员干部和党组织负责人列入网络学习体系，全年登录学习率为92.8%，“丽水市领导干部网络学院”学习合格分从60学时调整为80学时。建立“空中课堂”，通过手机短信、微博、微信等形式，为市直党员1.6万人发送党章等学习讯息。参与组织6批次、党员干部2000人参加“道德讲堂”廉政文化进机关活动，宣扬凡人善举，弘扬中华传统美德。3月，开展“绿色生态发展、深化改革、我做什么”主题征文活动，评选优秀论文30篇。举办市直单位微型党课比赛活动，选送优秀选手10人参加全市微党课比赛，获一等奖2人，二等奖2人，三等奖1人。开展市直机关党建十佳创新成果及十佳优秀创新成果评选活动。完成全市机关党建调研论文课题部署、文稿评选以及优秀调研论文汇编和交流等工作，评选出优秀调研论文30篇。

【党员思想政治工作】 2015年，开展“两优一先”评选活动，表彰市直单位2013—2014年度先进基层党组织46个、优秀共产党员131人和优秀党务工作者53人。“七一”期间，遴选先进典型27个，在市直七大系统和各基层党组织中开展先进典型事迹系列宣讲活动13场次，受教育党员干部1500人次。12篇先进典型事迹连续刊登在《丽水日报》等媒体，发挥先进典型的示范引领作用。落实党员“政治生日”祝贺制度，全年发送“政治生日”祝贺短信5万余条，向48位入党50周年党员颁发荣誉牌。4月，开展市直机关“1+1”修身养廉慢运动活动，市直机关、企事业单位和丽水生态产业集聚区党员干部职工2000余人参加。9月，组织7个机关合唱团参加“民族魂中国梦”丽水市纪念抗日战争暨世界反法西斯战争胜利70周年合唱音乐会，获组织奖。开展困难群众、党员结对帮扶工作。“两节”期间及“七一”前后，走访慰问市直老党员、生活困难党员家庭、困难群众家庭134户，送去慰问金16.16万元，为结对村莲都区张村街村解决治水帮扶资金3万元。市直机关110个党组织结对227户困难家庭，全年送上各类慰问品和慰问金20万余元。

【基层组织建设】 2015年，全面推行公推直选办法，抓好市直各单位党组织到届选举工作。开展市直发展党员专项督查，按照党员数量年均净增控制在1.5%左右的要求，严把党员发展质量关，全年发展党员820人。严格党员的转进与转出，实行“六问一必查”，全年党员接转组织关系722人。严肃党内组织生活，在推进落实党内组织生活各项制度的基础上，在市直机关首次实施党员先锋指数考评管理制度，全年市直各级党组织组织生活会召开率95%以上。4月，制定出台《关于进一步规范机关基层党组织和党员发展、党员管理的通知》，规范机关基层党组织管理、党员发展、党员管理工作、党建工作责任落实等方面工作。8月，出台《市直机关基层党组织落实全面从严治党责任清单》，在市直机关基层党组织中全面推行从严治党责任清单制度，明确各级机关基层组织、班长、班子成员在全面从严治党中的责任，形成各司其职的“责任链条”。同月，完成市直机关工、青、妇组织隶属关系调整工作，市直159家基层工会组织、37家基层团组织、73家基层妇女组织划归市直机关党工委管理，涉及职工9000余人。12月，完成党费下拨工作，下拨市直116家单位党组织党费476400元，加强和规范基层党组织党员活动阵地建设。

【机关作风建设】 2015年，立足党组织岗位职责和党员个人特长优势，系统联动开展“二报到一注册”“党员服务一条街”“微心愿”等党员志愿服务活动。市直在职党员6000余人注册为党员志愿者，组织志愿服务397场，参与6874人次，点亮群众微心愿1313个。全年开展党员服务一条街活动6批次，单位基层党组织108家、党员1300余人利用周末进社区、进经济开发区，通过政策宣传、咨询、医疗、维修等服务项目直接服务群众，惠及群众3万余人次。会同市纪委常态化、多形式开展“正风肃纪”明察暗访活动，全年组织正风肃纪明察暗访活动9批次，出动人员48人次，检查单位76家，发现问题9起，发出自查整改函9个单位。2月，对各部门上缴的礼品礼卡组织一次公开处理会，共上缴国库现金118470元。2015年，查处市直单位违法违纪党员17人，其中开除党籍8人，留党察看2人。开展“两教育、两检查”专项活动。全年组织指导29个批次1385人次廉政基地现场教育活动。 （茅　扬）

机构编制

【概况】 2015年，丽水市机构编制委员会办公室（以下简称“市编委办”）扎实推进政府权力清单、责任清单、政府机构改革、综合行政执法、不动产统一登记等系列体制改革工作，稳步推进政府部门审批职能归并、市纪委派驻机构统一管理、旅游体制、开发区体制等重点领域和关键环节的体制改革。按照“本届政府财政供养人员只减不增”的工作要求，贯彻落实控编减编工作任务，审慎推进各类事业单位统一登记管理试点，制定政策体系，在市属高等院校、公立医院探索试行编制备案制管理，开展机构编制监督检查和领导干部离任审计工作，开展党政机关网站开办审核、资格复核和标识加挂工作，完成2014年度事业单位法人年度报告公示工作，市本级应参加年度报告公示单位219家（核准不公示单位7家），公示212家，公示率100%。

【建立权责清单动态调整机制】 2015年，制定《丽水市人民政府部门职责管理办法》，建立“清单”动态调整机制，根据法律法规规章和部门职责调整的变化，对市市场监管局、市环保局、市建设局、市质监局等单位“两张清单”相关内容进行优化完善。全面推进权力事项信息与省市县三级行政权力事项基本目录的比对规范工作，推进所有行政权力事项网上运行。

【全面完成政府机构改革】 2015年，根据中央、省地方政府职能转变和机构改革工作部署，丽水市市级新组建部门正常运行，市府办、市发改委、市卫生计生委、市安监局、市科技局、市旅委等6家涉改部门“三定”工作完成，全市9个县（市、区）新组建部门班子均配备到位。

【开展清单制度全员轮训】 3月，丽水市在全省率先开展清单制度建设“全员轮训”。全市副县级处级以上领导540余人集中参加学习。全市组织6500余场次清单制度建设学习讨论会，科级干部8700余人撰写学习体会，参与学习测试43560余人。将清单制度建设内容纳入党校培训课程，并组织原权力、责任清单编制人员前往各部门做专题宣讲，加强"清单"制度共识。

【不动产统一登记改革】 2015年，按照"有利于工作衔接、有利于方便群众"的原则，对分散在各部门的土地、房屋、林地等不动产登记职责进行整合，设立不动产登记管理机构和经办服务机构，明确市区事权划分，厘清房产交易与登记、不动产档案资料管理、不动产登记信息系统建设、市属国有农场林场登记等事项的部门职责边界划分。

【行政审批职能归并工作】 2015年，实施一个领导分管、一个处室审批、一个窗口对外、一个首席代表负责、一个审批专用章办结的"五个一"行政审批运行管理模式，实现审批职能归并到位、行政审批授权到位、联审事项牵头到位、审批人员进驻到位、保障措施落实到位的"五到位"。市人力社保、财政、公安等7个行政服务分中心挂牌运行，市级30家部门行政审批机构职责完成调整，市发改、建设、国土、市场监管等与联审事项密切相关的4个部门分管领导和25家部门的首席代表或审批处长进驻审批大厅。

【市纪委派驻机构统一管理】 2015年，按照"全面派驻、分类设置、职能明确、权责一致"的原则，推进市纪委派驻机构统一管理改革工作。35家纪委派驻机构设置到位，核定编制125人，以单独派驻和归口派驻两种形式对93家单位进行监督，实现全覆盖。

【组建市旅委】 2015年，在2014年旅游体制调整的基础上，不断深化旅游体制改革，组建市旅委并将市发改委承担的生态休闲养生产业发展职责划入，加强统筹推进旅游产业发展、综合协调旅游产业规划开发及旅游招商引资的职责。同时，将县（市、区）旅游管理机构统一更名为旅游委员会，加强旅游职责配置，提升旅游机构形象地位。

【开展机构编制检查和领导干部离任审计工作】 2015年，市编委办与市委组织部联合开展选人用人与机构编制专项工作检查，对9个县（市、区）和30余家市直部门开展专项检查。同时，将机构设置、编制使用以及有关规定的执行情况纳入党政主要领导干部、国有企事业单位领导人员经济责任审计和离任审计范围，重点检查超编进人、编外用人、"吃空饷"等问题。2015年，协同市审计部门对19名市管领导干部进行机构编制管理情况审计。协同组织、财政、人力社保等部门查纠"吃空饷"问题2起，核减编制3人。 （项德飞）

信访工作

【概况】 中共丽水市委、丽水市人民政府信访局是市委、市政府从事接待群众来信来访的职能部门，在职编制人员10人，内设办公室、接访处、办信处、复查复核（督查）处。2015年，面对严峻复杂的形势，突出重点难点，采取一系列行之有效的措施，做了大量开创性工作，实现信访总量下降18.9%，来市异常访下降20.2%，赴省进京访下降22.1%，赴省集体访下降51%，进京非访量下降67.4%，信访秩序逐步好转。

【法定途径分类处理信访投诉请求】 2015年，市委、市政府重视通过法定途径分类处理信访投诉请求工作，成立以市委副书记为组长的工作领导小组，并专门召开会议，部署工作。市发改委、经信委、教育局等29个市直部门按照清单分类分得清，法律依据找得准，操作规程看得见，部门之间交叉理得清的要求梳理出信访投诉请求法定分类（处理）清单，汇编成册《法治精神》一书。该清单厘清各部门职责，厘清各事项的信访、行政、司法边界，为各类信访诉求找到最适宜的出口。

【网上信访工作】 2015年，通过信访事项在网上流转、公开，提高信访工作效能，增强透明度和公信力，实现信访工作传统思维、方法、理念上的新突破。全面推行网上信访，将各责任单位初信初访事项全部纳入省网上信访信息系统，实现全领域全覆盖，实现网上"可查询、可跟踪、可督办、可评价"，接受群众全面监督。全年受理各类网上信访411件，按期处理率100%。

【信访宣传】 2015年，在国务院《信访条例》实施10周年之际，以"法治信访、阳光信访、精准信访"为重点，唱响主旋律、讲好信访故事、传播信访正能量，集中开展"依法信访、共筑和谐"主题宣传月活动。市信访局将省、市、县领导关爱信访工作部分掠影汇编成册，编制画册《关爱》。通过《丽水日报》整版报道各地创新群众工作方法、依法推进信访法治化建设的经验做法。以漫画问答形式在《处州晚报》刊发信访相关法规政策。在接访大厅LED显示屏滚动播放宣传标语，电视播放相关资料片，在接访窗口发放宣传资料，市信访局网站及时增添、更新宣传内容。各县（市、区）通过悬挂标语、放置宣传牌、设立宣传栏等传统方式开展宣传。全市共悬挂横幅1600多条，发放各类宣传资料62500多份，展出展板80多块，创作相声、小品、快板等文艺作品15件，电台、电视台、报纸、网络刊发各类宣传稿件180多条，送电影、戏下乡6台，举办信访干部业务培训4期，开展信访知识竞赛4场次，参与人数达3000多人。

【加强信访督查督办】 2015年，市信访联席办组织开展信访督查工作，变事后督为事前盯，临近提醒、到期催办、逾期整改，提高工作效率。建立信访事项“三色”管理机制，全年全市梳理整理重点信访案件1241件，落实纠正到位1027件，办结率83%。按照“三严三实”要求，把各县(市、区)、部门信访问题清单通报给9个县(市、区)委书记、开发区主要负责人和7个市直重点部门。下发每月信访工作情况通报和领导接待日通报各12期，对各地初信初访按期处理率、办理差错率以及领导批示件办理情况、工作不到位情况进行通报，通过督查通报倒逼责任单位主动作为。

【推进信访积案化解】 2015年，以“百名市县领导督百案”为载体，以上率下，推动督查，推动问题的解决。全年33位市级领导督查督办53件信访积案，通过努力，全部积案得到化解。在市领导带头推动下，全市各县(市、区)领导带队督查762次，所督630件案件化解504件，化解结案率80%。其中化解3~5年信访积案52件，化解5~10年信访积案20件，化解10年以上信访积案10件。 (麻李钟)

党校工作

【党校培训】 2015年，市委党校举办主体班32期，累计参训人员3919人次；承办或与外单位合作举办社会班次、部门班次30期，参训人数2626人次；与省委党校、浙师大等学校合作举办在职研究生班，在读学员150余人。邀请36位专家学者、7位市领导、29位部门领导到校为学员授课，全年安排教师270余人次到市直和县(市、区)各部门、乡镇街道、社区企业等单位开展宣讲活动。

【党校科研成果】 2015年，市委党校教师撰写科研文章132篇。其中，完成省级课题7个、市社科联课题结题14个、领导交办课题23个，出版专著1部，在省级以上学术期刊发表论文19篇，市级期刊31篇，获省级奖励论文6篇，市级奖励论文21篇。刊发《党建交流》6期、《送阅件》7期，其中6篇文章获市委书记王永康、市长黄志平等市领导的批示肯定。创造条件与四套班子、市有关部门、各县(市)开展科研合作，参与市有关部门、各县(市)的部分“十三五”重大规划编制10项。

【新校园迁建】 2015年，党校迁建项目完成7600万元投资计划，项目进入装修阶段，完成物资采购招标代理机构、暖通、夜景照明、污水处理工程、信息(智能化)设备工程的招投标；校园文化建设方案报市发改委；初步确定主体工程二次装修材料使用方案；组织人员到兄弟党校考察学习新校园后勤服务外包工作，并向市政府提交《关于要求新校园后勤服务整体外包的请示》。与财政、发改等相关单位的沟通协调，解决建设中存在的实际问题，并且抽调部分人员成立推进新校园建设工作组，合力推进迁建项目，确保实现2016年下半年主体班能够在新校区举行开学典礼。 (潘　虹)

老干部工作

【概况】 2015年，丽水市有离休干部836人(不含省属单位和易地安置的离休干部)，比2014年减少92人。其中，市直151人，莲都区123人，龙泉市93人，云和县52人，遂昌县81人，庆元县38人，松阳县39人，景宁县35人，青田县106人，缙云县118人。按单位性质划分：行政机关403人，事业单位208人，企业单位225人。按入伍时间分：抗日战争前期入伍16人，抗日战争后期入伍54人，解放战争时期入伍的766人。按享受待遇级别分：享受市(厅)级待遇以上18人，享受县(处)级待遇334人，享受乡(科)级待遇以下484人。按年龄分：80岁以上830人，80岁以下6人。生活完全不能自理403人(占总数48.21%，比2014年增加13.84%)。

落实老干部听报告、政治学习等制度，召开情况通报会4次，王永康、朱晨、卫中强等市领导为老干部通报情况。6月15—19日，联合举办市直单位第十四期离退休干部党支部书记培训班，59位市直单位离退休干部党支部书记、委员参加培训。8月17—21日，在遂昌举办理论学习会。

开展“红色典藏”行动。市委老干部局先后开展对全市抗战时期离休干部口述档案收集活动、举办一次“讲爷爷奶奶抗战故事”比赛、出一期红色增刊、在老年大学开展一次红色长廊和对市直抗战时期离休干部进行一次全面走访慰问的“五个一”系列活动。开展“走、看、促”行动。市直先后组织地厅级以上老领导、离休干部联络组长、团体协会负责人等参观考察丽水市“五水共治”、新农村建设、开发区“机器换人”产业推进等情况。开展“争做最美老干部”行动。挖掘出一批老干部"最美风采"和"最美工作室",举办全省"最美老干部"先进事迹巡回宣讲丽水站活动,传播"最美老干部"精神,300余名离退休干部现场聆听报告。开展"银色人才志愿"行动。以"老干部红领先锋"为依托,建立银色人才库,组建银色人才志愿者服务队,开展志愿服务行动。利用自己的专长,深入企业、农村、社区、学校,开展各类志愿服务活动,取得良好的社会效应。

落实善做老干部"爱心使者"的要求,用心用情服务老干部,提升服务保障水平。落实医疗待遇,逐步放开报销范围,建立医疗备用金制度,解决力度走在全省前列。集中开展离休干部健康体检,市直组织老干部178人开展体检,并举办市直老干部保健讲座。执行离休干部疗休养政策,市委老干部局组织市直市(地)级和县(处)级及以下离退休干部分别到衢州和景宁健康休养。落实接待日制度、家访制度、信访服务工作、住院告知等系列服务管理制度。向每位离休干部发放800元"老干部温馨服务券",为老干部提供更加优质、方便的服务。坚持开展"真情送温暖"活动,组织全局工作人员开展三次全面入户走访。全年走访、看望、慰问市直离退休干部1121人次,其中,走访易地安置老干部52人次,走访抗战时期老干部39人次。落实困难帮扶制度,共落实经费总额8.6万元,帮扶特困离休干部及遗属58人次。

以老干部活动中心和老年大学为阵地,搭建老干部学习和活动平台,开展各项适合老干部特点的文体活动,丰富老干部精神文化生活。举办老干部国学、时政、生活"三大讲堂",全年举办老干部大讲堂5次。老年大学开设38门课程、100余个班级,招收学员近5000余次。坚持"月月有小赛""节庆有活动",先后组织麻将、乒乓球、飞镖、投篮等比赛活动10余次,举办市直离休干部游园活动和集体祝寿会,在遂昌县召开全市老干部书画交流笔会。举办全市老年大学运动会,来自市直和全市9个县(市、区)老年大学的学员200余人参加比赛。市老干部活动中心下设有书画、花卉、钓鱼、武术等老干部团体协会10个,会员1380余人。结对老干部、服务老干部,全局23位老干部与市直离休干部开展结对服务,服务离休干部618人次。

【开展抗战胜利70周年纪念活动】 2015年是抗战胜利70周年,市委老干部局开展"五个一"系列活动。对全市抗战时期离休干部开展一次口述档案收集活动。8月14日,丽水市老干部系统举行纪念抗战胜利70周年——"讲爷爷奶奶抗战故事"比赛,来自全市各县(市、区)及市直老干部工作部门的11名选手,讲述丽水市11名抗战时期参加工作离休干部的抗战故事。出版一期《丽水老干部工作》红色增刊,展示丽水市参加抗日战争离休干部风采。在老年大学开展一次红色长廊活动。9月3日前夕,市领导对市直抗战时期离休干部进行走访慰问。

【全市老年大学运动会】 11月3—4日,举办纪念抗战胜利70周年全市老年大学运动会,来自市直和全市9个县(市、区)老年大学的学员200余人参加比赛。运动会由市委老干部局主办、丽水老年大学承办,以"我运动、我健康、我快乐"为主题。运动员共参加象棋、乒乓球、气排球发球、飞镖、定点投篮等竞技类、趣味类和展演类三大类的比赛。市委常委、组织部长胡侠出席特色项目展示并致辞,丽水老年大学校务委员会成员单位领导参加特色项目展示评比并为获奖选手颁奖。

8月14日,全市老干部系统开展"讲爷爷奶奶抗战故事"比赛　　王　波　提供

【最美老干部巡回报告会】 6月4日,全省"最美老干部"先进事迹巡回报告会在丽水召开。"最美老干部"代表5人从不同层面、不同角度为丽水市的离退休干部300余人讲述各自离休不离党、退休不褪色的先进事迹,展现新时代广大离退休干部服务社会、无私奉献的精神风貌。

【搭建老有所乐老有所学平台】 2015年,通过老干部活动中心和老年大学，充分展示老干部老有所学、老有所乐的精神风貌。市直老年大学有学员2000余人，开设38门课程；开展一系列适合老干部特点，有益于老干部身心的活动。市直在重阳节前夕组织离休干部游园活动，举办市直离休干部集体祝寿会，市委常委、组织部长胡侠到会为老干部送上祝福。

【老干部“走基层、看变化、促发展”活动】 2015年，市委老干部局组织老干部开展“走、看、促”活动6次，先后组织市直女离休干部、地厅级以上离退休干部、处级以下离休干部和市直离休干部联络组组长等参观考察丽水摄影博物馆、丽水博物馆、衢州城市展览馆、好溪堰、利山村和机器人企业等。老干部们对丽水市开展的各项重点工作反响热烈，并提出意见建议。 （王　波）

党史工作

【概况】 2015年，市委党史研究室认真贯彻全国党史研究室主任会议和浙江省第九次党史工作会议精神，积极争取市委重视，继续推进党史一卷、二卷编写工作。承办中国工农红军挺进师入浙创建浙西南革命根据地和中共浙西南特委成立80周年暨刘英诞辰110周年系列纪念活动，组织开展纪念中国人民抗日战争暨世界反法西斯战争胜利70周年系列活动，编辑出版《浙江省丽水市抗日战争时期人口伤亡和财产损失》。继续办好《丽水党史》季刊，完成2015年度丽水市委市政府执政纪事编写，做好党史信息工作，加强党史宣传教育。会同市人力社保局，组织开展全国党史系统先进评选推荐，松阳县史志办公室主任洪关旺被中共中央党史研究室、人力资源社会保障部授予“全国党史系统先进工作者”称号。

【争取市委重视党史工作】 2015年，市委常委会2次听取党史工作汇报，市委主要领导就党史相关工作先后2次批文5次批示。5月，市委对各县（市、区）贯彻落实全省第九次党史工作会议精神情况进行督查。12月25日，市委召开全市党史工作会议，贯彻总书记习近平关于党史工作的重要论述以及全国党史研究室主任会议、浙江省第九次党史工作会议精神，总结“十二五”期间全市党史工作，交流党史工作经验，部署今后五年丽水党史工作任务。市委书记王永康对会议做出批示，省委党史研究室主任金延锋，市委常委、宣传部部长陈建波出席会议并讲话。

【纪念红军挺进师入浙80周年】 6月25—27日，中国工农红军挺进师入浙创建浙西南革命根据地和中共浙西南特委成立80周年暨刘英诞辰110周年系列纪念活动在丽水举行。活动由省委党史研究室和中共丽水市委联合主办、丽水市委党史研究室承办，分纪念大会、学术研讨会、党史讲座、专题片拍摄和参观革命旧址等多种形式，刘锡荣、粟寒生等挺进师将士后代应邀出席。6月25日，在丽水大剧院举行纪念大会，中纪委原副书记、刘英之子刘锡荣，省委常委、秘书长赵一德，市委书记王永康到会讲话。同日，在华侨大酒店举行学术研讨会，市委副书记朱晨出席并讲话，省内外论文作者、挺进师将士后代以及党史工作者80余人参加。同时，在市行政中心130报告厅举行党史知识讲座，省委党史研究室主任金延锋为市直各单位领导作《浙江人民的抗日斗争》专题报告。26日，组织与会嘉宾重走红军路，先后参观考察遂昌王村口革命旧址群、红军挺进师纪念馆、龙泉住溪苏维埃政府旧址等党史胜迹。粟裕大将次子粟寒生、粟裕秘书鞠开夫妇等嘉宾还应邀赴庆元参加红军挺进师斋郎战斗80周年纪念活动。为办好这次纪念活动，市委党史研究室在活动前还与市委组织部、市广电总台联合拍摄电视专题片《烽火浙西南》，并在丽水电视台黄金时间播出。通过系列纪念活动，对全市广大干部群众进行生动的红军挺进师精神教育。

【“抗战损失”课题调研成果出版】 9月，《浙江省丽水市抗日战争时期人口伤亡和财产损失》一书由中共党史出版社公开出版发行。全书分调研报告、专题研究、资料（包括档案资料、文献资料、口述资料）、大事记四个部分，共40万字。从2006年下半年开始，全市党史部门组织发动300余人，历时两年半，开展大规模的丽水市抗日战争时期人口伤亡和财产损失课题调研，抢救了大批“活资料”和珍贵档案资料，共组卷174卷。后因种种原因，调研成果出版工作中断。2014年11月起，该项工作被再次提上日程，市委党史研究室组织精干力量，加班加点，顺利完成调研成果编辑出版。该书是丽水市本级第一本由中共党史出版社出版的权威性抗战损失研究书籍，真实记录抗战时期日本侵略军侵略丽水时制造的各种暴行，以及给丽水人民所带来的巨大的历史性灾难。该书的编辑出版，是丽水市“抗战损失”课题研究取得的阶段性成果，对继续深入研究丽水抗战史将起到重要推动作用。

【党史基本著作编写】 2015年，继续抓好丽水党史一卷编写扫尾工作。2月3日在全市主任会议上就丽水党史一卷修改工作做出专门部署，4月2

日召开意见征求座谈会。会后组建史稿修改班子，分管主任亲自挂帅，就大量史实进行逐条讨论核实，对全书框架结构及编、章、节、目进行较大调整完善，并形成约30万字书稿，送省委党史研究室审阅。继续抓好地方党史二卷编写工作，至年底，丽水党史二卷完成60余万字初稿编写；青田党史二卷送市委党史研究室审阅；云和党史二卷经市委党史研究室审读后进行再次修改，并送省委党史研究室审定；其他各县(市、区)正在编写之中。

【纪念抗战胜利70周年】 8月底和9月初，在丽水举行纪念中国人民抗日战争暨世界反法西斯战争胜利70周年系列活动，具体有影像图片展、发放纪念章、书法展、座谈会、文艺表演等多种形式。在活动筹备过程中，市委党研室承担影像图片展开展仪式、纪念章发放仪式、座谈会等活动领导讲话稿起草及座谈会代表发言稿审核等工作，并会同有关部门举办“抗日战争在浙江”影像图片展，市四大班子领导和市直有关部门领导出席开展仪式。会同有关部门举办“众益杯”书法大展，共展出书法作品90件，内容大都为反映纪念抗战历史主题的各类诗词、歌词、楹联等。青田、遂昌、松阳、云和、庆元等县也举办了纪念“抗战”图片展。云和县完成《战时省会烽火云和》电视纪录片摄制，于8月20日在石塘镇小顺村举行首映式，并在云和电视台同步播出。9月1—2日先后在丽水电视台综合频道和公共频道播出，后被浙江省“时代先锋”编入远程教育课程。通过纪念活动，在全市上下宣传伟大的抗战精神。

【党史教育基地建设】 2015年，浙西南革命根据地纪念馆以“三严三实”专题教育为契机，以基地建设为平台，不断提升宣教育人水平。2月，成功创建市级“巾帼文明示范岗”；6月，完成《浙西南革命历史中的清廉自律典型事例》廉政小画册编写；8月，中共浙江省委机关旧址入选“丽水市十大抗战遗址”；10月，纪念馆作为省级廉政文化教育基地，在省纪委监察厅网站“清风之旅”栏目中宣传展示。改善馆内硬件设施，加强接待功能，完成李讷、刘锡荣、粟寒生以及省委巡视组成员等贵宾参观接待工作。全年接待参观14.6万多人次，团队320支。

【《丽水党史》刊物编辑出版】 2015年，《丽水党史》季刊编辑出版4期，每期5万余字，发行8000册。配合红军挺进师入浙创建浙西南革命根据地和中共浙西南特委成立80周年、刘英诞辰110周年、抗日战争胜利70周年系列纪念活动，突出重点，编发纪念专辑，刊登纪念文章。全书图文并茂，讲质量重特色。《丽水党史》第四次获丽水市优秀内部期刊称号。

【革命遗址修复保护和开发利用】 2015年，莲都区投入40余万元，完成三岩寺红军洞修缮工作；投资300余万元，完成南乡革命纪念馆(建筑面积400多平方米)修缮并着手布展方案设计。龙泉市完成牛头岭中共龙泉县委旧址修复布展；协助民政部门做好龙泉市革命烈士陵园内革命纪念馆重新布展；协助做好龙泉浙西南红色小镇建设工作，收集整理红色小镇相关党史(革命史)资料。缙云县完成大源镇稠门村江西山后自然村中共处属特委、缙云县委机关旧址修复保护；在壶镇镇黄弄坑村建立浙东游击根据地纪念馆。遂昌县完成葛程(谷陈)乡苏维埃政府暨遂松龙边游击队队部旧址、龙洋乡中共遂昌一大旧址、唐公宪故居一期修缮工程；完成中共遂昌支部旧址周祠部分修缮工程，更换泉湖寺部分室内展板，设立党员警醒室；遂昌工农革命军暴动誓师大会旧址修复工程完成90%。遂昌县王村口革命旧址群被列入全国国防教育基地。青田县投资20万元，完成章村乡吴山村中共江南区委旧址(占地近1000平方米)修缮保护；投资12万元，完成祯旺乡革命老区纪念馆(总面积80平方米)建设。景宁县投资100万元，完成“景宁·中共第一党支部党史陈列馆”(占地约1300平方米、总建筑面积约700平方米)建设，并于10月30日举行开馆仪式。松阳县完成中共竹溪区委、区苏维埃政府驻地燕田吴氏宗祠(约250余平方米)修缮布展工作。云和县结合小顺村AAA级景区示范村建设，于9月1日将周恩来视察小顺浙铁工总厂纪念碑迁址到石塘镇小顺村抗战文化展示区块内。庆元县完成百山祖镇三堆村交通员坟墓修缮、白柘洋第一党支部革命旧址保护，资助革命老区左溪镇各村道路修缮。 (市委党研室)

档案工作

【概况】 2015年，全市有国家综合档案馆10个，专门档案馆2个，全宗1681个，馆藏档案1348184卷、628707件，接收档案148953卷、101080件，接待查阅档案32114人次，利用档案64401卷次、56695件次。市档案局(馆)在职人员18人，内设办公室、业务指导处、执法监督与信息技术处(行政审批处)、保管利用处。下设事业单位丽水市档案与电子文件登记备份中心，在职3人。市档案馆馆藏全宗181个，档案411241卷、184211件，全年新接收档案119740卷、8140件，其中民生档案接收量较大，馆藏民生档案占有量提高到64.9%。接待查阅1348人次，利用档案 13383 卷(件)。出台《关于加强和改进新形势下档案工作的实施意见》,为推进丽水市档案工作打下良好基础。

2015 年,市档案局做好电子文件归档工作,推进"1+9+N"档案协同管理系统建设和推广运用工作。全市开通 1+9+N 数字档案协同管理系统的市、县、乡镇三级机关单位有 1200 余个,应用该系统 945 家,并在 2015 年延续到部分村,其中上传或在线归档的档案条目 417 万余条,原文 316 万余页,容量 10239G。7 月,档案联合查阅中心正式成为丽水市行政审批服务分中心。全年为社会各界提供档案利用 11977 人次,25693 卷次、复印 186945 页。丽水档案信息化工作得到国家、省档案局领导的肯定,并在全省数字档案馆(室)建设推进电视电话会议上作典型发言。省人大教科文卫委和省档案局贯彻《中华人民共和国档案法》执法检查,与市保密局联合开展档案信息安全保密执法检查,重点检查各乡镇机关档案室。

【三农档案工作】 2015 年,市档案局通过走访 80 余个乡镇村,加强对农村"三资"档案、土地确权、股份制改革等档案管理工作的调研,及时发现问题,采取将宣传贯彻"档案违法违纪处分规定"与档案检查指导结合等形式,加大对乡镇(街道)、村(社区)的督促、检查、指导的力度,增强农村基层的档案意识,责任意识。对 18 个乡镇、18 个行政村进行新农村建设的档案工作考核。"村档乡管"工作在全省业务工作会议上得到肯定,也为其他市县提供借鉴。全市完成"村档乡管"工作 28 个乡镇,266 个村,抢救性地整理归档 19029 卷,25521 件档案,以及大量的照片、实物等特种载体的档案材料。

【基层档案馆建设】 2015 年,松阳县调剂改造的新馆改建工程完成,改善档案管理和利用的硬件设施,改善群众的查档环境;遂昌县档案馆新馆建设主体工程进入收尾阶段;青田县审定《青田档案馆、图书馆、规划展览馆三馆合一建筑设计方案》最终方案;云和县审定档案馆新馆项目编制总体规划及概念设计报告书;庆元县档案新馆建设项目用地被确认列入濛洲街道小济洋区块。

【"里东大救援"档案收集工作】 2015 年,11 月 13 日 22 时 50 分许,莲都区雅溪镇里东村发生山体滑坡灾害发生后,市档案局和莲都区档案局及时派出工作人员到"里东大救援"现场拍摄视频资料,同时对相关专项组和有关部门指导收集工作,共收集整理文件材料 2000 余件,照片 8G,建立"里东山体滑坡灾害"专题档案。

【传统村落建档试点工作】 2015 年,抢救性地收集、挖掘、整理各种门类的村落档案、文献资料、录制影像和口述档案。在松阳界首村开展传统村落建档的试点。接收《传统村落申报表》等纸制材料 128 册;电子数据 103.42G,内容包括文字材料、规划电子文本、照片、55 个姓氏的宗谱,照片 2000 余张。

【"丽水市十大抗战遗址"评选活动】 6 月,市档案局与《处州晚报》合作在全市范围内评选"丽水市十大抗战遗址"评选活动。7 月,经市民和专家评选,在近百个推荐抗战遗址中初评 30 个候选遗址,并在《处州晚报》和网络上开设专栏进行详细介绍。8 月 17日,经专家投票评选"中共浙江省委机关旧址""丽水城保卫战遗址""周恩来视察浙江铁工厂遗址""大路抗日纪念亭"等遗址为"丽水市十大抗战遗址"。

【举办"英雄不老—浙西南抗日战争人物影像档案展"】 2015 年,是中国人民抗日战争暨世界反法西斯战争胜利 70 周年。市档案局经过 3 年多的筹划和准备,收集丽水红色大地上的 77 名"抗战老兵"的文字影像档案。9 月 1 日,举办为期 1 个月的"英雄不老——浙西南抗日战争人物影像档案展",开展仪式上,市委书记王永康致辞,市长黄志平主持。市委、市人大、市政府、市政协、驻丽部队领导参加仪式,3000 余人参观展览。本次展出的抗战老兵摄影作品入选 2015 年中国丽水摄影节展览。 (章劲松)

抗日战争人物影像档案展　　王正媛　提供

丽水市人民代表大会

综　　述

【概况】 2015年，市人大常委会围绕全市工作大局，强化担当、依法行权、尽心履职，完成市三届人大五次会议确定的各项任务。全年，召开常委会会议12次，组织代表视察4次，听取各类工作报告35个，作出决议决定18个，提出审议及视察意见23个，依法任免国家机关工作人员103名。开展“三严三实”专题教育和“学党章、守纪律、讲规矩”主题教育活动，加强《中国共产党廉洁自律准则》和《中国共产党纪律处分条例》学习，协助市委召开全市人大工作会议，出台《中共丽水市委关于进一步加强人大工作和建设，充分发挥人大作用的意见》。修定《丽水市人大常委会审议意见办理办法》，制订出台《政府重大投资项目监督暂行办法》，制定出台《丽水市地方性法规草案起草工作指引》《法制委员会议事规则》和《法规草案征求意见工作规则》，召开全市人大宣传信息工作会议，增设《丽水人大信息》普刊、特刊和专报。

市人民代表大会、常务委员会及各类工作会议

【丽水市第三届人民代表大会第五次会议】 2月5—10日在丽水召开，应到市人大代表337人，因事因病请假3人，出席334人，124人列席本次大会。部分离退休老干部应邀参加会议，20位金融、保险等单位负责人旁听会议。

会议听取和审查市长黄志平所作的政府工作报告；关于丽水市2014年国民经济和社会发展计划执行情况及2015年国民经济和社会发展计划草案的报告，审查、批准丽水市2014年国民经济和社会发展计划执行情况及2015年国民经济和社会发展计划；审查市政府关于丽水市2014年全市和市级预算执行情况及2015年全市和市本级财政预算草案的报告，审查、批准丽水市2015年市本级预算，同意市人民政府提出的关于2014年全市和市级预算执行情况及2015年全市和市本级预算草案的报告；听取和审查市人大常委会主任虞红鸣关于丽水市人大常委会工作报告；听取和审查市中级人民法院院长徐亚农关于丽水市中级人民法院工作报告；听取和审查市人民检察院检察长陈海鹰关于丽水市人民检察院工作报告。会议就政府工作报告等六个报告作出相应决议，确定2015年全市经济建设、社会发展的奋斗目标和工作任务。会议审议通过市人大常委会提出的《关于坚持走“绿水青山就是金山银山”绿色生态发展之路的决定》和相关决议，依法选举杜光旻、陈志雄为市三届人大常委会副主任，选举8名市三届人大常委会委员。

会议收到代表提交议案、建议133件，其中代表10人以上联名提出议案6件，建议、批评、意见127件，一并交有关机关、组织研究办理并负责答复代表。

会议收到代表提交的议案、建议133件，其中代表10人以上联名提出的议案6件，建议、批评、意见127件，一并交有关机关、组织研究办理并负责答复代表。

【丽水市第三届人民代表大会第六次会议】 9月10—11日，在丽水召开，应到代表336名，因事因病请假24人，出席302人，会议设立丽水市第三届人民代表大会法制委员会、内务司法委员会，并通过丽水市第三届人民代表大会法制委员会、内务司法委员会组成人员名单。

【丽水市第三届人大常委会会议】 2015年，丽水市第三届人民代表大会常委会会议共举行12次。

1月6日，举行市三届人大常委会第二十三次会议。会议审议并通过邵黎明提出辞去省十二届人大代表职务的报告；审议主任会议提出的关于提请审议补选虞红鸣为省十二届

人大代表的议案，补选虞红鸣为省十二届人大代表；审议并表决通过接受汤汪洱、崔建宏提出辞去市三届人大常委会委员职务的报告，表决通过有关人事任免事项。

1月28—29日，举行市三届人大常委会第二十四次会议。会议听取和审议市政府关于丽水市城市总体规划(2013—2030)的报告；听取市人大常委会代表资格审查委员会关于市第三届人民代表大会补选代表的代表资格审查及代表变动情况报告的说明，审议通过关于丽水市第三届人民代表大会补选代表的代表资格审查及代表变动情况报告；表决提出市三届人大五次会议的议程草案，提请市三届人大五次会议预备会议通过；表决提出市三届人大五次会议主席团和秘书长名单草案，提请市三届人大五次会议预备会议选举；表决提出市三届人大五次会议财政预算审查委员会名单草案，提请市三届人大五次会议预备会议通过；表决通过市人大常委会工作报告稿，提请市三届人大五次会议审议；讨论通过《关于坚持走“绿水青山就是金山银山”绿色生态发展之路的决定(草案)》，提请市三届人大五次会议审议；审议通过市人大常委会2015年工作要点草案。会议审议并表决通过市政府关于提请任命陈景飞为丽水市人民政府副市长的报告。会议书面传达省十二届人大三次会议精神。

2月5日，举行市三届人民代表大会常务委员会第二十五次会议。会议审议并表决通过接受蓝资霞提出的辞去丽水市人民代表大会常务委员会副主任职务的报告。

3月30—31日，举行市三届人大常委会第二十六次会议。会议听取市政府关于2014年丽水市本级财政性基本建设预算执行及2015年预算编制情况的报告、关于提请审议2015年度丽水市本级政府性债务收支计划议案的说明，对政府提交的议案进行审议，并作出决议；听取和审议市政府关于2015年市政府工作部门及开发区预算编制情况的报告，并对市经信委、农业局、旅游局的预算草案开展细化审查，对市农业局预算草案进行表决；听取和审议市人大常委会代表与选任工委关于提请审议决定调整丽水市第三届人民代表大会常务委员会代表资格审查委员会成员议案的说明，表决通过《关于调整丽水市第三届人民代表大会常务委员会代表资格审查委员会成员的决定》；审议并表决通过卢朝升提出的辞去市三届人大常委会委员职务的报告；表决通过有关人事任免事项。

4月3日，举行市三届人民代表大会常务委员会第二十七次会议。根据丽水市人民检察院《关于提请审议许可对丽水市第三届人大代表田庆亮采取刑事强制措施的报告》，市第三届人大代表田庆亮涉嫌行贿罪。会议决定许可对田庆亮依法采取刑事强制措施，暂时停止其执行代表职务。

5月22日，举行市三届人大常委会第二十八次会议。会议听取和审议市政府关于全市“四张清单一张网”建设情况的报告、关于全市大气污染防治工作情况的报告、关于城区中小学教育资源配置情况的报告、关于提请审议授予孙寿鹏丽水市荣誉市民称号议案的说明。会议表决通过关于授予孙寿鹏丽水市荣誉市民称号的决定；表决通过《丽水市人民代表大会常务委员会关于进一步推进“法治丽水”建设的决议》《丽水市人民代表大会常务委员会审议意见办理办法(修订草案)》及有关人事任免事项。

7月27—28日，举行市三届人大常委会第二十九次会议。会议听取和审议市政府关于2015年上半年全市经济社会发展情况和下半年政府工作的报告、关于丽水生态产业集聚区管理体制情况的工作报告、关于全市美丽乡村建设情况的工作报告、关于全市民族乡(镇)经济社会发展情况的工作报告、关于丽水市2015年上半年预算执行情况的报告。会议表决通过有关人事任免事项，决定任命林亮为丽水市人民政府副市长，决定免去葛学斌的丽水市人民政府副市长职务。

8月21日，举行市三届人大常委会第三十次会议。会议听取和审议关于召开丽水市第三届人民代表大会第六次会议和设立专门委员会的说明。决定丽水市第三届人民代表大会第六次会议于2015年9月11日在丽水召开。建议会议的主要议程：通过关于设立丽水市人民代表大会法制委员会和内务司法委员会的决定，通过丽水市第三届人民代表大会法制委员会和内务司法委员会组成人员名单及其他事项。

9月10日，举行市三届人大常委会第三十一次会议。会议听取和审议市人大常委会代表资格审查委员会关于丽水市第三届人民代表大会补选代表的代表资格审查及代表变动情况的报告(草案)的说明，表决通过《关于丽水市第三届人民代表大会补选代表的代表资格审查及代表变动情况的报告(草案)》。会议审议市三届人大六次会议议程及有关建议名单、决定(草案)。表决通过市三届人大六次会议主席团和秘书长名单(草案)、市三届人大六次会议议程(草案)，决定提请市三届人大六次会议预备会议通过。

9月28—29日，举行市三届人大常委会第三十二次会议。会议听取和审议市政府关于“五水共治”审议意见办理落实情况的报告；听取和审议市法院、检察院、公安局、司法局负责人所作的关于司(执)法人员依法履职、公正司(执)法整改情况的报告；听取和审议市政府关于丽水市2014年度全市和市本级财政决算草案的报告，关于丽水市本级2014年度财政预算执行和其他财政收支情况的审计工作报告，关于2015年度市本级财政预算调整方案的报告，关于丽水市莲都区(市区)2015年1月4日功能区划编制情况的报告，原则同意《丽水市莲都区(市区)环境功能区划》；表决通过有关人事任免事项，接受吕文明提出辞去丽水市人民代表大会常务委员会副主任职务的请求。

10月16日，举行市三届人大常委会第三十三次会议。会议听取和审议市政府关于提请审议任命朱晨职务的议案，主任会议提出的关于提请审议朱晨代理丽水市人民政府市长职务的议案；书面审议黄志平提出的请求辞去丽水市人民政府市长职务的报告，并进行表决。决定任命朱晨为丽水市人民政府副市长、代理市长，决定接受黄志平辞去丽水市人民政府市长的职务。

11月25—26日，举行市三届人大常委会第三十四次会议。会议听取市人大常委会关于丽水市制定地方性法规条例(草案)的说明，审议《丽水市制定地方性法规条例(草案)》；听取和审议市法院院长、市政府秘书长、市人大常委会代表选任工委关于市三届人大五次会议以来代表建议、批评和意见办理以及督办工作情况的报告、关于落实宪法宣誓制度的若干规定(草案)的说明，审议并表决通过《丽水市人民代表大会常务委员会关于落实宪法宣誓制度的若干规定(草案)》，分别听取和审议市发改委、科技局、民宗局、民政局、农业局、卫计委、城市管理局(城管执法局)局长(主任)所作的履职工作报告，并进行满意度测评。

【各类工作会议】 2015年，市人大常委会召开各类工作会议9次。

4月21日，全市人大代表工作座谈会在松阳召开。市人大常委会副主任武昌出席会议并讲话，各县(市、区)人大领导参加会议。会议通报市人大常委会代表与选任工作2014年工作情况和2015年工作思路。各县(市、区)交流经验做法和亮点工作，对2015年全市人大代表工作提出意见建议。同日，全市人大法制工作会议在青田县召开。市人大常委会副主任陈志雄出席，各县(市、区)人大领导参加会议。会议介绍开展内务司法工作的做法和经验，并就2015年工作安排等情况作交流发言；对《关于2015年深化司法监督并开展市人大常委会任命的法官检察官履职评议工作的实施方案(征求意见稿)》提出相关意见和建议。与会人员一行对青田县山口镇派出所规范化建设等工作进行视察。

4月24日，全市人大工作会议在丽水召开。市委书记王永康出席并讲话，市委副书记、市长黄志平主持会议，市人大常委会主任虞红鸣在会上讲话。龙泉市委、云和县人大常委会、青田县政府分别作大会发言。市委常委，市人大常委会正副主任，市政协主席，市法院院长、市检察院检察长，丽水生态产业集聚区(开发区)管委会领导；市委、市人大、市政府秘书长；各县(市、区)党委书记，各县(市、区)人大常委会主任和办公室主任；市直属各单位主要负责人；市级各民主党派负责人，市工商联主要负责人；市人大常委会委员、办事机构和工作机构负责人出席会议。

5月8日，深化司法监督和法官检察官履职评议动员大会召开。市人大常委会主任虞红鸣出席会议并作动员讲话，市法院、市检察院、市公安局、市司法局进行表态发言，市人大常委会副主任武昌随机抽取8名被评议的法官检察官，市人大常委会副主任陈志雄主持会议。市人大常委会秘书处成员，代表工委、法工委负责人，以及部分市人大常委会委员、市人大代表，市人大常委会法律咨询专家组成员；市政府领导，市法院、市检察院中层以上领导干部及市“两院”业务部门未担任行政职务的审判员、检察员，市公安局中层正职以上领导干部，市司法局中层以上领导干部参加会议。

6月29—30日，全市人大宣传信息工作会议在缙云召开。市人大常委会主任虞红鸣参加会议并讲话指出，加强和改进人大宣传信息工作，要充分认识人大宣传信息工作的地位作用。要准确把握人大宣传信息工作的规律要求。要把握正确导向，讲党性、讲大局、守纪律；要坚持三个围绕，围绕人大工作重点，围绕代表履职实践，围绕群众关注热点。会议邀请省人大研究室副主任宋建勋、省人大办公厅综合处处长肖鹏青、《浙江人大》杂志总编黄震、丽水日报副总编辑施龙有到会专题辅导。会议表彰2014年市人大宣传信息工作先进集体、先进个人，并对下阶段宣传信息工作进行部署。

9月29日，全市人大常委会主任读书会在丽水举行。市人大常委会主任虞红鸣出席会议并讲话，市人大常委会副主任金建新、陈志雄等出席会议，9个县(市、区)人大常委会领导出席会议。就如何充分行使人大及其常委会重大事项决定权进行交流和研讨。会上，9个县(市、区)人大常委会领导结合行权履职实际，介绍重大事项决定权行使的情况和经验，交流对行使决定权工作的看法和体会；通报近年来全市各级人大履行重大事项决定权基本情况；回顾总结全市各级人大及其常委会在行使重大事项决定权工作中存在的问题和不足等。

12月9日，全市人大城建环资工作座谈会在缙云召开。市人大常委会副主任金建新，市城建环资工委和各县（市、区）人大常委会城建环资及相关工委领导等参加会议。会上，各县（市、区）结合自身工作特点，进行交流探讨。

12月8—9日，全市人大信访工作座谈会在云和召开。市人大常委会副秘书长汤家友主持会议，市人大常委会办公室信访处相关人员及各县（市、区）人大信访工作人员参加会议，会议传达贯彻全省人大信访工作会议精神，总结2015年人大信访工作及部署2016年全市人大信访工作，分析人大信访工作面临的新形势、新任务，交流市人大及各县（市、区）人大信访工作的先进做法与经验。

12月10—11日，全市人大常委会办公室主任座谈会暨机关文秘工作培训会举行，各县（市、区）人大常委会办公室负责人参加培训，市人大常委会主任虞红鸣出席会议并讲话。培训会邀请省、市两级人大常委会办公厅（室）有关负责人结合工作实际开展专题辅导讲座，各县（市、区）人大常委会办公室负责人作交流发言。

获批地方立法、决定重大事项

【获批地方立法】 3月，十二届全国人大三次会议修改立法法，依法赋予设区的市立法权，明确由省级人大常委会确定开始行使的时间。2015年9月25日，省十二届人大常委会第二十三次会议依法确定，丽水市即日起可以开始制定地方性法规，丽水市人大及其常委会正式拥有立法职能。为了推进地方立法工作，市委成立立法工作领导小组，加强对立法工作的领导。市三届人大六次会议依法设立法制委员会和内务司法委员会。市人大常委会起草《丽水市制定地方性法规条例（草案）》，建立立法专家库，编制2016年立法计划，确定“丽水市城市市容和环境卫生管理条例”为一类项目。

【作出《关于进一步推进“法治丽水”建设的决议》】 2015年，为全面落实依法治国基本方略和《中共丽水市委关于全面深化“法治丽水”建设的实施意见》，推进依法行政、公正司法、全民守法，努力建设崇尚法律、公平正义、诚信文明、安定有序的法治社会，5月22日，丽水市第三届人大常委会第二十八次会议表决并通过《关于进一步推进“法治丽水”建设的决议》，提出推进“法治丽水”建设的伟大实践，加快建设生态保护和生态经济“双示范区”、建设美丽幸福新丽水。

【批准2015年度丽水市本级政府性债务收支计划】 3月30—31日，市三届人大常委会第二十六次会议听取和审议市政府关于2014年丽水市本级财政性基本建设预算执行及2015年预算编制情况的报告、关于提请审议2015年度丽水市本级政府性债务收支计划议案的说明，审议政府提交的议案，并作出决议。决定批准市政府提出的2015年度丽水市本级政府性债务收支计划，同意2015年度市本级政府性债务计划举借45亿元。同时，要求市政府逐步降低债务率，防范债务风险。在举借计划额度内的有关具体项目贷款，委托市人大常委会主任会议审核，按照银行贷款要求，提供分项目贷款还本付息资金列入市本级同期年度财政预算的批复。

【批准丽水市2014年度市本级财政决算】 9月28—29日，市第三届人民代表大会常务委员会第三十二次会议听取和审议市政府关于丽水市2014年度全市和市本级财政决算草案的报告。会议经过审查，并根据市人大常委会财政经济工作委员会的审查报告，决定批准市人民政府提出的丽水市2014年度市本级财政决算，同意市政府《关于丽水市2014年度全市和市本级财政决算草案的报告》。

【批准2015年度市本级预算调整方案】 9月28—29日，市第三届人民代表大会常务委员会第三十二次会议听取和审议市政府关于2015年度市本级财政预算调整方案的报告。会议经审查，决定批准政府提出的2015年市本级预算调整方案，同意市政府的《关于2015年市本级预算调整方案的报告》，决定批准市政府提出的2015年度市本级预算调整方案，要求市政府严格执行批准的预算调整方案，强化对预算调整支出监管，提高财政资金使用绩效。

【审议《丽水市莲都区（市区）环境功能区划》】 9月28—29日，市第三届人民代表大会常务委员会第三十二次会议听取和审议市政府关于丽水市莲都区（市区）环境功能区划编制情况的报告。会议原则同意《丽水市莲都区（市区）环境功能区划》，要求市政府认真研究审议中常委会组成人员提出的意见，修改完善后上报省政府审批。

“一府两院”专项工作监督

【“四张清单一张网”建设情况专项监督】 3—4月，市人大常委会组织调研组对全市开展“四张清单一张网”建设情况调研。调研组听取市政府、市编办、发改委、财政局、经信委、信息中心和审批中心关于“四张清单一张网”建设情况的汇报，征求市法制办、建设局、市场监管局、商务局、城管执法局等行政执法部门和两院的相关意见和建议，到莲都、缙云、景宁、云和、龙泉和市经济开发区、丽缙五金工业园区等地调研，召开部分市、县(区)人大代表、政协委员，中介机构和企业、乡镇、村(社区)等代表参加座谈会，广泛听取各方面的意见和建议，并向参加座谈的各界人士开展抽样问卷调查。5月22日，市第三届人大常委会第二十八次会议听取和审议市政府常务副市长毛子荣作的关于全市“四张清单一张网”建设情况的报告。会议认为，2014年来，按照省委、省政府的有关要求和部署，全市“四张清单一张网”建设取得初步成效。但也存在一些问题，市政府及相关部门要提高思想认识，加大宣传和培训力度；做好比对规范，加大推进“四张清单一张网”建设力度简政放权，建立“四张清单一张网”建设动态调整和监督考核机制，加强对中介服务机构的管理。

【大气污染防治情况专项监督】 3—4月，市人大常委会组织调研组，对全市大气污染防治情况开展专题调研。调研组听取市政府及环保等部门的防治情况介绍；到云和、青田、缙云和丽水开发区等地，听取当地防治情况汇报和部分人大代表的意见，实地检查一些企业污染治理情况，走访开发区部分村民；考察市区空气质量监测点，查阅空气质量监测数据及相关资料，收集汇总县(市、区)有关材料。5月22日，市第三届人大常委会第二十八次会议听取和审议市政府常务副市长毛子荣作的关于全市大气污染防治工作情况的报告。会议认为：大气污染防治是一项复杂的系统工程。市政府及有关部门要充分认识重要性和长期性，设定空气质量改善的力争目标，努力走在全省乃至全国前列。要高标准、严要求加大力度推进防治工作；着力抓好工业废气、机动车污染、城市扬尘和烟尘、农村废气等重点领域的防治工作；加强规划、政策、资金、技术研发、服务能力等支撑服务体系建设；强化监管执法工作和企业主体责任，调动全民积极参与。

【丽水市主要城区教育资源配置情况专项监督】 2015年，市人大常委会组织调研组，开展市城区中小学校的城乡规划布局、学校基础建设、教师队伍配置和薄弱学校提升等内容调研。调研组听取市教育局等有关职能部门的情况介绍，到市本级和莲都、龙泉、缙云、青田等县(市、区)调研察看，走访10余所学校，召开一系列座谈会，听取意见建议。5月22日，市第三届人大常委会第二十八次会议听取和审议市政府关于城区中小学教育资源配置情况的报告。会议认为，“十二五”规划以来，全市着力优化城区教育资源配置，努力推动全市教育事业统筹协调发展，取得较好的成效。审议中，指出存在的一些问题，建议市政府及相关部门要坚持规划引领；有效扩大和优化资源，适度增加教育资源总量；促进师资均衡配置，优化教师队伍资源；加强民办教育的投融资改革，促进社会力量办学。

【生态产业集聚区管理情况专项监督】 3月，市人大常委会组织调研组，开展生态产业集聚区管理体制情况调研。调研以贯彻落实《关于丽水生态产业集聚区(经济开发区)管理体制改革的意见》情况与存在问题、丽景民族工业园和丽缙五金科技产业园管理体制问题与解决办法为重点，先后到市开发区、景宁县、缙云县召开座谈会，听取丽水经济开发区管委会、景宁和缙云县政府及有关部门情况汇报，征求当地人大常委会、部分市县人大代表意见；召开市政府及市编办等8个部门负责人座谈会，听取有关情况汇报及进一步理顺产业集聚区管理体制意见建议。

7月27—28日，市第三届人大常委会第二十九次会议听取和审议市政府关于丽水生态产业集聚区管理体制情况的工作报告。会议认为，丽水生态产业集聚区在促进丽水经济发展方面具有特殊的地位和作用，建议市政府建立跟踪问效机制，及时将相关问题解决到位；加强对各产业集聚区财政体制的研究，丽水经济技术开发区尽快建立自主平衡的财政体制，丽缙园尽快理清财政体制，明确责权利关系，丽景园建立委托开发区代管社会事业工作的财政补偿机制；强化“姓工强工”的理念，集中精力抓发展。

【美丽乡村建设情况专项监督】 5—6月，市人大常委会组织调研组，全市开展美丽乡村建设情况调研。调研组召开市直美丽乡村建设工作座谈会，听取意见和建议；到莲都、缙云、遂昌、松阳等地，听取当地政府汇报，与相关部门领导、市、县(区)人大代表座谈，走访14个行政村(社区)。7月27—28日，市第三届人大常委会第二十九次会议听取和审议市政府关于全市美丽乡村建设情况的工作报告。会议认为，近年来，市政府高度重视美丽乡村建设工作，不断加大建设力度，拓展建设内容，全市美丽乡村建设取得明显成效。但也还存在一些问题，市政府及有关部门要坚持以人为本，重视发挥农民群众的主体作用；坚持产业支撑，重视美丽经济发展；坚持差异化，重视特色挖掘和内涵提升；坚持建管结合，重视可持续发展。

【民族乡（镇）经济社会发展情况专项监督】 4月，市人大常委会组织调研组，开展全市民族乡（镇）经济社会发展情况专题调研。到全市7个民族乡（镇）、20多个民族村，收集第一手资料；召开市政府及市发改委、财政局、民宗局、农办等部门负责人参加的座谈会，听取情况汇报和意见建议。7月27—28日，丽水市第三届人大常委会第二十九次会议听取和审议市政府关于全市民族乡（镇）经济社会发展情况的工作报告。会议认为，各级政府和部门扶持各民族乡（镇）的社会经济迅速发展，但也存在产业发展滞后、公共服务不够、文化发展缓慢等问题，建议要提升帮扶绩效、优化产业结构布局、完善公共服务、强化畲族文化的保护和传承，进一步推动民族乡镇的发展。

【首次开展法官、检察官履职评议】 2015年，省、市、县三级人大联动开展公检法司机关工作人员依法履职、公正司法情况的监督。市人大常委会制定《关于2015年深化司法监督并开展市人大常委会任命的法官检察官履职评议工作的实施方案》；组织调研组，对公检法司（执）机关工作人员依法履职、公正司（执）法情况进行调研。9月28—29日，首次开展法官、检察官履职评议，及时向被评议法官、检察官及所在单位反馈履职评议。市第三届人大常委会第三十二次会议分别听取和审议市法院、检察院、公安局、司法局负责人作的关于司（执）法人员依法履职、公正司（执）法整改情况的报告，开展满意度测评。调研组认为，公检法司单位，重视对市人大的意见汇总及整改建议，围绕各自实际，提出具体和可行的整改措施。就对整改工作，常委会建议：高度重视队伍建设，加强思想政治和业务技能两方面的培训，提升服务能力；坚持问题导向，特别对代表和群众反映强烈的同步录音录像、律师会见、执行难等问题要切实想办法予以解决；狠抓落实、完善制度机制，促进严格司法、规范司法和廉洁司法，提高司法机关的公信力。首次开展法官、检察官履职评议，及时向被评议法官、检察官及所在单位反馈履职评议意见和等次，有效促进了“两官”队伍建设。

【“五水共治”审议意见落实情况专项监督】 7月16—30日，市人大常委会组成调研组开展“五水共治”审议意见落实情况调研。调研组在市本级和莲都区、市开发区、青田县、松阳县，实地察看污水治理、防洪排涝、供水节水等有关审议意见办理落实情况；分别召开座谈会，听取市政府和县（区）政府及有关部门、乡镇（街道）落实审议意见情况汇报，听取部分市、县（区）人大代表的意见建议。调研组还就市区污水处理厂运行情况，进行调查了解，由市人大常委会9名专职委员联名，提出《关于水阁污水处理厂存在未达标排放问题的质询案》。9月28—29日，市第三届人大常委会第三十二次会议听取和审议市政府作的关于“五水共治”审议意见办理落实情况的报告，并开展满意度测评。调研组认为，至年底，市政府办理落实“五水共治”审议意见，工作推进力度大，办理落实情况总体较好，成效明显，但也还存在工业污水集中处理水平较低等7个方面问题。市政府及相关部门要以治污水为突破口，抓好项目建设，完善机制，及时总结经验教训，抓好整改落实，巩固和扩大成果。

【地下管网建设情况专题调研】 6月，市人大常委会调研组开展丽水城区地下管线建设情况专题调研。调研组

《关于水阁污水处理厂存在未达标排放问题的质询案》答复见面会　丁广钊　提供

针对地下管网建设“重地上轻地下、重建设轻管理、重使用轻维护”等问题，提出要抓好规划编制和实施；强化统筹协调，协调建设时序，推进管理规范化，创新投入机制，推进地下管线建设；严格依法推进建设，加大监管执法力度，加强普法和宣传工作，确保管线安全等意见建议。调研报告经主任会议研究同意，交市政府研究处理。

【市区住房公积金管理情况专题调研】 11月，市人大常委会办公室和研究室组成调研组，对全市住房公积金管理服务情况进行调研。调研组开展全市缴存住房公积金的各类人员抽样调查，召开市直部分职工和市住房公积金管理中心工作人员座谈会，听取意见和建议；现场察看市住房公积金管理中心以及龙泉、松阳分中心，分别听取有关公积金管理服务情况的汇报，调阅有关住房公积金宣传、档案、提取贷款手续等资料，针对住房公积金归集率还不高、住房公积金资金缺乏状况、住房公积金管理体制不够完善、住房公积金管理宣传服务不够到位等问题，提出：要进一步优化扩面举措，推动公积金归集率有效提升；进一步强化管理监督，确保资金安全和效益；进一步理顺管理体制，推进“四统一”全面落实；进一步贴近社会需求，促进保障服务水平再上新台阶。

【基层医疗卫生服务体系建设情况专题调研】 7—8月，市人大常委会组织调研组，对全市基层医疗卫生服务体系建设情况进行调研。调研组召开座谈会听取市卫计委、编委办、发改委、财政局、人力社保局等部门情况汇报，到松阳、云和、庆元和景宁等地听取当地政府及有关部门情况介绍，走访部分县级医院、城区社区卫生服务中心、乡镇卫生院和村卫生室，与部分医务人员、人大代表和农村群众进行座谈，听取意见建议。针对服务体系和布局结构不协调、公共卫生和基本医疗服务硬件基础较弱、卫技人才队伍建设急需加强及政策体系和机制构建不完善的问题，提出优化基层医疗机构和设施配置、加强人才队伍建设和完善落实政策制度等13条建议。第57次主任会议听取调研情况汇报，会后，将调研报告以书面形式送交市政府办理。

【《中华人民共和国出入境管理法》实施情况专题调研】 8—11月，市人大常委会组织专题调研组，对《中华人民共和国出境入境管理法》实施情况进行调研，调研组先后听取市政府及青田、缙云县政府的情况汇报，召开相关部门负责人座谈会3个，考察出入境办事大厅2个，提出健全制度，堵疏结合，做好“外籍新娘”管理服务工作；加强领导，部门联动，构建“大外管”的工作格局；配齐力量，统筹谋划，提升全市出入境管理工作水平；转变理念，创新思维，提供更多更便利的出入境服务的建议。调研报告经主任会议审议后以书面形式送交市政府办理。

【全市林下经济发展情况专题调研】 11月，市人大常委会组织专题调研组到龙泉、云和、庆元、景宁等市、县和市林业局、林科院开展林下经济发展情况专题调研。调研组先后听取政府及有关部门汇报，与市、县人大代表和林业专家座谈交流，走访林下经济经营业主，了解林下经济发展情况。针对存在认识偏差，缺乏科学可行的总体规划；产业规模偏小，缺乏龙头企业的带动；科技水平偏低，缺乏成熟配套的技术支持；管理服务偏散，缺乏政策保障支撑等问题，提出要统一认识，强化规划引领；抓点带面，强化示范带动；科技先行，强化技术支撑；创新机制，强化政策扶持。调研报告经主任会议审议后以书面形式送交市政府办理。

国民经济和社会发展计划、预算执行情况监督

【预算执行和编制情况专项监督】 3月30—31日，市第三届人大常委会第二十六次会议听取和审议市政府关于2015年市政府工作部门及开发区预算编制情况的报告，并对市经信委、农业局、旅游局的预算草案开展细化审查，对市农业局预算草案进行表决。会议认为：市政府32个工作部门及其下属事业单位166个单位的预算及市经信委、农业局、旅游局的细化预算草案总体可行，要求市政府及其工作部门要重视部门预算编制和审查；要把财政专项资金纳入部门预算；要合理设置预算支出项目；要保障市本级支出主导地位；加强开发区预算编制和监管。

【国民经济和社会发展计划上半年执行情况监督】 6月初，市人大常委会组织调研组开展2015年上半年全市国民经济和社会发展计划执行情况调研。调研组召开市政府及12个部门负责人座谈会，听取有关情况汇报；专题听取市财政局关于上半年预算执行情况汇报；到丽水经济开发区、缙云、松阳、遂昌等县调研，听取政府及有关部门负责人情况汇报，听取县人大常委会及部分市人大代表、企业家的意见、建议，察看一些重大项目建设情况和企业生产经营状况。7月27—28日，市第三届人大

常委会第二十九次会议听取和审议市政府市长黄志平所作的关于2015年上半年全市经济社会发展情况和下半年政府工作的报告。会议认为，2015年上半年，全市面对复杂的宏观经济形势，坚持走"绿水青山就是金山银山"绿色生态发展之路，打好经济转型升级组合拳，基本实现时间过半，任务过半。同时，存在主要经济指标增速趋缓、工业经济持续低迷、固定资产投资回落、金融风险增大等问题。市政府要把握好稳增长与调结构关系，力促经济稳定增长；重抓有效投资，增强稳增长动力；优化企业服务，积极化解企业金融风险；扎实改善民生，统筹推进各项社会事业发展，努力完成全年经济社会发展目标。

【上半年预算执行情况监督】 7月27—28日，市第三届人大常委会第二十九次会议听取和审议市政府关于丽水市2015年上半年预算执行情况的报告。会议认为，上半年全市财政预算执行中还存在一些问题，主要是财政收入增收基于一次性因素较多，增长持续性不强，收入基础不稳固；预算支出执行进度偏慢，支出绩效还需进一步提高；政府性基金收支下降明显，土地出让金收入不足，项目建设资金压力较大等问题。建议市政府强服务稳增长，不断夯实财政收入基础；保重点优结构，充分发挥财政引领保障作用；强监管求绩效，切实提升财政资金使用效率；重管理促改革，不断完善财政预算管理制度。

【财政预算执行和其他财政收支情况审计工作监督】 9月28—29日，市第三届人大常委会第三十二次会议听取和审议市政府关于丽水市本级2014年度财政预算执行和其他财政收支情况的审计工作报告。会议认为，市审计部门开展2014年市本级财政决算和其他财政收支情况审计监督，并对市科技局、市安监局2014年部门决算情况和丽水经济技术开发区2014年财政预算执行情况进行审计，指出预算执行、转移支付、财政财务管理和政府性投资项目建设等方面存在的问题，并就改革财政预算管理、加强专项资金管理等方面提出整改意见。要求市政府责成有关部门整改存在的问题，并在2015年底前将整改情况和处理结果向市人大常委会报告。

人事任免和履职评议

【人事任免工作】 2015年，常委会依法任免国家机关工作人员103名。根据全国人大常委会的决定，制定出台《丽水市人大常委会关于落实宪法宣誓制度的若干规定》，2015年1月1日开始，组织被任命干部进行宪法宣誓，增强被任命干部的宪法意识。

【履职工作评议】 9月开始，市人大常委会对市发改委主任邝平正、市民政局局长熊佩飞、市农业局局长姜波、市民宗局局长张亮明、市卫计委主任邱务土、市科技局局长刘崇民、市城市管理局局长吴洵麒进行履职工作评议。9月20日前完成前期准备，11月10日前，各评议工作组完成履职情况调研。11月25—26日，市第三届人大常委会第三十四次会议分别听取和审议市发改委、科技局、民宗局、民政局、农业局、卫计委、城市管理局（城管执法局）局长（主任）履职工作报告，并进行满意度测评。会议认为，7位局长（主任）工作思路清晰、工作尽心尽责、工作成效明显，能自觉接受人大监督，执行人大的决定、决议和审议意见，办理好人大代表建议。建议进一步加大改革创新力度，增强依法行政意识，提升管理服务能力，自觉接受各方监督，不断提高履职服务能力和水平。会后，经主任会议研究通过，要求评议对象认真进行整改，并在三个月内，向市人大常委会书面报告整改情况。

【授予孙寿鹏丽水市荣誉市民称号】 5月22日，市第三届人大常委会第二十八次会议听取市政府《关于提请审议授予孙寿鹏丽水市荣誉市民称号议案的说明》，并对议案进行审议。会议表决通过关于授予孙寿鹏丽水市荣誉市民称号的决定。孙寿鹏，男，1952年出生于山东，现为美籍华人，化学博士，水性生态合成革专家，国家"千人计划"专家。1989年赴美国留学，先后攻读于美国华盛顿大学、美国底特律大学聚合物研究所，获硕士与博士学位。在美国底特律大学聚合物研究所学习与研究期间，与导师一起先后发表聚氨酯方面的学术论文30多篇，曾获美国密歇根州化工材料学会颁发的最佳科研项目奖等奖项。2014年6月，孙寿鹏以高端人才从温州被引入丽水，与丽水开发区的五洲合成革企业合作，从事环保型树脂及合成革转型升级技术的研发工作。

服务代表履职

【市人大代表的辞职、资格终止】 9月10日，市三届人民代表大会第六次会议召开，实有代表337名。王永康、黄志平、陈海鹰、钟昌明代表因调离丽水市行政区域，代表资格终止。市第三届人民代表大会代表赵碧华、吕庆华、刘志伟、方世伦、刘秋霞、毛建华、郭卫平、蓝良兴因到法定退休年龄，本人提出请求辞去代表职务；市第三届人民代表大会代表徐达伟、李飞林、韦晓云、邝平正因工作岗位调整，本人提出请求辞去代表职务；市第三届人民代表大会代表卢向红、胡雄光、汪定明因涉嫌严重违纪违法，本人提出请求辞去代表职务。莲都区、龙泉市、青田县、云和县、庆元县、遂昌县、松阳县、景宁畲族自治县人大常委会分别召开人大常委会会议接受其辞去代表职务。根据《中华人民共和国人民代表大会和地方各级人民代表大会代表法》第四十九条第（二）项的规定，其代表资格终止。根据《中华人民共和国全国人民代表大会和地方各级人民代表大会选举法》、《中华人民共和国地方各级人民代表大会和地方各级人民政府组织法》有关规定，云和县、遂昌县分别于2016年2月20日—3月5日召开人民代表大会，增选叶伯军、沈世山等人为市三届人大代表；莲都区、龙泉市、青田县、云和县、庆元县、缙云县、遂昌县、松阳县、景宁畲族自治县人大常委会于2016年2月29日—3月4日间分别召开人大常委会会议，补选史济锡、蓝跃慧、柳向阳、季力华、林亮、姚朝阳、戴彦、刘志伟、吴青松、吴小平、尹建中、过孟超、吴一平、周湘浙、张云高、严铁华等16人为市三届人大代表。市三届人大常委会代表资格审查委员会对叶伯军等18名代表的代表资格进行审查，认为叶伯军等18名代表的选举符合法定程序，2016年3月7日丽水市第三届人民代表大会常务委员会第三十六次会议确认18名代表的代表资格有效；并确认市三届人民代表大会代表名额为343名，选举叶伯军等18名代表并确认其代表资格后，实有代表336名，缺额7名。

【代表建议办理】 11月25—26日，市三届人大常委会第三十四次会议听取和审议市政府、市法院和市人大常委会代表与选任工委关于市三届人大五次会议以来代表建议、批评和意见办理工作情况以及督办情况的报告。在市三届人大五次会议期间，代表们提出建议177件（含市三届人大五次会议主席团会议决定的6件转为建议办理的议案）。建议交由市政府及其职能部门办理160件，市中级人民法院办理2件，党群部门办理15件。经过各承办部门的努力，所有建议均已在规定时间内办结并答复代表。从办复的情况看，代表建议中所提问题已经解决（A类）75件，占42.4%；部分解决或已列入计划解决（B类）75件，占42.4%；由于客观条件限制等原因暂不能解决（C类）27件，占15.2%。收回代表反馈意见177件，全部收回代表反馈意见中，对建议办理工作表示满意167件，基本满意10件；对建议办理结果表示满意159件，基本满意18件。代表建议办理面商率从2014年的78.9%提高到79.6%，解决率从2014年的39 %提高到42.4%。

【代表联络站活动】 2015年，市人大常委会在2014年实现人大代表联络站设立全覆盖。全年全市173个人大代表联络站组织学习培训446次，调研视察692次，走访接待选民11810人次，315名代表参加代表述职，收集意见建议2047件，交办1693件，落实解决1453件。市、县（市、区）人大常委会工作机构提前将27名市级领导干部、18名县（市、区）委书记、县（市、区）长代表编入代表联络站。市委书记王永康、市政府市长黄志平、市人大常委会主任虞红鸣先后参加各自编入的人大代表联络站参加活动，接待选民，听取意见，为全市各级人大代表进站活动带头，做出示范。全市各代表联络站共开展157次视察、走访、调研等主题监督活动，收集各类建议意见597条，交有关机关单位办理。11月13日，莲都区雅溪镇里东村发生地质灾害后，各地人大代表联络站开展预防排查地质灾害专项活动，保障人民群众生命财产安全发挥人大代表作用。

【市人大常委会主任接待代表日活动】 6月18日，市人大常委会副主任武昌到庆元开展接待代表日活动。武昌一行先后到屏都综合新区、隆宫乡莲湖村、万成食业有限公司等地实地考察，并召开座谈会，面对面听取市人大代表的意见和建议。听取市人大代表的意见和建议后，武昌肯定代表们提出的问题和建议，表示将对这些意见建议进行梳理归纳，涉及人大工作的，将落实到平时工作中去，涉及市政府及有关部门的建议，将转交有关部门研究处理。12月16日，市人大常委会副主任徐岳明到缙云开展主任接待日活动，考察新建镇杨公桥村和洋山村“五水共治”“六边三化三美”等工作落实情况，走访联系代表，并召开座谈会，听取代表的建议意见。徐岳明肯定缙云的治水工作和乡村美化工作，对发展历史文化、当地特色提出指导意见，并表示把代表提出的意见建议交有关部门研究处理。

【市人大代表视察美丽县城和美丽乡村建设情况】 5月25—28日，根据市委部署，市人大常委会组织部分市人大代表分成5个视察组，由市人大常委会主任、副主任带队，到莲都区、青田县、云和县、缙云县、景宁县视察美丽城乡建设、全省美丽城乡建设现场会准备情况。视察组察看各县（区）委书记、县长联系的高速沿线示范村和美丽县城“六个一”工程，听取各县

市人大常委会主任虞红鸣视察美丽城乡建设　　丁广钊　提供

(区)政府关于美丽县城、美丽乡村、特色小镇建设情况的汇报。参加视察的人大代表发表视察意见,提出要进一步明确目标任务;要进一步加快建设进度;要进一步推动成形成势的意见建议。

【市人大代表视察高铁建设情况】　4月上旬,市人大常委会组织部分市人大代表视察高铁建设情况。主要围绕金丽温铁路扩能改造工程年底建成开通的目标,通过视察,推动市政府及有关职能部门解决环评线房屋征收、安置房建设、站前广场配套、城市公共交通配套等问题,督促工程建设单位保证工期、质量和安全,确保实现年底建成通车。

【市人大代表视察市区停车难治理情况】　10月,市人大常委会组织部分市人大代表,视察市区停车难治理情况。视察组察看地下停车场运营、临时停车场建设、老小区改造新增停车位及地下停车场计划归位等情况,听取市政府工作情况汇报。在肯定市政府治理市区停车难阶段性成效的同时,视察组指出城区居住和服务密集的区块及路段停车难,停车规划不优、设施供给不足、管理力度不够等问题。提出优化停车专项规划、加快停车设施建设、加强停车资源和秩序管理、倡导绿色出行和文明停车等意见,治理重点区块和重点路段停车难治理、住宅小区乱停车治理等事项提出要求,形成视察意见,交市政府研究处理。

【市人大代表视察市本级食品安全检测资源整合情况】　12月3日,市人大常委会组织部分市人大代表视察市本级食品安全检测资源整合情况。针对食品安全检验检测工作存在管理体制不顺、重复建设、机构小弱、结果共享水平低等问题,视察组听取市政府及有关部门的情况汇报,提出意见建议。经主任会议讨论后交由市政府研究办理。

【省人大代表丽水中心组视察美丽城乡建设情况】　8月24—27日,根据省人大常委会要求和省十二届人大代表丽水中心组2015年度活动计划安排,市人大常委会主任、省人大代表丽水中心组组长虞红鸣带领省人大代表丽水中心组代表一行18人,赴衢州市开化县、湖州市安吉县专题考察调研美丽城乡建设情况。考察组分别与两县分管领导及相关部门负责人进行座谈交流,先后考察开化县华埠镇金星村、安吉县天荒坪镇余村和山川乡高家堂、马家弄村等4个村的美丽乡村建设情况,参观开化县根宫佛国文化旅游区、甲壳虫动漫有限公司及安吉县“大年初一”旅游综合体建设。

【人大常委会受理人民群众来信来访】　2015年,受理群众来信来访216件/次,其中,受理群众来信104件,接待来访群众105批164人次,办理省人大转交办信7件。加强对省人大转办信件和市人大领导批示信访的督办工作,规范市、县两级人大办理重要信访事项的工作。按照人大信访工作规定提出的要求和办结时限,督促市本级“一府两院”和各县(市、区)人大信访部门做好办理和报结工作。梳理分析提出信访反映公检法司机关司法工作人员在规范司法、严格司法、廉政司法等方面存在的不足和问题10余条,为市人大常委会开展公检法司机关工作人员依法履职、公正司法情况监督工作服务。

县(市、区)人民代表大会会议

【青田县第十五届人民代表大会第四次会议】　1月31日—2月3日召开。会议听取和审查青田县人民政府工作报告;审查、批准青田县2014年国民经济和社会发展计划执行情况的报告与2015年国民经济和社会发展计划;审查、批准青田县2014年财政预算执行情况的报告与2015年财政预算；听取和审查青田县人大常委会工作报告；听取和审查青田县人民法院工作报告；听取和审查青田县人民检察院工作报告；会议选举陈景荣、徐冠平为县十五届人大常委会委员，会议决定将郑文虎等14位代表提出的《关于加快农村联网公路建设的议案》立为议案，交县人大常委会审议。

【云和县第十五届人民代表大会第四次会议】 3月3—5日开。大会应到代表145名，实到代表136名。会议听取和审议政府工作报告等6个报告。经表决，大会一致通过《关于政府工作报告的决议》《关于云和县2014年国民经济和社会发展计划执行情况与2015年国民经济和社会发展计划的决议》《关于云和县2014年财政预算执行情况和2015年预算的决议》《关于云和县人大常委会工作报告的决议》《关于云和县人民法院工作报告的决议》《关于云和县人民检察院工作报告的决议》。大会依法补选杨克法、桑旭婷为云和县第十五届人民代表大会常务委员会委员。

【庆元县第十五届人民代表大会第四次会议】 3月10—13日召开。审议通过县政府工作报告等6个工作报告。补选刘义平为庆元县第十五届人民代表大会常务委员会副主任；连卫东、吴远姿、张建平、范惠安、项进全、胡秋生、蔡立峰为庆元县第十五届人民代表大会常务委员会委员；选举林春阳为庆元县人民法院院长。收到代表10人以上联名提出的议案13件，全部转为建议，连同代表提出的80件建议、批评和意见，共93件，交由承办单位负责答复代表，并由县人民政府将办理结果书面向县十五届人大常委会报告。

【缙云县第十六届人民代表大会第四次会议】 3月10—13日召开。会议听取政府工作报告等6个工作报告，审查、批准县政府、县人大常委会、县法院、县检察院工作报告和财政、计划报告，并通过相关决议。会议补选缙云县人大常委会主任，补选李汝东为缙云县人大常委会委员，补选徐蓓姿为缙云县人民法院院长，补选谢云生为缙云县人民检察院检察长。大会收到代表提出的意见建议149件，内容涉及计划财贸、工业交通、城建环保、农林水利、科教文卫、社会保障等方面，交由有关机关、组织办理。

【松阳县第十一届人民代表大会第四次会议】 3月10—13日召开。审议通过政府工作报告等6个工作报告，依法补选毛菊军、何开健、张奇、张增明、唐淑芳、雷发明、蔡根新为松阳县第十一届人民代表大会常务委员会委员。预备会议上表彰各项先进并开展代表履职经验交流。收到代表10人以上联名提出的代表议案47件，经大会主席团研究，全部转为建议办理，连同代表提出的113件建议、批评和意见（其中3件建议转为来信处理外）157件，交由有关机关、组织办理。

【遂昌县第十五届人民代表大会第四次会议】 3月11—13日召开。审议通过政府工作报告等6个工作报告。会议选举蓝献民为遂昌县人大常委会副主任，选举陈有南为遂昌县人民法院院长，选举叶珍华为遂昌县人民检察院检察长。大会收到代表10人以上联名提出的议案6件，经议案审查委员会讨论，决定转为建议，连同代表提出的164件建议、批评和意见，共170件，交由承办单位负责答复代表，并将办理结果书面向县十五届人大常委会报告。

【龙泉市第十五届人民代表大会第四次会议】 3月24—27日召开。会议审议通过政府工作报告等6个工作报告。预备会议上表彰2014年龙泉市"人大代表好建议"代表。收到代表10人以上联名提出的议案22件，经大会主席团研究，全部转为建议办理，连同代表提出的132件建议、批评和意见（其中1件建议转为来信处理外）共153件，交由有关机关、组织办理。

【景宁畲族自治县第八届人民代表大会第四次会议】 3月23—26日召开。会议听取和审查县人民政府工作报告，县人大常委会、县人民法院、县人民检察院工作报告；审查和批准国民经济和社会发展计划、财政预决算报告；并作出相关的决议；审查通过《景宁畲族自治县城市管理条例》；补选县人民法院院长。

【莲都区第十五届人民代表大会第四次会议】 3月31日—4月3日召开。审议通过政府等6个工作报告。会议选举杨秀清为莲都区人民政府区长；陈鲁军为莲都区人大常委会副主任；管兴标、潘新雄为莲都区人大常委会委员；李美顺为莲都区人民法院院长。收到代表10人以上联名提出的议案20件，其中2件合并为《关于坚定不移走绿水青山就是金山银山发展之路　大力发展莲都绿色生态产业的议案》作为大会议案，其余18件转为建议，连同代表提出的85件建议、批评和意见，共103件，交由承办单位负责答复代表，并由区人民政府将办理结果书面向区十五届人大常委会报告。（潘丽军）

丽水市人民政府

综　　述

【概况】　2015年，实现地区生产总值1102.34亿元，比2014年增长6.4%。一般公共预算收入94.51亿元，可比增长8.9%；服务业增加值占GDP比重46.1%。固定资产投资781.52亿元，增长13.0%，服务业投资增长14.8%，外贸出口增长19.2%，社会消费品零售总额增长9.0%。城乡居民人均可支配收入增速快于经济增速，分别增长8.1%、10.0%，达到32875元、15000元。全面消除家庭人均年收入低于4600元的贫困现象，农民收入增幅连续7年居全省第一。

打造生态环境保护和生态经济发展"双示范区"，成为首批国家级生态保护与建设示范区，缙云创成国家级生态县，松阳、景宁通过国家级生态县技术评估，丽水开发区成为国家级循环化改造示范试点园区。编制环境功能区划，将95.8%的市域面积划入自然生态红线区、生态功能保障区、农产品环境保障区。开展绿色生态发展"全员轮训"。推进"五水共治""五气共治"，丽水市治水经验入选中国基层治水十大经验之一，龙泉、庆元获全省"五水共治""大禹鼎"，4个县(市)创成省级"清三河"达标县，全市地表水环境功能区Ⅰ—Ⅲ类水质达标率98.96%，饮用水水源地水质达标率、跨行政区域河流交接断面水质达标率100%；累计淘汰黄标车12917辆，淘汰改造燃煤锅炉726台，市区环境空气质量优良率90.1%，6个县(市、区)环境空气质量达国家二级标准。设立生态经济产业基金，整治"低小散"企业(作坊)1690家，淘汰落后产能涉及企业224家，否决不符合生态环保要求投资150亿余元。

实施生态精品农业"361"工程，"丽水山耕"品牌影响力提升，启动创建省级现代生态循环农业示范市和农产品质量安全示范市，农产品质量安全例行抽检综合合格率全省第一，遂昌成为国家现代农业示范区。实施"机器换人"示范项目70个，绿谷信息产业园新增入园企业50家，开展首批20家市级"三名"企业培育试点；新设企业增幅居全省第二，新增"新三板"挂牌企业10家、规上工业企业98家，富来森中竹科技有限公司在美国纳斯达克挂牌上市；丽水智能装备及机器人、龙泉汽车空调零部件产业基地成为国家火炬特色产业基地，龙泉、缙云工业园区升格为省级经济开发区。生态服务业加快发展，全年旅游总收入426.02亿元，增长25.5%，九龙湿地创成国家湿地公园。优化电子商务发展政策，促进508家规模企业开展电子商务应用，建成2200余家村级电子商务服务站，实现网络零售额121.43亿元，增长76.0%，网络营销顺差20.49亿元。

围绕扩大有效投资抓项目，引进大项目125个，其中5亿元以上大项目22个，实际利用内资293.33亿元、外资2.19亿美元，浙商回归到位资金147.87亿元。重点建设项目完成年度投资计划的120.2%，金丽温高速铁路建成并投入运营，51省道龙泉段改建工程等一批重大项目建成，衢宁铁路丽水段全线开工。特色小镇成为扩大有效投资重要平台，全市谋划建设特色小镇39个，完成投资165亿元，其中8个特色小镇入选省级创建名单，4个入选省级培育名单。推进城市"六个一"示范项目建设，全市新增城市道路44.7千米、城市公园绿地86.99公顷，新开工地下空间70.96万平方米，完成中心城市和美丽县城建设投资74.39亿元。承办全省美丽县城暨村庄规划设计现场会。"六边三化三美"工作机制获"2015中国全面小康十大社会治理创新奖"，完成沿线房屋外立面改造366个村5.3万户1707万平方米，建成沿线产业景观带项目237个0.59万公顷。

推进国家生态文明先行示范区的"先行先试"，探索建立生态环境损害责任追究制度，开展自然资源资产责任审计试点，推进排污权有偿使用和交易试点。深化农村金融、扶贫、低丘缓坡开发利用等全国改革试点，新增“三权”抵押贷款19.6亿元，龙泉、青田、缙云成为全国“两权”抵押贷款试点县(市)，全市低丘缓坡试点区块基本具备净地出让条件。推进旅游体制机制改革，成为省级旅游综合改革试验区，市、县两级均完成旅游委员会组建工作。推进重要领域改革，建立全省首个审批中介服务网上竞价系统，探索企业“零地”投资项目政府不再审批和企业独立选址项目高效审批，成为全省政府和社会资本合作示范市、各类事业单位统一登记管理试点市。

全市民生类支出210.96亿元，增长18.4%，占一般公共预算支出的75.5%。职工最低工资标准平均提高13%，企业退休人员基本养老金标准平均提高10%，城乡居民基础养老金最低标准提高20%，城乡最低生活保障标准分别提高10.2%、18.4%。实施全民参保登记。完善城乡医疗保障，大病保险最高报销限额提高到20万元，报销比例提高到55%。被征地农民基本生活保障制度与职工基本养老保险制度实现并轨。新竣工保障性安居工程住房3809套，完成农村困难群众危旧房改造3100户。高考纯文理第一批上线1676人，总上线率达省平均水平，丽水五中建成并投入使用，松阳成为丽水市首个省级基本实现教育现代化县。优质医疗资源“双下沉、两提升”和分级诊疗工作扎实推进，启动人口健康信息化项目。创建国家卫生城市。“丽水乡村春晚”获国家公共文化服务体系示范项目创建资格，成为“中国十佳运动休闲城市”，丽水博物馆和美术馆开馆。在连续获平安铜鼎、银鼎之后，安全生产事故起数、死亡人数连续12年下降。

推进依法行政，市级政府部门权力事项由8342项依法削减为3860项，非行政许可审批事项全面取消，完成规范性文件审核345件，受理行政复议194件，连续6年被评为全省法治政府建设优秀市。加强政府突发公共事件应急处置能力建设，取得“8•20”全流域特大洪灾、“11•13”里东山体滑坡灾害等重大事件应急抢险的胜利，灾后恢复重建有序推进。

【表彰奖励】 2月，市政府联合丽水军分区表彰先进基层武装部和优秀专武干部；市政府表彰2014年度扩大有效投资工作先进单位，表彰2014年度丽水市招商引资工作先进单位、浙商创业创新突出贡献企业及招商引资功臣；市政府办公室表彰2014年度集体林权制度改革工作先进单位和先进个人，2014年度丽水市功勋企业和纳税100强工业企业，2014年度企业股改上市工作先进单位和先进个人、市级金融机构支持地方经济发展先进单位，2014年度生态精品农业工作先进单位。

3月，市政府命名表彰2014年度丽水市建筑业龙头企业、重点骨干企业、优秀企业和开拓市场优胜企业，给予青田县公安局等集体和个人记功表彰；市政府办公室表彰2014年度消防工作优胜单位、先进单位和先进个人，2014年度政府信息公开、电子政务工作先进单位和政务信息工作先进单位、先进个人。

4月，市政府办公室表彰2014年度主要污染物减排工作先进单位和市本级先进企业。

7月，市政府表彰2014年度“三改一拆”和“无违建”创建工作先进集体和先进个人。

9月，市政府表彰丽水市农村教师突出贡献奖和2015年丽水市教育年度人物。

11月，市政府办公室命名表彰市级文化强镇(乡、街道)。

12月，市政府命名表彰2015年度丽水市建筑业龙头企业、重点骨干企业和优秀企业；市政府办公室表彰2015年度金融创新示范乡镇(街道)试点工作先进单位及个人并公布第二批金融创新示范乡镇(街道)试点名单。

【接待各类重要来宾】 全年完成接待任务486批次，11538人次。接待省部级领导34批，接待厅局级领导84批，接待各类调研组、考察组、代表团113批。保障服务全国、省、市重要活动12项，主要有省委巡视组在丽水巡视、丽水(北京)投资环境和旅游推介会、上海旅游推介会、全省美丽县城暨村庄规划设计现场会、丽水市第三届华侨大会、丽水摄影节暨首届国际摄影研讨会等。 (夏文敏)

市政府重要会议

【市政府常务会议】 2015年，市政府召开常务会议10次。

1月16日，市政府召开第36次常务会议，审议《关于开展调整城镇土地使用税政策促进土地集约节约利用工作实施意见》《丽水市地名管理办法》《丽水市千峡湖区域保护开发建设管理办法》《丽水市深化“六边三化三美”行动实施方案(2015—2020)》《关于深入实施商标品牌战略的意见》，听取关于市政府行政规范性文件清理情况、2015年全市十方面大事和市区十方面实事有关情况、丽水市慈善总会工作有关情况等汇报。

1月26日，市政府召开第37次常务会议，审议《关于丽水市2014年国民经济和社会发展计划执行情况及2015年国民经济和社会发展计划草案的报告》《关于丽水市2014年全市和市本级预算执行情况及2015年全市和市本级预算草案的报告》，听取关于丽水市分解落实省政府2015年十个方面的民生实事任务有关情况等、市本级2015年预算编制情况、丽水市“8·20”抗洪救灾先进集体和先进个人评选表彰有关情况等汇报。

3月17日，市政府召开第38次常务会议，审议《丽水市人民政府2015年度规范性文件制定计划》，听取关于丽水经济开发区2015年度一般公共预算和基本建设预算编制情况、丽水市2015年市本级政府性基本建设项目投资计划编制情况、2015年丽水市直财政性基本建设预算和2015年市本级债务收支计划编制情况等汇报。

4月20日，市政府召开第39次常务会议，审议《关于全面深化农村改革加快建设美丽幸福新农村的若干意见》《丽水市新发违法建筑责任追究办法》，听取关于丽水五中实行租赁办学有关情况、一季度经济形势分析等汇报。

7月2日，市政府召开第40次常务会议，市长黄志平作市政府党组“三严三实”专题党课，审议《关于促进丽水市电子商务发展的实施意见》《关于进一步加强禁毒工作的实施意见》《丽水市创建现代生态循环农业示范市和农产品质量安全示范市，加快推进生态精品现代农业发展三年行动计划》《丽水市农村产权交易管理暂行办法》《关于深化教体结合加强市少年儿童业余体育运动学校建设的实施意见》，听取关于全省美丽城乡现场会筹备有关情况、2014年度法治政府建设（依法行政）情况、丽水市生态经济产业基金组建总体方案有关情况、丽水市禁毒工作、丽水市水利工程运行管理有限公司筹建方案有关情况等汇报。

8月11日，市政府召开第41次常务会议，审议《丽水市行政执法监督暂行实施办法》《丽水市社会应急联动工作（暂行）办法》《丽水市区村集体留地补充规定》《关于开展市级优质财源培育工作的实施意见》，听取关于丽水市区城市供水价格改革方案、丽水市区联城经济适用住房销售管理实施细则、中国长寿之乡绿色产业发展联盟建设和丽水市老年友好城市创建工作实施方案、2015丽水生态精品农博会工作方案、市本级国资营运机构整合转型方案、丽水市“扫黄打非”工作有关情况、给予朱晨航等3人记二等功和见义勇为荣誉称号、丽水市审计局记公务员集体二等功奖励有关情况等汇报。

9月7日，市政府召开第42次常务会议，审议《丽水市莲都区（市区）环境功能区划》《丽水市省级旅游综合改革试验区实施方案》《丽水市省级旅游综合改革试验区工作三年（2015—2017）行动计划》《推进丽水市瓯江生态旅游景区创建国家5A级旅游景区实施方案》《关于加强丽水电大改革与发展的意见》，听取关于丽水市第十三个五年规划基本思路、2015中国丽水生态养生旅游季活动方案、第三届丽水华侨大会筹备工作方案、完善机关事业单位工资制度有关情况等汇报。

11月16日，市政府召开第43次常务会议，学习贯彻十八届五中全会、省委常委扩大会议精神，审议《关于促进外贸稳定增长培育外贸竞争新优势的补充意见》《关于支持大众创业促进就业的实施意见》《丽水市区生活垃圾分类工作实施方案》，听取关于丽水市小微企业三年成长计划（2015—2017）、表彰丽水市民族团结进步模范集体和模范个人决定有关情况、关于丽水市本级2015—2016年社保基金保值增值运作方案、丽水市各类事业单位统一登记管理试点工作情况、综合执法、不动产统一登记等汇报。

11月30日，市政府召开第44次常务会议，学习贯彻省委十三届八次全体（扩大）会议精神，抓好分管口年底收官工作，审议《丽水市行政调解权力义务清单》《丽水市区公共租赁住房管理办法》《丽水市突发事件预警信息发布管理办法》《关于积极稳妥推进户籍制度改革的实施意见》《关于进一步加强新时期爱国卫生工作的实施意见》，听取关于调整2015年全市最低工资标准汇报。

12月25日，市政府召开第45次常务会议，审议《丽水市政府法律顾问工作规划》《关于大力发展农家乐民宿经济、促进乡村旅游业发展的三年行动计划（2016—2018年）》《关于推进军民融合深度发展的意见》《政府核准的投资项目目录》（2015修改版）《丽水市本级行政事业单位公款竞争性存放管理暂行办法》，听取关于对《关于加快发展养老服务业的实施意见》等文件进行修改、设立“丽水生态文明日”有关情况、丽水市农业投资发展有限公司转型试点方案、丽水市本级2015年地方政府债务限额情况等汇报。 （叶　飞）

市政府重大活动

【2015年浙江省丽水市—武汉高层次、高技能人才招聘会】 3月15日在湖北省武汉市洪山体育馆举办。招聘会由市政府主办，市委组织部和市人力社保局承办，丽水市参会单位102家，推出岗位880个。会上接收求职简历1098份（其中博士3人，硕士173人，本科615人，其他307人），当场达成意向343人。

【行政服务分中心授牌仪式】 7月1日举行。市委常委、常务副市长毛子荣出席仪式。毛子荣为社保、地税、出入境、车管、民政、档案、公积金、国税分中心进行授牌，并强调：要以分中心授牌为新起点，以方便企业和群众办事为宗旨，进一步优化提升服务水平，要推进管理再规范，实现"三个统一"（统一考核管理、统一服务标准、统一效能监督）；要推动服务再优化，简化办事流程、拓展服务方式、创新服务载体；要促使服务再提升，进一步加强服务队伍建设和软硬环境建设。

【新三板集体挂牌仪式丽水专场】 8月14日、12月3日分别在北京全国中小企业股转系统公司举行。9家新三板挂牌企业分别为三禾科技、众益药业、畅尔装备、九川竹木、竹林居、嘉利股份、浩腾科技、华洋赛车和惠同股份。 （于 果）

【中国长寿之乡、中国气候养生之乡媒体见面会】 9月18日，在杭州和平会展中心举行，由2015丽水生态精品农博会组委会、中国长寿之乡绿色产业发展联盟（筹）秘书处主办。会上，副市长任淑女介绍丽水市作为唯一地级市中国长寿之乡、中国唯一一个气候养生之乡基本情况；市中国老年学和老年医学学会同意由丽水牵头建设中国长寿之乡绿色产业发展联盟以来，对该项工作的重视及有关筹建筹备工作进展情况；对联盟建设及如何发挥"中国长寿之乡""中国气候养生之乡"品牌作用，推动绿色生态发展的设想。会上，媒体记者与到场嘉宾进行现场提问互动交流。浙江省老年学学会会长徐鸿道、学会秘书长王先益，省气象局副局长王东法等参加媒体见面会。

【参加台湾"美人腿"节】 9月19—25日，应台湾南投县邀请，丽水市政府组团参加2015台湾南投第八届"美人腿"（茭白）节比赛活动，并考察学习民宿经济发展情况。此次活动是丽水市自2010年与台湾南投县结为友好合作关系以来，第五次受邀组团前往参赛。经过市农业局、市台办、市文广出版局策划筹备、公开选拔、精心培训，由丽水市选送的6位选手，经过才艺、走秀的比拼，凭借出众身材、靓丽形象和过硬才艺，征服评委，全部获奖。其中，吴枋忆获境外组第一名（美人腿公主第三名），其余五名选手分别获最佳才艺奖、最上镜头奖、最佳口才奖和最佳台风奖。 （汤燕飞）

【省考评组到丽水考评党政领导科技进步与人才工作目标责任制】 9月1日，省民盟主委、省科技厅副厅长成岳冲率考评组到丽水对丽水市党政领导科技进步与人才工作目标责任制执行落实情况进行实地检查考评。市委书记王永康出席汇报会并介绍丽水市科技和人才工作情况。市委常委、组织部部长胡侠和副市长陈重分别汇报丽水市人才和科技工作情况。

【水利部水资源司司长陈明忠到丽水市检查指导水资源管理工作】 6月3—4日，水利部水资源司司长陈明忠率检查组到丽水市，就水资源管理工作进行重点检查和现场抽查，副市长任淑女等领导陪同检查。

【首届丽水市信息技术项目与资本对接会】 9月17日，在绿谷信息产业园召开，副市长陈重作开幕致辞。此次对接会受到包括龙庆资本、海通开元、安卓禾木、云镜投资、华侨基金等知名投资机构关注并介绍他们的投资理念及成果。

【市委书记王永康带队到省政府及省直有关部门对接"五水共治"工作】 11月13日，市委书记王永康、市委副书记、代市长朱晨带领副市长陈重、任淑女、陈景飞，市政府秘书长邹培书等领导，到省政府、省农办、省建设厅、省水利厅、省环保厅（省治水办）走访对接"五水共治"工作。副省长熊建平、省委副秘书长、省农办主任章文彪、省建设厅厅长钱建民、省水利厅厅长陈龙、省环保厅党组副书记、副厅长（主持工作）、省治水办常务副主任方敏分别就丽水市提出的工作建议作讲话。

【启动丽水市级科技金融合作贷款项目】 12月24日，丽水市级科技金融合作贷款项目启动。市政府授权市科技局设立800万元风险池资金；杭州银行丽水分行按风险池资金（含银行不实际出资部分）1200万元放大10倍设立总额1.2亿元的贷款规模，对市级（市直、开发区及莲都区）科技型中小企业和开发区机器人企业进行定向融资支持；太平洋财险丽水中支作为第三方保证保险。项目的启动，是丽水市加强科技与金融结合、推进科技创新发展的有益尝试。 （柯利民）

【"英雄不老—浙西南抗日战争人物影像档案展"】 9月1日，在丽水市摄影博物馆开展。展览展出抗战人物肖像作品70余幅，辅以部分见证抗日战争的文物、史料。展览由市委书记王永康致辞、市长黄志平主持，开展1个多月，共有3000余名党员干部、军人、市民、青年学生参观展览。

【第三届丽水华侨大会】 10月27日，第三届丽水华侨大会开幕式在丽水举行，来自50余个国家（地区）的360余名侨界代表参加会议。省政协副主席、省委统战部部长孙文友，中国驻瑞士、法国大使馆前大使蔡方柏，国务院侨务办公室国外司副司长卢海田，省人大民侨委副主任委员、省侨联党组书记岑国荣，省政协港澳台侨和外事委员会副主任徐建华，省外侨办副主任王通林等到会祝贺。市委书记王永康致辞，市委副书记、代市长朱晨作报告。市领导虞红鸣、陈瑞商等出席开幕式。开幕式由市委常委、统战部部长廖思红主持。开幕式上，海外侨(社)团负责人代表徐松华、海外高层次回归创业代表卢寿福和侨商回归创业代表陈乃科作大会发言。华侨城、世界钟表文化中心等14个由华侨投资的项目签约，正式或意向投资额89.5亿元。为西班牙、意大利等首批15个丽水市海外侨务工作联络站授牌。市教育局、丽水日报社分别与4家华文学校和4家华文媒体签订合作协议。大会安排“一带一路”与丽水华侨发展机遇论坛，海外专家学者、高层次人才座谈会，海外华文教育、华文媒体座谈会，海外和谐侨团建设座谈会，青年侨俊高峰论坛以及参观考察丽水博物馆、城市规划馆，分别到丽水经济开发区、各县（市、区）参加项目推介对接，参加丽水学院华侨学院研讨等活动。

【“外国签证官看侨乡走进丽水”活动】 5月27—29日，由浙江省外侨办，丽水市委、市政府主办，丽水市外侨办、浙江省外服中心承办的“外国签证官看侨乡走进丽水”活动举行。来自德国、比利时、新西兰、葡萄牙等20个国家驻华使领馆签证官27人参加。通过举办活动，各国驻华使领馆官员加深对丽水市风土人情、经济社会发展和生态城市建设的认识了解，提升丽水市对外形象和国际知名度。

【中瑞科技交流会】 10月16日上午，市政府与瑞士中国学人科技协会共同举办中瑞科技交流会。市开发区、丽缙产业园区领导及来自瑞士和中国科技型公司20余人参加会议。2015年是中国与瑞士建交65周年。丽水市重点提出打造机器人产业，以绿色制造助推丽水经济发展。

【工商总局纪检组领导到丽水调研市场监管系统党风廉政建设工作】 10月12—14日，中纪委驻国家工商总局纪检组副组长、监察局局长侯觉非一行3人，在省工商局纪检组长、监察专员夏建勇陪同下，到丽水调研指导市场监管系统党风廉政建设工作。12日下午，侯觉非一行在市局召开座谈会，听取局党组书记、局长夏海国工作汇报，并与市局班子成员、部分处室负责人进行座谈交流。13—14日，侯觉非一行走访调研青田、龙泉两地的特色市场、基层站所、农贸市场，对基层站所的党风廉政建设和干部队伍建设提出要求。

第三届丽水华侨大会　　黄亦丹　提供

【丽水经贸代表团到南非、阿联酋开展投资贸易推介洽谈活动】 5月24日—6月1日，以副市长陈重为团长的经贸代表团20人(其中公务人员6人，机械制造、汽车空调与配件、保健中药、木制玩具和工艺品等生产商和供应商企业负责人14人)，到南非、阿联酋两个国家开展投资贸易推介洽谈活动。代表团一行先后在南非约翰内斯堡举办南非投资贸易推介会、拜访南非开普敦投资贸易发展局和约翰内斯堡南部非洲浙江总商会、考察迪拜汽配市场等公务活动，了解经贸往来情况，考察市场，推介丽水，认识上述国家和地区的投资商、贸易商，开展对接洽谈活动，拓宽经贸合作渠道，为下步扩大经贸合作交流打好基础。

【全国农村电子商务现场会】 5月12—14日，在遂昌召开。商务部市场建设司司长李景龙出席会议并讲话，市长黄志平到会致辞，省商务厅副厅长徐高春，副市长陈重参加会议。中央农办、商务部、财政部、农业部、国务院扶贫办、共青团中央、供销总社，各省、自治区、直辖市、计划单列市及新疆生产建设兵团商务主管部门负责人，中国邮政、阿里巴巴、京东、苏宁、联想等集团负责人和中央电视台等各大媒体记者200余人参加会议，会议代表实地考察遂昌县网店协会、遂昌“赶街”服务中心、麦特龙仓储超市、淤弓村“赶街”服务点和嘉言民生网点、应村乡区域电子商务公共服务中心、遂昌嘉言民生总部等地。会上，遂昌县人民政府、遂昌网店协会等代表围绕如何发展农村电子商务进行互动交流和专家点评。（钟陈亮）

【文化部到丽水调研传统村落及文物保护工作】 1月28—29日，文化部副部长、国家文物局局长励小捷一行到松阳、缙云等地调研传统村落及文物保护相关工作。省文化厅副厅长、省文物局局长陈瑶，副市长戚永远，市文广出版局党组书记、局长周一红等有关领导陪同调研。励小捷一行，考察松阳县界首村、大东坝六村，杨家堂村、酉田村以及县城明清古街、延庆寺塔等地，缙云县河阳村虚竹公祠、文翰公祠等古民居，并召开座谈会听取两地传统村落及文物保护工作汇报。

【2015年妇幼健康中国行活动在丽水市启动】 5月5日上午，2015年妇幼健康中国行活动在市妇幼保健院举行。国家卫生计生委副主任、国家中医药管理局局长王国强，省政府副秘书长李云林，省卫生计生委主任杨敬，市委副书记、市长黄志平，副市长戚永远等出席启动仪式。活动期间，王国强拨通市妇幼保健院第一个母婴健康咨询服务热线电话，为“妇女健康中国行”巡讲团专家代表颁发荣誉证书。中国疾控中心妇幼中心和全国妇女活动中心分别向省、市卫生计生委赠送光盘、早教卡等健康教育材料，杨敬向全省医务人员发出倡议等。

5月5日，2015年妇幼健康行活动在丽水启动　　丁　力　提供

【“江泰助学·快乐成长”—家庭经济困难中小学生专项资助活动发放仪式在丽水举行】 9月22日，发放仪式在市政府南门广场举行，该活动由省关工委、省关心下一代基金会、浙江江泰酒店管理有限公司主办。省人大常委会副主任、省关工委主任徐宏俊，省关心下一代基金会理事长傅颂恕，省关工委专职副主任林斌，丽水市关工委主任陈士达，浙江江泰酒店管理有限公司董事长李宜学及受助学生代表等参加发放仪式。副市长戚永远在仪式上致辞。活动共计筹集120万元公益金，用于资助丽水1200名家庭经济困难中小学生。

【中国关工委主任到丽水调研关心下一代工作】 12月30日，中国关工委主任顾秀莲一行到丽水考察关心下一代工作，并实地参观云和县凤凰山街道新华社区关心下一代工作品牌“老李帮忙团”和调研浙江和信玩具有限公司企业关工委建设情况。省关工委主任徐宏俊，专职副主任林斌，市人大常委会主任虞红鸣陪同调研。

【举办全国性赛事5次】 3月9—13日，举办2015“丽水·清韵杯”全国业余围棋公开赛。中国围棋协会主席王汝南、副市长戚永远、市政协副主席沈根花、中国围棋国家队总教练俞斌等出席开幕式。戚永远致欢迎词，王汝南宣布开幕。来自全国各地92名选手参赛，进行11轮比赛，其中业余六段及以上排位的选手42名。

8月16—18日，举办2015年全国体育传统项目学校田径联赛（南方赛区），该赛事是首次在丽水举办。赛事由国家体育总局青少年体育司、教育部体育卫生与艺术教育司主办，中国田径协会、中国中学生体育协会承办，浙江省体育竞赛中心、丽水市体育局协办，来自浙江、江苏、山东、湖南、重庆、云南等15个省（区、市）53所中学的561名运动员参加。

8月21—24日，举行丽水国际轮滑公开赛暨海峡两岸及港澳地区轮滑邀请赛。国家体育总局群体司司长刘国永、国家体育总局社体中心副主任刘北剑、浙江省体育局副巡视员扬平原及副市长戚永远及中国轮滑协会、中国台北轮滑协会、亚洲轮滑联合会中央委员会、韩国首尔轮滑协会主要负责人等出席开幕式。来自德国、法国及中国台湾、中国港澳等23个国家和地区的533名运动员参赛。

10月10—11日，举办2015首届中国大学生皮划艇名校赛。赛事由中国皮划艇协会、中国大学生体育协会、浙江省体育局和丽水市人民政府主办，浙江省船艇协会、丽水市体育局承办。来自浙江大学、中山大学、丽水学院等各大高校22支代表队大学生200余名运动员参赛。

10月17—18日，举办2015中国龙舟公开赛（浙江·丽水站）。赛事由国家体育总局社会体育指导中心、浙江省体育局、市人民政府、中国龙舟协会主办，丽水市体育局承办。全国各地16支代表队420余名运动员参赛。（丁　力）

市政府合作签约

【丽水市与省民政厅签订养老服务业发展合作协议】 1月5日，市长黄志平与省民政厅厅长尚清签订全省首个与地级市签订的养老服务业发展专项合作协议《关于共同推进丽水山区特色养老服务业发展合作备忘录》，围绕养老服务设施建设、探索建设山区特色养老服务新机制和提高养老服务人才队伍专业水平四块内容进行合作推进。4月24日，省财政厅、省民政厅下达丽水市民政优抚及社会福利专项资金1.47亿元，占全省资金总量1/5，其中专项用于养老服务业发展资金1.12亿元，补助资金量占全省首位。（钟陈亮）

【丽水市人民政府与浙商资产管理有限公司合作协议签约仪式】 1月9日举行。市委常委、常务副市长毛子荣、浙商资产管理有限公司董事长徐德良出席仪式并分别致辞。双方本着互惠互利的原则开展合作，借助浙商资产管理公司的通道优势、专业团队优势和市场优势，为加快丽水银行不良资产处置，化解区域金融风险提供支持，为丽水优质企业提供融资通道，助推丽水产业转型升级提供指导。（于　果）

【丽水市与柬埔寨暹粒市签署友好交流意向书】 8月5—7日，柬埔寨王国暹粒省省长钦文松等一行14人到丽水开展友好访问。市委副书记、市长黄志平会见代表团。钦文松认为丽水同暹粒有很多共同点，产业相近、发展相通，双方在旅游、农业、经贸等方面有很大的合作潜力。两市签署《建立友好交流关系意向书》。（钟陈亮）

【丽水市人民政府与浙商银行合作协议签约仪式】 11月15日举行。浙商银行董事长沈仁康，市委副书记、代市长朱晨分别致辞，并签订战略合作协议。浙商银行总行副行长徐仁艳，浙商银行杭州分行行长王卫华，市委常委、常务副市长毛子荣等出席仪式。双方本着长期合作、平等互利、相互支持、共谋发展的原则，探索建立新型的战略性银政合作关系，共同发展丽水美丽经济。浙商银行将加大对丽水市的信贷投放倾斜力度，在执行国家法律、法规及货币信贷政策且符合授信政策和程序的前提下，利用各类融资渠道为丽水在五年内累计提供总额500亿元的表内外意向性融资支持额度。（于　果）

【俄罗斯驻上海总领事到丽水访问】 12月11日，俄罗斯驻上海总领事叶夫西科夫一行到丽水交流访问，市委副书记、代市长朱晨会见访问团一行。双方为共同推动合作发展、互利共赢达成共识。（钟陈亮）

政府办公室工作

【政务督查】 全年组织或参与政务督查28次，重点完成省政府关于国务院民生领域政策措施落实情况实地督查、全省抓好当前经济工作实地督查、全省贯彻执行中央“八项规定”精神情况专项督查、全市扩大有效投资和重点项目联合督查、全市大气污染防治和高能耗重污染行业整治验收工作专项督查、迎高铁促发展60日攻坚行动专项督查、好溪堰水系治理暗访等；编发各类督查和反馈材料78个，其中，编发《政务督查》12期、《督查督办反馈》23期，《重要事项交办单》43期。参与完成2015年度市委、市政府年度综合考核工作。督促完成政府系统主办的建议提案519件，其中，代表建议160件，占比90.39%，政协提案359件、占比86.09%；市长领办的15件重点建议提案满意率均为100%；完成市府办承办的建议提案14件。（赵　升）

【编发信息451期】 2015年，信息处编发信息451期，其中，《政务信息》96期，《专报信息》246期，《政务工作交流》16期，上报信息93期。市领导批示105条。向省政府办公厅报送1560条，省政府采用210条，省政府领导批示45条；被国办录用信息43条，国务院领导批示13条。（杨俊龙）

【公开政府信息】 2015年，全市主动公开政府信息202938条，其中，各县（市、区）政府主动公开政府信息155993条，市级机关主动公开政府信息46945条。市政府及办公室主动公开政府信息16623条。全市受理政府信息公开申请223件。从申请分布看，县（市、区）135件，市级机关88件。从处理情况看，“属于已经向社会主动公开”26件；“同意公开”90件；“非本单位掌握告知书”37件；“补正告知书”5件；“同意部分公开”21件；“不予公开”12件；“不存在告知书”26件；告知通过其他途径办理数6件。全年涉及政府信息公开的行政复议2起，维持2起。未发生涉及政府信息公开的行政诉讼案件。未发生在政府信息公开工作中的泄密事件。（谢轶斌）

政府法制工作

【依法行政基础工作】 2015年，健全政府领导负责、部门分工落实、社会公众参与的组织推进体系，3月，市法制办印发《2015年政府法制工作要点》，召开法制办主任会议、工作例会，谋划助推依法行政工作的任务和措施。发挥考核导向、评价和监督功能，继续实施三维一体的考核方式，7月，市府办印发《关于开展2015年度法治政府建设（依法行政）考核评价工作的通知》，以考核促工作，以监督促落实。同月，市府办印发《深入推进依法行政加快建设法治政府重点任务分工方案》，细化量化目标任务，加大检查指导力度，确保法治政府建设实施标准落到实处。完善政府法律顾问联系制度，健全协调机制，会同有关单位为法律顾问开展工作创造条件，全市市县乡三级政府法律顾问基本实现全覆盖，全年就各项具体事务的处理向市政府出具书面法律意见118件，提升政府决策水平。完成政府立法准备工作，完成2016年法规建议项目征集工作，推荐《丽水市城市市容和环境卫生管理条例》为2016年立法计划一类项目。开展示范单位创建活动，通过现场指导、交流评析、考核推动等方式，培育创建市县两级示范单位16家。及时总结示范单位创建活动的成果和典型经验，发挥示范单位的引导、带动和辐射作用，以示范创建的实际成果推动依法行政工作纵深推进。加强政府法制信息报送制度，政府法制信息员队伍建设，抓好政府法制信息网站建设，编发《丽水政府法制》6期，全市法制系统形成专职和兼职的法制信息报送员380余人，全年全市被省法制办采用信息2058条，国务院法制办采用信息11条，各类媒体上转载刊录80余条次，其中景宁县开展政府法律顾问工作的主要做法等信息被省依法行政工作简报采用。2015年，丽水市连续6年被省政府评为法治政府建设优秀单位。

【行政规范性文件管理】 2015年，编制和实施2015年规范性文件制订计划。细化认定文件审查标准和审查工作流程，编制管理流程，杜绝文件脱管、漏管。加强文件备案跟踪，建立健全文件备案专人催报制度，防止文件迟报、漏报，全年报送省政府、市人大常委会备案的规范性文件46件，接收各县（市、区）报备文件337件，市直部门登记备案文件91件。完成规范性文件定期清理，共清理出市政府（办公室）规范性文件455件，继续有效344件，已废止或失效24件，修改适用48件，决定废止39件。开展市直部门行政规范性文件管理工作专项检查，通过自查、交叉检查、集中审查的形式，审查37个市直部门自“三统一”制度实施以来制发的文件15815件，发现问题文件313件，纠正实体和程序问题653处，规范性文件质量得到提高。严格审查程序，健全政府常务会议议题审批程序和发文流程，将法制机构审核作为提请政府常务会议审议的必经程序。加强程序审查，基本建立规范性文件草案上网征求公众意见制度；对重大公共利益和群众切身利益的规范性文件，依法采取座谈、听证等方式征求相对人和有关基层单位的意见；对专业性较强的规范性文件，组织专家进行必要性和可行性论证，确保文件切合实际、针对性强、易于操作。全年69件行政规范性文件经过审查，200余条法律意见被采纳。健全审查机制，“三统一”制度全面推行，统一登记政府规范性文件47件，核发部门文件编号91件，全部通过政府门户网站、《政府公报》、《丽水日报》等多种载体统一公布。探索建立部门联审、专家评审工作机制，整合公职律师、法律专家，联合执法、财税、审批、物价等部门组建规范性文件审查组，借助外力为规范性文件审查提供智力支持。

【行政复议应诉】 2015年，召开行政复议培训会，开展行政复议案卷质量评比，完善证据调取、认证制度，普及说理性文书制作，行政复议规范化水平进一步提升。采取书面审查与实地调查相结合的案件审理方式，走访调查21次，召集座谈7次。推行行政复议“陪议员”、行政复议听证等制度，保证案件办理质量。共收到行政复议申请45件，立案受理35件；审结32件，其中，决定维持11件，终止审理（通过协调等方式使争议双方达成和解，申请人自愿撤回申请）7件，撤销1件，驳回6件，告知处理4件，移送4件。未结3件。召开第九次府院联席会议，交流行政复议及行政诉讼工作情况，研讨新《中华人民共和国行政诉讼法》实施后的政府应对和市区集体土地上房屋征收补偿工作中存在的疑难问题，从源头上预防和减少行政争议发生；督促行政机关负责人出庭应诉34件次，全市行政机关负责人出庭应诉率87.24%。全市发生行政诉讼案件360件，败诉36件，行政诉讼败诉率12.16%。

【政府法制监督】 2015年，落实《浙江省行政执法证件管理办法》，开展2015年度执法证件申领、换证审核工作，严格审核申领、到期换证等行政执法证件1704本，年审执法证件13830本，注销执法证件25本，保障9353名持证执法人员的执法资格。推行重大行政处罚、重大行政许可行为报送备案制度，接收备案135件。实施行政处罚裁量权基准和公示制度，市县296家执法单位公布明确裁量范围、种类和幅度。推进行政处罚结果信息网上公开制度，市直26个执法单位网上公开处罚结果信息870条。深化行政执法监督检查，健全行政执法投诉机制，推进行政执法监督试点，出台《丽水市行政执法监督暂行实施办法》，立案监督违规行政执法行为12起。开展以行政许可、行政处罚为重点的行政执法案卷评查，重点对交通运输、安监、城管执法系统执法案卷进行集中评查和现场抽查，评查案卷465卷，纠正程序性及实体性问题2102个。优化行政执法体制改革，参与“四张清单一张网”改革深化，委托第三方对改革事项进行评估，助力政府职能转变和简政放权。全程参与市级执法职能划转、事权下放至莲都区、工商局与食品药品监管局组并市场监管局、卫生局与计生委组并卫计委、综合行政执法体制改革，组织梳理界定职权划转范围，理顺行政执法体制机制。

【法律事务】 2015年，派员参与“三改一拆”、“五水共治”、重点项目百日攻坚、集体土地上房屋征收等重点工作的政策指导，研究起草政策文件或法律意见12份，开展法制专题研究，为终身责任追究、地方人大对政府重大投资项目监督等制度建设提供法律意见。健全行政机关合同管理制度，审核招商引资、土地出让、城市建设、社会发展、金融合作、项目开发、债权债务等重要协议、合同18份，涉及标的50亿元，接受部门报备合同36份，为政府合同行为防范经济风险、法律风险。全年参加市政府常务会议10次，参与审议重要议题64件，依法保障行政决策合法、科学。办理主要领导批示件，完成房地产企业民间借款纠纷、江滨等区块征收安置、丽水处州府城招商项目等重大涉法问题的法律分析，参与正达、皇都等房产公司资产处置等法律事务处理，为领导决策提供法律参考意见。参与市区“噪音污染”治理、国有土地上房屋征收等各类涉法事务协调处理，草拟或者审核涉法文书8件，出具法律意见书12份。复核农村土地纠纷、房屋征收、政策处理、社保等方面信访事项8件，接待信访投诉及法律咨询人员150余人次，全部按期办结。

【行政调解】 2015年，在全省率先出台市县乡三级政府及部门行政调解权力义务清单，明确行政调解职责，推动行政机关依法化解各类争议纠纷。开展县、乡两级行政调解试点，探索基层行政调解模式。加强行政调解指导工作，完善行政调解信息统计、情况分析、重点行政调解案件报告制度，结合省委政法委部署的多元化矛盾纠纷解决体系建设项目试点工作，推动机构和制度建设健全。全市现有行政调解指导中心10个，行政调解中心或调解室348个，配备专兼职调解人员1743人，各级行政调解组织和解调处行政争议1954起，调解与行政管理相关的民事纠纷38273起，调解成功率96%。 （郭　晨）

地方志工作

【概况】 2015年，丽水市方志办全力推进二轮修志编纂工作，根据省方志办2020年全面完成二轮修志工作的要求，市方志办对《丽水市志》编纂工作采取倒逼机制，明确二轮修志工作的近期、中期、远期目标。通过不断修改、完善，形成《丽水市志》资料汇编。12月，市政府发文明确《丽水市志》主编、副主编、顾问，解决修志领导班子的问题。积极推进县(市、区)年鉴编纂工作，先后指导有关县的年鉴业务培训。至年底，全市9个县(市、区)基本实现一年一鉴，全市累计编纂综合年鉴90余部。加强《丽水方志》编撰发行的工作。全年编发4期，每期9万余字，每期发行2000册。莲都、松阳、龙泉、遂昌等县(市、区)办了刊物，较好地指导和推进地方志工作。充分利用史志资源优势，积极为中心工作服务。在农村文化礼堂建设中出谋划策，积极提供地情资料，加大对农村文化礼堂的宣传力度。市志办利用《丽水方志》平台，宣传介绍农村文化礼堂建设。龙泉为国家历史文化名城申报做好服务工作。庆元县启动《香菇志》编修工作。松阳围绕“田园松阳”编纂出版田园松阳文化丛书。

【贯彻落实《全国地方志事业发展规划纲要(**2015—2020**年)》】 10月22日，市方志办就丽水市地方志工作开展情况及存在的问题、《全国地方志事业发展规划纲要(2015—2020年)》(以下简称《规划纲要》)的主要精神、丽水市的贯彻意见和有关建议向市政府分管地方志工作的副市长做专题汇报。11月，市政府组织对各县(市、区)二轮修志进展情况进行督查。通过查阅台账、听取汇报等形式，详细了解县(市、区)二轮修志工作中资料收集、编纂、审核及出版情况,“一纳入、八到位”落实情况,推动全市二轮修志以及其他工作的开展。同月,召开全市地方志工作座谈会。传达全省学习贯彻《规划纲要》座谈会精神,各县(市、区)地方志办公室负责人交流学习贯彻《规划纲要》和地方志工作情况,并对如何学习贯彻《规划纲要》进行部署。

【二轮修志编纂工作】 2015年,丽水市方志办进一步推进《丽水市志》及全市二轮修志工作,市级对市志编辑部进行重新整合,明确阶段性工作目标和岗位职责,实行全员修志,改进编辑部例会制度,并制作《分志稿推进计划表》,加强督查。加强与有关部门、牵头单位、各编负责人的沟通协调,解决修志过程中的困难。至12月,共完成《丽水市志》分纂稿(索引除外)62编、420万字的编纂任务。

全市各县(市、区)修志工作有序进展,除青田县已编纂出版外,年底,《莲都区志》完成总纂审定、形成送审稿;《庆元县志》完成总纂;《缙云县志》《遂昌志》《龙泉市》《景宁志》完成志稿编纂;《松阳县》《云和县》完成资料搜集。

【《丽水年鉴(2015)》编纂出版】 12月,《丽水年鉴(2015)》由方志出版社正式出版,这是自1996年创刊以来连续出版的第20部。该年鉴由丽水市委、市人民政府主办,丽水市地方志办公室负责编纂。该书全面、系统地记载2014年丽水市政治、经济、文化、社会建设以及生态文明建设等发展与变化。共设类目42个、编辑分目238个,条目1540个,随文照片插图163幅,共95.5万字,附光盘一张。与2014年相比,2015卷年鉴在编纂理念、流程、表现形式及版面设计等方面有了提高与突破。

【举办年鉴编纂培训会】 3月3日,市史志办在市行政中心130报告厅举行《丽水年鉴》撰稿人培训会。各县(市、区)、市直各有关单位、《莲都年鉴》各承编单位及市方志办全体人员共280余人参加培训。市方志办主任雷华英主持会议并讲话。培训会邀请《临安年鉴》主编唐剑平授课,授课内容有年鉴的基本概念、撰稿、编辑、条目撰写等方面。通过培训,参会人员对年鉴及年鉴编纂工作有了进一步的了解,对年鉴编纂的方法和规范有更深入的认识,收到预期效果。会上还印发《年鉴基础知识》《年鉴编撰基本规范要求》等资料。

【方志资政服务】 2015年,市史志办积极履行资政职责,服务社会经济发展,向绿城集团提供有关丧葬方面的民俗资料、联系有关县的文化界人士帮助绿城集团制定在云和、庆元等县推进夕阳产业的开发规划。为市公安局制定方言档案提供丽水方言的资料,为建立声像档案提出具体建议。为建设部门提供资料咨询,参加有关论证会议,协助制定丽水文化名城建设规划,协助建设部门建立中山街改造历史文化方面可行性的方案。办理市政协三届四次会议上《关于加强处州文献整理工作的建议》和《关于挖掘地方文化遗产,整理出版地方经典文献的建议》两件提案。 (市方志办)

【《龙泉市林场志》出版】 2015年5月,由中国林业出版社出版。2009年3月,开始编纂《龙泉市林场志》,主编周慧娟。本志上限为建立龙泉县造林站(龙泉市林场前身)时的1954年,下限为2014年。志书主体部分由概述、大事记及11个分章、丛录等组成,记叙龙泉市林场从建立至2014年底60年当中,林场所开展的营造林木、建设果园、多种经营、科技研发,以及林场运营等各方面情况。全书17.9万字。 (陈叶翠)

【《松阳县教育志(1992—2012)》出版】 2015年1月,《松阳县教育志(1992—2012)》由光明日报出版社出版,主编阙良庆。该书于2012年4月着手编纂,上限始于1992年,下限止于2012年12月,是《松阳县教育志(621—1991)》的续志,以志为主,辅以图、表、录、照片等,记述松阳县21年教育改革和发展的历史与现状,反映松阳教育的特色。内容丰富,记述翔实,为今后松阳教育改革深入进行提供依据。正文章、节、目,共15章49节,前置概述、大事记,后有后记,内容包括幼儿教育、小学教育、初中教育、高中教育、中等职业教育、成人教育、民族教育、学校德智体美教育、师资队伍建设、教育机构设置与党群组织、教育经费投入与学校装备等。

【《松阳县卫生志(1991—2010)》出版】 2015年2月,由松阳县卫生局编纂的《松阳县卫生志(1991—2010)》出版。2009年12月,着手续志《松阳县卫生志(1991—2010)》编写工作,2012年11月完成初稿,2013年10月评审。全志包括卫生行政管理、医疗机构、卫生机构及体制制度改革、卫生设施建设、医疗、疫病防治、妇幼保健、基层卫生、公共卫生、卫生监督、医学科教和代表委员、先进集体、个人荣誉等12章51节约15万字。前置概述、大事记,后有编后记。该书上限始于1991年,下限至2010年12月,个别内容下限有所延伸,以志为主,辅以图、表等,记述松阳县域“八五”至“十一五”之廿年间的医卫事业历程,追本溯源,寻找其兴衰起伏的轨迹,系统、全面、准确、真实地反映历史和现状，力求反映松阳卫生的特色，结构合理，内容丰富，资料翔实，文字简练，具有鲜明的时代特征、专业特点、地方特色。

【松阳地情资料馆建设】 2015年7月底，松阳县史志办公室在西屏街道环城西路121号行政服务中心4号楼五楼设立松阳地情资料馆，制作展台，陆续搜集松阳作者的作品和外地作者写松阳的地情资料等地情资料。2016年2月，地情资料馆开馆，为史志资料更好地服务群众，发挥地方志功能搭建平台。该馆面积80平方米，设八个区块，第一区块为地方志、部门专业志、年鉴；第二区块为党史、红色回忆录；第三区块为侵华日军罪行录；第四区块地方文献；第五区块为松阳籍作者作品；第六区块为松州史话；第七区块为民间家谱1000余册；第八区为块松阳文学。该馆也是丽水市第一个地情资料馆。 （王香花）

机关事务工作

【概况】 2015年，市机关事务局按照食品安全A级单位评定要求，投入20万元更新洗碗设施、更换冷库制冷设备、添置餐具消毒设备。实行主要原材料定点供货公示制度，接受就餐人员监督。召开餐饮工作会议4次，对存在问题进行反馈和分析，督促经营单位对餐具卫生不理想、菜品供应不足等10类问题进行整改。开展就餐卡年审工作，做好调离（退休）人员的撤卡工作，缓解就餐拥挤状况。举办音控系统操作人员设施设备应急处理培训，提升会议服务员综合素质，更新改造大楼综合会议室设施设备，改善会议环境，完成市“两会”、省委巡视组到丽水巡视、全省美丽县城暨村庄规划设计现场会、2015丽水摄影节暨首届国际摄影研讨会、华侨大会等重大政务活动的会务保障任务，完成会议服务3980场（次）。定期在市行政中心区域组织“烟头不落地、机关环境更美丽”洁净活动，通过整修树木、美化绿地、洁净路面和改造雨污分流管网等措施，为机关干部职工创造更加洁净、优美的办公环境。加强设备的维护保养措施，确保重大设备保持较高的完好率，全年完成工程设备维修总计2826次，保障机关的正常运转。定期开展“三熟五知”岗位知识竞赛、军事训练、消防演练，提高协警队员整体素质。严格出入管理，做好行政大楼外来人员的登记验证和联系引导工作，日均完成来访人员登记600人次，对重点人员实行专人引导，全年引导重点来访人员1630人次。配备巡逻车、催泪器、钢叉、收缩警棍等防爆器具和设备，组织防恐、防爆、防盗、防火等应急处置演练；发挥人员识别门禁、车辆识别门禁和视频监控系统的作用，会同市公安、信访部门处置异常访事件，共处置上访事件163起2000人次，没有出现因处理不当引发的群体性冲突。加快法治后勤建设，召开《浙江省机关事务管理办法》学习会，出台《关于贯彻实施〈浙江省机关事务管理办法〉的通知》，创建市级依法行政示范单位。参与“千名干部助千企”“万名干部抓治水”活动，联系浙江宏远不锈钢有限公司、莲都区雅溪镇上黄村走访调研，当好服务员、调研员、巡视员，帮助协调解决存在的困难和问题。

【党政机关办公用房清理整改工作】 2015年，市清房办通过组建领导机构、抽调人员集中办公、召开动员会、制定实施方案、开展自查自纠、严格审核验收等步骤，开展全市党政机关办公用房清理整改工作，市级93家单位清理腾退办公用房452间21616.9平方米，市直下属单位161家清理腾退办公用房4243.22平方米。6月，组织检查验收组对市直单位办公用房清理整改情况进行逐一检查验收；10月，市委“八项规定”专项督查组对9个县（市、区）机关、乡镇办公用房清理整改情况进行抽查；11月，组织人员对市直单位办公用房清理整改工作进行“回头看”。制定《丽水市市行政中心区域市直单位办公用房集中统一管理实施方案》，实现对市行政中心区域市直单位办公用房“五统一”管理。举办全市办公用房图形智能化管理系统培训会，开展市级机关事业单位办公用房平面图绘制、基础数据和信息录入工作，实现市级机关事业单位办公用房的智能化管理。

【公务用车保障制度改革】 2015年，市机关事务局完成市、县、乡三级行政机关和参照公务员管理事业单位近三年公务用车使用情况统计测算工作，重点对市直单位公务用车品牌、购置时间、公里数、车况及驾驶员年龄、驾龄、准驾类型等情况进行调查摸底，掌握第一手资料。在外出考察、调研的基础上，拟制“一方案两办法两规定”（《组建公务用车服务中心方案》《公务用车集中保障服务办法》《驾驶员招聘暂行办法》《车辆管理暂行规定》《工勤人员管理暂行规定》），并对车辆留用、驾驶员招聘等方面提出建议方案。着手研发建立“公务用车信息平台”“GPS监管平台”，为推进车改后的公务用车集中保障工作做好准备。

【公共机构节能管理】 2015年，市机关事务局通过宣传展板、微信、党员服务一条街等形式，以节水宣传和新能源推广为主题，广泛开展“节能宣传月”活动，发放节水龙头、节能灯等节能器具2100只、宣传册1200份。通过召开示范单位创建推进会、台账资料会审会和组织预验收等措施，创建国家级3个、省级5个示范单位。根据海绵城市和节水型城市建设需要，完成市行政中心节水型机关创建工作，并指导推动8家市直部门、莲都区行政中心、丽水经济开发区和9个县市区完成节水型单位创建任务。完成市行政中心节水改造项目一期（绿化喷淋系统），启动二期（雨水回收利用）改造工程。在高温季节，先后与市财政、经信、水利等部门组成联合执法组，分别到县（市、区）和有关乡镇街道进行节能执法监督检查。（吴义华）

驻外联络处（办事处）工作

【丽水市人民政府驻北京联络处】 2015年，新建项目签约资金20亿余元，实际到位资金2亿余元。续建项目投资额12亿余元，实际到位资金3.5亿元，超额完成招商引资任务，并获全市招商引资工作一等奖。其中，开工建设北京丽水商会秘书长沈俊和陈育和等共同在市开发区投资的防爆监控设备项目，签约1亿元，到位资金2983万元；启动北京丽水商会执行会长齐丽成在景宁投资的景商投资项目，签约1亿元，到位资金1000万元。华能新能源股份有限公司投资的华能庆元双苗尖风电场建设项目，签约3.55亿元，规划用地40公顷，8月开工建设。

加强与国家发改委、财政部、国土部、交通部、老龄协会等部委及在京央企的联系，多次陪同相关市领导和部门走访，联系接洽机场建设、高铁建设、衢宁铁路、全国金融改革试点等有关工作事项。协助丽水市政府与中国供销（海南）实业发展有限公司签订农林特产博览城项目投资意向书，项目计划由中国供销集团企业投资20亿余元，选址南城富岭，计划将于2018年建成。

协助做好北大、清华优秀毕业生选调工作，2015年在北京举行丽水市第二届北大、清华优秀毕业生选调工作。配合市委组织部选派优秀年轻干部到国家部委挂职，联系促成10余名各县（市、区）干部到各国家部委挂职。做好在京举办的丽水旅游招商推介会、北大清华毕业生选调推介会、北大清华产学研合作座谈会，多场全国股份转让系统丽水企业专场挂牌仪式、中国人民银行总行丽水农村金融改革专题会、丽水市与中国传媒大学洽谈合作会议、开发区智能装备与机器人特色产业基地建设项目评审会、开发区循环化改造实施方案项目评审会、中国供销丽水农林特产博览城规划建设筹备会、莲都区协办的“第六届国际社区支持农业大会/第七届中国社会农业（CSA）大会”、2015·北京丽水文化“三宝”展览活动、“石刻千年·万物永恒”青田石雕大师作品展、龙泉窑瓷器艺术展、龙泉窑瓷器学术报告会等重要活动的各项协调、服务和保障工作。

北京丽水商会10周年大会暨丽水旅游招商推介会　　吕　安　提供

2015年，除市四套班子外，共接待市级部门、县（市）2600余人次。全年劝返到北京上访218批次523人次，非访比2014年下降，尤其确保“9·3抗战胜利70周年纪念活动”等重要节庆活动期间“零非访”的记录，在全省信访考核位居上游。加大群团组织建设，指导推动北京松阳商会换届、成立北京缙云商会，11月28日在钓鱼台国宾馆举办北京丽水商会十周年大会暨丽水旅游招商推介会。针对里东村发生严重山体滑坡，第一时间组织商会、女企业家协会等群团组织为莲都区里东山体滑坡灾区捐款，募集善款277500元。加强和在中央、国家部委工作的丽水籍领导干部及在浙江、丽水工作过的在京领导干部的联络，利用春节、端午节、中秋节等节气，先后走访80余人次。（吕　安）

【丽水市人民政府驻上海联络处】 2015年，政务信息和招商引资工作成绩突出受到市政府表彰。加强和上海各界联系，宣传推介丽水，配合丽水市在上海举行的几次重大活动以及市委市政府主要领导拜访华东国土督察上海局、上海铁路局，考察上海美特斯邦威集团、上海艾莱依集团驻沪管理中心、上海长风生态产业集聚区、上海丽水商会、上交所等机构和衔接工作。加强与友好区市——长宁区的友好合作关系，落实双方友好合作框架，应邀列席长宁区人代会，邀请安排双方有关领导互访和参加对方重大经济文化活动，对接安排丽水市三位党政干部挂职长宁区。以各种方式宣传推介丽水旅游，6月23日，上海浙鑫集团邀请上海500余人及上海知名人士柏万青以一个专列到丽水市旅游、疗养，推广丽水旅游，全年通过各大旅行社前往丽水旅游的上海游客超过10万人次，6月29日，与市旅委举办2015上海丽水生态旅游推介会。加强与上海大企业、大财团的联系，寻求合作互赢。宣传和鼓励推动丽水籍在沪企业家回家乡投资创业，上海华服集团联合其他财团在滩坑库区千峡湖的旅游投资项目之一北山小镇进展顺利，实际到位资金4.5亿元。宣传和支持丽水市群众到上海开设中小超市，在上海城乡结合部、集镇、农村开设的大小超市1000余家。发挥宣传推荐、穿针引线、沟通信息作用，促进青瓷、宝剑、石雕、农副产品等特色产品的销售。利用专家联谊会平台，加强组织引导，在科技合作、智力引进、人员往来等方面扎实开展工作，取得接轨上海和人才柔性引进的一些初步成效。着眼年轻一代，经常开展各种生动活泼的活动，“上海丽水籍高级人才(专家)联谊会”队伍迅速扩大，成员400余人。加强对丽水市在沪各商会、同乡联谊会的工作指导，加强与在沪投资创业人员的联系与沟通，实现丽水市所有县市区在沪建立商会、同乡联谊会组织的目标。激发广大丽水籍在沪人士的爱乡热情，团结推动丽水人为丽水经济建设和社会发展服务，发挥引导和发动上海商会及各界共为五水共治捐款50万元，为里东灾区捐款50万余元。为四套班子和有关部门领导在上海开展的各项工作，提供必要的服务和协助。以上海及长三角地区在经济社会发展、构建和谐社会以及解决民生问题等方面的新思路、新政策、新举措为重点，编辑16期《上海信息》，同时为市府办信息处提供信息，全年录用90余条。联络衔接上海有关机构和企业，为丽水市相关部门和县市区组团来沪考察学习、联系工作做好相关服务。为丽水市党政领导干部在浦东干部学院学习以及来沪签证、出境、就医等做好必要的对接联系和接待服务。为丽水在沪企业和就读学生、经商人员排忧解难，继续关注丽水市在沪务农人员这一特殊群体，及时掌握维权动态，发现问题快速反应，最大限度地争取和维护群众利益，同时维护上海社会和谐稳定。　　(朱军雄)

第十二届长三角对台经贸合作研讨会在丽水召开　　钟陈亮　提供

【丽水市人民政府驻杭州办事处】　3月1日，陪同杭州丽水商会常务副会长雷文军对接回丽水自驾游营地建设。3月24日，联系安排市委书记王永康与中广核集团公司浙江分公司常务副总经理柴晓岩就中广核集团浙江分公司与丽水合作事宜进行对接座谈。5月8—11日，驻杭办陪同浙江华通控股集团有限公司董事长王苗通、宁波世茂铜业股份有限公司总经理李立峰等15家公司老总(其中有8家是上市公司)到丽水、缙云、莲都、景宁、龙泉、松阳等地考察。9月24日，会同杭州丽水商会协助浙商研究会，与滨江区政府、杭州市海创基地等，联合承办2015浙江省社科界——企业界跨界学术峰会暨浙商(秋季)论坛。11月5日，陪同浙江盟睿资产管理有限公司董事张江亭，行政总裁宋斐等到丽水，调研考察丽水城市建设规划馆、丽水经济开发区等，与市发改委、经信委、交通局、招商局等座谈对接，初步达成PPP项目合作意向。11月18日，陪同中广核浙江分公司到遂昌考察。12月21日，中广核浙江分公司和遂昌县风电开发意向协议签署，协议开发风电容量30万千瓦，总投资25.5亿元。12月7—9日，陪同颐高集团领导到丽水、缙云等地考察。颐高集团拟在丽水江滨建设一个集创客空间、电商平台为一体商业综合体。

做好市委、市政府主要领导向省委、省政府，向省纪委、省委组织部等部门汇报前后的服务工作。做好市委、市政府领导到杭州慰问省军区，走访省发改委、省财政厅等省直部门的联络服务工作。做好省委扩大会议、省“两会”期间的后勤保障工作。配合做好2015丽水生态精品农博会、“舌尖上的丽水”有关会务工作。做好丽水市委、市政府组织的在杭州考察参观活动，做好市委、市政府考察玉皇山南基金小镇、云栖小镇、梦想小镇等活动的联系服务工作。配合市委办公室、市农办考察民宿等活动。做好中华之崛起联合会李讷、王景清一行到丽水考察的服务工作。加强杭州市丽水商会和杭州市丽水高层次人才联谊会平台建设，带领杭州丽水商会会长樊培仁走访启缘服饰、朝连锁业等企业。指导杭州市丽水商会召开二届三次理事会、二届二次会员大会暨2015年迎新春晚会，指导成立杭州市丽水商会互助基金，规模300万人，指导商会发展新会长5人，新会员23人。6月17—23日，协助指导杭州丽水商会做好到丽水慰问中华人民共和国成立前入党的老党员活动。7月1—2日，组织丽水籍企业家们到浙西南第一个党组织成立纪念地—遂昌大柘镇泉湖寺，开展“扬帆•感恩—爱心献给老党员”活动。加强与科研院所交流合作，宣传丽水人才政策，推介项目。做好机器人产业人才联系服务，协助成立机器人产业发展基金。跟踪服务浙西南中草药植物园的建设工作，联系杭州丽水籍专家，征询对丽水“十三五”发展计划意见。莲都区雅溪镇里东村发生山体滑坡后，以微信接龙的形式在杭州市丽水商会和杭州市丽水高层次人才联谊会群中发出捐款倡议活动，捐款金额69万多元。（潘晓伟）

【丽水市人民政府驻福州办事处】2015年，做好市领导在海西开展各项推介活动、参观考察等公务接待工作，全年接待30余次100余人次。5月18日，首届21世纪海上丝绸之路博览会暨第十七届海峡两岸经贸交易会在榕城开幕，市长黄志平率党政代表团应邀参加，全程做好该活动期间服务保障。10月25—26日，市委书记王永康率市党政代表团到福建省宁德市学习考察。陪同市领导先后考察宁德市规划展示馆、新能源科技有限公司、中华畲族宫、军民融合展示馆、青拓集团有限公司，学习宁德的城市规划建设、高新技术产业发展、畲族文化传承、军民融合及重点项目投资生产等方面的经验和成果，并做好青拓集团在丽水投资项目后续对接工作。促成龙泉市与福建省武夷山市签订《缔结友好城市协议》和《旅游战略合作协议》。多次组织工作人员实地考察福建地区丽籍企业、台资企业等，通过积极引导、商会座谈等形式大力宣传丽水市优惠政策和投资环境，促成福建企业到丽水投资。开展在闽丽籍企业调研工作，先后走访意尔康公司福建分公司、福州利胜制衣有限公司、福州威普电气有限公司、澳玛智能插座福建分公司等企业。丽水市莲都区雅溪镇里东村11月13日晚发生山体滑坡，第一时间开展活动，组织本单位干部职工、福州市丽水商会、福州市丽水同乡会和其他在闽丽籍同乡们共同为里东爱心募捐，共募集善款88000元。全年报送海西信息12期。（徐端浩）

【丽水市人民政府驻新疆办事处】2015年，开展“新疆丽水商会家乡行”活动。组织20余位在疆丽水企业家走访丽水开发区、莲都区、青田县、缙云县、龙泉市等县(市)，进行投资项目的交流，推动丽商回归。开展三次专项丽水“三宝”展示活动。全年在乌市水区、天山区及阿克苏三地开展三次为期30余天的“龙泉青瓷专题展”参加人员3000余人次，宣传丽水，推荐“三宝”展品。协助市宣传部在乌市举办为期十天的“摄影之乡、魅力丽水”摄影作品展。发动捐款10万余元帮助在疆受灾老乡解决困难。发动专项捐款4万余元，援助丽水地质灾害重建。做好接待服务工作。全年接待来疆工作的市人大、市政府、市政协、市宣传部、市援疆指挥部及有关企业老乡等300余人次。（金　泉）

行政审批工作

【概况】 5月，经省编委办批复同意，丽水市政府行政审批中心更名为丽水市行政审批服务管理办公室，增加相应的宏观管理职能。行政审批方面，根据市委、市政府的总体部署和市审改领导小组会议精神，明确以“简政放权，放管结合，优化服务”为主线，以“四张清单一张网”改革为突破口，全面推进3个方面、3个核心和2项重点改革工作，涉及职能归并改革、便民服务中心建设、网上审批系统建设、投资项目网上跨部门并联审批系统建设、“互联网+中介”平台建设、“O2O”代办模式创新等内容；招投标方面，围绕落实省委巡视组反馈意见为主线，深化公共资源交易体制改革，完善招投标管理的各项制度，推进招投标诚信体系建设。

2015年，加强审批服务平台建设，完善服务内容，创新服务方式，行政审批工作更加精简、高效、便捷；推进招投标监管和公共资源交易工作，日渐高效、规范、透明，为企业、个人以及其他市场主体创业创新发展优化软环境，为丽水市实现绿色发展提供“服务支撑”，引起人民网、《浙江日报》等中央、省、市各级媒体、刊物的关注，宣传丽水市审改成效及优质审批服务的报道共145篇。湖南常德、浏阳,安徽六安,衢州、安吉、文成、海宁等地行政服务中心、招管办到丽水考察交流。

完善岗位目标责任制,市审批中心出台《2015年度岗位目标责任制考核办法》。出台《全市系统先进评选办法》,鼓励全市审批系统开展创优创新工作。按照依法公开、全面公开、分层公开、及时公开和安全保密的工作原则,落实责任,提升信息公开水平。加强财务和资产管理。制定《编外人员管理制度》《出差管理办法》《档案管理制度》《公文处理实施细则》《请假销假管理制度》等制度,规范内部管理。全年办事窗口收件215109件,办结212570件,办结率98.82%,其中即办件156737件,占总办结数72.86%;全市完成公共资源交易151.47亿元,增收节支11.6亿元。

【职能归并改革】 2015年,市审批中心建立"一个领导分管、一个处室审批、一个窗口对外、一个首席代表负责、一个审批专用章办结"的部门审批运行管理模式,并动态完善。部门审批实行内部协调、统一监管、一个口子进出,推动职能归并到位、人员进驻到位、窗口授权到位、统一管理到位和联合督查到位,做到窗口围绕群众转,后方围绕窗口转。发改、建设、国土、市场监管4个部门分管领导进驻市行政服务中心,其他各部门均在窗口设立首席代表,实现向窗口充分授权,对一般事项实行"一审一核",现场办结;对重要事项进行组织协调,督促办理。

【建立"综合性"服务平台】 2015年,整合服务资源,建立"综合性"便民服务平台。围绕便民服务和证照办理功能,发挥审批事项与便民服务的协同效应,实现"一站化"办理,让"跑多门"变为"走一门"。增设公交IC卡、丽水华数、抵押贷款银行服务等9个便民窗口,方便办事群众。

【打造"统一化"服务分中心】 2015年,出台《丽水市行政审批服务分中心管理办法》,将社保、地税、出入境、车管、民政、档案、公积金、国税等8个部门服务大厅纳入分中心"统一化"管理,推行"一站式"服务,实现考核管理、服务标准和效能监督三统一。

八大行政服务分中心授牌仪式　　郭小华　提供

【建立全流程网上审批机制】 2015年,建立全流程网上审批机制。打造集政务公开、网上审批、便民服务、效能监察等多功能为一体的网上政务大厅,建立丽水政务服务网权力运行系统,将除涉密事项外的行政审批事项统一纳入网上办理。年底,市本级35个部门的672个事项,有563个事项可以网上申报,网上申报率83.8%,办结事项9973件。推行投资项目网上跨部门并联审批。依托政务服务网,统一投资项目审批平台,建设投资项目网上跨部门并联审批系统,再造投资项目审批流程,配合网上限时办理、电子监察等,逐步完善并联审批机制,有效解决实体审批部门割裂、互不关联、效率低下等问题。市本级28个政府投资项目在系统办理运行,呈现"前台效率提升""后台流转快捷""过程监督有效""信息互联共享""运行阳光透明"等特点。促使审批部门实现信息互通与资源共享。审批材料、基本信息、部门审批结果等内容通过统一的网上审批系统,实现办事信息电子化和跨部门互联互通,资料传递更便捷。

【审批服务优化工作】 2015年,深化审批"大代办"服务,建立起跨越市、县(市、区)、部门的扁平化"大代办"服务体系,全市共设立专职代办员52人,兼职代办员324人,以接力代办形式实现代办跨区域服务。制定"代办"协同联动工作机制,形成前台招商引资、后台审批代办的联动工作格局。年底,全市累计受理代办项目444个,办结项目329个,完成代办环节2611个,涉及项目投资金额278.4亿元。创新开展"业主网上申请,代办上门服务"的"O2O"代办服务,实现"业主在家办审批",2015年,网上受理代办项目20个,涉及投资金额28.51亿元。结合政务服务网建设,推进网上并联审批、高效审批,实现各类审批服务事项办理"一网流转、并联审批、高效办结"。落实联合办事机制,推行房产证、土地证、契证“三证联办”，实现“一口办理”，办理时间由原先一周左右缩短至2个工作日，至2015年底完成“三证联办”2493件。

【审批改革创新工作】 2015年，创新“互联网+中介”模式，开通中介网上竞价系统，促进中介市场有序竞争，提升服务与效率，赋予业主更多选择权，服务区域实现全市全覆盖。2015年，已有99个项目在网上竞价，其中67个项目完成竞价，成交报价合计183.8万元，相比最高报价节约成本165.7万元，节约率47%。

【公共资源交易体制改革】 2015年，促机制完善，抓好招管办主任会议制度、工作交流会制度、业务会议制度三大载体建设，全年召开招管办主任会议1次，工作交流会1次，业务会议23次。促制度落实，推进落实省委巡视组反馈意见；严格落实“一标一评”评标专家管理制度，举办评标专家业务培训，加强评标专家的业务培训和发证工作。年底，市本级共有180个标段，其中有164个标段对专家进行打分评价，“一标一评”率91.11%，暂停松阳县金惠康等5名评标专家的评标资格，并在全市进行通报；完成房建市政类预选承包商增补，共有152家入选A类库，243家入选B类库；做好政策解读与制度监督为各县（市、区）、业主提供各类有关招投标制度的咨询服务90余次，加深相关各方对招标投标统一制度的理解。同时，编印招投标常用法律法规制度汇编500册，在招投标从业人员中进行发放，加强法规宣传；及时纠正不规范的招标行为。2015年，发现市委党校暖通工程随意增加暂列金、怡福家园项目随意抬高投标人资格条件等不规范行为，会同市建设局及时督促业主予以纠正，防止事情进一步恶化，以充分发挥招管办综合监管职责。促工作创新，在全省率先开展“评定分离”试点工作。推进电子招标工作。基本完成公共资源交易系统门户网站、开标和评标系统开发，推进产权交易、土地交易系统完善。推进施工企业诚信建设。开发建设“丽水市施工企业信用信息管理系统”，会同建设部门做好施工企业信息的采集、公布、管理、使用等工作，把企业参与招标投标活动和标后履约期间的诚信行为作为考评重点，使信用评价结果与招标投标挂钩，让守信的企业得到好处，失信的企业在投标中处于劣势，实现“守信受益，失信受损”。

【绿色生态发展暨“清单”制度建设轮训】 2015年，开展绿色生态发展暨“清单”制度建设轮训。组织全体干部开展绿色生态发展暨“清单”制度建设“全员轮训”工作，开展专题学习、集中学习、专题讨论等活动，切实增强绿色生态发展的战略定力和执行定力，加快推进法治政府建设，提升党员干部的生态文明素养和法治素养，扎实推进党的“三严三实”专题教育。学习贯彻总书记习近平系列重要讲话精神，围绕推进“四个全面”战略布局要求，对照“严以修身、严以用权、严以律己，谋事要实、创业要实、做人要实”要求，开展领导干部讲党课、党员干部个人自学、领导干部专题讨论、专题民主生活会等活动，开展“三严三实”专题教育，推动践行“三严三实”要求制度化、常态化、长效化。 （周圣普）

住房公积金管理

【概况】 2015年，全市公积金系统以扩大住房公积金制度覆盖面，提高住房公积金使用效率，支持职工住房消费，提高服务水平为工作重点，整合资源，凝聚力量，务实创新，规范管理，开通“12329”短信服务平台，全市住房公积金管理水平在原有的基础上又有新的提高。市公积金中心获省住建厅2015年度目标责任制考核优秀奖。

【住房公积金归集与扩面】 2015年，丽水市受委托办理住房公积金缴存业务的银行包括建行、工行、农行、中行、信用合作银行和邮政储蓄银行共6家。全年实缴单位5038家，实缴职工15.17万人，缴存金额27.07亿元，同比增长13.6%。2015年，新开户单位539家，新开户职工2.57万人，净增单位413家，净增职工0.77万人。至年底，缴存总额176.63亿元，缴存余额81.10亿元，同比分别增长18.1%、9.3%。

【住房公积金贷款与提取】 2015年，全市个人住房贷款最高额度为双职工家庭70万元，单职工家庭40万元。受委托办理住房公积金个人住房贷款业务的银行包括建行、工行、农行、中行、交行、浦发银行、中信银行共7家，新增1家。全市发放个人住房贷款5156笔、金额25.73亿元，同比增加71.2%、98.9%。至年底，全市累计发放个人住房贷款5.36万笔，总额134.54亿元，贷款余额80.78亿元，同比分别增长10.7%、23.66%、28.8%。个贷率为99.6%，比2014年同期增加15.1个百分点。全年提取4.23万笔，提取金额20.20亿元，占2015年缴存额的74.6%，比2014年同期增加17.9个百分点。至年底，提取总额95.53亿元，同比增长26.8%。

【业务收入及支出】 全年住房公积金业务收入35730万元，同比增长

10.8%。其中，存款利息收入5493万元，委托贷款利息收入29684万元，其他收入553万元。全年住房公积金业务支出共计11398万元，同比降低32.56%。其中，缴存职工账户余额的利息支出8798万元，归集手续费用支出5.5万元，委托贷款手续费支出926万元，其他支出1668.5万元（机构间调剂利息支出1098万元，银行授信贷款利息支出473万元，其他支出97.5万元）。

【住房公积金增值收益及分配】 全年住房公积金增值收益24332万元，同比增长58.5%。增值收益率3.13%，比2014年同期增加0.91个百分点。全年提取贷款风险准备金14599万元；提取管理费用4258万元，上缴财政管理费用3852万元；提取城市廉租房（公共租赁住房）建设补充资金5475万元，上缴财政城市廉租房（公共租赁住房）建设补充资金2561万元。至年底，贷款风险准备金余额60530万元，累计上缴城市廉租房（公共租赁住房）建设补充资金8954万元。

【资产风险及状况】 至年底，逾期个人住房贷款12.66万元，个人住房贷款逾期率0.0016%。2015年未使用个人住房贷款风险准备金，个人住房贷款风险准备金按增值收益的60%提取，个人住房贷款风险准备金余额60530万元，个人住房贷款风险准备金余额与个人住房贷款余额的比率为7.5%，个人住房贷款逾期额与个人住房贷款风险准备金余额的比率为0.02%。

【利率调整及执行情况】 2015年，个人住房公积金存款利率：上年结转的按结息日人民银行挂牌的3个月整存整取存款利率1.6%计息；当年缴存的按结息日人民银行挂牌的活期存款利率0.35%计息。年度结息日为每年的6月30日。个人住房公积金贷款5年（含）之内的基准年利率从3.75%调整为2.75%，5年以上的基准年利率从4.25%调整为3.25%；第二套住房个人住房公积金贷款利率按基准利率的1.1倍执行。当年发放的贷款，实行合同利率，遇法定利率调整时调整；存量贷款，遇法定利率调整时，于次年1月1日起，按相应利率档次执行新的利率标准。

【异地贷款和贴息贷款情况】 5月，管理中心开展省内异地贷款，至年底，发放异地贷款87笔，金额4732万元；为缓解资金紧缺的状况，8月，管理中心向商业银行申请授信贷款，年底，完成授信贷款5.5亿元，支付贴息475万元，用以满足全市上千户职工住房公积金贷款的资金需求。

【住房公积金政策调整】 2015年，贷款政策调整：将首套房、二套房最低首付比例下调到20%；落实异地贷款政策，为省内异地缴存住房公积金职工在丽水市行政区域内提供个人住房按揭贷款；将申请住房公积金贷款要求连续缴存住房公积金的期限从1年调整为6个月。提取政策调整：从7月1日起，全面实行按月提取住房公积金还贷政策；还贷期间提取时限间隔由3年缩短为1年；简化租房提取手续，租房职工提取住房公积金无需提供房租税务发票，也无须再提供租房协议、承租房的房产证及家庭收入证明。

【行政执法情况】 2015年，对全市住房公积金提取业务排查，共查处既遂骗提案件24起，涉及住房公积金285.4万元；通过法院诉讼及其他法律途径，收回逾期贷款3笔，回收资金62.3万元。 （谢丽莎）

招标投标工作

【概况】 2015年，市招标投标中心（以下简称“中心”）全面执行建设工程项目统一制度，率先在全省开展首个“评定分离”试点项目；召开全市工作座谈会，在征求调研的基础上，提出平台整合的可行性方案。落实较合适的办公场所，启动新办公场所装修改造项目；参与开发建设公共资源电子交易系统，诚信库审核、CA企业进驻、计价软件对接、服务平台启用、系统接口对接、保证金收退系统对接、服务收费系统开发、电子交易硬件设计等正在开发建设中；组织跨部门专题学习《中华人民共和国政府采购法实施条例》，重新制作采购文件范本；以“每日一句”的形式践行社会主义核心价值观。

2015年，中心实施进场交易建设工程等5项交易合计成交额59.62亿元，节约资金3.29亿元，增收资金2.39亿元，节支增收5.68亿元。其中：项目工程招投标项目193个，审定价48.87亿元，成交额45.76亿元，节约资金3.11亿元，节约率6.36%；其中，政府性资金节约1.59亿元，节约率6%；政府采购完成1431批次，预算价15051.48万元，成交额13269.95万元，节约1781.53万元，节约率11.84%；土地出让33宗，起价总和8.93亿元，成交额11.11亿元，增收资金2.18亿元，增收率24.41%；国有产权资源交易545宗，起价总和11814.35万元，成交额13734.08万元，增收资金1919.73万元，增收率16.25%；小车号牌拍挂359个，起价总和304.85万元，成交额449.23万元，增收资金144.38万元，增收率47.36%。

丽水市招投标中心工作座谈会　　马文蕾　提供

【试行设计货物类招标项目“评定分离”工作】　2015 年，根据市招管办关于对丽水市设计和设备采购招标“评定分离”试点工作实施方案和工作细则的要求，中心作为试点单位，参与方案的确定和实施细则制定的全过程，并于 10 月 19 日率先在全省开展首个试点项目——丽水市中心医院全科医生临床培养基地空调设备采购项目。“评定分离”试点工作的开展，充分发挥评委的专家评审作用，更好地体现建设项目“业主负责制”，提升招投标的质量和满意度。

【贯彻落实政府采购法实施条例】
4 月 3 日，为贯彻《中华人民共和国政府采购法实施条例》（以下简称《实施条例》），中心组织市财政局和莲都区财政局相关人员、莲都区招投标中心全体人员、部分中介代理公司代表及中心全体业务人员开展专题学习讨论会。会上，对《实施条例》逐条进行学习讨论。通过讨论，明确政府采购的审批限额、内容和流程及询问、质疑事项等内容，了解采购当事人采购权利、采购职责及法律责任，解决实际操作过程中的困惑，提升大家的政策水平，加快《实施条例》在丽水政府采购领域的宣传普及。　　（马文蕾）

丽水市招标投标中心 2015 年成交统计

表4　　单位：万元

类　别		项目个数	审定价	成交价	浮动率（%）	2014 年成交价	成交价与去年同期相比（%）	备　注
建设工程	土建	41	376230	354227	-5.85	516129	-31.37	
	公路	8	16183	14667	-9.37	11322	29.54	
	绿化	4	1556	1426	-8.35	6186	-76.95	
	市政	28	39628	36605	-7.63	26519	38.03	
	装饰	8	8881	8176	-7.94	3064	166.84	
	水利水电	—	—	—	—	1586	-100.00	
	智能化	4	3357	3070	-8.55	4559	-32.66	
	监理	30	5810	5058	-12.94	8805	-42.56	1 个费率招标，未计入总价
	中介 服务	14	560	528	-5.71	—	—	2015 年 8 个费率招标，未计入总价；2014 年均为费率招标，未计入总价
	其它	56	36494	33851	-7.24	26471	27.88	3 个费率招标，未计入总价
	小计	193	488699	457608	-6.36	604641	-24.32	
土地出让	挂牌	20	86769	108474	25.01	238725	-54.56	审定价为起挂价
	拍卖	13	2527	2648	4.79	—	—	审定价为起拍价
车牌	挂牌	259	110	128	16.36	188	-31.80	审定价为起挂价
	拍卖	100	195	321	64.62	272	18.01	审定价为起拍价
国有产权	挂牌	—	—	—	—	6165	-100.00	审定价为起拍价
	拍卖	545	11814	13734	16.25	2621	424.00	
政府采购	总计	1431	15051	13270	-11.83	15095	-12.09	

政协丽水市委员会

综　　述

【概况】 2015年，丽水市政协履行政治协商、民主监督、参政议政职能。全年组织召开各类协商会81次，完成调研视察课题23个，组织重大民主监督活动5项，委员参与履职活动5600余人次，市委、市政府领导参加政协各类协商会93人次，对委员履职成果批示181件次。

在市政协三届四次会议期间，举行“巩固创卫成果”专题协商会，采取面对面问答交流方式，与市、区政府及相关部门就“巩固创卫成果”进行协商，委员们就加强“创卫巩固”的领导、组织、管理、投入、后期规划、提升城市品牌、加强全民素质教育等方面提出意见建议，市、区政府及相关部门领导对政协委员提出的意见建议作回应和解答，并进行网络直播；举行“竹木加工产业转型升级”“推进生态精品现代农业发展”“城市交通安全管理”界别对口协商会，提出加强政策扶持、强化龙头引领、加快平台建设等18条竹木加工产业转型升级意见建议，提出拓展空间、疏堵结合推进生态精品畜牧业发展、电商换市促进农产品线上线下流通、建设农产品质量安全追溯体系等13条推进生态精品现代农业发展意见建议，提出规范改进交通安全设施、加强汽车灯光管理、加大电动车监管力度等17条城市交通安全管理意见建议。组织“全面加强基层党组织和基层政权建设”专题协商会，为强化“两山”战略的组织领导和实施体系提出建议。组织召开“十三五”规划专题协商会，对融入“一带一路”、打造“1+9+5”新产业体系、统筹公共服务提升等方面的重大问题提出13个方面建议意见。组织“国家生态文明先行示范区建设”调研，从制度机制层面提出建议。组织“畲族文化深度开发利用”“历史文化元素运用”调研，举行“华侨资金有效利用”主席会议专题议政会，提出明确定位、引导侨资投资，强化集聚、促进侨资投资，打好侨牌、鼓励侨资投资，打造洼地、吸引侨资投资等14条意见建议。开展“创建国家公园”主席会议视察，举行“迎接高铁时代，加快旅游名城建设”常委会议专题协商，对做好“高铁旅游”提出17个方面意见建议，推动市政府制定“迎高铁促发展”近期和远期行动责任分解表。对培育“丽水山耕”品牌，举行“三位一体农村新型合作体系建设”常委会议专题协商，对“健全农产品市场准入机制”开展主题式民主监督，助推“互联网+合作社+生态精品农业”“生态精品农业+休闲旅游”等新型农业生产经营体系构建。开展“健全依法决策机制，推进法治政府

市政协主席陈瑞商到松阳调研民宿经济　　　　吴伟松　提供

建设”常委会议专项集体民主监督，对健全专家论证、合法性审查等问题，与相关部门交换意见。坚持问题导向，开展“政府购买公共服务”调研，对“四张清单一张网”建设开展专项民主监督，促进“红顶中介”等问题整改。

开展市领导领办督办和民主评议提案、提案集中办理等工作，办理委员提案417件。向党委、政府报送反映社情民意信息206期，编播《委员视点》电视专栏24期，组织委员送卫生、科技、教育、法律、文化“五下乡”活动。举办港澳台侨委员座谈会、中秋“三胞”座谈会、民祭轩辕黄帝大典，部分省、市政协港澳华侨委员和港澳台侨委特邀委员，丽水海外联谊会海外理事、港澳台同胞、知名侨胞和归侨侨眷、台商台胞台属代表参加。出版《非遗印记》文史资料，开展亲历撤地设市文史资料征集工作。举办全市政协系统第九次书画作品联展、第四届“亚泰杯”摄影展。

配合省政协抓好消除“4600”工作视察核查，督促政策落实。参与扶贫工作，为20多个联系村筹集资金150万余元，支持相关扶贫项目建设。开展“五水共治长效机制建设”和“六边三化三美”民主监督，通过“八百里瓯江四季访”“走遍千村看美化”等载体，组织5个界别进行视察与暗访。召开“五水共治”长效机制建设推进会，对“五水共治”长效机制建设的17大类综合问题，向相关部门提出监督意见。

2015年，市政协三届四次会议补选8名市政协常委。学习中共十八届四中、五中全会精神和市委三届八次、九次全会精神及《中共中央关于加强社会主义协商民主建设的意见》《中共中央办公厅关于加强人民政协协商民主建设的实施意见》，落实党风廉政建设两个主体责任，制定《市政协党组议事规则》，强化政协党组在政协组织中的领导核心作用。举办全市政协主席读书会、4次常委会学习会和2期委员培训班。市政协领导做好丽水机场、衢宁铁路等13项重点工程联系工作。建立民情联系点16个，采取“委员与机关干部1+1”形式，引导委员走进农村基层、走进群众家里，增进与群众感情。11月13日，莲都区里东村发生山体滑坡灾害，造成重大人员伤亡和财产损失，全市政协组织和政协委员共为里东灾区捐款捐物2714400元。

【市委领导领办提案】 2015年，市委书记王永康领办《以“评选”为抓手，推进丽水大景区建设》提案、《关于进一步加强农村电子商务工作的建议》提案，市委副书记朱晨领办《为国家级扶贫改革试验创造“丽水经验”》提案，市委常委、宣传部部长陈建波领办《关于将非遗注入文化旅游的建议》提案，市委常委、组织部部长胡侠领办《关于实施新生代企业家到政府部门挂职锻炼的建议》提案，市委常委、统战部部长廖思红领办《关于建立民主监督员智库，进一步发挥党外代表人士作用的建议》提案，市委常委、市纪委书记方向领办《关于加强对国有企业产权监管的建议》提案，市委常委、公安局长卫中强领办《关于加强非机动车管理，确保道路安全畅通的建议》提案。

【市政府领导领办提案】 2015年，市委副书记、市长黄志平领办《关于发展健康服务业的建议》提案，市委常委、常务副市长毛子荣领办《关于创新村级互助担保组织机构，架通银农合作渠道的建议》提案，副市长陈重领办《关于加快大数据中心建设，推动丽水信息经济发展的建议》提案，副市长葛学斌领办《关于加强我市旅游产业发展若干建议》提案、《关于推进城市节水工作的建议》提案，副市长任淑女领办《关于加强农业投入品专项监管构建生态安全农业体系的建议》提案，副市长徐子福领办《关于丽水市融资性担保公司存在的问题和对策》提案，副市长戚永远领办《关于整合资源构建我市“健康云”的建议》提案，副市长陈景飞领办《加快推进丽水生态产业集聚区集中供热进程的建议》提案。

【市政协领导督办提案】 2015年，市政协三届四十二次主席会议确定市政协主席、副主席督办三届四次会议重点提案11件。市政协主席陈瑞商督办《关于推进全国生态文明先行示范区建设的建议》提案，副主席叶朝丐督办《关于规范和完善建筑领域招投标市场的几点建议》提案、《关于深化农村金融改革打造全国普惠金融示范区的建议》提案，副主席李江波督办《发展赛事经济打造丽水旅游营销新模式》提案，副主席齐育华督办《关于调动社会力量参与办学，加快我市教育现代化建设的建议》提案，副主席吴炳全督办《关于将茶产业打造成丽水绿色生态农产品主导产业的建议》提案，副主席韦铁民督办《关于进一步加强公共安全意识教育提高公民紧急避险能力的建议》提案，副主席庄志清督办《关于大力培育社会组织的建议》提案，副主席何赤峰督办《关于加快我市科技服务业发展的建议》提案，副主席沈根花督办《关于医养结合破解养老之惑的建议》提案，副主席金爱武督办《关于加强丽水市区空气质量监管的若干建议》提案。

【专门委员会工作】 2015年，提案委员会在市政协三届四次会议收到以提案形式提出的意见建议452件，经审查，立为提案417件，立案率为92.26%。其中，委员提案328件，占78.66%，各民主党派市委会和市工商联提案78件，占18.70%，有关人民团体、联络组、界别组及委员活动小组提案11件，占2.64%，分别交由63个部门主办，67个部门会办。9月底，立案417件提案全部办复，提案所提建议被采纳203件，占48.68%；部分采纳或列入计划采纳199件，占47.72%；因条件所限未能采纳或留作参考15件，占3.59%。从反馈情况看，提案人对提案办理工作初次满意率99%。面向社会征集提案线索、面向部门征集提案选题，编写提案选题参考目录235条。严格立案标准，对35件意见建议不予立案，转送有关部门作为工作参考。设置预交办环节，“三办会审”对146件提案进行交办单位调整。联合市委办、市政府办开展建议提案办理培训。与市人大常委会代表选任工委组成联合督查组，到市卫计委、建设局、民政局、莲都区等调研督查2015年政协提案的办理情况，督促承办单位加快提案办理进度。对市建设局、教育局、国土局、交通局、农办、人劳社保局6家单位开展提案办理“回头看”和民主评议工作。11件提案被确定为主席、副主席督办提案，10件提案被确定为市委领导领办提案，9件提案被确定为市长、副市长领办提案。编印40期《重要提案摘报》送市委、市政府、市政协领导批阅，市领导批示71人次，明确提案办理要求。围绕“突出绿色生态发展，推进生态旅游业全域化发展”主题提出27件系列重要提案，开展“提案集中协商办理”。

经济委员会对工业污染治理工作，开展“五水共治”民主监督，参加“五水共治”民主监督小分队，到丽水经济开发区、莲都区和缙云、青田县等重点区域进行视察和监督活动，查找发现问题，建议市政府及相关部门及时查处和整改。组织市、县政协委员视察松阳县“六边三化三美”建设，提出视察意见。组织相关政协委员实地调研九龙湿地、大港头、堰头村等景区，听取景区建设、规划与创AAAAA等情况介绍，形成有关意见专报市委。提交《上海世贸区给丽水带来什么》《打造国家公园创建生态文明样本》大会发言，得到市委书记王永康批示。组织“迎接高铁时代，加快旅游名城建设”重点课题调研，市政协三届二十一次常委会举行协商讨论，形成建议案。市委书记王永康作2次批示，推动市委、市政府出台《迎高铁促发展60日攻坚行动责任分解表》《迎高铁促发展三年行动责任分解》政策。开展“农村公路改造提升”民主监督，形成民主监督意见书报市政府，促进政府及部门利用政策窗口期，推进完善县、乡、村公路提升改造。组织“十三五”规划编制专题协商调研，形成《关于“十三五”规划的一些思考》，对评估“十三五”发展的现实基础、坚定生态工业发展战略定力、统筹民生项目提升公共服务水平、规划指标等方面提出协商建议。举办“竹木加工产业转型升级”界别对口协商会，形成“协商会专报”，得到市长批示。召开市政协企业家之友社三届四次会议，增补副会长、副秘书长及部分会员。

农业农村和人资环委员会在市政协三届四次会议期间，举行“推进我市生态精品现代农业发展”界别对口协商会，委员对推进全市生态精品现代农业发展作专题发言并提出意见建议，市长对界别对口协商会专报作批示和肯定，并要求相关部门吸收采纳其中的意见建议。组织“三位一体”农村新型合作体系建设调研，市政协三届二十次常委会议对推进“三位一体”农村新型合作体系建设进行协商讨论，调研报告经修改完善，报送市委、市政府，市长作批示，要求相关部门汲取调研成果，解决实际问题。开展“健全农产品市场准入机制”主题式民主监督，形成主题式民主监督报告，报送市委、市政府，督促全市农产品市场准入机制落地实施。开展“五水共治”和“两路两侧”“六边三化三美”整治民主监督，建立3个治水小分队开展“五水共治”民主监督明察暗访工作，召开“五水共治”长效机制建设专项集体民主监督工作推进会，专题反馈问题17个。市委书记、市长先后对反馈情况批示。开展省、市、县政协联动治水监督，对松阳、龙泉、莲都、经济开发区等地进行明察暗访和反馈。开展“两路两侧”“六边三化三美”整治专项民主监督明察暗访。联合市科技局、缙云县政协开展“送科技下乡”活动，组织农业、科技方面的委员、专家赴缙云县新建镇，现场解答咨询，举办专题讲座。组织委员视察市邮政局“农村邮政电商平台建设”和青田归侨创办的“生态循环农业建设”（畜牧场、农业园），并提出意见建议。

科教文卫体委员会在市政协三届四次会议期间，召开“巩固创卫成果”专题协商会，围绕工程巩固、管理巩固、社会巩固3个方面，对城市洁化、水利设施建设、老小区（城中村）改造、市场监督管理、市民卫生教育等9个方面建言献策，为市委、市政府提供决策参考，市长做出批示。对全市学前教育发展专项工作开展民主评议，对困扰全市学前教育发展体制性、机制性和结构性的深层次矛盾和事关学前教育长远发展问题，向市政府和相关部门提出意见建议。组织教育二组委员、教育专家到遂昌县北界镇开展送教育下乡活动，200余位学生听取专家授课，遂昌县教师与专家进行研讨交流。组织20余位医卫组政协委员和专家，到云和县崇头镇开展送卫生下乡，对300位患者诊断治疗，并赠送药品，为困难户捐送粮油等慰问品。组织部分市政协委员到松阳县象溪镇开展送文化下乡活动。组织科教文卫体委全体成员视察市区学校体育场地免费对外开放使用情况，向市委、市政府报送《关于我市中小学校体育场馆向社会开放的视察报告》，市委书记、市长分别作出批示。在莲都举办全市政协系统第九次书画作品联展，展出全市政协系统书画名家百余幅书画作品。组织市政协诗书画社的书法家到机关扶贫联系村——缙云县东方镇周升塘村开展送春联活动，为村民书写对联300余副。

社会法制和民族宗教委员会开展"健全政府依法决策机制情况"专项集体民主监督课题调研，提出6个方面意见建议，形成监督报告报送市委、市政府。开展"养老机构建设情况"主席会议专题议政课题调研，并形成调研报告，市政协三届四十四次主席会议举行"养老机构建设工作"专题议政，对加快全市养老机构建设提出意见建议。开展全市"残疾人就业状况"调研，提出4个方面工作建议。组织社法组、社科组委员联组视察市中级人民法院司法公开工作，对法院司法公开工作提出建设性意见建议。开展丽水市"十三五"规划编制调研，对推进公共法律服务保障体系建设、保障性住房建设、养老服务体系建设提出意见建议。在市政协三届四次会议期间，举行"城市交通安全管理"界别对口协商会，对城市交通安全管理有关问题进行协商讨论，提出5个方面协商意见，专报市委、市政府决策参考，市长做出批示。开展"四张清单一张网"专项民主监督，提出6个方面意见建议，向市政府报送专题民主监督报告。开展"五水共治"专项集体民主监督，指导和督促当地做好治理工作。对青田县、开发区及市人民银行、市农办、农业局、林业局等9家市直单位的"六五"普法进行终期考核验收。在政协三届四次会议提交《促进养生养老服务业发展的几点建议》大会发言，被评为优秀大会发言，反映社情民意信息12条。

港澳台侨委员会在市政协三届四次会议前增补15名市政协港澳台侨委特邀委员，总数64人。组织市区部分华侨委员和港澳台侨委特邀委员参观莲都区大港头村和利山村美丽乡村建设。开展"华侨资金有效利用"课题调研，从侨资结构、所属领域、侨资流向、所投项目分析，对资金整合难、投资选择难、项目落地难、抱团合作难、服务到位难等问题，提出5个方面意见建议，副市长林亮作出批示。做好市政协三届四次会议华侨委员、港澳台侨委特邀委员参会工作及会议期间服务工作。在市政协三届四次会议期间，举行港澳华侨委员和港澳台侨委特邀委员座谈会。组织专委会成员、华侨委员和特邀委员向里东山体滑坡灾区捐款80万元。开展海外华人华侨工作，协助市委、市政府办好丽水市第三届华侨大会，会同市委统战部联合召开"瓯江月·丽水情"中秋"三胞"座谈会，组织3批次市政协访问团。组织部分华侨委员、特邀委员赴贵州学习考察，并走访丽水籍华侨在当地的企业和投资项目。

文史资料委员会在市政协三届四次会议期间发行历时3年征集编辑的《水利印记—丽水文史资料第十一辑》。完成《非遗印记—丽水文史资料第十二辑》征编出版工作，共征集非物质文化遗产传承文史资料稿件136篇，约50万余字，100余幅图片，基本涵盖丽水市非物质文化遗产的所有项目类别。开展"亲历撤地设市"征编工作，制定协作征编工作方案，召开"亲历丽水撤地设市、撤市设区"文史资料征编工作动员大会，在报刊、政协网站上公开发布征稿启事和征稿工作提纲，市直和莲都区近200家相关单位和部门参与征稿工作，研究制订今后五年市政协文史资料征编规划。完成省政协协作项目"委员一事——治水故事""我与香港回归"征编任务，及时提交相关稿件。协助省政协开展浙江"百名新乡贤"事迹案例征集评选工作，会同市政协科教文卫体委负责牵头组织各县（市、区）政协征集筛选出18篇新乡贤事迹案例。会同《丽水日报》办好文史专版和《丽水政协》文史专栏，做好供稿工作。组织委员开展"生态旅游名城建设中的历史文化元素运用情况"专题调研，就生态旅游名城建设中更多融入历史文化元素、使历史文化资源与绿色生态资源有机结合、打造独具特色的丽水生态旅游名城提出意见建议，形成《充分利用历史文化资源，推进生态旅游名城建设》调研报告，报送市委、市政府参阅。增补8名文史委特邀委员，增设特约文史编审员岗位，招聘8名市政协文史委特约文史编审员，制定特约文史编审员管理办法。

委员工作委员会在三届四次会议期间，组织全体委员视察绿谷信息产业园、花园中学地下停车场、好溪堰治水项目、市博物馆等地。组织界别委员联合视察市农村生活污水治理情况，对莲都区紫金街道开潭村、碧湖镇石牛村、青田县高市乡雄溪村进行实地视察，并召开座谈会，向有关部门提出意见建议，撰写视察报告上报市委、市政府。受省政协委托，开展"委员退出机制建设"课题调研，提出6点建议，形成调研报告上报省政协。对2014年度委员履职情况进行综合评价，形成《委员年度履职报告》及委员履职分数排名报表，报主席会议并送交市委组织部、统战部。在全体会议期间向每位委员书面通报委员年度履职情况及履职分数排名。做好委员管理服务系统的日常维护，及时审核更新各部门上传信息，汇总委员履职情况，建立和管理委员信息资料库，供委员实时查询履职情况。开展委员年度述职工作，评选优秀委员和先进委员小组。

政协全体会议及常务委员会会议

【政协第三届丽水市委员会第四次会议】 2月6—9日在丽水举行。应到委员342名，实到326名。会议审议通过陈瑞商主席代表政协第三届丽水市委员会常务委员会所作的工作报告和副主席金爱武代表政协第三届丽水市委员会常务委员会所作的提案工作情况报告。会议补选政协第三届丽水市委员会常务委员8名。会议认为，2014年市政协常委会坚持团结和民主两大主题，坚持“一线”工作标准，认真履行职能，深入调查研究，有效推进专题协商、对口协商、界别协商和提案办理协商，扎实开展助推“五水共治”等民主监督活动，强化作风建设，各项工作取得明显成效，为坚定不移走“绿水青山就是金山银山”绿色生态发展之路、全面深化改革、建设美丽幸福新丽水做出积极贡献。常委会总结2014年的工作，部署2015年的工作。

市委书记王永康在闭幕会上作讲话，肯定市政协2014年取得成绩，对2015年工作提出期望。市委、市政府领导出席大会，分别参加联组和小组讨论，与委员们共商大计。市政协主席陈瑞商在闭幕会上讲话。

会议期间，委员们列席市第三届人民代表大会第五次会议，听取并讨论《政府工作报告》和其他报告，围绕绿色生态发展、转型发展、创新发展，推动美丽城乡统筹发展，增进民生福祉，建设法治政府，加快建设生态保护和生态经济“双示范区”等经济社会发展的问题和群众关注的热点问题，提出意见建议。

会议期间，政协委员和政协各参加单位、政协专门委员会、界别及委员活动小组、联络小组，积极履行职责，运用提案建言献策，共收到意见建议452件。立为提案417件，其中，委员提案328件，各民主党派市委会和市工商联提案78件，有关人民团体提案4件，委员联络组提案4件，界别组及委员活动小组提案3件。工作建议转送有关部门参阅35件。经分类，经济建设方面提案93件，占22.3%；政治建设方面提案21件，占5.0%；文化建设方面提案63件，占15.1%；社会建设方面的提案187件，占44.8%；生态文明建设方面提案53件，占12.71%。

会议收到各界别和政协委员提交33篇大会发言材料，23位委员作口头发言或即席发言。内容围绕经济、政治、文化、社会和生态建设，对工业机器人、休闲养生旅游产业、红顶中介问题、人口健康信息化、打造国家生态公园、建设畲族风情园等提出意见建议，对丽水市坚定不移走“绿水青山就是金山银山”绿色生态发展之路，全面深化改革，建设美丽幸福新丽水提供有益参考。

全会期间举行“巩固创卫成果”专题协商会，委员们围绕工程巩固、管理巩固、社会巩固3个主题，对城市洁化、水利设施建设、老小区（城中村）改造、市场监督管理、市民卫生教育等方面提出意见建议；举行“竹木加工产业转型升级”界别对口协商会，委员们围绕竹木加工产业的转型升级，从发展基础、产业优势、存在问题等不同角度和层面建言献策；举行“推进我市生态精品现代农业发展”界别对口协商会，委员们围绕推进生态精品畜牧业发展、加强农产品电商化营销、建立农产品质量安全追溯体系建设、推进农家乐综合体建设、加快农产品区域品牌建设等方面提出意见建议；举行“城市交通安全管理”界别对口协商会，对改进提升交通安全设施、加强车辆安全管理、强化市民安全意识、城市交通智能化管理等方面提出意见建议。全会表彰市政协三届三次会议以来的优秀提案、2014年度全市政协反映社情民意信息工作先进单位和先进个人、市政协先进委员小组和优秀委员。

【政协第三届丽水市委员会常务委员会会议】 2015年，召开政协第三届丽水市委员会常务委员会会议7次。

1月16日，政协第三届丽水市委员会常务委员会第十六次会议在丽水召开。会议研究决定召开市政协三届四次会议的有关事项，审议通过市政协《常务委员会工作报告》《三届三次会议以来提案工作情况报告》，协商讨论丽水市《政府工作报告》《中级人民法院工作报告》《人民检察院工作报告》，并通过有关人事事项。

1月26日，政协第三届丽水市委员会常务委员会第十七次会议在丽水召开。会议同意章成烈、包远辰、蓝华、胡伯智、刘秀兰、周宝龙、蒋璟璟、蓝小明辞去政协第三届丽水市委员会委员职务，同意汤加友、李建荣、何军毅、周加祥、熊水旺辞去政协第三届丽水市委员会常务委员、委员职务，同意留洁辞去政协第三届丽水市委员会常务委员职务，增补马乾满、张宝藏等 14 人为政协第三届丽水市委员会委员。会议撤销刘文彪政协第三届丽水市委员会委员资格。

2 月 9 日，政协第三届丽水市委员会常务委员会第十八次会议在丽水召开。会议通过政协第三届丽水市委员会第四次会议选举办法（草案），人事事项（草案），大会选举总监票人、监票人名单（草案），通过政协第三届丽水市委员会提案委员会关于市政协三届四次会议提案审查情况的报告（草案），通过政协第三届丽水市委员会第四次会议决议（草案）。

3 月 30 日，政协第三届丽水市委员会常务委员会第十九次会议在丽水召开。会议传达全国政协十二届三次会议精神，学习中共中央《关于加强社会主义协商民主建设的意见》，部署落实开展"'五水共治'长效机制建设"专项集体民主监督工作，审议通过有关人事事项。

8 月 3—4 日，政协第三届丽水市委员会常务委员会第二十次会议在丽水召开。会议就推进"三位一体"农村新型合作体系建设进行协商讨论，副市长任淑女到会听取意见。会议听取市农办（扶贫办）关于国家级扶贫政策试验区情况通报，表彰市政协三届四次会议优秀大会发言，审议通过有关人事事项。

9 月 24—25 日，政协第三届丽水市委员会常务委员会第二十一次会议在丽水召开。市委常委、纪委书记方向作关于党风廉政建设和反腐败工作的专题报告。会议对"迎接高铁时代，加快旅游名城建设"进行协商讨论，审议通过"迎接高铁时代，加快旅游名城建设"建议案，副市长任淑女到会听取意见。会议还听取市发改委关于丽水市小城市和中心镇培育情况通报，对市教育局、建设局等单位的提案办理工作进行民主评议，审议通过有关人事事项。

12 月 24—25 日，政协第三届丽水市委员会常务委员会第二十二次会议在丽水召开。市委常委、常务副市长毛子荣通报 2016 年全市工作思路。会议围绕健全政府依法决策机制进行专项民主监督，提出要推进决策的制度化和规范化建设，积极扩大公众有序参与，全面提升政府依法决策能力和水平。会议听取市政府关于迎接高铁时代、加快旅游名城建设建议案办理情况和市政协三届四次会议以来提案办理情况的通报。

调研活动和重要会议

【全市政协主席读书会】 8 月 19 日在丽水召开，会议总结交流各地政协工作经验，研究探讨如何在新常态下加强政协自身建设的有关问题，明确提高政协履职水平、推动政协民主监督工作创新发展的路径和方法。上海交通大学教授顾建光应邀作"新常态下的宏观经济形势分析"专题讲座。各县（市、区）政协主席结合实际，开展如何服务新常态及加强政协自身建设进行交流，分析存在问题和原因，提出加强政协自身建设、推进全市政协工作对策建议。市政协主席陈瑞商作"主动适应新常态，建设学习型政协"的讲话。

【"三位一体"农村新型合作体系建设专题协商课题】 2015 年，市政协组成调研组，开展"三位一体"农村新型合作体系建设课题的调研。8 月 3 日，市政协三届二十次常委会议进行专题协商，形成《我市"三位一体"农村新型合作体系建设情况的调研报告》，向市委、市政府提出意见建议。

【迎接高铁时代，加快旅游名城建设专题协商课题】 2015 年，市政协组织调研组，与发改、旅游、交通、高铁指挥部等单位开展座谈，到缙云县调研高铁站区规划和建设，并就新近开通的合福高铁，选择安徽宣城、江西上饶、福建南平和浙江省的衢州等节点城市开展实地考察，结合丽水实际形成调研报告。9 月 24 日，市政协三届二十一次常委会进行专题协商，从高铁旅游、优化完善"路线图"等 6 个方面提出意见建议，供市委、市政府和有关部门参考。

【"健全政府依法决策机制情况"专项集体民主监督】 2015 年，组成由部分政协委员、专家学者参加的监督组，对全市"健全政府依法决策机制情况"进行专项集体民主监督。先后到市国资委、农业局、水利局查看有关资料，赴云和、松阳、景宁及县属 12 个政府部门开展调研监督，召开有关部门、市政协委员座谈会，对健全政府依法决策机制存在的问题、原因及对策建议进行协商讨论，广泛听取意见。12 月 24 日，市政协三届二十二次常委会举行"健全政府依法决策机制情况"专项集体民主监督情况通报会，对进一步健全政府依法决策机制提出意见建议，形成监督建议书，提交市委、市政府供决策参考。

【"十三五"规划编制专题协商】 2015 年，是"十三五"规划编制年，市政协组织"十三五"规划编制专题调研组，设立综合组和 4 个课题调研小组，听取市直有关部门"十二五"规划执行评估情况和"十三五"规划起草思路通报，研读各部门有关"十三五"规划的相关文件，实地走访调研有关部门和县（市、区）了解相关情况；召开部门座谈会和委员约谈会，广泛征求各方面意见，形成关于“十三五”规划编制的建议。12月21日，市政协召开“十三五”规划编制专题协商会。会议围绕“十三五”规划编制工作以及“迎接高铁时代、加快旅游名城建设”建议等进行专题协商。市委副书记、代市长朱晨到会听取意见。市政协调研组汇报关于“十三五”规划编制的有关建议情况，部分市政协主席会议成员分别从构建生态产业体系、关注民生经济等方面提出意见和建议，供市委、市政府参考。

【华侨资金有效利用专题议政】 丽水是全国重点侨乡，有300多年华侨历史。2015年，根据年度工作计划安排，5—6月，市政协组成调研组，开展全市华侨资金有效利用情况专题调研。调研组通过听取情况通报、走访座谈、实地考察、问卷调查等方式，了解情况，听取意见。8月28日，市政协三届四十六次主席会议对此进行专题议政，形成《关于我市华侨资金有效利用情况的调研报告》，向市委、市政府提出意见建议。

【养老机构建设专题议政】 4—5月，成立养老机构建设专题调研组。考察市区怡福家园建设项目、颐养院、三岩寺养老服务中心、开发区南城综合福利院、爱孝家园；到龙泉、景宁开展调研；召开座谈会，广泛听取意见；赴台州学习经验做法。6月12日，市政协三届四十四次主席会议对“丽水市养老机构建设情况”进行专题议政，提出进一步加快全市养老机构建设的意见建议，并形成《丽水市养老机构建设情况调研报告》，供市委、市政府决策参考。

【“学前教育工作”专项民主评议】 9—11月，市政协评议组对全市“学前教育工作”进行民主评议。评议组听取市教育局和青田县、景宁县、莲都区政府的工作汇报，实地察看多类型、各等级幼儿园14所，召开座谈会，对全市“学前教育发展情况”进行全面了解，组织考察苏州、镇江、无锡三市的学前教育发展情况，提出全市“学前教育工作”民主评议意见，供市委、市政府及教育部门参考。

【农村公路改造提升主题式民主监督】 2015年，市政协组织部分政协委员对全市“农村公路改造提升”进行主题式民主监督。7—10月，到莲都、缙云、景宁、庆元、龙泉、云和等地实地监督，对改造提升存在问题、困难和建议，以及如何进一步推进“建好、管好、护好、运营好”农村公路与相关县（市、区）开展协商探讨，提出建议。

“推进我市养老服务业发展”界别对口协商会　　吴伟松　提供

【健全丽水市食用农产品市场准入机制主题式民主监督】 2015年，市政协组织相关委员及有关部门开展“健全食用农产品市场准入机制”主题式民主监督活动。8月，召开“健全食用农产品市场准入机制”建设情况通报会。市政协组织监督组到松阳、庆元等地，实地走访视察农贸市场、批发市场、超市的市场准入情况，并召开座谈会。11月13日，市政协三届四十九次主席会议听取民主监督活动情况汇报，提出相关意见建议，形成《关于健全我市食用农产品市场准入机制的主题式民主监督报告》，提交市委、市政府供决策参考。

【畲族文化在景宁深度开发利用】 2015年，按照市委书记王永康指示，对畲族文化深度开发利用进行调研，市政协联合景宁县政协成立以副主席何赤峰为组长的“畲族文化在景宁深度开发利用”调研组，到景宁、贵州黔东南州、福建宁德市调研，形成关于畲族文化在景宁深度开发利用的建议，报送市委书记王永康及市委、市政府，抄送景宁县委县政府供决策参考。

【视察核查丽水市年收入4600元以下贫困人口脱贫工作】 2015年，根据省委常委会议部署和省委书记夏宝龙重要指示要求，按照《中共浙江省委办公厅关于组织人大代表政协委员视察核查年收入4600元以下贫困人口脱贫情况工作的通知》《省政协关于组织政协委员视察核查年收入 4600 元以下贫困人口脱贫工作情况的实施方案》，组织市、县政协委员参加视察核查丽水年收入 4600 元以下贫困人口脱贫工作。12 月 14 日，在丽水召开动员会，进行视察核查培训。省、市、县三级政协委员组成 9 个视察核查小组。12 月 15—18 日，以县为单位，采取进村入户、查阅名册、逐人走访、当面问询、听取邻里和村里反映、填报一人一表等方式，对 2015 年收入情况、政府帮扶措施等进行核查，听取乡镇和村组织的意见建议，核查 32 个乡镇（街道）125 个行政村 437 户农户。12 月 18 日，在丽水召开总结会议，梳理汇总各组有关数据材料，反映本地区年收入 4600 元以下贫困人口脱贫情况、年前彻底消除贫困人口措施、群众反映在原有贫困人口以外的贫困人口数量等情况。

【政协委员培训】 5 月 4—8 日、10 月 11—18 日，举办三届市政协第七期、第八期委员培训班，培训委员 40 人，培训对象为优秀委员、履职业绩前列的委员及委员活动小组组长、副组长和联络员。培训内容“习近平总书记系列重要讲话精神”“四个全面战略布局”“人民政协协商民主”“生态文明与环境保护”等课程。

县（市、区）政协工作

【县（市、区）政协全体会议】 1 月 21 日，政协第九届青田县委员会第四次会议召开。应到委员 229 人，实到委员 211 人，提交提案建议 159 件，立案 146 件，大会发言 19 人。补选政协第九届青田县委员会常务委员 1 人。

2 月 17 日，政协第八届云和县委员会第五次会议召开。应到委员 141 人，实到委员 136 人。提交提案建议 108 件，立案 93 件，大会发言 8 人。补选政协第八届云和县委员会副主席 1 人、常务委员 2 人。

3 月 8 日，政协第八届遂昌县委员会第四次会议召开。应到委员 172 人，实到委员 166 人。提交提案建议 151 件，立案 120 件，大会发言 15 人，其中即席发言 6 人。补选政协第八届遂昌县委员会秘书长 1 人、常务委员 5 人。

3 月 9 日，政协第八届庆元县委员会第四次会议召开。应到委员 168 人，实到委员 157 人，提交提案建议 170 件，立案 127 件，大会发言 15 人。补选政协第八届庆元县委员会副主席 1 人、常务委员 1 人。

3 月 10 日，政协第八届缙云县委员会第四次会议召开。应到委员 215 人，实到委员 210 人，提交提案建议 157 件，立案 157 件。大会发言 14 人，其中即席发言 5 人。补选政协第八届缙云县委员会主席 1 人、常务委员 2 人。

3 月 10 日，政协第八届松阳县委员会第四次会议召开。应到委员 177 人，实到委员 165 人。提交提案建议 206 件，立案 153 件，并案后交办 84 件，转来信 53 件，大会发言 35 篇，其中口头发言 12 人。

3 月22 日，政协第八届景宁畲族自治县委员会第四次会议召开，应到委员 166 人，实到委员 162 人，提交提案建议 107 件，立案 107 件，大会发言 21 人。补选政协第八届景宁县委员会副主席 1 人、秘书长 1 人、常务委员 3 人。

3 月 23 日，政协第八届龙泉市委员会第四次会议召开。应到委员 185 人，实到委员 174 人，提交提案建议 132 件，立案 127 件，作并案处理后为 117 件；大会发言 7 人。选举政协第八届龙泉市委员会副主席 2 人、常务委员 3 人。

3 月 30 日，政协第十四届丽水市莲都区委员会第四次会议召开。应到委员 204 人，实到委员 201 人，提交提案建议 220 件，有 27 位委员（单位）作大会发言。

【县（市、区）政协常委会工作】 莲都区政协常委会组成人员 36 人，召开常委会议 5 次、主席会议 9 次、专题协商会议 2 次，组织调研视察和评议活动 10 次，向区委、区政府报送政协建议 6 件。

龙泉市政协常委会组成人员 31 人，召开常委会议 7 次、主席会议 8 次、联络组组长会议 4 次、专题协商会议 1 次，组织调研视察 20 多次，向市委市政府报送常委会建议案 1 篇、调研报告 6 篇。

青田县政协常委会组成人员 43 人，召开常委会议 7 次、主席会议 6 次、专题协商会议 3 次，组织视察活动 9 次、评议活动 2 次，向县委、县政府报送建议案 3 件、政协建议 1 件、调研报告 3 篇。

云和县政协常委会组成人员 26 人，召开常委会议 5 次、主席会议 7 次、专题协商会议 2 次，组织各类视察和评议活动 9 次，向县委县政府报送专题报告 10 篇。

庆元县政协常委会组成人员 29 人，召开常委会议 5 次、主席会议 12 次、专题协商会议 9 次，组织各类视察和评议活动 10 次，向县委县政府报送建议 1 件、专题报告 8 份。

缙云县政协常委会组成人员 34 人，召开常委会议 8 次、主席会议 10 次、专题协商会议 9 次，组织视察 16 次，向县委、县政府报送调研报告 6 篇。

遂昌县政协常委会组成人员 34 人，召开常委会会议 9 次、主席会议 4 次、专题协商会议 14 次，组织视察和评议活动 19 次，向县委县政府报送建议稿 1 份、专题报告 10 份。

松阳县政协常委会组成人员 26 人，召开常委会会议 5 次、主席会议 8

次、专题协商会议4次，组织视察和评议活动4次，向县委、县政府报送建议案2件、专题报告3篇。

景宁畲族自治县政协常委会组成人员25人，召开常委会议6次、主席会议12次、专题协商会议1次，组织视察10次、评议活动2次，向县委、县政府报送建议案1件、专题报告10篇。

【各地政协特色工作】 2015年，莲都区政协参加叶平头村“精准扶贫”工作。叶平头村位于市郊群山上，交通比较闭塞、生产落后。很多家庭建新房欠债务，年轻人外出打工，村中“留守老人、留守儿童”现象普遍。区政协课题组利用叶平头村光照充足、梯田肥沃等优势，牵线轩德皇菊开发有限公司，助推建设“皇菊种植加工基地”，以流转土地、雇用村民、促生农家乐产业等举措，促进企业经济壮大发展、村民“居家增收”、新村宜业宜居宜游，为更多山村的脱贫致富、绿色发展提供借鉴和参考。

龙泉市政协以提案创新促进民生改善。重点打造党派团体(集体)提案，提高提案质量和分量。首次将重点提案的分工责任和办理落实情况在《今日龙泉》和龙泉政协网公布，接受社会监督。加大对民生提案办理情况的跟踪督办，开展《关于改善新汽车客运站交通服务设施的建议》专题协商议政，组织视察，提出整改方案，推动有效落实。同时，以提案办理专项督查、召开面商会等多种形式，推动《关于在市区限制燃放烟花爆竹的建议》《关于加快农村留守老人养老服务建设的建议》等一大批群众关心的民生提案得到落实。

青田县政协重视持续跟踪政协履职成果转化。先后两次召开“推进侨乡进口商品城发展”专题民主协商会，邀请县政府领导、相关业务部门负责人、进口商品城商户代表以及部分政协委员开展多方座谈协商。对发挥政府作用、部门管理和联合服务、市场辐射拓展、加强自身管理等方面提出意见建议，形成《推进青田侨乡进口商品城发展》建议案，得到县政府重视，为政府谋划进口商品城发展提供支持。

云和县政协注重政协社情民意督办落实和跟踪问效，县政协八届五次会议期间召开“社情民意”办理专题协商讨论会，委员代表和县直单位负责人对“社情民意”办理进行协商讨论，并对2015年度具有前瞻性和可操作性的12件“社情民意”办理情况进行民主测评，以办理提案力度落实政协社情民意。

庆元县政协围绕打造“中国避暑胜地”，建设“寻梦菇乡、养生庆元”发展战略目标，组织“加快庆元养老服务业发展”重点课题调研，形成调研报告和建议案。从“老有所养、老有所依、老有所乐、老有所用”4个方面着手，学习参照先进地区的做法和经验，立足生态优势，提出32条建议，加快推进庆元养老服务业发展提供决策依据。

缙云县政协响应省政协号召，发动和组织委员投身“三级政协联动、万名委员同行、助推‘五水共治’长效机制建设”民主监督行动，组建6个监督小组并由县政协领导担任组长，定期到有关乡镇(街道)督查“五水共治”工作。开展黄村饮用水源流域“河长制”落实情况专项督查，举行“五水共治”工作专题协商，开展“农村生活污水治理工程建设”专题调研，向县委、县政府建言献策。全年视察村、社区56个，企业27家，参与整治河溪48条，向党委、政府及有关部门反馈问题11个，提出意见建议18条，得到采纳落实。

遂昌县政协贯彻落实《中共中央关于加强社会主义协商民主建设的意见》精神，与县委县政府协商工作，确定协商议题，建立月协商制度，县委办、县府办、县政协办联合发布年度协商计划，全年围绕“六边三化三美”工作、东城产城一体化、“五水共治”长效机制建设、原生态精品农业品质提升、基层民主协商机制建设、旅游业态转型等专题组织各项协商议政活动，通过邀请村干部、业主参加举办论坛等协商互动形式，开门办会，推动协商民主广泛多层和高质有效。

松阳县政协注重加强履职能力建设。利用全体会议、常委会议、主席会议、专委会例会和界别组活动等平台，组织十八届五中全会精神、社会主义协商民主等专题学习。组织全体政协委员参加常委扩大会议，听取县委、县政府主要领导关于全县“十二五”经济社会发展情况、“十三五”经济社会发展规划和2016年工作重点的通报，听取县委组织部关于人才工作的通报。选派80名优秀委员赴海南大学学习培训，提高委员的理论水平和履职能力。加强委员管理，开展委员履职量化评价，组织常委和专委会主任进行年度述职，各界别活动组开展委员年度述职。

景宁畲族自治县政协挖掘惠明茶产业发展历史和畲族文化底蕴，与县茶文化研究会联合征编第十六辑文史资料《金奖惠明茶》，包含惠明茶的奖、路、缘、文4个方面以及2015年惠明茶100周年纪念庆典暨“三月三”活动期间相关内容，全面记录和展示惠明茶发展历程和文化内涵，为各界人士了解和认知惠明茶提供有益参考。 (吴伟松)

中共丽水市纪委（市监察局）

【概况】 2015年，市纪委认真学习贯彻总书记习近平系列重要讲话精神，坚决贯彻落实中央纪委、省纪委和市委关于全面从严治党部署要求，协助市委研究制定《丽水市落实党风廉政建设党委主体责任和纪委监督责任十项制度》，推动党风廉政建设和反腐败各项工作的落实。按照把纪律和规矩挺在前面的要求，组织市管党员领导干部党章党规党纪专题集中轮训。保持正风肃纪高压态势，防止"四风"问题反弹回潮。加大纪律审查力度，遏制腐败蔓延势头。加强纪检监察机关和干部队伍自身建设，推进纪律检查体制改革，实现市、县两级派驻"全覆盖"，为党风廉政建设和反腐败工作的开展提供保障。

【中共丽水市纪委三届四次全会】 2月12日，中国共产党丽水市第三届纪律检查委员会第四次全体会议在丽水举行，市纪委常委会主持会议，省纪委派员指导。会议传达学习中纪委、省纪委全会精神，回顾总结丽水市2014年党风廉政建设和反腐败工作，部署2015年任务。全会审议通过方向代表市纪委常委会所作的《严明纪律规矩 依规管党治党 坚定不移推进党风廉政建设和反腐败斗争》工作报告。市委书记王永康出席会议并讲话。市委常委，市人大、市政府、市政协领导班子成员，有关单位负责人在市主会场参加会议；各县（市、区）党委，人大、政府、政协领导班子成员，法院院长、检察院检察长，纪委监察局领导班子成员；所属乡镇（街道）党政主要负责人、纪（工）委书记在各自分会场参加视频会议。

【落实党委主体责任】 2015年，市纪委协助市委抓好责任分工和检查考核，将主体责任分解到市委、市政府每个班子成员。根据市委部署要求，量化落实"两个责任"的具体指标，纳入党建报表内容。抓好主体责任报告和评议工作，全市760个单位党委（党组）向上级党委和纪委书面报告履行主体责任和"第一责任人"职责情况，市、县纪委常委会面对面听取县、乡两级党委以及94个部门的报告并组织纪委委员进行评议。市委主要负责人约谈县（市、区）委书记16人次，约谈市直部门主要负责人39人次；市纪委主要负责人约谈县（市、区）委书记12人次，约谈市直部门纪检组长22人次。协助市委研究制定《丽水市落实党风廉政建设党委主体责任和纪委监督责任十项制度》，确保"两个责任"落实具体化、程序化、制度化。

【落实中央"八项规定"精神】 2015年，市纪委深入贯彻落实中央"八项规定"精神和省委、省纪委有关部署要求，不断巩固"纠四风""破两局"工作成果。保持正风肃纪高压态势，对全市落实中央八项规定精神和纠正"四风"情况进行交叉检查、随机抽查，通过抓重要节点、抓具体问题，防止"四风"问题反弹回潮。全市开展正风肃纪检查524次，检查发现问题211起，处理人员211人，其中党政纪处分45人。查处一批公款旅游、公款吃喝宴请、违规发放津贴补贴或福利的行为，党政纪处分19人。巩固村、居监会建设，开发"反四风、随手拍"一键举报微信平台，聘任党风政风监督员55人，加强社会监督。开展作风状况社会评价工作，建立"领导班子作风评价末位约谈制度"，进一步建立健全作风建设长效机制。

【配合省委开展巡视工作】 2015年，市纪委配合省委巡视组完成对市委和9个县（市、区）的巡视工作。协助市委研究制定《中共丽水市委落实省委巡视组反馈意见整改方案》，查处一批违纪案件，排查一批问题线索，开展工程建设领域线索、农村基层侵害群众利益问题线索大排查活动；治理一批突出问题，在全市部署开展经商办企业专项清理整改情况"回头看"活动，治理违规使用公车等突出问题。

【纪律审查】 2015年，全市纪检监察机关直接受理信访举报4142件，立案985件，处分971人，同比分别增长27.1%、36%、34.3%，其中涉及县处级干部11人，乡科级干部58人，移送司法机关31人，为国家和集体挽回直接经济损失4200万余元，为党员干部224人澄清问题。重点查处市人民医院原党委书记、院长徐向东，党委副书记、副院长卢向红，遂昌县委常委、公安局长杜云峰，市国土局副处级调研员、缙云县原国土局局长徐晓林，缙云县政协原副主席、县财政地税局原局长陈贵长等一批典型案件。

【监督执纪问责】 2015年，市纪委进一步聚焦主业，强化监督执纪问责。坚持把维护党的纪律特别是政治纪律作为监督执纪的首要任务。针对“8•20”抗洪救灾工作，市纪委下发通知严明“七个严禁”要求，保障灾后恢复重建工作顺利推进。针对党员干部中存在的利益冲突和利益输送问题，开展全市党政机关、事业单位和国有企业工作人员经商办企业专项清理。坚持抓早抓小，市、县两级纪委负责人与下级党政主要负责人801人（次）进行谈话；各级纪检监察机关开展任前廉政谈话696人次，诫勉谈话106人次。加大责任追究力度，对履行“两个责任”不力的进行责任追究，下发《关于五起党风廉政建设责任追究典型案例的通报》（丽纪通〔2015〕1号）。对市林业局、市交通局、市环保局和市发改委开展集中巡察。市纪委制定出台《党风廉政建设责任制“一票否决”事项的修订意见》，共对8个市直单位和1个县（市、区）实施党风廉政建设“一票否决”。

【纪律检查体制改革】 2015年，市纪委协助市委研究制定《县（市、区）纪委书记、副书记提名考察办法（试行）》《市纪委派驻纪检组组长提名考察办法（试行）》两个提名考察办法，下发《县（市、区）纪委常委、监察局副局长任免职办理工作程序（试行）》。推进市本级派驻机构改革，市本级共设置派驻机构35家，对93个市直单位实行全面派驻，落实人员编制125人。指导各县（市、区）出台县级纪委派驻机构改革方案，于12月底前完成改革任务。落实省纪委《关于进一步加强乡镇（街道）纪检组织履职的指导意见》，全市173个乡镇（街道），共配备纪委（纪工委）书记163人、专职纪委（纪工委）副书记102人、专职纪检干部112人。

【《丽水市落实党风廉政建设党委主体责任和纪委监督责任十项制度》】 2015年，市纪委协助市委研究制定落实“两个责任”的制度。11月7日，市委印发《丽水市落实党风廉政建设党委主体责任和纪委监督责任十项制度》，围绕落实“两个责任”关键环节，建立健全主抓直管、责任清单、签字背书、专题教育、廉政谈话、述职报告、问题抄告、视察联系、社会评价、责任追究等10个方面制度，建立党委（党组）、党委（党组）主要负责人、班子其他成员、纪委（纪检组）等层面的责任清单，进一步把落实“两个责任”具体化、程序化、制度化。

【市管党员领导干部党章党规党纪专题集中轮训】 8月20—29日，丽水市开展全市市管党员领导干部党章党规党纪专题集中轮训，全市市管党员领导干部940余人分3期在市委党校参加培训。市委书记王永康为参训学员作开班动员和主题报告，强调要准确把握党章党规党纪的核心要求，切实把党的政治纪律和政治规矩放在第一位，努力做到“五个必须、五个决不允许”，真正把纪律规矩立起来、挺起来、严起来。

【《公职人员不准参加的二十个饭局》规定】 2015年，为推动中央“八项规定”精神在基层真正落地生根，根据市委主要领导的批示要求，市纪委牵头起草《公职人员不准参加的二十个饭局》规定。4月22日，丽水市作风办印发《公职人员不准参加的二十个饭局》规定，剑指公职人员“舌尖”腐败，在全国率先为公职人员参与“饭局”问题立规矩、划红线。《人民日报》、中央电视台、《中国纪检监察报》、《浙江日报》等主要媒体给予高度关注并进行宣传，众多媒体广泛转载评论。

【反“四风”微信举报平台】 12月30日，市纪委开通“丽水清风”反“四风”随手拍微信举报平台。举报平台以方便群众监督为出发点，鼓励党员干部和广大群众积极参与，通过微信、扫描二维码等方式关注“丽水清风”，使用手机随时随地通过图片、音视频等形式，将身边发生的党员干部违反中央“八项规定”精神情况进行实时举报，形成无处不在的监督网，深挖隐形变异的“四风”问题。 （王进伟）

“丽水清风”反“四风”随手拍微信举报平台启动　王进伟　提供

民主党派与工商联

综　述

【概况】 2015年，丽水市有民革、民盟、民建、民进、农工党、九三学社等6个民主党派市级委员会，致公党丽水市支部1个，下属7个县级委员会，3个基层委员会，3个基层总支，101个基层支部。全市有民主党派成员2218人。其中，民革338人、民盟606人、民建283人、民进485人、农工党254人、致公党28人、九三学社224人。成员分布在高等教育、科技卫生、文化艺术、公有制经济、新的社会阶层等领域，其中，女性936人，占42.2%；离退休516人，占23.3%；平均年龄为49.5岁。大学本科以上文化程度的1650人，占74.4%。其中，硕士、博士有163人，占总数7.35%；中高级以上技术职称的1805人，占81.4%。

【开展“四个一”活动】 2015年，市委统战部以“增进共识　一路同行”为主题，开展“一季度一内容一载体”的“四个一”活动。一次红色文化学习：在福建省龙岩市委党校举办民主党派领导班子培训班，30余人参加培训，培训采取课堂教学，现场教学，互相交流等形式，了解中央苏区时期毛泽东调查研究的思想与实践、苏区政权建设经验、苏区干部廉洁奉公精神等内容。一次主题演讲比赛：举办以“认真贯彻‘四个全面’精神，扎实推进坚持和发展中国特色社会主义学习实践活动”主题演讲比赛，市委常委、统战部部长廖思红出席活动，全市各民主党派、知联会100余人参加活动。13名来自各民主党派和市知联会的选手参加比赛，通过有关部门专家评审，评出一等奖1个、二等奖3个、三等奖5个和若干纪念奖。一次主题征文活动：在全市党外人士中开展“贯彻‘四个全面’精神，扎实推进坚持和发展中国特色社会主义学习实践活动”主题征文活动，征收文章25篇。一次大型社会服务活动：组织民主党派、无党派人士专家和技术人员40余人，到青田县章村乡送医疗、科技、文化、卫生等活动，500余人受益。

【举办暑期读书会】 7月，市委统战部举办的“学习贯彻中央统战工作会议精神和《中国共产党统一战线工作条例（试行）》，开创统战工作新局面”为主题的2015年市级民主党派、工商联负责人和无党派代表人士暑期读书会在云和县召开，各民主党派、无党派、工商联代表人士及市侨办、市台办领导，丽水学院、丽水职业技术学院统战部长，各县（市、区）统战部长、民宗局长60余人参加会议。会议邀请省委统战部副部长蒋学基做专题讲座，参会人员围绕“学习贯彻中央统战工作会议和《中国共产党统一战线工作条例（试行）》精神，合力开创丽水市统战工作新局面”进行交流发言，市委常委、统战部部长廖思红做总结讲话。

【民主党派参政议政】 2015年，民主党派人士围绕绿色生态发展、全面深化改革、法治丽水建设等重大问题，在“两会”上提交人大建议、政协提案200余件（次），反映社情民意500多条（次）。组织民主党派成员参加每月一次的现场电视问政，累计200余人参加。按照经济发展、农业农村、教育文化、医疗卫生、建设环保、财贸金融、科学技术、法律等八个专业类别，组建100余人的“党外人士专家顾问团”。9月，召开浙江省统战系统廉政故事巡回宣讲报告会暨丽水市党风廉政建设和反腐败情况通报会，全市各民主党派、工商联无党派的代表人士，统战部门负责人100余人参加。邀请省统战系统廉政故事巡回宣讲团做“廉政故事宣讲”的专题报告；市委常委、纪委书记方向作党风廉政建设和反腐败情况通报。

【民主党派自身建设】 2015年，举办民主党派新成员培训班，市直单位及9个县（市、区）的2014年度加入各民主党派121位新成员参加培训，市委统战部常务副部长周正春和市人大常委会副秘书长、民盟市委会副主委汤家友分别作专题讲座，各民主党派市委会进行业务、党派知识培训。组织民主党派市委会机关20余人到丽水文元高级中学调研学习。配合省委统战部开展“第三届浙江省统战系统廉政书画作品展”作品征集工作，征集书画作品15幅，其中获优秀奖4幅。开展全省统战系统廉政教育基地创建工作，缙云河阳廉政文化教育基地、遂昌汤显祖纪念馆通过省委统战部的考核验收并挂牌。

【党外干部队伍建设】 2015年，市委统战部加强党外干部教育培养和推荐使用工作，召开组织部、统战部联席会议，推荐、选派4名民主党派副处级领导到基层挂职副县长，推荐6名优秀党外干部列入市管后备干部队伍，至年底，全市党外市管后务干部61名，占全市市管后备干部12.6%。3月，指导协助市台联换届工作，协助台办和台联召开第七次代表大会。举办第五期党外中青年干部培训班，市直各部门、9个县（市、区）42名党外干部参加培训。开展新生代企业家挂职锻炼工作。市委统战部、组织部选派新生代企业家17名到11个部门挂职锻炼，并制定《丽水市新生代企业家挂职锻炼工作制度》。（陶敏通）

民革丽水市委会

【概况】 国民党革命委员会丽水市委员会（以下简称“民革市委会”）下辖民革莲都区委员会、民革青田县委员会，市直支部7个、县（区）基层支部7个、松阳党小组1个，有党员338人，平均年龄50岁，其中，女性146人，占43%；离退休人员49人，占15%；具有大学以上学历210人，占62%。

全市11个支部创建为规范达标支部。开展“加入民革为什么？”“我为民革做什么？”“民革历史责任是什么？”“我为丽水做什么？”和加强履职能力建设6个主题征文，征集文章62篇；开展纪念抗战胜利70周年书画征集，征集作品6幅，其中雷仙贵书法作品获省统战系统廉政书画优秀作品。开展市委委员下基层活动，征集意见建议20余条。胡兵获民革全国宣传思想理论工作先进个人，陈哈利当选第三届全省民革骄傲人物。

民革市委会在市政协三届四次会议上，提交大会发言3篇、团体提案11件、民革市政协委员提交个人提案15件。《人口健康信息化建设与我们休戚相关》《食品加工小作坊乱象亟待整治》被评为优秀大会发言；《关于加强对国有企业产权监管的建议》《关于将非遗注入文化旅游的建议》《关于整合资源构建我市“健康云”的建议》3篇提案被确定为重点提案。全年上报社情民意信息105篇，获各级录用91篇次，2篇信息获省领导批示，9篇信息获市领导批示。市委会获2014年度民革全省反映社情民意信息工作先进集体二等奖，获2014年度市政协反映社情民意信息工作先进单位二等奖。叶华伟获全省民革反映社情民意信息先进工作者，胡兵、阙沛军获市政协反映社情民意信息工作先进个人，汪智影、周春红被省民革聘为特约信息员，阙沛军、厉日红、谢铁斌被市政协聘为特约信息员。全年撰写理论文章5篇，朱泉涌撰写《浅议民主党派成员参政议政素质培养》被市委统战部评为优秀统战理论文章。

民革市委会组织党员教师、医生开展“双百”活动，组织送教186人次、送医129人次。主委戚永远牵线浙江出版联合集团为青田学校、丽水看守所、九坑文化中心活动捐赠价值41万余元图书，市委会牵线中华职教社捐赠丽水职业高中价值10万元图书。市委会安排3万元资金，帮助结对村龙泉市良溪村建设田间机耕路1.5千米；联系帮扶资金2.5万元，帮助青田县黄山头村开展道路硬化。

市委会组织党员赴福建泉州开展祖统联谊专题调研，学习泉州民革对台工作和台湾民间社团交流经验；开展“走进看守所，关注社会特殊群体”活动，并捐赠书籍500多册；围绕纪念抗战胜利70周年活动，开展走访抗战老兵、重走抗战路、参观抗战遗址等活动。11月13日，莲都区里东村发生山体滑坡灾害，民革微信群里发出为里东灾区捐款倡议，筹集款项20026元，青田县委会组织党员捐款28300元。主委戚永远第一时间参与抢险救援，指挥协调医疗救护组投身灾区一线救灾。

【“五下乡”社会服务活动】 2月10日，市民革组织党员赴龙泉竹垟乡良溪村开展“五下乡”社会服务活动。市委会社会服务专委会主任吴增元带领“送温暖”服务分队为良溪村10余户贫困户赠送慰问品；党员组成“送文化”服务分队，为村民们现场书写对联；农科院党员组成“送农技”服务分队，为村民开展农技指导；市委会法律援助中心站组成“送法律”服务分队，为村民进行法律咨询；医生党员组成“送医疗”服务分队，现场开设“肛肠外科”“泌尿外科”“消化内科”“健康保健”“肾内科”“骨科”等专科，开展医疗咨询。活动中，五个服务分队接待群众240余人次，发放宣传资料300余册，赠送春联400副。

【“扶贫日”送医下乡】 10月17日，是第二个全国扶贫日，民革市委会联合处州晚报和丽水仁济康复医院赴龙泉市良溪村送医下乡。市委会主委戚永远、副主委刘新青，丽水日报社副总编辑、处州晚报总编胡建金，仁济康复医院院长郑伟平出席活动，11名党员医生、仁济康复医院医务人员参加。现场开设心血管内科、妇科、中医科、感染科以及健康咨询等专科，为群众义诊，接待群众200余人次，发放健康宣传资料和药品200份。专家医师到重病贫困村民家中上门义诊，为他们提供免费药品5000余元。市主委戚永远与乡村干部举行座谈并走访困难户，为20户4600元以下低收入家庭捐赠慰问品。

【民革市委会成立九坑活动中心】 10月23日，“中国国民党革命委员会丽水市委会九坑文化活动中心”在下林村正式揭牌启用。主委戚永远，副主委胡兵、刘新青和部分市委委员，学习宣传专委会、妇女老龄专委会成员和市直、莲都民革老党员参加仪式。活动中心设在莲都区联城街道下林村，主要功能为市民革各级组织提供学习交流、展示风采、互帮互助、服务群众方便场所。至年底，活动中心添置图书2000册，布置摄影展览图片60张。组织专委会、支部活动7次，参加党员200余人次。

【举办党员文化展示活动】 12月22日，丽水民革举办文化展示活动。此次展示活动是丽水民革丽舸合唱团、丽舸光影、丽舸淑苑、丽舸筝社、丽舸舞韵五大文化社团2015年的工作成果展示，整个活动由社团成员自编自导自演，展示活动的摄影由丽舸光影全程负责。展示活动有古筝合奏《小小竹排》、扇舞《木兰双扇》，舞蹈《括苍古道》和合唱《在太行山上》等9个节目，市、县、区党员150人到场观看。

民革党员文化展示　　叶华伟　提供

丽水民革“丽舸”五大文化品牌社团涉及歌唱、摄影、文学、器乐、舞蹈五类文化形式。五个社团均由民革党员中的爱好者组成，社团指导也由民革党员出任。社团成员行业、年龄层次覆盖广泛，最年长70岁。

【牵手老竹民族学校服务活动】 12月9日，民革浙江省委会、民革杭州市委会、民革丽水市委会在老竹民族学校举行“博爱·牵手”服务活动。省委会副主委、杭州市委会主委、省委会教育服务团团长叶鉴铭，丽水副市长、民革市委会主委戚永远等出席活动。省委会教育服务团、丽水市教育局、莲都区政府、区教育局等相关领导参加活动。活动中，观看民族舞蹈《畲妮采茶》《畲娃童趣》和军鼓乐队才艺展示及观摩3堂民族体育课，杭州民革党员姚晓向学校捐赠10万元。同时，举行学校座谈会，围绕校园文化建设、教学课程安排、民族特色体现等方面，为学校规范化建设提出建议和方案。　（叶华伟）

民盟丽水市委会

【概况】 2015年，民盟丽水市委员会（以下简称“民盟市委会”）下辖莲都区委员会（下设3个支部）、龙泉市基层委员会（下设5个支部）、云和县基层委员会（下设4个支部）、松阳县基层委员会（下设7个支部）、丽水学院总支委员会（下设3个支部）和市直丽职院支部、丽中支部、职高支部、科技支部、城建支部、金融支部、医卫支部、文化支部、丽水二中支部9个支部。全市有盟员606人，平均年龄50.3岁，其中女盟员241人；在职盟员480人，占79.2%；大学以上文化程度466人，占76.9%；中、高级职称504人，占86.6%。市委会举办两次坚持和发展中国特色社会主义学习实践宣讲活动，邀请民盟省委会学习实践活动宣讲团盟员6人到丽水宣讲。邀请市委党校副教授陈敬东就中共十八届五中全会精神进行解读。全市盟员开展“三个自信”征文活动，选送8篇征文提交民盟浙江省委会参加评比。举办2015年新盟员培训会，市委会领导分别作参政议政和盟史讲座；开展“口述盟史”征文活动，收到征文30余篇。城建支部盟员张叶芳获第三届世界浙商大会“创业创新奖”；二中支部盟员金松的教育信息化实践成果参加2015年全国教育信息化创新应用成果展览会，盟员蒋慧珍入选2015年浙江省书法家协会青年人才培养“新峰计划”，文化支部蓝巍作品《微笑的沈钧儒》入围民盟中央盟史主题作品展；陈洪大作品获浙江省农村文化礼堂视觉艺术创作群体优秀作品金奖和浙江省第四届群星视觉艺术大展书法作品展金奖；丽水中学支部沈芸、王玲芳、黄丽萍获“语文报杯”全国作文大赛优秀指导师奖；毛云龙书法作品入围省统战系统廉政文化书画作品展优秀作品。

民盟市委会在三届四次市政协会议上，提交团体提案13件、大会发言3篇、即席发言2个，盟员市政协委员提交个人提案32件。其中，盟员叶向东提交《关于进一步加强农村电子商务工作的建议》被市委书记王永康领办。团体提案《为国家级扶贫改革试验创造“丽水经验”》《关于医养结合破解养老之惑的建议》分别被市委副书记朱晨和市政协副主席沈根花领办和督办，以上3个提案被市政协评为优秀提案。《精准扶贫：为国家级扶贫开发改革创造“丽水经验”》大会书面发言，获市委书记王永康批示肯定，《关于我市“长寿之乡”建设的几点建议》大会书面发言，获市委书记王永康和副市长任淑女批示肯定。盟员市人大代表周永海提出的人大建议《关于推进我市智慧医疗建设的建议》被列为重点督办件。全年社情民意信息被民盟省委会录用112篇，市政协录用21篇，省政协录用8篇，省委统战部录用9篇，民盟中央录用7篇，省委办公厅上报中央办公厅1篇，在全省民盟11个市委会中名列第二。针对天津港爆炸事件，龙泉盟员李青羽撰写《建议进一步完善现役军人人身意外伤害保险制度》被省政协、民盟中央和《零讯》采用。市委会办公室吴起伟撰写《年轻消防员牺牲事件频发暴露消防员兵役制存在不足》被民盟中央录用并接受浙江经视采访；汤家友、郑夏来撰写社情民意《坚守耕地红线，山垅田改造应引起关注》被省政协采用，两位副省长作出批示；金黎艳撰写《农村生活污水治理设施三分建七分养》一文引起省政协的重视，并应邀参加省政协第十五次“浙江政协·民生论坛”并发言。

民盟莲都区委会开展“环保行”宣传志愿服务活动；民盟松阳县基层委员会开展“民盟林”义务植树和帮扶学前教育发展活动；民盟云和县基层委员会主办“汀州美食文化节”、“送戏下乡”、农村“烛光行动”等特色主题活动，取得良好的社会影响；民盟龙泉市基层委员会开展“送教育、科技、法律、卫生、文化下乡”活动；丽水二中支部开展机器人公益普及课活动；市直医卫支部开展大型送医下乡等活动。民盟丽水市委会举行纪念抗战胜利70周年活动，各基层开展参观学习抗战纪念场馆和专题学习会等方式，进行爱国主义教育。民盟云和县基层委员会组织盟员编撰《纪念抗战胜利70周年》画册，反映云和人民抗战历程及做出的巨大牺牲与突出贡献。莲都区里东村发生山体滑坡灾害后，民盟市委会组织盟员开展医疗救助、心理抚慰、帮助服务等工作，支持灾区人民重建家园。11月20日，浙江富来森食品有限公司向灾区捐款10万元；11月25日，丽水市金龙物业有限公司全体员工为灾区捐款44566元。

【开展全员培训】 2015年，民盟市委会举办两期盟员培训会，以“坚持和发展中国特色社会主义”为主题，青年盟员230余人参加培训；推荐骨干盟员和机关专职干部参加民盟省委会、市委统战部举办的培训班、进修班31人，提高盟员履职能力和机关干部管理水平。指导民盟莲都区委会完成换届工作。

【争取项目资金100万余元】 2015年，民盟市委会为少数民族结对村庆元县黄田镇李村争取项目资金38万元，硬化林道1.5千米，修复受“灿鸿”“苏迪罗”台风影响的水毁道路；为结对村庆元县乌石岭村争取县农办3.6千米林道硬化项目资金63万元，慰问贫困结对农户15户。

【“明眸工程”走进丽水】 “明眸工程”是民盟中央社会服务著名品牌之一，由民盟中央委员、温州医科大学附属眼视光医院执行院长王勤美为主要推动者，开展白内障、角膜移植和青光眼等免费手术的救助行动。10月28日，民盟“明眸工程”走进丽水，为山区贫困眼病患者重见光明提供医疗救助。民盟浙江省委会社会服务部副部长郑霞意、温州医科大学附属眼视光医院防盲助盲办主任涂昌森带队的专家组、丽水市中心医院分管副院长涂韶松和眼科医疗组、民盟丽水市直医卫支部委员参加此次活动。

“明眸工程”走进丽水　　吴起伟　提供

活动先后分两批对53名眼病患者进行术前筛查，其中符合助盲手术条件10名患者进行复明手术，住院治疗康复出院。（吴起伟）

民建丽水市委会

【概况】 2015年，民建丽水市委员会（以下简称"民建市委会"）下辖民建莲都区委会，设市直支部11个、区基层支部3个，有会员283人，平均年龄48.8岁，其中：女性112人，占39.6%；大专以上学历243人，占85.9%；经济界人士240人，占84.8%；中级以上职称211人，占74.6%。修订《会员发展工作实施细则》《会员管理办法》《调研和信息工作考核制度》；建立丽水民建微生活、市委委员、支部主委、企业委员会、社情民意信息骨干等微信群。11月17日，市委会领导班子召开本届第二次民主生活会。艾雯霞辞去市委委员职务。企业委员会调整领导班子；金融、医卫等支部改选主委，综合二支部增选副主委。陈肇平、麻卫平被聘请为市政协智库专家。俞伟强、俞国友、杜春平被市纪委聘任为第一届党风政风监督员。环保支部被民建中央评为全国先进集体，齐育华被民建中央评为全国优秀会员。综合二支部、交通支部和莲都区委会被民建省委会评为全省先进基层组织，叶跃伟、蓝雪华、杜春平被民建省委会评为全省优秀会员。

在市政协三届四次会议上，市委会提交大会发言3个、集体提案15件。《打造机器人产业基地 抢占工业4.0先机》《关于丽水市融资性担保公司存在的问题和对策》得到市委书记王永康和副市长陈重的批示；齐育华关于《打造机器人产业基地 抢占工业4.0先机》和邱慧惠关于《医保费用支出乱象亟待规范》被评为优秀大会发言；《关于丽水市融资性担保公司存在的问题和对策》与《关于规范和完善建筑领域招投标市场的几点建议》被确定为市领导领办、督办的重点提案，并被评为优秀提案。全年上报社情民意信息95篇，获各级部门录用29篇（次）。其中，《房企与购房者合谋套取银行借贷资金新手法需警惕》得到副省长袁家军和黄旭明批示，3篇信息得到市政府领导批示。童良军被民建省委会评为2015年度信息工作先进个人。每月安排3名会员参加《电视问政》栏目，监督考量政府履职。

民建市委会编发《丽水民建》会刊21期，刊发信息94篇、体会文章24篇、简讯125条。杨璐嘉被评为2015年度《浙江民建》会刊优秀通讯员；俞豪锋被评为2015年度浙江民建网站优秀报道员。《泰国行》被评为2015年度《浙江民建》会刊优秀作品。《"严以律己"须从五方面努力》被《中国领导干部治国理政的理论与实践》、经济杂志社《时代先锋》采用，《总书记关心浙江的情怀铭记在心》在《浙江民建》上刊登。

2015年，多家会员企业出现严重的资金链断裂问题，引起法律诉讼或经济纠纷及房产公司申请政府监管等。民建市委会主要领导多次找市领导及有关部门协调、联系、沟通。企业委员会组织会员企业家体检。法律援助中心帮助1家会员企业解决涉及250万元标的合同纠纷。财税支部向市直70岁以上的老会员赠送艾莱依春秋被。民建市委会编印《学习资料》，举办会章会史知识竞赛。会员参加民建中央、省委会主题征文活动，李浩撰写《总有一种温暖让我前行》获民建中央优秀作品奖。

抗战老兵参观刘英纪念馆　　陈秀珍　提供

【召开纪念民建成立70周年座谈会】 2015年，民建市委会召开"纪念中国民主建国会成立70周年暨浙江省民建成立60周年座谈会"。市政协副主席、民建市委会主委齐育华出席会议，始创会员吕迪轩、金耀，各支部主委，新、老会员代表等参加会议，市委统战部常务副部长周正春应邀参加会议。座谈会上会员就创建民建丽水支部的经历和发展历程进行交流。主委齐育华在会上讲话，回顾中国民主建国会建立、发展的历程，及对民族解放、国家发展所做出的贡献。对今后的工作，提出四点要求：一是要坚持接受党的领导不动摇；二是要坚持提升综合能力不放松；三是要坚持参政履职为民不懈怠；四是要坚持自身建设发展不止步。周正春对民建市委会及民建会员提出三点希望：一是牢记历史。通过纪念活动、参政议政、社会服务等载体进一步发扬光大民建人的优良传统。二是保持定力。不受自由思潮的影响，坚持并自觉接受中国共产党的领导不动摇。三是不忘身份。时刻记住并经常自问“加入民建为什么、历史责任是什么、我为民建做什么”三句话。

【举办系列专题培训】 2月3日，民建市委会举行专题培训，邀请重庆市政协常委、红岩精神研究会常务副会长、重庆红岩历史博物馆馆长作《从国共两党之比较看中国民主建国会的建立》报告。3月26日，举办社情民意信息写作培训班，调研委成员、各支部委员、参政议政骨干、市区新会员及入会积极分子等50余人参加培训。4月16—19日，在上海市社会主义学院举办中国特色社会主义学习实践活动教育培训班，民建市委委员、支部主委和骨干会员等35人参加培训。5月20日，邀请全国人大代表、上海社会科学经济研究所副所长、民建上海市委会副主委张兆安作《当前经济形势与企业未来发展》讲座，会员、会员企业家及其企业管理人员、有关部门领导、金融界人士等120余人参加。全年推荐民建市委委员、支部主委、骨干会员和新会员等46人(次)参加各级各类培训班、读书会和论坛。

【民建基层组织活动】 2015年，民建市委会市直11个支部活动次数均在5次以上，9个支部开展创新创优活动；各专委会活动次数均在2次以上。金融支部为会员制作影集，向老会员赠送礼物；建设、财税、综合一、学院、环保等支部互相联谊；综合二支部先后与建德民建二支部、温州民建基层组织、湖州民建南浔支部、杭州九三学社江干区基层委员会交流；商贸支部先后与松阳民盟、景宁工商联、青田民革、九三学社丽水学院支部和职业技术学院支部联谊；建设、医卫支部分别考察会员企业；交通支部组织登山比赛；综合二、财税支部分别开展铁皮石斛发展、建德千岛湖生态资源利用、电子商务等调研；财会支部赴泰国清迈考察学习；学院支部开展“美丽乡村松阳行”实践活动；环保支部组织会员观看励志电影。为纪念中国抗日战争暨反法西斯战争胜利70周年，建设、交通、综合一等支部组织会员观看专题影像图片展，环保、财税、综合一等支部与区委会综合支部先后赴南京接受爱国主义教育。调研委组织讨论集体提案素材和支部申报的调研课题。妇委会举办趣味运动会，并与衢州民建妇委会交流；老龄委参观南明山街道爱孝家园，并组织老会员庆重阳佳节、学政治理论、听健康讲座。

【拓展自身参政议政平台】 2015年，民建市委会完成立项调研课题12个、非立项调研课题4个，《关于复建章乃器故居的建议》被民建省委会列为立项课题，调研成果引起民建中央、省委会重视。向市委、市政府报送调研报告9篇，市委书记王永康批示1篇。《浙江政务服务网实施情况及对策建议》被民建省委会评为参政议政优秀成果一等奖，《科学规划建设高层建筑 创建宜居宜养山水生态城市》被市委办政研室《决策与参考》采用，《发展生态旅游产业须更加重视文化融合》被《丽水研究》采用。编发《社情快递》15期，其中市领导批示3期。8月18日，首次以《函》的形式向有关部门反映民生信息。全年发出建议函11份，得到有关部门采纳并复函。

【扩大社会服务】 2015年，民建市委会为联系村青田县腊口镇北坑村落实帮扶资金10万元，发放慰问金1.28万元。“11·13”莲都里东山体滑坡灾情发生后，20多名会员前往灾区开展救援和慰问工作，会员和会员企业家捐款捐物10万余元。综合二支部慰问市区7名抗战老兵，会员企业鱼跃酿造食品有限公司送去慰问品；财会支部慰问市区2名参加对越自卫反击战复员军人；医卫支部慰问松阳县枫坪乡老红军。民建市委会与市残联、狮子会丽水服务队联合向市区环卫工人赠送衣物近1000件、鞋子500多双。商贸支部向遂昌县黄沙腰镇中心小学留守儿童赠送文体用品和服装(价值2.1万元)，并联系丽水学院为他们提供为期一周的心理咨询与学习辅导。综合一支部为缙云县壶镇镇社区服刑人员提供健康体检、心理咨询和常用药；慰问开发区消防支队5名困难消防战士，并向支队赠送药品。 (俞豪锋)

民进丽水市委会

【概况】 2015年，中国民主促进会丽水市委会(以下简称“民进市委会”)下辖莲都区委员会、缙云县和遂昌县两个总支部委员会及市直9个支部，基层支部23个，会员485人，平均年龄53.3岁。其中，女性222人，占45.8%；离退休人员154人，占31.8%；中高级职称440人，占90.7%。开展“我身边的先进”宣讲，利用“丽水民进”网站、会刊，QQ群、微信群宣传各级组织和会员先进事迹。10月，省委会主委蔡秀军到丽水指导并参加民进丽水职技院支部活动，并在缙云召开市、县两级统战理论研究小组成员统战理论研讨专题会。组织两名会员参加市委统战部组织“认真贯彻‘四个全面’精神，举办学习实践活动”主题演讲比赛。开展《民进好声音》和《民进好故事》两书征稿和编纂工作，征集各类参政议政优秀文稿70余篇、征文

50余篇、老照片40余张。

民进市委会在市政协三届四次会议上，提交大会书面发言3篇、即席发言3个、集体提案10件、个人提案27件。大会发言《发展赛事经济 助推"绿水青山就是金山银山"进一步落地》得到市委书记王永康批示，并被评为优秀大会口头发言。书面发言《谋划"丽水旅游"上市 打造绿色经济新引擎》《开发"大健康"产品 加快现代农产品转型升级》得到市委书记王永康和副市长任淑女批示。三名委员即席发言《请到丽水看星星看月亮》《丽水的空气质量真有那么好吗》《关于"教育均衡"我有话说》均被评为优秀大会发言。集体提案《关于建立民主监督员智库进一步发挥党外代表人士作用的建议》《关于加快大数据中心建设，推动丽水信息经济发展的建议》《发展赛事经济 助推"绿水青山就是金山银山"进一步落地》被列为重点提案，由市委、市政府、市政协领导领办和督办。全年编报社情民意信息73篇，全国政协采用1篇，民进中央采用4篇，省政协采用2篇，省委会采用21篇，市政协采用20篇，其中，4篇信息得到省、市领导批示。反映社情民意信息工作被市政协评为一等奖。

民进市委会重视骨干队伍建设，举办中青年骨干培训班和新会员培训班，邀请对口联系部门作专题讲座，开展议政沙龙活动，召开参政议政座谈会，组织莲都、缙云和市直支部的骨干30余人次参加市电视台"电视问政"栏目。开展生态保护、文化"走出去"、民宿经济、旅游人才培养、家庭医生运营模式等课题调研，完成20个立项课题。

民进市委会加强会内学习交流，与福建泉州民进市委会开展工作交流，各基层组织开展交流互访，莲都、缙云和遂昌三地组织建立合作交流机制。丽水开明画院与景德镇开明陶瓷书画院联合举办书画作品联展。组织会内摄影爱好者赴松阳三都"山乡春韵"摄影采风活动。在莲都区举办全市气排球联谊赛，市委妇委会开展庆"三八"西点制作培训和体验活动，民进市委会老龄委举办"走进博物馆、走进国宝"重阳节庆祝活动。

民进市委会定点帮扶结对的遂昌县宏象村和庆元县桥陌村，筹措项目帮扶资金和物资16万元，赠送价值3万元森林消防器材和配套消防服装等用品；为庆元县桥陌村争取河道治理项目和自来水工程帮扶资金8万元。开展"书香彩虹"微公益活动，发动会员向贵州省毕节市金沙县捐赠图书1600多册。承办全市统战系统在石练镇举行"新春送温暖"活动。莲都区扶持建立"处州乱弹"研究会，开展"处州乱弹"巡演和展示活动。市科技支部连续第三年与莲都区白云街道灯塔社区开展共建幸福社区活动，开展访贫问苦和结对社区贫困大学生，设立社区讲堂。邀请民进浙大委员会和民进省人民医院支部到缙云和青田义诊服务，遂昌县总支、缙云县总支开展"送医、送教、送文化""三下乡"活动，组织市直支部开展国学经典诵读、对口扶持乡镇卫生院和禁毒宣传进校园等活动。会员们以不同的形式参与莲都雅溪里东村山体滑坡抢险救灾工作。

民进市委会开展基层组织规范化建设，完成市直支部换届，创建基层活动场所。缙云县总支被评为民进全国先进集体，庄志清获民进全国先进个人；莲都区委会和遂昌县总支副主委潘堂根分别被评为全国社会服务先进集体和个人。

【举行"民进渠"捐赠仪式】 2月13日，民进市委会在遂昌县石练镇宏象村举行捐赠仪式，由市科技支部通过结对共建和会员筹资，向宏象村捐赠帮扶资金5万元，用于修建防洪排涝沟渠。省委会社会服务处处长韩依群，市委统战部常务副部长周正春，市委会副主委何灵，市科技支部主委童朝旭，省隧道工程公司第三工程处党支部副书记胡光进，石练镇镇长李建霞等出席仪式。市委会在新一轮少数民族低收入群众"增收帮扶行动计划"中结对帮扶遂昌县石练镇宏象村，组织农技专家和科技人员先后5次走访调研，制定3年帮扶计划，确定帮扶项目。

【举办"三个什么"大讨论交流会】 5月，市委会在全市各级组织中开展"加入民主党派为什么、历史责任是什么、我为浙江做什么"大讨论活动。9月8日，民进市委会在市质监局会议室举

9月8日，民进市委会开展"三个什么"大讨论交流活动　　蓝武杰　提供

行“三个什么”大讨论交流会暨第三十一个教师节庆祝大会。省委会副主委穆建平应邀出席会议，市委委员，各基层组织负责人及教师会员代表等100余人参加活动。会员陈延等10人作交流发言，结合自身思想认识和岗位实际，畅谈对“三个什么”认识和体会，弘扬民进优良传统、拥护中国特色社会主义道路、理论和制度、服务地方经济社会科学发展信念和决心。

【举办中青年骨干培训班】 7月15—17日，民进市委会举办中青年骨干培训班，全市各级组织的50余名会员骨干参加培训。邀请对口联系单位市农办和市文广局专家作《丽水美丽乡村建设》《丽水文化事业发展》专题讲座。组织学员到民进建德市新安江支部进行现场教学。 （蓝武杰）

农工党丽水市委会

【概况】 中国农工民主党丽水市委会（以下简称“农工党市委会”）下辖莲都区委会和7个市直支部委员会，党员254人；其中，女性123人，退休党员81人，平均年龄50.9岁。大学以上文化程度170人，占66.9%。新发展党员19人。首次在县（市）开展组织发展工作，龙泉市发展新党员6人。开展坚持和发展中国特色社会主义学习实践活动，组织“学精神、学党章、学党史”系列活动；举办全市基层组织负责人培训班，开展基层组织规范化活动；举办领导班子暑期培训班，赴泉州交流学习；组织主题征文活动，2篇理论文章被省委会采用；选送2位党员参加市委统战部演讲比赛，获第一名、第三名。农工党市委会、市人民医院支部分别被农工党中央评为“优秀地市级组织”“先进基层组织”，农工党市委会被农工党省委会评为“2013—2015年度全省开展坚持和发展中国特色社会主义学习实践活动优秀集体”“2014年度理论研究工作组织奖”。围绕中心工作，发挥医药卫生、生态文明等界别特色，引导党员组建课题组，开展调研活动。市政协三届四次会议提交大会发言3篇、团体提案12篇、个人提案12篇。李江波代表市委会作口头发言，王文军、陈东晓分别作即席发言；大会发言《生态文明从节水开始》《打造无围墙城市》得到市委书记王永康等市领导批示6人次；《生态文明从节水开始》《政府诚信是社会信用的“定盘星”》和即席发言《从胶片问题开始追问》被评为优秀大会发言；团体提案《关于发展健康服务业的建议》《关于推进城市节水工作的建议》《关于大力培育社会组织的建议》被列为重点提案，分别由市长黄志平、副市长葛学斌、市政协副主席庄志清领办，并被评为优秀提案。注重机制建设，发挥党员岗位优势，反映社情民意。《对令计划等高级领导干部的腐败行为处理的三点建议》《基层呼吁关注食药监管理体制改革中的几大问题》被全国政协综合采用；农工党中央采用4篇；省政协综合采用4篇；省委会采用16篇；市政协采用12篇；市领导批示3篇5人次。农工党市委会和王文军、陈炯分获市政协2015年度反映社情民意信息先进单位二等奖与先进个人。

整合党内资源，依托“中国环境与健康宣传周”和“国际科学与和平周”平台，开展结对雅溪中心卫生院、为龙泉市坛步村老人提供体检服务；各支部开展赴儿童福利院、颐养院开展“腊八节”送粥服务、连续第12年赴雅溪中学开展送教助学、太平乡卫生院技术指导等社会服务15次，参加党员70人次，受益群众900余人。成立丽水市健康教育促进会，建立社会服务平台。11月13日，莲都区里东村发生山体滑坡后，农工党市委会26名农工党员参加救援及善后工作。

【“学精神、学党章、学党史”系列活动】 2015年，农工党市委会举办由全体党员和2015年拟发展对象参加党史报告会，邀请省委会副巡视员、组织部部长舒愉到丽水作党史专题讲座，了解农工党的历程。开展纪念农工党建党85周年知识竞赛活动，指导各基层组织将知识竞赛列入支部活动的议程，收回答题215份，参与率91%。开展第一次全国干部会议会址维修和布展工作收到特别党费20100元并转交至省委会。

【基层组织规范化建设】 2015年，农工党市委会整理10方面文件、制度及工作规程，汇编《农工党丽水市委会基层组织工作指南》。举办由各基层组织负责人52人参加基层组织负责人培训班，学习基层组织工作实务，赴浙大华家池校区支部参观学习，听取专题讲座、参观支部规范化建设成果、开展交流座谈。通过规范化活动，提升支委的凝聚力；促进支部工作规范化，档案工作落实到人。

【运用“互联网+”创新宣传工作】 2015年，农工党市委会建立微信群15个，其中提案、社情民意等工作群5个，交流群10个。市委委员、支部主委、支部宣传委员等全部入群。开展微信宣教，图文直播市委会和支部参政议政、社会服务、会议、培训等工作100余次，照片200余张。7月，试行开通丽水农工党公众微信号，全年编发工作动态19期，内容包括党派工作动态、党员风采、健康卫生知识宣传等。

【"推进城市节水工作"提案】 2015年，在市政协三届四次会议上，市委会大会发言《生态文明从节水开始》呼吁加大节水工作力度，提出"节水就是生态文明"理念，引起市领导和政协委员的关注。市委书记王永康、市委副书记朱晨、副市长葛学斌、副市长任淑女对大会发言作出批示，并被评为优秀大会发言。转为团体提案后，副市长陈景飞领办。部分建议被《丽水市创建省级节水型城市实施方案》所采纳。

【社情民意工作机制】 2015年，农工党市委会建立社情民意反馈机制，在微信群上以图文方式公布采用情况。建立社情民意线索发布机制，将各级政协重点约稿内容提炼加工为线索，向信息员队伍发布并征集意见，全年发布信息17条，收到社情民意11篇，其中被全国政协采用2篇，农工党中央采用2篇，省政协采用1篇，省委会和市政协采用5篇。开设社情民意微信沙龙，组织微信沙龙12次，撰写社情民意4篇，1篇被省政协采用。加大团体提案、即席发言转化社情民意力度，报送5篇，市政协采用1篇，得到市长黄志平批示。

【丽水市健康教育促进会成立大会】 12月19日，召开丽水市健康教育促进会成立大会，80多位会员代表参加会议。会上，市民政局副局长陈冬生宣读有关批复文件；市委会副主委卢汝兰作筹备情况工作报告；大会表决通过章程、选举办法、候选人建议名单等草案；选举王智勇、刘伟凇、沈绍春、陈炯、陈东晓、张子宏、金元虹、俞新民、徐伟、蓝天棉、蓝丽康、雷李美12人为第一届理事会理事。第一届理事会一次会议，选举金元虹为会长，蓝丽康、俞新民、刘伟凇为副会长，雷李美为秘书长；聘任陈炯为副秘书长；当选会长金元虹作表态发言。

(陈　炯)

九三学社丽水市委会

【概况】 2015年，九三学社丽水市委员会（以下简称"市委会"）下辖莲都区委会和10个市直支社，其中，莲都区委会下属3个支社，社员224人，平均年龄49.9岁，其中女社员83人，占37%；离退休社员49人，占22%。高级技术职务114人，占51%；中级技术职务96人，占43%，其他14人，占6%；社员分布在科学技术界67人，占29.9%；教育界35人，占15.6%；医药卫生界71人，占31.7%；公有制经济部门14人，占6.2%；非公有制经济人士11人，占5%；政府机关19人，占8.5%；法律界2人，占0.9%；党派机关3人，占1.3%，其他2人，占0.9%；年发展社员12人，其中，博士研究生学历2人，硕士研究生学历3人，高级职称4人，平均年龄34.7岁。

韦铁民被社省委评为"九三榜样"，并获国家卫生计生委脑卒中防治工程模范院长、全国十佳医院基建管理者。张向东、林玉美被社中央评为九三学社全国优秀社员；王子进被社中央评为全国优秀社务工作者；许强思被评为全国社会服务先进个人；韦铁民、雷后兴、张向东、张德勇等4人被社中央评为参政议政先进个人。王书芳、何登伟、张德勇、林玉美、雷后兴5人被评为浙江省优秀社员；王子进、赵国华、徐财泉、蓝云仙等4人被评为浙江省优秀社务工作者。雷后兴"一种治疗小儿疳疾的畲药及其应用方法"，王景弘"礼品盒外观设计获得外观设计"和"一种酱料定量挤出机"获国家专利。吕海燕"新型抽拉式坐便椅"获国家新型专利。葛永金《浙南山地油茶产业化关键技术集成示范及推广》获中国林学会"梁希科学技术奖"三等奖。市医院支社曲春生主持"转录因子Fezf2在视网膜节细胞发育中表达与功能研究"获国家自然科学基金立项和浙江省自然科学基金立项，"转录因子Fezf2在小鼠视网膜神经节细胞中表达与功能研究"获浙江省临床医学一级学科开放基金。

【庆祝建社70周年活动】 2015年，丽水市委会开展庆祝建社70周年，弘扬九三学社"爱国、民主、科学"传统教育活动。5月，社市委在市委党校举办九三学社社员骨干培训班40余人，邀请社省委副主委马永信为丽水社员专题讲授九三学社发展史；举行九三学社社员爱岗敬业演讲比赛，2人参加市委统战部举办演讲比赛。10月，社市委领导到杭州参加中央统战部"坚持和发展中国特色社会主义学习实践活动经验交流暨中期推动会"电视电话会议，召开社市委三届十二次全体委员（扩大）会议，传达电视电话会议内容。社市委获社省委新闻宣传先进集体三等奖，《丽水九三》刊物获市文广出版局优秀栏目奖。

【参政议政】 2015年，九三学社市委会向市政协三届四次会议提交团体提案15件，委员个人提案33件，大会发言3件。其中，大会发言《四驾马车驱动我市旅游产业大发展的建议》《到丽水看星星、看月亮》受到市委书记王永康、副市长葛学斌批示；《四驾马车驱动我市旅游产业大发展的建议》《关于加强非机动车管理，确保道路安全畅通的建议》《加快推进丽水生态产业集聚区集中供热进程的建议》《关于深化农村金融改革打造全国普惠金融示范区的建议》4个提案被列为市领导督办的重点提案；全国政协委员向全国政协提交提案9件，省政协委员向省政协提交提案8件；全年上报社情民意150篇，其中被全国政协采用2篇、社中央采用2篇、社省委采用60篇、省政协采用6篇、省统战部采用10篇、市政协采用23篇；省、市领导批示3篇；组织专题调研组，形成《丽水油茶产业发展调研报告》《对我市油茶种植与加工的思考》等专题调研报告上报市委、市政府。社市委获社省委信息工作先进单位二等奖，社市委首次获社中央“参政议政先进集体”。

【组建基层组织】 9月25日，成立九三学社缙云县支社，11月20日，成立九三学社丽水经济技术开发区支社，并落实办公场所，是丽水经济技术开发区建立的第一个民主党派基层组织。继续开展“星级先进示范基层组织”创建活动。其中，社莲都区委会、丽水学院支社、市人民医院支社分别升级“三星级先进示范基层组织”。工业支社、医卫支社分别升级“二星级先进示范基层组织”。新增加2名年轻科级社员进入市管后备干部库。

【社会服务活动】 2015年，社市委组织义诊、助教、科技服务等活动。社莲都区委会先后两次组织专家到碧湖镇龙岩村、云和县石塘镇双港村开展医卫下乡服务活动；医卫支社先后4次到莲都区囿山小学师生举办“身体活动与健康”等4个主题营养知识专题讲座；市人民医院支社到龙泉市小梅镇黄南村开展义诊；科技支社组织社员赴水东水岭根村科技示范对接基地开展科技服务；学院支社与市红十字会赴青田章村乡小学，为学生捐赠书包和体育用品。11月，社市委配合社省委到莲都区老竹民族学校和丽新小学开展捐资助教活动，为58位贫困生资助3万余元结对款和5000余元学习生活用品；市九三科技服务中心向友邦化工提供“固体三光气”冷却新工艺，改善工作劳动条件；配合开发区合成革“三版”有机废气治理，提出可行、有效的“活性炭吸附与再生”技术，帮助完成吸附装置和再生资源化装置设计和制造，并投入运行，得到省环保厅调研组肯定；社市委继续结对缙云县七里乡型坑村并捐资3万元，12月，为结对村10户困难群众捐赠生活慰问品。 （王子进）

缙云县支社成立九三学社　　王子进　提供

丽水市工商业联合会（总商会）

【概况】 2015年，丽水市工商业联合会（总商会）组织非公有制经济人士守法诚信教育实践和领导干部“三严三实”教育实践等活动，开展企业服务、教育培训、参政议政、浙商回归、“五水共治”和组织建设等工作。全年全市工商联举办非公有制经济人士守法诚信教育实践活动42场，参加活动3311人次；非公有制经济人士培训班33期，参加培训1670人次；开展融资、法律、信息、技术等各类服务400余次。全市工商联有会员9935人，商会180家。其中，异地商会122家，行业商会28家，基层商会20家。

【守法诚信理想信念教育实践活动】 5月，市委统战部和市工商联联合下发《以守法诚信为重点深入开展理想信念教育实践活动的实施意见》，全市工商联、商会组织和会员企业开展“守法诚信”为主题的非公有制经济人士教育实践活动。5月29日，非公有制经济人士守法诚信教育实践活动部署会议在丽水召开，全市统战部、工商联和商会及会员企业代表110人参加会议。浙江闽锋化学用品有限公司总经理、丽水市新生代企业家联合会会长邵烨代表全市工商联会员企业发表《守法诚信 共赢未来》倡议。8月5日，市委书记王永康与30余名丽水市新生代企业家上街开展“烟头不落地、丽水更美丽”洁净活动。11月5日，市工商联组织21名新生代企业家赴香港开展为期3天培训，并与香港贸易发展局等机构和企业开展交流活动。11月13日，莲都区里东村发生特大泥石流自然灾害，杭州市丽水商会、上海丽水商会、北京丽水商会等十余家商会筹集善款180万余元，捐物7.1万元。张敏、郑金林、邵烨、木晓东、陈频等会员各捐款10万元。11月18日，杭州市丽水商会会长樊培仁等10余人前往里东灾区慰问。

【服务非公有制企业】 2015年，市工商联开展走访调研、政策对接、法律援助等服务工作，集中反映企业问题和诉求，解决企业实际困难。市工商联党组书记孙乐明带队开展集中走访调研活动，走访企业和商会30余家，收集整理问题和建议10余条。4月23日，协助市委、市政府召开丽水温州商会会长座谈会，丽水市温州总商会会长郑金林等13名企业家参会。6月13日，组织企业参加丽水“333就业服务月”招聘会。招聘会提供岗位2400个，当场录用108人，达成就业意向215人。出版《丽水商会报》48期。11月20日，丽商服务中心成立丽水市房产销售联盟，服务全市房产中介、销售市场。

【商会建设和管理】 2015年，新成立商会3家，换届1家。6月13日，陕西省浙江丽水商会成立，杨发和任会长。7月1日，成都市丽水商会成立，朱俐任商会会长。7月19日，兰州市丽水商会成立，刘子叶任商会会长。10月21日，苏州市丽水商会二届一次会员大会召开，会议选举李军慧为第二届理事会会长。11月28日，北京丽水商会成立10周年庆典在北京举行。加强商会管理，市委、市政府出台《丽水市、县领导落实“1+2+10”责任清单工作方案》，建立领导一对一联系全市各级商会制度。丽水市新生代企业家联合会通过省工商联规范化建设示范商会验收。市工商联开展2015年度商会考核，丽水市温州总商会、丽水市合成革商会、丽水市台州商会、丽水市金华商会、丽水市新生代企业家联合会获2015年度市工商联先进直属商会。北京丽水商会、上海丽水商会、苏州市丽水商会、昆明市丽水商会、石家庄市浙江丽水商会、杭州市丽水商会、宁波市丽水商会、东阳市丽水商会、新疆丽水商会、成都市丽水商会、兰州市丽水商会获2015年度先进异地商会。

【调查研究和参政议政】 2015年，市工商联开展民营企业“走出去”、民营企业“四张清单一张网”、商会规范化等3个专题调研。配合省工商联开展非公有制经济人士理想信念教育实践活动、丽水市非公有制经济领域统战工作和工商联工作、支持小微企业发展政策措施等3个专项调研。7月，完成全市网上调研平台建设，召开全市网上调研平台建设培训会议，各县(市、区)工商联和会员企业80余人参加会议。至年底，全市网上调研平台注册企业144家。市工商联提交政协提案5篇，大会发言稿2篇。《打造国家生态公园 创建生态文明样本》大会发言，被评选为优秀大会发言。《适应新常态 着力推进我市制造业新发展》被评为优秀提案。全市各级工商联和会员向市、县(市、区)两级人大、政协会议提交议案、提案427件。

【开展“百企联百村 合力治污水”行动】 2015年，市工商联开展“百企联百村 合力治污水”专项行动，建设“五水共治”结对村治水项目。全市工商联、商会组织和会员企业结成治水结对村71对，建设治水项目71个，投入治水资金2728.18万元，参与治水活动的商会及企业496家。

【招商引资和浙商回归】 2015年，市工商局开展各类招商活动。2月24—27日，举行新疆丽水商会“家乡行”活动，新疆丽水商会会长杨孔敬等20名商会代表赴缙云、青田、龙泉和莲都等地考察投资项目4个，引入资金3.9亿元。6月13日，陕西省浙江丽水商会成立大会上举办丽水旅游推介会，丽水市旅游委员会和西安市旅游局签署旅游友好合作协议。7月，在成都市丽水商会成立大会上，举办丽水生态旅游推介会，200人参加会议。19日，在兰州市丽水商会成立大会上，举办浙江丽商“甘肃兰州行”项目推介大会，500余名浙商(丽商)代表参加会议。11月28日，协助举办北京丽水商会十周年大会暨丽水旅游招商推介会，全市各级工商联组织举办各类招商活动53场，浙商(丽商)4200余人次参加活动，投资项目22个，合同利用资金29.1亿元。

【建立县级工商联】 开展2015年度县级工商联工作考核，缙云县工商联、景宁县工商联获省工商联系统先进单位。莲都区工商联、云和县工商联、松阳县工商联获市工商联系统先进单位。开展“五好县级工商联”建设工作，缙云县工商联、遂昌县工商联和松阳县工商联获全国“县级五好工商联”。龙泉市工商联、云和县工商联、青田县工商联、庆元县工商联、景宁县工商联获浙江省“县级五好工商联”。

【新生代企业家培养】 2015年，市工商局开展新生代企业家政府部门挂职工作。7—10月，组织18名新生代企业家到市旅委等11家单位挂职锻炼3个月。8月3日下午，市委书记王永康走访看望在市直机关挂职的市新生代企业家，并与新生代企业家代表面对面座谈，听取他们对于经济发展的建议意见，并希望大家要注重实干，大胆创新，勇于担当，做丽水绿色生态发展的先行者。王永康还专门向省委书记夏宝龙汇报新生代企业家挂职工作情况，此项工作被评为浙江省工商联系统“十大亮点”工作。 (丁 怡)

工会　共青团　妇联

丽水市总工会

【概况】　2015年，全市建立乡镇（街道）、工业园区总工会61家，基本实现乡镇总工会“五有”目标。建立基层工会5380家，会员40.43万人。全市开展“六有工会”创建和“来料加工”“电子商务”“旅游民宿”新三宝行业农民工入会集中行动。开展市级先进职工之家创建，全市评选市级先进乡镇（街道）、工业园区工会10家、市级先进职工之家100个，市级优秀工会工作者100人。全年全市创建市级党工共建示范点3家，县级示范点建设全面铺开。市经济开发区总工会推出党工共建“1384”（共建一个党工平台，履行三项党工职能，推动八项党工活动，创建四大党工品牌）计划。全市建成省市级职工文化家园110家，全国、省、市级职工书屋435家，成立县级职工艺术团9家。各县级总工会职工艺术团每年均开展向基层企业职工送演出活动，各乡镇总工会每年开展大型文体活动至少两次。4月25日，开展丽水市万人健步走活动，市、区两级机关企事业单位参加丽水城区站的活动2600人。

【劳模先进评选与管理】　2015年，全市新增全国劳模5人，省“五一”劳动奖状2个、省“五一”劳动奖章4名、省工人先锋号4个。首评市级“五一”劳动奖状10个、奖章15人。获全国“五一”巾帼标兵称号1人，获全国“五一”巾帼奖章3家单位。2015年，命名表彰市级工人先锋号31家。围绕“中国梦·劳动美”主题，分别与市文明办、市新闻工作者协会开展“丽水市最美农民工”和“丽水市‘五一’新闻作品大赛”评选，宣传表彰章双林、吴立新等一批敬业爱岗典型人物。发放全国劳模“四金”（全国劳模生活困难帮扶金、全国劳模特殊困难帮扶补助金、全国劳模春节慰问金、全国劳模体检资金）30.8万元，省劳模特殊困难补助金42万元。落实全国总工会、省总工会、市总工会的劳模疗休养活动，安排市直劳模参加免费体检。编印《2015年度劳模风采画册》，开展“劳模建言献策”和全国劳模档案资料征集、“劳模进校园”、《最美劳动者·浙江劳模风采》大型人物电视专题片展映、《点赞最美劳模·传承劳动精神》主题征文等9项活动。

【开展劳动竞赛活动】　2015年，市总工会发动产业集聚区块和企业开展班组竞赛、技能比武、合理化建议等基层群众性劳动竞赛。企业开展率和职工参与率70%以上。组织市级气象、交通等行业技能竞赛20余项，会同市人民银行开展全市应收账款融资服务平台推广劳动竞赛。申报省级职工教育培训基地2家，职工技能培训数超万人，市级举办职工技能培训19期，培训职工3316人。组建市县技术服务队100余支，开展各类免费技术培训300余场，培训职工1万余人。

【职工经济技术创新活动】　2015年，市总工会开展合理化建议、先进操作法、“五小”等职工创新、创优、创效活动。全市1550家企业、10.33万余名职工参与合理化建议征集活动，征集合理化建议9728条。新组建高技能人才创新工作室8家，每个工作室完成创新攻关项目1~3项，创经济效益上百万元。评选表彰优秀工作室和优秀创新成果27家（项）。

【实现职工医疗互助保障地域全覆盖】　至年底，全市实现职工医疗互助保障地域全覆盖，实现医疗互助保障“主要政策、保障项目、参保对象、缴费标准”等八个项目的市级统筹。全市2179家单位，参加职工医疗互助保障10.67万人，给付保障金282.13万元。2015年，全市参保率23%，参保净增数6%。其中，市本级有666人次办理职工医疗互助报销手续，给付保障金91.14万元。

【帮扶救助活动】 2015年元旦、春节期间，全市各级工会帮扶困难职工1779户，发放救助款物315.16万元。其中，救助慰问困难劳模111人，发放救助慰问款物74.14万元；慰问困难农民工969户，发放慰问款物198.28万元；走访一线职工2896人；为农民工包车166辆，运送2430人次平安返乡。连续十年会同《处州晚报》等单位开展"民工服务月"活动。全年全市工会"爱心透析"和"金秋助学"专项救助行动中，救助患肾病职工75人，发放"爱心透析"救助金33.75万元，救助困难职工家庭子女409人，发放"金秋助学"金109.81万元。建立妈咪暖心室22家和女职工心理关爱工作室示范点10家，赠送物资1041余件。

【休养基地建设】 2015年，丽水市创建省级劳模休养基地5家，市级劳模（职工）休养服务中心10个、基地3家、接待站28个，成为浙江省省级劳动模范休养基地数量最多的城市。2015年下半年，全市引进和接待全省及周边省市工会组织的疗休养职工485万人次。

【职工疗休养管理】 2015年，市总工会为保障丽水市职工的劳动保护和休息休养权益，联合相关部门下发《丽水市职工疗休养管理工作办法（试行）》。办法对疗休养的人员、内容、费用、组织管理等方面作出规定。针对时隔两年重启职工疗休养工作而出现的部分单位职工疗休养批次人数过多、外出时间集中、目的地单一等突出问题，9月，市总工会出台《关于进一步加强职工疗休养管理工作的通知》，从疗休养计划、休养审批等6个方面加强职工疗休养的科学管理。通过公开招标，确定7家承担市本级职工疗休养单位。年底，全市各级工会均已制定职工疗休养管理工作办法。全年全市进行疗休养报批备案4.16万人，其中市本级单位214家，报批备案9746人。

【工会法治工作】 2015年，市总工会建立企业劳动争议调解委员会2130家，建立乡镇（街道）区域性劳动争议调解组织139家，形成市、县、区域性（行业性）、基层四级劳动争议调解组织网络。建立市、县总工会领导职工服务中心月接待日制度。全年全市接待来电来访1960次，来信11次。其中，市职工服务中心接待职工来访105件次、140人次，办结率100%；接听来电205起，办结205起，办结率100%；来信1件，办结1件，办结率100%。

创建县级行业工资集体协商示范点10个，其中云和县木制玩具行业和缙云县食品加工行业为市级示范点，并推荐为省级行业工资集体协商示范点。全市建会企业累计开展工资集体协商、建立集体合同制度的企业数7576家，覆盖职工29.51万人，集体合同建制率95.58%，签订专项工资集体合同2150份，女职工权益保护专项集体合同2118份，企业工资协商续签率和县以上和谐劳动关系企业工资协商规范率100%。

2015年，市总工会组织工会干部进行《中华人民共和国工会法》《中华人民共和国劳动法》"两法"考试，并向县、乡、企业工会逐级推进。全市工会干部通过"两法"考试3526人，参加《中华人民共和国宪法》《中华人民共和国劳动法》等法律法规知识竞赛2.5万人，答卷有效率100%；设立"两法"咨询服务点60处，接待咨询1万余人次，发放普法手册8000余本及宣传资料1.5万份。

【"安康杯"竞赛活动】 2015年，"安康杯"竞赛参赛企业数和职工数同比分别提高8%和5%。中国电信股份有限公司龙泉分公司等5家单位获省"安康杯"优胜单位，国网浙江丽水市莲都区供电公司电力抢修中心等7个班组获优胜班组，丽水市莲都区总工会李海飞等3人获先进个人。全市所有乡镇（街道）工会均建立劳动保护监督检查委员会，全市95%以上的单建企业工会列入劳动保护分级管理，并录入省总工会管理系统。职业病防治专项集体合同续约率95%以上。（董　方）

共青团丽水市委员会

【概况】 2015年，全市团员153938人。共有基层团委数645个（包括团工委数），团总支数283个，团支部数8749（包含学校）个。全市现有团干部11212人，其中专职团干部666人。

2015年，市委书记王永康等领导对丽水共青团和青年工作做出批示27件次，并到团市委机关调研座谈。山东、新疆等全国各地到丽水考察农村电子商务的客人200余批次。《人民日报》专题刊发《看浙江丽水——"一张网"如何统筹城乡》宣传丽水农村电子商务；《浙江日报》头版头条刊登《丽水农村万名青年做创客》文章；第三届中国"淘宝村"高峰论坛期间，新华社、中新网、中央电视台、中国之声、《大公报》、《文汇报》等主流媒体广泛宣传报道丽水农村电商发展经验；《加强服务型团组织建设，夯实党执政的青年群众基础——以丽水共青团服务农村青年电商创业为例》的专题研究，被团中央《中国共青团》杂志作为全团经验典型进行宣传推广。

8—10月，由团市委、市商务局、市人力资源和社会保障局联合举办

"互联网+青春的力量"——丽水青年网上创业季活动在丽水举行。创业季内容有青年创业荟、青年创业行、青年创业赛等三大类9项活动。

【共青团基层基础建设】 2015年，团市委召开共青团基层基础建设现场会，以区域为主、功能为辅的原则推进"双网互动"(组织化引导、自主式管理、组团式服务，对青年实现"网络"与"网格"、现实与虚拟的多重覆盖，逐步构建以团为核心的"双网互动"的青少年组织体系)，全市划分网格6714个，网格团组织覆盖数5290个，建立网格日常管理服务队6431支、青少年专业服务队1099支、培育网格青年骨干6015人。以学校共青团固本强基工程为抓手，开展"魅力团支部"评选，丽水学院团委获全国大学生暑期社会实践优秀组织单位，丽水职业技术学院团委获全国大学生KAB创业教育基地。新建非公有制企业团组织133家、直属团组织189家、农村合作组织团组织324家、新社会组织建团68家。

【青少年思想引领】 2015年，团市委以纪念"五四"运动96周年和建团93周年为契机，开展"红领巾相约中国梦•核心价值观记心中""优秀传统文化在身边""我眼中的秀山丽水""我的十四岁青春宣言"等主题活动1000余场次。以纪念抗日战争暨世界反法西斯战争胜利70周年为主题，举办"一起探秘军营""上一堂国防课""文化进军营"等活动，召开大中专学生思想政治工作座谈会。以"奋斗的青春最美丽"为主题，评选"青年楷模""大学生创业之星""向上学子""功勋辅导员""团干标兵"青春榜样50人和最美浙江少年、美德少年145人。推进"青年之声•丽水"建设，建立下级组织204个，总成员数25697人，心理、法律等专家联盟80人。加强共青团矩阵网络体系建设，"丽水青年"微信公众号综合影响力进入全省前列。共青团"54青年网军"形成规模，组建一支包含网评员、网宣员和青年网络文明志愿者在内的17000人的作战部队，参与清朗网络、指尖护卫大阅兵、最美的逆行、为抗战士兵正名、里东大救援等10余起网络舆论斗争和"青春微梦想""青春微志愿""青春微舞台"网络文明宣传活动190余场次。

【农村电子商务服务青年就业创业】 2015年，全市农村电子商务销售总额60.61亿元，农村电子商务企业(网店)9792家，同比增长17.28%，从业青年人数24526人，同比增长10.49%。承办全国农村电子商务现场会、第三届中国淘宝村高峰论坛、青年华侨领袖论坛，丽水市和遂昌县分别列为浙江省共青团帮扶农村青年电商创业工作示范市、示范县，遂昌县获全国唯一农村电子商务强县创建先行县。形成农村电商"三大模式"，丽水农村电子商务服务中心公共服务模式向全国8个市县输出，赶街模式在全国13个省份布点，形成以"北山狼"公司为龙头，以个人、家庭以及小团队开设的分销店为支点，以户外用品为主打产品，以北山狼产品为依托的农村电子商务"北山模式"。全市建立农村电商服务站2025个，建设青年"众创空间"、网商创业园22个，共入驻青年创客企业、网店400余家。全市有全国电子商务百强县5个(云和、缙云、庆元、松阳、龙泉)、全国淘宝村15个，中央电视台、《人民日报》、《浙江日报》等主流媒体连续对丽水农村电商进行深入报道。举办青年电商创业创富大赛、青年网上创业季等活动73场，直接参与青年15000余人；推进青年丽商回归，全市回归创业网商78人，网络销售额4亿余元，带动当地就业480人；开展青年就业创业培训10578人次，其中网络创业培训7500人，实现创业就业1500余人；组建丽水本土创业导师团60人，结对帮扶网创青年120余人，建立青年创业见习基地25家，对接网创青年742人；发放青年创业小额贷款2200余笔，3

缙云电子商务(北山村北山狼)　　许小峰 提供

亿余元；针对网商信贷特点，与市邮储银行签订三年战略合作协议推出"一次授信、随贷随还"的邮青时贷项目。通过服务青年创业创新创优活动，潘东明获全国青年创业奖和省十大杰出青年，吕振鸿、包火旺获首届全球创客和全国农村青年致富带头人等称号。

【志愿服务工作】 2015年，团市委开通"志愿丽水"网上服务平台，出台《关于推进志愿服务制度化的实施意见》《丽水市社区志愿服务工作流程》和《丽水市关于推动团员成为注册志愿者工作计划(2015—2017)》，开展"绿色行动""微笑行动""惠民行动""阳光行动""平安行动"等"五大行动"，重点推进"微笑丽水"志愿服务系列品牌项目建设，丽水市中心医院团委"关爱侵华日军细菌战受害幸存者'暖心'帮扶志愿项目"获第二届中国青年志愿服务项目大赛铜奖。开展随手拍、随手记、随手清、随手比、随手画、随手评、随手捐、随手学的"八个随手"系列活动和以"比干劲、比宣传、比效果、比口碑、比规范"为主要内容的志愿服务行动段长擂台赛、"我是志愿者，我为示范街代言"公益行动、青春助力"633"、"爱心丽水"志愿服务广场进社区、助力"五水共治"争戴优秀小卫士章等系列志愿服务活动687场次。做好摄影文化节、全省美丽城乡建设现场会、城市"无车日"、交通文明劝导等主题志愿服务工作。至年底，全市注册志愿者总人数198854人，参与志愿服务249916人次，服务时长73万余小时。

【"团干部如何健康成长"大讨论活动】 5—12月，团市委组织在全市开展以"自省自励、懂得感恩，克服缺点、虚功实做，坚定信念、远离贪腐"为主题的"团干部如何健康成长"大讨论活动。讨论活动分为学习、讨论、落实三个阶段，内容有举办"团干部如何健康成长"专题学习交流活动，开展"健康成长三问计"、"一对一"谈心交心活动、"走转改"大宣传大调研、"一联八"大走访等系列活动，召开专题组织生活会，建立完善组织生活制度、政治学习制度、密切联系青年制度、党风廉政建设制度、团员青年监督评议制度等，召开座谈会47次，走访青年763人，征求到青年意见1848条，完成调研文章《加强基层服务型团组织建设，夯实党执政的青年群众基础》，并向市委提交《关于丽水市共青团干部队伍建设情况的报告》和《关于丽水市少年儿童和少先队工作情况的报告》。

【青少年综合服务平台建设】 青少年综合服务平台是共青团组织使用管理的公益性、综合性服务场所，共青团面向社会、面向青少年的各类服务平台的总称。2015年，团市委向上级争取资金236万余元，将青少年综合服务平台建设与赶街、家家店、村邮站等模式进行有机整合，组建市、县级青少年综合服务中心10家，乡镇(街道)青少年综合服务站160家，网格层级青少年综合服务点1249家，创建松阳县青少年综合服务中心、景宁澄照乡青少年综合服务站2家省级示范性平台。

【第四届青少年文化节】 5月4日晚，由市委组织部、市委宣传部、团市委、市人力社保局、市教育局联合举办的"奔跑吧，青春"——"青春丽水"第四届青少年文化节开幕式暨"我的青春榜样"评选表彰晚会在丽水开幕，评选出"青春楷模""团干标兵""功勋辅导员""大学生创业之星""向上学子"等"青春榜样"50人。4—6月，第四届"奔跑吧青春"青少年文化节期间，以"奔跑吧，青春"为主题，分为"青春秀、青春赛、青春行、青春展、青春荟"五大项目，开展"红领巾相约中国梦·核心价值观记心中"、经典诵读大赛、"优秀传统文化在身边"、"我眼中的秀山丽水"、"我的十四岁青春宣言"离队入团等子活动16项。

【首届"邮储银行杯"农村青年电商创业创富大赛】 8月12日，由团市委、市商务局、市经信委、市人力资源和社会保障局、中国邮政储蓄银行丽水分行联合主办，丽水市农村电子商务服务中心协办的首届"邮储银行杯"农村青年电商创业创富大赛在丽水开幕。全市9个县(市、区)的70余个参赛团队通过初赛、复赛，最终有"跨界整合的农村租赁业""蚂蚁搬家公社网""运用自媒体电商帮老百姓卖东西""竹木太阳眼镜速卖通跨境电子商务""菌菇+禽类开包即可炖"等20个项目入围总决赛。总决赛分为创业组和创意组两个组别，各评选出一等奖1名、二等奖2名、三等奖3名。活动期间，邮储银行丽水分行与获奖团队专门签订"邮青时贷"信贷产品合作意向。团市委与邮储银行丽水分行签订战略合作框架协议签约，达成"六个10"合作内容，即力争3年发放创业贷款10亿元、择优选派10名金融挂职干部、选树10个优秀青年创业典型、评选市级农村信用示范户10户、开展"邮储阳光行动"专项活动10场、邮储银行每年重点为10名农村青年致富带头人协会优秀会员提供优质服务。

【第三届中国"淘宝村"高峰论坛】 12月24日，由丽水市政府和阿里巴巴集团共同主办的第三届中国"淘宝村”高峰论坛在丽水大剧院召开，经济专家学者嘉宾10余位，以及全国各地淘宝镇35个、淘宝村代表300余个参加论坛，探讨“淘宝村”与农村电子商务发展大计。市委书记王永康、省商务厅副厅长徐高春、阿里巴巴集团总裁金建杭出席论坛并致辞。著名经济学家、北京大学国家发展研究院教授周其仁，中国社科院信息化研究中心主任汪向东，北京大学社会学系教授邱泽奇，阿里巴巴集团副总裁兼集团政策研究室主任高红冰等在论坛上作主题发言。论坛上发布《互联网+绿水青山——农村电商“丽水现象”透析》图书、央视《淘宝村》大型纪录片预告片；授予丽水市“农村电子商务研究基地、淘宝商学院、省共青团帮扶农村青年电商创业工作示范市”等称号；公布“2015年度全国淘宝村名单”，其中丽水市新增淘宝村10个，总数15个。

【关爱青少年成长】　2015年，分类推进重点青少年群体教育管理和帮扶工作，服刑人员未成年子女、不良行为青少年、闲散青少年帮教率分别达100%、100%、99.9%。推进青少年禁毒教育基地建设，深化青少年法治宣传教育，开展“小手拉大手、交规齐遵守”“远离伤害——青春自护教育”青少年平安自护活动218场次。深化“共青团与人大代表、政协委员面对面”活动，提交建议提案27条，形成调研报告10篇，开展倾听活动33次，《关于加快丽水农村电子商务建设，助力山区经济科学发展的建议》被评为市人大代表优秀建议和优秀承办件。建立一支94人组成的青少年事务社工专业人才队伍数据库，成立一支36人组成的青少年维权专家服务团队。联合霞光社工服务中心、晓丽爱心传递站、绿谷心理健康研究所等社会组织开展贫困帮扶、心理疏导、课业辅导、青春自护等青少年服务项目45场次，帮扶青少年群体1万余人次。创新推广希望工程模式，通过公益众筹进行捐赠，共筹资513.3万元，资助贫困大学新生1968人。深化“12355”青少年服务台建设，累计接听热线17042人次，受理案件2433件，办件率100%；“轻松备考•12355与你同行”阳光行动，开展宣讲讲座36场次，走进学校、社区交流活动30余场次，累计接听咨询考前减压电话126个，跟踪服务特殊考生35人。

【发展团属事业】　2015年，团市委加强“全团带队”工作，召开少工委三届四次全会，举行第二届少先队活动课教学观摩研究活动，落实少先队活动课程建设。指导完成全国少先队学会“十二五”10项课题，遂昌县实验小学605成长乐园中队获全国少先队先进集体。建立青年社会组织数据库310家，开展“团聚青公益”丽水青年社会组织户外定向挑战赛、“春暖童心”青年社会组织陪你过年等活动。牵头成立青年书法家协会、青年摄影家协会、青少年宫协会。落实民族地区“手拉手”活动，全市有65所学校246个中队6827名学生与新疆新和县青少年结对。组织3名电商专家到新疆新和县，为当地青年开展电子商务创业培训；为贵州六盘水举办农村电子商务专题培训班6期；市中心医院团委选派2名团委委员、优秀青年医生赴新疆新和县、西藏那曲开展医疗援助工作；举办“从心开始，共赢未来”两岸青年交流活动、“两岸一家、青春同行”海峡两岸青少年联谊会（缙云站）和“圆梦、文化、神州行”第三届两岸青少年单车天使神州公益（景宁站）骑行活动。　（叶吴玮）

丽水市妇女联合会

【概况】　2015年，全市发放来料加工费17.45亿元，同比增长11.29%。年底，累计培育规模以上一级经纪人2015人，带动全市20万名来料加工从业人员（其中5.95万名扶贫重点村农民）参与来料加工，年人均增收7731元。全市申报“美丽”示范村31个，申报美丽庭院示范户90户，妇字号农家乐申报“丽人”民宿33家。8月27日，中共中央政治局委员、国家副主席李源潮到位于义乌国际商贸城的庆元县来料加工服务中心考察指导工作，对丽水市的来料加工工作给予充分肯定。

【建设美丽庭院】　2015年，市妇联开展“美丽主妇、美丽庭院”创评、“美丽行动•十村十品”示范村（点）创建和首届创意花卉评比等活动，广泛组织和动员妇女群众投身创建工作。12月1日，与龙泉市政府联合在龙泉市举办“全市巾帼助力美丽城乡建设暨美丽庭院创建现场会”。举办“美丽行动•十村十品”示范村（点）负责人培训班，依托院校成立“美丽帮帮团”不定期到现场指导，引导广大妇女群众参与美丽乡村建设。全年市县妇联先后组织27个考察团到市内外学习参观创建典型，135个村召开动员会、座谈会、培训会等500余场次，培训妇女群众4.6万余人次。

【来料加工扩面提质促增收】　2015年，市妇联提出“来料加工+”的新发展模式，按“基地化集聚、规范化管理、品牌化发展、电商化营销”目标，打造“丽人”来料加工的升级版，帮扶低收入农户增收。注册全国首个“巧手丽人”来料加工品牌，组团参展省、市农博会和义博会等各类展会。举办第二届来料加工旅游商品设计大赛，以展赛促进来料加工产品品质提升。引导集中加工点"个转企"总计1085家。推进来料加工实现从"来料加工"到"来料制造"，从"丽人加工"到"丽人创造"延伸。依托"丽人"来料加工发展总部建立创客培训基地，培育女性创业创新的众创空间。建设来料加工网络服务平台，全市已有181名规模以上经纪人从事电子商务，销售额1.3亿元。整合各县（市、区）在义乌的联络处的力量，在省来料加工推广中心建成100平方米、展品1000余种的"丽水来料加工展洽服务中心"，9个县（市、区）实现资源、信息共享最大化，为丽水来料加工经纪人与国内外客商的零距离对接提供更优质的服务。加大运费补贴、发展奖励、培训补助等扶持政策，全年落实信贷支持农村妇女创业增收贷款4020万元，同比增长20.8%。实行分级分类培训，突出对移民、下山脱贫、灾后安置点和扶贫重点村农户的加工技能培训。全市5.95万扶贫重点村农民、1.39万下山脱贫点农民参与来料加工，扶贫重点村发放来料加工费4.6亿元。建成来料加工孵化基地5万余平方米，入驻企业54个。义乌九成以上的手工围巾加工业务由庆元县承接，浪莎、梦娜、雪歌、太平鸟等诸多全国知名品牌的产品加工环节在丽水完成。墨言文具、菲可童装、俊浩箱包等自有品牌不断涌现，产品已进网店、进民宿、进旅游景点，进入全国大中城市，远销欧美、中东、非洲等国家和地区。

【志愿服务】 2015年，市妇联鼓励城镇妇女岗位练兵、岗位成才，全市申报创建省级巾帼文明岗53家单位，申报创建市级巾帼文明岗35家单位。组建"美丽帮帮团""巾帼志愿河长"等志愿者队伍18支，开展清河治水、洁净村庄、送法律服务等志愿服务500余次，参加人数6000余人次。市、区妇联联合启动"美丽行动助力全国文明城市创建"活动，13支志愿者队伍从2015年8月10日起连续4个月，每天晚上8—10点，在市区主要路段开展宣传、文明劝导、拾捡垃圾烟头等常态化服务，助力丽水市全国文明城市创建。11月13日，莲都区雅溪镇里东村发生山体滑坡，组织心理志愿服务队员到灾区，给受灾村民提供心理疏导服务。筹集救灾资金30万余元。

开展"最美家庭"宣传活动　　吴　伟　提供

【妇女儿童关爱工程】 2015年，市政府妇儿工委办出台《丽水市妇女儿童发展"十三五"规划编制工作方案》，开展妇女儿童发展两个规划编制和"十二五"规划终期监测评估培训。争取上级各类项目支持，为3.56万名妇女开展免费"两癌"筛查体检。"妇女健康月"期间，邀请省级专家举办女性健康知识讲座10次，参加人数2000余人次。全市累计5000余名"爱心妈妈"与留守儿童结对，近千名在校学生与留守儿童结成"成长伙伴"。推进"千万父母进家长学校"活动，举办家庭教育指导师培训班，招募志愿者开展家庭教育大巡讲活动。共举办讲座300余场，受训家长10万人次。深化"平安家庭"创建活动，创建率100%。举办男女平等国策实施20周年暨"法治丽水丽人先行"和"送法下基层暨关爱儿童成长"宣传活动，组织市女法律工作者协会等单位团体，招募巾帼志愿者为广大市民提供法律咨询宣传活动。发挥市预防和制止家庭暴力委员会、婚姻家庭指导中心、婚姻家庭纠纷人民调解委员会等阵地作用，维护好妇女合法权益。全年妇女来信来访化解率98%以上。（吴　伟）

人事　劳动　社保

【概况】　2015年，丽水市人力资源和社会保障局（以下简称"市人力社保局"）围绕市委、市政府工作部署，落实"民生报表"十大指标，提升为民能力，增强惠民实效，推进民生保障、人才人事、劳动关系、自身建设等工作。全年办理议案和建议15件（其中主办5件），提案36件（其中主办5件），涉及工资待遇、养老保险、医疗保险等热点民生问题，办结率100%，满意率100%。市审批中心社保窗口全年受理办件24525件，其中行政许可69件，所有事项均在承诺时间内办结，实现零投诉。局门户网站发布信息550条，"丽水人社"微博关注25373人，发布信息2278条。连续5年获市政府综合目标责任制考核优秀。

人　　事

【概况】　2015年，全市招考公务员733名（其中特警7名），参加考试13794人。会同市委组织部首次组织实施选调生村干部选聘工作，全市计划招考选调19人。招考浙江省2015年人民警察学员26人，提前招录浙江省警察学院2016年毕业生33人。市直机关面向县（市、区）基层公开遴选公务员20人。实施职位职级并行制度。组织2014年度3507名市直机关单位公务员（工作人员）年度考核工作，其中，优秀613人、称职2813人、不称职1人、不定等次80人。完成222名公务员和176名参照公务员法管理事业单位工作人员日常登记工作。做好人员调配工作，调动166人，其中，调入54人、调出12人、市本级之间转任47人、调任3人。做好非领导职务审批工作，确认公务员科级非领导职务143人，其中，占职数主任科员30人、副主任科员43人，不占（超）职数主任科员15人、副主任科员52人。全省率先开展基层林技人员定向委培工作，定向招聘林技委培生40名。制定《关于加强丽水市中小学专业技术岗位结构比例管理的通知》《关于市直事业单位岗位管理制度实施后有关问题的处理意见》。事业单位人事管理信息系统（丽水市人事人才管理系统）运行平稳，全年网上办理相关人事管理业务1426件。全年招（选）聘事业单位工作人员337人，其中，引进高层次专业技术人才131人（其中博士研究生13人、硕士研究生63人），紧缺人才18人。面向社会公开招聘242人，面向事业单位公开选聘3人。年底，全市事业单位2651家，从业58884人，正式在册52218人，其中，管理人员6430人、专技人员46024人（其中双肩挑3085人）、工勤人员2849人，其他（非正式）从业人员6666人。全年参加考核9275人，其中优秀1385人，合格7176人，不定等次714人。全年办理事业单位工作人员调配186人，其中，调入159人，调出27人。查处市农科院等单位及个人"吃空饷"案件4起共5人，涉及金额211.6万元。批准初定中级资格76人、初级资格547人。完成职称证书补证、换证107人次，其中高级16人次、中级91人次。各中评委评审通过中级职称2222人、初级职称948人，高评委评审通过正高级职称62人、副高级职称523人。3月，确定张文辉等7人为市138人才工程第一层次培养人员，褚福永等53人为市138人才工程第二层次培养人员。获省151人才工程联席会议审定通过第三层次培养人员12人。6月，审核发放年度市138人才工程培养人员跟踪考核科研资助14.4万元、省151人才工程入选人员省级资助36万元。为享受国务院津贴对象20人发放14.4万元。开展2015年度省、市专技人才及现代服务业高层次人才高级研修班项目申报工作，确定并完成市级高研班项目10项，其中，被列入省专技人才二类研修班1项、省现代服务业高研班2项，拨付省资助经费9万元、市人才专项资助经费12万元。全年市本级完成专业技术人员公需课程培训4579人次。编制《2015年度紧缺人才开发导向目录》，收录全市四大类产业2015年重点发展领域140个紧缺岗位，人才需求1850人。与浙江维康药业有限公司等10家市级重点企业技术创新团队签订团队建设任务书，落实第一年资助经费150万元。审核符合条件租住人才公寓对象98人，其中，机关单位3人，企事业单位95人。审核申报享受高层次人才一次性安家补助符合条件人员126人，发放一次性安家补助333.68万元。审核发放引进高层次人才享受购房补贴56万元、租房补贴2.4万元。全市各级人才管理服务部门组团外出招聘111次，引进各类急需紧缺人才和高层次人才1367名，其中硕士、博士260名。全年新开拓合作高校5家，与22所重点高校及10家人才服务中介机构建立“人才金桥”合作关系。启动“百名博士入百家企业人才引领计划”，确定首批挂职企业高层次人才42人。出台《丽水市高层次人才钻石卡服务实施办法（试行）》，分别协调全市AAA以上景区及13家合作酒店设立35个高层次人才接待处。办理高层次人才证卡1022人次，开展健康体检3068人次，审核支付8人柔性引才补助资金32万元。对市本级面试考官重新登记，清退不符合规定的面试考官，举办第一届公务员主考官培训班，全市138名科级以上领导干部参加培训。国资营运机构公开招聘5次，招收合同制工人27人，其中16人进入市直国资营运机构。举办“丽水三宝”新苗人才培训班，参加培训31人。在西安交通大学举办市138人才工程培养人员培训班，参加培训41人。全年组织各类人事考试21个类别33场，参加考试4.1万人次，查处违纪违规人员88人。全年制作各类证书12327本。

【规范评比表彰工作】 2015年，市人力社保局完成市委、市政府“8·20”抗洪救灾先进集体和个人行政奖励推荐评选工作，其中，记集体二等功7个、三等功11个、嘉奖17个，记个人二等功9人，三等功25人，嘉奖62人。开展“创卫”工作行政奖励申报审核工作，会同国土、农业、信访、党史、物流等部门（行业）做好国家和省级先进系统推评工作。提请市政府给予市审计局行政记二等功奖励。

【军转安置】 2015年，市人力社保局全市接收转业干部16人，其中正团职4人、营职8人、连职2人、技术干部2人。经审查，符合市区安置条件10人，其中，正团职4人、营职5人、技术十级1人；安置莲都1人、缙云2人、青田1人、松阳2人、遂昌1人。安置随军家属10名，其中，团职干部家属4名，营职干部家属6名。

“百名博士入百家企业人才引领计划”推进会　　李鑫飚　提供

【企业工程职称评审】 2015年，市人力社保局接收正常申报材料1559人，评审通过中级职称927人、初级职称220人。开展企业自主评价试点，浙江永通科技股份有限公司等8家企业评审通过工程师资格175人、助理工程师资格88人。组织直接申报工程师资格评审，通过工程师资格74人。

【建立国家级博士后科研工作站】 5月20日，市人力社保局召开全市博士后工作推进会议，对全市28家博士（博士后）工作站进行政策培训，对2014年度新设立博士工作站进行授牌。浙江金马逊公司、浙江山蒲公司获批建立国家级博士后科研工作站，实现全市国家级博士后建站单位零的突破。浙江畅尔公司等9家市博士工作站被列入省博士后工作站“先设站后授牌”备案单位。争取市委人才专项建站资助120万元，拨付建站资助40万元。丽水农科院等3家博士后工作站招收博士后研究人员3名。博士徐金标获省博士后科研择优资助3万元，办理博士后生活补助1人、5万元，办理博士后一次性安家补助2人、6万元。市委人才专项给予博士后择优资助配套奖励2人、4万元。

【首次开展首席专家遴选工作】 2014年，市人力社保局出台《丽水市“首席专家”选聘和管理办法（试行）》文件，2015年，成立丽水市“首席专家”遴选专项办公室，负责实施市“首席专家”岗位设置、人员选聘、奖励和管理等工作。设置为期三年丽水市首批“首席专家”岗位34个，遴选出市中心医院韦铁民等34人为首批“首席专家”。

【引智项目】 2015年，全市引进国外智力项目获批数22项，其中，获批国家级引智项目3项、省级重点项目1

项、省级常规项目13项、省级百村引智示范基地5个，获资助经费71.85万元。全市聘请外国文教专家资质单位32家，其中新增5家，聘请外国专家112人，办理外国人来华工作许可30件，办理外国专家证41件。4月，组织6家单位赴深圳参加第十三届中国国际人才交流大会，与1家外国专家组织达成机械制造技术合作意向。5月，组团赴英国、德国参加海外人才智力对接活动。6月，组织10家企业30余人参加第十七届浙江投资贸易洽谈会海外高层次人才智力洽谈活动，达成合作项目3个。10月，组织16家单位赴北京参加2015年浙江—北京高层次人才洽谈会、浙江—北京新能源、新材料、电子信息、环保类人才招聘会和外籍人才招聘会，推出招聘职位92个，各类人才需求168人，接收求职简历147份，其中，博士41人、硕士98人、本科8人，46人与用人单位达成初步就业意向。

【人才招聘】 3月15日，由市政府主办，市委组织部和市人力社保局承办"2015年浙江省丽水市—武汉高层次、高技能人才招聘会"在武汉举办，102家招聘单位(其中，事业单位55家，企业47家)推出880余个岗位。接收求职简历1098份(其中，博士3名，硕士173名)，达成意向343名。全年分别组织全市教育、卫生系统及经济开发区等企事业单位赴合肥工业大学、安徽医科大学、安徽医学高等院校及山东大学和山东师范大学等五所重点高校召开校园人才招聘会。

【高级人才联合会成立高技能专家委员会】 6月30日，高级人才联合会高技能专家委员会成立，成员主要涵盖茶艺、美食、美容美发、根艺、木制玩具、电工等18个行业，会员29人。

市高级人才联合会高技能专家委员会成立会议　　李鑫飚　提供

至此，高级人才联合会已设立9个专家委员会，会员272人，比2014年新增会员93人。

劳　　动

【概况】 2015年，市人力社保局审核机关事业单位正常晋升、岗位变动、工资调标、职务级别工资变动等业务，开具各类工资批复1635份31256人次，审核相关人员工龄确认材料458份，办理机关事业单位退休手续266人，复核认定市直及下属县(市、区)技师、高级工资格86人，审核机关事业单位亡故人员一次性抚恤金100人。审核审批基本工资、规范津补贴、绩效工资，市本级机关单位3568人、事业单位9100人、机关事业离退休3800人。全市规模以上企业"双爱"参与率100%，已建工会规模以下企业"双爱"参与率94.07%。加强保证金缴纳管理和审计工作，完成建设局滞留保证金归并清理对接工作，接收保证金154笔，合计超过2000万元。截至2016年1月，市本级360余家建筑企业缴纳保证金2亿余元。全市劳动监察机构调解处理案件460件，办结各类案件704件，其中，办结欠薪案件600件，清欠金额7888.14万元，涉及职工7030人；参与处理因欠薪引发重大事件107件，涉及3809人，涉及金额6876.43万元；动用政府应急周转金垫付劳动者工资697.13万元；社会应急联动"110"出警158起。全市劳动监察机构主动监察各类用人单位6705户，劳动保障书面审查19592份，处罚案件106件。办理涉嫌拒不支付劳动报酬罪移送公安机关案件12件、涉及338人、300.98万元。开展整治非法用工专项检查，检查用人单位2067户，查处违法案件51起，责令支付工资及赔偿金总额2742.3万元。增设派出庭6家，聘任专职仲裁员7名，特聘劳动人事争议(兼职)仲裁员25名。全市办理仲裁调解书497份，办理案件48件，涉及662人、538.61万元。立案受理案件3702件、459人、涉案经济标的9071.06万元，结案3502件，结案率94.6%，其中，调解结案3055件，调解率87.2%。各级劳动仲裁法援工作站接待来访咨询4367人，提供法律援助1838件，涉及1876人、3527.06万元。其中，市本级劳动仲裁法援工作站接待来访咨询1262人，提供法律援助568件，涉及劳动者568人，其中，本市人员133人，外来务工人员435人。全年培养高技能人才4966人，完成省定目标141%。职业技能培训3.4万余人。入选第五届浙江省工艺美术大师35人、首批“丽水三宝”新苗人才22人、首批丽水市“五养”技能大师60名、丽水市“高技能人才培训优秀导师”10人。确定卢伟孙等15人为丽水市“传统工艺学科带头人”。曾慧明、张晞、叶品勇3位高技能人才获省级“首席技师”称号。新建丽水市技工学校等高技能人才培养示范基地7家、市级“技能大师工作室”10家。组织“金蓝领”培训，季益法、黄铁参加法国机电一体化制造培训班，吕磊、应凯分别参加台湾工业机器人、网络管理培训班，蒋建伟参加德国汽车技术培训班。全市职业技能鉴定人数40015人次（不含全国全省统考），其中，市本级鉴定人数达13982人次，同比增长24%；高级工以上高技能人才4324人次，完成省厅下达目标任务123%。与市职业技术学院联合编写《劳动保障协理员》国家题库通过省鉴定中心专家组验收，《摄影师》培训包开发项目通过专家审定。

【发布最低工资标准】 2015年度两档最低月工资标准分别为1530元和1380元，比上年度分别增长13.3%和13.1%。发布市区193个职业（工种）人力资源市场工资指导价位。联合民政局发布养老护理员工种工资指导价位。发挥协调劳动关系三方机制作用，集体合同签订率和工资集体协议签订率均为98%。全年共审批许可特殊工时企业32家。开展丽水市年度薪酬调查工作，发布年度职工社平工资，比2014年增长9.01%。全市城乡居民人均可支配收入增长8.8%，其中，城镇居民人均可支配收入32875元，同比增长8.1%。

【开展重点产业岗位技能提升千人培训】 2015年，市人力社保局在信息、养老、环保、制药、时尚等重点行业，组织安排千名以上电子商务师、养老护理员、污水处理工、药物制剂工、茶艺师、美容美发师等参加政府补贴岗位技能提升培训，1460人参加并获相应岗位国家职业资格证书，其中，高级技师11人、技师241人、高级工595人。

【直接认定高级技师工作】 2015年，市人力社保局开展企业技能自主评价“321”工作，建立评价基地138家，参加自主评价4068人，合格发证3215人。对获得市“大师工作室”“首席技师”“五养大师”的技能大师65人，直接认定为高级技师。

【下放高级工鉴定工作】 2015年，丽水市首次下放高级工鉴定工作，各县、市开展本土特色的高技能人才培养和鉴定工作，其中，龙泉市开展龙泉青瓷技师鉴定，青田县开展青田石雕高级工鉴定，庆元县开展竹制品工高级工鉴定，遂昌县开展行车工高级工鉴定。全年全市鉴定高级工以上高技能人才4324人次，其中，高级技师77人，技师528人。

就业和社会保障

【概况】 2015年，市人力社保局出台《丽水市人民政府办公室关于进一步促进普通高等学校毕业生就业创业的实施意见》《丽水市人民政府关于支持大众创业促进就业的实施意见》。全市新受理就业登记725人次，发放租房补贴1667人次、429.21万元；发放就业补贴242人次、73.09万元；发放困难高校毕业生求职补贴79人次、11.75万元。实名登记离校未就业高校毕业生506人，帮扶率100%，就业率100%。新增见习基地56家，推出见习岗位1740个，安排620人，发放补贴420人次、363.31万元。认定就业困难人员3690人次，发放社保补贴6517人次、1959.89万元。开发公益性岗位81个，安排就业困难人员22人。全市举办“百千万”工程培训班499个，参加培训29883人，补贴1716.32万元。创业培训8350人，完成目标642.3%。农村劳动力转移就业技能培训17087人，完成目标216.29%。认定市、县（市、区）两级创业定点培训机构64家。全市失业保险费率统一由工资总额3%调整为2%。全年全市城镇新增就业15498人，完成年度目标110.7%。引导和帮助7188名城镇失业人员实现再就业，其中就业困难人员2595人。创业培训8350人，完成年度目标642.31%。城镇登记失业率2.93%，控制在4%目标以内。全市组织专场招聘53次，3500多家单位提供招聘岗位8万余个。走访就业困难人员和零就业家庭352户，登记认定未就业困难252人，就业困难人员实现就业625人，就业困难人员享受政策667人，企业招聘就业困难人员144人。全年职介所登记招聘单位3414家、招聘9672人，登记求职8435人次，成功就业5733人。做好高校毕业生就业服务工作，全年审核盖章毕业生就业1660余人，应届毕业生办理报到手续814人。做好各项人事代理服务，全年新增集体代理单位3家45人，集体代理2152人。办理集体户口落户2人，迁出3人，挂市人才中心集体户1827人，流动人员人事档案商调手续700余人。开展业务经办标准化建设，全市社保办事大厅办件量超过100万笔。全市企业基本养老保险参保59.94万人，同比净增11.86万人。启动机关事业单位养老保险制度改革，全市机关事业养老保险参保7.11万人，同比净增843人。全市城乡居民养老保险参保91.14万人。市人力社保局下发《关于将部分地产新药纳入我市基本医疗保险支付范围的通知》，15种地产新药纳入市基本医疗保险支付范围。至年底，全市社保卡持卡264.56万人，养老保险参保158.19万人、医疗保险参保237.92万人、工伤保险参保56.79万人、生育保险参保23.9万人、失业保险参保21.9万人，基本实现医疗保险全覆盖。城镇职工基本养老保险基金收入51.05亿元，同比增长167.28%。基本养老保险基金支出37.38亿元，累计结余61.08亿元。全市职工基本医疗保险参保38.27万人，同比净增1.31万人。全市城乡居民基本医疗保险参保199.65万人，同比减少78.55万人。城镇职工基本医保基金收入10.96亿元，同比增长12.37%，基金支出8.3亿元，累计结余15.2亿元。全市工伤保险参保56.79万人，净增14.16万人。工伤基金收入1.25亿元，同比增长1.63%，基金支出1.11亿元，累计结余1.44亿元。全市生育保险参保人数23.90万人，净增1.78万人。生育基金收入5213万元，同比增长26.07%，基金支出3663万元，累计结余8388万元。被征地农民基本生活保障制度与职工基本养老保险制度并轨，全市被征地农民转保职工基本养老保险16万人，转保率81%。全市社区管理服务人员17.16万人，社会管理服务率96.52%。完成社会保险待遇资格认证56841人，其中异地认证3915人。组织参加城镇职工基本医疗保险企业退休人员健康体检24410人。开展全民参保登记工作，至年底，全市现有户籍人口数269.9万人，登记267.15万人，登记率98.98%；调查84.66万人，调查完成率100%。开展12333咨询服务，全市受理各类咨询电话19.16万个，其中，市本级受理10.28万个，同比增长94.2%，各县（市）受理8.88万个，同比增长101.3%，短信发送20余万条。

【建立创业孵化园】 2015年，市人力社保局与浙江瓯微软件有限公司签订共建创业孵化园协议，首次认定省级创业示范园2个、市级创业园6个、县级创业园8个。举办大学生职业（创业）生涯大赛、“瓯微 & 跨星创业园路演大赛和大学生走进智慧小镇”、丽水青年电子商务创业创富大赛等活动。完善创业导师库、创业培训师资库、创业项目库。全市现有创业导师159人，创业培训师资48人，创业项目154个。全市组织农村电商培训5428人、2515个行政村建村级电商服务站1931个、工作人员2306人。全市新增农村电商创业4900人，累计14227人，新增农村电商创业带动就业12588人，累计39065人。

【网络招聘培训】 2015年，市人力社保局创建网络招聘集市日，举办各类实体及网络招聘会21场，参会单位902家（次），提供岗位21960个，达成意向4310人，录用649人。新增“最新职场咨询”“人力资源管理师网络培训”等平台。全年网站新增企业会员405家，个人会员975人，总点击量600000人次。通过网上培训4555人次，举办各类实体培训7期，参加培训863人次。

【调整养老金】 1月1日起，对2014年12月31日前办理退休（退职）手续人员，按月人均230元额度调整基本养老金，对高级专业技术人员、高级技师和高龄人员等群体再适当倾斜。退休人员定额调整部分为125元，退职人员全省统一按每人每月110元标准调整。挂钩调整部分是根据退休（退职）人员缴费年限（含视同缴费年限）每满1年（不满1年按1年计算），每月增加5元。同时，对2014年12月31日男年满70周岁、女年满65周岁的每人每月加发30元，1953年底前参加工作的按照缴费年限长短分别加发50~70元。3月，调整企业退休人员基本养老金，惠及全市企业退休（退职）人员13.2万人，月人均调整额239元，全年全市增加基本养老保险基金支出3.8亿元，调整后人均养老金1878元/月（不包括社区综合补贴150元/月），平均缴费年限20.4年。从1月1日起，城乡居民基本养老保险基础养老金由原来每月100元调整为120元，受惠35.48万人，年增加基金支出8500万元。计划外长期临时工晚年生活补助费标准由790元调整为870元。

【提高医保待遇】 2015年，市人力社保局下发《关于将格列卫等15种药品纳入大病保险支付范围有关事项的通知》，将15种特殊药品纳入大病保险报销范围，按乙类药品目录纳入公务员补助支付范围，同步开展配送及赠药管理服务工作，至年底，全市参保人员使用特殊用药备案434人，在市内特殊药品供药单位实现实时刷卡结算。提高大病保险报销比例和最高支付限额，个人累计负担超过2万元以上报销比例从50%提高到55%，年度最高支付限额从10万元提高到20万元。

【扩大医疗保险支付范围】 2015年，市人力社保局下发《关于进一步扩大城镇职工基本医疗保险个人账户支付范围的通知》，将医保目录外所有的治疗性药物、诊疗服务和一次性耗材等发生的医疗费用，及参保人员因病情需要转外就医发生的由个人按规定比例自付医疗费用，均纳入个人账户历年累计结余支付范围。

【调整普通门诊报销政策】 2015年，城乡居民基本医疗保险参保人员在参保地基本医疗保险定点基层医疗卫生机构享受与等级医院同等门诊待遇，发生的符合基本医疗保险政策规定普通门诊医疗费用800元及以上部分报销比例提高到50%。

【开展工伤预防国家级试点工作】 2015年，市人力社保局下发《关于调整全市工伤保险行业基准费率及浮动费率办法的通知》，对全市工伤保险费率和浮动费率办法进行调整并统一，减轻企业负担。实现工伤认定、劳动能力鉴定等工作信息化管理。组织工伤保险专题培训3期，参加培训600余家。全市受理工伤认定4999起，工伤发生率从2014年的1.56%降到1.01%。市本级工伤认定受理983起，其中开展调查核实751起，调查率76%，组织劳动能力面检24期、鉴定2538人次。

【生育医疗费用纳入基本医疗保险支付范围】 2015年，市人力社保局解决灵活就业人员已参加基本医疗保险但生育医疗费用无处支付问题，下发《关于丽水市生育保险若干问题的通知》，将全市生育医疗费用统一纳入基本医疗保险支付范围，提高生育保险参保人员的生育医疗待遇。

【加强医疗定点单位管理工作】 2015年，市人力社保局进行定点单位处方药分类登记销售，并将所有治疗性的目录外药品和诊疗项目都纳入到历年个账支付范围。完善和细化服务协议管理，对公立医院、民营医院、门诊部和药店实行不同要求的管理，公立医院侧重费用控制，民营医院侧重出入院等基础管理，门诊部和药店侧重规范管理，对年度考核等次在优秀以下单位实行暂留按比例扣款。实行视频监控管理定点门诊部和药店，减少串换药品等违规现象。

【完善复合型医保付费工作】 2015年，市人力社保局通过总额预算控制管理，实行分类实施预算。对综合性医院，实施以次均费用和人次人头比双向控制的预算管理。主要接诊群体为精神疾病及老年病、慢性病参保人员的定点医疗机构，实施床日付费结算管理。门诊就医费用，按项目付费结算，通过事后审核强化管理。全年医疗总费用4.9亿元，同比增长9.8%，支出3.4亿元，同比增长8.3%。

【开展稽核审核工作】 2015年，市人力社保局对两定单位药品进销存进行盘点，追回违规金额32.08万元。加强重复待遇稽核报销材料、两地社保经办机构系统比对等方式，追回违规工伤待遇27.1万元、养老保险待遇29.34万元。加强医疗费用审核，市本级定点单位审核扣款470万元。开展定点单位异地巡查工作，现场巡查市本级、缙云、青田、松阳、遂昌等统筹区定点单位105家。完成2014年度医疗费总额控制清算工作，其中，对市本级执行预算指标到位、控费工作得力的医疗机构奖励90.19万元，对超预算指标的医疗机构扣回清算款107.83万元。

【开通社保网上办事大厅】 2015年，市人力社保局实现单位和个人社保信息查询服务覆盖全市，除松阳县，开通县市人力社保网上办事大厅，实现用人单位网上“零距离”办理社保业务和24小时全天候服务，全年网上办理社保增员3.1万人次，减员3.6万人次，分别占同类业务量的47%、33%，其中在非上班时间办理的业务量占35%。年度缴费基数网上申报单位3028家18万人。莲都、景宁两地学生网上办理参保缴费13万人次。全市用人单位网上注册6439家，其中，通过身份认证、绑定动态密码令牌2238家。

【整合城乡居民系统】 2015年，市人力社保局从“属地化服务”向“网点化服务”转变，大部分业务实现全市范围内通办，城乡居民可就近办理各项业务，全年城乡居民市内跨县办理业务3847笔，县内跨乡镇办理业务8.3万笔。通过信息共享、系统控制、业务协同等举措，处理重复领取社保待遇人员4.1万人，终止已享受职工养老保险待遇参保5000余人，职工五险系统抵扣城乡居民重复领取1215万元，通过个人账户余额、丧葬费等追回多领待遇285万元。1月1日起，全市城乡居民医保参保人员持卡可在全省“一卡通”医院实时结算。全年全市经办城乡居民社会保险业务95万笔，社保费征缴3.77亿元。

【社保卡应用】 2015年，全市新增申领人数25.4万人，新增持卡83万人；卡中心制卡215844张，制卡周期同比缩短8天。全年申领社会保障卡264.56万人，实际持卡235.94万人，全面替换原农保卡，实现城乡居民社会保障卡医保一卡通；社保卡零星代扣6.4万人次1200万元、批量代扣89.2万人次1.83亿元，代发职工养老保险近1.2万人、1.04亿元、参加体检25116人。推行银医合作项目，在市本级、龙泉、庆元、松阳等县市医院实现社保卡、就诊卡双卡合一。全年医保联网结算平台刷卡1255万人次，医疗费交易43.79亿元。其中：跨县市刷卡166万人次，医疗费交易13.69亿元；市外省内刷卡22万人次，医疗费交易3.73亿元。 （李鑫飏）

外事　侨务　台务

外事工作

【概况】　2015年，丽水市出访团组23批；接待来自世界各地的考察团和外国友人40批492人次；全年办理因公出国（境）审核审批310人次，实际成行299人次。因公护照、通行证收缴率100%。协助处理涉奥地利公民陈贝贝领事保护事宜；协助处理老挝籍新娘VANG　LEE悔婚案；协助处理塞尔维亚诈骗案；为“赴越娶妻，身陷囹圄”当事人罗晓锋提供帮助；办理外国领馆领事照会，提供相关协助，保护当事人合法权益等。丽水市与韩国丽水市、日本三岛市、智利塔尔卡市在友城互访、文化交流等工作取得新进展。意向与澳大利亚怀恩市、柬埔寨王国暹粒省暹粒市结友好城市。全年办理邀请外国人来华审批手续41批61人次，审批人数同比增长11%。拓展代办因私签证和领事认证服务，代办因私签证137人次，领事认证470份，APEC商务旅行卡12张。5月22日，召开涉外部门联席会议，通报交流2014年全市涉外工作情况，布置2015年工作任务。6月24—25日，全市外事工作季度例会在缙云县召开，邀请省外办软件开发商中科软工程师胡双贵就因公出国（境）管理系统业务进行专题辅导。会上，进行全市外事工作座谈交流，布置因公出国境绩效评估工作，并对绩效评估工作进行业务培训。5月27—29日，省外侨办与丽水市举办“外国签证官看侨乡走进丽水”活动。来自德国、比利时、新西兰、葡萄牙等20个国家驻华使领馆签证官27人参加活动。10月16日，市政府与瑞士中国学人科技协会共同举办中瑞科技交流会，市开发区、丽缙产业园区领导及来自瑞士和中国科技型公司20余人参加会议。

【法国电视台拍摄松阳古村落】　6月11日，法国电视台驻中国记者走访丽水市松阳县四都乡西坑村、平田村及三都乡杨家堂村。录制保存相对完整古村落，祠堂、祖堂、历史民居、堰渠、风水塘、道路、石桥、碑刻等特色节目在法国电视台播出，节目反映中国城镇化建设的发展，了解丽水及松阳的民俗风情、古居遗风。松阳古村落是浙江省三大古村落群之一，也是浙江最有代表性的古村落。至2015年底，松阳县保存较为完整的古村落有50余个，保存相对完整的古镇有2个。

【主要出访】　4月8—17日，市委常委、统战部部长廖思红率团赴新加坡、新西兰、澳大利亚开展侨务、民族文化考察及友好交流。4月15日，丽水市与澳大利亚怀恩市签署《建立友好交流关系意向书》，标志两地开展交流与合作进入一个新阶段。

6月13—21日，市长黄志平率团赴瑞士、德国、瑞典学习考察。代表团访问瑞士卢加诺、德国伍珀塔尔市政府，拜访瑞士中国学人科技协会，对接在丽水合作举办中瑞科技文化交流会工作。

【主要到访活动】　7月3—5日，德国专家华侨投资考察团等30余人到丽水开展投资考察和项目推介活动，市长黄志平接见考察团。考察团一行考察丽水城市规划馆和中岸至小木溪东侧区块，意向开发高端养生养老业或休闲度假游乐业类项目。

8月5—7日，柬埔寨王国暹粒省省长钦文松等一行14人到丽水开展友好访问。市长黄志平会见代表团。两市签署《建立友好交流关系意向书》。

12月11日，俄罗斯驻上海总领事叶夫西科夫一行到丽水交流访问，市委副书记、代市长朱晨会见访问团一行。双方为推动合作发展和互利共赢共同努力。

【友好城市交流】　3月13—15日，韩国丽水市韩中友好协会会长朴相娥一行到丽水访问。

4月1—3日，韩国丽水市议会议长

朴正采等一行11人到丽水友好访问，市人大常委会主任虞红鸣会见访问团。

4月7—10日，智利塔尔卡市副市长比斯托索·阿斯塔布·鲁卡等一行6人到丽水市友好访问，副市长任淑女会见访问团一行。

8月20日，市外侨办主任邢长勇携市乒协成员与日本三岛市乒乓球代表团在杭州进行乒乓球友谊赛，进一步拓宽民间交流形式。17~23日，丽水市花园中学组织学生代表团赴日本三岛市进行友好访问。

11月4—11日，日本三岛市国际交流协会会长平出利之等一行8人到丽水访问，并参加中国第十六届国际摄影艺术展览暨2015中国·丽水国际摄影文化节，副市长林亮会见代表团。6~8日，韩国丽水市市长朱哲铉等一行5人到中国丽水访问，并参加中国第十六届国际摄影艺术展览暨2015中国·丽水国际摄影文化节，代市长朱晨会见代表团一行。（黄亦丹）

华侨事务

【概况】 2015年，全市侨务系统贯彻“绿水青山就是金山银山”战略指导思想，推动经济社会发展。推进华侨城项目实施，召开项目评审和项目汇报会。组织侨商“走出去”，加强互动交流。4月，接待意大利青田同乡总会一行12人到丽水投资考察；6月，组织侨商赴宁波参加第十七届浙洽会，其间召开丽水代表团客商座谈会，侨商们积极建言献策；7月，组织侨商赴武汉参加第十五届华侨华人创业发展洽谈会；11月，组织市侨商会会员赴河南参加国侨办倡导的“侨资企业西部行”活动，市侨商会与三门峡市外侨办签订框架合作协议。推动“请进来”，引导侨商回归投资。7月，接待德国专家华侨投资考察团一行30余人到丽水考察，分别到丽水经济技术开发区、丽缙科技产业园区考察座谈，丽水经济技术开发区与全德华人社团联合会代表蒋平签署备忘录；9月，接待西班牙青田同乡会一行11人到丽考察。编印完成《海外华侨回归创业投资指南》第1辑，并在市“两会”期间向参会代表、委员发放。配合市委、市政府督查组，对各县（市、区）开展为侨服务长效机制落实情况督查，针对重大涉侨信访案件和涉侨投资项目，查摆存在问题和难点，推动涉侨信访案件及时妥善处理和涉侨投资项目推进。市委办、市府办出台《关于加强全市涉侨工作统筹协调的通知》，从建立健全涉侨工作机制、建立完善涉侨统筹制度、规范涉侨接待和出访、加强涉侨社会组织管理、强化对涉侨工作统筹协调督查五方面，加强国内侨务工作。10月27日，第三届丽水华侨大会开幕式在丽水举行，50余个国家（地区）360余名侨界代表参加会议。召开第二届丽水市侨商协会理事（会员）代表大会。举办海外华裔青少年“中国寻根之旅”夏令营活动。承办“2015浙江省华商企业家中国经济研修班”。11月13日，莲都区雅溪镇里东村发生山体滑坡灾害，造成重大人员伤亡和财产损失。灾情发生后，11月15日，丽水市侨商会会长团成员、海外侨团发起倡议，为灾区捐款。12月18日，市侨商会账户收到捐款244860元、欧元14989.50元，其中，侨商会成员捐款金额106100元，海外侨团及个人捐款人民币138760元，欧元14989.50元。及时掌握和应对涉侨突发事件，了解西班牙马德里代号为“蛇”的抓捕行动情况，掌握国内外华侨、归侨、侨眷对丽水市开展拆除基督教堂十字架专项行动的意见，编写简报供市领导参阅。维护侨权侨益，全年受理来信来访78件、办结78件。全年全市接受侨胞捐赠1246.8万元。做好华侨回国定居审批工作和“三侨生”升学政策加分资格审核工作。全年审批华侨回国定居证6338份；审核高考“三侨生”身份证明230份，全部通过省侨办验审。开具华侨身份证明17件。推荐参评第四批重点华侨华人创业团队。

【召开第二届丽水市侨商协会理事（会员）代表大会】 10月26日，召开第二届丽水市侨商协会理事（会员）代表大会，中国侨商会副会长、浙江省侨商会会长廖春荣，省侨联党组书记岑国荣，省外侨办副主任王通林，市委常委、统战部部长廖思红，副市长林亮等到会祝贺。会议推荐产生第二届侨商会理事（会员）225人，选举产生第二届侨商会领导班子。国和控股集团有限公司董事长陈乃科连任会长，希邦实业董事长何晓娟当选监事会监事长。

【推进华侨城项目】 华侨城项目是2015年市重点推进的10个项目之一，市外侨办是项目责任单位，牵头做好项目协调推进工作。4月15日，市外侨办组织召开华侨城项目评审会议，市建设（规划）局、市国土局、市经合办、市发改委、莲都区政府等部门负责人，及项目投资方代表等侨商应邀参加。会议交流讨论设计方案。6月，牵头召开华侨城项目协调会，会议围绕华侨城项目规划选址、土地评估、房屋拆迁及招商政策等情况，探讨项目推进过程中存在的问题。7月9日，市领导听取华侨城项目汇报，王永康、黄志平等市领导出席会议。会议认为，项目设计方案整体可行，功能定位以旅游为主，增加游乐产业、文化创意产业的业态经营；以欧洲风格建筑，招商政策针对侨商特定群体，给予“一事一议”优惠政策；安置房建设问题，市委、市政府将专题研究。10 月 8 日，市政府召开第 4 次招商项目汇报会，听取华侨城等 3 个项目进展情况汇报。王永康、朱晨等市领导参加会议，市外侨办主任邢长勇和华侨城项目投资方分别作项目工作汇报，会议就项目功能定位、经营业态及项目政策方面提出具体要求。

2015 省华商企业家中国经济研修班在丽水举行　　王伟丽　提供

【“访侨企送服务”活动】　3 月 16—17 日，中国侨商会副会长、省侨商会会长廖春荣带领经贸、金融、法律等专家一行 10 人，到丽水开展“访侨企送服务”活动。市委书记王永康、市长黄志平等市领导及有关县、部门负责人先后陪同考察和参加座谈。廖春荣一行走访青田起步（中国）儿童用品有限公司、侨乡进口商品城等侨资企业，以及丽水经济技术开发区东扩区块用地，通过座谈交流、咨询服务等方式，对侨资企业代表反映的企业面临融资难、扶持政策等问题，做出解答并提出一系列可行性建议。

【“中国寻根之旅”夏令营活动】　7 月 20—31 日，市侨办与丽水职业技术学院联合举办 2015 年海外华裔青少年“中国寻根之旅”夏令营——浙江营·丽水分营活动。来自意大利、德国、西班牙等 9 个国家 62 名海外华裔青少年和 18 名本市优秀贫困学生参加夏令营活动。同时，在青田举办青田石门中学分营和华侨中学分营，各有 69 名海外青少年参加活动。

【举办华商企业家中国经济研修班】　11 月 24 日，市外侨办与市委人才办、市侨联、丽水学院华侨学院联合承办“2015 浙江省华商企业家中国经济研修班”，来自捷克、希腊、波兰、意大利、西班牙、德国等 18 个国家和地区 51 名华商企业家应邀参加。学员们围绕跨境电商与互联网金融、跨境电商行业分析及政策解读、电商平台整合与运营、双“十一”后电商方向与跨境电商、平台操作流程及运营安全介绍、国际结算业务等内容进行系统学习，并考察丽水电商平台山山商城。

【“侨资企业西部行”活动】　11 月下旬，市外侨办组织市侨商会考察团一行 12 人，到河南开展国侨办倡导“侨资企业西部行”活动。考察团先后考察郑州、三门峡、洛阳和鹤壁等地，听取项目介绍，进行座谈交流。市侨商会与三门峡市外侨办签订框架合作协议，就侨务资源挖掘与利用、侨商会平台建设、招商引资引智引技等方面达成合作协议。

【推荐参评第四批重点华侨华人创业团队】　4 月，根据国侨办开展第四批重点华侨华人创业团队评选工作的通知精神，丽水市外侨办根据评选条件，遴选推荐 3 个团队参评，分别为保加利亚侨胞章利民为首的起步（中国）儿童用品有限公司团队、美国侨胞刘进军为首的新一代靶向性抗肿瘤 1.1 类新药研发团队、澳大利亚侨胞满志红为首的智能控制系统创业团队。

【丽水华侨基金管理有限公司成立】　5 月 28 日，浙江华侨产业发展基金丽水华侨基金管理有限公司挂牌成立。中国侨联副主席朱奕龙，中国前驻法大使、中国国际经济交流中心副理事长赵进军，省外侨办副主任王通林，市委常委、统战部部长廖思红，浙江华侨产业发展基金总裁杨宇潇，丽水华侨基金董事长郭胜华，市侨商会会长陈乃科等出席开业活动。丽水华侨基金管理有限公司注册资本 1000 万元。经营范围：股权投资管理及相关咨询服务（除证券期货）。成为丽水市首家投资国企、央企和地方政府类优质项目基金管理有限公司。　（王伟丽）

侨联工作

【概况】　2015 年，丽水市归国华侨联合会（以下简称“市侨联”）完成市委、市政府主办的第三届丽水华侨大会相关工作。履行参政议政职能，关注侨界民生，全市侨界人大代表、政协委员共提交提（议）案 107 件，其中提涉侨议案 10 件。全年各级侨联接待信访来访人员 113 余人（次），办结率 98.5%，开展海外侨领协助调解涉侨

5 月 11-12 日，市侨联在松阳开展“爱心书屋”捐建活动 鲁 铮 提供

案件审判工作，协助调解案件 303 件，参与调处涉侨民商事纠纷，调解撤诉率 93.2%，送达有关法律文书，协助送达文书 520 件。全市侨界人士参与扶危济困、捐资助学、捐资赈灾等公益、慈善事业，捐献资金 760 万元。11 月 13 日，里东村发生山体滑坡灾害，侨界爱心人士捐款 130 万元。全市侨联系统接待海外侨团近 150 余批 4000 人次，向其介绍丽水良好生态优势和产业优势。开展“同心暖侨”活动，莲都区侨联为侨服务中心开设 24 小时服务电话，免费提供咨询服务和帮助办理各类证件，定期在社区举办家电维修活动。市侨联参与“引‘侨’治水”项目和缙云县举办全球华侨华人共祭轩辕黄帝大典被评为全省侨联系统最具影响力工作。实施侨商“蜂巢行动”和与青田县侨联共同举办全省“华侨与抗战”暨纪念中国战争胜利 70 周年图片展并被评为全省侨联系统最具创新性工作。青田县侨联被省人劳社保厅、省侨联联评为 2014 年度全省侨联系统先进集体。市侨联主席项芳云当选省侨联副主席，被省人劳社保厅、省侨联联评为 2014 年度全省侨联系统先进工作者。市侨联鲁铮被评为 2011—2015年度全国侨联系统维权先进个人。

【开展“侨商回家——走进丽水”系列活动】 2015 年，市侨联实施侨商“蜂巢”行动，搭建承接侨商回归平台，全市侨联系统组织 80 余批次 4000 名有意回归丽水创业的侨商，到丽水经济开发区、莲都区、青田、缙云、遂昌、景宁等地参观考察并推介项目，促成一批侨商回丽投资意向。全市侨联系统直接或间接引进在丽水投资项目 25 个，投资总额 101.6 亿元。

【举办“侨智聚绿谷·创新引未来”主题系列活动】 2015 年，市侨联落实市委提出“人才强市”战略，加强市海外留学人才了解丽水建设发展，引导留学人员智力返乡、人才回归，实现创业报国梦想。市、县级留联会先后开展系列活动：6 月 18 日，市侨联和市留联会举办第二届“侨智聚绿谷·创新引未来”主题系列活动，邀请市电子商务公共服务中心主任刘思威分析跨境电子商务现状和发展方向，回国优秀海归代表现身创业创新说法和农村电子商务经验介绍。组织 15 名留学生和有意从事跨境电子商务和海外仓建设的侨商代表到金华、杭州等地考察“一带一路”。4 月 23 日，遂昌县侨联成立留联会。8 月 12 日，庆元县侨联到红色革命教育基地百山祖斋郎村开展“重走红军路·凝聚家乡情”主题活动座谈会，邀请来自美国、法国留学生及家属 10 余人参加活动，与侨联干部共同接受党史教育。缙云县留联会助力海外留学人才回报家乡，举办“智汇石城·才富缙云”缙籍海外学子创业行活动，邀请来自澳大利亚、法国、俄罗斯等国家（地区）20 余名海外学子参与活动，探讨互联网+创业等话题。

【“亲情中华·汉语桥”夏令营浙江青田营】 7 月 20 日—8 月 2 日，由中国侨联和国家汉办主办，丽水市侨联协办，青田侨联承办的“夏令营”在青田江南实验学校举办，来自西班牙、意大利、德国、葡萄牙、比利时、希腊、巴西等 11 个国家 70 名华裔青少年参加。夏令营期间，营员们学习汉语课程，了解中国书法国画，练习中国武术、民族舞蹈、剪纸、民乐及家乡的民俗等，体验家乡风情，接受中华民族文化传统教育。

【举办传承中华文化系列活动】 3 月，市侨联推荐上报仙都黄帝祠宇和青田华侨历史博物馆参加中国侨联组织的首批华侨国际文化交流基地评选活动获成功并挂牌。9 月，电影《华侨村官》首映式在青田县举行，电影以展现青田华侨村干部形象和新农村建设成就为主线，集中反映侨乡巨变，中国山村与世界逐步形成密切联系，个人梦想和时代使命相结合。省政协副主席、侨联主席吴晶在首映式上宣布开映。10 月 21 日（农历九月初九），市侨联协助举办轩辕黄帝祭祀活动，邀请省侨联青年总会全体成员 70 余人及奥地利浙南商会、欧洲华侨华人青年联合会等侨团负责人参加活动，提升侨乡丽水的知名度。（鲁 铮）

台湾事务

【概况】 2015年，市台办首次组织全市台办系统干部50余人参加涉台业务知识培训。协助省台办举办长三角对台经贸合作研讨会。组织对台文化、教育、医卫、民宿等领域交流交往活动15场次，接待到丽水参访台胞台商351人次。组团参加“南投2015美人腿节”活动，丽水市代表队6位选手获奖。缙云、莲都、青田等地开展“旅台乡亲故乡行”活动，返乡乡亲200余人次。开展青少年交流活动3次，举办“两岸一家、青春同行”为主题的2015年缙籍大陆新娘携子女回家探外婆活动、以“从心开始、共迎未来”为主题的两岸青年交流系列活动，举办2015丽水国际轮滑公开赛暨海峡两岸及港澳地区轮滑邀请赛。与国台办海峡两岸出版交流中心共同组织策划，开展“《魅力东方》走进丽水”系列宣传报道，台湾中天电视台、联合报系等媒体为全市各地拍摄《魅力东方》电视专题片，并通过台湾主流媒体传播。

【对台经贸合作】 2015年，市台办开展丽台民宿产业调研，形成《借鉴台湾经验　打造山居品牌　助推丽水民宿经济持续快速健康发展》调研报告，得到省台办领导和市委、市政府领导批示。3月，开展“台商看园区、园区访台商”活动，会同丽水经济开发区组织机器人联盟赴台考察，邀请中华两岸科技协会理事长黄富琮一行到丽水考察；5月，邀请南投梅子梦工场负责人张胜正到丽考察，对接考察机器人产业合作事项；7月，邀请台湾工业机器人协会理事长柯千禾一行到丽水，参观访问丽水经济开发区、丽缙五金产业园区等地。10月，邀请台湾工业机器人协会理事长柯千禾一行到丽参加浙江省“机器换人”推进会暨机器人产学研对接会。全年市本级完成合同引进外资500万美元，实际利用外资500万美元。

【对台交流交往】 2015年，市台办做好对台交流品牌建设，围绕民宿经济、乡村旅游、文化创意、养生健康等领域，深化和推进缙云黄帝文化、景宁畲族文化、庆元香菇文化、遂昌汤公文化、龙泉剑瓷文化、松阳茶产业文化、云和木玩文化等交流品牌，全市举办两岸茶叶文化交流、两岸“共祭轩辕黄帝”、两岸少数民族文化交流等活动。开展对台教育、医卫、养生健康等领域交流。台湾台南大学校长黄秀霜、副校长庄阳德一行到丽水访问并与丽水学院签订合作协议。丽水学院、市中心医院等组织医卫专家、技术人员赴台培训交流。市民政局组织养老机构负责人、管理骨干赴台进行养生健康服务专题培训交流。

【对台联络联谊】 3月26日，召开市台联第七次代表大会，完成新一届理事会换届工作。市本级、缙云县、莲都区、青田县台联会先后举办台联会成立30周年庆祝活动。开展丽台青少年交流活动3场110人次。缙云县举办2015年缙籍大陆新娘携子女回家探外婆活动，45名旅台乡亲参加。市本级和莲都区邀请台湾青年团一行33人到丽参加“从心开始共迎未来”两岸青年交流系列活动。邀请中华台北代表队33人参加2015丽水国际轮滑公开赛暨海峡两岸及港澳地区轮滑邀请赛。推进“1+1”旅台乡亲故乡行活动。缙云县、莲都区和青田县先后举办故乡行活动3场次140人次。

【召开全市对台工作会议】 4月，市台办对台工作领导小组扩大会议暨全市对台工作会议在丽水召开，80余人参会。市委书记王永康出席并讲话，市委副书记朱晨作工作报告。市领导廖思红出席，副市长任淑女主持会议。王永康肯定全市对台工作取得的成效，并要求进一步加强丽台合作交流，加强与台湾农会、乡村旅游协会、民宿协会、茶产业协会等团体的交流，学习借鉴台湾民宿经济、农家乐综合体、休闲农庄、生态旅游、生态精品农业等方面的成功经验。会议强调，要把握和平发展主题，推进对台交流合作，尤其在生态经济发展上开展重点交流，推进丽水绿色生态发展共促“两岸一家亲”。

【“为台服务月”活动】 2015年，市台办落实省委、省政府“北接上海、东引台资”战略目标，4月，全市台办系统连续三年开展“为台服务月”活动，通过走访调研、送政策入企、举办知识讲座等形式，走访调研台资台属企业90家，走访慰问台胞台属35人次，接待到丽水台胞175人。

【召开市台胞台属联谊会第七次代表大会】 3月26日，丽水市台胞台属联谊会第七次代表大会暨台联成立三十周年庆祝会在丽水召开。市委副书记朱晨出席会议并讲话。省台属联谊会副会长王洪兴致辞，廖思红、任淑女、吴炳全等市领导出席会议。市台联六届理事会会长夏金星汇报市台联六届理事会工作、庆祝台联成立三十周年，并选举产生七届理事会组成人员，程海南担任会长。举办丽水市台联会30周年书画摄影展，收录书画、摄影作品60余幅。（郑剑巍）

法　　治

综　　述

【概况】 2015年，全市党委政法委系统认真贯彻落实中央、省、市关于平安建设、法治建设和政法队伍建设的一系列决策部署，坚持目标导向、问题导向和绩效导向，深化政法综治维稳大调解和平安建设各项工作，开展“三严三实”专题教育和政法系统正风肃纪活动。连续十一年（2005—2015年）被省委、省政府命名为“平安市”，连续六年（2010—2015年）被命名为“综治优秀市”，2015年，平安建设人民群众安全感为97.70%，再次位居全省第一。

【维护公共安全】 2015年，市委政法委关注“五水共治”“三改一拆”“四换三名”“六边三化三美”等经济转型升级重点工作推进过程中出现的涉稳问题，依法处理污染环境、破坏生态、阻碍重点工程建设、妨碍执行公务等行为，对治水拆违等工作中可能引发信访、矛盾纠纷的苗头隐患，早摸排、早发现、早疏导，化解在当地、解决在萌芽状态。推出升级版“河道警长”，539名“河道警长”各就各位全程贴身护水，先后查处涉水污染刑事案件8起，采取刑事强制措施23人。依法严厉打击危害食品药品安全、非法行医、污染环境等违法犯罪，查处重大安全生产事故、重大食品安全事件背后的职务犯罪。关注电子商务、物联网、P2P网贷平台、互联网支付等领域违法犯罪新趋势，关注电信（网络）诈骗、非法集资、传销、金融诈骗、合同诈骗、商业贿赂等违法犯罪新动向，关注“逃废债”、欠薪、劳动争议等问题。强化经济犯罪案件查处，全年立案151起，同比上升55.7%，涉案总价值达116亿元，同比上升37.7%，破131起，同比上升74.7%，破获非法集资类案件24起，涉案金额12亿元，查封冻结房产、存款等共计2.8亿余元。

【开展排查化解管控社会风险专项行动】 2015年，市委办、市府办联合下发《丽水市排查化解管控社会风险专项行动方案》，市平安办、市综治办、市委维稳办下发《丽水市排查化解管控社会风险专项行动工作分工》，深入推进丽水市社会风险排查化解管控工作，重点围绕政治安全、经济秩序安全等7大项和暴力恐怖威胁、邪教组织活动等27个小项进行深入细致的排查，排查各类风险隐患137件，及时有效落实化解措施，确保全年未发生影响社会稳定的重大事件。

【完善稳评工作机制】 2015年，市委维稳办健全完善重大决策社会稳定风险评估机制，把稳评工作作为决策的“前置程序”和“刚性门槛”，共完成各类评估事项352件，所评项目均未引发重大涉稳案事件。推进第三方稳评工作，召开第三方稳评工作座谈会，培育第三方稳评机构9家。坚持矛盾纠纷每月排查分析报告制度，有效防止因决策不当引发矛盾。

【建设立体化社会治安防控体系】 2015年，丽水市出台《关于加强社会治安防控体系建设的实施意见》，围绕“更快地破大案、更多地破小案、更准地办好案、更好地控发案”，坚持专项打击与重点整治相结合，健全对黑恶势力、涉枪涉爆、盗抢骗、黄赌毒等违法犯罪活动的常态化打击整治机制，实现命案、五类恶性案件连续四年全破，“两抢”案件连续四年下降。开展危爆物品寄递物流清理整顿和矛盾纠纷排查化解专项行动，加强邮件、快件寄递和物流安全管理工作，通过多种渠道、多种手段加大排查力度。做好肇事肇祸等严重精神障碍患者救治救助工作，严防个人极端案事件的发生。开展社会治安重点地区排查整治，完成省级挂牌社会治安重点地区——莲都区紫金街道华敦街整治，完成市级挂牌社会治安重点地区10个点整治。

【加强两网融合工作】 2015年，市综治办深入推进浙江省平安建设信息系统与“网格化管理、组团式服务”两网融合，全市重新划分网格4767个（原来网格6655个），配备专（兼）职网格员10768人。推进县乡两级社会治理综合指挥平台建设，落实“以奖代补”政策，开通PC终端和平安通4603个（其中平安通2979部），“平安通”客户端占比已达网格总数的62.5%。对网格员采集上报的信息，逐级在网上及时进行分析梳理、流转交办、督办反馈。全市新开通乡镇基层所站账号713个、县级部门账号102个，初步建成事件处理网上网下联动工作体系，县级指挥平台共流转交办事件2081件，基本形成全市社会治理“一张网”工作格局。

【执法监督工作】　2015年，市委政法委开展防止冤假错案33项制度贯彻落实情况专项执法检查，有效防范冤假错案的发生。开展全市“醉驾”犯罪案件专项执法检查，通过案件评查等方式，对全市2014年度“醉驾”犯罪案件执法规范化和量刑规范化情况进行检查，并督促做好查纠整改。开展案件评查工作，全市政法机关共评查各类案件386件，其中无问题案件275件，占评查案件数的71.24%，瑕疵案件111件，占评查案件数的28.76%，未评查出错案，未发现办案人员违法违纪情形。用好司法救助资金，推动涉法涉诉信访案件的有效化解，市本级共审批救助个案28件，审核救助金额70.4万元，经司法救助的涉法涉诉信访案件当事人全部签订息诉罢访协议书，息诉罢访率达100%。

【法学研究工作】　2015年，市法学会举办“百名法学家、百场报告会”丽水专场报告会、“法律治理与丽水绿色生态发展”学术研讨会和全市法学论文写作培训会，10月，市法学会被中国法学会授予第十届中国法学青年论坛“优秀组织奖”，并连续5年获“全省法学会系统先进集体”称号。

【强化考核问责】　2015年，丽水市针对平安建设工作中存在的问题，切实加强责任倒逼，市委先后对6个县（市、区）和20个市级部门的主要领导及分管领导进行约谈。缙云县委启动“平安县”考核问责程序，对3个单位进行通报批评，对8名干部作出党纪、政纪处分。（洪大伟）

公　安

【概况】　2015年，全市公安机关深化“平安丽水”“法治公安”“美丽公安”建设，为维护社会政治稳定、治安持续安定和人民安居乐业做出积极贡献。共立刑事案件1.88万起，同比上升12.77%，其中命案18起、“两抢”案件186起，分别同比下降30.77%、19.83%，五类恶性案件35起，同比上升16.67%。侦破现行案件6137起，破案率29.92%，同比下降13.83%，侦破积案2422起，同比下降45.24%。命案、五类恶性案件连续第4年全破。成功侦破“10•31”纵火案、“10•12”杀人分尸案等一批重特大案件。在“11•13”莲都区雅溪镇里东村山体滑坡抢险救援中出动警力6500余人次、车辆810余辆次、警犬12条，通过检测DNA及其他手段确认38名遇难者身份，为抢险救援攻坚战的全面胜利和保持社会面的持续稳定做出贡献，被《人民公安报》等媒体宣传报道。举办丽水公安首届警察文化艺术节。群众安全感满意率97.7%，居全省第一。深化公安改革，先进典型经验在《平安时报》上做系列报道，获省委常委、公安厅厅长刘力伟批示肯定，并以《局小志不小，人少才不少》为题头版头条在《平安时报》刊登。围绕创建全国文明城市、“三改一拆”等中心工作，结合文明样板街建设、633环境整治等专项行动，实行网格化管理，为拆除71万平方米违章建筑提供执法保障。全年接处警58起，参与大型整治行动3批次，调解纠纷31起，警情发生率同比下降7.3%。2015年，市公安局被市委、市政府评为综合考核优秀市直单位。1人被公安部授予全国抗战胜利70周年纪念活动安全保卫工作突出个人，6个集体和8人立二等功，33个集体和146人立三等功。10个派出所和10人分别被评为全市公安机关2015年度“十佳美丽派出所”和“十佳优秀派出所民警”。市公安局交警支队在年度交警系统执法质量考评中综合排名第一名、执法业务知识测试第一名和交通事故案卷考评第二名。是年，市公安局有内设科级行政机构36个、科级事业单位1个。下辖莲都、青田、缙云、遂昌、松阳、云和、景宁、庆元、龙泉和经济开发区10个公安（分）局，全市实有公安派出所89个，民警3529人，占全市常住总人口的1.32‰。57个派出所实体运作“警调衔接”机制，其中建立驻所工作室48个，通过“警调衔接”机制调解矛盾纠纷9088起，占总数46%。

【打击经济犯罪】　2015年，全市公安机关受理各类经济犯罪案件248起，立案207起，破案195起（含年前案件38起），移送起诉案件197起，抓获犯罪嫌疑人193人，抓获逃犯29人，挽回经济损失6436.09万元。其中，立非法集资类案件24起，破案25起（含年前案件1起），涉案金额12亿余元，抓获犯罪嫌疑人32人，查封冻结房产、存款等2.8亿余元；立打假类案件46起，破案38起，抓获犯罪嫌疑人40人，其中成功发起青田打击假冒意尔康品牌集群战役和云和打击假冒宝洁品牌集群战役2起，捣毁窝点10个，抓获犯罪嫌疑人8人，涉案金额1000余万元。4—12月，开展“猎狐2015”专项行动。抓获在逃境外经济案件犯罪嫌疑人6人，成功劝返宁波、温州等地公安机关立案的犯罪嫌疑人2人；成功劝返在逃境外职务犯罪案件犯罪嫌疑人2人。市局经侦支队被公安部评为该项行动成绩突出集体，1人被评为突出个人并立二等功。6—12月，开展投资咨询类公司金融风险排查专项活动，出动警力1000余人次，排查各类企业762家，收集梳理涉嫌犯罪线索20余条。

【打击刑事犯罪】 2015年，全市公安机关构建打击犯罪新机制，提出“更快地破大案、更多地破小案、更准地办好案、更好地控发案”，将侦破、防控命案作为公安主业中的关键点，成功侦破莲都“10•31”放火案、开发区“10•12”少微山碎尸案等一批社会影响大的疑难命案，连续第4年实现命案全破，其中缙云、松阳县公安局分别实现命案连续第15年、18年全破。全年立刑事案件2.05万起，同比上升25.18%，其中命案18起，同比下降30.77%，五类恶性案件35起，同比上升16.67%，盗窃案件1.50万起，同比上升33.37%，“两抢”案件186起，同比下降19.83%。侦破现行案件6137起，破案率29.92%，同比下降13.83%，侦破积案2422起，同比下降45.24 %。命案、五类恶性案件破案率100%；抓获犯罪嫌疑人4270人，同比上升2.64%。6—12月，开展打击通讯（网络）诈骗专项活动。其间，共立案1672起，破获年内案件317起，同比上升204.8%；打击处理犯罪嫌疑人68人；止损37起、止损金额325.85万元；追回赃款231.30万元。

【打击网络违法犯罪活动】 2015年，全市公安机关重点打击利用黑客技术实施的网络盗窃、诈骗、侵害公民个人信息等侵财型、涉众型犯罪，集中整治利用网络发布信息、设立网站、通讯群组实施的高发性犯罪。全年受理主侦网络案件152起，侦破94起，抓获犯罪嫌疑人166人；配侦各类刑事案件716起，其中市局机关126起、县级518起、市外72起。成功侦破省厅督办的特大网络贩卖枪支案、10余起通过微信群、QQ群传播色情视频图片案、全国扫黄打非办督办的“6•24”组织淫秽色情表演案和“9•9”该市首例黑客通过互联网入侵公安信息系统特大案件。共发现上报网上“黑卡”电话号码线索11842条，依法关停电话号码2056个，共组织运营商、市场监督管理局开展联合检查27次，发现上报违法实体销售渠道33家，发现违法销售网店220家。共破获刑事案件320起，抓获犯罪嫌疑人590人，打掉团伙74个；查处治安案件231起，治安处罚343人。“黑卡”整治专项行动成绩列全省三类地区第一。6月始，全市公安机关部署开展“净网”专项行动，打击黑客犯罪、网上贩枪贩毒、网络赌博、网上淫秽色情等犯罪活动。至年底，共办理93起，抓获犯罪嫌疑人171人。配合排查涉网线索案件210起，勘察电脑、手机190台。该行动成绩列全省三类地区第一名。

【开展网上公开执法】 2015年，市公安局以“丽水网警”身份在“新浪微博”“腾讯微博”“百度贴吧”“微信公众号”“今日头条”开展互联网公开执法活动。全年公开执法131次，落地查证118人，教育训诫56人，治安拘留9人。“三公开三主动”（公开亮相，主动执法；公开接触，主动打拉；公开宣传，主动防范）工作经验在省公安厅网警总队的工作简报上刊登。

【打击涉毒违法犯罪】 2015年，全市公安机关加大打击毒品犯罪和吸毒人员管控力度，开展毒品和易制毒化学品整治。6月24日，丽水市禁毒办在市区括苍路北端（市职业高级中学旁）举行公开销毁毒品仪式，集中销毁近3年来全市公安机关缴获并已结案的各类毒品共计2775.34克（其中海洛因10.7克、麻古76.4克、神仙水183.1克、K粉1225克、冰毒1266.4克，其他13.77克）、罂粟2853株、易制毒化学品18千克。全年立毒品犯罪案件170起，侦破170起，破案率100%，同比上升75%；其中侦破公安部毒品目标案件6起、省公安厅毒品目标案件14起，抓获毒品犯罪嫌疑人411人，同比上升104.4%；缴获各类毒品95.8千克，同比上升569.97%；查获吸毒人员1739人次，同比上升47.39%，其中强制隔离戒毒355人次，同比上升43.1%。2014年10月—2015年3月，开展百城禁毒会战专项行动。破获毒品犯罪案件131起；抓获毒品犯罪嫌疑人286人，查获吸毒人员1525人次，强制隔离戒毒297人；缴获各类毒品7636.77克，同比分别上升162%、228.74%、190.47%、245.35%、1707%。

【“908”制贩毒案件成功收网】 11月29日23时，市公安局组织700余名警力对“908”制造、贩卖毒品案实施抓捕，破获公安部毒品目标案件4起，抓获涉毒嫌疑人117人，其中逮捕68人、取保候审5人、治安拘留44人；捣毁制毒窝点1个，查获制毒器材100余件、各类毒品88.67千克、易制毒化学品150千克、毒资41万余元，缴获仿真枪2把、铅弹1050发、砍刀6把，查扣车辆11台。该案的成功破获先后得到公安部党委委员、部长助理、国家禁毒委常务副主任刘跃进，省委常委、公安厅厅长刘力伟，丽水市委书记王永康等领导的批示肯定。中央电视台、人民公安报、浙江卫视、丽水日报、丽水电视台等新闻媒体先后报道案件侦破情况。

【严格落实寄递业验视制度】 2015年，全市公安机关严格落实寄递业开包验视制度，共排摸快递企业63家138个点，开展执法检查548次，出具责令整改通知书38份，经济处罚7家，停业整顿违反收寄验视的快递企业2家。与顺丰快递开展警企合作，搜集寄递收寄信息200万条。5月11日，龙泉市公安局获悉疑似枪支部件包裹的信息，破获一起非法买卖、持有枪支案，成功抓获犯罪嫌疑人8人，查获涉案枪支1000余支，该案涉及全国20余个省，被公安部专项办列为督办案件。8月24日，松阳县公安局破获通过寄递物流渠道实施的非法制造、买卖枪支及爆炸物案各一起，抓获犯罪嫌疑人4人，查获涉案枪部件100余件及一批爆炸物原材料。11月20日，开发区公安分局根据疑似枪支部件包裹的信息，查获枪支部件2件。

【打击整治黄赌违法犯罪专项行动】 2015年，全市公安机关以“打黄赌、铲源头”专项行动为抓手，继续保持对黄赌犯罪的高压打击态势，有效净化社会风气，维护良好社会治安秩序。全年立涉赌刑事案件175起，破172起，采取刑事强制措施500人；立涉黄刑事案件110起，破106起，采取刑事强制措施144人，该项工作绩效全省同类地区第一。

【开展缉枪治爆专项整治行动】 2015年，全市公安机关以打击“黑枪”为引领，持续推进该专项行动。共立非法制造、买卖、持有、枪支案件48起，破获48起，其中破获部督案件1起、省督案件2起；打掉涉枪涉爆团伙6个，捣毁窝点6个；抓获网上涉枪逃犯1人，采取刑事强制措施53人，治安处罚77人；收缴非法枪支346余把、管制刀具1871把。该项工作绩效列全省同类地区第一。成功查处网上购买原材料制作危险物品案件，得到市委书记王永康批示肯定。龙泉市局成功侦破“5•11”非法买卖、持有枪支案，公安部发来贺电，并将其列为全国缉枪治爆专项行动涉枪督办案件。

【开展打击食品药品环境违法犯罪专项行动】 2015年，全市公安机关共立早餐店面包、馒头等面制品非法使用含铝添加剂案件18起，破18起，采取刑事强制措施31人；立熟食加工过程中非法添加日落黄案件22起，破22起，采取刑事强制措施28人；立鸡肉冒充里脊肉案件8起，破8起，采取刑事强制措施10人；立药品案件5起，破5起，打击处理16人。推出升级版“河道警长”，539名“河道警长”全程贴身护水，累计接到污染环境类群众举报890起，排摸线索672条，破获环境污染案件23起，抓获犯罪嫌疑人79人，该项工作得到市委书记王永康批示肯定。

【推进“双实”排查登记工作】 5月始，全市公安机关全面推开“双实”（实有人口、实有房屋）排查登记工作。全年全市房屋地址上图546175（楼幢），标注率97.68%；建房494194（楼幢），建房率89.51%，访查率85.24%。抓获网上逃犯36人，抓获其他违法犯罪嫌疑人306人；排除安全隐患1895处。

【出入境与往来港澳管理】 2015年，全市公安机关出入境管理部门加大自助设备的应用，市局大厅新购电子港澳再次签注自助受理机，实现办理个人港澳签注立等可取，实现连续第9年零投诉。宣传电话预约办证，推广微信APP及移动警务通应用等便民利民新举措。实现自动化审批，优化工作流程。构建“两站三队”（“两站”即青田外国人服务站和丽水学院外国人服务站；“三队”即窗口技术巡检

12月，市出入境管理局民警在机场遣返在丽水非法居留人员　　田士明　提供

服务队、“洋媳妇”调解服务队和办案指导服务队）建设，拓宽服务领域，改进服务方式。是年，共批准公民因私出国（境）证件10.06万人次，同比增加12.48%；受理外国人签证、居留许可3062人次，入境丽水外国人7295人次。1—9月，开展“三非”专项行动，管防结合，完善外籍新娘流入流出地对接管控机制，共办理行政案件86起，刑事立案2起，查处“三非”人员88人。该项行动绩效列全省第三。

【开展卷烟打假工作】 2015年，全市共立烟草网络案件9起，破获9起；刑事拘留34人，逮捕28人，判处刑罚32人；查获假烟实物176件，假烟实物标值210万元，涉案假烟2339件，涉案假烟标值3100万元；查获涉案车辆13台。其中，“4·23”制售伪劣卷烟案为省内破获的首起以戒烟产品名义制售伪劣卷烟的国标网络案；“9·25”特大互联网走私烟案被公安部确定为集群案件，被国家烟草专卖局通报表彰为2015年全国4起典型案件之一。12月24日，丽水市公安局获2014—2015年度全省卷烟打假特殊贡献奖，并在全省卷烟打假工作会议上作经验介绍。

【建设消防防控体系】 2015年，市政府印发《丽水市人民政府强化消防基层基础建设的指导意见》，将消防基层基础建设纳入全市平安建设自查内容。景宁、缙云、龙泉大队以政府名义出台消防安全岗位职责规定和责任追究办法。缙云县政府将“火灾等安全事故防控综合治理体系建设和河阳古民居火灾自动报警与灭火新技术应用试点”列入2015年度缙云县“十大民生工程”。龙泉、缙云、景宁三处重大火灾隐患区域均通过省安委会组织验收。按照定岗、定责、定员的要求，推进镇街、社区消防安全网格化管理。消防安全重点单位实行“户籍化”管理，“户籍化”管理达标率100%。全市177个“大网格”、2980个“中网格”和8638个“小网格”全部责任到人，镇街网格化管理达标率91%。

【强化火灾隐患整治】 2015年，全市公安消防部队坚持政府牵头抓、部门协调抓、单位自主抓、群众参与抓，与市政府“三改一拆”办公室联合开展消防违法违章建筑拆除行动。全年检查单位1.19万家，发现火灾隐患8868处，督改火灾隐患8768处，罚款268.12万元，临时查封123处，责令“三停”单位121家，行政拘留17人。依托第三方民意测评机构，对监督执法对象及机关单位等1300余人开展调查，满意率98.8%。

【完成警（保）卫任务】 2015年，全市公安机关完成警卫任务6批次，其中二级警卫任务1批次、准三级警卫任务3批次、过境警卫任务2批次；完成市委、市政府交办的重要会议及各类大型活动保卫任务58场次；完成商业大型活动安全监管4场次。圆满完成省委书记夏宝龙、省长李强等领导到丽水调研及全省美丽县城暨村庄规划设计现场会等重大会议安保工作。5月11日—6月11日，省委巡视组在丽水开展巡视工作。其间，共出动外围巡查警力3864人次，驻地、接访地执勤警力1800余人次，协助巡视组接访993批1698人次，安检2364人次。

【道路交通管理】 2015年，全市共发生上报道路交通事故345起、死亡207人，同比分别下降1.99%和2.82%，实现道路交通事故死亡人数连续第12年下降，当年死亡人数比2003年减少202人，下降49.39%。未发生一次死亡3人以上较大事故，8起交通肇事逃逸致人死亡案件全部侦破，各项指标均控制在市政府下达的任务数内。4月15日—12月31日，开展以严查道路隐患、严查施工路段、严查动态监管和严治酒驾、超员、超速为工作内容的预防道路交通事故“三查三治”专项行动。共查处公路交通违法19.3万余起，同比上升3.26%；其中现场查处重点违法行为6.1万余起，同比上升5.67%，占现场查处总量的72.26%，同比提升7.93个百分点。

【城市交通治堵工作】 4月1日，新建的城市交通运行指数系统实现全省11个市同步发布。建成市区交通诱导、停车诱导和公众出行服务查询3个系统，推进“机器换人”战略，建成联网信号灯95个、球机153个，基本实现市区全方位覆盖、全路段监控。在市区建成2个严管示范区、3条严管公交专用道、5千米城市快速路和8条严管路，在年底省政府组织的治堵工作考核中，涉及交警的各项考核指标均取得较好成绩。

【推出公安交管新举措】 2015年，全市公安机关与全省同步推出公安交管十项创新举措。全年有2.7万人次通过互联网成功预约考试、8.2万人次通过114平台成功移车、3336人次通过支付宝快速处理事故、4187辆车在丽水实现省内异地检验、920人参加互联网学习教育等。12月2日，“丽水交警”微信公众号开通，截至12月31日获近1.8万人关注，有力扩大交通安全宣传和服务的覆盖面。推进公交车辆视频监控安装工作，全年全市排摸城市公交431辆、城乡公交105辆、长途客车452辆，全部安装视频监控系统和GPS。

【开展黄标车淘汰工作】 8月18日—11月30日，全市公安机关部署开展全市淘汰黄标车“百日攻坚”大会战。通过“排名通报、异地追淘、督查跟进、宣传引导”等手段，共淘汰黄标车1.29万辆，完成率111.13%，工作进度排名由6月初的全省倒数第二上升到全省第三，提前两个月完成省定年度淘汰任务。11月9日，副省长熊建平批示：“丽水市在推进黄标车淘汰任务中，有力度、有招法、有效果”。

【信访总量稳中有降】 2015年，全市公安机关接收群众来信来访2044件（批），同比下降15.57%，其中来信1275件，同比下降23.56%，来访769批，同比上升2.12%。市本级接收群众来信来访674件（批），同比下降18.10%，其中来信440件，同比下降24.91%；来访234批，同比下降1.27%。确保全国、省、市“两会”及抗战胜利70周年阅兵、十八届五中全会、第二届世界互联网大会等重要时期信访秩序平稳，实现全市“无公安归口信访对象集体进京访、进京非正常访和信访极端滋事行为，无因工作不当引起负面炒作”的工作目标。年内，共投入资金123万元用于公安信访接待场所建设，新增接待场所面积318平方米，扩建后面积达833平方米。8月、9月，先后通过省厅、公安部“抓源头、打基础、强机制、促规范”活动工作组验收。

【提升警务保障能力】 2015年，市公安局警务保障围绕服务中心工作、服务实战需求、服务基层一线的总要求，推动公安部“210工程”和全省公安机关“138工程”建设。市本级及各县（市、区）公安（分）局均启动建设公务用枪数字化改造项目，基本实现枪支动态信息化管理。依托浙西南中心的地理位置优势，争取800余万元资金拟建辐射金、台、温、丽的浙南应急救援装备物资储备中心。推动警务技能训练基地（丽水市PPP项目之一）建设，用三个月时间完成新址（开发区东B-11地块，高速公路富岭收费站附近）选定和规划设计招标，设计方案和PPP实施方案均通过初审，超额完成3000余万元的投资额度。莲都区雅溪镇里东村特大山体滑坡救援期间，第一时间组织调运首批救援物资赶赴现场，确保救援顺利进行。并设立市公安局抢险救灾物资集中供应处，24小时轮流助守，得到市委书记王永康等领导高度评价。

【监管场所管理】 2015年，丽水监管场所共收押10061人，同比增加4.56%，其中，看守所收押4029人，同比减少4.57%；拘留所收押6032人，同比增加11.68%。全市18个场所均通过公安部等级评定和系统平安创建，实现18个场所全年安全无事故、全市第7个安全年。12月9日，市看守所开展“法治文明看监所”对社会开放活动，邀请人大代表、政协委员、媒体等社会各界代表参观看守所。监管支队与市武警支队开展的“共建共管共保安全”活动受公安部表彰，被公安部评为先进集体。

【监管场所建设】 2015年，全市公安机关完成看守所监门哨建设，均实现武警上哨。在全省11个市率先做到在每个看守所A门附近设置武警前置备勤室，武警中队3人应急小组到位执勤。年内，完成全市监管实战平台项目建设，对全市监管场所的视频监控、巡视管理等系统进行集成联动管理，并实时传输至省厅和公安部。3月8日，完成提审室改造并投入使用。11月4日，丽水市中心医院驻丽水市看守所卫生所揭牌，实行“公安监管部门负责监管安全，卫生计生部门负责医疗卫生”的专业化运作模式，为被监管人员提供平等的公民医疗服务。12月，丽水市看守所女子监区改造工程通过验收并投入使用。总投资493万元，扩建面积473平方米。

【公安信息化建设】 2015年，市公安局着眼自主研发运维能力，实现主页改版、警务通APP研发、多系统虚拟机承载及警用地理信息系统等多项瓶颈技术攻关。4月，投资280万元完成内外网安全接入。年内，机动车检验监管项目、交通拥堵指数项目、社保、运管、人口校验接口等业务通过该平台投入使用，月均交换2亿条数据，数据量达500G。7月，建设eLTE警用宽带数字集群实验网，覆盖莲都、云和、景宁主城区。该项目实现语音集群、视频实时上传和视频调度，且能与现有集群系统、固定电话实现互连互通。通过应急通信车，实现无线基站的快速部署、远程视频实时回传等业务，以提高对紧急事件的应对能力。在“美丽城乡”现场会安保、莲都区雅溪镇里东村救援、应急封控演练等任务中发挥重要作用。7月26日，总投资1425万元以“统谈分签”的方式进行“千兆网络进所队”项目建设招标。涉及全市派出所、交警大队共160个，实现基层网络所队千兆级带宽接入。11月26日，三级综合承载网（OTN）通过验收并投入使用。更好地实现视频图像信息的互联互通，推进视频资源的深度应用，提升图像信息服务警务实战的水平。

【“110”接处警和社会应急联动工作】 2015年，全市公安机关“110”报警服务台共接警82.84万起，有效接警

41.35万起，其中刑事案件1.47万起，治安案件4.24万起，交通事故6.44万起，火灾事故800起；应急联动接警4.94万起，占全市应急联动指挥中心总接警量11.94%；指令联动单位处警7998起，公安机关及联动单位共同处警9485起，口头答复3.19万起（另外接咨询服务5.91万起）。其中，市本级应急联动指挥中心总接警量21.51万起，有效接警12.43起，应急联动报警2.88万起，占市本级应急联动指挥中心总接警量的13.38%。在全市范围内建立“114”社会化移车服务，有效分流各类非警务报警。

【新版浙江“110”接处警平台上线运行】 9月，丽水市确定为全省首家“110”接处警系统升级改造试点。在系统升级改造同时保证原“110”接处警系统正常运行，逐步加量，分批改造。12月1日，青田“110”接处警平台升级后正式上线。2016年1月12日，龙泉、云和顺利开通运行。升级后的系统在综合调度、警情流转、警情查询、统计分析、防控研判、警力报备等方面均有所改进，实现所有警情、在岗警力、同步视频的实时可视。

【深化“美丽公安”建设】 2014年12月—2015年4月，市公安局与腾讯大浙网、丽水信息港合作举办首届“美丽公安·平安故事”主题微电影、微剧本创作大赛。共有10部微电影作品、56篇微剧本作品参赛。8月3日，市公安局策划推出丽水公安首届警察文化艺术节，活动内容有“美丽公安”全国公安摄影比赛、丽水警察博物馆开放活动等活动。微电影《警魂不朽》获全国法治微电影大赛二等奖，微电影《星辰恋》获全省第二届公安微剧本、微电影创作大赛二等奖。全面推进“美丽公安”品牌宣传，组织设计美丽公安LOGO等标识，编辑制作“行进中的美丽公安”主题画册，“美丽公安”公益广告宣传片热播，开展“全市十佳美丽派出所”“十佳优秀派出所民警”评选活动。嘉兴、温州、深圳、武汉等地公安机关到丽水参观交流。

【丽水警察博物馆开馆】 11月3日，市公安局举行丽水警察博物馆开馆揭幕仪式。该馆占地面积340余平方米，投资150万余元，分序、历史沿革、维护稳定、打击犯罪、服务管理、队伍建设、警务保障、各县（市、区）公安（分）局8个展区，通过图文史料、原始实物、多媒体、场景还原、多媒体互动项目等形式，展示丽水公安60多年发展史。

11月3日，丽水警察博物馆开馆　　吴诗卉　提供

【开展丽水市见义勇为先进人物推荐评选活动】 3月27日，市公安局联合市人力社保局开展第四届丽水市见义勇为先进人物推荐评选活动。通过联合评选，朱晨航、詹三敏被（追）评“丽水市见义勇为勇士”称号，（追）记二等功一次；李龙水被评“丽水市见义勇为先进分子”称号，记二等功一次。

【开展保安员职业技能培训、鉴定工作】 2015年，市公安局举办11期保安员初、中、高级职业技能培训班，完成1113名各级保安员培训任务。10月，与市人力资源社会保障局共同举办全市保安技能比武，13个代表队近100名保安员参赛。保安员职业技能培训鉴定“丽水模式”工作方法在全省保安员职业技能培训鉴定工作现场推进会上作经验介绍。　（许立红）

检　察

【概况】 2015年，全市检察机关围绕全市经济社会发展大局，着力运用法治思维和法治方式推进检察工作，取得新的进展。全市检察机关共获国家级先进集体1个，先进个人2个；省级先进集体45个，先进个人32个；市级先进集体58个，先进个人119个。全市检察人员在省级以上刊物公开发表论文50余篇。申报省检察院重点课题，立项4项，获奖2项。全市7个检察服务中心建成并投入使用。落实科技强检五年规划，完成检察内网分级保护和看守所监控联网二期工程建设。出台《自侦案件审讯工作规范化指引》和《加强同步录音录像八条规定》，从源头上防止刑讯逼供和非法取证，保证审讯规范、证据合法。出台《检察人员“法庭忌语”指导意见》《构建诉辩良性互动关系的规定》和《公诉部门积极介入职务犯罪侦查引导取证的暂行办法》等制度。严格执行《涉案财物管理工作规范》，确保涉案财物的查封、扣押、冻结、保管和处理工作依法、规范、有序。建成律师接待服务平台，提供网上预约、在线接待等“一站式”服务，保障律师依法履职。开展进村入企法律援助活动20余次，服务经济转型升级。“11·13”里东山体滑坡灾害发生后，市、区两级检察院迅速启动应急预案，抽调30余名检察人员第一时间深入救灾一线，及时搜救、转移和安抚受灾群众100余人次，救灾工作得到市委和省检察院的高度肯定。

【依法履行捕诉职责】 2015年，全市检察机关共批捕1959人，提起公诉4346人，其中，批捕强奸、故意伤害、故意杀人等严重暴力犯罪196人，提起公诉346人；批捕“两抢一盗”犯罪653人，提起公诉872人；批捕毒品类犯罪286人，提起公诉348人。针对群众反映强烈的食品药品安全问题，开展专项监督，批捕生产销售假冒伪劣药品、有毒有害食品犯罪21人，提起公诉93人。依法妥善处理集资诈骗、非法吸收公众存款、新型互联网金融诈骗等严重破坏金融秩序的犯罪案件，批捕17人，起诉17人。落实宽严相济刑事政策，对犯罪情节轻微的，不批捕382人，不起诉343人。

【未成年人检察工作】 2015年，全市检察机关加强未成年人刑事检察工作，对涉嫌犯罪的未成年人，不批捕43人，不起诉32人。全面推行未成年人案件分案办理、合适成年人参与诉讼、未成年人法律援助以及犯罪记录封存制度，选聘140余名合适成年人参与未成年人诉讼过程，对253名未成年人犯罪记录进行封存。开展“法制进校园”专题讲座34场次，1万余名青少年受到法制教育。

【举报线索初查初核和司法救助】 2015年，全市检察机关办理举报线索初查初核94件，移送立案侦查13人，移送纪检监察部门党政纪处理34人。办理刑事申诉案件31件，立案复查13件，审查结案18件。办理司法救助案件12件，向被害人及其近亲属发放司法救助金12.55万元。深化刑事和解工作，共促成35起刑事案件达成民事赔偿协议，赔偿金额近300万元。

【出台《助推全市绿色生态发展八条意见》】 2015年，市检察院出台《助推全市绿色生态发展八条意见》，加强对生态环境的司法保护。全市检察机关共批捕各类破坏环境资源犯罪17人，提起公诉98人。向行政机关发出行政执法监督和督促起诉检察建议124件，共挽回经济损失270余万元。

【查办贪污贿赂犯罪】 2015年，全市检察机关立案查办贪污贿赂犯罪132人，其中大案129人，占比98%。科局级以上干部30人，同比增加43%，其中处级以上干部11人，同比增加83%。查办现职领导干部16人，同比增加78%。参与高检院部署的国际追逃追赃专项行动，成功劝返5名职务犯罪在逃人员，占全省的32%。

【查处渎职侵权犯罪】 2015年，全市检察机关立案查处渎职侵权犯罪31人，涉及8个行业和部门，为国家挽回经济损失800余万元。重点查办发生在群众身边、损害群众利益的渎职侵权犯罪。查处破坏环境资源渎职犯罪9人；查处行政执法领域侵权犯罪7人；查处司法领域渎职犯罪2人。

【职务犯罪预防】 2015年，全市检察机关以“百场案件剖析警示教育”和“百个重大工程项目专项预防”为抓手，结合办案，开展案件剖析22次，预防调查19次，发送检察建议12份，开展预防宣传和警示教育92次，受理行贿犯罪档案查询2572次。编印《警钟十响》白皮书，此书得到省检察院和市委、市政府主要领导的批示肯定。《丽水市医疗系统系列贿赂案件剖析》被评为全省优秀案件剖析第一名。

【侦查活动监督】 2015年，全市检察机关对应当立案而不立案的，督促侦查机关立案23件，其中判处三年以上有期徒刑的8人。对不应当立案而立案的，督促撤案5件，做到既坚决防止打击不力，又切实保障人权。纠正漏捕11人，纠正漏诉24人，对违法侦查行为发出纠正违法通知书101件次。进一步增强非法证据排除意识，严格执行非法证据排除制度，排除非法证据114份。

【审判活动监督】 2015年，全市检察机关对认为定罪量刑错误的刑事案件依法提出抗诉16件，法院采纳抗诉意见16件，其中指令再审3件。受理当事人不服法院生效裁判案件30件，经审查，作出不支持监督决定16件，提请省检察院抗诉3件，提出抗诉1件，发出再审检察建议2件，法院再审后改变原裁判7件。有2件案件被评为“全省民行监督精品案件”。

【刑事执行活动监督】 2015年，全市检察机关向监管机关发出检察建议和纠正违法通知书96份。开展监外执行检察监督，与司法行政机关联合开展社区矫正人员“脱管、漏管”专项检查活动，依法监督收监执行55人。查办监管场所违纪违法案件5人，依法纠正1起虚假立功案件。办理捕后羁押必要性审查案件82件，主动开展财产刑执行监督。

【深化阳光检察】 2015年，市检察院通过开展“检察开放日”和“举报宣传周”等活动，邀请人大代表、政协委员和人民监督员2000余人次参观视察检察工作。自觉接受政协民主监督，主动向各民主党派、工商联和无党派人士通报检察工作情况。配合司法行政部门，对新选任的96名人民监督员进行初任业务培训。24件拟撤案和拟不起诉的职务犯罪案件进入监督程序。全市更新改版检察门户网站9个，开通官方微信10个。全市公开案件程序性信息4254条、重要案件信息62条、终结性法律文书2396份。（樊婧婧）

法　　院

【概况】 2015年，全市两级法院新收各类案件57698件，结案54364件（含旧存，下同），一线法官人均结案170件，同比分别上升34.1%、28.2%和36.4%。市中院受理各类案件2234件，办结2084件，同比分别上升35.2%和26.2%。

【落实立案登记制度】 2015年，市法院按照“有案必立、有诉必理”的原则，敞开大门依法受理案件。5月1日，实行立案登记制度以来，共受理各类案件39579件，同比增长39.6%，当场立案率98.4%，需补齐材料的一次性告知率达100%。出具立案调查令和协助调查函6050份，有效解决当事人和律师调取证据面临的实际困难。在全省率先实现律师派驻全覆盖，现场为当事人提供业务咨询和法律援助。完善纠纷多元化解机制，试点基层司法协理员制度，在充分尊重当事人意愿的前提下，鼓励和引导当事人通过成本更低、对抗性更弱、更有利于修复关系的非诉讼方式解决纠纷。

【审结刑事案件3193件】 2015年，全市两级法院审结一审刑事案件3193件，判处罪犯4424人，与2014年基本持平。严厉打击严重危害社会治安的犯罪行为，审结故意杀人、“两抢一盗”、绑架、强奸、毒品等犯罪案件946件1242人，判处五年有期徒刑以上刑罚112人。依法惩处职务犯罪和破坏经济秩序犯罪，审结贪污、受贿、渎职等犯罪案件29件50人，其中处级以上2人，审结非法吸收公众存款、集资诈骗、合同诈骗、骗取贷款、生产销售有毒有害食品等犯罪案件158件253人。对2017名属初犯、偶犯、从犯、未成年犯等具有从轻情节的被告人依法判处非监禁刑。强化司法人权保障，落实被告人不穿囚服出庭制度。严密防范冤错案件的发生，裁定准予检察机关撤回起诉1件，部分案件的指控事实和罪名被依法变更。

【审结民事案件32419件】 2015年，全市两级法院审结一审民商事案件32419件，同比上升25.8%，涉案标的金额148.6亿元。其中，审结婚姻家庭、继承纠纷案件4241件，人身损害、财产权属纠纷案件2239件；分别审结金融借款、民间借贷纠纷案件3111件和10499件，涉案金额为57.8亿元和40.1亿元；审结劳动争议、工伤赔偿、农民工讨薪案件1399件。依法审理涉军维权案件，维护国防利益和军人军属合法权益。坚持在依法释明的基础上促成当事人自愿、理性达成调解，14026件案件成功调解或调解后撤诉。

【审结行政案件296件】 2015年，全市两级法院审结一审行政诉讼案件296件，同比上升199%，行政机关负责人出庭应诉率87.2%，行政机关败诉率12.2%。加强司法与行政良性互动，办结非诉行政审查案件365件，集中清理涉国土资源非诉执行案件，为进一步推进“裁执分离”积累经验。连续两年发布《行政审判白皮书》，侧重在行政案件审判中发现问题，为有效预防和实质性化解行政争议提出司法建议。

【办结执行案件16341件】 2015年，全市两级法院办结各类执行案件16341件，同比上升38.4%，实际执行率为29.5%。开通房产信息网上查询，不断完善和发挥好网上“点对点”查控系统功能，对查询到的1835处房产、2074辆车辆、12617个账户采取控制或处置措施，执行到位金额15.6亿元。累计公开曝光失信被执行人13337人，限制失信被执行人在置产置业、乘坐飞机、高铁等方面的活动。坚持24小时值班备勤，全天候开展执行工作。强化执行惩戒，对被执行人采取拘留、罚款措施454人次，追究刑事责任1人。开展欠薪案件专项执行活动，执结案件104件，清偿民工薪资279.4万元。坚持执行回告制度，发送执行节点和进展情况告知短信34309条，保障当事人的知情权。

【诉讼服务中心建设】 2015年，构建多渠道、一站式、综合性、受尊重办理除庭审以外其他诉讼事务的诉讼服务中心，在全省率先推行网点式跨区域异地办理档案查阅、案件信息查询、预约接访等7项诉讼事务，不再要求申请执行人提供法院裁判文书生效证明，为当事人减轻讼累。争取省高院在丽水开发和上线运行“律师服务平台”，完善“两窗口一热线”（立案大厅窗口、网上服务窗口和“12368”诉讼服务电话热线）服务功能，接听答复热线来电1217个。

【缓减免诉讼费550万余元】 2015年，健全司法救助机制，为困难当事人缓、减、免缴诉讼费550.4万元。完善案件分级审查制度，依法审结申诉和申请再审案件136件。坚持信访人法律援助引导机制，为信访人指定律师代理申诉。推进扩大指定辩护工作，为618名可能被判处三年以上有期徒刑且经济困难的被告人通知法律援助律师出庭辩护，辩护率95.3%。

【稳妥审理涉企涉金融纠纷】 2015年，全市两级法院受理企业破产案件12件，审结4件。通过司法程序化解银行不良资产6.91亿元，一些可淘汰“僵尸企业”有序退出市场，为实现“腾笼换鸟”、兼并重组创造有利条件。市中院与市科技局建立专利民事纠纷诉调对接机制，对创新程度高、研发投入大、对经济增长具有带动作用的创造发明加大司法保护力度，依法审结一审知识产权案件78件。注重利益平衡，妥善审结商品房预售合同纠纷227件，同比上升215.3%，促进房地产市场健康有序发展。

【健全司法公开机制】 2015年，市法院坚持庭审公开，法定公开案件公开开庭率100%，并选择典型案件开展网络直播、录播。全面公开裁判文书，上网生效文书25677份。全市两级法院召开新闻发布会41场，举办公众开放日和“法律四进”活动396次，近万名各界人士走进法院、了解法院。开设丽水法治电视栏目《执行直通车》和《执行聚焦》，及时发布失信被执行人信息。打造“丽水法院司法服务平台”微信公众号，推送实用热点资讯46期204篇，累计点击阅读量25.3万人次。在省高院委托社科院开展的2015年度浙江法院阳光司法测评中，全市5家法院位列前20名，比例全省最高，市中院位列全省中院第二位。

市中院举行第三次法官授职典礼　　明　平　提供

【青田法院发挥海外侨领作用】 2015年，青田法院设立涉侨网络法庭，开展网上立案、远程视频审判，聘请7名侨领为海外司法联络员，提请人大任命6名侨领为人民陪审员，协助查找涉案华侨国外居住地、指导涉案华侨参加诉讼、为网络远程视频庭审义务提供国外场地、参与调解做好当事人思想工作、督促被执行人主动履行义务等。成功调解案件303件，调撤率93.2%，送达法律文书520余份；参与陪审59件，其中调解52件，较好地解决了涉侨案件公告送达多、审理周期长和侨胞诉讼成本高等问题。

【率先开展网点式跨区域异地办理诉讼事务】 12月，全市两级法院依托信息化技术，在全省法院率先开展网点式跨区域异地办理诉讼事务。当事人可在市域内任何一家法院诉讼服务大厅，接受异地开具法律文书生效证明、异地远程案卷档案查阅、异地案件信息查询、异地预约立案、异地预约法官、视频接访、预约接访等七项诉讼服务。申请开具异地法院法律文书生效证明的，受理法院即时向相应异地法院发出申请，异地法院出具法律文书生效证明盖章后扫描发送给受理法院。申请预约接访的，受理法院帮助联系相应异地法院，明确预约时间及接待人员等。

【松阳法院开发“执行电子地图”】 2015年，松阳法院依托党政“民情地图”数据库，开发“执行电子地图”。地图有效整合“民情地图”数据库、执行信息、地理信息与定位系统，涵盖全县19个乡镇街道、401个行政村、1059个自然村的基本情况，包括身份证号码、家庭成员、与户主关系、手机号码、房屋结构、家庭人均收入、主要收入来源和信用等级等信息。同时,地图涵盖人大代表、政协委员、人民陪审员、执行联络员和村两委干部等联动力量信息。地图安装在手机、平板电脑等移动终端即可实现精确导航,便捷执行法官精确查找被执行人和寻求联动力量。

【遂昌法院建立乡镇巡回审判联系点】 2015年,遂昌法院会同县司法局在云峰街道、北界镇、石练镇、金竹镇等10个乡镇(街道)的司法所设立巡回审判联系点,聘请辖区内的人大代表、政协委员或有一定声望的群众代表担任调解协调员,累计受理案件52件,巡回审理147次。司法所就联系点登记的纠纷予以先行调解,调解不成的,告知当事人提交相关材料并筛选审核后于五日内转交法院立案分配。案件受理后,适宜巡回审理的,首先致电当事人了解是否具有调解可能,如调解不能的,则与双方当事人约定巡回审理日期。 (明 平)

司法行政

【概况】 2015年,全市司法行政机关围绕市委全面深化改革、"平安丽水"、"法治丽水"建设,全力推进司法行政各项工作。全市接收社区服刑人员1932人,再犯新罪8人,再犯罪率0.17%,对社区服刑人员给予警告312人,治安处罚24人,收监执行61人。市各级人民调解组织受理矛盾纠纷34187件,调解成功率98.99%,司法确认1996件,调解成功的疑难复杂案件8937件,非正常死亡纠纷166件。发放"以奖代补"金额235.165万元,调解案件每件平均补助88元。全年办理法律援助案件数6017件,接待来电来人法律咨询19516人次,为当事人挽回经济损失9259.6万元。办理讨薪案件632件,涉及农民工2671人,讨回欠薪3147.7万元。全市公证业务办证总量41707件,其中内地19883件,涉外21607件,涉港澳台217件。

【"六五"普法工作通过验收】 9月16日,省人大常委会副主任姒健敏率队验收通过丽水市"六五"普法工作。检查组一行先后到云和县江滨实验小学青少年法治教育基地、莲都区处州人家普法农家院、中国人民银行丽水中心支行等地,详细了解普法依法治理工作的开展情况,通过查看台账、听取汇报、提问交流等形式,对丽水"六五"普法工作进行检查验收。姒健敏对丽水市普法依法治理工作表示肯定,"六五"普法期间各项工作卓有成效,全市共建立基层普法联系点612个,普法讲师团20个,组建普法联络员4000多名,普法宣传志愿者10000多名,营造全社会学法、守法、用法的良好氛围。

【公共法律服务体系建设】 2015年,市司法局先后到嘉兴等地考察调研公共法律服务体系建设工作。5月22日,召开全市公共法律服务体系建设推进会,7月22日,出台《关于推进丽水市城乡基本公共法律服务体系建设的实施意见》。投资43万元,开发建成丽水市公共法律服务网(ggflfw.lishui.gov.cn)。全市以县级司法行政法律服务中心为枢纽,以司法所、乡镇(街道)便民服务中心和农村工作站为延伸点,以信息化建设(网上)与窗口(网下)建设相结合为载体,整合各项法律服务资源,建成丽水特色的城乡基本公共法律服务体系。

【完成人民监督员选任工作】 根据省人民检察院、浙江省司法厅《关于人民监督员选任管理方式改革试点工作的实施方案》(浙司〔2015〕5号)的规定,经报名、资格审查、组织考察、社会公示等程序,历时6个月,任命95人为市级人民监督员,任期至2020年6月30日止。另外,确认31位原人民监督员继续留任。126名人民监督员结构合理,男性95人,女性31人;汉族123人,少数民族3人;中共党员89人,民主党派9人,群众28人;年龄35岁以下的42名,35—45岁的49名,45—60岁的33名,60岁以上的2名;本科及以上学历71人,

司法调解员调解农户建房现场纠纷 蔡 愕 提供

大专学历 34 人，高中（中专）及以下 21 人；机关工作人员 36 人，事业单位工作人员 35 人，社会团体人员 8 人，企业人员 10 人，其他职业人员 35 人，退休人员 2 人。

【开展丽水市社区服刑人员特赦工作】 9 月 15 日，市司法局组织开展符合特赦服刑人员资格的排摸工作，经排查，确定符合条件 56 人，其中女性 5 人，男性 51 人；外国籍 2 人，其中德国籍 1 人，巴西籍 1 人；按特赦类别分：二类罪犯 1 人，三类罪犯 2 人，四类罪犯 53 人。按区域分，莲都区 7 人，龙泉市 8 人，青田县 12 人，缙云县 11 人，云和县 3 人，松阳县 1 人，遂昌县 9 人，景宁县 3 人，庆元县 1 人，丽水经济开发区 1 人。市司法局特赦评审委员会审核认为符合特赦条件的有 44 人，向市中院报请特赦，市中院裁定特赦 44 人。因期满正常解矫未呈报特赦有 6 人。经市、县司法局特赦评审委员会认为存在其他原因未呈报的有 6 人。

【开展社区矫正清理清查专项行动】 2015 年，丽水市开展社区矫正清理清查专项行动。市司法局、市检察院、市公安局联合下发《关于开展查社区服刑人员“脱管、漏管、虚管、越级上访、参与群体性事件、严重犯罪”专项活动的实施意见》（丽司〔2015〕24 号），组织相关处室人员对自 2012 年 3 月 1 日实施《社区矫正实施办法》以来，丽水市矫正部门办理的社区服刑人员警告、提请治安管理处罚、撤销缓刑、撤销假释、收监执行等案件逐一进行个案评查和检查。2015 年，有 9 人社区服刑人员因不服从管理、未办手续擅自外出、不及时上交思想汇报、不按规定参加集中学习和公益劳动等违反社区矫正管理规定受到相应处罚。开展“三类罪犯”（职务犯罪，破坏金融管理秩序和金融诈骗犯罪，组织、领导、参加、包庇、纵容黑社会性质组织犯罪）清理活动，5 名不符合保外就医的原科级领导干部提请收监执行。

【人民调解员实行等级制度】 2015 年，市司法局按照《丽水市人民调解员等级评定办法（试行）》，对全市 13336 名专兼职人民调解员按照德能勤绩的标准评定调解等级，促进了人民调解队伍专业化、职业化、规范化建设。人民调解员分四个等级：市特级人民调解员、市一级人民调解员、市二级人民调解员、市三级人民调解员，等级人民调解员每 3 年为一任期，实行动态管理，全面实行专职人民调解员持证上岗制度。

【丽水市第五次律师换届选举大会召开】 10 月 23~24 日，丽水市第五次律师代表大会在丽水召开。市委副书记、代市长、政法委书记朱晨出席大会并讲话。市委常委、副市长毛子荣，市政协副主席沈根花等出席大会开幕式，省律师协会副会长叶连友在开幕式上致辞，市司法局党组书记、局长张云高主持开幕式。会议审议通过《丽水市律师协会第四届理事会工作报告》《丽水市律师协会第四届理事会财务工作报告》《丽水市律师协会章程（修改案）》，选举产生 39 名律师组成的市律协第五届理事会，21 名律师组成的市律协第五届常务理事会，王健任会长。（蔡　愕）

仲　裁

【概况】 2015年，丽水仲裁委员会共受理仲裁案件 191 件，标的 18.43 亿元，同比增长 431.12%；案件预收入 767.13 万元，同比增长 174.78%。在受理的案件中，调解裁定结案 74 件，裁决结案 59 件，未结案 58 件。其中，民间借贷合同纠纷 46 件，占案件总数的 24.09%；买卖合同纠纷 36 件，占案件总数的 18.85%；银行借款合同 23 件，占案件总数的 12.04%；商品房买卖合同纠纷 22 件，占案件总数的11.52%；建设工程施工合同纠纷 13 件，占案件总数的 6.81%；消费合同纠纷 7件，占案件总数的 3.65%；担保追偿权纠纷 9件，占案件总数的 4.71%；信用卡纠纷 4件，占案件总数的 2.1%；建设用地使用权出让合同纠纷 3 件，占案件总数的1.57%；其他等纠纷 28 件，占案件总数的 14.66%。快速结案率为 70.93%，调解率为50%，自动履行率为 64.53%，暂无被法院裁定不予执行和撤销案件。

积极参加全国仲裁“两化”试点工作，参与制定《长三角仲裁机构协作发展框架协议》，在全省仲裁工作座谈会上作仲裁工作标准化建设交流发言。

【案件受理多样化】 2015 年，全市新类型仲裁案件在逐渐增多，仲裁委员会围绕商品房买卖、民间借贷、国有土地出让等领域纠纷类型的特点开展工作，全年民间借贷纠纷受案标的达 1.31 亿元。针对经济发展的新常态，房地产行业相对低迷的特点，主动对接服务房地产企业，帮助企业依法化解矛盾。房地产企业延期交付房产纠纷、国有土地征收补偿安置纠纷、土地使用权出让纠纷等方面的案件较好地通过仲裁方式解决争议。

【仲裁员管理系统】 2015 年，丽水仲裁委与台州学院老师开发仲裁员管理系统。该系统包括仲裁员的基本信息和经办案件的情况，较好地解决仲裁员管理难、案件办理进度慢、审理时限延期的问题，有效地促进管理提升和案件质量。（施连成）

武　　装

思想政治建设

【概况】 2015年，丽水军分区贯彻中共的十八大以来中央和军队一系列会议特别是全军政治工作会议精神，把握“统领、整顿、备战、改革、法治”工作指导，推动“强军筑梦在浙江”十大工程行动落地丽水，部队和后备力量建设稳步发展。1月20日，召开军分区党委七届十次全体（扩大）会议，传达学习南京军区和省军区党委扩大会议精神，表彰2014年度先进单位和个人。8月13日，召开军分区党委七届十一次全体（扩大）会议，传达贯彻南京军区、省军区党委扩大会和习近平《干在实处走在前列》《之江新语》等著作学习讨论会精神，研究加快推进年底前如期形成作战能力。开展“三严三实”专题教育整顿，组织干部工作大检查和清退各类违规经费；加强训风演风考风和物资集中采购、房地产租赁等事务监督；开展廉洁征兵、社团工作、持有护照等专项清理整治。开展“牢记领袖嘱托、建功强军实践”专题教育。组织莲都区、龙泉市新任人武部党委第一书记颁发命令状和任前谈话。2月5日，召开市委武装工作暨市国动委第十七次全体会议，市委常委、各县（市、区）主要领导和人武部主官参加会议，组织部分人武部党委第一书记大会述职，市委书记王永康作了讲话。召开国教委会议、驻丽部队联席会议和市委常委专题议军会等。

【学习习近平系列重要讲话】 2015年，军分区组织官兵学习习近平系列重要讲话，按照南京军区“学而深、学而思、学而信、学而用、学而行”要求，利用省军区“红船大讲堂”、军分区“理论夜学”等平台，采取党委常委专题学、领导干部系统学、官兵职工摘要学等方式，分6个专题，重点学好讲话“军事篇”“东南篇”“浙江篇”，追踪学好“四个全面”战略部署、视察驻浙部队重要讲话和十八届五中全会精神等内容，坚定官兵职工信仰信念。

【“学习践行强军目标、做新一代革命军人”主题教育】 2015年，军分区按照习近平、军委、总部部署和南京军区、省军区要求，开展“学习践行强军目标、做新一代革命军人”主题教育，上好“争做四有革命军人”大课，读好《清贫》《可爱的中国》文章，组织“新一代革命军人的样子”大讨论，举办“传承红色基因、践行三严三实”等主题活动，组织收看“9•3”大阅兵、读书征文等活动，传承优良传统和丽水革命先辈守忠诚、肯吃苦、能战斗、讲奉献的崇高精神。

8月30日，军分区领导欢送抗战支前模范赴京参加“9•3”大阅兵　翟厚涛　提供

国防动员与民兵训练

【常态化战备】 2015年，军分区贯彻省军区小型作战会议精神，拟制军分

区、人武部两级贯彻方案，完善配套方案和专项计划。组织战场勘察，梳理汇编防区战场环境资料。推广2014年人武部战备规范化建设试点成果，组织全区作战值班员培训，坚持日抽点、月演练、季拉动，值班秩序严格正规。开展“民兵情报信息报知周”活动，民兵情报信息网运行顺畅。加强信息化建设，军分区自行研制的应急机动通信系统在“11•13”里东特大山体滑坡抢险救援行动中得到应用，在军地救援力量中最早建立指挥系统。

【实战化训练】 2015年，军分区组织首长机关按纲施训，扭转“险不施训、难不严训”等不正训风，雨天按计划组织实弹射击，完成官兵每人2枚以上手雷实投。抓民兵训练，承办全省山林灭火跨区联训，组织全市冲锋舟操舟手集训、山林灭火干部骨干集训。坚持对骨干队伍以考促训，组织现役干部、专武干部排名考核，举办民兵应急连对抗比武。推广2014年遂昌县民兵抢险救灾行动规范化建设成果，完成民兵军事训练规范化建设并在莲都区召开现场会。

【作战能力检验评估和演习】 2015年，军分区落实党委每季度议战议训，梳理作战“8种能力、168项典型指标”问题清单，制定“倒计时”工作计划，拉单列表、逐个销号，每月专题上报整改进展。制定“基本+特色”能力评估标准，在人武部自评基础上进行抽评。与省军区同步组织“聚焦使命—2015”基于实案编组联训，组织人武部干部参演跟练，军分区召开军地联合党委常委会研究作战重大问题的做法受到省军区大会表扬。10月，在缙云县召开人武部带部分实兵基于实案编组联训现场会，及时转化省军区、军分区两级编组联训成果。

【抢险救灾行动】 2015年，抗击超强台风“灿鸿”“苏迪罗”行动中，军分区部队做好各项准备，检验锻炼两级指挥机关和民兵队伍。组织“11•13”里东特大山体滑坡抢险救援行动，贯彻中央、省委和南京军区、省军区决策指示，第一时间组织力量投入抢险，出动官兵职工和民兵750人，车辆、装备100余台(件)，搭设、加固堰塞湖泄洪道100余米，构筑防水坝50余米，协调保障第一集团军、武警、二炮、医院等各类救援力量1048人，动员“千人网军”参与网上舆情引导，与各路救援力量奋战9昼夜，搜救被埋群众39人(其中1人幸存、38人遇难)。参与灾后重建，军分区官兵职工为灾区捐款5万元。

【战时动员准备】 2015年，军分区修订战时国防动员方案，确保年底前“拉直问号、问题归零”。完成省赋予丽水市5个车辆维修支前保障点建设任务，经省军区验收挂牌。依托莲都区新组建1支民兵应急机动通信保障分队，探索建训管保新模式。开展现役部队预编兵员、退伍军人服预备役以及地方专业对口技术人员核查，依托缙云县人武部先行试点。11月，在云和县召开“云动—2015”国防动员演练现场会，规范县(市、区)平时、战时国防动员行动组织与实施。

【加强民兵建设】 2015年，依据《浙江省国防动员建设纲要》《国动委“八办”工作规范》，加强国防动员建设，市长、市委副书记、常务副市长和军分区领导分别带队，综合考评9个县(市、区)2012年以来国防动员工作，通报考评情况。夯实民兵建设基础，在省军区拉动式点验中，遂昌、松阳民兵应急队伍人装齐整、作风良好，受到省军区首长表扬，军分区抓民兵整组经验被省军区转发。

【征兵工作】 2015年，军分区加强征兵宣传，研究出台相关政策，提高优待标准，个性化优待措施，建立病史联网查询机制，征集1000余名新兵，其中大学生占52.7%。丽水市是省内连续两年完成直招士官征集任务的设区市之一。

【后勤管理与基础设施建设】 2015年，坚持党委集体管财理财制度，规范预算编制，加强各类经费开支审核把关，控制公务接待等行政消耗性开支。接受南京军区经济责任审计、省军区财务工作专项检查，出台《军分区机关干部职工住房分配办法》《职工管理规定》《官兵职工医疗管理办法》。军分区民兵训练基地建成并投入使用，民兵武器装备仓库竣工待验收。推进民兵武器装备存储布局调整，9个人武部完成兵器室建设并投入使用。统筹300余万元完成作战值班室、部分办公室、会议室、资料室改造以及室外训练场顶棚安装、机关战士宿舍楼整修。

【市领导过军事日和市委议军会】 6月18日，军分区组织市四套领导班子和国动委成员单位领导60余人赴衢州空军某部和某防空部队野外驻训地过“军事日”，观摩机场战备工程、苏-30战斗机及修理间、弹药库，观看多媒体宣传片《擎天东南》，与官兵座谈交流国防形势和部队发展情况，参观防空部队最新列装的武器装备，近距离认识国防建设重要性，强化强军兴市并重理念。8月20日，召开市委专题议军会，传达学习习近平接见驻浙部队领导时重要讲话，总结2014年议军会以来全市武装工作，协调解决驻丽部队建设中的突出问题。

【军民融合发展】 2015年，军分区与市委、市政府共同研究出台《关于推进军民融合深度发展的意见》，从军事交通、人民防空、产业发展等方面促成国防动员军地联动共享机制，研究驻丽部队在经济建设中贯彻国防要求具体需求纳入市"十三五"规划，落实重大建设项目战备功能。配合市委、市政府赴省军区走访慰问、协调对接，在机场、高铁、高速公路等重大项目规划建设上争取军方支持。发挥优秀民兵示范带动效应，参与"4600脱贫"行动，开展扶贫帮困、捐资助学等共建活动。

【国防教育】 2015年，军分区邀请省军区政委王新海做客"丽水论坛"宣讲国防安全形势。坚持办好"一刊一网"(《丽水国防》，丽水国防教育网)，围绕纪念抗日战争胜利70周年暨挺进师入浙西南80周年，开展国防知识讲座、图片展、摄影展等活动，在丽水日报、电视台开设"红色记忆"专栏，在全市150余所中小学校建立"八一光荣墙"，与共青团市委联合举办"点赞最可爱的青春"系列活动，协调驻丽部队为大中学校近万名学生军训。组织5名抗战支前模范代表(全省仅8名)赴北京参加"9•3"大阅兵。遂昌县王村口镇创成全市首个"国家级爱国主义教育基地"。 (翟厚涛)

人民防空

【概况】 2015年，市人民防空办公室(简称"市人防办")与丽水市户外运动协会合作，本着"资源共享、通力协助、为民服务"原则，在丽水市户外应急救援队基础上组建一支34人应急快速反应专业队，并依照《浙江省民防志愿者服务管理办法》管理。市级利用万象山老人防工程改造建人防宣传教育基地，在市民避暑纳凉时宣传人防。开展全市每年5月12日"防灾减灾日"警报试鸣工作。

2015年，市级人防工程审批项目83项，其中易地建设项目62项。完成人防工程标识标牌安装工作以及对已建人防工程按标准完善到位。探索全国地下空间开发系列试点之一课题项目。

【地下空间利用建设】 2015年，市人防办继续做好地下空间利用建设工作，完成绘制"地下丽水"，总规修编，并提交市政府常务会议研究。科学定位、把握重点，寻找地下空间利用突破口，出台《丽水市人民政府鼓励投资城市地下空间开发利用优惠政策》《丽水市地下空间开发利用管理办法》《市区新建项目地下空间开发利用配件标准》《学校操场地下空间开发利用建设停车场的实施意见》等文件。完成人民街与花园路交叉口地下过街道兼顾人防工程、花园路南段地下公共停车场项目建设，并得到省委书记夏宝龙肯定。

8月7日，应急救援专业队成立　　史文静　提供

【人防宣传成果】 2015年，人防办与丽水日报新闻发展有限公司签定协议，委托视频传媒发布人防成果宣传视频，利用市中心繁华区中山街和纳爱斯广场大型电子屏、全市系列楼宇电视联播网、系列9个县(市)汽车站多媒体终端(全投)播放人防宣传视频，投放点500余个，实现各大商场、卖场、行政机关、企事业单位、金融系统、休闲娱乐场所全覆盖；利用公共自行车停放点广告栏、市际公交车公交视频宣传人防。在中国人民防空创立65周年之际，全市开展人防"十二五"人防建设成果展示宣传周活动，9个县(市)汽车站多媒体终端(全投)播放"十二五"人防建设成就；在公交公司300余辆公交车内电视媒体滚动播放宣传；在丽水人防网站、微信平台上展示"十二五"人防建设成果；利用人防展板在万象山公园前广场、纳爱斯广场、社区人防工作站等进行巡回展示，发放宣传资料、手册、宣传品；利用公共交换平台向机关干部职工发手机宣传短信等。

【防灾减灾演练】 2015年，市人防办组织市、县、镇三级人防指挥部按战时人防行动实战化要求，开展防空袭斗争临战准备和组织控制防空袭行动。演习开设市县镇三级人防指挥所，组建2支跨区域支援合成专业队伍；7月，与台州、温州人防指挥部建立跨区支援联动指挥机制，筹措各类抢险救援物资，对通往台州、温州的道路进行实地勘察，制定周密的跨区支援方案；完成全市人防工程和地下急救医院平战转换；水阁经济开发区落实重点企业物资转换安置点，随时接收前方重点企业转移安置。市、县和部分人防重点镇人防指挥部按实名编成队伍参加演习。（史文静）

武　警

【概况】 2015年，中国人民武装警察部队丽水市支队（简称“支队”），学习贯彻习近平总书记系列重要讲话精神，围绕党的强军目标，按照“稳字当头、苦字作舟、实字托底”的工作思路，坚持每月组织党委中心组带机关理论学习，集中宣讲15次、外聘专家辅导授课4次。联合市公安局组织安全隐患排查5次，整治执勤隐患41处，支队连续26年执勤无事故，被公安部评为“三共”活动先进单位。为贯彻《关于进一步规范基层工作指导和管理秩序若干规定》，完善帮建措施，加强经常性基础性工作检查，组织解剖麻雀式调研帮建8次，提升基层建设水平，青田中队被总队评为“基层建设标兵中队”，遂昌、庆元、云和中队被评为“先进中队”，教导队被总队评为“先进大队”，莲都、青田中队荣立集体三等功。深入贯彻“八落实”要求抓实战化训练，开展“卫士—15”演习，突出并行交互指挥和要素演练，共出动兵力300余人。组织官兵培训、轮训14批次，与公安特警和兄弟支队联训对抗7次，直属、莲都、缙云中队分获年度军事比武团体前三名，10人被评为训练标兵，7人荣立三等功。参加总队政工“四会”（会搞思想调查和计划安排教育、会运用现代化教学手段备课讲课、会做思想工作、会进行心理教育疏导）比赛，支队获团体第三名，组织支队教育骨干“四会”竞赛，遂昌、庆元、景宁中队获前三名，缙云中队指导员代表支队参加总队“强军故事会”演讲比赛获第一名。组织支队100余名官兵家属开展“全家总动员”水上乐园亲子活动。组织基层党支部正、副书记培训2批次，13名指导员通过国家三级心理咨询师考试，召开“优秀军嫂”表彰会，表彰14位“优秀军嫂”。加强“一组五队”建设，依托地方资源建立代储代供代运机制，完善应急保障网点信息65处，后勤应急保障体系逐步完善。组织司务长培训8批、驾驶员复训5批、军械员集训3批，提升后勤队伍素质，丽水、勤务、松阳中队获军械员集训前三名。

【省领导莅临丽水支队走访慰问】 2月4日上午，浙江省委常委、省军区政委王新海，副省长黄旭明率省政府副秘书长陈龙、省信访局副局长王宏、省教育工会主席李逸农等一行10人莅临丽水支队莲都区中队走访慰问并转达省委书记夏宝龙对驻浙全体官兵的亲切问候。丽水市委副书记、市长黄志平，市军分区政委范金华，支队政委贺东平等陪同。王新海指出，武警莲都区中队是一支有着光荣传统的先进部队，肯定在2014年“8·20”抗洪抢险中，支队为保护驻地人民生命财产安全所做出的贡献。省领导一行还深入支队宿舍、勤务值班室、荣誉室、学习室等场所，询问官兵工作、生活、学习、训练等情况，对官兵精神面貌和规范的内务秩序给予高度评价。

【支队举办“强军故事会”比赛】 5月22日下午，支队在缙云县中队举办“讲述强军故事、激发强军动力”警营故事会。12名基层官兵以朴实的言语，讲述身边典型的强军故事。通过兵写兵事、兵讲兵事、兵演兵事形式，将支队身边战友的感人强军事迹展示给大家，激发官兵学习践行强军目标、做新一代革命军人的热情和动力，坚定献身使命、履职尽责的信念与决心。

【“点赞最可爱的青春”警地青年大联欢】 为纪念建军88周年，7月28日晚，丽水市支队联合丽水团市委在支队机关广场举办军地青年大联欢活动，驻城区部队官兵及丽水市直单位青年代表近300人参加。联欢以“点赞最可爱的青春”为主题，有歌曲、舞蹈、小品、诗朗诵、互动游戏、强军故事等文艺节目，官兵自弹自唱的歌曲《橄榄绿的军装》《威风锣鼓》等部队特色节目展示新一代革命军人好风貌。

【完成重大安保任务】 2015年，支队完成各类执勤任务共118批次，确保各项重大活动安全进行。10月15日—17日，圆明园国宝暨南北朝石刻佛像在市博物馆展出，丽水支队累计出动30余名官兵；10月21日，乙未（2015年）中国·仙都祭祀轩辕黄帝大典活动在丽水缙云县仙都景区举行，丽水支队共出动50余名官兵，圆满完成重大活动安保任务，受到地方党委政府的高度评价。

【完成“11·13”抢险救援任务】 11月13日22时50分，丽水市莲都区雅溪镇里东村发生山体滑坡，塌方量30余万立方米，受灾面积1.6万余平方米，导致27户民宅38名群众被埋，21户民宅进水。丽水支队接到命令后，出动兵力200余人次、车辆9台次，携带搜救犬2条、生命探测仪2台，以及各类救援装备130余件，连续奋战9个昼夜207小时，累计用兵1000余人次，完成里东村山体滑坡抢险救援任务，搜救被埋群众14人（含1名生还者），转移群众300余人，安置58人，清理废墟9000余立方米。（王云峰）

农村建设

综　　述

【概况】　2015年，丽水市深入贯彻落实"绿水青山就是金山银山"的发展战略，围绕建设生态文明和实现全面小康战略目标，以"农村发展六大行动计划"为"三农"工作的重点和抓手，推进社会主义新农村建设。全市公共财政预算"三农"投入126.77亿元，同比增长25.93%(其中市级同比增长25.13%)，"三农"公共财政支出占公共财政支出比重45.38%。全年农业增加值91.98亿元，同比增长2.4%。实现农村常住居民人均可支配收入15000元，同比增长10.0%，增幅连续七年居全省第一位。全市低收入农户人均纯收入8401元，同比增长21%，增幅列全省第四位，62.48%低收入农户(低保户除外)家庭人均纯收入超过8000元，全面消除家庭人均纯收入4600元以下贫困现象。完成农村生活污水治理1233个村。全年农民培训74153人。全市建成乡镇文化站173个、农家书屋2897个、农村文化礼堂218个，实现乡镇全覆盖。丽水"乡村春晚"成为中国文化部全国公共文化发展中心试点，向世界和全国直播莲都、缙云、松阳、遂昌四台民俗春晚。开展3批历史文化村落27个重点村，109个一般村项目建设工作。全年新引进农业招商引资项目17个，折算协议资金17.642亿元，实到资金4.0912亿元。

2015年，全市农业总产值140.2亿元，同比增长2.8%，其中农牧业产值114.17亿元，同比增长2.1%。食用菌、茶叶、水果、蔬菜、中药材、畜牧等八大主导产业产值107亿元，同比年增长3.9%，占农业总产值76.3%。

（王艳杰　王银燕）

【农家乐乡村休闲旅游业】　2015年，全市农家乐乡村休闲旅游业新增投资4.53亿元，创建农家乐特色村(点)421个，农家乐综合体36个，农家乐民宿经营户(点)2501家，从业人员3.37万人，餐位19.32万个，床位2.78万个。全年接待游客1700万人次，同比增长40%；实现营业总收入16.6亿元，同比增长41%。12月21—22日，召开全市民宿经济推进会，代市长朱晨主持会议，市委书记王永康讲话。申报农家乐民宿区域品牌"丽水山居"，成为乡村旅游龙头产品。

【农村劳动力素质培训】　2015年，全市9个县(市、区)成立县级农民学

乡村民宿　　　　范誉宏　提供

校，建设市级农民学院、县级培训学校及各级农村实用人才实训基地培训体系。通过"长期与短期、集中与分散、本地与异地、理论与实践、学历与考证相结合"等多种形式，加快农村实用人才培养。全市培训农民74153人，其中，农村"两创"实用人才培训15339人，转移就业技能培训13708人，普及性培训45106人。"缙云烧饼师傅""云和师傅""松阳茶师""景宁畲乡大嫂""庆元菇乡师傅"等一批农村实用人才品牌初步形成。

【开展"全面消除家庭人均纯收入4600元以下贫困现象"工作】 2015年，根据省委、省政府统一部署，启动"全面消除家庭人均纯收入4600元以下贫困现象"工作。调查核实，截至2014年底，全市农村家庭人均纯收入4600元以下农户共有50655户108909人，因病、因残、因学、缺乏能力、缺少生产资金是低收入农户致贫的主要因素。2015年2月，全市以县(市、区)为主体，开展进村入户调查，完成建档立卡工作。3月，出台《关于认真做好基本消除农村家庭人均纯收入4600元以下农户工作的通知》(丽委办发〔2015〕23号)，各县(市、区)成立由党委、政府主要领导为组长的工作小组，出台工作方案和有关政策。12月14—18日，省政协第三视察核查组对丽水市消除"4600"工作进行专项视察核查，经随机抽查、典型调查，视察核查9个县(市、区)32个乡镇、125个行政村、437农户、1006人，覆盖乡镇18.5%、行政村4.7%，户数、人数分别占家庭人均纯收入4600元以下农户总数的0.8%和0.9%。全部实现家庭人均收入超过4600元，其中，最高21440元，最低4620元，平均7550.6元。

【农村工作指导员】 2015年，全市农村工作指导员3495人。其中，省派丽水第九批农村工作指导员26人，市派第九批农村工作指导员70人；县级农村工作指导员436人；乡镇派农村工作指导员2963人。全年省、市、县、乡四级农村工作指导员走访农户226059户，召开座谈会22262次，集中宣传政策法规10365次，落实经济发展项目4246个，基础设施项目2812个，扶持资金23183万元，捐赠物资价值5344万元，调处矛盾纠纷7144起，协助培养入党积极分子2175人，主讲党课3152次，帮助建立村民活动场所593个，联系组织"三下乡"等大型活动1505次，支持所驻村发展和低收入农户增收。

【继续实施农民异地搬迁工程】 2015年，全市继续实施农民异地搬工程，引导高山远山、地质灾害隐患区和重点水库区域农民向公共服务相对较好、就业机会相对较多县城、中心镇和中心村搬迁。实行差异化搬迁补助机制，完善搬迁安置以国有土地划拨性质为主供地机制，出台《关于异地搬迁购建住房和农房改造建设使用住房公积金的若干规定》。全年投入资金11.78亿元，新(续)建安置小区(点)56个，实现农民异地搬迁18121人。逐步取消农业户口和非农业户口性质划分，按经常居住地登记户口为基本形式的城乡统一户籍管理制度，农民进城落户变为市民后，继续保留其原有土地(山林)承包经营权，其在原户籍所在村村经济合作社中集体资产收益分配等权益保持不变，拥有股权可依法继承或流转。进城落户农民与当地市民享有同等权利，分享同等利益，获同等待遇。全市近万名农民在县城落户。在异地搬迁安置小区成立新社区，加强社区服务平台建设，开展社区培训和社区文化活动，部分社区居民委员会主任采取直接选举方式产生，在任期内享受社区专职工作者同等待遇。

【建立"1+X"农村产权体系】 2015年，全市建立"1+X"农村产权制度改革政策体系，"1"即市委市政府出台《关于加快推进丽水市农村产权制度改革的实施意见》；"X"即各成员单位根据分工制定《丽水市农村经济合作社股份合作制改革指导性操作意见》等政策文件，推进农村土地承包经营权、林权、水利产权、集体土地房屋产权制度改革。全市完成实测面积71800公顷，土地确权登记率73.41%；农村住房所有权登记发证7.91万本；宅基地发证数5.67万本；小型水库确权发证57本，万方以上山塘确权发证414本；土地流转经营权证发证643本；林地流转面积8020公顷，林地流转办证面积2393.33公顷；农村产权公开交易数894宗，交易金额2.47亿元；全市新增农村产权评估业务开展数247宗；全市新增农村产权经济人212人。通过"清产核资、摸清家底，界定成员、明确股东，确权固化、量化股权，搭建平台、规范流转"，推进村经济合作社股份化改革。全市完成村股改数2727个，实现村股改工作全覆盖。云和县坚持"一户一宅"，允许本县农村村民在县域范围内跨村进行农村宅基地使用权流转，由村民委员会统一有偿收回农村空闲宅基地通过公开挂牌竞标方式有偿流转，流转宅基地使用权178宗。建立市、县、乡三级农村产权交易服务体系，实行统一信息发布、统一交易规则、统一交易鉴证、统一网络操作、统一平台建设"五个统一"管理模式。全市建立市、县、乡镇三级农村产权交易平台172个，农村产权公开交易覆盖所有六类农村集体产权，交易1100笔。

【农村金融制度改革】 2015年，丽水市、县两级建立“三中心一机构”（林权管理中心、森林资源收储中心、林权交易中心、森林调查评价机构）服务平台，建立从林权评估、登记、抵押担保到发生不良贷款处置的一系列制度机制，形成林权抵押贷款“丽水模式”。全市三权抵押贷款发放16.83万笔、202.11亿元，余额82.77亿元，比年初增加19.6亿元。其中，林权抵押贷款余额48.47亿元，占全国总量近1/10，居全省第一，比年初新增5.42亿元；农房抵押贷款余额30.24亿元，居全省第二，比年初新增12.15亿元；土地流转经营权抵押贷款余额4.04亿元，居全省第一，比年初新增2.03亿元。出台《关于加快土地承包经营权流转推进现代农（林、渔）业发展的意见》等文件，初步构建农村产权融资体系。创建“三权”抵押贷款村级示范点127个。金融机构推出茶园、石雕抵押贷款，小水电股权、农副产品仓单质押贷款，农民工扶持贷款等新产品。农信社面向全市低收入农户发放“丰收爱心卡”，提供信贷业务。2015年，累计办理“丰收爱心卡”22.58万张，其中，家庭人均纯收入4600元以下农户办理“丰收爱心卡”5.09万张，授信5.21亿元，发放扶贫小额贷款4.97亿元。

【农村担保体系建设】 2015年，全市建立财政出资、行业协会组建、商业性运作、村级担保基金4个层次农村担保体系，推广资金类、资产类、信用类、预期收益类4类担保模式。全市建立村级担保组织170个，为农户提供贷款担保7.55亿元。创新食用菌等特色险种，率先在全国实现森林、水稻、油菜、自然灾害公众责任险等政策性保险全覆盖。

【村级资金互助会】 2015年，全市建立村级资金互助会408个，乡镇级村级资金互助联合会1个，乡镇级来料加工资金互助会1个、县级来料加工资金互助会1个，县级村级资金互助联合会2个。全市入会农户28547户，其中，低收入农户10518户，当年借款农户4287户，借款总额7510万元，其中，低收入农户贷款7111户次。互助会股本金总额8390万元，借款总额2.2亿元，呆账坏账率为零。

【农村生活污水治理】 2015年，全市推行“三查三评三比”工作机制，落实县、乡、村、专业监理四级监督体系，全员、全方位、全过程严密监管施工质量和人员履职。市农办与有关单位联合举办全省首个农村生活污水治理技术培训班，各县（市、区）、市开发区农办（治污办）分管领导、业务科室负责人和2015年农村生活污水治理重点乡镇（街道）技术负责人以及市农办治污办全体成员120余人参加培训。全市投资10.04亿元，完成农村生活污水治理1233个行政村，受益农户228148户。庆元、遂昌、景宁、龙泉、莲都、缙云先后被评为省农村生活污水治理工作优胜县。

【建设“三位一体”农民合作经济组织体系】 9月25日，丽水市缙云县、遂昌县被浙江省农村改革试验区工作联席会议正式批准为深化供销合作社和农业生产经营管理体制改革构建“三位一体”农民合作经济组织体系首批推进县。改革任务是将农民合作经济组织和各类为农服务组织联合起来，建立具有生产、供销、信用“三位一体”服务功能农民合作经济组织联合组织及其体系，即成立省、市、县、乡四级农民合作经济组织联合会（简称“农合联”）。农合联是在党委、政府领导下，以为农服务为宗旨非营利性社会团体，实行农有、农治、农享，由民政部门注册登记，接受农村工作综合部门管理。至年底，缙云县、遂昌县2个推进县完成改革实施方案制定、上报和农合联组建前期工作。

【农村垃圾减量化资源化处理试点】 2015年，龙泉市、缙云县、松阳县、遂

遂昌县大田村农村生活污水治理项目　　王艳杰　提供

昌县被省“千村示范万村整治”工作协调小组列入农村垃圾减量化资源化处理试点，11 个村开展以“分类收集、定点投放、生物堆肥、回收利用”为主要内容农村垃圾减量化资源化处理试点工作，完成快速成肥设施和农村垃圾资源化处理站建设并投入试运行，购置组合式大垃圾桶 721 组，户用垃圾桶 6000 多个，人力垃圾清运车 12 台，开展垃圾分类工作，从源头上减少环境污染，促进资源循环利用。全市人均保洁经费提高到 63.2 元。 （王艳杰）

农业科技服务

【概况】 2015 年，市农业局继续开展农技专家联系服务农业“两区”建设活动。全市开展科技入户工作农技人员 1124 人，建立科技示范场 61 个、科技示范村 926 个、联系科技示范企业 395 个，科技示范户 6644 户，联系科技示范基地 298 个；开展农业科技下乡活动 729 次，参加农技人员 2805 人次，服务农民 56296 人次，发布主推品种 638 个，主推技术 265 项，发放技术资料 7.2 万份，开展现场培训会 312 次，培训科技示范户 9840 人次。

【绿色农业建设】 2015 年，全市实施生态循环农业“2115”工程，新建成认定生态循环农业示范县 1 个，示范区 4 个，到“十二五”末，全市建成生态循环农业示范县 2 个，生态循环农业示范区 12 个，生态循环农业示范企业 9 个，实施生态循环农业示范项目 139 个。实施整建制推进现代生态循环农业示范市建设，出台《丽水市创建现代生态循环农业示范市和农产品质量安全示范市 加快推进生态精品现代农业发展三年行动计划》，成立以分管副市长为组长，市农业、林业、水利、供销、财政、发改、环保、质监、市场监管、国土、统计等职能部门为成员单位的农业“双创”工作领导小组，下设办公室，下发《创建现代生态循环农业示范市和农产品质量安全示范市有关任务及分工方案》，相关任务与责任分解落实到各单位，并纳入各种考核强化管理。全市新启动整建制推进现代生态循环农业示范县 9 个、示范区 10 个、示范主体 98 个。至年底，第一批建成省级生态循环农业示范主体 31 家。在全省农业水环境治理暨现代生态循环农业创新大赛中，龙泉兰巨省级现代农业园区的山区区域循环农业模式和松阳县浙江田地缘农业生物科技有限公司的畜禽养殖固液废弃物综合生态处置与资源化利用技术被评为浙江省农业水环境治理暨现代生态循环农业十大创新技术和模式。通过开展“三品”宣传周活动，“三品”生产主体、生产基地专项检查，组织各县（市、区）农业局“三品”工作人员、300 多家申报无公害食品农业龙头企业、农民专业合作社、家庭农场的内检员培训等方式，推进“三品”认证工作。2015 年，新增“三品”认证企业 95 个，产品 136 个，面积 1360 公顷，食用菌 560 万袋，畜 2.68 万头，禽 166.20 万只。其中新增有机食品认证企业 14 个，产品 16 个，面积 146.7 公顷；新增绿色食品认证企业 6 家，产品 16 个，面积 186.7 公顷；新增国家无公害农产品认证企业 75 个，产品 104 个，新增产地认证面积 1026.7 公顷，食用菌 560 万袋，养殖禽 166.20 万只，畜 2.68 万头，其中“农业两区”整体认证 3 个，面积 120 公顷。至年底，累计全市“三品”认证企业 833 个，产品 1160 个，认证总面积 10.9 万公顷、食用菌 23785 万袋、畜 20.83 万头、禽 768023 万只，其中有机产品 231 个，面积 1.29 万公顷、食用菌 3763 万袋、畜禽 8.45 万头只、养殖水面 62.96 平方千米；绿色食品 166 个，生产面积 0.61 万公顷、食用菌 5849 万袋、禽产品 2 万只；国家无公害农产品 763 个，生产面积 9.04 万公顷、食用菌 14173 万袋、畜 778.61 万头（只）。

【农业科技推广服务】 2015 年，市农业局开展“2015 年丽水市农业主导品种与技术推广应用暨春耕生产‘五送十行动’服务月活动”系列活动，筛选推介 2015 年主要农作物（包括牧草）174 个、畜禽 45 个主导品种和农业综合主推技术 2 项、主要农作物 46 项、畜禽 10 项主推技术。以校地合作“浙江大学—丽水市浙西南现代农业技术合作推广中心”为平台，组织主导产业关键技术的研究与推广工作。组织各农业主导产业首席专家团队围绕主导产业瓶颈问题，实施研究与应用《降血糖、清咽等功能产品茶叶精深加工产品开发》《山地茄子多模式栽培技术研究与示范》《猕猴桃品种对比试验及种苗繁育技术研究》《药用蕈菌资源调查与开发》《草本药材高效生产模式及栽培技术研究》《秸秆资源化利用设施推广》等项目。发挥浙大首席专家优势围绕主导产业发展开展调查研究，组织各层次农技人员与生产主体培训。以院地合作为平台，组织主导主业关键技术研究与推广工作。在继续实施 2013 年、2014 年度启动建设 20 个院地合作项目基础上，启动建设第三批 7 个院地合作项目，即：《茭白鞘叶饲料资源化技术的研究与应用》《丽水中蜂资源保护、挖掘与利用》《高山蔬菜可持续高效生产技术研究与示范》《茭白田高效生态种养模式及其关键技术研究与

稻鱼共生　　林军明　提供

示范》《高山优质粳稻品种的筛选和药肥双减栽培技术及其稻米产业化开发》《蚕豆、花生新品种的引进、示范与产业化》《沼液浓缩与化肥替代技术研究与示范》。

【农业科技推广项目实施】 2015年，全市继续组织实施省、市农业“丰收计划”项目，其中《中药材规范化基地建设与标准化生产技术推广应用》等3个项目，《丽水市农村沼气技术推广与综合利用》等13个项目，《优质茶树新品种高产高效技术示范与推广》等20个项目，分别获2014年度市级农业丰收一、二、三等奖；《庆元香菇标准化生产新模式推广应用》获省农业丰收一等奖，《莲都区农作物病虫综合防控技术示范与推广》《云和梯田生物多样性种养配套技术集成和示范》获省农业丰收三等奖。下达2015年度农业“丰收计划”项目54个。组织实施农技推广体系建设示范县项目9个，国家级农业标准化示范项目2个，市级农业标准化示范项目11个，至年底，全市农业标准化实施率61.15%。

【农业教育培训】 2015年，实施2015年度市农业人才示范性培训项目，市本级农村劳动力素质培训专项项目9个，培训资金45万元，培训470人。实施学历教育培训，全市完成招生472人，组织鉴定动物疫病防治员、农艺工、果茶桑园艺工、蔬菜园艺工、果树园艺工等502人职业技能鉴定培训，合格人数359人，合格率71.5%。新建设农广校实训基地4个；实施职业农民培育试点工作，全年全市培训职业农民1301人，新认定职业农民281人，至年底，全市累计培育认定职业农民1369人。实施农技人员知识更新培训，组织到全省各地农林院校培训农技人员1222人次，农业专业技术人员参加农广校远程知识更新培训1600多人次；实施新型农民技能培训156个班次，培训1.24万人次，农业实用技术培训360次，培训1.87万人次。

【农业人才培养】 2015年，市农业局实施农业职称评审，全市新增农业中级职称人员42人，新增农业副高级职称人员33人。实施定向培养基层农技人员工作，全市选取大学生15人与缙云、青田、庆元、云和、龙泉等地县（市、区）农业和人事部门签订定向培养与就业协议，涉及农学、植物保护、动物医学、园艺、农业资源与环境、农林经济管理6个专业。

【农业水环境治理】 2015年，继续贯彻落实全省农业水环境治理和市委、市政府“五水共治”决策部署，组织开展农业水环境治理。9月，丽水市在全省率先完成全年农业水环境治理工作任务，受到副省长黄旭明批示，至年底，全市年存栏50头以上规模养殖场（户）治理180家、关停39家、通过验收486家，分别完成年度目标任务100%、100%和108%。完成新建畜禽粪便收集处理中心1家、新建标准化水禽场5家、新增落实生态消纳地0.76万公顷，新增沼液利用量8.21万吨，分别完成年度任务100%、100%、113.5%和117.3%。全市推广测土配方施肥257.06万亩次，推广商品有机肥5.086万吨，减少化肥不合理使用量2491.96吨，分别完成年度任务102.82%、113.02%和104.7%；推广病虫害统防统治2.68万公顷，绿色防控融合面积1.17万公顷，减少农药不合理使用量196.8吨，分别完成年度任务102.32%、111.59%和104.68%。　（徐志东）

【农业信息化建设】 2015年，全市累计发展农民信箱注册用户12.7万个，新增用户0.3万个，发布产业动态信息1762条，发布买卖信息3440条，手机短信1353.8万条、信件1418.4万封。群发农业生产灾害预警信息26.2万条，挽回农业灾害损失4232万元，节省通讯支出1752万元。全市撰写每日一助典型事例116篇，发送服务信息2001条，接收反馈信息

12546条，促进农产品成交金额或意向金额5552.4万元。收录当地农产品地方馆513条，采编当地农业主导产业发展、采摘游、农展会、农产品等农产品商务信息321条。全市累计64个网站获“新农村网站季度之星示范网站”称号，在农民信箱系统平台上建立村网站2666个，发布各类信息3万条，行政村网站建站率100%，其中符合农业现代化评价指标的行政村网站2663个，规范率99.59%。市本级、遂昌、青田、庆元农业局获得2015年度浙江农民信箱工作考核先进单位。

丽水市农业信息网站采集、发布农业政务、技术、政策以及各类专题等信息2669条，其中自主编发农业动态、市级动态、产业资讯等政务信息850条，网站累计浏览量6737.83万人次。在全省农业网络信息公用模块发布农业信息、资讯、农民信箱专题等信息10189条，其中市本级发布843条。农技110专家咨询、电话咨询、网络直通车受理咨询88条，答复率100%，其中按时答复率95%。继续开展县级农业网站绩效测评省级试点工作，促进农业网站规范化建设与科学管理机制建立，形成一套农业网站建设、运维、数据管理等统一标准和规范。组织推广“农技通”“掌上农民信箱”等移动终端软件，拓展信息进村入户渠道，形成以农技人员为中心的农技推广服务圈。其中，遂昌、青田县为乡镇农技人员、首席专家、农业大户配备移动智能终端387部，推广应用APP 1.05万个。信息进村入户为农民和新型农业经营主体提供各类服务47.87万人次，代缴各类费用628万元，代购服务为农民节省购物资金740万元，农产品电子商务成交额810万元，初步构建“政府+服务商+运营商”三位一体可持续运行机制。

2015年，现代农业地理信息系统粮食生产功能区上图入库3953公顷，现代农业园区上图入库33个，标准农田上图入库面积1.16万公顷，三项上图入库率100%。 （廖小丽）

【农业机械化发展】 2015年，全市农业机械总动力112.43万千瓦，其中，耕作机械21415台，种植机械84台(水稻插秧机72台)，排灌机械51852台，植保机械24523台，联合收割机155台，茶叶机械71934台，食用菌机械71823台，挂上道路拖拉机牌照的拖拉机5780台，全市农业机械总值12.05亿元。

全年全市农民(或农村经营服务组织)购置农业机械补贴机具11177台(套)，落实中央资金1758万元、省级资金15.6万元。其中插秧机4台，机械式秧盘播种成套设备2套，大中型拖拉机8台，收割机6台，粮食烘干机6台，采茶机32台，冷库1826立方米，食用菌自动装袋机80台。建设省补钢架大棚244982平方米，补贴资金645.15万元，其中，连栋大棚182256平方米，玻璃温室4771平方米。

全年全市完成机耕面积6.51万公顷；水稻机插面积0.12万公顷；机械植保面积4.40万公顷；水稻机收面积1.15万公顷，粮食生产综合机械化水平达40.21%。新建水稻育秧中心3个，引导农业经营主体发展粮食烘干机械，建成烘干中心22个，烘干机械30台，批次烘干能力309吨。加强农机农艺技术融合，在龙泉市、缙云县示范推广油菜机械化收获技术，推广面积129.73公顷。提升农机服务能力，举办农机维修人员培训班1期54人。

深化“平安农机”创建，创建“平安农机”示范乡镇2个、示范合作社3个。完善警农协作机制，加强公安驻农机警务联络室建设，开展农机安全生产“打非治违”、隐患排查、外省籍拖拉机治理三大专项行动。推进拖拉机报废补偿工作，报废解体拖拉机611台、补偿机手资金153万元。通过掌握实时数据、强化责任落实、加强宣传教育、强化技术培训、开展质量调查五项措施加强微耕机安全管理。2015年，全市发生涉及拖拉机道路交通事故10起(其中拖拉机甲方事故8起)，比2014年减少7起，减少41.18%；死亡5人(其中拖拉机甲方事故3人)，比2014年减少5人，减少50%；受伤7人，比2014年减少6人，减少46.15%，直接经济损失1.078万元，比2014年减少9.542万元，减少89.85%。拖拉机道路交通事故死亡人数控制在考核指标以内，占全年市安委办控制考核指标(16人)31.25%、占全年省农业厅控制考核指标(23人)21.74%，没有发生较大拖拉机道路交通事故、农机道路外造成人员死亡事故。农业领域没发生造成人员死亡的安全生产事故。 （吴志珍）

【生态农业建设】 2015年，全市围绕农业水环境治理和现代生态循环农业、农产品质量安全放心示范市创建，推进肥药减量控害增效工程，先后出台《丽水市人民政府办公室关于促进畜禽排泄物资源化利用与商品有机肥推广的实施意见》《丽水市人民政府办公室关于全面推进农药废弃包装物回收和集中处置的指导意见》《丽水市人民政府办公室关于印发丽水市农业“两区”土壤污染防治三年行动计划(2015—2017年)的通知》，全年推广测土配方施肥17.2万公顷，商品有机肥5.1万吨，实施农作物专业化统防统治2.7万公顷，统防统治融合绿色防控1.2万公顷，农药减量控害面积5.2万公顷，减少化肥不合理使用量2504.3吨，减少化学农药196.8吨，高效低毒低残留农药推广应用普及率84.1%，回收农药废弃包装物近50吨，启动松阳县农业"两区"土壤污染治理试点工作，实现农产品质量提升和农田生态环境改善双赢目标。（李小荣）

【农村能源建设】 2015年，加强畜禽养殖场污染治理，开展沼气工程建设。全市新增畜禽养殖场沼气工程6520立方米、沼气集中供气村2个，至年底，保持潜在沼气用户3万余户，由于近年来畜牧场整治和农村散户养殖萎缩，较大部分户用沼气池处于废弃状态。莲都区碧湖现代农业综合园区内浙江湍峰畜牧有限公司，按照"猪—沼—作物"循环模式，排泄物通过固液分离、三级过滤、厌氧发酵、沼气发电、农田利用，实现生态化治理。配套建成沼气池1200立方米，堆粪棚100平方米，农田铺设管网8000多米，建储液池60个1500立方米，为园区提供1.5万吨有机肥。

全年开发利用农村清洁能源，加快太阳能在农村生产生活中的应用。加强农业生态环境保护，减少农药使用量，推广生态化控制病虫害措施，其中新增太阳能杀虫灯834盏；为推动农村生活节能降耗，新增太阳能热水器2.85万平方米，农村清洁能源利用率60.5%。

全年建设沼液收集、贮存、管网和利用配套设施，开展"三沼"综合利用，推广"猪—沼—作物"能源生态模式，发展生态循环农业，加大沼液就地消纳力度，新增田间沼液贮肥池4168立方米、沼液输送主干管道27.5千米；配置沼液运输车25辆，进行沼液异地配送，促进沼液资源化利用，全市推广沼液利用面积1.13万公顷，沼液利用量65.8万吨。（李官平）

生态精品农业

【概况】 2015年，市农业局以农业"三区"建设为主平台，以生态精品农业"361"工程和"双创"工作为主抓手，坚持生态化发展、标准化生产、品牌化经营、电商化营销，在"生态立农、科技兴农、质量强农、营销活农、依法治农、改革助农"上下功夫，推进生态精品现代农业发展。至年底，全市累计认定生态精品农业示范县3个、示范乡镇40个、示范企业98家、示范合作社105家、大学生创业典型70个，示范家庭农场870家、生态精品农产品887个。

【生态精品农业宣传】 2015年，市农业局组织搭建以《农民日报》《浙江日报》《钱江晚报》《农村信息报》《丽水日报》《处州晚报》及浙江卫视、浙江经视、浙江公共新农村频道、浙江电台、杭州电视台、丽水电视台、新浪、腾讯、中国农业新闻网、浙江在线、丽水在线、丽水发布等媒体为平台的全市生态精品农业宣传团队，全方位、多层次宣传报道丽水市生态精品农业发展亮点和成效，宣传一批可学、可看、可推广生态精品农业示范典型主体和经营实体，全年发表稿件200余篇，其中《农民日报》头版头条刊发《"丽水山耕"的品牌蝶变》获省委书记夏宝龙批示。（张　靓）

【举办丽水生态精品农博会】 9月18—20日，在杭州和平国际会展中心举办2015丽水生态精品农博会，展会有120家企业1000余个农产品参加展示展销，举办舌尖上的丽水—丽水好食材推介会、丽水"中国长寿之乡""中国气候养生之乡"媒体见面会、"丽水香茶"推介会、景宁金奖惠明茶推介会、全国蔬果艺大赛、"丽水山耕"品牌创建周年研讨会、农超对接专场会、摄影作品展、生态旅游推介、贸易洽谈、农耕文化宣传、小吃一条街等系列活动，获各方点赞好评。参展期间接待客商、杭州市民等参观人员5.9万人次，现场销售额689万元，通过场内外互动、农产品进社区、电商促销等活动销售282万元，合计971万元，与客商签订订货合同和意向合同2.12亿元。（林国文）

农业产业化经营

【概况】 2015年，市农业局通过招商引资、政策引导、优化服务、加强培训等举措，引导和鼓励丽水市农业龙头企业做强做大，做精做优。全市农产品网上销售额超20.26亿元，比2014年增长26.62%；新培育农产品电子商务上淘宝农业主体242家。全市新引进农业招商项目47个，合同引资额25.8亿元，实际到位资金5亿元，其中，5000万元以上大项目19个，超1亿元项目6个；加上73个续建项目，实际到位资金8.29亿元，全年累计实际到位资金13.3亿元，连续三年全市农业招商引资突破10亿元关口。全市新增销售额3000万元以上农业龙头企业14家，亿元以上农业龙头企业2家。新认定第八批省级骨干农业龙头企业8家。至年底，全市累计年销售收入超1000万元以上农业龙头企业296家，3000万元—1亿元129家，超亿元32家。农业产业化国家重点龙头企业1家、省级骨干农业龙头企业38家，市级重点农业龙头企业233家，市级以上农业龙头企业272家。2015年，新申报"叶法善茶业""英标菇品"浙江名牌农产品2

个，复评4个，全市累计培育浙江名牌农产品26个，区域名牌农产品2个。引导企业挂牌上市，对接基金公司、证券公司走访重点农业龙头企业，加强对接交流，推动农业企业挂牌上市工作，作为全市典型在全市资本工作会议上交流发言。

（林国文　黄　昀）

【现代农业园区建设】　2015年，全市建成通过省级验收现代农业园区29个，其中，农业类13个（综合区5个、示范区4个、精品园4个），林业类12个（综合区3个、示范区7个、精品园2个），渔业类4个（示范区1个、精品园3个）。完成全市现代农业园区建设目标，通过验收的综合区、示范区个数列全省首位。全市累计建成并通过省级验收现代农业园区89个，其中，综合区13个、示范区28个、精品园48个；累计完成投资26.6亿元，其中，省级财政5.61亿元、地方财政7.17亿元、社会资金13.8亿元；建成各类大棚1407公顷、喷滴灌设施3453公顷以及机耕路、操作道、保鲜冷库等各类现代农业设施。

【农产品加工园区建设】　2015年，丽水市借助山区综合改革和低丘缓坡开发利用的契机，推动各县（市、区）农产品加工园区建设，主抓农产品加工园区实际供地，全市新增供地100公顷，列入市政府新农村建设六大行动计划年度考核指标。全年农产品加工园区新增实际供地107.3公顷，入园企业72家。至年底，全市累计启动建设农产品加工园区9个，规划面积734.2公顷，完成供地394.9公顷，引进入园企业161家。

【休闲农业发展】　2015年，市农业局结合“六边三化三美”工作，推进农业产业景观带、休闲农业区点提升以及美丽业态项目建设。全市新培育休闲观光农业区点18个，接待游客约807万人次，投入资金11.2亿元，实现营业收入6.8亿元。至年底，累计建成休闲区（点）256个。开展丽水市首批休闲农业“十佳”项目评选活动，评选“十佳美丽田园”等九大类90个休闲观光农业园（基地）。推荐并争取省、部级休闲农业与乡村旅游评优评先指标，推进全市休闲农业发展，2015年，云和梯田农业系统获中国重要农业文化遗产、遂昌县高坪新村获“中国美丽乡村”、庆元县莲湖农业综合体获全国休闲农业与乡村旅游示范点、龙泉凤羽山庄和遂昌里高农家乐获全国休闲农业与乡村旅游五星级企业。遂昌高坪农家乐、松阳大木山骑行茶园、莲都利山农家乐综合体、云和梯田、景宁大均中国畲乡之窗、龙泉金观音白天鹅观光农业园等10个休闲农业与乡村旅游区点的“秀山丽水美丽乡村行”获2015全国休闲农业与乡村旅游十大精品线路。龙泉市获全省休闲农业与乡村旅游示范县，龙泉凤羽山庄、青田县章旦乡红萝山庄、遂昌县高坪新村、景宁县云中大漈休闲观光农业示范园获全省休闲农业与乡村旅游示范点。

【外向型农业】　3月24—25日，丽水市组织40家农业企业参加中国香港（地区）商会—杭州代表团“走进丽水”活动，推动丽水农业企业通过香港平台拓展海外市场。组织浙江天和食品有限公司、浙江百兴食品有限公司、庆元县绿园食品有限公司、景宁畲族自治县中信实业有限公司、景宁畲族自治县惠明茶业有限公司等企业参加省厅外经办举办的“2015中国国际食品和饮料展览会（上海）”。台湾南投县信义乡农会到莲都、龙泉、云和等地考察蔬菜、水果、食用菌等产业及农产品加工企业，初步达成丽水山耕梅子梦工厂项目合作意向。组团参加2015年台湾南投县“美人腿”节，促进丽台农业交流合作。全年全市农副产品出口总额8833万美元，与2014年基本持平。　（黄　昀）

【各类农业展会】　2015年，丽水市组团参加2015浙江省农博会、上海农展会、第十三届中国（福州）国际农产品交易会、第七届全国优质农产品（北京）展销周、2015浙江省农商对接大会、第四届长三角地区农超对接洽谈会、2015中国茶叶博览会、2015萧山新农都年货展、舟山市菜篮子商品春节供应会、慈溪环杭州湾农展会、2015年嘉兴市农产品展销会、第六届中国余姚河姆渡农博会等14个省内外农展会，参展企业800家次，实现现场销售额1200余万元，签订订货合同和意向合同3亿元。获2015年浙江农业博览会“最佳组织奖”，丽水市推荐“志东”牌甜橘柚、“正德和”牌状元香肠和“晨光”牌黑木耳获2015最具影响力的浙江农博品牌农产品称号，缙云烧饼、云和雪梨、处州白莲、梅峰莲都红等23个产品获2015年浙江农业博览会金奖，“正德和”牌葱花肉获2015年浙江农业博览会新产品金奖。

【农产品营销网点】　2015年，全市累计设立丽水生态精品农产品营销配送中心15个，遍布杭州、上海、北京等各大城市，2015年总销售额1.2亿元。2015年，丽水市分别在杭州市学院路和上海市水电路开设丽水生态精品农产品营销配送中心，配送中心汇聚食用菌、椪柑、茶叶、缙云麻鸭、高山蔬菜等“丽水山耕”生态精品农产品，以生态、绿色、健康为卖点，让“舌尖上的丽水”深入人心，带动丽水农业龙头企业、农民专业合作社发展。

【举办2015丽水新春农博会】 1月30日—2月1日，由丽水市农业局主办的2015丽水新春农业博览会在丽水市体育中心举办。本次农博会以“生态、精品、养生”为主题，展区面积约7000平方米，设展位300多个。来自市内外和新疆、台湾及泰国等国家和地区的240多家企业1300多种产品参加农博会。据统计，参加顾客2万多人次，实现现场销售额305万元，达成产销合作意向金额2000万元。（林国文）

2015年丽水新春农博会在丽水举办　王　霞　提供

农村经营管理

【概况】 2015年，全市9个县（市、区），1个经济开发区，173个乡镇、2727个村（社），2.4万个村民小组、78.9万农户、222.37万农业人口。村集体所有农用地总面积147.02万公顷，其中耕地8.52万公顷、园地4.29万公顷、林地130.15万公顷、养殖水面0.38万公顷，其他类型农用地3.68万公顷。户均耕地面积0.11公顷，人均耕地面积0.04公顷。全市农村劳动力143.86万人。其中，从事家庭经营劳动力78.77万人，外出务工劳动力59.13万人，常年外出务工劳动力53.02万人（其中，乡外县内23.68万人，县外省内18.15万人，省外11.19万人）。至年底，全市完成经济合作社股份制改革2727个村，确定股东数213.74万人，量化资产16.31亿元，累计分红2729.85万元。

【农业经营主体】 2015年，丽水农业产业化组织发展迅速，全市新增家庭农场785家，累计培育3195家，其中，省级示范性家庭农场107家，市级示范性家庭农场870家；被评为市级“二十佳”示范性家庭农场34家、市级“十佳”休闲性家庭农场10家。新增农民专业合作社199家，累计3561家，其中，累计被评定市级示范社289家、省级示范社142家、国家级示范社94家。新增大学生创业典型30个，累计70个。

【土地承包耕地流转】 2015年，继续创新土地流转方式，促进土地规模化流转和经营，全市新增流转耕地3560公顷，累计流转耕地34893公顷，流转率43%。各县（市、区）流转率依次为：云和51.87%、莲都49.2%、景宁47.18%、庆元46.71%、缙云46.19%、松阳42.84%、遂昌42.64%、青田41.1%、龙泉34.2%、开发区16.67%。全市签订土地流转合同7.45万份，涉及流出农户9.1万户，流转面积1.49万公顷。至年底，新增土地流转经营权证581本，累计发放1072本；新增土地流转经营权抵押贷款1.42亿元，累计贷款余额4.04亿元。

【农村产权交易市场建设】 2015年，丽水市继续按照“依法公开、自愿有偿、规范操作、有效监管”的要求，规范农村产权流转市场。全市172个乡镇（街道）完成产权交易窗口设立，建成覆盖“市—县—乡”三级农村产权交易平台体系。全市新增农村产权评估业务247宗、农村产权经济人212人。至年底，全市完成农村产权公开交易数894宗，累计交易数1373宗、交易金额2.47亿元，覆盖所有六类农村集体产权。

【农民负担监管】 2015年，政府补贴资金2.86亿元，比2014年增长4.8%；其中农业四项补贴7607.48万元。全面核实整改全市农民负担交叉检查中发现53条线索，涉及金额32.23万元，查处案（事）件22件，退还违规违纪金额15.23万元。推进“一事一议”筹资筹劳财政奖补工作，减轻农民负担。全年开展“一事一议”项目建设村516个，筹资金额4438.28万元，筹劳（工）2.88万天。

【村集体经济组织】 2015年，丽水市加强农村集体资金、资产、资源管理，村级集体经济不断发展。全市有经营收益村1183个，村集体总收入6.79亿元，比2014年增长9.69%，其中，经营性收入1.00亿元，补助收益2.23亿元。完成“三资”管理规范化乡镇(街道)132个，规范化村2129个，占全市所有村(社)数78.07%。巩固全市省级“三资”管理规范化县创建成果，村级财务实行按月公开214个、按季公开2513个。累计完成省定经济薄弱村转化1005个村，完成率48.5%。(叶国军)

农业安全生产管理

【概况】 2015年，全市未发生重大农产品质量安全事件，未发生区域性重大动植物疫情。全市农产品质量安全状况总体稳定并保持较高水平，在四次农产品质量安全省级例行抽检中，种养环节、屠宰环节共抽检农畜产品468批次，合格466批次，合格率99.6%。2015年度，全市组织农产品定量检测3296批次，合格3254批次，合格率98.7%。

【农产品质量安全】 2015年，市农业局以体制机制建设为抓手，出台农产品质量安全“黑名单”制度，建立农产品质量安全监测风险交流季度例会制度，重新修订《农产品质量安全监管责任制》；在全省率先开展农产品质量安全放心示范市创建工作。按照“一年试点、两年推广、三年全覆盖”总体要求，遂昌县完成农产品质量安全放心示范县创建工作，莲都区、龙泉市、云和县和景宁县启动农产品质量安全放心县创建工作。全面推进农产品质量安全追溯体系建设，全年新增可追溯点493个，主体信息库录入2368家。遂昌县、景宁县、莲都区、云和县成功创建省级农产品质量安全追溯示范县；莲都区丽新畲族乡、龙泉市兰巨乡、遂昌县应村乡、景宁县澄照乡成功创建市级农产品质量安全追溯示范乡镇。加强农产品源头质量安全治理，组织农产品质量安全专项整治、肉品安全专项整治“百日会战”行动和杨梅、草莓、长豇豆、芹菜等重点隐患产品专项治理。继续推进农产品安全快速检测室对公众免费开放工作，全年为群众免费检测农产品52896批次。(吕瑞霞)

【重大动物疫病防控】 2015年，丽水市、县、乡联合开展以春、秋季集中免疫和夏、冬集中补免为主的动物疫病强制免疫工作，累计出动防疫人员8159人次、投入防疫经费594万元，免疫家畜334万头次、家禽571.2万羽次，免疫密度100%。对2070个场点开展动物疫病监测，累计检测血清样品4.93万份，免疫抗体合格率80%以上。4月，省防治动物疫病指挥部发文表彰2014年度全省重大动物疫病防控和畜产品安全监管目标管理考核优胜单位，丽水市防治动物疫病指挥部获全省第一名，至此，丽水市指挥部连续三年获全省第一名，连续七年获全省优胜奖，龙泉市、青田县指挥部获省考核优秀奖。10月，市农业局与有关单位联合在青田县举办动物检疫职业技能竞赛，并对优秀选手授予“丽水市技术能手”称号和核发相应职业(工种)的国家职业资格证书。12月，市防治动物疫病指挥部和市人感办首次在遂昌县举办“人畜共患重大疫情(高致病性禽流感)联合防控应急演习”活动。(张盈盈 汤丽波)

【畜产品安全监管】 2015年，农业部门健全畜产品质量安全管理制度，印制《畜禽养殖、收购贩运和定点屠宰生产经营单位质量安全责任告知书》，与规模猪场签订畜产品质量安全责任状，加强“瘦肉精”等常态化检测和养殖屠宰户主体质量责任意识，全年监督抽查“瘦肉精”定性检测15.22万批次，全部合格。省级畜产品例行定量抽检401批次，合格率99.3%。实施肉品安全专项整治“百日会战”行动和屠宰管理联合执法行动，发放张贴相关宣传资料9100份，培训约谈业主93户；出动执法人员1650人次，检查养殖场、屠宰场等重点场所686家次，提出整改意见39家，行政立案5起；监督抽检定量检测肉品232批次；收缴问题肉品910千克，保障全市肉品消费安全。(胡理明)

【重大植物疫情控制】 2015年，丽水市重新调整阻截带监测点，其中，省级阻截带监测点从55个调整到43个，重点对柑橘黄龙病(柑橘木虱)、梨树病害、加拿大一枝黄花、柑橘溃疡病菌、葡萄根瘤蚜、红火蚁等有害生物实施监测，设立各类监测点186个。全年全市共设立柑橘黄龙病监测点30个，柑橘木虱监测点35个，监测面积795公顷。黄龙病疫情得到控制，发病株面积和发病株树逐年下降。经普查，全年全市5个县(区)(开发区、莲都区、青田县、庆元县、松阳县)24个乡镇(街道)发生柑橘黄龙病，发病面积934.2公顷，比2014年减少109.6公顷，下降10.5%；发病7071株(2014年7573株)，比2014年度减少502株，下降6.6%，病区病株率和病果园病株率基本控制在1%以下。梨树疫病发病面积和发病株树相比2014年呈“双下降”，发病程度也大幅减轻。全年全市普查梨2610.6公顷、158.54万株，普查率100%。发病面积105.4公顷，其中，轻发生面积103.1公顷，占97%，总发病1009株，比2014年下降83%。云和县连续两年未发现病株，青田、松阳、景宁等县比2014年略有减轻，发病品种以翠冠雪梨为主。春、秋两季加拿大一枝黄花发生面积分别为14.7公顷和11.8公顷，其中零星发生面积19.6公顷，占发生总面积74%。主要分布在江河沿岸、高速公路绿化带和荒地等，发生维持在一个较低的水平，未对全市生态环境和耕地作物造成危害。全年全市植检部门出动执法人员308人次，车辆63车次，检查种子市场6个，种子花卉苗木繁育、生产、经销单位143家，检查种子60多万千克、苗木615万株。查获违法调运种子2049千克、苗木114株，立案查处8起，涉案金额2.6万元，罚没款3770元，销毁苗木114株、种子7千克。（伍克高）

粮食作物

【概况】 2015年，丽水市粮食生产受寡照、多雨、低温天气影响，粮食播种面积、总产量、单产均减少。全年粮食播种面积8.88万公顷，比2014年减少0.07万公顷，减少0.8%；总产量47.80万吨，比2014年减产1.57万吨，减少3.2%；单产368千克，比2014年减少9千克，减少2.5%。其中，晚稻4.40万公顷，比2014年减少0.19万公顷，单产467千克，比2014年减少8.9千克；发展冬季旱粮和山地旱粮生产，新增旱粮面积0.26万公顷。

【粮食生产功能区建设】 2015年，丽水市完成87个、4275公顷粮食生产功能区建设，累计完成投资10562万元，修建排灌渠118.7千米、机耕路157.3千米，修建泵站31座、下田坡40处；新建粮食生产服务组织12家，开展统防统治服务4840公顷，集中育秧服务1740公顷，机插秧服务1226公顷。

【旱粮生产情况】 2015年，丽水市旱粮政策惠及面广，旱粮生产总面积4.61万公顷，其中新增0.26万公顷。建设旱粮基地131个，面积0.194万公顷，其中，省级旱粮基地10个，面积0.02万公顷；县级旱粮基地52个，面积0.04万公顷。全市旱粮生产以鲜食型旱粮为主，其中，鲜食玉米1.1万公顷、大豆0.9万公顷、蚕豌豆0.3万公顷、薯类1万公顷。发展农作制度创新，其中，蚕豌豆—玉米/番薯、鲜食蚕豆（马铃薯）/春玉米—夏玉米—秋马铃薯等三熟、四熟新型农作制度面积0.18万公顷。（范飞军）

经济作物

【蔬菜】 2015年，全市蔬菜播种面积小幅增加、产量略减、产值增加，混合平均价格上升。全年蔬菜播种面积4.98万公顷，总产量134.2万吨，产值28.5亿元，其中，山地蔬菜播种面积2.50万公顷、产量60.6万吨、产值14.4亿元；高山蔬菜播种面积1.43万公顷、产量36.3万吨、产值8.9亿元；设施蔬菜播种面积0.69万公顷，产量24.5万吨、产值6亿元。

全市建有蔬菜保鲜冷藏库83个13548立方米，产地收购市场77个。通过生产设施改造、基地环境美化、文化展示、新品种试验示范等措施，全市提升与新建各类示范基地31个。新建育苗中心1个，提升育苗中心2个，全市形成年育苗1000万株的能力。至年底，全市建成保障型蔬菜基地800.2公顷，完成省下达680公顷的目标，其中，2015年新建保障型蔬菜基地141.87公顷，建设大棚设施25.5公顷，集约化育苗设施4810平方米，微喷灌设施67.53公顷，沟渠23.71千米，泵站8个，操作道12.5千米。

全市开展以省力化轻简化栽培技术、安全高效生产技术、水肥一体化微蓄微灌技术、菜稻轮作栽培技术（千斤粮万元钱）、山地蔬菜长季避雨栽培技术、蔬菜穴盘、嫁接育苗技术等为主要内容生产技术推广活动。全年建立各类新技术新品种展示示范点18个，示范面积216.7公顷，召开生产现场会30场次，参加人数2080人次，引进蔬菜新品种87个。组织技术培训120（班）次，培训10368人，发放资料20340份。

加快蔬菜生产机械引进应用，实行“机器换人”，引进耕作（犁耕、旋耕、开沟、起垄等）、施肥、除草、植保、秸秆粉碎、田间运输、蔬菜包装机等机械设备，最大程度减少农业生产对劳动力依赖度。与省农科院、浙江大学科技合作，开展敌磺钠调节茭白结茭期关键技术研究与应用及风险性评估、茭白田高效生态种养模式及其关键技术研究与示范、利用食用菌废渣研制蔬菜育苗基质、茭白鞘叶饲料资源化技术研究与应用等项目合作研究，解决全市蔬菜生产技术问题。发挥省、市、县蔬菜技术专家团队作用，开展实施茄子多模式栽培、茭白套种养等示范点5个。

构建营销平台，推进丽水山地蔬菜营销，全市引导各类蔬菜主体参与电商营销，探索“蔬菜基地+收购网点+连锁销售+产品配送”“邮政有礼”等新型交易模式，配送、网购、微信、宅配、团购等中高端销售逐渐起步。组团参加2015年浙江精品果蔬展销会，展会上丽水高山蔬菜深受杭州市民欢迎，蔬菜产品参展60多个，获金奖10个，优质奖12个，丽水市被评为最佳组织奖。缙云县被授予“浙江茭白之乡”“中国茭白之乡”称号。（周锦连）

【茶叶】 2015年,丽水市茶叶产销形势继续表现量增、价稳,销售平稳。全市茶园面积3.63万公顷,较2014年增长4.39%;投产茶园面积3.16万公顷,较2014年增长3.51%;无性系良种茶园面积2.99万公顷,无性系良种率82.22%;茶叶产量3.19万吨,较2014年增长10.23%;茶叶产值31.22亿元,较2014年增长14.36%,其中,红茶产量0.31万吨,产值3.37亿元。规模茶叶交易市场毛茶交易量7.7万吨,交易额53.1亿元,交易量和交易额比2014年减少8.55%和6.38%。其中浙南茶叶市场毛茶交易量7.38万吨,交易额47.56亿元,较2014年分别减少3.66%和增加3.05%。浙南茶叶市场电子商务专业服务平台入驻网商130家,销售额1.02亿元;渤海商品交易所香茶成交量7506万千克,交易额114.7亿元。

全年丽水市雨巷牌金奖惠明茶、六江源牌金奖惠明茶、松阳银猴、轩黄牌缙云黄茶、云和仙宫雪毫—金枝玉叶、遂昌龙谷茶、庆元龙峰云雾牌红茶等7只茶叶获第十届浙江绿茶(郑州)博览会组委会名茶评比金奖;松阳明晖绿玉、青田万春、遂昌珍华、遂昌田氏、莲都梅峰等5只香茶获香茶评比金奖,占全省香茶评比金奖50%。庆元百山红茶、绿茶获2015年意大利米兰世博会金奖,庆元龙峰云雾牌红茶获“浙茶杯”红茶评比金奖;轩黄牌轩黄黄茶获第十一届“中茶杯”特等奖。“中黄2号”(缙云黄)获“浙江省珍稀白叶品种茶”称号。

2015年,中国茶叶区域公用品牌价值评估中松阳银猴品牌价值17.39亿元,居丽水茶叶品牌价值第一位,全省茶叶品牌价值第五位,全国茶叶品牌价值第十八位。景宁金奖惠明茶、遂昌县龙谷丽人茶、缙云仙都笋峰茶、缙云黄茶位列2015年中国茶叶区域公用品牌榜前百强。缙云县石上菊薯茶专业合作社、景宁畲族自治县香香茶叶专业合作社、浙江奇尔茶业有限公司、浙江越玉兰茶叶有限公司、遂昌县龙峰茶业有限公司5家茶厂被评为2015年度浙江省标准化名茶厂,全市累计省级标准化名茶厂15个,位居全省首位。

5月,市农业局组织43家农业企业参加省农业厅主办的第十届浙江绿茶(郑州)茶博会,并举办丽水香茶郑州推介会,打造“丽水香茶”区域品牌,丽水香茶推介会上授予河南天潭茶业等5家经销商为首批丽水香茶河南指定经销商,与郑州华南城茶叶市场建立合作关系。投入200万元财政专项资金在济南公交车载电视、出租车LED屏、丽水在线、丽水市公交站牌、丽水始发省内长途班车车载视频及《茶讯》《中国茶叶》等省内外媒体上宣传丽水香茶区域品牌。9月,在杭州和平会展中心举办的“丽水香茶”推介会上,“丽水香茶”与浙报传媒电商全媒体中心签订电商合作备忘录,与浙江大学签约品牌推广合作备忘录。同月,在兰州召开丽水香茶西北五省产销对接会,邀请省茶协及西安、兰州等西北五省茶商代表80多人参加会议。 （马军辉）

【水果】 2015年,全市水果面积3.23万公顷,比2014年减少0.3%,产量41.54万吨,比2014年减少1.56%;产值10.02亿元,比2014年增加0.84%。柑橘、梨、杨梅、桃等采收期遭受不良天气影响而大幅减产;水果基地收购价受季节和天气影响而大幅波动,不同品种产量增减不一,产值没有达到预期。在水果产业“特色、精品、生态”定位引导下,各县特色品种、品种区域化基本形成;枇杷、云和雪梨、猕猴桃、桃、葡萄、蓝莓、柚子等特色品种增加迅速,椪柑、中晚熟温州蜜柑、梨等大宗品种面积大幅减少,品种间结构调整力度大。果园更新改造提速,低效、失管老果园占比减少。

全年以农产品安全生产和精品化生产为核心技术,市水果产业科技创新团队与各县农技人员合作,“杨梅避雨+防虫网+透气孔”提高杨梅产量、品质、采摘期延长、安全性等,在青田、莲都等县推广;“枇杷单株避雨棚”不受地势限制,对避雨、防冻、防霜、防鸟、延长采摘、提高品质和产量等方面都有效,在莲都枇杷产区推广,并在其他水果品种上应用。云和雪梨优株选育全面启动,在云和建立云和雪梨种质资源圃并进行优株选育,丽水枇杷优株选育等地方特色品种选育工作进展顺利。

全年全市设施果园栽培初具规模,从连栋保温大棚到简易单株避雨棚,设施面积593.3公顷。在柑橘完熟栽培,杨梅避雨+防虫栽培,枇杷、蓝莓、葡萄等品种避雨栽培、梨架式栽培等方面有突破。枇杷产业转型升级转向精品化生产,枇杷大棚设施栽培效果显著,价格达15元/公斤,本地选育的白枇杷品种受市场欢迎,生产栽培扩大;枇杷产业链科学延伸,枇杷花茶加工产品热销发展促进枇杷花变废为宝,为果农额外带来2000元左右亩效益。

2015年,缙云县桂村圣洁果茶专业合作社的“三仙怡”牌桃、云和县仙宫果业有限公司的“仙宫”牌云和雪梨2个产品被评为浙江省2015年精品果蔬展销会金奖;缙云县桂村圣洁果茶专业合作社的“三仙怡”牌桃、云和县仙宫果业有限公司的“仙宫”牌云和雪梨、遂昌佛龙原生态农产品专业合作社的“佛螺岩”牌李、景宁畲家葡萄专业合作社生产的“景宁畲家葡萄”牌葡萄4个产品被评为杭州市民最喜爱的鲜果。丽水市农作物站被浙江省2015精品果蔬展销会组委会评为最佳组织奖。遂昌“龙珠岗”蜜橘获2015浙江农业之最温州蜜柑擂台赛三等奖。松阳县绿珍果业有限责任公司的“翠玉”和“翠冠”梨在中国园艺学会主办的中华杯南方早熟梨评比会上获得金奖。在第二届华东十大杨梅王评比活动中，青田杨梅夺取华东十大杨梅王头魁。“云和雪梨”申报国家地理标志认证，2015年通过初审、专家评审，是丽水市第一个水果类申报国家地理标志农产品，于2016年公示结果。（周晓音）

【食用菌】 2015年，丽水市食用菌总产值24.59亿元，比2014年减少1.2%；食用菌栽培量6.34亿袋，比2014年下降5.58%，产量49.18万吨（鲜品），比2014年下降4.05%，其中，黑木耳接种量1.70亿袋，比2014年下降25.53%，产量17.72万吨，比2014年下降15.26%；香菇接种量3.96亿袋，比2014年增长5.18%，产量29.38万吨，比2014年增长6.24%。灰树花1240万袋，杏鲍菇2205万袋，秀珍菇390万袋，金针菇720万瓶，灵芝5000立方米。8月9—12日，第一届中国灵芝大会在龙泉市召开，来自国内外从事灵芝研究、种植、销售及加工各领域专家学者等400人参加。国际药用菌学会授予龙泉市“中国灵芝核心产区”称号。（吴邦仁）

中药材

【概况】 2015年，全市中药材种植面积1.70万公顷，其中新增种植面积360公顷，比2014年增长2.16%；总产值7.21亿元，总产量2.36万吨，分别比2014年增长5.09%、减少4.03%。其中，木本药材8619公顷，新增种植面积38.67公顷（其中青钱柳32公顷），草本药材7853公顷，新增种植面积318.67公顷（其中黄精63公顷、处州白莲60公顷、何首乌54公顷、覆盆子40.60公顷、三叶青39.07公顷、铁皮石斛24.87公顷、浙贝母23.80公顷等），菌药201.67公顷。

【全国中药动态丽水监测站设立】 2015年，省中药原料质量监测技术服务中心丽水监测站设立，由市科技局生产力促进中心代管，与市中药材产业发展中心合作，负责丽水各县（市、区）中药材的产量、流通量、质量、价格等信息监测，向省和国家中心平台报送有关信息，通过与中心平台网络系统为当地药农、药商、药企提供信息和技术服务。全年监测站分两批对丽水浙贝母、元胡、三叶青、西红花等16个品种中药材种植企业及其基地进行联系和调查，优化信息报送格式，收集企业需求，完善宣传资料。

【元胡—水稻轮作栽培示范研究】 2015年，市中药材产业发展中心在龙泉市小梅镇骆庄村实施浙江省农业推广基金会项目《元胡—水稻轮作栽培示范与推广》。根据项目预期目标，建成2公顷元胡—水稻轮作栽培示范基地，示范基地平均亩产元胡540千克（折合干品170千克左右），单季稻产量650千克左右；亩总产值10580元，亩效益5530元；2公顷元胡—水稻轮作基地总产值31.74万元，总效益约16.59万元。实行元胡—单季稻循环这种药稻轮作模式，减轻或缓解连作障碍，既节省农药开支，又减轻农药对环境的污染，提高复种指数，增加单位面积效益。

皇菊基地　　严晓芸　提供

【草本药材高效生产模式及栽培技术研究】 2015年，市中药材产业发展中心实施丽水市首席专家项目《草本药材高效生产模式及栽培技术研究》，在青田县舒桥乡、龙泉市西街街道周村村建立试验草本药材高效生产模式及栽培技术示范基地，对引进种植的中药材浙贝母、元胡、百合、铁皮石斛等栽培技术进行研究，试验浙贝母（元胡）水稻轮作栽培关键技术、百合套种夏玉米栽培关键技术、铁皮石斛仿野生栽培技术3种高效药材和其他作物轮作或套种模式。（吴剑锋）

畜 牧 业

【概况】 2015年，全市畜牧兽医系统，推动畜牧业转型升级取得新的进展。全市畜牧业产值19.15亿元，比2014年减少3.28%；肉类总产量8.76万吨，比2014年减少5.51%。重大动物疫病强制免疫密度100%，省部级畜产品抽检合格率继续保持100%。

【畜牧业治理】 2015年，市政府下发《关于推进畜牧业持续健康发展促进农业增效农民增收的指导意见》，推进整县制生态循环农业示范创建，采取“两分离+三配套+消纳地”“工业净化”“非接触式发酵床+有机肥加工”等模式治理，实现场内小循环；在农业产业园区内，开展种养对接，实现园区中循环；通过组建粪便收集处理中心、沼液配送社会化服务组织、有机肥加工厂等构建区域大循环。治理存栏50头以上规模养殖场195家，验收519家，关停39家；消纳地落实7333公顷，建成标准化水禽场5家，粪便收集处理中心1家，全省率先完成畜牧业治理目标任务。信息《丽水全省率先完成畜牧业水环境治理目标任务》获副省长黄旭明批示肯定。

2015年丽水市畜牧业生产情况

表5

项　目	单 位	数量	比2014年增减(%)
1. 生猪存栏数	万头	48.82	-7.13
其中：母猪存栏	万头	3.85	2.67
生猪出栏数	万头	76.04	-6.57
2. 牛存栏数	头	27892	-5.34
其中：奶牛数	头	395	-44.05
牛：出栏数	头	16795	-2.45
3. 羊存栏数	万头	9.08	8.35
出栏数	万头	9.33	6.14
4. 家禽存栏数	万羽	391.61	7.13
其中：肉禽数	万羽	259.23	9.24
蛋禽数	万羽	132.38	3.22
家禽出栏数	万羽	919.76	-6.85
其中：出栏鸡	万羽	646.94	-4.23
出栏鸭	万羽	266.20	-9.81
出栏鹅	万羽	6.61	-60.35
5. 兔存栏数	万只	9.32	-16.71
出栏数	万只	16.53	-10.94
6. 蜂年末养蜂	箱	56611	72.38

2015年丽水市畜产品产量

表6

项　目	单 位	畜产品产量	比2014年增减(%)
1、肉类总产量	吨	87558	-5.51
其中：猪肉	吨	69133	-6.02
牛肉	吨	2452	1.07
羊肉	吨	1450	8.29
兔肉	吨	310	-5.26
禽肉	吨	14178	-5.78
2、禽蛋产量	吨	12243	-4.89
3、奶产量	吨	1331	4.77
4、天然蜂蜜产量	吨	2462	2.15

【畜牧科技创新】 2015年，丽水市开展长江三角州白山羊遗传资源保护工作，与省农科院联合开展符合种群表征的种羊遴选，在景宁县家地乡建立5个家系6头公羊38头母羊的基础选育群。非接触式发酵床养猪试点成功，示范点吸引周边省、市畜牧、环保部门以及养殖业等30多批次参观者。申报《非接触式发酵床零排放养猪技术研究与示范》项目获2015年市科技重点项目。4月，由市质量技术监督局、市畜牧兽医局起草完成的《原生态山羊养殖技术规程》。

【印发蜜蜂产业振兴计划】 2015年，市农业局印发《丽水市蜜蜂产业振兴计划》，重点实施中蜂保护区、授粉基地、成熟蜂蜜基地建设，十箱万元助低入农户增收行动等，提升丽水市蜜蜂产业。9月2日，牵头组建“丽水市蜜蜂产业协会”，吸纳会员120多人。9月18—20日，丽水生态精品农业博览会期间中蜂馆展区取得预期成效，省人大常委会副主任程渭山、省政府副省长黄旭明、省政协副主席陈艳华、丽水市委书记王永康等领导参观中蜂展馆，给予高度评价。11月18—20日，中国养蜂学会副理事长、秘书长陈黎红到丽水调研，与丽水达成9项共建意向，助力丽水蜂业发展。

（罗叶平　李清泉）

【畜牧兽医体系建设】 2015年，全市建成基层动物卫生监督分所32个、动物产地检疫申报点50个、屠宰检疫申报点16个、省际动物卫生监督检查站1个，先后组织申报动物卫生监督分所规范化改造项目29个。全市动物卫生监督机构确认登记官方兽医204人，动物卫生监督分所批复编制133人，其中从事一线动物检疫工作102人，分所负责人与分所官方兽医、官方兽医与动物检疫协检员层层签订责任承诺书。完成乡村兽医登记405人，获执业兽医资格证书23人、助理执业兽医资格证书17人。设立动物疫病预防控制中心10家，批复编制31个。建成市级动物疫控中心实验室，总投资627万元，并通过实验室计量认证。（程燕芬）

【动物卫生监督执法】 2015年，丽水市组织动物卫生监督"1234"行动，开展动物检疫人员业务素质提升测试。10月，市农业局联合市人力社保局、市总工会举办全市首届生猪屠宰检疫技能大比武。完善全市病死动物无害化处理长效工作机制，出台《丽水市关于强化病死动物无害化处理常态监管的意见》，各县（市、区）以县政府办公室、县防治动物疫病指挥部名义印发监管制度、监管方案等文件16个；以政府办公室或防治动物疫病指挥部名义出台具体管理细则等文件22个，其中莲都区和遂昌县出台《莲都区病死动物无害化处理管理办法》《遂昌县病死动物无害化处理管理办法》。全市建成县域死亡动物无害化处理场2个、乡镇公共无害化处理窖池99个，申报生猪保险与无害化处理联动试点县（区）2个，全年养殖环节无害化处理病死猪4.1253万头，依法查处各类动物卫生监督执法案件65件，罚没款3.8万元，保障畜牧业持续健康发展。（程燕芬 任文杰）

【畜禽屠宰管理】 2015年，全市已运行生猪定点屠宰厂（点）15家，其中，屠宰厂9家、屠宰点6家，家禽定点屠宰厂2家。全年定点屠宰生猪53.9万头，屠宰环节病害猪无害化处理0.07万头，无害化处理生猪产品93.68吨。市区主城区家禽推行"定点屠宰、净膛杀白、规范上市"，定点屠宰家禽119.8万羽。（陈杰伟 朱剑夫）

水 利

【概况】 2015年，全市累计完成水利建设投资34.3亿元，占年度计划投资（28亿元）122.4%。重点项目完成投资16.5亿元，占年度计划144.2%。市本级水完成投资5.71亿元，占年度目标任务132.9%。重大项目前期均按照年初制定的任务进展顺利。全年全市先后遭受第9号台风"灿鸿"、第13号台风"苏迪罗"、第21号台风"杜鹃"，以及梅汛期四轮强降雨、局地小流域山洪等灾害。最大限度地在防汛抗旱中减少灾害造成的损失，全市水库防洪减灾效益3.66亿元，减免农田受灾5.65千公顷，减免受灾人口13.78万人。被省水利厅评为综合考核优秀单位。

【防汛抗灾】 2015年，丽水市于6月7日入梅，7月12日出梅，梅雨期35天，比常年梅雨期（25天）偏长。6月7日~7月11日，全市平均过程雨量为398.7毫米，比常年梅雨量（273.5毫米）偏多45.8%。全市全年受灾人口15.908万人，转移群众4.1794万人，房屋倒塌174间，死亡（苏迪罗期间，山体滑坡导致房屋倒塌）2人。农作物受灾面积9467.33公顷，成灾面积5047.53公顷，绝收面积879公顷；公路中断147条次，供电中断108条次，通讯中断11条次；损坏堤防280处共计24.26千米，损坏护岸98处，冲毁塘坝66座，损坏灌溉设施405处，损坏水文测站10个、机电泵站1座、水电站8座。因灾造成直接经济损失4.1435亿元，其中水利设施经济损失0.807亿元。里东地质灾害不计入防汛防台灾情。

【水利项目建设】 2015年，丽水省市重点建设项目21项，年度计划投资11.28亿元，全年完成投资16.3亿元，完成率144.2%。全市完成固定资产投资34.3亿元；完成独流入海（瓯江干堤）14.1千米；中小河流治理68.3千米；完成农村河道整治270.9千米；完成水库除险加固8座；完成山塘整治加固188座；提升和改善3.33万农村人口饮水安全问题；改造农田渠道

水利项目建设（香风楼 亨咸桥） 何沪彬 提供

411.8千米；新增改善农业灌溉面积7673.33公顷，新增固定式喷微灌面积2833.33公顷，新增高效节水面积3353.33公顷；完成治理水土流失面积129.75平方千米。

【水资源管理】 2015年，丽水市加强“六到位”推进最严格水资源管理工作。按照集约和高效利用水资源目标要求，推进节水型社会建设和节水型载体创建工作。市委、市政府召开“五水共治”暨全国水生态文明城市建设试点工作推进会，成立丽水市实行最严格水资源管理制度考核小组，制定考核方案，落实水资源管理考核，对各县(市、区)实行最严格水资源管理制度工作进行全面考核。加强部门协同合作，共同参与水资源管理工作，实行部门分工协作、各司其职，做好水资源管理相关工作。市各级财政部门拓宽投资渠道，加大财政资金对水资源节约、保护和管理投入力度，全年财政投入32805.05万元，比2014年增长24.83%，其中市级2015年水资源节约、保护和管理财政投入5800万元，比2014年增长7.41%。先后出台《丽水市实行最严格水资源管理制度考核暂行办法的通知》《丽水市实行最严格水资源管理制度考核工作实施方案》《丽水市饮用水地表水源保护区管理办法》等规范性文件。把最严格水资源管理工作与丽水先行区建设、推进水生态文明城市建设和“五水共治”等充分结合，把最严格水资源管理工作融入经济、社会发展的各项工作中。

【丽水城区出险段应急闭合工程建设】 2015年，市水利局开展应急闭合工程建设，该工程是2014年“8·20”洪水后的一项应急工程。工程建设内容为新建丽阳溪口泵闸1座、前山泵闸1座，改造塔下闸、塔下防洪墙以及整治芦埠坑等，概算投资2.06亿元。2月，该工程开工，年底，主体结构基本建成，完成机电设备安装，具备通水运行条件。

【两大PPP项目工程开工建设】 2015年，市水利局开展丽阳溪水系综合整治工程和好溪堰水系整治三阶段工程两大PPP项目，两项工程被列入2015年市政府PPP重点推进项目之一，被列入省发改委推荐项目、财政厅示范项目，是国家财政部第二批PPP示范项目，丽阳溪工程概算投资10.27亿元，好溪堰三阶段工程概算投资2.9亿元。2016年1月4日，两项工程举办开工仪式，正式开工建设。

【“河权改革”试点工作入选“2015全国基层治水十大经验”】 2015年，为破解面广量大的乡村河道管理难问题，市水利局委托河海大学开展“山区性河道资源经营及管理”课题研究，开展“河权改革”，并在青田县章村乡进行试点。2016年1月，“河权改革”试点入选“2015全国基层治水十大经验”。“河权到户”是引入市场竞争机制，将山区型河道分段承包给村民，村民可在河段内养殖鱼类，但必须承担河道的日常管护工作。“五水共治”开展以来，丽水市探索实施河道经营权改革，将部分山区河道(山塘)的经营权承包到户，变政府治水为共同治水，变被动治水为主动治水，建立“以河养河”的长效管护机制。在这项改革中，政府减少卫生保洁和河道管理费用支出，村集体得到一定收入，村民可通过股份分红得到利益，承包户通过养殖获得渔业收入，这是丽水市试点推行的新型河道管理模式。“河权到户”试点工作已在全市9个县(市、区)推广。

【首次开展农村水电站安全生产标准化达标工作】 丽水市是浙江省水电大市，是全省农村水电站安全生产标准化创建与达标工作大户，全市有农村水电站有801座，总装机155万千瓦，分布全市9个县(市、区)，且散落在大山大川之中，交通不便、信息不灵、管理难度大，安全生产隐患多。2015年，丽水市开展水电站安全生产标准化创建工作，通过标准化建设逐步建立企业自我约束、自我完善、持续改正的安全生产工作机制，严格遵循“策划、执行、反馈、调整”方式，通过“部署、实施、检查、完善”环节，全面实施标准化创建试点工作。选取水电站试点单位60家，其中装机1万千瓦以上的26家，1万以下至2000千瓦以上的30家，1-2000千瓦的4家。全市农村水电站安全生产标化创建任务重、评级专家少等实际问题，丽水市采取县市分级创建、市级专家培训、现场示范推进等多种方式，开展水电站安全生产标化创建工作。丽水市完成60座试点农村水电站安全生产标准化创建评级工作，其中通过一级评审水电站6座。

【水利项目采用“先建后补”管理模式】 “先建后补”建设管理模式是按照“竞争立项、先建后补、定额补贴、上限封顶、下不保底，统一标准、注重形象、限时完成”的原则，加快推进项目建设。2015年，龙泉市实施第二轮小农水重点县项目，针对“投入少、项目散、成效差”现象，总结经验，出台《龙泉市第五批中央财政小型农田水利重点县建设管理实施细则(试行)》，其中灌区渠系改造工程采用“先建后补”建设管理模式，加快和规范丽水市中央财政小型农田水利重点县项目建设管理，提高资金使用效益。龙泉市在中国灌溉排水发展中心

组织召开的小型农田水利重点县建设管理经验交流会上(南方片区)作交流发言。 (何沪彬)

渔 业

【概况】 2015年,全市渔业经济总产出5.2亿元,比2014年同期增长5.1%。其中,渔业产值3.83亿元(其中淡水养殖产值3.2亿元,比2014年同期增长17%;淡水捕捞产值0.34亿元,比2014年同期增长16.5%;水产苗种产值0.28亿元,比2014年同期降低45.1%),比2014年同期增长8.0%;涉渔工业和建筑业产值495万元,比2014年同期降低11.1%;涉渔流通和服务业产值1.33亿元,比2014年同期降低1.4%。水产品总产量20146吨,其中淡水捕捞产量1905吨,淡水养殖产量18241吨,分别比2014年同期增长8.1%、18.3%、7.1%。全市淡水鱼苗6.42亿尾,比2014年同期降低19.8%;淡水鱼种941.3吨,与2014年同期基本持平;全市投放鱼种1586.5吨,比2014年同期增长1.3%。全年全市渔业受灾养殖面积1068公顷,水产品损失687吨,造成直接经济损失1136万元。休闲渔业经营主体141家,从业人员2439人,休闲渔业总投资9395万元,休闲渔业总产出4853万元,税后利润1935万元,接待游客22.38万人次。

【水产品质量安全管理】 2015年,全市完成各项初级水产品监督抽查任务177个批次,合格率100%。其中省、市、县级初级水产品质量安全监督抽查任务116批次;无公害水产品养殖产地监督抽查任务9批次;主要水产养殖投入品质量安全监控任务2批次;初级水产品质量安全风险监测任务10批次;"百日会战"期间监督抽样鱼类、甲鱼、石蛙等40批次。全市加强源头管理和日常监控,加大专项整治和产业引导,全面提升水产品质量安全管理能力和水平,保障水产品质量安全。全年完成无公害水产品双认证首次认证1个,通过渔业无公害项目推广示范,形成具有市场竞争力的水产优质产业区,提升全市水产养殖技术水平和基础设施条件。

【现代渔业园区建设】 2015年,全市累计通过省验收挂牌的现代农业综合园区3个、渔业主导产业示范区2个、渔业特色农业精品园10个。园区建设面积804.8公顷,总投资14241万元,其中省补助712万元,地方投入9860万元;园区基础设施建设道路26071米,电力线路24380米,进排水渠道33940米;引进新品种13个,推广新技术20个,组织培训3429人次,园区建设总利润6535万元,辐射带动面积3080.8公顷,带动新增效益7234万元。通过创建现代渔业园区,达到体现特色,建设精品,满足不同层次生活需求,拓展产业发展空间,实现渔农民增收、渔业增效能推动高效设施渔业发展,促进产业要素集聚,提升产品市场竞争力和产业整体素质。

【渔业转型促治水工程建设】 2015年,全市继续推进渔业转型促治水工

2015年丽水市淡水养殖面积和产量

表7

项 目	面积(公顷)	比2014年增加(公顷)	产量(吨)	比2014年增加(吨)
淡水养殖水域	14169	8	18241	1212
其中:池塘	1460	7	6132	23
水库	12378	0	7885	677
其他	331	1	839	140
稻田养鱼	11378	906	3385	372

说明:稻田养殖面积不统计在养殖总面积中,产量统计在养殖产量内

2015年丽水市淡水产品产量

表8

项 目	产量(吨)	比2014年增加(吨)
淡水产品产量	20146	1507
捕捞产量	1905	295
养殖产量	18241	1212
淡水养殖主要品种产量		
青鱼	390	14
草鱼	1586	87
鲢鱼	2574	-145
鳙鱼	4019	285
鲤鱼	6080	786
鲫鱼	958	-91
鳊鱼	355	9
泥鳅	250	67
罗非鱼	475	25
鳗鲡	221	1
甲鱼	385	-10
蛙	87	33

程，治理改造面积 3939.13 公顷，投入资金 2361.9 万元。其中，全市水产养殖塘生态化改造面积 25.8 公顷，投入资金 198.9 万元；全市稻鱼共生轮作减排面积 2493.33 公顷，投入资金 1263 万元；全市完成禁限养区划定和整治面积 1420 公顷，投入资金 900 万元。

【渔业资源增殖放流】 2015 年，全市累计投入增殖放流资金 745 万元，投放花白鲢、唇鱼骨、瓯江彩鲤、黄尾密鲴、赤眼鳟、光唇鱼等各类水生生物苗种 8840 多万尾。全市扩大增殖放流活动规模，选择合适的鱼种开展洁水鱼类增殖放流，改善水域环境，促进生态平衡。 （吴燕琴）

气　　象

【概况】 2015 年，在超强厄尔尼诺事件背景下，全市气候异常，天气复杂，气象要素变幅大，极端天气气候事件和灾害性天气多发。年内日照少、降水多、气温高、夏季凉、入冬晚，而且遭受暴雨、台风、强对流、倒春寒、持续多雨寡照等灾害性天气影响，灾害强度偏重，是气候年景较差的年份。市气象局上报《建立企业防雷安全主体责任承诺制度，落实雷电防御单位主体责任》被评为全省气象部门创新项目。公众对气象服务满意度，丽水排名全省第一。获全省气象部门综合考评优秀单位。

1. 气温。全市平均气温为 18.4℃，较常年偏高0.5℃，比 2014 年高 0.2℃。各县（市、区）年平均气温分布在 17.7—19.2℃之间，遂昌最低，青田最高。与常年相比，偏高 0.3—0.8℃，庆元偏高最少，云和偏高最多。1 月，全市平均气温为 7.9℃，较常年偏高 1.2℃；2 月，全市平均气温为 9.6℃，较常年偏高 0.9℃；3 月，全市平均气温为 13.5℃，较常年偏高 1.3℃；4 月，全市平均气温为 18.2℃，较常年偏高 0.5℃；5 月，全市平均气温为 22.4℃，较常年偏高 0.4℃；6 月，全市平均气温为26.0℃，较常年偏高 0.9℃；7 月，全市平均气温为 26.5℃，较常年偏低 1.9℃，为历年同期最低；8 月，全市平均气温为 27.0℃，较常年偏低 0.7℃；9 月，全市平均气温为 23.2℃，较常年偏低 1.1℃；10 月，全市平均气温为 20.2℃，较常年偏高 0.8℃；11 月，全市平均气温为 16.3℃，较常年偏高 2.4℃，为历年同期第 2 高；12 月，全市平均气温为 10.2℃，较常年偏高 1.9℃。

2. 降水。全市平均降水量为 2010.0 毫米，较常年偏多 25.7%，比 2014 年多 145.4 毫米，为历年第 3 多。各县（市、区）的年降水量分布在 1674.2—2187.4 毫米之间，莲都最少，松阳最多，其中缙云为历年最多。与常年相比，偏多 10.3%—46.3%，青田偏多最少，缙云偏多最多。1 月，全市平均降水量为 36.4 毫米，较常年偏少 46.8%；2 月，全市平均降水量为 86.9 毫米，较常年偏少 3.4%；3 月，全市平均降水量为 131.3 毫米，较常年偏少 20.7%；4 月，全市平均降水量为 76.6 毫米，较常年偏少 57.5%，为历年同期第 2 少；5 月，全市平均降水量为 287.3 毫米，较常年偏多 47.5%；6 月，全市平均降水量为 247.3 毫米，较常年偏少 14.5%；7 月，全市平均降水量为 254.6 毫米，较常年偏多 63.2%；8 月，全市平均降水量为 261.5 毫米，较常年偏多 58.7%，为历年同期第 5 多；9 月，全市平均降水量为 183.3 毫米，较常年偏多 48.7%；10 月，全市平均降水量为 115.6 毫米，较常年偏多 96.3%；11 月，全市平均降水量为 156.0 毫米，较常年偏多 146.1%，为历年同期第 3 多；12 月，全市平均降水量为 173.0 毫米，较常年偏多 290.3%，为历年同期第 2 多。

3.日照。全市平均日照时数 1304.8 小时，较常年偏少 330.3 小时，比 2014 年少 339.7 小时，历年最少。各县（市、区）的年日照时数分布在 1102.3~1445.5 小时，莲都最少，云和最多。与常年相比，偏少 166.5~522.2 小时，云和偏少最少，莲都偏少最多。其中遂昌、莲都、缙云和青田的年日照时数均为历年最少。1 月，全市平均日照时数为 130.9 小时，较常年偏多 34.8 小时；2 月，全市平均日照时数为 91.7 小时，较常年偏多 7.7 小时；3 月，全市平均日照时数为 90.0 小时，较常年偏少 4.6 小时；4 月，全市平均日照时数为 136.6 小时，较常年偏多 17.8 小

2015年全市及各县（市、区）年气象要素

表9

站名	气温（℃）			降水量（毫米）			雨日（天）			日照（小时）		
	15年	常年	距平	15年	常年	距平	15年	常年	距平	15年	常年	距平
遂昌	17.7	17.1	0.6	2045.1	1579.3	465.8	190	169.4	20.6	1263.1	1575.1	–312.0
莲都	19.1	18.4	0.7	1674.2	1405.8	268.4	178	157.8	20.2	1102.3	1624.5	–522.2
龙泉	18.4	18.0	0.4	2016.4	1649.1	367.3	194	160.4	33.6	1403.6	1621.4	–217.8
缙云	17.8	17.2	0.6	2168.0	1482.2	685.8	193	166.3	26.7	1198.3	1619.6	–421.3
青田	19.2	18.6	0.6	1872.7	1697.6	175.1	179	166.4	12.6	1366.0	1664.0	–298.0
云和	18.6	17.8	0.8	2006.1	1631.5	374.6	203	177.1	25.9	1445.5	1612.0	–166.5
庆元	18.3	18.0	0.3	2029.8	1746.8	283.0	189	168.6	20.4	1364.4	1729.0	–364.6
松阳	18.6	—	—	2187.4	—	—	188	—	—	1244.7	—	—
景宁	18.1	—	—	2090.1	—	—	202	—	—	1355.5	—	—
全市	18.4	17.9	0.5	2010.0	1598.9	411.1	190.7	166.6	24.1	1304.8	1635.1	–330.3

说明：常年资料统计年限为1981～2010年，常年平均值和距平值不包含景宁和松阳

时；5月，全市平均日照时数为89.9小时，较常年偏少48.4小时；6月，全市平均日照时数为101.4小时，较常年偏少28.9小时；7月，全市平均日照时数为143.7小时，较常年偏少71.9小时；8月，全市平均日照时数为169.4小时，较常年偏少30.4小时；9月，全市平均日照时数为105.5小时，较常年偏少46.5小时，为历年同期第4少；10月，全市平均日照时数为131.5小时，较常年偏少16.7小时；11月，全市平均日照时数为53.8小时，较常年偏少71.4小时，为历年同期最少；12月，全市平均日照时数为60.3小时，较常年偏少71.8小时，为历年同期第3少。

【重大天气气候事件】 2015年，受台风"苏迪罗"严重影响，全市风疾雨骤。8月8日22:10时，1513号台风"苏迪罗"以台风级别登陆福建莆田秀屿区后穿越福建、江西和安徽等省。受其外围影响，全市普降暴雨到大暴雨，局部特大暴雨，高山地区长时间持续6级以上大风，景宁东垟过程累计雨量最大555.9毫米，青田叶山过程风力最大11级(30.9米/秒)。据浙江省气象局评估，"苏迪罗"是中华人民共和国成立以来登陆福建中部对浙江省综合影响程度最重的台风，对丽水市致灾强度等级为较强到特强。据民政等部门统计，"苏迪罗"台风造成全市9万余人受灾，其中，死亡2人、直接经济损失2.88亿元。

梅汛期时间长、暴雨多，台风"灿鸿"收场。2015年梅汛期5月1日—7月12日，持续时间长72天，其中，6月7日—7月12日为降水集中期，期间大范围的暴雨过程多，而且气温起伏大，梅中有伏，后期还有台风影响。梅汛期降水量全市平均为742.7毫米，较常年同期偏多33%。7月11日16时40分，1509号台风"灿鸿"以强台风级别登陆舟山市朱家尖，受其外围影响，11日东部缙云、莲都和青田部分地区出现暴雨局部大暴雨，日雨量最大的缙云雁岭162.6毫米。台风暴雨致使缙云好溪流域出现洪涝灾害。

4月上旬气温陡升骤降，倒春寒再现。4月1~5日全市气温陡升，大部分地日最高气温连续超过30℃，其中，缙云34.4℃(1日)、遂昌33.3℃(2日)、丽水35.7℃(4日)、云和35.4℃、庆元35.2℃、龙泉35.1℃(5日)的最高气温创4月上旬历史新高，庆元创4月历史新高；6日起受强冷空气影响，全市自北而南气温骤降，8日各地的日平均气温6.7℃(景宁)—9.3℃(庆元)，降温幅度达13.3℃(庆元)—17.7℃(景宁)；7—10日除青田和庆元外，其他各地出现连续3天日平均气温低于11℃的倒春寒天气。

夏季异常凉爽，7月气温创新低。2015年夏季(6—8月)全市平均气温26.5℃，较常年同期偏低0.6℃，为新世纪以来首次达到凉夏标准。另外，夏季全市日最高气温≥35℃的高温日数平均为22.6天，较常年偏少7.6天，最少的庆元11天，最多的莲都36天，全市未出现40℃以上的酷热天气。其中，7月全市平均气温26.5℃，较常年偏低1.9℃，为历年最低，遂昌、龙泉月平均气温与历年最低持平，莲都、缙云和云和月最低气温创历年新低。

秋冬持续多雨寡照天气，历史罕见。2015年11—12月，全市平均日照时数113.8小时，较常年同期偏少55.7%，全市平均日照时数和莲都、遂昌、庆元、云和、青田、缙云累计日照时数为历年同期最少；全市平均降水量332.9毫米，是常年同期的3倍，全市平均降水量和莲都、龙泉、庆元、云和、青田、缙云累计降水量为历年同期最多；全市平均降水日数32.4天，较常年同期偏多15.2天。降水异常偏多和日照持续偏少，致使全市出现罕见的秋冬季连续多雨寡照天气。

7月，强对流多发，多地受灾。7月，频繁出现分散性短时强降水和雷雨大风、冰雹等强对流天气。其中，影响较大的有：17日傍晚到上半夜，遂昌遭遇局地短时强降雨袭击，导致金竹镇、三仁乡、大柘镇部分村庄不同程度受灾；27日上半夜，缙云城区附近出现短时强降水，小时雨量51.4毫米，城区到东渡一带出现直径2厘米左右的冰雹；28日傍晚，松阳象溪、三都和城区出现小时雨量超过50毫米短时强降水，龙泉、莲都、缙云、松阳、景宁、遂昌等地部分地区出现短时8级以上雷雨大风，极大风力最大的龙泉供村24.9米/秒(10级)；29日青田山口、油竹、仁庄等地出现小冰雹，遂昌、景宁、松阳、云和、缙云等地局部地区出现短时8级以上雷雨大风，风力最大的遂昌九龙山达23.0米/秒(9级)。强对流天气致9600余人受灾，直接经济损失约3500万元。

秋台风"杜鹃"致东南部暴雨大风。1521号台风"杜鹃"9月29日8:50以台风强度登陆福建省莆田市秀屿区沿海。受其影响，29—30日，全市东南部的景宁和青田大部、庆元东部、云和南部、缙云和莲都部分地区出现暴雨到大暴雨，部分高山地区出现8级以上大风。过程雨量最大的景宁东垟达232.0毫米，过程极大风力最大的庆元后洋23.2米/秒(9级)，另外青田石溪、温溪和贵岙等地出现小时雨量超过50毫米强降水。受暴雨影响，景宁、青田、庆元局部地区受灾较明显。

春季干冷空气致罕见干冷大风

和晚霜冻。4月13日，受干冷空气影响，全市各地普遍出现极大风速达6—10级大风。其中，最大的缙云新碧26.0米/秒（10级），莲都梁村、云和大源、庆元荷地、丽水雷达站、遂昌龙洋、缙云洪岭9级。受大风影响，部分行道树被吹倒，农业大棚被掀，大棚蔬菜等因干冷风失水受害；冷空气过后，14—15日，早晨最低气温大部分山区低于3℃，出现较明显的霜冻，茶叶等作物受冻。

5月25日，丽水太平白枇杷气候品质认证　　李叶萍　提供

【气象防灾减灾工作】　2015年，全市气象部门做好梅汛期及台风“灿鸿”“苏迪罗”“杜鹃”等重要天气过程、重要活动、重要时段及春运、高考、节假日的气象保障服务，及时发布道路结冰、雷电、暴雨等灾害性天气预警信息。里东山体滑坡，气象部门救援保障服务工作为救援指挥提供科学依据。省委书记夏宝龙、副省长黄旭明对气象部门保障服务工作给予充分肯定，市委书记王永康、代市长朱晨先后到气象应急车慰问现场服务人员。全年全市发布决策气象服务材料1353期，气象灾害预警信号585次，预警短信2145条（接收人数约224.3万人次）。市气象台获“丽水市春运工作先进集体”，获省气重大气象服务先进个人1人。

【生态气象服务】　2015年，《丽水市“中国长寿之乡、气候养生之乡”品牌推广利用规划》列入2015年发展类编制计划。市气象局开展“十佳观星营地”“十佳观云台”评选，制定气候养生地方标准。组织全局职工开展2个月的白云山气候养生资源调查，分析研究白云山人体舒适度、空气清新度等气候养生指标差异性，解析山区不同海拔的生态气候密码。气象融入旅游等第一支柱产业发展，市政府公布《丽水市创建省级旅游综合改革试验区和创建AAAAA级景区工作任务书(2015—2017)》，要求气象部门培育“气养”特色品牌，支持开发观星、观云、观雪等旅游产品。开展风资源普查，与市摄影家协会联合举办“大美丽水、气象风光”摄影大赛。与丽水学院生态学院签订科技合作框架协议。“丽水·中国气候养生之乡”首次亮相在杭州举办的丽水生态精品农博会，政府向媒体推介“中国气候养生之乡”品牌。

【气象工程项目投资1420万元】　2015年，市本级财政安排计划投资1420万元，支持续建项目（丽水市风能资源普查二期工程、丽水机场气象条件研究、山洪地质灾害防治气象保障工程）3个、新建项目（雨雪冰冻观测系统）1个、项目前期（丽水气象观测站迁建工程）1个。年内，雷达二期工程进入装修、绿化阶段。突发事件预警信息全网发布系统正式启用。县级气象基础设施建设取得较大进展，景宁气象预警中心正式投入使用，年底，遂昌县气象监测预警中心完成主体结顶、松阳气象预警中心开工建设。

【气象改革服务】　2015年，行政审批前置条件中取消“雷电灾害风险评估”等4项中介服务事项。降低防雷技术服务收费标准，不再由申请人承担防雷装置设计技术评价的费用，涉及工业企业和商贸流通企业执行新标准。引进温州市防雷设施检测所、金华市防雷中心两家外地有资质检测机构进驻市审批中心。　（李叶萍　周国华）

水　文

【概况】　2015年，全市年降水量2185.5毫米（折合降水总量378.7308亿立方米），比多年平均偏多26.1%，为丰水年。2015年全市降水量年内分配不均，非汛期（按1—3月、11—12月统计）累计降水量601.1毫米，占全年降水量27.8%，比多年平均同期降水量（434.6毫米）偏多38.3%；汛期（按4—10月统计）累计降水量1559.6毫米，占全年降水量72.2%，比多年平均同期降水量（1304.2毫米）偏多19.6%。其中，8月为降水量最大月，全市平均降水量315.8毫米；

1月为降水量最小月，全市平均降水量41.9毫米。

全市水资源总量257.2348亿立方米(折合径流深1484.4毫米)，较多年平均值多72.6435亿立方米，偏多幅度39.4%，比2014年偏多10.6%。全市地表径流的时空分布趋势与降水量一致，南高北低，高值区年径流深在2000毫米以上；莲都、松阳西南部、龙泉东部为低值区，年径流深1000~1100毫米。全市平均产水系数0.68，产水模数148.4万立方米每平方千米。人均年拥有水资源量12025.94立方米。

全市大型水库2座，中型水库32座。紧水滩水库年末蓄水量8.7096亿立方米，比年初增加2.1784亿立方米；滩坑水库年末蓄水量34.7866亿立方米，比年初增加4.5539亿立方米；中型水库32座，年末蓄水总量5.1860亿立方米，比年初增加0.8291亿立方米。

【水资源利用】 2015年，全市总水资源量257.2348亿立方米，总用水量7.7032亿立方米(不包括水电站发电等河道内用水)，其中，农田灌溉用水量4.4725亿立方米，占58.1%；林牧渔畜用水量0.35亿立方米，占4.5%；两者合计占总用水量62.6%。工业用水量1.3335亿立方米，占总用水量17.3%；城乡居民生活用水量0.8747亿立方米，占11.4%；城镇公共用水量0.5544亿立方米，占7.2%；生态环境用水量0.1181亿立方米，占1.5%。人均年综合用水量360.13立方米。万元工业增加值用水量31.36立方米；万元GDP用水量69.88立方米，农灌亩均用水量314.26立方米，水资源利用率3.0%。

【梅汛水雨情】 2015年，浙江省6月7日入梅，7月12日出梅，梅雨期35天(常年梅雨期25天)。丽水市6月7日进入降水集中期。6月7日—7月12日，全市平均过程降水量398.7毫米，比常年梅雨量(273.5毫米)偏多45.8%，比2014年(360.7毫米)偏多10.5%。梅汛期间全市出现四轮明显降雨过程。

第一轮强降雨主要集中在6月8—14日，降雨主要集中在丽水市西北部。6月8日8时—15日8时，全市面雨量126.4毫米，市县面雨量最大前三名分别为遂昌县216.4毫米、龙泉市159.2毫米、松阳县157.6毫米，单站雨量最大前三名分别为龙泉市青井站344.5毫米、遂昌县际下站343毫米、遂昌县柘岱口站334毫米。

第二轮强降雨主要集中在6月17—18日，降雨主要集中在丽水市中北部。6月17日8时—19日8时，全市面雨量30.9毫米，市县面雨量最大前三名分别为遂昌县63.2毫米、缙云县46.8毫米、莲都区37.0毫米，单站雨量最大前三名分别为遂昌县古楼水库站106毫米、遂昌县高坪站103.5毫米、遂昌县汀溪站102毫米。

第三轮强降雨主要集中在6月23日下午至夜里，主要集中在丽水市东部。6月23日8时—6月24日8时，全市面雨量6.8毫米，市县面雨量最大前三名分别为青田县23.1毫米、缙云县10.4毫米、景宁县9.6毫米，单站雨量最大前三名分别为青田县雄溪三级站80.5毫米、青田县水碓基站70毫米、青田县麦地后站70毫米。

第四轮强降雨主要集中在7月1日下午至5日白天，降雨主要集中在丽水市中北部。7月1日8时—6日8时，全市面雨量139.7毫米，市县面雨量最大前三名分别为龙泉市157.1毫米、云和县156.9毫米、松阳县155. 3毫米，单站雨量最大前三名分别为龙泉市青井站271.5毫米、龙泉市上东站260.5毫米、龙泉市鹤场站238.5毫米。

【台风水雨情】 2015年，全市主要受到第9号台风(灿鸿)、第13号台风(苏迪罗)及第21号台风(杜鹃)影响。

9号台风(灿鸿)于7月11日下午4时40分在舟山朱家尖沿海登陆。受其影响，丽水市东部地区出现大到暴雨，局部大暴雨。降雨主要集中在10日夜里至11日白天，根据水雨情遥测系统监测数据显示，10日8时—12日8时，全市面雨量30.6毫米，市县面雨量前三名分别为缙云县91.3毫米、遂昌县39.5毫米、青田县30.8毫米，单站雨量前三名分别为缙

2015年丽水市降水量、水资源量

表10

行政分区	计算面积(平方千米)	年降水量(毫米)	年总水资源量(亿立方米)	产水系数	产水模数(万立方米/平方千米)
莲都	1502.0	1891.7	17.4420	0.61	116.1
龙泉	3058.9	2353.1	49.7626	0.69	162.7
青田	2493.2	2118.1	35.4290	0.67	142.1
云和	978.3	2031.5	12.7616	0.64	130.4
庆元	1898.0	2299.3	31.0633	0.71	163.7
缙云	1503.5	2034.7	19.2810	0.63	128.2
遂昌	2539.0	2428.5	44.9317	0.73	177.0
松阳	1406.0	2001.0	18.3624	0.65	130.6
景宁	1950.0	2135.0	28.2012	0.68	144.6
全市	17328.9	2185.5	257.2348	0.68	148.4

云下院站 210.5 毫米、岩背站 202 毫米、青田潘山站 191 毫米。在全市 531 个水雨情遥测站点中，累计雨量200—250 毫米 2 个，150—200 毫米 7 个，100—150 毫米 23 个。

13 号台风（苏迪罗）于 8 月 8 日凌晨 4 点 40 分前后在台湾省花莲县秀林乡沿海登陆，8 日 22 时 10 分左右在福建莆田秀屿区沿海再次登陆。台风“苏迪罗”是 2015 年对丽水市影响最大的台风。受其影响，丽水市大范围出现暴雨、大暴雨，局部特大暴雨。根据水雨情遥测系统监测数据显示，8 月 7 日 8 时—10 日 8 时，全市面雨量 183.4 毫米，面雨量前三名分别为景宁县 301.0 毫米、青田县 252.8 毫米、云和县 196.2 毫米，单站雨量最大前三名分别为青田县小佐站 515 毫米、景宁金牛坑 493.5 毫米，阳畲 492.5 毫米。台风期间，景宁最大 1 日雨量 237 毫米，在历史实测系列中排名第 2，相应重现期为 48 年一遇（频率 2.1%）。受台风强降雨影响，全市主要江河控制站水位上涨迅速，松阴溪流域靖居口水文站 8 月 9 日 13:10 出现最高洪峰水位 89.62 米，超警戒 1.42 米，洪峰流量 1360 立方米/秒；好溪流域黄渡水文站 8 月 9 日 19:15 出现最高洪峰水位 65.83 米，超警戒 0.63 米，洪峰流量 964 立方米/秒；大溪流域石牛水文站 8 月 9 日 15:20 出现最高洪峰水位 53.3 米，超警戒 0.3 米，洪峰流量 2630 立方米/秒；大溪流域小白岩水文站 8 月 9 日 15:30 出现最高洪峰水位 50.2 米，超警戒 0.2 米，洪峰流量 3370 立方米/秒；大溪流域祯埠水文站 8 月 9 日 17:20 出现最高洪峰水位 32.04 米，超警戒 0.04 米，洪峰流量 4580 立方米/秒；小溪流域沙湾站 8 月 9 日 9:35 出现最高洪峰水位 228.15 米，超警戒 1.95 米。

21 号台风（杜鹃）于 9 月 29 日 8 时 50 分在福建莆田市秀屿区沿海登陆。受其影响，丽水市大范围出现大到暴雨，局部大暴雨。降雨主要集中在 9 月 29 日白天和夜里，根据水雨情遥测系统监测数据显示，9 月 28 日 8 时—10 月 1 日 8 时，全市面雨量 79.9 毫米，面雨量前三名分别为青田县 136.8 毫米、景宁县 122.0 毫米、庆元县 91.3 毫米，单站雨量最大前三名分别为青田垟塘站 225 毫米、青田奇艺水库 214.0 毫米、青田江根 209.5 毫米。降雨主要集中在丽水市东南部。受台风“杜鹃”强降雨影响，全市江河水位有不同程度上涨。小溪流域沙湾站 9 月 30 日 10:10 出现最高洪峰水位 226.41 米，超警戒 0.21 米。

【非汛期】 2015 年，汛前（1 月—3 月），全市平均降雨量 273.8 毫米，与常年同期相比偏少 16.5%。全市 9 个县（市、区）均比常年同期偏少，偏少幅度为 6.3%~27.6%。汛前（1 月—3 月），全市未出现大范围明显暴雨过程，全市主要江河水位水势平稳，均未出现超警戒洪水。

依据代表站数据统计，2015 年 11 月，丽水市平均降水量 150.4 毫米，与常年同期相比增加 155.7%。各县（市、区）均比常年同期偏多，偏多幅度为 128.9%~205.0%。各代表站中，11 月降水量最大为龙泉青井站 233 毫米，降水量最小为松阳水文站 85 毫米。

2015 年 12 月，丽水市平均降水量 176.9 毫米，与常年同期相比增加 269.3%。各县（市、区）均比常年同期偏多，偏多幅度为 201.0%—313.8%。全市主要江河水势平稳，水库蓄水总量较上月有所增加。

【“11·13”里东山体滑坡降雨量】 11 月 13 日 22 时 50 分，莲都区雅溪镇里东村发生山体滑坡。根据水雨情遥测系统数据统计，莲都区雅溪镇里东村附近竹后站 11 月 8 日 8 时—18 日 8 时雨量 119.5 毫米，一小时雨量最大 10 毫米。8 日 8 时—13 日 8 时雨量 64.5 毫米，12 日8 时—13 日 8 时雨量 37 毫米，最大 24 小时雨量 37 毫米，一小时雨量最大 6.5 毫米。

【水功能区水资源质量监测】 全市河流共划分 103 个水功能区，区划河长 2016.1 千米。2015 年参与评价的水功能区 56 个，评价总河长度 1065.0 千米。全年期，属地表水Ⅰ~Ⅲ类水的河长 1065.0 千米，占评价总河长 100.0%。

全年全市参与评价重点水功能区 56 个，51 个水功能区达标，达标率 91.1%。其中，保护区 8 个，达标率 100%；保留区 9 个，达标率 77.8%；缓冲区 3 个，达标率为 100%；饮用水源区 15 个，达标率 86.7%；工业用水区 4 个，达标率 100%；农业用水区 11 个，达标率 90.9%；渔业用水区 2 个，达标率 100%；景观娱乐用水区 4 个，达标率 100%。全年期达标河长 981.9 千米，达标率 92.2%。

饮用水源地水库 4—9 月营养化评价，黄村水库、玉溪水库、岩樟二级水库、龙潭桥水库、成屏二级水库、竹源水库、东坞水库、兰溪桥水库和雾溪水库均为中营养。

【地下水水质监测】 5 月，全市参与地下水水质监测断面为 12 个，有 III 类水 2 个，IV 类水 8 个，V 类水 2 个。11 月全市参与地下水水质监测断面为 12 个，有 III 类水 4 个，IV 类水 6 个，V 类水 2 个。主要超标项目为 pH、氨氮、锰。

（蓝姝佳 麻敏敏）

林　　业

综　　述

【概况】 2015年，全市造林更新10003公顷、平原绿化1319.6公顷、重点防护林建设1842公顷，森林和湿地生态系统完善。丽水市被列为国家级生态保护与建设示范区（浙江省唯一一个全市域示范区）。率先全国探索生态公益林补偿金收益权质押贷款模式、村级互助担保组织建设。全市新发放林权抵押贷款22.67亿元，累计138.78亿元，余额48.48亿元，新增林地流转面积7606.67公顷。华东药用植物园（丽水植物园）、丽水竹海公园项目有序推进，白云森林公园基础设施建设基本完成，丽水九龙国家湿地公园通过国家级验收并命名。高效竹林、木本油料、珍贵树种和大径材"三大百万基地"建成，9个现代林业园区通过省验收，实现林业行业总产值418亿元。全面开展森林资源二类调查，林业生态安全防控能力提升，森林消防"三率"控制指标降至历史低点，林业有害生物检疫防控指标优于省控制指标。丽水市林业局以考核总分第一名成绩，连续9年蝉联浙江省林业综合考核优秀奖；森林消防工作取得省考核第一，连续5年获优秀奖；林地经营权流转改革获第三届浙江省公共管理创新案例优秀奖；市白云山生态林场被评为"全国十佳林场"。（陈世通）

提前完成三大百万基地建设　　吕兴仁　提供

【林地经营权流转改革获省公共管理创新案例优秀奖】 5月，在省人民大会堂召开的第三届浙江省公共管理创新案例评选发布会暨推进基层治理能力现代化论坛上，丽水市林业局和龙泉市政府共同申报"林地经营权流转改革"，获第三届浙江省公共管理创新案例优秀奖（全省共15个），市林业局局长项旭平应邀参加会议暨授牌仪式。全年颁发林地经营权流转证222本、发证面积2386.67公顷，累计办证460本、发证面积6720公顷。

【云和率先全国探索公益林补偿金收益权质押贷款】 5月，云和县在紧水滩镇梓坊村、大牛村试行公益林未来补偿金质押贷款，出台《云和县村集体公益林未来补偿金质押贷款管理暂行办法》，依照村民委员会组织法相关规定，建立村级担保组织，以生态公益林补偿金年收益为基础，按公益林补偿金未来5年预期收入放大10倍作为担保贷款额度，为村集体和村民贷款提供担保，村民以林权出资入股可为本人追加授信额度，满足村民个人贷款融资需求。11月，龙泉市出台《龙泉市生态公益林补偿收益权质押贷款管理办法（试行）》，农户需要贷款时，凭林业部门出具公益林收益权证明，到金融机构申请公益林收益权质押贷款，金融机构对农户提供公益林收益权证明所载明的补偿金年收益金额进行审查确认后，签订公益林补偿金收益权质押贷款合同，最高贷款限额按其年收益金额放大10倍进行贷款。至年底，两县（市）向林农发放公益林补偿金收益权质押贷款30笔332万元。

【全国首个村级担保合作社成立】2015年，龙泉市探索林农贷款担保新机制，建立全国首个村级担保合作社—龙泉市花桥村惠农担保合作社。担保合作社于2014年3月26日由花桥村42名村民和村委共同出资60万元组建成立，内设理事会、资产评估小组和授信评议小组，经民政局登记为民办非企业单位，具有独立法人资格的村级经济组织，是全国第一个村级林权贷款担保合作社。担保合作社为社员提供贷款担保，社员以本户林权向合作社反担保，社员需要贷款时，由合作社组织信贷调查、资产评估和不良贷款处置变现。

【林权抵押贷款余额保持全国领先】2015年，通过探索创新贷款模式、担保方式，拓展质押物，完善风险防控等措施，林权抵押贷款持续增量扩面。至年底，全市新发放林权抵押贷款1.7万笔22.67亿元，累计14.47万笔138.78亿元，余额3.75万笔48.48亿元，占全省60%，居全国第一。其中，新发放林地经营权流转证抵押贷款296笔9874万元，累计402笔16084万元，余额264笔7398万元；不良贷款612万元，不良率0.13%。

【林木综合保险】　2015年，市林业局、中国人民财产保险公司丽水市分公司联合下发《关于贯彻落实〈关于共同推进林木综合保险工作的指导意见〉的通知》（丽林〔2015〕11号），以竹林保险为重点，推动林木综合保险。全年全市林木综合保险投保4.6万公顷，比2014年增长133%；继续推行森林火灾保险，全市140万公顷有林地连续7年实现森林火灾保险“全覆盖”。

【丽水林权制度改革持续受关注】2015年，新华社、光明日报、文汇报、中国绿色时报、人民网、浙江日报、浙江新闻、丽水日报等新闻媒体对丽水林权制度改革做一系列宣传报道。全国各地业内专家到丽水考察，全年接待省内外林改考察团96批1233人次，其中市本级12批141人次，省外考察团44批749人次，林场接待考察团25批176人次，累计接待林改考察651批6337人次。　（李秀旺）

【白云山生态林场被评为“全国十佳林场”】　6月5日，在江苏常熟召开的中国林场协会三届五次常务理事会上，丽水市白云山生态林场被中国林场协会授予2015年度“全国十佳林场”称号，成为浙江省继开化县国有林场、乐清雁荡山国有林场之后，第3个获得国家级表彰的国有林场。自2006年启动国有林场改革以来，该场围绕“经营管理科学、林区富裕和谐、森林优质高效、资源经营持续”目标，坚持生态优先、融入城市、严格管护、服务公众和多元经营，全力打造融“生态、城市、平安、民生和活力”于一体的“五型林场”。该林场基础设施、森林培育、公园营运费用全部纳入市财政预算，所在的白云森林公园项目成为“丽水撤地设市20个精品工程”之一，实现“经营方式从木材采伐为主向生态建设为主、单位性质从自收自支向准公益类事业转变、发展重点从生产木材为主向公益林建设和发展森林旅游并重的”三大转变。2015年，重庆、绍兴、杭州、福建等多地有关单位到白云山生态林场考察学习，交流经验。

【青田县林业总场揭牌成立】　8月6日上午，青田县林业总场揭牌成立，县林业局领导参加揭牌仪式。青田县林业总场是按照《青田县人民政府关于印发青田县国有林场改革方案的通知》文件精神，撤销青田县原有八面湖、金鸡山、大垟山、峰山等四个林场，合并组建的，增挂“青田县林业总场公益林管理站”牌子，确定为公益一类事业单位。该林业总场经营总面积4283.27公顷，其中生态公益林面积3869.87公顷，森林覆盖率达97.3%。有人员111人，其中在职职工36人，退休人员61人，遗属14人。　（吴丽锋）

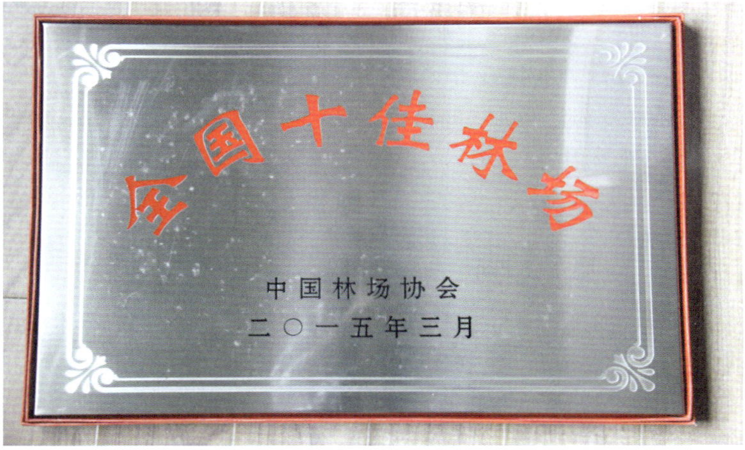

白云山生态林场获“全国十佳林场”称号　　吕兴仁　提供

【林业建设资金投入 12.6 亿元】 2015 年，全市林业建设资金投入 12.6 亿元，其中，到位中央、省级林业建设资金 7.3 亿元（中央资金 1.1 亿元，比 2014 年减少 31%；省级资金 6.2 亿元，比 2014 年增长 32%），比 2014 年增长 16%；国家林业贴息贷款 3.87 亿元（贴息资金 1135.5 万元）。林业建设资金主要用于生态公益林建设、森林消防、自然保护区建设和野生动植物保护、林区道路、林业现代园区建设、林业产业化发展、林业技术推广、林业有害生物防治、阔叶林发展工程等。 （周 莉）

【林业科技成果】 2015 年，全市新增科研和推广项目 36 个，其中，省级及以上项目 21 个，验收或评审项目 28 个。获各类科技成果奖励 52 项，其中，“浙西南夏秋季菜用竹笋高效栽培关键技术研究与推广”“浙南山地油茶产业化关键技术集成示范及推广”项目获梁希林业科学技术三等奖，获省科学技术进步三等奖 2 项，获市科学技术进步奖 7 项，获省科技兴林奖 12 项（占全省获奖总数 25%），获市第五届科技兴林奖 21 项，其他奖 8 项。取得国家发明专利 2 项、实用新型专利 2 项，开发省级新产品 2 个，审定、认定林木良种 3 个，修订林业标准化规范 8 项。出版《浙江林业科技（丽水专刊）》1 期，出版《丽水林业科技》2 期。全市技术人员晋升为工程师 62 人，晋升林业高级工程师 15 人。

【林业科技服务】 2015 年，市林业局创新林业科技推广和人才培养模式，设立林业产业市级“首席专家”岗位 3 个，组建笋竹产业、油茶、香榧（果树）、林下食用菌、林下中药材、种苗花卉（珍贵树种）、森林生态（大径材）7 个帮带产业团队和 9 个科技服务团队，每个服务团队联系指导 1 个县（市、区）林业科研与推广工作。全年累计进村入基地 500 余次、解决技术问题 124 个、开办专题讲课 116 次、培训人数 8456 人次、发放资料 14568 份、师徒对接 286 次、发表论文 80 篇。申报园林观赏植物新品种 5 个，科技成果获市级以上奖励 17 项。全年开展送科技下乡活动 118 次，专题讲座 98 场，基层技术人员和林农受训 14648 人次（市推广总站举办培训班 8 次，培训林农 517 人次），印发资料 41630 份；对接科技示范户 260户、新增效益 2110 万元。 （朱国华）

森林生态体系建设

【概况】 全市围绕“六边三化三美”“五水共治”等中心工作，以改善林业生态、增进林农利益为目标，继续抓绿化造林质量，深化“六边”绿化和美丽乡村建设，推进效益林业发展。全市完成造林更新 10003 公顷，完成省计划 169.7%，其中，造林 5570.9 公顷、迹地更新 4432.1 公顷；完成平原绿化 1319.6 公顷，占年度任务 400%；完成重点防护林建设 1842 公顷，占年度任务 100.1%；完成林木抚育71626.7 公顷，占年度任务 113.7%；参加义务植树 115.3 万人，完成义务植树 452 万株。增扩省级生态公益林 7.67 万公顷，省级以上公益林总面积 85.2 万公顷，占全省 28.2%；新增公益林优质林分 2.46 万公顷，累计建成公益林优质林分 62.93 万公顷。建设森林通道 699.2 千米，占年度任务 665.9%；通道沿线林相改造 3289.1 公顷，占年度任务 206.4%；建设森林村庄（绿化示范村）80 个，占年度任务 127%。完成珍贵树种和大径材基地 9226.7 公顷，占年度任务 117.8%。莲都区老竹畲族镇建成省森林城镇，建成省级森林村庄 15 个。

【美丽林相建设全面展开】 1 月 28 日，市委、市政府召开“六边三化三美”工作第二次月度点评会，点评高速公路和美丽乡村风景线建设项目存在的 144 个绿化问题。市林业局成立美丽林相建设专项组，开展林相改造督查指导工作，落实专人负责报送每周信息及每月督查整改情况，开展督查和指导 146 人次。4 月，市林业局制订出台《丽水市深化“六边三化三美”行动美丽林相建设专项方案（2015—2020 年）》。采用公开招投标方式，确定省林科院为《美丽林相建设总体规划》（以下简称“总规”）编制单位，10 月底，完成《总规》初稿编制，经讨论、征求意见修改，12 月 25 日，市政府主持召开评审会通过专家评审。

3 月、5 月，组织召开美丽林相建设培训会 2 期，对全市 9 个县（市、区）林业局分管领导、营林科长、业务技术骨干进行培训。组织专家编撰和印发《丽水市六边绿化推荐树种》指导图册 1000 本。全市建设彩色健康森林示范林 27 块 676.9 公顷。 （吴丽锋）

【全民义务植树】 2 月 25 日，丽水市党政军领导、机关干部、企事业单位职工、团员青年、驻丽部队等 680 人，在市莲都区联城街道林宅口村底安山场开展义务植树活动。市四大班子及军分区领导参加活动。种植浙江楠、浙江樟、闽楠、南方红豆杉、江南油杉、细柄阿丁枫、榉树、赤皮青冈 8 个树种大苗 800 株及乐东拟单性木兰、无患子大苗 200 株。同日，全市各地在“六边”区域开展义务植树活动，参加人数 6500 余人，植树 53.3 公顷 6.2 万株。青田县将 3 月作为全县集中行动月，向全县发出“水岸共治——万人共绿母亲河”动员令，开展植树活动

11次，参加人数2000余人，栽下树苗1万余株。3月5日，丽水开发区妇工委组织在南明山街道前垟村开展“家和万事兴、南城巾帼在行动”庆三八植绿活动。植树节前后，全市6300多人次植树6.4万株。（吴丽锋）

【生态公益林建设】 2015年，全市增扩省级生态公益林7.67万公顷，省级以上公益林总面积85.2万公顷，占全省公益林总面积28.2%、占全市国土面积49%、占全市林业用地58%；新增公益林优质林分2.46万公顷，累计建成公益林优质林分62.93万公顷。深化公益林补偿资金发放阳光工程，市本级、各县（市、区）林业网和实地公示2689个村、227522户公益林补偿户补偿信息，公示率100%；发放损失性补偿资金29756万元，占应发资金30010万元99%。完成省级公益林矢量化完善工作，全市各县（市、区）统一地图版本重新对公益林小班分布、面积、权属进行核对完善，调整小班8132个，涉及小班面积71000公顷，调整公益林面积11466.67公顷。（毛小荣）

【浙江丽水九龙国家湿地公园（试点）通过验收】 12月31日，国家林业局《关于2015年试点国家湿地公园验收情况的通知》（林湿发〔2015〕188号）批准：浙江丽水九龙国家湿地公园试点建设正式通过验收，成为丽水市首个国家湿地公园。该公园位于瓯江大溪自然段，规划总面积约1686公顷。2008年11月，被国家林业局列为国家湿地公园试点，2010年2月，开工建设。经6年建设，公园区域内湿地生态系统得到恢复，呈现出自然质朴、原始独特湿地风貌，生物多样性丰富，集中展现八百里瓯江最精华的江域风貌，成为一个融淳朴、奇韵、野趣及原生态为一体的综合型湿地公园。公园内分布维管束植物95科293属452种，其中香樟、野大豆、野菱3种为国家二级重点保护植物；在种类组成中，中华秋沙鸭、鼋2种为国家一级保护动物，花鳗、鳗鲡、虎纹蛙、鸳鸯、雕鸮、赤腹鹰、雀鹰、红隼、画眉等23种为国家二级保护动物。（陈世通）

【白云森林公园建设】 2015年，继续推进白云森林公园基础设施项目建设，累计投资270万元，入口至禅修中心道路工程竣工验收交付使用，完成游步道及悬空栈道工程和景点改造工程，增设路灯、公厕等配套项目；开展边坡白化地植被修复和绿化施工，提升问源亭、大挡墙及龙潭等景点的景观效果。推进公园招商引资项目建设，完成15幢居士林主体结构；白云山丽人休闲度假区项目累计投资4900万元，完成狮子坛、快活林、十八弯三大区块房屋主体施工。

【华东药用植物园（丽水植物园）建设】 2015年，继续推进华东药用植物园（丽水植物园）项目前期工作，完成总规、核心区块详规编制及初步设计初稿，核心区总面积222.4公顷，总投资约7.9亿元，包括植物展示游览区、森林康养体验区、森林运动游憩区和引种繁育区4个区块；完成PPP实施方案编制和水保、环评、选址意见书审批等工作。（杨　斌）

【丽水·世界竹海公园总体规划】 2015年，《丽水·世界竹海公园总体规划》列入市发改委2015年发展类规划编制计划（丽发改规划〔2015〕133号），按照“世界大竹海”定位，完成“丽水·世界竹海公园总体规划”编制。丽水·世界竹海公园规划地块位于龙泉市南部及庆元县北部的交接地区，涉及龙泉市八都镇、上垟镇、查田镇、小梅镇、宝溪乡和庆元县的黄田镇，共52个行政村，规划范围333平方千米，其中龙泉市辖区范围229平方千米，庆元县辖区104平方千米。项目总投资10亿元以上，建设期限为2016—2025年。（周　莉）

【空气负氧离子监测】 2015年，每周开展2次负氧离子监测，上报市养生

2015年全市各主要监测点负氧离子监测结果

表11

监测地址	监测点	平均参考值（个/立方厘米）	监测时间段	等级	空气清新程度描述
白云森林公园	入口处	1429	1月2日—12月31日	三级	清新
处州公园	观鱼池边	1116	1月2日—12月31日	三级	清新
防洪堤	应星楼	960	1月2日—12月31日	四级	较清新
九龙湿地公园	红圩村口	1321	1月2日—12月31日	三级	清新
莲都区大山峰国家森林公园	大山峰	2090	1月2日—12月31日	二级	非常清新
龙泉凤阳山自然保护区	大田坪	3246	1月2日—12月31日	一级	特别清新
云和仙宫湖景区	张源头	2730	1月2日—12月31日	二级	非常清新
青田县石门洞景区	石门潭	4455	1月2日—12月31日	一级	特别清新
景宁县鹤溪镇	石印山	1906	1月2日—12月31日	二级	非常清新
缙云黄龙寺景区	水库边	2055	1月2日—12月31日	二级	非常清新
松阳卯山国家森林公园	入口处	4861	1月2日—12月31日	一级	特别清新
庆元巾子峰国家森林公园	龙源山庄	3875	1月2日—12月31日	一级	特别清新
遂昌神龙谷景区	入口处	3606	1月2日—12月31日	一级	特别清新
全市景区平均值	景区	3015	1月2日—12月31日	一级	特别清新
全市景区最高值	景区	4861	1月2日—12月31日	一级	特别清新
市区平均值	市区	1168	1月2日—12月31日	三级	清新

办，在丽水文化休闲和新闻综合频道公布养生指数，对市本级白云森林公园、处州公园、防洪堤、九龙国家湿地公园空气负氧离子及9个县（市、区）13个监测点实时监测上报54期，累计监测实时数据702个。其中，清新以上监测数据639个，全市景区最高值负氧离子每立方厘米达4861个、平均值每立方厘米3015个，市区平均值每立方厘米1168个。市本级空气负氧离子浓度每立方厘米3015个，达到一级，为特别清新。10月26日—11月16日，国家林业局在丽水市按照城区—近郊—远郊—森林公园4个不同类型设置监测点试点，安装8台仪器设备24小时不间断的监测，对数据进行汇总分析，制定负氧离子监测国家标准。（梅少保）

【开发区绿化工作】 2015年，全区完成迹地更新造林2公顷，森林抚育补植面积33.33公顷，种植枫香、木荷、细叶青冈等3.2万株；组织珍贵树种进村入企活动，向开发区17个村、企业、学校赠送榉树、细柄阿丁枫等珍贵树种苗木5万株；开展义务植树节等活动，累计400多人次栽植红豆杉、无患子等树种1800余株；完成开发区高速公路、富岭连接线、瓯江沿线视线范围内彩色健康森林规划，规划面积1400公顷，其中，彩色林333.33公顷、健康林1066.67公顷。实施富岭连接线山体彩化项目，完成《富岭连接线山体彩化总体规划》编制并通过专家评审。协助完成富岭前垟精品村3000平方米景观林带建设。（刘克飞）

林业产业体系建设

【概况】 2015年，全市林业总产值417.8亿元，同比增长9%，占全省林业行业总产值9.2%，排名第六位，增幅全省第二位。林业行业总产值在全市经济总量中，林业第一产业产值88亿元，占全市农业总产值62.7%；林业第二产业产值165.7亿元，占全市二业总产值9.8%；林业第三产业产值164亿元，占全市旅游总收入38.5%。全年林业行业生产总值（GDP）199亿元，占全市生产总值（GDP）18%，同比增长0.5%。9个县（市、区）林业行业总产值超过26亿元，其中，庆元县65亿元，云和县、龙泉市、遂昌县、缙云县超过49亿元，松阳县、莲都区、青田县、景宁县超过26亿元。全市新增林业专业合作社、家庭林场等新型林业经营主体106家，其中林业合作社61家；累计新型林业经营主体596家，其中合作社405家。完成招商（或合作招商）项目5个，合同利用市外内资3.1亿元，实际到位市外内资8112万元。

【调整优化林业产业结构】 2015年，全市林业一、二、三产业比重为21:40:39，第一产业比重回落1个百分点，第二产业比重回落2个百分点，第三产业比重上升3个百分点。加大一产资金和技术投入力度，提高林地生产效率，提升林业第一产业，林业第一产业产值88亿元，同比增长2.9%，增幅比2014年下降6.7个百分点；做大做强龙头企业和区块产业，提高森林资源综合利用率，增加产品附加值，调整提升林业第二产业，林业第二产业产值165.7亿元，同比增长2.85%，增幅比2014年回落4.49个百分点；大力促进森林旅游业和现代服务业发展，加快发展林业第三产业，林业第三产业产值164亿元，同比增长20.07%，增幅比2014年回落5.12个百分点。

【创建林业产业品牌】 2015年，全市林产品商标获浙江省著名商标5个，丽水著名商标5个；被认定浙江名牌产品5个，丽水名牌产品2个；组织100家企业参加第八届中国义乌国际森林产品博览会，展出展位179个。获第八届中国义乌国际森林产品博览会优质产品评选金奖24个，优质奖26个；获第4届中国创意林业产品大赛金奖1个，银奖2个，优秀奖2个；获第5届中国木（竹）雕展暨优秀作品及金雕手评选铜奖3个。丽水展团连续第八年获中国义乌国际森林产品博览会最佳组织奖。（周　莉）

【林业园区建设】 2015年，全市现代林业园区创建点72个，其中，综合区6个，主导产业示范区25个，特色林业精品园41个。全年新增投资建设现代林业园区资金5826万元，2011—2015年累计投入资金10.95亿元，建成省级现代林业园区并通过验收45个总面积3.67万公顷，其中，综合区4个、主导产业示范区17个、精品园24个，涉及毛竹、油茶、板栗、香榧、用材林、种苗花卉等多个产业，受益林农1.3万余户。6月，龙泉市八都省级现代农业（林业）综合区、庆元林场杉木大径材示范区、遂昌县湖山香榧示范区通过省级验收。11—12月，庆元县北乡省级现代农业综合区、松阳县小港省级现代农业综合区、龙泉市安仁雷竹精品园、缙云县新建香榧精品园、松阳县玉岩香榧精品园、庆元县屏都锥栗精品园等通过省级验收。（吴丽锋）

【林地流转】 2015年，9个县（市、区）政府落实林地流转激励政策，引导林地向林业专业合作社、家庭林场、经营大户集聚，全市新增林地流转面积8020公顷。2006年以来，全市累计流转林权（林木和林地）10.65万公顷、金额19.0亿元，比标底价增加2.0亿元。通过林地流转，全市新增林业专业合作社、家庭林场等新型林业经营主体106家，其中林业合作社61家；累计培育新型林业经营主体596家，其中合作社405家。

【林权登记管理】 2015年，9个县(市、区)林业局"三中心一机构"林改服务平台，继续加强政策宣传、林权变更登记、林地流转发证、森林资产评估、林权抵押登记、林权抵押贷款贴息、森林保险、协助金融机构处置不良资产等工作。至年底，全市办理林权初始登记、变更登记3433件，林权抵押登记17063件。全市"林权IC卡"建档40.1万户，建档率100%，评估资产总额285亿元；金融机构对林农授信33.6万户133亿元。 (李秀旺)

【"三大百万基地"建设】 2015年，全面完成"三大百万基地"建设任务，促进林业产业规模化、集约化经营。全市新建高效竹林基地1.06万公顷，累计8.38万公顷；新建木本油料基地0.84万公顷(新造油茶香榧0.42万公顷，油茶低改0.42万公顷)，累计7.63万公顷；新建珍贵树种和大径材基地0.92万公顷，累计7.13万公顷。(陈世通)

【木业产业建设】 2015年，继续推进木业产业向规模化、产业化和集群化方向发展。全市生产木材45.4万立方米，实现产值3.6亿元，分别比2014年减少12%和18%。全市木材加工企业1039家，从业人员2.55万人，以"一扇木门、一支铅笔、一副玩具、一把太阳伞、一块纤维板"为代表木材加工业全年实现产值85亿元，比2014年增长3.5%。 (周　莉)

【笋竹产业建设】 2015年，全市竹业产值61.8亿元，其中一产10.4亿元，二产51.4亿元，比2014年减少1.28%，其中一产减少20%。全年竹材采伐量3002万支，比2014年下降30%。全市新建高效竹林基地建设10933.33公顷，完成年度计划106.3%，至年底，累计建设高效竹林基地83840公顷。继续实施竹产业首席专家(顾问)制度，举办全市竹产业农民技术人员培训班，培训竹农50人，开展县(市、区)、乡(镇)技术培训，形成市、县(市、区)、乡(镇)三级培训体系。 (孙　政)

【森林食品业】 2015年，全市新增省森林食品基地32个，其中新申报省级森林食品基地17个，基地面积3313.33公顷。全市有效期内市级以上森林食品基地66个，总面积7520公顷。全市水果产量31.4万吨，干果(香榧、板栗等)产量1.9万吨，茶及其他饮料作物种植产量3.2万吨，食用菌产量9.7万吨，竹笋产量17.8万吨，油茶籽产量2.9万吨。全市经济林产品实现产值70亿元，比2014年增长6%。

【森林旅游点建设】 2015年，全市自然保护区4个(其中国家级自然保护区2个，省级保护区2个)，自然保护小区52个，国家湿地公园2个；丽水市A级旅游景区40处，其中，森林类旅游景区25个，森林类4A级旅游景区16个，占AAAA级旅游景区88.9%；森林公园11个，其中国家级森林公园4个，省级森林公园7个；省级林业观光园区30个、市级林业观光园区63个，省五星级森林旅游区1个，四星级森林旅游区2个、三星级森林旅游区3个，市星级特色森林旅游基地14个，丽水市"林家铺子"旅游点36处；龙泉凤阳山、龙泉披云山、松阳箬寮、庆元百山祖、庆元千岗峡大杉木林、庆元马蹄岙天然阔叶林、遂昌神龙谷、景宁望东垟、景宁大漈古树群被评为浙江最美森林。全年全市森林旅游业接待游客3129万人次，实现森林旅游总收入142亿元(占第三产业产值87%)，分别比2014年同期增长17%和22%。 (周　莉)

【种苗花卉产业】 2015年，全市林木种苗栽培面积1317.4公顷，苗圃459处，总产苗量8725.9万株，其中，容器育苗1485.0万株、良种苗木4696.2万株。造林用苗1900.2万株，其中，用材林苗木769.3万株、生态林种苗618.7万株，经济林452.6万株。花卉生产面积1632.0公顷，其中设施栽培面积123.2公顷，花卉业总产值3.68亿元。1月19—22日，国家林业局林木种苗质量检查组对丽水市重点苗圃和造林基地进行苗木质量检查。抽查浙江楠、紫楠、桢楠、红豆树、南方红豆杉、黄山栾树、木荷、油茶、无患子、枫香、马尾松11个树种31个苗批的一至二年生苗木(其中圃地抽检18个苗批)全部合格。继续开展"珍贵树种进万村"行动，全面完成珍贵树种赠苗造林各项任务，全市567个村种植珍贵树种190.1万株，(省厅赠送150万株，其中珍贵树种89.5万株、彩色树种60.5万株；县、市区赠送40.1万株)，6209户林农，采取纯林、林下补植、松杉混交等模式营造珍贵树种林1240.6公顷。龙泉市林科院建设"浙南(龙泉)育种中心"。丽水市处州林业珍贵种苗有限公司、云和县农业综合开发有限公司被省林业厅浙林种〔2015〕71号公布为第二批省级林业保障性苗圃。8月21日，召开丽水市花卉协会第三次代表大会，选举产生丽水市花卉协会第三届理事会，杨云峰当选丽水市花卉协会三届理事会会长。 (周正廷)

【油茶产业】 2015年，全市新建油茶新品种造林基地3145.7公顷，完成低产林改造4187.3公顷。培育油茶良种苗木892万株，新建木本油料市级示范基地23个，举办木本油料产业技术培训15次，培训基层林技员和林农1000余人次。全年争取上级对木本油料产业扶持资金6057.5万元，实现产值6.4亿元。（倪荣新）

【林区道路建设】 2015年，全市采取"政府补一点、群众投一点、集体出一点"的办法多渠道筹集资金，加大竹林、油茶等经济林区和林业主导产业示范区、林业特色精品园区、含有林业项目的省级现代农业综合区开展林区道路建设力度。全市累计投入建设资金5.9亿元，完成林区道路10908千米，其中主干道8749千米（路面硬化281千米），辅助道2148千米。（周　莉）

【食用林产品质量安全】 2015年，全市对鲜笋（春笋、鞭笋、冬笋）、板栗、香榧、油茶籽等食用林产品进行抽检，重点检测砷、铅、镉、汞等重金属含量和敌百虫、乐果、敌敌畏农药残留等指标，全年抽检285批次，合格285批次，合格率为100%。根据丽水市餐桌安全治理行动三年计划（2015—2017年）要求，全面启动食用林产品质量安全整治提升工程。开展食用林产品情况调研，排查全市食用林产品质量安全存在问题和风险隐患；启动食用林产品质量安全可追溯试点工作，示范推广标准化技术，全市主要食用林产品标准化生产程度58.42%。（梅少保）

林业安全管理

【概况】 2015年，全市林业系统坚持以保护森林资源为核心，依法治林，突出资源林政管理、森林消防治理、有害生物防控三大重点，保障森林生态安全。推进森林消防网格化管理，开展综合治理，强化责任落实，森林火灾得到控制。全市发生森林火灾20起，受害森林面积105.89公顷，火灾发生率1.43次/10万公顷，面积受害率0.08‰，火灾控制率5.29公顷/次，火灾查明率90%，"四率"未超过省考核控制指标，全市未发生重特大森林火灾和人员死亡事故。遂昌县、云和县全年未发生森林火灾。2015年，丽水市取省森林消防指挥部森林消防责任书考核优秀，获2011—2014年全省森林消防工作先进单位。继续开展森林增长指标考核评价试点和义务森林资源监督员制度试点。加强森林采伐管理，全市省下达年森林采伐限额193.158万立方米，实际发放采伐许可证12976份，发证采伐蓄积75.77万立方米，占省下达采伐限额39.2%。完成"十三五"期间年森林采伐限额编制，全市上报"十三五"期间年森林采伐限额建议指标187.8万立方米（合理年采伐量指标为274.8万立方米）。采取预防、防治、监管三项措施，林业有害生物灾害得到有效防控，林业有害生物成灾率、测报准确率、无公害防治率100%、种苗产地检疫率"四项指标"优于省控制指标。

【打击破坏森林资源违法犯罪】 2015年，全市森林公安机关开展"雷霆1号""雷霆2号""雷霆3号"专项行动，严厉打击涉林违法犯罪行为。全市受理各类森林案件443起，查结441起，综合查处率99.55%。其中，侦破森林刑事案件84起，查处林业行政案件357起；处理各类违法人员446人，收缴林木蓄积234.074立方米，查处案件数同比上升132.11%。开展禁种铲毒专项行动，全市铲除罂粟种植点46处，收缴罂粟14182株，配合公安机关立案查处种植罂粟案件28起。开展非法侵占林地清理排查专项行动，全市排查并查处结案非法侵占林地案件19起，涉案林地面积5.42公顷、蓄积51.9立方米。全市5位民警记个人三等功一次，1个单位记集体三等功一次，53位民警记个人嘉奖一次；被评为全国禁毒工作先进个人1位，全省禁毒工作先进个人1位，全市禁毒工作先进个人2位，市森林公安局被评为全省禁种铲毒先进集体。（朱郑平　梁　毅）

【森林消防基础建设】 2015年，全市投入森林消防资金979万元（其中省级资金415万元），加强通讯系统、阻隔系统、扑火机具、交通工具等建

10月27日，开展森林消防队伍负重体能比赛　吕兴仁　提供

设。购置森林消防扑救装备2090台(套、把),新造生物防火林带152千米。市级新建成的森林消防指挥用房和林业执法业务用房于8月10日投入使用。　　(朱郑平)

【林地保护管理】　3月31日,国家林业局发布《建设项目使用林地审核审批管理办法》(第35号令),5月1日起施行。全年全市审核审批各类征占用林地项目413个、面积453.60公顷,其中,长期征占用林地项目90个、面积220.16公顷,临时占用林地项目18个、面积19.68公顷,林业设施占用林地项目305个、面积213.76公顷,征收森林植被恢复费1707.32万元。

【自然保护区管理】　2015年,全市自然保护区新建视频监控系统43个点,其中,百山祖12个,凤阳山6个,九龙山18个,望东垟7个。开始实施百山祖自然保护区二期基础设施项目,完成万里林保护站管理房等4个项目建设,万里林场管护用房建设项目和百山祖保护站科研接待用房修缮工程前期工作启动。凤阳山保护区森林生态系统定位研究站一期项目开始实施,定位站综合实验楼主体工程完工并通过验收,建设通量塔、测流堰、气象站等监测设施。凤阳山保护区生态旅游二期工程开工,客运缆车等3个项目的《环境影响报告》、《生态影响报告》获环保部复函同意(环办函〔2015〕604号),项目使用林地获国家林业局许可(林护许准〔2015〕0611、0612、0613号)。九龙山保护区新修编《浙江九龙山国家级自然保护区总体规划(2014—2023)》获国家林业局批复(林规发〔2015〕2号文件)。九龙山保护区在遂昌县城管理局办公用房内建成宣教馆,在黄坛淤建成珍稀植物科普园。

【森林增长指标考核试点】　4月23日,省林业厅下发《关于继续开展部分县2015年森林增长指标年度考核评价试点工作的通知》(浙林资〔2015〕31号),丽水市及下辖9个县(市、区)继续列入试点范围,考核年度是2014年。试点结果显示,全市2014年比2013年森林蓄积量达300余万立方米,森林面积、森林覆盖率保持稳定,2014年度全市9个县(市、区)全面实现森林增长目标。

【义务森林资源监督员试点】　2015年,丽水市继续开展义务森林资源监督员制度试点,试点经验先后在4月20日召开的苏浙沪三省(市)林业厅(局)森林资源监管工作会议和10月30日召开的苏浙沪义务森林资源监督员工作交流座谈会上作典型发言,得到国家林业局领导充分肯定。市林业局对李道伟等9名优秀义务森林资源监督员进行表彰。

【湿地保护管理】　2015年,全面完成9个县(市、区)县级湿地保护规划,并由各县(市、区)人民政府批准实施,丽水市及9个县(市、区)政府分别公布成立绿化与湿地保护委员会。全市现有湿地总面积3.12万公顷(不含稻田,云和梯田湿地公园除外),其中,近海及海岸湿地0.08万公顷,河流湿地1.37万公顷,沼泽湿地0.02万公顷,人工湿地1.65万公顷。年底,浙江丽水九龙国家湿地公园试点建设正式通过国家林业局验收。

【野生动植物保护】　4月,丽水市及9个县(市、区)林业局以“关注候鸟保护,守护绿水家园”主题,开展野生动植物保护宣传月暨“爱鸟周”活动。丽水市入选“浙江最美古树”20株(浙绿湿委〔2015〕4号),其中,庆元县入选8株,龙泉4株,莲都、景宁、缙云、松阳4个县(区)共8株,占全省109株的18%。庆元县百山祖国家级自然保护区百山祖冷杉被评为“浙江古树之最”和“浙江十大名木”,莲都区联城街道路湾村瓯江大溪边樟树被评为“浙江古树之最”和“浙江十大古树”,景宁县大漈乡西二村时思寺柳杉、松阳县玉岩镇大树后村石背头南方红豆杉被评为“浙江十大树王”,庆元县安南乡东村牛栏坪罗汉松、庆元县举水乡落岭村莲花山杉木被评为“浙江十大古树”。12月18日,丽水评选出“丽水十大古树(群)”(丽委办发〔2015〕96号),分别是:缙云桃花岭“七姐妹”银杏、缙云高潮村古树群、龙泉官埔垟枫香古树群、遂昌龙洋乡西滩村茶园古树、青田温溪古榕群、松阳关岭村平头岗古树群、景宁尾水口香樟、莲都雅溪镇箬坑红豆杉、庆元黄田镇双沈村花榈木、云和狮山古树群。　　(梁　毅)

【山林纠纷案件调处】　2015年,市林业局加强纠纷案件排摸和调处工作,全年未发生因山林纠纷引发的重大盗滥伐案件、集体上访或群体性事件。全市新发生纠纷250件,调处277件(新案237件,积案40件)、解决争议面积897.67公顷,其中,县际纠纷3件、争议面积2.13公顷,县内纠纷274件、争议面积895.53公顷。5月11—12日,在松阳县召开全市山林纠纷案情分析现场会,实地勘察松阳县大东坝镇明源村对面纠纷山场,并进行案情分析,形成会议纪要;7月14日,召开云和、景宁两县山林纠纷座谈会,对云和县崇头镇林山下村反映景宁县梧桐乡李庄村荒田坪道路建设发生林权争议简要案情,形成会议纪要；9月22日，在遂昌县召开龙泉、遂昌山林纠纷协调座谈会，专题协商解决坐落于龙泉市境内金元村附近，遂昌县王村口镇桥西村第八村民小组（原黄沙岭脚村第四生产队，现合并至桥西村）与龙泉市岩樟乡金元村第二、三组之间（土名遂昌方称“后坑”、龙泉方称“黄上”）山林纠纷，争议面积约1.33公顷。至年底，全市各类山林纠纷积案536件，争议面积9089.4公顷，其中，省际纠纷71件、争议面积4162.53公顷，市际纠纷15件、争议面积604.67公顷，县际纠纷65件、争议面积878.13公顷，县内纠纷385件、争议面积3444.07公顷。

【山林纠纷行政复议及复议案件应诉】 市林业局受市政府委托，审理全市山林纠纷行政复议案件。全年收到并受理涉林行政复议申请10件，其中山林权属纠纷9件、林权登记1件。复议终结山林权属纠纷案15件（其中2014年度未结6件），复议结果：维持13件、撤销1件、告知1件；复议终结林权登记案1件（维持）。全年收到行政诉讼应诉通知5件，其中，山林纠纷复议案3件、林权登记复议案1件、山林纠纷不作为1件；撤诉1件（不作为），一审出庭应诉4件、二审应诉1件、二审答辩1件。

【省高级人民法院驳回景宁县九龙乡高沈村的再审申请】 2013年7月26日，丽水市政府对景宁县九龙乡高沈村与莲都区峰源乡木寮村“处坛岗”山林纠纷作出裁决。景宁方不服申请行政复议，同年12月3日，省人民政府浙政复〔2013〕314号行政复议决定：维持丽政林决〔2013〕1号《山林纠纷处理决定书》具体行政行为。景宁方提起行政诉讼，2014年7月14日，丽水市中级人民法院〔2014〕浙丽行初字第1号判决：驳回原告诉讼请求。同年9月18日省高级人民法院〔2014〕浙行终字第200号判决：驳回上诉、维持原判。景宁方申请再审，2015年8月10日省高级人民法院〔2015〕浙行申字第33号裁定：驳回景宁县九龙乡高沈村再审申请。（李秀旺）

【林业有害生物检疫防治】 2015年，全市林业有害生物防治工作，以松材线虫病防控为核心，以“绿剑”检疫执法，林业有害生物普查、监测、预报和无公害防治，全面开展林业有害生物防控各项工作。全年林业有害生物成灾面积242.5公顷，成灾率0.17‰；林业有害生物发生12135.6公顷，测报准确率94.79%；有效防治作业总面积13869.4公顷，无公害防治作业面积13869.4公顷，无公害防治率100%；应施种苗产地检疫面积1164.9公顷，实施种苗产地检疫面积1164.9公顷，种苗产地检疫率100%；“四率”指标均优于省林业厅下达的指标。全市全年调运检疫苗木2544.2万株、木材22.9万立方米、药材149吨；复检苗木138.98万株、收取检疫费5.5万元。松材线虫病防控方面全市累计打孔注药7.8万瓶，悬挂松褐天牛诱捕器1830只，噻虫啉地面人工喷粉作业面积7533.33公顷。全市各地同步开展林业有害生物普查，采集有害生物标本17463份，制作标本11705份，鉴定1306种。其中，遂昌县发现危害毛竹新记录种——浙江栉蝙蛾。4—11月，全市开展“绿剑”检疫执法专项行动，检查涉松企业164家，关停涉松加工企业36家，查处检疫案件31起，没收烧毁疫木19.1753立方米。5—11月，全市各地开展“百名森林医生进千村”活动，组织专题活动46次，日常活动231次，开展专题培训21次1015人，为1151株古树名木提供健康“体检”和“诊治”，其中“浙江最美古树16株；参与“森林医生”人数185人次，发布生产性预报和虫情通报45期，指导经济林病虫害防治173次，解决疑难问题15个，发放宣传资料7226份，报刊报道59次，电视报道14次，网络信息233条，网络点击率35582次。12月15日，丽水市发布地方标准《板栗主要病虫生态控制技术规程》《毛竹主要害虫生态控制技术规程》。市林业有害生物防治检疫总站获2015年度浙江省“森林医生”服务先进集体、全省林业有害生物防治检疫宣传先进集体。（王明月）

7月20日，首次使用无人机监测林业有害生物　　吕兴仁　提供

工业化信息化建设

综　　述

【概况】 2015年，全市围绕“稳增长、调结构、促改革、防风险”工作，全年完成规模以上工业增加值351.5亿元，比2014年增长0.5%。完成高新技术产业增加值90.01亿元，比2014年增长4.2%，战略性新兴产业增加值64.18亿元，比2014年增长2.3%，两项指标增速分别高于规模以上工业3.7和1.8个百分点。

重点行业。规模以上重工业完成产值1130.77亿元，比2014年下降11.0%；占规模工业产值比重66.6%，比2014年下调3.6个百分点；规模以上轻工业产值同比增长3%，高于规模以上重工业14个百分点。产值超百亿行业3个，比2014年减少1个，分别是黑色金属压延业（358亿元）、金属制品业（195亿元）、化工（138亿元）。

县域经济。青田县、莲都区、庆元县、云和县、缙云县、松阳县规模以上工业增加值实现正增长，青田县、缙云县、丽水经济开发区3个重点区域实现规模以上工业增加值195.95亿元，占全市规模以上工业增加值比重55.8%，比2014年下调3.4%。全年工业用电量51.25亿千瓦时，比2014年下降3.1%。全市完成工业投资199.31亿元，比2014年增长7.9%，位居全省第7位，比2014年上升3位；工业技术改造投资138.27亿元，比2014年增长18.9%。拉动工业投资较快增长主要行业是电力热力和非金属矿物制品业，分别增长38.5%和105.3%，分别拉动工业投资增幅4.8个和5.2个百分点。全市规模以上工业负债合计下降0.7%、财务费用下降14.3%，利息支出下降16.1%、银行贷款余额下降1.4%。工业税收总量43.86亿元，同比增长2.9%，高于规模以上工业主营业务收入8.8个百分点。

全市万元GDP能耗下降5.2%，“十二五”累计完成21.05%，超额完成省下达丽水市“十二五”下降16.9%的任务。全年全市能源消费总量422.56万吨标准煤，比2014年下降8.7%，低于省下达6.5%增速控制目标。其中，规模以上工业能源消费总量208.84万吨标准煤，比2014年下降6.5%，规模以上工业增加值能耗下降7.0%。

工业经济运行中存在问题：全球经济仍处于金融危机引发大调整、大转型之中，国内宏观环境进入“新常态”，全市产业结构偏低、发展方式粗放、新增产能不足等问题凸显，工业经济发展速度呈递减态势，亟待转型创新发展。新项目没有带来新投入，2011—2015年全市累计出让工业用地面积2366.67公顷，相当于“十二五”初期已投产工业用地面积的1.2倍，各地普遍出现项目长期闲置现象。担保链、资金链风险影响难以消除，仍有涉险企业倒闭关停。

【生态工业组合拳】 2015年，全市把“四换三名”（“四换”是指腾笼换鸟、机器换人、空间换地、电商换市，“三名”是指培育名企、名品、名家。）作为提升产业结构重要抓手，打好转型升级组合拳。

“机器换人”：全市编制实施“机器换人”示范项目计划70个。重点建设开发区机器人与智能装备特色产业基地，合成革入围全省“机器换人”分行业推进实施方案名单，青田制鞋业列入省制鞋业“机器换人”推进机制创新试点；爱易特、畅尔股份、睿丰科技三家企业产品入选省级首批“机器换人”先进装备推广目录。

“腾笼换鸟”：全市淘汰落后产能涉及企业224家，全面完成国家、省下达年度任务，分别是：印染产能1000万米、铸造16.69万吨、电镀9.7万吨、水泥20万吨、烧结砖1.12亿块标砖。盘活存量土地339.27公顷，完成年度任务160%。

“空间换地”：全市启动实施工业企业“零土地”技术改造项目审批方式改革，青田入选11个省工业企业“零土地”技改审批方式改革示范县（市、区）。全年全市受理零地技改备案项目252个，挖潜节地面积130.58公顷。

“电商换市”：全市编制实施《丽水市信息经济发展规划》，推进传统企业开展电子商务应用。缙云县、庆元县、松阳县、龙泉市、云和县5个县（市）进入“2014年中国‘电商百佳县’榜单”。国内最大木制玩具线上采购批发平台——阿里巴巴·云和产业带上线，首期有50家云和木玩生产企业入驻；遂昌创新工业电子商务模式，设立企协网现已整合县内企业50余家开展网上电子商务，并创设边游边淘模式，实现线上线下互动。

“三名培育”：全市完成制订市级三名培育试点实施意见，成立知名企业、知名品牌、知名企业家3个培育工作组；启动市级第一批20家三名试点企业培育工作，推进艾莱依、众益药业2家省级“三名”企业试点培育工作。

【推进生态“两无”整治】 2015年，全市启动实施“园区外基本无工业，园区内基本无非生态工业”专项整治工作，用3年时间，每年整治低小散企业1000家，实现“两无”目标。全市整治阀门、铸造、竹木制品加工、石材加工等“低小散”企业1690家，完成省、市下达的年度任务。

【创新驱动增添发展动力】 2015年，全市新增企业技术中心市级9家、省级3家，市级累计123家、省级17家；爱易特、锯力煌分获省内首台套产品认定。全年全市实现高新技术增加值90亿元，同比增长4.2%；完成规模以上新产品产值561亿元，同比增长5.3%，新产品产值率33.1%。丽水工业设计基地新入驻企业8家，总数34家。开展企业股份制改造，实现多渠道上市融资，全年全市新增股份制企业15家，实现海外上市企业1家，境内外上市企业3家；在新三板挂牌企业新增10家，总数14家；在省股交易中心挂牌企业154家。

【发展战略性新兴产业】 2015年，全市推进一批战略性新兴产业重大项目，列入市战略性新兴产业重点建设项目库108个，项目总投资159.61亿元。一批风电、太阳能光伏发电、生物质发电项目投资超过100亿元。5月29日，丽水市首个风力发电项目——云和县黄源风电场首台机组成功并网发电。开发区签约植物纤维电池项目总投资60亿元，为全市单体投资最大制造业项目。

【建设绿谷信息产业园】 2015年，绿谷信息产业园投资5.26亿元，完成年度计划103%；绿谷信息产业园南区块8栋建筑已结顶，7月，瓯微大厦投入使用；推进绿谷信息产业园北区政策处理，完成房屋征收费3亿元；绿谷信息产业园及天宁、中东路孵化基地累计引进企业137家。创建省级第二批特色小镇——绿谷智慧小镇；信息产业招商先后引进智酷网络、餐饮业配送平台、龙庆股权投资等6个项目，协议投资1.67亿元。

【加大项目平台投资】 2015年，全市抓有效投资，修订出台新一轮产品技术导向目录（2015—2017年），启动实施“零土地”技改审批方式改革，完善2000万元以上工业技术改造项目服务跟踪机制等，引导社会资金投向。全年共建工业投资项目库474项，市技术改造“双百工程”187项，其中22项列入省重点。全年市重点技改项目当年完成投资48.34亿元，完成年度计划131.7%，投产项目104个。推进平台建设，全年全市新增开发工业用地716.93公顷；工业供地面积340.72公顷；完成标准厂房建设24.88万平方米，超额完成年度目标。

【开展节能降耗考核工作】 2015年，全市完成节能降耗和工业节水等考核指标。累计实施重点用能企业节能技术改造226项，腾出用能空间2.12万吨标煤，争取省节能专项资金1487万元。市级组织7个项目节能评估审查，对33家“万吨千家”企业在线实时监测，推动全市43家企业开展水平衡测试，25家企业开展节水型企业创建。

【组织企业帮扶活动】 2015年，市经信委组织“千名干部助推千家规模企

小微企业“助保贷”合作签约仪式现场　　叶学美　提供

业转型升级”活动，全年印发工作指导手册2000余册，各级领导干部走访企业5860次，结对企业1356家，帮助企业解决问题1465个，省、市媒体进行专题报道。编制《丽水市生态工业典型100例》，发放1000余册，组织全市规模以上企业开展绿色生态发展暨“清单”制度建设“全员轮训”。帮助企业解决融资难问题，推行一系列企业帮扶基金，先后建立1000万元小微企业助保贷基金、3.6亿元企业应急转贷资金，5000万元小微企业帮扶基金，启动设立市级10亿元产业发展母基金和3亿元机器人产业基金。（巫灵芳　林　斌）

开发区（工业园区）建设

【概况】　2015年，全市开发区（工业园区）坚持走“绿水青山就是金山银山”绿色生态发展之路，推进开发区建设，取得新成效。从建园始至年底，全市11个省级以上经济开发区（工业园区）累计开发土地面积71.61平方千米，出让工业用地3932.49公顷，入园企业2948家，建成投产企业2433家；全年实现规模以上工业产值1198.52亿元，比2014年下降9.34%，占全市规模以上工业产值70.61%，比2014年下降0.31个百分点；工业上缴税金28.53亿元，比2014年增长0.61%；园区企业投资强度、亩均产出、亩均税收分别为191.08万元/亩、382.33万元/亩、8.01万元/亩。

2015年，经综合考评，全市11个工业园区得分排名为：青田县经济开发区、丽水经济技术开发区、龙泉工业园区、松阳工业园区、缙云工业园区、丽水工业园区、庆元工业园区、云和工业园区、丽景民族工业园（景宁经济开发区）、遂昌工业园区。其中，获优秀园区奖为：青田经济开发区、丽水经济技术开发区、龙泉工业园区；获进步园区奖为：丽景民族工业园（景宁经济开发区）、丽水工业园区。

【整合设立经济开发区】　2015年，根据《浙江省人民政府办公厅关于整合设立浙江吴兴经济开发区等5家经济开发区的复函》（浙政办函〔2015〕114号），同意丽水市龙泉工业园区和缙云工业园区整合设立浙江龙泉经济开发区、浙江缙云经济开发区。龙泉经济开发区面积为12.5平方千米，四至范围为：东至大沙岭—塔石岭，南至得道仙山脚—茶坦大山岗，西至炉田龙泉溪，北至广源街—棋盘山—龙泉溪；缙云经济开发区面积为8.06平方千米，四至范围为：东至金温铁路，南至金丽温高速互通及新南路，西至金丽温高速公路，北至永康市。全市经济开发区5个，其中，1个国家级经济技术开发区——丽水经济技术开发区，4个省经济开发区—青田经济开发区、景宁经济开发区、龙泉经济开发区、缙云经济开发区。

【推进园区循环化、生态化改造】　2015年，全市开发区以“五水共治”为突破口，推进园区循环化、生态化改造。丽水经济技术开发区申报列入国家级园区循环化改造示范试点名单，合成革行业列入浙江省2015年度“机器换人”分行业试点名单，获国家循环化改造补助资金3亿元和省工业和信息化发展财政补助资金500万元。至年底，丽水开发区集中供热覆盖用热企业80家，签订供用热合同61家，正常用气53家，报废拆除锅炉152台（套）约623蒸吨。全年完成修复水阁区块地下排水管道3.3千米、修复检查井226个，完成合成革生产线无溶剂改造3条，超细纤维合成革生产线1条，有机废气治理全面推开，合成革行业废水COD、氨氮基本实现稳定达标排放，废气DMF、VOC等特征污染物得到有效控制。举办第二届国际水性生态合成革产业大会，省级合成革质量检测平台正式获批。缙云园区整治高能耗重污染企业，关停企业12家，完成铸造企业整治提升方案16家，开展园区循环化改造提升方案编制，支持企业技术改造。龙泉园区建成炉田、大沙区块污水处理厂并投入使用，新建污（废）水管网7千米，铺设供水管网6.2千米，排水管网8.2千米。庆元县屏都新区生物质热电联产项目进展顺利，完成65米烟囱、两台50吨锅炉主机等工程建设，新区一期供热管道全部安装到位。云和园区升级循环化改造，列入浙江省第三批省级循环化改造示范试点园区。全面推进阀门铸造行业整治，企业投入整治资金3000余万元，推进生物质颗粒、煤气替代燃煤改造，安装生物质颗粒机115台，除尘设施53台（套），生产废水收集设施24套。松阳园区获批列入省循环化改造示范试点园区，争取省级财政资金2270万元，循环化改造支撑项目19个，完成改造项目4个，不锈钢酸雾收集工程等12个项目推进，全年完成投资10.83亿元。青田出台《青田县企业污染整治实施方案》，推进阀门、休闲椅、石材加工和砖瓦窑整治，关停污染企业220余家，拆除涉违建筑企业67家，建筑面积15.02万平方米。

【拓展产业发展空间】　2015年，丽水市各工业园区继续推进低丘缓坡开发，拓展产业发展空间。11个省级以上经济开发区（工业园区）全年新征土地面积216.7公顷，新开发土地面积269.37公顷，新出让土地面积245.51公顷。加强低效闲置土地利用力度，11个省级以上经济开发区（工业园区）盘活闲置土地162.96公顷，比2014

年增加24.52%。

丽水经济技术开发区新开发可供工业用地122.13公顷，新出让工业用地53.87公顷，盘活闲置土地62.62公顷，盘活闲置土地比2014年增加151.35%。

青田县新开发土地38.77公顷，出让土地40.25公顷，盘活闲置土地27.39公顷，盘活闲置厂房面积18.44万平方米。莲都区处置鸿佳鞋业等5家公司闲置资产，累计盘活闲置低效用地13.48公顷，引进丽水正好铁构件有限公司等5家公司及租赁企业20家。龙泉市开展"重点项目政策处理攻坚月"活动，推进低丘缓坡开发，全年完成土地征用12.73公顷，房屋征迁59幢，开发土地38.47公顷，出让工业用地55.33公顷，实现政府性投资4.21亿元，实现"腾笼换鸟"企业19家，盘活工业用地34.39公顷。遂昌完成市政基础设施建设投资4.15亿元，新开发工业用地81.33公顷，新出让工业用地33.76公顷，为破产、停产企业牵线搭桥，推进企业重组，盘活闲置土地4.83公顷。松阳推进赤寿区块、集聚区一期、农产品精深加工区块、电商物流城等基础建设，全年完成基础设施投资2亿元，出让工业用地11.8公顷，盘活低效闲置土地12.73公顷。云和继续推进杨柳河三期、沙溪区块开发和基础设施建设，完成基础设施投资5.86亿元，新开发土地36.67公顷，出让土地22.34公顷，盘活闲置土地2.51公顷，低丘缓坡综合开发利用试点项目建设已通过市级和省国土资源厅评估验收。庆元全年新开发区工业用地33.34公顷，出让工业用地21.33公顷，盘活存量土地4.41公顷。丽景工业园当年投入基础设施资金1.23亿元，园区通过近几年开发建设，至年底，已形成253.33公顷有效用地，累计供地52公顷，园区路网、市政管网、绿化景观等工程同步跟进，提升园区品位。景宁县按照畲乡生态创业小镇建设要求，继续推进园区征迁和场地平整工作，平整场地100公顷，完成主体道路框架及一期道路硬化、雨水、污水、给水管网建设，当年新引进企业6家，其中，工业企业2家，新增注册资金6.3亿元，当年园区企业上交工业税收3413万元，增长204%。缙云工业园区继续围绕"美丽和谐好园区"建设目标，完善基础设施建设，全年完成基础设施投资8267万元，完成园区一期道路工程量95%，东拓区块市政配套工程进展顺利，有序推进环境整治，完成新碧街道巧溪治理（一期）工程65%，二期基本完成堤坝修缮施工，农村污水治理实施11个行政村26个自然村，其中姓尚、新康、新西完成街道验收。 （赵丰年）

工业行业

【概况】 2015年，全市工业行业把握"绿水青山就是金山银山"指导思想，通过调整、关停、准入、转型等多种方式，推进主导行业平稳健康发展。受全国工业经济低迷影响，全年规模以上重工业完成产值1130.77亿元，同比下降11.04%，占规模工业产值比重66.6%，比2014年下调3.6个百分点。产值超百亿行业3个，比2014年减少1个。金属冶炼和压延加工业规模企业实现产值389.14亿元，同比下降17.38%；金属制品业规模企业实现产值195.06亿元，同比下降8.4%；化学原料及化学制品制造业规模企业实现产值137.53亿元，比2014年增长3.15%。 （刘瑞欣）

【竹木林产工业】 2015年，全市林业工业企业2469家（规模以上企业127家），从业人员6.3万人。其中，木材加工企业1039家，从业人员2.55万人；竹材加工企业542家，从业人员1.6万人。浙江省著名商标24个，丽水著名商标57个，丽水名牌产品31个，浙江省名牌林产品12个；累计获评中国义乌国际森林产品博览会金奖195个，优质奖242个。全年实现林产工业产值166亿元，比2014年增长0.3%。丽水已形成全国有一定知名度的竹木加工生产基地，主要产品有中密度纤维板、细木工板、竹胶板、木质玩具、木质太阳伞、木质铅笔、木质家具、木门、竹厨具、竹炭及其制品等加工。 （杨艺薇）

【浙江丽水杜世邦木制品厂】 浙江丽水杜世邦木制品厂（简称"杜世邦"），是一家集自主研发，专业生产和销售为一体的现代化生产企业，以"信誉第一，品质为本"为经营理念，主要生产实木整体橱柜、衣柜、酒柜、护墙板、室内房间门等产品，全部采用进口原木生产。公司拥有先进的现代生产设备和具有多年生产经验的技术研发设计人员，引进一批高素质的管理人才，为客户提供系统的定制方案，与家装风格协调，满足各种个性化需求的消费者。

【浙江百升源文具有限公司】 浙江百升源文具有限公司是一家拥有自营进出口权的生产型企业。专业生产木制铅笔，彩色铅笔，文具套装，木制卷笔刀。公司的产品符合en71-1-2-3-9、astm-d4236、f963，邻苯二甲酸盐，多环芳香烃检测标准，按ISO 9001：2008质量认证标准进行生产。可根据客户要求定做产品，产品远销世界各地。公司以"诚信经营，质量求生存，信誉求发展"为宗旨，为用户提供优质的产品，满意的服务。 （杨艺薇）

现场抢险照明用电　　洪瑜阳　提供

电力工业

【概况】 2015年，丽水市全社会用电量78.06亿千瓦时，同比下降0.46%；全市最高用电负荷150.24万千瓦。完成售电量72.9亿千瓦时，下降0.5%。全年丽水电业局完成固定资产投资10.2亿元，其中，电网投资7.8亿元；110千伏及以上输电线路开工68.4千米，投产82.4千米；变电开工20万千伏安，投产26.3万千伏安。至年底，丽水电网1000千伏变电站1座，500千伏变电站1座，220千伏变电站12座，110千伏变电站37座，110千伏及以上总计变电站51座，变电站总容量1447.4万千伏安；输电线路148条，总长度3418.628千米。丽水电业局应对"灿鸿"等台风侵袭考验，完成里东山体滑坡、南明化工厂火灾等应急抢险任务。至年底，管理员工3031人，连续安全日达2678天。

2015年，丽水电业局扎实推进"三严三实"专题教育，全力实施"党员登高计划""员工幸福指数提升计划""青春飞扬计划"，成功创建"全国文明单位"，多家单位获"全国模范职工之家""全国模范职工小家"等称号，1家单位获省工人先锋号，1人获丽水市"五一"劳动奖章，团委获"省先进团委"和"省杰出志愿服务集体"殊荣。

【施救里东山体滑坡供电任务】 11月13日，莲都区雅溪镇里东村发生山体滑坡，事故造成山体塌方30万余立方米，房屋被埋27户，被困39人，停电303户。灾情发生后，丽水电业局立即启动应急响应，成立应急救援指挥部，安排部署救援保供电工作。公司领导在现场指挥，莲都、缙云等公司密切配合，青田、龙泉、云和、松阳等公司无私援助，运检、应急队伍、新闻宣传、后勤保障等各个专业协同作战，温州、金华等地市公司紧急驰援，在最短时间内恢复210户用户供电，完成施救现场照明和保供电任务，得到市委、市政府肯定。

在9天9夜200余小时救援保电工作中，公司先后出动电力人员457人，大型应急照明车辆11辆，移动照明设备32台，应急发电车2辆，应急发电机5台，安装碘钨灯等应急照明100余盏，架设现场临时供电线路3000多米，实现施救现场照明和用电全覆盖。

【金温铁路牵引站外部供电工程】 10月9日，金温铁路扩能工程丽水境内供电工程全部投产，为高铁联调联试提供电力保障。高速铁路上的列车运行需要高可靠的电力供应，为一级重要电力负荷。根据金温铁路扩能工程方案设计，丽水电业局在莲都区和青田县各建设一座220千伏高铁电力牵引站。为保证外部供电工程顺利实施和按期投运，丽水电业局开展项目前期工作，主动与城建、环保、国土、林业等单位衔接。对居民担心牵引站辐射等环保问题，丽水电业局通过海报、广播等媒体多渠道进行宣传，消除村民的担忧，为工程前期核准和项目整体推进奠定基础。历经5个多月，金温铁路牵引站外部供电工程顺利投产。

【全面启动新增城农网改造升级工程】 2015年，丽水电业局第一批新增城镇和农村电网改造升级工程项目87个，新增补城网项目15个，投入资金3.85亿元。新城农电网改造实施，完善丽水市城乡电网结构，提升供电能力和供电可靠性，优化用电环境。通过采取供电线路绝缘化、杆线升高等举措，减少供电线路通道维护对植被的砍伐，助推丽水市生态文明建设。丽水电业局承担全省"美丽乡村"配电网建设试点任务。全面完成全市农村农用电力线路改造接管"三年计划"和农村户保更换补装任务。

【电力阳光服务】 2015年，丽水电业局坚持客户导向，推行全流程客户满意度管理，开展"95598"供电服务评价，实施业扩报装提质提速工程，创新"1+2+2"模式。深化应用营配贯通，做实做细停电到户分析、停电主动通知、高压自动业扩报装等业务。推广应用微信、手机APP、“95598”互动服务网站等电子服务平台。

全省首创供电服务站建设模式，首家实现供抢中心市县全覆盖，市县公司两级快响平台建成运行，故障平均处理时间缩短7.9%。加大行风巡查力度，组织巡查行风142次，巡查覆盖面100%。开展“美丽乡村”电力设备环境整治，供电服务保障到位。为125个风电、光伏发电等新能源项目提供并网专属服务，全市首座风电场提前半年并网发电。完成各类重要节日、活动保供电任务。

【电能替代】 2015年，丽水电业局促成丽水市经信委、发改委、电力公司、环保局、住建局、交通局和机关事务管理局七部门联合出台电能替代方案，完成替代项目82个，增售电量1.2亿千瓦时，建成全省首家国网投资公交快充站。

电能替代工作模式为“政府主导、电力推动、企业互动”，以全市淘汰燃煤锅炉工作为契机，逐步淘汰高污染燃料锅炉（窑炉）等，加快煤（油）改气（电）工作，重点推动小型电锅炉、电加热蒸汽发生器、电热泵、电窑炉等设备应用。结合各地实际情况，统筹推进电动汽车、电蓄冷、电炊具、金属铸造及表面热处理等其他电能替代技术推广应用工作。加强各级城市电网和相关电力配套设施建设工作，优化电力运行方式，确保电能替代项目用上电、用好电，保障企业的电力供应。（洪瑜阳）

【国网浙江省电力公司紧水滩水力发电厂】 2015年，国网浙江省电力公司紧水滩水力发电厂在职员工513人，其中党员225人。全年完成发电量6.54亿千瓦时，水能利用提高率12.93%。全年抵御洪水10场，没有发生弃水，节水增发电量0.72亿千瓦时。配合地方政府完成五水共治等综合调度任务14次。全年连续安全生产3998天，连续12年获省级治安安全示范单位。全年累计安全行车83万千米。

结合防汛检查、春秋季安全大检查、“安全月”等安全专项活动，整改隐患20项，治理完成率100%。开展安全设施标准化建设和资产全寿命周期管理体系建设，完成第三轮安全性评价。加强应急管理，组织参加金丽衢紧跨区域演练。完成重要节假日、世界互联网大会等保电任务。完成紧水滩电站1、2号主变及保护改造、2号机组增容改造等任务240项，启动并实施1号机增容改造项目。结合110千伏系统设备退役，完成电缆整治一期工程。顺利完成第四次大坝安全定检，紧水滩大坝评定为正常坝。

围绕绩效提升和风险预控，加强综合计划和全面预算管理。完成岗位绩效工资制度改革，通过绩效达标13个班组。开展全员培训，全年开班28期，参加培训3997人次，完成率100%。深化会计创优工作，制定部门核算员制度，获“国网会计基础管理规范化评估达标单位”称号。

开展“三严三实”专题教育，组织开展党员“亮身份、作榜样、比贡献”主题实践活动，搭建人才成长交流平台。深化劳模创新工作室建设。加强人才建设，培养国网优秀人才5人，省公司优秀人才7人。每月举办道德讲堂，传播“最美”风采。组织离退休职工参加云和县全民运动会获门球比赛冠军。离退休支部被国网浙江省电力公司授予“最美幸福驿站”称号。（范海燕）

龙泉青瓷电能替代　　洪瑜阳　提供

中小企业（乡镇企业）

【概况】 2015年，市经信委多措并举推进企业“上规升级”（规模以下小微企业升级为规模以上企业）工作，组织完善全市小微企业监测数据库，全市经信系统及企业相关人员进行运行监测系统培训；重点培育企业列入“千名干部进千企”重要服务对象；指导上规企业做好政策兑现工作。全年全市实现“上规升级”企业98家，超额完成省级目标任务48家，完成率196%，位全省第一。继续开展全市“千名干部助推千家规模企业转型升级活动”；落实各级政府扶持中小企业发展政策，推进中小企业增加投入、加快技术改造和创新，促进企业转型升级，2015年申报省中小企业发展专项扶持资金80万元。继续开展“千名干部助推千家规模企业转型升级”活动，全市掀起“倾听企业呼声，解决企业困难”的扶工热潮。至年底，全市各级领导干部先后走访企业6634次，电话联系10783次，帮扶企业1471家解决问题1569个，占问题总数的96%。

【推进融资性担保行业健康发展】 2015年，丽水市推进中小企业融资体系建设，加强融资性担保公司监管和培育力度，建立对等的银保合作关系。组织融资性担保企业到衢州、杭州、余杭、四川成都等地学习考察先进经验，组织各县（市、区）主管部门分管领导、科室负责人、各融资性担保公司董事长、总经理、业务骨干到杭州参加丽水市融资性担保行业业务培训班，提高行业人员从业水平；全年全市获省担保风险补偿资金350万元。全市融资性担保公司22家，注册资本合计为9.7亿元，其中，注册资本1亿元以上担保公司5家，注册资本5000万元以上4家，注册资金2000万元9家。国有独资或国有控股融资担保机构10家，占全市所有担保公司45%。全市22家融资性担保公司新增担保贷款16.25亿元，在保余额16.54亿元，融资担保公司运行正常并缓解中小企业融资难，改善中小企业融资环境，支持中小企业成长发挥作用。

【多举措破解企业融资难问题】 2015年，丽水市中小企业融资难、融资贵问题，市经信委开展一系列缓解和解决融资难工作。在市本级，将小微企业帮扶基金3000万元的合作区域从开发区扩大到市本级和莲都区；与农业银行合作开展小微企业“帮扶贷”；与建设银行合作开展“助保贷”业务，由市财政首期出资1000万元，与建设银行合作搭建丽水市小微企业“助保贷”平台，由市政府印发平台管理办法，成立平台领导小组，平台办公室设在市经信委，作为平台管理机构；继续发挥政府应急转贷资金作用，至年底，全市设立3.6亿元转贷资金，解决企业转贷问题；落实小微企业贷款风险补偿政策，争取2015年小微企业贷款风险补偿107.6万元。

【加强中小企业公共服务体系建设】 2015年，丽水市中小企业公共服务平台，全面通过省经信委和省财政厅验收。“平台” 为中小企业提供企业信息、法律、培训、融资、管理咨询、数据展示、市场开拓等服务，建立全市中小企业社会化服务体系。“呼叫热线、门户网站、服务大厅”三位一体服务平台投入试运行。至年底，入驻及准入驻服务大厅服务机构10余家，累计服务企业890家次；云和木制玩具产业集群、龙泉汽车空调配件产业集群、遂昌金属制品产业集群3个分平台进一步整合资源，提高服务企业质量；开展各类示范企业申报，培育与推荐“创业之星”企业18家，其中，开发区4家、龙泉市2家、莲都区2家、青田县2家、庆元县2家、缙云县2家、遂昌县1家、松阳县1家、云和县1家、景宁县1家。全市通过认定成长型企业53家。浙江康恩贝中药有限公司等7家企业获评创新型示范中小企业。

【企业人才素质提升工作】 2015年，全市开展企业高层次经营管理人员培训，与清华大学、浙江大学等院校合作，举办丽水创新驱动转型升级工商管理高级研修班，参加企业高级管理人员研修班学习100余名。推选20余名企业董事长（总经理）参加省经信委、省中小企业局组织的国家中小企业银河培训工程等培训班，组织企业外出考察学习活动2次。全市各地相继举办经济形势与对策、机器换人、管理创新等短期专业知识培训班68期。全市全年经信系统组织举办企业经营管理知识大型讲座、工商管理总裁研修班、各类工商管理知识短期培训班等活动87期，受训人数6560人。 （吴晓晖）

信息化推进与管理

【概况】 2015年，全市围绕“绿水青山就是金山银山”绿色生态发展，坚持创新驱动引领发展，释放“互联网+”发展潜力，培育发展新一代信息技术产业，全年全市电子信息制造业实现工业总产值97.65亿元，销售产值90.73亿元，出口交货值15.23亿元，利税总额10.36亿元，利润总额6.23亿元。软件和信息技术服务业主营业务收入18.68亿元，同比增长19.9%，其中，软件业务收入6.77亿元，同比增长42.4%；实现利税总额2.83亿元，同比增长32.6%，利润总额1.55亿元，同比增长61.5%。通信运营业主营业务收入17.32亿元，至年底，固定电话用户41.30万户，移动电话用户293.95万户；固定电话、移动电话普及率分别为19.3部/百人和137.4部/百人。全年新增互联网用户（含宽带用户）5.49万户，至年底，总量56.86万户，比2014年增长10.7%。 （范佳华）

【“智慧政务”试点工作基本完成】 1月，市经信委组织智慧政务专家组代表赴深圳、广州等地考察学习大数

7 月 30 日，丽水籍大学生走进“绿谷智慧小镇”活动　　叶学美　提供

据中心建设经验，完成关于筹建丽水市大数据中心方案并报市政府审议。3 月，启动政务数据标准与规范制订工作，丽水市数据标准与规范项目建设立项方案通过专家评审并于 9 月中旬完成项目招投标，总投资 180 万元。11 月，在绿谷信息产业园天宁孵化基地建成 450 平方米智慧政务专有云平台运行监控中心，是集在线云资源运维管理及安全监控于一体可视化指挥中心，包括主功能区、互动体验区、智慧政务试点成果展示区 3 大功能区块，中心 24 小时提供实时监控和预警分析，提高丽水智慧政务专有云平台整体安全防护能力。12 月，正式启动政务数据资源中心及“两个一档”应用系统项目。组织专家组对《政务数据资源中心及应用系统项目立项方案》进行论证，摸底调研市直部门和单位信息化现状及数据交换情况。完成门户网站群和部门系统迁移上云，网站完成迁移上云 42 个，21 家单位 33 个系统在智慧政务云平台上运行。

【互联网与产业融合推进】 2015 年，市经信委开展 IT 企业两化融合服务能力调研。走访调研讯唯、欧微、科诚、万赛、聚喜科技等 11 家信息产业企业，促进信息产业企业与制造业企业融合。5 月，市经信委组织莲都区申报列入 2015 年省级农业信息化示范项目建设试点区，丽水市百味农产品专业合作社植物组培快繁中心智能化项目等 6 个项目被列为 2015 年省农业信息化示范项目，获省财政专项补助 180 万元。6 月，以云和木玩行业作为全市两化融合推广试点，邀请省级企业信息官(CIO)专家为云和木玩行业 80 余名企业负责人包括首席信息官孵化、ERP、工业电子商务应用等方面两化融合培训。浙江中广电器公司云管理平台生产“智”造系统、浙江方正电机公司汽车用系列电机生产线智能化技术改造 2 个项目申报列入 2015 年省两化深度融合智能制造专项计划，获省级专项补助 300 万元。8 月，组织各县(市、区)申报云工程与云服务项目，全市 8 个互联网与产业融合等项目列入省级云工程和云服务项目，市本级、青田、缙云、遂昌、松阳分别获省补助资金 47 万元、54 万元、39.5 万元、22.3 万元、14.5 万元。10 月，组织全市各县(市、区)180 家样本企业 2015 年丽水地区两化融合发展水平评估填报辅导工作。培育两化融合示范企业，邀请两化融合第三方服务机构，开展定点服务和培训。11 月，青田县申报两化深度融合国家示范区，获省级示范补助资金 1000 万元。12 月，组织各县(市、区)典型互联网+企业代表等 100 多人参加第二届世界互联网大会•互联网之光博览会。

【电子政务建设管理】 1 月，市经信委召开市直信息中心主任会议，研究确定丽水市信息中心主任联席会议制度，并向与会代表征求 2015 年度政府投资信息化项目计划编排方案意见。全年批复 14 家市直部门和单位信息化项目 18 个，批复项目总投资估算 4475.225 亿元。

【加强信息安全保障】 3 月，市经信委成立由经信、公安、宣传、保密、广电、通信、银行、社保、电力、燃气等重要信息系统主管部门及高校专家组成的信息安全保障队伍，开展网络安全专项技术检测。委托杭州安恒信息技术有限公司对丽水市政务外网与互联网进出镜像数据进行实时监控分析，及时反馈落实相关安全处置措施。6 月，召开 2015 年丽水市网络与信息安全高峰论坛，开展网络安全解决方案专题培训，全市网络与信息安全协调小组成员 130 余人参加。年内，开展丽水市智慧政务信息安全服务项目培训。开展市直党政机关及其下属事业单位互联网接入口的相关信息统计和分析，完成全市网络与信息安全检查考核。开展信息安全抽查检查，对市直有关部门履职信息系统开展安全检查，联合莲都、青田、缙云、庆元、遂昌、景宁 6 个县(市、区)对信息中心、广电、交通等重点部门开展信息安全自查工作，并提出整改意见。举办 2015 年市(区)信息安全演练观摩活动，全市近 140 人参加。　(傅碧云)

经济合作交流

招商引资

【概况】 2015年，全市引进内资项目402个，其中内资大项目125个，完成年度任务125%；完成合同利用内资585.9亿元，完成全年任务111.6%；实际利用内资293.8亿元，完成全年任务113.8%；完成浙商回归到位资金147.5亿元，完成全市全年任务127.8%；实际利用外资2.1亿元，完成年度任务109%。入选“绿谷精英”16人，入选“千人计划”2人。

【建立市区重大非工招商项目定期协调推进机制】 2015年，丽水市制定出台市区十二大非工招商项目推进落地工作计划和责任清单。项目涉及旅游、文化、商服、养老等产业，概算投资额156亿元，规划用地约962.6公顷。市委、市政府密切关注这批项目的推进，制定领导联系表、月汇报制度，每月选取亟须解决问题的招商项目进行专题研究。7月起，市委书记王永康牵头有关领导连续6次听取市区重点招商项目汇报。其中，滨江商务中心项目、南明湖国际休闲养生港项目、世界钟表文化中心项目、华侨城项目多次上会研究，有力推进项目前期工作。

【开展市区专业招商局建设】 9月，第二批专业招商局挂职期满，第三批专业招商局正式组建到位。市招商局先后组织开展第二批挂职干部考核工作和第三批挂职干部培训工作，保持专业招商工作的稳定性和持续性，提高专业招商水平。

【重大招商签约活动】 10月14—16日，丽水市组织召开浙江省“机器换人”推进会暨机器人产学研对接会。中国机械工业联合会、中国机器人产业联盟、工信部装备工业司、科技部高科技产业开发中心、浙江省机器人产业联盟及省、市领导，瑞士、中国台湾等地区国内外机器人专家、企业家等300余人参加会议。大会举办机器人产学研对接会、全省“机器换人”暨智能制造对接会、中瑞科技交流会、台湾丽水科技考察交流会等活动，并对国家火炬特色产业基地和丽水市机器人检测中心成立进行授牌。10月27日，第三届浙江丽水华侨大会开幕，号召广大海外侨胞回归创业。一批适合侨商投资的项目达成协议或意向，并在会上签约，签约项目14个，涉及总投资额89.5亿元。其中，签订正式协议项目6个，投资金额11.04亿元，签约意向协议项目8个，意向书金额78.46亿元。其中，欧陆风情园二期、华侨城、莲花之岛、世界钟表文化中心等项目沿丽水“中闲”区块布局，投资规模大，理念新，项目实施有利于提升丽水城市形象，完善丽水城市配套功能。

【开展机器人及智能装备产业招商】 4—5月，丽水市招商局牵头组织5个招商小分队，对京津地区、珠三角地区、长三角地区、东北地区、浙江省内等片区机器人重点企业进行地毯式招商。各招商小分队完成50余家国内知名机器人企业、研究院（所）及孵化平台等走访考察，取得良好成效。

【完成丽水市支持浙商创业创新发展规划（2016—2020年）编制】 经过近两年资料数据采集、实地考察调研和分析归纳总结，浙江理工大学完成《丽水市支持浙商创业创新发展规划（2016—2020年）》编制工作，并于10月、11月、12月先后三次邀请相关部门和专家对规划进行评审。“规划”作为丽水市“十三五”期间浙商创业创新发展工作行动纲领，为丽水市招商引资工作确立新目标和新方向。 （吕高卿）

浙商回归

【概况】 2015年，全市按照省委、省政府决策部署，把浙商回归作为扩大投入、优化经济发展结构重要抓手，构建浙商多渠道、全方位、立体式、高质量大回归格局，全市浙商回归工作实现提质增量发展。全市全年浙商回归到位资金147.5亿元，完成省级下达任务数（115亿元）128.7%，与2014年同期相比增长39.9%。在全省支持浙商创业创新工作目标责任制考核中，获一等奖。

开展2015"浙商之春"走访慰问活动。通过市、县级有关官方网站、微信和各商会微信群、QQ群、朋友圈等传播平台，发送省委书记夏宝龙、省长李强签名电子慰问信；市四套班子领导走访慰问45位重点浙商及家属，向浙商（丽商）代表送去省、市两级领导新春问候和祝愿，营造良好亲商氛围。

10月，第三届世界浙商大会在杭州举行，丽水市起步（中国）有限公司董事长章利民被评为杰出浙商；青田欧聚品进出口贸易有限公司董事长留洪华、江苏科赛集团董事长江熹科、浙江国镜药业有限公司总经理牟春雷受邀参加会议。青田祯旺源"寿星谷"养生度假区、开发区抗生素产品研发生产基地项目、松阳茶文化体验中心PPP项目等5个项目在大会上签约，总投资28亿元。12月，龙泉市龙泉科伦药业项目、松阳县全竹改性新材料项目被列入2015年度浙商回归重大产业项目名单。

【建设浙商信息库】 2015年，丽水市加强在外丽商信息库建设，利用驻外窗口、工商联、侨台办的联络平台，多渠道搜集资源信息，完善浙商信息、知名人士信息库。至年底，全市录入"浙商信息库"浙商信息12356条，其中，在外浙商库10994人，知名人士库1362人，信息完整度平均值74.3%。本年度新增信息2928条，新增信息分1435分，完成年度任务数（1000分）143.5%。

【建立市、县两级领导浙商回归领衔责任制】 2015年，全市先后建立浙商回归《丽水市、县领导落实"1+2+10"责任清单工作方案》《市领导联系推进重点浙商项目方案》，市委、市政府主要领导带头走访商会、盯引项目、联系企业。36个市、县两级领导完成联系36个在外商会、盯引70个重大项目和服务300余家重点浙商回归企业既定任务，解决浙商回归推进过程中突出问题，实现浙商回归项目推进落实。 （叶蕾波）

10月26日，龙泉市科伦国镜药业奠基仪式 李小妹 提供

山海协作工程

【概况】 2015年，丽水市新签订山海协作产业合作项目217个，项目到位资金134.86亿元（含续建项目），完成省下达任务122.6%。新签联系群众增收、新农村和社会事业合作项目73个，争取发达地区援建资金1487万元，分别完成省下达任务365%和270.36%；通过校企合作等模式，完成劳动力转移就业1.7万人次，完成省下达任务242%；在2015年全省山海协作工程考核中，丽水市获优秀等次。

【推进省级山海协作产业园建设】 2015年，丽水市不断健全省级山海协作产业园建设体制机制，努力破解要素制约，推进平台基础设施建设和招商引资工作。截至2015年底，完成莲都—义乌、龙泉—萧山、遂昌—诸暨、松阳—余姚4个园区编制发展规划、总体规划和控制性规划。产业园总规划总面积20.53平方千米，累计落实土地指标并启动开发面积15.983平方千米，开发进度完成77.85%。2015年，4个产业园完成固定资产投资39.81亿元，其中，基础设施建设投入15.7亿元，新增可出让土地面积0.76平方千米；与共建方组织开展产业对接洽谈和项目签约活动45余次，新引进项目37个（其中投资亿元以上项目15个）；2015年项目到位资金（含结转项目）27.53亿元。

2015年，在省级山海协作产业园建设发展情况考核中，遂昌—诸暨、龙泉—萧山2个山海协作产业园获一等奖，遂昌—诸暨山海协作产业园为全省唯一连续三年年度考核获一等奖产业园；松阳—余姚山海协作产业园获二等奖，莲都—义乌山海协作产业园获三等奖。

【山海协作高层互访交流活动】 2015年，丽水市与宁波市、嘉兴市、湖州市等地开展山海协作互访交流活动15次，其中市级党政代表团互访活动7次。分别为：丽水市委书记王永康率领丽水代表团赴嘉兴考察山海协作工作；浙洽会期间，丽水市委副书记、市长黄志平带各县市区、开发区的招商、商务分管领导到宁波考察；丽水市副市长陈重参加第五届全国（宁波）智慧城市技术与应用博览会期间对接山海协作工程工作，并在湖州德清县参加全省进一步加强技术市场体系建设现场会期间对接山海协作工程工作；湖州市副市长李建平率队到丽水对接山海协作工程工作；宁波市副市长李光定率宁波代表团到丽水对接山海协作工程工作；嘉兴市市政府副秘书长柏卫东率考察团到丽水对接山海协作工程工作。

【推进群众增收、社会事业和新农村建设合作】 2015年，丽水市协调联系发达地区企事业单位、省外浙商等帮助低收入农户发展特色种养业、来料加工业、农家乐休闲旅游业等增收项目；继续推动全市教育、科技、文化、卫生、人才等部门与发达地区对应部门建立对口联系合作关系。全年新签联系群众增收、新农村和社会事业合作项目73个，争取发达地区援建资金1487万元，其中，围绕扶持发展村级经济和提高农民增收目标，立足丽水产业特色，开展山海协作百村结对帮扶工作。

【推进开放兴区合作】 完善丽水市名优特新产品信息库，依托杭州、宁波、温州、金华等长三角区域中心城市，利用在外企业联合会、商会等平台，建立特色产品集散分销和营销网络。2015年，丽水市组织企业参加义博会、浙洽会等省内展会以及营销网络扩销产品，其中组织7家企业参加义博会，展出独具丽水特色商品竹木制品、竹制日用品、工艺品、农产品等产品；庆元、遂昌等地通过农村电子商务网络，助推农特产品销售。2015年实现扩销丽水农特产品21.26亿元，完成省下达任务325%。

【获省山海协作和参与西部大开发专项补助】 2015年，全市获省对口协作开发专项资金项目20个，补助资金595万元。其中，浙江金丰机械设备有限公司年产500万台变频空调截止阀等11个项目获山海协作特色优势企业项目补助，补助资金285万元；丽水职业技能实训基地等4个实训基地获山海协作职业技能实训基地补助，补助资金170万元；丽景民族工业园道路网及配套工程项目二期工程，获山海协作共建园项目补助65万元。丽水绿谷信息产业园建设项目获公共服务平台补助，补助资金50万元，莲都区申报的云南省洱源县漗安水电站等4个项目获西部大开发项目补助，补助资金共60万元。此外，2015年提前下发的2016年省山海协作和参与西部大开发专项补助项目20个，补助资金590万元。其中，浙江友泰电气股份有限公司年产电表箱50万台、控制箱50万台、电气产品100万台项目等13个项目获山海协作特色优势企业项目补助，补助资金345万元；缙云项艺美术学校电商美工实训基地建设项目等2个实训基地项目获山海协作职业技能实训基地补助，补助资金80万元；丽景民族工业园南六路、南八路道路景观绿化工程项目，获山海协作共建园项目补助50万元。丽水绿谷信息实业有限公司天宁工业园区微电机园改造工程项目获公共服务平台项目补助，补助资金60万元；松阳县申报的宜州市松宝松香有限责任公司松香、松节油生产加工项目等3个参与西部开发项目获补助，补助资金55万元。 （胡灵慧）

区域合作交流

【概况】 2015年，丽水市进一步拓展区域合作交流的内涵和方式，加快融入长三角经济区、海西经济区和闽浙赣皖九方经济区。3月26—27日，副市长毛子荣率发改、经合、建设等部门人员出席在马鞍山举办的长江三角洲城市经济协调会第十五次市长联席会议，签署“推动长三角城市新型城镇化”城市合作协议；10月29日，副市长林亮率队出席在金华召开的闽浙赣皖九方经济区四届二次党政联席会议，并签署《跨界融合发展电商闽浙赣皖九方经济区电商合作金华宣言》；10月，丽水市与宁德市专门签署进一步加强区域合作交流协议书和旅游区域合作框架协议；龙泉市与武夷山市缔结友好城市，并签订旅游战略合作框架协议。参加“长三角家庭农场”课题研究和“长三角协调会健康服务业专业委员会”相关工作。向《长三角城市合作》刊物定时报送信息，全年被录用稿件31篇，其中“市长之声”10篇。依托西洽会、兰洽会、渝洽会等省外重大展会，开拓市场，加强与“一带一路”、京津冀和长江经济带省份合作。 （胡灵慧）

丽水生态产业集聚区（经济技术开发区）

综　　述

【概况】 2015年，丽水生态产业集聚区坚持“绿水青山就是金山银山”战略指导思想，围绕主导产业定位，不断加强招商引资、培育新型产业、提升传统产业、环境污染治理、推进转型升级等工作。全年集聚区实现工业总产值252亿元，其中核心区95亿元；完成固定资产投资98亿元，其中核心区44亿元；服务业营业收入26亿元，其中核心区8.5亿元；利税总额24亿元，其中核心区8亿元；实际利用内资86.3亿元。完成开发区“十三五”规划编制初稿。

2015年，丽水经济技术开发区在项目建设、招商引资、创新驱动、低效整治、环境治理等方面取得明显成效。全年完成地区生产总值57.3亿元；固定资产投资50.3亿元，工业投资21.4亿元，工业技改投资18.3亿元；规上工业总产值209亿元，规上工业增加值40.2亿元。完成财政总收入9亿元，一般公共预算收入4.96亿元；完成出口总额2.6亿美元。通过国家级火炬基地评审，获批省级合成革行业机器换人试点。

生态合成革推广　　　　叶长伟　提供

【举办第二届水性合成革产业大会】 4月16—17日，由中国塑料加工工业协会和丽水生态产业集聚区（经济技术开发区）管委会主办的第二届国际水性生态合成革产业大会在丽水召开。有关国家部委、行业协会、地方政府的领导，有关院校专家学者，省市合成革行业协会、商会，省市合成革及上下游企业以及新闻界等，14个省市25个城市7所大专院校及科研院所共300多位嘉宾齐聚一堂，了解丽水生态合成革技术进展，交流生态合成革推广经验，共商中国生态合成革转型升级大计。中国轻工业联合会副会长、中国塑料加工工业协会理事长钱桂敬，中国工程院院士李俊贤，市委常委、市政府常务副市长毛子荣出席大会。副市长、丽水生态产业集聚区（经济技术开发区）管委会主任陈景飞介绍开发区管委会关于水性合成革发展情况以及相关政策。中国工程院院士李俊贤围绕聚氨酯及水性聚氨酯技术发展问题在会上发表演讲。

【获得国家级园区循环化改造试点】 6月5日，国家发改委、财政部联合发文《关于同意丽水经济技术开发区等25个园区循环化改造实施方案的通知》。丽水开发区以“评审打分位列25个园区第一”和“争取中央财政资金补助全国第一”成功获得试点，可申请中央财政补助资金项目53个，包括合成革企业升级改造项目、DMF高浓度废水集中回收处置项目、革基布企业升级改造项目、生物医药产业链关键补链项目、节能环保装备关键补链项目、公共服务设施项目,总投资23.7亿元。

【浙江省“机器换人”推进会暨机器人产学研对接会】 10月15日,浙江省“机器换人”推进会暨机器人产学研对接会在丽水举行。会议由浙江省经信委、丽水市政府、中国机器人产业联盟、浙江省机器人产业联盟等单位主办。主要内容包括机器人产学研对接会、全省“机器换人”暨智能制造对接会等。中国机械工业联合会执行副会长、中国机器人产业联盟执行理事长兼秘书长宋晓刚,中国工信部装备工业司机械处副处长刘涛等领导和专家出席会议。集聚区(开发区)党工委书记、管委会主任丁绍雄主持会议。

【举行国家级丽水经济技术开发区百亿新兴产业项目集中签约活动】 6月19日,举行国家级丽水经济技术开发区百亿新兴产业项目集中签约活动,共五大类36个项目签约,总投资约135.6亿元,涵盖跨境电子商务类、新材料类、生物医药类、机器人及智能装备类、基础配套类等,投资主体包括丽商、浙商、台商、侨商。引进苏州科赛投资集团投资的“植物纤维电池项目”,总投资60亿元,是开发区首个单体投资额超50亿元的项目;总投资20亿元的“维康医药(大健康)产业园”项目开创开发区医药与养生结合项目的先河。

产业发展

【概况】 2015年,开发区工业企业443家。其中,规上企业162家,2015年实现税金4.9亿元,占所有企业税金的90%,亩均税金7.8万元。2015年,规上企业中,62家装备制造业实现产值50.3亿元、税收1.6亿元;3家生物医药企业实现产值13.7亿元、税收1.2亿元;58家合成革企业实现产值104亿元、税收1.5亿元;其他行业企业39家,实现产值41亿元、税收0.64亿元。

2015年,第二产业完成投资21.80亿元,第三产业完成投资28.48亿元,一、二、三产业投资比例由2014年底的0:41.75:58.25变为2015年底的0:43.36:56.64。施工项目226个,其中新开工项目99个,比2014年同期增加1个,新开工项目完成固定资产投资17.3亿元,同比负增长38.6%,占固定资产投资的比重达34.4%。全年完成固定资产投资50.27亿元,同比负增长19.2%。

【产业集聚集约发展】 2015年,开发区实施东扩和富岭区块的路网以及新兴产业的标准厂房、科技孵化器和机器人产业园等公建项目;围绕“两化融合”和“机器换人”两项省级试点,不断带动企业技改,2家骨干企业实施“两化融合”改造,即信息化和工业化的高层次的深度结合,18家合成革企业完成“机器换人”改造;集中供热工程累计完成蒸汽管网建设约20千米,天然气管网建设约10千米,覆盖80家企业。

【项目招大选优引强】 2015年,开发区合同引进项目30个,实际利用市外内资47.7亿元,实际利用外资5817万美元;浙商回归到位资金22.4亿元;亿元以上项目16个,其中最大的项目是恒天重工集团总投资5亿元的新型环保材料项目。全年完成土地供应24宗87.8公顷,其中工业用地7宗21公顷,商服用地6宗2.6公顷,安置和其他用地11宗64.13公顷。

【企业创新驱动发展】 2015年,开发区新增国家级高新技术企业6家,省级科技型中小企业12家,省级企业研究院2家,省级高新技术企业研发中心2家;累计国家级高新技术企业45家,省级科技型中小企业22家,省级高新技术企业研发中心19家。引入高端人才74人,其中“国千”4人,“省千”7人,绿谷精英18人。引导企业对接资本市场,主板上市企业1家,拟上市企业3家;富来森公司借海外平台在纳斯达克上市;新增股份制企业8家,新三板挂牌企业3家、签约企业8家;全年实现直接融资16.3亿元。

【企业倒逼转型升级】 2015年,开发区关停、淘汰7家高污染、高能耗企业,整治“低小散”企业101家;对17宗68公顷闲置土地进行调查处置,完成清理整治41.6公顷。通过政府收回、二级市场转让、收储收购、闲置厂房租赁等方式处置低效用地69宗78.9公顷;盘活土地资源44.7公顷,完成城镇低效用地再开发11.5公顷。

【加大环境整治力度】 2015年,开发区“五水共治”工作累计投资3.2亿元,完成水阁区块地下排水管道修复3.3千米、修复检查井226个;合成革行业废水COD、氨氮实现基本稳定达标排放;对36家企业开展废气治理,DMF、VOC等主要特征污染物得到了有效控制,PM2.5总体保持良好以上。超额完成燃煤小锅炉淘汰任务。

南城建设

【概况】 2015年,南城建设累计完成投资7.7亿元,完成路网浇筑8.7千米,完成标准厂房5万平方米,沙溪亭安居房703套。开发区秀山路小学,占地4.7公顷，总建筑面积约23691平方米，项目预算投资10296万元，主体全部结顶，完成总工程量65%，低丘缓坡展示馆主要包含低丘缓坡综合开发利用展示馆、广场、保留山体工程等，项目总投资11872万元，完成山体防护工程和展示馆主体工程基础浇筑。

推进南二路技术变更项目（与高速公路相交处桥梁）、北三路（东七路—水阁水厂）工程、南四路东延伸段（东十一路—南七路）工程三个市政路网工程，秀山路小学支路完成90%雨污水管道铺设和南侧支路路基整平；芝麻地企业专用道路路基开挖；杨梅山横路、东十路北段（南二路—南三路）等工程全部完工。

完成市政府考核新建标准厂房5万平方米。完成南城东扩标准厂房（一期）工程。总建筑面积15000平方米，项目总投资2249万元；完成集聚区科技孵化器（标准厂房）主体工程，项目建设3栋标准厂房，总建筑面积约36000平方米，完成室外配套工程55%。

【征收安置工作】 2015年，开发区征收安置工作涉及前垟村、章巷村、丽沙村、桐岭村等9个项目，完成征收502户，征收面积8.49万平方米，已支付拆迁资金1.82亿元；历年累计完成房屋征收4411户，征收面积112.55万平方米，其中需安置4369户。迁建安置动工建房1558间，同比增长113.6%，完成迁建安置729户，同比增长106.5%，完成公寓及产权调换安置16套，共完成安置1756户，停发临时安置补助费1226万元。

【“4600元以下”低收入农户全消除】 2015年，开发区以“全面消除4600元以下低收入农户、与全省基本同步全面小康”为目标，制定《开发区基本消除农村家庭人均纯收入4600元以下贫困现象实施方案》，稳步实施精准扶贫，开展低收入农户脱贫帮困工作，其中通过保障扶贫，实施最低生活保障措施（纳入民政口低保户、农保户等）方式解决157户293人，产业扶贫36户53人，结对帮扶99户130人，督孝帮扶63户116人，实现全区355户592名4600元以下低收入农户全脱贫。

【“三改一拆”工作】 2015年，开发区“三改一拆”工作超额完成年度任务，其中违法建筑拆除13.69万平方米、完成年度任务数8万平方米的171.2%；完成城中村、旧厂区改造58.47万平方米、完成任务数32万平方米的182.72%。完成全市“十先拆”典型案件第九、十和十一批中4处，涉及12家小作坊占地面积约2.33万平方米、建筑面积约1.68万平方米的拆除。完成张村及齐村基督教堂十字架的改造，完成飞雨寺外立面的整治改造。

【社会保障工作】 2015年，开发区上报出生284人，计划生育率93.66%，落实四项手术175例，办理发放生殖健康服务证及再生育证共287件，违法生育社会抚养费征收85.1万元，流入、流出已婚育龄妇女登记管理率达90%以上，人口计生工作经费投入240多万元。争取各类养老资金190万元，启用南城福利院，新增养老床位320张，完成村级综合性照料中心建设24家，250多名老年人拿到养老补贴和残疾人托安养补贴。加强和完善24个村的老年活动中心和8个村的老年大学场所，积极参与全省老年友好城市建设和“文明号”创建工作，小木溪村被评为全市“十大长寿村”之一。完成了临时救助、医疗救助637人次，救助金额172万元，完成冬令春荒救灾，救助困难群众408人，救助金额16万元，慰问困难群众866人，慰问金额18.32万元。 （练　赞）

崛起的南城　　叶长伟　提供

交　　通

综　　述

【概况】 2015年，丽水市完成交通项目基础设施固定资产总投资40亿元，占年度完成省厅目标115.6%，同比增幅11.73%；完成计划内交通项目基础设施固定资产投资28.88亿元，占年度目标112.8%；龙浦高速完成投资8.2亿元，占计划124%；330国道莲都段改建工程完成投资量2.53亿元，占计划101.2%；水阁至腊口公路建设工程完成投资1.98亿元，占年度计划156%；瓯江航道下游段项目累计完成投资8070万元。至年底，丽水市公路总里程3087条15206.35千米，公路通乡率100%，行政村通达、硬化个数2723个，公路通村率、硬化率99.93%。公路桥梁总数3254座219626.42延米，隧道为288道197762.14延米。严格执行《交通运输行业防止利益冲突若干规定》，对系统内存在利益冲突和在同一岗位长期任职的领导干部进行职务调整。

【中长期发展规划编制】 2015年，市发改委和市交通运输局完成《丽水市综合交通运输中长期发展规划(2014—2030年)》(以下简称《规划》)编制。《规划》由市政府发布，并获2015年度浙江省建设工程钱江杯(优秀勘察设计类)一等奖。依据省交通运输厅提出全省交通运输发展5411规划，结合丽水"十三五"社会经济发展的实际需求，提出丽水市交通运输工作"十三五"基本发展思路，构建"开放发展、美丽城乡、黄金水域"三大交通通道，承接全省"四大交通走廊"，打通"绿水青山就是金山银山"的畅途，实现城乡一小时交通圈，形成"通达、便捷、经济、安全"的现代综合交通运输体系。

【重点交通项目建设】 2015年，丽水市瓯江航道整治工程争取政策倾斜，补助标准比原来提高10%，下游段项目开工。2015年，丽水市交通运输PPP项目实现零的突破，向社会公开推出的2个PPP项目，高速公路丽水北互通项目开工，开发路公交中心项目签订土地合同。全面实现"县县通高速"和"县县有国道"目标，建成52省道岚头岭段、51省道龙泉段、53省道云和段高等级公路48.95千米，高等级公路量化目标超额完成目标任务63%。

【道路运输服务】 2015年，丽水市加强公交系统的联网整合，实现市区、龙泉、云和、松阳、景宁、遂昌6地公交卡、公共自行车卡"双卡合一"和互联互通，公交出行优势进一步显现。制定以成本核算、服务质量考核、财政补贴和绩效评价为主要内容的公共交通长效发展机制，为公共交通长远发展提供制度保障。市区新增纯电动公交车55辆，公交运营班次141万班次，完成全年班次增密任务100%，优化公交线

54省道庆元段　　　　吴锡平　提供

路3条，公交公务卡发行突破1万张，自行车租赁卡发行突破6.8万张，全市公共自行车投放8490辆，市本级日平均租用量在1.2万车次以上，最高日租用量突破1.5万车次。建成物流中心项目2个。新开通客运班车行政村6个。在松阳试点形成以物流企业为龙头、农村客货运站场为枢纽、乡村农村物流服务店为节点的新模式，新建249个港湾式公交车停靠站。

【交通机制改革】 2015年，丽水市农村公路综合保险试点在莲都区、遂昌县开展，通过公路保险的签订构筑公路风险保障体系，提高公路抗御风险能力。渡运公交化改革在景宁试点的基础上，部署龙泉、青田、云和、遂昌4个库区县(市)同时推进，解决库区群众出行难问题。梳理和精简交通运输权力事项，开展绿色生态发展暨"清单"制度建设全员轮训，树立依法履职的理念。行政许可由41项归并保留27项，1—11月，办理行政许可6702件。开展交通建设市场秩序专项整治，对在建重点项目进行42次质量和安全检查；实施货车超限超载专项整治，检测车辆21546辆，查处违法车辆738辆，卸载货物15676吨；针对互联网"专车"给丽水市出租车行业带来的重大维稳风险，市交通局联合多部门开展私家车参与"滴滴专车"专项整治，维护出租车行业稳定。

【"美丽公路"建设】 2015年，市交通运输局出台全市"美丽公路"建设行动方案和创建标准，确立"责任销号清单制度"，着力打造优美、和谐的公路景观。对丽水市美丽公路创建，《浙江日报》刊出"会讲童话故事的云和公路""庆元：民生为核心，道路成风景"专题报道。围绕省政府"五个一万"下达的工作目标，共完成农村公路提升等级工程454千米，完成率108%；完成农村公路大中修510千米，完成率126%；实施安保工程623.3千米，完成率104%。其中，农村公路大中修超额完成26%。市交通运输局、市公路局被市委评为新农村建设工作优胜单位、市"六边三化三美"工作优胜单位。全市高速公路服务区在全省率先创建成为星级文明服务区。淘汰营运黄标车1314辆，新增纯电动公交车57辆。完成温溪老港区、马湾港区的扩能改造及青山码头的绿色码头创建工作。

【科技创新应用】 2015年，丽水市运管局发布出租车电召服务热线和丽水打车APP，城乡居民能更加便捷享受运输服务。ETC通道实现全覆盖，ETC用户总量3.9万户，车辆4.8万辆，2015年ETC车辆使用率全省第一。推进清洁能源装备应用，营运货船平均吨位220.5，比2010年底增长100.7；营运船舶每千吨千米燃油消耗7.8千克，比2010年底下降9.8%。加快渡船更新改造，2011—2015年改造老旧渡船46艘。提前完成内河船舶污水防治任务，建成内河辖区37处船舶油污水及垃圾接收点，完成168艘船舶油水分离器安装。

【交通安全生产】 2015年，全市交通系统树立"安全就是最大的民生"理念，强化行业安全生产工作。行业安全生产形势平稳有序，工程建设领域"零死亡"。开展水上突发交通事故、公路战备等应急救援演练，提升应急保障能力。11月中旬，交通系统全面参与"里东大救援"，完成救援现场施工便道建设、渣土运输、交通秩序管控以及330国道路面交通，确保里东大救援组织实施和救援期间交通运输大动脉的安全畅通。

【交通行业文明创建】 2015年，市交通局在全系统开展"最美行业"创建活动，制定《丽水交通深入开展最美行业创建深化年活动实施方案》《关于开展最美示范窗口创建活动的通知》等方案通知，召开专题会议，开展专题调研，在全市交通系统贯彻落实和全面部署。丽水交通部门按照"见人见物见行风、向上向善向美丽"的要求，以人物美、窗口美、行风美、事物美为主要内容，创建五年最美行业规划，推进核心价值引领、最美群像塑造、美丽窗口创建、交通文化凝聚"四项工程"，争做最美交通人，争创最美行业。

通过最美行业创建，丽水交通运输系统出现"全国十佳最美养护工——聂如伟""全国劳动模范——郑素芝""全国交通文明标兵——丽水吴斌""最美司机——章双林"等先进典型，评选"丽水十大最美交通人""丽水十佳的哥的姐"和"丽水交通百名先进工作者"。330国道丽水超限运输检测站被评为全国交通运输行业文明示范窗口称号；松阳县运管局被中华全国总工会授予"全国工人先锋号"；松阳巾帼养护站被评为全国"安康杯"优胜单位，获"全国五一巾帼标兵岗"称号。 (吴锡平)

铁　　路

【浙江金温铁道开发有限货运中心丽水经营部】 2015年12月，浙江金温铁道开发有限公司丽水站变更为浙江金温铁道开发有限公司货运中心丽水经营部(简称"铁路丽水经营部")。2015年在编人员65人，服务人员15人，装卸人员60人。所辖小处、石帆、祯埠、南岸4个中间站。2015年，铁路丽水经营部完成K119+199~245煤场涵洞便梁拆除施工，完成丽水至小处、丽水至石帆光缆切割施工。完成Ⅶ道接触网基坑开挖浇筑施工。9月19日，道岔插铺；9月25日，新信号楼、新计算机联锁设备正式启用。9月20日起，客运业务搬迁至临时房站办理。10月1日起，原站房开始全面拆除。10月16日开始至11月19日，高铁新线联调联试结束，11月23日，客运业务由浙江金温铁道开发有限公司正式移交给上海铁路局金华车务段管理，12月26日，高铁新线正式通车。至12月25日，浙江金温铁道开发有限货运中心丽水经营部发送旅客48.62万人/次，全年货物到达67.55万吨，货物发送17.73万吨，完成运输收入8883.12万元，货车平均停留时间17.7小时/车。截至12月31日，实现行车安全6061天，实现第十六个行车人身安全年。全年组织职工安全教育10次，车站管理人员现场检查203次，检查班组106个，谈心人员72个，发现职工两违17起，考核19人。旅客列车共开行13对，7月1日，修改全年时刻1次。2月1日起，国铁货物运费开始上调，6月10日起，金温铁路辖区货物运费开始上调。1月1日起，正式办理货物接取送达业务，办理站到门、门到站、门到门运输业务。（王丽云）

【缙云火车站】 2015年，缙云火车站有在职员工40人，运输服务公司9人，装卸工24人，管辖新碧站、长坑站2个中间站。全年旅客发送19.25万人次，货物发送7.28万吨，货物到达17.94万吨。至年底，实现行车安全6591天，人身安全6591天，客货运输收入1011.11万元，完成年度经营任务指标101.11%；实现全年六大安全目标（无责任行车一般以上事故、无责任道口责任事故、无责任职工重伤以上事故、无责任旅客死亡事故、无责任货运大事故、无责任火灾爆炸事故），车站实现安全经营双丰收。

2015年，车站按照公司、运输部的部署，围绕年度安全经营目标，开展"安康杯"劳动竞赛、安全生产月、安全生产大检查、大反思、调车安全专项整治、接发列车安全专项整治等活动，抓现场安全管理，提高现场安全作业水平。做好春运、"两会"、清明、"五一"、暑运、"十一"等节假日安全保卫工作，加强车站通道口管理，落实旅客进站实名制验证制度和进站安检制度；与缙云县信访局密切配合，做好信访协助工作，通过加强巡视候车厅以及重点列车检查、重点旅客排查，劝阻上访群众。（应建仙）

公　路

【概况】 2015年，全市公路部门围绕"一个创建、三项工程"任务，即推进美丽公路创建，抓好干线公路迎国检、农村公路提升改造、水阁至腊口公路建设工程项目。至年底，丽水市公路总里程3087条15206.345千米，全市公路密度为87.91里/百平方千米，公路通乡率100%，行政村通达、硬化个数2723个，公路通村率、硬化率99.93%。出动路政执法人员4.3万人次，纠正违法行为2379起，收缴赔补偿款217.4万元，查处行政处罚案件1125起。

【抓国检提路况】 2015年，丽水市迎检干线公路18条合计1358千米，按照国检要求及路况排查情况，全年投资3亿元，维修36%的国省道公路，200千米高速公路维修养护；批复总投资4亿元，完成国省道公路专项工程12条合计347千米。全年完成安保工程623千米，完成率104%；路面维修工程510千米，完成率126%；2015年，丽水市路况水平排名全省第三位。

【农村公路改造】 2015年，丽水市农村公路改造提升工程为省政府2015年全省十大民生实事。市公路管理局统筹协调土地指标、资金筹措、征迁政策处理难题，抓好工程项目要素保障；加强部门之间协同合作，实行典型引路，每个县市区完成一条提升改造示范路，以点带面提升农村公路建设水平。全年全市农村公路提升改造工程投入资金4.24亿元，完成提升等级工程454千米，完成率108%；安保工程623千米，完成率104%；路面维修工程510千米，完成率126%；完成港湾式停靠站204个，完成率102%；农村联网公路完成里程150.9千米，完成计划100%。

【美丽公路建设】 2015年，交通公路部门成立美丽公路建设专项组以及公路两侧乱采乱挖、广告牌残留专项整治小组；编制《丽水市深化"六边三化三美"行动美丽公路建设行动方案》《丽水市美丽公路创建标准》《公路沿线"脏乱差"等问题整改标准》等，确保美丽公路建设；对高速公路、国省道公路、美丽乡村风景线公路，争取谋划项目，提高公路路况优良率，先后召开美丽公路建设现场会，"公路两侧""公路边三化"专项工作部署会，高速公路沿线整治专题协调会，开展公路两侧环境整治"双百行动"（百日大会战、百日大提升）、"迎高铁时代"干线公路、通景公路环境专项整治、高速公路桥下专项整治行动、公路"百日治超"行动；编制实施"责任销号清单"制度，实行"一月一考评"排名机制，完成省交办点位125处、市督办点位111处整治；完成省委部署、省政协民主监督检查发现交办的高速公路沿线广告牌残留和乱采乱挖两

美丽公路—富岭连接线　　徐　欢　提供

类 50 处点位整治。全年全市拆除公路边违法建筑 5.83 万平方米，清理堆积物 5.2 万立方米，拆除非公路标牌 841 块，治理马路市场 159 次。

【公路信息化建设】 12 月 15 日，丽水智慧公路（浙江省公路应急处置体系建设丽水试点）一期项目通过专家组验收。该项目预算 679 万元，实际投资 550 万余元，于 2014 年 1 月开始施工，主要建设市级公路应急指挥中心，开发一套公路应急管理软件平台。丽水智慧公路一期项目初步建成丽水市公路应急指挥中心，打造监测监控、应急指挥、公众服务三大平台，整合公路行业原有部分业务系统，建立公路重大事件接报、处理和发布的信息化途径，集成全市公路部门监控资源，为一线执法队员配备手持执法终端，第一时间获知事发现场情况并处置。实现市、县两级指挥中心的上下联动，和龙泉、遂昌路网管理分中心实现信息联动。开发丽水公路网站、微信、手机 APP 等便民服务应用，发布全市公路施工、路况、天气等信息，为公众出行提供有效帮助。

【公路养护管理】 2015 年，全市推广应用“四新”技术，路面大中修中采用高性能沥青路面、泡沫沥青厂拌再生、碎石纤维封层工艺、多锤头击碎施工工艺、共振碎石化技术、基层就地再生等技术。2015 年，大中修工程中大部分工程用到再生技术，回收量 26.8 万余吨，回收率 100%，循环利用率 100%。全年全市公路边绿化总投入 1.98 亿元，其中，公路部门投入 6500 万余元，种植草灌 79 万平方米，灌木球和乔木 200 万株。

【公路便民服务】 2015 年，丽水市加强高速公路服务区建设，丽水、青田服务区首获全国优秀服务区殊荣，其余 4 家服务区均为全国达标服务区，优秀服务区个数位于全省前列。推进高速公路不停车收费用户推广，全市新增用户 14922 个，车辆普及率和通行使用率均位居全省第二。推进许可审批制度改革，行政许可事项由原来的 9 项调整合并为 5 项，审批环节由 6 个环节调整为 4 个环节，办理时限

2015 年丽水市公路里程情况

表12　　单位：千米

单　位	公　路总里程	国道			省道			农村公路				
		合计	国道高速	普通国道	合计	省道高速	普通省道	合计	县　道	乡　道	专用道路	村　道
丽水市合计	15206.345	415.153	284.81	130.343	962.551	111.084	851.467	13828.641	3681.035	1316.089	159.632	8671.885
市辖区	360.188	94.877	65.156	29.721	84.434	3.603	80.831	180.877	163.7	17.177	0	0
莲都区	985.14	—	—	—	—	—	—	985.14	185.721	56.024	30.247	713.148
龙泉市	2498.356	65.693	65.693	—	167.456	—	167.456	2265.207	617.638	244.47	36.008	1367.089
青田县	2356.98	140.084	67.301	72.783	70.418	—	70.418	2146.478	415.836	168.74	0	1561.907
云和县	886.254	43.9	43.9	—	67.768	—	67.768	774.586	170.277	174.94	16.082	413.285
庆元县	1525.35	21.214	21.214	—	152.246	—	152.246	1351.89	422.38	152.53	4.626	772.357
缙云县	1429.614	49.385	21.546	27.839	101.083	13.723	87.36	1279.146	342.358	69.65	0	867.134
遂昌县	1758.05	0	0	—	115.562	28.986	86.576	1642.488	687.979	127.02	57.609	769.878
松阳县	1498.347	0	0	—	119.379	52.781	66.598	1378.968	308.964	112.52	15.06	942.425
景宁县	1908.066	0	0	—	84.205	11.991	72.214	1823.861	366.182	193.02	0	1264.662

从20个工作日缩减至6个工作日。

【公路管理改革】 2015年，丽水莲都区公路局、遂昌县公路局实施的公路财产保险被列为全省交通运输综合改革试点项目，并获副省长孙景淼批示。龙泉公路局建立全省首个专业机修工人队伍和专属油库，柴油储备量50吨；青田公路局在“三改一拆”行动中，将违章围墙拆除后统一更换成庭院式仿古围栏，促进公路环境美化。

【公路示范项目建设】 2015年，丽水市提出打造高速公路、国省道公路、农村公路三方面精品示范路目标，促进公路管理干有成效、学有榜样。G330国道被省交通厅列入美丽公路养护示范路项目，缙云县东渡至新碧段改造工程被列为美丽公路设计和建设示范项目，景宁东坑公路站等八个窗口被列为美丽公路示范窗口创建站点。直属分局梁庆华入选“中国好人榜”；松阳巾帼养护站被授予“省五一巾帼奖状”和“全国五一巾帼标兵岗”荣誉；龙泉公路局建立周林松道班和陈列室；直属分局创立聂如伟工作室。

【里东山体滑坡抢险】 11月13—23日，因里东山体滑坡抢险需要，G25高速公路缙云至莲都段临时封道，途经车辆需分流至330国道复线和49省道，造成两条公路车流量剧增。丽水市公路局路政部门联合公安交警力量，在缙云东渡和330国道九里老收费站处设立24小时执勤点，建立24小时不间断值班巡查制度，进行交通疏导。 （徐　欢）

运　管

【城乡客运发展】 2015年，丽水市完成农村客运班线公交化改造2条，行政村5个通车，建成等级客运站10个、新建港湾式停靠站249个，整合班线2条，完成4个车站全省联网售票系统和3个车站全市邮政联网售票；云和、松阳、景宁等地“以奖代补”创新城乡道路客运营运模式，以政府购买服务为基础，通过多种模式推进城乡客运一体化，各县结合实际，通过城乡公交、班车、假日班车等灵活多样的形式，保障农村居民基本出行服务。

【货运物流发展】 2015年，市运管局推进物流信息化咨询与推广服务外包（一期）推广实施工作，实现物流企业与商贸企业对接，松阳、遂昌、景宁等县创建具有山区特色的农村物流品牌。丽水市3个物流基地在建项目中，松阳北山物流基地，各项工程竣工；遂昌东城物流基地投入使用；丽水无水港项目二期工程动工建设。

【道路运输辅助业】 2015年，丽水市继续推进维修服务提质发展，新增审批二类维修企业2家，快修经营业户2家，汽车美容装潢店4家；审核签证二级维护检测合格营运车辆3860辆，审核签证等级评定1697辆，查处二级维护超期车辆228辆；推进驾培模式健康发展，全面推广“先培后付，计时收费，学员评价”模式，推进驾培市场发展，新增驾校2家，新训教练员393人。

【公共出行】 2015年，丽水市提高新能源营运车辆比重，新增车辆全部采用纯电动公交车，全市投放57辆纯电动公交车，建成43个充电桩；完善公交线网布局，着力增加班次密度，公交线路运营班次总量提升5%，新增6万班次，全年累计完成150.67万车次，完成年度任务114%。制定公共交通成本核算机制、财政补贴机制和绩效评价机制；继续实施《公交IC卡优惠和鼓励公务人员绿色出行》政策，会同相关部门研究提升公交车辆档次和舒适程度、准点率和运营管理效率，鼓励市民绿色低碳出行。完成市区409辆出租车的GPS终端设备安装和计价器功能拓展及软件升级，完成与城市治堵数据的对接，发布出租车电召“2396520”及“丽水打的”APP。

【道路运输节能减排】 2015年，全市道路运输行业回收废机油约17.3万升、废电瓶14855只、废轮胎51513只、废配件409.8吨、废包装物159.65吨，节能量2.4万吨标准煤，替代燃料量1.6万吨标准油，CO_2减排量6.5万吨；营运客车、货车、城市公交、出租汽车单位周转量能耗较2010年同比分别下降3.5%、7%、0.3%和3.37%；全年完善公共自行车系统，新增投放600辆；淘汰营运黄标车1314辆，为群众提供绿色环保的出行环境。

【道路运输安全生产】 2015年，丽水市坚持“一岗双责、齐抓共管”和“管行业必须管安全”原则，按照“三关一监督”要求，加强安全生产源头管理，落实客运汽车站各项安全管理措施，加强从业人员培训教育，实行营运驾驶员从业资格制度；抓好重点监管，建立企业安全生产预警机制和安全重点企业销号制度，健全重点监管档案台账制度。坚持季度安全生产例会制度，及时通报重大事故，做好季节性安全检查工作；推进运输安全六项工程，推广客车全承载车型，促进危险货物行业监测系统推广实施工作，加强危运企业的联网联控，利用监管平台，实现对危运企业的动态情况进行实时监管。推动危险品车辆安装GPS和省际、市际客运班车安装车载视频系统，实行实时监控。在安全生产管理上抓好安全主体责任落实、应急预案建立、隐患排查整治及“安全生产月”专项活动，道路运输安全生产基础进一步得到巩固，从业人员安全生产意识得到加强。全市道路运输行业发生上报安全生产事故24起，死23人，直接经济损失74.5万元。同比事故起数上升15%、死亡人数持平，直接经济损失下降62.75%。抓好农村客运监管模式，在庆元进行农村客运车辆全面实时安全监管试点，实施山区农村客运“行车图”，得到省局和市政府肯定。

【行业文明创建】 抓执法队伍建设。制定和完善各项规章制度，加强内部管理。建立局月度督查通报制度，开展文化长廊建设，制定干部职工定期业务学习制度。建立干部职工联系企业工作制度，以市级道路运输企业共122家作为联系对象，全体干部职工每人联系1家企业，帮助企业解决生产管理中存在的困难和突出问题。抓行业队伍建设。与市文明办联合举办“文明交通我先行、最美行业我来建”为主题的最美行业创建活动，围绕安全运营、文明服务的要求，开展各项创建活动，充分挖掘全市各子行业的创建先进典型，以典型引领行业发展，树立行业发展的标杆。通过活动，评选出“六星文明出租车”60辆、“最美客运班线”2条、“最美客运站场”2家、“微笑公交线”3条、“公交好司机”20名、“敬老文明号”2条、“党员先锋号”4个车组、“文明示范驾校”5家，“最美教练员”50名、“爱岗敬业最美汽修工”1名、“最美执法中队”1个、“最美示范窗口”1个、“窗口服务标兵”4名。 (石小军)

城市(乡)公共交通

【概况】 2015年，丽水市公共交通有限公司(以下简称“市公交公司”)新增能源车、自行车及推广IC卡，并在安全生产、优质服务、内部管理等方面取得较大的进展。被省公交协会评为春运先进单位。至年底，运营公里数1159万千米，比2014年增长143.6万千米；运送乘客2603万人次。

2015年，市公交公司购置新能源公交车41辆(投入22路、12路使用)，开通一条新线路22路(市政府行政中心—市政府行政中心)环线，对3路、4路、6路、15路、20路、7路6条线路进行优化调整，1路、6路、7路、13路、19路增加营运车辆，加密班次，提高公交密度和正班准点率。新建公共自行车服务点20个，新增车位572个，投放公共自行车600辆，逐步完善城区公共自行车的网络服务体系，全年租车量300万余人次，全年公交IC卡发行87044张，总量36.9万张。

【市公交公司安全管理】 2015年，市公交公司安全生产平稳，未发生一般以上道路交通事故。落实安全生产目标，完善和补充各类安全台账，规范企业安全生产管理，层层签订安全生产责任书，责任到人。坚持每月一次驾驶员安全例会和日常安全会议及每季一次的安全生产会议制度，做到重大事情集体研究和解决。加强和规范新增驾驶员的技能考核标准和要求并逐一建档，做好新进员工的三级教育。组织安全培训，先后邀请公安(反恐、消防)、卫生急救、职业道德等专业人士进行讲座，通过现场讲解，实例分析、现场解答、实践操作、实施演练等提高应对突发事件的应急处置能力，提升从业人员的整体服务能力和服务水平。12月，参与市国资委组织的“第一时间赶赴事故现场”应急演练活动，取得第三名。开展安全生产标准化创建工作，根据《企业安全生产标准化基本规范》要求，建立安全生产责任制，制定安全管理制度和操作规程，排查治理隐患和监控重大危险源，建立预防机制，规范生产行为。10月，修理厂安全标准化三级创建工作通过考评，12月初，安全标准化建设一级创建工作通过考评。

【城乡公交一体化发展】 2月1日，丽水市城乡公共交通有限公司(以下简称“城乡公交”)开通K213路水阁小学至大源村公交线；8月，K313路公交线路终点站老竹车站延伸到东西岩景区；9月，K202路公交线路从厦河新村始发至碧湖小学延伸到碧湖堰头，解决堰头至碧湖小学沿线学生上学交通出行难问题，方便市民和游客前往古堰画乡旅游景点出行；11月，城乡公交K18路公交线始发站点从东站延伸至火车站；同月，城乡公交完成市交通运输局2015年“百日

12月10日，城乡公交首批纯电动公交投入运行　　周麟妮　提供

攻坚”目标任务，做好14台新能源纯电动公交车的采购、后续上牌等工作；12月，K208路公交线路从厦河门始发至高溪车站延伸到碧湖中学，解决碧湖区域至高溪沿线市民和鸿汇物流城交通出行难问题。

【公交文明服务】 2015年，市公交公司开展“丽水公交天天进步”文明创建活动，涌现一批优秀驾驶员，并赢得市民认可。结合创建国家文明城市工作，树立公交良好窗口形象，组织全体驾驶员对200余辆运营车辆开展卫生清洁专项整治活动，为乘客提供整洁、舒适的乘车环境。做好创建全国文明城市宣传工作，完成市区、南城公交候车亭453个、自行车亭46个、公交车100辆、公交站牌350张的公益广告。完善与周边县市联网形成“1+9”模式，为各县市提供优质服务。推行公交一卡通，节省全市IC卡系统及后台的投资，并为各地老百姓用一张卡公交消费提供方便，被省治堵办作为先进经验推广。 （卢杜鹃）

【公交安全管理】 2015年，城乡公交营运公交车辆增至119辆，员工185人（其中驾驶员138人），全年车辆总行驶里程882.41万千米，未发生一般及以上道路交通事故。春运期间开展“保安全、优服务、争先进”劳动竞赛活动；组织全国第十四个安全生产月活动，以“加强安全法治、保障安全生产”为主题，开展安全警示教育、安全月行车竞赛、“三防”、消防、反恐应急演练，参与上级行业主管部门组织的应急救援演练；开展“道路运输平安年”“打非治违”“安全生产大排查大整治”“安全生产月”“应急演练”“行车安全竞赛”等活动，推动各项安全生产工作。上半年完成3G实时监控系统全覆盖，提高智能化安全管理工作。全年车辆技术状况安全检查27次，检查车辆1256辆次；上路安全巡查30次，检查车辆431辆次；稽查部门上路针对驾驶员违章违纪检查237次，检查车辆2145辆次。安全生产标准化建设通过考评机构的现场审核，获城市公共汽车客运三级资质。

【城乡公交文明创建活动】 2015年，城乡公交宣传栏开辟“城乡公交公司创建全国文明城市宣传栏”，采取新闻综述、图片摄影等报道宣传文明交通从我做起，刊播文明交通行为、摒弃交通陋习。在公交车站内外的显著位置和公交车体、车内吊环处刊登创建公益广告，倡导良好社会风尚，弘扬社会新风正气；公交车车载电视上常年播放公益广告，加大文明礼仪知识宣传。开展“微笑礼让斑马线”“微笑公交”创建活动。2015年，涌现好人好事243人次、拾金不昧52人次、拾到现金40730元、手机179部、各种有效证件若干件。 （周麟妮）

港　航

【瓯江航道整治工程项目】 2015年，丽水市三溪口船闸完成上游导航墩、导航墙、隔流墙等施工，具备挡水功能，市发改、水利、交通质监等部门开展落实船闸建设管理体制各项相关工作；青田水利枢纽开展围堰施工。瓯江航道下游段项目累计完成投资8070万元；推进瓯江航道上游段项目建设，6月，项目建议书通过省发改委审批，项目工程可行性研究报告通过省交通运输厅的行业审查，并通过省发改委审批；开展瓯江上游船闸试验、检测及评估工作，瓯江上游《开潭、五里亭、外雄3座船闸试验、检测及评估工作大纲》通过市专家评审，完成三座船闸的试验、检测评估报告编制。

【“三无”船舶专项整治】 2015年，莲都区大港头古堰画乡区域完成27艘“三无”船舶整治收购工作；龙泉市拆除“三无”船舶、渔排135艘（个）；遂昌共拆除浮动设施22处、定置网箱33处、灯光诱捕网252处、“三无”船舶147艘，对整治余留的183艘农用船当地乡镇部门完成统一编号，纳规管理；云和县拆除“三无”船舶801艘、钓鱼浮台165个，自拆率96.7%。

【港航审批制度改革】 2015年，港航系统开展全员轮训，提升“透明一站式”服务，开展绿色生态发展暨清单制度建设全员轮训。通过全员轮训，对所有的权力、职责事项进行梳理，明确责任和权力清单，确保履职到位，服务全面。对所有行政许可事项以“打包”形式通过窗口与服务对象进行“端到端”连接，构建“阳光目标式”内部管理和“透明一站式”对外服务。完成行政许可审批194项，其他行政权力和服务事项536件，确认477项，未接到任何行政审批投诉。

【渡运公交化改革】 2015年，渡运公交化改革在景宁试点的基础上，在云和、青田、遂昌、龙泉4个涉库县（市）范围推广，并列入全省交通厅综合改革试点项目。向市财政争取改革专项资金190万元，除对景宁试点进行奖励外，对2015年推广改革的县（市）视情况进行奖励。至年底，景宁试点项目通过验收。

【水路运输市场】 2015年，市水路运输企业7家，辖区内营运船舶309艘，1000客位，60737载重吨。全年全市水路客运量65.906万人，客运周转量330.29万人千米，货运量223.125万吨，货运周转量12861.86万吨千米。截止年底，全市获批港口经营许可证的

水路并行　　李建良　提供

企业共3家，分别为浙江省温溪海运公司、浙江省青山钢铁有限公司、青田县宏海燃料有限公司，共有生产性泊位5个，全市港口货物吞吐量542.54万吨。全市按照要求进行企业安全生产标准化达标的6家企业（港口危货企业1家、水路货运企业2家、水路客运企业3家）全部完成达标考评，完成企业安全生产标准化建设工作。

【水上康庄工程】　2015年，丽水市提升渡运及陆岛交通公共服务等项目总投资890万元，计划完成码头建设3处，渡埠改造15处，候船亭14处，渡船改造14艘，共46项。保障建设任务完成，市港航管理局落实项目责任，倒排计划等工作，实施项目建设。截至11月底，完成计划投资760.6万元，占年度计划90%。

【水上基础设施建设和航政管理】　2015年，云和中心码头、建升码头，景宁温州寮码头、后坪码头，龙泉安福码头全部完成交工验收并投入试运行，总投资3062万元。加大《中华人民共和国航道法》宣传贯彻工作，组织管理人员培训35人次，向水上从业人员和涉水地区群众发放单行本350册，宣传资料500份，加强航道巡查和涉航建筑物许可工作，加强航道养护，投入资金318万元，并探索航道养护标准化和生态航道建设模式，在景宁、云和开展相关试点工作。

【水上应急救助管理】　2015年，丽水市完善应急设施配备和应急管理机制；提高应急处置技能和水平。配备冲锋舟、指挥车、随车吊等一批应急设施设备，市财政投入应急专项资金200万余元。制定“12395”应急值班制度和值班人员配备方案，编制《2015年度市本级水上应急救助演练方案》，在南明湖水域开展的丽水市水上突发交通事故应急救援演练。全年水上应急救助中心出警15次，完成各项救援任务。

【游艇产业发展和瓯江生态示范航道项目研究】　2015年，市港航管理局委托专业机构编制《丽水市游艇产业与码头布局规划研究》。完成《2015年度瓯江（大港头—开潭电站段）生态示范航道专项养护工程技术方案》，经向市政府专题汇报后，上报省港航局开展技术评审工作。

【船舶污水防治工作】　2015年，市港航管理局抓好丽水市内河船舶污水防治工作，治理船舶油污水和餐饮船生活废水上岸，加强船舶防污染设施建设。根据2015年度船舶污染治理计划，完成油水分离器安装、改造168艘。做好“河长制”相关工作，市交通港航部门专门成立工作机构，落实工作人员，修订相关工作手册并完善工作实施方案。　（朱佳敏）

航　空

【丽水机场项目报批】　在取得浙江省人民政府、中国民用航空局及中国人民解放军空军、中国人民解放军火箭军等军地各有关方面意见的基础上，2015年10月26日，由国家发展和改革委员会和中国人民解放军总参谋部联合向国务院、中央军委上报《关于审批新建浙江丽水机场项目建议书的请示》（发改基础〔2015〕2449号）。

【机场配套项目情况】　2015年，完成机场进场道路项目各项设计报批，该进场道路自机场东侧南八路，沿机场东北侧轮廓绕行至机场办公区，全长2522.3米，总投资16716.41万元。完成丽水机场土石方工程试验段方案设计、论证，以龙石溪谷沟至机场跑道北端范围为试验区，分阶段实施。启动拆迁安置小区公共基础设施建设，完成场地平整及地基强夯处理工程。拆迁安置小区位于水阁余庄前区块，总用地10公顷，总建筑面积16万平方米，可容纳机场及空港园区项目全部拆迁安置。

【机场及空港园区项目土地房屋征收情况】　2015年，完成丽水机场及空港园区项目土地房屋征收调查摸底和评估（征收土地总面积733公顷，征收房屋面积7.8万平方米，涉及2个镇（街道）1477人）及处基村75户约3万平方米房屋腾空拆除。　（杜震珍）

网络 电信 邮政

电子政务建设

【概况】 2015年，全市电子政务网络覆盖单位部门1697个，其中政务内网336个，比2014年新增7个；协同办公系统使用面继续扩大，全市使用公文交换系统单位1810个，比2014年增加107个，全市推广使用单位内部协同办公系统861家，比2014年增加88家，用户数35000个，比2014年增加3529个；办公助手用户49048人，比2014年增加2753人，其中市本级用户7241人；通过公文交换系统网上发文14.44万份，比2014年减少1.66万份；市政府门户网站共发布各类信息31423篇。其中，政务信息7008篇，图片信息1336篇，政务公告326条，便民公告274条，视频信息1059条。网站英文版发布信息150篇，市政府门户网站市长信箱栏目来信回复1675条，开展11次主题民意征集。政务微博、微信累计共发布信息48930条，听众数132.23万人；举办微博直播活动20次，开展政务微博、微信网友互动活动35次；政务微信平台开设专题40余个。

【政府网站普查】 2015年，市信息中心加强对县（市、区）、市直部门政府网站建设的指导，按照全国政府网站普查标准，查找政府网站存在的问题，督促全面整改，通过精简栏目，关停网站，改版网站、完善制度等措施整合资源，做好网站信息内容保障，解决政府网站“四不”问题，消除政府网站“僵尸”“睡眠”等现象，减少网站重复建设和多头维护现象，提高政府网站质量。经过整改，全市原有374个政府网站，关停101个，例外申请2个，关停后原网站有关栏目信息迁移至上级网站或政府信息公开平台；在市政府门户网站上建立“丽水市政府网站普查”专栏；召开培训会、建立联络员群、制定说明图册、下发整改通知书、指导和督促各部门精简栏目；通过技术服务外包建立网站普查监测系统，为全市政府网站提供普查监测服务。

【政务服务网建设】 2015年，市信息中心召开政务服务网建设工作会议20余次（正式书面通知会议12次），发文29个。6月底，指导督促9个县（市、区）完成行政审批系统审批应用建设验收（除松阳）。8月，组织各县（市、区）、各部门推进权力事项网上运行工作；对各县（市、区）、各部门权力事项规范工作通报；开展移动端政务服务资源汇聚工作，确定11家单位26项服务资源的整合接入资源清单；抓好政务服务网乡镇（街道）延伸工作开展情况。督促和指导各县（市、区）加快乡镇（街道）服务站建设、权力事项梳理和上网运行工作；健全通报考核机制。实行政务服务网工作周报制度，加强各相关部门信息沟通与交流。

【信息安全及保密工作】 6月和7月，市信息中心组织相关人员分别参加市智慧政务信息安全服务项目培训会及网络与信息安全高峰论坛会议；做好安全加固工作，与杭州安恒信息技术公司、丽水电信公司等第三方公司合作，通过监测网络运行状况，管理网络带宽，优化网络结构，检测网站漏洞等手段，及时排除隐患；做好重大节日和敏感时段安全防范，大阅兵和互联网大会期间的网络和网站安全防范工作，安排人员负责网站监控，组织协调安全事件期间各环节的处置工作，第一时间对问题网络进行阻断，阻止影响扩大。

【电子政务学会工作】 2015年，发挥学会桥梁纽带作用，组织学会活动促进各学会单位的沟通交流，推动新理念新技术的推广，完成学会成立以来的财务审计。12月4日，召开学会二届一次会员大会，审议和表决学会工作报告、学会经费管理办法和学会组织人员变更事项。同时，邀请市委党校和丽水学院工程与设计学院教授在行政中心109会议室分别作《网络时代舆论传播与媒体沟通》和《隐私

保护》知识讲座。（刘　宁）

电信传输

【概况】　2015年，中国电信股份有限公司丽水长途电信传输局（以下简称"丽水传输局"）健全信访制度，构建畅通沟通平台，确保全年无上访。开展光网建设质量联合检查验收。全年联合验收光网项目86个，其中ODN项目58个，非ODN项目28个。累计组织培训120人/次。加快信息化平台应用，实现对维护人员工作轨迹实时图像记录。开展施工单位星级考评，编制月度光网建设质量分析报告。经全年高压式追踪，丽水H光交资源准确性稳定在96%以上。组织员工分别参加省局各种培训89人次。加大对项目管理，并在省局组织的项目复审中，获省局点赞。全年创办《丽水传输》月刊12期，办公系统平台EIP投稿133篇，其中被省局录用16篇。创新干线维护模式，实行不同巡回频次和检查力度差异化维护模式。

【光缆安全维护管理】　2015年，丽水传输局通过专业化、信息化、制度化以及差异化的维护管理，干线和重要本地网光缆得到管控，发现和排除各种威胁光缆安全隐患。实行生产职责层层落实，责任到人，执行定期自查、检查制度，发现问题及时整改，严格考核，全年实现安全生产无事故。全年维护军分区至各县人武部专用光缆线路、电信本地网光缆线路14993千米。2015年，丽水传输局创下国家一、二级国防光缆在丽水境内（共计1206千米）连续5年无障碍记录。配合省机动通信局完成兼职应急通信认证考核工作人员3人。完成重要节假日、两会、"双十一"、全球互联网大会的通信保障任务。

【军警民联合护线宣传活动】　2015年，丽水传输局开展护线宣传，提升全社会保护光缆的意识。5月25日—6月25日，全市组织军警民联合护线宣传红，对重点乡镇、五水共治办、开发区等主要单位进行集中走访宣传。全年走访相关单位63个，张贴通告2451张，宣传彩页1万份，利用市电视台，广播电台进行护线宣传报道，310辆公交车进行一个月的视频广告护线教育片宣传。（吴夏冰）

电　　信

【概况】　2015年，中国电信丽水分公司（以下简称"电信丽水分公司"）完成主营业务收入5.19亿元，同比增长1.44%；收入市场份额30.56%，同比提升1.62%。共有从业人员1997人，其中客户接触点人数1497人，人均劳动生产率27.5万元；共投入8000万余元资金进行光纤通信网络建设，全市光纤纤芯58.4万芯。公司信息化行业应用项目推进成效显著，其中与浙江赶街电子商务有限公司合作"赶街网"项目引起业界关注。5月，在遂昌召开的全国信息进村入户试点工作推进会期间，农业部主要领导、各司局长、中央涉农部委办、31个省（新疆兵团）农业厅长、相关地方政府代表及相关企业代表调研遂昌"赶街网"建设拓展情况。

【党建民情平台在松阳开通】　7月初，丽水市首个"互联网+党建"的党建民情平台在松阳高亭村开通。全村114户村民，可以通过电视、手机、电脑等途径知晓县、乡、村政事要闻。全年电信松阳分公司先后与松阳县30余个行政村签约，安装1500余户高清ITV宽带电视，并加载党建民情平台。党建民情平台是利用云计算技术，通过大数据处理，收集、管理、提供多维信息，具有网速快无时延、分级管理更新快、三屏接入互动性强、费用低廉、操作简便等特点，为党建工作和民生服务提供信息支持。

【建成全市公安通信OTN承载网项目】　2013年6月，丽水市公安局启动由电信丽水分公司承建的三级OTN综合承载骨干网建设。该项目建成后，各区县公安分局至市公安局间具备万兆级带宽传输能力，公安系统各单位无须租用运营商其他专线电路，降低公安系统建设运营成本。平台加强公安系统通信网络的整体性，免去公安相关部门系统维护管理工作。具有速率高、安全性高、统一性强、标准性高、开放性强、网络的可靠性强、可扩展性强、模式先进等优点，并能降低建设和运营成本。2015年，公安各系统通信系统由OTN统一承载后，丽水市公安局的网络运行总成本由2014年的110万元下降到90万元，节省成本支出18.18%，为打造"平安丽水"提供技术支撑。

【建设丽水市人口健康信息化PPP项目】　丽水市人口与健康PPP信息化项目是丽水市政府推进的一项重要民生项目，总投资预算为14100万元。该项目是在丽水市现有医疗卫生信息系统的基础上，采取"市—县—乡—村"一体化模式，推进"三大工程"（基础建设工程、智慧健康工程、信息惠民工程）建设，建成"一朵云、一个网、一个中心、四大数据库、四大标准规范、六大业务"信息应用系统，实现丽水市域范围内各医疗业务系统、相关部门数据中心和省人口健康信息平台之间的数据采集、交换和共享。9月7日，市政府授权市卫生和计划生育委员会作为丽水市人口健康信息化 PPP 项目的实施机构；12 月 18 日，中国电信丽水分公司与运盛(上海)医疗科技股份有限公司、丽水市城市建设投资有限责任公司签订《人口健康平台合作框架协议》，提供光纤网络建设和后续业务服务合作项目。12 月 28 日，完成第一阶段全市乡镇卫生院的网络建设 270 个。搭建起人口健康事业发展平台。

【建设光纤网络城市】 2015 年，电信丽水分公司投入 8000 万余元资金进行光纤通信网络建设，全市光纤纤芯 58.4 万芯，FTTH 端口能力 35 万个；城市光网格覆盖 98%，农村光网格覆盖 53.4%，宽带用户光网覆盖率 96.96%；全市网格总数 4120 个，完成光纤改造 2630 个网格。城市光网格覆盖 98%，农村光网格覆盖 53.4%，宽带用户光网覆盖率 96.96%。FTTB 完成设备升级改造，基本具备 100M 能力。在推进光纤网络建设过程中，取得节能减排和废物利用等效益：处置铜缆回收资金 300 万余元；腾退机房面积 180 平方米，每年可节约用电 147 万余元；节约维护保护费用，每年 11 万元；优化配置资源，优化 LTE 建设开通流程：工程建设项目开通效率提升 200%以上，宽带、固话、ITV 等业务一天内竣工率从 49.01%提升到 80.76%，平均安装时长从 62 小时下降到 23.71 小时，全市资源人工环节超时率从 2014 年的 16%下降到 4.57%。

【推出"114"便民移车服务】 便民移车服务是电信丽水分公司"114"号百平台新推出的便民服务项目。当市民发现堵车问题时，只需拨打"114"即可向话务员提供所需移动的机动车牌号及被堵地点，系统便会自动启动移车服务流程。6 月 11 日，与市公安局签订《114 电话移车服务热线合作框架协议》。"114"便民移车服务从 6 月 15 日零时开始，丽水分公司各县(市、区)境内同步推出"114"移车服务。至年底，该平台共受理移车申请 15.48万车次，移车 9.28 万车次。

电信公司推出"114"便民移车服务　　王金生　提供

【电信通信保障工作】 11 月 13 日 22:50 左右，丽水市莲都区雅溪镇里东村发生山体滑坡灾害，造成重大人员伤亡和财产损失。灾情发生后，电信丽水分公司派出应急通信分队赶赴现场，搭建救灾现场指挥部的通信指挥平台，展开应急通信保障工作。应急通信队伍轮流值守，二十四小时现场维护通信设备，并及时抢通光纤杆路和设备。电信丽水分公司参加通信保障救灾共有 237 人次、出动救灾通信保障和抢救车辆 52 车次，卫星电话 8 台次，应急油机车 4 车次，便携油机 4 台次；现场抢修新建光缆 4 纤芯千米，网线 1 千米，安装通往军分区和莲都区公安局的 30 千米通信专线各一条，紧急安装救灾光宽带 5 部。 (王金生)

移　　动

【概况】 2015 年，中国移动通信集团浙江有限公司丽水分公司(以下简称"丽水移动")通话用户超过 170 万户，日均通话用户超过 130 万户，通话用户份额超过 75%(全省第 3)，日均通话用户份额超过 83%(全省第 3)，4G 用户超 79 万户，光纤宽带用户超 25 万户。2015 年，丽水移动新增开通 4G 基站 3000 余个，投资超 2 亿元，累计建成 4G 基站超 4800 个，行政村覆盖率 95.04%，AAA/AAAA 景区 4G 覆盖率 85.10%，景区道路覆盖率 91.38%，民宿、农家乐覆盖率 90%。完成宽带建设投资 8800 万余元，覆盖用户 20 万户，户籍覆盖率超过 92%，200 户以上行政村覆盖率 97%，行政村总体覆盖率 74%，实现 100%光纤覆盖。公共场所免费无线网络工程"iLishui"项目投资超 400 万元，覆盖火车站、汽车站、医院等 182 个重要公共场所，460 余个 AP 热点已经对市民开放。2015 年，公司被评为"全国文明单位"，获"全省拥军模范企业"称号。12 月，全体员工为里东受灾村民捐款 6 万余元。

【浙江移动第四届消防和驾驶知识技能竞赛】 6 月 17—18 日，浙江移动第四届消防和驾驶知识技能竞赛在丽水缙云举行。省公司副总经理周维强到场指导，巡视理论笔试现场。竞赛共

6月，全省第四届消防和驾驶知识技能竞赛在丽水举行　　胡　欢　提供

分理论闭卷考试和现场操作技能两部分，全省12支代表队的96位选手参加竞赛。丽水分公司在消防知识技能竞赛和驾驶员知识技能竞赛中均获团体一等奖，叶建军获驾驶员知识技能竞赛一等奖、钟进伟获三等奖。

【“4G+”正式商用】 10月16日，丽水移动召开“4G+”商用新闻发布会，正式宣布“4G+高清语音”和“4G+网络加速”商用。发布会邀请专业技术人员对“4G+”相关技术原理和业务情况进行讲解，并进行三载波聚合技术、4G+高清语音/4G+高清视频的演示，现场下载速率290兆位/秒，语音时延降到3S以内。

【伪基站打击整治行动】 9月24日，云和移动通过“伪基站监控系统”，配合县公安部门打击一起“伪基站”犯罪活动，抓获嫌疑人1人，缴获伪基站设备1套。此次“伪基站”影响云和移动城区共计34个基站，影响用户10300余人，对外发送非法短信34700余条。11月20日，松阳移动通过“伪基站监控系统”定位出作案团伙当时所处的位置，配合县公安部门打击一起“伪基站”犯罪活动，抓获嫌疑人1人，缴获伪基站设备1套。

【网络应急保障工作】 10月21日，2015年中国仙都祭祀轩辕黄帝大典在浙江缙云仙都黄帝祠宇举行。缙云移动提前成立保障小组，制定应急通信保障方案，对周边基站进行扩容，活动期间对各主要设备运行情况进行实时监控，现场及周边各基站未出现话务拥塞，网络运行保持平稳。10月24日，周杰伦演唱会在丽水市体育中心举行。保障人数4.2万人，丽水移动利用新型lampsite设备（分布式基站）进行通信保障，活动期间累计话务量2990ERL，流量538GB，其中4G流量493GB，4G最大用户数12647个，无线接通率99.86%，TCH拥塞情况良好。11月13日，丽水市莲都区雅溪镇里东村突发山体滑坡，丽水移动启动重大事故通信保障预案，对事故现场的里东、雅里两个基站进行紧急扩容，并开通应急通信车；对里东全程进行现场油机发电，并抽调2组发电人员和5台应急汽油机备用；对高速沿线18个基站进行半速率扩容，保障现场通信；组织力量修复受损传输杆路。

【推进“互联网+”】 2015年，丽水移动致力于打造“移动信息专家”，推进“互联网+”。“互联网+政务”：结合“美丽乡村现场会”活动保障需求建立全省首张4G无线宽带政务专网（试验网），主要建设覆盖莲都、云和、景宁主城区的14个站点及一套移动便携单站。“红网卫士”网站防御系统以“替身防御”方式形成云模式的安全防护体系，已部署在市政府信息中心、法院、社保等多家单位。地质灾害监控主要是在灾害点安装监控，利用移动网络将现场实时画面传送至监控中心，为管理者及时作出科学决策提供依据，已接入莲都区里东村1个地质灾害点、龙泉市9个地质灾害点。“互联网+旅游”：利用中国移动大数据特点，基于移动手机信令的位置信息手段，提供管理、统计、应急指挥、营销及服务等重要举措或辅助决策依据。重点监测游客容量和景区内重要节点、游客集聚区域的游客流量，实时发布景区游客容量状况、交通及安全状况，全面提升景区安全管理水平。“互联网+企业”：通过向电商提供免费集团彩云办公助手软件，提高企业信息化办公水平，实现无线远程智能办公，提高沟通效率，节省时间成本。掌上农家乐软件，帮助企业解决互联网宣传问题，节约成本提高收益。

【全面推进QC工作】 2015年，注册QC小组107个，QC普及率82.9%，QC小组成果产出率73.8%；组织QC培训2次，参加人次256人；小组成果获国家级奖项1个，省级奖项13个，市级奖项6个，公司获“2014年丽水市质量协会先进单位”称号。在2015年第十一届“海洋王”杯全国QC成果发表赛上，网络部光猫警长QC小组《提高FTTH用户装机ONU设备利旧率》获大赛一等奖。

【移动志愿者服务】　1月15日，南城志愿者分队为返乡民工提供免费电话免费畅打、办理“两城一家”等服务，让返乡民工通讯资费更加实惠，并为民工提供智能机软件免费安装、更新服务。1月21日，云和移动志愿者分队走进沙溪新春送温暖，对平时遇到疑问的移动优惠活动进行解释。1月30日，丽水移动团委到成龙小学开展“新春送温暖　志愿服务进网格”活动。2月，莲都移动与市中心血站共同承办无偿献血活动，献血人数15人，献血量3300毫升。3月5日，丽水移动的志愿者为市民提供免费手机换卡升级、辐射测试、软件安装、现场宽带预约安装等服务。各县市移动公司也开展各种帮扶慰问活动。　（胡　欢）

联　　通

【概况】　2015年，中国联合网络通信有限公司丽水市分公司（以下简称“丽水联通”）围绕健康、有效和可持续发展，抓好基础管理，完善体制机制，增强运营能力，各项工作取得一定成效。全年从重点业务发展、集客业务拓面、服务支撑强化、网络保障等方面着手，加快和加大工作力度，开创发展新局面。在移网业务工作中持续开展“四大战役”（渠道建设攻坚战、终端运营立体战、存量经营阵地战、促销活动运动战），推动移网业务发展；落实“六项举措”（划小网格单元、建设两级梯队、提速营销、执行社会渠道宽带利益体系、释放双低小区资源、乡镇借力第三方），确保固网业务全省领先地位。从项目营销、支撑响应和基础管理三个方面能力提升入手，持续提升集客签单的整体获取能力，不断扩大集客业务渗透面，切实拓宽集客市场发展空间。全年服务支撑注重内外兼修，对内运用信息化手段助推业务发展；对外运用多手段提升客户满意度。年度申诉率38.66/百万用户，全年无因处理不当导致申诉。2015年，3G建设规模是丽水联通有史以来最为繁重的一年，全年建设WCDMA基站1067个、LTE基站448个，同步完成金丽温高铁丽水段3/4G的网络覆盖和开通；全年新建完成60个小区的宽带接入，对105个区域实施光改，并对8个重点乡镇进行宽带覆盖和加厚建设；全年建设光缆4691千米，IPRAN设备549套。完成里东抗灾、灿鸿台风等专项保障工作；完成与丽水铁塔公司的第一阶段铁塔资产交割工作。深化组织架构改革，开展销售组织架构优化，深入推进扁平化、专业化、集中化管理。在集客线强化集团营销体系建设，在市本级行业销售组织设立政要、金融、大企业及校园4个一级直拓部门，其下设二级直拓部门7个。在公众线优化整合并重新设立渠道、终端、存量和互联网、支撑服务4个中心。在县分优化一线营销单元，设立9个集团营销网格、18个综合营销网格。进一步夯实基础管理工作，开展“两金”压降专项工作，应收账款周转率由11.6提升至12.92；存货期末数周转率由4.8提升至5.39。推进文明创建工作，市公司VIP客户维护中心、莲都装拆移班组、青田新大街营业厅被授予“浙江联通文明示范窗口”称号。践行诚信经营，实名率94%，达国家刚性要求。10月，基本完成丽水综合通信楼建设项目主体工程。

【中标莲都区2015年度山洪灾害预警系统与视频监控项目】　2013年11月，丽水联通与丽水水利局签订丽水市防汛视频监控系统一期工程项目，丽水联通为丽水市水利局打造一个对重要水利工程运行状况和实时状态远程监视的视频监控系统平台。2015年4月21日，丽水联通中标莲都区水利局2015年度山洪灾害预警系统与视频监控项目，中标金额140.99万元。项目包括视频监测系统建设、预警系统补充完善等内容。二期工程项目共设置监控点10个，集中在小流域内重要集镇河段、防洪薄弱河段及重要水利工程等部位布设监控点，结合实际需要，均设置在溪河处，并安装水位标尺，通过视频监测站可看清水位数值，为领导决策、指挥调度提供更为直观的图像信息。项目建成后，能扩大预警覆盖范围，提高预警发布能力，发挥村组自防自救的作用。

【开展“我最风采”营业厅晨会大赛】　8月15日，丽水联通面向全市营业厅开展营业厅晨会大赛。大赛采取视频参赛的方式，在规定时间内，各参赛营业厅将录制好的视频（时长在10~15分钟内）上传至百度云，接受评选。根据赛制及赛程安排，本次比赛分为初赛及决赛两个阶段，在初赛阶段，由大赛评审团在A、B两组营业厅中各自挑选出4个营业厅参加决赛，再由全体员工通过微信投票和评审团评审出最终各小组前两名表现最为优异的营业厅，分别授予“最佳风采营业厅”荣誉。晨会大赛持续2个月，24家营业厅上传各自的参赛作品。通过评审，最终，莲都水阁营业厅、莲都营业厅、青田的新大街营业厅、庆元营业厅分别夺得A、B两个小组的“最佳风采营业厅”称号。

【完成金丽温高铁丽水段3/4G网络专项工程建设】　8月，金丽温高铁丽水段3/4G网络专项工程动工，该工程任务繁重（新建基站3/4G各12个宏站，48个室分系统，全程长隧道27

座）、工期紧张（3个月）、社会影响大。为在规定的时间内完成该项建设及优化任务，丽水联通启动应急响应流程，成立以分管副总经理为组长、市公网络部及青田、缙云县分公司两级网络线人员组成的专项工作组，确立基站开通目标。工程建设对网络进行优化，调整对59个站点的RNC专网挂接及6个小区的沿线天馈。12月20日，青田祯埠陈篆4G基站开通，标志着金丽温高铁丽水段的3/4G网络专项建设工程全部站点全部开通。

【联通公司里东现场救灾】 11月13日晚，莲都区雅溪镇里东村发生山体滑坡，造成27户房屋被埋，21户房屋进水。丽水联通根据指挥部要求，在里东救援通信保障及服务支撑中承担受灾区域联通用户通讯保障及公安、消防、第一集团军等单位信息化调度主备用支撑系统保障和服务，组建通信保障义务服务小分队，赶至现场提供免费充电、打电话等救援保障服务。丽水联通累计出动通信保障人员265人；出动车辆65辆。公司为里东灾区共捐赠爱心款18218元。11月19日，市委书记王永康、代市长朱晨等领导到丽水联通里东通信保障服务工作站，现场慰问公司应急通信保障分队，并对通信保障服务工作给予肯定和赞扬。

【完成第一阶段铁塔资产交割工作】 12月17日下午，丽水市分公司在510会议室举行丽水联通与丽水铁塔举办铁塔资产交割仪式。丽水联通与丽水铁塔签署《铁塔资产交割备忘录》《铁塔资产交割确认函》及《铁塔资产清单》，标志着丽水联通铁塔资产清查交割第一阶段工作完成。本次交割涉及7461万元，有塔站点970个，其中有机房站点427个。 （徐　晓）

邮　　政

【概况】 2015年，全市邮政企业和全市规模以上快递服务企业业务收入（不包括邮政储蓄银行直接营业收入）累计完成74357.1万元，同比增长34.9%；业务总量累计完成135496.8万元，同比增长53.9%。全市邮政普遍服务网点196个，100个空白乡镇局所补建后运营良好，全年未发生任何安全事故。12月11日，丽水市邮政管理局和丽水市消防队开展联合消防应急演练，全市各快递企业负责人、安全员与一线员工等参加演练活动。8月，与市供销社签订“农资电商、物流配送配套”战略合作协议。同月，全国人大代表浙江中心组第四小组的代表到丽水，考察调研物流快递业发展情况。丽水市邮政管理局被国家邮政局评为“全国空白乡镇局所补建优秀集体”，被浙江省邮政管理局党组评为“全省邮政管理系统优秀领导班子”，被市直机关党工委评为“2013—2014年度优秀基层党组织”。12月，编制完成丽水市邮政业发展“十三五”规划。

【快递量和收入呈现稳增长】 2015年，全市规模以上快递服务企业业务量完成5734.3万件，同比增长61.0%；业务收入完成50202.8万元，同比增长53.3%。2015年度快递业务量同比增长率排名全省第四，快递业务收入的同比增长率排名全省第二位，其中顺丰、EMS、四通一达、天天等主要快递企业继续发挥品牌效应，以较为完善的网络和良好服务牢牢占据丽水市场主导地位，CR8指数（快递业务量前八企业的件量之和占所有企业的业务量）为96.6，高于省平均CR8指数11.1个百分点。

【缙云邮政管理局成立】 8月24日，《浙江省邮政管理局关于成立缙云邮政管理局的批复》（浙邮管〔2015〕141号），同意成立缙云邮政管理局。缙云邮政管理局成立是完善三级邮政监管体系上的一个突破。缙云邮政管理局，为丽水市邮政管理局派出机构，机构规格为正科级。内设办公室、行业监管科。主要职责：贯彻执行国家邮政法律法规、方针政策和邮政服务标准，研究拟订辖区邮政发展规划，监督管理缙云县的邮政市场及邮政普遍服务和机要通信等特殊服务的实施，负责行业安全生产监管、统计等工作，保障邮政通信与信息安全，承办上级邮政管理部门和地方人民政府交办的其他事项。

【确定首批邮政业精神文明创建示范基地】 2015年，按照省邮政管理局统一部署，结合丽水实际，经丽水市邮政管理局研究决定，确定中国邮政集团公司浙江省青田县分公司、浙江省邮政速递物流有限公司丽水市分公司、丽水捷通快递服务有限公司、丽水市顺丰速运有限公司、龙泉市伟林快递服务有限公司、云和县圆通速递有限公司6家企业为首批“丽水市邮政业精神文明创建示范基地”。6家企业在精神文明、抗震救灾、关心员工、改善生产生活环境等方面表现优异。

【快递业发展列为市政府调研课题】 1月6日，副市长葛学斌带队调研快递物流园区，并表示快递业作为电子商务的标配，是丽水走绿色生态发展之路的一个重要产业，要求丽水市邮政管理局和其他各部门紧密配合，用好市政府出台的《关于加快推进快递行业健康发展的实施意见》，引导快递企业做好安全，做优服务，做强发展。4月14日起，市专家咨询委开展为期一周的关于促进快递业健康发展调研，起草《我市

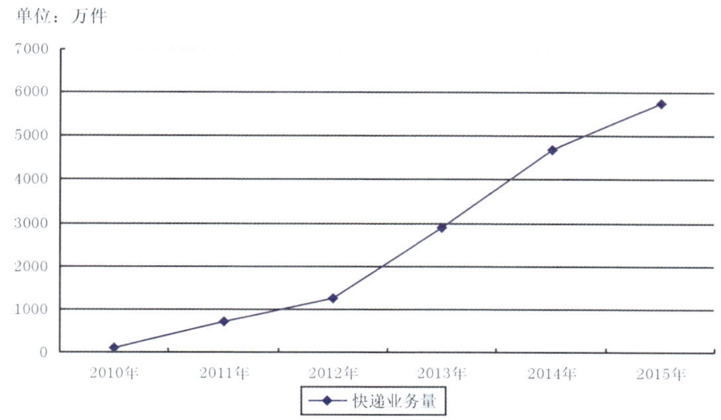

图 1　快递业务量趋势图

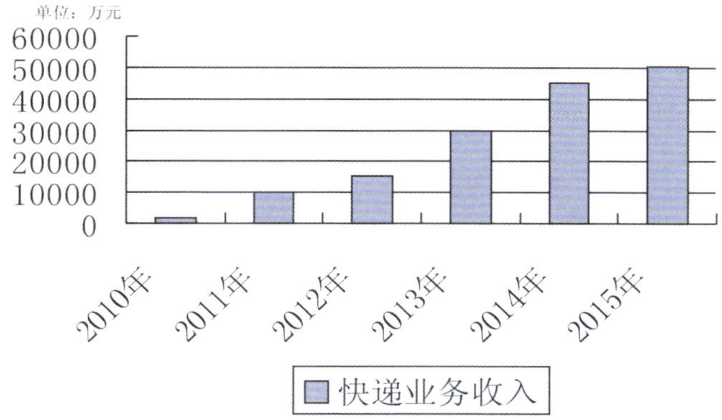

图 2　快递业务收入趋势图

2015 年分县（区）快递业务发展情况

表13

地区	业务量（万件）	比 2014 年增长(%)	业务收入（万元）	比 2014 年增长(%)
莲都区	1675.0	63.0	20128.7	90.7
龙泉市	499.7	94.1	5300.0	42.5
青田县	402.1	35.8	4501.1	14.5
云和县	645.6	68.8	4031.6	41.9
庆元县	275.5	33.4	2327.0	21.3
缙云县	1297.1	74.1	7558.7	48.9
遂昌县	342.9	55.2	2268.2	47.2
松阳县	385.7	102.2	2647.7	62.4
景宁县	210.7	-10.2	1439.8	-7.0
合计	5734.3	61.0	50202.8	53.3

快递业发展情况的调研报告》上报市政府，并获市政府有关领导重视，市政府将快递业发展列为 2015年全市重点研究课题，并委派市政府办公室、市商务局等到市邮政管理局开展快递业的专门调研，对快递业发展中存在的难题与瓶颈提出指导性意见。

【E 邮柜建设纳入丽水市十方面大事之一】　2015 年，丽水市政府在市三届人大五次会议上明确将"E 邮柜"和农村电子商务服务点建设纳入 2015 年丽水市十方面大事之一，通过三年连续补助的方式，落实 E 邮柜建设。市邮政管理局通过与市规划局的多次对接，规划局同意将"E 邮柜"纳入新建、扩建、改建的居民小区、行政机关、企事业单位、院校、商务楼宇等项目前期规划设计，在市规划局出具的《项目地块规划设计条件》中明确指出"E 邮柜"属于其他基础设施，要求配合相关单位在项目出入口或架空层根据建设规模考虑预留一定的空间设置智能快件箱(E 邮柜)。至 12 月，丽水市共建设 E 邮柜 205 个。

【邮政网点四项法定业务】　11 月，随着景宁县景南邮政所开办邮政汇兑业务，全市 196 个普服营业网点实现四项法定业务(包裹、印刷品、信件、汇兑)全开办，督促邮政企业开办邮政普遍服务四项法定业务一直以来是丽水局普服工作的重点任务，法定业务全面开办是实现普服便民目标的又一助推器。随着全市 196 个邮政营业网点的四项法定业务的全部开办，全市所有居民都能在家门口享受到邮政带来的便利，保障全市所有居民的基本用邮权利，是丽水市基本公共服务均等化进程中的重要一步。

【邮政局(所)大学生见习基地落地】　2015 年，为缓解空白乡镇邮政局所运营困难的问题，市邮政管理局多次出面与各县人力社保局沟通，帮助、协调当地邮政公司利用人力社保局政策，建立大学生见习基地，招聘当地应届大学生到当地邮政公司见习，并签订见习协议，按照政策每人每月可以享受1000元左右的工资补助。10月20日，缙云、青田获得当地人力社保局的支持，同意建立大学生见习基地，分别获批招聘5人和10人。

【开展县级信报箱验收工作】 2015年，丽水市邮政管理局通过召开座谈会、现场验收指导等方式，要求县一级邮政公司落实当地住宅楼信报箱验收工作，并与当地建设局建立长效机制。至12月底，全市验收8个小区、涉及4566户，其中景宁、龙泉、云和县（市）邮政公司已开展验收工作，庆元、松阳、缙云、青田等地已基本对接到位。

【丽水邮政服务网点电子地图上线】 10月，丽水市邮政管理局在官网上发布全市邮政服务网点的电子地图，实现在地图上直观、方便地查看全市196个邮政服务网点的基础信息及图片资料的服务功能。该电子地图以百度地图为基础，充分利用百度地图数据，服务为民。实时更新全市196个邮政网点的具体位置，方便用户查找网点，就近办理邮政业务。直观反映网点直线距离、服务半径和服务人口等信息，帮助监管部门评估网点布局的合理性和选址的科学性。全面公开网点的电话、地址、邮编、营业时间、开办业务范围等内容，并通过照片展示网点的实际情况，鼓励群众监督。

【确定首批“绿色通道”企业名单】 4月2日，为简化行政审批流程，提高审批效率，引导企业规范经营，按照分类管理的思路，市邮政管理局确定首批“绿色通道”企业名单，分别为：浙江省邮政速递物流有限公司丽水分公司、丽水市顺丰速运有限公司、云和县圆天速递有限公司、缙云县胜通快递有限公司。进一步简化“绿色通道”企业快递经营许可证年审、换证程序，减少材料的提交。

【试点“快递E站”模式】 10月28日，在快递企业较为集中的龙泉试点农村“快递E站”模式，指导企业先行先试，通过整合圆通、申通、汇通、中通、韵达、天天等品牌快递企业在农村布点的网运和人员成立“快递E站”，并利用“快递E站”辐射周边村镇，同时，力推将“快递E站”打造成一个类似“顺丰嘿客”的平台，实现网络代购和电商销售等功能。各快递品牌每年在农村的投入成本至少节省50万元。

【收寄验视制度落实】 6月25日，为更好地落实“收寄验视+实名收寄+过机安检”规定，市邮政管理局制作《收寄验视警示牌》，下发至各快递营业场所，全面加强收寄验视制度建设和现场监管，通过明察暗访、现场试寄等方式，倒逼企业加强收寄环节管控，并采取快件包裹内放置“收寄验视卡”等措施，加强收寄验视制度，协助公安查获违寄物品5起。

【建立快递市场监管微信平台】 6月初，市邮政管理局建立市场监管微信平台，适时将行业安全监管方面的法律法规和工作注意事项及典型违法案例发送给各企业负责人，提醒企业加强对从业人员的教育引导和安全管控，结合日常监管工作，选取常用法律法规，采取“每日一条”的形式，发送给快递从业人员，进行实时提醒和引导，营造全市邮政快递企业浓厚的学法、守法氛围。

【快递企业监管工作】 2015年，针对全市快递企业基础条件薄弱，企业负责人文化层次普遍不高，法律意识淡漠，只重业务发展，不重安全管理，安全生产管理经验不足等现实情况，开展“面对面”帮扶指导工作，共计1380人次；建立市场监管信息按季通报制度，要求各企业进行对照检查整改；联合丽水市反恐支队，对全市各快递企业负责人及安全员100余人进行邮路反恐知识安全培训，增强全行业工作人员的识恐、防恐意识，提高公众应对恐怖袭击的能力和水平。 （项文蕾）

市邮政管理局联合市国安等部门开展寄递督查　　项文蕾　提供

城建　城管　环保

综　　述

【概况】 2015年，市建设部门坚持“绿水青山就是金山银山”战略思想，以打造国际休闲养生旅游名城为目标，扭住规划龙头，依托“六边三化三美”“五水共治”“六个一”等省市重点工作，推进美丽丽水、美丽县城、美丽乡村建设，实现城乡规划建设事业持续快速发展。

2015年，《丽水市城市总体规划（2013—2030）》方案先后提交市委常委会议、市人大主任会议审议通过，并通过省专家组审查，上报省政府批复。丽水市绿道网规划、城市紫线规划、养老服务设施规划、天然气规划、通信设施专项规划、市未开发地和“三改一拆”拆后用地实施规划、城市特色文化研究、总体城市形态研究、中闲区块主体研究、水城区块道路标高调整和污水管网整理、中心城处州民居课题研究等相继编制完成。

全年全市完成城市建设投资74.39亿元（含安居工程），同比增长19.8%，其中市区完成城市建设投资23.7亿元。争取建设部、建设厅支持丽水城乡建设经费3.25亿元。新增污水处理配套管网180千米，新增城市道路44.7千米（含路基），新增城市园林绿地面积86.99公顷，其中市区新增绿地面积38公顷。全市新增停车位4847个，新开工地下空间70.96万平方米。

全市完成房地产投资158.3亿元，同比增长0.4%，增幅在全省排名第四，其中市区完成投资74.6亿元。全市商品房销售面积182.42万平方米，同比增长34.7%，增幅位居全省第二，其中市本级商品住房销售面积79.53万平方米，同比增长27.6%。完成建筑产值277亿元，同比增长13.7%，全省第一，其中市内产值123亿元。　（蓝振奇）

城市规划

【县（市）域总体规划】 2014年11月，庆元县获省政府批复同意进行县域总规修编，2015年4月14日，通过省住建厅组织的总规成果审查，2015年7月1日，庆元县人大常委会审议通过，报请省人民政府批准。

2013年2月，市本级经省政府批复同意进行城市总体规划修编，2014年12月，分别经市规划委员会会议、市政府常务会议审议通过。2015年1月，经市委常委扩大会议审议通过，1月29日，由丽水市人民代表大会常务委员会第24次会议审议通过，12月8日，通过省住建厅组织的总规成果审查，报请省人民政府批准。

【中心城市控制性详细规划】 2015年，以总体规划为指导，不断完善中心城市各片区控制性详细规划。丽水市本级、景宁县、缙云县、青田县、龙泉市、松阳县、云和县、庆元县中心城市控制性详细规划覆盖率均达90%以上。

【中心城区专项规划】 2015年，围绕总体规划修编工作，推进各类专项规划编制。丽水市绿道网规划、城市紫线规划、养老服务设施规划、天然气规划、通信设施专项规划、市未开发地和“三改一拆”拆后用地实施规划、城市特色文化研究、总体城市形态研究、中闲区块主体研究、水城区块道路标高调整和污水管网整理、中心城处州民居课题研究等相继编制完成。

【历史文化名城规划】 2014年，丽水市成功申报省级历史文化名城，按照相关条例要求，丽水市启动编制丽水市历史文化名城保护规划和高井弄、刘祠堂背、酱园弄三个历史街区保护规划。四个规划均通过市规划委员会审查，并通过省级专家论证。

【规划宣传】 2015年，城市规划展览馆接待参观人数11万余人次，接待各省市党政代表团及各类团队180余个，承接各类会议30余次，发挥城市建设成就宣传窗口的作用。规划馆运用城市规划展览馆平台，严格实施“阳光规划”，公示规划建设项目，举办不同主题的临展，包括丽水瓯江文苑的总体规划设计及详细内容展、丽水市传统村落保护和美丽宜居示范村建设成果展，共5期。承办“撤地设市十五周年”摄影大赛；制作完成微信H5创意作品，宣传丽水城市和旅游，并获全市一等奖。（张　越）

【规划管理】 2015年，完成建设项目选址意见书46件（未含报省厅选址9件），拟选址用地面积362.38万平方米；建设用地规划许可证44件，批准用地面积142.41万平方米；建设工程规划许可证45件，批准建筑面积119.02万平方米；建设工程竣工规划核实确认书42件，核实建筑面积89.15万平方米；建设项目回复办理9件；建设项目抄告办理45件。共计办件240余件（未含报省厅选址9件）。按时办结率100%，规划许可准确率100%。群众信访投诉处理回复率100%。（辜晓丹）

城市建设

【市本级基础设施建设】 2015年，全市新增城市道路44.7千米。市区着眼南北城组团发展，构建道路框架，新增城市道路11.8千米，完成市场2号路北延伸段、水东路二期、水南路、武平路一期、长虹路东段、东港路二期等道路建设，新开工联城路一期、花街路、武东路、长虹路二期、好溪路二期、教工路、花园中学南侧支路等道路建设。注重城市地上路网与地下管网协调发展，推进供排水管网、污水和燃气管网建设。全市建成污水管网180千米。市区建成教工路污水主管网，大力推进东港路二期污水主管、好溪路东段及过江污水管等道路综合改造项目建设；完成8个旧住宅区、2个城中村旧管提升和雨污分流改造。

【县市基础设施建设】 2015年，莲都区完成紫金新村16~19幢、钟楼新村等路段的排水、路面等改造工程；完成金龙商厦附属绿地绿化小品增设、苗木更换等改造工程；做好路灯维护修补工作，全年新增设路灯286盏。缙云完成朝晖路北延伸段、朝晖路南延伸停车场、第二污水处理厂排放一级A提标改造等项目前期工作，洋潭头拆迁安置房工程（排屋）、南塘桥及至330连接线、紫薇路北延伸等项目前期工作有序开展。庆元建设完成五都区块污水工程、江滨路滨河景观提升、东门•汇金城、银河湾广场、濛洲花园房产等9个工程，开工建设东环路及下滩路、地质灾害避险搬迁和下山脱贫农民安置小区（巾子区块）、自来水厂扩建工程（二期）、污水二期管网工程及和家园房产项目。松阳完成城东保障用房、新华南路（南段）道路、独山风景区蟾峰阁、电影院地块改造、龙丽高速松阳收费站改造、白龙圳整治、古湖坑整治、县城老城区污水管道整治、县城老城区市政消防设施改造提升、县城污水整治提升、城市排涝、太平坊路改造、县城东入城口、松阳县迎宾大道景观改造提升工程等14个项目。云和按照“城市大景区”、“景在城中，城在景中”的思路，将县城按照AAAA级景区规划建设，建成仙宫大道“云和童话”视窗，浮云溪“童话飘带”景观轴，新建路童话特色街区，形成独具童话特色的精品景观线路。遂昌完成省重点工程北门至三墩桥道路拓宽工程，古院1号和2号道路、吴突头桥梁工程、二都街农民新村道路及配套工程、园丁路西段工程基本建成通车，后江路网、东桥路等工程加快推进，凯恩路改建工程、环城南路工程等8个项目前期工作有序开展。青田推进新大街、临江东路的欧陆风情综合改造提升，14个建筑外立面改造和1个环境综合提升项目已经完成，改造房屋外立面约2.8万平方米，提升绿化面积1.4万平方米，增设斗牛士、格林童话等5组雕塑，布展太鹤大桥转盘、荷兰风车等4个景观节点。龙泉全面开展“厕所革命”，城区48座公厕预计将于年底完成改造40座，增设十字路口机动车左转代转区，提高道路通行率，完成城区管辖范围内所有给排水、弱电、电力、信号灯等管线普查，

丽水南明小学　　蓝振奇　提供

并建立“一档一库”地下管网信息数据库。（蓝振奇）

【安居房建设】 2015年，市本级完成投资46881万元，在建项目有古城公寓（南区）、花园公寓、江滨农民公寓、联城经济适用房二期、联城经济适用房三期、寿尔福路中段安置房、天宁公共租赁住房、丽华小区三期、城中公寓二期（北区块）、接官亭三期、城北保障房等11个项目；新建项目有水东公寓、天宁工业区保障房、城西公租及安置房（一期公租房）、城西公租及安置房（二期大学生创业园）等4个项目。（王秋芬）

城乡一体化建设

【概况】 2015年，全市建制镇建成区面积5295.95公顷，建成区人口29.43万人，暂住人口7.11万人。建制镇人均道路面积17.11平方米（不含暂住人口），人均公园绿地面积0.86平方米，绿化覆盖率10.74%，生活垃圾处理率95.12%（无害化处理率71.13%），污水处理率98.76%，用水普及率99%。全年建制镇住宅竣工建筑面积45.86万平方米，人均住宅建筑面积52.94平方米；公共建筑竣工建筑面积4.54万平方米，生产性建筑竣工建筑面积29.78万平方米。建制镇完成各类建设项目总投入12.90亿元，完成市政公用设施投入5.44亿元。

【传统村落建设】 2015年，组织213个村申报第四批中国传统村落名录，占据全省半壁江山。全市77个村被列入中国传统村落名录。丽水市美丽城乡建设取得丰硕成果，得到省市领导和省内同行的充分肯定，8月18—19日，在丽水市召开全省美丽县城暨村庄规划设计现场会。省厅认定：丽水的美丽城乡建设走在全省前列。

【农村住房救助】 2015年，全市完成农村困难家庭危房改造3100户，中央补助专项资金2325万元全部发到农户。启动21个省级美丽宜居示范村试点村建设争取省专项补助资金3938.2万元，累计启动82个、完成19个示范村建设，缙云岩下村、景宁周湖村、龙泉溪头村等一大批示范村成为“美丽乡村”的典型，龙泉宝溪乡溪头村入选国家级美丽宜居示范村试点。继续执行《丽水市城市规划建设用地范围内农村村民住房改建及危房规划管理暂行办法》，严格执行《中华人民共和国城乡规划法》、执行城乡规划强制性标准，逐步完善以农村建筑工匠协会为载体的建房管理质量监督体系。（周 俊）

市政公用事业管理

【概况】 2015年，以“六城联创”为抓手，夯实市政公用基础设施建设和管理的基础，完善管理机制，规范管理制度，市政公用行业有序安全运转。市政公用设施养护管理结合行业管理特点和重点，健全完善制度，加强监督考核，推行精细化管理，市政设施管理养护水平得到较大提升。完善市政公用行业安全监管系统和应急处理机制，确保城市供水、供气、道路、桥梁、燃气、风景名胜等市政公用行业安全生产和正常运行。市本级垃圾无害化处理率100%、城市道路机械化清扫率56.7%、主干道机械化率100%，制定并开始实施生活垃圾分类方案，市区6个以上小区开展生活垃圾分类试点。加快推进主城区污水整治三年行动计划进程，完成大洋路污水管网改造工程，污水处理厂运行基本正常，加快推进中岸圩污水处理厂搬迁工作进程。推进“811”新三年行动计划。全市5个镇级污水处理工程均完工，3个镇级污水处理工程基本开工。城镇污水管网建设稳步实施。全面完成城镇污水处理年度减排任务，基本完成市区泥污处置中心项目土建主体工程。加大水源保护，确保饮用水水质。开展环境整治专项行动，完成迎生态文化旅游季、摄影文化艺术节等一系列市容专项整治活动及城市“无车日”活动。

【城市供排水】 2015年，黄村水库完成原水供应3700万吨，完成年度计划3675万吨的100.68%，同比2014年减少65万吨。完成供水量4694万吨，完成年度计划4875万吨的96.29%，同比2014年4840万吨减少146万吨。完成售水量4115万吨，完成年计划4241万吨的97.03%，同比2014年减少126万吨，下降2.97个百分点。完成产销差率12.33%，较年计划13%下降0.67个百分点，同比2014年12.37%相比下降0.04个百分点。完成污水处理量2948万吨，完成年计划2780万吨的106.04%，同比2014年增加6.35%。完成发电量282万千瓦时，上网电量274万千瓦时，同比2014年减少91万千瓦时。水质100%合格，符合饮用水水质标准。查处违章用水57起，对1623户用户进行用水性质的调整；全年检漏132处，抢修抢漏1194次；接受数字城管案件74起，用户反映情况430起，办结率100%。全年总计安装管道41711米。其中，一户一表及零星工程5270米，区块工程18838米，农民饮用水工程7447米，城市道路工程10156米。受理工程681份，内部招标88个，完成预算591份，决算537份，移交表卡2693张。全年完成道路配套、农民饮用水等工程47个并送审，完成并结算42个；完成零星工程结算392个。

【市政公用设施】 2015年，加大市区主次干道维护力度，市本级市政养管城市道路59条，总长度93.4千米，面积268.0万平方米，雨水管道169.3千米，污水管道113.3千米。累计修复人行道26290平方米、侧石822米、砼路面989平方米、沥青零星修补18168平方米，更换各类检查井盖370座，完成全市6207座检查井和6060余个雨水收集井的清淤任务，清理排水管道276千米，增设窨井标识牌6573个，安全防护网3500余张。设施维护完好率在99%以上，数字城管案卷结案率100%。完成括苍路中心医院段拥堵点改造工程。完成花园路（人民街—江滨路）改造提升项目——人民街至丽阳街段工程建设。完成港湾式公交停靠站改造工程。实施花园路临时停车场建设工程。实施高铁站前广场改造工程。全面加快小水门大桥（老桥）加固改造工程项目前期。全面加快括苍路（丽阳街—解放街）段排水管道修复工程项目前期。以市场化养管巡查、八小时外巡查、数字城管案卷三条线状反映问题为基础，以五个区域划分，分组配制巡查、施工、监管人员的面型管理为手段，按照"细查、即核、即修"原则，审核工程量，快速修复损坏设施。加强考核，提升道路设施修复质量。完善《市政道路设施养护考评制度》，以经济处罚手段提升道路设施养护质量。采取CCTV机器人等新技术实施桥梁专业检测，确保桥梁结构安全。5月，《丽水市区燃气专项规划修编（2013—2020）》获市政府正式批复。督促管道气企业加快天然气设施建设，加强企业安全监管工作。

【"811"工程建设】 2015年，建成青田县海口镇、莲都区雅溪镇污水处理设施，实现镇级污水处理设施全覆盖；庆元县、松阳县、缙云县、景宁县建成并运行污水处理厂污泥处置设施。全市建成污水管网180千米，完成200%；新建供水管网148千米，完成296%；改造供水管网121.5千米，完成202.5%；新建排水管网182千米，完成260%；雨污分流改造管网180.5千米，完成361%；增加抽水设备2.31万立方米/小时，完成577.5%；牵头丽阳坑"河长制"工作，市级河长共巡查22次，区级河长共巡查26次，2015年，完成42个问题整改和8个项目建设，丽阳坑主流水质平均达到Ⅲ类水标准，成为全市治水的样板河。配合推进好溪堰综合整治。 （应　姝）

园林绿化建设管理

【概况】 2015年，城市园林绿化工作以美丽城乡建设工作为契机，探索创新管理机制，精品精致建设好绿化项目，管理好公园绿地，推进城市立体绿化，提高城市总体绿化水平和品质，城市环境得到有效提升。2015年，全市绿化建设工作屡获殊荣，其中丽水市富岭连接线景观提升整治工程（绿化工程）和绿城·丽水秀丽春江3号地块A区市政景观工程获2015年度浙江省"优秀园林工程"金奖，绿城·秀丽春江2号地块法合区景观工程获2015年度浙江省"优秀园林工程"银奖。加强对各县（市）区创园工作的指导，龙泉成功创建国家园林城市，缙云成功创建省级园林城市。

【城市园林绿化】 2015年，全市新增城市绿地面积86.99公顷，其中市区新增38公顷，建成区绿化覆盖率44.84%，绿地率40.37%。建设绿道网143.1千米。稳步推进绿化项目建设，提升项目品质。2015年，完成新建和续建项目有富岭出口四边三化整治工程、"8·20"灾后恢复重建项目、富岭连接线改造附属工程、长运花苑东侧道路景观工程等，并推进市区绿地改造提升项目的建设，丽水市㵟渡古樟及周边空地绿化工程、迎高铁相关绿地提升改造工程和市区部分道路景观绿化改造工程等。

逐步完善公园绿地巡查机制和考核机制，深入管养一线，明确责任，利用数字城管，提高工作效率；组织丽水市第三届郁金香花卉展，入园人数20万余人；加强与市民的互动，开展科普教育工作，与电视、报纸等媒体合作，举办植树节、园林知识科普讲座等活动，并为市区行道树悬挂二维码树牌，市民通过手机扫描二维码就可获取树木资料。

开展园林发展等相关课题的研究，与各地园林部门开展学习交流活动。逐步推进、完成《丽水市中心城市绿地概念性设计——中心城区绿地景观规划研究》和《丽水市乡村绿化景观规划导则》的编制工作，指导建设有丽水人文自然特色的绿化景观。 （张虹韵）

建　筑　业

【概况】 2015年，全市新增一级建筑施工企业3家，二级资质企业3家，三级及劳务5家。年底，全市建筑施工企业321家，其中一级企业16家（包括专业承包）、二级企业68家；勘察设计企业60家；工程监理企业17家，招标代理企业9家，造价咨询企业9家，图审一类机构1家，其中甲级设计企业3家，甲级监理企业3家，甲级招标代理企业4家，甲级造价咨询企业5家；各类资质等级和范围继续提升扩大。完成6家企业安全生产许可证申报，通过省厅批准5家。全年全市建筑业总产值277亿元，同比增长13.7%，市本级产值122.9亿元，同比增长11.7%，省外产值18.86亿元，同比增长5.23%。市建设局监管的全市房屋与市政工程依法须招投标项目招投标率、工程报建率100%，竣工工程合格率100%。全年完成房屋建筑1926项施工图审查，面积640.8万平方米。落实《丽水市政府关于加快丽水市建筑业转型升级健康发展的若干意见》（丽政发〔2014〕3号）精神，定期开展企业荣誉称号评选活动；经企业申报、市建设局和市财政局联合评审，浙江金圣建设有限公司被市政府决定授予丽水市建筑业龙头企业；丽水市金丰建筑工程有限公司、浙江万寿建筑工程有限公司被授予丽水市建筑业重点骨干企业；丽水市天宇建筑工程有限公司、青田侨发建筑工程有限公司、浙江中邦建设工程有限公司被授予丽水市建筑业优秀企业。市本级全年落实建筑业扶持奖励专项资金116.61万元。

【建筑市场】 2015年，应招标工程204个，其中应公开招标工程147个，邀请招标工程39个，均按照有关规定邀请招标或公开招标，应招标工程招标率100%，应公开招标公开招标率100%。加大招标投标活动违法行为的查处力度，处理投诉案件2起；11次上报新增丽水市建设市场不良行为，对37家企业或个人所发生的不良行为视性质做严重或一般处理。对在监理专项审计中发生的问题，作专项处理。根据《丽水市建筑业类企业及从业人员违规记分管理办法》对161家企业或个人进行扣分处理。

【创优夺杯】 2015年，全市工程质量全面提升，“创优夺杯”保持良好发展势头。全年28个建设工程项目获市“九龙杯”文明标化工地，11个建设工程项目获“九龙杯”优质工程质量奖，3个建设工程项目获“钱江杯”优质工程奖工程。开展市建设工程优秀设计奖6个。

【建设业安全生产】 全年全市建设领域排查治理隐患单位2036家；发现隐患10946条，整改10724条，整改率98.0%，签发整改通知书1357份，签发停工通知单53份，对81家企业和个人进行罚款金额116.45万元，发现无施工许可证2家，现场人员未经安全培训、无证上岗312人次，不认真执行领导带班制度175人次，重点工程部位安全管理不到位341个，不按强制性标准施工85条，其他非法违法建设施工176次。

【建设业宣传教育】 2015年，开展“安全生产月”“质量月”活动，全市发放各类宣传资料、读本等24500余份。全市二级以上建筑施工总承包企业均建立民工学校，借助民工学校平台开展安全生产教育。全市悬挂横幅1050条，张贴各类宣传画1450张，在施工现场刊出黑板报472期。全年丽水市建设教育培训学校七大员参加考试8096人，合格3580人；特种工参加考试960人，合格714人；三类人员参加培训3246人；二级建造师继续教育参加224人。 （李　潇）

房地产业

【概况】 2015年，全市完成房地产开发投资158.27亿元，比2014年同期增长0.4%；房屋施工面积1012.79万平方米，比2014年同期增长5.3%；房屋竣工面积146.33万平方米，比2014年同期减少4.4%；商品房销售面积182.42万平方米，比2014年同期增加34.7%；实现销售金额163.12亿元，比2014年同期增加27.8%。

【资质管理】 全年核发房地产开发企业资质证书69本，其中核发新成立的房地产开发企业16家，定三级房地产开发企业1家。转报省建设厅核准房地产开发二级资质以上的企业6家、房地产估价机构三级资质以上的企业4家、物业服务二级资质以上的企业3家。 （李　平）

【住房保障】 2015年，完成《丽水市区公共租赁住房发展专项规划（2014—2020）》《丽水市城镇棚户区和城市危房改造及配套基础设施建设三年计划》编制及市政府审批工作；编制《丽水市城镇住房保障“十三五”规划》。出台《丽水市区公共租赁住房管理办法》（丽政办发〔2015〕174号），实现丽水市区公共租赁住房、廉租住房和直管公房“三房”并轨；出台《丽水市区联城经济适用住房销售管理实施细则》（丽政办发〔2015〕124号），面向城镇中等偏下收入、低收入住房困难家庭销售经济适用住房；出台《丽水市人民政府办公室转发丽水市建设局关于丽水市区直管公房清理整顿实施意见的通知》（丽政办发〔2015〕75号），开展市区直管公房清理整顿工作。全年全市新开工保障性安居工程住房5318套（新开工住房5145套、新增低收入家庭租赁补贴173户），完成目标任务（2600套）的204.5%；基本建成4101套，完成目标任务（1800套）的227.8%；竣工3809套，完成目标任务（2000套）的190.5%；交付入住3007套，完成目标任务（800套）的375.9%；累计完成投资27.7亿元。其中，市区新开工2074套（新开工住房1997套、新增低收入家庭租赁补贴77户），完成目标任务（700套）的296.3%；竣工1802套，完成目标任务

(1000套)的180.2%;交付入住1505套,完成目标任务(400套)的376.3%;累计完成投资6.4亿元。2015年,市区完成450套联城一期经济适用房销售工作,完成118套联城一期公共租赁住房实物配租工作;市区实现城镇低保标准2.5倍(1460元)以下住房困难家庭公共租赁住房"应保尽保",新增公共租赁住房保障对象77户,累计享受总数2308户,期末在保家庭1233户;市区人才公寓累计受益家庭总数656户,期末在保家庭484户,已分配房源411套,完成合同三年期满后续租196户。2015年度市本级干部职工货币分房继续稳妥推进,共发放补贴资金1268.08万元,371人。　　(王秋芬)

测绘事业

【测绘机构】 2015年,全市测绘与地理信息机构、人员编制和管理职能基本建立,市、县测绘与地理信息主管部门全部增挂"测绘与地理信息局"牌子。全市测绘单位45家,年产值8000万元。市、县9个直属政府的测绘地理信息管理机构,从事测绘地理信息管理工作32人,测绘地理信息管理机构直属的测绘地理信息单位从业人员160人。

【基础测绘管理】 2015年,全市基础测绘年度计划和实施经费基本列入国民经济和社会发展计划和财政预算。市区和县(市)级基础测绘项目和实施经费基本列入国民经济和社会发展计划和财政预算;全市2015年度基础测绘经费投入3623万元。市区2015年度基础测绘计划由市发展和改革委员会发文(丽发改综合〔2015〕159号)下达,并由市财政部门下达2014年度基础测绘经费计划200万元(丽财建〔2015〕117号),基础测绘项目主要有丽水市第一次地理国情普查、丽水市域似大地水准面精化项目、数字城市维护、天地图市级节点数据融合建设、地形图更新补测等。

全市完成基础地理信息数据库2000国家大地坐标系转换工作,通过省测绘质量监督检验站验收,丽水市域似大地水准面精化项目通过省测绘质量监督检验站验收和组织实施。开展行政审批制度改革,及时落实权力责任清单,完善政务服务网建设,落实4项测绘行政许可、6项测绘其他行政权力和33项测绘行政处罚等内容。

2015年,对全市测量标志开展巡查工作,完成测量标志补贴发放3.6万元。组织对松阳县的松阳师范(6346)GPS、五木村GPS、I龙温025水准点,龙泉市的II浦云24水准点、GPS点等5个测量标志点进行重点巡查。各县(市)组织对测量标志的巡查,并对巡查记录情况、测量标志档案进行更新。

【测绘资质与市场管理】 2015年,全市44家乙、丙、丁级测绘资质单位完成年度报告工作;完成丽水市金绘测绘有限公司、丽水市恒驰水利服务有限公司、丽水天河测绘有限公司3家丁级测绘资质申办工作;开展测绘资质巡查工作,市、县全部制订测绘资质巡查工作方案,组织实地巡查,总结和整改落实。全市巡查32家(其中市区13家,县级19家)占比达30%以上,对6家资质单位发放责令改正通知书;完成市、县测绘资质持证单位的质量保证体系和涉密测绘成果档案管理检查年度考核工作。结合测绘资质巡查工作加强测绘项目备案监管,全市完成测绘项目上网备案总数771个。全市完成对13家测绘单位进行质量保证体系和测绘成果的质量监督检查(丽测发〔2015〕18号),配合省局完成对市测绘中心等5家单位的工程房产测绘项目的质量监督检查。开展测绘市场准入、项目实施、地图管理、测绘成果和测量标志等行政执法专项检查7次,其中,开展重大专项执法行动2项,发现涉嫌违法行为2起,立案调查和行政处罚案件备案2个,行政执法案卷评查3个。

【测绘项目建设】 2015年,市、县(市)按省局要求提交年度实施方案(或实施计划),并上报省局备案,落实经费预算;完成城市建成区"一区两率"调查工作,市、县城市建成区面积调查、城市建成区绿地率、绿化覆盖率调查成果全部上交省质检站并通过验收。数字城市地理空间框架建设:县(市、区)数字城市地理空间框架建设全部完成验收、天地图通过测评。10月23日前,8个县(市)数字城市地理空间框架建设项目全部完成预验收工作,12月18日前,全面完成省级验收、天地图通过测评。8个县(市)天地图县级节点全部采用与市级节点"一站式"的建设模式。数字城市推广应用情况:对平台示范应用建设重点突出"秀山丽水,养生福地"主题,做好"一张名片、一个亮点和一个特色"的示范应用,"数字丽水"地理信息公共服务平台2015年累计完成20个。每个县(市)的数字城市地理信息公共服务平台完成至少5个应用示范,8个县(市)的应用示范达49个。市、县(市)平台政务版全部接入省地理空间数据交换和共享平台,按市局与省局签订的数据融合协议书,市级节点和云和县级节点完成与省级节点的数据融合,分别通过国家局和省局的接入测试评估。　　(应文宇)

“三改一拆”工作

【概况】 2015年，丽水市全面完成“三改一拆”目标任务。省委、省政府开展“三改一拆”专项行动决策部署后，市委书记王永康、市长黄志平多次对“三改一拆”行动做出批示，并召开专题会议，进行研究部署。召开“三改一拆”推进会，会上，市政府与各县(市、区)政府签订目标责任状，市长黄志平、副书记朱晨等领导出席会议，市委书记王永康讲话。会后，各县(市、区)贯彻落实会议精神，执行相关文件要求。全市累计拆除违法建筑面积2039万平方米，2015年，拆除违法建筑面积1048.66万平方米，完成年度任务600万平方米的174.78%(丽水市申报“无违建”创建的云和、景宁、松阳、遂昌4个县分别完成年度任务的211.11%、180%、172.4%和153.6%)；全市累计改造“三改”面积2385.96万平方米，其中2015年完成“三改”面积1122.06万平方米，完成年度任务600万平方米的187.01%(丽水市申报“无违建”创建的松阳、遂昌、云和、景宁四县分别完成年度任务的301.3%、284.3%、238.69%和152%)，同时，丽水市在改造城中村方面成绩突出，全年改造城中村面积581.76万平方米，完成年度任务300万平方米的191.09%(丽水市申报“无违建”创建的松阳、景宁、云和、遂昌4个县分别完成年度任务的244.6%、240.42%、222.2%和206.5%)。

丽水市相继成立由市长任组长，市委副书记、常务副市长、分管副市长任副组长，29个部门主要负责人为成员的“三改一拆”行动和“无违建”创建领导小组。集中抽调城管执法、建设规划、国土资源、宣传、公安等职能部门的骨干人员组成多个“三改一拆”和“无违建”创建工作专项工作组，在全市形成统一的组织协调、指挥管理体系，实行一级抓一级、条块结合、以块为主、块抓条保的责任体系和工作机制。各县(市、区)、各责任单位及时成立相应的领导机构和工作机构，由当地主要领导挂帅，落实工作场所、充实人员力量和确保工作经费，联动推进。全市完成143个“无违建先进乡镇(街道)”，108个“基本无违建乡镇(街道)”和34个“无违建乡镇(街道)”的创建工作，其中，云和县100%乡镇完成“基本无违建乡镇(街道)”创建任务，云和县、遂昌县向省里申报2015年度“基本无违建县”，景宁县申报2015年度“无违建创建先进县”，其中，云和县创成“基本无违建县”，遂昌县、景宁县、松阳县创成“无违建创建先进县”。

【“两路两侧”违法建筑整治工作】 2015年，浙江省开展“两路两侧”违法建筑整治工作，丽水市提出“一周一报告、一月一核查、一月一点评”的工作推进机制。市“六边三化三美”全面抓好“四边三化”“两路两侧”工作，市“三改一拆”办抓好“两路两侧”违法建筑整治工作，各县(市、区)党委政府在完成省、市下达任务的基础上，开展县、乡道“两路两侧”违法建筑大排查工作。全市149个省级整治督办点全部整改到位，自查发现4800个县、乡道督办点全部整改完成。

【涉宗违建专项整治】 2015年，丽水市坚持把“三改一拆”作为法治建设的大平台，明确要求任何宗教场所的建设都必须在《中华人民共和国土地管理法》《城乡规划法》等法律框架内进行，宗教场所不能成为违法建筑物的法外之地，该依法拆除的必须坚决拆除，该依法整改的必须坚决整改。

【涉工业企业整治工作】 2015年，丽水市坚持“绿水青山就是金山银山”的发展理念，坚持“零地技改”“退二进三”“腾笼换鸟”的发展思路，制定出台《丽水市“三改一拆”涉及工业企业厂房专项整治工作方案》，要求各县(市、区)政府相应制定三年整治方案并做到每周上报“四张报表”，实现“园区外基本无工业，园区内基本无非生态工业”的整治目标。全市整治阀门、铸造、竹木制品加工、石材加工等“低小散”企业924家，完成省下达年度任务的231%，其中，景宁县东坑镇工业企业违法建设被《今日聚焦》曝光后，完成全县29家工业企业18.1万平方米的违法建筑拆除工作，“低小散”企业整治工作取得明显成效。

【领导干部违建专项整治行动】 2015年，按照省委巡视组的要求，丽水市出台《少数领导干部违建专项整治行动方案》，在全市范围内全面开展公职人员违法搭建情况的自查和整改工作。省委常委、市委书记王永康带头自查并主动申报，全市副处以上领导干部(包括非领导职务)按照《关于进一步做好副处以上领导干部在丽水市区违法搭建自查情况的通知》要求，自查并及时申报，其他公职人员对照《中共丽水市委办公室 丽水市人民政府办公室关于认真落实省委巡视组反馈意见开展公职人员在丽水市区违法搭建情况自查的通知》(丽委办传〔2015〕110号)要求，全面申报并限期整改。根据省、市“三改一拆”和“无违建”创建相关推进会议、现场会议的统一部署，丽水市制定“拆后土地利用、非法‘一户多宅’、影响消防安全违法建筑整治，以及新发违法建筑责任追究办法”等配套文件和整治方案，丽水市拆后土地利用和规划、重点区域和重点类型违法建筑的拆除和处置、新发违建的责任落实和追责等工作，均取得明显成效。

【“三改一拆”制度建设】 2015年，丽水市根据省“无违建县（市、区）”创建标准和考核验收要求，制定并出台《“无违建乡镇（街道）”创建标准及验收办法（试行）》的通知）》（丽政办发〔2015〕155号）、《丽水市“无违建乡镇（街道）”创建三年行动计划（2015—2017年）》（丽改拆〔2015〕2号）、《关于进一步明确〈丽水市区违法建筑处置办法〉有关问题的意见》（丽改拆办〔2015〕25号）等文件，从市级层面对全市的“无违建”创建工作进行统一部署和落实。为加强违法建筑的长效管理，丽水市出台《丽水市新发违法建筑责任追究办法》《丽水市城市违法建筑拆除后土地利用和建设管理的意见》和《丽水市中心城区违法建筑拆后建筑垃圾清运管理意见》等文件，并严格按相关配套文件执行。同时，做好各县（市、区）政府、各乡镇（街道）政府的业务指导工作，要求建立健全防控体系、制度体系、规划体系和农民建房保障体系，对1999年1月1日以后农村非法“一户多宅”问题的整治工作加强研究部署，对存量违法建筑等重点难点违法建筑的处置工作依法推进，对省、市级媒体曝光的典型违法案件督促及时整改，并做到举一反三主动曝光36起市级典型违法建筑和174起“十先拆”典型案件，所有被曝光的违法建筑全部依法依规拆除完毕。

【“三改一拆”舆论宣传】 2015年，根据市“三改一拆”办与市委宣传部制定的“三改一拆”和“无违建创建”宣传报道方案，丽水市本级及9个县（市、区）均在新闻媒体的重要版面、时段、页面开设“‘三改一拆’在行动”专栏专题。全年市本级以上媒体刊播“三改一拆”专题内容118篇（其中，省级以上媒体刊播21篇）。丽水市坚持把“三改一拆”和“无违建”创建进度实时在新闻媒体上进行公示，并天天排名，形成舆论倒逼机制，助推“三改一拆”和“无违建”创建工作深入开展。各地充分借助广播、短信、文化墙、公告栏等传统媒体和微信、微博等新媒体，开展“三改一拆”、“无违建”创建、两路两侧专项整治的报道。 （郑　扬）

城市管理行政执法

【概况】 2015年，市城管执法局查处各类案件47150起，其中自查案件22915起，“96310”举报案件2370起，数字城管案件21865起，投诉案件得到及时办理。全年受理信访件449起，办结率100%。全年拆除违法建筑面积1048.66万平方米。制定《“五水共治”专项宣传教育活动计划》，先后20余次到市领导领衔的丽阳坑、好溪堰等水系调研，开展“五水共治”工作，对6处五水共治相关违建进行拆除。

【全国文明城市创建工作】 9月7日，成立丽水市创建全国文明城市工作生活环境（国卫巩固）专项组，开展巩固国家卫生城市省级暗访迎检督查工作，发放交办单65件，涉及各类问题170余个；牵头在市区开展文明示范街创建工作，并率先在花园路开展创建活动，制定文明示范街创建巡查制度等各种管理制度，按照“八好”“十无”标准开展巡查管理，对发现问题进行交办落实，加强日常监管，实行严管重罚，开展空调水乱滴影响行人专项整治，在2015年全省卫生城市质量评估中丽水市综合成绩位居全省第一。

【交通治堵工作】 2015年，为缓解市区停车难问题，在市区56处人行道施划812个泊车位，提升市区8个停车场和420个咪表停车位的使用效率，有效缓解部分路段停车难问题，全年累计采集车辆违停数据21538辆，拖离违停60余辆。

【城市管理体制调整】 2月13日，根据《关于市城市管理体制调整有关事项的通知》精神，将原市政府直属

违法停车执法　　毛道衡　提供

事业单位市城市管理监督指挥中心调整为市城市管理局(市城市管理行政执法局)下属相当于副县处级公益一类事业单位。市城市管理监督指挥中心原承担的监督考核职能交由市城管局负责。加强市城市管理局综合协调城市管理的职能,并会同市爱卫办承担创国卫后续相关工作。局机关增设内设机构综合协调考评处,增加科级领导职数1人。市城市管理监督指挥中心的办文、后勤、财务等由市城市管理局统一负责,原3个内设机构数不变,具体设置作相应调整。中心主任不再由市政府副秘书长兼任,不高配正县处级,改为兼任市城市管理局(市城市管理行政执法局)副局长,副县处级。中心副主任正科级领导职数核减1人。市政府布置下达涉及城市管理行政执法的具体工作任务时,市城管行政执法局、市城管行政执法局处州分局共同参与,按照各自职责予以落实。市城管行政执法局各分局以市城管行政执法局名义行使职权,市城管行政执法局对外承担法律责任。各分局具体负责行政应诉、复议答复、国家赔偿、信访投诉处理等工作,承担相应费用,在工作考核、责任追究等方面直接承担相应责任。 (毛道衡)

生态环境保护

【概况】 2015年,丽水市环保局围绕"绿水青山就是金山银山"的绿色生态发展理念,严把源头准入,严控过程管理,严格责任追究,抓好治污减排,维护生态环境安全,优化经济发展质量,各项工作取得新成效。生态环境状况指数连续12年排名全省第一,生态环境质量公众满意度连续8年排名全省第一,生态省考核连续9年蝉联优秀,在全省率先创成首批省级生态市。景宁、缙云县分别通过国家级生态县创建技术评估和现场验收。全市县级以上集中式饮用水源地水质达标率100%,跨行政区域河流交接断面水质达标率100%,I–III类水比例98.96%。6个县(市、区)达到空气质量二级标准,市区空气质量优良率90.1%,位列全省第2,全国第10。

【治水、治气、治土三大行动】 2015年,推进"五水共治",净化水环境。落实"河长制",实现市、县、乡、村四级4183人"河长制"全覆盖。全面建立河长责任制、河长巡查制和河道警长制,全市"治污水"相关项目完成年度投资计划的114.7%。在全省率先完成"清三河"任务基础上,2015年黑臭河巩固提升59.448千米,庆元、松阳、龙泉、遂昌4个县创建成省级"清三河"达标县。

制定《丽水市大气复合污染(PM2.5)防治实施方案》,采取"部门联合、疏堵并重、重在治本"的工作方针,实行"五气共治"(治汽车尾气、治工业废气、治城市浊气、治燃煤烟气、治农村废气),推进治气六大行动(调整能源结构、机动车污染防治、工业大气污染防治、调整产业布局与结构、城市扬尘和烟尘整治、控制农村废气污染)。2015年,淘汰黄标车13194辆,完成年度任务113.52%。淘汰燃煤小锅炉707台,完成年度任务336.67%。全面完成涂装、合成革、印刷三大行业150余家企业VOCs(挥发性有机化合物)污染整治。

市环保局制定《丽水市疑似污染场地排查计划(2015—2018年)》,按期完成3块疑似污染场地排查工作。开展土壤修复示范项目,完成省级工业污染场地修复示范项目1个。加强危险废物监管工作,编制《"十三五"丽水市危险废物和污泥处置设施建议规划》,完成危险废物和污泥处置全过程视频监控平台建设,新增危险废物处置费用统一结算企业52家。编制《丽水市危险废物规范化管理手册》,提升企业危废管理水平和环保意识。

【行业整治】 2015年,全面完成重点行业整治。加强制革、印染、造纸、化工四大重污染高耗能行业整治,通过约谈政府领导、实地指导、短信通报等整治手段,提高推进效率,75家企业完成行业整治工作任务,相关县(市、区)通过县级区域整体现场验收。开展特色行业工作,列入全省名单的196家企业整治全部完成。不锈钢阀门铸造行业是整治力度最大的行业之一,松阳县完成不锈钢行业47家整治;景宁县舍弃全县规上产值33.4%,整体拆除全县29家阀门制造和不锈钢企业;青田县舍弃百亿的阀门工业产值,出台《青田县阀门行业综合整治提升实施方案》,完成104家企业整改。推进竹木加工行业转型升级,龙泉市全面开展竹木行业污染整治行动,拆除企业厂房32家,关停企业12家,完成布袋除尘、新型水膜除尘设施等34家。庆元拆除竹制品粗加工小企业厂房35家。特色行业整治取得的成效获省领导批示肯定。推进"低小散"行业整治。丽水市出台《关于进一步整治提升"低小散"企业的指导意见》,每年整治"低小散"企业(作坊)1000家以上。2015年,全市整治提升"低小散"企业1206家。其中,改造提升511家,整合入园128家,合理转移72家,关停淘汰495家。

【打击环境违法行为】 2015年,市环保局开展环保专项执法月、打击企业废水直排偷排超标排放等违法行为、绿箭行动,五水共治督促+执法等执法行动，处置丽水南明化工爆发等突发事件。全年全市环保系统出动各类环保执法人员19708人次，排摸、检查企业7130家，行政处罚案件573件，行政处罚1001.16万元，关停3182家，移交公安案件22件，行政拘留10人，刑事拘留15件。实施查封、扣押案件情况案件31件，实施限制生产、停产整治案件情况132件，适用行政拘留环境违法案件12件。开展全市各部门联动的环境保护大检查工作。全年排查排污单位17169家，责令停止生产企业家数229家，责令限期改正或限期治理企业539家，关停取缔企业284家，处罚企业62家。全市清理违法违规建设项目1556个。完成阻碍环境监管执法“土政策”清理。市政府出台网格化环境监管体系实施方案。

【生态红线“管控体系”】 2015年，编制新《环境功能区划》，将全市域划分为自然生态红线区、生态功能保障区、农产品环境保障区、人居环境保障区、环境优化准入区和环境重点准入区六大类。其中，将丽水市大约95%以上的市域面积划入自然生态红线区、生态功能保障区和农产品环境保障区，将全市90%以上森林和水域都划入自然生态红线区和生态功能保障区，严守生态红线。编制丽水市《水功能区水环境功能区划分方案(2015)》，Ⅰ、Ⅱ类功能区82个，占总数70.7%，饮用水源保护区从20个增加至24个，水质要求类别均为Ⅱ类。

【总量管理创新工作】 2015年，深化排污权有偿使用和交易工作，完成679家重点排污企业初始排污权核定、分配及119家新建项目新增排污权指标交易工作，合计缴费金额1906万元。编制《丽水市刷卡排污总量自动控制系统运行管理办法(试行)》，建成77套重点源刷卡排污系统。全市完成排污权基本账户收入额度核算和重点行业企业的吨排污权税收“三三制”排序工作。2015年，全市组织实施减排项目317个，投入资金15.3亿元。全市主要污染物减排指标化学需氧量、氨氮、二氧化硫和氮氧化物排放量分别比2014年削减6.37%、5.49%、1.55%和4.02%，均超额完成1.0%、2.7%、1.0%、0.0%的年度目标任务。“十二五”期间，丽水市实施减排项目930个，投入专项资金41.89亿元，主要污染物减排指标化学需氧量、氨氮、二氧化硫和氮氧化物排放量分别比2010年削减17.31%、15.21%、10.82%、7.65%，分别累计完成“十二五”目标任务的173.1%、121.7%、110.4%和765%，四项主要污染物总量减排指标均超额完成“十二五”总目标任务。

【环保宣传】 2015年，通过“六五”世界环境日等为契机，在全市推进“践行绿色生活”，与教育部门共同绿色学校创建，与妇联部门共同创建市级绿色家庭，共建共享美丽人居环境，绿色生态理念在全市得到普及推广。为宣传好《中华人民共和国环保法》，在丽水市各大主要媒体、全市524台楼宇电视公益广告、电影院线等处播放公益广告。在全市高速公路出入口、风景旅游区等建设电子显示屏，实时显示空气质量状况，宣传“秀山丽水、养生福地”的优良生态环境。　（梁　桢）

【环境监测】 2015年，完成地表水、饮用水源地、交界断面的水质常规监测，空气质量常规监测，声环境质量常规监测，土壤、生态、农村环境、农产品基地常规监测和污水处理厂、多家重点污染源各类监督性监测任务，完成2015年度减排项目监测数据核查工作。

【环境质量状况】 2015年，全市地表水环境、空气环境质量和声环境质量总体良好。地表水环境质量：2015年，丽水市境内河流、湖库共设置96个地表水常规断面开展地表水监测，年均值满足相应水功能要求的有95个断面，达标率98.9%，与2014年持平；其中Ⅰ类水质断面13个，占总断面数13.5%，与2014年持平；Ⅱ类水质断面67个，占总断面数69.8%，较2014年增加7个断面；Ⅲ类水质断面15个，占总断面数的15.6%，较2014年减少7个断面；劣Ⅴ类断面(市区的环城河口)1个，占总断面数1.1%，与2014年持平。全市县级以上集中式饮用水水源地10个，达标率均为100%；丽水市域范围共设有省、市、县三级交接断面17个，各交接断面水质达标率100%。环境空气质量：本年度全市按照环境空气质量指数(AQI)进行评价。AQI指数评价结果：丽水市区全年有效监测天数363天，其中空气质量达到Ⅰ级的天数有128天，Ⅱ级天数199天，Ⅲ级天数32天，Ⅳ级天数4天，Ⅴ级天数0天。Ⅰ、Ⅱ级(优良)天数合计占比为90.1%。丽水各县(市、区)平均有效监测天数为354天，其中空气质量达到Ⅰ级157天，Ⅱ级178天，Ⅰ、Ⅱ级天数(优良率)合计占92%。Ⅲ级及Ⅲ级以上19天。丽水各县(市、区)空气质量优良率在90.1—98.1%之间，最高为龙泉98.1%，最低为丽水市区90.1%。全市降水pH平均值为5.13，比2014年年平均值上升0.2，酸雨频率全市平均54.9%，较2014年下降6.6个百分点。声环境质量：丽水市区区域昼间等效声级为54.3dB(A)，比2014年下降0.1dB(A)；市区交通噪声平均等效声级为65.9dB(A)，较2014年下降0.8 dB(A)，均达到国家控制标准要求。　（叶青平）

小城市和中心镇建设

【概况】 2015年，丽水市小城市和中心镇培育工作继续以“美丽城镇”建设为发展目标，不断优化布局，提升发展质量。全市22个小城市和中心镇建成区人口31.44万人，同比增长6.2%；镇常住人口54.26万人，同比增长1.6%；城镇化率57.94%，比2014年增加2.5个百分点；实现工业总产值659.08亿元，同比增长6%；四个旅游主导产业镇(大港头镇、老竹镇、崇头镇、石练镇)实现旅游总产值16.16亿元，同比增长24%；完成固定资产投资128.8亿元，同比增长32%。

小城市建设

【壶镇镇省级小城市培育试点】 2015年，壶镇镇获评全省70个“百亿级”工业强镇第39位，全年实现工业总产值170亿元，GDP65.3亿元，固定资产投资42.17亿元，财政总收入8.01亿元。2015年壶镇GDP、固定资产投资、财政总收入增速分别达9.6%、22.2%、14.3%，比缙云县平均增速分别高4.3个百分点、5.4个百分点、12个百分点，是全县经济核心，最重要的发展增长极。小城市培育以来，壶镇实施“四换三名”“五水共治”“三改一拆”等产业转型升级。壶镇是全国最大带锯条、缝纫机生产基地，重要小家电生产基地。在全市率先提供智能解决方案，年产值超亿元，核心产品打入德国市场，机器人产业全市领先。北山电子商务迈出省门、跨出国门，登陆美国最大财经频道CNBC，并连续四次被中央电视台报道。全镇有1000万元电商企业14家、超5000万元6家、超亿元2家，行业领先知名品牌6个。开展新型城镇化建设，投资11亿元建成全市乡镇首个城市综合体——乐业新天地——乐业影城。每千名老人养老机构床位数提升至21张，全镇养老床位数340张，实现同比增长110%。建成公共免费wifi服务点23个、城乡居民基本医疗保险政策范围内住院费用报销率提升到80%、等级幼儿园覆盖率提升到64%。壶镇承接涉及22个部门、153项审批服务事项，占全县拥有审批服务事项总量57.7%。全年受理审批服务事项50121件、办结50028件，办结率99.8%。引导社会资本参与城市建设，完成非国有投资28.24亿元，占投资总额63.3%。累计使用建设用地51.47公顷、盘活存量建设用地14.17公顷，盘活用地占建设用地比例提升到27.5%。

【温溪镇市级小城市培育试点】 2015年，温溪镇围绕转型升级、跨越发展，打造现代滨江小城市。全年完成工业产值285亿元，同比增长22%；完成固定资产投资16.76亿元，同比增长18.6%；农民人均纯收入13953元，同比增长12.2%；镇域城镇化率84.6%，比2014年增加2.1个百分点。全年新续建投资项目40个，招商实际到位资金4.53亿元，完成制造业投资8.05亿元，协议利用市外内资11.35亿元，完成工业征地13.99公顷，出让4.56公顷，盘活闲置厂房48328平方米。重点推进温溪青商总部经济产业园、小商品市场和农贸市场改造、新区滨江大道、横溪流域工业园区、保税仓储物流配送中心、汛桥旧村改造、工业技改拓展、社会民生8个项目。总投资8亿元产业园项目实现挂牌，总部产业园模式成为省政府推广的“浙商总部回归三大模式”之一。加大产业集聚平台建设力度，完成两家皮革制品产业园功能提升，其中格瑞斯工业园顺利实施，兽霸产业园项目完成建设审批程序。创新社会管理，各村(居)配备平安综治工作手机，开展手机“平安通”业务培训，及时掌握辖区动态，处置各类矛盾纠纷案件41起，收到各类信访件147起，初次信访回复率达100%，被评为浙江省乡镇(街道)劳动人事争议先进基层调解组织。完成尹山头、塘里岙、沙门、寺下等9个村生活污水治理项目，新增受益农户约4969户。推进无害化处理生活垃圾，配备保洁员149人，购置垃圾桶2500只、环卫用车20辆、中型垃圾运输车6辆、大型垃圾转运车2辆等，城镇环境不断改善。完成新村、塘里呑、东岸、大头田4个避灾点，核定14个村居50户困难家庭享受农村贫困医疗救助，累计解决医疗救助金35万元。为7户患重大疾病患者家庭发放医疗救助金2.8万元，全年助医、助学、助困30余万元。对低收入残疾人结对帮扶178人，全年纳入居家安养残疾人46人。

【碧湖镇市级小城市培育试点】 2015年，碧湖镇以“古韵碧湖、田园碧湖、活力碧湖”为目标，全年完成固定资产投资19.54亿元，同比增长18.07%；产业投资14.23亿元，同比增长18.42%；农民人均纯收入17218元，同比增长12.09%；区域劳动总人口34181人，二、三产业从业人数比重68.64%，比2014年增加2.06个百分点；镇域常住人口城镇化率46.02%，比2014年增加2.09个百分点。碧湖产业区块北区块和高溪低丘缓坡开发不断推进，其中，丽水市莲都—义乌山海协作产业园以碧湖产业北区块1平方千米和高溪低丘缓坡开发区块8平方千米为合作平台，规划开发面积9平方千米，该区域内的碧湖产业区域的道路网及配套设施工程已基本建设完成，建设高溪低丘缓坡区块的一期道路网、绿化工程。完成5个基层站所撤并与三个“中心”设立，原有人员编制划入镇政府下属三个事业单位——碧湖镇国土建设和城市管理中心、碧湖镇社会事业服务中心、碧湖镇农业农村综合服务中心，三个中心承担原区直行业主管部门所下放权力事项，实现扩权强镇、体制创新。教育现代化稳步推进，建有碧湖小学、碧湖二小两所省级义务教育标准化学校，等级幼儿园覆盖率80%以上，义务教育普及率100%。建立乡镇卫生院“20分钟医疗圈”，各卫生院达到标准规范化要求，满足群众日常医疗需要。全年举办大型文化活动和文化会亲活动7次，农村有线电视、广播入户率100%。

中心镇建设

【中心镇特色产业】 2015年，中心镇特色产业发展快速，呈现“一镇一业、多业并举、特色明显、产业兴镇”发展格局。壶镇镇“电子商务、高端机械、小家电”三大新兴产业，与“缝纫机、带锯条、工模具、特种钢”四大传统产业，成为全镇重要经济增长极。崇头镇旅游产业增长迅速，镇区接待旅游人数30余万人次，民宿和农家乐接待人数17.8万人次，总营业额880万元，“云上五天”“隐居梯田”等精品农家乐、民宿营业收入突破百万元，传统高山蔬菜产业稳步发展，全镇完成蔬菜种植933.33公顷，同比增长10%，建设重点高山蔬菜基地15个，梯田大米、梯田茶叶等一批农产品品牌通过包装进入市场，拓展超市直销、微信订购、淘宝等销售渠道，年产值超过200万元，其中绿荫农产品专业合作社“我们种菜吧”微信订购群稳定客户150个，每周配送一次，深受城市市民喜爱。

【中心镇面貌建设】 2015年，中心镇结合“六边三化三美”“五水共治”“三改一拆”等专项行动，整治与建设并举，各镇开展镇域“六边”地区脏、乱、差专项整治活动，消除乱堆乱放、乱搭乱建、占道经营、乱贴广告现象，完成“处州民居”风貌改造，初步形成协调、统一的“处州民居”风格。全面落实镇村两级河长制，实现河道保洁常态化，基本消灭黑臭河，镇区水环境持续改善，中心镇河流交流断面水质基本达到二类水质，自来水普及率达94%，建成区垃圾集中处理率93%，污水集中处理率83%；镇域建成区内生态景观绿化带、滨江休闲风光带、公园、图书馆等公共景观、文体场所设施齐全，绿化覆盖程度提高，建成区绿化覆盖率23%，比2014年增加1个百分点。

【中心镇公共服务】 2015年，中心镇公共服务不断完善，建立行政审批服务、综合执法、民生保障、应急维稳等公共服务平台和公共服务网络体系，专职人员配置齐全，群众办事便捷；全面建立“20分钟医疗圈”，满足群众日常需求；义务教育普及率及等级幼儿园覆盖率90%；新型农村合作医疗保险覆盖率、城乡居民养老保险率达95%以上，政策性农村住房保险参保率97.8%，政策性农业保险参保率100%；金竹镇以“互联网+”思维，打造“金扶直通车”微商平台，制作低收入农户土特产品销售名册，帮助销售板栗、山茶油、土鸡等农特产品；石练镇6个村开展农村春晚、闹元宵等文艺晚会，举办“遂昌非遗”图片展、勤廉书法展和越剧促进会，连续三年举办“罗邦杯”乡镇男子篮球邀请赛，镇图片馆实行电子阅读，群众生活丰富多彩。 （叶苏贤）

旅　　游

综　　述

【概况】　2015年，全市共接待旅游人数6301.69万人次，同比增长14.86%，实现旅游总收入426.02亿元，同比增长25.45%。2月，组建丽水市旅游委员会，市发展和改革委员会承担的生态休闲养生(养老)产业发展职责划入市旅游委员会。7月，设立市瓯江生态旅游景区管委会(筹)(简称市瓯江景区管委会〔筹〕)，为市政府直属临时性事业机构，挂南明山景区管委会、丽水九龙国家湿地公园管理处、南明湖管理处牌子(丽编委〔2014〕3号)。10月，市政府办公室印发丽水市旅游委员会主要职责内设机构和人员编制，内设办公室、规划发展处、市场开发处、行业管理处(安全生产管理处、挂行政审批处牌子)，生态休闲养生产业发展处，行政编制12名，其中主任1名，副主任4名，科级领导职数7名。

【开展“旅游富民富市”大讨论】　2015年，国家旅游局局长李金早在全国旅游工作会议上提出“旅游业不但富民，也富财政”。3月13日，市委书记王永康调研旅游工作并做出批示，要求在全市开展“旅游富民富市”大讨论，并做好宣传工作。丽水市旅游委员会组织开展为期三个月的大讨论活动，共分动员学习、讨论交流、宣传和总结四个阶段进行。活动收集全市“旅游富民富市”的成功案例和旅游经济发达地区的经典案例20个，开展“旅游富民富市”课题研究10个，编印《丽水旅游》，在全市旅游系统开展交流学习。同时，市旅委不定期对各县(市、区)开展学习大讨论活动进行通报，并把各地开展大讨论的成果进行编印，送市主要领导参阅。市、县主流媒体推出“旅游富民富市”大讨论的系列报道。

【丽水获批省级旅游综合改革试验区】　5月，省政府正式批复同意设立丽水旅游综合改革试验区。批复要求，要以推进旅游综合改革各项重点工作为抓手，努力破解旅游产业发展过程中的思想观念、体制机制、要素保障、生态保护等方面的突出问题，推动区域经济发展“以工业为主导”转化为“以生态环境吸引为主”，产业发展“以产品拓展市场的市场战略”转化为“以品牌集聚人气的市场战略”，使旅游产业成为引领全市现代服务业转型发展的龙头产业和第一战略支柱产业，为全省各地旅游发展提供借鉴示范。10月，市委、市政府召开“丽水市旅游综合改革试验区暨创AAAAA景区动员大会”，对省级旅游综合改革试验区和古堰画乡创AAAAA工作进行专题部署和动员。10月，市委、市政府出台《丽水市省级旅游综合改革试验区工作实施方案》及《丽水市省级旅游综合改革试验区工作三年(2015—2017)行动计划》。至年底，全市共有19家AAAA级风景区，50多个各类对外开放旅游点。全年全市共接待游客5486万人次；实现旅游总收入339.58亿元，旅游业已经成为丽水市经济发展的六大支柱产业之一。

旅游规划与建设

【旅游规划编制】　2015年，全面启动并完成《丽水市生态旅游业发展“十三五”规划(修改稿)》编制。开展全市避暑资源实地调查摸底，完成《丽水市避暑旅游专项规划(思路)》编制。完成《丽水中心城区旅游设施专项规划(送审稿)》编制。启动丽水市旅游公共服务体系(自驾旅游)专项规划。加强对《瓯江生态旅游景区总体规划》等相关规划编制工作的指导。

【深入实施“1311”行动计划】　根据《丽水市旅游“1311”行动计划实施方案》，2015年，市旅委全力推进AAAAA级旅游景区创建、高等级旅游景区(产品)提升、旅游招商引资以及乡村旅游景区化培育等工作。古堰画乡景区通过省级旅游景观质量评审，向省旅游局提请对遂昌金矿进行AAAAA级旅游景区景观质量评审，缙云仙都、青田石门洞景区创建工作有序开展。全市30家高等级景区列入提升计划，景区提升相关工程完成投入19.81亿元。开展景区提升整治暗访，对全市18家AAAA级旅游景区的设施管理、服务质量等方面进行暗访，梳理142项需整改完善的问题与不足。重点对景区厕所进行专项暗访，印发《丽水市4A级旅游景区暗访报告》，对每个景区提出整改建议。

【养生（养老）项目建设】 2015年，市旅委编制印发"112"养生（养老）项目

丽水市A级旅游景区

表14

市县区	序号	等级	名　称	办公地点（通讯地址）	邮　编	电　话
缙云县	1	AAAA	仙都风景名胜区	缙云县五云镇新区广电大楼7楼	321400	3315471
遂昌县	2	AAAA	丽水市遂昌金矿国家矿山公园	遂昌县濂竹乡花园岭	323300	8146488
遂昌县	3	AAAA	丽水市遂昌南尖岩景区	遂昌县王村口镇石笋头村	323300	8126018
龙泉市	4	AAAA	丽水市龙泉山旅游区	龙泉市市剑池东路254号鸿雁宾馆8楼	323700	7112073
遂昌县	5	AAAA	丽水市遂昌县神龙飞瀑景区	遂昌县安口乡桂洋林场	323300	8366005
景宁县	6	AAAA	丽水市景宁中国畲乡之窗景区	大均乡大均村	323500	5088567
青田县	7	AAAA	丽水市青田石雕文化旅游区	鹤城街道涌泉街24-26二楼	323900	6067989
莲都区	8	AAAA	丽水市东西岩景区	丽水市丽莲都区老竹镇东西岩	323000	2186819
缙云县	9	AAAA	丽水市缙云仙都黄龙风景区	缙云县五云镇黄龙景区内	321400	3128333
景宁县	10	AAAA	丽水景宁云中大漈景区	景宁畲族自治县大漈乡	323500	5066110
遂昌县	11	AAAA	丽水市遂昌千佛山景区	遂昌县石练镇飞石岭	323300	
青田县	12	AAAA	丽水市青田石门洞景区	青田县高市乡石门洞林场	323900	6621186
云和县	13	AAAA	丽水云和梯田景区	云和县崇头镇	323600	
云和县	14	AAAA	丽水市云和仙宫湖景区	云和县紧水滩镇	323603	
庆元县	15	AAAA	丽水市庆元百山祖景区	庆元县松源镇济川路9号	323808	6381107
松阳县	16	AAAA	丽水市箬寮原始林景区	松阳县安民乡李坑村	323402	8095288
莲都区	17	AAAA	丽水市古堰画乡景区	浙江省丽水市莲都区大港头镇渡南路31号	323000	2577297
龙泉市	18	AAAA	丽水市中国青瓷小镇·披云青瓷文化园景区	浙江省龙泉市上垟镇木岱口村	323700	7398253
松阳县	19	AAAA	松阳大木山茶园景区	松阳县新兴镇横溪村	323406	8013788
青田县	1	AAA	青田县清真禅寺风景区	青田县阜山清真禅寺	323902	6601169
庆元县	2	AAA	庆元市子峰森林公园	庆元县屏都镇八都大街18号	323805	6137420
龙泉市	3	AAA	龙泉青瓷宝剑苑	龙泉市剑池西路	323700	7115191
遂昌县	4	AAA	遂昌竹炭博物馆	遂昌县上江工业园区飞龙路58号	323300	8155159
遂昌县	5	AAA	遂昌红星坪温泉度假村	遂昌县湖山乡红星坪村	323300	8175698
遂昌县	6	AAA	遂昌汤沐园温泉景区	遂昌县大柘镇大田村	323300	8151978
龙泉市	7	AAA	龙泉白云岩景区	龙泉市西街街道下樟村	323700	7769565
缙云县	8	AAA	丽水市缙云大龙门景区	缙云县壶镇镇大龙门景区		
景宁县	9	AAA	丽水市景宁中国畲族博物馆	景宁县鹤城镇		
遂昌县	10	AAA	遂昌长濂村	遂昌县云峰街道长濂村	323301	8185866
遂昌县	11	AAA	遂昌高坪新村	遂昌县高坪乡高坪新村	323306	8306666
龙泉市	12	AAA	龙泉宝剑厂	泉龙市大沙工业区	323700	7218369
松阳县	13	AAA	松阳象溪一村景区	松阳县象溪镇象溪一村	323401	
松阳县	14	AAA	松阳李坑村景区	松阳县安民乡李坑村	323403	8095528
云和县	15	AAA	云和小顺景区	云和县石塘镇小顺村	323604	5525710
莲都区	16	AAA	莲都诗画利山景区	莲都区大港头镇利山村	323000	2278128
龙泉市	1	AA	龙泉市博物馆	龙泉市公园路九姑山	323700	7124654
龙泉市	2	AA	龙泉凤羽山庄景区	龙泉市龙南乡西岙	323700	7124999
莲都区	3	AA	丽水市大山峰森林公园	丽水市莲都区银苑小区209幢206室	323000	2265536

续表14

市县区	序号	等级	名　称	办公地点(通讯地址)	邮　编	电　话
莲都区	4	AA	丽水市瓯江漂流乐园	莲都区碧湖镇白口村松树林1号	323000	2981666
青田县	5	AA	丽水市太鹤山公园	鹤城镇公园路22号	323900	6823094
景宁县	7	AA	草鱼塘森林公园	景宁县草鱼塘林场1号	323500	5088567
遂昌县	8	AA	白马山森林公园	遂昌县新路湾镇白马山林场	323300	8200200
遂昌县	9	AA	湖山森林公园	遂昌县湖山乡大溪边	323300	8156002
遂昌县	10	AA	神龙谷漂流景区	遂昌县垵口乡	323317	8347128
青田县	11	AA	青田诗化小舟山景区	青田县温溪镇小舟山村	3123903	6500933

年度计划。至年底,40个养生(养老)项目累计完成投资53亿元。修订编制《丽水市生态休闲养生(养老)项目库(2015—2020)》,收录全市养生类项目共计285个,估算总投资1362亿元。全市67个养生乡村全年完成改造经费投入1.6亿元,游客接待量达627万人次(其中单次停留3天以上的游客29万人次),总收入2.56亿元。“食养、药养、水养、体养、文养”(简称“五养”)等5项市级地方标准正式发布实施。开展“五养”行业达标企业认定工作。养生(养老)基地建设与运营服务规范国家标准项目完成报批稿。

【旅游投资】　2015年,全市入库旅游招商项目98个,估算总投资497.48亿元。在建旅游项目169个,估算总投资417.84亿元,完成建设投入72.81亿元,同比增长49.17%。其中,竣工项目48个,总投资44.16亿元,累计完成投资24.86亿元。完成丽水市自驾车营地招商项目手册和丽水市乡村旅游项目招商手册编制工作。6月,组织参加中国(宁波)—中东欧国家旅游合作交流会,丽水处州府城、松阳双童积雪景区在会上正式签约,协议投资资金8.35亿元。10月,组织参加2015中国国际(浙江)旅游重大项目投资洽谈会暨民宿高峰论坛,青田“天门慢都”、遂昌大洞源精品民宿·高山生态农业、松阳西坑过云山居等在会上签约,签约额11.9亿元。9月,举办丽水旅游投资环境和项目推介会。

【旅游厕所建设】　2015年,市旅会组织召开旅游厕所建设现场推进会,部署旅游厕所建设工作。开展旅游厕所摸底调查,全市七大类别厕所共有794座,男厕位2890个、女厕位2704个。发布《丽水市旅游厕所建设管理三年行动方案》。全年启动建设163座旅游厕所,其中,完工122座,在建41座。开展丽水市“十佳”旅游厕所评选活动,加评选结果。丽水市被国家旅游局评为2015年“厕所革命”先进市。

【特色小镇创建】　2015年,市旅委开展全市省级特色小镇创建摸底调查工作,全市共谋划39个特色小镇,分省级创建、省级培育、市级创建、市级培育四类进行规划建设。市本级谋划6个特色小镇,具体包括:绿谷智慧小镇、丽水欧洲小镇、处州府城小镇、丽水国际摄影小镇、栝州水城小镇、丽水科赛小镇。莲都古堰画乡小镇、龙泉青瓷小镇、青田石雕小镇、景宁畲乡小镇等4个小镇列入全省第一批特色小镇创建名单。

旅游宣传促销

【旅游媒介宣传】　自2011年7月开始,持续在央视《朝闻天下》栏目播出丽水旅游形象宣传片——秀山丽水、养生福地、长寿之乡。与小康杂志社、浙江卫视、东方卫视、钱江晚报、上海旅游网、浙江在线、江南游报、华东旅游报等媒体开展合作,主要开展“丽水四季游”等特色宣传。与丽水日报、丽水发布等合作,增加市内影响力。开发丽水旅游微信公众号进行宣传,共推送图文消息830多条,总计阅读人数达65万余人,累计阅读次数超过107人次,分享转发人数34462人,次数超48239次,微信收藏4302人,5097次。

【旅游促销活动】　2015年,丽水市组织参加各类旅游促销活动6次,分别是:省旅游局主办的2015浙江省(江西)旅游交易会;第十二届上海世界旅游博览会、第七届“互利共赢”浙台旅游合作大会、第七届中国国际旅游商品博览会、第十一届海峡旅游博览会;西安旅游推介会;成都、兰州旅游推介会;2015宁波国际旅游展览会;2015中国国际旅游交易会。通过组织参加展会活动,宣传展示丽水旅游整体形象,扩大丽水旅游知名度。

【2015中国·丽水生态养生旅游季活动】　9月24日,2015中国·丽水生态养生旅游季在缙云仙都景区启动,拉开秋冬季旅游系列活动。来自上海、江苏、福建、省内周边区域的旅游界嘉宾和省内媒体300余人参加启

动仪式和踩线活动。旅游季从启动到12月底，活动内容主要有：生态养生旅游产品体验活动、丽水旅游电商大会、旅游项目推介洽谈、“秀山丽水入画境”作品展、丽水特色餐饮推介展示、丽水“十佳”系列活动评选结果发布会、丽水来料加工旅游商品设计大赛、丽水市第三届金牌导游大赛、“下一站•丽水”迎高铁丽水生态旅游系列活动、丽水养生养老产品博览会。

【开展“乘高铁 游丽水”系列活动】 7月29—30日，市旅委组织各县（市、区）旅游主管部门及重点旅游企业共80余人到福州、南平开展旅游推介活动，拓展高铁沿线客源市场。8月27日，组织全市旅游主管部门及重点旅游企业赴云南丽江举办“下一站•丽水”云南丽江旅游推介活动，共同打造跨省精品旅游产品和线路。12月26日上午8时41分，300多名来自上海、杭州、金华等地的游客乘坐首趟高铁G9331车次到丽水。在高铁站临时出站口，市旅委专门设置旅游咨询点，并开展迎高铁系列优惠活动。推出“乘高铁免门票游丽水”活动：在12月26日（高铁开通日）至2016年2月7日（春节前）期间，乘坐高铁到丽水三个站点（缙云西、丽水、青田）下车的游客，凭到此的高铁车票和本人身份证，可免门票畅游丽水36家A级景区，车票当日起七天内有效。

【2015丽水（上海）生态旅游推介会】 6月29—30日，丽水市在上海市长宁区举行2015丽水（上海）生态旅游推介会，这是丽水市连续第六年在上海举行旅游推介活动。长宁区人大常委会副主任王瑾，长宁区副区长翁华建、长宁区政协副主席陆维清及长宁区、杨浦区等领导出席推介会。市委书记王永康致辞，市委副书记、市长黄志平主持会议，市领导朱继坤、葛学斌、金建新、杜光旻、吴炳全等参加推介会。推介会上，市委常委、副市长、莲都区委书记葛学斌作旅游和特色农产品推介；市旅委主任孙俐珑宣布2015年度丽水市上海旅行社给丽水市AAAA旅游景区送团的奖励办法，颁发2014年度获此奖的有关上海旅行社奖励。丽水9个县（市、区）旅游局、市农业局、市农办、市重点旅行社推介丽水特色旅游产品及惠民政策。

旅游行业管理

【旅游行业管理】 2015年，市旅委加强旅行社品质管理，全市有旅行社83家（2015年新增5家），其中五星级品质旅行社1家，四星级品质旅行社6家，三星级品质旅行社9家（2015年新增3家）。共有导游人员1105人，其中高级导游9人，中级导游58人。丽水市旅游集散中心成功创建五星级品质旅行社，并获批出境旅行社，成为丽水市首家五星社和出境社。开展星级饭店规划管理，全市有星级旅游饭店57家。其中，五星级饭店1家，四星级饭店5家，三星级饭店21家，二星级及以下星级饭店30家。开展公益广告、报纸专题、广场咨询等活动，推进文明旅游宣传工作。

【举办金牌导游大赛】 12月10日，由市旅游委员会主办，市广播电视协办的丽水市第三届金牌导游大赛总决赛在丽水广播电视大楼举行，来自丽水各县（市、区）的35名导游参加此次比赛。通过大赛风采展示、景点讲解、知识问答和才艺表演等内容层层选拔，最终选出季时芬等10人为丽水市“金牌导游”，季时芬、樊丽珍、姚宏国、何丽红、梅都等人连续三届荣获金牌导游荣誉称号而获“丽水市终身金牌导游”荣誉称号。金牌导游大赛每两年举办一次。全年全市举办全国导游培训、浙江省出境旅游领队培训、乡村旅游考证培训等各类培训29期，2444人次参加培训（其中免费培训1300人次）。 （梅慧娟）

2015年度丽水市获得星级、绿色饭店

表15

序号	单位名称	星级	地址／邮编	评星时间	电　话
1	丽水华侨开元名都大酒店	5	丽水市丽阳街651号，323000	2013	金叶级绿色饭店
2	缙云县香溢大酒店	4	缙云县仙都路99号，321400	2005.12	绿色饭店
3	遂昌元立国际饭店	4	遂昌县城东街95号，323300	2007.10	绿色饭店
4	青田正达开元大酒店	4	青田县鹤城镇新大街8号，323900	2008. 6	绿色饭店
5	云和皇成国际大酒店	4	云和仙宫大道8号	2013	绿色饭店
6	景宁畲乡鸿宾大酒店	4	景宁畲族自治县团结西路129号	2012.4	绿色饭店
7	松阳天元国际酒店	—	松阳县长虹东路183号，323400	—	绿色饭店
8	丽水市莲城宾馆	3	丽水市丽阳街254号，323000	2006.9	绿色饭店
9	丽水市香溢紫荆花大酒店	3	丽水市丽阳街438号，323000	2005.11	绿色饭店

续表15

序号	单位名称	星级	地址／邮编	评星时间	电　话
10	丽水市飞达国际大酒店	3	丽水市中东路848号，323000	2003.12	停业
11	丽水市新世界大酒店	3	丽水市丽青路219号，323000	2004.11	绿色饭店
12	丽水市现代广场大酒店	3	丽水市大洋路598号，323000	2005.11	绿色饭店
13	丽水东方宾馆	3	丽水市中山街433号，323000	2005.12	绿色饭店
14	丽水市绿谷明珠大酒店	3	丽水市大洋路199号，323000	2008.1	
15	丽水市辉煌大酒店	3	丽水市开发区新南城208号，323000	2012.8	
16	遂昌凯恩大酒店	3	遂昌县妙高镇北街1号，323300	2011.11	绿色饭店
17	遂昌汤公度假酒店	3	遂昌县妙高镇君子路与水阁路交叉口，323300	2012.6	绿色饭店
18	龙泉大酒店	3	龙泉市新华街83号，323700	2005.12	绿色饭店
19	龙泉山旅游度假区绿野山庄	3	龙泉市凤阳山，323700	2006.3	
20	龙泉香溢大酒店	3	龙泉市贤良路218号，323700	2006.12	绿色饭店
21	庆元县国际大酒店	3	庆元县松源镇濛州街，323800	2006.9	绿色饭店
22	青田县飞鹤度假山庄	3	青田县石郭坑底，323900	2006.11	
23	青田县侨乡国际大酒店	3	青田县江南大道108号，323900	2007.12	绿色饭店
24	龙泉市南国花园酒店	3	龙泉市剑川大道155号	2010.12	绿色饭店
25	青田县天鹤宾馆	2	青田县新大街2号，323900	2005.11	
26	云和大酒店	3	云和县府前路8号，323600	2006.9	
27	云和县云泰商务大酒店	2	云和县中山街44号，323600	2008.1	
28	云和湖大酒店	2	云和县城东路111号，323600	2012.12	
29	云和千岛湖宾馆	1	云和县城东路117号，323600		
30	景宁县鸿宾大酒店	2	景宁县人民中路68号，323500	2007.11	
31	景宁县新金鹤大酒店	3	景宁县鹤溪镇团结路2号，323500	2008.10	
32	景宁休斯顿商务宾馆	2	景宁县鹤溪镇人民北路87号，323500	2009.4	
33	龙泉市鸿雁宾馆	2	龙泉市剑池东路254号，323700	2004.12	
34	龙泉市将军假日酒店	2	龙泉市中山东路118号，323700	2006.1	
35	龙泉市信用宾馆	2	龙泉市农资入口　323700	2007.6	
36	龙泉市山水商务酒店	2	龙泉市环城东路201号，323700	2008.12	
37	庆元县阳光大酒店	2	庆元县松源镇石龙街28号，323800	2006.8	
38	庆元皇庭商务大酒店	2	庆元县新建路83号	2012.12	
39	遂昌宾馆	2	遂昌县东街40号，323300	2007.11	
40	遂昌南尖岩山庄	2	遂昌县王村口石笋头村	2012.12	
41	遂昌黄金青年公寓	2	遂昌县濂竹乡花园岭	2012.12	
42	遂昌神龙谷山庄	2	遂昌县垵口乡桂洋林场	2012.12	
43	遂昌炭缘宾馆	2	遂昌县上江工业园区中国竹炭博物馆内	2012.12	
44	遂昌鞍山书院	2	遂昌县云峰镇长濂村	2012.12	
45	遂昌红星坪温泉酒店	3	遂昌县湖山乡	2012.12	
46	遂昌汤沐园温泉大酒店	3	遂昌县大柘镇大田村49号	2012.12	
47	松阳箬寮山庄	2	松阳县安民乡李坑村，323406	2007.11	
48	松阳县林苑宾馆	2	松阳县长虹中路85号，323400	2007.12	
49	龙泉市龙源大酒店	2	龙泉市剑池东路299号，323700	2003.12	
50	龙泉市供销商务宾馆	1	龙泉市中山西路74号，323700	2008.12	
51	遂昌县白马森林公园白马山庄	1	遂昌县白马山森林公园，323300	2006.9	
52	松阳宾馆	1	松阳县新华街18号，323400	2005.10	
53	千岛湖宾馆	1	云和县城东路117号，323600	2012.12	
54	丽水市永利大酒店	3	丽水市莲都区上水南1号	2013.2	
55	松阳县旭日摄影主题饭店	3	松阳县长虹中路2号	2015.12	

财政　税务

综　　述

【概况】 2015 年，全市财政总收入 151.60 亿元，增长 7.6 %，其中：一般公共预算收入 94.51 亿元，增长8.9%。市级（包括开发区、莲都区，下同）财政总收入 58.96 亿元，增长 12.4%，其中一般公共预算收入 35.82 亿元，增长 8.7%。全市和市级一般公共预算收入占财政总收入的比重分别为 62.3% 和 61.7%，税收收入占一般公共预算收入的比重分别为 82.9% 和 86.3%。全市一般公共预算支出 279.31 亿元，增长 21.7%，剔除省专项补助和上年结转后支出 181.83 亿元，增长 28.2%。市级一般公共预算支出 71.36 亿元，增长 36.2%，剔除省专项补助和上年结转后支出 56.18 亿元，增长 36.5%。全市和市级一般公共预算实现收支平衡。

开展"三严三实"专题教育。召开专题党课，专题讨论和自查自纠，加强整改落实，做好建章立制。举办绿色生态发展暨"清单"制度建设"全员轮训"学习活动，承办道德讲堂，打造财税志愿服务品牌，修订完善工作规则、财政业务工作流程等 10 多项制度。加强财税文化建设，全年举办干部教育培训 22 期，1400 人次参加培训。加强重点课题攻关，全市财税课题获科研成果转化 20 项。参加 2015 丽水市群众合唱大赛暨第三届丽水市合唱节，获特金奖。

【组织财政收入】 2015 年，全市地税部门组织各项收入 156.54 亿元，增长 30.3%；其中，税收收入 73.85 亿元，增长 10.1%；市级地税部门组织各项收入 48.92 亿元，增长 5.5%，其中，税收收入 29.37 亿元，增长 9.91%。全市国税部门组织税收收入 67.18 亿元，增长 4.7%，其中，市级组织税收收入 26.71 亿元，增长 13.85%。加强非税收入征管。全市政府非税收入 118.93 亿元，下降 11.4%；市级政府非税收入 42.57 亿元，下降 8.9%。全市社保费收入 76.38 亿元，剔除被征地农民转保一次性收入 28.61 亿元，增长 12.9%；其中，市级社保费收入 17.19 亿元，剔除被征地农民转保一次性收入 1.66 亿元，增长 14.1%。

【支持经济发展】 9 月，经市政府批准，由市财政出资，成立市金融投资控股有限责任公司。12 月，市政府与浙江省转型升级产业基金合作设立 10 亿元规模的丽水市生态经济产业基金，其中，省转型升级产业基金出

市财政局领导到企业调研　　王苏连　提供

资4亿元，市级出资6亿元。扶持企业发展，安排1000万元风险补偿金，搭建丽水市小微企业“助保贷”平台。出资800万元设立市级科技金融合作贷款资金风险池，建立市本级科技创新券制度，发放科技创新券350万元。全年全市财政部门兑付企业扶持资金11.77亿元，落实税收(费)政策减免28.14亿元。做好重大水利工程项目、新金温铁路建设等重点项目及“五水共治”“三改一拆”“六边三化三美”等重点工作资金保障工作。全年市直基本建设收入86.69亿元，支出69.92亿元。全市财政投入“五水共治”资金22亿元，市直拨付“五水共治”资金6.56亿元。支持农村电商发展，超额完成“遂昌模式”复制任务，浙江赶街公司在9个县(市、区)建成区域运营中心9个，开设运营赶街农村电子商务服务站点1106个。

【加强民生保障工作】 2015年，全市民生类支出210.96亿元，增长18.4%，占一般公共预算支出的75.5%；市级财政民生类支出50.90亿元，增长26.3%，占一般公共预算支出的71.3%。全市公共财政预算“三农”投入126.77亿元，增长25.9%。整合3000万元支持丽水生态精品农业发展。全市农业综合开发省立项项目37个，争取省以上财政资金2.87亿元。全年安排1250万元用于扶持民办教育发展，高校生均事业费拨款标准从7250元/年提高到8000元/年，中职和普高学生国家助学金资助标准从每学年1500元提高到2000元。全年安排公共卫生专项资金3500万元，支持市级公立医院综合改革，推进公共卫生事业建设。提高企业退休人员基本养老金标准月人均增加239元，城乡居民基础养老金标准由每人每月100元调整为120元。城镇居民最低生活保障标准由每月540元提高到612元，农村居民最低生活保障标准由每月389元提高到459元。实现社会保险基金市区统筹，推进机关事业单位养老保险制度改革。安排700万元养老服务专项资金，用于各县(市、区)养老服务体系建设。安排救灾资金300万元，支持莲都区里东山体滑坡灾后重建工作。

【建立厉行节约体系】 2015年，贯彻落实中央、省、市关于厉行节约相关规定，健全厉行节约反对浪费制度体系。9月，市财政局制作《丽水市级公务支出管理制度选编》，规范公务支出管理，严格控制行政经费和一般性支出，分发至市直各行政事业单位。全市和市本级一般公共预算拨款安排“三公”经费支出分别下降9.4%和13.2%。

【推进财政改革】 2015年，市财政局开展新《预算法》学习、宣传，规范政府收支行为。推进预决算信息公开，细化公开内容，组织全市预决算公开专项检查。4月，市政府出台新一轮市对开发区财政体制，完善市对开发区财政体制。盘活财政存量资金，全市盘活财政存量资金14.62亿元，其中市本级3.43亿元。通过委托拍卖公司公开拍卖、推进存量经济适用房和农民公寓房处置等方式，盘活市级国有资产3.2亿元。8月，制定《丽水市人民政府关于推进财政支农体制机制改革的实施意见》。推进乡镇财政规范化建设，全市172个乡镇(街道)全部建立乡镇财政机构，乡镇(街道)财政公共服务平台建设任务完成并上线运行。做好政府债券置换和新增债券额度争取工作，全市新增地方政府债券13.8亿元，置换债券50.23亿元，其中，市本级新增债券4.8亿元，置换债券25.67亿元。10月，出台《丽水市本级财政资金竞争性存放管理暂行办法》等制度，生态经济产业基金开户与资金存放银行进行竞争性谈判采购。推进政府购买服务扩面试点，编制政府购买服务支出预算，完成“丽水市怡福家园建设和运营管理一体化服务项目”“丽水大剧院2016—2020演出、运营管理及服务项目”试点。

【获全省PPP示范市称号】 2015年，经市编办批准，在市财务总监管理中心(市国有资产管理中心)增挂市政府和社会资本合作(PPP)指导服务中心牌子，设立全省首家市级政府和社会资本合作(PPP)指导服务中心，4个项目入选财政部示范PPP项目，14个项目入选省财政厅示范PPP项目，是浙江省成功申报示范项目最多的市，获全省PPP示范市称号。

【加强财政监管】 2015年，市财政局加强预算绩效管理，制定市直预算绩效管理办法等制度，推进预算绩效全过程管理试点扩面。深化财政绩效评估，财政支出重点绩效评价总额4616万元，联评联审专项资金补助项目(企业)313个，评审金额4304万元。5—6月，开展深化“小金库”专项治理工作，全市自查自纠单位1931家，重点核查单位80家，查处“小金库”10个，涉及财政资金220万元。加强政府投资项目财政审核，全年完成审核309项，审核额21.50亿元，增长27.0%，审定额20.02亿元，核减资金1.52亿元。推进政府采购扩面增量，全市完成采购预算75.03亿元，实际采购金额67.60亿元，节约资金6.11亿元，节约率9.0%；市本级实际采购金额18.12亿元，节约资金2.27亿元，节约率12.5%。 (王苏连)

国家税务

【概况】 2015 年，丽水市国家税务局管辖全市纳税户 12.87 万户，其中，企业 2.78 万户、个体 10.09 万户；增值税 12.6 万户（其中一般纳税人 8692 户）、消费税 297 户、企业所得税 1.92 万户。全市十大重点行业税收 44.53 亿元，占全市总收入 66.28%。其中，批发和零售业占 27%、电力热力生产供应业占 11.0%、化学原料和化学制品制造业占 6.2%、金融业、皮革毛皮羽毛及其制品和制鞋业（3.8%）、金融业（6.0%）、金属制品业（4.1%）、通用设备制造业（3.6%）、黑色金属冶炼和压延加工业（2.6%）、电气机械和器材制造业（2.1%）、医药制造业 1.95%，全市年纳税 50 万元以上重点企业 1143 户，入库税收 55.74 亿元，占全市国税收入比重 83%。纳爱斯集团 2015 年入库税收 9.15 亿元，占全市总收入 13.6%。

全年全市组织国税收入 67.18 亿元，同比增长 4.7%，其中，构成地方财政总收入 58.45 亿元，同比增长 3.69%；构成一般公共预算收入 17.25 亿元，同比增长 4.8%。市本级国税收入 26.71 亿元，同比增长 13.85%，增收 3.25 亿元，组织财政总收入 23.14 亿元，同比增长 15.82%，其中一般公共预算收入 6.63 亿元，同比增长 8.86%。全市 9 个单位收入增幅为"六升三降"，其中，2 个单位收入增幅超过 9%，分别为市本级（13.85%）、庆元（9.31%）；4 个单位增幅低于 4%，分别是松阳（3.64%）、云和（3.13%）、青田（2.45%）和龙泉（0.99%）；3 个单位负增长，分别是景宁（-0.09%）、遂昌（-1.0%）和缙云（-8.83%）。向省局争取调库指标 5.63 亿元，同比增长 22.66%。

加强税收征收管理。深化税收风险应对，年初成立风险管理工作领导小组，形成覆盖重点税源和一般税源及进出口税收的风险分析管理体系。加强重点税源风险应对，全年应对风险企业 215 户，补税 1704 万元。加强中小税源的风险管理，选定二手车、医保定点药店、汽车 4S 店等 20 多个行业开展风险核查，推送风险任务 13922 户，补税 1.2 亿元。强化各税种管理，推进消费税征管改革，全年增加电池、涂料及卷烟消费税 1.63 亿元。加强企业所得税核定征收管理，全市核定征收企业增加 3136 户，核定征收面 18.23%，入库所得税 3781 万元。推进所得税后续审核，补缴税款 3131 万元。联合制定《推进和完善国地税征管协作意见》。加强反避税工作，反避税立案实现零的突破，补交税款 1141 万元。入库非居民税收收入 1941 万元，同比增长 130.8%。加快信息化应用，推进增值税发票系统升级，全市升级 10802 户，升级率 99.9%。规范和整顿税收秩序，开展税收专项检查和专项整治，全市检查涉税案件 439 件，查补税款 1.48 亿元。

【支持经济发展 70 条】 2 月，市国税局围绕市委、市政府决策部署，梳理税收政策和纳税服务举措，出台《关于促进创业创新、支持生态经济的实施意见》（简称 70 条），内容包括 5 项鼓励有效投资、9 项鼓励浙商回归及创业创新、13 项鼓励创新驱动、8 项支持生态农业发展、4 项支持生态工业发展、10 项支持生态服务业发展、8 项鼓励金融业发展等税收优惠政策及 13 项优化服务措施。落实各项税收优惠政策 29.96 亿元，占总收入 44.6%，同比增长 6.7%。其中，落实小微税收优惠 2.9 亿元，支持大众创业、万众创新；全市享受固定资产加速折旧政策 367 户，全年共加速折旧额 3961 万元；全市高新技术企业共减免企业所得税 3480 万元；享受研发费用加计扣除额 2890 万元，助力产业转型升级；办理出口退（免）税 17.96 亿元，同比增长 7.89%。

【推出"纳税信用贷"服务】 2015 年，市国税局探索纳税信用评定社会化应用，与市人民银行合作推出"纳税信用贷"服务。联合 15 家金融机构开展"税银互动，共助小微，以诚相贷"合作项目，小微企业依法诚信经营、纳税信用等级等情况与其融资发展有机结合，金融机构以纳税人年度所纳税额的 3 倍给予授信，每笔最高不超过 200 万元。全年纳税信用贷款项目向全市 32 户小微企业，发放贷款总金额 2799 万元，破解小微企业融资难问题，倡导守信激励和失信惩戒。

【落实纳税服务规范】 2015 年，市国税局把落实《纳税服务规范》（以下简称《规范》）作为全年的一项重点工作，确保 2015 年 3 月 1 日起《规范》2.0实施。严格执行《规范》服务标准，将其与深化行政审批改革、简政放权的要求相结合，落实权力清单，简化涉税事项办理流程，提速办理时限，为纳税人减负。发挥国税网站、微博、微信、QQ 群、纳税人学堂等多渠道宣传。全年全市国税局办税服务厅日常办理事项中即办事项 90%以上，纳税人报送资料综合减少 33%左右，办税环节再压缩 54%，平均受理时间 5.58 分钟，同比缩短 12.68%，办税等候时间 5.53 分钟，同比缩短 18.56%，纳税人评价满意率 99.47%。

【开通"丽水国税"微信公众号】 2015 年，市国税局探索"互联网+"纳税服务模式，依托互联网技术加强移动办税平台建设，打造“指尖上的税宣平台”。设立“丽水国税”微信公众号，通过图文、音频和视频等形式，向用户推送最新税收政策、涉税提醒服务、办税指南等内容，为纳税人提供微查询、微办税、微互动等三大类服务，实现方便、快捷、低成本和个性化的办税服务，全年关注粉丝89639人。（虞丰平）

地方税务

【概况】 2015年，市地税局通过加强收入征管、支持企业发展、优化纳税服务、深化税收管理改革等方面措施，支持全市经济和各项社会事业发展。全市地税部门组织各项收入156.54亿元，增长30.3%。其中，税收收入73.85亿元，完成年度计划102.2%，增长10.1%；社保费收入76.38亿元，剔除被征地农民转保一次性收入28.61亿元，增长12.9%。市级地税部门组织各项收入48.92亿元，增长5.5%。其中，税收收入29.37亿元，完成年度计划的100.4%，增长9.91%；社保费收入17.19亿元，剔除被征地农民转保一次性收入1.66亿元，增长14.1%。全市地税部门组织地方税收占税收比重67.47%，比2014年上升0.7个百分点，其中市级比重64.96%，下降2.21个百分点。

【税收征管】 2015年，市地税局制定税收收入目标，掌握税源变化情况，提高税收预测准确率。全年全市税收收入综合预测准确率98.8%。依托重点税源监控、税收调查、大企业调查、减免税调查等开展经济税收微观分析。全市重点税源监控企业1676户，监控面62.0%。按照“控制新欠、压缩陈欠”管理原则，从欠税基本情况、成因进行分析，区分不同类型，提出相应措施，采取针对性的措施，推进清缴欠税工作。全年全市清理欠税3.23亿元，市级清理欠税6961万元。深化“三集中一分级”稽查模式，6月，市地税局出台《丽水市地方税务局“三集中一分级”稽查模式操作办法》，尝试“团队化”检查形式，督导员、案头分析员、现场检查员组成检查团队开展稽查工作。全年全市检查总户数863户，查补总额8121万元；市本级检查总户数321户，查补总额3023万元。12月，市地税局成立风险管理领导小组，印发《税收风险管理工作领导小组办公室工作规则（试行）》，建立“统筹协调、纵向联动、横向互动、内外协作”工作机制和定期报告制度。全年9个风险管理项目，入库税费款1.82亿元。

【规费管理】 2015年，市地税局探索社会保险费年度结算委托中介审核项目，市本级、庆元和遂昌分批试点，逐步在全市推广。加强缴费登记、缴费申报管理，全年全市社会保险缴费登记率96.2%，其中市级97.8%；全市缴费申报率97.1%，其中市级96.6%；全市社保费零申报比例13.1%，其中市级17.3%。办税服务厅和社保局办事大厅开通运行两台社保费自助服务机，建立规费综合分析管理平台，提高规费管理质量和效率。落实“小升规”社保费优惠及部分企业部分费种临时性下浮政策，全市减免3610万元，市级1401万元。落实地方水利建设基金优惠政策，全年全市减免地方水利建设基金3267万元，惠及企业952户；市级减免1954万元，惠及企业574户。做好残疾人就业保障金代征工作，全年全市代征残保金6119万元，市级2855万元。

【支持企业发展】 2015年，市地税局落实各项税费减免政策，为企业减轻负担。全市地税部门减免税费13.77亿元，其中市级6.90亿元。5月，提请市政府出台《关于开展调整城镇土地使用税政策促进土地集约节约利用工作的实施意见》，全市全面实行“亩产税收”为评价指标的城镇土地使用税和房产税政策。全年全市减免房产税、城镇土地使用税9900万元，市级减免6400万元。支持浙商创业创新，5月，全市地税系统开展支持浙商创业创新工作“回头看”活动，全年全市走访浙商企业213户，走访浙商大项目36个，浙商回归引进项目减免地方税费1625万元。6月，与市国税局、建行丽水市分行联合推出“银税互动—税易贷”，为诚信纳税小微企业发放无抵押、免担保贷款。全年授信发放贷款2459万元，28户小微企业受惠。9月，针对严峻的外贸发展形势，市地税局推出政策扶持、企业培育、权益维护、纳税服务4个方面60项政策服务举措，助推外贸企业解困发展。全年减免外贸企业“房土两税”666万元，6家外贸企业办理缓缴税款815万元，该项工作获市委书记批示。

【纳税服务】 2015年，市地税局推进纳税服务体系建设，开展2015年十大“便民办税春风行动”，全市开展《全国县级税务机关纳税服务规范》专项培训及实施工作。在2014年全省试点基础上，全市地税系统推广办税服务厅“弹性服务制”工作，该项工作在《中国税务报》、浙江卫视作专题报道。4月，开展“税收宣传月”活动，通过图文征集比赛、“啊哥问税”微信互动活动、纳税服务“私人定制”、税收宣传主题沙龙等“绿水青山 地税同行”系列税收宣传活动开展，提高税法遵从度和纳税人满意度。加强财税咨询辅导服务，全年“12366”热线咨询总来电量15715个，及时率、办结

4月，市地税局进高校开展税收宣传　　王苏连　提供

率100%，满意度98.9%。开展重点群体创业就业税收优惠政策工作，建立完善与人力社保部门的数据共享应用协作机制，通过人工核对、实地核实等方式完成1万余户数据比对，减免税额4.3万元。深化税友龙版系统的应用工作，完成地税专网建设的相关工作，建立健全网络和信息安全防护体系。按照省地税局统一部署，改造完成财政网和地税网的网络分离工作。11月，莲都区里东村山体滑坡灾害发生后，及时梳理公益性捐赠所得税税前扣除政策等税收优惠政策，开展调查走访20余次，帮助救灾捐助企业用好优惠政策，做好税收服务。

【税收管理改革】 2015年，市地税局研究应对“营改增”全面实施对地方财政收入影响的措施，开展营业税纳税人专项辅导清理。全市清理户数1374户，补缴税费收入1.12亿元，其中，营业税收入5922万元；市级清理238户，补缴税费收入3231万元，其中，营业税收入2181万元。9月，制定《丽水市地方税务局贯彻落实“五证合一、一照一码”登记制度改革工作实施方案》，推进“五证合一”商事登记制度改革和“一照一码”工作。深化“个转企”工作，助推小微企业发展，全市累计完成“个转企”6667户，为三年总任务的242.44%，办理税务登记5918户，登记率88.77%。其中，市级累计完成“个转企”792户，为三年总任务的155.91%，办理税务登记709户，登记率89.52%。推进国地税合作，8月，成立丽水市国地税合作工作领导小组，推进国地税合作。11月，联合召开国地税合作工作领导小组第一次会议，研究部署《关于加强国家税务局地方税务局合作工作的实施意见》。对省地税局确定的34项合作事项，逐项明确责任分工和分管领导，增加“互联网+税务”建设、优质财源培育工作、经济税收调研等3项合作事项。

【依法治税】 9月，市财政局、地税局出台《关于全面推进依法行政的实施意见》，通过“六五”普法工作考核验收。严格规范性文件制定和合同签订合法性审查，全年审查、出台规范性文件10件，审查行政机关合同90件，提出审查意见120余条。实行审批事项清单管理，取消“非行政许可审批”事项，所有审批事项实现浙江政务服务网网上办理。开展8类行政权力事项上网运行工作，完成省市县三级目录比对和信息确认。将房产办理窗口迁至行政审批中心，实现契证、房产证、土地证、门牌证联动审批，办齐“四证”由原来7个工作日提速到2个工作日。驻市行政审批中心窗口连续四个季度被评为“五星级窗口”，年度考评总分名列市直单位第一。

【加强财源培育】 8月，市地税局牵头建立多部门联动机制，在全省率先推出财政、土地、金融、税费优惠政策及优质服务“4+1”举措，优选27家企业列入第一批优质财源企业，全方位培育符合转型升级方向的科技型、成长型、生态型优质财源。27家优质财源培育企业入库税收1.25亿元，增长16.8%，高出全市税收收入同期增幅6.7个百分点。

【做大三产税收】 2015年，市地税局立足加强征管和纳税服务两项举措，通过对三产主体税源实施精细化管理，突出税源监控和纳税辅导；对新兴税源做好政策服务，辅导用好用足税收优惠政策；对零散税源做好扩面提质和日常管理，支持第三产业发展。市本级三产税收增长10.4%，高于地方财政税收增幅3个百分点，占比72.4%。根据新一轮省财政体制，丽水市可多获省激励奖补奖励近5000万元。　（王苏连）

金　　融

综　　述

【概况】 2015年，中国人民银行丽水市中心支行（以下简称"市人行"）指导、协调全市金融系统贯彻落实稳健的货币政策，支持地方经济平稳较快发展，实现金融业自身改革发展的新成绩。至年底，全市银行业金融机构人民币各项存款余额1838.16亿元，新增100.54亿元，余额同比增长5.53%，其中，个人存款余额1014.89亿元，同比增长10.61%；非金融企业存款余额279.26亿元，同比下降8.09%；政府存款余额476.07亿元，同比增长4.65%。人民币各项贷款余额1491.81亿元，新增87.31亿元，余额同比增长6.22%，其中个人贷款余额822.61亿元，同比增长16.08%；非金融企业及机关团体贷款余额666.67亿元，同比下降3.87%。外汇存款余额19.30亿美元，新增0.25亿美元，余额同比增长1.29%；外汇贷款余额1.84亿美元，减少0.79亿美元，余额同比下降29.96%。全市金融机构不良贷款率2.46%，比年初上升0.18个百分点。全年投放发行基金218.44亿元，回笼发行基金190.17亿元，分别同比增长7.45%和9.98%，净投放发行基金28.27亿元。

年末银行业金融机构存贷款情况（本外币）

表16　　　　单位：万元

单位名称	存款		贷款	
	余额	同比增长（%）	余额	同比增长（%）
农发行丽水市分行	80899	-48.49	356479	-1.77
工商银行丽水分行	3071114	7.52	2201720	-0.88
农业银行丽水分行	2645730	6.97	1789076	5.94
中国银行丽水市分行	2813103	6.15	2177255	-1.71
建设银行丽水分行	2380513	-4.79	2115038	-2.34
交通银行丽水分行	55183	-35.65	107318	-10.33
中信银行丽水分行	398421	-0.50	450453	20.84
浦发银行丽水支行	201220	-8.86	313879	-20.86
浙商银行丽水分行	69974	27.86	151341	-28.29
泰隆商业银行丽水分行	607546	23.33	639078	57.56
稠州商业银行丽水分行	403052	4.58	348327	17.05
温州银行丽水分行	166930	72.03	107732	48.53
杭州银行丽水分行	10526	8.05	36867	117.96
民泰银行丽水分行	33056	—	27873	—
邮政储蓄银行丽水市分行	1423087	7.33	587974	17.91
全市农村信用合作联社	4366643	13.95	3108834	13.09
其中：莲都农村合作银行	766155	8.99	562770	8.88
各县（市、区）村镇银行	403974	18.25	518283	25.92

说明：各项存款合计不含财政数据

【深化农村金融改革】 2015年，市人行按照《丽水市农村金融改革试点总体方案》和2015年省、市两级农村金融改革领导小组会议精神和要求，全面推进试点工作并取得新的成效。至年底，全市涉农贷款余额817.66亿元，占全部贷款余额54.37%；比年初新增65.54亿元，占全部新增贷款78.79%。推进产权融资体系建设，优化"三农"融资服务水平。制定出台《关于大力推进农村产权抵押融资服务工作的意见》，引导金融机构加快"三权"抵押贷款发放力度，推进业务实现扩面增量。至年底，全市"三权"抵押贷款累计发放16.8万笔、202.1亿元，余额82.76亿元，比年初增加19.59亿元，其中，林权抵押贷款余额48.47亿元，位居全省第一位，比年初新增5.42亿元；农房抵押贷款余额30.24亿元，居全省第二位，比年初新

10 月，世界银行集团金融国际金融公司专家组一行到丽水调研　　朱怡瑞　提供

增 12.14 亿元；土地流转经营权抵押贷款余额 4.04 亿元，居全省第一位，比年初新增 2.02 亿元。获批全国“两权”抵押贷款试点，龙泉市、缙云县入选农村承包土地经营权抵押贷款试点县（市、区）名单，青田县入选农民住房财产权抵押贷款试点县（市、区）名单。推进农村信用体系建设，优化金融生态环境。升级完善农户信用信息系统，新增“六权”信息、食品安全不良信息模块。至年底，全市农户信用信息系统更新率达到 99%，共征集入库“六权”信息近 30 万余条。继续开展“四信”建设，至年底，全市创建信用县 2 个（云和、景宁）；信用乡（镇）38 个；信用村 905 个；评定信用农户 41.3 万户，其中 35.53 万信用农户累计获得贷款 386.32 亿元。推进支付结算体系建设，扩大金融基础服务覆盖面。截至年底，全市累计办理小额取现业务 182.81 万笔、金额 6.75 亿元；办理代理转账业务 67.61 万笔，金额 2.78 亿元。进一步拓展农村金融服务站功能，推进农村金融服务站与农村电子商务点的合作共建，创新推出服务站与“赶街”“嘉言民生”“村邮乐购”“丰收购”等平台相结合的多种发展模式。

【贯彻执行货币政策】 2015 年，市人行制定出台《2015 年丽水市货币信贷工作指导意见》，召开全市货币信贷政策通报会，通过金融形势分析会、货币信贷工作季度例会等平台，做好稳健货币政策的解读和传导。加强信贷规模调控，对需求较旺的 2 家法人机构，依申请给予调增规模 1.6 亿元；对信贷投放进度偏慢的 3 家法人机构，及时采取约谈、提示等措施。加强存款准备金管理，开展定向降准政策效果分析评估，做好存款准备金平均法考核制度改革工作。落实 2015 年县域法人金融机构将新增存款一定比例用于当地贷款考核工作，除 2 家村镇银行未达标以外，其余 14 家达标县域法人金融机构已享受优惠存款准备金率。全年全市对 10 家市级金融机构和 56 家县域金融机构完成评估工作。创新小微企业“纳税信用贷”业务，联合税务部门印发《关于推进小微企业“纳税信用贷”工作的意见》（丽银发〔2015〕99 号），利用小微企业纳税信息发放信用贷款，重点支持科技型、创新型、成长型小微企业发展，至年底，全市发放小微企业“纳税信用贷”135 笔、金额 3988 万元。推进商标专利权质押贷款业务发展。落实杭州中支《关于开展“商标质押百亿融资行动”的通知》，部署辖内金融机构开展银企对接。至年底，全市新发放商标专用权质押贷款 2 笔、金额 4620 万元，其中“惠明茶”商标质押实现丽水市农业龙头企业无形资产抵押零的突破。

【开展“普惠金融深化年”活动】 2015 年，市人行制定《丽水市“普惠金融深化年”活动方案》，开展“银政、银企、银商、银村、银农对接”“金融服务创新示范村创建”“小微企业金融服务‘一行一特色’”“金融支持大众创业、万众创新‘一县一品’”“金融扶贫服务支持行动”等专题活动。开展“金融服务创新示范村”创建活动，印发活动通知、召开创建工作动员会，部署全市金融机构按标准创建示范村。至年底，全市“银政、银企、银商、银村、银农对接”2715 次，落实资金 62.53 亿元；“一行一特色”小微企业信贷产品累计发放 10804 户，金额 54.98 亿元；创建“金融服务创新示范村”对象 53 个，累计发放贷款 5.8 亿元；“金融扶贫服务支持行动”帮扶结对村 268 个，服务低收入农户 4665 户，累计落实资金 3.23 亿元。

【推进外汇管理改革】 2015 年，市人行发挥丽水个人外汇的特色优势，推进外汇管理转型和改革创新。推进个人外汇贷款扩面增量，年内新批青田县农行和青田县泰隆银行 2 家机构开办个人外汇贷款业务，至年底，全市累计发放个人外汇贷款 250 笔、金额 3233 万美元，贷款余额 2317 万美元。落实各项外汇管理改革措施，简政放权，将直接投资外汇登记下放银行办理，实施外商投资企业资本金意愿结汇，支持辖区企业参与跨国公司外汇资金集中运营管理试点，持续个人贸易外汇管理改革创新，简化单证管理，拓宽用汇渠道，促进投资贸易便利化。深化城乡个人外币兑换便利化工程，支持侨乡青田外汇业务需求旺盛10个乡镇银行网点开办个人结售汇业务，完善和发挥银行在个人结售汇市场中的主体作用。继续推动在侨乡金融网点空白乡（镇）、行政村，特别是农村地区华侨集聚地增设外币代兑点，以满足偏远农村对外币兑换的需求。在青田增设3个外币代兑点，分别为油竹、冯垟2个村级外币代兑点，县城东门社区1个社区外币代兑点。全年辖区9个外币代兑点累计办理外币代兑业务34187笔，金额6209万美元。辖内1家货币兑换机构累计办理兑换业务38182笔，金额17080万美元。

【维护金融秩序】　2015年，市人行开展外汇检查、支付结算和反洗钱监管，取得良好成效。加大对外汇违法违规行为查处力度，发挥非现场监测的功能作用，全年约谈监测指标异常企业41家，降为B类企业5家，注销企业名录2家；立案查处企业2家，处罚款145万元；查处银行3家、货币兑换机构1家，处罚款15万元；向公安部门移交涉嫌地下钱庄线索2起，破获2起，涉案金额24亿元。加强支付结算监管，在辖区开展账户管理和银行卡收单业务执法检查，对1家商业银行作出行政处罚。推进个人账户核查工作，严格落实账户实名制。开展联合整治银行卡网上非法买卖专项行动，向公安部门移交线索13条，协助破获案件3起，涉案金额245万元，打击和遏制银行卡非法买卖活动。加强与市、县公检法部门沟通交流，共同推动反洗钱工作开展。龙泉市人民法院一审判决被告人李某洗钱罪成立，标志着丽水市洗钱定罪工作实现突破。配合开展“打击利用离岸公司和地下钱庄转移赃款专项行动”，挖掘追查犯罪线索，向市检察院反贪局移送可疑交易线索1起，向市公安机关移送可疑交易线索19起，其中移送协查2起地下钱庄案已破获。

【提升金融管理服务水平】　2015年，市人行以防范国库资金风险与系统运行风险为重点，严格临柜审核、加强业务检查和监督管理，确保国库业务规范有序、国库资金安全完整。全年全市国库拒办不合规收入、拨款（含集中支付）、退库及更正业务607笔，金额44.08亿元。其中，拒办拨款、退库及更正业务542笔，金额42.26亿元。全年对4家商业银行代理国库业务开展执法检查，对检查发现的规范性问题及时指导纠正和限期整改，规范商业银行代理国库业务行为，确保国库资金安全。全年全市国库系统准确、及时办理各级国库收入500.72亿元，支出469.49亿元，同比分别增长17.57%和12.34%，实现全市一般公共预算收入94.60亿元，同比增长16.7%。引导金融机构依托农户信用信息管理系统在农村地区开展“整体批发 集中授信”业务并实现扩面增量。至年底，开办“整体批发　集中授信”业务的行政村（行业）1899个，提供授信169亿元，累计发放贷款99亿元。不断拓展信用体系建设成果在社会管理方面运用，在全国率先开展食安金融联合惩戒工作试点，通过共享食安失信信息、开展食安信用评价、发送金融惩戒告知书等形式，助推解决农村食品安全问题。至年底，食品安全不良信息录入农户信用信息系统276条。（朱怡瑞）

【银行监管】　2015年，丽水银监分局坚持党建和监管齐抓共管，围绕“强服务、控风险、促改革、推法治、提效能”工作主线，开展各项监管工作。分局根据浙江银监局工作部署，开展“两个加强、两个遏制”专项检查、“清雷防险”专项行动等六项监管行动，督查和抽查机构覆盖面100%，全辖银行业全年未发生案件及重大风险。加强监管督导、联动处置、问责机制和环境治理，全市银行业全年处置不良贷款51.58亿元，不良贷款率2.46%。建立流动性指标监测、风险提示、协调应对、风险应急和互助等机制，督促机构严管流动性。制定《2015年丽水银行业持续深化“提升信用品质服务实体经济”主题活动实施方案》，推进“五改五新”，至年底，全市各项贷款余额1503.75亿元，同比增长5.86%。帮扶困难企业，累计发放帮扶贷款57.43亿元，帮扶困难企业940家。提升金融服务，启动2015年“养生丽水　和谐金融”消费权益保护建设专项行动，推动机构建设诚信型、安全型、便捷型、高效型、温暖型金融服务，全市企业对银行业金融服务满意率98.7%。引导辖内机构落实《小微企业金融服务工作指导意见》，完成“三个高于”工作目标；开展“支农服务深化年”活动，持续推进银E、银政、银村、银农、银商合作；加强创新引领，推进机构建立银税互动、科技金融平台，持续推动还款方式创新增量扩面，指导涉农机构打造产业链融资2.0版；加强准入引领，民泰商业银行丽水分行开业，全年设立小微企业专营机构和社区支行10家。指导缙云、遂昌、松阳和龙泉联社以增资扩股和定向募股等方式优化股权结构。推动优化管理，抓好机构经营理念转升，推进管理优化和流程再造。（张超艺）

【中国农业发展银行丽水市分行】 2015年，中国农业发展银行丽水市分行（以下简称“农发行”）全年各项贷款余额356479万元（不含中国农发重点建设基金投放和贷款转债券），比2014年减少6426万元，减幅1.77%；日均贷款余额361592万元，比2014年增加21510万元，增幅6.3%；各项存款余额98659万元，比2014年减少68778万元；余额存贷比361.32%。全年累计投放贷款10.17亿元，其中，粮油收储贷款2.32亿元，支持收储企业收购、轮换粮食8910万千克，食用油46万千克，新增粮食储备3318万千克。支持农村基础设施建设、农村土地整治、仓储设施建设等续贷项目7个，投放中长期项目贷款5.21亿元。新获批农民集中住房、水利建设等项目3个，当年投放2.2亿元；已批待放项目4个，待放金额5.05亿元；已初评待审批项目6个，申报贷款规模14.5亿元。支持国家确定的重点领域项目建设，首推中国农发重点建设基金，对接完成4批次5个重点建设基金项目，累计投放中国农发重点建设基金1.98亿元，其中，水利项目1.3亿元，棚户区改造项目0.3亿元，县域城镇建设项目0.38亿元。配合地方政府落实项目贷款期限重置和政府平台贷款转债券，办理项目贷款期限重置2笔，重置金额2.35亿元；完成债券置换贷款16笔，置换金额4.8亿元，减轻地方政府到期贷款还贷压力。 （占　森）

【中国工商银行丽水分行】 2015年，中国工商银行丽水分行本外币全部存款余额316.12亿元，比年初增加27.79亿元；本外币各项贷款余额220.17亿元，比年初下降1.95亿元；全年清收处置不良贷款6.59亿元，年末不良贷款率1.33%，低于全市同业平均水平并在大型银行中处于最优。获2015年度丽水市金融机构支持地方经济发展二等奖；组织开展“一加强，两遏制”专项检查和“清雷防险”专项行动，加强内部管控，提升风险管理能力，防控各类案件和风险事件，防范金融风险，实现安全经营；开展“服务体验建设年”活动，围绕客户体验改进服务，网点客户平均满意度99.6%，服务品质不断提升；加强安全保卫工作，提升安全防范能力和水平，获第四轮全省银行业金融机构安全评估工作成绩突出集体、2015年度省社会治安防控“心防工程”工作成绩突出集体。 （雷玲玲）

【中国农业银行丽水分行】 2015年，中国农业银行丽水分行（以下简称“市农行”）各项存款总量264.55亿元，比年初增加17.34亿元；各项贷款总量178.91亿元，比年初增加10.03亿元；涉农贷款余额92.03亿元，增速6.49%；中小企业贷款余额81.62亿元，增速9.64%，高于各项贷款平均增速。获支持地方经济发展金融机构综合业绩考评第一名，连续8年保持内控一类行，连续19年实现安全经营无案件。支持丽水县域特色经济，针对经营户特点，推出“茶商贷”“菇商贷”个人贷款产品，优化贷款手续、降低农户准入要求，增强农户贷款的可得性，全年发放“茶商贷”2760万元，涉及136户茶农、茶商，发放“菇商贷”3800万元，惠及110户菇农、菇商。实施金融“六自治”服务模式，将村民个人信用、金融需求纳入村集体民主自治体系，解决农民贷款难、担保难、贷款贵难题，全年创建金融自治村37家，遍及丽水所有县域支行，发放贷款5.17亿元、惠及农户5007户。推进“惠农通”达标升级，加载新型农村养老保险、合作医疗、财政补贴代理、移动充值等多种特色服务功能。选派农行干部7人到乡镇挂职，做好农村金融知识普及和“三农”政策宣讲，对接“五水共治”“三改一拆”等项目，协调相关银行投放信贷资金，支持现代农业发展、新型农业经营主体培育和农民展业创业。在景宁县鹤溪街道包凤村、缙云县前路乡水口村开展“金融服务创新示范村”建设工作，获市政府2015年度金融创新示范乡镇（街道）试点工作先进单位。完成银监局三个“高于”要求，做优做实“小微企业成长帮扶贷款”，至年底，发放小微企业成长帮扶贷款2.5亿元，惠及企业300余户。加强重点项目支持力度，全年发放项目贷款14.28亿元。举办“敬业奉献”为主题道德讲堂活动，向丽水全市传递正能量。 （陶　莎）

【中国银行丽水市分行】 2015年，中国银行丽水市分行（以下简称“市中行”）本外币存款余额281.31亿元，比年初新增16.29亿元，本外币贷款余额217.73亿元，比年初负增3.78亿元，若还原全年打包和核销不良资产13.13亿元，本外币贷款实际新增9.35亿元，增幅4.23%。全年累计完成不良清收化解16.27亿元，同比新增67.39%，年末不良率和不良余额实现“双降”。完成国际结算业务量13.37亿美元，市场份额33.33%；完成跨境人民币业务量15.14亿元，市场份额31.86%。全年实现行政事业存款新增9.73亿元，日均新增6.41亿元。深入社区、商贸、农村市场，推广热点产品，利用大额存单及“步步高”“通、宝、易”系列产品，实现个人存款，至年底，全辖本外币存款较比年初新增16.29亿元，人民币个人核心存款比年初新增14.38亿元，计划完成率排名全省第四。全年授信新叙做国际车城、讯唯文化、莲都外国语学校、住房公积金等项目10.5亿元。加大个人贷款投放力度，运用卡、汽车、爱家等分期产品，做大分期业务规模，至年底，个人贷款比年初新增7.47亿元，累计实现分期交易额89707万元。调整贷款结构，助推地方经济转型，其中制造业份额压缩至65.2%，比年初下降1.17个百分点；房贷业务占比比年初提升8个百分点，信用贷款占比比年初下降3个百分点。完成正圆、光泰集团、德加集团等20余个重点企业近12亿元的不良处置。坚持"一户多策""现金优先"清收策略，综合运用重组平移、呆账核销、批量转让等各种有效措施处置不良，至年底，累计实现清收化解16.27亿元，完成省行计划138.54%，列全省第二；化解金额比2014年同期增长67.39%。建立目标客户库，以优势产品为切入点，做一批有金融需求、有发展前景的基础客户群。继续拓展农村、商贸、老年、代发、侨商五大类客户群，全年新增个人有效客户85249户，新增个人中高端客户1864户（折算前）。开展"重合规、强内控、防案件""合规操作、杜绝案件""防范打击非法集资"等主题教育活动，深化"心防工程"建设；组织开展"两加强、两遏制"、平安风险隐患排查、员工异常行为排查等8项全行性内控检查，开展防范通讯（网络）诈骗宣传和打防，全年防范外部诈骗案件6起，涉及金额45.5万元。2015年，在支持地方经济建设考核中获二等奖；省级银行业金融机构第四轮安全评估工作中被评为"成绩突出集体"，受到浙江省公安厅、浙江银监局通报表扬。分行营业部获总行级"青年文明号"称号、全省清收化解先进集体；中东支行获省财贸系统"工人先锋号"称号。被评为全省优秀行长3人。（陈叶芳）

【中国建设银行股份有限公司丽水分行】 2015年，中国建设银行股份有限公司丽水分行（以下简称"市建行"）全年本外币全口径存款余额239.39亿元，比2014年下降4.67%。各项贷款余额211.50亿元，比2014年下降2.38%。实现中间业务收入2.22亿元，实现账面利润5.30亿元，比2014年下降18.46%。推广"助保贷""税易贷""网银循环贷"等小微企业信贷产品，搭建"助保贷"平台4个、"税易贷"平台12个。创新产品营销，全年完成跨境人民币业务量7.05亿元，比2014年增长38.51%。新增养老金业务受托规模25.05亿元，位居全省建行系统第一位。加快投行业务发展，入池资产余额7亿元，位居全省建行系统第一位。打造农村金融服务生态圈，完成农村便民服务中心改造3家、便利店升级改造2家，配发"惠福龙卡"160余张。上线"驾银通"项目，营销驾校14所，加快信用卡分期业务发展，信用卡分期交易额4.78亿元，其中，现金分期交易额6453万元，比2014年增长260.10%，位居全省建行系统第一位。提高电子银行、自助渠道账务性交易量占比，电子银行账务性交易量比69.08%，比2014年提升33.35个百分点，自助设备账务性交易量比75.48%，比2014年提升4.39个百分点。发展"善融商务"活跃商户40户，位居全省建行系统第一位，实现"善融商务"交易额2.14亿元，位居全省建行系统第四位。开展"合规管理年""清雷防险"和内控合规文化等活动，采取系列风险化解措施，压降不良贷款，全年处置不良贷款7.56亿元。承办丽水市"道德讲堂"总堂第十五讲，全年开展"道德讲堂"活动6期。3月，浙南茶叶市场入驻建行"善融商务"商城。5月，市建行通过金融产品服务协力纳爱斯集团收购台湾妙管家100%股权。6月25日，中国建设银行浙江省分行副行长陈慧芳携小企业业务部总经理孔勇一行出席丽水市经信委、国税局、地税局、市建行小微企业"助保贷""税易贷"业务战略合作签约仪式，市建行分别与5家小微企业负责人签订合作协议。（王学亮）

【交通银行股份有限公司丽水分行】 2015年，交通银行丽水分行（以下简称"市交行"）加强作风建设、推进转型发展，稳健经营、强化风险，支持重点项目、重点企业发展。给予丽水市土地储备中心、丽汽集团等企业信贷支持；结合丽水经济特色，开展"侨贸贷"项目并获批通过，办理首笔黄金租赁业务；扶持中小企业发展，对中立建筑、金圣建筑等企业进行信贷投入；发展个人住房按揭贷款，加强与丽水市公积金中心业务联系，发放组合贷款。开展"金融知识进万家"、小微企业金融服务宣传月、"送金融知识下乡"、防范金融诈骗和非法集资宣传、金融知识万里行等宣传教育活动，发放宣传资料8000余份，接受客户咨询500余人。举办"财富管理走遍浙江基金投资报告会"。加强不良贷款清收处置工作。至年底，不良贷款余额较年初下降5242.31万元，累计清收1.41亿元。加强内控管理，连续实现会计营运零差错和零风险；成功堵截假冒信用卡开卡8起、假冒他人办借记卡6起。加强柜员学习培训，柜员达标率100%。（罗婷婷）

【农村合作金融】 2015年，丽水农信系统各项存款余额436.66亿元，市场份额22.83%；各项贷款余额310.88亿元，市场份额20.67%；五级不良贷款余额8.59亿元，不良率2.76%；上缴各类税费4.37亿元，比2014年增加0.47亿元。2015年，省农信联社丽水办事处获全市金融机构支持地方经济发展二等奖。丽水农信纳税额连续5年位居全市金融机构第一位，全市企业第三位。围绕社区银行转型建设工作，2015年丽水农信工作主基调为"保增长、促转型、控风险、谋创新"。制定客户经理淘汰机制、责任追究监督机制、提拔任前备案机制等五大内控制度，建立贷款集中度、重点行业、担保公司风险等监测体系。加强资金营运规范操作，严格执行存放同业资金总量及集中度控制比例，严防流动性风险。开展担保合规性、国际业务、不良贷款清收处置、科技信息安全、安全保卫等检查，开展运营条线"清雷防险"排查工作。围绕"创业普惠、阳光普惠、便捷普惠"普惠目标，以"银村、银商、银农"合作为载体，超额完成各项普惠工作指标。3年全市农信系统累计发放农户贷款596.67亿元，惠及农户30.71万户；小微企业贷款301.28亿元，惠及小微企业4.26万户；小额信用贷款83.32亿元，惠及农户8.67万户。加大金融创新力度，办事处"村级担保组织贷款"产品获全省农信系统"第三届产品与服务创新三等奖"，松阳农信联社"茶链通"贷款产品获全国银行业"服务三农二十佳金融产品"。陆续推出"幸福人生"养老贷、小额保证保险贷款、"民宿贷"等贷款创新产品。启动社区银行转型建设。开展预算管理试点工作，在全辖推广。开展人事薪酬改革，推进建设集约高效管理总部，打破固化薪酬分配模式，实现资源向前台、向一线倾斜。支持地方重点民生项目建设，独家代理"食品安全溯源"金融服务，"莲都区仓前农贸市场溯源项目"试点上线，受到副省长朱从玖肯定。与市供销社联合组织"农民资金互助会组建"培训班。推广ETC业务。推动一卡通平台系统全面上线，实现社保卡代扣城乡居民医疗保险。招聘新员工107人，其中硕士研究生20人，全市农信系统大学本科及以上学历人才54.1%。推进"五个百人计划"，组织"百名优秀青年"培训，开展财会、信贷专项培训，行社科技人员轮训，加强高端人才、专业人才储备。组建市级会计业务内训师队伍，组织第九届业务技能比赛。与市委组织部合作筛选37名优秀干部挂职乡镇(街道)，与市金融办合作筛选3名骨干挂职全市金融创新示范乡镇，推进复合型干部队伍建设。丽水农信被市金融办评为2015年度挂职工作先进单位。开展"法治规范年"活动，推进法治合规建设，开展普法主题宣传、金融债权处置、制度规范建设、法律课题征文等系列活动。组织全市合规主题演讲比赛，进行合规制度学习培训和考试抽测，全年组织培训159次，抽测341人，合格337人，合格率98.83%。加强品牌文化建设打造和谐企业。成立文化宣贯队伍，推广《浙江农信品牌文化指引》《浙江农信员工行为手册》。加强廉洁与案防教育，全年开展反腐倡廉专题教育活动29次，参与活动人数5000余人次。上线员工账户监督系统、客户经理廉洁合规满意度监督系统，提升廉洁风险防控水平；全年未发生重大案件、责任性事故、重大违规违纪行为和重大内外部矛盾冲突。　(卢　芸)

龙泉农信联社发放全国首笔生态公益林信托权证担保贷款　　卢　芸　提供

【中国邮政储蓄银行丽水市分行】2015年，丽水市分行实现业务收入3.25亿元，完成预算目标101.56%；实现利润1.03亿元，完成预算目标97.91%。自营个人储蓄存款日均余额41.29亿元，比2014年净增3.34亿元，完成净增目标79.51%；公司存款日均余额18.4亿元，比2014年净增2.48亿元，完成净增目标71.57%。各项贷款余额56.45亿元，其中，个人贷款余额49.97亿元，比2014年净增5.3亿元，完成净增目标73.61%；小企业贷款余额6.49亿元，比2014年净增1.83亿元，完成净增目标121.8%。不良贷款余额4274.99万元，不良率0.73%。获"浙江省文明单位"称号。3月30—31日，邮储银行浙江省分行在丽水召开农村金融服务推进会。参会人员参观丽水银村合作示范点，走访家庭农场客户，开展经验交流和分组讨论等，召开媒体座谈会。省政府金融办、丽水市政府对邮储银行农村金融服务工作给予肯定。探索本地农村市场需求，开办小额快捷贷、美丽乡村农房建设小额贷款、土地流转经营权直接抵押贷款等新产品。开展客户储备、产品宣传和业务落地工作，至年底，发放小额快捷贷2.12亿元，发放美丽乡村农房建设小额贷款1170万元。制定"银村合作、整村授信"实施意见，加强服务指导，推进"银村合作"示范点建设，建立"银村合作"村174个，授信10.56亿元，贷款结余2.14亿元，其中，新增"银村合作"村79个，新增授信金额4.6亿元。加强现代农业示范区特色支行建设，遂昌县支行列入总行级现代农业示范区特色支行建设名单，市本级碧湖镇支行列入省行级现代农业示范区特色支行建设名单，至年底，遂昌县支行新型农业经营主体类贷款余额净增2189万元，超净增目标989万元，碧湖镇支行新型农业经营主体类贷款余额净增1175万元，超净增目标375万元。推广金融服务站3.0版（金融服务站+电子商务），制定2015年金融服务站3.0版建设计划，在全市推广，要求辖内各分支行在年内完成5—10家示范点建设，至年底，辖内完成示范点建设60余家。开展"平安金融"创建，以各支行普惠金融活动、堵截电信诈骗等内容平安金融宣传，每月编制《中国邮政储蓄银行平安金融简报》。开展"三严三实"专题教育活动，发布丽水市分行党员干部学习期刊48期。组织干部员工参加"春节回乡见闻""迎五四　颂青春——与邮储合影，对未来寄语""2015年党建研究"等征文活动，获总行一等奖1个、三等奖1个，省分行一等奖2个、二等奖2个、三等奖1个和优秀奖4个。（徐　健）

保　险

【概况】　2015年，丽水市级保险机构新增1家寿险公司，全市市级保险机构23家，其中，财险公司13家，寿险公司10家。县级保险机构104家，保险营销员7139人。全年全市实现保费收入38.48亿元，同比增长17.04%，其中，财产险保费收入16.13亿元，同比增长10.33%；人身险保费收入22.35亿元，同比增长22.40%。支付各类赔款（给付）12.34亿元，同比增长11.38%，其中财产险支付赔款8.15亿元，同比降低6.36%；寿险赔（给）付4.18亿元，同比增长76.62%。

【加强保险行业自律】　2015年，丽水市保险行业不断完善行业自律工作机制，创新自律手段，提高行业自律成效和水平，全年开展自律检查10余次。检查重点：产险公司车险理赔服务测试13家，寿险公司营业网点常规检查（包括证照管理情况、风险提示产品情况和产说会及银邮代理网点情况等）9家，寿险服务窗口标准化建设工作检查，复查标准服务窗口21家，检查、上报新增标准服务窗口相关材料9家；所辖8个县（市）自律小组有关工作开展情况巡查，并指导自律小组做好有关工作。补充、完善《丽水市保险行业保险销售从业人员"不良记录名单"暂行管理办法》，将保险销售从业人员擅自销售P2P等非保险金融产品情况纳入"不良记录名单"管理范畴。

【优化保险行业环境】　2015年，丽水市保险行业协会（以下简称"市保协"）围绕改善保险舆论环境、法律支持环境以及保险需求环境开展相关工作。加强与媒体合作，与保险业较关注或容易产生保险消费者投诉的新闻栏目建立联系，多种形式开展保险宣传。与市消保委建立保险行业投诉联动机制，及时处理客户纠纷投诉问题。做好"3·15"信访接待处理、秘书长接待日制度等工作，完善举报、信访、投诉处理机制，发挥保险消费维权监督站作用，全年受理信访投诉52件（其中，有效44件，无效4件，咨询4件），办结47件，办结率97.92%；温州保监分局转办1件，办结1件。4月，与莲都区法院签署诉调对接工作合作协议，并启动该项工作。开展县域诉调对接工作，获缙云县法院重视与支持，向缙云县司法局申请设立缙云县保险行业人民调解委员会，2016年初正式开展工作。加大反保险欺诈工作力度，设立丽水市保险行业协会经侦联络室，全年全市反保险欺诈中心受理案件13起，移送市公安经侦支队11起，涉案金额338.44万元；立案侦查5起，刑事拘留10人，被起诉至法院9人，在检察审查阶段1人；查实办结放弃索赔2起。配合市公安交警启动轻微交通事故网上快速处理通道，7月1日正式上线，网上受理轻微道路交通事故2904起。

【保险行业宣传】　2015年，市保协在《中国保险报》及当地主流报纸刊登丽水政府购买商业保险及丽水保险业创新发展特点文章，宣传丽水保险；开展保险知识互动，与丽水电视台《丽水在线》栏目合作，开展为期1个月的"参加微信答题"答题抽奖活动，普及与城乡居民日常生活密切相关的保险知识，营造丽水市民学保险、懂保险、用保险的良好氛围；参加丽水电台《百姓热线》直播节目，秘书长亲自解答客户保险热线问题或介绍保险知识；7月8日，全国保险公众宣传日期间，组织辖内23家保险公司开展送保险知识进社区、进农村、进学校、进企业活动；借助新媒介平台宣传，丽水市区400余辆出租车LED顶灯高频率循环播放保险宣传标语，在市区人流量大的广场全彩LED显示屏连续5天播放省协会统一制作的保险宣传短片；参与市公安局经侦支队开展的“5•15”打击经济犯罪识假防骗创平安主题宣传活动，组织保险公司客服和理赔人员在活动现场接受市民咨询、发放宣传资料。

为里东捐款　　　　李　莉　提供

【推动保险政策落实】　2015年，市保协为推动《国务院关于加快发展现代保险服务业的若干意见》《浙江省人民政府关于进一步发挥保险功能作用促进我省经济社会发展的意见》（以下简称“双十条”）在丽水落实，2014年底，起草关于丽水落实“新国十条”实施意见，并向分管副市长作专题汇报，12月，市政府出台《关于进一步加强保险业服务经济社会和谐发展的实施意见》。为填补丽水食品安全责任险等相关责任险及政策性险种的空白，推动食品安全责任保险、医疗责任保险、诉讼保全保险及生产经营安全责任保险在丽水落实。

【保险业应对里东山体滑坡事件】2015年，“11•13”雅溪镇里东村突发山体滑坡、造成重大人员伤亡和财产损失事件，市保协启动应急预案，全行业展开现场施救、受灾人员慰问、客户排查及查勘定损工作。市保协做好保险承保情况统计，每日向有关部门报送保险理赔动态；做好与有关部门沟通联系，及时向主要媒体提供保险行业救援、理赔消息，并根据政府部门要求“从简从宽从速”做好灾后理赔工作。向全行业发起捐款献爱心倡议活动，得到丽水市各保险公司积极响应，参与捐款2500多人，筹集资金20余万元。救援理赔工作得到丽水市委、市政府高度肯定，12月16日分管副市长专程赴温州分局表示感谢，并送去感谢信。

【保险业“十二五”工作情况】　2011年，丽水市出台丽水保险业“十二五”发展规划，对全市保险保障额度、保险深度、保险密度以及服务“三农”保险业务发展规模等提出明确的目标。“十二五”期间，丽水保险业借助良好发展环境和机遇，取得“双成效”：常规业务实现较快发展，为全市人民生产生活提供保障，为社会经济发展“保驾护航”，至年底，保险深度3.5%，保险密度1802元/人。政保合作业务走在全省乃至全国前列，实现政策性农村住房保险、水稻种植保险、林木火灾保险、油菜种植保险、能繁母猪保险、自然灾害公众责任险和大病保险全覆盖。创新食用菌保险、茶叶保险、农村公路财产保险等。支持农户、城乡创业者及小微企业发展的小额贷款保证保险和为广大农村居民提供风险保障的农村小额人身保险。“十二五”是保险业快速发展的五年，全国原保费从2010年的14527.97亿元增长到2015年的24282.52亿元，增长1.6714倍；浙江省（不含宁波）原保费从2010年690.34亿元增长到2015年的1207.08亿元，增长1.7485倍；丽水全市从2010年的20.76亿元增长到2015年的38.47亿元，增长1.853倍，增幅高于全国和全省。

【人保财险丽水市分公司】　2015年，中国人民财产保险股份有限公司丽水市分公司（简称“人保财险丽水市分公司”）全市在编员工476人，拥有医学、精算、财务和信息技术各类人才，从事理赔服务人员117人，其中医疗专业人员15人。全年实现保费收入7.97亿元，同比增长9.2%，保持丽水市财产保险一半的市场份额。实现全市林木火灾、水稻、油菜、能繁母猪、政策性农村住房、自然灾害公众责任6个主要险种全覆盖；开展具有丽水特色食用菌、茶叶气象指数等惠民保险项目。2015年，公司再度进入丽水地方税收丽水企业百强，

图3 “十二五”期间丽水市保费收入

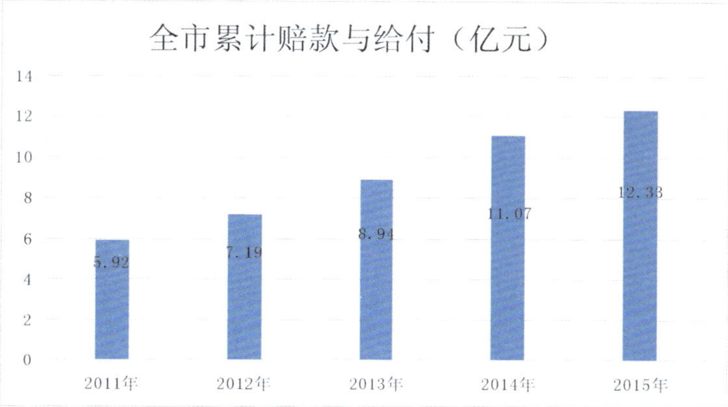

图4 “十二五”期间全市累计赔款与给付

图5 “十二五”期间全市大灾理赔赔款金额

获市政府颁发丽水市金融机构支持丽水经济发展一等奖。公司经营业务主要有机动车辆险、财产险、船舶货运险、责任信用险、意外健康险、农村保险等100多个险别，涵盖非寿险各个业务领域。

【中国人寿丽水分公司】 2015年，中国人寿保险股份有限公司丽水分公司（简称“中国人寿丽水分公司”）继续坚持以服务社会、保障民生、促进社会经济发展，开展农村小额保险、大病保险等各类政保合作业务，推进社会保险和商业保险优势互补、资源整合。全年实现总保费收入9.27亿元，市场份额41.46%，丽水寿险市场排名第一位。创新扶贫思路，探索商业保险助推扶贫工作新模式。通过“国寿1+N”增值服务体系、“牵手”及国寿客户节系列客服活动等，提升服务品质，提高客户满意度。公司举办“圆梦微心愿”等活动，创造就业机会，促进人民生活安定和社会和谐。发挥金融机构支持地方经济发展作用，为丽水经济的协调发展提供保障。被丽水市政府授予2015年度丽水市金融机构支持地方经济发展二等奖。

【太保寿险丽水中心支公司】 2015年，中国太平洋人寿保险股份有限公司丽水中心支公司（简称“太保寿险丽水中心支公司”）全年实现保费收入25784万元，市场份额占比11.53%。个险新保保费6170.3万元，完成赔案1086件，支付赔款1260.15万元。公司通过持续的产品创新和服务创新，满足客户的风险保障和财富管理需求，在售险种200余个，覆盖人寿保险、年金保险、健康保险、意外伤害保险等领域。完善客户服务体系，推进基础服务标准化、增值服务差异化，提升客户满意度。推进战略转型，加快布局企业级移动应用，形成以“神行太保”“中国太保”两大应用平台为主要构成的企业级移动应用体系，推动销售和服务模式在业内率先转型。

【太保产险丽水中心支公司】 2015年，中国太平洋财产保险股份有限公司丽水中心支公司（简称“太保产险丽水中心支公司”）全年实现保费收入

2.99亿元，市场份额18.5%，稳居全市财险市场第二位。联合杭州银行丽水分行开展科技金融合作小额贷款保证保险业务，解决科技型中小企业流动资金贷款或投资建设项目贷款开发的保险产品，项目贷款金额原则控制200万元，投保企业享受基准利率贷款的同时，由政府承担50%的保险费用，建立政、银、保风险分担机制，解决企业担保难、贷款难问题。

【平安产险丽水中心支公司】 2015年，中国平安财产保险股份有限公司丽水中心支公司（简称“平安产险丽水中心支公司”）全年实现保费收入10845万元，同比增长14.8%，市场份额6.72%。全年赔款4958万元，同比增长6.25%。平安产险丽水中心支公司探索布局乡镇市场，在壶镇新设营销服务部。参与丽水市政保合作项目，全年校方责任险累计保额8600万元，惠及人数107740人；火灾公众责任险签单40笔，累计保额8500万元。尝试开展特种设备责任险、环境污染责任险等保险项目。

【国寿财险丽水中心支公司】 2015年，中国人寿财产保险股份有限公司丽水中心支公司（简称“中国人寿财险丽水中心支公司”）实现保费收入1.39亿元，同比增长31.4%，市场份额8.64%，市场排名第三位，其中，全年实现车险保费1.16亿元，同比增长27.14%；实现非车险2301万元，同比增长59.61%。推进小额贷款保证保险、监护人责任险、医疗责任险等新产品业务发展，达成保费234万元。加强成本管控，优化业务质量，提升优质业务占比，深化合规经营理念。推进渠道专业化建设，修订完善渠道基本法，建立与发展要求相匹配的考核机制，加强销售队伍引导。（李　莉）

证　　券

【银河证券】 2015年，银河证券丽水营业部新开账户10751户，客户累计39019户。全年股基交易量1820.04亿元，实现收入11240.4万元，创造利润8305.39万元，为国家和地方实现税收1230.52万元。至年底，开立融资融券信用账户2185户，授信总额度34.09亿元。全年期货IB业务开户数106户。根据客户不同需求推出鑫易雨、鑫新雨、港股通，个股期权、股权质押、新三板等特色业务。针对保守型客户推出金自来、水星、珠联璧合、天天利系列、金山银河系列等固定收益类理财产品。开展“3·15”保护投资者及“打击非法集资宣传月”“诚信建设宣传”等活动。配合市人民银行开展反洗钱宣传与检查工作，发送宣传短信6800条，接待咨询3200人次。通过交易系统、培训活动、柜面指导等多种方式进行投资者教育活动，提高广大投资者防范风险，抵御非法证券活动能力。（王潘中　甘雨婷）

【浙商证券】 2015年，浙商证券丽水中心营业部采用“以网上开户为主、现场开户为辅”新模式，全年实现新开股票账户10077户，新开融资融券信用账户592户，年底，两融日均余额36940.56万元。私募机构经纪业务纳入年度重点工作，全年实现权益类产品销售5.08亿元，非权益类产品销售2.69亿元。全年实现期货IB日均权益4431.5万元，推出个股期权业务，向合格投资者宣传普及，全年新开期权账户163户。全年新开新三板账户57户，发挥浙商本土优势，服务丽水政府和企业，通过“聚银1号”融资平台实现股权融资5.11亿元，推荐九川竹木、竹林居、佳和小贷、浩腾科技4家企业挂牌新三板。帮助各类客户实现财富保值增值，服务实体经济和居民财富管理。（周　畅）

【财通证券】 2015年，财通证券股份有限公司丽水北苑路证券营业部实现开立资金账户4857户，累计交易量478亿元，佣金收入2427万元。坚持每月一次股市沙龙和不定期的投资报告会，协助市政府金融办走访多家拟上市企业，联系浙江股权交易中心，争取为丽水企业及股民提供专业服务，承揽惠同股份（834189）在新三板上市。（卢肖坪）

党员志愿者服务　　周　畅　提供

国内贸易

商　　业

【概况】　2015年，丽水市实现社会消费品零售总额519.28亿元，同比增长9%，增速较2014年回落4.2个百分点。限额以上社会消费品零售额161.9亿元，同比增长2.7%。限额以上批零贸易商品销售额523.17亿元，同比下降1.6%。城镇实现社会消费品零售额402.64亿元，同比增长7.9%；乡村实现社会消费品零售额116.64亿元，同比增长13.2%，高于城镇5.3个百分点。

批发业、零售业、住宿业、餐饮业四大行业销售额（营业额）实现平稳增长。其中批发业销售额763.28亿元，同比增长9.6%；零售业销售额579.98亿元，同比增长11%；住宿业营业额16.87亿元，同比增长11.7%；餐饮业营业额72.02亿元，同比增长17%。

大宗商品销售低迷。受价格、需求放缓等因素影响，石油及制品类零售额30.13亿元，同比下降19.2%；汽车类零售额41.29亿元，同比下降3.1%；家用电器类零售额6.48亿元，同比下降10.5%。三大类商品占全市限上批发零售业零售额比重1/2强，影响限上零售额增速6.2个百分点。而粮油食品类、饮料类、烟酒类、日用品类、书报杂志类、中西医药品类等商品增幅较大，同比分别增长18%、4.9%、11.9%、13%、9.1%、18.2%。金银珠宝受国际金价持续低迷等因素影响，整体销售连续下滑，零售额同比下降1.4%。

2015年社会消费品零售总额分县（市、区）排序

表17

县（市、区）	同比增速（%）	名次	县（市、区）	绝对额（亿元）	名次
全市	9.0	—	全市	519.28	—
缙云县	12.3	1	莲都区	176.68	1
青田县	12.0	2	青田县	77.10	2
松阳县	11.8	3	缙云县	65.85	3
龙泉市	11.8	4	龙泉市	46.37	4
庆元县	11.7	4	遂昌县	42.49	4
遂昌县	11.7	6	松阳县	34.48	6
云和县	11.6	6	庆元县	28.48	6
景宁县	11.3	8	景宁县	24.86	8
莲都区	3.9	9	云和县	22.97	9

2015年，完成《丽水市成品油分销体系“十三五”发展规划》编制，培育81家限上批发零售和住宿餐饮单位，其中法人企业50家，产业单位1家，个体经营户30家。开展打击侵犯知识产权和制售假冒伪劣商品活动以及《2015—云剑行动》，完成国Ⅴ油品升级工作，组织举办或参加2015年全国消费促进月丽水活动、2015丽水金秋购物节、浙江名品进名店工程、中华老字号精品博览会、中国食博会等开拓市场、促进消费活动。

【电子商务发展迅猛】　2015年，丽水市紧紧围绕“电商换市”发展战略，以“举农村旗、试跨境水、布商圈局、借阿里势、走丽水路”为工作思路，通过加强组织领导、加大政策扶持、强化电商基础工作等措施，促进电子商务工作持续健康发展。全年实现网络零售额121.43亿元，增长76%，其中，农产品网上销售23.41亿元，增长41.9%。承办全国农村电子商务现场会，遂昌县列入全国首个农村电子商务强县创建先行县，谋划申报省级农村电子商务综合试验区创建工作。成立以市政府主要领导为组长，分管副市长为常务副组长的丽水市电子商务工作领导小组，30个市直部门和9个县（市、区）人民政府主要领导为成员，领导小组

丽水生态精品农博会（农村电商展区）　　叶吴炜　提供

下设“电商换市”工作办公室、农村电子商务工作办公室、旅游电商化工作办公室。出台《中共丽水市委、丽水市人民政府关于促进丽水市电子商务发展的实施意见》（丽委发〔2015〕33号），制定《丽水市跨境电子商务发展三年行动计划2015—2017》，实现B2C跨境电商出口零售额2500多万美元，增长25%。累计完成9个公共服务中心、14个电子商务集聚园、2224个农村电子商务服务站点和206个E邮柜建设。新增淘宝特色中国·龙泉馆、松阳馆、景宁馆，10个淘宝村、148家规上企业开展电子商务应用，有天猫店508家，京东店193家，阿里速卖通店铺500个，各类网店1.1万家，阿里巴巴·云和木玩产业带上线运营。组建成立丽水市电子商务促进会，开展“大走访、摸实情、解困难——走进电子商务企业”专项活动。推动万地广场、百货大楼、金汇广场启动“喵街”技术改造。全年有2000批次市外考察团到丽水考察交流电子商务工作。据阿里研究院发布的《2015年中国大众电商创业排行榜》报告显示：在全国338个地级及以上城市中，丽水市大众电商创业活跃度位列第30位；在全国大众电商创业最活跃的县（市）前50榜单中，云和县、龙泉市、庆元县入围，分列第15位、47位、48位，丽水市入围的县（市）数量在所有地级市中位列第6位。

【遂昌列入首个商务部评定的农村电子商务强县创建先行县】 12月25日，商务部发函遂昌县政府《关于请做好农村电子商务强县创建先行县有关工作的函》（商建区域函〔2015〕638号），认定遂昌县为农村电商强县创建先行县。该县充分整合“政府、企业、社会”等方面力量发展农村电子商务，成功打造县域农村电子商务发展的“遂昌模式”，并在全国成功复制成立2400多家“赶街”服务站，先后获全球最佳网商城镇奖、中国电子商务发展百佳县、全省首批电子商务示范县等荣誉。根据商务部要求，该县将继续做好推动农村电子商务加快发展、农村电商强县创建前期准备工作、农村流动定点跟踪研究三方面工作，在制度规则、政府服务、运作模式等方面率先实践，为全国农村电子商务发展提供可借鉴的“制度试验地”和适合推广的新模式。

【成立丽水市电子商务促进会】 9月11日，丽水市电子商务促进会成立大会暨第一次会员代表大会在丽水市政府行政中心召开。全市各领域从事电商事业的200多名会员及市直有关单位人员参加会议。会议审议通过《丽水市电子商务促进会章程》《丽水市电子商务促进会会员管理办法》《丽水市电子商务促进会财务管理制度》《丽水市电子商务促进会会费缴纳与管理办法》《丽水市电子商务促进会选举办法》等章程草案，同时选举产生丽水市电子商务促进会会长、常务副会长、副会长、秘书长及各分会会长和副会长等人选，毛庆龙当选为会长。

丽水市电子商务促进会是丽水市内面向电子商务，不受地区、部门、行业、所有制限制，与电子商务有关的单位和个人自愿参加的社会团体，促进会已吸纳会员500多人。

9月11日，丽水市电子商务促进会成立大会　　周步鑫　提供

【庆元县列入第二批浙江商品国际采购中心创建试点城市】 12月4日，《浙江省商务厅等13部门关于公布义乌中国小商品城等单位为浙江商品国际采购中心的通知》(浙商务联发〔2015〕118号)文件，确定第二批庆元县、义乌市、舟山市、东阳市和南浔区等5个浙江商品国际采购中心创建试点城市，其中庆元县以庆元香菇市场为创建主体，为浙江食用菌国际采购中心。列入试点的城市要求产业特色鲜明、专业化程度高，商品交易市场整体实力较强。以单体市场形式创建的要求年交易额10亿元以上且居全国同类市场前列。以市场集群形式创建的，应有统一的管理制度、形象标识和信息平台，且年交易额超过30亿元。

【丽水市开展“丽水老字号”认定工作】 2015年，市商务局出台《“丽水老字号”认定办法(暂行)》(丽商务〔2015〕59号)，全市开展“丽水老字号”认定工作。符合以下七个条件的企业可申报“丽水老字号”企业：拥有商标所有权或使用权；品牌创立30年以上(含30年)；传承独特的产品、技艺或服务；有传承丽水优秀传统的企业文化；具有中华民族特色和鲜明的地域文化特征，具有历史价值和文化价值；具有良好信誉，得到广泛的社会认同和赞誉；国内资本及港澳台地区资本控股或相对控股，经营状况良好，且具有较强的可持续发展能力。根据认定办法，市县两级商务部门通过开展普查、发动宣传、组织申报、审查把关、评选公示等环节，12月29日，评定第一批“丽水老字号”21个，其中青瓷品牌6个，宝剑品牌8个，石雕、茶业、超市等其他品牌7个。

【《丽水地方特色菜谱珍肴集》编辑成书】 2015年，市商务局组织开展丽水地方特色菜谱编辑并形成书。该书共收集68道菜谱，其中热菜41道、冷菜13道、点心14道，每道菜谱介绍图文并茂，详列菜品图片、主料及其介绍、调料、制作方法、特点等内容。主编汤伟荣，技术总监许俊伟。开本787×1092，印数1500册。

【《丽水地方药膳菜谱》编辑成书】 2015年，市商务局和丽水市生态休闲养生(养老)经济促进会组织开展《丽水地方药膳菜谱》编辑并形成书。该书收集48道菜谱，分别是何首乌猪肝、杜仲土鸡蛋、紫苏高山田螺、赤胆满江红、马铃薯焗藿香、观音素包、灵芝伍仁酥、石斛煨牛尾、绿叶豆腐、山珍果炒肉片、闻香问茶、黄菊养生粥、招财进宝、益智汤、甘草鸭、巧拌鱼腥草、养生黑牡丹、五彩缤纷、紫苏河鲜、延年益寿、冰清玉洁、甘露、荷叶香肘、鹿茸枸杞猪腰汤、山楂苦瓜煲筒骨、四味养生汤、山哈米酒炖芙蓉、车前草泥鳅、菌

第一批“丽水老字号”名单

表18

序号	申报单位名称	品牌名称	创立时间	备 注
1	浙江梅峰茶业有限公司	大姆山	1980年	
2	龙泉市蓝义丰青瓷厂	蓝义丰	1926年	
3	龙泉市禾字号剑庄	禾字号	1905年	
4	龙泉市三和堂生物科技有限公司	三和本经堂	1820年	
5	浙江省龙泉市沈广隆剑铺	壬	1894年	
6	浙江省龙泉市沈广隆剑铺	沈广隆	1894年	“中华老字号”“浙江老字号”自动转为“丽水老字号”
7	浙江青田文翔首饰有限公司	文翔金楼	1911年	“浙江老字号”自动转为“丽水老字号”
8	浙江省龙泉市千字号剑铺	千字号	1748年	“浙江老字号”自动转为“丽水老字号”
9	浙江省龙泉市宝剑厂有限公司	龙泉宝剑	1956年	“中华老字号”“浙江老字号”自动转为“丽水老字号”
10	龙泉市万字号宝剑厂	万字号	1861年	“浙江老字号”自动转为“丽水老字号”
11	龙泉市南宋哥窑瓷业有限公司	南宋哥	1170年	“中华老字号”“浙江老字号”自动转为“丽水老字号”
12	龙泉市金字号剑铺	金字号	1900年	“浙江老字号”自动转为“丽水老字号”
13	龙泉市兴泰隆连锁超市有限公司	兴泰隆	1892年	“浙江老字号”自动转为“丽水老字号”
14	景宁畲族自治县惠明茶业有限公司	惠明	1985年	“浙江老字号”自动转为“丽水老字号”
15	龙泉市官窑瓷业有限公司	官	1954年	“中华老字号”“浙江老字号”自动转为“丽水老字号”
16	丽水市鱼跃酿造食品有限公司	鱼跃	1936年	“浙江老字号”自动转为“丽水老字号”
17	龙泉市龚三兴青瓷作坊	龚庆芳	1916年	“浙江老字号”自动转为“丽水老字号”
18	龙泉市曾芹记古窑坊	曾芹记	1931年	“浙江老字号”自动转为“丽水老字号”
19	龙泉市元源剑坊	元源	1946年	“浙江老字号”自动转为“丽水老字号”
20	龙泉玉德青瓷有限公司	东音	1953年	“浙江老字号”自动转为“丽水老字号”
21	青田县石雕厂集团有限公司	青田石雕	1958年	“浙江老字号”自动转为“丽水老字号”

丽水地方药膳菜谱、丽水地方特色菜谱珍肴集 周步鑫 提供

菇佛跳墙、乌金藏娇、茶油芥菜、玉竹田鱼、田七牛肉、鱼胶炖橘饼、百果争艳、天麻黄芪炖土鸡、滋补高山羊、油柴炖鹅、香椿厚蛋卷、山兔炖黄芪、元胡萎烧猪肝、四叶参炖老鸽、五味炖猪蹄、太子上朝、薏仁冬瓜、山蜡梅甲鱼、心意、三维争霸。主编周建伟，副主编林绿科，摄影曹伟平，菜品技术指导姚荣生，详列菜品图片、中药图片、菜品原料、调料、制作方法、特点、功效等内容。开本787×1092，印数1500册。

【举办2015年丽水生态精品农博会农超对接专场会】 9月18日，由市商务局和市农业局联合主办的2015年丽水生态精品农博会农超对接专场会在杭州举行，省内的170余家客商及丽水市农业龙头企业参加对接会。主要目的是丽水拓宽生态精品农产品营销渠道，促进农产品流通，推进农业标准化、经营品牌化，增加农民收入。会上，达成总价值4000万元的产销合作协议。 （周步鑫）

供销合作商业

【概况】 2015年，全市供销系统按照“改造自我、服务农民”的总要求，围绕全市生态精品现代农业建设目标，谋划启动“三位一体”综合改革，突出服务规模化、流通现代化重点，在经济效益、服务能力、发展基础等方面抓好落实。全年全市系统实现总经营收入42.59亿元，同比增长2.55%，完成“十二五”规划目标任务的103.88%，其中实现总销售规模35.06亿元，同比增长1.33%；实现购进总额16.84亿元，同比增长7.96%；连锁销售额6.57亿元，同比增长13.28%；农产品市场交易额7.34亿元，同比增长7.27%；全市系统汇总利润1637万元，同比增长27.69%；所有者权益5.57亿元，同比增长7.40%；实现社会贡献总额2.02元，同比增长4.23%。

【供销社重点项目建设】 2015年，全市供销社系统在建大中型项目6个，项目用地55.93公顷，总投资16.02亿元，累计完成投资6.88亿元，其中当年投资4.97亿元，庆元香菇市场二期、莲都区古堰画乡文化产业基地、云和农产品展示展销中心等项目成为当地政府重点项目。8月28日，市政府与中国供销（海南）实业发展有限公司签订中国供销丽水农林特产博览城项目《投资意向书》，项目计划总投资20亿元，占地48.67公顷。

【现代农资经营服务网络】 2015年，全市供销系统有农资经营连锁配送中心15个，全年销售化肥12.16万吨，总销售额3.49亿元。全年销售农药0.49万吨，总销售额0.85亿元。保障春耕备耕农资供应，储备化肥3.08万吨，同比增长4.85%。4月9日，市供销社在碧湖镇举办丽水市农作物放心工程启动仪式，向4户种植大户、专业合作社免费赠送价值4000元的有机肥，发放小包化肥500余包，开展现场咨询活动。

【农作物放心工程】 4月，市供销社牵头启动以“化肥农药减量，生态农业增效”为主题，集农业科技生产服务、农资连锁配送经营服务、农业信息化服务、信用合作服务为一体，农业生产全程化、专业化、标准化的农作物放心工程试点。经统计，试点基地的四季豆，亩均农资投入成本同比下降26.3%，亩均产值同比增长6.2%，经济效益明显，初步形成农业生产科技服务、农资经营综合服务为一体的现代农业生产经营服务体系。

【农产品流通体系】 2015年，全市系统农产品市场交易额7.34亿元，同比增长7.27%。5月，组织全市36家茶生产企业、专业合作社参加“浙茶杯”红茶评比和第二届中国茶业博览会参展活动，在“浙茶杯”红茶评比活动中，丽水选送的茶叶获奖率72.2%，其中龙泉“五龙云间”“龙泉红”“炉岙”及景宁“慧明红”、庆元“龙峰云雾”、松阳“绿谷青帝”等6个红茶品牌获金奖，占全省10个金奖的60%，连续三年获金奖总数列全省第一。

【基层合作经济组织建设】 2015年，新建、重组改造基层供销社41家；新建各类经营服务综合体13家；新增参办、领办专业合作社 41 家；新增农村村级综合服务社 93 家；新增农村综合服务中心 21 个；新建农业社会化服务组织 5 家；新建改造庄稼医院 8 家；新增农村电子商务服务站75个；农信担保公司、资金互助会当年为农提供农信担保额及资金互助额 1687 万元，累计 4.04 亿元；组织开展涉农培训班 10 期，培训 523 人次，其中职业资格鉴定培训 175 人次；市农产品经纪人协会举办各类农产品展销交易会 8 场次，其中农产品展销交易额 711 万元。

【供销电商】 2015 年，市供销社参股企业丽水绿盒电子商务公司在沪、杭、宁等地建设以“丽水山耕”品牌为主的体验区 13 家，推进销售模式转型升级；市供销社与中国供销集团下属“中国供销社员网”签订合作协议，成为“中国供销社员网”全国两个试点单位之一，社员网遂昌馆、丽水馆相继上线运行；遂昌县供销社投资 500 万元成立遂昌县供销电子商务有限公司，缙云县供销社参股组建缙云县振翔电子商务有限公司。全年全市供销系统实现电子商务销售额 1036 万元，同比增长 82.39%。 （杨小明）

粮 食 业

【概况】 2015 年，全市粮食总供给量为 120.65 万吨，其中本市生产 47.77 万吨，进口 0.38 万吨，市县外购入 72.5 万吨；全市总消费 119.81 万吨，其中口粮消费 53.95 万吨，种子用粮 0.62 万吨，饲料用粮 27.75 万吨，工业用粮 5.5 万吨；年底社会粮食库存 36.04 万吨。

2015 年，全市储备粮轮换 30676 吨，其中市本级轮换 9561 吨，轮换食用油 335 吨，其中市本级 150 吨。落实新增储备粮规模 31856 吨，分别为小麦 8050 吨、早籼稻 10635 吨、晚籼稻 13171 吨。市政府与各县（市、区）签订《粮食安全责任书》，将粮食安全责任制考核纳入市委、市政府的综合考核。3 月，市发改委制定出台《丽水市地方储备粮食管理阳光操作规程》，明确地方储备粮的销售和采购计划下达、轮换程序以及价格确定等重点环节的具体做法和规范要求。

2015 年，市发改委获五年一评的全省粮食系统先进集体荣誉称号，丽水国家粮食储备库主任林兴乾被评为全国传承“四无粮仓”精神先进个人，并应邀赴京参加全国粮食流通工作会议接受表彰，李金莎等 4 人被评为全省粮食系统先进个人；庆元县发改局、龙泉市发改局获浙江省粮食收购工作先进单位。莲都区、遂昌县和缙云县获 2015 年度全市粮食安全责任制考核前三名。丽水市粮食总公司、丽水市粮食收储有限公司、丽水市粮食托管中心获浙江省企业安全生产标准化（三级）企业。

【完善粮食应急体系】 2015 年，全市落实粮食价格监测点 74 个、粮食应急供应点 204 个、应急粮食加工企业 27 家、1240 吨粮食日加工能力、1630 吨粮食应急运输能力，初步实现城区粮食应急网点社区全覆盖；落实应急成品粮 1880 吨、原粮 18775 吨，其中市本级落实应急成品粮 700 吨、原粮 7000 吨，由市区 8 家粮食经营企业（户）负责承储；在龙泉召开全市粮食安全应急管理培训会，各县（市、区）发改局粮食科长、收储公司负责人、粮食应急加工企业负责人 30 余人参加会议。

【优化储备粮油结构】 2015 年，全市地方粮食储备晚稻谷比例从 37%提高到 41.8%，储备中晚稻成品粮比例达 98%，均超过省政府下达的 25%和 85%的考核指标；全市储备油首次全部小包装食用油承储，一旦食用油出现紧急情况，能迅速地投入市场，达到稳定市场的作用。

【科学储粮扩面提升】 2015 年，丽水国家粮食储备库连续两年实现库存粮食免熏蒸，是全省做得最好的两家单位之一，连续四年在全省粮食仓储会议上作经验介绍，全国各地 130 多批次 1200 人到丽水学习交流；以会代训提升仓房气密性改造水平，全市 40 余人参加学习；莲都区中心粮库和松阳县粮食储备中心气调储粮设备完成安装，进入调试运行。

【粮食购销】 2015 年，全市共签订晚稻订单 7971 吨，比 2014 年增加 1858 吨。落实收购资金 2806 万元，收购晚稻 7912 吨，订单履约率 99%。严格执行国家粮食局“五要五不准”的收购守则，没有发生农民“卖粮难”“转圈粮”以及省外粮源进入省内政策性收购情况。

【粮食仓储项目建设】 2015 年，丽水国家粮食储备库扩建工程（丽水市军供站）等 5 个项目被列入粮食仓储设施项目 2015 年中央预算内投资计划，共争取中央预算内投资 2602 万元、省用地指标 16.13 公顷。莲都区中心粮库等 3 个项目争取军粮部门和省粮食安全专项资金 1080 万元；莲都区中心粮库和松阳县粮油储备中心开始装粮压库，主体工程通过验收；莲都区粮食应急加工厂主体完工，进入机器调试阶段，有效破解了市区粮食应急加工能力不足的难题；7 月 15 日，丽水国家粮食储备库扩建工程开工建设，11 月 26 日，龙泉市中心粮食储备库二期扩建项目开工建设；青田县、云和县、遂昌县、缙云县项目进入初设阶段，庆元县初步完成项目选址。全市10家单位30个库点获“粮安工程”危仓老库维修中央专项补助资金1237万元。

【粮食执法检查】 2015年，抽调全市有粮食执法资格人员15名组成丽水市粮食行政执法队，开展区域粮食执法，全年全市开展各类粮食流通监督检查126次，出动执法人员295人次，检查企业258个次，确保粮食安全工作各个环节、各项工作都有人负责。

【设立网上粮食交易市场】 5月13日，市粮食总公司与杭州国家粮食交易中心合作，成立杭州国家粮食交易丽水分中心，这是丽水市首家网上粮食交易市场。至年底，交易粮食5.3万吨，交易额1.44亿元，全市销售储备粮网上交易率达100%，轮入网上交易率达85%，确保储备粮油采购和销售公开透明、阳光操作。

【粮油仓储设施普查】 2015年，按照“全覆盖原则”、“在地原则”，市发改委对13家纳入统计范围的涉粮企事业单位进行粮食仓储设施专项调查，做到“有库必到、有仓（罐）必查、查必准确”。全市总仓容27.452万吨，仓房数量377间，全部为散装仓库，其中完好可用仓容23.08万吨，占比84.07%；需大修仓容1.9775万吨，占比7.2%；待报废仓容1.7995万吨，待拆除仓容0.44万吨，死角仓0.155万吨。共占比8.73%。

【粮油库存检查】 2015年，抽调92人次，成立15个检查组，对列入检查范围的11个国有粮食企业进行全面清查。检查储粮库点51个，其中原粮储存库点30个，成品粮库点21个，检查库存粮食97489吨，其中，市、县地方储备粮80577吨，商品粮（含地方应急调控粮）16912吨。全市实物库存数量与统计库存和保管账库存一致，达到账实相符、账账相符、质量良好、储存安全。

【粮食行业职业技能竞赛】 10月20—21日，在丽水举办第三届粮食行业职业技能竞赛，全市10支代表队20人参加比赛，丽水国家粮食储备库获团体一等奖，龙泉市和松阳县代表获团体二等奖，遂昌县、缙云县和莲都区代表获团体三等奖；丽水国家粮食储备库代表队的余旭芬、遂昌县代表队的吴育军和丽水国家粮食储备库代表的苏姚获个人前三名，并由市人力社保局授予“丽水市技术能手”称号；市职业能力鉴定指导中心对个人第1名核发粮油质量检验员技师职业资格，吴泽明等参赛的16人，根据规定提升相应职业资格，并核发职业资格证书。 （廖福伟）

烟草专卖

【概况】 2015年，丽水市烟草专卖局（公司）冷静应对经济“新常态”和“销量拐点”的双重压力，全年实现卷烟批发销售额37.95亿元，同比增长4.4%；税利8.62亿元，同比增长19.91%；上缴税收6.21亿元，其中中央4.79亿元，地方1.42亿元，分别同比增长33.4%和17.51%，在中央和地方财政收入中的贡献比例在较高平台上实现进一步提升。全年丽水烟草向国家上缴中央财政专项税后利润2.2亿元。全市零售客户户均毛利率为7.9%，收入保持稳定。

【烟草专卖监管】 全市烟草专卖监管工作坚持“以小见大、以案查案”的特色理念，加强本地网络案的深挖细查和规律总结，“十二五”期间丽水全市查处涉烟违法案件2052起，查获违法卷烟13.43万条，其中假烟3.34万条，走私烟2140条，总案值1719.3万元，破获假烟国标网络案33起（同比增长200%），占全省查获总数的10%以上，市场净化率由“十一五”末的96%提升到“十二五”末的98%。

【烟草专卖许可证办理】 2015年，丽水烟草规范烟草专卖零售许可证办理，实现行政许可审批提速和服务提质。在审批提速方面，率先推出以工商营业执照替代经营场所房屋权属证明材料，并精简优化办证流程，明确操作标准，坚持“一口受理”、“一站式审批”服务，实行办证承诺期限制度，缩短办证期限，提高审批效率。定期调整城区、农村区域范围，解决生态产业集聚区、农村新型聚居地以及因政府拆迁行为等带来的办证难题。对庆元火车站等大型建设工程项目驻地，特事特办，满足当地群众办证和卷烟消费需求。

【社会公益服务】 2015年，丽水烟草捐赠各项社会公益活动资金228.67万元，其中市本级89万元，向莲都区里东村捐款10万元。结对云和县崇头镇叶山头村和林山下村，5年来共提供帮扶基金80余万元，先后启动高山蔬菜、水产养殖等致富项目，并利用帮扶资金修建叶山头、林山下灌溉设施，林山下防灾防震工程，下洋公路交通项目，上村下村公厕项目等。

组建丽水烟草“精实志愿者”团队，因地制宜积极参与当地“五水共治”、“六边三化三美”、“爱心丽水”、“我是志愿者，我为示范街代言”、“烟头不落地，丽水更美丽”等志愿活动，全年开展活动17次，200余人次参与。 （张恒宇）

对外及港澳台经济贸易

对外贸易

【概况】 2015年，丽水市实现外贸进出口总额33.64亿美元，同比增长15.7%，增速较2014年上升2.9个百分点，增速列全省第2位，分别高于全省、全国增幅17.9个、23.7个百分点。其中，出口首次突破30亿美元大关，达到31.44亿美元，同比增长19.2%，增速较2014年上升8.1个百分点，增速列全省第2位，分别高于全省、全国增幅17个、22个百分点，占全省的出口份额由2014年的不足1%提升到1.14%。进口2.2亿美元，同比下降18.8%，增速较2014年下降51.3个百分点。进口商品以铬铁、木浆、无烟煤、棕榈油、椰子油为主，占全市总进口的76%；进口来源地主要集中在南非及澳大利亚、德国、俄罗斯、印度尼西亚等国家，占全市总进口的67%。

出口企业中，流通公司出口16.53亿美元，同比增长65.7%，高于全市平均46.5个百分点，占全市比重37.8%。内资生产型企业出口13.95亿美元，同比下降9.1%，占全市比重58.2%。三资企业出口0.96亿美元，同比下降7.9%。

出口市场中，亚洲市场12.24亿美元，同比增长33.7%。其中，中东市场3.95亿美元，同比增长17.8%；东盟市场2.94亿美元，同比增长18.8%。欧洲市场7.31亿美元，同比下降3.3%。其中，欧盟市场5.59亿美元，同比增长4.1%。北美市场4.88亿美元，同比增长14.3%；拉丁美洲市场2.73亿美元，同比增长17.0%；非洲市场3.85亿美元，同比增长42.8%；大洋洲市场0.43亿美元，同比增长18.3%。美国、印度和俄罗斯为出口前三位国家，出口额分别为4.57亿美元、1.57亿美元和1.36亿美元。

举行全市农村电子商务工作会议　　周步鑫　提供

出口商品中，农副产品出口0.54亿美元，同比下降4.9%。其中，香菇出口0.36亿美元，干木耳出口0.08亿美元。纺织服装出口3.6亿美元，同比增长45.5%；轻工工艺品出口9.31亿美元，同比增长27.9%。其中，鞋类出口1.56亿美元，玩具出口1.85亿美元，文体用品出口2.07亿美元。机械产品出口16.78亿美元，同比增长10.9%；化工产品出口1.20亿美元，同比增长31.9%；机电产品出口14.37亿美元，同比增长11.5%。

各县（市、区）出口中，松阳、开发区、青田、龙泉、云和等出口增速超15%，缙云、青田、龙泉和松阳县出口额超3亿美元，分别达8.04亿美元、5亿美元、3.63亿美元和3.12亿美元。

2015年，丽水市开展自营进出口业务的企业781家，比2014年增加58家；超千万美元的企业89家，比

2014 年增加 18 家；新增有效出口主体 126 家，比 2014 年增加 34 家；新增省级出口名牌 2 个，累计达 11 个。实施“外贸出口百日攻坚行动”，研究出台《丽水市人民政府关于促进外贸稳定增长培育外贸竞争新优势的补充意见》(丽政发〔2015〕84 号)，提出“拓展市场、出口信保、组展参展”等 17 条开拓市场具体举措，力促外贸企稳回升。2015 年，一达通外贸供应链管理模式出口 1150 万美元。全年组织 263 家次企业参加华交会、广交会、消博会、国际汽车商品交易会，展会，展位 363 个。

【金棒运动公司“迷你健身车”获广交会“CF 设计奖”银奖】 2015 年，浙江金棒运动器材有限公司的“迷你健身车”获广交会“2015 年出口产品设计奖(CF 设计奖)”银奖，系全市唯一入围“CF 设计奖”最终奖项产品。该活动共有 773 件产品参评，63 件产品获奖。“迷你健身车”是浙江金棒运动器材有限公司 2014 年开始研发的新产品，具有外观时尚、操作简便、轻便等特点，已在全球 11 个国家取得 20 多项专利。

【第十六届江浙两省市级贸促会联席会议在丽水召开】 11 月 25—27 日，第十六届江浙两省市级贸促会联席会议在丽水召开。无锡、常州等 18 个市级贸促会的 50 余名代表参加本届会议。江苏省贸促会副会长肖铁军、浙江省贸促会吴莉芬副巡视员、丽水市副市长林亮出席会议并讲话。大会围绕“优势互补增合力，区域合作促发展”主题，共同探讨，相互交流，发表建设性的意见和建议。会议推选第十七届江浙两省市级贸促会联席会议由江苏省淮安市贸促会承办，并举行会旗、印章交接仪式。

【丽水商务发展平台拓展现场会在青田召开】 7 月 24 日，丽水商务发展平台拓展现场会在青田召开，副市长陈重出席会议并讲话。会上，市商务局通报全市上半年商务运行情况，青田县就侨乡进口贸易平台及商务发展情况作经验介绍，丽水经济技术开发区、丽缙五金科技产业园区推介投资环境，中国制造网、一达通、无水港等商务发展平台介绍推介企业运用平台促进创新发展的经验做法。会前，参会代表考察青田侨乡进口商品城、青田电子商务服务中心建设情况、起步儿童用品体验店和品牌文化馆。各县(市、区)、丽水开发区商务主管部门主要负责人和分管领导，“十三五”商务发展规划编制代表以及市商务局中层以上干部参加了会议。 (周步鑫)

利用外资及港澳台资

【概况】 2015 年，丽水市新批外商及港澳台商投资项目 18 个，增资项目 5 个，外方股东贷款项目 4 个，投资总额 3.9 亿美元，合同外资及港澳台资 2.87 亿美元，同比增长 16.3%；实际外资及港澳台资 2.2 亿美元，同比增长 23%，实际外资及港澳台资完成进度列全省第一，荣获 2015 年度全省利用外资工作成绩突出地市。引进千万美元以上外商及港澳台资投资项目 9 个，并实现首个亿美元项目零突破，推动富来森中竹科技公司在美国纳斯达克挂牌上市交易。新增外资项目仍以第二产业为主，合同利用外资及港澳台资 1.94 亿美元，实际利用外资及港澳台资 1.52 亿美元，分别占总数的 67.6%和 69.3%。新批项目中，来自欧洲及美日韩等发达国家项目 8 个，来自中国港澳台传统来源地项目 8 个，来自南美洲的项目 2 个。组织举办或参加 2015 年新春侨商座谈会、浙洽会、中国—中东欧国家投资贸易博览会、南非阿联酋投资贸易推介对接活动、香港贸发局和香港商会访丽水活动、投洽会、浙江省开发区路演(上海站)活动、2015 中国全球投资峰会、2015 丽水市高端装备制造业(上海美国商会)推介会、第三届世界浙商大会、国际投资“96357”公共服务平台发布会等十多场次外商投资洽谈活动。研究制订《丽水市利用外资 5 年 50 亿行动计划》。

【龙泉、缙云工业园区升格为省级经济开发区】 12 月 21 日，省政府办公厅复函丽水市政府《关于整合设立浙江吴兴经济开发区等 5 家经济开发区的复函》(浙政办函〔2015〕114 号)，

浙江龙泉经济开发区　　龙泉经济开发区　提供

同意分别整合龙泉、缙云工业园区，并设立浙江龙泉经济开发区和浙江缙云经济开发区，两个工业园区正式跨入省级经济开发区行列，享受省级经济开发区的相关政策。

浙江龙泉经济开发区面积12.5平方千米，四至范围：东至大沙岭—塔石岭，南至得道仙山脚—茶坦大山岗，西至炉田龙泉溪，北至广源街—棋盘山—龙泉溪。浙江缙云经济开发区面积8.06平方千米，四至范围：东至金温铁路，南至金丽温高速互通以及新南路，西至金丽温高速公路，北至永康市。

复函文件对两个开发区在今后的深化改革、加大招商引资以及提高发展质量和水平等方面提出具体要求。至2015年底，丽水市有国家级经济开发区1家，为丽水经济技术开发区。省级经济开发区4家，青田、景宁、龙泉、缙云各1家。

【丽水经贸代表团赴南非、阿联酋开展投资贸易推介洽谈活动】 5月24日—6月1日，以副市长陈重为团长的丽水市经贸代表团20人（其中公务人员6人，机械制造、汽车空调与配件、保健中药、木制玩具和工艺品等生产商和供应商企业负责人14人），赴南非、阿联酋国家开展投资贸易推介洽谈活动。代表团一行先后在南非约翰内斯堡举办南非投资贸易推介会、拜访南非开普敦投资贸易发展局和约翰内斯堡南部非洲浙江总商会、考察迪拜汽配市场等公务活动，了解经贸往来情况，考察市场，推介丽水，开展对接洽谈活动，拓宽经贸合作渠道，为扩大经贸合作交流打好基础。

【国际服务贸易进出口总额达11.09亿美元】 2015年，丽水市国际服务贸易进出口总额11.09亿美元，同比增长15.6%。其中，出口8.95亿美元，同比增长13.2%，占国际服务贸易进出口总额的80.7%；进口2.14亿美元，同比增长27.2%，占国际服务贸易进出口总额的19.3%。国际服务贸易进出口额占全市货物和服务贸易进出口总额的24.81%，国际服务贸易出口占全市货物和服务贸易出口额的22.16%，国际服务贸易进口占全市货物和服务贸易进口额的49.19%。全市国际服务外包离岸执行金额419万美元，同比增长1.21%。主要是涉及动漫刀剑、动漫木玩等产业出口。 （周步鑫）

对外经济技术合作

【概况】 2015年，新批境外投资项目10个，增资项目1个，总投资977.6万美元，中方投资额892.05万美元。“十二五”期间，丽水市完成境外投资项目55个，总投资12652.7万美元，中方投资额12362.85万美元，分别比“十一五”期间增长19.6%、213.7%和214.1%。境外投资国别和地区33个，境外投资领域以批发和零售业为主，逐步扩展至仪表加工、化学原料和化学制品制造业、餐饮业和咨询服务业等，新批项目平均投资规模提高到百万美元。 （周步鑫）

出入境检验检疫

【概况】 2015年，丽水出入境检验检疫局检验检疫出入境货物2.08万批，货值5.26亿美元。推进关检“一次报检、一次查验、一次放行”和跨分支局“通报通检通放”业务，全面实施出口直放和无纸化通关，推动沪浙出口直放达96.72%，省域内直放率达到96.68%。帮扶辖区苦茶籽、啤酒等首次出口，成功培育龙泉黑木耳、石蛙通过国家生态原产地产品保护的现场评定。成功创建全国文明单位，首次获丽水市综合绩效考核先进单位，下属保健中心再获食品从业人员体检资格等。

【推行检验监管式改革】 2015年1月起，丽水出入检验检疫局在省内率先实施木制玩具“即报即放”和食用菌“简备案、快核放、重预警”的检验监管式改革。木制玩具和食用菌及蔬菜出口分别达2.83亿美元和0.64亿美元，木制玩具出口货值同比分别增长6.77%。

【建成公共免费检测平台】 2015年，丽水出入检验检疫局推动莲都、松阳、遂昌、景宁等县（区）建成公共免费检测平台，实现辖区9个县（市、区）全覆盖。辖区主要进出口食品、农产品和60%的工业品享受免费检测。

【签发全国首份中澳原产地证书】 12月20日上午，丽水检验检疫局龙泉办事处在中国—澳大利亚自由贸易协定生效的第一天为龙泉市同益玩具有限公司签发全国首份中澳自贸协定原产地证书。凭借此份证书，一批价值20832美元的画板进入澳大利亚的关税由原来的5%降为零，该企业可享受近6700元的关税减免优惠。此项工作被新华社、中新网等6家媒体报道。

【庆元成为全国首个出口铅笔质量安全示范区】 12月，庆元县出口铅笔质量安全示范区顺利通过浙江检验检疫局现场考核验收，成为全国唯一的出口铅笔质量安全示范区。2015年，丽水检验检疫局与庆元县政府签订《推进庆元出口铅笔质量安全示范区合作备忘录》，在出口检验检疫服务、技术性贸易措施应对和技术服务

进口商品检查　　季大凯　提供

等方面加大对示范区企业的扶持力度，帮助示范区建立完善公共服务体系，推动出口铅笔产业的健康、快速发展。1—11月，庆元县铅笔产业直接出口额2552万美元，同比增长28%，占全国出口总量的15%。

【加强疫情防控】　2015年，丽水检验检疫局加强“四位一体”疫情防控体系，积极开展中东呼吸综合征、埃博拉等疫情防控宣讲，做好流行病学调查等工作。全年出入境健康体检1495人次，预防接种903人次，检出传染性疾病38例。

【持续推进生态原产地产品保护】　6月10—11日，国家质检总局组织评审组对丽水“龙泉黑木耳”“龙泉九重天石蛙”申请生态原产地产品保护进行现场评定。通过查阅文件、听取汇报、实地考察和现场提问的方式，评审组认为“龙泉黑木耳”“龙泉九重天石蛙”基本符合《生态原产地产品保护评定通则》《生态原产地产品保护工作导则》和《生态原产地产品评定技术规范》的相关要求，同意向国家质检总局生态原产地产品保护办公室推荐，并就如何完善申报材料以及加强后续管理提出意见和建议。

【涉检违法违规案件查处】　2015年，丽水检验检疫局加大涉检违法违规案件查处力度，全年立案5起，涉案金额55万元，同比增长72%；罚没款金额3万元，同比增长50%。2015年，缙云办事处成功创建丽水市依法行政示范单位。　（季大凯）

海　　关

【概况】　2015年，丽水海关牢固树立“绿水青山就是金山银山”的绿色生态发展理念，不断提高监管服务水平，服务丽水市外向型经济发展。全年实现进出口总值210.6亿元，同比增长17.8%，呈现较好的增长态势。其中出口196.9亿元，同比增长21.5%；进口13.7亿元，同比下降17.9%。

【监管通关】　2015年，海关共征收两税5379万元，同比下降21.8%；审核报关单2128份，同比增加12.3%，通关一体化报关单率93.8%，通关无纸化作业比例100%；符合关检合作“三个一”条件的报关单实现100%“一次申报”；审批征免税证明20份，审批金额118.8万美元，减免两税99.4万元；做好海关统计服务，为地方宏观经济调控提供决策服务。

【监控查验】　2015年，全市保税仓库累计入库货物货值约8万美元，出库货物货值约8万美元；开展稽查10家，其中专项稽查作业6家，常规稽查作业4家；保税中后期核查4次；移交缉私案件共4起，涉案货值为4405.2万元，涉税274.3万元。

【企业管理】　2015年，丽水辖区新注册外贸企业275家，同比增加11.8%；促进辖区企业资信水平提升。对2家企业组织上门预认证，组织2家企业参加署级培训。

【海关政策宣传】　2015年，丽水海关先后组织举办各类新政策、业务培训7次，内容涵盖行政审批网上受理、通关基础实务、通关模式的改革情况等内容，涉及企业260余家；利用短信、新媒体、纸质报表等形式实现优化海关统计服务。优化统计简报、龙泉市关合作专报内容，新增分类统计月刊报表，适时提供专题型、进度型分析报告。全年向地方各级党政负责人发送统计快报短信200条，编制各类统计简报、专报40篇；通过地方新媒体编发各类政策普及类题材通讯稿，针对海淘、知识产权保护等热点话题作多期专题报道，普及进出口政策法规；开展“海关开放日”、“4•26”全国知识产权宣传周、“6•26”国际禁毒日宣传日、“8•8海关法制宣传日”等特色宣传日活动，提高管理对象的守法意识。　（徐程明）

经济管理

计划管理

【概况】 2015年，全市地区生产总值1102.34亿元，增长6.4%。实现财政总收入151.60亿元，增长7.6%，其中一般公共预算收入94.51亿元，增长8.9%。完成固定资产投资751.52亿元，增长13.0%。重点建设项目投资264.93亿元，完成年度计划120.2%。省411重大项目投资135.26亿元，完成年度计划130.7%。“十二五”期间，丽水市固定资产五年累计投资2817亿元，年均增速22%，超额完成“十二五”目标。

【规划编制和管理】 2015年，是规划大年，从年初开始就紧抓规划管理，推进各项规划编制工作有序开展。2014年8月，下达“十三五”规划前期重大课题34个，其中宏观战略课题12个、产业发展课题9个、公共事业课题9个、资源环境课题4个。34个课题全部完成并汇编成册。2014年12月，形成《丽水市国民经济和社会发展第十三个五年规划基本思路（初稿）》，并分别召开市咨询委、市级相关部门和各县（市、区）座谈会。2015年9月，“基本思路”通过市政府常务会议审议。9月16日，“基本思路”通过市委常委扩大会审议。编制《“十三五”规划纲要草案》，形成征求意见稿提交市政府常务会议研究。编制专项规划53个和年度规划16个，编制发布实施规划12个。

【年度计划编制与经济分析】 编制2015年市本级政府性基本建设项目投资计划、丽水市2015年重点建设项目形象进度计划、丽水市2015年重大建设项目前期工作责任目标计划等“三大投资”计划，并抓好计划实施。编制国民经济和社会发展年度计划，完成《关于丽水市2015年国民经济和社会发展计划执行情况及2016年国民经济和社会发展计划草案的报告》编写。完善经济形势分析、重点企业监测、专项调研分析等制度，每季召开全市经济形势分析座谈会，每季开展重点企业和重点服务业网上问卷调查，全年完成经济分析、投资分析和价格分析等月度、季度和年度分析30余个。

【推进重点项目建设】 2015年，全市开展市区政策处理攻坚百日大会战、重点工程服务月、重点工程电视问政、扩大有效投资专项督查、重点工程立功竞赛、“集中开工”、扩大有效投资“百日攻坚”等系列活动，推进一大批重点项目建设提质提速。260个重点建设项目投资264.93亿元，完成年度计划投资的120.19%，其中108个省重点建设项目投资161.4亿元，完成年度计划投资的125.76%。全市计划新开工项目86个，实际开工建设78个，开工率90.7%，比年初目标高10.7个百分点。全市计划完工项目48个，实际完工56个，完工率116.67%；其中省重点建设项目计划完工项目18个，实际完工22个，完工率122.22%。全市省重点建设项目总数、新增个数、年度计划投资均创历史新高。全市省重点项目总个数108个，全年争取35个项目增列为2015年度实施类省重点建设项目，项目年度计划投资128.34亿元，重点项目投资占全社会固定资产投资比重有所提高。

【产业转型】 2015年，以现代物流、现代商贸、休闲养生旅游和文化创意为重点实施的服务业集聚区建设继续推进，全市重点服务业集聚区完成投资19.19亿元，完成年度计划的191%。龙泉青瓷文化创意基地、丽水现代商贸中心、松阳浙南茶叶交易市场、庆元食用菌综合服务集聚区4家省级现代服务业集聚示范区的产业集聚功能和辐射带动作用逐步显现。全市服务业实现增加值507.93亿元，增长10.7%，拉动GDP增长4.6个百分点，对经济增长贡献率71.3%。着力打造华东绿色能源基地，在全国地级市中率先发布可再生能源发展规划，研究出台光伏发电项目扶持政策，基本形成丽水市天然气利用规划体系。促成12个项目被列入资源节约与环境保护中央预算内投资计划，34个项目被列入省循环经济“991行动计划”，其中10个项目被列入“991行动计划”2015年度重点支持项目。

【课题研究和管理】 2015年，《丽水市基本实现现代化战略研究》《推进“文态、生态、业态”三态融合——丽水市特色小镇建设调查与思考》等23项课题在省市级刊物发表；《绿水青山就是金山银山——丽水市转型发展战略思路研究》获浙江省党政系统2013—2014年度优秀调研成果奖二等奖和丽水市2013—2014年度社会科学优秀成果一等奖；《促进民间资本进入公共设施建设领域》和《新时期调结构保持丽水经济持续较快发展的思考》课题获丽水市2013—2014年度社会科学优秀成果三等奖。 （蓝卫宁）

安全生产

【概况】 2015年，丽水市各级各部门贯彻落实新《中华人民共和国安全生产法》和市委、市政府《关于加强安全生产促进安全发展的意见》精神，进一步完善安全生产责任体系，加强安全生产基层基础建设，推动安全生产监管执法，提升安全生产保障能力和事故防控能力，全市安全生产形势持续好转。全年全市发生各类事故371起、死亡235人，同比分别下降7.94%和12.96%，事故死亡人数占省政府下达控制指标的85.77%。其中：工矿商贸企业事故27起、死亡28人，同比分别下降47.06%和50.88%；道路交通事故344起、死亡207人，同比分别下降1.99%和2.82%，是全省唯一没有发生较大及以上安全生产事故的地级市，各项事故指标均在省政府下达的目标控制范围内，全市各类事故起数、死亡人数连续12年下降。

【安全生产事故特点】 2015年，事故总量下降，全市各类事故起数、死亡人数、受伤人数均有明显下降，除景宁外，各县（市、区）事故起数、死亡人数均实现双下降。较大事故得到控制，未发生各类较大事故（2014年发生4起、死亡13人），但较大涉险事故仍有发生。企业事故大幅减少，工矿商贸企业事故起数、死亡人数比2014年减少近一半。各领域状况稳定，市级32个责任书签订部门（单位）中，有24个部门（单位）未发生考核范围内安全生产事故；7个部门（安监、公安、经信、建设、质监、国土、农业）事故下降；1个部门（水利）事故持平；没有事故上升的领域。

【落实安全生产责任】 2015年，市安监局加强安全生产领导，出台“党政同责、一岗双责”文件，全面落实安全生产工作。完善安全生产责任制考核体系，修订、细化安全生产目标管理指标和考核办法，明晰重点职能部门安全生产监管责任。市政府与各县（市、区）政府和丽水经济开发区等32个市直部门签订安全生产目标管理责任书，做到任务明确、责任到位。加大考核力度，完善奖惩制度。市委、市政府综合考核把安全生产工作列为重要内容，并将安全生产列入6项“一票否优”项目之一，进一步提高县（市、区）和重点部门优秀单位的奖励幅度，5次对超指标进度的单位发出警示。

【安全生产基层基础建设】 2015年，市安监局制定《2015—2017年安监干部业务培训工作的实施意见》，先后举办全市安全监管执法培训、职业卫生监管业务培训、乡镇（街道）安全生产专题培训、社会化服务培训等各类专题班。全市1388家工贸企业达到三级以上标准化，通过明察暗访等监督企业标准化评审质量，撤销标准化企业2家，暂扣7家三级标准化的证书及牌匾。开展安全生产咨询日、安全生产警示教育、安全生产互动体验馆、安全生产文艺会演等安全月系列活动，与市交通音乐频道联手推出《安监之声》栏目，与丽水电视台合作举办《小刘说安全》节目，内容涵盖安全知识、事故快报、事故预防、政策宣贯等内容。全市共培训“三项岗位”人员11374人，完成全员培训11.54万人。全面推进危险化学品“两重点一重大”（重点监管危险化工工艺、重点监管危险化学品、危险化学品重大危险源）的自动化改造，全市5家重点监管危险化工工艺企业、15家重点监管危险化学品企业完成自动化改造；执行重大危险源网上登记报备制度，10个重大危险源已全部安装自动化控制系统。出台《关于推进安全生产社会化服务工作的指导意见》，共有16家中介机构参加社会化服务工作，签订社会化服务的企业400余家。

【安全生产执法】 2015年，全市安监部门办结非事故行政处罚案件265件。开展“打非治违”专项行动，全市组织打非治违专项执法检查组1459个，检查企业3582家次，打击非法违法行为12050起，停产整顿25家，关闭取缔5家，暂扣吊销证照248个，处罚135.15万元。联合相关职能部门开展道路安全运输、危险化学品输送管道、可燃爆粉尘和烟花爆竹等专项执法检查。严格事故追究，依法严肃查处事故，及时在网站公布调查处理结果，立案处罚63件，罚款659.07万元。

【隐患排查治理工作】 2015年，丽水市健全隐患排查治理体系，建立企业事故隐患自查、自改、自报制度。确定工矿企业重大隐患单位2家、道路多发点段2处和重大火灾隐患1家由省级挂牌督办，工矿企业19家和重大火灾隐患2家由市级挂牌督办。开展重点行业领域专项整治，部署开展道路交通、建筑施工、危化和烟花爆竹、矿山、三场所两企业、煤气作业、特种设备等重点行业领域专项工作。全市排查生产经营单位4.71万家，查出隐患5.87万项，整改5.83万项，整改率99.35%。开展安全生产大检查活动和“回头看”。市委、市政府组成督查组，对各自分管领域和9个县(市、区)、丽水经济开发区进行督查。制定工作方案，部署大检查“回头看”。组织基层服务队，开展明察暗访活动。共检查涉尘、冶金、涉氨、标准化达标企业等61家，涉及一般隐患583项，实施挂牌督办重大隐患单位10家。 （王俊波）

土地管理

【概况】 2015年，根据2015年度土地变更调查（一上数据）显示，全市土地面积1727520.23公顷，其中耕地172508.42公顷，园地53800.01公顷，林地1352554.61公顷，草地15701.01公顷，城镇及工矿用地40920.25公顷，交通运输用地14805.50公顷，水域及水利设施用地41946.18公顷，其他土地35284.25公顷。

【连续第20年实现耕地占补平衡】 年初，市政府与各县(市、区)签订《2015年度耕地保护目标管理责任书》，落实耕地保护目标责任。年底，全市实有耕地17.37万公顷、基本农田保护面积13.33万公顷、标准农田面积4.69万公顷，超省下达任务。开展永久基本农田划定工作，划定永久基本农田示范区3.60万公顷。开展“812”土地整治工程，全市完成高标准基本农田建设0.38万公顷，垦造耕地0.23万公顷，立项农村土地综合整治80.47公顷，连续第20年实现耕地占补平衡。

【供应具体建设项目用地面积837.4公顷】 2015年，全市争取到新增用地指标743.33公顷，上报审批农转用68个批次、6个单独选址项目共755.33公顷，使用省留新增建设用地计划指标53.10公顷，供应具体建设项目用地556宗，面积837.4公顷，保障金丽温高速公路丽水北互通、水阁至腊口公路、庆元马蹄岙水电站扩容工程、莲都区丽龙高速公路南山互通至丽新公路等重点工程以及经济社会发展对用地的合理需求。

【盘活存量建设用地339.27公顷】 5月，市府办出台《关于开展调整城镇土地使用税政策促进土地集约节约利用工作的实施意见》(丽政办发〔2015〕65号)，落实引导企业树立“亩产论英雄”发展理念，优化土地资源要素配置，提高土地节约集约利用水平。全年全市批而未供土地较2010年减少1389.27公顷，盘活存量建设用地339.27公顷，分别完成省下达任务的132%和160%；2006年以来现状闲置土地处置率92%，前三年新供建设用地按期开工率97.4%；全市2010年、2011年、2012年、2013年、2014年供地率分别为99.02%、93.4%、91.37%、78.09%、56.94%，总供地率93.4%，排名全省第一。

【出让国有建设用地307公顷】 2015年，全市招拍挂出让国有建设用地283宗，面积307公顷，出让金合同金额30亿元。其中商住用地72宗，面积47.33公顷，出让金合同金额20.3亿元；工业用地154宗，面积220.33公顷，出让金合同金额6亿元。

【土地利用总体规划调整完善工作】 2015年，全市9个县(市、区)土地利用总体规划基数成果均通过省国土资源厅验收，龙泉、青田、云和、遂昌、松阳和景宁规划成果按期上报省国土资源厅，其中松阳县级土地利用总体规划调整完善成果获省政府批准；莲都、庆元和缙云规划调整完善采用数据库执行更新的模式，调整完善数据库于10月报送省厅检测。全市在莲都老竹镇梁村开展村级规划试点。

【市本级办理各类房地产转让911宗】 2015年，市本级办理各类房地产转让911宗，其中办理改变土地用途、划拨土地使用权转让补办出让、二、三产业补办出让272宗，补交土地出让金10亿元。

【市区实物总储备土地494.13公顷】 2015年，市国土局加强收储地块管理工作，市区收储丽水速诚电机制造有限公司、丽水市恒昌汽车有限公司、丽水市液化石油气公司、丽水市钢瓶检测公司等32宗土地，面积35.6公顷，实物总储备土地为494.13公顷。做好项目前期服务工作，完成浙江省之江监狱土石方平整工程、弄和农民迁建点室外配套工程、城北新村丽阳坑东侧绿化工程等25个项目前期开发。拓展融资思路，规范资金管理，实际融资13.9亿元。

【全市组织国土资源执法巡查4.5万人次】 2015年，加强年度土地矿产卫片执法检查工作，全市违法占用耕地面积占新增建设占用耕地面积的比例为3.75%，连续5年实现零问责。

加大国土资源执法监察力度，依法查处各类国土资源违法案件，全市出动国土资源执法人员巡查4.5万人次，组织拆除违法建筑物2560件，面积146.53公顷；立案查处土地违法案件189件，涉案土地面积2.33公顷，其中耕地面积0.87公顷，查结率100%。

【全市办理国有土地使用权证25797本】 2015年，全市办理国有土地使用权证25797本，集体土地使用权证22001本；土地使用权抵押登记781宗，抵押金额51.45亿元。

【农村宅基地确权发证工作】 7月，市国土局在缙云召开农村宅基地确权登记工作推进会，对工作进行全面部署。全市435平方的1:500农村数字地籍调查工作基本完成，实现数字地籍调查全覆盖。全年全市完成农村宅基地确权登记调查18.8万宗、农村宅基地确权登记实际发证5.32万宗，累计发证43.96万宗，符合登记条件农户宅基地发证率为93%。

【丽水市不动产登记中心成立】 12月30日上午，丽水市不动产登记中心揭牌仪式在市国土资源局举行，标志着丽水市不动产统一登记工作进入实质性阶段。市委常委、常务副市长毛子荣，省国土资源厅副厅长张国斌出席仪式并揭牌。9月，丽水市出台《丽水市不动产统一登记改革工作方案》；11月，市国土局在遂昌召开全市不动产登记工作推进会，对不动产登记工作进行再部署；12月，市编委下发《关于整合不动产登记职责的通知》，市国土局制定《丽水市不动产登记操作手册》，市、县两级完成不动产统一登记职责和机构整合，形成权责清晰、运转高效、便民利民的"市区一体化"的不动产登记体系。

丽水市不动产登记中心挂牌成立 黄庆亮 提供

【低丘缓坡综合开发利用试点】 年初，丽水市根据实际情况对市本级、莲都区、缙云县、龙泉市和青田县的低丘缓坡开发试点范围进行调整，调整总面积278.2公顷。12月上旬，丽水市试点工作通过省级验收。在低丘缓坡综合开发利用试点期间，全市累计完成土地征收0.35万公顷、林地征（占）用0.26万公顷、用地报批0.35万公顷、场地平整0.27万公顷，分别完成任务的100%、100%、100%、87%；引进并落地企业124家，供地775公顷，有17家企业投产，年产值20亿元。 （黄庆亮）

物价管理

【概况】 2015年，丽水物价工作以"价格调控监管行动计划"为核心，坚持社会主义市场经济改革方向推进价格改革，加快完善主要由市场决定价格的机制，落实2015年新修订的《浙江省定价目录》。加强价格服务，规范价格秩序，依法行政，全年全市查处各类价格违法案件30件，实施经济制裁总金额964.49万元，比2014年同期上升265%。其中，责令退还用户多收价款45.67万元，没收违法所得784.04万元，罚款134.77万元，分别比2014年同期上升253%、219%和2060%。市本级查处各类价格违法案件12件，实施经济制裁总金额746.14万元，没收违法所得650.17万元，罚款95.97万元。

【价格形势】 2015年，市区居民消费价格指数（以下简称"CPI"）走低，主要商品与服务市场价格运行特点：粮油价格稳中有涨跌，肉禽蛋价格冲高回落，蔬菜水产品价格先跌后涨；成品油、液化气价格大幅走低；钢材、有色金属、化工产品价格低位运行；农资商品价格小幅回升。市区CPI累计同比上涨1.2%，较2014年同期回落1.4个百分点，较全省低0.2个百分点；12月同比上涨2.7%，环比下跌0.5%。从走势看：同比涨幅逐季小幅回升，环比涨幅区间窄幅波动，（见下图）。从消费结构看：八大类消费品价格累计同比"六升二降"，其中食品、居住类、娱乐教育文化用品及服务类累计同比分别上涨3.3%、0.6%和2.1%，影响CPI同比分别上涨0.9、0.1和0.3个百分点。

【成本监审尝试企业财务成本社会公示】 2015年，市价格主管部门开展联城经济适用住房（一期）项目成本调查、丽水市文元高级中学生均培养

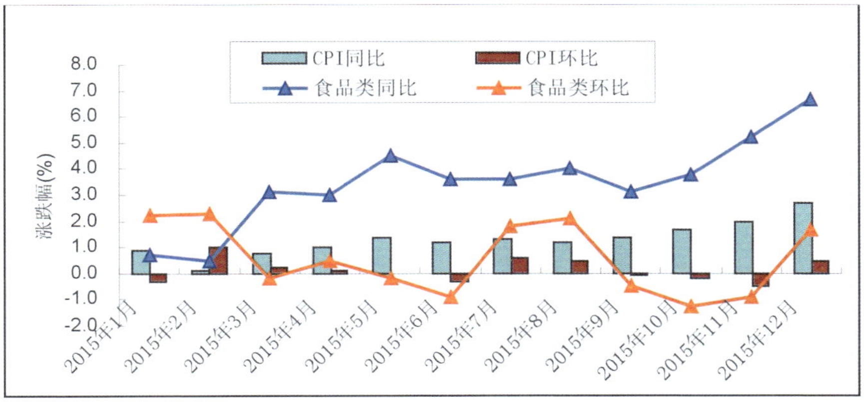

图 6 丽水市区 2015 年 CPI 涨跌趋势图

成本调查及测算、工业危险废物无害化处置成本调查、市区城市公交运营成本调查、城市供水及污水成本的定期监审，配合省成本分局开展丽水学院住宿费及中外合资办学学费和有线电视收视费成本情况调查。居民生活用水首次引入成本监审第三方财务审核服务及企业财务成本主要数据网上公开等方式，提升民生价格成本公开、透明，主动接受社会监督，有效约束政府定价行为，为价格听证定价奠定基础。

【完善价格数据库推进智慧价格建设】 2015 年，开展市区沃尔玛、世纪联华、大润发三家大型连锁超市的价格信息基础数据的采集对接，配合省项目组对系统测试及部署县级超市价格信息数据库建设。完善收费动态系统申报网、智慧价格项目支撑平台网、价格监测调控信息系统网，实施价格（收费）政策管理平台、民生价格信息服务平台、行政事业性收费清单公示信息平台等，“三网五平台”动态管理和上报。“菜篮子”零售价格指数数据采集信息系统，已步入正轨，市区府前、仓前和人民路农贸市场 3 个采价点，每星期一、三、五定时采报及催报运行顺利，全年完成 65 个代表规格品、采集 624 报表次，价格数据 30420 笔，适时掌握当地“菜篮子”价格指数变动监测及分析应用。着重对粮油肉菜、液化气等民生商品市场价格运行动态分析，对生猪和蔬菜、液化气价格运行形势开展专题调查及分析。发布成品油、液化气等“今日丽水价格”民生商品信息。开展节假日的市场巡查及“灿鸿”台风等自然灾害灾后价格应急监测预警预案，走访各监测点及市场价格动态，反馈市场巡视行情。市物价部门下基层找问题探思路，开展全市旅游景区门票价格政策执行情况等调研，妥善协调二手车交易市场服务收费问题。市本级完成《网络团购交易价格行为监管探索》《丽水市停车收费分析与研究》《推进资源环境价格改革的思考》《丽水市公办普通高中收费改革的思考》等课题调研，并先后在《浙江价格》和《丽水发改课题研究文集》等刊出。

“12358”价格举报管理信息系统四级联网平稳运行，妥善解决价格争议，及时受理、快速办理、妥善处理，全年全市受理各类价格政策咨询和投诉举报 707 件，同比增加 30%。其中，来信 9 件，来电 671 件，来访 6件，网上举报平台 15 件，其他网络渠道 6 件。办结案件 695 件，其中政策咨询 603 件，价格投诉 44 件，违法举报 60 件，退还消费者多收价款 0.39 万元，罚款 20.72 万元，办结率 98%。

【价格改革】 2015 年，全市全面推进居民用水阶梯价格制度改革，市区 9 月 26 日（用水时间）起实施居民生活用水阶梯价格，完成省“抓节水”考核任务，促进“五水共治”。深化电力价格改革，适当降低工商业用电价格，协调青田五里亭和外雄水电站上网电价实行平均电价，明确景宁上标一级、二级水电站 2014 年 8—12 月上网电量结算电价，审核确认莲都岭根等 9 座水电站上网电价，落实松阳生物质发电、云和黄源风电、丽水三农沼气发电等再生能源综合利用价格，争取省物价、电力部门政策扶持，补贴全市农村电网维护费资金 36238 万元，比 2014 年增加 2689 万元，促进农村用电和生产。深入开展收费清理改革，进一步取消、免征、降低部分涉企行政事业性收费和经营服务收费，清理公布《丽水市本级行政事业性收费目录清单》《丽水市本级涉企行政事业性收费目录清单》《丽水市市级政府定价的涉企经营服务收费目录清单》及社会公开更新变化的收费项目和标准。贯彻落实 2015 年版《浙江省定价目录》，政府定价项目减少 48%，保留的定价项目主要限定在网络型自然垄断环节、重要公用事业、重要公益性服务等方面，落实政府定价项目清单化，确保目录之外无定价权，政府定价纳入权力和责任清单，公布废止或失效文件，废止丽水民用爆破器材销售配送服务、一般道路车辆清障施救服务和汽车客运站有关服务收费及城市交通等 IC 卡收费管理等行政规范性文件。推进医药价格改革，贯彻落实国家省 6 月 1 日起取消绝大部分药品政府定价，采取政策宣讲、价格检查、跟踪调研等措施加强药品市场价格监管，确保药品

丽水市区居民生活用水价格改革听证会　　朱剑锋　提供

价格放而不乱，调整部分医疗服务价格，取消特需医疗服务项目价格审核和备案规定。完善市区停车差别化收费政策，对人群较集中的医院（市中心医院）、学校、体育馆（场）等在上下班时段出现车辆特别拥堵地段进行收费调整。修改完善《丽水市区民办教育收费管理办法》《丽水市直民办中等职业学校收费等事项》，提交《丽水市社会力量举办公益事业单位收费管理实施办法》。审定市区联城一期经济适用住房价格；制定家禽统一屠宰定点加工服务费试行标准。

【居民生活用水阶梯价格制度】 2015年，市区从9月26日（用水时间）起居民生活用水户以年度为计量缴费周期，每户每年生活用水量分三级，供水价格分级递增；第一级水量为240立方米及以下的用水量，供水价格为1.80元/立方米，到户价格为2.35元/立方米；第二级水量为241立方米至420立方米的用水量，供水价格为2.70元/立方米，到户价格为3.25元/立方米；第三级水量为421立方米及以上的用水量，供水价格为3.60元/立方米，到户价格为4.15元/立方米；合表居民用户和执行居民生活用水价格的非居民用户供水价格为1.90元/立方米，到户价格为2.45元/立方米；居民用水供水价格高于1.80元/立方米部分的收入缴入市财政专户，实行“收支两线”管理。非居民生活用水供水价格为1.90元/立方米，到户价格为3.25元/立方米和3.95元/立方米二类；特种用水的供水价格为2.60元/立方米，到户价格为3.95元/立方米。非居民超计划用水累进加价制度和工业企业差别水价政策。

【清费减负9898万元】 2015年，丽水市贯彻落实国家省一系列清费减负政策措施，降低安全评价、气象服务、日照分析服务等涉企服务收费标准，以及完善律师和基层法律服务收费，加大行政审批前置服务收费、市场监督和准入涉及的服务收费、其他强制性垄断性涉企经营服务收费审核和清理，清理、取消、降低行政事业性收费和经营服务收费，加大减免小微企业的收费力度，减轻企业负担。清费涉及丽水市市直单位的收费项目取消22项、暂停9项、降低6项，转为国有资源（资产）有偿使用收入4项、小微企业免1项，全年减轻社会负担5130万元。4月19日起，降低工商业用电价格，除中小化肥用电外的大工业和一般工商业及其他用电价格每千瓦时降低0.84分钱，全市全年降低企业电费支出4768.68万元。

【行政事业性收费制度改革】 2015年，贯彻落实国家省统一取消行政事业性收费许可证管理及收费年审制度，建立并完善收费单位事中事后监管制度，实施收费年度公示报告，加强“一内一外，三平台”工作。收费单位通过本单位（或行业主管部门）官方网站向社会公布收费项目清单，并实施收费动态调整，公示清单之外的收费一律不得执行，接受社会监督；收费项目公示清单由收费单位上传审核进浙江省智慧价格项目支撑平台实施动态跟踪，对未进入网上公示名单的收费单位，被收费对象可以拒绝向其缴纳费用；建立收费单位信用档案，凡是存在不按规定实行收费公示、不按时上报年度收费单位收费情况报告或被价格检查部门查处等问题的，列入收费单位失信名单并向社会公开。收费单位通过“全国收费动态监管系统”平台上报收费统计，全市应统计申报单位560家，实际申报单位560家，其中市本级70家，申报率100%，全年全市行政事业性收费金额为16.26亿元，比2014年增加1.49亿元，增幅10.13%，占2014年财政总收入135.02亿元的12.04%，占2014年一般公共财政预算收入80.96亿元的20.08%，占2014年地区生产总值1051亿元的1.55%，占2014年固定资产投资665.08亿元的2.44%。市本级年收费金额4.90亿元，比2014年减少1.16亿元，减幅31.17%。　（朱剑锋）

审计管理

【概况】 2015年，全市审计机关完成审计项目217个，查出主要问题金额789279万元，其中违规金额107027万元、损失浪费金额991万元、管理不规范金额681261万元；损益（收支）不实1624万元；审计处理处罚金额36797万元，其中应上缴财政9222万元、应归还原渠道资金5659万元、调账处理金额14445万元；审计发现非金额计量问题831个；审计促进整改落实有关问题资金21210万元，其中增收节支9310万元、调账处理金额11855万元、审计促进拨付资金到位1006万元、审计后挽回（避免）损失36311万元。移送司法机关、纪检监察机关和有关部门处理事项46件。出具审计报告和专项审计调查报告341篇，被批示、采用45篇。提出审计建议708条，提交审计信息815篇，被批示、采用311篇。向社会公告审计结果115篇。市审计局获全省审计工作综合考核第二名，获优秀奖；市审计局获全省内部审计指导考核第二名，获一等奖。被市政府记集体二等功。全市获省审计厅优秀项目7项，表彰项目1项。

向全市征集计算机审计方法和审计案例53篇，被省厅入选24篇。其中计算机审计方法12个、计算机审计项目案例9个、信息系统审计案例2个、电子政务建设项目审计案例1个。

2015年，首次开展稳增长政策落实跟踪审计，被省审计厅采用。市审计局出台《丽水市乡镇（街道）党政主要领导干部自然资源资产责任审计工作指导意见（试行）》。在云和县小型企业融资性贷款担保有限公司经营管理情况审计中，移送案件线索2起，相关问题移送云和纪委处理。在“五水共治”跟踪审计中，针对“村镇农村生活污水治理”等政策落实专题，找问题提建议，为进一步完善全市污水处理厂投资体制机制起到建设性作用。

【财政（预算执行）审计】 2015年，在丽水经济开发区财政预算执行审计中，提出在预算编制、资金使用、政策效果等方面存在的突出问题和财政风险隐患，分析原因提出改进建议，促进公共财政制度不断完善，得到丽水市人大肯定，市人大财经工委为此开展专题审计整改督查工作。

【经济责任审计】 2015年，全市对95个单位120名领导干部进行经济责任审计，对50名市管领导干部实施离任交接，促进领导干部全面履职尽责。市移民办根据市领导批示，委托中介机构对挂账20余年300余万元资金进行清理，各县（市、区）移民办也同步进行清理。向市委组织部部务会议专题汇报2014年经责审计情况；配合市委组织部对经责审计单位领导干部开展逐一约谈。

【固定资产投资审计】 2015年，市本级完成工程项目竣工决算审计35个，送审金额11.71亿元，审定金额11.23亿元，核减工程造价0.48亿元。在2014年城镇保障性安居工程跟踪审计中，发现尚未争取到国家开发银行信贷支持，廉租房和公租房租金未上缴财政等问题。

【民生资金（项目）审计】 2015年，在青田县民政资金专项调查中，发现青田县在低保人员审核、老龄人员一次性补贴、冬春救灾等方面存在问题，提出建议促使当地民政、社保追回100余万元财政资金。在全市同步基层公共卫生和医疗服务管理情况专项审计调查中，全市移送各类案件线索13起，涉及20人，提交的审计报告和专报信息得到领导批示13篇次。

【专项资金审计（调查）】 2015年，市审计局组织对市本级84家预算单位2014年度公务支出公款消费情况进行专项审计，发现违规发放津补贴、政府采购不规范等问题，市本级审计报告得到市政府主要领导批示，市政府向责任单位下发整改令，促成问题整改到位。 （叶伟平）

统计管理

【概况】 2015年，以构建统计组织体系、统计保障体系、统计服务体系、统计改革体系、法治统计体系和数据利用体系6个市域统计治理体系和1个统计治理能力提升为工作抓手，不断提高统计保障水平和精准服务能力。全年向党委政府及各部门提供各类统计信息1500余篇（条），统计分析300余篇（条）。其中，市统计局共向市委、市政府及各部门提供经济信息128篇，分析75篇，向“两办”提供统计信息专报230余篇次，统计专报42期，统计快报12期。编撰完成《丽水统计年鉴2015》。

【统计成果】 2015年，开发提炼精品统计成果《对照省委省政府提出的欠发达地区发展目标莲都等5个县（区）2015告别“欠发达”须加倍努力》《并驾齐驱 各具特色——莲都青田缙云三地沿“路”工业经济对比分析》等分析文章，《统计信息》《数据丽水》《统计年鉴》《文化产业发展概览》等各类统计资料，以及《数据的背后——基于统计视角的研究》等书籍成果受到市委、市政府领导肯定。发挥“12340”政府统计调查热线作用，先后实施“市区卫生公众满意度调查”“丽水社会道德环境和公共文化服务公众满意度调查”“美丽城乡建设满意度调查”“百企评银行”“五水共治群众满意度调查”“社会满意度测评”等各项民情民意调查报告。

【大型国情国力调查】 2015年，经全市各级经普办3年来的辛勤工作，完成国家、省普查办布置的各项工作任务，取得全面反映丽水市第二、三产业发展规模、结构和效益的重要成果，利用数据资源扎实推进经济普查资料开发工作。推进1%人口抽样调查工作，在丽水市龙泉市剑池街道抽取5个村（社区），5个小区，人口规模1300人进行综合试点提高工作实战能力，并于11月1日全面开展全市1%人口抽样调查现场登记工作。

【法治统计工作】 2015年，在统计普法工作方面，结合统计业务工作实际，利用网上直报平台、统计业务培训、普查会议、统计业务指导、统计执法检查、统计继续教育、统计专业技术职称考试评审等平台，采取统计法律法规知识讲座、送法进村入企、知识测试、发短信等方式，对统计调查对象的统计人员和法定代表人进行宣传教育。同时，广泛利用报刊、杂志、广播、电视、广告视频等大众媒体和微博、微信、网络教育平台等新媒体进行广泛宣传，全年普法人数6191人次。在统计执法工作方面，明确县（市、区）人民政府作为巡查责任主体，加强统计巡查效能，统计执法检查工作广泛采用交叉检查方式进行。

【统计宣传】 2015年，市统计局与丽水学院商学院的师生共话第六届“中国统计开放日”的年度主题——“统计服务民生”，并以“统计公开课”的形式拉近统计与校园、统计与社会、统计与民生的距离。播放《统计数据是如何产生的》《GDP》《CPI》等统计科普视频，并以互动问答、沟通探讨等形式与师生展开交流。市统计局向丽水学院商学院赠送《漫画统计学》《民生统计面面观》和《丽水统计年鉴》等统计成果书籍，并向在座师生就如何安装和使用“数据丽水”信息化服务平台作现场辅导。

【编制自然资源资产负债表试点】 2015年，经浙江省统计局研究同意，丽水市列入编制自然资源资产负债表试点城市。自然资源资产负债表的编制是生态文明体制改革的重要配套，是领导干部离任审计的重要参考。市统计局开展试点准备工作，及时总结评估试点效果和存在问题，形成可复制可推广的改革经验。

【统计“五个十佳”评选】 2015年，市统计局在全市统计系统开展创建“统计工作品牌”和“五个十佳”评选活动，评选“十佳工作品牌”“十佳方法创新”“十佳分析文章”“十佳工作动态”和“十佳研究课题”。全市有来自各县（市、区）统计局、丽水经济开发区统计局，以及市局各处室的176个推荐项目参加评选。最终“农村统计员培训学校”等工作品牌、“六张清单”管队伍等方法创新、《莲都区小微企业发展状况研究》等分析文章、《云和县局巧绘“五线谱”弹奏统计工作新乐章》等工作动态、《凝神聚力抓主导 集聚发展促转型》等研究课题分获各类“十佳”殊荣。 （王开欣）

统计调查

【概况】 国家统计局丽水调查队（以下简称“调查队”）建立于2008年，2008—2013年，根据省委组织部与国家统计局浙江调查总队要求，按照“独立建队、共建党组”的体制框架，实行与丽水市统计局局队“合署办公、资源共享”的运作模式。2014年1月起，按照国家统计局浙江调查总队和市委的要求，实行局队党组分设，独立建队。

国家统计局丽水调查队是国家统计局的派出机构，为正处级参照《中华人民共和国公务员法》管理的事业单位。承担地方政府委托的各项统计调查任务。

统计执法检查 王开欣 提供

调查队下设：办公室、综合与法规处（专项调查处）、农业调查处、住户调查处、企业调查与监测处和价格调查处6个职能处室（正科级）。

2015年，调查队紧扣全市中心工作和统计调查部门职能，制定“强化基础、规范管理、依法统计、求实创新”工作思路，强化业务培训，加大队伍能力建设，完成各项统计调查任务，为经济社会发展提供服务。

【统计调查服务】 2015年，调查队加强对区域经济运行形势的判断和预测预警工作，全年编发《丽水调查信息》96期、《丽水调查分析》51期，报送丽水市委市政府信息和分析147篇。省委书记夏宝龙、副省长熊建平在丽水调查队上报的调查课题、分析报告上批示。全年获市委、市政府领导批示14篇次。

2015年，调查队紧扣民生主题开展民意调查，及时反映社会需求和存在问题。全年开展包括“丽水美丽乡村建设调查”“丽水市全国文明城市测评市民评价调查”“丽水市交通分担率调查”等专项调查18项。依托住户调查网点，在全市范围开展“深访百户细察实情”活动，深化“三严三实”专题学习教育，反映“绿水青山就是金山银山”在丽水的实践成果。

【统计调查改革】 2015年，调查队创新工作方法，推进城乡住户一体化调查工作。实行“一线工作”法，确保源头数据质量；实行“领导联系制”，督促各县（市、区）安排足够的人力、财力、物力，保障调查工作开展。打造访户与沟通“两大平台”，与记账户沟通，服务记账户，确保记账户记账水平的提升。

完善数据质量控制流程，做好城乡住户调查、规下工业、限额以下批发零售贸易、住宿和餐饮业抽样调查、小微企业非金融资产投资调查、新设立小微企业和个体经营户跟踪调查、采购经理调查、居民消费价格（CPI）、工业生产者价格（PPI）、房地产价格及全市主要畜禽规模户、牛羊全数调查，主要畜禽监测调查等工作。试行推算全市PPI指数，为全市工业行业发展提供先行指标的数据服务。完善采购经理指数调查。推进丽水的采购经理人指数（PMI）编制工作。

【统计调查宣传】 2015年，调查队创新形式，加强统计成果的宣传力度。通过电视、报纸、楼宇电视媒体等渠道向社会公众发布统计调查信息和统计调查知识，针对社会公众关心的热点和民生问题，扩大新闻发布的信息量和覆盖面；主动对接浙江卫视等主流媒体，省市多家媒体同步宣传丽水农民增收情况，其中《浙江新闻联播》在2月1日播出题为《丽水：绿水青山捧出金饭碗，农民收入增幅连续6年居全省首位》报道；《浙江日报》在2月2日《打造浙江经济升级版》栏目中刊登题为《八大生态农业绽放异彩，丽水农民增收领跑全省》的报道。以“中国统计开放日”为契机，开展统计调查大宣传活动，利用全市310辆公交车，开展“统计调查服务民生，统计调查连着我和你”主题宣传。开展绿色骑行宣传活动，通过“数据丽水”微信公众号，介绍相关民生指标，在全社会营造良好的统计调查工作氛围。

【统计调查法治】 2015年，调查队推进统计普法宣传，加大统计执法检查力度。开展统计普法活动，推动统计法“进机关、进乡村、进社区、进企业、进楼盘、进市场”。全年发放法定义务权益告知书86份，推进统计法定权益义务告知工作；认真组织开展日常性的统计执法活动，维护统计调查工作正常秩序，维护统计调查工作的公信力。（江兆鸿）

市场管理

【概况】 2015年，全市市场监管系统围绕“绿水青山就是金山银山”的发展战略，以“打基础建机制 抓改革促发展”为统领，以“三服务、五提升”为目标，改革创新，克难攻坚，强化落实，奋勇争先，各项工作取得长足进步。全年丽水市新设企业总数为5404户，同比增加4.8%，增幅排名全省第4；新设个体户总数为28028户，同比增加11.3%，增幅排名全省第6。全市各类市场主体总量175882户，同比增加11.69%。其中：在册企业29665户，同比增加13.3%；在册个体工商户138886户，同比增加11.7%；在册农民专业合作社7262户，同比增加6.3%；在册企业集团65个，同比增加3.17%；在册常驻代表机构4个，与2014年同期持平。2015年，丽水市新增有效注册商标4496件，累计26421件；新增驰名商标1件（STAL），累计13件；新增地理标志证明商标2件，累计24件；新增集体商标1件，累计8件；新增浙江省著名商标19件，累计172件；新增丽水市著名商标44件，累计283件；新增驰名商标1件，累计13件。松阳古市镇被认定为品牌示范乡镇，浙江梦天木业有限公司、起步（中国）有限公司被认定为品牌示范企业。2015年，全市立案查处竞争执法、食品、药品、医疗器械等各类违法案件2069件，其中大要案519件，移送公安机关79件，罚没款1787.06万元。

【市场建设改造】 截至年底，全市各类市场117个，比2014年同期增加2个。按市场类型分，商品交易市场

105个(其中消费品市场93个、生产资料市场12个),生产要素市场1个,网上交易市场11个。全市各类市场年成交总额376.5亿元,比2014年同期增加13.5%,其中商品交易市场成交额364.7亿元,与2014年同期相比涨幅为12.16%;生产要素市场成交额与2014年同期基本持平;网上交易市场成交额11.8亿元,比2014年同期增加81.66%。全市现有省重点市场2个,区域性重点市场2个,四星级文明规范市场6个,年成交额超亿元市场25个(比2014年增加3个)。推进放心农贸市场创建,全市各地财政投入资金425万元,完成14家,完成目标数117%。浙南茶叶市场和青田县鹤城中心菜市场被评为省诚信示范市场。投资3.5亿元的庆元香菇市场和投资1000万元的青田县侨乡进口商品城均完工开业营业。

【立案查处各类违法案件2069起】 2015年,全市立案查处竞争执法、食品、药品、医疗器械等各类违法案件2069件,其中大要案519件,移送公安机关79件,罚没款1787.06万元,国家食药监总局、公安部挂牌督办3件,省局督办案件4件。完成药品监督抽验904批次,省级医疗器械抽样60批,国家级医疗器械抽样7批。完成不合格药品核查34批次。

【深化"双打""傍名牌"和"百日会战"等专项行动】 2015年,全市开展假冒伪劣、空气和饮用水净化类生活用品、车用燃油专项整治及"五水共治"工程涉及管材及配件专项行动。其中车用燃油专项行动通过对全市各家加油站92个批次样品的抽检,共检出7个批次不合格,全部立案调查。从3月1日开始,推进以肉品和水产品安全专项整治"百日会战"行动。"百日会战"期间全市立案查处食品案件284起,查扣不合格食品34245.92千克,罚没款95.97万元,涉刑移送案件43起,被列为国家食药总局、公安部督办案件1起。

【消费维权服务】 2015年度,全市"12315"消费投诉举报中心接听消费者举报、投诉、咨询电话11788件。其中受理各类消费投诉2172件,受理各类举报773件,咨询8843件。全年处理完毕投诉1975件,调解成功1848件,为消费者挽回经济损失3464.67万元。做好"12315"消费维权服务站进商场、进超市、进市场、进企业、进景区的扩面提质工作,全市建成消费维权服务站186家,提高经营者主体责任和自律意识,规范消费纠纷调处。推行消费纠纷快速处理绿色通道,全市建立绿色通道企业54家,全年自行受理投诉6420件,和解6325件,和解率98.5%,涉及争议金额80.5万元。针对消费热点和投诉热点,开展消费体验、消费调查、霸王条款点评及约谈企业等活动,通过揭示消费真相,曝光消费领域中不安全、不合理的问题,努力营造和谐的消费环境。全年全市开展各类消费调查28次(含联动项目,其中市本级2次)、消费体验17次(市本级4次),比较试验1

2015年丽水市成交额超亿元市场

表19

市场名称	市场类型	年成交额(万元)	经营户数(个)
丽水市浙西南农贸城	消费品市场	302000	235
丽水市粮油批发市场	消费品市场	174000	256
府前菜市场	消费品市场	171390	431
丽水鸿汇医药物流网上交易市场	网上交易市场	26900	—
浙闽赣食用菌交易中心	消费品市场	193800	182
龙泉市城东农副产品批发市场	消费品市场	11200	198
青田县石雕工艺品市场	消费品市场	13950	66
青田县中心菜市场	消费品市场	56900	126
青田国石文化城	消费品市场	146100	425
青田县恒瑞二手车交易市场	生产资料市场	14100	2
青田县船寮综合市场	消费品市场	31250	79
云和县农贸市场	消费品市场	14000	255
云和县商贸物流城	消费品市场	24000	175
庆元菇城农贸市场	消费品市场	15996	338
庆元香菇市场	消费品市场	201530	936
缙云县五云蔬菜交易中心	消费品市场	24810	113
缙云县壶镇菜市场	消费品市场	23500	282
遂昌县府前中心市场	消费品市场	22489	304
遂昌县龙谷名茶市场	消费品市场	31000	656
浙江浙南茶叶市场	消费品市场	468405	3000
松阳浙南茶叶市场网上商城	网上交易市场	10259	131
松阳浙西南绿色农产品物流中心	消费品市场	13969	30
松阳县西屏镇东菜场	消费品市场	35850	204
景宁中心菜市场	消费品市场	17170	240
景宁绿色食品市场	消费品市场	87440	400

2015年丽水市获浙江省著名商标

表20

序号	类别	核定使用商品(服务)	商标	企业名称
1	7	机床;金属加工机械;拉削刀具	畅牌	浙江畅尔智能装备股份有限公司
2	8	中药成药;医药制剂;化学药物制剂	维康清肠	浙江维康药业股份有限公司
3	30	非医用营养粉;非医用营养胶囊;茶叶代用品	仙芝谷	浙江龙泉佳宝生物科技有限公司
4	5	人用药;消毒剂;医用营养食物	森林居	浙江竹林居科技股份有限公司
5	30	酱油;醋	鱼跃	丽水市鱼跃酿造食品有限公司
6	28	玩具;积木(玩具);智能玩具	老童木玩	云和县金成木业有限公司
7	31	鲜水果;新鲜栗子;新鲜蔬菜	大富地	浙江大富地农业发展有限公司
8	25	鞋(脚上的穿着物);服装;成品衣	畲艺坊	景宁畲艺坊服饰有限公司
9	30	茶	绿谷伯温	青田绿谷伯温茶业有限公司
10	6	金属门板;门用铁制品;金属门装置	正阳红	浙江春红工贸有限公司
11	20	竹木工艺品;草编制品(不包括鞋、帽、席、垫)	百山九川	浙江九川竹木股份有限公司
12	8	剑;刀;佩刀	郑氏	浙江郑氏刀剑有限公司
13	7	空气滤清器;柴油滤清器;机油滤清器	顶刮刮	浙江兄弟之星汽配有限公司
14	7	传动轴承;机器用耐磨轴承;自动加油轴承	JJ	浙江精久轴承有限公司
15	31	活鱼;活家禽	满田红	青田易天渔业开发有限公司
16	7	阀(机器零件);汽车空调热力膨胀阀(机器零件)	博威	浙江博威汽车空调有限公司
17	7	便携式旋转蒸汽熨压机;烫平机;厨房用电动机器	SOYA	浙江松洋电器有限公司
18	16	铅笔;自来水笔;书写工具;绘画笔	飞雁	浙江久灵笔刷有限公司
19	20	办公家具;竹木工艺品	畲竹	景宁畲族自治县宏强竹制品有限公司

丽水市著名商标

表21

序号	类别	核定使用商品(服务)	商标名称	企业名称
1	5类	人用药;化学药物制剂;医用药物	仙宫	浙江圣华药业有限公司
2	7类	机床;链锯;木材加工机	亨司迈	浙江顶峰机械有限公司
3	7类	高速钢圆锯片;切削工具	图形	缙云县先锋工具有限公司
4	9类	电熨斗	白金龙	缙云县盛达缝制设备有限公司
5	21类	非电力压力锅(高压锅)	TIANXI(天喜控股集团)	天喜控股集团有限公司
6	29类	干食用菌.腌制蔬菜;酱菜	舒绿佳	缙云县绿盛食用菌专业合作社
7	31类	鲜葡萄;新鲜蔬菜;活家禽	四海丰	缙云县四海丰果业专业合作社
8	30类	米糕;糕点;小蛋糕(糕点)	鑫康顺	丽水鑫康顺食品有限公司
9	14类	银饰品;手镯(首饰);项链(首饰)	畲风	景宁畲族自治县畲山凤民族工艺品有限公司
10	31类	石蛙;鱼;饵料	云山涧	景宁云山涧石蛙养殖专业合作社
11	11类	热水器;加热泵;空气调节设备	中广欧特斯	浙江中广电器股份有限公司
12	5类	中成药;医药制剂;化学药物制剂	维康清肠	浙江维康药业股份有限公司
13	7类	阀;阀瓣;空气压缩泵	特尔	特尔控股集团有限公司
14	5类	中成药;医药制剂;化学药物制剂	维康伊安	浙江维康药业股份有限公司
15	30类	非医用营养粉、非医用营养胶囊	五养	浙江五养堂药业有限公司
16	30	酱油;醋;豆豉	少不了	丽水市鱼跃酿造食品有限公司
17	7	缝纫机马达;电动剪刀;缝纫机	Q-CHIEERING	浙江乾麟缝制设备有限公司
18	7类	曲轴	DCT	浙江伟林机械零部件有限公司
19	12类	挡风玻璃刮水器	博茨	浙江科朗汽车配件有限公司

续表21

序号	类别	核定使用商品(服务)	商标名称	企业名称
20	21类	陶器;瓷器;瓷器装饰品	尚唐	龙泉市尚唐瓷艺发展有限公司
21	30类	茶	绿谷金牡丹	浙江畲乡生态农业开发有限公司
22	31类	活家禽	贵溪源	龙泉市源底牲畜养殖专业合作社
23	30类	茶叶	青甜山	丽水金生茶叶有限公司
24	25类	服装;鞋(脚上的穿着物);帽子	ABCKIDS	起步(中国)有限公司
25	37类	建筑:工厂建设;室内装潢	正脉	浙江正脉建设有限公司
26	9类	电度表、煤气表、计量仪表	安特	安特仪表集团有限公司
27	11类	车辆用空调;排气风扇;空气冷却装置	爽凯	浙江爽凯汽车空调有限公司
28	16类	纸:纸巾:箱纸板	红树	庆元县红树实业有限公司
29	27类	地毯;垫席;浴室防滑垫	金祥	浙江金祥汽车配件有限公司
30	30类	茶叶代用品;蜂蜜;八宝饭	菇乡缘	庆元县龙湫农产品专业合作社
31	21类	厨房用具;化妆用具;清洁器具	天和人家 TIAN HE FAMILY	浙江天和竹木有限公司
32	21类	厨房用切菜板;筷子;厨房容器	aojiete	浙江万欣印业有限公司
33	20类	竹工艺品;竹木工艺品;家具	咏盛	浙江咏盛竹木有限公司
34	6类	金属门;金属门框;门用铁制品。	梵蒂斯	浙江华威门业有限公司
35	30类	茶;茶叶代用品。	逍遥谷	松阳县逍遥谷农产品专业合作社
36	30类	茶;冰茶;茶饮料等。	叶法善	松阳县雪峰云尖茶业有限公司
37	28类	积木(玩具);智能玩具	波菲	浙江波菲教育玩具有限公司
38	35类	广告;为零售目的在通讯媒体上展示商品;会计	恒盛	浙江恒盛商贸城开发有限公司
39	28类	积木(玩具);拼图玩具;智能玩具	全家欢	浙江全家欢婴童用品有限公司
40	28类	玩具;积木(玩具);智能玩具	鑫山	云和县金山实业有限公司
41	31类	谷(谷类)、菌种	芸凤	云和县兴农食用菌专业合作社
42	31类	活动物;活鱼;虾(活的)	云河	云和县清江生态龟鳖养殖专业合作社
43	7类	缝纫机械	沪东	浙江欧迪机械有限公司
44	28类	体育活动器械;滑板;溜冰鞋	金棒	浙江金棒运动器材有限公司

次,发布消费提(警)示92条(市本级12条)。

【企业监督管理】 2015年,市市场监管系统将“三改一拆”“五水共治”“六边三化三美”等政府重点工作与无证无照综合治理相结合,探索创新方法,内外并举、疏堵结合、借力发力,有效地遏制无照经营现象,规范市场经济秩序。全市无照整治出动执法人员7700余人次,检查经营户数12000余户,立案86件,案值80.54万元,罚没12.14万元,推动完善“政府牵头、部门监管、社会参与、综合治理”的无照经营社会化监管格局。

【食品药品安全监管】 2015年,市场监管局深入贯彻落实省、市食品安全工作会议精神,严格按照“四个最严”和“三个零”的要求,推进“三网六体系”建设,深化隐患排查治理,推进民生实事项目,创新监管机制,构建社会共治,食品安全各项工作有序推进,全市未发生重大食品安全事件,食品安全形势稳中向好。全市累计出动执法人员59208余人次,检查食品生产经营单位68498家次,查处各类违法行为1679起,约谈违规食品生产经营单位1761家,取缔无证无照食品生产经营单位364家,行政立案836起,涉案金额499万余元;移送食品安全犯罪线索65条次,食品安全刑事立案63起,采取行政强制措施86人;法院共生效判决涉危害食品安全犯罪案件52件77人。丽水市探索建立的“互联网+”食品安全监管模式即食安通移动监管平台、食安金融信用联合惩戒监管平台、食用农产品电子溯源平台、电商监管平台,进一步提升食品安全保障水平。 (邓 媛)

质量技术监督

【概况】 2015年,丽水市质量技术监督局围绕省、市各项重点工作,立足丽水特色探索质监工作与绿色生态

2015 年丽水市政府质量奖获奖名单

表22

序号	获奖单位、个人
1	浙江中广电器股份有限公司
2	浙江乾麟缝制设备有限公司
3	浙江维康药业股份有限公司
4	陈旭东(丽水市鱼跃酿造食品有限公司董事长)
5	盛春仙(浙江不知慢运动服饰有限公司董事长)
6	漆爱冬(浙江嘉利(丽水)工业股份有限公司总经理)
7	吕天喜(天喜控股集团有限公司董事长)
8	钟新明(浙江万寿建筑工程有限公司总经理)

2015 年丽水市质量创新项目

表23

类别	编号	企业名称	项目名称
应用型	1	浙江嘉利(丽水)工业股份有限公司	降低丰田雾灯反射镜表面处理不良率
	2	浙江凯恩电池有限公司	锂离子电池包批量生产合格率的改进
	3	浙江万寿建筑工程有限公司	集成 QC 质量管理工具在建筑施工现场中的应用
	4	丽水兴昌新材料科技股份有限公司	运用 SPC 方法提升高档滤纸产品质量
	5	浙江畅尔智能装备股份有限公司	基于“大型高性能立式外拉床”展开的全流程质量监控

经济发展的结合点,依法行使职能,着力抓发展、保安全、惠民生、促改革,各项工作取得明显成效。

【质量强市建设】 2015 年,丽水市政府印发《2015 年质量建设行动计划》《2015 年县(市、区)政府质量强县工作考核细则》,《丽水市质量发展战略“十三五”规划》获立项并完成起草,质量强市战略有序推进。全年全市有 5 家企业、3 位个人获评丽水市政府质量奖,5 家企业的 5 个项目获评 2015 年丽水市质量创新项目;纳爱斯集团有限公司获第二届中国质量奖提名奖。发挥了 1 个省级、13 个市级先进质量管理孵化基地作用,推动 70 余家入孵企业导入卓越绩效模式等先进质量管理方法,企业质量管理水平不断提升。

【标准制定落实】 2015 年,全市新增企事业单位主、参与制订国家、行业标准 6 项,省级地方标准 5 项;批准发布“五养”行业管理与服务规范市级地方标准 16 项;景宁县《畲族传统体育项目竞技规范》等 26 项标准列入 2015 年市级地方标准制修订计划。

【项目示范建设】 2015 年,丽水共获批国家级标准示范项目 1 个、市级项目 21 个,有在建国家级项目 7 个、省

2015 年丽水市新增企事业单位主导或参与制订标准

表24

序号	标准名称	标准编号	起草单位	标注规格	主导或参与
1	木材和木基产品的荷载持续时间效应和蠕变性能评定	GB/T31291-2014	丽水市质量技术监督检测院	国家标准	参与
2	电力电容器纤维素纸	JB/T 12166-2015	浙江凯恩特种材料股份有限公司	行业标准	主导
3	滤嘴棒纸	QB/T 2689-2015	浙江凯恩特种材料股份有限公司	行业标准	主导
4	无纺墙纸原纸	QB/T 4818-2015	浙江凯恩特种材料股份有限公司	行业标准	主导
5	结构用木质材料基本要求	LY/T2381-2014	丽水市质量技术监督检测院	行业标准	参与
6	机械防盗锁	GA/T73-2015	浙江忠恒锁业有限公司	行业标准	参与
7	公路隧道照明节能控制系统应用技术规程	DB33/T987-2015	丽水市公路管理局	地方标准	主导
8	惠明茶生产技术规程	DB33/T797-2015	景宁县农业局、景宁县惠明茶行业协会	地方标准	主导
9	龙泉青瓷生产操作规程	DB33/T970-2015	龙泉青瓷(日用陶瓷)产品质量监督检测中心、龙泉市青瓷宝剑产业保护和发展局、龙泉市青瓷行业协会、龙泉市质量协会	地方标准	主导
10	松阳茶生产技术规范	DB33/T739-2015	松阳县农业局、松阳县茶产业协会	地方标准	主导
11	香茶加工技术规程	DB33/T967-2015	松阳县农业局、莲都区农业局、遂昌县农业局	地方标准	主导

2015年丽水市新增省级名牌

表25

序号	产品名称	企业或组织名称	类别
1	缝纫机电机	浙江乾麟缝制设备有限公司	工业
2	汽车灯具	浙江嘉利(丽水)工业股份有限公司	工业
3	空气能热水器	浙江中广电器股份有限公司	工业
4	童装	起步(中国)有限公司	工业
5	家用多功能缝纫机	浙江恒强针车集团有限公司	工业
6	灵芝系列产品	浙江龙泉佳宝生物科技有限公司	农业
7	青田田鱼	青田易天渔业开发有限公司	农业
8	木制玩具营销	浙江木玩世家玩具有限公司	服务业
9	云和木玩	云和县玩具行业协会	区域名牌

2015年丽水市新增市级名牌

表26

序号	产品名称	企业或组织名称	类别
1	阀门	丽水欧意阀门有限公司	工业
2	伺服电机	浙江乾麟缝制设备有限公司	工业
3	自来水笔	浙江省丽水传人笔业有限公司	工业
4	阀门	浙江坤湧兴阀门用限公司	工业
5	啤酒	燕京啤酒(浙江丽水)有限公司	工业
6	针织内衣	浙江不知慢运动服饰有限公司	工业
7	工艺竹木筷	浙江驰家工贸有限公司	工业
8	金属切削机床	浙江富士泰机床有限公司	工业
9	过滤纸板	遂昌县兴昌纸业有限公司	工业
10	不锈钢无缝钢管	浙江鹏业不锈钢有限公司	工业
11	不锈钢无缝钢管	浙江益大特钢有限公司	工业
12	不锈钢无缝钢管	浙江骏达钢管制造有限公司	工业
13	不锈钢无缝钢管	松阳吉阳好钢业有限公司	工业
14	香肠	浙江正德和食品有限公司	工业
15	沥青泵	浙江威肯特泵业有限公司	工业
16	仿鹿皮革基布	丽水市南平革基布有限公司	工业
17	阀门	特尔控股集团有限公司	工业
18	断路器	浙江永继电气有限公司	工业
19	中华鳖	云和县清江生态龟鳖养殖专业合作社	农业
20	黑木耳	云和县飘香山珍特产有限公司	农业
21	云和雪梨	云和县仙宫果业有限公司	农业
22	甜桔柚	庆元县森龙菌蔬果业有限公司	农业
23	鸡蛋	遂昌县绿成养殖场	农业
24	绿茶	浙江卧龙湾农业开发有限公司	农业
25	高山蔬菜	浙江景宁畲乡物流有限公司	农业
26	电子商务服务	浙江北山狼户外用品有限公司	服务业
27	农家乐综合体服务	遂昌县高坪乡茶树坪村农家乐协会	服务业
28	“印象山哈”创作与表演	浙江畲族歌舞团有限公司	服务业

级项目2个。松阳县基层社会治理综合标准化项目被列入全国第二批社会管理和公共服务综合标准化试点项目;“长三角世界标准日—暨标准化与美丽乡村建设”研讨会在遂昌举行,稳步推进国家级遂昌“美丽乡村”标准化试点项目;浙江省汽车空调标准化技术委员会在龙泉成立;“机器人”产业标准数据库、“五水共治”标准数据库在丽水生态产业集聚区主导产业标准创新公共服务平台正式上线。

【品牌战略推进】 2015年,丽水市印发《关于加强“浙江制造”品牌创建工作的通知》,加快推进“浙江制造”品牌培育创建工作。12月,绿水股份有限公司的《卧式螺旋沉降离心机》通过“浙江制造”品牌认证,实现丽水“浙江制造”品牌零的突破。全年全市新增省级名牌产品9个、市级名牌28个。

【产品质量监督】 2015年,丽水质监部门共抽查产品1240批次,合格1175批次,批次合格率为94.75%。其中,按季度组织4次市(县)定期监督抽查,抽查产品752批次,合格709批次,批次合格率为94.28%,综合合格率为90.24%。完善监督机制和诚信体系建设,建立全市生产企业产品质量监督抽查“红黑榜”制度,督促企业落实主体责任,加强社会监督。

【特种设备监管】 2015年,丽水市成立特种设备安全联席会议制度,启动市级层面特种设备协调机制;借力“互联网+”推进特种设备智慧监管系统的功能完善和运用普及,覆盖全市1961家单位13965台设备,上线率82%,同比提高32个百分点;开展电梯安全大会战、叉车安全专项整治、油气输送管道安全专项整治等活动,对2731台电梯进行安全检查,消除隐患1205起,查封问

丽水市"浙江制造"品牌培育创建训练营　　陈　政　提供

题电梯194台，对441家企业的590台叉车进行安全检查，消除隐患349起，对安装中的金丽温油气输送管道强化现场监督检查，安排到期油气输送管道定期检验工作，消除安全隐患。

【民生计量监管】 2015年，丽水市质量技术监督局全面开展计量器具强制检定工作，完成计量器具强检23.6万台，在重点管理的计量器具中，医用三源检定率96.8%、水表检定与到期更换率50.4%、电表检定与到期更换率99.5%、燃气表检定与到期更换率99.4%、停车电子及时计费装置检定率51.8%，保障民生计量的准确性；加强检验机构管理，完成对全市75家检验检测机构、12家计量检定机构、3家制造计量器具生产单位的100%巡查。

【质量行政执法】 2015年，丽水市质量技术监督局相继开展国家质检总局"质检利剑"行动3起，浙江省质监局"蓝剑"系列专项执法行动5起，并根据丽水市产业实际情况开展市级"蓝剑"专项执法行动2起，全年出动执法人员5436人次，检查企业1702家，采取强制措施42起，立案调查案件179件，无行政复议、诉讼败诉案件。

【检测能力提升】 2015年，丽水市质量技术监督检测院、丽水市特种设备检测院投入1400万余元用于加强各项检测能力的建设，全市在原有基础上新增计量检定项目25个；浙江省合成革产品质量检验中心正式挂牌成立。　（陈　政）

矿产资源管理

【矿产资源开发】 2015年，加强矿产规划管理，严格控制经营性采矿权设立，做好矿业权网上交易，出让采矿权3宗，出让金820万元。全市现有经营性采矿权总量121宗，控制在省厅下达的150宗以内。加强矿产资源开发监管，对全市矿山企业进行年检。全市应检矿山数85个，实检矿山数85个，年检率100%。完成2015年度青田县黄垟乡石平川钼矿区乌岩尖块段地质详查等5个勘查项目督查，注销云和县崇头镇仙眠床铅锌多金属矿普查和庆元县五大堡镇杨楼矿区铅锌矿普查2个勘查项目的探矿权。

【治理矿山生态环境】 2015年，开展县级以上公路与河道、铁路两侧1000米可视范围内废弃矿山的治理，巩固和提升废弃矿山治理的成果。"六边"区域废弃矿山共28座，完成治理复绿工作的废弃矿山25座，治理面积325610平方米，总投资5067万元。青田县戈溪石料场，景宁县西坑横大坑采石场，云和县长台湾采石场3座废弃矿山治理列入市深入"六边三化三美"行动三年(2015—2017年)治理项目，需治理的面积共12900平方米，完成工程量80%位以上。年底，完成治理345个废弃矿井，治理率100%，提前5年完成省下达的目标任务。全面启动矿山粉尘治理，市国土局联合市环保局出台《丽水市矿山粉尘防治专项行动实施方案》，明确矿山粉尘、扬尘防治的责任主体，各县(市)及矿山企业均编制矿山粉尘防治方案、工作计划、粉尘扬尘防治措施。至年底，全市完成矿山粉尘防治达标的矿山24座，占矿山粉尘防治应达标运行35座矿山的68.57%。

【绿色矿山建设】 2015年，在全市所有持证矿山中，剔除长期停产等矿山，应建绿色矿山71家。年底，全市累计建设绿色矿山47家，占应建绿色矿山71家的66.2%，超额完成省国土厅要求2015年度绿色矿山建成率60%以上的目标。其中，省级37座，占全省命名的107座省级绿色矿山34.58%，名列全省第一，市级4座、县级6座，累计投入建设资金近亿元。遂昌金矿有限公司在省级绿色矿山基础上建成AAAA级国家矿山公园；遂昌金矿、龙泉砩矿、遂昌正中萤石精选公司被国土部确定为国家级绿色矿山建设试点单位；浙江遂昌正中萤石精选公司被列为全国萤石综合利用示范基地。

【地质灾害防治】 4月，市政府召开全市地质灾害防治工作视频会议，对2015年防治工作进行全面部署。汛前，组织全市国土系统、乡镇（街道）专门人员共11385人次对所有地质灾害隐患点进行检查，先后转移11068人，做到形势早分析、工作早部署、预案早完善。11月13日，莲都区里东村发生山体滑坡灾害，经过130余个小时坚持不懈的努力搜救，39位失联人员全部找到，其中38人死亡，1人生还。在里东山体滑坡灾害发生后，再次全面开展地质灾害隐患点大排查，年底，全市有A、B、C类地质灾害隐患点693个，其中A类点12个，B类点91个，C类点590个，威胁人口3.86万人，涉及全市151个乡镇566个行政村。加强地质灾害气象预警预报，全市发布三级以上地质灾害气象预警152次，发布各类地质灾害预警信息8万余条、发布实时降雨量提醒短信4万余条。开展地质灾害避让搬迁和排险治理工作，全市通过搬迁和治理解危人口7083人，其中实施避让搬迁3445人，完成省下达任务111%；实施排险治理项目27个，解危人口3638人。（黄庆亮）

国有资产监督管理

【概况】 2015年，市国资委依法履行出资人职责，以“管资本”为主监管市属经营性国有资产。至12月，6家监管企业（国有独资及控股企业）职工人数1581人，资产总额241.53亿元，负债总额126.49亿元，所有者权益115.04亿元。全年实现经营业务收入12.74亿元，利润1.48亿元，上缴税金0.54亿元。组织完成信访投诉请求法定分类处理清单的梳理工作，梳理三类21项问题处理的法定途径。组成专题调研组到出资企业及各县（市、区）开展国企党建调研，撰写《丽水市国资委“巩固基层政权、加强国有企业基层党组织建设”调研报告》，获省国资委党建论文三等奖。3月，组建丽水市旅游投资发展有限公司。8月，开展丽水市国资系统“学习最美、争当先锋”主题演讲、征文比赛等系列活动，为全面推动国企改革发展凝聚精气神、传播好声音、汇聚正能量。

【推进市属营运机构整合转型】 年初，市国资委到温州、衢州等地开展市本级营运机构整合转型调研，提出市本级15家国资营运机构整合转型方案。8月，市政府常务会议确定丽水市旅游投资发展有限公司和丽水市农业投资发展有限公司作为试点单位。

【调整国有企业股权结构】 2015年，市国资委落实中央、省、市国企改革精神，收放并举，推进充分竞争行业股权多元化和关系民生重点企业的国有持股工作。4月，国有独资公司丽水市机动车驾驶员培训学校有限公司的全部股权转让给国有参股企业浙江丽水安邦护卫有限公司。7月，启动丽水市供排水有限公司原水供应企业丽水市水资源开发有限公司的股权收购程序。

【推进国有企业企务监督委员会建设】 2015年，成立丽水市国资委企务监督委员会工作领导小组，印发《丽水市国有企业企务监督委员会建设工作方案》《市本级国有企业企务监督委员会建设实施方案》，以丽水市汽车运输集团股份有限公司为试点，通过以点带面形式全面推进全市国有企业企监会建设。“企监会”是代表国有企业广大职工对企业事务实行民主管理和民主监督的组织，是企业监事会和职代会等相关组织职能的延伸和补充。全年，市本级“企监会”受理群众意见建议33个，调查核实问题33个，提出意见建议28个，化解矛盾纠纷2个。

【国有企业经营业绩考核和内部审计】 2015年，市国资委完成对丽水市电影公司2014年度的经营业绩考核；会同有关单位对市城市建设投资有限责任公司、市公共交通有限公司、市城乡公共交通有限公司、丽水电视台、丽水日报社的考核。6家被考核单位营业收入20544万元，利润总额253万元。根据分类考核原则，分别下达2015年经营业绩考核指标。

根据《丽水市国资委内部审计管理暂行办法》，市国资委对丽水市天然气有限公司、丽水市职业教育实训基地在2014年1月1日至2015年6月30日期间的企业内部治理、重大决策、财务状况、企业领导人员推动企业科学发展以及企业领导人员遵守廉洁从业规定等情况开展内部审计调查，掌握企业经营及领导人员履职动态，发现问题并落实整改。

【服务重点项目】 2015年，市国资委与钱江水利开发股份有限公司及丽水市供排水有限公司多次谈判沟通，就4.5亿元腊口污水处理厂项目建设资金拼盘方案达成共识。与省能源集团沟通协调，配合做好天然气门站和南城区块综合利用项目的前期工作，推进天然气综合利用项目建设进度。8月，丽水市第一笔国家低丘缓坡综合治理公司债券正式发行，债券总额6亿元，期限7年，发行利率为5.67%，所筹资金用于丽水低丘缓坡开发利用工程和丽水低丘缓坡配套路网及管网工程。（梅丽芳）

教　　育

综　　述

【概况】　2015年，全市各级各类学校(包括幼儿园)918所，其中，小学216所，初中76所，普通高中22所，中等职业学校18所，高等院校3所，幼儿园577所，特殊教育学校6所。在校生42.324万人，其中，小学16.9261万人、初中7.3576万人、普通高中3.3226万人、中等职业教育2.9898万人、高等院校3.7614万人、幼儿园7.8977万人、特殊教育688人。全市学前三年幼儿入园率96.64%，小学入学率、巩固率分别为99.99%、100%，初中入学率、巩固率分别为99.99%、100%，三类残疾儿童少年入学率99.4%。全市初升高比例97.1%，少数民族学生初升高比例96.15%，高等教育毛入学率49.57%。

2015年，全市教育工作确定为

丽水市2015学年各级各类学校情况

表27

类　别	学校数(个)	毕业生数(人)	招生数(人)	在校生数(人)	班　数(个)	教职工数(人)	专任教师(人)
总计	918	112072	110011	423240	10718	33474	26108
学前教育	577	26990	23711	78977	3126	9308	4843
义务教育	292	49439	52321	242837	6071	16709	15178
小学	216	24320	28313	169261	4287	9661	8821
小学	—	22049	25369	152091	3872	—	—
九年一贯制学校	—	2101	2706	15824	373	—	—
十二年一贯制学校	—	170	238	1346	42	—	—
初中	76	25119	24008	73576	1784	7048	6357
初级中学	60	22067	21040	64498	1544	5408	4813
九年一贯制学校	16	2638	2644	8030	207	1640	1544
十二年一贯制学校	—	372	279	954	30	—	—
完全中学	—	42	45	94	3	—	—
高中	22	11605	11251	33226	793	3319	2807
完全中学	1	218	237	662	14	56	52
高级中学	19	11002	10636	31458	754	2936	2502
十二年一贯制学校	2	385	378	1106	25	327	253
特殊教育	6	110	164	688	56	116	104
中等职业学校	18	10336	10827	29898	672	2302	1935
中等技术学校	3	1211	442	1588	37	196	143
成人中等专业学校	2	176	271	546	12	78	68
职业高中学校	13	8949	10114	27764	623	1995	1704
其他机构(不计校数)	1	—	—	—	—	33	20
高等教育	3	13592	11737	37614	—	1720	1241
丽水学院	1	6889	5211	16383	—	1089	717
丽水职技院	1	2400	2740	8248	—	420	367
丽水电大	1	4303	3786	12983	—	211	157

2015年市直学校基本情况

表28

学校名称	毕业生数（人）	招生数（人）	班级数（个）	在校学生（人）	毕业班学生数（人）	教职工数（人）	专任教师（人）						学校占地面积（平方米）	校舍建筑面积（平方米）	计算机（台）	图书藏书（册）
							小计	研究生	本科	专科	高中	高中以下				
丽水中学	804	745	56	2336	837	246	217	41	176	—	—	—	116667	76255	825	78677
丽水学院附高	490	546	36	1657	591	155	142	13	129	—	—	—	68670	39440	336	52160
丽水二中	683	686	50	2110	763	206	176	12	162	2	—	—	57850	38196	660	49998
丽水市外国语实验学校(高中部)	177	378	20	878	239		59	6	51	2	—	—				
丽水市外国语实验学校(初中部)	302	189	25	747	330	291	67	3	62	2	—	—	59104	59094	530	94506
丽水市外国语实验学校(小学部)	170	221	40	1325	239		91	—	58	28	5	—				
文元高级中学	—	219	6	219	—	28	24	—	24	—	—	—	33645	18252	100	5600
黎明中学	251	248	24	732	260	84	64	—	61	3	—	—	47500	22083	195	40500
瓯江中学	49	22	3	117	50	19	8	—	5	3	—	—	5420	2547	61	760
丽水市实验学校(初中部)	253	255	18	832	302	145	59	7	51	1	—	—	49049	31014	571	23859
丽水市实验学校(小学部)	163	333	28	1536	172		70	—	66	3	1	—				
丽水市经济开发区一中(中学部)	348	395	23	1103	348	239	92	—	84	8	—	—	148390	64900	563	25500
丽水市经济开发区一中(小学部)	481	613	62	3386	486		147	—	101	46	—	—				
丽水市经济开发区二中	48	41	6	135	47	24	23	—	16	7	—	—	6753	1815	63	5613
丽水市文元中学	123	199	14	470	116	59	35	—	35	—	—	—	50466	27372	150	18100
丽水市经济开发区二小	45	65	12	368	55	29	28	—	19	8	1	—	2423	1247	119	12161
丽水市特殊教育学校	62	41	20	226	—	81	74	—	63	10	1	—	36000	15612	—	22847
丽水市实验幼儿园	608	823	70	2327	—	313	157	1	117	39	—	—	29110	15074	—	13536
丽水南城实验幼儿园	—	195	14	447	—	63	33	—	19	14	—	—	17719	9906	—	897

“教育改革落实年”。3月1日，出台《市直普通高中内设机构及工作职能调整改革指导意见》，首次实施普通高中4学段制管理。丽水中学等12所学校入选全省百所课改典型经验培育学校。丽水中学、松阳一中和丽水二中、壶镇中学4所学校分别被确认为省一级和二级普通高中特色示范学校。高考纯文理第一批上线人数1676人。实施义务教育课程改革，召开全市深化义务教育课程改革工作会议和全市小学、初中教育管理工作会议。开展“学为中心”“生本课堂”和农村学校“小班化”教学改革试点扩面工作，全市义务教育课程改革学校149所，农村中小学小班化教育工作学校133所。出台普通高中提前自主招收初中保送生政策，改革市直普通高中特长生招生办法。推进学前教育，市政府在景宁县召开全市发展学前教育推进会，明确全市第二轮三年行动计划新建幼儿园49所、改扩建幼儿园32所。评出第六批丽水市学前教育达标、示范乡镇16个。制定实施《丽水市特殊教育三年提升计划(2015—2017年)》，缙云县培智学校教学楼项目开工建设，龙泉市特殊教育学校获省教育厅补助资金100万元并于秋季挂牌建校，遂昌县建成2个特殊教育资源教室，庆元县核定特殊教育学生每生每年5000元送教上门经费，青田县特殊教育学生公用经费达到普通学生的13倍，推进全市特殊教育事业各项工作。开展“美丽学校”建设，全市确定丽水中学等53所市级“美丽学校”创建试点校。举办教育国际交流活动，丽水二中、青田中学与荷兰两所学校结成友好学校，全市中小学与海外学校“千校结好”53对。引进16名外籍教师在丽水任教，促进学校外语教学和文化交流。编印《丽水市中小学德育品牌活动百例》，提升社会主义核心价值观教育。创建全国文明城市，推进未成年人思想道德建设，市区教育系统创建全国文明城市知晓率100%，学生系列教育活动和主题活动参与率100%，教师学生参与率100%。全市中小学学生“绿谷系列三大赛事”“五大联赛一会一操”格局基本形成，开展第五届“绿谷之春·文艺”“绿谷之秋·书画”赛事、中小学生健美操比赛和第二届“绿谷之光”科技大赛，在全省中小学生文艺比赛中获17个一等奖。

2015年高等院校基本情况

表29

学校名称	毕业生数（人）	招生数（人）	班级数（个）	在校学生（人）	毕业班学生数（人）	教职工数（人）	专任教师（人）					专任教师中：双师型（人）	学校占地面积（平方米）	校舍建筑面积（平方米）	计算机（台）	图书藏书（册）
							小计	研究生	本科	专科	高中					
丽水学院	6889	5211	—	16383	5634	1089	717	279	429	9	—	—	658628	350650	4734	1474600
其中：普通本科	2307	2634	—	10732	2800	—	—	—	—	—	—	—	—	—	—	—
普通专科	537	956	—	2140	621	—	—	—	—	—	—	—	—	—	—	—
成人本科	1485	860	—	1384	1366	—	—	—	—	—	—	—	—	—	—	—
成人专科	2560	761	—	2127	847	—	—	—	—	—	—	—	—	—	—	—
丽水职业技术学院	2400	2740	0	8248	2823	420	367	71	292	4	—	—	313490	183237	3636	610200
其中：普通专科	2274	2591	—	7459	2594	—	—	—	—	—	—	—	—	—	—	—
成人专科	126	149	—	789	229	—	—	—	—	—	—	—	—	—	—	—
丽水电大	4303	3786	0	12983	—	211	157	8	143	6	—	—	64497	29817	1462	144100
其中：成人专科	31	—	—	30	—	—	—	—	—	—	—	—	—	—	—	—
网络本科	2135	1788	—	6050	—	—	—	—	—	—	—	—	—	—	—	—
网络专科	2137	1998	—	6903	1194	—	—	—	—	—	—	—	—	—	—	—
丽水市职高	1190	1122	78	3424	102	213	189	24	157	8	—	69	134961	73572	1315	30132
丽水卫校	867	0	2	102	473	33	18	2	16	—	—	11	39286	24339	108	97950
丽水旅游学校	693	632	37	1626	385	106	82	3	74	5	—	13	39119	14559	352	23078
丽水中专	344	223	23	897	—	124	98	36	61	1	—	24	72090	29851	280	63724
丽水电视中专	32	115	3	115	173	29	23	3	19	1	—	16	1430	5146	174	27000
丽水市护士学校	—	219	12	589	—	39	27	—	27	—	—	18	7117	4808	101	2004

第五届绿谷之春颁奖晚会　　朱军连　提供

莲都区花园中学女子篮球队获ZSBL总决赛初中组冠军，景宁民族小学男子足球队获省级总决赛一等奖，丽水校园足球活动在中央电视台体育频道“少年足球说”栏目报道。1月17日，在浙江省中小学德育基地授牌仪式上，云和江滨实验小学、青田章旦教育集团、丽水第二高级中学获“浙江省中小学德育基地”称号。

创设“知行教育论坛”，举办高中段及直属学校校长（书记）专题研讨班，组织中小学校长教育管理创新班学员分赴华中师范大学、陕西师范大学学习培训，组织全市幼儿园园长创新班骨干教师10人赴台湾考察交流，组织中小学校长教育管理创新班研究成果展示活动，推荐首批“浙江省中小学班主任工作室”领衔人。完善教师培养和招聘机制，全年认定高中（中职）教师资格724人，招录小学全科教师培养对象70人，市直学校招聘14名硕士研究生、43名本科和学前教育紧缺岗位毕业生。开展教师培训工作，审批核准丽水学院等单位46项市级培训项目，参加省、市、县级培训项目1630个，组织270名学员参加29个学科“教研员工作室”深度研修。103名教师获市级教育年度人物、优秀教师等荣誉；352名教师获丽水市中小学学科教学带头人、教坛新秀等称号。评出第二批丽水市模范“教工之家”24个，市师德楷模及“事业家庭兼顾型”先进个人67人，市教育工会被评为全国教科文卫体系统先进工会。推进特级教师网络工作室和“一师一优课、一课一名师”工作，教师参加晒课活动注册17232人，“晒课”6025节。4月，莲都区水东小学老师陶晋蓉参加第三届全国中小学机器人教学大赛，获小学组一等奖。

6月，青田、缙云两县通过义务教育基本均衡县国家级验收，9个县（市、区）全部通过义务教育基本均衡县国家级验收，与全省同步实现义务教育发展基本均衡市。推进语言文字工作，松阳县开展省级区域推进语言文字试点县工作，景宁县启动语言文字资源数据库建设工作。创建数字化校园建设示范校，公办中小学校计算机千兆到校、百兆到班率95%以上。开展教育现代化县创建实践，12月25日，松阳县通过省基本实现教育现代化县评估。全市新创建市级教育现代化达标和示范学校36所，累计创建义务教育标准化学校242所，占全市学校数82.88%。

职业教育强特色专业，建成3个省级特色专业、12个市级品牌专业。与天津职业技术师范大学合作，定向培养中职教师。跨区域招生改革和中高职人才一体化培养工作，加大跨区域统筹招生力度，跨区域招生计划1533人，占总计划14.2%。开展丽水市职业高级中学和缙云县职业中专的省级中职课程改革试点工作，建设中等职业教育课程改革专业基地，职业学校学生在全省“面向人人”技能大赛中，获总分全省第六名。

高等教育发展。丽水学院“浙江省特色文创产品数字化设计与智能制造重点实验室”获批省级重点实验室，实现学校省级重点实验室“零”突破。“龙泉青瓷协同创新中心”为浙江省“2011协同创新中心”“浙江省丽水中药产业科技创新服务平台”，由学院牵头建设，全年实现创新券收入53万元，浙江省公共科技创新服务平台名列第二位；获立校级课改重点项目22项，教改重点项目9项；获批省级教改项目5项，省级课改项目12项；全国高校数学微课程教学设计竞赛中，学校参赛作品获华东赛区一等奖1项，二等奖3项。浙江省首届本科高校微课教学比赛中，获一等奖、二等奖、三等奖各1项。组织学生参加省级及以上学科竞赛24项，获省级及以上奖项90项，其中，国家级奖项3项，省级一等奖18项。设立大学生校内创新实践基地9个，工程与设计学院、浙江山蒲照明有限公司联合申报“工程实践教育基地”获批立项。

丽水职业技术学院确定园林工程技术等5个校级重点建设专业和绿色食品生产与检验等6个校级重点培育专业。鼓励专业创新发展，商务英语、国际贸易专业与义乌橙鼎会商会合作，开办跨境电子商务创新班。12月，省林业厅和市政府签署协议，共建职业技术学院林业技术专业，厅市共建正式落地。学院建成网络课程156门，专题教学资源库16个、精品微课31个。5项微课作品获全国多媒体课件大赛三等奖。3项微课作品获省高校外语微课二等奖、三等奖。23部“十二五”职业教育国家规划教材全部出版。设立院级课堂教学改革项目20项。学生获教育部主办的国家级技能竞赛一等奖2项，二等奖1项；全国行指委等主办技能竞赛一等奖15项，二等奖7项，三等奖6项；获省级技能竞赛一等奖10项，二等奖24项，三等奖33项。

丽水电视大学组织教师参加电大系统各种教学比赛，11人次在全国、全省电大系统教学比赛中获奖。市电大本级教师在公开学刊发表学术论文11篇，其中核心期刊发表2篇；获国家实用型专利1项，获国家开放大学、省社科规划办、省教育厅、省电大等机构立项课题5项，8项课题结题验收，5项科研成果获奖。

成人教育发展。全年扫盲10.17万人，完成省教育厅下达2013—2015年总扫盲任务226%。倡导全民阅读，举办第二届全民终身学习活动周。推进社区教育和区域中心成技校网络建设，“区域成技校网络建设模式探索”被市委、市政府评选为新农村建设工作体制机制创新奖。遂昌县成功申报创建国家级农村职业教育和成人教育示范县。与市农办合作完成成人“双证制”教育培训2552人，占计划119.5%。举办家政服务人才培训，3所中职学校培养家政服务专业人才851名，9所中职校培训家政服务人员3915人，24所成技校借资借力举办家政服务、月嫂等培训班，8823人参加培训。

学校维稳工作。丽水市职业高级中学建立丽水市未成年人心理健康辅导中心。创建健康促进学校13所，其中，金牌3所、银牌10所。全市中小学实现“校监会”建设全覆盖，典型经验在全省教育系统党风廉政建设会议上交流，《中国教育报》《浙江日报》专题报道。出台《丽水市中小学教师有偿补课等违规行为处理办法（试行）》，规范教师从教行为。全市中小学幼儿园实现人防、物防、技防全覆盖，与“110”接警平台互联的一键式报警装置安装率100%，市教育局连续5年被市政府评为安全生产目标管理责任制考核优秀单位，2015年学生非正常死亡人数20人，万人比为0.51。

教育投入与助学。全年预算安排教育资金60.67亿元，争取到省各类补助资金9.5亿元，固定资产投资12.58亿元。丽水五中于秋季交付使用，开发区秀山路小学新建和丽水二中、丽水学院附中扩建等项目动工建设。推进义务教育薄弱学校改造工程建设，完工项目55个，投资4.12亿元，增加校舍建筑面积10.19万平方米。推进学校饮水质量提升工程，义务教育校园饮水质量工程学校实施比例100%。建设53所学校塑胶跑道运动场地，投资8382万元。完成热水淋浴学校144所，农村义务教育寄宿制学校热水淋浴覆盖100%。全市普通中小学教育技术装备经费总投入0.96亿元，全市生均累计教育技术装备资产2420.49元，生均教育技术装备经费352.07元，生机比4.59∶1，生均图书比1∶30.67。实施浙江省移动学习终端试点项目，全市获省专项资助建设3312套，占比27.6%。重视开展实验教学，高中实验操作比赛获团体省第二。完善学生资助长效管理机制，实施"关爱送温暖""爱心营养餐"和"民族教育券"三大工程。全市资助中小学(幼儿园)家庭经济困难学生8万余人次，资助资金1亿余元(含爱心营养餐资助)；资助少数民族学生1万余人，投入补助资金295万余元。全市中职学生免学费约3万余人。落实资助标准动态调整机制，从2015年春季学期起，家庭经济困难学生营养餐补助标准由每生每年750元提高到1000元；普高和中职国家助学金标准由生均每年1500元提高到2000元。

【夏宝龙检查职业教育法执法情况】4月8—9日，省委书记、省人大常委会主任、执法检查组组长夏宝龙到丽水开展职业教育法执法检查。夏宝龙分别到缙云工艺美术学校古堰画乡分校和丽水职业技术学院，深入木工车间、建筑实训基地、学生寝室、食堂等地，与老师和同学们交谈，了解学生学习、实践、培训和就业情况，还召开座谈会，听取学校负责人、开展校企合作的企业负责人和基层人大代表对落实职业教育法、加快职业教育发展意见和建议。座谈会上，夏宝龙要求大家切实增强使命感、责任感和紧迫感，充分认识抓职业教育就是抓经济、就是抓转型升级、就是抓发展后劲和竞争力，立足浙江省实际，培育大批高素质的技能技术人才，为"两美"浙江建设提供强有力的人才支撑。省人大常委会副主任茅临生、副省长黄旭明等一同检查。

【举行"丽水知行教育论坛"】12月7日，"丽水知行教育论坛"开坛仪式暨首期讲座在市教育局312报告厅举行。校长、教师、学生、名师等300多人参加论坛。论坛上，青田中学邓加富校长作《青田中学深化课改实践与思考》、缙云长坑小学刘勇武校长《一群理想主义者的乡村教育实践》作讲座。举办论坛是搭建一个交流合作平台，让更多的丽水本地专家、优秀教师及关心丽水教育发展的人士参与进来，为丽水教育发展建言献策。每月举行一次论坛，并以主题发言、小组讨论、沙龙式等形式提前征集话题，提升丽水教育发展水平。　　(朱军连)

学前教育

【概况】2015年，全市幼儿园558所(公办幼儿园168所、民办幼儿园390所)。全市省等级幼儿园403所，其中，一级幼儿园20所、二级幼儿园89所、三级幼儿园294所、等级园比例72.22%。全市在园幼儿数79370人，学前三年入园率96.64%、等级园覆盖率85.48%、公办园覆盖率33.11%。全市幼儿园教职工6725名，其中，园长629人，专任教师5013人；事业编制幼儿教师(含园长)1663名，占总数29.48%；持有幼儿教师(包括园长)资格证4027人，占总数71.38%；专任教师大专及以上学历79.03%。

【出台第二轮三年行动计划】2月15日，市政府出台《丽水市发展学前教育第二轮三年行动计划(2015—2017年)》，计划到2017年，全市学前三年幼儿(包括进城务工人员子女)入园率保持98%；所有乡镇(街道)中心幼儿园(3个班及以上)法人独立设置；普惠性幼儿园覆盖率75%；等级幼儿园覆盖率85%；专任教师大专以上学历85%；专任教师持有教师资格证80%。

【学前教育达标乡镇、示范乡镇】2015年，市政府教育督导室和市教育局组织评估考核组评出第六批丽水市学前教育达标乡镇13个、示范乡镇3个。第六批丽水市学前教育达标乡镇：龙泉市八都镇；青田县东源镇、高市乡、黄垟乡；缙云县东渡镇、大洋镇、石笕乡；松阳县象溪镇、裕溪乡、安民乡、四都乡；遂昌县金竹乡、垵口乡。第六批丽水市学前教育示范乡镇：龙泉市竹垟乡、青田县高湖镇、松阳县大东坝镇。

【等级幼儿园创建】2015年，根据《浙江省幼儿园等级评定标准》，市教育局认定二级园10所，复核二级幼儿园14所。新认定二级幼儿园(10所)：丽水市实验幼儿园教育集团(实验园)；莲都外国语学校幼儿部、联城中心幼儿园；青田县水南幼儿园、油竹街道慧果幼儿园；遂昌县大柘镇中心幼儿园；庆元县隆宫乡中心幼儿园、黄田镇中心幼儿园；景宁畲族自治县民族幼儿园；龙泉市实验幼儿园。复核二级幼儿园(14所)：丽水市水木清华幼儿园、丽水市阳光幼儿园；莲都区灯塔幼儿园、阳光城幼儿园、金龙绿洲幼儿园、山水幼儿园；青田县温溪镇第一幼儿园；遂昌县石练镇中心幼儿园、三仁乡中心幼儿园、云峰街道中心幼儿园；松阳县新世纪幼儿园；庆元县同德中心幼儿园；景宁县蓝天幼儿园、毛垟乡中心小学附属幼儿园。

【学前教育工作推进会】 4月23日，丽水市学前教育工作推进会在景宁举行。全市各县(市、区)分管教育工作副县长、教育局局长和分管副局长、教育督导室主任、幼儿教育中心主任及部分乡镇政府负责人等60余人参加会议。副市长戚永远参加会议并讲话。青田县政府等9个单位分别就实施学前三年行动计划以来，学前教育发展取得的成效作经验交流。会上，表彰第四批丽水市学前教育7个示范乡镇、21个达标乡镇。参会人员参观了景宁梧桐乡幼儿园等3所幼儿园。

【出台普惠性民办幼儿园政策】 10月26日，市教育局、市财政局、市发展和改革委员会印发《丽水市本级普惠性民办幼儿园认定及管理办法(试行)》通知，对普惠性民办幼儿园认定对象、普惠性民办幼儿园认定基本条件、普惠性民办幼儿园认定程序、普惠性民办幼儿园管理、普惠性民办幼儿园退出机制等做出规定。普惠性民办幼儿园指面向大众、保教费收费标准与本区域同类型(指城乡)、同等级教育部门公办幼儿园收费标准相当或略高于，具备办园条件，经县级及以上教育行政部门批准设立民办幼儿园。

【省学前教育专业教研大组年会】 12月1—3日，2015年浙江省学前教育专业教研大组年会暨学前教育专业课程改革经验交流活动在丽水中专举行。全省14所中职学校学前教育专业教师参加会议，省职成教教研室教研员陈晓燕主持会议。金华职业技术学院师范学院院长成军作专题讲座，会议研讨“学前教育专业高职考技能考试情况”“学前教育专业学生技能大赛方案”。（张丽明）

义务教育

【概况】 2015年，全市有小学216所，比上年减少5所，招生28313人，比上年减少646人，在校生169261人，比上年增加2932人，扩大学校规模，校均规模784人，比上年增加32人。6班及以下学校69所。100人以下小学30所，其中50人以下小学7所。小学教职工9661人，比2014年减少217人(其中一贯制学校的小学教职工数计入中学)。其中专任教师9766人，比上年增加76人。教师学历水平有较大幅度提高：研究生毕业17人、本科学历教师6421人，比2014年增加535人；专科学历教师3059人，比上年减少332人；小学教师学历合格率100%。专科及以上学历教师97.25%，比2014年提高1.4个百分点。从专业技术职务看，中学高级教师144人、小学高级教师5410人、占专任教师总数56.87%，比2014年减少0.82个百分点。小学入学率99.99%，巩固率100%，小学升初中比例100%。“三残”儿童少年毛入学率99.4%，比2014年上升0.56个百分点，少数民族学生初升高比例96.15%，比2014年降低1.36个百分点。

全市普通初中76所(初级中学60所，九年一贯制学校16所)。全市普通初中毕业生25119人，比2014年增加938人；招生数24008人，比2014年减少765人；在校生数73576人，比2014年减少2111人；校均规模从2014年1009人下降到968人。普通初中专任教师本科及以上学历94.25%，初中中高级职称专任教师为3816人，占专任教师总数68.13%。初中入学率、巩固率分别为99.99%和100%。初中毕业生升入高中段比例97.1%，比2014年上升0.58个百分点。丽水中学、龙泉市东升教育集团、云和二中三所学校通过省爱卫办、省教育厅、省卫生计生委组织考核，被命名为“浙江省健康促进学校(金牌)”。推进学校体育场地设施对外开放。至年底，全市有78所符合开放条件的学校免费或低收费对外开放，符合条件开放率100%。全市7所学校获国家级校园足球特色学校，14所学校获省级校园足球特色试点学校，莲都区获省级校园足球试点县称号。9月30日，市政府教育督导室、市教育局发文公布丽水中学、丽水职业高级中学、丽水第二高级中学、丽水市实验学校、丽水外国语实验学校、丽水市特殊教育学校、丽水市实验幼儿教育集团、丽水市南城实验幼儿园等53所学校为丽水市首批创建“美丽学校”试点学校。

6月16日，丽水市教育教学研究院实验小学成立，莲都区刘英小学是丽水市教育教学研究院唯一的一所实验小学，是市、区两级政府重点扶持刘英小学的一项重要举措。6月25日，丽水市教育教学研究院实验中学成立，天宁中学成为丽水市教育教学研究院第二所实验学校。

【央视到丽水拍摄校园足球专题片】 3月，中央电视台体育频道《少年足球说》摄制组到丽水，拍摄丽水校园足球专题节目，摄制组分别到莲都区处州中学、缙云县紫薇小学等6所学校。莲都区处州中学是浙江省足球定点学校、丽水市少体校布局学校，该校的男足、女足曾双双夺得浙江省足球锦标赛第一名。缙云县紫薇小学，孩子们通过欢乐的大课间足球特色活动，展示“快乐足球、阳光少年”的校园足球文化。景宁县民族小学以校本教材《爱上足球精彩无限》为载体，将足球文化作为学校的一大特色课程纳入其中，展现丽水市校园足球发展的新面貌。7月20日，丽水的校园足球节目在中央电视台体育频道播出。

浙江省第七届中小学生校园足球联赛（丽水赛区）　　朱军连　提供

【省级艺术赛事】 2015年，丽水市学生参加浙江省中小学生艺术节，共有25个综艺表演类作品获奖，其中莲都区天宁中学等8所学校获一等奖；青田县高湖镇小夏芳芳获省教师艺术论文一等奖；美术类有38件作品获奖，其中9人获一等奖。12月27日，丽水市10人入选省第四届“兰亭奖”中小学生书法大赛现场赛，蒋京燕、周怡玎、黄丽芝、王乐琪获一等奖，丽水市获优秀组织奖。组织参加第五届浙江省中小学教师中华经典诵读大赛，莲都区中山小学获小学组一等奖，市实验幼儿园教育集团获幼儿园组二等奖，缙云县新建中学获中学组三等奖。

【召开初中教育管理工作会议】 10月9—10日，市初中教育管理工作会议在云和召开，各县（市、区）教育局局长、分管副局长、教育（普教）科长、教研室主任、初中学科教研员、全市各初中校长等近300人参加会议。杭州市新世纪外国语学校校长滕梅芳、青田中学校长邓加富分别作学校课程建设和教育教学改革的专题讲座。丽水市教育局党委委员、市教育教学研究院院长柳小平作总结发言并就学校课程开发和建设提出十二条指导性意见和建议。会上，云和县、松阳等学校教研人员就教学质量管理、学校教学管理、学科教学改革、教研组管理等方面的内容作了交流发言。最后，市教育局局长何卫宁要求教育系统领导干部以身作则，做好服务。全市11所学校被评为2014学年初中教学质量管理“保优奖”，22所学校评被评为2014学年初中教学质量管理“进步奖”。（俞伟毅）

普通高中教育

【概况】 2015年，全市有普通高中22所（完全中学1所，高级中学19所，十二年一贯制2所）。全市普通高中毕业生数11605人，比2014年减少713人，招生数11251人，比2014年增加184人，在校生数33226人，比2014年减少1045人。普通高中总体规模有所减少，校均规模从1557人下降到1510人。普通高中专任教师2618人，高中专任教师学历合格率99.08%，高中专任教师研究生及以上学历7.22%，高中具有中高级职称专任教师2010人，占专任教师总数76.78%。初中毕业生升入高中段比例为97.1%，比2014年上升0.58个百分点。3月，出台《丽水市直普通高中内设机构及工作职能调整改革指导意见》。内设机构调整为：校务办公室、课程发展处、教师发展处、教学管理处、学生发展处、总务处。6月15日，出台《丽水市教育局关于在普通高中学校试行学段制的指导意见》。2015学年开始，丽水市普通高中试行学段制，试行一学年二学期四学段教学计划，普通高中学校在原有寒假、暑假的基础上，增加秋假和春假，相应调整缩减暑假时间。

【特色示范高中创建】 2015年，全省第三批特色示范高中评选公布，全市有丽水中学、龙泉一中、松阳一中、云和中学、景宁中学5所普通高中学校入围。10月，经省教育厅组织专家评审、校长办学理念答辩，丽水中学、松阳一中被认定为省一级普通高中特色示范学校。丽水学院附属高级中学、丽水第二高级中学、缙云县壶镇中学为省二级普通高中特色示范学校。

【新高考首次选考考试】 10月30日—11月1日，举行2017年新高考选考，选考科目设思想政治、历史、地理、物理、化学、生物、技术（含信息技术和通用技术）7个科目，每名考生限考3门，俗称“7选3”。每科最多报考2次，成绩2年有效。首场选考考试在全市设9个考区、12个考点，市本级设丽水中学、丽水二中2个考点。全市参加报考高考选考科目考试368人，610科次，其中，选考地理科目学生274人，占选考科目人数74.45%；思想政治135人，历史107人，化学71人，物理22人，技术1人。 （林忠港）

中等职业教育

【概况】 2015年，全市中等职业教育学校18所。其中，普通中专3所，成人中专2所，职业高中13所。毕业生10336人，招生10827人，在校学生29898人，中职学校校均规模1661人，职业高中校均规模2135人。教职工2302人，其中，专任教师1935人，中职学校专任教师学历合格率96.59%，中职学校专任教师研究生及以上学历占6.3%，职业高中专任教师学历合格率96.24%。“双师型”专任教师占比为75.97%。就业率96.25%，对口就业率84.36%；中职单考单招报名1618人，录取人数1357人，录取率83.9%，中职毕业生中99%取得初中级以上技能等级证书。12月24日，省中职创新创业教研大组年会在松阳职业中专召开。2015年“省财政补助与职业教育发展挂钩考核”，缙云县获一等奖，青田县获二等奖，松阳县获三等奖。遂昌县入围国家级农村职业教育和成人教育示范县，缙云县职业中等专业学校通过国家级中等职业教育改革示范校验收，云和县中等职业技术学校通过省级中等职业教育改革示范校验收。省技能大赛上，全市中职学生获二等奖5个、三等奖15个；参加全省“人人技能赛”得727.55分，列全省总分第六名。中职学校“五年一贯制”“3+2”五年制和五年制学前教育专业升入高职段1035人，高职单考单招录取1359人，中高职人才一体化培养升学比例23.18%，比2014年提高3.4个百分点。

【中等职业教育专业结构调整】 2015年，实施中职专业结构调整，新增省级骨干专业3个、特色专业1个，省级德育基地2个、学生创业基地1个、校外实训基地1个。丽水职高汽车运用与维修、云和职技校轴承加工技术、松阳职业中专茶叶生产与加工、青田职技校服装设计与工艺和缙云职业中专电子商务等5个实训基地获省级实训基地，遂昌职业中专竹炭工艺产学研联合体获省级产学研联合体。全市获浙江省现代职业教育质量提升专项资金3256.2万元，获省中职教师素质提升补助352.5万元。云和职技校电子商务专业（木玩销售方向）和松阳职业中专电子技术应用专业为市级品牌专业，丽水护士学校（筹）护理专业（养生养老方向）为市特色专业。

【中职学校课程改革】 2015年，中职校启动以“选择性教育理念”课程改革，赋予学生有自主学习的选择权。全市开发各类校本课程300余门，其中省级立项、示范课程22门，丽水职高“三选三融三定”和缙云职业中专构建“三选六段”选择性课程体系，得到省厅的肯定。市教育局成立课程改革领导小组，制定《丽水市加快推进中等职业教育课程改革的实施意见》，明确中职课改规定。与财政部门联合发文《关于公布丽水市中等职业教育课程改革专业基地学校的通知》，引导全市课程改革，丽水职技院举办2期市级课改培训班，全市100余人参加培训。

【中职校现代学徒制试点】 9月1日，市教育局发文《丽水市教育局关于公布丽水市首批现代学徒制试点学校的通知》，确定丽水市职业高中、缙云县职业中专、龙泉市中等职业学校、云和县中等职业技术学校、青田县职业技术学校、遂昌县职业中等专业学校为全市首批现代学徒制试点学校。促进行业企业参与职业教育人才培养，推动职业教育体系和劳动就业体系互动发展，加快职业教育课程改革和招生制度改革，提升技术技能人才的培养能力和水平。

【市第十三届中职师生技能大赛】 11月22日，市第十三届中等职业学校师生技能大赛暨全省中等职业学校师生技能大赛选拔赛在丽水职业高中举行。本届大赛共有1022名选手参赛，其中学生1028人，教师104人。学生选手共参加13个专业、39个项目比赛，教师选手共参加2个专业、4个项目比赛。比赛设7个参赛点，分别为丽水市职业高级中学、青田县职业技术学校、龙泉市中等职业学校、缙云县工艺美术学校、松阳县职业中等专业学校、景宁县职业高级中学、丽水护士学校。比赛分理论与技能赛，全部赛事于11月22日结束。丽水市学生获二等奖5个、三等奖15个。 （余根良）

高等教育

【概况】 2015年，全市高等教育毕业生13592人，招生11737人，在校学生37614人。教职工1720人，其中，专任教师1241人，硕士学历及以上358人，本科学历864人，专科及以下19人，分别占专任教师总数28.85%、69.62%和1.53%。高等教育毛入学率49.57%，比上年提高8.55个百分点。

丽水学院设工程与设计学院、生态学院、教师教育学院、商学院、民族学院、医学与健康学院和继续教育学院、职业技术学院，42个本科专业；设经济学、法学、教育学、文学、理学、工学、农学、管理学、医学等学科门类。普通全日制在校生12872人，成人教育类学生9000余人。在职教职工1089人，其中，专任教师717人；副高及以上专业技术职务的专任教师373人，具有硕士及以上学位（学历）教师510人；国家“千人计划”入选者和浙江省“千人计划”入选者各1人；享受国务院特殊津贴1人，浙江省有突出贡献中青年专家1人，入选省“151人才工程”17人，省高校中青年学科带头人16人，省高校教学名师1人，省（高校）优秀教师1人。省级教学团队3个，民族学、生态学、口腔医学、机械设计及其自动化、应用数学获浙江省一流学科立项；省重点建设专业7个，省特色专业4个，省优势专业1个，省级精品课程15门。图书馆馆藏纸质图书152万册，期刊2000余种，电子图书64.3万册，拥有硕博论文278万余篇；建成数字化信息网络服务平台及各类实验（实训）室（中心）22个。学院获国家级项目13项，其中，国家自然基金项目8项，国家社科基金5项，省部级项目34项。学院本年引进博士22人，其中教授5人。加强人才培育工作，入选省“151人才工程”第三层次培养人员3人，入选市“138人才工程”第一层次培养人员1人、入选第二层次培养人员9人，被选聘为市首届首席专家3人。入围首批市“百名博士入百家企业人才引领计划”18名；与美国杰克逊维尔州立大学签署国际商务专业办学国际合作协议。经教育部审核批准，医学院护理学本科专业中外合作办学项目延长办学期限；全年接受各类国际留学生11人，在聘外籍文教专家11人；加大教师境外培养，全年13位中青年骨干教师赴世界著名高校访学。第二届全国励志成长成才优秀学生典型评选活动中，学生项海燕入选全国励志成长成才典型案例。暑期学生社会实践组团358支，参与人数3500余人。学校团委首次被团中央、全国学联授予“全国暑期社会实践优秀组织单位”称号。生态学院学生沈旭茜主持国家级大学生创新创业训练项目，在国际著名化学期刊《四面体快报》上发表学术论文；发挥大学生创业园作用，学院开设园孵化等项目14个。本年度学院获国家社科基金资助项目5项，项目经费达115万元，立项率为33.3%。其中，重点项目1项、青年项目1项、一般项目3项。《中国教育报》《浙江日报》等40余家媒体报道学校办学成果220余篇（次）。学校官方微信获全国高校微信公众号排行榜第二名。

丽水职业技术学院设环境工程、机电信息、财贸管理、人文艺术、继续教育五个分院，29个在招专业，全日制在校生7459人，成人教育在册学员3115人。在编教职工420人，专任教师367人，其中：正高职称25人、副高职称115人，硕、博士学位140人。

丽水电大全年招收本专科学生1571人，其中开放教育学生851人、远程教育学生720人。1786名本专科毕业生，其中，开放教育毕业生1124名，成人脱产班学生31人，远程教育毕业生593名，农民大学毕业生38名。教职工数59人，其中，教授3人，副教授（含副高职称）23人；博士学位1人，硕士学位20人。兼职教师30余人。丽水电大全年140篇新闻信息被各种媒体采用。其中，6篇为全国电大级，25篇为《丽水日报》等本地主流媒体采用。新闻宣传工作在全省电大系统考核中名列第二。

【丽水学院首个省重大科技专项重点农业项目通过验收】 6月7日，丽水学院承担首个省重大科技专项重点农业项目“杏鲍菇工厂化生产关键技术集成创新与示范”通过专家组验收。杏鲍菇优良菌种的筛选、液体菌种制备、工业化生产技术参数确立、瓶栽栽培工艺等关键技术研发取得拥有自主知识产权重大科研成果，获授权专利6项，其中，发明专利4项、实用新型专利2项。项目建立杏鲍菇工厂化生产HACCP体系，通过中国质量认证中心的认证，获HACCP体系认证证书。

【丽水学院教学成果】 6月22日，丽水学院化学工程与工艺专业博士副教授严国兵与美国德克萨斯大学奥斯汀分校学者共同完成有机化学研究成果被世界自然科学顶级学术期刊《Nature》录用。9月12日，首届全国高校数学微课程教学设计竞赛华东赛区评选结果。丽水学院数学系教师洪涛清《空间直角坐标系》获一等奖；金云娟的《柯西中值定理》、江雪娇的《贝叶斯公式》、杨征的《偏导数的定义》和项雪艳的《多项式逼近函数与泰勒公式》分别获二等奖。11月2日，省社科联公布省第十八届哲学

3 月 3 日，丽水学院男声合唱团在全国第四届大学生艺展中获一等奖　　朱军连　提供

社会科学优秀成果奖。丽水学院民族学院音乐系教师田中娟专著《艺术文化视野中的浙西南菇民山歌》（中国社会科学出版社出版）获省第十八届哲学社会科学基础理论研究类优秀成果二等奖。

【丽水学院创新创业成果】 10 月 12 日，教育部高等学校力学教学指导委员会力学基础课程教学指导分委员会、中国力学学会和周培源基金会共同主办“第十届全国周培源大学生力学竞赛”结果揭晓。丽水学院工程与设计学院参赛选手获全国三等奖 1 项，全省一等奖 1 项、全省三等奖 1 项。11 月 20 日，共青团中央、中国科协、教育部、全国学联共同主办第十四届“挑战杯”中航工业全国大学生课外学术科技作品竞赛终审决赛在广东工业大学举行。丽水学院选送参赛项目《青春陪伴、心暖生命——临终关怀志愿服务指导手册》获全国三等奖。

【丽水学院与阿里巴巴签约“百城千校”计划】 7 月 2 日，省政府和阿里巴巴联合举办 2015“百城千校、百万英才”全国跨境电商人才峰会在杭州举行。会上，丽水学院作为首批试点学校之一，与阿里巴巴签订跨境电商人才培训合作协议，正式成为阿里巴巴跨境电商人才培训合作院校，进一步促进丽水市跨境电子商务领域的长远发展。

【丽水学院建立首个省重点实验室】
12 月 7 日，丽水学院主持申报的“浙江省特色文创产品数字化设计与智能制造重点实验室”被认定为省级重点实验室，实现了丽水学院省级重点实验室“零”的突破，该实验室同时也是丽水市第一个省级重点实验室。实验室依托丽水学院机械工程、计算机应用、艺术设计等学科，主要研究数字化设计与 3D 打印技术、智能控制与装备自动化技术和清洁生产与节能降耗技术等三个方向。开展特色文创产品数字化设计制造及其智能装备研究，为浙江省特色文创产业发展创新驱动和转型升级提供技术支撑。

【民族学院首个汉语和中国文化研修班举行】 12 月 24 日，丽水学院民族学院学校 11B105 室举行韩国留学生首个汉语和中国文化研修班。韩国留学生及湖南大学各专业 12 名本科学生在学校民族学院参加为期一个月的汉语和中国文化研修。民族学院整合校内资源，设计以汉语为主、中国文化为辅的研修内容，课程包括交际汉语、太极拳、中国画、汉语歌曲学唱、中华茶艺、龙泉青瓷陶艺、中华剪纸等。　（陈志烈）

【职业技术学院创新学生培养模式】
6 月，丽水职业技术学校承担面向丽水地区定向培养基层林技人员试点工作，首届录取林业技术专业定向考生 40 人，其中，男生 19 人，女生 21 人。12 月，省林业厅和市政府签署协议，决定对职业技术学院林业技术专业实行共建。通过加强专业建设、开展基层林技人才定向培养，以及实训基地、全省林业干部培训中心和科技创新平台的建设等，提高林业职业教育办学质量和水平。学院推进大学生创新创业教育，全年学生获省创新创业竞赛二等奖 2 项，三等奖 2 项，全省职业生涯规划大赛二等奖 3 项。

【“金扣子”育人工程】 2015 年，丽水职业技术学院在育人工作上设计五颗“扣子”。“金扣子”主要培养“理想信念、专业能力、人文素养、身心素质和创新精神”的育人工程。加强大学生思想政治教育，开展青春讲坛、爱心志愿活动，践行社会主义核心价值观教育。148 人在省大中小学师生时政知识竞赛中获奖。“我们是团员！我们一起过青年节！”主题教育活动入选全国高校共青团“四进四信”优秀项目。全年发放国家奖助学金 467.3 万元、学院奖学金 131.99 万元、各企业奖助学金 259 万元，共计 858.29 万元。　（单晓维）

【市现代远程教育学会成立大会】 11 月 12 日，丽水广播电视大学 2015 年现代远程教育学会年会暨丽水市现代远程教育学会成立大会在丽水电大举行。省电大党委委员、副校长眭宝良及市有关单位领导出席会议，丽水电大领导及各县（市）电大负责人及会员代表60多人参加会议。会议审议通过《丽水市现代远程教育学会章程》，并选举产生第一届理事会、理事。刘建荣当选第一届理事会会长。　（徐秀秀）

成人教育与民办教育

【概况】　2015年，全市社区学校172所，建校率100%。规划建设区域中心成技校44所，已建成省级标准化成技校36所。全市职成教学校社会培训333082人次（培训企业职工19771人次、退役士兵572人次、新型农民68487人次、家政培训12738人次、其它培训182283人次）。其中，中等职业学校利用学校师资、实训基地等优势，面向社会开展各类培训41559人次。取得职业资格证书27207人次，完成成人“双证制”教育培训3666人，农村预备劳动力培训2318人。2013—2015年全市脱盲120342人，完成扫盲任务216.05%，总文盲率从2010年8.13%下降到2015年2.44%。全市脱盲人口实现再就业1130人，占脱盲人数7.5%；脱盲人口家庭人均纯收入提高9.6%，超过同期农村居民人均纯收入0.5个百分点。全市民办学校432所，其中，幼儿园410所，小学3所，普通中学18所，中职1所。民办学校在校生76480人，其中在园幼儿52017人，小学10284人，中学12553人，中职1626人。民办学校教职工7762人，专任教师4467人，其中，幼儿园2938人，小学303人，中学1144人，中职82人。

【新增省级标准化成人文化技术学校11所】　2015年，全市新增省级标准化成技校11所，分别是莲都区大港头区域中心成人文化技术学校；青田县鹤城中心成人文化技术学校、温溪中心成人文化技术学校、山口中心成人文化技术学校、船寮中心成人文化技术学校、东源中心成人文化技术学校、腊口中心成人文化技术学校；缙云县新碧成人文化技术学校、大源镇成人文化技术学校；松阳县象溪中心成技校、大东坝中心成技校。

【社区教育活动】　2015年，新增遂昌县社区学院、缙云县社区学院和遂昌社区学院石练分院3所省级社区教育示范学校。建成遂昌县妙高街道中心成技校、缙云壶镇成技校和青田县职业技术学校3所省级新型农民培训基地。黄尚厚等100人被评为第二届“绿谷学习之星”。11月6日，以“发展全民终身学习　推进法治社会建设”为主题的2015年丽水市暨遂昌县全民终身学习活动周启动仪式在遂昌职业中专举行，60多人参加。全市开展“菜单式”农民双证制、“月嫂”、农民实用技术、再就业技能等培训。分别组织全市社区大学（学院）校长和社区教育骨干教师赴国家开放大学和浙江大学培训。与市绿谷职业技能培训学校联合建设丽水市首个家政服务培训基地。启动社区教育实验项目申报工作，6个项目被列为省级社区教育实验项目。开展国家育婴师培训、“美丽巧妇”手工技能培训、突发事件中自救与互救培训、禁毒教育师资远程培训等公益项目，全年组织各类培训33.3082万人次，其中，中等职业学校培训4.1559万人次，成人技术学校、社区学校培训29.1523万人次。

【民办文元高级中学开办】　2015年，市教育局与有关单位联合印发《丽水市社会力量举办的非营利性学校开展事业单位登记管理的暂行细则》。细则明确社办公益事业单位登记的范围和对象、原则和程序、登记后的政策待遇和日常监管等内容，建立统一登记管理工作总体框架。6月25日，市教育局批准设立民办公益性单位丽水市文元高级中学，租赁丽水第五中学（地址：莲都区联城街道周金村）校舍及教学设施、设备开办普通高中教育，共36个班级，明确学校为丽水市社会举办的非营利性学校，开展事业单位登记管理的试点学校。　（余根良）

教师队伍

【概况】　2015年，全市教育系统推进“绿谷名师”工程，评选市学科带头人146人、德育带头人21人、市教坛新秀154人、德育新秀31人。评选“丽水市农村教师突出贡献奖”10人；“丽水市教育年度人物”3人；“丽水市优秀教师”50人；“丽水市优秀教育工作者”50人。完成教师各类培训224万多学时，人均完成82.6培训学时，选派骨干教师900人参加国家级、省级及国外培训，教师通过平台自主选课23157人次，人均选课53学时。组织教师10人赴台湾考察学习，25人赴新加坡培训学习。推行教师、校长交流制度，1406人符合交流条件教师，交流到位343人；符合交流条件骨干教师214人，交流到位61人；符合交流条件校长43人，交流到位26人。小学全科教师计划申报扩大到7个县（市、区），招录70人作为培养对象。推荐省教育厅援疆“双语教师”3人，派遣新和二中和新和职高援疆教师8人。落实农村教师特岗津贴制度，全市4654人享受最低300元、最高1000元农村特岗教师津贴。7月15—21日，云和中学教师兰琴岳参加第四届“教育艺术杯”全国中小学语文课堂教学大赛，获高中组一等奖。12月，龙泉市教育研训中心、松阳县教师进修学校被评为浙江省“十二五”师干训先进集体，廖瑛、郑九亮等11人被评为浙江省“十二五”师训干训先进个人。

【AYC外教项目】 AYC外教项目是安生文教交流基金会于2012年在中美两国元首达成共识和美国“十万强计划”发起并成立的公益项目。基金会在美国一流大学中选拔优秀毕业生，作为“美国青年教学使者”派遣到中国提出申请的中小学校，开展为期一年的以英语听说为主的英语教学工作。省教育厅启动AYC项目，向丽水、衢州派遣教学使者31人，其中丽水16人，分别在丽水中学、丽水学院附中、丽水二中、丽水市实验学校、囿山小学；缙云中学，青田中学、松阳一中、遂昌中学等9所学校。 （罗建美）

【教师职称制度改革】 5月4日，市教育局与市人力资源和社会保障局联合发文《关于加强丽水市中小学专业技术岗位结构比例管理的通知》，确定新的丽水市中小学校专业技术岗位结构比例控制标准：高级岗按高中（中职）40%、初中30%、小学10%、幼儿园5%；中级按高中（中职）45%、初中55%、小学60%、幼儿园60%。在岗在聘的市级教学（德育）名师、学科（德育）带头人、省市教坛新秀、近两届省优质课一、二等奖和市优质课一等奖获得者实施面试免考机制。2015年，市高评委评审通过高级职称384人，指导各县（市、区）召开中级评委会，评审通过中级职称626人。 （蓝淑珍）

【中小学校务监督委员会】 2015年，全市公办中小学实现“校监会”建设全覆盖，建立校务监督委员会351个，校监会成员1235人，安排校监会规范化建设工作经费226.31万元。全市各“校监会”开展“三重一大”“三务”公开和常规监督事项2425项，受理师生、家长意见建议1916个，调查核实问题738个，提出建议意见1236条，化解矛盾纠纷280个，纠正不规范票据639张，拒付不合理开支12.77万元，核减不合理开支20.84万元，通报监督结果823个。市教育局群众信访量从2014年的223件降到139件，降幅37.7%。2月6日，市教育局在全省教育纪检监察工作交流会上作校监会建设专题发言；3月26日，全省教育系统党风廉政建设会议上，市教育局就校监会工作作典型发言，得到省教育厅肯定。5月19日，《中国教育报》以《浙江丽水聘请教师、家长和社会代表共同组成校监会—给中小学校添一双“监督眼”》为题，报道丽水市校监会建设工作。 （施海勇）

【市直“12345”青年教师成长计划】 2012年以来，市教育局推出青年教师快速成长“12345”行动计划，即“一年起好步、两年过好关、三年上台阶、四年展实力、五年显身手”形成“注重基础、定时定内容”系统化培养计划。全市青年教师391人参加市教坛新秀评比，185人获市教坛新秀称号，占评比教师总数47.3%，其中，市直学校青年教师获教坛新秀29人，通过率占参加评比教师61.7%，高于全市14.4个百分点。 （陈　敏）

【教师教科研成果工作】 9月，参加浙江省（2013—2014年度）教科研先进评比。莲都区教育局、庆元县教育局被评为浙江省（2013—2014年度）重视教科研先进单位，青田中学、遂昌中学、龙泉市东升教育集团三所学校被评为浙江省（2013—2014年度）教科研先进集体。应干和、刘必水等10人被评为省（2013—2014年度）教科研先进个人。10月，市教科规划办组织申报浙江省2014年度教育科学研究优秀成果奖评选，42项成果符合申报条件，评选出6项推荐参评，5项获奖，其中，青田中学邓加富《侨乡普通高中课程建设的探索与研究》、教师进修学校蒋海瓯《区域性名师工作室建设的实践与研究》获一等奖。11月3~6日，莲都区花园中学老师吕凯锋参加第四届全国初中信息技术优质课展技能比赛，获一等奖。

【教师一师一优课】 11月13日，省教育厅公布2014年度“一师一优课”优课名录，丽水市推荐优课139节入围并获省级优课，其中，87节入围国家级优课评选，55节获国家级优课。全市教师注册参加省“一师一优课”活动17232人，比例96%，参与率全省第一；全市教师完成晒课6028节，超出原先制定晒课任务数2190节，教师晒课比例30%，晒课率全省第三。

【市教科规划年度优秀成果】 11月，市教科规划办组织丽水市教育科学规划2014年度优秀成果评奖工作。全市251项成果参评，232项成果获奖，其中，重点类成果获一等奖9项，二等奖13项，三等奖21项；年度类成果获一等奖31项，二等奖53项，三等奖105项。老师蒋海瓯的《“名师工作室”高效运作策略与纵深发展趋向的研究》被立为全国教育科学“十二五”规划2015年度教育部重点课题。 （林忠港）

办学条件

【概况】 2015年，全市各级各类教育学校用地总面积1053.2353万平方米（幼儿园96.8521万平方米，特殊教育

4.4785万平方米、小学297.6151万平方米、初中269.4218万平方米、普通高中150.0411万平方米、中等职业教育130.7652万平方米、高等教育103.6615万平方米)。全市各级各类教育学校校舍总面积547.6660万平方米(幼儿园68.8571万平方米,特殊教育2.0304万平方米、小学147.0477万平方米、初中130.8203万平方米、普通高中78.1166万平方米、中等职业教育64.4235万平方米、高等教育56.3704万平方米)。全市教育经费总投入66.87亿元,比2014年的58.77亿元,增加8.1亿元,增长13.78%,按来源分:公共财政预算教育经费投入54.53亿元,占总投入81.55%,比2014年增加7.51亿元,增长15.96%。政府性基金预算投入1.72亿元,占总投入的2.57%,比2014年减少5427万元,降低24.02%。其他属于国家财政性教育经费投入120万元,占总投入0.02%。民办学校中举办者投入683万元,占总投入0.1%。社会捐赠经费510万元,占总投入0.08%。事业收入8.23亿元,占总投入12.3%,比2014年增加4664万元,增长6.01%。其他收入2.26亿元,占总投入3.38%,比2014年增加7908万元,增长53.65%。

【教育项目建设】 2015年,全市教育固定资产投资15.36亿元,比2014年增长46.1%。学校重点建设项目全面实施,全市15个教育项目列入市2015年重点建设项目,其中,市本级6个、龙泉市2个、青田县2个、莲都区、遂昌县、松阳县、庆元县、景宁县各1个,计划投资6.83亿元。各地围绕"加快进度、促进开工、强化保障"目标,推进重点项目建设,投资7.02亿元,占年度计划103.8%。落实"百日攻坚"活动,推进17个2015年政府性基本建设教育投资项目,丽水第五中学、丽水二中学生食堂等项目建设并投入使用;续建丽水中学教职工宿舍、市实验学校(初中部)体艺综合楼等项目。

【教育民生实事项目】 2015年,全市创建标准化学校242所,比例从2014年的67.57%提高到82.88%。改造义务教育薄弱学校工程建设,根据《丽水市义务教育薄弱学校基本办学条件改善工程建设计划》,2014—2015年,全市43所义务教育学校进行校园改扩建、学校整体迁建、校园环境改造、设备购置等实施,58个项目,投入4.78亿元,新建校舍建筑面积14.44万平方米。至年底,完工项目55个,投资4.12亿元,增加校舍建筑面积10.19万平方米。全市新建50所中小学校塑胶跑道,完成53所学校塑胶跑道运动场地建设,投资8382万元,中小学塑胶跑道比例83.33%。全市对未实施热水淋浴改造144所农村义务教育寄宿制学校进行改造,全市寄宿制学校热水淋浴100%,超额完成省定目标50%。

【编制"十三五"教育规划】 2015年,市教育局编制"十三五"教育发展规划。至年底,完成市教育事业发展"十三五"规划初稿。启动《丽水市区基础教育布局专项规划(2013—2030)》修编工作,9月11日,市乡规划局召开《丽水市区基础教育布局专项规划(2013—2030)》审查会,并报送市规划委员会审批。开展修编市直部分学校的校园总体规划,丽水学院附中和丽水二中校园总体规划通过市规划局论证。

【学生扶困助学】 2015年,全市资助家庭经济困难学生8万余人,筹集资助资金1亿余元,比2014年增加2793.71万元;中等职业教育学生免学费3万余人,免学费金额8079万余元;投入爱心营养餐资金5095万余元,比2014年增加849.1万元,惠及学生5万余人,推行营养餐菜谱周报制度和每日公示制度,接受社会监督;资助少数民族学生1万余人,投入补助资金295万余元;社会资助贫困生1余万人次,资助金额475万余元;服装、学习用品、图书等物资捐赠。春季学期,家庭经济困难学生营养餐补助标准由每生每年750元提高到1000元,景宁每生每年提高到1400元,青田每生每年提高到1200元;普通高中和中等职业学校国家助学金标准由每生每年1500元提高到2000元。

【省财政教育补助】 2015年,全市争取省财政补助经费10.5617亿元,其中,教育发展专项1.06亿元,学前教育奖补资金2661万元,中小学扶困助学专项8105万元,义务教育保障机制专项2.2775亿元,农村教师特岗津贴908万元,外来务工人员子女教育专项7253万元,基础教育办学条件改善专项资金1.22亿元,义务教育薄弱学校改造工程补助资金1.757亿元,支持市县民族教育发展专项资金3051万元,中等职业教育专项经费8417万元,高等教育专项经费9509万元,其他专项经费2564万元。争取省教育信息技术补助经费1212万元。其中,计算机教室项目26个、260万元,占全省15.3%;多媒体项目72套、115.2万元,占全省10.3%;高中创新实验室项目159.8万元、占全省4.7%;移动学习终端试点项目3312套、552.1万元,占全省27.6%;图书补助124.9万元。 (周 玲)

科 学 技 术

自然科学

【概况】 2015年，丽水市研究与试验发展经费投入13.01亿元，占生产总值1.18%。地方财政科技投入5.4488亿元(含省专项和上年结转)，比2014年(4.607亿元)增长18.27%。全年全市争取省级以上项目173个，资金7312.8万元。围绕市优势资源转换和优势产业发展，审核安排市级科技计划项目199个，市本级安排科技经费3230.45万元。获省级科学技术奖三等奖7项。评出2015年度丽水市科学技术进步奖32项。其中：一等奖4项、二等奖11项、三等奖17项；丽水市星火奖2项。 (李惠莲)

【农业科技】 2015年，龙泉市申报"龙泉农家乐特色村环境综合整治与示范"项目获省科技惠民计划立项支持，扶持经费200万元。遂昌县委组织部牵头组织实施"农村综合信息服务示范工程"和浙江讯唯网络发展有限公司牵头组织实施"丽水市生鲜农产品电子商务示范工程"项目获省科技厅农村信息化示范工程项目支持，各补助省财政经费200万元。全市争取省级公益性技术应用研究计划项目11项。申报下达省级特派员项目135个，扶持经费675万元。创建省级优秀科技特派员示范基地15个。开展重点研发项目设计，设计发布项目申报指南，对17个申报市级农业重点研发计划项目课题进行专家评审论证，确定9个项目立项扶持，财政经费补助240万元。28个申报市级医卫类重点研发计划项目课题进行项目立项专家评审，提出11个建议立项项目。开展省级农业科技企业创建工作，龙泉市浙江芳野食品有限公司和浙江九重天蛙业有限公司企业被认定为省级农业科技企业。 (吴彦勋)

【知识产权】 2015年，丽水市获国家知识产权局批复列为"国家知识产权试点城市"，试点时限自2015年11月—2018年11月，确定"轻型知识产权助推绿色崛起"特色主题。全市首获"中国专利奖"优秀奖一项，新增国家知识产权优势企业1家，省级专利示范企业6家，省级流通领域知识产权保护试点企业1家，市级知识产权示范企业25家。全市专利申请量和授权量分别为6148件和4348件，同比增幅45.55%和18.93%，其中，发明专利申请量和授权量分别为834件和280件，比2014年同期分别增长74.48%和76.1%，万人发明拥有量从2014年的2.26件提高到3.34件。强化知识产权保护工作，调处专利侵权纠纷案件688起，其中，电商领域案件648起；全市开展专利专项执法行动10次，查处假冒专利行为38起，新增专利行政执法上岗人员9名。 (谢冠鉴)

【科技活动周】 2015年，科技(科普)活动周开幕式暨送科技下乡服务活动在云和县举行，市科技局组织市科协、市发改委、市公安局、市科技信息中心及云和县等30余家单位通过设立展板、专家咨询、发放宣传单、有奖问答形式，为群众提供防震减灾、低碳环保、农林种植、医疗保健、食品药品安全等内容"科普大餐"。80多位专家学者参加活动，现场咨询1000余人次，发放各类宣传资料6000余份，解答各类技术问题180余个。 (林俊蕾)

【高新技术产业】 2015年，全市新认定国家高新技术企业29家，省级科技型中小企业83家，市级高新技术企业18家。申报国家火炬计划项目3项，验收国家创新基金项目9项，国家火炬计划项目1项，省级厅市会商项目2项，省级工业设计项目8项，市级科技项目18项。认定省级高新技术企业研发中心15家，浙江省嘉利车灯研究院等5家研究院被被认定为省级企业研究院，全市省级企业研究院14家(其中省级重点企业研究院4家)。获批丽水智能装备与机器人特色产业基地和龙泉汽车空调零部件特色产业基地等国家级火炬特色产业基地。抓好高新技术产业增加值工作，全年高新技术产业增加值绝对值90.01亿元，累计增长4.2%。做好高新技术企业研发费用加计扣除鉴定工作，全年受理15家企业高新技术领域鉴定申请52项。 （项金晶）

【科技合作】 2015年，开展校地合作，市委、市政府主要领导带队到清华大学、北京大学、浙江大学、武汉理工大学等高校院所开展校地合作座谈交流活动；邀请浙江师范大学、中科院亚热带林业研究所、丽水学院、丽水职业技术学院入驻丽水产业科技服务中心。全年围绕阀门、不锈钢、高端装备等行业举办产学研对接会15场，邀请入驻产业科技服务中心的大院名校在丽水市科技人才峰会上进行成果展示。通过对接活动，新增上网企业231家，为企业解决技术难题431个。全年促成科技合作项目307项，成交金额16238万元。 （吴王毅骏）

【科技服务工作】 2015年，走访企业752家次，征集技术难题336项，促成技术交易合同173项，金额1898.21万元。组织运用“三段六步法”产学研服务模式，召开分县分行业技术对接会15场次，直接服务企业和合作社184家次，征集难题143项，成功对接55项，成功率38.5%，并形成开发区泵阀行业技术提升调研报告。“三段六步法”产学研服务模式获省科技厅的肯定。接听“12330”热线电话63通；受理42起专利纠纷案件，调解专利纠纷32起，完成727起专利执法及假冒专利案件录入及报送；审核企业专利补助申请561件；开展“4·26”知识产权宣传活动周工作，为权利人印发“12330”宣传册3000册；召开开发区合成革行业和生物医药行业专利分析会2场，帮助28家规上无专利企业新申报专利81件，撰写开发区阀门行业专利分析报告1份。组织各类科技业务培训13场次，培训2600人次，发放企业需求调查表1150份，征集企业需求520个。直接为企业代理申报各类项目及实施《企业知识产权管理规范》25家次，组织科技成果鉴定、省级新产品鉴定及各类评审等7项。完成“丽水智能装备与机器人国家火炬计划特色产业基地”申报服务工作。 （吴庆燕）

【防震减灾工作】 2015年，市防震减灾工作在全国地市级防震减灾工作综合考核连续三年获优秀单位称号。市地震局获浙江省市县防震减灾工作综合评比第二名。完善全市地震监测台网，庆元、青田和云和地震台通过省地震局的整体验收；缙云烈度速报台完成设备安装，进入考核试运行；9月，龙泉烈度速报台开工建设；丽水GNSS地震监测台进入征地阶段。在省地震局组织的台站运行资料质量统评中，丽水市信息节点获所属学科第一名；松阳地震台的测震和强震测项分别获所属学科第一名和第二名；庆元和景宁的GNSS连续站获所属学科第三名。抗震设防管理有序开展。各县（市、区）开展科技系统地震应急演练，并结合当地财力配备地震应急装备。全市乡镇完成地震应急预案的修订工作，完善丽水市地震应急预案体系。景宁梧桐乡和松阳玉岩镇政府举办乡镇级地震应急预案桌面推演。加强防震减灾宣传，提高防震减灾意识，市本级及9个县（市、区）开展形式多样、内容丰富的防震减灾宣传活动。市本级开展知识竞赛、广场宣传、学校演练等活动，同时在公交电视、报刊亭宣传防震减灾知识，在大水门社区开展应急疏散演练。全年开展防震减灾宣传活动5场，发放宣传资料5000余份，播放公益宣传片1350次，播放防震减灾相关内容电影6场，2776人参加网上防震减灾知识竞赛。缙云组织中学生防震减灾科普知识竞赛、开展小学生防震减灾绘画比赛；龙泉开展送文艺下乡活动；青田在乡镇、社区开展送电影下乡等活动。新建青田江南实验小学和松阳第五中学科普示范学校。10月，印发《丽水市防震减灾科普教育基地申报认定和管理办

丽水地震局获2016年浙江省地震系统先进单位 王 燕 提供

法》，完善防震减灾科普教育基地管理制度。（王　燕）

【科技信息化建设】　2015年，丽水市网络图书馆拥有学术论文、电子图书、期刊、报纸、视频讲座、模拟考试系统、医学外文服务系统、有声读物等36个数据库，内容涵盖党政、经济、教育等领域，总容量60TB，新增网络图书馆网站点击量1400余万次。网上技术市场发布技术难题、人才需求、成果专利等各类供求信息1275余条，其中，技术难题431项、签约项目315项、成交金额1.61亿元。完成2015年度浙江网上技术市场工作先进市申报、推荐工作，丽水市获"网上技术市场工作先进市"称号。开展丽水科技信息网功能完善工作，"创新丽水科技信息服务平台"投入运行，开通"丽水科技"微信公众号，发布科技简报9期。全面建成"科技业务综合管理系统"，支持科技项目、科技奖励、专利申请资助、高新技术企业认定等10余项业务在线申报和管理，全年承担科技项目申报263项、科技奖励申请96项、专利资助申请582项、高新技术企业认定24项、科技型中小企业认定96项、知识产权示范企业认定及复核62项。完善知识产权服务平台，建成"丽水市中小企业知识产权管理系统"和"浙江省（丽水）知识产权维权援助中心"网站。（吴夏芝）

农业科学研究

【概况】　2015年，丽水市农业科学研究院（以下简称为"市农科院"）组织申报各类项目28项，到位各类科研经费735万元，开展各级各类在研项目69项，结题验收科研项目9项，获批丽水市首个中国博士后科学基金；现有农业部国家级综合试验站2个（食用菌、茶叶），科技部国家食用菌工程技术研究中心浙江省安全生产技术示范基地1个，国家自然科学基金依托单位（A）类1个；省级农业高科技园区1个，省级博士后科研工作站1个，市级科技创新团队4个（食用菌、茶叶、中药材、加工），引进高层次人才5人；2人在职攻读博士研究生、2人在职攻读硕士研究生；1人入选市"138"人才第一层次培养人员，5人入选市"138"人才第二层次培养人员，2人入选市首批"首席专家"，8人入选市农业产业首席专家。在省级以上专业期刊发表论文52篇，其中SCI论文8篇；出版《丽水豆类蔬菜》《茶叶加工》《叶类蔬菜生产配套技术手册》等专著9册；出版《丽水农业科技》四期6000册。"一种立面种植孔式三叶青种植方式""一种高山鸠坑红茶的生产工艺""一种炒烘联合干燥的功夫红茶生产工艺""一种低成本红茶方便调味包加工方法""一种夏暑红茶的生产工艺""一种高香原味金观音红茶脆片的生产方式""一种黑木耳母种培养基及其制备方法和提高黑木耳母种成活率的方法"等7项分获国家发明专利；"丽芸2号""丽秋3号"通过浙江省品种审定；申报市级地方标准3项。

【开展四季服务"两山"实践行动】　6月，市农科院启动"丽水市农科院四季服务'两山'实践行动"，发挥人才优势和技术优势，服务丽水现代精品农业发展，探索"绿水青山就是金山银山"的实践样板。开展四季服务"两山"实践行动和"四个双百"活动，其中，百名硕博驻百家，累计派出18名高层次人才入地进企；百名专家讲百课，举办各类技术培训班29期，培训2157人次；百个基地传百技，与地方政府、农业企业等主体合作共建示范基地59个，以各地现代园区为载体，共建核心示范基地416.7公顷；百项技术促百果，推广新技术、新产品、新工艺64项，与5个县（市、区）及2个企业开展科技合作，拓宽科技服务项目，基本实现为全市农业企业、农业专业合作社、家庭农场和农民提供一年四季、全天候、全方位的技术服务。光明网、浙江日报、农村信息报、丽水日报和丽水电视台等先后专题报道。

【服务丽水农业经济发展举措】　2015年，市农科院组织参加在杭州举办的

农博会智能农业馆　　尹仁福　提供

丽水生态精品农博会，推出智能农业馆吸引大量市民参观，获省、市各级领导的肯定；浙江新闻等多家媒体对智能农业馆进行报道。参与“化肥农药减量、生态农业增效暨农作物放心工程”活动，与市供销社签订“农作物放心工程——作物解决方案”农资技术服务战略合作框架协议，成立专家组，制订工作方案，开展为莲都区峰源乡、龙泉市屏南镇、松阳县玉岩镇等试点乡镇服务工作。

【启动固定科研基地建设工作】 2015年，市农科院比选确定松阳县赤寿乡楼塘村22.4公顷地块为固定科研用地，得到市政府和松阳县政府支持，基地按照绿色化生产、产业化经营、多功能融合、产学研一体、园区化建设的总体要求，打造“农科教一体化基地”和“茶乡特色小镇”。

【建立农科教社会实践基地】 2015年，市农科院与浙江大学农业与生物技术学院签约共建研究生教学社会实践基地，与浙江工业大学药学院签订合作协议书，共同开展丽水道地畲药开发利用及人才培养；与丽水学院生态学院初步达成农科教合作意向，与嘉兴市农科院签署《嘉兴市农科院和丽水市农科院推进山海协作、深化科技合作协议书》，双方就水稻、食用菌等各自优势产业进行互补性合作研究。 （尹仁福）

林业科学研究

【市林科院再获中国梁希林业科学技术奖】 2015年，丽水市林业科学研究院（以下简称为“市林科院”）完成“浙西南夏秋季菜用竹笋高效栽培关键技术研究与推广”成果获梁希林业科学技术奖三等奖、市科学技术进步奖一等奖。“浙西南特色中药材产业提升关键技术研究与示范”成果获省科技进步奖三等奖，得到国内同行的肯定。“主要珍贵树种容器育苗技术集成与推广”项目获中央林业科技推广示范资金资助，省重点项目“浙西南美丽林相改造关键技术研究与示范”入库。新增主持成果获各类科技奖励8项，其中梁希林业科技三等奖1项、省科学技术三等奖2项、省科技兴林一等奖1项、市科技进步奖5项。新增科技项目13项，合同经费460万元；新增发明专利2项，实用新型专利5项；起草地方标准5个；出版专著5部，发表论文23篇，在一级期刊发表论文5篇，SCI收录3篇。

【市科技示范基地被列入首批国家林下经济示范基地】 2015年，市林科院在庆元县亿康农林科技有限公司和缙云县绿野笋业专业合作社建立2个示范基地被列入首批国家林下经济示范基地。提出将锥栗林下种植多花黄精、竹林竹荪复合经营、铁皮石斛仿生栽培3个模式列入全省“一亩山万元钱”三年行动计划，作为十大林业科技创新模式在全省推广。新建科技示范基地6个，总面积30.67公顷；先后审定、认定省级林木良种5个；先后赴省内外参加学术交流会25次，组织科技培训12次，主讲9次，受训人员950人次。

【市林科院新增市级以上人才荣誉称号13个】 2015年，市林科院新增市级以上人才荣誉称号13个，正式被批准设立省级企业博士后工作站试点，引进博士1人，选派5人参加全市首批“百名博士入百家企业”人才引领计划到企业挂职。设立丽水市首批“首席专家”岗位3个。采用“师傅带徒弟”形式，组建油茶香榧等人才帮带产业团队7个，创新基层林业科技推广和人才培养模式，深受基层林业技术人员好评。各团队成员先后进村入基地500余次、解决技术问题124个、开专题讲课116次、培训人数8456人次、发放资料数14568份、师徒对接次数286次、发表论文80篇、职称晋升6人。

【建设华东药用植物园】 2015年，市林科院研究提出华东区药用植物“植物展示区养护管理标准”“入园植物名录”“杜鹃花引种目录”“红果类主要植物名录”“可引进的国家保护类植物名录”等技术资料，为规划设计和PPP咨询提供参考。融入全国药用植物体系，在园1024条记录被列入国家药用植物园保护体系，与中国医科院药用植物研究所开展养生产品开发、药用植物迁地保护等方面合作。植物园保障性苗圃一期建成投入使用，中标入选省级珍贵彩色树种调控容器苗培育项目定点单位。 （李泽建）

科技团体

【概况】 2015年，丽水市科学技术协会（以下简称“市科协”）下辖县（市、区）科协9个；市级学会（协会、研究会）45个、会员17649人，其中，高级职称的会员3211人；县级学会217个，企业科协、街道（社区）、乡镇科协215个，会员30896人；学生科协1个，会员210人。市科协围绕市委、市政府工作大局，推进学术创新、服务科技人才，提高全民科学素质，加强自身能力建设，推动科协事业的发展。“丽水科协网”发布信息395条，被市政府门户网站录用15条。与丽水电视台开办科普电视栏目《科学时刻—科普大篷车丽水版》，全年播放节目52期。与丽水广播电台“新农村频率”合作推出“科普之声”电台科普栏目，全年播放365期，更新156次。7月，开通“丽水科普”官方微信平台。

【院士专家工作站建设】 2015年，缙云县晨龙集团、莲都浙江不知慢运动服饰有限公司、浙江瑞丰环保科技股份有限公司、浙江康恩贝中药有限公司、云和县人民医院、松阳县莱福特酒业有限公司等单位新建“院士专家工作站”。浙江利民化工有限公司院士专家工作站被认定第六批“浙江省院士专家工作站”。全市建立22家市级院士专家工作站，其中，5家被认定省级院士专家工作站，引进院士23人。何鸣元、刘昌孝、孙汉董等院士先后到丽水，为企业或产业发展把脉问诊，破解企业技术瓶颈，拓展院士专家工作站功能。院士孙汉董、刘昌孝帮助浙江维康药业有限公司解决银黄滴丸的适应证范围、药物作用、药效机理等技术难题。龙泉市依托龙泉市产业创新服务中心院士专家工作站，浙江省汽车空调标技委落户龙泉。庆元县依托院士李玉专家工作站，建立食用菌行业李玉奖励基金。

【举办第八届浙江中西部科技论坛】 9—12月，由丽水市科协、金华市科协、衢州市科协共同主办的第八届浙江中西部科技论坛在丽水举行。论坛主题为“创新驱动 绿色发展”，论坛设主论坛1个，分论坛16个，金、丽、衢三市2000多名科技工作者参加论坛。10月20日，主论坛邀请中国工程院陈剑平院士作《“新常态”下农业可持续增长动力挖掘与落实》的主旨报告，报告中结合丽水生态农业精品工程，在理顺体制、整合资源方面提出建设性意见，这对丽水市乃至浙江省生态农业的发展都具有积极的指导意义。

【举办丽水科学讲坛】 2015年，市科协举办“心理健康与健康管理”“疾病预防与妇幼保健知识”“合理营养、促进健康系列专题报告”“护理质量管理学术论坛”“药品规范生产和合理使用讲坛”“结核病防治知识大讲堂”“丽水医学学术及新进展系列”七期50个分期讲坛活动。《儿童眼保健》分论坛邀请儿保科专家为学生家长讲解儿童眼睛保健等方面知识，让儿童视力异常在敏感期或最佳期得到纠正，社会、学校、家长共同关注儿童的视力，做好儿童眼保健工作。各期讲坛内容可在丽水市科协网站科学讲坛专栏上查阅、学习、交流。

【实施重点学术科普项目】 2015年，市科协资助各学会，完成“工业4.0开启智能制造新时代”“征集丽水市民间中草药单验方”“智慧农业与物联网——理论、实践与展望”“浙产‘三叶青’产业发展学术与科普活动”“畲医药学术交流会暨丽水市畲族医药研究会成立十周年系列活动”“心理健康管理学术交流活动”6个重点学术项目和“‘生态丽水·绿色环保’科普活动”“合理与安全用药科普宣传活动”等10项重点科普活动。

【软课题项目研究】 2015年，市科协开展“多模式行政查房在医院行政管理中的实践研究”“构建《绿色食品生产与检验》实训教学体系培养技能型人才”“丽水市山区空巢老人心理健康管理现状与对策”“浙江省欠发达地区居民食品安全认知与购买行为研究—以丽水市为例”“建立在校学生性知识及艾滋病预防的健康教育模式”“中学生普及预防结核病知识模式的研究”“ERG理论下的医疗科技人才激励机制与人才流失的关系研究及路向探索——基于丽水市中医院的实证分析”“关于丽水市区空气监测网络的调查研究”“山区生态家庭农场量化经营规模研究”9个软课题项目研究。利用软课题研究成果，编印《科技工作者建议》4期，其中《关于职业院校专业设置要适应地方经济转型发展的建议》得到市长黄志平等领导批示。

【实施全民科学素质行动计划纲要】 2015年，调整《全民科学素质行动计划纲要》（以下简称“纲要”）实施工作办公室成员单位29家。协助市委办、市府办下发《2015年丽水市实施〈全民科学素质行动计划纲要〉工作方案》。开展全民科学素质纲要抽样调查工作，对全市9个县（市、区）115个村（社区），2000个样本进行调查。组织申报实施2015年度国家“科普惠农兴村计划”“科普益民计划”项目，全市4个项目获中国科协、财政部联合奖补资金65万元。

【开展主题科普活动】 5月，全市开展以“创新创业、科技惠民”为主题的2015年科技（科普）活动周，通过送科技下乡、专家咨询等形式，为群众举办“五水共治”、低碳节能、食品药品安全等“科普大餐”。9月，开展以“万众创新，拥抱智慧生活”为主题的2015年丽水市全国科普日暨“科技卫生文化”三下乡活动，组织有关部门及学（协）会在松阳县新兴镇开展科技咨询、健康讲座、医疗义诊、送科技到田间、科普文艺表演、“最强科学+”推广、“丽水科普”微信公众号关注有礼等活动。10月，遂昌县举办“五美遂昌、美丽生活”主题的反邪教文艺晚会。

【举办青少年科技活动】 2月6日，市科协组织市青少年科技创新大赛。全市206个项目参加比赛，评出一等

2 月 6 日，举办市青少年科技创新大赛　　钟碧红　提供

奖 31 个，二等奖 59 个，三等奖 99个。64 个项目被推荐参加第 29 届浙江省青少年科技创新大赛，其中获奖 47 个。丽水市 6 个项目被省创新大赛组委会推荐参加全国青少年科技创新大赛，其中获奖 2 个；市科协被评为全国优秀组织单位。10 月 11—17日，邀请 6 位中科院老科学家到莲都区等 7 个县（市、区）35 所学校，围绕航天航空、防震减灾、森林生态、卫星气象、科学精神等主题，开展 35 场巡回报告，听课人数 3 万人次。开展科普大篷车进乡镇校园活动，20 所学校 1 万余名中小学师生参与活动。市科协科普大篷车配合省政协六送下乡“走进基层、走进群众”活动月活动。

【科技人才培养】 2015 年，市科协对 25 位“绿谷新秀（丽水三宝）”人才进行届满考核，其中，8 人考核优秀、17 人考核合格。开展 2015 年度“绿谷新秀（丽水三宝）”评选工作，21 人入选。在浙江大学举办“丽水市创新 2020 拔尖人才（绿谷新秀）”培训班，全市 65 名拔尖人才、第二届“绿谷新秀”、绿谷新秀（丽水三宝）参加培训。举办青年科技人员知识产权能力提升培训班，全市 55 名青年科技人员参加培训。举办丽水市农村科技示范户培训班，49 位农村科技示范户参加培训。组织 56 人参加浙江农民大学农函大校区举办的培训班。（钟碧红）

社会科学

【概况】 2015 年，市社科联贯彻中共十八大、十八届四中全会和市委三届八次全会精神，开展社科研究、普及、管理，推进美丽城乡建设，打造生态旅游名城。1 月 16—17 日，召开全市社科联工作会议，总结交流 2014 年工作，部署 2015 年工作；商讨高校社科联与地方协同创新事宜。各县（市、区）社科联主席、专职副主席或秘书长，在丽院校社科联（科研处）负责人或骨干 30 人参加。4 月 30 日，市侵华日军细菌战受害者史料研究会成立并召开第一次代表大会。12 月 2 日，丽水电大现代远程教育学会更名为丽水市现代远程教育学会，并召开第一次代表大会。

【举办 2015 年丽水市社科普及周活动】 10 月 29 日，市社科联与遂昌县社科联联合举办的 2015 年丽水市社会科学普及周启动仪式暨大型广场咨询服务活动在遂昌县平昌广场举行，主题为“牢记新使命，续写新篇章”——社会科学助推“两富”“两美”“浙江建设”。各县（市、区）社科联、各院校社科联（科研处）、市级学会（协会、研究会）、市社科普及基地等 40 余家单位（学会）与遂昌县学会（协会、研究会）专家学者参与，开展医疗保健、安全防范、反短信诈骗、旅游推介、禁毒知识、环境保护等咨询服务。现场举行科普周文艺会演、社科知识有奖竞答等活动并发放《丽水市社科知识普及丛书》和《丽水人文大讲堂》等书籍，1000 余人参加“社科大餐”活动。

【承办“高铁时代与丽水生态旅游名城建设”论坛】 2014 年 12 月，市委书记王永康在丽水日报发表《交一份高铁时代的“丽水答卷”》署名文章，强调全市上下要珍惜机遇，抓好机遇，努力用“高铁速度”打造生态旅游名城。4 月，市社科联围绕“高铁时代与丽水生态旅游名城建设”主题拟定 16 个选题，面向全市开展征文和专项课题立项研究。截至 7 月 15 日，收到全市社科、旅游系统及院校专家学者撰写文章 60 余篇，组织专家评委评出一等奖、二等奖，将征文编印成册。11 月 27 日，与市旅委、丽水职技院举办“高铁时代与丽水生态旅游名城建设”论坛，获奖作者、各县（市、区）社科联、院校社科联（科研处）、县（市、区）旅委 300 多人参加。28 日，邀请浙江旅游职业学院资深教授张建融做客丽水人文大讲堂，主讲《高铁旅游，你准备好了吗》，500 多人参加。

【市第二十一次社科优秀成果评奖】 根据《丽水市社会科学优秀成果评奖办法》精神，市第二十一次（2013—2014 年度）社会科学优秀成果评奖 6

月2日开始，限评2013~2014年度在国内出版（包括内部出版，有临时书号）或发表（包括市级连续性内部资料出版物，有内部资料准印证）的社会科学研究成果，形式包括专著、编著、译著、科普读物、学术资料整理、工具书、教材、史志、论文集、论文、研究报告等。截至7月15日，收到各式申报成果269项，经市社会科学优秀成果评选委员会组织评定，《绿水青山就是金山银山——丽水市转型发展战略思路研究》等100项科研成果，被评为丽水市2013~2014年度社会科学优秀成果，其中一等奖10项、二等奖30项、三等奖60项。12月8日，市政府发文公布获奖结果并颁发奖金和证书。丽水学院田中娟的著作《艺术文化视野中的浙西南菇民山歌》获2015年省第十八届哲学社会科学优秀成果奖之基础理论研究类优秀成果二等奖。

【省级社科普及基地评估】 3~8月，省社科联有关专家对获“浙江省社科普及基地”称号2年以上的丽水市8家基地，通过听取汇报、培训辅导、实地考察、查看台账等方式，就组织领导、阵地建设、管理制度、科普活动、社会效益等五方面进行评估考核。9月15日，通报表彰丽水学院畲族文化艺术科普基地、丽水古堰画乡文化产业园区、庆元县香菇（廊桥）博物馆、云和县图书馆、遂昌汤显祖纪念馆、龙泉市青瓷博物馆等6家基地。

【丽水市纪念抗日战争胜利70周年研讨会召开】 8月26日，市社科联与云和县委宣传部、县社科联在云和县召开市纪念抗日战争胜利70周年研讨会，市、县有关领导，专家学者，各县（市、区）社科联负责人40人参加。市委常委、宣传部部长陈建波出席并讲话，会上举行“烽火岁月——抗战时期的丽水”赠书仪式，11位专家学者分别作“中国共产党领导下的丽水抗日运动”“丽水抗战遗址的故事”“丽水地区抗日救亡文化运动”“抗战省会在云和”“保卫省会云和的三大战役”“浙江铁工厂对抗战的贡献”“丽水地区抗战时期的损失”“细菌战对丽水的危害和影响”“日军侵略松阳暴行调查”“从日本史料看日军暴行”“云和抗战数据解读”等专题发言。会后，处州晚报刊登专家发言摘要。研讨结果除在《丽水研究》以抗战专辑形式刊出，被立为市社科联专项课题。同时，丽水人文大讲堂邀请华东师范大学著名历史学者冯筱才主讲《八年一梦：我们的抗战》专题。

【召开丽水市社会科学学会工作会议】 3月17日，市社科联在丽水召开2015年丽水市社会科学学会工作暨“坚定信念、与党同心”主题教育实践活动动员会，各县（市、区）社科联、各院校社科联（科研处），各学会（协会、研究会）76人参加。全市社科理论界部署“坚定信念、与党同心”主题教育实践活动，会议提出，加强对社科理论阵地的导向管理，强调学会“要讲党性、要强服务、要守规章”，省社科联社科团体处副处长黄获到会作学会工作辅导。

【召开丛书编纂工作座谈会】 4月27—28日，市社科联在龙泉市召开第七辑《丽水·瓯江文化丛书》和第三辑《丽水市社科知识普及丛书》编纂工作座谈会，组织专家学者对两套《丛书》写作提纲进行研究论证，各县（市、区）社科联负责人，第七辑《丽水·瓯江文化丛书》、第三辑《丽水市社科知识普及丛书》作者30人参加。期间考察龙泉青瓷小镇、浙大旧址、青瓷博物馆等社科普及基地。

【出版编纂《丽水·瓯江文化丛书》】 年底，第五辑《丽水·瓯江文化丛书》由浙江古籍出版社公开出版发行。《丛书》包括《瓯江古镇》《瓯江古堰》《瓯江水运》《瓯江源头》《瓯江女神》《瓯江故事》等内容。继续编纂第六辑、第七辑《丽水·瓯江文化丛书》，第七辑丛书，包括《刘基》《汤显祖》《卢镗》《张玉娘》《叶绍翁》《杜光庭》《何澹》《范成大》《吴三公》《陈言》等内容。市社科联先后完成处州历史文化、有形文物、民俗文化、瓯江文化、农耕文化等六个系列，组织专家学者进行名人研究，将“处州十大历史名人”研究纳入“丽水文化研究工程”之“名人研究部分”。

【全市社科普及基地创建工作培训会召开】 5月12日，市社科联在丽水召开迎接省级社科普及基地评估暨全市社科普及基地创建工作培训会，各县（市、区）社科联负责人，在丽院校社科联（科研处）负责人，市社科普及基地负责人50人参加。会议听取丽水古堰画乡文化产业园区、丽水电业局电力文化教育展示中心、丽水学院畲族文化艺术科普基地、遂昌汤显祖纪念馆、浙西南革命根据地纪念馆、中国庆元廊桥（香菇）博物馆、龙泉市博物馆、云和县图书馆等8家省级社科普及基地工作汇报。考评组组长、省社科联副巡视员周鹤鸣肯定丽水市各社科普及基地成绩。省社科联科普处处长郁兴超对全市34家市级社科普及基地进行如何发挥基地作用、加强基地建设作专题培训、辅导。

【申报社会科学系列课题】 2015年，市社会科学系列课题围绕“绿水青山就是金山银山”绿色化实践、推进美

2015年立项的国家、省系列课题目录

表30

课题编号（批准号）	立项课题名称	课题负责人	工作单位	最终成果形式	课题类别
15AJY004	我国区域自然资源生态补偿的机制、模式与政策保障体系研究	李国志	丽水学院	专著 研究报告	2015年国家社科基金年度项目
15BMZ026	畲族民间文献的历史人类学研究	施　强	丽水学院	专著	
15BMZ032	畲族古歌与畲族宗教科仪合化研究	洪　艳	丽水学院	专著	
15BMZ046	东南地区畲族女性学校教育研究	兰俏梅	丽水学院	专著	
15CJL027	经济增长视阈下的产业结构优化升级问题研究	张银银	丽水学院	专题论文集、研究报告	2015年国家社科基金青年项目
15NDJC060YB	畲族体育非物质文化遗产资源数据库建设研究	李晓明	丽水学院	论文	2015年省哲学社科规划课题，浙社科规(2015)3号
15NDJC061YB	法治浙江视域下基本公共文化服务均等化实现路径研究	梁立新	丽水学院	论文	
15NDJC062YB	浙江省权力清单制度建设及其运行机制研究	曹寄奴	丽水学院	论文	
15NDJC063YB	畲族契约多重文化价值研究——基于浙江畲族契约文书的考察	余厚洪	丽水学院	论文	
15NDFC256YB	丽水农家乐综合体创建中新乡土设计融入研究	张　洁	丽水学院	研究报告、论文	
15NDFC257YB	大学生法制信仰教育与实践研究	叶华松	丽水学院	论文	
15NDJC266YBM	面向企业员工的混合学习模式研究——以丽水企业为例	温　蕴	丽水广播电视大学	论文	
15NDJC267YBM	叶法善年谱	周伟华	丽水职业技术学院	专著	
15NDJC268YBM	浙江三地鼓词音乐形态的比较研究	余娜玮	丽水职业技术学院	专著	
15LLXC10YB	坚定不移走“绿水青山就是金山银山”的绿色生态发展道路	肖建中	丽水学院		2015年“习近平总书记‘绿水青山就是金山银山’重要思想研究”等理论宣传专项课题，浙社科规(2015)21号
6	“四个全面”视域下推进“两美”浙江建设的路径选择研究	兰凯军	丽水学院		
7	“四个全面”视域下“五水共治”的战略地位及其逻辑机理研究	吴地花	丽水职业技术学院		2015年省社科规划“高校思想政治工作”专项研究预立项课题，浙社科规(2015)20号
16	丽水扶贫改革试验进展评估与分析报告	周爱飞	丽水市委党校	研究报告	
2015Z005	宋代龙泉窑青瓷刻划纹饰绘录研究	吴新伟	丽水学院	论文	
2015Z006	浙江省欠发达地区教育治理体系和治理能力现代化研究	朱宇阳	丽水学院	论文	2015年省社科规划“浙江经济社会领域各项综合改革现状跟踪与突破深化研究”专项预立项课题，浙社科规(2015)7号
2015N027	古代婴戏图的文化内涵研究	黄卫霞	丽水学院	论文	
2015N028	基于“行知合一”的山区农村小学卓越教师培养模式和机制研究	陈旭峰	丽水学院	论文	
2015N029	列维纳斯教育哲学思想研究	张　桂	丽水学院	论文	2015年省社科联研究课题，浙社科联发(2015)10号
2015N030	新医改视角下浙江省基本药物制度的实施效果研究	颜淑蓉	丽水学院	研究报告	
2015N031	龙泉青瓷烧制技艺的虚拟重建及知识产权保护研究	李庆华	丽水学院	论文	
2015N032	艺术元素激活传统村落活力的对策研究——以松阳县沿坑岭头画家村为例	李跃亮	丽水职业技术学院	研究报告	
2015B020	地方高校舞蹈教学对民间艺术文化资源的整合研究——以畲族舞蹈研究为例	刘小霞	丽水学院	论文	
2015B021	农业产业组织体系创新与优化研究：以浙江为例	兰菊萍	丽水学院	论文	
2015B022	“月山春晚”之演出生态与合作进化研究	刘凯华	丽水职业技术学院	论文	
15ZD05	乐游乡村——乡村旅游经营实务	蔡敏华	丽水职业技术学院	读本	2015年省社科联社科普及课题，浙社科联发(2015)10号
15ND08	景宁土话——兼说些旧俗旧事	任一文	景宁畲族自治县	读本	
15ND09	互联网家庭理财读本	韩　敏	丽水职业技术学院	读本	
15ND11	跟着妈妈爱上植物	吴旭丽	青田县社科联	论文、著作	
15ZC03	你的音乐治疗师——教你用古典音乐治疗你的疾病	孙静秋	丽水学院	读本	

丽城乡建设、打造生态旅游名城、“法治丽水”建设、农村综合改革实践、打造瓯江文化品牌、践行社会主义核心价值观、“中国梦”理论大众化、加强党的建设等选题进行。6月3日，公布市社会科学重点委托课题10项（《丽水·瓯江文化丛书》“处州十大历史名人”系列）、第三辑《丽水市社科知识普及丛书》专项课题10项。9月3日，公布市纪念抗日战争胜利70周年研讨会专项课题12项，11月27日，公布“高铁时代与丽水生态旅游名城建设”论坛专项课题30项，12月4日，公布市社会科学研究课题96项，分A、B、C三类，12月15日，公布市宣传思想文化工作专项课题9项，对完成结题的137项历年立项的市级各类课题，做好建档工作。

【编辑出版《丽水研究》】 2015年，市社科联编辑出版《丽水研究》普刊6期，财政税务版6期，发表论文、研究报告约300篇。其中，有“绿水青山就是金山银山”“生态旅游名城建设”“弘扬核心价值观”“坚定信念、与党同心”“瓯江文化”“社科新秀论坛”等。与丽水网编辑部合作，完成《丽水研究》电子版2015年第1~6期及抗战特刊在丽水网刊出，得到内部报刊学会肯定。

【承办召开《丽水市绿色发展研究》调研座谈会】 5月11日，市政府与省社科联拟定《绿色化实践的丽水样本》作为第六次市院合作新课题。11月30日，在丽水召开市院合作课题《丽水市绿色发展研究》调研座谈会，市政府副市长林亮主持，市委宣传部、市社科联、市委政研室、市农办、丽水生态产业集聚区管委会等18个市直部门及莲都区有关负责人参加。座谈会对丽水坚定不移走“绿水青山就是金山银山”绿色生态发展之路的实践进行总结。会后，省社科院院长迟全华带领课题组专家一行赴丽水各县（市、区）开展调研。

【承办召开丽水市深化农村综合改革研讨会】 9月18日，市政府与省社科院联合举办的“丽水市深化农村综合改革研讨会”在杭州召开，对丽水农村综合改革进行总结和理论探究。国家林业局林改司司长刘拓、林改司综合处处长齐联，省委副秘书长、省委政研室主任、研究员李火林，省社科院院长迟全华及省级有关部门负责人，市直有关部门及云和县政府负责人参加。中国农村发展研究院教授丁关良及《深化农村综合改革的丽水样本》课题组成员出席研讨会。市委常委、宣传部长陈建波主持，市委副书记朱晨致辞，市政府副市长任淑女介绍丽水农村综合改革基本情况，省社科院课题组专家介绍课题调研情况，相关专家解读丽水市农村综合改革实践，省社科院院长迟全华讲话。市直有关部门及云和县政府负责人参加。中央驻浙部分新闻单位及省、市等媒体对研讨会进行现场报道。会后，主报告、研讨会发言及各地各部门的典型经验集结成册，出版《农村综合改革的丽水样本》专著。

【编写《丽水市社科知识普及丛书》】 2015年，市社科联组织市、县（市、区）社科联编纂第三辑《丽水市社科知识普及丛书》，分《人文丽水》《画乡莲都》《剑瓷龙泉》《世界青田》《童话云和》《养生庆元》《黄帝缙云》《五行遂昌》《田园松阳》《畲乡景宁》等10本。采用“百问百答”形式，介绍市、县（市、区）概况、风土人情、历史文化、休闲养生、社科阵地等，贴近群众日常生活。10月底，该丛书出版，并在市社科举行2015年市社科普周大型广场咨询服务活动现场向市民发放。

【举办丽水人文大小讲堂】 2015年，丽水人文大讲堂13期（72~84期）先后邀请董进宇、马学强、许骥、陈立群、张冰、张建融等16位国内、省内专家学者担任主讲嘉宾，主讲《让孩子爱上写作》《认知与情怀》《生命视角的家庭教育》《话说八百里瓯江》《“互联网+”时代的生活》《八年一梦：人民的抗战史》《高铁旅游，你准备好了吗》等主题。6月18日，正式申请注册“丽水人文大讲堂”微信公众号，关注者可通过手机微信客户端观看各期《丽水人文大讲堂》视频，查阅《丽水研究》刊物内容。在市政府南、北门放置“丽水人文大讲堂”微信公众号二维码宣传展板。编辑出版《丽水人文大讲堂》第三辑。全年举办丽水人文小讲堂100场，普及养生、教育、艺术等科学知识，扶持丽阳、朝阳、接官亭、大洋河等社区小讲堂常态化，重点扶持万象书院，全年资助50场讲课经费。小讲堂作为丽水人文大讲堂活动的延伸项目，打通了社科服务基层的“最后一公里”。

【筹建开通“丽水社科网”】 6月，由丽水网提供技术支持，筹备建设丽水社科网，初步搭建网页框架，设“社科管理、社科研究、社科普及”板块。10月，丽水社科网开通运行，为全市社科活动交流共享提供网络服务平台。

【印发《丽水市社会科学重点研究基地管理办法》】 4月8日，市社科联制定《丽水市社会科学重点研究基地管理办法》，推动全市7家社会科学重点研究基地建设，规范基地管理，提高基地效率，保证基地建设达到预期目标，市社科联与基地所在单位共同承担基地管理责任。（杨金花）

文　化

综　述

【概况】 2015年，丽水市送文艺演出活动下乡1532场，送书下乡16万余册次，送电影下乡26518场，文化会亲156场。其中，市区全年送戏158场、送书5930册、送电影1680场、微平台看戏“双百活动”12次。全市587个村自办“乡村春晚”，举办全市乡村文化艺术节、原创歌曲大赛、原创舞蹈大赛、原创小戏小品大赛，开展唱村歌、跳村舞、行村礼、演村戏四个系列农民文艺精品展演。丽水大剧院引进国内外精品剧目演出47场，开展“百姓大舞台”公益演出10场。2个项目通过第二批省级公共文化服务体系示范项目创建验收并获省政府命名表彰，1个项目入选第三批省级公共文化服务体系示范创建项目，5个镇被评为省级文化强镇。命名表彰19个市级文化强镇（乡、街道）、60名市级首批五星级优秀管理员。

创作景宁音乐剧《畲娘》、缙云婺剧《县令李阳冰》、反映里东救援抢险歌曲《最美的手》，启动松阳越剧《张玉娘》、遂昌音乐剧《平昌遗爱》等创作。10月23—25日，由浙江省文化厅主办，松阳县政府和浙江省文化馆承办2015浙江省文化礼堂乡村排舞大赛在松阳县举行，丽水市获金牌4枚、银牌4枚、铜牌3枚。3位书法家作品入选全国第十一届书法篆刻展览。作家流泉组诗《晚风吹》获全国首届大观文学奖。参加浙江省第十四届音乐新作演唱（奏）大赛，歌曲《江南莲花谣》获创作金兰花奖，《夫妻》获创作银兰花奖，《绿谷风吹》获创作兰花奖。

开展“丽水十大城市文化标志性建筑”评选，及全市十佳古民居、十佳廊桥、十大文化庆典、十佳民间节庆等4项“十佳”系列评选。举办丽水“5•18”国际博物馆日活动、2015年“文化遗产日”为民服务活动和丽水市纪念抗战胜利70周年影像图片（文物史料）展。松阳县被国家文物局列为全国唯一传统村落保护利用试验区。10个项目入选全省56个传统戏剧非遗项目保护名录。缙云县、松阳县玉岩镇、景宁县英川镇英川村入选第二批省传统戏剧之乡。缙云县壶镇镇金竹村、松阳县望松街道吴弄村被评为第三批省非遗旅游景区民俗文化旅游村。景宁和青田确定为全市首批“非遗名师带徒”示范点。举办全市首届婺剧进校园优秀剧目展演、2015全市提线木偶戏展演活动。

全市2760个行政村实现农村应急广播体系行政村全覆盖，全市建成96个农村固定放映点。完成全国“两会”、“9•3”大阅兵、国庆等7个重要保障期和4个重要节日安全播出工作，每天实时监测广电节目总量191套，全年安全监测无事故。

市文广出版局被评为全国“扫黄打非”先进单位和全省“扫黄打非”先进单位、全省文化市场执法管理优秀

文化墙　　梅益蔚　提供

单位。组团参展第10届中国(义乌)文化产品交易会,获展会优秀组织一等奖。市文物监察支队入选2014年度全省文物执法监察工作成绩显著单位,市文化馆被省文化厅评为2015年度文化馆干部"六个一"活动先进集体,市图书馆获第十一届浙江省未成年人读书节节组织奖和"两会"信息服务工作优秀服务奖。龙泉宝剑生产工艺传承基地(浙江龙泉市宝剑厂有限公司)入选2015年度国家级特色文化产业重点项目,浙江郑氏刀剑有限公司、浙江木玩动漫文化有限公司等2家企业被列为2015—2016年度浙江省文化出口重点企业。

新下放审批事项15项,市本级保留权力事项209项。行政审批制度改革围绕"公开、便民、高效"要求,推进"网上审批",市级审批事项在线办理率从6%提高到100%。

完成市政府"十三五"前期重大课题《丽水市公共文化服务体系建设思路与对策研究》调查研究。将全市文化发展"十三五"规划编制工作列入重要日程,依托省文化领域的专家团队开展"十三五"文化改革发展的形势、目标、任务、工程、项目、政策的研究,完成全市"十三五"文化发展规划初稿,并广泛征求各方意见,逐步修改完善。

公共文化服务

【文化示范创建工程】 2015年,开展国家级、省级文化示范创建申报,缙云、云和、遂昌、松阳等4个县的文化先进县创建工作受到省政府表彰,市本级"乡村春晚"、景宁县"五权圆梦"通过第二批省级公共文化服务体系示范项目创建验收并获省政府命名表彰,7月,丽水乡村春晚被列入第三批全国公共文化服务体系示范项目。10月,龙泉乡村漫游项目被省政府列为第三批全省公共文化服务体系示范项目,缙云县壶镇镇、龙泉市小梅镇、松阳县西屏街道、遂昌县石练镇、青田山口镇被评为省级文化强镇。全市19个镇(乡、街道)被市政府命名表彰为"市级文化强镇(乡、街道)"。

【文化机制建设】 2015年,根据国家、省公共文化服务标准化、均等化建设要求,全市启动"1+9+X"模式公共文化服务机制研究,市本级制定下发《丽水市创建国家公共文化服务体系示范项目实施计划》,成立创建领导小组,9个县(市、区)出台相应的县级公共文化服务标准和协调机制,完善缙云"婺剧嘉年华"、松阳文化志愿者"文化圆梦大使"等公共文化个性化服务标准。建立全市公共文化服务城乡联动机制,制定印发《丽水市公共文化服务城乡联动暨"四个一"结对帮扶工作方案》。按照省委省政府公共文化服务重点市县建设要求,推进莲都、遂昌、庆元等3个省公共文化服务重点县(区)建设。

【拓展社会化文化服务】 2015年,市文广出版局引进社会力量参与公共文化建设,开展绿谷大舞台购买社会化服务试点,18个社会文化团体22个项目参与竞标,14个团队14个项目入选,参与绿谷大舞台演出。启动第二轮购买社会服务,项目建设申报、适当资金扶持模式,推动全民阅读、公共文化特色乡镇、特色村落建设,编制政府购买社会文化产品服务项目库建设。完成政府采购,签订丽水大剧院第二轮委托经营管理合同,实现演出场次和档次双提高,降低政府补助价格,五年为政府节省资金500万元。开展"城墙书吧"试点建设,8月,省内第一家"城墙书吧"在南明门城楼开业,10月,改建老年人休闲书吧并开业。

【文化数字化建设】 2015年,以"互联网+"的形式,进行"文化订制"信息工程建设,全市形成"文化订制"信息网。依托丽水网的平台,完善"乡村春晚"数据库。市本级和4个县(市、区)建立文化工作微信公众平台,形成全市文广联盟微信集群,为市民提供便捷的公共文化服务信息。莲都区文化馆获全国数字文化馆试点单位资格,推进县一级数字文化服务建设。

【市美术馆开馆】 6月12日,市美术馆建成开馆,同时承办浙江省第十四届水彩、粉画展。市委常委、宣传部部长陈建波,省文联副主席马锋辉,省美术家协会副主席骆献跃,省水彩画家协会主席周崇涨,市文广出版局局长周一红等出席开馆仪式。市美术馆位于丽水大剧院地下一层,建筑面积1817平方米,其中,展厅1390平方米,办公区域427平方米。此次举办的浙江省第十四届水彩、粉画展,入展作品298件,学术奖作品20件,优秀奖作品30件;丽水市入选作品33件,其中优秀奖3件。

【"文化丽水"微信公众平台】 2月4日,"文化丽水"微信公众平台(微信号:whls0578)正式上线运行。市文广出版局推动传统媒体与新媒体融合。"文化丽水"微信公众平台具有信息发布和与群众互动功能,设置文化前沿、市县动态、文化经纬、品牌文化、括风瓯韵、美丽非遗、瓯江艺苑、资讯速览、便民信息等栏目,实时发布全市年度重点文化工作、市县文化动态信息、文化品牌建设、文化遗产保护举措、文化活动预告、文艺精品创作成果等信息,通过文字、图片、语音与读者全方位沟通,扩大信息交流与文化宣传服务。市民通过扫二维码，搜索微信公众号“文化丽水”或搜号码whls0578添加并订阅，向平台提出对有关文化工作的各种问题咨询，反映对文化服务的需求。（胡兴旺）

文艺精品创作

【外宣性文艺精品】 2015年，全国“群星奖”、“五个一”工程、“全国少数民族文艺会演”等重大奖项参展参赛作品创作生产。创作大型音乐剧《畲娘》，作为浙江省唯一剧目赴京参加2016年第五届全国少数民族文艺会演。缙云大型婺剧《县令李阳冰》成功首演，代表丽水市赴东阳、建德、金华、衢州巡演，并被评为全省首批民营文艺表演团体“优秀剧目”。松阳越剧《张玉娘》、遂昌音乐剧《平昌遗爱》等剧作启动创作。推进反映丽水风土人情和丽水精神的精品电视剧创作，开展前期摸底、踩点、采风工作，确认电视剧题材、编剧，并完成剧本大纲创作。创作反映里东救援抢险的歌曲《最美的手》。

【惠民性文艺精品】 1月，市文广出版局举办首届原创小戏小品大赛；5月—8月，举办“寻找丽水好声源”第二季全市歌手大赛；9月，举办丽水市纪念中国人民抗日战争暨世界反法西斯战争胜利70周年群众合唱大赛暨第三届丽水市合唱节；9月—12月，举办第八届乡村文化艺术节，在青田县、庆元县和缙云县举办三个片区比赛，缙云县代表队的《弦乐声声奏婺曲》和戏曲《阳河练兵》，遂昌县代表队的小组唱《淤弓，精彩如虹》，松阳县代表队的舞蹈《老家》获“特金奖”；12月，举办第二届原创舞蹈大赛、第十届原创歌曲大赛，同时各地开展唱村歌、跳村舞、行村礼、演村戏四个系列农民文艺精品展演。

文化遗产保护

【文化遗产保护传承】 2015年，市城规委审批通过《丽水市城市紫线规划》；通过初评《丽水历史文化名城保护规划》等4个规划，为开展保护历史文化名城提供依据。举办文化遗产保护宣传，5月17日，市文广出版局开展“5•18”国际博物馆日活动。内容包括《博物馆条例》等文物相关法律法规的宣传，义务鉴宝、解答咨询等为民服务活动，“我为新馆添风采”捐赠藏品图片展，市本级国有、非国有博物馆介绍展览等。6月13日，组织“六个一”系列活动庆祝第十个文化遗产日：一次文物为民服务，一个文化遗产保护图片展，一次博物馆生态之旅体验活动，一系列非遗节目展演，一项丽水市历史文化“十佳”系列评选活动。推进历史文化名城保护利用工作，提高全社会文化遗产保护意识。9月，与市档案局联合举办丽水市纪念抗战胜利70周年影像图片（文物史料）展。松阳县被国家文物局列为全国唯一传统村落保护利用试验区。

【可移动文物普查工作】 2015年，完成第一次可移动文物普查数据输入和初审工作，全市在全国第一次可移动文物信息登录平台注册并维护收藏单位账号47家；全市申报藏品总数33062件/套，登录藏品总数33081件/套。

【“丽水十大城市文化标志性建筑”评选活动】 3月，丽水日报社、市文化广电新闻出版局、市住房和城乡建设局联合开展“丽水十大城市文化标志性建筑”评选活动。各县（市、区）文物部门和广大读者推荐，评选活动专家委员会讨论，全市推荐48处标志性建筑中，确定20处候选建筑名单。4月21日，在南明门前组织“丽水十大城市文化标志性建筑”评选大型采访活动启动仪式，以一个候选建筑一个版面介绍的形式，将20处候选建筑展示给读者。6月2日，丽水十大城市文化标志性建筑评选组委会在第二次评委会议上根据网络和专家投票结果，确定并公布评选名单，处州府城墙、应星楼、黄帝祠宇、咏归桥、延庆寺塔、留槎阁、孔庙、鞍山书院、巾山和厦河双塔、华严塔等入选丽水十大城市文化标志性建筑。

丽水城市地标——南明湖畔应星楼　　胡雪峰　提供

【文物保护工程】 2月，谭宅文物保护工程完成并实现住户回迁；10月，启动省级文保单位处州府城行春门城墙保护修复工程。完成全国重点文保单位三岩寺摩崖石刻环境整治工程及富岭齐村粮仓群、青林村古门楼、处州中学三好楼等市级文保单位（点）维修工程。在国家重点工程金温铁路扩能改造工程和330国道塔下隧道改造工程穿越省级文保单位厦河塔建设控制地带时，服从国家经济建设要求，采取科学措施，保护文物安全，推进重点工程建设。开展市区双渠弄、接官亭建筑工地古墓抢救性清理工作；指导青田县腊口镇古墓葬发掘清理工作。推进全国重点文保单位和省级文保单位"四有"工作，其中全国重点文保单位南明山摩崖题刻、省级文保单位吕步坑窑遗址和巾山塔"四有"记录档案通过省文物局审查。

【"非遗"保护传承】 2015年，开展传统戏剧保护工作，全市10个项目列入全省56个传统戏剧非遗项目保护名录。缙云县、松阳县玉岩镇、景宁县英川镇英川村入选第二批省传统戏剧之乡。完善非遗名录体系建设，开展全市第六批非物质文化遗产名录评审工作。挖掘整理非遗资源，编写出版《非遗印记——丽水非遗传承人口述文史》。制定《全市非遗传承基地考核办法》。加强非遗传承人保护，举办"非遗名师带徒"系列活动，景宁和青田确定为全市首批"非遗名师带徒"示范点。促进非遗与旅游融合发展，缙云县壶镇镇金竹村、松阳县望松街道吴弄村被评为第三批省非遗旅游景区民俗文化旅游村。

【"非遗"宣传月】 2015年，市文广出版局下发《"生态丽水 美丽非遗"丽水市2015年非遗宣传活动月实施方案》，开展系列非遗宣传活动。5—6月，开展丽水市首届婺剧进校园、"戏剧角"民间婺剧折子戏展演、木偶戏展演、木偶戏培训、非遗走亲、"名师寻徒"网络寻访结对带徒后续服务及宣传、"生态丽水 美丽非遗"——新闻媒体民俗体验绿谷行等系列活动，展示全市非物质文化遗产，提升群众的非物质文化遗产保护意识和理念。

【博物馆体系建设】 2015年，市文广出版局完成市博物馆新馆陈列展览工程，并向社会正式开放。市博物馆开馆期间举办"圆明园国宝展暨南北朝石刻佛像展"，展览期间接待10余万人次参观，平均日参观1万人次；接待各类预约团队80个3350人次。帮扶民办博物馆发展，完成景宁县民俗博物馆展览工程，指导景宁县晓琴畲族民间陈列馆布展方案修改。推进民办博物馆建设，通过"世界钟表文化中心"项目审议和土地评估；"瓯江文苑"项目已招募并完成9家拟办馆的藏品评审工作；完成《丽水市区民办博物馆布局规划》初稿，待市城规委审议。

广电事业

【广电宣传】 2015年，市文广出版局坚持节目评优与培训教育相结合，组织一线记者、编辑，听取评比老师对作品的点评和讲解，提升市、县两级播出机构节目质量。与丽水学院合作，对全市播出机构的节目、栏目开展视听评议工作，开展广播电视政府奖评比，评出获奖作品33件。

【广电行政管理机制】 5月，市文广出版局出台《丽水市文广出版局党组议广播电视安全播出专题会议制度》，规范安全播出管理，安全播出主体责任（播出机构）和监管责任（行政主管部门）。制定下发《关于加强和改进我市广播影视工作的若干意见》，明确行政主管部门、播出机构、网络公司三者不同责任担当和工作要求。在缙云县开展广播电视安全播出演练，增强各单位安全播出意识，提升安全播出应急处置能力。

【广电公共服务】 2015年，市文广出版局完成全市农村应急广播体系建设任务，实现行政村全覆盖。做好农村应急广播体系管理，完成《丽水市农村应急广播体系使用管理办法》起草，报市政府出台。推进农村电影放映工作，规划实施全市农村电影放映固定点建设，全市建成农村固定放映点96个。全市农村电影放映2.78万场次。做好农村电影放映场次向社会招投标试点工作，确定庆元县为试点县，并指导庆元县做好试点工作。

"扫黄打非"和文化市场管理

【"扫黄打非"工作】 2015年，市文广出版局完善综合协调、部门联动、考核督查等系列工作机制，推进"清源""净网""秋风""护苗"四大专项行动，守好文化安全和意识形态安全"底线"。市文广出版局被评为2015年全国和全省"扫黄打非"工作先进集体。协调办结全国督办"三色网"色情网站案件，2名犯罪嫌疑人被依法追究刑事责任；协调办结全省十大重点督办"蒋志武假记者（站）案"，案犯被判处有期徒刑两年半，该案被全国"扫黄打非"办列为全国"秋风2015"行动七大典型案例。妥善处置万地广场不雅视频事件，将社会负面影响降到最低程度，得到全国、省"扫黄打非"办肯定。协调破获网上传播淫秽色情物品刑事案件22起，收缴非法出版物3万余张，查处全市首个微领域方面的传播淫秽物品案件。

【文化市场监管】 2015年，市文广出版局开展"上网服务场所管理长效机制试点""上网服务行业转型升级试点"，全市确定20家转型升级试点场所。与陕西省铜川市建立文化市场综合执法对口交流协作结对关系，开展文化市场综合执法对口交流活动。开展文化市场"平安丽水"专项行动，全市文化市场行政处罚立案164件、办结161件、罚款61.9万元、没收违法物品3178件。全市文化执法巡查频率和案件办案力度两个指标全省第一。市文广出版局被评为全省文化市场综合行政执法考评优秀单位。

【文化产业推介】 2015年，组团参展"第十届义乌文交会"，66家企业参展，同比增长32%；展位数113个，同比增长74%；现场交易额150余万元，意向交易额350余万元；市文广出版局获展会组织一等奖；1家企业获义乌文交会十周年系列活动之"十佳企业"称号，4件文化精品获展会工艺美术奖。与北京保利博物馆联合在北京举办"石刻千年　万物永恒"青田石雕大师作品特展。鼓励各类文化企业、基地、园区争创国家和省级文化产业示范项目、基地、园区，助推文化产业转型升级。龙泉宝剑生产工艺传承基地入选2015年度国家级特色文化产业重点项目。青瓷、宝剑、石雕三个产业入选全省十大经典文化产业。浙江郑氏刀剑有限公司、浙江木玩动漫文化有限公司被列入全省文化出口重点企业名单。

世界知识产权日，开展侵权盗版及非法出版物集中销毁活动　　吴　海　提供

新闻出版

【农家书屋建设】 2015年，市文广出版局在全省率先创新推出农家书屋管理员评价机制，出台《丽水市农家书屋管理员评价指标(试行)》，转换评价角度，对书屋的评价变为对管理员的评价，评选全市首批五星级优秀管理员59名，促进农家书屋正常开放，新华网、人民网、中国新闻出版报等各级媒体作了报道。创新活动形式，首次与省新闻出版广电局共同举办全市农民主题演讲比赛；开展全市"我心目中的农家书屋"少儿绘画比赛和全市农民主题阅读征文比赛。组织参加全省"我的书屋·我的梦"农村少年儿童阅读征文活动，100篇获奖优秀作品中，丽水市占33篇。

【《报刊审读与管理》】 2015年，市文广出版局成立报刊审读小组，每月编发《报刊审读与管理》简报，传递上级精神，交流办报、办刊经验。全市选送2篇审读报告，市审读小组和1名审读员被评为优秀。创新开展全市首届内部报刊优秀采编评选活动，评选出全市十佳采编和优秀采编作品。　　（吴　海　兰钟倩）

文艺团体

【概况】 2015年，丽水市文学艺术界联合会(以下简称"市文联")，坚持"绿水青山就是金山银山"绿色生态发展理念，繁荣文艺精品创作，培育优秀文艺人才，全市18人入选"新荷"(文学艺术)、2人入选"新松"、3人入选"新峰"(视觉艺术)青年人才培养计划。10月12—14日，市委宣传部、市委党校、市文联举办全市文联系统干部培训班，80余人参加培训。至年底，全市国家级文艺家协会会员278名，省级1008名，市级3073名。其中，新增国家级会员19名、省级会员69名、市级会员241名。2015年，丽水木雕作品《百福如意》获中国民间文艺"山花奖"民间工艺美术作品奖，中国民间文艺"山花奖"是国家级民间文艺最高奖。

【创作采风系列活动】 2015年，市文联组织文艺开展“深入生活、扎根人民”“学、采、送、种”系列实践活动。邀请国内著名小说家、评论家与作者开展“一对一”结对采风活动；先后举办嘉兴·丽水“山海文艺协作”五周年视觉艺术成果展，选送280余幅书画、摄影作品展出；金丽衢三地油画联展，选送120余幅油画作品展出；参加法国巴比松油画作品丽水汇报展，选送50多幅油画作品展出。

【“一展一赛”活动】 2015丽水文学创作大赛（小说专题），3月，发布征稿启事，征集作品119篇，特邀国内5位著名作家、编辑成立评委组，评出长、中、短篇金奖2名、银奖6名，铜奖9名，优秀奖20名。2015丽水书画作品展，征集作品328件（幅），评出16件获奖作品。其中，书法、国画各8件，129件书画作品在丽水市美术馆展出。

【“中国梦想·美丽丽水”全国诗词大赛】 2015年，中华诗词学会和市政府主办，市文联承办“中国梦想·美丽丽水”全国诗词大赛。从2014年8月~2015年5月征稿，收到作品16145首（篇），36个省市自治区（包括港澳台）及6个国家部分华侨华人参赛。评出72首（篇）获奖作品，其中：一等奖2名、二等奖5名、三等奖15名、优秀奖50名。

【文化志愿者服务活动】 5月，市文联组织100多名文艺志愿者到社区及农村文化礼堂，开展摄影、村歌创作以及舞蹈培训等志愿服务活动。9—12月，成立32支志愿者服务小分队，对全市农村文化礼堂开展92项文化服务，其中，村歌创作辅导75首、送摄影（全家福、老人照）18个村、书法讲座3个村、广场舞集中培训一期（40个村）、送电影100余场、送表演18个村。

【“浙江画院走进丽水”创作采风活动】 2015年，“浙江画院走进丽水”活动于2013年启动，60多名画家先后4次到丽水田园、乡野、古村等，创作400多幅集中展现丽水的自然风光、人文景象、民俗风情及“五水共治”等作品，浙江日报专题刊登浙江画院采风作品展开幕——走进丽水描绘“五水共治”文章，介绍丽水市文联组织的“浙江画院走进丽水”创作成果。展出作品入编《走进丽水浙江画院采风集》画册，书号为ISBN 978-7-5340-4259-1，由浙江人民美术出版社出版，大开本、270页、定价300元，全国各地新华书店同步上架销售。

【《浙江作家》首刊“丽水文学作品专辑”】 9月，浙江省作协主办的刊物《浙江作家》首次刊发一期“丽水文学作品专辑”，发表作品小说5篇，诗歌13组，散文7篇，戏剧1篇。美术书法作品3件。

【丽水市文艺评论家协会成立】 3月15—18日，丽水市承办首届全国文艺评论家协会秘书长会议。来自全国省级文艺评论家协会的40余位秘书长参加会议，中国文联副主席、书记处书记夏潮出席会议并讲话。11月3日，市文联组织60位市文艺评论家会员召开第一次会员大会暨文艺评论家协会成立大会。按照《社会团体管理条例》议程，选举产生第一届理事会理事和第一届主席团，麻益兵当选主席。

【文艺创作成果】 2015年，全年各艺术门类在省级以上展赛、获奖、展演或期刊发表作品2087件，其中，国家级969件、省级1343件。文学作品全年在《诗刊》《青年文学》《当代小说》《扬子江诗刊》等省级以上文学刊物发表小说、诗歌等作品500余篇（首），北京联合出版公司出版发行长篇小说《最后的独立团》；美术作品入选全国第十一届书法篆刻作品展3件，篆刻获西泠印社国际篆刻选拔评审活动优秀奖（最高奖）1人，论文《沙孟海书学与实践在当前重视国学修养背景下的几点启示》入选沙孟海书学国际学术研讨会；戏剧作品市文联参与编创的大型音乐舞台剧《畲娘》，作为浙江省唯一剧目参加第五届全国少数民族会演，并将参加第11届中国艺术节。影视作品市文联参与畲族题材电影《山哈女友》的首映和《继承者》《爱·越山汇水》（暂名）丽水题材电视剧的创作。音舞作品合唱《天路》《畲乡三月三》分获全国第四届大学生艺术展合唱辅导一等奖、演唱声乐类金奖；歌词《幸福的早餐》获川音杯第十一届全国青年歌词创作大赛“优秀作品奖”。民间文艺作品木雕《精卫出海》获2015第五届中国（浙江）工艺美术精品博览会金奖1件、铜奖3件，并获中国根艺学会成立30周年精品展精品奖5件；民间传统体育项目《畲寨嬉锅》《采柿子》分获第十届全国少数民族运动会银奖。摄影作品《赛马》获“2015第五届全国农民摄影大展艺术类”金牌奖；《城市之痛》获第25届全国摄影艺术展览铜奖；《农家厨具》《真情》入选第25届全国摄影艺术展览；公安摄影家陈永峰获全国公安优秀摄影家称号。 （季晶晶）

体　　育

综　　述

【概况】　2015年，市体育局承办“清韵杯”全国业余围棋公开赛、全国体育传统项目学校田径联赛（南方赛区）、丽水国际轮滑公开赛暨海峡两岸及港澳地区轮滑邀请赛、首届中国大学生皮划艇名校赛和中国龙舟公开赛等五项国内外品牌赛事。提高体育创强覆盖面，开放体育场地设施，规范社团发展，举办群体赛事活动30余次。开展优秀体育项目创评活动，丽水市成功创建为“中国十佳运动休闲城市”。

2015年，丽水市运动员在国际、国内赛场为丽水获一系列荣誉：围棋选手柯洁夺得“百灵杯”“三星车险杯”“梦百合杯”世界围棋公开赛冠军，成为世界棋坛首位“90后”三冠王；4名运动员代表国家队参加意大利都灵举行的2015年轮滑世锦赛，获金牌2枚、银牌1枚；小轮车运动员吴迪欣获全国BMX锦标赛男子成年组个人冠军和男子成年组团体第一名，全国BMX冠军赛总决赛获个人总决赛第三名；海模运动员获2015年全国青少年航海模型锦标赛暨全国航海模型公开赛金牌4枚、银牌1枚；魏安康获2015年世界中学生田径比赛男子800米决赛和异程接力两个项目金牌；吴作城代表中国队参加2015年国际田联世界少年田径锦标赛女子撑杆跳高比赛夺得第八名。

群众体育

【体育创强工作】　2015年，创建省级体育强县（市、区）1个（青田县）、强县复评1个，省级体育强乡镇（街道）14个，小康体育村600个，职工体育俱乐部3个，社区体育俱乐部3个，农村体育俱乐部51个，老年体育活动中心9个，中心村全民健身广场1个，中心村体育休闲公园6个，全民健身中心1个，特色乡镇1个，现代化乡镇1个，青少年体育俱乐部1个，省级体育示范幼儿园1个，建设拆装式游泳池4个。

【体育场地设施开放】　2015年，开放现有公共体育场地设施，全市免费开放的场地：市体育中心篮球场、训练场、主体育场内场及二楼平台环道，低收费开放场地：市体育中心网球场和大洋路羽毛球馆。推进市区试点学校免费开放体育场地设施，落实首批开放学校管理人员经费和健身群众意外伤害保险费用，为试点学校统一保险并增派保安。全市38处公共体育场地设施均已免费或低收费向社会开放，全市符合开放条件的公办学校全部开放。

【群众体育赛事】　2015年，全市组织全市第五届老年运动会、全民健身日健步走活动、无车日骑行活动、青少年体育舞蹈锦标赛、健身气功站点联赛、绿谷之光科技大赛等全市性群体赛事活动30余次，同时组织参加全国国际跳棋特色学校比赛、浙江省少

2015全民健身日健步走活动　　李冠霖　提供

数民族运动会、浙江省生态运动会、浙江省海洋运动会等省级以上群体赛事活动30余次。

【体育社团建设】 2015年，经市体育局审批、市民政局注册成立市太极拳协会和市地掷球协会，主要职责是加强队伍建设，普及、推广太极拳和地掷球，组织各类培训和赛事活动。开展政府购买服务，将相关体育赛事落实给市围棋协会、市星球棋院等协会承办。

【体育人才培养】 2015年，全市成立市级体育协会组织22个，县级体育协会121个，体育协会组织实现乡镇、行政村全覆盖。全年组织举办一、二级社会体育指导员培训班四期，非奥运项目教练员、裁判员培训班四期，社会体育指导员信息录入工作培训班一期。参加国家级社会体育指导员培训班一期、浙江省国民体质监测初级培训班一期、中级培训班一期。培训各级社会体育指导员700余人，非奥运会项目教练员、裁判员及其他工作人员260余人，三级以上社会体育指导员7572人。

竞技体育

【体教结合工作】 7月15日，市政府印发《深化教体结合加强市少年儿童业余体育运动学校建设的实施意见》简称(《意见》)，2015年7月15日起施行，《意见》明确新周期的项目布局、规模及市少年儿童业余体育运动学校管理细则，完善少体校招生机制，逐步实现训练基地建设，拓展体教结合覆盖面。

【开展竞赛赛事活动】 2015年，市体育局举办田径、乒乓球、篮球、轮滑等10个大项的丽水市青少年锦标赛，参赛人数2000多人次。组队参加田径、游泳、跆拳道、篮球、赛艇、举重等项目的省青少年锦标赛(冠军赛)，有7个大项55人次在省级竞赛获冠军，篮球男子甲组获省锦标赛第一名，实现历史性的突破。达国家一级运动员技术等级标准19人，达国家二级运动员技术等级标准76人，达国家三级运动员技术等级标准42人。

【业务培训工作】 2015年，丽水市选派裁判员、教练员参加省级教练员培训和国家一级裁判员晋升培训。举办足球、篮球、田径三大项目教练员培训班，培训总人数160余人次。全年裁判员达国际级等级标准1人、达国家级标准5人、达一级裁判员标准6人、达二级裁判员标准277人。

体育产业

【开展体育养生活动】 3月，召开体养分会一届三次理事会，总结上年度体养工作，明确2015年体养工作，实施《体养行业服务管理规范》。组织四期2015年老年人生态休闲养生交流活动。举办2015中国•遂昌生态体育运动会——“智美杯”浙江自行车系列公开赛(总决赛)大柘茶园山地自行车越野赛和2015中国•遂昌生态体育运动会——大柘万亩茶园绿跑赛。

【体育发展资金扶持329.1万元】 2015年，丽水市5个项目入围省体育发展资金扶持项目库，其中，旅游景区运动休闲项目占比50%以上。省体育发展资金扶持龙泉留槎洲景区、青田生态乐园、松阳大木山茶园景区、云和仙宫湖景区、景宁云中大漈景区等景区运动休闲项目329.1万元。

【优秀体育项目创评】 10月，丽水市被评为“中国十佳运动休闲城市”。松阳县三都古村落登山健身步道被评为2015年省级运动休闲旅游优秀项目。龙泉山景区、松阳县大木山茶园和缙云县仙都景区获全省首批20个最美生态休闲健身点称号。

【体育彩票中大奖】 2015年，丽水市体育彩票中出100万以上大奖7个，头等奖金963万元，总销量为2.875亿元，总量比2014年同期增加3185万元，增幅12.46%。其中，实体店销量为2.5068亿元，同比增加5418万元，增幅达到22.36%。

2015中国•遂昌生态体育运动会——大柘万亩茶园绿跑赛　　李冠霖　提供

2015“丽水清韵杯”全国业余围棋公开赛　　李冠霖　提供

品牌赛事

【全国业余围棋公开赛】　3月9—13日，2015“丽水·清韵杯”全国业余围棋公开赛在丽水举行，由中国围棋协会、丽水市人民政府主办，丽水市体育局、丽水市围棋协会承办。赛事采取积分编排制，进行11轮比赛，全国各地92名选手参赛，其中，业余六段及以上排位的选手42名。录取个人前十二名给予奖励，前两名可授予业余六段，团体成绩前六名授予奖杯，另设浙江籍和丽水籍前五名奖金。

【全国体育传统项目学校田径联赛在丽水举行】　8月16—18日，由国家体育总局青少年体育司、教育部体育卫生与艺术教育司主办，中国田径协会、中国中学生体育协会承办，浙江省体育竞赛中心、丽水市体育局协办2015年全国体育传统项目学校田径联赛（南方赛区）在丽水举行，浙江、江苏、山东、湖南、重庆、云南等15个省（区、市）53所中学的561名运动员参加。丽水中学、缙云中学和缙云实验中学代表浙江参赛。

【丽水国际轮滑公开赛】　8月21—24日，2015丽水国际轮滑公开赛暨海峡两岸及港澳地区轮滑邀请赛在丽水举办。赛事由国家体育总局社会体育指导中心、浙江省体育局、丽水市人民政府、国轮滑协会主办，丽水市体育局承办。共设速度轮滑公路赛、单排轮滑球、花样轮滑、自由式轮滑、轮滑马拉松赛五大比赛项目，其中花样轮滑以及轮滑球项目是新增项目，23个国家和地区的533名运动员参赛。

【中国大学生皮划艇名校赛】　10月10—11日，2015首届中国大学生皮划艇名校赛在丽水举办。赛事由中国皮划艇协会、中国大学生体育协会、浙江省体育局和丽水市人民政府主办，浙江省船艇协会、丽水市体育局承办。来自浙江大学、中山大学、丽水学院等各大高校22支代表队的200名大学生运动员参赛。比赛设置6条航道，共计11个项目：男女单人、双人皮划艇直道200米、混合四人划艇直道200米、男女单人、双人皮划艇直道500米、混合四人划艇直道500米、5公里接力等。比赛采用淘汰制，除接力赛外，均分预赛、决赛两轮进行。丽水学院获团体第六名及体育道德风尚奖。

【中国龙舟公开赛】　10月17—18日，举办2015中国龙舟公开赛（浙江·丽水站）。赛事由国家体育总局社会体育指导中心、浙江省体育局、丽水市人民政府、中国龙舟协会主办，丽水市体育局承办。全国各地的16支代表队420余名运动员参赛，设公开22人龙舟200米、500米直道赛和5000米绕标赛。丽水学院龙舟队获200米直道赛和500米直道赛第五名、5000米绕标赛第八名，总成绩第五位。　（李冠霖）

2015首届中国大学生皮划艇名校赛比赛现场　　李冠霖　提供

报刊　广播　电视

综　　述

【概况】 2015年，全市新闻战线开展“坚守责任、弘扬正气”主题教育实践活动，结合“三严三实”和“学党章、守纪律、讲规矩”主题教育活动，抓好新闻从业人员的理论学习，提高队伍的思想素质。深化“最美丽水好人”宣传报道，重点推出云和农村信用社职工毛征伟、丽水市兴华羽绒制品有限公司法人代表陈金英、青田女民警吴军红、缙云县消防战士何奕良、庆元县江根乡年迈老人郑流日、松阳“好街坊”胡水荣、最孝姐弟张景芳、张裕康等一批丽水好人。

【主题宣传】 2015年，市级媒体重点开设《绿水青山就是金山银山》《聚焦整改落实》《“拥抱大交通、起飞新丽水”》《打好“五水共治”攻坚战》《“三改一拆”在行动》《电视问政》《最美丽水好人》等栏目，重点开展“抗战胜利70周年”“拥抱大交通、起飞新丽水”“丽水脚步　精彩故事”“六边三化三美”“三严三实”“美丽城乡　幸福丽水”“美丽经济”“创建全国文明城市”摄影节等重大主题宣传活动；推出2015市“两会”、市委三届九次全会、创业创新、文明旅游、全员轮训、禁毒、重点项目等集中报道；开展“梦想小镇”、尚仁村等集中采访宣传活动。

【里东大救援舆论引导】 “11·13”莲都区里东村山体滑坡灾害发生后，各媒体启动重大事件应急报道预案，对现场救援、救援进展等情况进行全面报道。救援期间，所有报纸加印送往救灾现场，及时传递信息和正能量；电视类媒体，打破常规，多方式多时段插播发里东救援信息；各媒体利用官方微博、微信、新闻客户端等新媒体平台，实时更新救援消息，发布救援动态。各媒体共计刊播原创报道900余篇，专版70余个，及时客观地反映救援进展情况。

【舆论监督】 2015年，《电视问政》以“六边三化三美”、治水治气、文明城市创建、重点工程等为主题，聚焦中心工作，全年播出节目12期，曝光问题106个，解决93个，13个问题在解决当中。问政直通车，全年点击量逾4745万人次，收到网民提问1164件，回复1164件，回复率100%。3月25日，开设舆论监督栏目《每周聚焦》，以“聚焦问题，推动进步”为定位，重点聚焦“五水共治”“三改一拆”等工作中存在的问题。全年播出节目40期，每期节目所涉问题都有落实整改和后续反馈。　（朱　云）

丽水日报社

【概况】 2015年，丽水日报社“两报一网”做好省、市两会，全市重点经济工作、丽水摄影节等宣传报道。开展“绿水青山就是金山银山”“五水共治”“生态与发展”“拥抱大交通、起飞新丽水”“聚焦整改落实”“六边三化三美”“美丽城乡　幸福丽水”等主题报道，开设《三严三实专题教育》专栏，聚焦党风党纪、作风建设等热点，及时报道各地践行“三严三实”情况。在全国文明城市创建的宣传报道中，两报一网均开设相应专栏，并利用新媒体矩阵宣传，发动网民互动，以实际行动助推丽水创建全国文明城市。深化“最美丽水好人”宣传，对18年悉心照顾85岁老人的青田女民警吴军红、手拎喷火的液化气罐冲出火场的缙云县消防大队战士何奕良、背着福建老太三小时走出迷途山林的庆元大爷郑流日等“平民英雄”进行宣传，《处州晚报》(以下简称《晚报》)根据“好邻居”命题，报道好邻居故事。做好新闻帮扶，《丽水日报》(以下简称《日报》)推出《关爱景宁“最孝姐弟”行动》系列报道，5个整版刊发专栏文章25篇，系列报道引起《人民日报》官微、央视、新华社等权威媒体关注，并为张怀纯一家募集到超过100

万元的善款。《晚报》成立“丽水帮帮团公益联盟”，定期开展社会公益活动，全年为困难群众筹集善款200万余元。策划新闻活动，《日报》推出《畅想2015上——明星心愿》《不让一个家庭掉队——消除4600新闻帮扶》《丽水记忆——纪念抗战胜利70周年》系列报道。《晚报》开展《丽水市“十大抗战遗址”评选》《为千名留守儿童圆微心愿》《丽水十大城市文化标志性建筑评选》《丽水好人一条街》等活动，丽水网策划推出《丽水网雷锋团》《“勿忘国耻·圆梦中华”祭奠英烈》等活动。获浙江省好新闻12个，其中，一等奖1个、二等奖6个、三等奖5个。丽水市好新闻77个，其中，一等奖14个、二等奖21个、三等奖23个、社会活动奖2个，好版面12个、好内参1件、好副刊2件、好论文2篇。新闻宣传获市委宣传部嘉奖2次。

全年经营总收入7091万元。两报广告全年发稿3800万元，平均广告信用指数98.54分。《日报》发行超6万份，《晚报》发行达预定目标，到款率99.9%。拓展物流快递配送业务，提高快递时效，全年物流配送营业额200万元。印刷厂保质、保量完成两报印刷任务。《日报》获全国报纸印刷评比优质奖。印刷厂申请获国家秘密载体印制资质，并完成绿色环境标志产品和ISO 9001质量管理体系认证的验收工作。

12月中旬，投资1.57亿元的丽水日报社迁建工程20层结顶。筹建报业传媒集团，成立筹建领导小组及办公室，起草组建报业传媒集团方案。丽水网实施虚拟化云平台建设项目，完成各应用系统到虚拟化系统的迁移，并通过FC-SAN专用光纤存储网络实现共享存储，增强数据安全。完成丽水网发布系统、论坛、问政直通车、手机版等网站平台的管理维护和升级工作。

开展业务培训，邀请浙江省摄影协会副主席裘志伟、市检察院犯罪预防处处长翁慧琳等做专题讲座，并派40余名采编骨干分批前往《嘉兴日报》《南湖晚报》《温州日报》等有针对性学习。

【里东大救援报道】 11月13日，莲都区里东村发生山体滑坡自然灾害，丽水日报社开展连续十个昼夜的报道工作，投入人员164人次。《日报》刊发专版52个，报道237篇，图片231张；《晚报》采写刊发报道196篇，图片178张，62个整版；丽水网和指尖丽水APP分别发布稿件743条和384条，阅读量10万人次；报社新媒体手机报、两报一网微信、官方微博等也实时更新发布消息，阅读量30万人次。制作H5两个，阅读量超37万人次。

【“问政直通车”开通四平台一通道】 2015年，丽水网全面打通“两微一端”，“指尖丽水”移动客户端、微信、微博、手机版共用“问政直通车”平台，网民可直接点击链接跳转发帖，对部门答复好落实快的典型案例进行微信推送。全年平台总点击量4784万人次，收到网民提问1165件，回复1165件，回复率100%。“问政直通车”听民声、解民忧、办实事，频获中新社、《浙江日报》等主流媒体点赞。

【宣传美丽城乡幸福新丽水】 2015年，“两报一网”围绕市委、市政府美丽城乡建设工作的总体部署，开展美丽城乡建设主题报道，依托《美丽城乡 幸福丽水》专栏，开展深入采访，报道丽水市贯彻落实省委“两美”决定，深化美丽城乡建设，倾力打造“美丽城市”“美丽县城”“美丽乡村”“特色小镇”等所取得进展成效和经验亮点，推出大量系列报道、评论言论和图文专版，全面展现丽水市推进美丽城乡、“绿富美”建设成果以及干部群众的良好精神风貌，为全市美丽城乡建设营造良好的舆论氛围。

【媒体融合发展】 2月，丽水日报社推出新闻移动客户端“指尖丽水”APP，拥有在线用户6.5万人次，日更新信息量120条，日阅读量10万人次，影响力与日俱增。设立新媒体中心，《日报》开设“丽水日报”“丽水民生新闻”“丽水时政”“丽水财经”微信号，《晚报》推出“6+1”微信矩阵，丽水网推出丽水网手机版、微信公众号、官方微

电视问政现场　　　　沈丽菲　提供

博等。各新媒体既分工发挥各自特色，又注重合作，形成合力。在里东大救援宣传中，报社新媒体团队24小时待命，不分昼夜地更新，第一时间发布救援信息，取得很好的宣传效果。

【《日报》《晚报》完成改版】 7月1日，《日报》完成改版，对报头、报眉重新设计，以清新、大气为主基调，各个版面总体风格统一。在报道内容上，寻找新闻亮点，见人见事见精神。12月，《晚报》启动第13次改版，对文摘版进行压缩，细化都市内容，强化"时评"，同时融合新媒体，办好晚报"6+1"微信矩阵和微博等新媒体平台，以更新的面貌和更高的质量服务广大读者。 （傅海亚）

广播电视

【概况】 丽水市广播电视总台（以下简称"总台"）在2014年度浙江省新闻奖和浙江省广播电视政府奖评选中，获奖作品22件。其中，《一河清水融亲情》《"遂昌模式"下的"平世界"》《缙云高潮村："抠门"首富村15年公务招待零支出》等7件作品获二等奖，15件获三等奖。总台党委书记、台长赵正发获浙江省第十一届飘萍奖。

深入开展"三严三实"专题教育、"学党章、守纪律、讲规矩"主题教育系列活动和"坚守责任、弘扬正气"主题教育实践活动。规范内部管理，完成办公用房清理整改工作，制定《进一步规范广告经营业务费使用的规定》《丽水市广播电视总台电视自办节目考核办法》等10余项规章制度。招收事业编制工作人员15人，被聘为各级专业技术职务49人，员工申报各类职称62人；对部分中层干部进行调整，其中副科提拔正科3人，提拔副科2人，任免总监助理1人；科级干部调整岗位2人，免职2人。聘请原央视四套总监杨刚毅为总台高级业务指导，邀请中国传媒大学教授高晓虹和浙江卫视副总监、高级编辑王水明到总台作业务讲座。

2015年，在广告经营方面，面对国内外宏观经济持续不景气、新媒体强烈冲击、新《广告法》规范管理等多种困难和挑战，总台继续实行市内广告分行业频道制、市外广告中心制，团结和凝聚全台力量，创新经营方法，全年实现广告创收6100万元。三个电视频道的无线市场份额为18.3%、有线市场份额为18.8%。

【重大主题宣传】 2015年，总台新闻宣传围绕市委、市政府中心工作，开展贯彻落实十八届四中和五中全会、省"两会"、市"两会"、党的群众路线教育实践活动——聚焦整改落实及"绿水青山就是金山银山""美丽城乡幸福丽水""六边三化三美""全国文明城市创建""金丽温高铁""五水共治""三改一拆""三严三实"专题教育"丽水脚步•精彩故事""纪念抗战70周年""2015丽水摄影节""最美丽水好人""重点项目攻坚大会战"等重大主题宣传。组织"绿水青山就是金山银山"主题报道500余篇、"五水共治"主题报道530余篇、"六边三化三美"主题报道270余篇、创建全国文明城市1800余篇。新闻内容丰富、角度新颖、形式多样，收到良好的宣传效果。特别是策划推出《绿水青山就是金山银山》《摘掉贫困帽 实现绿富美》《"六边三化三美"在行动》《坚决打好"五水共治"攻坚战》《全民共创全国文明城市》《走进高铁时代》《丽水抗战记忆》等重点报道。其中，美丽城乡建设宣传报道受到市委宣传部的通报嘉奖。

【突发事件报道】 11月13日夜，莲都区里东村发生重大山体滑坡灾害后，总台立即启动重大事件应急报道预案。总台统一调度，频道、频率及时跟进，第一时间发出"里东"大救援的声音。9个昼夜，频道、频率记者战斗在救援现场，采制大量现场新闻，通过连线报道、动态消息、新闻特写等形式，及时、全面、客观地反映救援的最新进展，有效引导社会舆论。根据市领导要求，连夜赶制专题片《里东大营救11•13——莲都区里东村山体滑坡救援纪实》，受到市委、市政府肯定。截至11月22日，广播电视共播出新闻报道324篇，专题片1个，99条微信推送+8条H5微信，总阅读量

里东救援群体获"浙江骄傲"称号 梅益蔚 提供

42万余次，向上级媒体报送稿件40余条。总台的“里东大救援”宣传和制作的专题片得到市委书记王永康批示表扬和市委宣传部通报嘉奖。此外，总台做好迎战第9号台风“灿鸿”、“9·7”南明化工厂爆炸起火等突发事件报道，有效引导舆论，体现主流媒体应有的社会担当。

【《每周聚焦》栏目】 3月25日，总台推出建设性舆论监督类栏目——《每周聚焦》。栏目主要围绕“五水共治”“六边三化三美”和“三改一拆”三大重要工作进行选题，以“聚焦问题，推动进步”为栏目定位。栏目记者深入各县(市、区)第一线，发现题材，挖掘题材，深入采访，以犀利的视角、生动的语言进行报道。每期节目送市主要领导和有关部门，并得到市主要领导批示和有关部门的大力支持。

打破播出惯例，把《每周聚焦》安排在三个频道的新闻栏目之后播出，播出频率高，收视效果好。总台各部门联动，全方位、立体式做好栏目的报道和反馈工作，让聚焦报道真正成为一把利剑，促进所报道问题的整改落实。通过每周一期坚持不懈的监督，推动一批事关社会发展、事关环境保护、事关群众民生的问题得以解决。

【对外宣传工作】 2015年，总台加大对外宣传力度，选调业务骨干专门负责外宣工作，电视外宣取得历史最好成绩。电视新闻综合频道获“2015年度全省新闻协作电视二等奖”，全年报送浙江卫视电视新闻248条，央视《新闻联播》4条，总分3300分，位列全省第五名。《丽水山体滑坡救援》特别直播及《补课“小作坊”安全隐患多》《给农药瓶找个家》《新闻特写：争分夺秒 与生命赛跑》等4个子项分别获“最佳项目协作奖”“最佳消息奖”“最佳调查报道奖”等专项奖。广播新闻综合频率全年用稿获“2015年度全省新闻协作广播三等奖”，全年用稿127条，总分6090分，位列全省第七名。总台选送的《青瓷墨韵展新姿》《月山人的春晚情结》《创意小舟山》等43部作品分别被中国黄河电视台和浙江电视台国际频道录用。

【新媒体发展】 2015年，总台各频道、频率融入新媒体，运用互联网思维，探索传统媒体“破茧化蝶”之路。《丽水新闻》《瓯江报道》《老白谈天》等栏目的微信观众规模进一步扩大，关注度显著提升。其中，《丽水新闻》微信用户超过16万人，根据中国新媒体第一站——“新榜”显示的数据排名，“丽水新闻”微信号列全国时政类新媒体第48位；《瓯江报道》对热点新闻精心制作，第一时间发布微信新闻，抢占微信发布先机；《老白谈天》利用微信平台，策划各类观众微信互动活动，提升影响力，阅读量和粉丝量明显增加；广播频率、电视报社加快对新媒体融合。总台推出的《云上5天 遇见美好》融媒体作品，阅读人次突破20万人次，成功为民宿“云上五天”筹建云上图书馆，开启市级媒体H5制作热潮。在市委宣传部举办的微信H5制作大赛上，总台作品获二等奖1个，三等奖2个。

【技术设备保障】 2015年，总台按计划完成2014年度的《中央广播节目无线覆盖工程设备设施更新改造项目》工作，对发射台供电系统的UPS电源、柴油发电机组、节传系统的设备以及电视墙、控制台、信号自动切换和监测设备进行更新，升级改造防雷系统和发射塔顶上避雷消雷器。项目通过省局专家组的验收；6月，开始实施《中央广播电视节目无线数字化覆盖工程》工作，完成丽水市二个数字化电视频道播出(播出12套中央节目和浙江省市自办3套节目)和“中国之声”频点试播中央4套广播节目CDR数字化节目；先后完成新闻直播车高清升级改造、630演播厅舞台彩幕安装和调试、广播现场直播设备飞行箱系统改装等技术改造工作；完成4个自办电视频道节目(共35040小时)、3个自办广播频率节目(共17518小时)的播控任务和4个电视频道(共24820小时)、5个调频广播频率以及(共30658小时)各县市调频覆盖点的转播和发射任务。圆满完成元旦、春节、省市“两会”、9号台风“灿鸿”、“抗战胜利纪念日”等重要安全播出期的保障任务。

【丽水华数数字电视发展】 2015年，丽水华数税前利润实际完成220万元，投资总额实际完成1101万元，基本视听收入实际完成1602万元，视频增值业务收入实际完成615万元，数据专线收入实际完成109万元；监控ICT项目新增合同实际完成277万元；数字电视大众用户数增量数实际完成629户；互动电视大众用户数增量数实际完成2738户；宽带大众用户数增量数实际完成3114户。

参与经信委“云智慧”演示厅项目，并跟踪民政局“96345”项目和全市公安联网项目。基本完成网络优化验收整改工作，工程验收合格送审共计13000户；优化城区网络，对市骨干传输网进行县市区属地维护工作；完成光纤入户工程的技术模式和样板工程成本测算；响应省公司一体化运营，配合完成物料统一管理系统和浙江华数统一呼叫系统的上线工作；完成本年度网络改造的图纸审核和配送信号工作，推进多画面监控项目、核心交换机扩容项目、EPON扩容项目等重点工作的完工。 （沈丽菲）

【丽水广播电视报发展】 2015年，《丽水广播电视报》以一贯的“家庭生活报”定位，精编《娱乐周刊》，加强《生活周刊》的策划采写，注重实用性、服务性、时效性。开设《关注》《纪事》《旅游》《原创》《情感》《美食》《悦读》《影像》《健康》《养生》《时讯》等版面，贴近生活，服务读者。设置特色专栏版面，《美食》版开辟“凌子写食”专栏，《纪事》版开辟“寻找最美家庭 讲述美丽故事”专栏，《原创》版开辟“诗生活”专栏等。

加强策划，开展“我与禁毒”有奖征文、“‘绿水青山 地税同行’图文征集大赛”、“我心中的最美”摄影大赛等活动。社区精神文明创建公益活动“社区私房菜大赛”，在社区掀起一波波高潮。

继续巩固与市邮政局的合作计划，签订报纸发行总协议，同时做好集团订报与散户订报结合。同时，发展小记者队伍，让报纸走进千家万户的同时，也走进大小校园。 （杨 波）

新闻团体

【概况】 2015年，丽水市新闻工作者协会（以下简称“市记协”）团体会员单位34家（市、县广播电视新闻出版局10家，市、县报纸11家，市、县广播电视10家，学院报1家，记者站2家）。全市新闻媒体32个，其中报纸14家（含县级内刊及丽水学院报、丽水广播电视报）；广播电视台10家，新闻网站10家。2015年，市记协组织新闻媒体开展新闻界“三项学习”教育活动，深化新闻界“走转改”活动，力求新闻创新。组织全市媒体开展“坚守责任 弘扬正气”主题教育活动。各新闻单位围绕主题开展多种形式的学习教育活动，并结合“三严三实”活动和“社会主义核心价值观”学习，召开专题研讨会。3月，市记协召开常务理事会，调整部分常务理事，增选李志伟、施龙有、胡建金为市记协副主席。9月，派出2名一线记者编辑参加浙江新闻界在杭州举行“好记者讲好故事·价值观的故事”演讲比赛，获优胜奖。

2015年，市记协组织媒体领导、采编骨干和新进采编人员参加省记协的各类培训活动，共20余人次参加“坚守责任弘扬正气”媒体新人培训、“媒体融合高级研修班”等3个批次的各类培训班。与丽水日报社联合聘请浙江省摄影家协会副主席、省记协新闻摄影工委秘书长、高级记者裘志伟，到丽水举办摄影知识讲座，来自全市新闻单位的180余人参加。

【开展年度新闻奖评选】 年初，开始评选2014年度丽水市新闻奖，与浙江新闻奖、中国新闻奖同期进行。2014年度丽水市获浙江新闻奖的作品共20件。其中，报纸作品8件、广播、电视作品7件、网络作品2件，新闻创新奖作品2件，媒体融合报道奖1件。其中丽水日报的作品《庆元六万山农甘愿为生态“搬家”》获浙江新闻奖一等奖。2014年度丽水市新闻奖评奖项目和标准与浙江新闻奖基本一致，报纸、广播、电视、网络和区域报分类进行评选。产生2014年度市新闻奖的获奖作品报纸、广播电视共151件，网络30件，区域报50件。

【举办市新闻界首届职工运动会】 11月29日，市记协和丽水日报社联合举办市新闻界首届职工运动会，开展田径项目和趣味健身项目的比赛，来自全市新闻界的12支代表队的120余人参加比赛，丰富新闻人的业余生活，增加各新闻单位间的交流和了解。

11月，市新闻界举办首届职工运动会 张茵茵 提供

【组织全市媒体异地采访活动】 5月，市记协和遂昌县委宣传部联合举办“奔跑遂昌 精彩故事”全市媒体异地采访活动。来自《丽水日报》、《处州晚报》、市广播电视总台，及丽水各县（市、区）主流媒体新闻记者齐聚遂昌，开展为期两个月的系列宣传报道及采风创作。5月8日，市直主流媒体共同授牌遂昌县高坪乡、大田村、长濂村、半岭村、车前村、坑口村、汤山头村、黄泥岭村为“践行‘两山’之路‘新乡旅’深度采访基地”，采访团深入好川村、大田村、姚埠村等地采访。期间全市各新闻单位共刊（播）不同体裁新闻近300篇，评出一等奖作品4件，二等奖作品6件，三等奖作品12件，鼓励奖作品120件。 （张茵茵）

卫生　红十字会

综　　述

【概况】 2015年，全市医疗卫生机构1725家，其中：医院52家，社区卫生服务中心（站）56家，卫生院187家，村卫生室881家，门诊部、诊所、卫生所、医务室500家，疾病预防控制中心9家，妇幼保健院（所、站）9家，采供血机构1家，卫生监督所（中心）10家，计划生育技术服务机构9家，其他卫生机构11家。全市病床位11957张。全市卫生系统在岗职工20847人、卫生技术人员17237人。其中：执业（助理）医师6815人、注册护士6577人。全市常住人口数213.90万人，每千人床位数、执业（助理）医师、注册护士数分别5.59张、3.19人、3.07人（全市户籍人口数266.38万人，全市每千人床位数、执业（助理）医师、注册护士数分别为4.49张、2.56人、2.47人）。全市三级甲等综合性医院2家，三级甲等中医医院1家，三级甲等专科医院1家；二级甲等综合性医院8家，二级甲等中医院5家，二级甲等妇幼保健院1家；二级乙等综合性医院2家，二级乙等中医院2家。

【居民健康状况】 2015年，全市孕产妇死亡率5.06/10万人（全省户籍人口孕产妇死亡率5.28/10万），五岁以下儿童死亡率4.70‰（全省5岁以下儿童死亡率4.65‰），婴儿死亡率3.13‰（全省婴儿死亡率2.79‰）；全市居民平均期望寿命79.37岁（男性77.24岁，女性81.96岁，全省平均78.22岁）。

【卫生事业投入13.91亿元】 2015年，全市卫生事业投入13.91亿元（其中：基本建设资金1.91亿元），增长44.78%，同期财政支出增长28.54%，卫生事业投入占财政支出比例4.98%，中医事业费占卫生事业费比例4.75%。全年市本级卫生事业投入增长33.92%，同期财政支出增长58.09%，卫生事业投入占同级财政支出比例5.53%，市本级中医事业费占卫生事业费比例7.86%。　　（应丽芬　杨　静）

医政管理

【市级公立医院综合改革】 2015年，市卫生计生委开展2013~2014年县级公立医院综合改革评估工作，对各县（市、区）政府公立医院综合改革意见配套文件制度制定、政策兑现落实情况等进行摸排，组织编印《丽水市2013—2014年县级公立医院综合改革工作评估报告》。召开市、县公立医院综合改革座谈会、运营情况通报点评会。会同市人力社保和市财政局印发《市级公立医院2014年度绩效考核情况通报》，并下发绩效考核补助资金。制定印发《2015年丽水市市级公立医院运营管理成效考核办法及指标》，组织对市级5家医院全面进行考核。

【社会资本办医】 2015年，市卫生计生委会同市编委办制订《丽水市社会力量举办的非营利性医院开展事业单位登记管理的暂行细则》，丽水仁济康复医院作为试点先行开展事业单位登记管理。联合市财政局制定《关于做好市本级民营医院发展扶持资金申报补助工作的通知》，对补助项目与标准、申报要求等方面作出明确要求，并下发补助资金80.9万元。全市民营医院31家、核定床位2336张，占全市医疗机构总床位数20.07%，其中，景宁县新增1家、云和县新增1家，市区新增1家。

【“双下沉，两提升”工作】 2015年，市卫生计生委推进“双下沉、两提升”工作，构建县级医院和省市医院深度合作模式、市级三级专科医院到基层办分院、县级医院与县以下医疗机构精准帮扶模式，形成“省县全面托管、重点托管或专科托管、战略合作和市县全面托管、对口帮扶”五种合作模式，合理引导优质医疗资源流向基层。全市17家县级公立医院均与省市医疗机构建立合作关系。出台《城市医生晋升职称前到基层服务实施细则(试行)》,各市级医院新晋中高级职称108人均按要求完成下基层服务任务,根据新颁布《浙江省医师多点执业实施办法》,制定《关于加强市本级医疗机构医师多点执业管理工作的通知》,全年全市备案多点执业医师82人。

【分级诊疗】 2015年,市卫生计生委制定《丽水市分级诊疗试点工作实施方案》,率先在龙泉、云和、松阳、景宁等县市开展分级诊疗试点,依托"医疗保险信息平台"完成"双向转诊系统"搭建和调试工作,5家市直医院与77家县(市)医疗机构启动分级诊疗试点。至年底,1071人通过转诊平台实现分级诊疗、双向转诊。

【医疗质量安全】 2015年,市卫生计生委落实改善医疗服务行动计划实施方案,作为提升医疗质量和服务水平重点内容,列入对各县(市、区)卫生计生局及市直医院综合目标考核内容。联合环保部门加强医疗废弃物集中收集处置工作,重点加强医疗机构医疗废弃物监督管理。联合市质监局开展全市医疗计量器具检查百日行动,涉及全市医疗机构1500余家,医疗机构自查计量器具12935台件。开展2015年度质控联合检查,推动医疗机构相关专业医疗质量改进。举办2015丽水市医疗质量与医疗安全论坛。

【卫生行政审批】 2015年,全市审批医疗广告44件。其中中医广告5件、西医广告39件。市本级受理医疗机构设置申请20家,发放医疗机构设置批准书20件,办理医疗机构执业许可证62件。其中,到期换证5家、新设置发证17家、变更40家,办理护士执业注册1171件、医师495件。做好第四轮医师定期考核管理工作,组织召开培训会,讲解定期考核信息登记管理系统具体操作及医师考核和注册时需注意事项。

【血液供应和安全】 2015年,全市无偿献血31562人次,同比上升8.9%,无偿献血量9553.6升,同比上升8.0%,临床用血量8898升,同比上升1.9%,无偿献血量占临床用血量107.4%,成分输血99.8%。扩大市血液质量控制中心规模,加强市血液质控中心的技术力量,组织举办"免疫血液学理论与技术"继教班,提升临床用血单位业务技术水平。开展传统佳节和主题节日献血宣传、与媒体合作大型联谊宣传、"我为七一献热血"等活动。

【医师资格考试】 2015年,丽水考点1383人网报参加全国医师资格考试,应参加实践技能考试1081人、考试合格730人、实践技能考试合格率67.5%。综合笔试合格人数479人,综合笔试合格率65.6%。全市医师资格考试总体合格率44.4%。 (范真熙)

中医药工作

【基层中医药服务】 2015年,全市100%社区卫生服务中心、90%乡镇卫生院设置中医科、中药房,78.26%社区卫生服务站、75.06%村卫生室提供中医药服务,基层中医药服务能力提升工程任务书各项指标。新增33家中医药参与社区卫生服务市级示范单位,择优确定10家乡镇卫生院(社区卫生服务中心)试点基层医疗卫生机构中医馆建设。制定《浙江省基层中医药适宜技术丽水基地建设方案》,成立省基层中医药适宜技术丽水基地领导小组及专家组,学习省中医药适宜技术推广培训视频,100余人参加培训。

【中医药特色服务】 2015年,市卫生计生委制定完善中医病历、中医护理及中医药药事质控中心质控标准。开展全市县级医院中医病历质控检查,举办中成药合理使用培训班,各级各类医疗机构临床医师、药师200余人参加培训。6家中医院实施临床路径管理,开展37个病种,总入径1518例。推出冬病夏治、中医体质辨识、冬季膏方节等中医特色服务。

【中医药人才培养】 2015年,丽水市开展市级名中医师带徒工作第一年年度考核,50人通过考核,其中优秀29人。举办中药炮制传承人才培训班,全市医疗机构、医药公司中药专业技术骨干人员70余人参加培训。举办首期中医护理骨干培训班,中医护理骨干150余人参加培训。青田县中医院张兆和入选全国基层名老中医药专家传承工作室建设项目专家名单,6人培养对象通过省第二批基层名中医年度考核。组织参加全国第二届基层中医方歌背诵竞赛,莲都区人民医院医师方斌彬代表浙江省参赛并入围全国10强。

【中医药文化宣传】 2015年,市卫生计生委与市老科协开展全市民间中草药单验方调查,收集中草药单验方273个。市中医院与市科协举办科学讲坛6期、录制"养生谈"节目35期,举办21期绿谷养生大讲堂,2000余人受益。联合市养生(养老)经济促进会药养分会举办养生与健康指导培训班,药养分会会员和来自全市医疗机构、社会养生保健机构的相关医务人员60余人参加培训。利用新壹周电视报开展丽水市中医药养生知识竞赛。

【畲医药工作】 12月9日，畲族医药研究会理事会暨丽水市畲族医药研究会成立十周年系列活动在景宁举行，会议回顾与总结丽水市的畲医药挖掘、保护、研究及成果，并对为畲医药工作做出突出贡献的18人进行表彰。开展科研合作和畲族医药研究，与中南民族大学、福州市中医院、广西壮医药研究院、宁德市医药研究所等单位交流经验。先后召开畲族药膳文化研讨会、畲药养生学术研讨会，探讨畲族药膳产业方式。获丽水市中青年专业技术拔尖人才1人，获丽水市首席专家1人。（张娜娜）

医教科研

【医学人才培养】 2015年，全市招录定向培养生184人。其中，面向农村社区岗位107人、县级医疗卫生机构77人。市直医疗卫生单位公开招聘入编131人；引进硕士生46人、“211工程”大学本科毕业生21人。全面推进住院医师规范化培训工作，启动国家级住院医师规范化培训基地，联合省级基地构成基地联合体运营模式。新招录住院医师、中医住院医师317人；结业考核238人，理论考试合格率94.12%；临床技能考核合格率92.86%。省卫生计生委下达基层卫技人员培养培训1751人次。其中，公共卫生人才培训110人，社区护士培训80人，基层复合型公卫人才培训8人，全科骨干师资培训9人，B超、检验、放射、心电图等医技岗位人员培训124人。委托市级医院为基层糖尿病防治骨干培训班、基层医疗机构护理质量管理培训班、基层卫生管理干部培训班、乡镇中心卫生院临床医师临床思维培训班等培训班30期，培训2480人。全市卫计系统入选省151人才工程第三层次3人，入选第二期省级医坛新秀8人，入选市级138人才工程第一层次1人、第二层次11人。

【卫生职称评审】 2015年，全市3143人参加初中级卫生专业技术资格考试和护士执业资格考试，初、中级各专业达到国家合格标准人员1312人（其中初级：士级为108人、师级为588人；中级为616人），护士执业资格合格人员共744人。根据《关于深化卫生专业技术职务评聘制度改革的意见（试行）》《关于卫生专业技术职务评聘制度改革有关具体事项的通知》文件精神，2015年起，市级医疗卫生计生单位人员卫生高级专业技术职务任职资格的申报评审工作由省里统一组织实施，市中评委向省高评委推荐。经市卫生中评委评审推荐123人参加省卫生高级职称评审，评审通过99人（其中正高39人，评审通过率84.8%、副高60人，评审通过率77.9%）。县及以下医疗卫生单位人员申报评审卫生高级专业技术职务任职资格工作，由市卫生计生委按规定统一组织实施。全市县级推荐委员会推荐上报279人，评审通过195人（其中，正高级58人、评审通过率69%；副高级137人、评审通过率70.3%）。

【医教科研】 2015年，丽水市获国家自然科学基金项目立项2项，浙江省公益性项目4项、省科技重大专项1项，省医药卫生科技项目14项；市级重点研发计划项目（第二批主动设计）医卫类项目11项，11个项目入围2015年“丽水市高层次人才培养资助项目”。获2015年省浙江省科技进步三等奖1项、省医药卫生科技奖项1项、市科学技术进步奖5项。继续实施《丽水市专业技术人才知识更新工程（2014—2020年）实施方案》，举办“全市继续医学教育项目管理培训会议”。2015年，继续医学教育国家级项目立项5项、省级15项、市级156项，培训2.2万人次，补助继续医学教育项目经费208万元，继续医学教育项目执行率100%，项目抽查率20%。中级及以上卫技人员继续医学教育达标率95%以上，初级卫技人员岗位培训合格率94.35%。（何丽俊）

基层卫生

【推进基本公共卫生服务项目】 2015年，丽水市人均基本公共卫生服务经费标准40元。编印《丽水市基本公共卫生服务项目管理文件汇编》，制定《丽水市基本公共卫生服务项目日常管理制度》，提升项目管理的规范化、标准化水平。至年底，建立规范化电子健康档案182.75万份，建档率87.81%；老年人管理23.82万人，管理率64.05%，高血压患者发现率达全人群8.56%，高血压患者管理率与规范管理率40%和62.77%；糖尿病患者发现率达全人群1.99%，糖尿病管理率与规范管理率34.03%和62.74%；重性精神疾病患者管理率和规范管理率46.40%和72.55%。新生儿访视率、儿童健康管理率、孕产妇早孕建册率、儿童预防接种率、传染病疫情及时报告率、突发公共卫生事件及时报告率、卫生监督协管信息报告率等指标达目标要求。

【城乡居民电子健康档案清理】 2015年，全市开展城乡居民电子健康档案清理规范工作，加强城乡居民电子健康档案管理，建立健全电子健康档案定期清理维护制度。健康档案清理工作纳入市卫生计生委对各县（市、区）卫生计生局年度综合目标考核。5—8月，开展并完成电子健康档案清理规范工作，9月底，市基本公共卫生服务项目管理办公室开展考核验收。全市删除不规范“死档”106837份，建立健全城乡居民电子健康档案1827522份，电子健康档案建档率87.81%。

【责任医生签约服务】 2015年，市卫生计生委组织全市基层医疗卫生机构负责人学习《浙江省人民政府办公厅关于推进责任医生签约服务工作的指导意见》，并到杭州市社区卫生服务中心参观学习责任医生签约服务工作经验。牵头起草《丽水市人民政府办公室关于推进责任医生签约服务工作的实施意见》，建立财政补助与签约服务数量和质量相挂钩的补偿方式，落实市本级责任医生签约服务费每人每年60元。全年全市开展签约服务基层医疗机构896个（其中，社区卫生服务中心27个、社区卫生服务站71个、乡镇卫生院176个、村卫生室662个），实现乡镇（街道）责任医生签约服务工作全覆盖；规范签约人数427529人，规范签约率16.28%。责任医生签约服务以60周岁及以上老年人、6周岁及以下儿童、孕产妇，高血压、糖尿病等慢性病人，残疾人（包括精神残疾患者）等“重点人群”对象为主，对签约居民提供基本医疗、基本公共卫生和个性化健康管理等服务。

【城乡居民健康体检】 2015年，全市城乡居民免费健康体检760904人。其中，60岁以上老年人体检222407人、老年人体检率58.30%；0~6岁儿童体检122807人、体检率84.30%；中小学生体检250325人、体检率为90.73%。体检结果异常人次276490人次。其中，高血压86237人次、糖尿病21103人次、高脂血症者66653人次、肝功能异常19436人次、肾功能异常23068人次、恶性肿瘤101人次。

【提升乡镇中心卫生院服务功能】 2015年，市卫生计生委积极培育乡镇区域医疗卫生服务中心，推进乡镇卫生院（社区卫生服务中心）标准化、规范化建设，全市基层医疗卫生机构基本配置B超、心电图、血球计数仪、尿分析仪等；配置DR或CR44台、配置救护车26辆。青田县将山口、腊口、东源等基层乡镇中心卫生院病房建设纳入县政府十件实事内容之一，开设床位50张并有效提供住院服务。莲都区、龙泉市、青田县、庆元县、缙云县和遂昌县的部分中心卫生院已恢复住院医疗服务功能。推进医学诊断共享中心建设，市中心医院在水阁卫生院建立医学影像诊断中心，遂昌县加大资金投入，对诊断中心进行扩容增点，医学影像中心实现中心卫生院全覆盖，心电诊断中心实现乡镇全覆盖，并建立县域病理诊断中心和消毒供应中心。松阳县、缙云县建立县域医学影像共享中心。缙云县建立临床检验中心，收集各乡镇卫生院标本送到县级医院统一检验，提高检验准确率和降低试剂成本。

【基层医疗技术能力培养】 9月7—11日，市卫生计生委在浙江医学高等专业学校举办全市基层卫生管理干部培训班，学习医改政策、管理知识，210人参加培训。依托市中心医院和市人民医院基层卫生指导专家组在各县（市、区）巡回开展基层医疗机构护理质量管理和基层糖尿病防治知识培训，每月1次，利用周六或周日时间，覆盖各县（市、区）。11月27—28日，在市人民医院临床技能培训中心举办基层医疗骨干临床诊断思维能力培训班，60人参加培训，提升基层医务人员服务水平和服务能力。

【基层医疗特色服务建设】 2015年，市卫生计生委指导乡镇卫生院（社区卫生服务中心）分类、差异化发展，加强乡镇卫生院（社区卫生服务中心）急诊能力建设。莲都区岩泉社区卫生服务中心于2015年派出中医专业人员4名赴山西河东中医少儿推拿学校学习少儿推拿技术，创建“中医少儿推拿”特色专科。龙泉市剑池街道社区卫生服务中心主动与三甲医院结对联姻，成为杭州师范大学附属医院龙泉分院，推进肛肠科等特色建设。松阳县象溪镇中心卫生院、景宁县鹤溪街道社区卫生服务中心、青田县腊口中心卫生院等单位中医药特色服务当地和辐射区域老百姓。

【县乡对口协作平台】 2015年，县级医院与乡镇卫生院对口支援协作机制，县级以上医院与114个乡镇卫生院建立对口协作关系，形成市、县、乡三级之间传、帮、带业务，发展基层医疗队伍建设。缙云县政府办印发《缙云县县乡紧密型医联体建设试点方案》，县人民医院和新建镇中心卫生院、县中医医院与舒洪镇中心卫生院分别组成两个医疗联合体，全面托管模式运行。县级医院推荐一名优秀中层干部，县卫生计生局考察任命担任卫生院院长，全权负责分院管理。同时派出3~5名骨干担任分院医务、护理、院感三个职能岗位及相关业务科室负责人。分院院长实行任期目标管理责任制，分院年终综合目标考核或基本公共卫生服务项目绩效考核位居18家基层医疗机构末三位的，给予免职调整。

【乡镇卫生院等级评审】 10月26—30日，市卫生计生委对全市申报浙江省乡镇卫生院等级和群众满意乡镇卫生院开展市级评审复检工作，通过自查自评，查找问题进行整改，提升创建工作管理水平、医疗服务水平。2015年全市经县级初评通过上报省乡镇卫生院等级评审单位55家，通过抽查复核等，莲都区曳岭中心卫生院等8家单位创成浙江省甲等乡镇卫生院，莲都区仙渡乡卫生院等46家单位创成浙江省乙等乡镇卫生院。

【村级医疗机构规范化管理】 2015年，全市开展规范化村卫生室创建，强化基本医疗质量和各项运行监管，提升基本公共卫生服务能力。各县（市、区）适时调整完善村卫生室补助政策，新增5元基本公共卫生服务经费用于农村地区村医开展基本公共卫生服务工作。提高实施基本药物制度村卫生室的补助标准，保障乡村医生合理收入不降低。庆元、松阳、景宁等县设立村卫生室年终考核奖，乡村医生养老保险、医疗责任险、医疗废物集中处置等列入财政补助。至年底，全市紧密型乡村一体化管理率91.60%。

【开展“我身边的社区卫生服务”宣传活动】 2015年，市卫生计生委开展第四届“我身边的社区卫生服务”活动，主题为“提升社区卫生服务品质，弘扬改革发展成果”，提升基层卫生综合改革与发展营造社会服务环境。经过社区卫生服务中心内部民主推荐、县（市、区）投票推选、市级专家评议和省“群众满意的社区卫生工作者”专家组评审，云和县浮云街道社区卫生服务中心医师雷新英被评为浙江省“群众满意的社区卫生工作者”，云和县卫生计生局选送的微视频作品《一天，一辈子》获微视频优秀奖。

【“身边的基层好医护”评选活动】 2015年，浙江省医师协会、省护理学会、省基层卫生协会联合开展首届浙江省“身边的基层好医护”评选活动，莲都区枫树湾卫生院（丽阳社区卫生服务站）主治医师梁伟健，缙云县仙都街道社区卫生服务中心主治医师周保青，龙泉市龙渊街道社区卫生服务中心主治医师蒋加强、屏南镇中心卫生院医师梅士进，云和县石塘镇中心卫生院朱村分院主治医师兰晓英等5位医生和遂昌县王村口中心卫生院主管护师余海燕、青田县山口中心卫生院主管护师蔡晓敏、松阳县玉岩镇中心卫生院护师杨丽娟、丽水市富岭卫生院主管护师李美莲等4名护士，共9人当选浙金中心杯浙江省首届“身边的基层好医护”。并推荐莲都区枫树湾卫生院（丽阳社区卫生服务站）梁伟健为2016年浙江省优秀医师候选人。

【基层卫生综合技能竞赛】 2015年，丽水市开展县、市、省三级基层卫生综合技能竞赛，县级医院参与指导乡镇卫生院4个案例的应急演练。全省开展基层卫生综合技能竞赛活动，加强全市基层医疗卫生人员技能训练，594名全科医生和345名社区护士参加理论考试。在省级基层卫生综合技能竞赛决赛中，全市代表队1人获单项奖第一名、2人获综合奖三等奖，并获团体二等奖。（叶增日）

疾病控制

【概况】 2015年，全市网络直报系统无甲类传染病报告；乙类法定传染病报告病例数4829例，发病率227.06/10万，比2014年（242.30/10万）下降6.29%，报告死亡病例22例，死亡率1.03/10万，病死率0.46%；丙类法定传染病报告病例9375例，发病率440.81/10万，比2014年（748.81/10万）下降41.13%，无死亡病例报告。全年全市乙类传染病报告发病数居前10位病种依次为：病毒性肝炎（1633例）、梅毒（1296例）、肺结核（1164例）、淋病（488例）、艾滋病（90例）、HIV（86例）、麻疹（43例）、出血热（36例）、猩红热（33例）、痢疾（18例）、疟疾（13例）。推进全市慢性非传染性疾病综合防控示范区创建，开展多次业务培训、现场指导及资料审查，2015年，云和、缙云、景宁被命名为“浙江省慢性非传染性疾病综合防控示范区”。

【鼠疫防制监测】 2015年，全市开展疫情三报工作，未发现可疑疫情。庆元县被列为国家级监测区，龙泉市被列为省级一类监测区，莲都区、云和县被列为省级二类监测区，青田县、景宁县、松阳县、缙云县被列为省级三类监测区，并设立固定流动监测点开展鼠疫监测工作。全市累计对5093份鼠肝脾和8匹蚤进行病原学监测，对5158份鼠血清进行f1抗体检测，均未发现阳性样本。鼠种构成监测表明，全市家栖鼠和野栖鼠仍然分别为褐家鼠和黑线姬鼠为主。鼠密度调查，室内鼠密度2.14%、室外鼠密度5.01%。鼠疫媒介监测：全市鼠体蚤指数0.035和地面游离蚤指数0.001，仍然维持较低水平。春冬季节监测到鼠蚤有染带关系，检获染蚤鼠94只，检获蚤127匹，蚤类为不等单蚤、缓慢细蚤为主，检蚤鼠未检获的印鼠客蚤。

【肠道传染病监测】 2015年，丽水市肠道传染病疫情相对平稳，全市未报告大规模甲乙类传染病暴发疫情。细菌性痢疾报告发病18例，发病率0.8463/10万；伤寒报告发病2例，发病率0.094/10万。全市医疗机构肠道门诊腹泻病人4151人次进行采样监测，监测水体、海水产品、食品、苍蝇等样本1295份，均未检出霍乱弧菌、菌痢伤寒（副伤寒）、肠出血性大肠杆菌O157:H7等阳性菌株。

【艾滋病防治】 2015年，丽水市保持艾滋病低流行态势，全市报告艾滋病感染者及病人170例、死亡17例，报告发病率和死亡率分别8.00/10万、0.80/10万，分别比2014年上升38.89%和21.21%。开展艾滋病防治“三扩大”工作，即“扩大检测、扩大干预、扩大治疗”，以实现早发现、早诊断、早治疗；推进艾滋病防治模式转变工作，实行艾滋病防治医防合作模式；动员社会组织参与艾滋病防治工作。

【结核病防治】 2015年，丽水市加强新涂阳病人发现力度，保障新涂阳病人及时发现、治疗，发现涂阳肺结核病人401例。实施浙江省耐多药结核病防治项目，全市开展491人次疑似耐多药肺结核病人痰培养，发现11例耐多药病人，纳入项目治疗8例。

【免疫规划】 2015年，全年全市各县（市、区）国家免疫规划疫苗单苗接种率均达要求，无预防接种事故发生。累计报告疑似预防接种异常反应308例，及时报告率和调查率100%；报告AFP病例12例，及时规范处置龙泉市一例儿童粪便检出脊灰衍生病毒事件。脊灰、麻疹疫苗集中式查漏补种、初三学生麻风疫苗接种、入托入学查验接种证工作有序推进。开展接种门诊规范化管理回头看活动，新上岗人员培训200人次。全市17家星级规范化预防接种门诊推广5S现场管理活动。

【防治慢性非传染性疾病工作】 2015年，开展慢病监测、死因监测，全市报告新发恶性肿瘤病例7729例、糖尿病病例5908例、脑卒中病例6999例、冠心病急性事件病例1150例，上报死亡个案16253例，前五位主要死因顺位依次为恶性肿瘤、脑血管病、呼吸系统疾病、心脏病、损伤和中毒外部原因。全市平均期望寿命79.37岁，其中，男性为77.24岁、女性为81.96岁。

【防治地方病和寄生虫病】 2015年，开展碘缺乏病监测工作，全市监测45个乡镇2700份居民食用盐标本，居民碘盐合格率95.13%；全市2160名8~10岁儿童进行甲状腺触诊，甲状腺肿大率1.94%；对全市1890名8—10岁儿童开展尿碘抽样监测，显示尿碘中位数180.24ug/l。开展布病监测，全市监测335人，发现4例布氏杆菌携带者。开展三热病人疟疾监测，发现输入性疟疾病例13例，与2014年同期相比下降48%，所有传染病例等得到及时处置和规范治疗。推进消除疟疾行动，通过省级消除疟疾评审。

【开展职业病和学生健康监测工作】 2015年，开展矽尘、苯、甲苯、二甲苯、二甲基甲酰胺、噪声6个主要职业病危害因素监测，监测各类企业22家。市中心医院、市人民医院全年诊断职业病66例，其中尘肺18例，无职业中毒及其他病例。市疾控中心受理职业病鉴定申请4例。全市21家医疗卫生单位及企业开展个人放射剂量监测302人，报告结果异常者2人次。全市368所学校学生健康监测，体检学生284813人，中小学生常见病发生率顺序依次为：视力不良率37.93%、龋患率18.66%、营养不良率13.48%、肥胖率8.31%、贫血4.37%、沙眼0.69%、蛔虫感染率0.20%。

【认定实验室资质】 2015年，市本级疾控中心实验室通过省级计量认证复评审，获实验室资质认定项目及限制范围14类253个项目、食品检验机构资质认定项目及限制范围7类156个项目。

卫生应急

【“11·13”山体滑坡医疗救护工作】 2015年，“11·13”莲都区里东村发生特大山体滑坡灾害，集中全市优质医疗资源和医疗人员，第一时间投入抢险救援。全市出动救护车135辆次，派出医疗救治、卫生监督、卫生防疫、心理干预等卫生工作人员1400余人

为救援消防官兵进行快速手消毒　　潜国跃　提供

次，接诊服务1334人次，免费提供药品价值3.14万元，提供卫生材料价值6.6万元，现场环境直接消毒面积累计超过15万平方米，向受灾群众、救灾人员发放以及现场使用消杀药品漂精片1.4万片、泡腾片3.35万片、漂白粉1.56吨，张贴灾后卫生防病宣传海报70余张，发放健康宣传单页1350余张，接受健康咨询370人次，开展遇难者家属、周边村民、一线救援官兵心理评估和危机干预418人次。

【景宁县获"浙江省卫生应急工作示范县"】 12月，景宁县被省卫生计生委命名为"浙江省卫生应急工作示范县"。近年来，景宁县委、县政府重视推进医疗卫生事业发展，大力加强医疗卫生机构建设和医务人员队伍建设，全县医疗卫生服务体系不断健全，医疗卫生服务能力和服务水平持续提升。全县拥有各级各类医疗机构117家，实现社区卫生服务农村20分钟、城区15分钟健康服务圈。　（柳丽海）

妇幼保健

【概况】 2015年，全市妇幼卫生工作围绕市卫生计生重点工作，实施母婴健康工程、妇女健康促进工程、助产技术提升工程，完善基本和重大公共卫生项目，整合妇幼保健和计划生育技术服务资源，加强基层督导，强化质量控制，提高妇幼保健管理和服务水平，实现"孕要健康、产要安全、育要科学"，保障妇女儿童的健康和生命安全。完成市级以上重点（扶持）学科建设5个，其中，妇幼卫生学（妇女保健学）为市医学重点学科，健康教育和健康促进学、儿科学分别获市医学重点扶持学科，产科学和胎儿学为培育学科。市妇幼保健院分别被中国卫生思想政治工作促进会妇幼保健分会授予"妇幼卫生文化先进集体"称号、被浙江省爱卫办和浙江省卫计委授予"浙江省健康促进医院"称号。成立丽水市妇女保健、儿童保健、产前筛查、新生儿疾病筛查质控中心，挂靠丽水市妇幼保健院。新建立丽水市女性盆底健康中心。5月5日，2015年"妇幼健康中国行——走进浙江丽水"活动在市妇幼保健院启动。丽水市作为其中一站，以"情暖处州，福惠妇幼"为主题，开展健康大讲堂、专家义诊、健康咨询等活动。市妇幼保健院孕妇学校被中国妇幼保健协会授予"全国示范孕妇学校"称号，市妇幼保健院阙锦芳主讲"吃出健康，'孕'动起来"获浙江省预防艾滋病、梅毒和乙肝母婴传播讲课比赛第一名。

【孕产妇保健】 2015年，本市户籍产妇19567人，活产19781人，孕产妇死亡1例，孕产妇死亡率5.06/10万。孕产妇系统管理率95.55%，筛出重度高危孕产妇427例，抢救危重孕产妇74例，抢救成功率97.30%。全市产前筛查16604例，筛查率84.86%。市产前筛查中心新增早中孕联合筛查项目，筛出高风险孕妇649例，高风险率4.94%，产前诊断522例，（其中羊水穿刺480例，超声诊断42例），产前诊断率80.43%。产前诊断确诊异常胎儿34例，其中：21-三体综合症7例、18-三体综合征2例、NTD8例、其他异常17例）、超声筛查发现异常胎儿230例。产前诊断与产前筛查，提高出生人口素质。

【儿童保健】 2015年，全市婴儿死亡率3.13‰，五岁以下儿童死亡率4.70‰。0~2岁儿童系管率95.57%，0~6岁儿童保健覆盖率96.45%。低出生体重发生率3.74%，5岁以下儿童低体重发生率0.41%。婴儿母乳喂养率91.01%。新生儿疾病筛查，全年筛查21381人，筛查率99.80%，确诊遗传代谢病患74例。其中，G6PD 39例、CH 20例，亚CH7例、PKU 3例、其他遗传代谢性疾病5例。加强新生儿听力筛查，筛查率99.1%，确诊听力异常36例，检出异常患儿及时落实干预措施。全市托幼机构653所，托幼机构卫生保健合格率99.39%。

【妇女病普查普治】 2015年，开展防妇女宫颈癌、乳腺癌为重点的妇女病普查，全市检查219031人，查出妇科疾病66847人，疾病检出率30.52%，其中检出宫颈癌54人、乳腺癌27人、卵巢癌4人、尖锐湿疣19例、检出的患病妇女及时治疗，提高妇女生命质量和健康状况。

【重大公共卫生项目】 2015年，全市免费婚前检查27818人，婚检率92.38%，检出疾病3469人，疾病检出率12.47%。全年全市新增叶酸服用21101人，叶酸服用率97.13%，住院分娩补助发放11637人，发放补助金额计581.85万元。全市25家助产单位平均剖宫产率42.25%。完成国家宫颈癌19988人和乳腺癌3600人项目任务。全市孕产妇艾滋病梅毒和乙肝检测率99.99%，检出孕妇艾滋病感染4人，检出梅毒感染孕妇118人，规范治疗率83.90%，通过母婴阻断干预，未发生艾滋病母婴传播病例，先天性梅毒发生率控制4.68/万。为乙肝表面抗原阳性产妇所生婴儿接种乙肝免疫球蛋白1543人，接种率99.80%。

【市妇幼保健院被评为国家级示范孕妇学校】 9月，由中国妇幼保健协会、浙江省卫计委和省妇女保健院健康教育领域专家组成的"全国示范孕妇学校"考核组到丽水市妇幼保健院检查评估孕妇学校工作。考核组一行听取市妇幼保健院关于创建全国示范孕妇学校的工作汇报。市妇幼保健院孕妇学校自 2001 年开始创建,以"儿童优先、母亲安全"为宗旨,加大投入,配备多媒体、投影仪、电脑、医学模具和教学用具等设备。孕妇学校共开设 15 种课程。考核专家依据考核标准分别对孕妇学校制度及落实情况、讲师资质、人员培训和听课记录等进行检查,并实地查看孕妇学校硬件设置、环境布置等。通过检查,专家组对丽水市妇幼保健院孕妇学校工作给予充分肯定,并现场为市妇幼保健院颁发"全国示范孕妇学校"铜牌。

【出生医学证明信息化】 2015 年,全市 11 家单位签发出生医学证明23678 份,其中,首次签发 22274 份,换发 456 份,补发 543 份。全市推行出生医学证明信息电子化管理,至年底,全市收集 113 家单位 1996—2014 年签发的出生医学证明档案 45.85 万份。

【病残儿鉴定】 2015 年,开展市级病残儿医学鉴定工作。全年全市申请鉴定对象 66 人,其中鉴定符合对象 50 人,鉴定不符合对象 7 人,不参加鉴定 9 人,没有申报省级鉴定对象。 (江则勇)

卫生监督

【概况】 2015 年,全市卫生监督监管对象 8286 家。其中,公共场所 5919 家、医疗机构 1726 家、放射诊疗单位 78 家、学校 372 所、餐饮具集中消毒监督企业 13 家、消毒产品生产企业 10 家、职业健康体检机构 13 家、职业病诊断机构 2 家、集中式供水单位 30 家、二次供水单位 102 家、涉水产品生产企业 3 家、病媒生物备案单位 18 家。全市办理各类许可事项 5527 件,办理卫生行政处罚案件 779 件,办结案件 777 件,罚没款 143.27 万元,全市卫生监督员人均办案 6.35 件,未发生行政复议和行政诉讼。市卫生监督所承办"丽水市莲都区城南小学学校教室照明不符合国家要求案"入选 2015 年浙江省卫生计生监督执法十大案件,为全省学校卫生案件查处首例。开展全市卫生行政许可案卷评查,优秀案卷 13 份,丽水井之水中医诊所许可案卷获全省优秀许可案卷。全年全市接到群众投诉举报事项 85 件,立案处罚 25 件,均结案。创成省级卫生监督协管示范单位 22 家。获 2015 年度全省卫生计生综合监督考评综合优秀奖,列全省第三名。

【打击非法行医】 2015 年,市卫生计生委制作打击非法行医墙体公益广告 83 个版面、475.3 米。各地召开打击非法行医联席会议 22 次,全市开展"美容场所护美保健康"和草药摊(点)专项整治行动,立案查处非法行医案 46 件,罚款 20.38 万元,没收违法所得 26.08 万元,移送司法机关 3 件,部门联合办案 1 件。全市未发生非法行医致死致残事件。

【"依法执业,守护健康"行动】 2015 年,市卫生计生委开展市县联合执法检查,检查生活美容机构和医疗机构为重点的经营单位 52 家,立案查处 15 起。对全市医疗、采供血、放射诊疗等机构依法执业监督检查,市区查处未取得医疗机构执业许可证擅自发布医疗广告案 1 件。开展市直医疗机构专项执法检查和依法执业分级监管,签订《医疗机构依法执业承诺书》144 份,城区 38 家中小医疗机构被评定为"规范级医疗机构",104 家评定为"合格级医疗机构",2 家因停业未评分。

【传染病防控监督管理】 2015 年,市卫生计生委监督检查医疗机构埃博拉、中东呼吸道综合征和夏季肠道传染病疫情防控情况。推进医疗废物"小箱进大箱"处置模式,全市采取医疗废物集中处置医疗机构 1428 家,集中处置率 92.84%;完成医疗废物在线监控安装二级以上医院 35 家;查处《医疗废物管理条例》违法案件 5 起。开展消毒隔离监督监测,全市二级以上综合医院、结核病防治专科病区和开展血液净化、口腔诊疗的医疗机构监督覆盖率 100%。完成国家、省卫计委下达传染病监督检查和监测专项任务,全市监测医疗机构血液透析用水 13 家 85 份,合格率 100%;监测医疗机构消毒后内镜 15 份,合格率 100%;监测口腔诊疗牙科车针灭菌效果 95 份,合格率 88.42%;监测口腔科诊疗用水 165 份,合格率 63.03%;监测医护人员手卫生 240 份,合格率 94.58%。开展集中消毒餐饮具产品质量监管,全市 11 家餐饮具集中消毒单位均持卫生监督合格证,没有无证非法经营单位,未发生因集中消毒餐饮具引发的食品安全事件,集中消毒餐饮具单位企业年度自查报告率、监督执法建档率、电子探头监控率、产品抽检覆盖率为 100%,产品检测合格率 99.4%。

【消毒产品生产企业专项整治】 2015 年,市卫生计生委开展 2015 年消毒产品生产企业专项整治行动,签订《消毒产品生产企业守法生产经营承诺书》,监测消毒产品卫生,企业和产品覆盖率均达 100%,监测纸巾、消毒剂、抗(抑)菌制剂等 22 个批次产品,合格率86.36%，依法查处3个批次不合格消毒产品，其中立案查处1家。

【饮用水卫生监督管理】 2015年，全市设置饮用水水质监测点243个。全年监测水样403批次，合格率97%以上。抽检出厂水19份作饮用水全分析项目检测，符合《生活饮用水卫生标准》(GB5749-2006)要求。全市开展19家集中式供水单位量化复核。涉水产品企业监督检查，抽检水厂外省生产化学处理剂3份，检测结果合格。市区开展安装管道直饮水设备5家学校重点监督检查，并书面函告市教育局；云和县对4所直饮水菌落总数超标学校依法立案查处。开展城区五水共治“治污水”工作，全年检查宾馆600家、浴室156家、医疗机构144家，巡查河段62处，发现问题隐患70余处，全部督促经营户落实整改。

【食品生产企业标准备案】 2015年，全市启动食品生产企业标准备案工作，设立食品生产企业标准备案科，进行人员培训；备案工作网络公示，开展备案宣传；联合市市场监管局召开全市食品安全企业标准专题培训会议。4月1日，全市承接全市食品生产企业标准备案工作。至年底，全市食品生产企业350家，标准需备案150家，受理企标文本49份，登记备案43份。

【社区生活饮用水检测示范项目】 6月，启动社区生活饮用水检测示范项目，全市设监测点145个，每月定期开展水质卫生监督抽检和检测结果信息公示，全年检测965次，合格率100%。全市市政集中式供水单位推广饮用水水质在线监测，缙云、云和、景宁、庆元、遂昌、丽水市区等7家市政供水单位安装出厂水在线监测设备，并与省饮用水水质监测系统联网，实现供水单位水质全天候监控和预警。

【公共场所卫生监督管理】 2015年，市卫生计生委开展《公共场所卫生管理条例》落实情况监督检查和游泳场所夏季保健康、美容场所卫生“333”治理和经济型快捷酒店卫生“333”治理回头看专项行动。深化公共场所卫生管理员制度，全市举办公共场所卫生管理员培训23期，2785人参加培训，培训考核合格发放《工作手册》4313人，住宿、游泳、沐浴、美容美发等重点场所卫生管理员配备率100%。开展公共场所量化分级管理，量化住宿场所1828家，开展公共场所卫生监督抽检，全市抽检顾客用品用具125家，采样848件，合格率86.7%；抽检室内空气质量104家、检测点258个，合格率84.1%；抽检集中空调通风系统11家、住宿场所二次供水消毒剂余氯7家，均合格；抽检游泳场所池水水质47户次，合格35户次。探索民宿业监督管理，全市223户民宿业主取得卫生许可证。

【学校卫生监督管理】 2015年，市卫生计生委开展“校园卫生安全健康行动”，整理刊印三期《丽水市校园卫生安全健康行动工作进展》，向市教育局提出对市区部分学校饮用水卫生安全问题的整改、管理建议。完成高、中考学校卫生监督保障。首次委托第三方检测公司，开展市区19所小学(共20个校区)教学环境检测，根据情节轻重，18所课桌面和黑板照度达不到《国家学校体育卫生条件试行基本标准》的学校分别作出立案查处、警告、出具卫生监督意见书责令限期整改等行政处罚决定。

【爱国卫生监督管理】 2015年，全市病媒生物备案单位18家，年内变更备案单位2家(均为市本级)。开展C级住宿场所病媒生物预防控制卫生监督执法检查专项行动，检查C级住宿场所121家，其中51家建立病媒生物预防控制制度、配备病媒生物预防控制专兼职人员，83家开展病媒生物预防控制工作，责令限期整改86家。

【放射和职业卫生监督管理】 2015年，全市对78家放射诊疗机构放射防护工作进行检查，放射工作人员体检202人，培训200人；监督检查全市13家职业健康检查机构，城区开展职业健康检查26家企业；全市职业健康检查2231人次，检出禁忌征人员1例，未检出疑似职业病例，新诊断职业病1例。收到《职业健康检查报告书》31份，监测《职业健康检查报告书》80份，平均得分92.7分，良好率85%。

【卫生监督信息化建设】 5月，全市推广使用卫生监督智能移动执法系统，全市配备移动执法手持终端154台，便携式打印机52台，便携式复印机6台，利用手持终端录入监督信息3481条。完成省卫生监督网络直报工作，在省卫生监督信息系统中全市录入监管对象8268户，已监督8243户，监督覆盖率99.7%，居全省第二。 (郑凯鹏)

爱国卫生

【卫生创建】 2015年，丽水市在全省11个地市的国家卫生城市综合评估中获第一名，青田县、松阳县和庆元县通过“浙江省卫生城市”复查。莲都区大港头镇等9个乡镇被命名为“浙江省卫生镇(乡)”，青田县船寮镇等22个乡镇被命名为“丽水市卫生镇(乡)”。全年全市创建浙江省卫生村20个，浙江省卫生先进单位3家，市级卫生村20个。

【农村改厕改水】 2015年,全市卫生厕所累计65.04万户,卫生厕所普及率96.25%,无害化卫生厕所普及率86.43%。全市开展农村饮水安全水质卫生监测工作,采集检测水样1053份,合格579份,总合格率54.99%。

【健康教育】 2015年,开展"世界卫生日""世界无烟日"等卫生宣传日活动,推进健康中国行—公民健康素养促进行动,全市举办4200场健康讲座。创成浙江省健康促进医院4家,浙江省无烟单位16家和浙江省控烟积极分子11人;浙江省健康促进学校(银牌)12所,丽水市无烟单位115家。 (王 艳)

计生工作

【概况】 2015年,全市报表上报出生24172人,其中,当年出生20279人、计划生育率88.37%,多孩违法生育发生率1.51%,全市出生婴儿性别比107.57。县级以上财政投入计划生育事业经费高于同级经常性财政收入增长幅度,落实农村税费改革计划生育转移支付资金。未发现因违法行政而引发计划生育重大案件,未发现统计上存在严重弄虚作假行为,其他主要数据指标均控制在省下达的计划生育考核指标范围内。

【落实计生工作责任】 2015年,坚持计生"一把手"负责制,层层落实计生目标责任制考核。市、县两级人口和计划生育领导小组成员单位履行职责,发挥优势,做到齐抓共管。各级卫生计生部门开展督查指导和明察暗访,抓好计生管理服务。执行计生"一票否决"。全年全市审查单位90个、个人1405人,否决各类先进集体和先进个人评选资格11个。

【实施"单独两孩"政策】 2015年,丽水市深入实施"单独两孩"政策,加强宣传引导、政策衔接、管理服务、信访维稳等工作。实施"单独两孩"政策从2014年1月17日—2014年12月31日,全市受理单独夫妇再生育申请2234例,审批2160例,其中已出生747人。2015年1—12月,全市受理单独夫妇申请1572例,审批1543例,其中已出生1167人。实施"单独两孩"政策以来,全市未发生不稳定事件,未出现大的生育波动。

【创建"标创工程"】 2015年,实施"乡村计划生育标准化创建工程"。推进计生工作重心下移,强化乡村计生责任,强化"村两长"计生工作第一责任人意识。落实政治、经济、责任"三捆绑"机制,对未完成年度目标任务,扣发村"两长"基本报酬,除重点民生工程外的新建项目不进村、已进村的暂缓项目资金发放,取消年度评优评先资格。完善计生"村规民约",形成村自管理格局。 (叶伟标)

【流动人口计生管理服务】 2015年,市卫生计生委健全"以外管外"、重点联系户制度的管理模式,利用短信、微信、在外商会以及在流出人口相对集中地区建立党支部、计生协会等形式,为外出流动人口提供计生法律法规、优生优育、避孕节育、生殖保健等知识,加强外出对象计生服务管理,流出已婚育龄妇女登记管理率96.5%。建立"全覆盖、同待遇、共享受、促融合"基本公共服务均等化体系,全市先后建成莲都区新居民人口和计划生育服务中心、市经济开发区南明山街道、莲都区碧湖镇、青田县油竹街道等流动人口规范化服务中心,为流动人口提供优质服务。与公安、市场监管等部门协作配合,动态掌握流动人口底数,流入已婚育龄妇女登记管理率97.5%。做好省全员人口综合平台流动人口模块管理,接收反馈跨省流出已婚育龄妇女信息,全年丽水市户籍地现孕对象反馈率100%、户籍地一孩生育服务登记通报接收率100%、户籍地接收避孕节育接收率95.81%、未办理婚育证明对象反馈率97.73%、未采取长效避孕节育反馈率97.41%。

【性别比治理】 2015年,丽水市、县两级均成立打击"两非"专项行动工作领导小组,("两非"指非法进行非医学需要的胎儿性别鉴定和非医学需要的选择性别人工终止妊娠),把再生育对象全程跟踪管理服务列入目标责任制考核内容,保持对"两非"行为严打严管,全市再生育全程管理率95%以上。对照年度人口计生目标责任考核和"平安单位"考核有关出生人口性别比考核要求,卫计、公安、市场监管局、妇联等部门联合召开治理工作会议,加强执法监管,开展专项整治活动。全年全市未发现"两非"案件。 (凌如娟)

【计生协会工作】 2015年,全市各级计生协利用"5·29"会员活动日、"7·11"世界人口日等节假日举办各类活动410余场次,发放计生宣传资料27万余份。申报省级生育关怀项目40个,项目补助资金139.6万元。各县(市、区)发展致富发展项目91个,发放补助资金75.9万元。为20.67万计生家庭、计生特殊家庭和计生工作者开展计生系列保险,保费289万元。2月,全省"生育关怀—圆梦微心愿"现场活动在缙云县举行,省计生协会会长盛昌黎参加活动。11月30日,景宁县编委下发《县计生协主要职责和人员编制的通知》,成为全市第一个完成机构"三定"县级协会。12月2—4日，市计生协举办全市首次青春健康教育师资培训班，建立首支市级师资库和青春健康教育师资队伍。举办青少年专家讲座和生活技能培训219场次，受教育青少年5.18万人次，举办家长专家讲座和培训106场次，受教育家长1.85万余人次。组建队伍开展情暖计生特殊家庭活动，全年各级计生协结对计生特殊家庭677户，开展各类帮扶活动累计4751人次。（张樟林）

红十字会

【概况】 2015年，全市红十字会系统围绕"三救三献"中心工作，服务大局，落实国务院、省委、省政府和市委、市政府关于加快发展红十字事业的精神，坚持依法兴会、弘扬人道、开拓创新，完成"十二五"各项工作任务。市红十字会被省红十字会评为"灾害救援工作先进单位""浙江省造血干细胞和人体器官捐献工作先进集体"称号。7月17日，召开丽水市红十字会三届三次理事（扩大）会议，选举市教育局党委书记、局长叶伯军为副会长。9个县（市、区）红十字会全部依法召开会员代表大会。

【备灾救灾工作】 8月7—10日，受13号台风"苏迪罗"影响，全市降暴雨受灾，中国红十字会总会、省红十字会援助5万元救灾资金和价值33万元的家庭包、衣服、蚊帐等救助物资，赠送青田、景宁等县受灾群众。

11月13日，莲都区里东村发生山体滑坡，造成重大人员伤亡和财产损失。市红十字会启动自然灾害应急响应一级预案，第一时间组织市区红十字应急救援队到灾害现场救援。调拨棉被、矿泉水等救灾救助物资慰问遇难群众家属。14日，省、市、区红十字会和省内多支红十字救援队组成联合工作组，参与灾害现场救援和心理救援工作。全市红十字会系统接收社会各界为里东灾区捐款363.1万元，物资价值19万元。

【人道救助活动】 2015年，"亲情帮扶基金"增资5万元（累计达104.3万元），发放3.7万元（累计40.4万元）。"丽水日报帮办基金"增资10万元（累计22万元）。

继续实施"母婴平安项目"，救助丽水市外来务工贫困孕产妇292人次，发放救助金39.95万元。2013—2015年，累计救助451人次，发放救助金64.02万元。松阳、青田成为省红十字会"康恩贝健康之旅——老年病防治博爱专项行动"项目实施县，分别获价值40.02万元和32万元前列康药品。青田县仁爱之家、和谐之星敬老院获中国红十字会总会"中央专项彩票公益金支持失能老人养老服务项目"，并获公益金物资价值40万元赠送敬老院。

【博爱送万家活动】 1月，启动2015年"红十字博爱送万家"活动，全市红十字会系统筹集80万元救助款物，赠送全市各地特困群众，2709户特困家庭受益，其中，市红十字会筹集30万元购买棉被、大米、食用油等物资，慰问困难家庭和受灾户826户。

【救护培训工作】 "新增培训红十字公益性初级救护员1500名"被列为2015年市区十方面民生实事项目之一。2015年，全市红十字会系统培训救护员23587人，普及救护知识12万人次。"十二五"期间，全市共培训救护员2.8万人，占户籍人口比例1.08%，普及救护知识16.8万人次，占户籍人口比例6.46%。3月，市府办转发《市红十字会关于进一步加强全市群众性现场应急救护培训工作意见的通知》。5月21日，市红十字会应急救护培训市人民医院基地（中心）挂牌成立。6月9—14日，举办2015年浙江省红十字会应急救护培训师丽水培训班，50名学员参加培训，其中复训6人。9月15—25日，邀请社会监督委员会组成督查组，对有关县和市直部门开展现场应急救护培训工作督查。

【生命关爱工作】 2015年，全市成功实现人体器官捐献7例，其中，市本级4例、青田1例、遂昌1例、松阳1例。全市累计实现捐献21例。10月起，省、市红十字会联合在丽水电视台投放5个月的人体器官捐献公益广告（时长30秒）。5月30日，市红十字会联合市中心血站成立丽水市无偿献血与造血干细胞捐献志愿者服务队，9个县（市、区）成立分队。全年全市新增造血干细胞捐献志愿者272人，累计3222人加入中国造血干细胞捐献者资料库。

【红十字会宣传】 5月9日，市红十字会与市人民医院、市中心血站、市无偿献血志愿者协会等单位，在万地广场开展第68个"世界红十字日"纪念活动。130余名红十字志愿者发放宣传资料，宣传和普及造血干细胞捐献、无偿献血和器官捐献等知识。8月17日，市红十字会制定《丽水市红十字会系统宣传传播工作激励办法（试行）》。龙泉、景宁、松阳等县（市）红十字会建成网站，市县红十字会全部开通微信公众平台。在丽水日报《绿水青山富美丽水》专题特刊宣传红十字工作，在莲都区各社区户外灯箱广告投放公益广告。（叶青华）

社会生活

民政工作

【概况】 2015年，丽水市城乡低保对象75168人，同比增加12.3%，其中，城镇低保对象7059人，同比增长92.8%；农村低保对象68109人，同比增长7.6%。年度支出低保补助资金18714.34万元，其中，农村低保补助资金16369.11万元，城镇低保补助资金2345.23万元。12月，全市完成最低生活保障标准提标，农村低保平均标准同比增长17.8%，城镇低保平均标准同比增长9.69%，农村标准达到城镇的77.49%；安排医疗救助资金11598.8万元，支出医疗救助资金9494.95万元，惠及34405人次，医疗救助人筹资标准37.53元（浙江省2015年十大民生实事目标为医疗救助人筹资标准13元），位居全省首位；安排临时救助预算资金920.09万元，支出救助资金3597.39万元，惠及51321人次；市救助管理站救助陷入困境生活无着落人员1598人，收治精神病人和残疾人员285人，帮助34名精神障碍患者找到家人，帮助2名危重病人挽回生命，护送返乡49次。

1月5日，市政府与省民政厅签订全省首个厅市合作发展养老服务业专项协议；7月，发布《丽水市区养老服务设施专项规划（2013—2030）》，为养老服务设施建设预留空间；11月，全省首个养老服务业发展规划——《丽水市养老服务业发展规划（2015—2020）》发布实施；成立全市首家实行行业自律的地方性、联合性社会团体——丽水市养老服务促进会；市民政局、市人力社保局发布全市养老护理员工资指导价。全市现有养老服务机构116家，养老床位15209张，每千名老人拥有机构养老床位32.1张；新建城乡社区居家养老服务照料中心394个，累计建成1246个，其中，城市社区97个，农村社区1149个。全市享受养老服务补贴10213人，发放补贴资金1150.97万元。全市特困人员3411人，其中，五保对象3186人，三无对象225人，集中供养率分别为90.6%和95.56%；五保对象平均供养标准为每人每月629元，同比增长23%，三无对象平均供养标准为每人每月623元，同比增长7.2%；全年支出供养资金2418.5万元，其中五保对象支出2242.6万元，三无对象支出175.9万元。

开展地名文化遗产普查，全市有3个千年古县、4个千年古镇、11个千年古村落参与地名文化遗产的申报；开展界线联检和平安边界建设工作，全市完成1条市级界线、3条县级界线和1个县级交会点的联检任务，界线毗邻乡镇平安边界协议签订率100%。全市首次在9个县（市、区）设立清明节祭扫观察点，发布《绿色文明低碳祭扫倡议书》，向党员干部发布带头推动殡葬改革短信提示，设立清明祭扫免费接送公交，全市农村公益性公墓1500余处，行政村覆盖率60%；植树20余万株，绿化遮挡坟墓12000余穴，坟墓治理率80%，治理合格率65%；全市火化区火化遗体16641具，火化率100%，殡仪服务“零”投诉。8月27日，除办理涉台和9个国家的公证事项外，全市取消出具（无）婚姻登记记录证明事项；全年办理结婚登记20889对、离婚登记5816对、收养登记335件，其中，涉外结婚登记847对、离婚登记106对。

11月30日，出台首个社会工作人才队伍建设的扶持政策——《丽水市加强社会工作专业人才队伍建设实施办法（试行）》，规范社工人才开发培训、岗位设置、评价激励、管理保障等方面工作，规定社会工作者薪酬保障及各类奖励标准。全市报考社会工作师153人，同比增长42.99%；新增持证人数44人，同比增长193.33%。

全市福利企业73家，同比减少15家，安置残疾职工1986人，安置比率36.5%；实现利润总额2.15亿元，同比增长29.71%；退减免税5646万元，同比下降25.86%；残疾职工月人均工资2319元，同比增长2.48%。

全市接收2014年退役士兵1015人，符合政府安排工作退役士兵76人；

完成2014年退役士兵职业技能教育培训574人，知晓率100%，报名率56.6%，参训率100%；开展抗战胜利70周年纪念章和抗战老战士一次性生活补助金的发放，发放纪念章39枚，生活补助金20万元。

【市级示范性养老机构项目】 2015年，市民政局与市财政局、发改委出台《丽水市养老机构公建民营实施暂行办法》，确定市本级公办示范性养老机构怡福家园项目为试点并投资1.38亿元经费，总用地面积32738平方米，总建筑面积28975.98平方米，床位数600张，被列入2014年市区十件实事。该项目通过竞争方式，委托浙江省唯康为老年服务发展中心提供项目建设与运营管理一体化服务，该项目建设与运营管理一体化服务采购是全省养老机构公建民营模式的新突破，实现项目建设和运营管理的无缝对接。 （刘杰伟）

【出台《丽水市临时救助实施办法》】 11月29日，市民政局与市财政局出台《丽水市临时救助实施办法》，统一规范全市临时救助办理程序、工作机制、救助标准和救助资金管理等内容，并对遭遇突发事件、意外伤害、重大疾病等原因导致基本生活陷入困境的家庭给予应急性、过渡性救助。全年全市安排临时救助预算资金920.09万元，支出救助资金3597.39万元，同比增长509.59%，惠及51321人次。 （杨 慧）

【“添翼计划”试点工作获民政部肯定】 12月7日，全省“添翼计划”项目总结推广会在丽水召开，民政部社会福利和慈善事业促进司副司长徐建中高度肯定了丽水市的儿童福利机构建设和“添翼计划”试点工作。“添翼计划”是在不改变监护人法定义务的

丽水市区烈士遗属、因公牺牲军人遗属、病故军人遗属抚恤金标准

表31 单位：元/年

户口类别	牺牲性质	标 准
城镇	因公牺牲军人遗属	25212
	病故军人遗属	23136
	烈士遗属	27984
农村	因公牺牲军人遗属	19704
	病故军人遗属	22908
	烈士遗属	24996

丽水市区在乡红军失散人员，抗日战争、解放战争、中华人民共和国成立后入伍的复员军人，带病回乡退伍军人和部分烈士子女生活补助标准

表32 单位：元/年

类别或入伍时期	标 准
红军失散人员	22188
抗日战争入伍的复员军人	13620
解放战争或中华人民共和国成立后入伍的复员军人	12816
带病回乡退伍军人	8748
部分烈士子女	4440

丽水市区农村和城镇无工作单位且家庭生活困难的参战、参加核试验军队退役人员生活补助标准

表33 单位：元/年

户口类别	类 别	标准
城镇	参战、参加核试验军队退役人员	7920
农村	参战、参加核试验军队退役人员	7920

丽水市区60周岁以上农村籍退役士兵老年生活补助标准

表34 单位：元

类 别	标准
60周岁以上农村籍退役士兵	每服一年义务兵役、每人每月20元老年生活补助

残疾军人、伤残人民警察、伤残国家机关工作人员、伤残民兵民工残疾抚恤金标准

表35 单位：元/年

残疾等级	残疾性质	抚恤金标准
一级	因战	60210
	因公	58310
	因病	56400
二级	因战	54490
	因公	51620
	因病	49690
三级	因战	47810
	因公	44930
	因病	42080

续表 35

残疾等级	残疾性质	抚恤金标准
四级	因战	39180
	因公	35370
	因病	32500
五级	因战	30610
	因公	26760
	因病	24850
六级	因战	23920
	因公	22630
	因病	19120
七级	因战	18170
	因公	16260
八级	因战	11470
	因公	10500
九级	因战	9530
	因公	7650
十级	因战	6690
	因公	5730

说明:在乡残疾军人优抚金标准,按各地出台的自然增长机制实施办法确定标准施行发放

在乡残疾抚恤金标准

表 36　　单位:元/年

残疾等级	残疾性质	抚恤金标准
一级	因战	74305
	因公	71091
	因病	67877
二级	因战	67017
	因公	63352
	因病	61544
三级	因战	59288
	因公	56704
	因病	51990
四级	因战	50670
	因公	46595
	因病	42941
五级	因战	42091
	因公	37997
	因病	34773
六级	因战	34363
	因公	31418
	因病	27474
七级	因战	27044
	因公	23840
八级	因战	21727
	因公	18869
九级	因战	18509
	因公	15321
十级	因战	14961
	因公	12113

前提下,依托儿童福利机构、设施设备和专业人才等资源优势,对贫困家庭重残重病儿童进行阶段集中养育康复的项目。3月,丽水市万地爱心儿童福利院被列为“添翼计划”试点单位后,丽水市积极探索,先行先试,成立“添翼计划”试点工作领导小组,制定实施方案,在完善福利院设施的同时,通过优先招录贫困重残重病儿童家长为护理员的方式,解决家庭的就业创收问题。试点期间,对20名“添翼计划”儿童分两期开展集中养育康复,康复率高达100%。　(杨婷婷)

【建立支宁返丽人员补助制度】 2月28日,市民政局与市财政局、市人力社保局出台《丽水市支宁返丽人员固定生活补助政策实施办法》,该办法对支宁返丽人员固定生活补助金额、补助申请流程等内容做出规定,明确支宁返丽人员生活补助标准动态调整机制,按当地城镇最低生活保障标准调整幅度进行同步调整。2015年1月1日起,符合条件的支宁返丽人员获每人每月203元的固定生活补助,补助标准与温州市持平,并列全省第一位。　(丁洁婷)

【出台《关于加快建立适度普惠型儿童福利制度的意见》】 11月12日,丽水市出台全省首个《关于加快建立适度普惠型儿童福利制度的意见》。该意见对适度普惠型儿童进行分层分类,建立基本生活、医疗、教育、就业和住房等方面保障体系,维护儿童合法权益。该意见首次将留守儿童纳入适度普惠型儿童范围,建立政府主导、社会参与、家庭尽责的留守儿童关爱服务体系。完善市儿童福利保障体系和关爱服务体系,推进适度普惠型儿童福利制度建设。　(杨婷婷)

【新修订《丽水市地名管理办法》正式施行】 2月26日,新修订《丽水市地名管理办法》正式施行,共六章四十二条,对地名职责分工、地名规划与命名标准、地名命名、更名和销名程序、标准地名的使用和监督等作出明确规定,地名命名、更名、销名的审批工作

2015 年丽水市农村低保

表 37

地区	低保人数（人）	提标前低保标准（元）	提标后低保标准（元）	累计支出低保补助资金（万元）
市本级	554	389	459	166.5269
莲都区	7085	389	438	1886.155
龙泉市	9128	352	396	2066.131
青田县	14550	389	459	4795.65
云和县	0	355	552	0
庆元县	5630	352	396	1281.529
缙云县	10211	401	451	2198.256
遂昌县	6537	352	396	1017.8211
松阳县	8395	352	396	1591.064
景宁县	6019	352	396	1365.9761
合计	68109			16369.1071

2015年丽水市城镇低保

表 38

地区	低保人数（人）	提标前低保标准（元）	提标后低保标准（元）	累计支出低保补助资金（万元）
市本级	10	540	612	3.3872
莲都区	1103	540	584	447.3263
龙泉市	390	488	528	136.5592
青田县	761	540	612	338.599
云和县	3392	490	552	982.3573
庆元县	334	488	528	94.8759
缙云县	103	556	601	30.731
遂昌县	194	488	528	57.1257
松阳县	206	488	528	82.1994
景宁县	566	488	528	172.0697
合计	7059			2345.2307

由民政部门承办，并负责道路、门（楼）牌等地名标志设置与管理；指导专业部门的地名管理工作；推广和监督标准地名使用，开展地名信息公共服务等工作。与公安、住建、工商、规划、交通运输等部门在履职过程中以民政部门预命名或已命名的地名为标准。全市全年办理地名命名 80 件、门牌 31540 块、门牌证（门牌清单）44220 本；开展市区路牌安装，安装 63 条街路 569块符合《地名标志》（GB17733-2008）国家标准的新型路牌。（刘　汀）

【扶持社会组织发展】　7 月 10 日，市民政局出台《丽水市社区社会组织备案管理暂行办法》，以登记备案的方式，保障社区社会组织合法权益，全市备案社区社会组织 239 家。至年底，全市社会组织 2671 家，其中，社会团体 1596 家，民办非企业单位 1073 家，基金会 2 家；建立党组织的社会组织 1187 家，党组织组建率 44.4%，应建已建率 100%；新增社会组织509 家，其中直接登记 38 家。15个街道级以上社会组织服务平台投入实体化运作，实现市、县两级社会组织服务平台全覆盖；全市开展 1926 家社会组织年度检查，参检率 100%。（徐　帅）

【防灾减灾救灾工作】　2015 年，开展避灾安置场所建设，推进救灾物资储备库建设，全市共整合改建避灾安置场所 205 个，乡镇级避灾安置场所覆盖率 95%，村级覆盖率 40%，乡镇级避灾安置场所标示牌 100%，村（居）避灾安置场所标示牌 50%；全市创建国家减灾示范社区 8 个，省减灾示范社区 9 个。积极应对“灿鸿”、“苏迪罗”、里东村“11•13”山体滑坡等自然灾害，里东村“11•13”山体滑坡救灾中，全市各部门齐心协力保障灾民生活和救援工作，统筹协调民间救援力量，蓝天救援队、义乌市民间紧急救援协会、丽水市户外应急救援队等 26 家民间专业救援组织 730 人次参与救援。（吴杭轩）

【福利彩票销售额创新高】　2015 年，全市全年销售福利彩票 4.87 亿元，创历史新高，其中，电脑票销量 2.42 亿元、中福在线销量 2.2 亿元、刮刮乐销量 0.25 亿元、总销量同比增长9.86%，增幅位居全省第二，筹集公益金 1.26 亿元。青田县福利彩票销量 1.02 亿元，销量首次突破亿元，同比增长 6.16%。4 月 26 日，丽水三岩寺编号33100101 投注站福彩“双色球”第 2015047 期中大奖，金额559 万元。（季琛琦）

移民工作

【概况】　2015 年，丽水市境内有大中型水库 33 座，小型水库 394 座，移民人口 157655 人，其中大中型水库直补移民 106411 人，项目扶持移民 37836 人，小型水库移民 13408 人。7 月 20—23 日，省移民办主任廖卷清到青田、遂昌、松阳等县考察和指导移民工作。

【移民后期扶持工作】　2015 年，全市投入项目资金 2.1 亿元，完成建设项目 1426 个，新发展移民示范基地 43 个、示范户 221 户、创建和美移民村

13个，完成移民培训10248人。扶持工作中，开展“移民创业竞赛”为主要载体的以奖代补扶持、“创业贷款”为主要内容的金融扶持、“合作共生”为主要形式的组织化扶持、“物业经济”为代表的移民村集体经济扶持、“和美移民村”为助推的产业带发展、“移民培训”为内生动力的能力扶持等扶持。缙云县完成编制《移民后期扶持“十三五”规划》。

【移民工作试点】 2015年，龙泉市、遂昌县作为全省大中型水库移民避险解困国家级试点县，开展《避险解困试点实施方案》工作。5月，遂昌县确认试点村具有报名选房资格的移民56户；6月，按照大中型水库移民避险解困试点，帮扶移民相对集中安置原则，将腾龙小区二期（东北区块）1#、2#楼56套限价房作为2015年大中型水库移民避险解困试点安置用房，实际安置移民30户97人，其中直补移民70人。龙泉市试点工作落实搬迁安置点在龙渊街道岭坤小区、道太乡李村小区。12月，水利部移民局、省移民办确定遂昌、龙泉、景宁等县市列为全国移民资金使用绩效评估试点县，丽水市配合开展绩效评估试点工作。

【新建水库移民工作】 2015年，丽水市境内“十三五”期间拟新建和扩建中型水库5座，分别是缙云潜明水库、松阳黄南水库、庆元兰溪桥水库扩容、遂昌清水源水库扩建、缙云大洋抽水蓄能电站，总投资额150亿元，规划移民7645人。松阳县完成黄南水库工程建设实物调查工作；9月28—29日，省移民办在松阳县主持召开黄南水库工程建设征地移民安置规划大纲评审会并通过工程建设征地移民安置规划大纲；11月20日，省移民办在杭州召开黄南水库工程建设征地移民安置规划评审会并通过黄南水库工程建设征地移民安置规划。11月10日，省移民办在杭州主持召开庆元兰溪桥水库扩建工程移民实物调查大纲的评审会并通过实物调查大纲评审。制定缙云县好溪水利枢纽潜明水库一期工程移民安置办法和实施细则，遂昌清水源水库扩建和缙云大洋抽水蓄能电站准备水库建设的基础工作。

【移民遗留问题处理】 2015年，市移办完成市委书记王永康包案指导历时10年的滩坑水电站坝址影响区13户49人安置遗留问题；协助处理青田县滩坑水电站库区华侨吴东海等人要求落实宅基地建房问题的微信群信访事项；妥善解决乌溪江水库后靠移民信访诉求；解决滩坑移民“两证”办理信访问题和莲都区滩坑移民要求享受与迁入地村民同等待遇并参与村集体山林征用补偿款分配的信访问题处置。

【移民资金监督管理】 2015年，市移办按照项目民主化建设要求，开展移民项目建设的民主化和规范化管理，实现移民群众监督、业主管理，中介服务、政府监管的管理制度，提高移民群众的知情权、参与权和监督权。省移民办委托中介机构对松阳县和庆元县进行移民项目审计，莲都区、青田县、云和县、缙云县由市移民办委托中介机构进行审计，从项目审计结果看，移民资金总体使用比较规范，各地扶持成效比较明显。（刘起景）

残疾人事业

【概况】 2015年，全市有持证残疾人5.92万人。全市财政投入残疾人事业（含残疾人就业保障金）1.92亿元，比2014年增长44.36%。4月30日，召开全市残疾人工作会议，市政府与县（市、区）政府签订残疾人工作重点任务责任书。市残疾人事业“十二五”圆满完成，26个主要监测指标均达目标值，全市残疾人小康实现程度90.78%，比2011年增加19.98%，其中，农村残疾人家庭人均纯收入占社平比例、城镇残疾人参加基本医疗保险比例、残疾人对法律服务的满意率等指标位列全省第一位。中国残联——嘉道理慈善基金会项目在全市完成试点，总投入634.71万元，获中国残联——嘉道理慈善基金会社区康复合作项目成果奖。7月，完成市残疾人托养中心主体工程建设，投资3000万元，成为全省唯一一个在“十二五”期间同时拥有康复、托养服务设施的地级市。龙泉市残疾人康复托养中心投入使用，遂昌县残疾人托养中心新建项目成功立项。市残疾人康复指导中心康复全年接受儿童康复训练126人，比2014年增长35.5%，9个县（市、区）建成公办残疾人康复机构，设立1个以上康复项目。巩固发展残疾人阳光庇护中心62个，入驻精神、智力等残疾人1713人。

全市新增按比例就业137人，残保金征收总额6118万元，其中市本级2170万元。发挥市残疾人电子商务孵化中心作用，先后培训残疾人121人，并招收43人进行集中创业指导；龙泉、景宁等地建立残疾人电商孵化中心，组织残疾人电商培训259人。市本级下达残疾人来料加工就业资金30万元，连续三年组团残疾人参展义博会，扶持残疾人从事来料加工业；市本级先后举办盲人电脑、盲人按摩、缝纫车工、来料加工经纪人等培训班，市、县两级残联培训1340人次。探索社会资源参与共享，实现公益性岗位就业97人。

在全省率先实施全市4701名持证精神残疾人门诊服药补贴，完善精神残疾人服药补助政策。全市贫困残疾人实施免费康复4942人，其中，实施残疾儿童抢救性康复413人、贫困残疾人白内障复明手术1628例、验配助视器38台、助听器839台、髋膝关节置换手术63例、安装假肢111条、免费发放轮椅1585辆。分别免费为全市150户和604户贫困残疾人实施家庭无障碍设施改造和康复、辅助器具适配。

【共享小康工程】 2015年，市残联完成省政府十件民生实事的涉及残疾人项目，全市9278名就业年龄段无固定收入残疾人，享受生活补贴月标准提高到125元；全市18990名残疾人纳入最低生活保障。扩大重度残疾人托（安）养工程惠及面，928名残疾人享受每年托养补助1.5万元，4570名残疾人享受每年居家安养0.6万元的补助。发放残疾车燃油补贴资金15.02万元，发放飞机场残疾人拆迁户补助款24万元。推行残疾人意外伤害保险补助制度，全市36620名残疾人受益。开展消除人均收入低于4600元以下贫困人口脱贫，对12777名残疾人采取分类纳入保障政策、产业扶持或就业扶持等精准措施。全年走访、慰问补助3570户残疾人家庭，下达爱心助残救助资金215.6万元。下拨市、县两级司法救助金105万元。发放助学资金216万元。争取中央、省级转移支付1.25亿元，用于惠残政策和设施项目实施。

【扶残政策体系】 2015年，市残联联合有关部门出台《关于促进残疾人按比例就业的实施意见》，完善残疾人按比例就业规定；与财政、卫生等部门先后出台市区精神残疾人服用基本抗精神病药物费用全额保障、残疾儿童受训补助等政策意见。出台《丽水市残疾人康复指导中心（丽水市幼儿特教中心）受训儿童康复财政资金补助管理办法》。智力残疾儿童康复救助项目等6项内容被列入市政府2015年度市区十件实事项目，8项工作纳入县（市、区）政府实事项目。开展托安养政策落实、残疾儿童抢救性康复、精神病人医养等问题调研，分别形成建议案。7月22日，市政协副主席齐育华、沈根花带队开展专题调研残疾人就业工作。

【残疾人状况专项调查】 2015年，市残联完成丽水市残疾人基本服务状况和需求专项调查工作。组织全市3560名残疾人工作者和助残志愿者对全市所有持证残疾人家庭进行调查，涉及残疾人家庭收入、就业扶贫、康复等58个大项、106个小项的数据信息。全市录入专项调查入户调查表（国家表）58757份，其中，入户调查57328份，电话调查1429份，入户调查率97.57%。按照复录比例不低于10%的要求，复录专项调查入户调查表（国家表）6095份，复录差错率0.005%，低于中残联规定0.003%的标准。录入社区调查表2886份，录入专项调查入户调查表（浙江表）59029份。

【残疾人事业主题宣传】 2015年，市残联编辑《丽水自强报》《丽水残联》《民情反映》51期。拍摄完成全市首部残疾人题材的六集微电影《自强人生》（其中三集入选市微电影大赛）和反映精神病人生存状况的专题片《为精神残疾人撑起一片爱的天空》。创编励志歌曲《自强之歌》，出版残疾人先进事迹文集《断翅亦高飞》，编印发放《励志短语》集和《康复科普知识手册》2万册。举办全市残联系统信息员培训班，32人参加培训。全国助残日围绕“关注孤独症儿童，走向美好未来”主题，开展领导走访、轮椅捐赠、知识讲座等系列活动。

【爱心助残活动】 10月9日，全省“精残政策进万家”活动启动仪式在莲都区左渠门社区举行，省、市、区残联领导、社区工作者以及志愿者等80余人参加。朱晨等市领导先后参与重大残疾人节日走访慰问、参加重大会议和重大涉残事项协调工作。5月22日上午，中国残疾人福利基金会、省残疾人福利基金会以及海王集团联合开展的“集善工程”海王蛋白粉捐赠仪式在市残联举行，本次丽水市共获赠蛋白粉600罐，价值达15万元。浙江扬帆控股集团有限公司捐赠轮椅200辆、助学10万元，公司董事长、总裁樊培仁获省委宣传部、省残联评选的浙江省“最美助残人”称号。

【残疾人文体活动】 2015年，市残联开展残疾人特殊艺术“五进”活动30场，其中，省残疾人艺术团3场，市残疾人民乐团演出7场。5月，成立丽水市残疾人摄影家协会，16名残疾人成为首批会员；指导残疾人书画家协会开展采风、笔会等活动。9月，丽水市运动员获全国第九届残疾人运动会暨第六届特殊奥林匹克运动会金牌1枚、铜牌4枚。备战里约残奥会和第十届全国残运会，全市1000余名青少年残疾人进行适应运动项目筛选。11月，承办省首届残疾人书画摄影大赛在丽水举行，全市获美术类和摄影类一等奖各1个、二等奖2个、三等奖6个。

【残联组织建设】 2015年，全市实现市、县级残联理事长享有同级人民团体负责人同等待遇，9个县(市、区)残联通过市级基层组织规范化建设达标验收。全市乡镇（街道）配备在编专职或兼职理事长，完成乡镇残联干部轮训工作。93%的行政村（社区）建立残疾人协会，选聘残疾人专职委员或联络员2194人，乡镇（街道）、村

(社区)残疾人专职委员待遇补贴得到落实。 (刘任和)

民族工作

【概况】 2015年,市民宗局贯彻党和国家民族政策,促进民族团结、社会和谐。全市少数民族农村居民人均可支配收入13655元,比2014年增加1476元,增长12%;全市212个民族行政村中,集体经济收入10万元以上的民族村从2014年的80个增加到95个;深入推动"魅力畲寨"建设活动,45个民族村开展少数民族特色村寨建设。举办少数民族干部和民族工作干部、民族村干部和创业致富带头人、少数民族青壮年技能培训等专题培训班4期。

【民族团结进步宣传月活动】 2015年,市民宗局开展民族团结进步宣传月系列活动,举办少数民族书画作品展,编印《丽水市民族工作30件大事》《丽水市民族团结进步成就画册》,反映丽水民族工作在政治、经济、文化、社会等方面工作,发挥典型示范作用,开展民族团结进步创建活动。贯彻《浙江省少数民族权益保障条例》等法律法规,维护少数民族群众合法权益,建立以"微组织、微窗口、微热线、微平台"为内容的服务体系,构建少数民族流动人口服务平台。指导缙云县新碧中学建设"民族团结进步教育基地",提高外来少数民族服务管理工作。防范和化解影响民族关系的各类问题,妥善处理涉及民族因素的矛盾纠纷,保障民族领域和谐稳定。

【推进少数民族和民族地区经济发展】 2015年,市委、市政府出台《关于进一步加强新形势下民族工作的实施意见》,将年度民族发展资金从原来的200万元增加到460万元,每个民族乡(镇)每年可获省、市、县三级财政扶持资金350万元。做好中央和省财政按因素分配法分配资金项目安排与对接,争取到中央少数民族发展专项资金900万元、省少数民族发展专项资金1305万元、省级民族文化发展资金补助100万元。编制少数民族事业发展"十三五"规划,促进民族地区各项事业发展。指导做好"新一轮少数民族低收入群众增收帮扶行动计划""光彩事业山区行"等民族村帮扶项目的具体实施,落实"五水共治•五教同行"结对帮扶民族村项目11个、资金340万元。做好省民宗委指定和认领重点攻坚项目,实施特色畲寨培育计划和低收入农户收入倍增计划,全市少数民族农村居民人均可支配收入实现"五年倍增",全面消除4600元以下少数民族低收入农户。加强民族地区基础设施建设、下山脱贫点和中心村建设、民族特色产业培育、畲族特色小镇和魅力畲寨建设。

【发展少数民族和民族地区文化事业】 2015年,市民宗局开展丽水市"十佳风情畲寨"评选活动,开拓少数民族自然和文化资源,推动民族特色生态旅游产业发展。配合省民宗委组织民贸企业进入"畲族风情馆",分别参加"森博会""农博会",宣传民族地区的特色农林产品。协助各地开展畲族"三月三"节庆活动;做好景宁县的中国畲族博物馆提升工程;支持参演第五届全国少数民族文艺会演音乐剧《畲娘》创作编排工作;制作"走进畲乡"畲族文化专题网页并与国家民委网站链接。组织参加第十届全国少数民族传统体育运动会,74名运动员获14枚奖牌。

【少数民族教育卫生事业】 2015年,市民宗局规范民族成分变更审批、市直学校民族教育券管理和中考高考少数民族考生加分审核等工作,全年办理民族成分变更审核280人,少数民族高考学生加分政策审核551人,发放"民族教育券"补助金额701.3万元,农医保补助金额736.9万元。 (陈雪勤)

宗教工作

【概况】 2015年,丽水市有基督教、天主教、佛教、道教、伊斯兰教等五大宗教。全市统计在册宗教信徒9万人,经批准合法登记宗教活动场所554个,建立市级宗教团体3个。其中:基督教信徒6.5万余人,活动场所328个;佛教信徒2.1万余人(指居士以上),活动场所152个;天主教信徒2600人,活动场所14个;道教活动场所59个;伊斯兰教在丽水城内有一个清真寺,参加清真寺宗教活动的穆斯林群众100余人。加强宗教界教育引导和自身建设,先后举办2期宗教界代表人士培训班和1期宗教工作重点乡镇(街道)统战委员培训班,220余人参加培训。

【"三改一拆"涉宗违法建筑处置工作】 2015年,市民宗局在"三改一拆"涉宗处置工作得到省委肯定,宗教工作在全省推广"同心同行•和谐共建"现场会上作大会交流发言。巩固"三改一拆"涉宗处置工作,建立市领导联系宗教界代表人士制度和市委常委联系涉宗"三改一拆"工作制度,涉宗处置工作纳入无违建县(市、区)创建活动考核范围,全市没有出现反弹和新的违章违法建筑现象。

【民间信仰事务管理】 2015年,市民宗局出台《丽水市民间信仰事务管理的实施意见》《关于实行民间信仰活动场所登记编号管理的通知》,全市各地开展民间信仰活动场所编号管理工作。8月，在龙泉召开全市民间信仰场所编号管理现场会，颁发首张丽水市民间信仰活动场所登记编号证书。指导庆元县举办“2015香菇始祖吴三公朝圣活动”，促进民间信仰事务规范化管理。至年底，全市对408处民间信仰活动场所进行审核、登记和编号。被省民宗委评为全省民间信仰管理工作先进单位。

【宗教界系列活动】 2015年，市民宗局开展宗教系列活动，推动宗教界与党和政府同心同行。全市宗教领域开展“同心同行•共建和谐”活动，以“五进场所”为内容（联系交友进场所、政策法规进场所、优质服务进场所、依法管理进场所、和谐创建进场所），搭建党和政府与宗教界的沟通渠道。组织各县（市、区）民宗局长到宁波鄞州区学习共建经验，推动市、县两级全面建立领导联系重点宗教活动场所、宗教界代表人士两项制度，加强与宗教界的联系交友和引导，通过走访、慰问、座谈等方式，听取意见建议，引导宗教界人士和信教群众与党和政府同心同德。全年全市举办各类宗教培训班3期。庆元县组建“红色宣讲团”，到宗教活动场所开展社会主义核心价值观宣传。指导市佛教协会在白云寺举办以“寻梦中国•正言正行”为主题的佛教讲经交流会，弘扬佛教优秀文化。引导宗教界参与慈善活动，“11•13”里东山体滑坡事故发生后，佛教界人士捐献款物，白云寺捐赠善款10万元，宗教界开展现场义工服务、举办祈福超度法会、发送正面微信宣传。

【宗教专项工作常态化管理】 2015年，市民宗局坚持宗教三个专项工作常态化管理，部署开展宗教场所主要教职任职备案专项工作，认定备案佛教教职人员14人，同意备案基督教传道员2人，经任职备案的主要教职人数87人。根据国家十部委文件要求，继续开展佛道教专项治理工作，排查宗教场所私人会所现象，严厉打击非宗场所私设功德箱、假僧假道现象，维护佛道教领域的纯净；继续开展以“教风”为主题的和谐寺观教堂创建活动，61家宗教场所被评为省和谐寺观教堂。 （吴 燕）

老龄工作

【概况】 按户籍人口统计，至2015年底，全市60岁及以上老年人口47.64万人，其中城镇60岁及以上老年人口14.73万人，农村60岁及以上老年人口32.91万人，老年人口占总人口的17.89%，老年人口与上年同期相比增长2.90%。老龄化程度最高的为遂昌县，老年人口占总人口比重为20.03%；其次是云和县，老年人口占总人口比重为18.99%；再次是缙云县，老年人口占总人口比重为18.79%。老龄化程度最低的为青田县，老年人口占总人口的比重为16.00%。全市65岁及以上老年人口31.69万人，70岁及以上老年人口20.93万人，80岁及以上老年人口8.20万人，90岁及以上老年人口9336人，100岁及以上老年人口189人。

市老龄办获2015年度全省老龄工作目标考核优秀单位、老龄信息工作先进单位。莲都区、缙云县、云和县老龄办被评为全省先进县（市、区）老龄办。

【建立中国长寿之乡绿色产业发展联盟】 2015年，丽水市在与中国老年学和老年医学学会达成共识的基础上，与山东省威海市文登区、江苏省常州市溧阳市、贵州省遵义市赤水市共同倡议发起建立中国长寿之乡绿色产业发展联盟。经过数月筹备，该联盟于2016年4月12日在丽水正式成立，国内76个中国长寿之乡已有49个加盟，以及200多家长寿养生企业和10余位绿色产业专家。该联盟将通过加强品牌建设和创造性地开展各类服务活动，促进长寿之乡政府、绿色产业企业和专业社会组织的有效合作，促进区域合作和寿乡经济的转型升级。中国老年学和老年医学学会常务副会长赵宝华认为，中国长寿之乡绿色产业发展联盟平台，可以整合政府、企业和社会组织的力量，跨地域调动各方面的资金、技术和人才来促进绿色经济发展。

【“最美百岁好人”评选】 2015年，市老龄办引导树立“德润身，仁者寿”的理念，与市文明办开展“最美百岁好人”评选活动。经基层推荐、筛选审核、专家评审、媒体公示等环节，评选叶群翠（莲都）、叶芝连（莲都）、季盛康（龙泉）、高彩芹（云和）、杨西溪（庆元）、丁朱菊（缙云）、樊杏娇（缙云）、叶碎贤（遂昌）、郑久雄（遂昌）、石大成（景宁）10名为丽水市“最美百岁好人”。

【“十大长寿村”评选】 2015年，市老龄办按照全市“最美系列”评选活动部署，开展“十大长寿村”评选工作，经推荐申报、组织筛选、网络投票、专家评审、媒体公示等环节，评选莲都区大港头镇小井村、岩泉街道雨伞岗村；龙泉市兰巨乡仙仁村、青田县高市乡洞背村、云和县凤凰山街道杨家山村、缙云县壶镇镇湖川村、遂昌县新路湾镇三井村、松阳县象溪镇象溪一村、景宁畲族自治县大漈乡西一村、经济开发区南明山街道小木溪村等村为丽水市“十大长寿村”。

【省老年友好城市创建工作】 2015年，市老龄办促进市区创建省老年友好城市，对照创建测评体系，开展创建工作可行性调研和经费测算工作，组织莲都区老龄办、南明山街道办事处等有关人员到绍兴上虞学习创建经验，结合实际，制订创建工作实施方案，报省审核组审核同意，市政府与省老龄办、省建设厅签署创建责任书，成立市创建领导小组，印发创建实施方案，明确创建责任与分工。11月26日，市政府召开创建有关部门和单位会议，部署省老年友好城市创建工作任务，创建工作正式启动。

【第二届“敬老文明号”创建活动】 1月23日，市政府召开全市创建动员会，部署第二届“敬老文明号”创建工作，公安、交通、民政、卫计、文化、金融等单位参与联创活动，全市122家参与联创。市老龄办(创建办)在市老龄网上设置创建活动专栏，对外公布市、各县(市、区)创建办、市级联创系统主管部门及122家创建单位的监督电话，接受社会监督，及时发布通报，交流创建经验，通报活动进展情况，对活动开展进行督促。6月，开展专项督查活动，对第一届市级“敬老文明号”进行回头看，对第二届创建情况进行督查。

【老年人意外伤害保险工作】 2015年，市老龄办衔接各县(市、区)及太平洋等保险公司，对老年人意外伤害保险工作推进和落实进行指导、督促。至年底，除缙云县外，各县(市、区)均在当地开展老年人意外伤害保险工作。由政府出资免费参保，老年人受益7万人，获保老年人一旦发生保险范围内意外伤害，均可获一定额度保险赔偿，减轻老年人及其家庭的经济负担。

【“敬老月”和“第十四届老年文化艺术周”活动】 10月，全国第六个“敬老月”。市老龄办与市文明办、市文广出版局联合发文，部署开展全市2015“敬老月”暨“重阳节”系列活动。市文广出版局与缙云县老龄办等举办“曲韵飘香庆重阳”戏曲票友会。10月20日晚，市老龄办、市文明办、市文广出版局在莲都会议中心举行“重阳节”庆祝仪式暨第十四届老年文化艺术周文艺会演，各县(市、区)选送节目，市四套班子及老龄委各成员单位分管领导出席，会上，举行“最美百岁好人”颁奖仪式。市老年活动中心组织游园活动、中老年沙滩气排球友谊赛，与丽水大剧院举办“重阳我陪父母看大戏”主题活动。联合市老年摄影家协会开展“孝在方寸间”主题摄影活动，为偏远、贫困山区290名老年人拍摄爱心照片。与市老年书画协会举办“幸福在重阳·老年书画作品展”。

【老年电视大学】 2015年，全市招生96400人，占全市老年人口10.41%，比2015年增长4.76%，入学率提高10.41%，其中市老年电视大学招生9560人。全市9个县(市、区)老年电大分校，完成实体化办学和民办非企业单位登记。市老年电视大学开设电大直属班外，开设二胡、手工等17个特色教育班，招收学员600余人。6月25日，举办“齐贺七一、绚舞夕阳”汇报演出，400余名在校师生参与；发挥市讲师团作用，组织讲师团成员赴各县(市、区)送课15次；举办养生、法律等各类讲座10余场。开展老年电大市级示范教学点及先进个人的评比，评选出11个市示范教学点，优秀办学工作和辅导员30余人，市本级、云和、龙泉、缙云分校被评为2015—2016年度省示范教学点。12月2—4日，举办全市老年电大辅导员培训。争取到省对全市老年电大建设补助资金55万元。

【老年活动中心工作】 7月14—15日，全省老年活动中心第八次工作交流会在丽水召开。会议由省老年活动中心主任黄建萍主持，省老龄办副主任周世平参加会议，各地市、县老年活动中心主任、工作人员60人出席，主要内容为举办业务培训和召开省老年活动管理专业委员会会议。高级工程师、一级注册建筑设计师、《老年活动中心建设标准》编委会负责人杜蔚明及浙江工商大学教授、硕士生导师、省社会心理学学会副秘书长马良对参会代表讲授《老年活动中心建设标准》及涉老社工知识培训。省及丽水、嘉兴等地老年活动中心在会上作工作交流，会上，对全省新评定7家“四星级”老年活动中心授牌。全年老龄工作通过图片集、展示墙等形式，集中展示全市百岁老人、首届十大养生长寿村及各级领导对丽水市老龄工作关心，利用漫画形式，将新《中华人民共和国老年法》主要条文制作成形象化图板悬挂张贴。建立市人民医院志愿者实践基地、处剧实践基地，成立以低龄老人为主体的“四叶草”志愿者协会，组建舞蹈、戏剧、摄影社团，引进俏百花、公羊会等社团。加强对全市老年活动中心建设的指导和检查督促，指导云和县老年活动中心创建省“四星级”老年活动中心工作，7月，全省老年活动中心工作交流会上，云和县老年活动中心被授予“四星级”老年活动中心牌匾，成为全市第4家“四星级”老年活动中心。指导督促莲都区、庆元县老年活动中心建设项目。

【公羊会入驻暨丽水分会成立】 7月18日，公羊会入驻暨丽水分会成立仪式在市老年活动中心举行。公羊会全国总会会长何军、市慈善总会会长蓝资霞、常务副会长崔建宏、市老龄办主任朱雪飞等参加成立仪式。公羊会是一个以践行公益、开展社会救助为己任的民间公益组织，成立于2003年，公益遍布全国，涉及助老、助残、济困、助学和赈灾等各公益领域。会议期间，公羊会向全市21位老人捐赠“平安云”智能定位器，并现场教授老人使用方法。

【召开全市基层老年人协会交流会】 5月12—13日，市老龄办在缙云组织召开全市基层老年人协会规范化建设现场交流会，各县(市、区)老龄办主任、丽水开发区南明山街道办事处民政办主任及其部分基层老年人协会会长40余人参加会议。会议组织与会人员参观考察缙云县五云街道水南社区老年人协会、县老年活动中心、壶镇镇湖川村老年人协会；缙云县、云和县老龄办，莲都区供销社老年协会、遂昌大柘镇老年协会、景宁鹤溪街道老年协会等单位在会上交流发言；省老龄办副主任周世平、市老龄办主任朱雪飞出席会议并对全市基层老年人协会规范化建设提出要求。会后，各县(市、区)根据要求，采取措施，加强基层老年人协会规范化建设工作。

【全市农村老年人才培训班】 9月7—11日，市老龄办联合市农办、农民学院在丽水职业技术学院举办基层老年人协会会长、文体宣传委员参加的全市农村老年人才培训班，118人参训。授课内容包括基层老年人协会在解决农村留守老人问题中如何发挥作用、基层老年人协会规范化建设及新形势下如何发挥作用、老年人健康养生知识、老年法与老年维权常识、老年防诈骗知识、基层老年文体工作实务等。

【助老济困】 2月12—13日，市委常委、组织部部长胡侠，市政府副市长任淑女分别到云和、莲都走访慰问百岁老人及部分困难老人；市老龄办主任朱雪飞带队走访慰问南明山街道困难老人，慰问困难老人60人，发放慰问金3.6万元；市老龄办与市文联邀请市书法家协会成员书写敬老爱老对联，印制对联3000副，分送给市直离退休干部及困难老人等。“敬老月”活动期间，配合省老龄办、省老年基金会，走访慰问全市340名困难老人；省老龄办、中国人寿浙江省分公司举办“孝行为善——关怀特殊困难老人”活动，走访慰问莲都区30名困难老人；市人大常委会副主任金建新、市政府副市长任淑女、市政协副主席沈根花走访部分百岁老人和困难老人；市、区老龄办组织公羊会、四叶草等志愿团队到高龄独居老人家庭及社会福利中心、敬老院等养老机构为老年人“送服务”志愿服务。元旦期间，市老龄办提供慰问品，各县(市、区)结合实际配套其他慰问物品，由各县(市、区)、乡镇领导带队，对本市历年推荐评比的“全国孝亲敬老之星”“浙江孝贤”“丽水十大孝贤”等敬老模范44人走访慰问。市老龄办与市养生促进会赴各县(市、区)走访慰问2015年87位新增百岁老人，为老人们颁发百岁老人证书并赠送订制新衣。全年发放高龄老人一次性奖励金351.80万元，其中90岁高龄老人3090人，100岁高龄老人90人。市老龄办被评为2015年度全省老龄工作目标考核优秀单位、老龄信息工作先进单位，刘光烁被评为2015年度省优秀信息员。莲都区、缙云县、云和县老龄办获全省先进县(市、区)老龄办，缙云县、青田县、莲都区老龄办被评为老龄信息工作先进单位，吴耀敏(缙云)、周兆丰(青田)、雷洪敏(莲都)、兰美岳(云和)、刘少林(景宁)5人被评为老龄信息工作先进个人。（刘光烁）

关心下一代工作

【概况】 2015年，丽水市关心下一代工作委员会(以下简称“市关工委”)落实总书记习近平对关心下一代工作的重要指示精神，培育青少年社会主义核心价值观，为青少年办实事、做好事、解难事，推进全市关心下一代事业创新发展。市关工委被中国关工委和中央文明办授予“全国关心下一代工作先进集体”，市关工委副主任黄尚厚等6人获“全国关心下一代工作先进工作者”称号。12月30日，中国关工委主任顾秀莲到丽水考察调研关心下一代工作，对市关工委近年来工作给予肯定，并对丽水市关心下一代工作做出重要批示。

【开展青少年社会主义核心价值观教育活动】 2015年，市关工委宣讲团全年到学校、机关、企事业单位开展宣讲教育活动74场，受教育青少年35000余人次。市关工委、莲都区关工委联合在万象书院建立公民道德教育基地，开展中华传统文化的传承和教育。莲都区关工委与教育局开展学雷锋、传唱“核心价值观童谣”等活动，引导学生践行中华民族传统美德。云和、景宁关工委依托当地爱国主义教育基地，组织青少年“缅怀革命先烈、弘扬民族精神”活动。青田县关工委创建以华侨创业史、青田文化史、家庭教育、感恩教育、法制教育等为主题的“青少年素质教育课件库”，教育引导青少年爱国爱乡思想。庆元县关工委与电影公司开展爱国主义影片进社区、进校园活动。缙云县关工委组织宣讲团开展“慈孝文化”宣讲教育活动，鼓励青少年继承和发扬中华民族传统美德，“从身、从心、从志”践行慈孝观。

【开展抗日战争暨世界反法西斯战争胜利 70 周年纪念活动】 2015 年，市关工委与市教育系统关工委在全市部分大中小学校开展题为《铭记历史 缅怀先烈 珍爱和平 开创未来》的抗日战争暨世界反法西斯战争胜利 70 周年主题图片巡回展，引导青少年了解抗战历史，培养爱国情怀。发挥浙西南革命根据地纪念馆——丽水市关心下一代德育教育基地的作用，全年免费为青少年进行革命传统教育。缙云县开展“勿忘国耻、振兴中华”为主题的宣讲活动，通过县教育网向 40 余所乡镇中小学实时转播。松阳县组织“五老”编写“铭记历史、警示未来”宣讲资料印发到各中小学校。庆元县组织青少年开展寻访抗战老战士、慰问军烈属、瞻仰抗日战争历史遗址等实践教育活动，青少年通过亲身参与，接受抗日战争历史教育。遂昌县利用“红色旅游”资源丰富的特点，组织学生及家长“重走红军路”活动，感受当年红军革命的艰辛，激励发扬艰苦奋斗精神。龙泉市关工委与教育局、民政局邀请宣讲团成员到革命烈士陵园讲革命故事、瞻仰革命烈士纪念碑等系列活动。莲都区开展青少年“阅读一本反映抗战的书籍，观看一部抗战题材的电影，学唱一首抗战歌曲，登录一个抗战主题网页，专门开展一次以抗战为题材的主题团队日活动”的学习教育活动。

【开展青少年法制教育活动】 2015 年，市关工委在各中小学、企业、社区开展“关爱明天、普法先行”“警校共建话法制”“法在心中”“送法进校园”等法制宣传教育活动。市关工委会同市政法委、市公安局、市司法局等单位成立帮教团到丽水看守所开展帮教活动，为未成年在押人员送去法律书籍、日用品，勉励在押人员好好改造，争取早日回归社会。并推动实施合适（代理）成年人制度、附条件不起诉制度，维护青少年合法权益。应当地检察院邀请，青田、云和、缙云等县关工委老同志以“合适（代理）成年人”身份参与未成年犯罪嫌疑人诉讼工作，维护未成年人诉权并给以法制教育。莲都区关工委成立未成年人保护组织联席会议机构，对“失亲、失监、失管、失学、失足”青少年及服刑人员未成年子女进行关护帮扶。同时，组织“五老”以“一对一”“多对一”的方式，与青少年结对，开展关爱活动。全市 2235 名“五老”参与结对青少年 2440 人。

【帮困助学活动】 2015 年，全市关工委系统共筹集资金 915.6 万元，资助贫困家庭大中小学生 3284 人。组织大学新生助学活动，联合省市新闻媒体发动社会爱心人士（企业）结对全市家庭贫困大学新生 704 人、资金 658 万元，得到社会各界赞誉。组织开展“关爱帮帮团”系列活动，推出“捐赠课外书，快乐过暑假”活动，发动社会爱心人士为丽水经济开发区第一中小学捐赠课外书。在莲都区联城小学建立“关爱书屋”，市关工委为学生捐赠第一批书籍 1200 余册。开展“江泰助学·快乐成长”专项助学活动，资助全市 1200 名家庭贫困中小学生，共计发放助学金 120 万元。开展“快报助力高考”活动，联合杭州《都市快报》开展“快报助力高考”活动，为全市 260 名品学兼优且家庭贫困的高三学子，每人给予助学金 2000 元。

【“百名老科技专家联百村”活动】 2015 年，全市聘请老科技专家 127名，确定联系村（龙头企业，示范户）151 个，帮扶项目 155 个。参与“双百”活动的老科技专家，长期吃住在联系点，全程指导农户发展生产，成为农民群众“致富路上的引路人”。遂昌北界村的红提、青田泉山村的千亩桃园、庆元中济村灰树花生产基地、云和清江生态龟鳖养殖专业合作社等科技示范基地成为当地农村经济建设的领头羊。 （何朝健）

省、市关工委联合举行“江泰助学已快乐成长”助学金发放仪式　　何朝健　提供

县（市、区）

莲 都 区

【概况】 2015年，莲都区辖4个镇、5个乡、6个街道、243个村、25个社区、4个镇属居民区，面积1502平方千米，人口40.14万人。全年实现地区生产总值283.19亿元，增长6.5%。其中，第一产业增加值17.48亿元，增长2.3%；第二产业增加值103.04亿元，增长2.2%；第三产业增加值162.67亿元，增长10.1%。实现区属规上工业总产值58.92亿元，增长2.4%；完成固定资产投资146.56亿元，增长16.4%；出口总额14847万美元，增长12.1%；社会消费品零售总额176.68亿元，增长3.9%；一般公共预算收入12.47亿元，增长10.4%。城镇居民人均可支配收入35038元，农村居民人均可支配收入19327元，分别增长8.4%和9.8%。污染减排等约束性指标全面完成。

全年实现农业总产值26.14亿元，增长2.8%。争取并实施国家级农业综合开发现代农业园区试点项目，完成省级现代农业综合区建设，累计建成省级粮食功能区2666.67公顷。处州白莲注册为国家地理证明商标，新增“三品”认证农产品111个。倡导不使用化肥农药，创成省农产品质量安全放心示范县，省级现代农业综合区通过验收。新发展设施蔬菜、高山放心菜66.67公顷，处州白莲40公顷，三叶青33.33公顷，皇菊10.93公顷，铁皮石斛7.33公顷。

工业园区建成区面积由1.80平方千米扩展到2.62平方千米。莲都—义乌山海协作产业园累计完成投资20.81亿元。全区规模以上工业企业50家，规上工业产值占比由57.7%提高到62.6%。培育国家高新技术企业10家。继续深化“四换三名”工程，完成技改投资6.57亿元，清理整顿低小散企业301家，盘活闲置低效用地14.53公顷。新增国家高新技术企业3家、省科技型企业9家、省级名牌和省著名商标2件，新建省级高新技术企业研发中心1个。落实企业帮扶措施，提供应急转贷服务65次、累计金额3.46亿元。

全年旅游总收入42.86亿元，游客接待总人数712.77万人次，分别增长30.0%和25.0%。古堰画乡小镇入选全国首批乡村旅游创客示范基地、全省首批特色小镇、全省首批服务业特色小镇创建名单。利山村创成国家AAA级旅游景区。丽水瓯江风情旅游度假区创成全市首个省级旅游度假区。古堰画乡文化产业基地、通济堰养生文化园等一批生态旅游项目相继落地。莲都区被评为全省首批休闲农业与乡村旅游示范县。

实施旧住宅区、城中村改造项目20个。金丽温高铁、丽武公路、新50省道建成通车，新开通农村公交线路19条。新建“天天乐”文体广场活动点44个，创建市级“乡村春晚”示范县。通济堰入选世界首批灌溉工程遗产名录，“丽水鼓词”入选国家非物质文化遗产名录。先后创成全国义务教育均衡县、省慢性病综合防控示范区、省双拥模范区、省体育强区、省扶残助残爱心城市。完成75个村生活污水治理项目，新增城镇污水管网45.92千米。关停整治非法排污单位414家。开展“个十百千万”结对帮扶活动，全面消除农村家庭人均年收入4600元以下贫困现象。莲都区获省“平安银鼎”，被评为全省美丽乡村创建先进县，连续9年获浙江省社会主义新农村建设优秀单位。

【生态旅游名城创建】 2015年，莲都区从“一个捡不到烟头的城市”“一个不会吃到地沟油的城市”和“一个零投诉的旅游城市”三方面开展生态旅游名城建设。5月31日，在市区滨水公园举行“一个捡不到烟头的城市”“烟头不落地、丽水更美丽”主题实践活动启动仪式，至年底，城区建成120家“无烟单位”，全区所有中小学校均建成“无烟校园”。10月24日，在西城广场开展莲都区打造“不会吃到地沟油城市”启动仪式，专项整治食用油质量安全，设立最高30万元的投诉举报奖励机制，全区检查食用油生产经营单位和食用油使用单位1228家次。10月，莲都区开始打造“一个零投诉的旅游城市”，及时解决旅游发展中的各类矛盾和问题，优化旅游发展环境，完善旅游功能，丰富旅游产品，为旅游者创造一个温馨、舒适、放心的旅游大环境。

【打造大健康主题村落】 2015年，莲都区坚持尊重自然、传承文脉，以植入一个主题、导入一个工商资本、建立一个盈利模式、形成一个共享机制、健全一个服务体系“五个一”为要求，开展大健康主题村落建设。8月开始，重点建设利山、港口、大港头、余岭、新屋等首批12个主题村落，以点带面推进传统村落向主题村落升级，初步形成“一村一品”“一村一景”“一村一韵”乡村格局。同月，出版《港口寻津》《千年余岭》等6本莲都乡愁文化丛书。12月21—22日，在利山村承办全市民宿经济推进现场会。10月，利山、港口、沙溪3个民宿特色村相继整体开业。至年底，全区安排专项资金1000万余元，新增民宿(农家乐)123家，达304家；新增床位1784张，达3311张；民宿(农家乐)接待游客194.96万人次，营业总收入1.28亿元，同比分别增长45.1%和50.3%。

【古堰画乡小镇建设】 古堰画乡特色小镇坐落于浙江省丽水市西南处的大港头镇和碧湖镇境内，距市区20余千米，核心区域包括大港头、堰头和坪地等地，是一个历史悠久、生态良好、人文艺术气息浓厚的小镇，是国家AAAA级旅游景区、国家水利风景区、世界首批灌溉工程遗产和联合国教科文遗产所在地。2015年2月，古堰画乡省级特色小镇创建工作展开。3月，小镇跻身全省首批3家服务业特色小镇创新试点行列。5月15日，全面启动大港头镇木制品企业整治工作，完成154家低、小、散木制品企业(加工点)的整治任务，拆除违章建筑8.18万平方米，清理违法用地22.52万平方米，达到未安排疏导用地、未采用强制措施、未发生上访事件的良好效果。6月，小镇入选全省首批37家省级特色小镇，8月，被国家旅游局评为全国首批20家乡村旅游创客示范基地。9月，成立古堰画乡小镇和创AAAAA景区建设工作领导小组，设立古堰画乡小镇党工委、古堰画乡小镇和创AAAAA景区建设指挥部，以景镇合一的方式推进小镇建设，实现核心景区的“统一规划、统一建设、统一管理、统一执法”。先后完成《古堰画乡旅游发展策划》《古堰画乡特色小镇产业发展策划》《古堰画乡创建国家AAAAA级景区实施方案》编制，小镇以旅游产业发展为主导，依托瓯江水域优良的生态景观和古堰画乡深厚的文化底蕴，凸显水利文化、绘画艺术、民俗文化等资源优势，打造全省首个国家AAAAA级旅游景区小镇和国内著名的艺术休闲度假区、文化产业示范区和生态旅游示范区。11月，景区创AAAAA景观质量通过省级评审。全年接待国内外游客121万人次，同比增长35%，门票收入923万元，同比增长81%。小镇吸引全国近300家高等院校设立艺术教育实践基地，每年接待写生创作人数超12万人次，油画产值1.2亿元，产品远销欧洲、东南亚、日本、韩国等20余个国家和地区。

【推进“三大国家改革试点”】 2015年，莲都区推进“三大国家改革试点”。在农村金融改革方面，拓展农村金融服务功能，组建建信村镇银行、小额贷款公司、民间融资服务中心，完成莲都农商银行改制，建立农村金融服务站235个，完善农地、林地、农房“三权”抵押贷款管理办法，实现“三权”抵押贷款余额10.53亿元。扶贫开发综合改革方面，完成208个村经济合作社股份合作制改革，共登记集体经营性资产5717.6万元，确定股东23.70万人，可发放股权证8万余本，完成股份制改革的行政村均实现集体经营性资产量化到人、发证到户。并对股权实行“生不增、死不减、可继承”静态管理，推进“资产变股权，社员当股东”，促进“确权到人(户)、权跟人(户)走”的农村集体产权制度体系建设。低丘缓坡开发利用改革方面，根据《丽水产业集聚区—生态产业低丘缓坡开发项目(莲都组团)开发实施建设方案》，完成土地征收310公顷、土地清场289.13公顷、场地平整295.4公顷。

【开展“六边三化三美”工作】 2月，莲都区成立深化六边三化三美工作协调推进领导小组，下设12个专项组，设立区六边办，启动“六边三化三美”工作。推进过程中，建立“路段长制”、“5+2”领导干部联系制，出台《莲都区深化“六边三化三美”行动方案(2015—2020年)》《“六边三化三美”项目资金管理办法》等系列制度；实行“日提醒、周通报、月排名、年大考”工作机制，每天通报省、市、区三级交办问题整改、高速沿线23村问题整改、房美改造、三改一拆、“六乱”整治等进度，每月对相关单位的工作绩效进行打分排名，倒逼工作推进；编制《高速公路沿线房屋整治方案》和《房美改造工作指南》。至年底，完成高速沿线房美改造224.12万平方米、完成率436.0%,累计拆除六边区域乱搭建77.09万平方米。莲都区被评为全省“1818”平原绿化行动先进集体。在市考核中,莲都区获5次市级月度考核第一、市级年度工作考核一等奖。(蓝　芳)

龙泉市

【概况】 龙泉市位于丽水市西南部,下辖8个镇、7个乡、4个街道,12个社区、444个行政村,总面积3059平方千米,人口29万人。2015年,实现地区生产总值107.61亿元,同比增长6.1%。社会固定资产投资89.24亿元,同比增长16.7%。城镇居民人均可支配收入、农村居民人均纯收入分别达34130元、15906元,分别同比增长8.3%、10.4%。社会消费品零售总额46.37亿元,同比增长11.8%。一般公共预算收入7.14亿元,同比增长10.2%。实现进出口总额3.64亿美元,同比增长16.5%。

实现规上工业增加值31.32亿元,完成工业投资22.6亿元。深入实施“四换三名”工程,实施“机器换人”项目40个;关停淘汰“低小散”企业146家,改造提升154家,整治拆除违建厂房19.6万平方米;盘活工业用地16.53公顷;实现电商销售额6亿元,增长60.8%。被省政府评为“腾笼换鸟”先进县、“机器换人”分行业试点县、生态工业发展试点县,连续两年创成全国“电商百佳县(市)”。工业园区升格为省级经济开发区,汽车空调零部件特色产业基地获批国家火炬特色产业基地,成为丽水首家国家传统知识知识产权保护示范县(市),获批成立省汽车空调标准化技术委员会。新增国家高新技术企业4家、省科技型中小企业10家。

实现农业增加值5.18亿元,增长2.5%。全面实施农业“双创”三年行动,“两区一园”建设稳步推进,“竹茶菌蔬”和水果、香榧、石蛙、珍贵树种等农林产业扩面增量,食用菌全产业链提升、林科院珍贵容器苗基地改扩建等项目稳步实施。兰巨省级现代农业综合区生态循环模式成为全省样本,八都现代农(林)业综合区通过省级验收。新增无公害农产品、绿色食品或有机产品18个。举办第一届中国灵芝大会、第十五届国际无我茶会,龙泉市获“中国灵芝核心产区”称号,“龙泉黑木耳”“九重天石蛙”成为国家级生态原产地保护产品。

实现服务业增加值48亿元,同比增长13%。列入全省生产性服务业集聚平台建设试点、全省绿色生态型服务业强县(市)创建名单,入选第二批全国信息进村入户试点县(市)。龙泉山二期开工建设,披云山、昴山景区和青瓷文化、宝剑文化两大创意基地等项目推进,龙泉宝剑厂创建AAA级旅游景区。中国青瓷小镇、龙泉宝剑小镇分别列入省第一批、第二批特色小镇创建名单。与武夷山市开展旅游发展战略合作。新发展特色民宿村23个、农家乐65户,举办乡村漫游活动10站。全年接待游客541.6万人次,实现旅游总收入29.65亿元,分别增长25%、33.9%。

争取到省级以上改革试点13项,其中国家级改革试点5项。农村产权制度改革成效明显,实现农村集体资产股份化改革村全覆盖,农村土地承包、宅基地确权登记发证率分别达60%、201%,新增“三权”抵押贷款2.2亿元。入选第一批全国集体林业综合改革试验示范县。全国农村扶贫开发综合改革试点和全国农村金融综合改革试点稳步推进,建成丽水市首个县级扶贫资金互助会联合会,新建村级扶贫资金互助会15个,互助资金总额2785万元。低丘缓坡综合开发利用取得突破,平整场地220公顷,新开发工业用地73.33公顷,供地46.67公顷。推进投融资改革创新,设立规模为3亿元的产业转型升级基金,引导社会资本共同设立10亿元的农业产业基金、1亿元的联合产业投资基金。探索PPP投融资模式,向社会发布18个PPP项目清单。

开展重点项目政策处理攻坚活动,强化土地、资金等要素保障,向上争取用地指标106.8公顷,完成供地58.8公顷,争取国家、省级各类资金20亿元,破解一批历史遗留政策处理难题。衢宁铁路龙泉段胜利开工,龙浦高速龙泉段基本建成,18个省、丽水市重点项目投资完成率为121%。组建8个产业招商组和3支招商小分队实施联动招商,加强龙泉—萧山山海协作产业园平台建设,实际利用内资24.6亿元、实际利用外资1100万美元、浙商回归到位资金11亿元。深入实施“15582”工程,新增市校合作项目129个。

全面推进“美丽县城”三年行动计划,完成第一批城市建设“六个一”并启动第二批“六个一”项目,新建改建城市道路4.5千米,新开发利用地下空间4万平方米,新增城市绿地5万平方米,新设停车泊位1056个。全力治堵、治乱、治脏,实施“鲜花进城”,创建国家园林城市,国家历史文化名城创建通过预验收,西街入选首批中国历史文化街区。推进智慧城市建设,公共场所免费无线网络扩面覆盖,公交IC卡、自行车租赁卡“二卡合一”。全域推进“六边三化三美”,掀起“垃圾革命”和“厕所革命”,市区至安仁、小梅高速沿线和市区至上垟省道沿线52个村环境整治全面完成,“竹海人家·青瓷小镇”沿线成为浙江美丽乡村精品线路。推进历史文化名镇名村、传统村落保护开发，住龙镇获评“全国文明村镇”，小梅镇入选省级文化强镇，宝溪溪头村获“中国人居环境范例奖”。

深入落实“五水共治”市、乡、村三级河长制，创建“清三河”达标县，夺取治水“大禹鼎”。完成“一心五点”园区生态化改造；完成294个村生活污水治理项目建设，所有行政村实现垃圾统一收集处理，垃圾治理“东书模式”在丽水全面推广；城市污水处理率91%。推广农业生态循环模式，关闭、搬迁养殖场230户，建成生态规模养殖场40家。联动开展治山治土治气，淘汰黄标车1163辆。全面深化“三改一拆”和“无违建”创建，拆除违法建筑107万平方米，完成旧住宅区、城中村和旧厂房改造共121万平方米，12个“无违建”乡镇(街道)通过验收复核。

新增“五大社保险”参保2.3万人次。城镇新增就业1796人，失业人员实现再就业758人，城镇登记失业率3.02%。城乡居民基础养老金和失业金标准、企业离退休人员基本养老金标准、城乡居民和职工医保住院统筹报销比例进一步提高。完成机关事业单位养老保险制度改革和工资改革。联动推进扶贫帮困，新增公共租赁住房保障家庭392户，异地搬迁1141户4335人，其中整村搬迁692户2225人。提前一个月全面完成“消除4600”工作，累计7028户17326人，实现“绝不把绝对贫困现象带入‘十三五’”的目标。

实施第二轮学前教育三年行动计划，扎实推进义务教育标准化学校建设，高考上线人数再创新高，培养出金丽衢三地理科状元，青瓷宝剑技师学院获批筹建；新建农村文化礼堂10个，获评全省文化礼堂建设先进县(市)，龙泉晚清民国司法档案入选《中国档案文献遗产名录》；市人民医院完成整体搬迁并投入使用，开展全国县级公立医院综合改革试点和浙江省分级诊疗试点，群众医疗保障水平进一步提升。全面实施“三年平安计划”，开展“百日维稳攻坚大会战”，连续10年被省委、省政府命名为“平安县(市)”。

【工业园区升格为省级经济开发区】 12月21日，浙江省人民政府办公厅正式批复浙江龙泉工业园区整合设立浙江龙泉经济开发区，实行省级经济开发区的政策。浙江龙泉工业园区始创于1996年，2006年升级为省级工业园区，2007年挂牌浙江龙泉工业园区。2010年以省级工业园区为核心的产业集聚区被正式列入全省14个产业集聚区之一，简称丽水生态产业集聚区龙泉片区。2013年，与萧山携手共建省级山海协作产业园。经过近20年的发展，园区已汇聚五金汽配、农林产品精深加工、青瓷宝剑三大产业在内的201家企业，其中规上企业103家(含亿元企业24家)，国家级高新技术企业38家。

【汽车空调零部件产业基地获批国家火炬特色产业基地】 汽车空调零部件产业是龙泉市最具发展潜力的行业，也是该市打造的首个百亿产业，主要产品为汽车空调零部件，上千个品种远销东南亚、中东、北美和欧美等地。龙泉市出台一系列政策，将其作为工业主导产业加以培育，大力招商引资，实施“回归工程”，通过“市校合作”发展战略，推进产业从作坊到规模、从零散到集聚、从小到大、由弱到强，发展迅猛。先后成为“中国汽车(空调)零部件制造基地”“浙江省高新技术特色产业基地”，汽车空调零部件块状经济还成为省级现代产业集群转型升级示范区。2015年被科技部火炬中心批准为“国家火炬龙泉汽车空调零部件特色产业基地”。

【获“中国灵芝核心产区”称号】 灵芝产业是龙泉市农村经济发展的特色产业，该市灵芝和灵芝孢子粉量大质优，在国内外享有很高的知名度。1996年，国务院经济发展研究中心授予该市“中华灵芝第一乡”称号，2010年、2011年，“龙泉灵芝”“龙泉灵芝孢子粉”获国家原产地理标志保护产品称

8月10日，第一届中国灵芝大会在龙泉市开幕　　蒋桂林　提供

号。2015年8月10日,龙泉市在第一届中国灵芝大会上,被国际药用菌学会授予“中国灵芝核心产区”称号。龙泉市依托优质生态环境以及“中华灵芝第一乡”品牌,大力发展灵芝产业取得实效。龙泉市段木灵芝年生产量6万立方米,年产干芝2500吨、灵芝孢子粉1200吨,灵芝一产产值3.4亿元,占农业总产值的16.6%。

【入选第一批全国集体林业综合改革试验示范县】 全国集体林业综合改革试验示范区,是由国家林业局指导林业研究、改革重大问题和开展林业制度创新的重要试验示范区,主要目的是为全面深化集体林权制度改革探索新方法、积累新经验,为修改完善相关政策法律法规提供实践依据。2015年国家林业局共设立集体林业综合改革试验示范区22个,龙泉市入选其中,成为浙江省唯一的示范区。在改革试验任务中具体承担3项任务,主要包括坚持家庭承包经营长久不变的基础上,开展集体林地所有权、承包权、经营权“三权分离”试点;建立健全林业社会化服务体系试点和完善财政扶持制度试点,为进一步深入推进全国农村林业改革发展创造新经验。 (蒋桂林)

青田县

【概况】 位于丽水市区的东南。青田县辖9个镇20个乡3个街道,414个行政村,总面积2493平方千米。2015年底户籍总人口54.55万人。2015年,全县实现生产总值192.60亿元,按可比价格计算,增长8.2%,第一产业增加值7.71亿元,增长2.0%,第二产业增加值109.99亿元,增长7.2%,第三产业增加值74.90亿元,增长10.8%。三次产业结构4.0:57.1:38.9。实现一般公共预算收入14.93亿元,增长7.5%;城镇居民人均可支配收入33787元、农村居民人均可支配收入17103元,分别增长8.1%和10%。全县累计完成固定资产投资110.2亿元,增长15.7%,全年全县实现社会消费品零售总额77.1亿元,增长12.0%,进出口总额6.01亿美元,增长17.9%。

全年实现规上工业增加值85.13亿元,其中高新技术产业增加值16.85亿元,分别增长6.8%和11.7%,增速均居全市首位。开展合力扶工百日攻坚活动,设立行业信贷帮扶基金,帮助企业解决各类难题125个,盘活亿元以上危机企业5家。实施小微企业三年成长计划,新增规上企业36家、产值超亿元企业8家,完成股份制改造2家。推进省“工业化和信息化深度融合”国家综合示范区建设。扎实推进阀门、砂石料等18个低小散行业整治,启动12家阀门企业标准厂房建设,关停砂石料场点56个,全年累计整治提升企业351家、关停淘汰261家。完成工业投资44.5亿元,增长30%,均居全市首位。新增国家高新技术企业3家、省级企业研究院1家、省以上品牌4个,成功引进省“千人计划”1名,入选市“绿谷精英和创业创新团队引领计划”2位。

全年实现农业总产值11.7亿元,增长3.3%。新建粮食功能区356.67公顷。建成“百斤鱼千斤粮万元钱”基地0.08万公顷,新增杨梅投产面积133.33公顷,新建良种油茶基地0.07万公顷,全县良种油茶基地累计0.45万公顷。培育规模养殖场3家、中药材基地30公顷、果园163.33公顷,新增无公害农产品17个、有机农产品2个。编制全县农产品加工园区规划,新增农产品加工基地6.87公顷,创建市级生态精品农业示范乡镇1个、示范基地10个,栖霞山现代农业综合区通过省级验收。培育市级农业示范主体27家、新型林业经营主体12家、县级农业龙头企业7家。

全年实现服务业增加值74.9亿元,增长10.8%;实现社会消费品零售总额77.1亿元,增长12%。建成侨乡进口商品城第二市场和保税仓库,启动第三市场建设,推出“侨海购”网络销售平台,进口商品城营业面积2.3万平方米,实现销售额1.6亿元。建成黄垟综合市场,新增省级诚信示范市场1家、放心市场4家。开工建设北山旅游小镇,引进祯旺源“仙峡谷”度假区、小舟山精品民宿等一批旅游项目,全年接待游客700.6万人次,实现旅游总收入114.85亿元,分别增长20.8%和28.1%。实施侨家乐项目5个,新增农家乐综合体2家、民宿床位900张,实现农家乐直接营业收入4574万元,增长86.1%。组建青田财富中心,引进温州银行、品今控股、东方邦信等金融机构,年底本外币存、贷款余额分别达497.19亿元和220.45亿元。成立县电子商务公共服务中心,新建农村电子商务服务站291个,电子商务网络零售额突破18.31亿元,增长101%。

全年完成固定资产投资110.25亿元,增长15.7%,其中民间投资63.21亿元,占57.3%。开展百日攻坚、重点项目服务月等活动,金丽温铁路扩能改造、青少年活动中心等一批重点项目建成,天然气长输管线、湖边至巨浦公路等一批项目加快推进,县养老中心、县城水利枢纽等一批项目开工。实施青商回归、华侨要素回流工程,举办第二届世界青田人大会,引进杰邦鞋服、杭泰林农光伏等19个大项目,完成浙商回归到位资金22.14亿元,居全市第一。

实施“美丽县城”建设三年行动计划,推进城市欧陆风情改造,完成新大街、临江东路、县城西入口房屋外立面改造2.9万平方米，修建欧式景观10处，提升绿化1.3万平方米。制定城市街道分类管理标准，完善数字城管工作机制，通过省级文明县城、省级卫生县城复评。完成少年宫路、江桥路、上店街里弄小巷改造，新增城区停车位600个、地下空间4.4万平方米，更新公交车8辆。

编制完善特色小镇规划，山口石雕小镇列入全省第一批特色小镇创建名单。建成县农村饮水安全工程水质检测中心，改造偏远山村饮用水设施30处，完成农村生活污水治理192个村，整治山塘36个，改造提升农村公路等级128千米、整修路面61千米、实施安保工程98千米。完成省级历史文化村落保护项目3个，创建省级森林村庄4个、市级美丽乡村示范村2个，打造精品村5个。农村土地确权登记率60%以上，新增农村房屋产权、土地流转经营权、林权抵押贷款余额2.16亿元。

深化“六边三化三美”行动，集中开展“两路两侧”环境综合整治，新改造农房外立面65.1万平方米，建成国省道美丽乡村示范路段25千米。推进“五水共治”，完成河道保洁2400千米，新建中小河流堤防7.4千米，各监测断面水质达标率100%。持续推进“三改一拆”，拆除违法建筑174.2万平方米，改造旧住宅区30万平方米、城中村40.4万平方米、旧厂区28万平方米，创建“无违建乡镇”18个。编制《青田县环境功能区划》，新增国家级生态乡镇11个。淘汰黄标车1915辆、高污染燃料锅炉116台，全年空气质量优良天数占比93.9%。

开展省级加快社会事业改革发展试点，引进伯温学校、康宁医院迁建等民办项目。实施基础教育提升计划，投入校建资金2.13亿元，建成华侨中学三期、贵岙乡小学综合楼等项目，通过国家级义务教育发展基本均衡县验收。全面完成49所无证幼儿园整治提升任务，创建等级幼儿园18所。全县高考第一批上线422人，实现“八连增”。启用县文化会展中心，建成农村文化礼堂14个。大力开展文化走亲活动，青田鱼灯、龙凤灯舞赴海外交流表演。创建省级体育强县。健全基层医疗机构发展机制，开展分级诊疗试点，完成腊口、石溪等卫生院整体搬迁。

开展精准扶贫，家庭人均年收入4600元以下贫困现象全面消除。落实社会保险制度改革各项举措，新增养老、医疗、失业、工伤、生育等五项保险13467人，增加财政支出2.87亿元。健全公共就业服务体系，新增城镇就业2049人，城镇登记失业率3.2%。推进保障性住房建设，新开工255套，竣工130套，分配到户86套。加快农民异地搬迁步伐，完成腊口安置小区建设，整体搬迁小规模自然村58个、2686人。开通城市社区“一键通”养老服务系统，新建城乡居家养老照料中心49个。加强社会救助工作，发放低保金5200万元、医疗救助金1500万元、助学金407万元、残疾人生活保障金930万元。年度“十件实事”全面完成。

【浙西南地区首个进口商品城】 1月27日，浙西南首个进口商品城—中国青田侨乡进口商品城开业。商品城是集商品展示、电子商务、休闲购物、旅游观光为一体的浙西南商贸实验区，将成为面向全国的进口商品展销平台。主要经营国外原装进口商品，红酒、食品、保健品、百货（日用品）、服装鞋帽、化妆品等。所有商品均通过海外代购或代理直销方式进口，商品价格极具竞争优势。入驻的商家可享受税收、租金和保税仓储等优惠和海关、商检等配套服务。

【中国青田侨乡进口商品城开业】 中国青田侨乡进口商品城，为浙西南地区首个进口商品城。商品城位于青田油竹街道，总规划建筑面积32.76万平方米，分两期建设，其中一期5.86万平方米，二期26.9万平方米，商品城集商品展示、电子商务、休闲购物、旅游观光为一体。

1月27日，商品城一期第一市场开业，145间商铺，划分为红酒区、日用百货区、食品区、服装区，经营进口红酒等万余种商品。有来自欧洲、南北美洲等43个国家和地区的60余家侨

青田县大仁村全景　　姚润青　提供

商企业入驻。11月7日,商品城一期第二市场开业,总建筑面积8000平方米,48间商铺,招商入驻企业20余家,主要经营各类国外原装进口商品,包括食品、保健品、日用百货等,在第一市场的基础上,新增囊括亚洲、欧洲、非洲、南北美洲、大洋洲的万余种商品。2015年两个市场销售额1.6亿元。

【成立全市首个企业首席信息官(CIO)俱乐部】 1月28日,青田县成立全市首个企业首席信息官(CIO)俱乐部,提升信息化应用水平,促进产业转型发展。俱乐部主要由具有信息化建设基础的骨干企业、信息服务运营商和专业信息工作人员组成,会员间可交流先进的信息化建设经验和智力资源,逐步转变发展观念。

【建成国内首条山茶油冷榨全物理加工生产线】 2015年,青田县与省林科院合作开发国内首条山茶油冷榨全物理加工试生产线。该生产线日处理油茶籽2吨,日生产茶油300~400千克,生产成本减少50%以上,可最大限度保障山茶油营养物质完整和保存原生态色泽、香味。

【青田油茶林种植总面积连续4年居全省首位】 2010—2014年,青田县累计投入8000万元,改造低产、低效林0.53万公顷,流转林地0.33万公顷,年均新增油茶种植面积0.07万公顷,油茶种植总面积1.83万公顷、连续4年居全省第一。其中,新建高产良种示范基地0.07万公顷,新品种种植面积0.4万公顷、居全省首位。

【基本侨情调查显示华侨华人33万人】 3月24日,青田县公布最新基本侨情调查结果。现有海外华侨华人32.8万人,其中,华侨28.0万人,华人4.8万人,其他涉侨人员549人。青田籍华侨华人分布在世界121个国家(地区),旅居欧洲、南美洲、北美洲的分别占91.31%、6.77%和0.62%。有侨团251个,华文学校21所,华文媒体12家,回国投资的侨资企业491家。

【全国首套石材质邮票《青田石雕》发行】 4月30日,全国首套石材质邮票《青田石雕》在青田发行,每套4枚,票面总值2.7元,发行总量为3000套。该套邮票以紫袍玉带石为基质,以周佰琦、林如奎、张爱廷、倪东方等4位国家级工艺美术大师的代表作品为背景图案,采用传统青田石艺雕刻技术制作而成。

【青田入选全国县域经济百强县】 4月29日,中国社会科学院财经战略研究院发布《中国县域经济发展报告2015》,报告基于全国400强样本县(市)的县域经济竞争力、发展潜力和创新能力等3个评价指标体系分别遴选出2014年全国县域经济竞争力百强县、全国县域经济发展潜力百强县和全国县域经济创新力50强。青田县榜上有名,为全市唯一,分居"全国县域经济最具竞争力百强县"第85位、"全国县域经济最具发展潜力百强县"第81位。其中"最具发展潜力"主要分项指标"金融便利指数"居全国第三。

【举办第二届世界青田人大会暨第三届浙商大会青田分会】 11月7—9日,以"新常态、新侨乡、新发展"为主题的第二届世界青田人大会暨第三届浙商大会青田分会在青田会展中心举办,来自50个国家和地区的400余位海内外青田籍同胞齐聚美丽的瓯江之畔,共商发展大计,共创美好未来。大会共设开幕式、青田县世界青田人联谊总会第二届理事大会、"一带一路"与华侨经济文化国际研讨会、专题投资项目恳谈会、青田台湾两地交流座谈会以及海内外青田人书画作品展等四大类21项活动。联合国原副秘书长、联合国可持续发展大会秘书长沙祖康,中国侨联副主席乔卫,市委副书记、代市长朱晨出席开幕式并讲话。

【丽水市"浙江制造"产品实现零突破】 2015年,青田绿水股份有限公司产品"卧式螺旋卸料沉降离心机"通过"浙江制造"品牌认证现场评审,成为丽水市首个"浙江制造"产品。青田绿水股份有限公司长期致力于污水处理、废气生物处理等领域的技术及设备研究开发,其环保机械产品类产品处于国内领先水平,是全国治污设备行业龙头。已建有"上海研发中心"和"省级分离机械研发中心",并获国家授权专利30余项。

【青田中医师入围全国基层名老中医药专家传承工作室建设项目】 2015年,国家中医药管理局在全国县级中医医疗机构遴选一批基层老中医专家开展全国基层名老中医药专家传承工作室建设项目,探索基层名老中医药专家经验传承和基层中医药人才培养的有效方法及培养模式。中医院主任中医师张兆和入围。入围后,主任中医师张兆和组建工作室团队,利用三年时间,收集整理老中医专家医案、处方、学习笔记、读书临证心得、论文等原始资料,建立老中医专家临床经验资料库。同时,培养6名以上继续人。

【建立全省首个综合性"一站式"金融服务超市】 11月23日,省内首个集银行、保险、资产管理公司、信托投资代理机构和房产评估机构为一体的综合性一站式金融服务超市——青田财富中心开业，中心集合各大传统金融机构进驻的基础上，创新地引进东方资产管理公司和品金资产管理公司等国内优质资产管理机构，率先试点销售境外信托投资产品、海外保险产品，不设门槛地为侨乡居民及30万海外华侨提供多样化的金融理财产品和丰富的金融投资选择。（姚润青）

云 和 县

【概况】 位于丽水市区的西南。云和县辖3个镇、3个乡、4个街道，8个社区、168个行政村，总面积978平方千米。2015年底总人口11.33万人。

2015年，实现地区生产总值54.34亿元，增长8.9%。其中，第一产业增加值4.42亿元、第二产业增加值27.55亿元、第三产业增加值22.37亿元，分别增长2.1%、7.8%、11.8%。三次产业增加值结构从2014年的8.5:52.2:39.3调整为8.1:50.7:41.2。固定资产投资41.72亿元，增长15.8%。一般公共预算收入4.29亿元，增长9.1%。城镇居民人均可支配收入31053元、农村居民人均可支配收入14108元，分别增长8.1%和10.3%。云和县与全省同步摘掉欠发达帽子。

推进"四换三名"，完成5家企业腾笼换鸟，实现空间换地2.5万平方米，实施10家企业"零地技改"，节约用地1.33公顷，2家企业入选市首批"三名"培育试点企业。启动实施小微企业三年成长计划，完成208家"低小散"企业（作坊）和35家阀门企业整治；开展省级生产性服务业集聚平台试点，推进小微企业产业园、玩具木材加工配送中心、滚漆中心等平台建设，建成39幢标准厂房，实现43家小微企业入园生产。工业园区被列入省级循环化改造示范试点园区，华宏公司通过国家发改委和工信部合规备案审核，和信公司原创动漫《木木部落》获全国动画片一等奖。全面落实旅游产业提升三年行动计划，完成《云和县旅游产业发展总体规划（2015—2030）》；基本建成梯田农耕体验等3条精品旅游线路，建成梅竹等5个露营基地，小顺村创成景区化示范村，云和湖获批省级旅游度假区，云和梯田列入国家湿地公园建设试点；举办云和梯田开犁节等活动，云和县获评"游客最喜爱的浙江亲子旅游十佳目的地"。全年接待国内外游客422.19万人次，同比增长20.12%，实现旅游综合收入20.19亿元，同比增长31.22%。加快发展农家乐民宿经济，全年新增星级农家乐34家、床位768张，实现农家乐民宿直接营业收入6178万元，同比增长39.1%。加速推进电商产业发展，开通"阿里巴巴·云和木玩产业带"，创成巧云、高胥2个淘宝村，建成15个"E邮柜"，云和木玩入选"中国质造·浙江好产品"，被评为浙江区域名牌，全年实现网上交易额9.2亿元。鼓励企业对接多层次资本市场，隐想家旅业等8家企业在省股交中心挂牌。打造农业生态品牌，朱村茶叶绿色防控示范基地建成，"仙宫雪毫"、山兰牌黑木耳分别获浙江绿茶博览会和省农博会金奖，云和梯田农业系统被评为中国重要农业文化遗产。重视农产品质量安全，新增无公害、绿色、有机农产品17个，创成初级农产品追溯体系示范县。培育新型农业经营主体，新增农业龙头企业1家、示范性农民专业合作社2家、精品示范家庭农场20家。发展休闲观光农业，"石浦花海"美丽初显。

坚持将"美丽县城"建设作为"一号工程"，全面落实城市提升三年行动计划。健全规划体系，编制完成城市排水防涝等5个专项规划。建成环浮云溪6.7千米绿道网，完成仙宫大道"童话视窗"、新建路童话特色示范街等一批精品项目，完成建筑立面改造65幢、雨篷改造2360个。全面实施城市"网格化管理"制度，推进市容环境综合整治，通过国家卫生县城第三轮复审和省示范文明县城复评。深化"三改一拆"行动，实施"路段长制"，全年拆除违法建筑46.4万平方米，完成"三改"64.4万平方米。全力推进中心村培育、特色村建设和历史文化村落保护利用工作，建成中心村6个、精品村5个、特色村4个、美丽宜居示范村3个，完成15个历史文化村落年度建设任务。实施农民异地搬迁工程，全年实现异地搬迁508人。推进"六边三化三美"，完成"六边"区域立面改造115万平方米、菇棚外观整治90万平方米，"十里云河"被评为浙江省最值得期待美丽乡村风景线，"红色小顺""多彩规溪"成为云和县美丽乡村精品示范样板。不断夯实农村水利交通基础设施，全面完成中央财政小型农田水利重点县项目，新建灌溉渠道92千米、整治山塘11座；推进中小河流治理、独流入海瓯江治理工程，新建和加固堤防7.1千米；完成农村公路安保工程32.8千米、提升改造36千米。基层防汛防台体系规范化建设、山洪灾害非工程措施防治项目通过省级验收。推进"五水共治"，落实"河长制"，完成云和湖水上安全整治和83个村生活污水治理，建成污水处理厂二期工程，新建城区污水管网19.8千米，探索"垃圾兑换超市"等环境治理新模式，在全市率先创成全省首批节水型社会建设县。实施环境功能区划，紧水滩库区水环境功能区调整方案获省政府批复同意。统筹推进治山、治土、治气，新增"三沿"景观林156.67公顷，减少施用化学农药2.65吨，空气优良率97.9%,公众生态满意度名列全省第二。

健全招商工作机制,单设县经合办(招商局),新设置7个专业招商办和4个驻外招商点,实施精准招商,全年引进24个项目,实现合同利用市外内资26.67亿元、实际利用市外内资12.53亿元,合同利用外资850万美元、实际利用外资850万美元,浙商回归到位资金5.4亿元。开展“项目攻坚破难”专项活动,开工建设城南安置区、云龙公路改建工程,推进养生文化村、商贸物流城二期项目,复兴路(53省道县城过境段)建成通车,全市首个风力发电站黄源风电场并网发电,全年完成固定资产投资41.72亿元,同比增长15.8%。破解古坊小学、城东路南段、云和中学等征迁“卡脖子”难题,完成垦造耕地219.07公顷,盘活存量建设用地30.10公顷,筹集基本建设资金9.15亿元。调整城镇土地使用税,促进土地节约集约利用。推进农村集体产权制度改革,完成土地流转133.33公顷、林地流转566.67公顷、宅基地流转6137平方米,农村宅基地使用权确权登记发证率90.3%。探索开展“空闲农房二次创业”,成功租赁空闲农房151幢。推进农村金融改革,全县“三权”抵押贷款余额6.27亿元,在全国率先开展生态公益林未来补偿收益质押贷款试点,受到《人民日报》等主流媒体关注。省级重点生态功能区小城市培育试点工作考核获优秀,云和县入选首批国家中小城市综合改革试点。

创成省标准化学校2所,高考第一批上线人数再创新高,高职单考单招上线率连续两年保持100%。推进省级卫生强县创建工作,创成省级慢性病综合防控示范区和市级卫生强乡镇(街道)3个,云和中西医结合医院对外营业,民营医疗机构床位数占比20.8%。新增文化礼堂2个,实现农村应急广播体系建设全覆盖,《云上5天》获“美丽浙江”微电影大赛二等奖。举办第二届全民运动会,通过省级体育强县复评。开展就业服务,城镇登记失业率控制在3.15%。开通全省首个农民网络学院,全年完成农民培训1.1万人次。启动机关事业单位养老保险制度改革,全民参保登记率100%。推进被征地农民转保工作,1.23万名被征地农民转保城镇职工养老保险。实施保障性安居工程,基本建成保障房334套、竣工160套。深入推进“暖巢”工程,建成居家养老服务照料中心21个。做好全国“救急难”试点工作,全年救助困难群众4653人次。建成残疾人康复指导中心并投入使用。实施精准扶贫,全面消除家庭人均年收入4600元以下贫困现象。深入实施“平安夺金三年行动”,抓好“大调解”体系建设,矛盾纠纷调处成功率97.83%,信访考核名列全市前茅。做好食品安全和地质灾害防治工作,建成食品药品农产品检测中心并免费向公众开放,全年新增避灾场所9个。加大安全生产监管和重大隐患排查力度,安全生产事故起数和死亡人数同比分别下降6.7%和27.3%。加强社会治安防控体系建设,严密防范和严厉打击违法犯罪活动,社会安全度满意率98.77%。

【云和梯田入选中国重要农业文化遗产和国家湿地公园试点】 2014年8月,云和县向农业部提交《中国重要农业文化遗产浙江云和梯田农业系统保护与发展申报书(2014—2024)》。2015年10月,农业部公布23个中国第三批重要农业文化遗产入选名单,云和梯田农业系统位列其中。云和梯田农业系统以粮食生产为主,兼顾发展高山蔬菜的农业生产系统。云和梯田范围以云和县崇头镇下垟村为中心,涵盖崇头、梅源、南山等11个行政村,区域位置为东经119度29分,北纬28度02分,海拔高度为300~1200米,总面积51平方千米,其中梯田面积901.9公顷。

2015年,经国家林业局批准,云和梯田湿地公园成为国家湿地公园试点,是丽水第二个国家湿地公园,也是继云南红河哈尼梯田国家湿地公园后全国第二例梯田类国家湿地公园。

【《云上5天》获“美丽浙江”微电影大赛二等奖】 11月,云和县微电影《云上5天》获第二届“美丽浙江”微电影大赛二等奖。此次大赛由省文联、省电影家协会联合主办,共有参赛作品372件,入围60件,分别评出一、二、三等奖作品2件、5件和11件。《云上5天》成为丽水市唯一一部入围作品,也是此次大赛中唯一一件由地方宣传部出品的作品。

【云和县率先通过省政府节水型社会创建工作验收】 2015年,云和县结合中央和省、市相关部署要求,投入资金3.31亿元,全面推进节水型社会建设创建工作,初步建立协调高效的水务一体化管理体制,各项节水制度得到有效落实,水源地保护坚强有力,水环境综合整治全面推进,水生态环境修复富有成效。12月,云和县节水型社会建设工作通过省政府验收,成为全市首个通过省级验收的县。

【云和黄源风电项目一期实现并网发电】 2015年,全市首个风电项目——黄源风电项目一期实现并网发电。该项目被列入国家“十二五”第二批风电项目计划,首期用地面积1.48公顷,总投资3.4亿元,安装单机容量1500千瓦的风电机组23台,总装机容量

3.45万千瓦。

【云和县电子商务】 云和县实施全民创业，鼓励年轻人投身电商创业，并上线运行“云和木玩产业带”，推动全县电子商务发展。6月，在阿里研究院发布的“2014中国电子商务发展百佳县”榜单中，云和县列全国第37位，连续两年蝉联全市第一。9月，在阿里研究院发布的“2015年网商创业最活跃的25县”榜单中，云和县列全国第15位，是全市唯一上榜的县。年底，云和县共有网店865家，网上从业青年3000余人，全年实现网上交易额9.2亿元。（叶臻阳）

庆 元 县

【概况】 位于丽水市区最南部。庆元县下辖3个街道、6个镇、10个乡，总面积1898平方千米。2015年底总人口20.57万人。

2015年，实现完成生产总值57.07亿元，增长8.7%；人均地区生产总值4.1万元，增长8.9%；固定资产投资47.76亿元，增长15.8%，规上工业总产值64.03亿元，增长1.2%；财政总收入5.59亿元，增长11.5%，一般公共预算收入3.55亿元，增长12.7%；外贸出口总额8732万美元，增长7.9%；社会消费品零售总额28.48亿元，增长11.7%；城镇和农村居民人均可支配收入28454元和12973元，分别增长8.2%和9.9%。旅游总收入9.7亿元，接待游客总人数超过205万人次，分别增长39.7%和30.1%。三次产业结构优化为13.6:42.1:44.3，第三产业比重首次超过第二产业，荣膺中国绿色竞争力最强县。

实施特扶项目24个，完成投资4.9亿元。百花岩风电场项目签约，兰溪桥水库扩建、庆元徒步城、菊隆中学迁建等一批项目前期取得实质性进展，衢宁铁路、公安技术大楼、屏都110千伏输变电工程等一批项目开工建设，电子商务创业园、公共服务中心、马蹄岙电站扩容等一批项目完成主体工程，高速连接线、蓬源线改建等一批交通项目完成年度任务，濛洲花园、银河湾广场等一批房地产项目完成建设，新香菇市场交易区、同心新村（一期）等一批民生工程竣工并交付使用。

方格、百兴等企业生物科技产品打开国内外市场，双枪、鸿星等企业技改项目加快实施，双苗尖风电、屏都综合新区生物质发电等新能源项目开工。电商企业网络零售额14.7亿元。坚持帮扶与整治并重，推出转贷基金和“助保贷”服务平台，全力帮扶困难企业，完成下宅洋等区块106家企业停产整治。引进淤上长砻农业综合体，余村林药林菌复合经营示范基地被认定为国家级林下经济示范基地。百山祖避暑乐氧小镇和香菇小镇分别列入省级特色小镇培育和创建名单。完成农家乐投资1.2亿元，建成“溪岸图”等一批特色民宿，举办贤良亲水季等民俗体验活动20余次。

屏都综合新区一期道路、给水污水管网等基础设施建设基本完成，屋顶分布式太阳能、小微企业孵化器基地、商务核心区等项目前期进展顺利。打通濛洲街断头路，完成五都污水处理厂、江滨路景观提升、城市亮化、自来水加压管网工程等项目，加快推进和家园、县农民学校等项目建设。取缔马路市场10处，改造公厕22座，市容市貌“六乱”现象得到遏制，通过省级卫生县城复评。实施“六边三化三美”行动，改造农房外立面119万平方米，县城至百山祖、县城至曹岭美丽乡村风景线，及美丽乡村精品村建设成效初显，月山省级历史文化村落保护利用项目通过验收，获全省美丽乡村创建先进县。

着力保障和改善民生，民生类支出16.82亿元，占一般公共预算支出69.6%。发放社会保障卡17.7万张，完成农民异地搬迁677户2032人，全面消除家庭人均年收入4600元以下贫困现象。完成坑西小学扩建，同济、洋墩幼儿园完工并引入优质民办教育资源。实现中医院与省中山医院重点专科托管合作，推进基层责任医生签约服务。举办第三届全民运动会，承办系列省市文体赛事。农村应急广播体系建设实现全覆盖。

【新香菇市场交易区交付使用】 1月20日，庆元县举行新香菇市场开业启幕仪式。作为全国独家命名的“中国香菇城”，新香菇市场投入试运营。中国食用菌协会会长张祥茂，副市长徐子福，中国供销农产品批发市场控股有限公司副总经理杨志华，省兴合集团公司总裁何忠民，县委书记杜光旻，庆元香菇市场有限公司董事长王威振为新香菇市场开业启幕。县长叶青主持仪式。

香菇市场迁建及物流中心建设项目，总投资16亿余元。项目一期A、B、C楼主体工程全部完成，沿街商铺大部分移交客商，新香菇市场将以“中国香菇城”和“全球食用菌采购中心”的高度定位及总面积39万平方米的规模优势，为入驻商户提供包括交易、科研、信息平台、仓储物流、生态旅游等全方位、多样化、低成本的一站式服务，在金融和政策服务上给予商户大力支持，全面助力商业经营，推动入驻商户快速成长，带动庆元、带动中国菌菇产业走向世界，开启全球菌菇产业发展的新纪元。

【衢宁铁路庆元段开工建设】 11月10日，衢宁铁路庆元段开工建设动员会在屏都街道赤坑洋站场区块举行,标志着衢宁铁路庆元段正式开工建设。省发改委副巡视员张黎明,市人大常委会副主任、县委书记杜光旻,副市长徐子福,市发改委主任邝平正,九景衢铁路浙江有限公司副总经理、总工程师、衢宁铁路项目指挥长俞醒,叶青、叶丽娅、徐为民等县四套班子领导参加开工建设动员会。县委常委、常务副县长李见阳主持开工建设动员会。

衢宁铁路庆元段作为"入闽"道,总长约27.162千米,总投资21.2亿余元,是庆元县迄今为止投资规模最大的单体项目。铁路线路由黄田镇上洋村梅溪大桥至屏都街道白岭头村菖蒲岗隧道,进入福建省松溪境内。工程包括隧道7座、桥梁11座、路基11段、涵洞7座、站场2座,桥隧比例80%以上。

衢宁铁路庆元段开工建设动员会　　郑　君　提供

【屏都110千伏输变电工程开工建设】 11月14日,庆元县110千伏屏都输变电工程正式开工建设。屏都作为庆元县主要工业重镇,随着"一县双城"县城规划建设的不断推进,区域内用电负荷剧增,特别是屏都工业区企业生产用电和衢宁铁路庆元车站施工用电的增加,使得现有供电无法满足该区域发展用电需求,建设110千伏屏都输变电工程迫在眉睫。110千伏屏都变电站工程总投资9600万元,预计于2016年年底建成投运。

【县内首家企业新三板挂牌上市】 7月24日,浙江三禾竹木科技股份有限公司正式在全国中小企业股份转让系统(即"新三板")挂牌交易,"三禾科技"(股票代码:832835)首日每股交易价格6元。"三禾科技"成为庆元县首家在"新三板"挂牌交易的企业。"三禾竹木"于2004年2月成立,注册资金1626万元,厂区占地面积2.67公顷。三禾竹木是一家集研发、生产、销售于一体的现代新型林业科技型企业,公司生产的产品有环保型工艺竹筷、环保型工艺竹砧板、整竹展开砧板等,连续11年获"庆元县工业十强企业"。

"新三板"是继沪、深交易所之后,国务院批准设立的第三家全国性证券交易场所,是建立成熟的多层次资本市场的一部分。"新三板"主要为创新型、创业型、成长型中小微企业的发展服务,被称为中国的"纳斯达克"。能够在"新三板"挂牌的企业大多属于信息技术、先进制造、新材料、节能环保等战略性新兴产业。　(李　波)

缙　云　县

【概况】 位于丽水市区的东北。缙云县辖7个镇、8个乡、3个街道,253个行政村,总面积1503平方千米,2015年底户籍总人口46.43万人。

2015年,实现地区生产总值190.2亿元,比2014年增长5.3%,其中:第一产业增加值10.1亿元,第二产业增加值106.1亿元,第三产业增加值74.0亿元,分别增长2.4%、3.0%和9.8%。人均生产总值52505元,比2014年增长4.9%。三次产业结构从2014年的5.3:58.1:36.6调整为5.3:55.8:38.9。

实现农林牧渔业总产值15.34亿元,比2014年增长2.8%,其中:农林牧渔业产值分别为9.50亿元、1.87亿元、3.68亿元、0.19亿元,分别增长4.2%、增长4.5%、下降1.9%、增长9.7%。农作物总播种面积20501公顷,比2014年增长0.1%。其中粮食播种面积为10495公顷,比2014年减少0.5%;药材种植面积534公顷,增长0.6%;油料种植面积1737公顷,增长1.0%;蔬菜种植面积6448公顷,增长1.5%;花卉苗木面积163公顷,减少2.4%。粮食总产量57871吨,比2014年下降2.3%;肉类总产量13286吨,比2014年下降9.2%,其中:猪牛羊肉产量8507吨,下降7.8%;禽蛋产量4148吨,下降0.5%;牛奶产量18吨,与2014年持平;生猪出栏8.15万头,下降6.3%;家禽出栏303.91万羽,下降15.2%。水产品总产量1730吨,增长5.9%。完成水利建设投资4.25亿元,完成县级小农水18个项目建设。完成天寿寺、南坑、天井、红卫、何山头、塘坑水库除险加固工程;完成浣溪段、长兰堰坝段、马渡段、五云段堤防治理工程长度6千米;完成农村河道整治7.66

千米。综合整治山塘28座，改造渠道20.0千米，改造排水沟4千米，新增高效节水灌溉面积50公顷。完成前路村、南溪村、大雅畈村、凝碧村、七里村、三马东村河道综合整治工程5.03千米，解决饮水不安全人口2.05万人。农业化肥施用量32712吨，比2014年下降0.8%；农村用电量13081万千瓦时，比2014年增长7.2%。

实现全部工业增加值95.53亿元，比2014年增长1.8%。实现规模以上工业增加值70.62亿元，增长0.8%。其中：高新技术企业增加值22.97亿元，比2014年增长3.1%；战略性新兴产业增加值11.35亿元，比2014年下降2.8%；装备制造业增加值52.71亿元，比2014年下降0.3%；占规模以上工业增加值比重分别为32.5%、16.1%和74.6%。全年钢材产量67.63万吨，比2014年增长6.3%，散装水泥产量243.5万吨，比2014年增长0.1%，金属切削机床40103台，比2014年下降2.3%。全年新产品产值110.36亿元，比2014年增长7.9%，占规上工业产值的31.6%。完成建筑安装工程79.15亿元，比2014年增长25.9%；实现建筑业产值和建筑业增加值26.08亿元、10.60亿元，分别比2014年增长11.8%、14.6%，建筑业对全县GDP增长的贡献率15.4%，较2014年提高5.3个百分点。

实现固定资产投资107.4亿元，比2014年增长16.8%，完成年度计划100.4%。非国有投资(全部为民间投资)65.68亿元，增长9.1%，占固定资产投资的61.2%。在固定资产投资中，第一、第二、第三产业投资分别为4.96亿元、25.48亿元、77.01亿元，比2014年增长23.8%、1.1%、22.6%。其中工业技改投资23.7亿元，增长39.4%。全年投资项目363个，比2014年下降5.0%，其中新开工项目246个，下降4.7%。房地产投资完成16.2亿元，下降15.6%。全县房屋施工面积312.7万平方米，比2014年下降25.5%，其中住宅116.6万平方米，下降11.7%。商品房销售面积24.0万平方米，增长3.0%。

实现社会消费品零售总额65.85亿元，比2014年增长12.3%，其中，城镇的消费品零售额51.97亿元，比2014年增长11.6%；乡村消费品零售额13.87亿元，比2014年增长14.9%。批发业零售额8.03亿元，比2014年增长11.3%；零售业零售额47.62亿元，比2014年增长12.8%；住宿、餐饮业零售额0.39亿元、9.81亿元，分别比2014年增长5.6%和10.7%。年底全县已登记的商品交易市场17个，其中网上交易市场1个。完成进出口总额8.16亿美元，比2014年增长13.5%，其中出口总额8.04亿美元，比2014年增长14.1%。全年实际利用外资4800万美元，完成年度任务100%。

交通运输、仓储和邮政业实现增加值7.54亿元，比2014年增长5.5%。公路货运量323万吨，货运周转量18310万吨千米，分别下降12.5%、15.6%；公路客运量611万人次，客运周转量20450万人千米，分别下降9.8%、9.9%。铁路旅客运输量20.53万人，比2014年增长8.0%，铁路货物运输量30.0万吨，比2014年增长0.9%。邮电业务收入2.83亿元，比2014年增长0.6%。其中，邮政业务收入0.47亿元，增长38.2%；电信业务收入2.35亿元，下降3.6%。年底全县固定电话用户7.35万户，下降11.0%；移动电话用户44.93万户，增长1.3%。全县常住居民固定电话和移动电话普及率分别为20.3部/百人和124.0部/百人。年底互联网宽带接入用户数8.99万户，比2014年增长19.9%。

全年接待游客1534.88万人次，比2014年增长21.4%，实现旅游总收入82.25亿元，增长27.9%，其中入境旅游者1.54万人次，旅游外汇收入1720万美元，分别比2014年增长15.3%、16.4%。其中，仙都景区接待游客273.88万人次，比2014年增长28.0%；门票收入3099.6万元，比2014年增长30.9%。

实现财政总收入17.95亿元，比2014年增长2.3%；一般公共预算收入11.01亿元，比2014年增长10.2%，一般公共预算支出28.97亿元，比2014年增长14.0%。年底全部金融机构人民币存款余额222.03亿元，比2014年增长1.1%，比2014年回落6.4个百分点。年底较年初新增各项存款3.49亿元，比2014年少增11.79亿元。年底金融机构人民币贷款余额195.19亿元(比年初增加0.83亿元，比2014年少增22.77亿元)，增长0.4%，增幅比2014年回落13.4个百分点。保险业实现保费收入5.70亿元，比2014年增长24.9%。其中，财产险保费收入2.22亿元，比2014年增长9.6%；寿险保费收入3.48亿元，比2014年增长27.1%。支付各类赔款及给付1.81亿元，比2014年增长26.9%。其中寿险赔款及给付0.63亿元，比2014年增长98.9%；财产险赔付1.18亿元，比2014年增长6.3%。

全县有普通中学15所、特殊教育学校1所、职业高中3所、成人中专1所、小学43所、幼儿园80所，在校学生分别为21142人、68人、5054人、431人、30643人和13170人。小学入学率、巩固率和升学率都达100%。共受理县科技项目64个，立项46个，其中工业项目21个，农业项目16个，社会发展项目9个。全年申请专利876件，授权697件，其中发明专利46件。全年登记科技成果13项，申报省科技进步奖1项，市科技进步奖3项。推荐申报市科技突出贡献奖1人,贡献奖3人。

年底,全县有县级艺术表演团体1个,文化馆1个,乡镇文化站18个,公共图书馆1个,博物馆1个,体育场馆7个,剧场、影剧院3个。全年文化下乡送戏197场次、送电影4900场、送图书31000册。到年底,全县有线电视用户覆盖率100%,有线电视用户数10.9万户,其中在线用户6.55万户。

年底,全县持有医疗机构执业许可证的医疗机构370家,其中县级公立医院3家,妇幼保健计划生育服务中心1家,民营医院7家,社区卫生服务中心3家,乡镇卫生院15家,村卫生室222家,门诊部5家,个体诊所76家。年底全县核定床位数1733张。全县卫技人员数2605人,其中医师1129人,护士916人,医技人员560人。

2015年,全县户籍总人口46.43万人,比2014年增长0.8‰。其中,男性人口23.92万人,女性人口22.51万人,分别占总人口的51.5%和48.5%。全年出生人口5039人,出生率10.86‰;死亡人口3250人,死亡率7.00‰;全年自然增长人口1789人,自然增长率3.85‰。年底,全县常住人口36.27万人,比2014年增加0.09万人;其中居住在城镇的人口18.79万人,城镇人口比重(即城市化率)51.8%,比2014年提高1.0个百分点。

根据城乡住户一体化调查,全县全体常住居民人均可支配收入23204元,比2014年增长8.9%。其中,城镇常住居民人均可支配收入32266元,农村常住居民人均可支配收入14772元,分别比2014年增长8.4%和10.1%。全县新增城镇就业1997人,981名城镇下岗失业人员实现再就业;年底城镇登记失业率为2.8%,比2014年略高0.2个百分点。全县城镇职工基本养老保险参保职工94566人,全年新增20305人;全县城乡居民社会养老保险参保人数155715人;全县职工基本医疗保险参保单位有2019个,参保人员44845人;全县城乡居民基本医疗保险参保人数为383261人,参保率97.2%;全县工伤保险参保总人数80383人;全县生育保险参保人数28783人;全县社会保障卡申领总人数44.23万人,完成制卡人数43.98万人,持卡总人数38.62万人。为704人次发放失业保险金475万元,代缴医疗保险121万元,发放"4050"社保补贴119万元。全年居民登记结婚人数3066对,比2014年下降13.0%。申请离婚人数865对,比2014年增长7.5%。

全县低收入农户人均纯收入8564元,比2014年增长20.8%,已全部完成4600元以下的低收入农户脱贫工作。其中纳入低(五)保脱贫4716户7347人,纳入残保脱贫28户56人,产业帮扶脱贫257户470人,就业帮扶脱贫164户323人,督孝帮扶脱贫937户1379人,助困救济脱贫362户577人,其他方式脱贫128户197人。

全县用电总量15.21亿千瓦时,比2014年下降1.0%。其中工业用电11.56亿千瓦时,下降2.9%;居民生活用电2.32亿千瓦时,增长7.8%。全县单位工业增加值能耗比2014年下降6.0%,规模以上工业企业综合能源消费量比2014年下降5.3%,其中千吨以上重点用能企业能源消费比2014年下降9.5%。

全年投入绿化造林资金1245万元,完成绿化造林0.10万公顷。其中:迹地更新603.27公顷,森林抚育0.51万公顷,实施平原绿化150.6公顷。年底,林权抵押贷款余额5.9亿元,受益农户4380户。全县森林覆盖率73.9%。全县有15个乡镇获国家级生态乡镇(街道)命名,累计创建国家级生态乡镇15个,省级生态乡镇18个,市级以上生态村188个。

【开展"光伏五助"帮扶民生发展】 年初,缙云县列入全省首批清洁能源示范县,并获省可再生能源发展专项资金支持,把清洁能源项目发展和帮扶民生工作相结合,创新谋划推进以"光伏助村""光伏助困""光伏助农""光伏助学""光伏助企"为内容的"光伏五助"工程。在新建镇笕川村、红锦村等地开展试点工作。《人民日报》《浙江日报》等媒体对缙云利用光伏发电项目帮扶民生,实现精准扶贫的做法作宣传报道。

【浙江缙云抽水蓄能电站获批】 2月13日,省发改委下发文件,为浙江缙云抽水蓄能电站项目出具服务联系单,这标志着从2001年开展前期工作的缙云抽水蓄能电站项目正式被省里立项。该项目位于大洋镇和方溪乡界内,设计装机180万千瓦,是全市首个百亿投资项目。项目取得服务联系单后,业主国网新源公司随即启动项目可研设计报告的编制工作,6月,缙云县成立项目指挥部配合项目前期推进,2016年1月,国网新源公司驻缙云的项目筹建处成立。 (赵　敏)

遂昌县

【概况】 位于丽水市区的西北。遂昌县辖2个街道7个镇11个乡、203个行政村、8个城市社区,总面积2539平方千米,总人口23.23万人。全县实现生产总值88.88亿元,增长2.6%;一般公共预算收入7.12亿元,增长9.0%;固定资产投资55.55亿元,增长15.9%;社会消费品零售总额42.49亿元,增长11.7%;外贸自营出口总额1.69亿美元,增长14.8%;城镇居民人均可支配收入33997元,农村居民人均纯收入14196元，分别增长8.0%和10.0%；城镇登记失业率2.9%；人口自然增长率0.87‰。

深化“五水共治”，开展乌溪江库区综合整治专项行动，完成92个村农村生活污水治理任务，完成源口至园丁路堤路结合工程，完成治水项目投资6.37亿元。推进“三改一拆”，完成拆违76.78万平方米、“三改”76.76万平方米，完成年度任务的153.6%和284.3%。深化农村产权制度改革，建立覆盖县、乡两级的农村产权交易服务平台，村经济合作社股份制改革完成率100%，完成土地流转0.40万公顷，各类产权确权发证8.1万本。淘汰黄标车803辆，在全市率先完成年度任务。

完成固定资产投资55.55亿元，增长15.9%。污水处理厂二期、连直线云峰段公路改建工程一期投入使用，2015年度土地开发整理、低丘缓坡开发古院区块一期等项目完成目标任务，腾龙小区二期、低丘缓坡开发龙板山区块一期等项目加快推进，衢宁铁路遂昌段开工建设。加大招商引资力度，在全市首创小分队招商模式，引进大项目11个，实到内资26.6亿元、外资1080万美元、浙商回归到位资金14.3亿元，完成年度任务的110.7%、102.9%和129.8%。

实现茶产业产值6.18亿元、竹产业产值13亿元、高山蔬菜产值2.11亿元，获全国农业农村信息化示范基地、省级农产品质量安全可追溯体系县等称号，大柘现代农业综合区通过省级验收。加快遂昌—诸暨山海协作产业园建设，新增基础设施投入5.23亿元。推进园区体制机制改革，开工建设中小企业创业园，2家企业在“新三板”挂牌。旅游综合收入、门票收入分别增长21.7%和10%，遂昌金矿创AAAAA景区规划通过省级评审，北斗崖景区试营业，凯兴开元大酒店、湖山温泉小镇等项目进展顺利，“洞源壹号”“湖畔·芷有一间”等精品民宿建成营业。农村电商创业小镇入选第二批省级特色小镇培育名单。

完成城市基础设施投资11.47亿元，供水扩容工程投入使用，县城立体绿化及景观提升工程有序推进，园丁路西段、云峰墩头至门阵公路建成通车。棚户区(国有)改造工程(一期)限价房建设项目主体工程完工，荷花滩、吴乐畈区块开发建设有序推进。房地产业和建筑业稳步发展，房地产投资增长33.9%，建筑业产值增长48.1%。累计投入资金1.71亿元，全力推进“六边三化三美”行动，建成三墩桥至王村口、龙丽高速公路、迎宾大道三条美丽乡村风景线和好川、大田、独山、淤溪四个精品村。

全年民生支出19.79亿元，增长20.5%，占2014年新增财政支出的95.3%。遂昌县第二中学主体工程完工，遂昌中学扩建工程扎实推进。举办“2015全国生态体育运动会”，新建文化礼堂18个，跻身全省公共文化服务标准化建设重点县。推进精准扶贫，落实低保兜底和结对帮扶，低收入农户人均纯收入8267元，增长21.5%，全面消除4600元以下贫困现象。县政府十件实事全面完成。

【遂昌获“2015年度中国美丽休闲小城”称号】 11月1日，第十七届西湖国际博览会总结颁奖大会在杭州举行，遂昌获“2015年度中国美丽休闲小城”称号。遂昌地处浙西南，位于钱瓯源头，是国家级生态示范区，浙江省重要的生态屏障，四百多年前汤显祖曾以“仙县”来赞誉。遂昌立足“九山半水半分田”的生态优势，坚持“绿水青山就是金山银山”绿色生态发展理念，打造全国唯一的“五行旅游”，打响“五行遂昌，一诺千金”旅游品牌。

【遂昌获全国首个“农村电子商务强县创建先行县”称号】 2015年，商务部专门发函认定遂昌县为农村电商强县创建先行县，系全国唯一。遂昌县充分整合“政府、企业、社会”各方面力量发展农村电子商务，打造县域农村电子商务发展的“遂昌模式”，在全县建立农村电子商务服务站——“赶街”网点200余个，提供就业岗位5000余个，并在全国复制成立2400余家“赶街”服务站。遂昌先后获全球最佳网商城镇奖、中国电子商务发展百佳县、全省首批电子商务示范县等荣誉。2015年，遂昌举办全国信息进村入户试点工作推进会和全国农村电子商务现场会，农村电商跨界融合被国务院办公厅确定为浙江省三个地方工作典型经验之一。根据商务部要求，该县将继续做好推动农村电子商务加快发展、农村电商强县创建前期准备、农村流动定点跟踪研究三方面工作，在制度规则、政府服务、运作模式等方面率先实践，为中国农村电子商务发展提供可借鉴的“制度试验地”和适合推广的新模式。

【遂昌—诸暨山海协作产业园连续三年获省考核一等奖】 2012年11月23日，遂昌县与诸暨市签订《山海协作产业园框架协议》，成为浙江省首批全面协作共建产业园的县市。遂昌—诸暨山海协作产业园规划面积5.22平方千米，包括洋浩区块(200公顷)和龙板山一期(320公顷)两个片区，分两期实施。一期投资2.5亿元，重点引进诸暨市金属制品产业、电子工业、生态农产品加工业、高新技术产业和节能环保产业等。2015年度，遂昌—诸暨山海协作产业园在体制机制创新、招商队伍建设、政策激励、零审批制度改革、投融资等各方面，取得有效突破。全年新增基础设施建设投资5.23亿元，新引进落地项目15个，实现到位资金10.1亿元，实现工业总产值6.35亿元，工业增加值9527万元，入库税收2527万元。在省级山海协作产业园建设发展情况考核中再次获一等奖，实现年度考核三连冠，成为全省唯一一个连续三年年度考核一等奖的产业园。

【遂昌县举办“2015全国生态体育运动会”】 11月，由中华全国体育基金会、浙江省田径协会和遂昌县人民政府共同主办的“2015中国遂昌生态体育运动会”在遂昌县举行。遂昌介于长三角都市群和闽台都市群之间，具有开拓两大都市群生态休闲养生市场的地理区位优势。遂昌县坚持走“绿水青山就是金山银山”绿色生态发展之路，大力推动生态体育产业与“健康、快乐、休闲”旅游主题深度融合。高山门球赛场、跑酷运动、自行车爬坡赛道、山地户外运动基地等一系列生态体育设施与活动吸引大批体育爱好者和游客，初步实现体育与旅游的融合发展。（范誉宏）

松阳县

【概况】 位于丽水市区西部。松阳县辖3个街道、5个镇、11个乡，401个行政村，县域面积1406平方千米，总人口23.99万人。全县实现生产总值85.86亿元，增长7.0%；固定资产投资56.14亿元，增长16.2%；一般公共预算收入5.26亿元，增长10.0%；外贸出口总额3.12亿美元，增长29.5%；社会消费品零售总额34.48亿元，增长11.8%；城镇居民人均可支配收入28669元，增长8.1%；农村居民人均可支配收入13267元，增长10.2%。

实现农业总产值19.61亿元，增长2.3%。小港省级现代农业综合区和3个精品园通过省级验收，新建粮食生产功能区333.33公顷、高标准基本农田0.10万公顷，创成市生态精品现代农业示范县。茶叶总产量1.13万吨、产值7.19亿元；浙南茶叶市场实现交易量7.38万吨、交易额47.56亿元；“松阳银猴”入驻中国茶业品牌馆，“松阳香茶”注册地理标志证明商标；新发展香榧208.53公顷、油茶217.2公顷，2个蜜梨品种获全国金奖。0.67万公顷茶叶绿色食品原料标准化生产基地项目入选农业部创建计划，松阳县成为全国农作物病虫专业化统防统治与绿色防控融合试点、全国低毒生物农药示范补助试点。

实现规上工业总产值165.31亿元，规上工业增加值24.53亿元。完成农产品精深加工区基础设施项目，基本完成赤寿、竹客口茶叶标准厂房建设，实际出让工业用地42.06公顷，盘活低效闲置用地30.75公顷。深入实施“低小散”企业整治提升三年行动计划和“美丽园区、洁净企业”创建活动，有序开展企业帮扶、“四换三名”、酸雾治理等工程，“煤改气”等减排项目通过环保部核定，9家企业通过省级清洁生产审核验收；完成“小升规”7家、“个转企”165家；新增国家高新技术企业3家，2家企业成为首批市“三名”培育试点，6家企业成为省成长型中小企业。

接待游客247.48万人次，实现旅游收入11.43亿元，分别增长31.2%、40.9%。洞阳观旅游度假村开工建设，新天地休闲农业庄园、天元名都大酒店建成投用，大木山茶园景区创成国家AAAA级景区，被评为省首批最美生态休闲健身点，象一村、李坑村创成国家AAA级景区，松阳县获省2015年度旅游产业融合创新奖，箬寮原始林景区成为省老年养生旅游示范基地、三都古村登山健身步道成为省运动休闲旅游优秀项目。过云山居、云上平田、松泰大院等一批精品民宿建成运营。北山物流基地、粮食储备中心建成投用；举办首届“互联网+美丽乡村”发展论坛，建立农村电子商务研究院，淘宝特色中国·松阳馆开馆运营，电子商务销售额13.50亿元，增长176.6%；年底金融机构人民币存款余额118.86亿元，贷款余额86.04亿元，存贷比72.4%。

建立工业经济点评制度，健全难题破解包干负责、动态交办、挂牌督办、预警扣分和挂号销号制度，开展重点项目“攻坚破难服务月”“百日攻坚”以及“百名干部助推百家规模企业转型升级”活动，一批遗留多年的政策处理难题得到有效破解，帮助48家企业解决各类难题74个。共安排重点项目45个。衢宁铁路松阳段等7个重点新建项目全面开工；32个重点续建项目16个基本建成。黄南水库项目获可研和初设批复，淹没公路改建工程开工建设。完成垦造耕地158.33公顷。茶香小镇被列入省特色小镇第二批创建名单。制定县领导盯引招商项目制度，修订驻外经济交流办事处管理办法及招商考核办法，设立山海协作联络处，重新组建3个驻外招商办事处，深入开展驻点招商、专业招商，实际利用内资31.23亿元、外资1075万美元，浙商回归到位资金14.67亿元，引进大项目12个。

完成垃圾填埋场二期A区块、县城老城区污水管道整治等一批重大基础设施项目，以及屏安东路东段、松阴溪生态滩、蟾峰阁、高速收费站改造、电影院地块改造、太平坊路改造、明清街保护利用二期等一批市政项目。开通松古平原城乡公交，新增11、12路公交线路。完成高速公路沿线“房美”工程，创成2条美丽乡村风景线，基本建成3个美丽乡村精品村，60千米环松阴溪滨水绿道初步成型。开展《田园乡村建设与评价规范》编制，完成第一批省级历史文化村落保护利用以及30个中国传统村落保护发展规划编制工作，大东坝镇六村、横樟村入选中国优秀传统村落档案，杨家堂村获"中国最美村镇"榜样奖。完成200个村生活污水治理项目和54.75千米农村河道综合整治，关停砂石料临时加工点20家，出境水质持续保持Ⅱ类水标准，成为全国农村生活污水全面治理示范县、省"清三河"达标县。全面推进大气污染防治五大专项行动，拆除禁燃区内锅炉19台，淘汰黄标车821辆，县城环境空气质量优良天数比94.4%。深入开展"洁净乡村"创建，完成"六边"区域洁净专项行动；推进"三改一拆""无违建县"创建，全年完成"三改"123.51万平方米，拆除违法建筑103.41万平方米。

十件民生实事基本完成。推进被征地农民生活保障转保城镇职工养老保险，全民参保登记率100%，新增"五险"参保人数2.78万人。县养老服务中心二期、望松养老服务中心建成投用。完成范山头、东坑岭等地质灾害隐患点整村搬迁。建成城东保障房项目，竣工保障性住房326套。第五中学建成投用，水南小学搬迁；松阳一中成为省一级特色示范普通高中；启动第二轮学前教育三年行动计划，制定出台扶持民办教育发展实施意见；职业中专成为省第三批改革示范学校。推进卫生强县创建，通过省卫生县城复评；启动古市医院迁建工程，深化省县合作办医，成立樊代明院士松阳工作站，县级医院业务总量增长9.1%。深入实施"文化名县"战略，玉石文化城等项目有序推进，成为省农村文化礼堂建设先进县；举办第八届"中国茶商大会·松阳银猴茶叶节"、田园文化旅游季等活动，开展全国摄影、全国大学生写生、全国山地竞速总决赛等赛事；吴弄村入选第三批省非遗旅游景区民俗文化村，松阳高腔入选2015年浙江省最具地域特色文化符号，玉岩镇被评为省传统戏剧之乡，西屏街道成为省级文化强镇。创建省双拥模范县。农村应急广播体系全面建成。完善大调解体系，推进矛盾纠纷多元化排查化解，实现零非访通报。民情地图获"国字号"专利授权，成为全省基层联系群众标准化验收项目；基层社会治理综合标准化项目入选国家级试点；获全国法治县创建活动先进单位。侦破"998"特大跨国网络赌博案，连续18年实现命案全破。完成社区居委会换届选举。新增社会组织62家。推进食品安全基层工作示范站建设。安全生产事故起数、死亡人数、经济损失三项指标连续5年零增长。

推进农村土地承包经营权确权登记，完成率86.1%；规范农村土地流转经营权登记，新增土地流转面积6000公顷；健全农村产权流转交易服务体系，成立农村产权交易流转服务中心，新增交易109宗；完成村经济合作社股份合作制改革，量化农村集体资产6.39亿元；完成1.5万宗农村宅基地调查，颁发使用权证5044本。推进"三权"、茶园抵押贷款，贷款余额分别为2.15亿元、1.88亿元。开展田园乡村惠农担保互助社试点，新增农村担保组织39个，提供贷款担保498笔1.06亿元，成为省农村综合改革金融创新示范县。财政全口径预算、国有资产管理、营改增等一系列财税改革有序推进。推进"四张清单一张网"改革，出台工业投资项目零审批、投资项目模拟审批等办法，实行"五证合一、一照一码"制度，构建大代办工作格局；非行政许可审批事项全面清零；成立不动产登记中心，实现不动产登记一站式办理；行政处罚信息实现全面公开。

【松阳大木山茶园景区创成国家AAAA级景区】 大木山骑行茶园是以茶园骑行为主题，以"古韵茶香，健康骑行"为理念，集茶园观光、茶园品茶、采摘制茶体验、养生度假于一体的茶旅结合的景区。2013年，被省体育局评为"浙江省优秀运动休闲项目"，被《浙江日报》评选为"浙江省旅游总评榜最佳旅游新业态"；2014年，被《浙江日报》评为"浙江人最喜爱的生态休闲旅游景区"，被省体育局评为"浙江省最受欢迎运动休闲旅游胜地"；2015年，被省体育局评为"最美生态休闲健身点"。2015年12月9日，大木山骑行茶园通过国家AAAA级景区和省级生态旅游示范区现场验收，12月31日，浙江省旅游区（点）质量等级评定委员会发文（浙旅质评〔2015〕16号）批准为国家AAAA级旅游景区，成为浙江省第一家以茶园特色为背景的国家旅游景区。

【松阳民情地图获"国字号"专利授权】 10月，以松阳民情地图为基础开发的"一种民情地理信息系统"通过国家知识产权局批准，获国家实用新型专利授权，成为"民情地图"促服务工作继入选国家级社会管理和公共服务综合标准化试点项目之后又一"国字号"荣誉。自2010年以来，松阳县"民情地图"促服务工作经历从手绘到建立电子版"民情地图"促服务地理信息系统的创新，汇集20余万群众基础信息的民情大数据系统，为政府决策、社会管理和群众办事提供完善的服务平台。3月，松阳县向国家知识产权局申请实用新型专利授权。"一种民情地理信息系统"授权成功后，用于采集、显示和查询民情地理信息的系统将受到法律的保护，对促进快速、准确有序地录入民情、地理信息具有重要的意义。该系统和带有地图数据的数据库及时关联、匹配，信息采集终端可以根据 IP 地址对民情信息进行分区域录入，当信息采集终端是移动无效设备时，还能依靠 GPS 模块精准的定位信息，直接将采集来的信息与地图数据进行关联，即时纠错，使得信息利用效率大大提高。

【松阳举办首届“互联网＋美丽乡村”发展论坛】 11 月 28—29 日，由丽水市商务局、共青团丽水市委、松阳县人民政府、上海财经大学信息管理与工程学院、深圳动态电子商务有限公司联合主办的首届“互联网+美丽乡村”发展论坛在松阳县举行。来自省商务厅、中国电子商务协会、丽水市政府等有关单位的领导，科研专家，媒体记者，各地县域农村电商代表，兄弟县(市、区)团委、商务代表等 250 余人，齐聚松阳，共同探讨在互联网背景下，如何让美丽乡村变得更具魅力和发展潜力。论坛安排主题演讲、深度访谈、淘实惠农村电商战略发展研讨峰会、田园松阳线下游学等一系列活动。 (宋昭君)

景宁畲族自治县

【概况】 位于丽水市区南部。景宁畲族自治县辖 2 个街道 4 个镇 15 个乡、254 个行政村 1133 个自然村，县域总面积 1950 平方千米，总人口 17.31 万人，其中畲族等少数民族人口 1.91 万人，约占 11%。2015 年，全县实现生产总值 44.5 亿元，增长 6.9%；完成全社会固定资产投资 46.59 亿元，增长 17.4%；实现财政总收入 10.7 亿元，其中地方财政收入 5.5亿元，分别增长 5.9%和 7.4%；实现社会消费品零售总额 24.86 亿元，增长 11.3%；外贸进出口总额 8690 万美元，增长 14.6%；城镇常住居民人均可支配收入 28296 元，农村常住居民人均可支配收入 13663 元，分别名义增长 8.2%、9.9%；三次产业结构为 14.9 : 29 : 56.1。

全年完成粮食播种面积 0.81 万公顷，新增旱粮面积 241.33 公顷；鹤澄现代农业园区进一步提升发展，沙湾山地蔬菜精品园通过省级验收。新增茶叶基地 293.33 公顷，实现茶叶年产量 2456 吨，产值 3.80 亿元，同比增长 12.3%和 19.03%，获全国十大生态产茶县称号；新建竹林道 146.5 千米，培育高效笋竹基地 200 公顷；新增香榧基地 160 公顷，建成白鹤千亩香榧示范基地。食用菌、高山蔬菜、生态畜牧等特色产业有序发展。建成市级生态精品农业示范乡镇 2 个，培育市级生态精品农业示范企业 3 家、示范家庭农场 25 家，新增市级生态精品农产品 21 个。新增无公害产品基地 339.93 公顷，生态精品农业示范基地 3 个。推进农村土地确权登记颁证省级试点工作，完成 63.85%；完成农村土地流转 366.67 公顷、林地流转 813.33 公顷。

整治 29 家钢管、阀门厂，实现规上工业产值 14.2 亿元，负增长30.7%。外舍新城和澄照副城分别完成投资 19.6 亿元和 5.9 亿元，丽景园累计形成 253.33 公顷有效供地，实现供地 52 公顷；全年新引进大项目 6个，实际利用内资 12 亿元、外资 850 万美元，实现浙商回归资金 7.25 亿元；实现社会消费品零售总额 24.86 亿元，全年旅游总人数 24.4 万人次，旅游总收入 31 亿元，分别增长 24.4%和 29.1%。

城乡建设走在前列，外舍新城凤凰古镇、外舍大酒店、外舍小学、民族医院等在建项目已初具形象，人民北路将新老城区连为一体，绿道将城区与大均畲乡之窗景区连为一体；张山岙至张村公路顺利推进，城市后花园框架拉开；老城区立面和桥系改造基本完成，在建筑特色上真正将新老城区融为一体，将城区建设和景区建设融为一体。畲乡小镇成为全省首批特色小镇，畲族风情体验小镇正在申报全省第三批特色小镇，全年接待包括全省美丽城乡现场会等考察团 211 批次。以“六边三化三美”为载体，整合投入 4.18 亿元，串点成线，推动美丽乡村建设升级，引领美丽业态发展，被评为省级美丽乡村创建先进县。

召开全县文化大会，制定《中国畲族文化总部建设规划五年行动计划》，制定实施文化“新十条”，启动《景宁畲族自治县公共文化服务保障条例》立法程序等工作。为实现畲族四大姓氏在景宁大团圆，盘姓人才引进工作进展顺利，进入最后实施阶段。畲乡文化上央视新闻联播。创建 2015 年全市乡村春晚示范县，11 个村入选全市乡村春晚漫游活动，“包凤春晚”“东弄春晚”获丽水十佳春晚，“东弄春晚”登上央视“新闻联播”头条。音乐剧《畲娘》编排完毕。

推进“五水共治”，全面完成“垃圾河”治理 28 条 42.95 千米，“臭河”整治 7 条 33.46 千米，全县 259 条河道全部纳入“河长制”管理，实现县、乡、村三级网格化治水管理，建立跨流域治水联动机制。全县森林覆盖率 80.85%，县城空气质量年优良天数 336 天，PM2.5 浓度控制在 35 微克每立方米以下，水环境功能区水质达标率 100%，其中Ⅰ、Ⅱ类水质占 95%以上，跨行政区域交界断面水质达标率 100%，县城饮用水源水质率 100%。

全年民生类财政支出 15.2 亿元，占财政总支出 73.7%。城乡居民医疗保险实现市级统筹，县域报销比例提升到75%；社会保障卡持卡总人数138289人，全民参保登记率100%，城乡居民养老保险基础养老金提高到每月120元，企业退休人员基本养老金人均增资241元；健全最低生活保障标准和集中供养经费自然增长机制，农村五保和城镇“三无”集中供养率90%以上，县福利中心项目开工，临时救助试点被列为市级“抓点示范项目”。2015年，高考上线率99.9%，本科上线率62%，第一批上线139人，其中文理第一批52人，19人进入985、211名校；职高单考单招上线率97.2%，其中3人被本科高职院校录取。民族医院开工，4600元以下低收入农户全面消除，平安建设实现“十一连冠”等民生亮点，让人民群众的获得感进一步增强。

推进“四张清单一张网”改革，浙江政务服务网景宁分站上线运行；以“63633”为核心的农村产权制度改革，激活“三农”发展动力，推动“资源变资产，资产变资金”，林权、农房产权、土地流转经营权“三权”抵押贷款余额7亿余元。医药卫生体制改革不断深入；招投标制度进一步得到完善。出台《关于促进社会资本进入公共设施建设领域的实施意见(试行)》和《企业投资核准目录(2015年)》，支持社会资本进入公共设施领域投资建设和运营，千年山哈宫、外舍人防工程、佃源污水处理厂等8个项目将撬动10亿余元民间资金。

【畲乡小镇入选全省首批省级旅游产业类特色小镇】 畲乡小镇位于景宁外舍新城区内，按照“产城融合、人城融合、景城融合”发展思路，确定以“旅游服务产业、文化创意产业、民族总部经济、生态特色农业”四大产业为重点的多产联动发展的旅游产业功能定位，以国家AAAAA级旅游景区为标准，以外舍新区为核心，打造畲乡产业聚集服务中心，以畲族文化元素为特色，打造畲乡滨水运动休闲景观带，以千峡湖上游为主线，打造休闲养生(养老)区，全力构建“一核一带一湖”空间发展布局。畲乡小镇规划面积3.9平方千米，建设面积1平方千米，计划总投资55亿元。预计到2019年产值45亿元，税收3.32亿元，旅游人数50万人次以上。重点项目有凤凰古镇、外舍大酒店、民族总部经济大楼、山哈大剧院、外舍人防工程、外舍小学、汇龙游艇俱乐部综合体、畲乡滨水休闲长廊、凤凰大厦、物流中心、水隅仙境旅游综合体、梦幻畲乡养生园、金奖惠明茶产业园等20余个子项目。

【“景宁畲族自治县畲乡绿廊水利风景区”获第十五批国家水利风景区】 畲乡绿廊依托千峡湖库尾瓯江支流小溪沿线现有的山水人文资源，是一个集生态旅游、文化体验、休闲健身为一体的生态综合空间。畲乡绿廊起点位于鹤溪溪口，终点位于大均畲乡之窗AAAA级景区，全长13千米，串联起县城、凤凰古镇、大均畲乡之窗AAAA景区等区块，是景宁人民生活旅游、休闲养生系统的好去处。该项目总投资1.4亿元，10月21日，全线贯通。12月10日，以畲乡绿道为主体的“景宁畲族自治县畲乡绿廊水利风景区”获第十五批国家水利风景区，并获水利部授牌。

【举办2015年中国畲乡三月三暨惠明茶获巴拿马万国博览会金奖100周年纪念活动】 4月21日，景宁以“兴百年金奖惠明，扬千年畲族文化”为主题，举办2015中国畲乡三月三暨惠明茶获巴拿马万国博览会金奖100周年纪念活动。活动有中国畲乡首届全国民族茶艺大赛、惠明茶王祭茶大典、2015第三届中国(浙江)畲族服饰设计大赛总决赛、“中国畲族民歌节”大型盘歌会、特色产品展推会等系列文化展示体验活动。中华全国供销社杭州茶叶研究院党委书记郑国建，省委派景宁督查组组长孙旭东，省台办副主任陈正仁，省民宗委副主任吴彩星，省农业厅副厅长刘嫔珺，省文化厅副厅长杨越光，省旅游局副局长杨建武，省水利厅副巡视员王晓阳，市委常委、统战部部长廖思红等出席开幕式，台湾南投县信义乡参访团受邀参加。 (吴海敏)

首届中国少数民族工艺品设计制作大赛颁奖仪式 钟卫锋 提供

人物　名录

新任市领导

【朱　晨】　男，汉族，1963年6月生，浙江永康人，出生地浙江上虞。1979年9月参加工作，1983年5月加入中国共产党，中央党校经济管理专业毕业，研究生学历，公共管理硕士。历任海军工程学院五系505教研室教师，杭州市化工系统职工大学（化工职工培训中心）教师，浙江省监察厅副主任科员、主任科员，浙江省纪委办公厅主任科员、纪检监察二室副处级纪检监察员、纪检监察二室副主任（正处级）、纪检监察三室主任，丽水市委常委、纪委书记，丽水市委副书记、政法委书记。2015年10月任丽水市政府副市长、代市长、党组书记。浙江省十二届、十三届纪委委员。

【葛学斌】　男，汉族，1965年1月生，浙江宁海人。1985年8月参加工作，1992年8月加入中国共产党，省委党校领导经济学专业毕业，研究生学历，农学学士。历任浙江林业学校教师、助理讲师，省人大丽水地区工作委员会办公室科员、副主任科员、主任科员，丽水地委办公室秘书，丽水地区林业局副局长、党委委员，缙云县委常委、宣传部部长，丽水市莲都区委常委、常务副区长，丽水市莲都区委副书记、代区长、区长，丽水市政府秘书长、党组成员，遂昌县委书记，丽水市委副秘书长（正处长级），丽水市政府副市长、党组成员。2015年4月任丽水市委常委、莲都区委书记。二届、三届丽水市委委员。

【杜光旻】　男，汉族，1963年5月生，浙江龙游人。1983年8月参加工作，1985年3月加入中国共产党，省委党校区域经济专业毕业，研究生学历，农学学士。历任龙泉县农业局城郊农技站干部，龙泉县委农工部干部，龙泉县城北区副区长，龙泉县锦旗区委副书记、区长，龙泉市（县）农经委副主任、党组副书记（正科），龙泉市政府办公室副主任（正科），龙泉市农业局局长、党委书记，松阳县委常委、组织部部长，松阳县委常委、副县长，丽水市委政策研究室（市委、市政府农村工作办公室）副主任，丽水市农业局党组书记、局长、扶贫办主任，丽水市委组织部副部长（正处级）、常务副部长（正处级），庆元县委书记。2015年2月丽水市第三届人民代表大会第五次会议当选为丽水市人大常委会副主任。市二届人大常委会委员、三届丽水市委委员。

【陈志雄】　男，汉族，1958年9月生，浙江缙云人。1980年8月参加工作，1984年9月加入中国共产党，省委党校在职研究生班区域经济专业毕业，研究生学历。历任丽水地区广播电视局干部，丽水地区广播事业局秘书、科员，丽水地委办公室调研科科员、副科长，丽水地委办公室正科级秘书，青田县委常委、组织部部长、县委副书记、政法委书记（兼），丽水市文化体育广播电视局局长、党委副书记，丽水市文化体育广播电视局局长、党组书记，丽水市文广出版局（体育局）党组书记、局长，丽水市政府副秘书长、办公室（法制办）主任、党组副书记，丽水市财政、地税局党组书记，丽水市财政局局长，市财政、地税局党组书记、市社科联副主席（兼），丽水市财政、地税局局长、党组书记。2015年2月丽水市第三届人民代表大会第五次会议当选为丽水市人大常委会副主任。三届丽水市委委员。

【林　亮】　男，汉族，1971年9月生，浙江永康人。1989年8月参加工作，2003年9月加入中国共产党，中央党校经济管理专业毕业，研究生学历，工学学士。历任省基建物资总公司项目部经理助理、副经理、经理、团总支副书记，省重点工程招标办公室干部，黄龙体育中心工程指挥部副部长，省重大建设工程交易管理中心主任（副处级），省重点工程招标投标办公室主任，省招标投标办公室主任，巨化集团公司副总经理、党委委员、董事。2015年7月任丽水市政府副市长、党组成员。

【陈景飞】 男，汉族，1963年11月生，浙江温岭人。1985年9月参加工作，1986年6月加入中国共产党，省委党校区域经济专业毕业，研究生学历。历任云和县府办秘书、秘书科副科长、科长、办公室党组成员，云和县府办副主任、党组副书记，云和县府办主任、党组书记、县志办主任，丽水地委办公室调研室负责人、信息综合科科长，丽水地委、行署信访局局长（副处级），丽水市（县级）委常委、城关镇党委书记，丽水市莲都区委常委、城关镇党委书记，丽水市委副秘书长、防范和处理邪教问题办公室主任，遂昌县委副书记、县政府副县长、代县长、县长，庆元县委书记，丽水生态产业集聚区（丽水经济开发区）管理委员会主任、党工委副书记、书记。2015年8月任丽水市政府副市长、党组成员。二届、三届丽水市委委员。

【丁绍雄】 男，汉族，1961年1月生，浙江松阳人。1981年8月参加工作，1985年5月加入中国共产党，省委党校研究生班经济学专业毕业，研究生学历。历任青田县钼矿技术员、质量管理科副科长、科长，青田县钼矿副矿长、团总支书记，青田县矿产工业公司经理，青田县计经委副主任、党组成员，浙江天工矿业集团公司总经理、兼青田钼矿矿长、党委书记，丽水地区体改委（经济与社会研究中心）副主任、党组成员，丽水地区经委副主任、党委副书记、地区科协副主席，丽水市经委负责人、党委副书记，丽水市体改办主任、党组书记，云和县委副书记、县政府副县长、代县长、县长，丽水市人事劳动社会保障局局长、党组书记，市机构编制委员会办公室主任、兼市委组织部副部长，丽水市委组织部常务副部长。2015年8月任丽水市政府党组成员、丽水生态产业集聚区（丽水经济技术开发区）管委会主任、党工委书记。二届、三届丽水市委委员。 （潘　剑）

全国劳动模范和全国先进工作者

【孔祖根】 男，1963年8月出生，汉族，宁波奉化人，中共党员，研究生学历，1982年8月参加工作，现任中国人民银行丽水市中心支行党委书记、行长。孔祖根安心山区工作33年，致力普惠金融、草根金融。2006年起，孔祖根先后组织实施“信贷支农、信用惠农、支付便农”等工程，丽水成为全国第一个所有行政村完成农户信用等级评价的地级市，银行卡助农取款全市农村全覆盖。2012年，投身丽水农村金融改革试点工作，推进农村产权融资服务体系，实现农民基本产权全部可抵押融资。建设农村金融基础设施，在全国率先建成2010家村级农村金融服务站，累计办理小额取现5亿元，惠及150余万农民。建成全国首个农户信用信息数据库，累计30万信用农户获得313亿元贷款。成立100余家农村担保组织，全市涉农贷款增速连续6年居浙江省第一。2011年，获全国金融“五一”劳动奖章；2013年4月，获全国“五一”劳动奖章；2014年1月，获浙江新农村建设带头人“金牛奖”；2015年4月，被授予“全国先进工作者”称号。

【施建英】 女，1959年7月出生，汉族，浙江丽水人，中共党员，大学学历，1981年8月参加工作，主任护师。现任丽水市中心医院党委副书记、副院长。温州医科大学、丽水学院的兼职教授，浙江省第十三届党代表，丽水市第三届政协委员。1984年，被提拔为丽水地区医院一病区副护士长，1996年，任丽水地区医院护理部副主任。她主持和参加省、市级科研项目10余项；获浙江省科技成果2项，丽水市科学技术进步奖2项；国家实用新型专利11项；在国家及省级学术杂志发表论文40余篇，其中获省、市自然科学优秀论文13篇。30年从未休过年休假，经常工作到深夜。严格按采购制度办事，是医院的“好管家”。为困难职工组织捐款20余次，累计金额30余万元。1989年，获省级“最佳护士”；2001年，获丽水市“名护士”称号；2008年，获“丽水市第七批中青年专业技术拔尖人才”称号；2009年，被评为全国“三八红旗手”；2011年4月，获全国“五一”劳动奖章；2015年4月，获“全国先进工作者”称号。

【张爱光】 男，1959年8月出生，汉族，浙江青田人，中共党员，大学学历，1976年9月参加工作，现任青田山口石雕行业协会会长。从事石雕工作30余年，一直注重石雕技艺和传统技艺，代表作《春江花月夜》被称为青田石雕中的精品与典范。牵头成立山口石雕行业协会，投资300万元购买500平方米馆舍，作为石雕研究中心，其中，个人出资120余万元。开展石雕技艺研究传承、教育和培训，弘扬和传承青田石雕文化。他先后捐助造桥、修路等公益事业十余次，共计人民币200余万元。牵头组织华侨、石雕界人士捐助山口镇中小学校330余万元，其中他个人捐助50万元。主持建立县“爱心助学”联合会，2008年，开始“一对一”结对贫困学生400名，资助金额800余万元。1998年7月，被浙江省政府评为“浙江省优秀工艺美术专业技术人员”;2004年,被联合国教科文组织、中国民间文艺家协会授予“民间工艺美术大师”称号;2007年,获全国轻工行业劳动模范;2012年,被评为“中国工艺美术大师”称号;2015年4月,获“全国劳动模范”称号。

【雷刘东】　男,1966年5月出生,畲族,浙江景宁人,中共党员,高中学历,现任景宁畲族自治县大均乡李宝村党支部书记。1996年当选为村委主任后,雷刘东带领村民种植中药材,发展中药产业。李宝村成为景宁县中药材种植基地,村民种植中药材人均增收2000元。2005年,雷刘东当选村党支部书记,推行“网格化管理、组团式服务”。每月召开工作例会,听取村民意见,集中解决产业发展中难点问题。实行低收入农户“一户一党员”政策,通过党员担保,低收入农户从村经济互助组织获得资金支持,发展生产。带领村民投入村寨建设,着力村内道路硬化、农房外立面改造、景观小品修建,新建村文化活动中心,组建文艺表演团队。2011年,被评为全国科普惠农致富带头人;2014年,被评为浙江省劳动模范;2015年4月,获“全国劳动模范”称号。

【郑素芝】　女,1965年7月出生,汉族,浙江松阳人,中共党员,大专学历,会计师,1984年参加工作,现任松阳县长运有限公司计财部经理、工会女工委主任,兼任浙南茶叶市场有限公司等10家控股企业会计主管。郑素芝在松阳县长运公司工作30余年,主持完善财务管理制度,使企业的财务管理工作制度化、规范化。认真负责业务,严格执行财务制度,及时向决策层提供具有前瞻性的财务分析和综合评估报告,公司据此开辟多个领域。公司先后获“全国五一劳动奖状”“全国模范职工之家”“浙江省工会先进女职工组织”等荣誉。身为长运公司工会的女工委主任,开展培训班,鼓励女工钻研本岗业务,提高女工综合素质,维护女工的合法权益。2013年4月,获第五届“金锤奖——丽水市十大杰出职工”称号;2013年11月,被评为浙江省优秀职工;2014年,获浙江省劳动模范称号;2015年4月,获“全国劳动模范”称号。

浙江省“五一”劳动奖章（奖状）获得者丽水市劳动模范

【尤贤福】　男,1955年10月出生,汉族,浙江丽水人,中共党员,大学本科学历,1975年1月参加工作,现任莲都区金丽温铁路扩能改造工程指挥部常务副指挥。曾先后担任空军航空兵第45、44团战士、干部,松阳县人武部干部,丽水市监察局干部,联城镇党委书记,丽水市科委副主任,莲都区委老干部局局长等职务。2010年2月,任莲都区金丽温铁路扩能改造工程指挥部常务副指挥,分管房屋征迁工作。通过组织协调,区指挥部征迁房屋6万多平方米,在金丽温全线率先完成铁路红线内房屋征迁任务。2011年,获丽水市金丽温铁路扩能改造工程征迁先进个人;2012年,被省人民政府授予“浙江省铁路建设征迁工作先进个人”称号;2015年4月,获浙江省“五一”劳动奖章,同时被授予“丽水市劳动模范”称号。

【王小平】　男,1958年3月出生,汉族,浙江青田人,中共党员,大专学历,1980年3月参加工作,现任青田茂源长运有限公司董事长、总经理、党支部书记。先后担任浙江汽校丽水分校教练,丽水汽运总公司青田分公司驾驶员、副总经理,青田长途汽车运输公司总经理等职务。他将濒临倒闭的国有运输企业成功转型为交通民营企业。五年来,公司营业总收入8.5亿元,上交税费4450万元,是青田县服务业的纳税大户。拓展公司业务,企业总资产1.5亿元,比十年前翻三番。增加就业岗位,安排待业及社会失业人员680余人,被省政府评为全省再就业先进企业。带头发起“抗震救灾”“扶贫帮困”等募捐活动,五年共筹集善款110万元。2012年,被评为丽水市交通系统“十大感动人物”;2013年,获省交通运输行业“爱岗敬业”先进个人称号;2015年4月,获浙江省“五一”劳动奖章,同时被授予“丽水市劳动模范”称号。

【叶松梅】　女,1972年11月出生,汉族,浙江龙泉人,无党派人士,大学专科学历,1997年1月参加工作,现任浙江双益菇业有限公司技术总监。她实现食用菌工厂化栽培后,成功选育金针菇新品种“雪秀1号”;建立食用菌病虫害物理防治体系;通过工厂化生产,每亩土地产值80—100万元,土地利用率是常规生产的20—30倍。她与省农科院专家们合作,解决工厂化生产企业栽培废料的出路。她参与的《代料黑木耳标准化生产技术推广》获2012年浙江省农业丰收一等奖。2011年,获浙江省科学技术三等奖,2013年,被评为第五届“金锤”奖丽水市十大杰出职工。2015年4月,获浙江省“五一”劳动奖章,同时被授予“丽水市劳动模范”称号。

【叶长文】　男,1969年10月出生,汉族,浙江庆元人,中共党员,大学学历,1992年参加工作,现任庆元县食用菌科研中心(食用菌管理局)总农艺师、县食用菌产业首席专家、浙江省食用菌技术创新平台主任。大学毕业后进入庆元县菊隆区农技站工作，1994年从事食用菌科研工作，取得代料栽培花菇技术等科研成果13项；育成食用菌当家品种5个，相关成果在全国推广应用100余亿袋，创产值200余亿元。带领团队举办技术培训200余场、培训菇农1万余人次。出版食用菌论著8部、制定国家或地方标准9部、在省级以上刊物发表论文35篇，获国家授权专利3项。2011年，被评为丽水市第八批拔尖人才，2012年，被评为浙江省农业技术带头人，2013年，被评为农业部万名农技推广骨干人才，2014年，入选丽水市"138人才工程"第一层次培养人员。2015年4月，获浙江省"五一"劳动奖章，同时被授予"丽水市劳动模范"称号。

【丽水市鱼跃酿造食品有限公司】 丽水市鱼跃酿造食品有限公司是丽水市区唯一百年浙江老字号企业，在公司董事长陈旭东带领下，通过科技创新重获生机，成为丽水最具成长性企业之一。公司先后获市科技进步奖2项、专利授权11项(其中发明专利1项、实用新型专利5项)，并培养市138人才1人。酿造技术研发中心先后被评为省中小企业技术研发中心、省农业企业技术研发中心、丽水市高技能人才创新工作室、丽水市工人先锋号、丽水市知识产权示范企业等称号。企业参加公益事业和慈善活动，关爱社区困难老人，帮助困难群众，公司支部多次被评为先进基层党组织。公司成立"公共营养师宣讲团"，开展"鱼跃幸福养生堂"公益活动，被认定为"浙江省中小学生质量教育实践基地"。2015年4月，获浙江省"五一"劳动奖状。

【遂昌县环境卫生管理处】 1971年成立遂昌县环境卫生管理处《以下简称"环卫处"》，现有职工330余人，承担城区144万平方米道路清扫保洁、56.8万平方米河道卫生保洁和全县生活垃圾处置任务，城区生活垃圾清运率及无害化处理率100%。环卫处加强职工队伍建设，完善保洁质量评价体系和分级督查机制，深入精细化管理；启动环卫数字管理，实现提质、提速、提效管理；完善环卫配套设施，提升服务功能；多形式全方位开展环卫宣传。在"国家级生态县"等各项城市创建中做出贡献。环卫处先后获"全国青年文明号""全国城市市容环境卫生先进集体""全国三八红旗集体""全国精神文明建设工作先进单位""浙江省城市市容环境卫生工作先进集体"等荣誉。2015年4月，获浙江省"五一"劳动奖状。 （梁梦茜）

逝世人物

【巩兴惠】 (1927—2015)男，汉族，山东省新泰县人，1945年1月加入中国共产党，同年参加革命工作，曾任新太县羊流区青救会长，东阳县委调研组长，乐清县双阁区委书记，平阳县委委员，温州地委审干办公室主任，青田县委书记处书记，丽水地委组织部副部长，庆元县委书记，丽水地委农办副主任，丽水地区林业局党组书记、局长等职。1985年4月，经组织批准离职休养，享受地专级政治、生活待遇。于2015年1月17日在丽水逝世，享年89岁。

【杨秉英】 (1921—2015)男，汉族，山东省商河县人，1948年3月加入中国共产党，1947年3月参加革命工作，曾任商河县城区委会事务长；1949年3月南下，历任嵊县崇仁、长乐区委小组长、宣委、组委；嵊县县委组织部组织干事、长乐区委副书记、书记；嵊县供销社主任、县委委员；临海县委组织部部长、县委常委；龙泉县委组织部部长、县委常委、政工组第一副组长；庆元县委副书记、革委会副主任；遂昌县委副书记、革委会副主任。1985年4月，经组织批准离职休养，享受地专级政治、生活待遇。于2015年3月18日在丽水逝世，享年95岁。

【梁清山】 (1929—2015)男，汉族，山东省临邑县人，1949年5月加入中国共产党，1947年3月参加革命工作，曾任山东临邑渤海二分局警卫员；华东党校二大队二中队队员；衢州专署粮食局科员；衢州专署粮食局直属粮库主任；遂昌中煤公司主任；遂昌森工局站长；遂昌县府秘书；金华地委文教部科长；遂昌磺铁矿党委书记；遂昌县委政工组副组长；遂昌县委常委、宣传部部长；遂昌县委副书记；遂昌县委书记；中共丽水地区纪律检查委员会副书记；遂昌县人大常委会主任、党组书记。1990年8月，经组织批准离职休养，享受地专级政治、生活待遇。于2015年3月24日在丽水市遂昌县逝世，享年87岁。

【霍在宝】 (1924—2015)男，汉族，山东省邹平县人，1948年8月加入中国共产党，1946年1月参加革命工作，曾任山东省邹平县城关镇中心村民兵队长、邹平县城关镇委员会宣传干事；上海华东革大三部一班青年干事；浙江省常山县团县委副书记、书记，常山县委副书记，缙云县委副书记，龙泉县委副书记兼县长、县委代书记；丽水地区工农制药厂党的核心小组组长及革委会主任，运输公司临时领导小组组长，地区交通局临时领导小组组长，地区工办副主任，丽水县革委会主任及县委书记，丽水地区人大工作联络员等职。1985年3月，经组织批准离职休养，享受地专级政治、生活待遇。于2015年3月24日在丽水市逝世，享年92岁。

【李树林】（1921—2015）男，汉族，山东省寿光县人，1943年7月加入中国共产党，1944年7月参加革命工作，曾任山东垦利县人和区农会主任、合丰区联合会主任；1949年2月南下，历任缙云县南区工委副书记、缙仙区委书记、景宁县委组织部部长、县委副书记、副书记；丽水县委书记处书记、副书记；云和县委副书记兼监委书记；丽水县丽阳公社党委书记；丽水地区卫生防疫站党支部书记；浙江省汽车运输公司丽水分公司党委书记、地区交通局副局长；浙江省汽车运输公司丽水分公司顾问。1985年4月，经组织批准离职休养，享受地专级政治、生活待遇。于2015年9月25日在丽水逝世，享年94岁。（王　波）

2014年享受政府特殊津贴人员名单

表39

姓　名	性别	审批时间	单　　位	技术职务
纪建松	男	2015年2月	丽水市中心医院	主任医师
张绍斌	男	2015年2月	龙泉市弘远瓷艺工作室	中国工艺美术大师

（邓根培）

2015年度取得正高级专业技术资格人员名单

表40

姓名	性别	出生年月	工作单位	取得资格时间	正高级专业技术资格名称
王琼瑛	女	1961年12月	缙云县博物馆	2015年12月	文博研究馆员
廖　明	男	1965年06月	丽水市莲城公证处	2015年11月	一级律师
李承广	男	1970年12月	丽水市公路管理局	2015年12月	教授级高级工程师
江锦兰	女	1964年05月	丽水市建筑工程施工图审查中心	2015年12月	教授级高级工程师
朱国华	男	1962年04月	浙江凤阳山—百山祖国家级自然保护区管理局	2015年12月	教授级高级工程师
吴连海	男	1967年09月	丽水市林业科学研究院	2015年12月	教授级高级工程师
应向东	男	1966年01月	丽水市质量技术监督检测院	2015年12月	教授级高级工程师
林伟明	男	1970年07月	浙江金马逊机械有限公司	2015年12月	教授级高级工程师
朱菊红	男	1967年01月	浙江众益制药股份有限公司	2015年12月	教授级高级工程师
桑雅清	女	1970年09月	丽水市中心医院	2015年12月	主任中药师
黄　刚	男	1964年05月	丽水市人民医院	2015年12月	主任中医师
李　雅	女	1974年04月	丽水市中心医院	2015年12月	主任医师
吴　炜	男	1972年01月	丽水市中心医院	2015年12月	主任医师
孙伟锋	男	1975年04月	丽水市中心医院	2015年12月	主任医师
蓝琳友	男	1969年12月	丽水市中心医院	2015年12月	主任医师
兰秀莲	女	1965年10月	丽水市中心医院	2015年12月	主任医师
周新木	男	1973年05月	丽水市中心医院	2015年12月	主任医师
朱夏蓓	女	1963年08月	丽水市中心医院	2015年12月	主任医师
蔡学礼	男	1975年03月	丽水市中心医院	2015年12月	主任医师
骆松梅	女	1975年06月	丽水市中心医院	2015年12月	主任药师
杨　慧	女	1975年09月	丽水市中心医院	2015年12月	主任技师
魏　琳	女	1966年03月	丽水市中心医院	2015年12月	主任技师
郑　颖	女	1976年10月	丽水市中心医院	2015年12月	主任技师
钭国英	女	1964年09月	丽水市中心医院	2015年12月	主任护师
吴华芬	女	1965年05月	丽水市中心医院	2015年12月	主任护师
王苏英	女	1964年11月	丽水市中心医院	2015年12月	主任护师
徐胜前	男	1976年09月	丽水市人民医院	2015年12月	主任医师
刘　斌	男	1976年06月	丽水市人民医院	2015年12月	主任医师
苏士文	男	1973年07月	丽水市人民医院	2015年12月	主任医师
叶锌铭	男	1972年07月	丽水市人民医院	2015年12月	主任医师

续表 40

姓　名	性别	出生年月	工 作 单 位	取得资格时间	正高级专业技术资格名称
尚悝杰	男	1977年09月	丽水市人民医院	2015年12月	主任医师
吕娇健	女	1974年09月	丽水市人民医院	2015年12月	主任医师
周娇妹	女	1969年08月	丽水市人民医院	2015年12月	主任医师
吴成军	男	1974年03月	丽水市人民医院	2015年12月	主任医师
张学磊	男	1970年02月	丽水市人民医院	2015年12月	主任医师
吴　静	女	1968年09月	丽水市人民医院	2015年12月	主任医师
商振球	男	1973年09月	丽水市人民医院	2015年12月	主任医师
陈东海	男	1971年09月	丽水市人民医院	2015年12月	主任医师
徐翠红	女	1965年09月	丽水市人民医院	2015年12月	主任护师
徐叶惠	女	1975年04月	丽水市人民医院	2015年12月	主任护师
高丽君	女	1968年12月	丽水市人民医院	2015年12月	主任护师
江金燕	女	1971年11月	丽水市人民医院	2015年12月	主任护师
梅建华	男	1969年09月	丽水市第二人民医院	2015年12月	主任医师
徐梅玉	女	1967年07月	丽水市第二人民医院	2015年12月	主任护师
兰祝飚	男	1969年02月	丽水市中医院	2015年12月	主任医师
钟联钧	男	1969年03月	丽水市中医院	2015年12月	主任医师
徐凤秋	女	1965年09月	丽水市妇幼保健院	2015年12月	主任医师
张德勇	男	1975年07月	丽水市疾病预防控制中心	2015年12月	主任医师
祁　平	男	1965年04月	青田县人民医院	2015年12月	主任医师
倪旭伟	男	1968年05月	青田县人民医院	2015年12月	主任医师
舒则荣	男	1970年01月	青田县人民医院	2015年12月	主任医师
陈丽霞	女	1972年08月	青田县人民医院	2015年12月	主任医师
纪伟青	女	1974年05月	青田县人民医院	2015年12月	主任医师
陈官进	男	1965年04月	青田县人民医院	2015年12月	主任医师
徐华英	女	1974年07月	青田县人民医院	2015年12月	主任医师
杨风云	男	1971年01月	青田县人民医院	2015年12月	主任医师
伍伟明	男	1972年03月	青田县人民医院	2015年12月	主任医师
朱翠萍	女	1974年02月	青田县人民医院	2015年12月	主任护师
刘　姣	女	1975年02月	青田县中医院	2015年12月	主任医师
夏　雷	男	1975年11月	青田县中医院	2015年12月	主任医师
麻雪亚	女	1973年01月	青田县中医院	2015年12月	主任护师
李雪珍	女	1973年06月	青田县中医院	2015年12月	主任中医师
项晓青	男	1967年10月	青田县疾病预防控制中心	2015年12月	主任医师
吕美聪	女	1972年08月	青田县油竹新区中心卫生院	2015年12月	主任护师
陈巧瑛	女	1972年12月	缙云县人民医院	2015年12月	主任医师
陈文红	女	1970年09月	缙云县人民医院	2015年12月	主任医师
朱焯晖	男	1974年01月	缙云县中医医院	2015年12月	主任医师
杜舞英	女	1975年08月	缙云县第二人民医院	2015年12月	主任医师
田加珍	女	1965年01月	缙云县人民医院	2015年12月	主任医师
王和平	男	1969年01月	缙云县人民医院	2015年12月	主任医师
李耀权	男	1965年11月	缙云县钭氏伤科医院	2015年12月	主任医师
陈永坤	男	1967年04月	缙云县第二人民医院	2015年12月	主任技师
李锦丹	女	1969年09月	缙云县第二人民医院	2015年12月	主任护师
陈　岑	男	1969年11月	云和县人民医院	2015年12月	主任医师
蓝夏红	女	1968年11月	云和县妇幼保健所	2015年12月	主任医师
徐秀叶	女	1966年01月	云和县妇幼保健所	2015年12月	主任医师
石伟娟	女	1969年01月	云和县妇幼保健所	2015年12月	主任医师
徐爱莲	女	1967年11月	遂昌县中医院	2015年12月	主任医师
毛姣红	女	1963年07月	遂昌县中医院	2015年12月	主任医师

续表 40

姓　名	性别	出生年月	工 作 单 位	取得资格时间	正高级专业技术资格名称
张布明	男	1974年10月	遂昌县中医院	2015年12月	主任医师
唐壹蓉	女	1955年11月	遂昌县中医院	2015年12月	主任医师
顾丽君	女	1973年04月	遂昌县人民医院	2015年12月	主任医师
钟言华	男	1964年07月	遂昌县人民医院	2015年12月	主任医师
方裕民	男	1973年08月	遂昌县人民医院	2015年12月	主任医师
徐妙娣	女	1970年02月	遂昌县人民医院	2015年12月	主任护师
李爱平	女	1964年07月	遂昌县人民医院	2015年12月	主任医师
包聪妹	女	1971年09月	松阳县古市医院	2015年12月	主任医师
郭志晨	男	1972年03月	松阳县人民医院	2015年12月	主任医师
程林贵	男	1974年07月	松阳县人民医院	2015年12月	主任医师
陈海莉	女	1974年10月	松阳县妇幼保健所	2015年12月	主任医师
潘姿女	女	1963年04月	松阳县人民医院	2015年12月	主任医师
吴凌云	男	1969年11月	松阳县中医院	2015年12月	主任医师
蔡凌云	女	1976年08月	松阳县人民医院	2015年12月	主任医师
周　荣	男	1973年08月	庆元县人民医院	2015年12月	主任医师
吴春娇	女	1967年07月	庆元县人民医院	2015年12月	主任护师
李学源	男	1965年03月	庆元县中医院	2015年12月	主任中医师
曾志红	女	1974年12月	龙泉市人民医院	2015年12月	主任医师
毛华新	男	1977年02月	龙泉市人民医院	2015年12月	主任医师
徐　宇	男	1974年07月	龙泉市人民医院	2015年12月	主任医师
邱吉凤	女	1975年09月	龙泉市人民医院	2015年12月	主任医师
章剑东	男	1971年08月	龙泉市人民医院	2015年12月	主任医师
叶建明	男	1974年03月	龙泉市人民医院	2015年12月	主任医师
蔡列兵	男	1965年03月	龙泉市人民医院	2015年12月	主任中医师
丁敏勇	男	1971年12月	景宁畲族自治县人民医院	2015年12月	主任医师
周　艳	女	1963年09月	景宁畲族自治县人民医院	2015年12月	主任医师
胡颖敏	女	1972年10月	景宁畲族自治县妇幼保健计划生育服务中心	2015年12月	主任医师

2015年度高校评聘正高级专业技术职务人员名单

表 41

姓　名	性别	出生年月	工作单位	聘任正高级专业技术职务时间	聘任正高级专业技术职务名称
李小波	男	1969年01月	丽水学院	2015年01月	教授
王闰吉	男	1966年03月	丽水学院	2015年01月	教授
雷水莲	女	1970年03月	丽水学院	2015年01月	教授
李旭平	男	1963年09月	丽水学院	2015年01月	教授
胡锋吉	男	1976年12月	丽水学院	2015年01月	教授
龚志伟	男	1975年02月	丽水学院	2015年01月	教授
邹继华	女	1964年07月	丽水学院	2015年09月	教授
张剑锋	男	1972年12月	丽水学院	2016年01月	教授
吴晓飞	女	1968年07月	丽水学院	2016年01月	教授
赖宁安	男	1985年07月	丽水学院	2016年01月	教授
严国兵	男	1975年10月	丽水学院	2016年01月	教授
廖　峰	男	1978年06月	丽水学院	2016年01月	教授
何永达	男	1971年12月	丽水学院	2016年01月	教授
李国志	男	1979年10月	丽水学院	2016年01月	教授
彭　兵	男	1974年05月	丽水学院	2016年01月	教授
田中娟	女	1972年09月	丽水学院	2016年01月	教授
周赞华	女	1965年09月	丽水学院	2016年01月	教授

（蔡志阳）

文　选

中共丽水市委关于全面深化"法治丽水"建设的实施意见

（2015 年 1 月 27 日中国共产党丽水市第三届委员会第八次全体会议通过）

中共丽水市委三届八次全会认真学习贯彻党的十八届四中全会和省委十三届六次全会精神，根据中央和省委的决策部署，结合丽水实际，就全面深化"法治丽水"建设提出如下实施意见。

一、全面深化"法治丽水"建设的重大意义和总体要求

1. 重大意义。法治是治国理政的基本方式。党的十八届四中全会从党和国家事业发展全局的战略高度，对全面推进依法治国作出了一系列新的重大部署。省委十三届六次全会紧密结合浙江实际，明确提出了全面深化法治浙江建设的总体要求、目标任务和具体举措。我市全面深化"法治丽水"建设，是贯彻落实中央和省委法治建设战略部署的具体行动，是维护社会公平正义的必然要求，是推进市域治理体系和治理能力现代化的迫切需要，是坚定不移走"绿水青山就是金山银山"绿色生态发展之路、建设美丽幸福新丽水的有力保障。全市上下必须切实增强政治自觉、思想自觉、行动自觉，齐心协力做好全面深化"法治丽水"建设的各项工作。

改革开放特别是 2006 年市委作出建设"法治丽水"的决策部署以来，历届市委咬定青山不放松、一任接着一任干，全面推动依法行政、公正司法、基层民主法治建设，强化全社会法治思维和法治理念，取得明显的阶段性成效。我市已连续 9 年被省委、省政府命名为"平安市"，成为全省首批获得"平安银鼎"的地级市。市政府连续 5 年被评为全省依法行政工作优秀单位。这些成效都为全面深化"法治丽水"建设奠定了扎实基础。

但也必须清醒地看到，面对坚定不移走"绿水青山就是金山银山"绿色生态发展之路的新形势、新常态，"法治丽水"建设还存在一些不相适应的问题。我市民主政治的制度化、规范化水平有待提高，一些地方和单位对法治建设重视不够，法治建设发展不平衡、不协调；一些国家工作人员以法治思维和法治方式推动改革发展的能力不足，有法不依、执法不严、违法不究等现象依然存在；部分社会成员尊法信法守法用法、依法维权意识不强。对这些问题，必须高度重视，切实加以解决。

2. 指导思想。认真贯彻落实党的十八大和十八届三中、四中全会精神，深入贯彻落实习近平总书记系列重要讲话精神，按照省委十三届六次全会部署，围绕加快建设生态保护和生态经济"双示范区"，以依法执政为核心内容，以依法行政为本质要求，以公正司法为价值追求，以依法治理为关键举措，以全民守法为基础工程，充分发挥法治在保护"绿水青山"、促进社会公平正义中的"压舱石"作用，

为坚定不移走“绿水青山就是金山银山”绿色生态发展之路、全面深化改革、建设美丽幸福新丽水提供有力法治保障。

3. *总体目标*。着眼于市域治理体系和治理能力现代化，全面推进科学立法、严格执法、公正司法、全民守法，全面提升我市经济、政治、文化、社会、生态文明和党的建设领域的法治化水平。到2020年，实现“五个显著提高”：

——依法执政能力显著提高。坚持党领导立法、保证执法、支持司法、带头守法，党委领导方式和执政方式有效改进，各级党组织和党员干部以法治思维和法治方式推动改革发展的能力明显增强。人民代表大会制度、中国共产党领导的多党合作和政治协商制度、民族区域自治制度、基层群众自治制度进一步巩固和完善。

——政府工作法治化水平显著提高。各级政府依法全面履行职能，权责统一、权威高效的依法行政体制基本建立，行政机关及工作人员依法行政的观念、能力和水平得到社会认可，基本建成职能科学、权责法定、执法严明、公开公正、廉洁高效、守法诚信的法治政府。

——公正司法和执法水平显著提高。司法体制机制改革取得明显成效，基本形成科学合理的司法管理体制和规范高效的司法权力运行机制。司法机关依法独立公正行使职权，司法公信力显著提升。司法队伍教育培训、执法管理、内外监督机制进一步完善，整体素质明显提高。各类社会主体合法权益得到切实保障。

——社会治理法治化水平显著提高。着力解决人民群众反映强烈的突出问题，运用法治思维和法治方式调整社会关系、规范社会行为、化解社会矛盾、维护社会秩序，在法治的轨道上推进“平安丽水”建设。人民群众对法治建设满意度总体达95%以上，力争到2016年获得“平安金鼎”。

——全民法治意识和法律素养显著提高。社会主义法治精神深入人心，社会主义核心价值观和当代丽水人共同价值观得到普遍认同，全社会尊崇宪法、遵守法律、信仰法治的氛围基本形成。法治文化阵地实现市、县、乡、村四级基本覆盖。

二、深入推进依法执政

4. *严格履行宪法实施责任*。全市各级党政机关、基层组织、社会团体、企事业单位和个人都必须以宪法为根本活动准则，维护宪法法律权威，捍卫宪法法律尊严，保证宪法法律实施。加强宪法法律学习、教育和宣传。认真执行宪法宣誓制度。认真组织开展国家宪法日活动。

5. *深化党的建设制度改革*。严格执行民主集中制，规范各级党政主要领导干部职责权限。科学配置党委部门及内设机构权力职能，探索扩大基层党内民主多种实现形式。加强和改进巡察监督制度，深入开展领导班子回访、干部监督预警等工作，不断完善务实管用的监督管理措施。不断探索完善党务公开的途径和形式，建立健全党内情况通报、党内事务听证咨询等制度。落实省委党内法规制定工作五年规划纲要，探索建立党内规范性文件备案审查与政府规章、行政规范性文件备案审查衔接联动机制。探索建立党内规范性文件实施后评估、督查和问责机制。

加强和改进党对政法工作的领导，进一步健全党委定期听取政法机关工作汇报制度。市、县两级党委政法委要把工作着力点放在把握政治方向、协调各方职能、统筹政法工作、建设过硬队伍、督促依法履职、创造公正司法环境上。

落实依法治军要求，支持加强国防、军队和后备力量建设，推动军民融合发展。

6. *加强和改进人大工作*。健全党委领导人大工作制度，支持和保障人大及其常委会依法履职。推进人大“两个联系，一个发挥”工作，深化代表联络站和代表履职平台建设。加强议案和建议处理工作，完善重点建议领办和督办制度，健全法规规章实施情况报告制度。积极运用公民旁听、网络在线交流等方式，扩大公民对人大常委会工作的有序参与。加强人大及其常委会自身建设，加强对乡镇人大的工作指导。

加强地方法制建设。加强市委对立法工作的领导，建立立法前与公众沟通机制，做到民有所呼、法有所应。健全人大主导立法工作的体制机制，增加有法治实践经验的人大代表和专职委员比例。支持市人大提早谋划编制地方立法项目库，在法定权限内，率先在全国探索建立健全地方性生态环境保护等法规规章体系。支持景宁畲族自治县人大根据自身实际，依法制定、修改促进经济社会发展、弘扬民族文化、保护生态环境等自治条例和单行条例。

7. *完善协商民主广泛多层制度化发展*。继续重点加强政党协商、政府协商、政协协商，积极开展人大协商、基层协商、人民团体协商，逐步探索社会组织协商。围绕改革发展稳定和涉及群众切身利益的实际问题，在决策之前和决策实施之中开展广泛协商，增强决策的科学性和实效性。充分发挥人民政协作为协商民主的重要渠道和专门协商机构的作用，深入开展专题协商、对口协商、界别协商和提案办理协商。探索建立清晰明确的“程序链条”，组建市“协商咨询人才库”，切实提高协商质量和效率。

探索建立党委、人大、政府和政协共同跟踪督办的工作机制，从制度上保障协商成果落地。完善民主党派、工商联、无党派人士直接向党委、政府提出建议和意见反馈机制。依法推进民族和宗教事务规范化管理，健全民族和宗教事务综合管理体系。

8. *增强领导干部法治思维和依法办事能力*。完善领导干部学法用法制度，把宪法法律列入党委（党组）中心组学习内容，列为党校、行政学院、社会主义学院必修课。健全完善领导干部述职述廉述法、任前法律素质考察、领导干部下访法律专家随同等制度。把法治建设成效作为衡量各级领导班子和领导干部工作实绩的重要内容，纳入政绩考核体系。把能不能遵守法律、依法办事作为考察干部的重要内容，在相同条件下，优先提拔使用法治素养好、依法办事能力强的干部。

三、深入推进依法行政

9. *依法全面履行政府职能*。围绕建成法治政府目标，坚持法定职责必须为、法无授权不可为，推进机构、职能、权限、程序、责任法定化。以深化“四张清单一张网”建设为抓手，促进政府治理现代化。全面落实行政执法责任制，依法保障行政执法人员充分履职。整合优化各类投诉举报平台，建立健全群众、媒体反映问题的处理和通报机制。坚持重大具体行政行为报备制度。严格执行罚缴分离和收支两条线管理制度。健全行政执法与刑事司法衔接机制，完善信息共享、案情通报、案件移送制度。

10. *健全依法决策机制*。编制实施新一轮法治政府建设五年规划，把公众参与、专家论证、风险评估、合法性审查、集体讨论决定确定为重大行政决策法定程序。涉及公共利益和人民群众切身利益的重大行政决策，都应进行听证。未经合法性审查或经审查不合法的，不得作出决策。完善重大决策社会稳定风险评估机制，做到应评尽评，正确运用评估结果。建立重大决策终身责任追究制度及责任倒查机制，明确追责处理程序。普遍建立政府法律顾问制度，探索建立市、县、乡三级法律顾问库，实现法律顾问全覆盖。

11. *加大简政放权力度*。推进政府管理权限下放，深化扩权强县、强镇扩权改革。完善市区城管执法体制。支持有条件的县级政府开展跨部门综合执法，探索在有条件的乡镇设立执法机构，推动执法力量下沉。深化行政审批制度改革，全面推行审批代办服务和网上政务服务。深化公共资源交易体制改革，推动公共资源市场化配置，建立统一规范、上下衔接的公共资源交易平台。规范政府向社会力量购买服务制度，探索公共服务供给主体多元化，健全后续监管机制和评价体系。

12. *严格规范公正文明执法*。加大关系群众切身利益的食品药品安全、安全生产、环境污染、网络安全等重点领域行政执法力度，依法惩处各类违法行为。全面推行说理式执法、行政监管劝勉、执法事项提示、轻微问题告诫、突出问题约谈、重大案件回访等柔性执法方式。规范行政裁量权行使，细化量化行政裁量标准，明确裁量范围、种类和幅度。推进行政执法流程网上管理，建立行政执法全过程记录和结果公开制度。深入推进政务公开，建立政务主动公开机制。推行政府收费清单公开和行政复议决定书网上公开制度。

13. *加强行政权力监督制约*。加强对政府内部权力的制约，强化流程防控，防止权力滥用。加强人大及其常委会对政府全口径预决算审查监督和国有资产监督，探索开展对各类开发园区预算监督。加强行政监察工作，不断深化电子监察系统建设。探索建立审计监督与法律监督相衔接的工作机制。探索建立公众参与执法监督机制。建立重大执法决定备案和行政执法案件评查、评议考核制度。完善纠错问责机制，健全责令公开道歉、停职检查、引咎辞职、责令辞职、罢免等问责方式和程序。

四、深入推进公正司法

14. *确保依法独立公正行使审判权和检察权*。各级党政机关和领导干部要支持法院、检察院依法独立公正行使职权。严格落实领导干部干预司法活动、插手具体案件处理的记录、通报、责任追究制度。落实司法人员履行法定职责保护机制。完善重大案件指定管辖、提级管辖和集中管辖制度，完善行政诉讼案件跨区域相对集中管辖制度，探索建立涉及生态环保的民事、行政、刑事案件的集中审理制度。健全行政机关负责人依法出庭应诉、支持法院受理行政案件、尊重并执行法院生效裁判的制度。

15. *积极推进司法体制改革*。认真落实中央和省委关于司法体制改革的各项措施。改革法院案件受理制度，变立案审查制为立案登记制，做到依法有案必立、有诉必理。落实以审判为中心的诉讼制度改革，推行繁简分流和速裁机制，落实量刑规范化改革措施。加大对虚假诉讼、恶意诉讼、无理缠诉的惩治力度。加强职务犯罪线索管理，明确纪检监察与刑事司法办案标准、程序衔接。推行检察机关提起公益诉讼制度。落实司法机关内部人员过问案件的记录制度和责任追究制度。进一步理顺社区矫正工作机制，健全和完善社区矫正执行体系。

16. *深化司法活动监督*。完善人

民监督员制度，拓展监督范围，规范监督程序。加强人大及其常委会对司法机关及其工作人员的履职监督。完善党委政法委执法监督机制，加大涉及民生类案件的评查力度，逐步建立政法系统共享的综合数据库和信息查询系统。强化检察机关法律监督职能，加强对执法办案的动态监督，案管系统全面上线运行，探索建立重大、疑难案件侦查机关听取检察机关意见和建议的制度。完善防错纠错“制度链”，建立健全办案质量终身负责制和冤假错案倒查问责制。

17. 保障人民群众参与司法。完善人民陪审员制度，实施人民陪审员倍增计划。推进审务、检务、警务公开，录制并保留全程庭审资料，完善办案信息查询系统，依法及时公开执法司法依据、程序、流程、结果和生效法律文书，加强法律文书释法说理，保障公民知情权。完善当事人权利义务告知、群众旁听庭审、司法听证、网络司法拍卖等制度。落实实名举报答复和举报人保护机制。强化律师行业自律，依法保障律师各项权利。

18. 坚持司法为民长效机制。认真落实加强人权司法保障的各项举措。妥善审理“三农”、医疗、欠薪、征迁、环保等案件，加大对拒不执行判决、裁定行为的制裁力度，进一步解决“执行难”问题。完善涉案财物处理信息公开机制，探索建立司法涉案财物集中管理平台。健全涉法涉诉信访错误纠正和瑕疵补正机制，完善信访导入司法程序及信访案件依法终结机制。完善法院诉讼服务中心、检察院案件管理中心和司法行政法律服务中心等窗口建设。

五、深入推进社会依法治理

19. 构建维护群众利益的制度体系。完善就业和社会保障制度，大力推进基本公共服务体系与社会保险、社会救助、社会福利、社会慈善和优抚安置等相互衔接的“大社保”体系建设。坚持法定途径优先原则，深入推进信访工作制度改革，健全利益表达、协商沟通、救济救助等机制，建立信访信息综合平台，完善领导干部接访下访和重点部门联合接访常态化机制。稳妥有序推进户籍制度改革，全面深化居住证制度，依法保障“新丽水人”的各项合法权益。完善劳动关系协调长效机制，打造“无欠薪丽水”。健全特殊人群管理服务机制，完善政府、社会、家庭三位一体的关怀帮扶体系。健全农村留守儿童、妇女、老年人关爱服务和残疾人权益保障体系。

20. 推动社会矛盾化解法治化。认真总结“大调解”实践经验，编制五年工作规划。加强调解、仲裁、行政裁决、行政复议、诉讼有机衔接、相互协调的多元化矛盾纠纷解决机制，完善人民调解、行政调解、司法调解、仲裁调解联动工作机制。加强行政复议调解、和解，提升案结事了率。推进和规范各类专业性、行业性调解组织建设，完善乡、村两级调解网络，发展企事业单位、新型功能区域调解组织，建立第三方参与矛盾纠纷调处化解机制。依法妥善处置涉及民族和宗教的社会问题。

21. 深化平安创建活动。全面实施“三年平安计划”，完善平安建设“月体检报表”，打造平安丽水“升级版”。创新发展“枫桥经验”，深化“网格化管理、组团式服务”，健全社会稳定“三色预警”、应急联动和突发事件应急处置机制，深入推进社会综合治理。完善平安建设信息系统建设，推广运用科技手段，构建信息收集、分流办理、信息反馈、联动处理工作机制。加快构建立体化社会治安防控体系，大力推进公共安全视频监控系统的建设、联网和应用，严密防范、依法严厉打击暴力恐怖、涉黑、邪教和黄赌毒等违法犯罪活动。

22. 推进基层依法治理。支持各县（市、区）打造具有本地特色的基层治理品牌。探索村（社区）实现依法自治的有效途径，完善村（居）务监督委员会制度。探索建立农村小微权力清单制度，科学规范小微权力的运行。巩固村（社区）机构牌子多、考核评比多、创建达标多等“三多”问题清理成果，全面实行村（社区）事务准入制。发挥市民公约、村规民约、行业规章、团体章程等社会规范在社会治理中的积极作用。探索公益创投机制，放宽社会组织准入门槛，开展直接登记和备案登记，支持行业协会及科技类、公益类、城乡社区服务类社会组织发挥行业自律和专业服务功能。

23. 完善公共法律服务体系。将公共法律服务纳入地方经济社会发展规划和政府公共服务范围，统筹推进覆盖城乡居民的公共法律服务体系建设，重点加强农村“三权”抵押贷款、“三改一拆”等涉及民生领域法律服务。完善法律援助制度，扩大援助范围，提高援助质量。鼓励和引导社会力量参与公共法律服务，建立健全公共法律服务标准和质量评价、监督及政府购买补偿机制。加强律师事务所规范化管理，扶持和引进一批规模较大、实力较强的法律服务机构。深入开展企业“法律体检”，为企业提供更加优质高效的法律服务。依法维护本市居民、丽商在市外、海外的正当权益和海外侨胞权益。

六、深入推进全民守法

24. 提升法治宣传教育效果。坚持把全民普法和守法作为“法治丽水”建设的基础性工作。认真落实“谁主管谁普法、谁执法谁普法”的普法责任制，建立法官、检察官、行政执法人员、律师等以案释法制度，加强普法讲师团、普法志愿者队伍建设。重点加强国家工作人员、企业经营管理人员、青少年和涉及农村利益调整群体的法治教育。把法治教育纳入国民教育体系,在中小学设立法治知识课程,探索开展实践性和体验性教学。健全媒体公益普法制度,不断扩大普法宣传公益广告在公共场所的覆盖面。

25. 大力推进法治文化建设。充分发挥法治文化在法治建设中的教育、熏陶、示范、引导作用。把法治教育纳入精神文明创建内容,开展群众性法治文化活动。加强法治主题公园等法治文化设施建设,进一步挖掘丽水传统文化中的法治资源。鼓励和支持各类文化团体参与法治文艺作品创作,积极推广微博、微信等宣传载体,打造具有丽水特色的法治文化栏目品牌。

26. 全面加强公民道德建设。大力弘扬社会主义核心价值观和当代丽水人共同价值观,宣传“最美人物”,倡导“最美精神”,培育社会公德、职业道德、家庭美德、个人品德。发挥法治在解决道德领域突出问题中的积极作用,引导人们自觉履行法定义务、社会责任、家庭责任。发挥政府诚信在社会诚信建设中的导向作用,推进社会信用体系建设制度化、规范化。加大信用信息归集力度,提高信用信息共享率。全面推行在行政管理事项中应用省信用共享平台信用记录和数据。健全公民和组织守法信用记录,完善守法诚信褒奖和违法失信惩戒机制。

27. 扎实开展法治实践活动。着眼于解决现实问题,鼓励党校、高校、科研单位、专家咨询委员会以及法学会组织开展法治专项课题研究,建立健全理论研究成果转化机制。突出发展和改革大局,支持各单位充分发挥自身职能作用,依法推进生态经济、“五水共治”、“城市治堵”等中心工作。深入开展多层次、多形式法治创建活动,完善创建标准,强化目标考核,扎实推进法治县(市、区)、民主法治村(社区)、依法行政示范单位和诚信守法企业等创建活动。

七、强化全面深化“法治丽水”建设的政治保障

28. 严守党的政治纪律和组织纪律。坚持全面从严治党、依规治党。各级党组织要切实维护党的纪律的严肃性和权威性,引导党员干部强化纪律意识,严格遵守党的政治纪律和政治规矩,严格按照党的组织原则和党内政治生活准则办事。针对群众反映强烈的突出问题,开展经常性的纪律整顿和专项整治。加强对纪律执行情况的监督检查,对腐败行为和腐败分子“零容忍”,依法依纪坚决惩处,确保纪律严格执行。

29. 推动作风建设常态化。建立作风建设长效机制,持之以恒抓好中央“八项规定”精神和省委“28条办法”、“六个严禁”以及市委实施意见的贯彻落实。巩固和拓展党的群众路线教育实践活动成果,加大正风肃纪力度,完善作风状况社会评价和电视问政等制度,坚决防止“四风”问题反弹。健全厉行节约反对浪费制度体系,完善配套措施。健全财务预算、核准和审计制度,严格控制“三公”经费支出。进一步精简文件简报和会议活动。严格执行领导干部工作生活待遇规定,积极稳妥推进公务用车制度改革,整治各种特权行为。

30. 推进反腐倡廉建设制度化。严格执行党风廉政建设责任制,健全反腐败领导体制和工作机制,强化市、县反腐败协调小组职能,认真落实纪律检查体制改革各项任务。严格落实党风廉政建设党委主体责任和纪委监督责任,强化党委(党组)主要负责人的“第一责任人”责任和党委(党组)成员的“一岗双责”。完善廉政风险防控机制,探索科技防治腐败机制,严防领导干部利益冲突和利益输送问题。充分运用“12388”信访举报、96178效能投诉和纪检监察网络举报平台,拓宽举报渠道。加强对执纪办案工作的监督,确保依纪依法安全文明办案。

31. 加强法治工作队伍建设。加强理想信念教育,大力提升法治工作队伍思想政治素质、业务工作能力、职业道德水准。加强各级各部门法治工作机构建设和力量配备,提升组织、协调、指导、推动法治建设的能力和水平。严格实行行政执法人员持证上岗、资格管理和执法档案制度。推动公证员、法律服务工作者和志愿者队伍建设。加快构建公职律师、公司律师、社会律师等优势互补、结构合理的律师队伍。制定人民调解员等级评定办法,全面实行专职人民调解员持证上岗制度。建立激励法律服务人才跨区域流动机制,优化法律服务人才资源配置。开展人才定向培养,加大法治人才在“拔尖人才”“138人才工程”和“绿谷新秀”等人才培养选拔中的比重,建立全市法治人才专家库。

32. 强化组织协调和督查考核。健全党委领导,人大、政府、政协各负其责,各级各部门分工落实的法治建设工作机制。市委“法治丽水”建设工作领导小组办公室要完善协调机制,及时分解任务,明确进度要求,加强督查考核。

各县(市、区)、各部门要结合实际、突出重点,制定贯彻本《实施意见》的配套文件和具体意见,抓好市委决策部署的贯彻落实,全面深化“法治丽水”建设,为建设美丽幸福新丽水而努力奋斗。

中共丽水市委　丽水市人民政府
关于促进丽水市电子商务发展的实施意见

（2015 年 7 月 29 日）

为落实“大众创业、万众创新”的要求，充分发挥电子商务在促进经济和社会发展中的积极作用，根据国务院和省委、省政府关于电子商务的有关精神，结合丽水实际，现就促进电子商务发展提出如下实施意见：

一、电子商务发展的总体思路和工作目标

（一）总体思路。深入学习贯彻习近平同志系列重要讲话精神，坚定不移走“绿水青山就是金山银山”绿色生态发展之路，紧紧围绕产业结构调整升级和促进经济增长方式转变，按照“政府推动与企业主导相结合、营造环境与推广应用相结合、网络经济与实体经济相结合、加快发展与加强管理相结合”原则，突出重点，注重实效，积极推进企业信息化建设，推广电子商务应用，着力营造电子商务发展的良好环境，促进丽水电子商务产业可持续繁荣发展。

（二）工作目标。全市电子商务发展环境、信息基础和支撑体系建设进一步发展，电子商务应用水平大幅提高，虚拟经济与实体经济深度融合；服务于民生的电子商务公共服务体系基本建成，全社会普遍享受电子商务发展带来的实惠与便利，形成良好的电子商务政策、创新和发展生态环境。到 2018 年，培育省示范电子商务企业 3~4 家、省示范电子商务平台1~3家、省示范电子商务产业基地 1~2家；全市电子商务网络零售额突破 200 亿元，全市 80%规上企业开展电子商务应用或生产流程互联网改造，打造 15 万方的电子商务产业园区或集聚大楼等，建设 2500 个农村电子商务服务站、300 个社区电子商务服务站，培育 10 个电子商务村（淘宝村）、2 个电子商务镇（淘宝镇）。

二、主要措施

（一）优化发展环境。

1. 组织保障。市、县两级分别成立电子商务工作领导小组，统筹各领域应用电子商务，协调各相关单位共同推进电子商务发展。[责任单位：市商务局，各县（市、区）人民政府]成立市级电子商务专家咨询委员会，邀请业界知名专家、学者、企业家提供电子商务发展智力支持与相关调研报告、项目评估，并通过购买服务的方式委托市电子商务公共服务中心组织市内外具有实战经验的技术专家为企业提供服务。（责任单位：市商务局）

2. 政策保障。市级财政每年安排 2000 万元用于促进全市电子商务发展，其中 300 万元用于农村电子商务发展。市直属企业资助资金、示范企业（平台、基地）、村镇奖励、农村电子商务服务站点建设市级补助配套资金由市级财政承担。市商务局、团市委协同市财政局分别制定《丽水市电子商务专项资金使用管理办法》《丽水市农村电子商务专项资金使用管理办法》。（责任单位：市财政局、市商务局、团市委）

3. 考核督查。市考核办将电子商务发展工作纳入对县（市、区）的综合考核，市商务局牵头制定《丽水市电子商务工作考核办法》，定期通报工作进度。（责任单位：市考核办、市商务局，配合单位：市旅委、团市委）

（二）完善电子商务支撑体系。

1. 完善信息网络。加大信息网络建设投入，2018 年底前实现宽带网络村村通，中心村实现百兆光纤进村入户，实现中心村 4G 移动网络全覆盖；公园、体育中心等人流较为密集的公

共场所实现免费 WIFI 全覆盖。(责任单位:市经信委、中国电信丽水分公司、中国移动丽水分公司、中国联通丽水分公司、中国铁塔丽水分公司)

2. 建设电子商务公共服务中心。建设市、县两级电子商务公共服务中心,分别给予一次性 50 万元、30 万元的建设资助(含省级补助资金,原则上不重复享受,下同)。电子商务公共服务中心对区域内电子商务主体培训、孵化支撑、营销推广等提供公益为主的公共服务。政府通过向公共服务中心购买服务的形式开展协会组织、舆论宣传、培训培育、技术咨询等服务。[责任单位:市商务局、团市委、市财政局,各县(市、区)人民政府]

3. 建设电子商务线上公共服务平台。支持市级电子商务公共服务中心建设电子商务线上公共服务平台,整合各类电子商务第三方平台、电子商务服务企业、培训机构等组织提供在线服务,为市内企业与服务提供方提供撮合服务。通过宣传、推介线上公共服务平台,为市内各平台、企业提供流量入口。[责任单位:市商务局、团市委,各县(市、区)人民政府]

4. 建设电子商务产业基地。支持建设各类电子商务集聚园区,集聚主体、集约资源、集成服务。对使用面积在 1 万平方米以上、电商企业入住占营业面积 80%以上(或实体交易市场内 70%以上的市场经营户开展电子商务应用)、电子商务零售额达 2 亿元以上(或农产品电子商务零售额达 1 亿元以上)、物流快递等电子商务基础配套设施基本完善的园区,给予园区运营单位一次性奖励 30 万元。给予园区内各类电子商务交易企业、电子商务服务企业第一年房租补助 70%、第二年房租补助 50%、第三年房租补助 30%,每家企业最高不超过 5 万元;重点支持建设跨境电子商务园区(创业中心),入驻跨境电子商务园区的企业或个体户,除给予房租补助外,第一年宽带费全补、第二年宽带费补助 50%、第三年宽带费补助 30%。[责任单位:市商务局、团市委、市财政局、丽水开发区管委会,各县(市、区)人民政府]

5. 完善仓储物流配送体系。支持通过搭建标准厂房、利用闲置厂房、闲置校区等建设公共仓储配送中心,开发与各大网销平台无缝对接的仓储配送软件系统,建设科学合理的仓储配送体系,为广大中小网商提供专业化、集约化、智能化、便利化的仓储配送服务。连续三年每年服务 10 家企业以上、日均发货 8000 单以上的公共仓储配送中心运营单位,给予每年奖励 10 万元。(责任单位:市商务局、市财政局、市邮政管理局)支持建设农村电子商务服务站,提供代买代卖、物流配送等服务,实现“工业品下乡”“农产品进城”“解决物流最后一公里”“便利生活服务”等功能。给予新建成并经验收合格的农村电子商务服务站[含各县(市、区)]市级财政一次性配套资金 2000 元(含省级补助资金),各县(市、区)可以根据当地实际情况进行配套,并在次年和第三年通过以奖代补方式给予运营补贴。同时,支持快递服务网络向农村地区延伸,推进电子商务与物流快递协同发展,各县(市、区)可根据实际情况,制定相关支持政策。[责任单位:团市委、市商务局、市财政局、市邮政管理局,各县(市、区)人民政府]支持建设社区电子商务服务站,提供在线购物、智能投递、政策查询、便利生活等服务。对在全市建设 50 个以上社区智能终端的运营主体,给予验收合格的社区电子商务服务站第一年补助 10000 元,次年和第三年每年 5000 元奖励(含省级补助资金)。(责任单位:市商务局、市财政局、市邮政管理局)充分整合铁路、道路、邮政、仓储、商业网点等现有物流资源,加快推动快递业、邮政企业和干线运输的横向联盟、优势互补,提高配送网络的城乡服务能力和农村覆盖面;重点发展支撑面向长三角的丽水农产品直供基地的冷链物流配送体系;鼓励建设第四方物流平台,整合各电商企业、物流企业、快递企业投送信息,提供车源、货源撮合服务。(责任单位:市交通运输局、市邮政管理局)规范物流配送车辆管理,按照有关规定,推动城市配送车辆的标准化、专业化发展。制定并实施城市配送用汽车、电动三轮车等车辆管理办法,强化城市配送运力需求管理,保障配送车辆的便利通行;鼓励采用清洁能源车辆开展物流(快递)配送业务,支持充电、加气等设施建设;合理规划物流(快递)配送车辆通行路线和货物装卸搬运地点。(责任单位:市交通运输局,市公安局、市邮政管理局)

6. 推动银企深入合作。引导商业银行、互联网金融机构等与本地电子商务企业合作开展动产质押、应收账款质押、商业保理等创新金融服务,探索发展大数据信用融资业务,推动电子商务企业信用信息公开和信用评价,金融机构可据此对电商授信及放贷。纳入商务部门监测统计系统的电子商务交易企业,给予基准利率 50%的贷款贴息。(责任单位:市人行、市财政局、市商务局)

7. 培育电子商务技术服务企业。有效整合基础电信运营、软件供应和系统集成等基础业务,培育一批专业化、拥有自主知识产权的核心技术或者成熟的运营模式的电子商务技术服务企业,为中小电子商务企业提供平台开发、信息处理、数据托管、应用系统和软件运营等外包服务。(责任

单位:市经信委)

8. 鼓励建设市级农产品电商化研发中心。通过对农产品在电商特殊销售渠道特性的探索与创新,总结农产品电商化生产流通中产品保险、产品包装、流通半径等瓶颈问题,研发适合网络销售的产品、包装、物流运输,指导全市产业及从业人员共享应用。(责任单位:市农业局)

9. 鼓励建设一站式检验检测中心。整合有关部门检验检测资源,各县(市、区)集中力量建设一个检测功能齐备、检测设备先进、检测指标科学、检测结果公认、检测费用惠民的网销产品检验检测中心。[责任单位:市农业局、市质监局、市市场监管局、市财政局,各县(市、区)人民政府]

10.其他方面政策支持。支持利用闲置厂房、学校等其他场所可暂不改变土地用途用于电子商务集聚园区。创新登记注册服务方式,推进"先照后证"改革,进一步放宽电子商务企业名称核准、经营范围、经营场所以及设立多级分支机构等市场准入的限制,实施一址多照,企业住所可放宽不受土地性质约束。高新技术、小微电子商务企业可享受相关高新技术企业、扶持小微企业发展有关政策。完善价格政策,电子商务企业用水、用电、用气与工业企业同质、同量、同价。(责任单位:市国土局、市市场监管局、市经信委、市发改委)

(三)积极利用电子商务开拓国内外市场。

1. 鼓励生产企业应用电子商务。鼓励各类生产企业开办销售子公司,通过利用第三方销售平台、自建销售平台、代运营、大宗产品电子化交易、跨境电子商务等多种形式开展电子商务应用。鼓励生产企业借助互联网技术完善信息管理,实现供应链协同;将企业上游供应商、下游终端用户与企业生产 ERP 系统无缝对接,打造上下游订货系统、库存系统、对账系统、生产分配系统,实现资金流、信息流、物流等全方位整合管理。(责任单位:市商务局、市经信委)

2. 鼓励传统商贸企业应用电子商务。鼓励商贸综合体、商贸企业、宾馆、酒店、农家乐等发展线下展示、线上交易的 O2O 模式;鼓励其通过第三方电子商务平台、自建线上交易平台开展电子商务应用,给予软硬件改造投入一次性补助不超过 50%的支持,每家企业最高不超过 20 万元。广泛开展商贸企业互联网应用培训,提升传统商贸企业的电子商务理念和应用技能;全面推广线上支付系统,对线上第三方支付系统硬件设备给予一次性补助不超过 30%的补助,每家企业补助总额不超过 5 万元;鼓励开发适合商贸企业等传统企业或电子商务服务企业应用电子商务的软件,对于公共性应用软件在政府集中采购后推广应用,并对相关应用软件开发给予开发费用一次性补助不超过 50%的补助,每个应用软件补助总额不超过 10 万元。(责任单位:市商务局、市财政局)

3. 鼓励旅游景点应用电子商务。鼓励旅游景点通过旅行社代运营、第三方电子商务平台、自建线上交易平台开展电子商务应用。(责任单位:市旅委)

4. 鼓励发展跨境电子商务。积极推动我市企业依托电子商务平台、自建平台,直接将产品和服务销往境外消费者或零售终端,减少中间环节。从电商平台、经营主体、仓储物流、快递配送、售后服务等环节入手,构建跨境电商业务体系;逐步建立适应电子商务模式的报关、报检、结汇和退税等管理机制。重点培育跨境电子商务经营主体,支持建设公共海外仓。给予年销售额 10 万美元以上的跨境电子商务经营主体国际邮递费用 10%的补助,每家企业年最高补贴不超过 10 万元;给予公共海外仓(按省商务厅有关标准建设)经营主体建设费用 50%的奖励,每个海外仓一次性奖励最高不超过 150 万元(含省级补助资金);对通过保税进口,再开展网络分销的企业,执行丽水市对外贸易促进政策中按进口额给予奖励的标准;对于知名快递企业在丽开设分公司,且为我市跨境电子商务企业提供服务的,给予连续三年办公场所租金补助,每年每家企业补助不超过 30 万元。(责任单位:市商务局、市财政局、市邮政管理局、丽水海关、丽水检验检疫局)

5. 支持建设线上丽水专区。支持在影响较大的第三方电子商务平台开辟丽水产品专区,把丽水城市品牌、优势产业、优秀企业、特色商品集中进行展示、宣传和推广。(责任单位:市商务局、团市委、市财政局)6.支持电商企业利用展会拓市场。鼓励电商企业参加由商务部门组织的国内外知名电商展会,给予展位费及公共形象展示费用全额资助;自行参展的给予展位费 50%资助。(责任单位:市商务局、市财政局)

(四)培养电子商务人才健全电子商务创业服务体系。

1. 引进各类高层次人才。制定适合电商及其服务企业高层次人才认定办法;鼓励电商企业引进运营、策划等各类紧缺高层次人才,享受丽水市高层次人才各类扶持政策。(责任单位:市委组织部、市人力社保局、市商务局)

2. 支持培养各类电商专业人才。有关部门通过丽水市电子商务公共服务中心、丽水市农村电子商务服务中心、我市经许可认定可开展电子商务培训的定点培训机构与淘宝大学、速卖通大学、ebay、亚马逊等专业培训机构合作，开展普及培训、中高级培训、专业技能培训，培训费用按《丽水市市级机关培训费管理规定》（丽财行〔2014〕303号）执行；我市经许可认定可开展电子商务培训的定点培训机构开展培训，培训和鉴定费用按《关于加强市本级职业培训补贴资金使用管理的通知》（丽财社〔2014〕115号）执行。鼓励电商从业人员考取电子商务师国家职业资格证书。（责任单位：市人力社保局、市商务局、团市委）鼓励大中专院校开设电子商务相关专业及课程，鼓励在校大中专学生开展实习、实训。（责任单位：市教育局、市财政局）

3. 支持开展技能竞赛。大力开展丽水市青年网上创业周、电子商务创业大赛等品牌活动，在营造电商创业氛围的同时，不断提升电商从业人员的职业素养和职业技能。（责任单位：团市委、市商务局、市人力社保局）

4. 促进就业创业。鼓励电子商务领域就业创业，电商创业人员经人力社保部门认定后，同等享受相关就业创业扶持政策。电商小微企业招用登记失业人员、就业困难人员、城镇复退军人、毕业2年以内高校毕业生并符合相关要求的，同等享受相关就业创业扶持政策。符合条件的就业困难人员到村级电子商务服务站就业并依法缴纳社会保险费的，经考核合格，按照公益性岗位政策给予岗位补贴和社保补贴；高校毕业生到村级电子商务服务站就业并依法缴纳社会保险费的，可以政府购买服务的形式给予扶持，具体办法由人力社保部门制定。［责任单位：市人力社保局、丽水开发区管委会，各县（市、区）人民政府］

5. 加强电商创业孵化园建设。对被认定为市级、县级电商创业孵化园的，按照就业政策规定给予园区场租、贷款贴息、创业培训、社保等方面补助。（责任单位：市人力社保局）

（五）加大电子商务宣传力度。强化丽水产品网络形象设计和宣传，在省内外媒体上对丽水产业、丽水品牌、丽水网商进行整体宣传推广；支持促进电子商务发展开展的课题研究、重大活动（论坛）、学习考察、专题会议等。（责任单位：市商务局、团市委）

（六）实施电子商务示范带动工程。落实省委省政府提出“大平台、大产业、大项目、大企业”战略，在电子商务各领域中认定一批基础扎实、成长性好的示范企业、平台、基地、电子商务村、电子商务镇等。对获得国家级、省级和市级电子商务示范的单位，分别给予50万元、20万元、5万元一次性奖励。（责任单位：市商务局、团市委、市财政局）

（七）建立电子商务统计监测制度。开展电子商务发展战略和政策研究，建立完善发展评价体系，提升电子商务统计监测、分析的科学化水平。每年安排一定资金通过第三方机构、各级公共服务中心健全全市统计监测系统，主要用于统计监测网的开发与维护、办公设备购置、信息费、劳务费、数据分析、信息员培训等方面。（责任单位：市商务局）给予首次将网络零售额纳入统计局统计系统的网络零售企业一次性奖励3万元。对非首次纳入统计系统的且网络零售额保持正增长的网络零售企业，实现正增长的超基数部分每500万元分别奖励1万元，每家企业最高奖励5万元。（责任单位：市商务局、市统计局、市财政局）

（八）加强电子商务行业监管。发挥商务、公安、市场监管、税务、文化、质监、邮政管理局、通信等部门在电子商务活动中的监管职能，研究制定电子商务监督管理规范，推进网络交易产品追溯体系建设，切实做好执法检查和日常监管，严厉打击依托网络的制售假冒伪劣商品、侵犯知识产权、传销、诈骗等行为。推进网上经营主体信息公开披露，探索建立电子商务信用管理和信息共享机制，推广信用产品在电子商务中的应用，促进我市电子商务规范有序发展。完善丽水市电子商务行业协会等社会中介组织，倡导行业自律。推行行政监管、行业企业自律、社会监督、消费者参与“四位一体”的网络商品交易监管模式，维护网络公平竞争秩序，保护网络消费者和经营者合法权益。（责任单位：市市场监管局、市公安局、市质监局、市商务局）本意见适用于市区企业，包括市直、莲都区和开发区企业，所涉及的奖励和补助资金按现行财政体制分担、兑付。各县（市）可参照市级促进政策制定符合本地实际的政策措施。本意见自公布之日起施行，执行期限不超过五年。

附　　录

文件目录选编

2015年中共丽水市委文件目录

表42

丽委发文号	发文日期	标　　题
	2015-2-2	中共丽水市委丽水市人民政府关于命名表彰丽水市生态文明村的决定
3	2015-2-5	中共丽水市委关于建立丽水市第三届人民代表大会第五次会议、中国人民政治协商会议第三届丽水市委员会第四次会议临时党委的通知
5	2015-2-13	中共丽水市委丽水市人民政府关于印发《丽水市人民政府职能转变和机构改革方案》的通知
6	2015-2-16	中共丽水市委丽水市人民政府关于表彰“丽水市杰出人才”和“丽水市第九批拔尖人才”的决定
7	2015-2-16	中共丽水市委关于全面深化“法治丽水”建设的实施意见
8	2015-3-2	中共丽水市委丽水市人民政府关于命名表彰2014年度综治优秀县(市、区)和平安创建、大调解、群众信访工作先进单位(集体、个人)的通报
9	2015-3-9	中共丽水市委丽水市人民政府关于命名表彰最美县城、村镇、小区和街道的决定
10	2015-3-17	中共丽水市委丽水市人民政府关于授予松阳县等县(市、区)2014年度丽水市“五水共治”工作先进县(市、区)的通报
11	2015-3-18	中共丽水市委丽水市人民政府关于表彰2014年度全市社会主义新农村建设工作先进单位、个人的决定
13	2015-4-2	中共丽水市委丽水市人民政府关于2014年度市直部门专项考核结果的通报
14	2015-4-2	中共丽水市委丽水市人民政府关于表彰2014年度综合考核优秀县(市、区)和市直单位的通报
12	2015-4-7	中共丽水市委关于印发《中共丽水市委常委会2015年工作要点》的通知
15	2015-4-23	关于落实省纪委评议意见整改方案的通知
16	2015-5-4	关于成立丽水市立法工作领导小组的通知
17	2015-5-13	关于进一步加强人大工作和建设充分发挥人大作用的意见
18	2015-5-13	关于进一步强化正确用人导向的意见
1	2015-6-17	关于全面深化农村改革加快建设美丽幸福新农村的若干意见
20	2015-7-10	关于丽水市创建全国文明城市工作的实施意见
25	2015-8-13	关于丽水经济技术开发区2014年度综合考核结果的通报
26	2015-8-18	印发《关于2015年度综合考核工作的实施意见》等四个考核办法文件的通知
27	2015-8-27	关于全面加强基层党组织和基层政权建设的决定
28	2015-8-28	关于同意召开中国共产党丽水学院第二次代表大会的批复
29	2015-9-1	关于建立丽水市第三届人民代表大会第六次会议临时党委的通知
32	2015-11-12	关于印发《丽水市落实党风廉政建设党委主体责任和纪委监督责任十项制度》的通知

2015年丽水市人大常委会文件目录

表43

丽人大常文号	发文日期	标　　题
1	2015-01-04	关于要求补选丽水中心组省人大代表的请示
12	2015-02-02	丽水市人民代表大会常务委员会2015年工作要点
13	2015-02-02	丽水市人民代表大会常务委员会2015年监督工作计划
16	2015-03-05	关于《丽水市城市总体规划(2013—2030)》的审议意见
17	2015-03-16	丽水市人大常委会关于丽水市第三届人大常委会主任、副主任工作分工调整的通知
18	2015-04-02	丽水市人民代表大会常务委员会关于批准2015年度丽水市本级政府性债务收支计划的决议
19	2015-04-14	丽水市人民代表大会常务委员会关于2015年度市政府工作部门及开发区预算编制情况的审议意见
21	2015-04-27	丽水市人大常委会关于同意丽水盆地易涝区防洪排涝好溪堰水系整治工程项目贷款还本付息资金纳入市本级同期年度财政预算的批复
22		
23	2015-05-27	丽水市人民代表大会常务委员会关于授予孙寿鹏丽水市荣誉市民称号的决定
24	2015-06-02	丽水市人民代表大会常务委员会关于进一步推进"法治丽水"建设的决议
25	2015-06-02	关于印发《丽水市人民代表大会常务委员会审议意见办理办法》的通知
26	2015-06-17	丽水市人大常委会关于全市大气污染防治工作情况报告的审议意见
27	2015-06-19	关于全市"四张清单一张网"建设情况报告的审议意见
28	2015-06-19	关于我市城区中小学教育资源配置情况报告的审议意见
29	2015-07-09	丽水市人民代表大会常务委员会关于要求设立丽水市人民代表大会法制委员会的请示
30	2014-07-29	关于送交《关于水阁污水处理厂存在未达标排放问题的质询案》的通知
31	2015-08-07	丽水市人大常委会关于申请确定丽水市开始行使地方立法权的报告
32	2015-08-10	于全市民族乡(镇)经济社会发展情况报告的审议意见
33	2015-08-10	关于全市美丽乡村建设情况报告的审议意见
34	2015-08-11	丽水市人民代表大会常务委员会关于丽水市2015年上半年经济社会发展和下半年政府工作报告的审议意见
35	2015-08-11	丽水市人民代表大会常务委员会关于丽水生态产业集聚区管理体制情况报告的审议意见
36	2015-08-11	丽水市人民代表大会常务委员会关于丽水市2015年上半年预算执行情况报告的审议意见
37	2015-09-30	关于同意《丽水市莲都区(市区)环境功能区划》的决议
38	2015-09-30	丽水市人民代表大会常务委员会关于批准2015年度市本级预算调整方案的决议
39	2015-09-30	丽水市人民代表大会常务委员会关于批准丽水市2014年度市本级财政决算的决议
40	2015-11-02	关于"五水共治"审议意见办理落实情况报告的审议意见
42	2015-11-02	丽水市人大常委会关于丽水市本级2014年度财政预算执行和其他财政收支情况审计工作报告的审议意见
	2015-12-01	丽水市人民代表大会常务委员会关于落实宪法宣誓制度的若干规定

2015年丽水市人民政府文件目录

表44

丽政发文号	发文日期	标　　题
1	2015-01-13	丽水市人民政府关于公布第三届瓯江文化奖获奖名单的通知
2	2015-01-14	丽水市人民政府关于公布第七批市级重点农业龙头企业的通知
3	2015-01-28	丽水市人民政府关于促进社会资本进入公共设施建设领域的实施意见(试行)
4	2015-02-06	丽水市人民政府关于印发丽水市千峡湖区域保护开发建设管理办法的通知
5	2015-02-26	丽水市人民政府关于表彰2014年度扩大有效投资工作先进单位的通报
6	2015-02-16	丽水市人民政府关于2014年度生态工业绩效评价考核结果的通报
7	2015-02-25	丽水市人民政府关于表彰2014年度丽水市招商引资工作先进单位、浙商创业创新突出贡献企业及招商引资功臣的通报
8	2015-03-02	丽水市人民政府关于命名表彰2014年度丽水市建筑业龙头企业、重点骨干企业、优秀企业和开拓市场优胜企业的通报

续表44

丽政发文号	发文日期	标　　　　题
9	2015-03-02	丽水市人民政府关于给予青田县公安局等集体和个人记功表彰的决定
10	2015-03-16	丽水市人民政府关于下达2015年丽水市国民经济和社会发展计划的通知
11	2015-03-19	丽水市人民政府关于给予“8·20”全流域抗洪救灾先进集体和先进个人行政奖励的决定
12	2015-05-25	丽水市人民政府关于授予章双林等五人丽水市劳动模范称号的决定
13	2015-06-26	丽水市人民政府关于进一步整治提升“低小散”企业的指导意见
14	2015-07-21	丽水市人民政府关于深化教体结合加强市少年儿童业余体育运动学校建设的实施意见
15	2015-07-22	丽水市人民政府关于表彰2014年度“三改一拆”和“无违建”创建工作先进集体和先进个人的通报
16	2015-08-07	丽水市人民政府关于调整《丽水市区村集体留地补充规定》的通知
17	2015-08-18	丽水市人民政府关于给予朱晨航等3位同志记二等功和授予见义勇为荣誉称号的决定
18	2015-08-21	丽水市人民政府关于开展市级优质财源培育工作的实施意见
19	2015-08-21	丽水市人民政府关于命名丽水市依法行政示范单位的通知
20	2015-08-20	丽水市人民政府关于调整市长、副市长、党组成员工作分工的通知
21	2015-08-24	丽水市人民政府关于印发丽水市行政执法监督暂行实施办法的通知
22	2015-08-31	丽水市人民政府关于给予市审计局记集体二等功的决定
23	2015-08-31	丽水市人民政府关于推动大众创业万众创新促进全市经济平稳发展的若干意见
24	2015-09-07	丽水市人民政府关于表彰丽水市农村教师突出贡献奖和2015年丽水市教育年度人物的决定
25	2015-09-08	丽水市人民政府关于加快推进社会信用体系建设的意见
26	2015-11-30	丽水市人民政府关于公布2015年度丽水市科学技术进步奖星火奖授奖项目的通知
27	2015-12-02	丽水市人民政府关于支持大众创业促进就业的实施意见
28	2015-12-07	丽水市人民政府关于命名表彰2015年度丽水市建筑业龙头企业、重点骨干企业和优秀企业的通报
29	2015-12-07	丽水市人民政府关于调整全市最低工资标准的通知
30	2015-12-09	丽水市人民政府关于公布丽水市2013-2014年度社会科学优秀成果获奖名单的通知
31	2015-12-31	丽水市人民政府关于在全市开展第三次农业普查的通知
32	2015-12-31	丽水市人民政府关于开展各类事业单位统一登记管理试点工作的通知
33	2015-12-31	丽水市人民政府关于发布政府核准的投资项目目录（丽水市2015年本）的通知

2015年政协丽水市委员会文件目录

表45

丽政协文号	发文日期	标　　　　题
1	2015-01-16	丽水市政协2014年度工作总结
2	2015-01-16	丽水市政协2015年工作思路
3	2015-01-16	政协第三届丽水市委员会关于同意汤家友等同志辞去相关职务的决定
4	2015-01-16	政协第三届丽水市委员会关于蓝献华等同志职务任免的决定
5	2015-01-16	政协第三届丽水市委员会关于叶加荣等同志任职的决定
6	2015-01-19	政协丽水市委员会关于加强和改进调查研究工作的意见
7	2015-01-27	关于同意章成烈等同志辞去政协第三届丽水市委员会委员职务的决定
8	2015-01-27	关于撤销刘文彪政协第三届丽水市委员会委员资格的决定
9	2015-01-27	关于同意汤家友等同志辞去政协第三届丽水市委员会常委、委员职务的决定
10	2015-01-27	关于同意留洁同志辞去政协第三届丽水市委员会常委职务的决定
11	2015-01-27	关于增补马乾满等同志为政协第三届丽水市委员会委员的决定
12	2015-01-27	政协第三届丽水市委员会关于徐荣华等同志职务任免的决定
13	2015-01-27	关于扩大政协第三届丽水市委员会常务委员会组成人员规模的决定
14	2015-01-28	关于表彰2014年度全市政协反映社情民意信息工作先进单位、先进个人的决定
15	2015-01-30	政协丽水市委员会关于表彰三届三次会议以来优秀提案的决定

续表45

丽政发文号	发文日期	标题
16	2015-01-30	关于表彰市政协先进委员小组和优秀委员的决定
17	2015-02-10	中国人民政治协商会议第三届丽水市委员会第四次会议公告
18	2015-03-31	政协第三届丽水市委员会关于厉裕勤同志任职的决定
19	2015-03-31	关于增补蓝跃军同志为政协第三届丽水市委员会委员的决定
20	2015-05-15	关于表彰政协第三届丽水市委员会第四次会议优秀大会发言的决定
21	2015-08-04	政协第三届丽水市委员会关于蒋正鸿同志职务任命的决定
22	2015-09-28	关于同意毛小明同志辞去政协第三届丽水市委员会港澳台侨委员会主任职务的决定
23	2015-09-28	市政协第三届丽水市委员会关于阙忠东同志任职的决定
24	2015-09-28	关于同意李江波同志辞去政协第三届丽水市委员会副主席职务的决定
25	2015-09-28	关于同意叶朝丐同志辞去政协第三届丽水市委员会副主席职务的决定
26	2015-10-08	关于“迎接高铁时代，加快旅游名城建设”的建议案
27	2015-10-10	丽水市政协关于市住房和城乡建设局提案办理工作的评议意见
28	2015-10-10	丽水市政协关于市教育局提案办理工作的评议意见
29	2015-11-20	关于"农村公路改造提升"的民主监督建议书

统计资料

丽水市社会经济主要指标

表46

	单位	2010年	2011年	2012年	2013年	2014年	2015年
一、年末总人口	万人	259.65	261.33	262.59	263.92	265.65	266.38
# 城镇人口	万人	45.23	45.07	45.1	45.21	45.49	84.37
# 乡村人口	万人	178.33	182.61	185.52	187.63	186.67	182.00
二、年末全部从业人员	万人	137.62	137.9	139.20	140.07	140.63	141.15
# 职工	万人	16.81	18.36	18.71	18.01	17.78	18.48
国有经济单位职工	万人	9.8	10.1	10.34	10.38	10.55	10.69
城镇集体单位职工	万人	0.76	0.62	0.51	0.52	0.24	0.23
三、生产总值(当年价格)	万元	6647571	7988250	8922640	9880317	10517517	11032922
生产总值指数(1978年=100)	%	2659.45	2964.78	3277.37	3580.35	3829.38	4073.48
第一产业	万元	629332	726175	793661	841764	885587	913582
第二产业	万元	3269876	3981439	4397342	4836888	5055675	5039119
第三产业	万元	2748364	3280637	3731636	4201664	4576255	5080221
人均生产总值	元	31365	37735	42158	46616	49459	51676
四、工农业总产值(当年价格)	万元	14250505	17632588	20434125	23251978	24242240	21201689
指数(1978年=100)	%	9920.87	11661.36	13825.10	15980.31	16820.53	15223.80
工业总产值(当年价格)	万元	13280818	16520964	19219077	21955141	22878354	19799010
指数(1978年=100)	%	30737.29	36422.54	43560.06	50693.99	53451.22	47994.15
农业总产值(当年价格)	万元	969687	1111624	1215048	1296837	1363886	1402679
指数(1978年=100)	%	545.39	572.66	596.71	618.79	633.08	645.74
五、农业							
耕地面积	千公顷	165.33	166.15	168.05	168.98	170.42	172.51
主要农产品产量							

续表46

	单位	2010年	2011年	2012年	2013年	2014年	2015年
粮食	吨	531398	528989	523670	522764	493688	477957
油料	吨	17171	18157	18175	17800	18326	18674
# 油菜籽	吨	13309	14142	14154	14157	14496	14693
茶叶	吨	22627	24932	27151	27586	29913	30553
蔬菜	万吨	111.86	112.87	115.72	117.99	121.76	123.39
水果	吨	394245	393646	396237	403199	422318	415677
# 柑橘	吨	186364	179016	175645	180027	185901	178162
畜禽肉	吨	87333	91556	97899	101453	92664	87558
禽蛋	吨	8824	10105	10430	12165	12934	12329
牛奶	吨	361	326	1367	1233	1303	1331
蚕茧	吨	1554	1649	1490	1364	1237	1116
水产品	吨	19703	19370	18249	18414	18639	20146
生猪年末存栏数	万头	57.33	59.11	58.65	60.13	52.57	48.82
六、全部工业总产值(当年价格)	万元	13280818	16520964	19219077	21955141	22878354	19799010
七、旅客运输量	万人	5863	5875	5874	5778	4536	4083
旅客周转量	万人公里	242371	250239	251339	251092	222432	210319
货物运输量	万吨	7363	4702	4660	4742	5248	5205
货物周转量	万吨公里	861365	700050	714793	718554	722225	726575
邮电业务收入	万元	200519	206064	196823	208958	202500	197116
八、固定资产投资额	万元	3203769	3584661	4719756	5704170	6650781	7515212
# 制造业投资	万元	816245	1006898	1332707	1442290	1396367	1471176
# 房地产开发	万元	477296	546439	849937	1188806	1576262	1582693
九、内外贸易							
社会消费品零售总额	万元	2661269	3200049	3710850	4208041	4763502	5192792
出口总额	万美元	134881	181423	197587	237302	263696	314419
实际利用外资额	万美元	3751	4430	10386	12784	17838	21886
十、财政总收入	万元	768353	1000875	1126576	1242211	1350208	1515985
# 一般公共预算收入	万元	449423	573620	646121	736997	809573	945064
一般公共预算支出	万元	1352045	1542833	1679410	1953767	2172733	2793261
十一、职工工资总额	万元	694428	824879	914813	1056542	1140242	1356848
国有单位	万元	492843	540115	595944	692278	755592	940117
城镇集体所有制单位	万元	27115	27550	21771	22717	9808	10169
职工平均工资	元	44979	49072	55988	60416	66113	77238
国有单位	元	53566	58379	63414	68075	73138	89249
城镇集体所有制单位	元	42487	48470	47235	44034	44542	49410
十二、商品零售价格总指数(市区)	%	104.1	105.6	102.5	102.9	100.8	99.4
居民消费价格总指数	%	104.0	105.3	102.5	102.9	102.6	101.2
十三、农村常住居民人均可支配收入	元	6537	7809	8855	10024	13635	15000
城镇常住居民人均可支配收入	元	21093	23391	26309	29045	30413	32875
城乡居民储蓄存款年末余额	万元	5337505	6211699	7265383	8463767	9377059	10283903
城乡居民基尼系数		0.432	0.430	0.429	—	—	—
十四、在校学生数							
高等学校	人	35584	36599	38114	39750	39738	37614
普通中学	万人	12.07	11.65	11.37	11.19	11.00	10.68
职业中学	人	33417	33377	33553	31975	29885	29898

续表46

	单位	2010年	2011年	2012年	2013年	2014年	2015年
小学	万人	15.63	16.01	16.11	16.35	16.63	16.93
学龄儿童入学率	%	99.99	99.99	99.99	99.99	95.83	99.99
十五、卫生机构数(不含诊所)	个	345	352	343	332	342	344
# 医院、卫生院	个	295	261	231	234	238	239
床位数	张	7288	8566	8881	10197	10999	11957
# 医院、卫生院	张	7198	8424	8636	9863	10724	11635
卫生技术人员	人	11060	12915	13717	15163	16086	17237
# 医生	人	4590	5551	5490	5840	6200	6815

注:1. 人均地区生产总值按常住人口计算
2. 2008年起,耕地面积来源于丽水市国土资源局
3. 旅客周转量、货物运输量、货物周转量2008年为交通部专项调查数据
4. 2011年起,规模以上工业企业统计口径为年主营业务收入2000万元及以上工业企业;固定资产投资统计口径为计划总投资500万元及以上项目投资和全部房地产投资
5. 2013年及以前,农村常住居民人均可支配收入为农民人均纯收入
6. 2014年及以前,口径为非农业人口和农业人口;2015年开始口径调整为城镇人口和乡村人口

服务指南

丽水市政府驻外联络(办事)处

表47

名　　称	地　　址	电　　话	邮　编
驻北京联络处	北京市北太平庄马甸月季园14幢一门701室	(010)64419626　传真64439649	100088
驻上海联络处	上海市中山北一路1250号沪办大厦3号楼1806室	(021)65447821　传真55510430	200437
驻杭州办事处	杭州市下城区皇亲苑小区9幢101室	(0571)88326772　传真85154060	310003
驻福州办事处	福州市五四路138号天福大酒店10层1010室	(0591)87886555　传真87887555	350003
驻新疆办事处	乌鲁木齐市高新区昆明路157号野马大厦B座102室	(0991)3817729　传真3817729	830000

丽水市司法鉴定所名录

表48

名　　称	地　　址	电　　话
丽水大众司法鉴定所	丽水市大众街15号丽水市人民医院内	0578-2780189
丽水市第二人民医院司法鉴定所	丽水市大洋路115号	0578-2115493
丽水天平司法鉴定所	丽水市括苍路288号6幢2楼	0578-2631068
丽水天平司法鉴定所缙云分所	缙云县五云镇紫薇北路花园巷65-67号	0578-3018399

丽水市律师事务所名录

表49

名　　称	地　　址	电　　话
浙江晟耀律师事务所	丽水市莲都区括苍路163号4楼	0578-2622720
浙江万申佳律师事务所	丽水市人民路401号4楼	0578-2153038
浙江万申佳(景宁)律师事务所	景宁县鹤溪镇建设路7号1楼	0578-5082270

续表49

名　　称	地　　址	电　　话
浙江万申佳(龙泉)律师事务所	龙泉市新华街78号2楼	0578-7122215
浙江博翔律师事务所	丽水市莲都区北苑路198号财富国际大厦A座6层	0578-2929999
浙江博翔(青田)律师事务所	青田县鹤城东路338号3楼	0578-6805002
浙江南明律师事务所	丽水市中东路557号3楼	0578-2111863
浙江丽阳律师事务所	丽水市万丰北路72号金贸国际大厦18楼	0578-2275004
浙江法和律师事务所	丽水市括苍路129号1楼	0578-2183628
浙江丽大律师事务所	丽水市水阁开发区遂松路278号(华辰大厦二楼)	0578-2554461
浙江天干律师事务所	丽水市莲都区灯塔三村150号二楼	0578-2183017
浙江泽厚(丽水)律师事务所	丽水市莲都区人民路285-291号三楼303室	0578-2277159
浙江汇时律师事务所	丽水市莲都区人民路体育馆场东大门	0578-2626301
浙江三见律师事务所	丽水市人民街345号	0578-2161016
浙江五洲律师事务所	青田县鹤城镇龙东路92号上1号	0578-6822075
浙江捷频律师事务所	青田县鹤城镇临江东路155号	0578-6805851
浙江民晖律师事务所	缙云县五云镇黄龙路647号301室	0578-3122481
浙江君豪律师事务所	遂昌县平昌路86号	0578-8180712
浙江九龙律师事务所	遂昌县妙高镇北溪路38号	0578-8130036
浙江开弘律师事务所	遂昌县妙高镇君子路7弄1号202室	0578-8129799
浙江松州律师事务所	松阳县人民大街16号松州律师楼二楼	0578-8067775
浙江绿谷律师事务所	松阳县西屏镇环城西路江南豪园1幢9号	0578-8060800
浙江君问律师事务所	松阳县长虹东路151号二楼	0578-8062031
浙江金言律师事务所	龙泉市新华街新华大厦5楼	0578-7121258
浙江金铿律师事务所	龙泉市龙翔路翔宇楼四楼401	0578-7121494
浙江百山祖律师事务所	庆元县松源镇横城南路19号	0578-6113567
浙江天贝律师事务所	庆元县松源镇横城南路29号	0578-6211148
浙江五楼律师事务所	云和县城北路6号	0578-5121681
浙江翰志俊律师事务所	丽水市人民街546	0578-2124898
浙江潘源律师事务所	青田县鹤城街道临江东路法院西侧和丰苑1-202室	0578-6512285
浙江五豪律师事务所	景宁畲族自治县鹤溪北路168号	0578-5091234

丽水市公证处名录

表50

名　　称	地　　址	电　　话
丽水市莲城公证处	丽水市北苑路198号财富国际大厦3楼	0578-2106079
龙泉市公证处	龙泉市龙翔路德光腾楼	0578-7113715
青田县公证处	青田鹤城镇临江东路93号	0578-6821061
云和县公证处	云和县云和镇城北路4号	0578-5122606
庆元县公证处	庆元县松源镇兴贸路50号	0578-6380230
缙云县公证处	缙云县五云镇寺后路10号	0578-3123331
遂昌县公证处	遂昌县平昌路95号	0578-8129114
松阳县公证处	松阳县西屏镇府前街5号	0578-8062973
景宁畲族自治县公证处	景宁畲族自治县鹤溪镇府前西路2号一楼	0578-5082274

索　　引

说　明：

一、本索引分条目索引、图表索引、正文照索引三部分。采用主题分析的方法，按标引词首字汉语拼音(同音字按声调)顺序排列；同声同调按笔划顺序排列；首字相同，按第二音序排列，依次类推。

二、类目、分目用黑体字标示。标引词后的阿拉伯数字表示内容所在页码。数字后的拉丁字母 a、b、c 分别表示页从左至右第一、二、三栏。

三、标引词后有多个号码，表示参见内容所在位置。

四、本年鉴的“特载”“大事记”“附录”未作索引。

条目索引

0—9

A

B

C

D

E

F

H

I

J

K

L

M

W

X

Y

图表索引

正文照索引